KB245852

실무 도면으로 익히는

AutoCAD 도면 예제

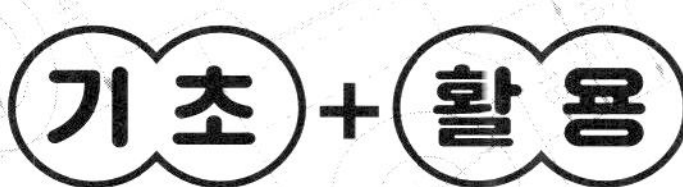

기초 + 활용

연승수 지음

ISBN : 978-89-314-5676-9

독자님의 의견을 받습니다.
이 책을 구입한 독자님은 영진닷컴의 가장 중요한 비평가이자 조언가입니다. 저희 책의 장점과 문제점이 무엇인지,
어떤 책이 출판되기를 바라는지, 책을 더욱 알차게 꾸밀 수 있는 아이디어가 있으면 이메일, 또는 우편으로 연락주시기
바랍니다. 의견을 주실 때에는 책 제목 및 독자님의 성함과 연락처(전화번호나 이메일)를 꼭 남겨 주시기 바랍니다.
독자님의 의견에 대해 바로 답변을 드리고, 또 독자님의 의견을 다음 책에 충분히 반영하도록 늘 노력하겠습니다.

이메일 : support@youngjin.com
주 소 : 서울 금천구 가산디지털2로 123 월드메르디앙벤처센터 2차 10층 1016호 (우)08505
등 록 : 2007. 4. 27. 제16-4189호

STAFF
저자 연승수 | **책임** 김태경 | **진행** 성민, 최윤정 | **본문 편집** 진정희 | **디자인** 함세영
영업 박준용, 임용수 | **마케팅** 이승희, 김다혜, 김근주, 조민영 | **인쇄** 예림인쇄

머리말 PREFACE

설계는 전문 지식을 필요로 한다? 처음에는 아니다!!!

설계는 그림을 그리는 것과 같습니다. 처음부터 벽과 지붕을 그리는 것이 아니라 생각을 스케치하는 것부터 시작합니다. 처음부터 직선으로 만들어진 딱딱한 느낌이 아니라 시즈은 반드시 러프한 스케치로부터 시작합니다. 여러분에게 필요한 것은 '도면을 어떻게 그릴 것인가'가 아니라 '얼마나 실용적인 상품을 창조할 것인가'입니다. 설계는 마음에서 출발합니다.

AutoCAD 설계는 어렵다? 아니다. 즐겁다!!!

AutoCAD는 설계를 위한 범용 도구로 잘 알려져 있습니다. 모든 사람들이 도전하고 애를 먹고 있기 때문에 다들 어렵다고 생각하지만 절대 그렇지 않습니다. 설계는 즐겁습니다. 설계는 남의 것을 베끼는 작업이 아니라 새로운 스타일을 창조하는 작업입니다. 물론 창조란 작업 자체가 어려운 것은 사실입니다. 창조를 위해서는 역설적이겠지만 먼저 남의 것을 베끼는 작업부터 시작하십시오. 모방은 창조의 어머니입니다. 베끼는 것부터 즐겁게 하십시오. 남의 것을 따라하다 보면 어느 순간 자신의 것이 상상되며 비로소 새로운 형태를 창안할 수 있는 스킬도 함께 나타납니다. 모방에서 창조로 가는 그 즐거움에 빠져보십시오.

AutoCAD는 어렵게 배워야 한다? 아니다. 쉽고 빠르게 배우는 것이 가장 낫다!!!

초기 AutoCAD는 모든 명령을 키보드로 입력해야 했기 때문에 모든 명령을 다 외워야 했고 그 때문에 중간에 포기하는 사람들도 많았습니다. 그러나 이제는 다릅니다. AutoCAD가 쉬워졌습니다. 모든 명령이 다른 프로그램들과 같이 클릭만으로 해결됩니다. 왜 명령을 외워야 합니까? 처음부터 전문가를 요구하나요? 그래서는 안 됩니다. 이 책은 AutoCAD를 마치 그림을 그리는 방법으로 설명합니다. 그래서 어려운 단어와 개념들은 모두 숨겼습니다. 설계는 즐거워야 합니다. 처음부터 어려우면 그건 즐거움이 아니라 고통입니다. 이 책과 함께 AutoCAD의 즐거움과 설계의 환희를 위한 화려한 세계에 빠져보기 바랍니다.

AutoCAD 도면 활용서를 세상에 내놓으며...

수많은 철야 속에서 바꾸고 또 바꾸며 써낸 이 책이 독자 여러분께 좋은 안내자가 되시기를 진심으로 기원합니다. 책의 출간에 도움을 주신 영진닷컴 담당자에게 감사드립니다. 하루하루 지연되는 탈고 예정일에 지쳐가는 모습을 따뜻한 눈빛으로 지켜주던 주위의 분들께 이 책을 바칩니다.

저자 연승수

미리 보기
PREVIEW

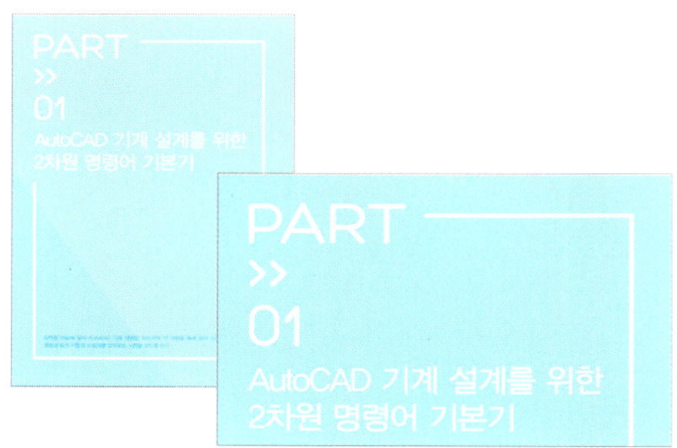

PART

총 3개의 Part로 구성되어 있으며, Part 01은 2차원 도면 제작에 필요한 명령어, Part 02는 3차원 도면 제작에 필요한 명령어, 그리고 Part 03은 실무 도면 샘플들을 소개하고 있습니다.

CHAPTER

도면 제작이나 편집에 필요한 명령어들의 쓰임새를 몇 개의 Chapter로 나눠 학습할 수 있도록 구성했습니다.

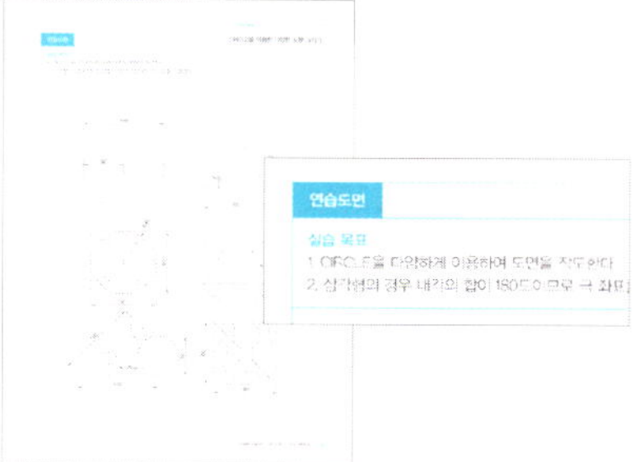

연습 도면

본문에서 알아본 명령어들의 사용법을 반복 학습할 수 있도록 간단한 도면을 스스로 그려볼 수 있는 코너를 마련했습니다.

이 책은 도면 제작에 필요한 AutoCAD 드로잉 & 편집 명령들의 사용법을 따라하기로 설명하며,

필요에 따라 명령 입력줄 내용도 자세히 알려주고 있습니다.

본격적인 학습에 앞서 이 책이 어떤 요소들로 만들어졌는지 알아보겠습니다.

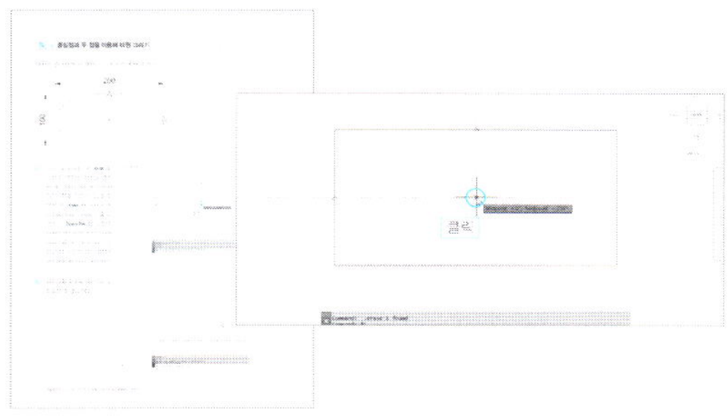

따라하기

마우스 클릭 표시로 따라하기 내용을 순서대로 쉽게
학습할 수 있도록 구성했습니다.

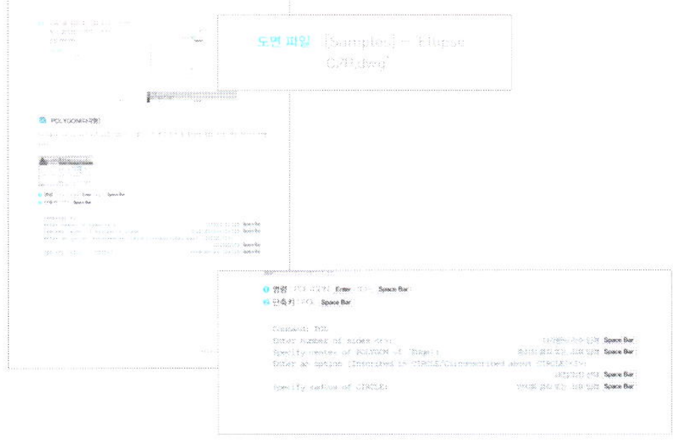

도면 파일

학습에 필요한 도면 파일의 파일명을 알려줍니다.
이러한 도면 파일은 영진닷컴 홈페이지에서 다운
로드할 수 있습니다.

명령 입력줄

AutoCAD의 명령 입력줄에 입력하는 명령어나 옵
션들이 어떻게 쓰이는지 알려줍니다.

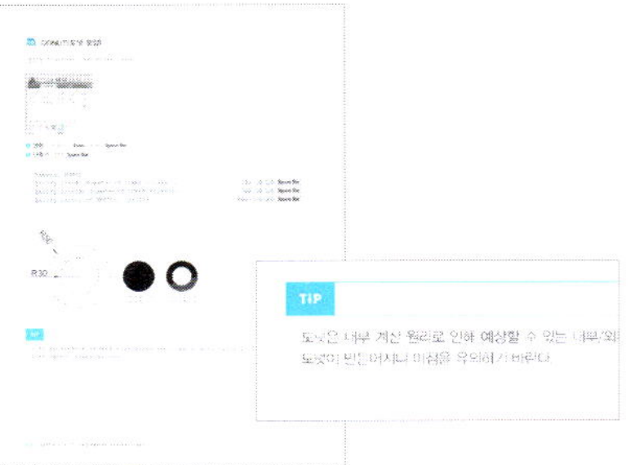

TIP

본문의 따라하기 과정에서 참고해야 할 사항을 알
려줍니다.

목차
CONTENTS

도면 파일 다운로드 소개

학습에 필요한 도면 파일이나 PART 03에 수록되어 있는 실무 도면 파일들은 영진닷컴 홈페이지(www.youngjin.com)의 [고객센터]–[부록 CD 다운로드] 게시판에서 검색 창에 도서명(AutoCAD 도면 예제 기초+활용)이나 키워드(AutoCAD)를 입력한 후 다운로드 받아 사용하실 수 있습니다.

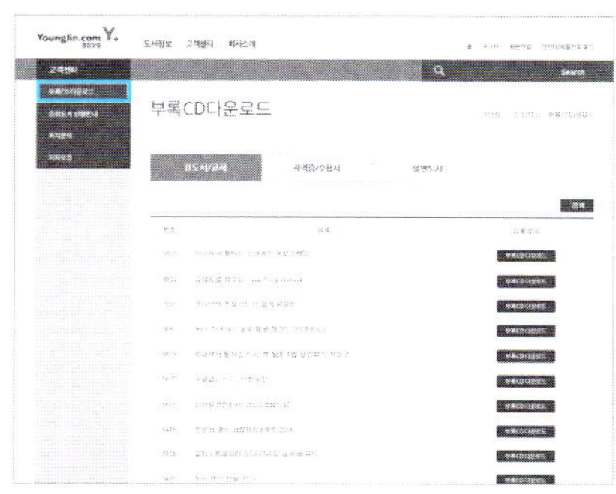

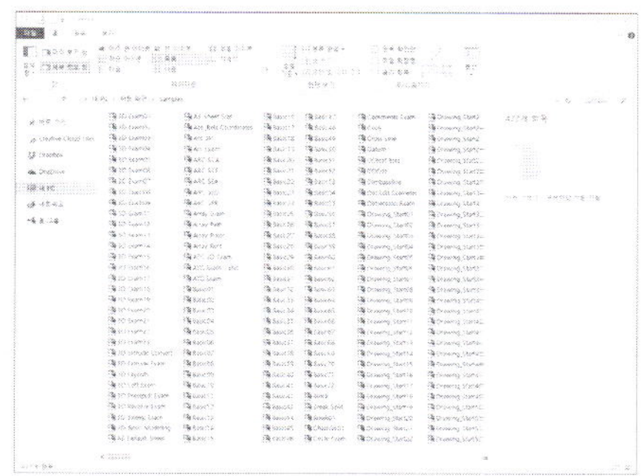

AutoCAD 기계 설계를 위한 2차원 도면 익히기

도면집 연습에 앞서 AutoCAD 기본 명령을 학습하며 이 과정을 통해 많이 사용되는 AutoCAD 명령과 옵션 사항의 쓰임새를 알아보는 시간을 갖도록 한다.

AutoCAD 환경과 기본 명령의 이해

>> 학습에 앞서 AutoCAD의 실행 방법과 화면 구성, 환경 설정, 저장법에 대해 알아본다.

01 | AutoCAD 실행과 환경 설정

가장 기본적인 내용으로 AutoCAD 2018 실행 방법 및 화면 구성, 환경 제어법을 살펴본다.

01 AutoCAD 실행법

AutoCAD는 바탕화면의 아이콘 또는, 시작 메뉴의 [Autodesk]-[AutoCAD 2018]에서 A AutoCAD 2018 을 클릭하여 실행한다.

02 AutoCAD 화면 구성

AutoCAD 화면 구성은 다양하게 제공되지만, 주로 리본 탭, 도면 영역, 옵션 막대를 중심으로 사용한다.

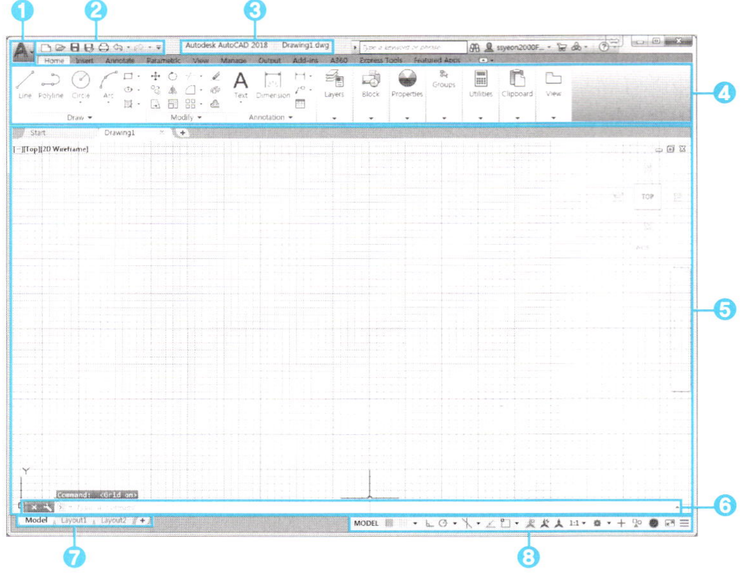

❶ **응용 프로그램 버튼 :** 도면 파일의 입출력 및 변환, 복구 기능을 담당한다.
❷ **신속 접근 막대 :** 필요한 기능을 등록해 빠르게 사용한다.
❸ **제목 표시줄 :** 열린 도면 이름 등의 정보를 제공한다.
❹ **리본 탭 :** 주요 도구들을 탭으로 보여주는데 보통 [Home] 탭을 많이 쓴다.
❺ **도면 영역 :** 도면을 그리는 영역이다.
❻ **명령 입력줄 :** 명령을 입력하는 부분으로, 실행된 옵션들을 확인할 수 있다.
❼ **모형/배치 도구 :** 도면을 그리는 [Model] 공간과 출력을 위한 [Layout] 공간을 제공한다.
❽ **옵션 막대 :** 도면 작도를 위한 각종 도구들을 제공한다.

> **TIP**
>
> 설명에 있어 AutoCAD 2018을 사용하여 진행하지만 실무에서 많이 사용하는 2010/2011 버전을 기준으로 설명하므로, 어떤 버전이라도 학습에는 무리가 없다.

03 확장자(저장 형식)

AutoCAD의 기본 저장 형식은 dwg를 사용하며 필요에 따라 dwt, dxf 형식으로 저장할 수 있다. dwg 형식은 실무에서 상대방이 사용하는 AutoCAD 버전에 맞출 수 있도록 R12~2013까지 선택적으로 바꿔 저장할 수 있다.

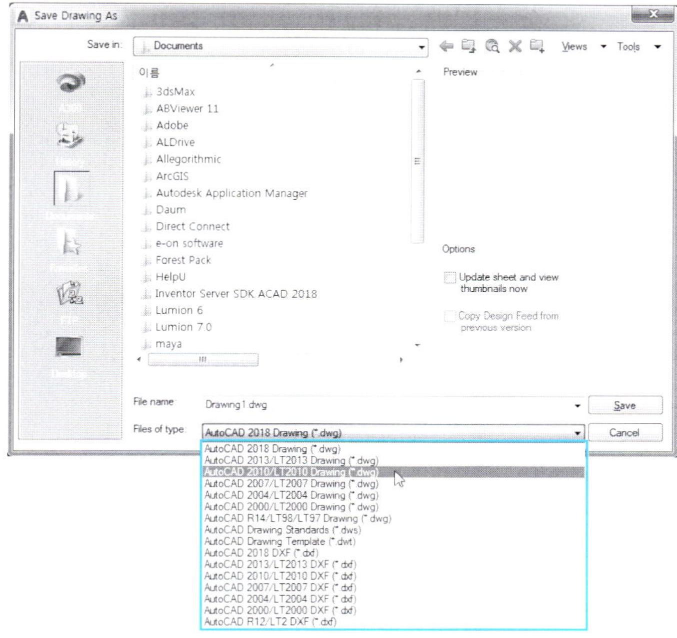

04 작업 환경 설정법

사용자 환경을 바꾸기 위해서는 [응용 프로그램] 버튼을 클릭하면 나타나는 option 을 클릭한다. 이곳을 통해 도면 영역의 색상 등을 포함한 AutoCAD 작업 환경을 설정할 수 있다.

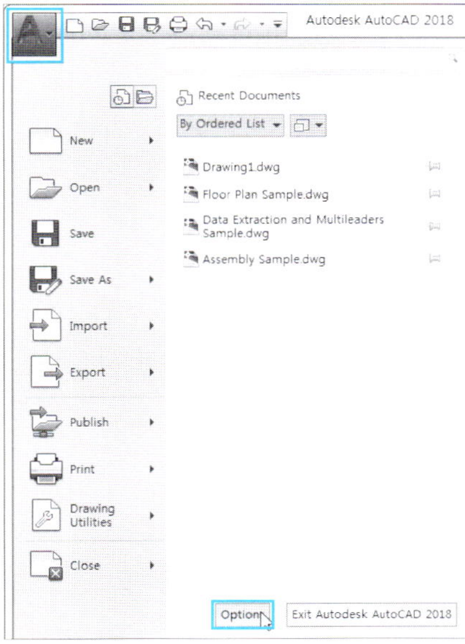

사용자 환경을 마음대로 바꾸기

AutoCAD가 업데이트되면서 새로 등장한 리본 탭은 기존 사용자에게 매우 불편한 요소 중 하나이다. 그래서 AutoCAD 2009 버전의 Classic 사용자 환경을 선호하는데 AutoCAD 2018 환경을 마음대로 바꾸는 방법을 알아본다.

01 하단 오른쪽 [Workspace Switching] 툴 팁이 나타나는 곳에서 ▾를 클릭한 후 [Customize]를 선택한다.

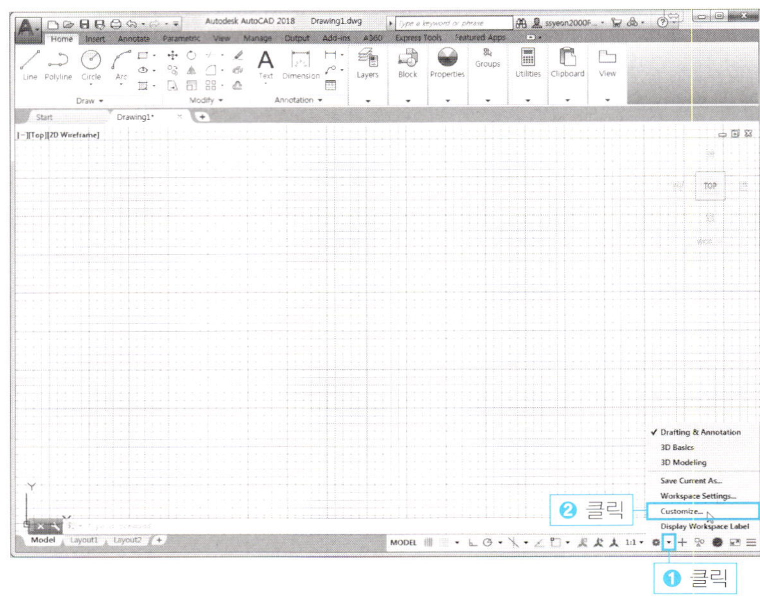

02 [Customize User Interface] 대화상자의 [Workspace]에서 마우스 오른쪽 버튼을 클릭하고 [New Workspace]를 선택한다.

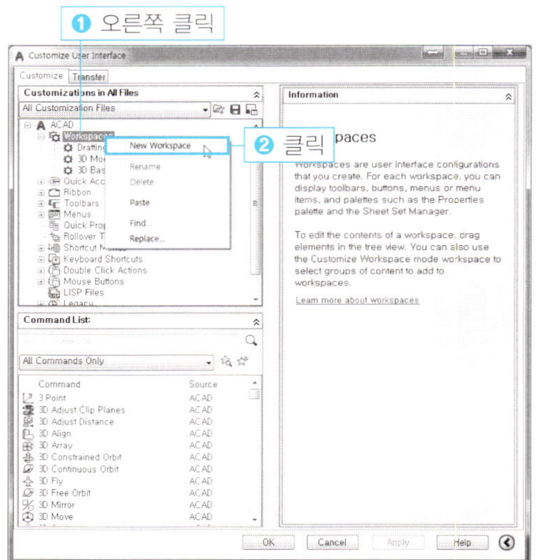

03 새로 만들어진 폴더 이름을 'Classic'으로 변경한다. 이
어서 오른쪽에 [Customize Workspace]를 클릭한다.

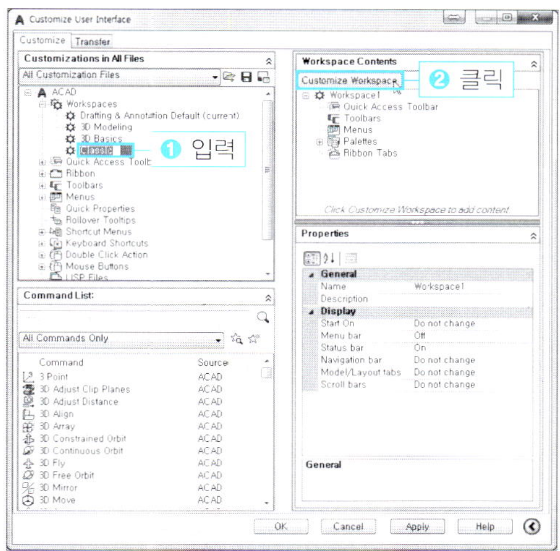

04 왼쪽 리스트에서 Classic 환경에서 표시할 도구 요
소들을 체크해 설정한다. 사용자 기능 설정이 끝나면
[Done]을 클릭한다.

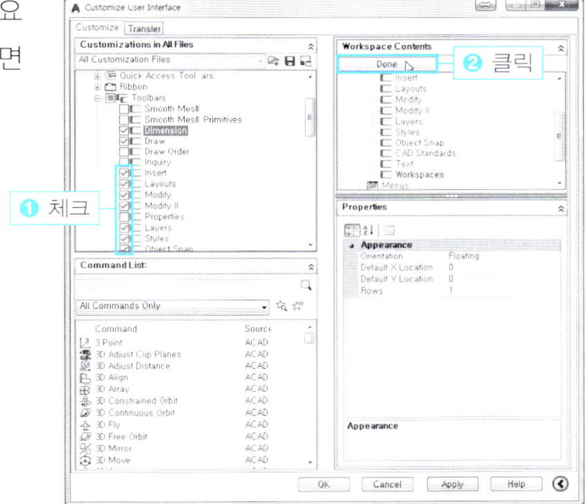

05 설정이 끝나면 적용하기 위해 [Apply]를 클릭한다. 이
어서 [OK]를 클릭한다.

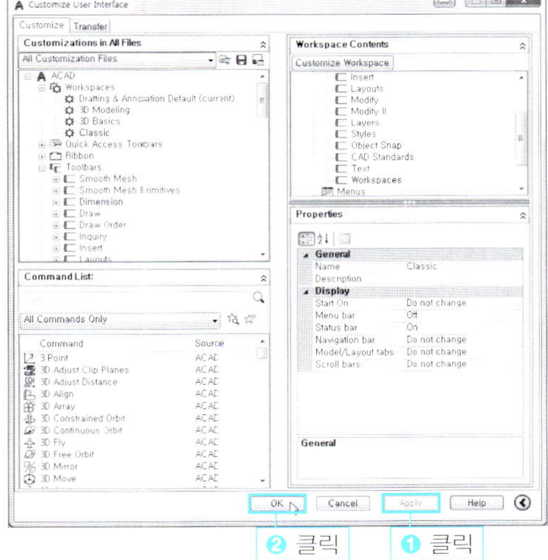

06 하단 오른쪽 [Workspace Switching] 툴 팁이 나타나는 곳에서 ▾를 클릭한 후 새로 만든 [Classic]을 선택한다.

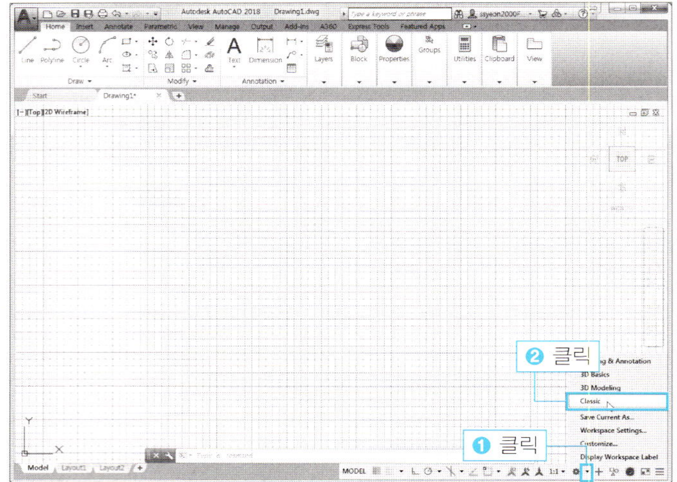

07 Classic 환경으로 변경되면 도구 막대를 원하는 위치로 드래그해 배치한다.

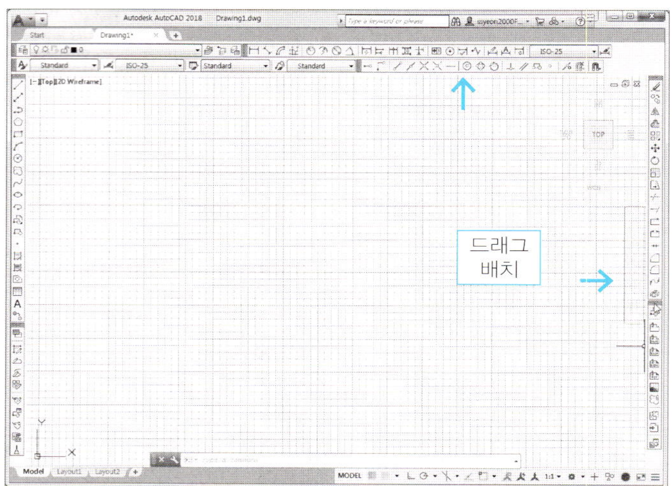

08 메뉴를 보이기 위해 신속 접근 막대의 화살표를 클릭한 후 [Show Menu Bar]를 선택한다.

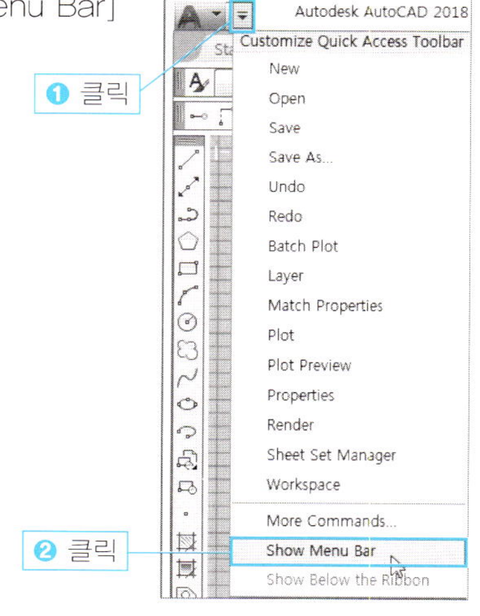

 변경된 사용자 환경을 원래의 [Draft-
ing & Annotation]으로 바꾸려면 다시
[Workspace Switching] 툴 팁이 나타
나는 곳에서 ·를 클릭한 후 [Drafting
& Annotation] 선택한다.

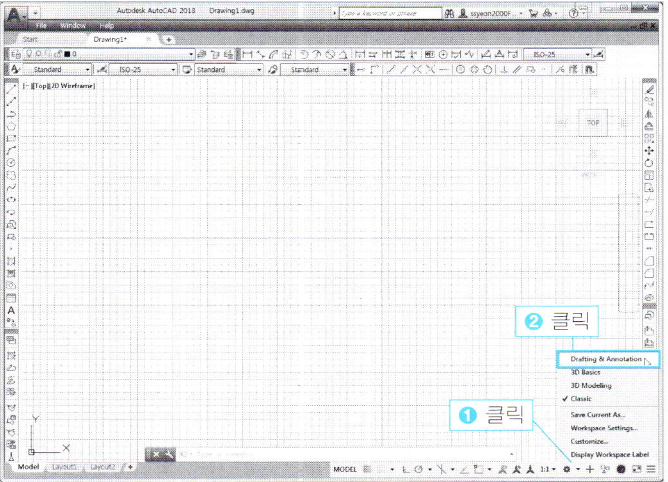

10 책의 전반적인 내용은 AutoCAD 표준
사용자 환경을 기준으로 설명할 것이
기 때문에 독자들은 [Drafting & An-
notation] 사용자 환경을 사용할 것을
권장한다.

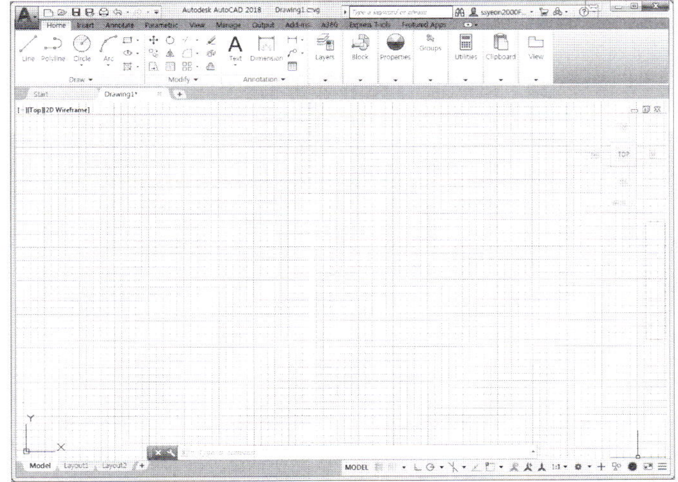

02 ｜ 작업 환경 크기를 설정하는 LIMITS(도면 한계)

도면 영역은 무한 공간이기 때문에 작업을 시작하기 전에 반드시 사용할 크기를 결정해 놓는 것이 좋다. 이를 위해 LIMITS 명령을 사용한다.

❶ **명령 :** LIMITS `Enter` 또는 `Space Bar`
❷ **단축키 :** 없음

```
Command: LIMITS
Specify lower left corner or [On/Off] <0.0000, 0.000>:

Specify upper right corner <420.0000, 297.0000>:
```

도면 영역 클릭 또는
좌표 직접 입력 **Space Bar**
원하는 오른쪽 점 클릭 또는
좌표 입력 **Space Bar**

❸ LIMITS 설정의 의미

도면 한계는 작업할 공간이면서 출력할 종이 크기를 의미하기도 한다. 출력할 때 사용되는 시트를 직접 그린 후, 도면 내용을 줄여 배치하는 경우가 많은데 출력 도면 크기에 맞게 LIMITS를 설정하는 것이 일반적이다.

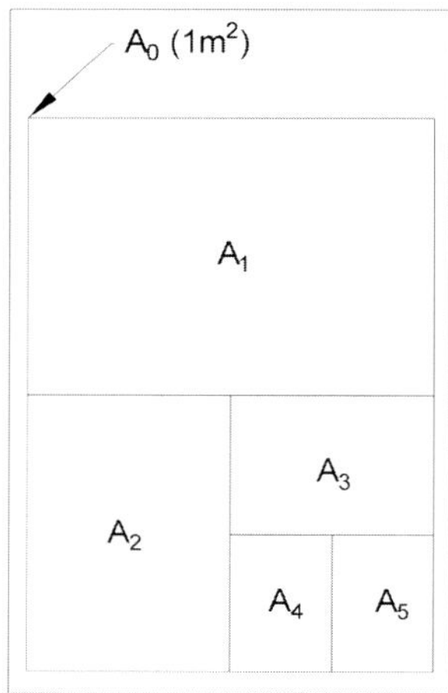

▲ KS 규격 도면 사이즈

A계열(단위 mm)			
A0	841 x 1189	A6	105 x 148
A1	594 x 841	A7	74 x 105
A2	420 x 594	A8	52 x 74
A3	297 x 420	A9	37 x 52
A4	210 x 297	A10	26 x 37
A5	148 x 210		

❹ A3 종이 크기 설정을 위한 LIMITS 입력 값

```
Command: LIMITS
Specify lower left corner or [On/Off] <0.0000, 0.000>:
Specify upper right corner <420.0000, 297.0000>: 420,297
```

Space Bar
Space Bar

03 | 도면 영역 이동과 확대/축소하기(ZOOM)

도면 영역을 다루는 방법은 ZOOM 명령인 표준적인 것이 있지만 마우스를 주로 사용한다. 도면 영역 이동은 마우스 휠을 누른 상태에서 드래그하며, 화면 확대/축소는 마우스 휠을 돌려 사용한다. 마우스 휠을 더블클릭하면 LIMITS 설정 크기를 화면에 꽉 채워 작업할 수 있게 도와준다.

❶ **명령 :** ZOOM Enter 또는 Space Bar
❷ **단축키 :** Z Space Bar

```
Command: ZOOM
Specify corner of window, enter a scale factor (nx or nXP), or [All/Center/Dy-
namic/Extents/Previous/Scale/Window/Object] <real time>:                 클릭 또는
                                                              배율 입력 Space Bar
Specify opposite corner:                                         반대편 지점 클릭
```

옵션	설명
All(A)	도면 영역 전체를 대상으로 줌
Center(C)	중심점과 배율을 기준으로 줌
Dynamic(D)	중심점과 사각형 영역을 기준으로 줌
Extents(E)	모든 객체의 최대 범위를 표시
Previous(P)	바로 이전 줌 범위를 표시
Scale(S)	축척 비율에 맞춰 줌
Window(W)	사각형 영역에 맞춰 줌
Object(O)	선택한 객체를 중심으로 줌

❸ 원하는 영역만 정확하게 확대하는 방법

```
Command: ZOOM
ZOOM [All Center Dynamic Extents Previous Scale Window Object] <real time>:
                                                                        클릭 지점 1
ZOOM Specify opposite corner:
                                                                        클릭 지점 2
```

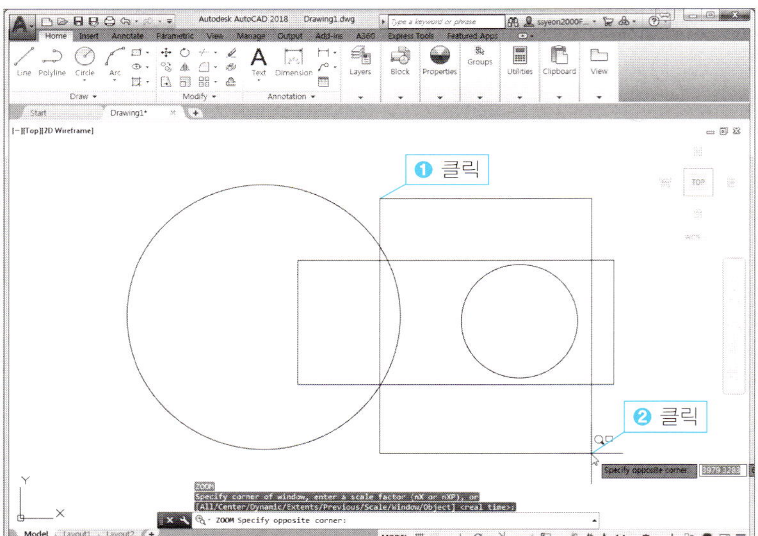

▲ 영역 모서리 클릭

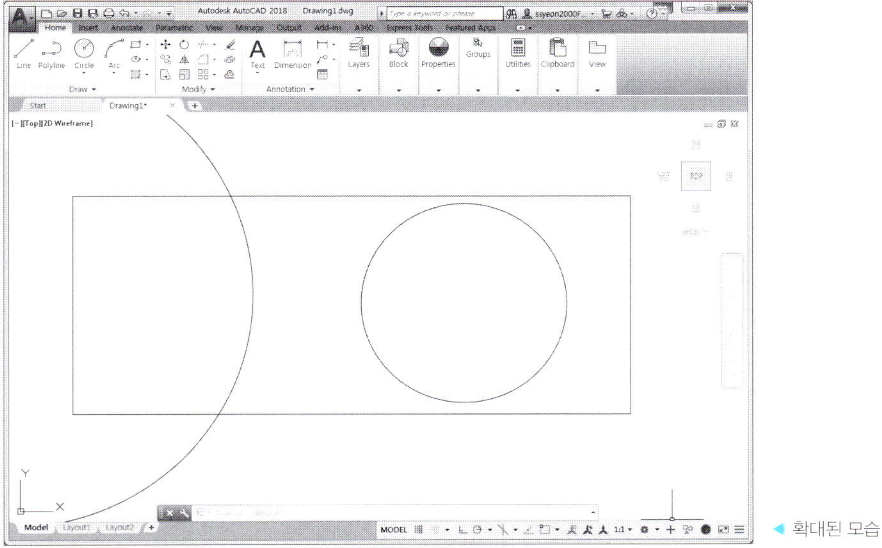

▶ 확대된 모습

04 | 사각형을 그리는 RECTANGLE(직사각형)

선택한 지점을 기준으로 원하는 크기로 사각형을 그린다.

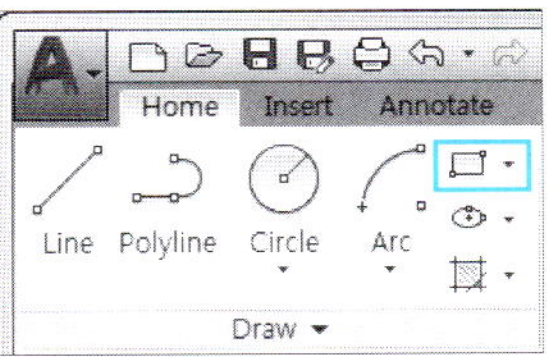

① 명령 : RECTANGLE [Enter] 또는 [Space Bar]
② 단축키 : REC [Space Bar]

```
Command: REC
Specify first corner point or [Chamfer/Elevation/Fillet/Thickness/Width]: 클릭 또는
                                                                    좌표 입력 [Space Bar]
Specify other corner point or [Area/Dimension/Rotation]:              클릭 또는
                                                                    좌표 입력 [Space Bar]
```

옵션	설명
Chamfer(C)	각진 모서리 만들기
Fillet(F)	둥근 모서리 만들기
Thickness(T)	선의 두께를 설정

❸ 기본 사각형 그리기

먼저 LIMITS로 도면 영역 크기를 설정한다. 이어서 REC 명령으로 시작점 좌표 10,10으로 상대거리 200,100 크기의 사각형을 그린다.

```
Command: LIMITS
Specify lower left corner or [On Off] <0.0000, 0.0000>:              0,0 입력 Space Bar
Specify upper right corner <420.0000, 297.0000>: 250,250            입력 Space Bar

Command: RECTANG
Specify first corner point or [Chamfer/Elevation/Fillet/Thickness/Width]: 10,10
                                                                    입력 Space Bar
Specify other corner point or [Area/Dimension/Rotation]: @200,100   입력 Space Bar
```

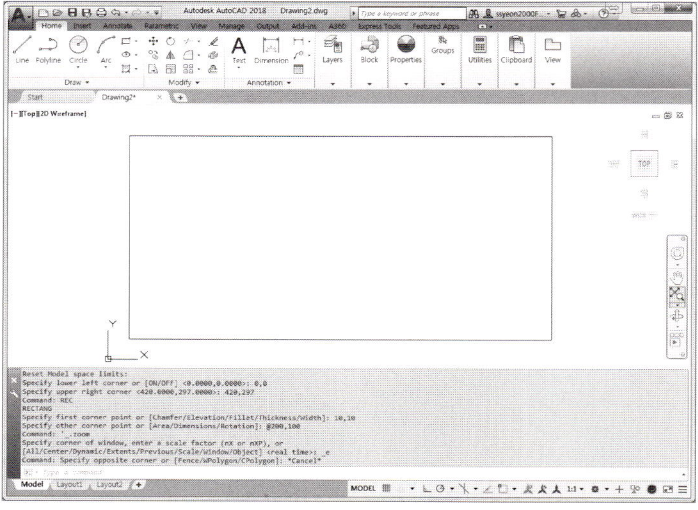

도면 파일 ：[Sample] - 'LIMITS RECT Exam.dwg'

TIP

좌표 입력 시 @의 의미

@는 상대 거리 또는, 상대 각도를 의미한다. 예를 들어 @200, 100이라 함은 첫 번째 클릭 지점에서 X, Y축이 각각 200, 100 거리만큼 이동한 것이다.

❹ 사각형 모서리 모따기

사각형의 모서리는 모따기를 통해 각진 모양으로 그릴 수 있다. 깎인 부분의 거리는 first chmfer distance, second chamfer distance에서 입력해 사용한다.

```
Command: RECTANG
Specify first corner point or [Chamfer/Elevation/Fillet/Thickness/Width]:C          입력 Space Bar
Specify first chamfer distance for RECTANGLEs <0.0000>: 20                          입력 Space Bar
Specify second chamfer distance for RECTANGLEs <0.0000>: 20                         입력 Space Bar
Specify first corner point or [Chamfer/Elevation/Fillet/Thickness/Width]: 10,10
                                                                                   입력 Space Bar
Specify other corner point or [Area/Dimension/Rotation]: @200,100                  입력 Space Bar
```

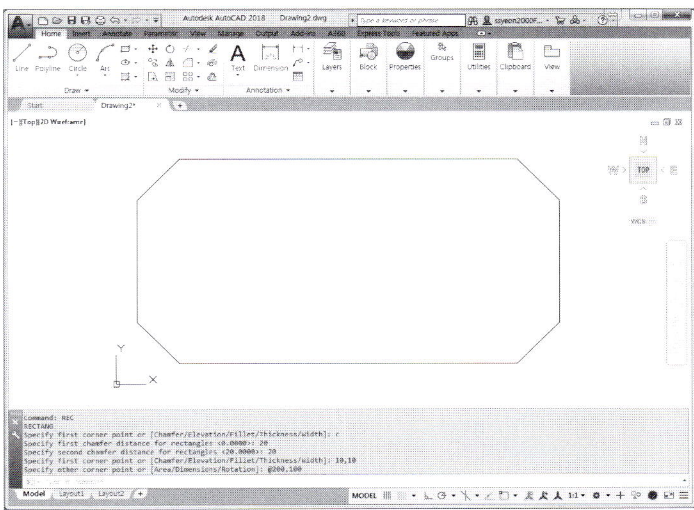

도면 파일 : [Sample] - 'RECT CHAMFER Exam.dwg'

❺ 사각형 모서리 모깎기

모깎기는 사각형 모서리를 둥근 모양으로 그려준다. f 옵션으로 반지름인 fillet radius 값을 입력해 그린다.

```
Command: RECTANG
Current RECTANGLE modes: Chamfer=20.0000 x 20.0000
Specify first corner point or [Chamfer/Elevation/Fillet/Thickness/Width]: C
                                                                                   입력 Space Bar
Specify first chamfer distance for RECTANGLEs <20.0000>: 0                          입력 Space Bar
Specify second chamfer distance for RECTANGLEs <20.0000>: 0                         입력 Space Bar
Specify first corner point or [Chamfer/Elevation/Fillet/Thickness/Width]: f
                                                                                   입력 Space Bar
Specify fillet radius for RECTANGLEs <0.0000>: 20                                   입력 Space Bar
Specify first corner point or [Chamfer/Elevation/Fillet/Thickness/Width]:
                                                                          원하는 지점 클릭 Space Bar
Specify other corner point or [Area/Dimension/Rotation]: @200,100                  Space Bar
```

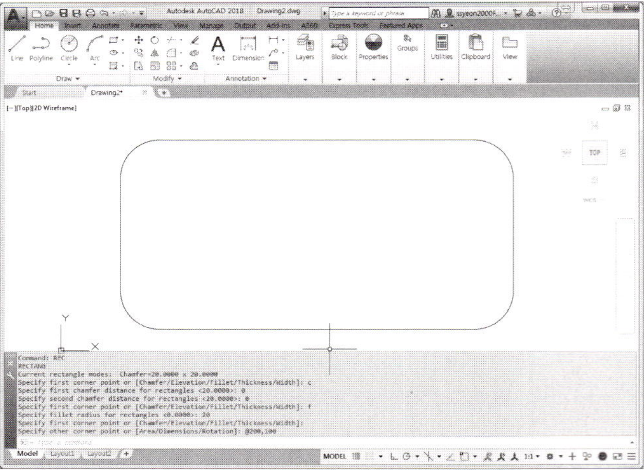

도면 파일 : [Sample] - 'RECT FILLET Exam.dwg'

❻ 사각형 두께 설정

그릴 사각형의 두께를 설정할 수 있는데 w 옵션을 입력한 후 Line width 값을 설정해 사용한다.

```
Command: RECTANG
Current RECTANGLE modes: Fillet=20.0000
Specify first corner point or [Chamfer/Elevation/Fillet/Thickness/Width]: f
                                                                입력 Space Bar
Specify fillet radius for RECTANGLEs <20.0000>: 0               입력 Space Bar
Specify first corner point or [Chamfer/Elevation/Fillet/Thickness/Width]: w
                                                                입력 Space Bar
Specify LINE width for RECTANGLEs <0.0000>: 5                   입력 Space Bar
Specify first corner point or [Chamfer/Elevation/Fillet/Thickness/Width]: 10,10
                                                                입력 Space Bar
Specify other corner point or [Area/Dimension/Rotation]: @200,100   입력 Space Bar
```

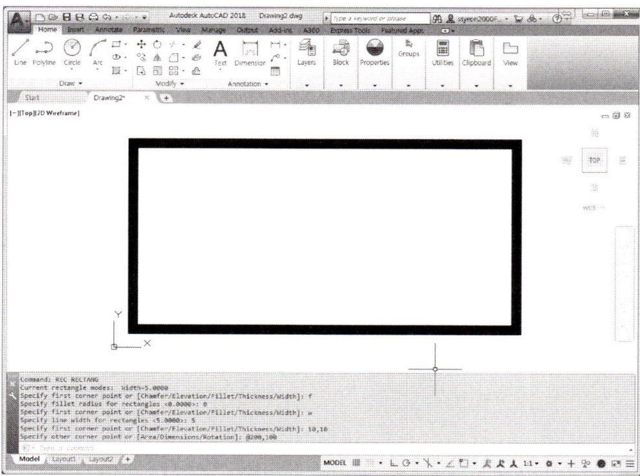

도면 파일 : [Sample] - 'RECT Width Exam.dwg'

연습도면   LIMITS 설정과 RECTANGLE로 영역 그리기

실습 목표

출력 시 많이 사용하는 A3 용지 크기로 도면 한계를 설정한 후, RECTANGLE로 그 영역을 그린다.

```
Command: LIMITS                                              Space Bar
Specify lower left corner or [On Off] <0.0000, 0.0000>: 0,0
                                                        입력 Space Bar
Specify upper right corner <420.0000, 297.0000>: 297,420 입력 Space Bar

Command: RECTANG                                             Space Bar
Specify first corner point or [Chamfer/Elevation/Fillet/Thickness/
Width]: 0,0                                              입력 Space Bar
Specify other corner point or [Area/Dimension/Rotation]: @297,420
                                                        입력 Space Bar
```

A3

297 mm x 420 mm

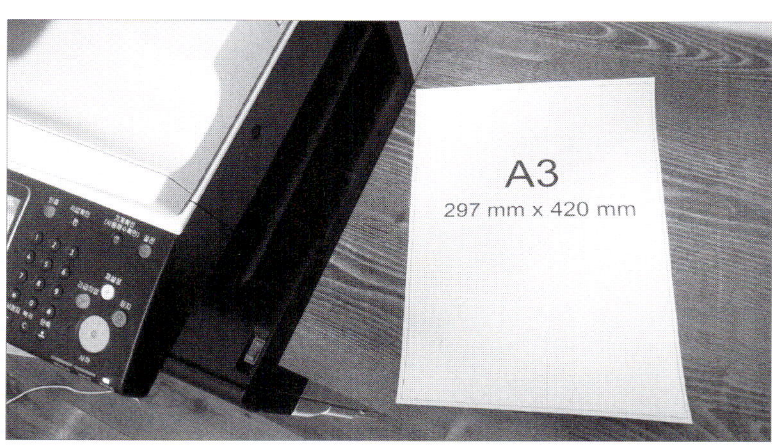

직선을 그리는 명령이다.

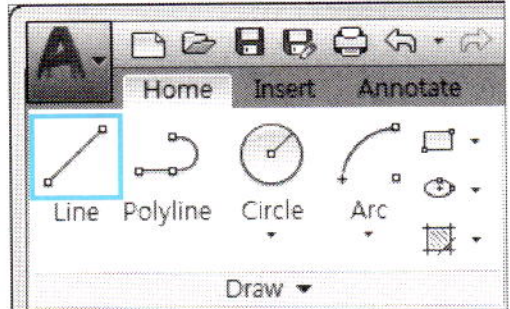

❶ **명령 :** LINE **Enter** 또는 **Space Bar**
❷ **단축키 :** L **Space Bar**

```
Command: LINE
Specify first point:

Specify next point or [Undo]:



Specify next point or [Close/Undo]:
```

원하는 지점을 클릭 또는
좌표 입력 **Space Bar**
두 번째 지점 클릭 또는
좌표 입력 **Space Bar**
세 번째 지점 역시 클릭 또는
좌표 입력 **Space Bar**
Space Bar 를 눌러 종료

옵션	설명
Close(C)	그려진 선을 닫아 마무리
Undo(U)	그려진 선을 거꾸로 실행 취소

01 'L'을 입력한 후, **Enter** 를 누른다. 원하는 지점을 클릭한 후 마우스를 오른쪽 수평 방향으로 이동, '200'을 입력하고 **Space Bar** 를 누른다.

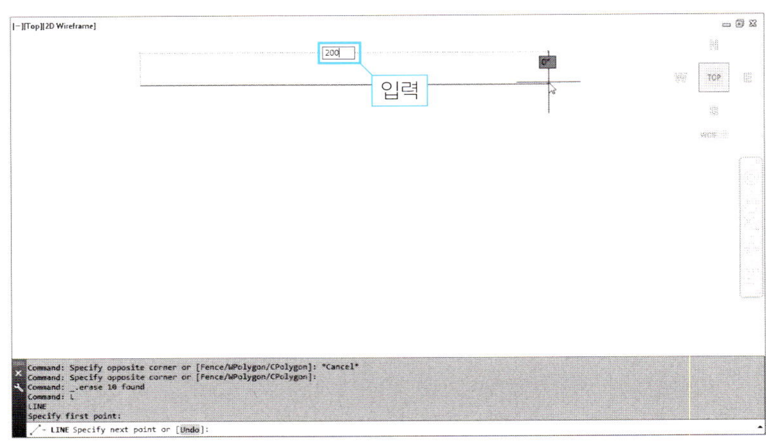

마우스를 수평/수직 방향으로 맞추기 힘들 때!

선은 클릭한 지점에서 마우스가 향하는 방향으로 그려지기 때문에 수평/수직으로 맞추기가 매우 어렵다. 이때 F8 을 한 번 누르면 마우스 움직임에 상관없이 무조건 수평/수직 방향으로 제한되기 때문에 매우 편하다. F8 을 다시 누르면 제한 모드가 풀린다.

02 마우스를 수직 방향으로 아래로 내린 후, '100'을 입력하고 Space Bar 를 누른다.

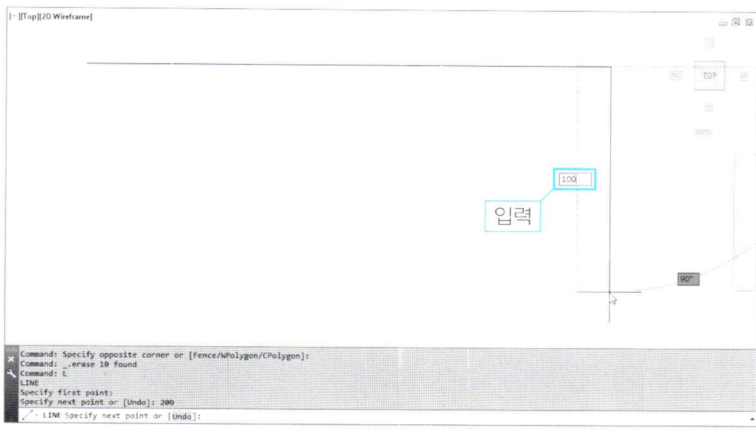

03 마우스를 왼쪽 수평 방향으로 움직인 후 '200'을 입력하고 Space Bar 를 누른다.

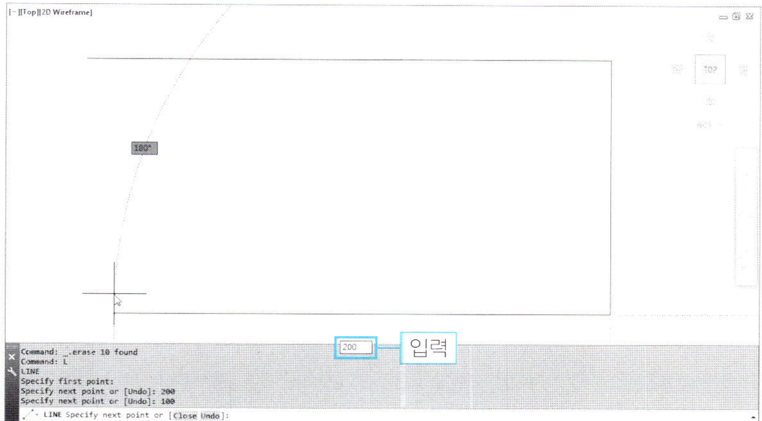

04 마우스를 수직 방향으로 위
   로 올린 후 '100'을 입력하고
   Space Bar 를 누른다. 선을
   닫기 위해 'C'를 입력하고
   Space Bar 를 누른다.

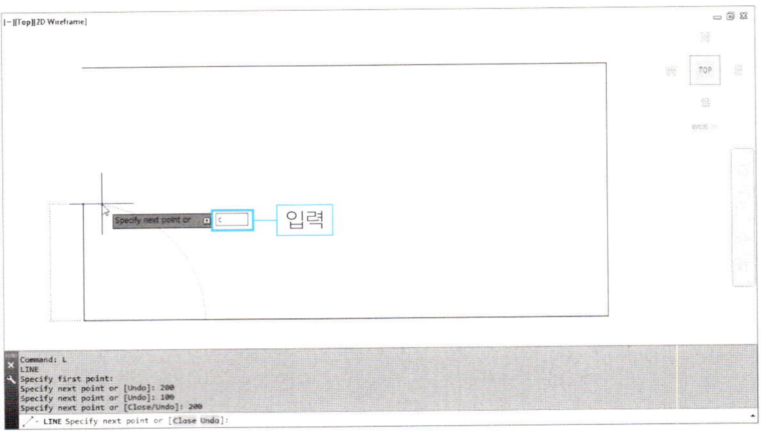

05 LINE만으로 사각형이 완성된
   다.

   도면 파일 ：[Sample] – 'Line Exam.
          dwg'

<h2 style="background:#5bc5e8;color:#fff;padding:8px 16px;">06 ｜ 작업 취소</h2>

작업 취소는 명령 자체를 취소하는 방법과 실행 중간 단계를 취소하는 방법이 있다. 명령 자체를 취소하는 방법은 **Esc** 를 누르면 된다. 반면 실행 중간 단계를 취소하려면 U를 누르고 바로 **Space Bar** 를 누르면 실행된다.

객체 선택은 마우스로 클릭할 때마다 선택이 누적된다. 반대로 선택을 취소하려면 **Shift** 를 누른 상태에서 클릭한다. 다중 선택은 두 가지 방법이 있는데 왼쪽에서 오른쪽 방향으로 각각 클릭하면 영역 안에 포함된 객체만 선택되며, 오른쪽에서 왼쪽으로 각각 클릭하면 영역에 걸쳐진 객체 또한 모두 선택된다.

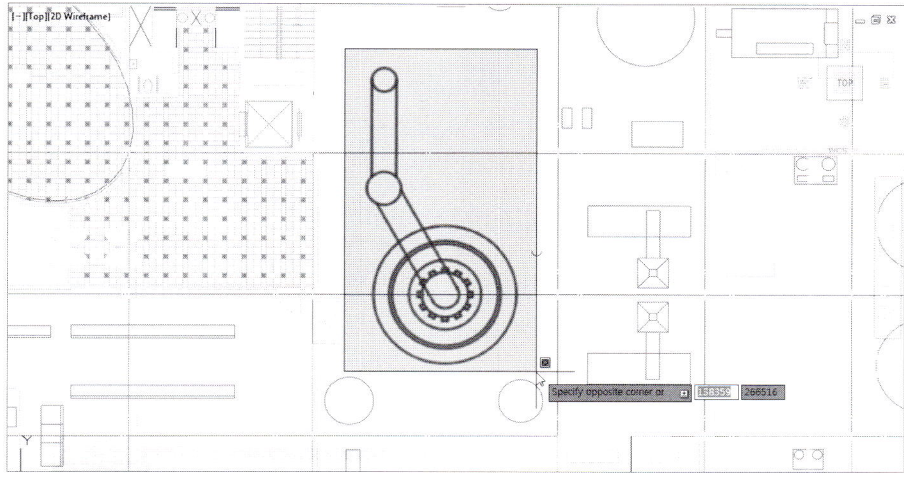

▲ 왼쪽에서 오른쪽 방향으로 클릭

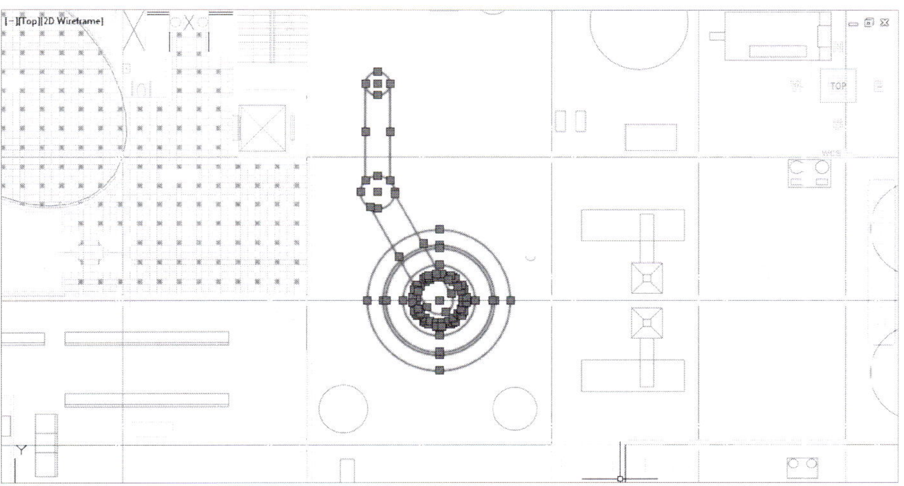

▲ 영역에 포함된 객체만 선택됨

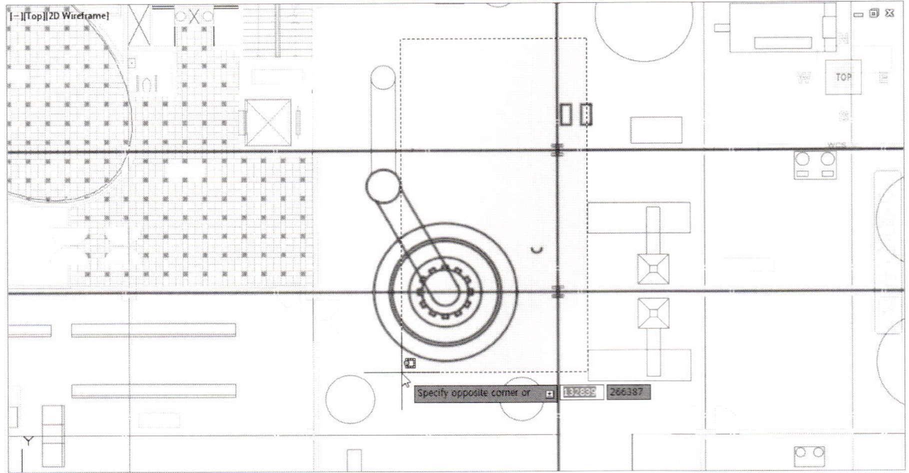

▲ 오른쪽에서 왼쪽 방향으로 클릭

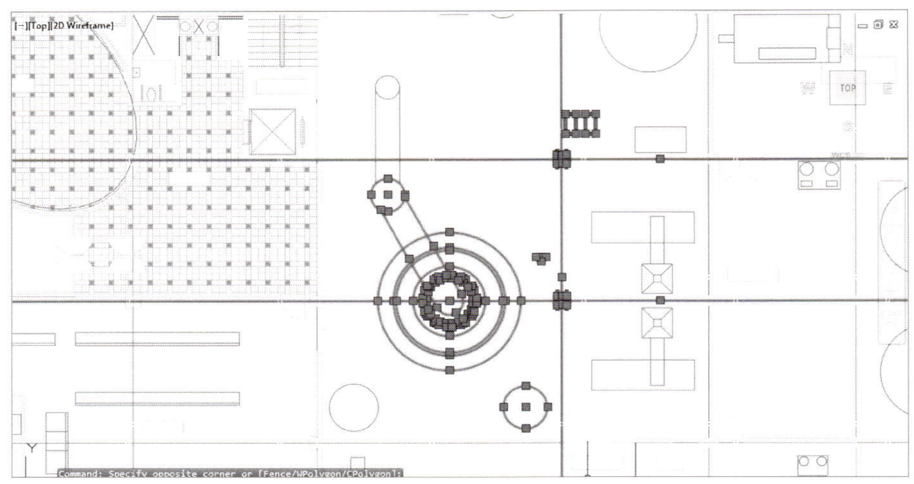

▲ 영역에 걸쳐진 객체들도 모두 선택됨

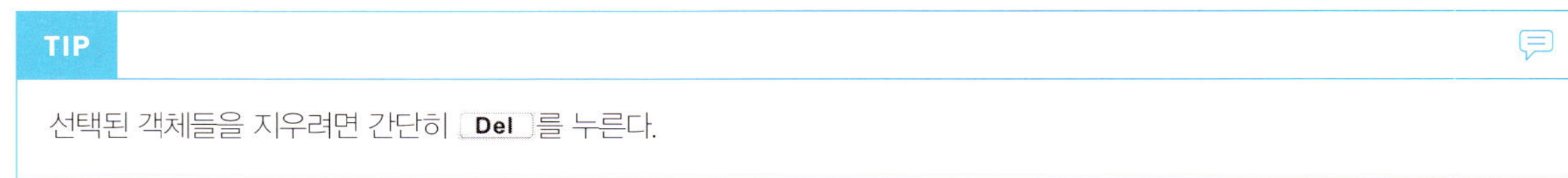

TIP

선택된 객체들을 지우려면 간단히 **Del** 를 누른다.

08 | 좌표 입력 방법

정확한 도면 작성은 좌표 즉 지점을 통해서 이루어진다. 좌표를 입력하는 방법은 크게 절대 좌표와 상대 좌표를 사용하는데 최근 상대 좌표가 일반화되어 있어 절대 좌표는 잘 사용하지 않는다.

도면 영역은 절대 축의 좌표가 이미 정해져 있는데 이를 입력 좌표로 사용한다는 것이다. 절대 좌표는 도면 영역에서 정해진 위치 점을 그대로 사용하는 것으로 특별한 경우가 아니면 사용하지 않는다.

LINE 명령의 경우 첫 번째 지점을 '100,100'으로 하고 이어서 '200,100', '200,200', '100,200'을 입력한 후 마지막으로 '100, 100'을 다시 입력하면 사각형이 그려진다. 이때 사용하는 좌표가 절대 좌표이다.

```
Command: LINE
Specify first point: 100,100                         입력 [Space Bar]
Specify next point or [Undo]: 200,100                입력 [Space Bar]
Specify next point or [Undo]: 200,200                입력 [Space Bar]
Specify next point or [Close/Undo]: 100,200          입력 [Space Bar]
Specify next point or [Close/Undo]: 100,100          입력 [Space Bar]
```

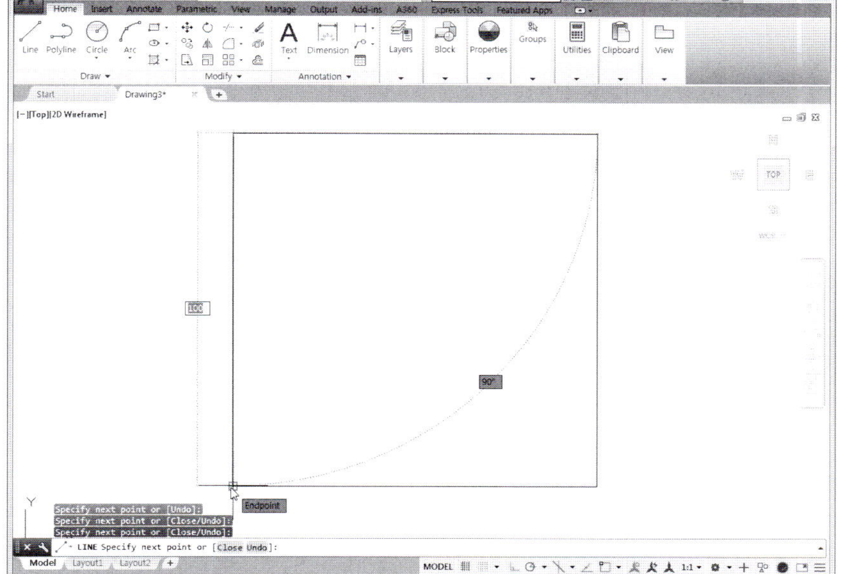

AutoCAD 최신 버전에서는 절대 좌표 입력이 까다롭다. 좌표를 직접 입력하는 방법은 명령 입력줄(Command Line)에서만 가능하다.

만약 마우스 커서가 도면 영역에 있다면 상대 좌표로 인식되어 절대 좌표가 작동되지 않는다. 보통은 절대 좌표를 사용하기보다는 상대 좌표를 많이 쓰는데 최초 점을 클릭한 후, 마우스로 방향을 정하고 상대 거리를 입력하는 방법을 사용한다.

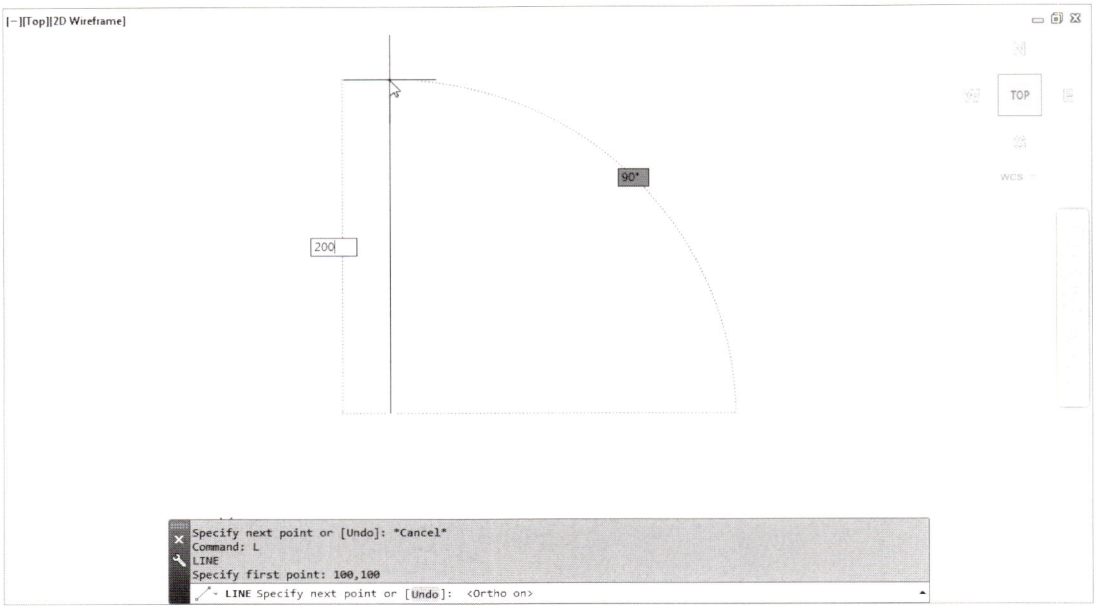

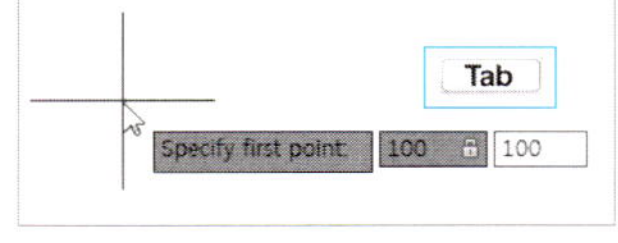

상대 거리를 입력할 때 X축 값을 입력한 후, **Tab** 을 누르면 Y축 입력 상태가 되는데 이때 값을 입력한다.

02 상대 좌표 (@X축 방향 상대 거리, Y축 방향 상대 거리)

일반적으로 사용하는 좌표 입력 방식으로 클릭한 지점에서 원하는 방향으로 마우스를 움직인 후, 상대적인 거리를 입력해 사용한다. 좌표 앞에 @를 입력하면 상대 좌표로 인식하지만, AutoCAD의 기본이 상대 좌표이기 때문에 굳이 @을 입력할 필요가 없다.

```
Command: LINE
Specify first point: 100,100                        Space Bar
Specify next point or [Undo]: @100,0                Space Bar
Specify next point or [Undo]: @0,100                Space Bar
Specify next point or [Close/Undo]: @-100,0         Space Bar
Specify next point or [Close/Undo]: @0,-100         Space Bar
```

03 각도를 이용하여 좌표를 입력하는 극 좌표

극 좌표란 위치 좌표를 입력할 때 각도 즉 방향을 정한 후 거리를 입력하는 방법으로 정교한 작업 시 많이 사용한다. 각도를 사용하기 전 AutoCAD의 각도 시스템을 이해해야 하는데 수평선 오른쪽이 0도이며 반시계 방향으로 각도가 계산된다. 반대로 시계 방향으로는 마이너스 각도로 인식된다.

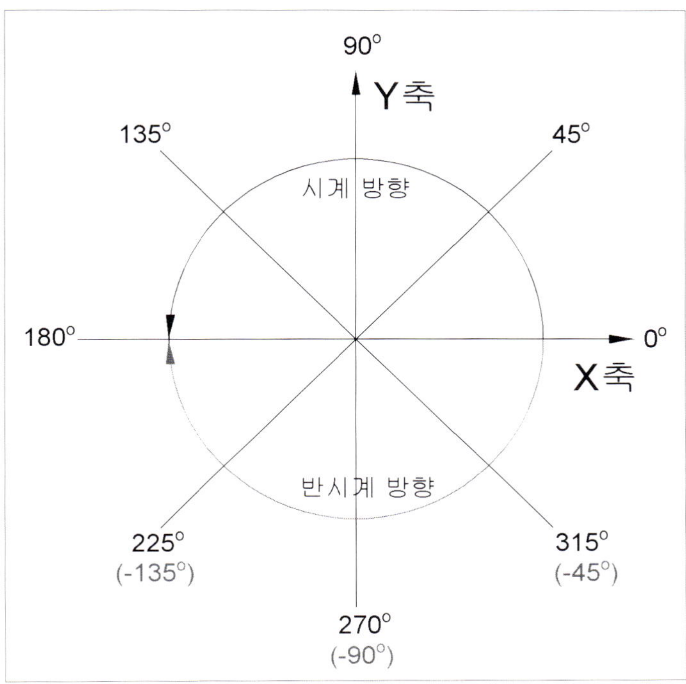


```
Command: LINE
Specify first point: 100,100
Specify next point or [Undo]: @100<0
Specify next point or [Undo]: @100<90
Specify next point or [Close/Undo]: @100<180
Specify next point or [Close/Undo]: @100<270
```

극 좌표를 손쉽게 사용하려면 명령 입력줄(Command Line)에서 직접 입력하는 것보다 Tab 을 쓰는 것이 편하다. 마우스 커서를 도면 영역 안에 놓은 후, 먼저 @을 입력하고 이어서 거리를 입력하고, Tab 을 누르면 각도 입력 상태가 되는데 이때 값을 입력한다.

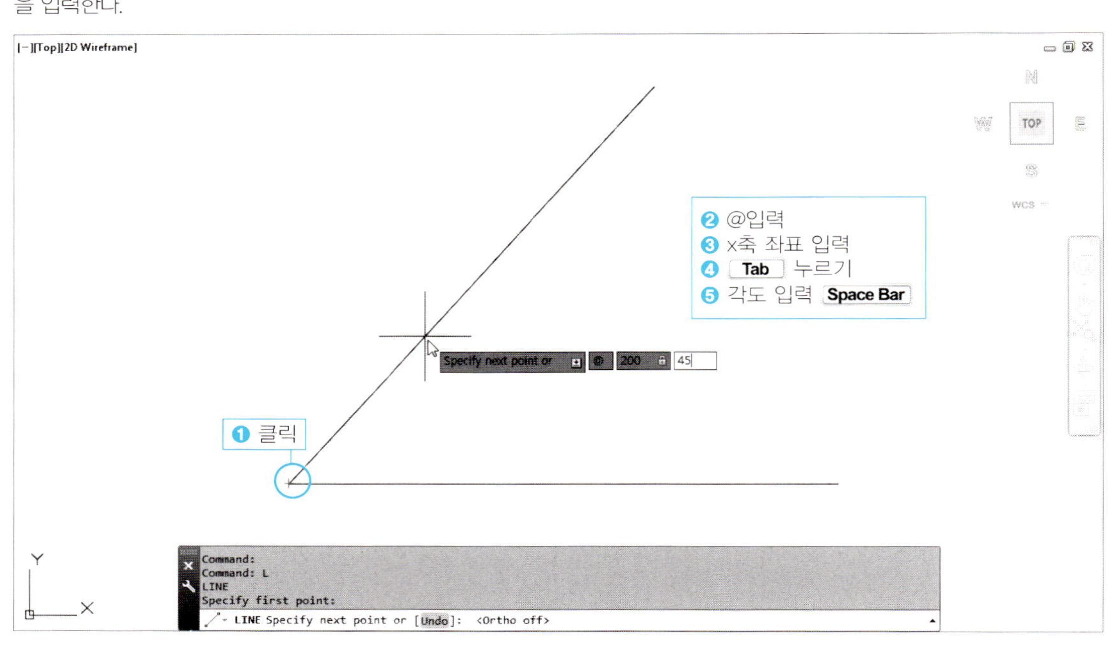

연습도면　　　　　　　　　　　　　　　　　　　기본 시트 작성하기

실습 목표

1. LIMITS : 0,0 ~ 279,420
2. REC : 0,0 ~ 279,420
3. LINE 가로 120 x 64, 간격 16
4. Text Height 6.4

Line 그리기 연습	
스케일	1:1
작성자	홍길동
날짜	2018년 4월 16일

TIP 

문자 입력을 위한 TEXT 명령

문자는 'T'를 입력한 후 ┃ Enter ┃를 누른다. 도면 영역을 드래그하여 입력할 영역 크기를 정해 글자를 입력한다.
입력 상태를 빠져 나오려면 ┃ Ctrl ┃ + ┃ Enter ┃를 누르면 된다.

연습도면	LINE으로 도면 그리기

실습 목표

1. 마우스 클릭만으로 도면 그리기
2. 치수가 없는 부분을 주변 도면에서 찾아내기

Line 그리기 연습	
스케일	1:1
작성자	홍길동
날짜	2018년 4월 16일

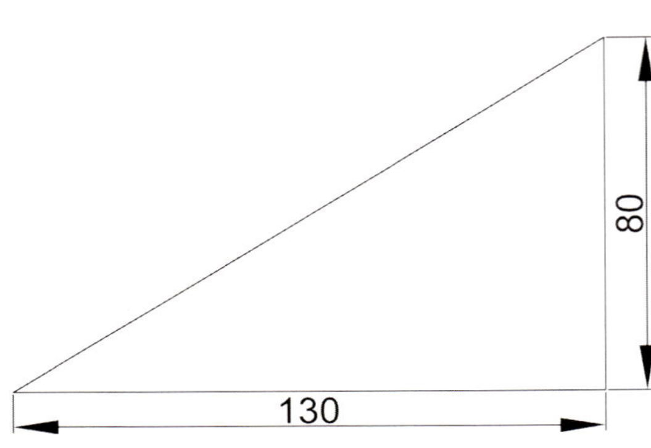

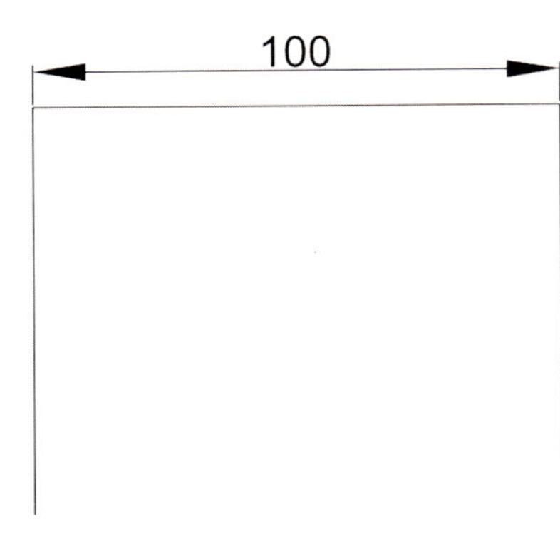

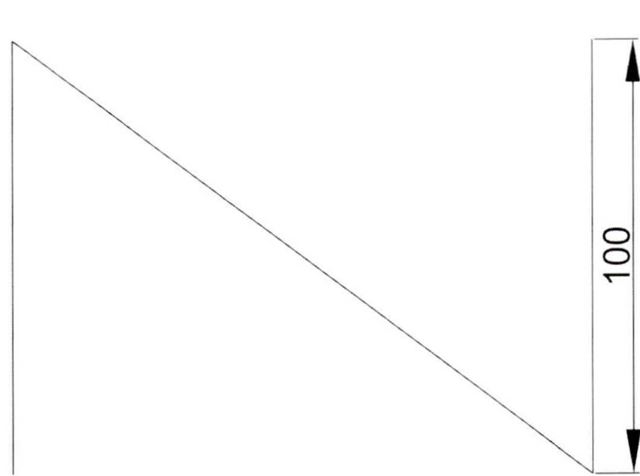

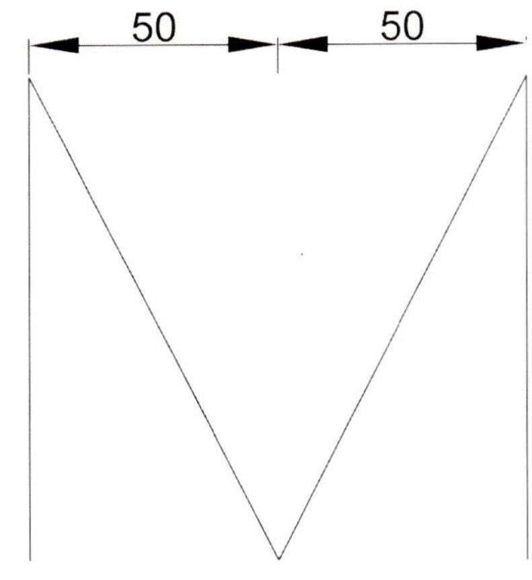

절대 좌표, 극 좌표로 방사선 그리기

실습 목표

1. 절대 좌표와 극 좌표를 이용해 파이 모양을 만든다.
2. 절대 좌표와 상대 좌표를 이용해 나선구조 사각형을 그린다

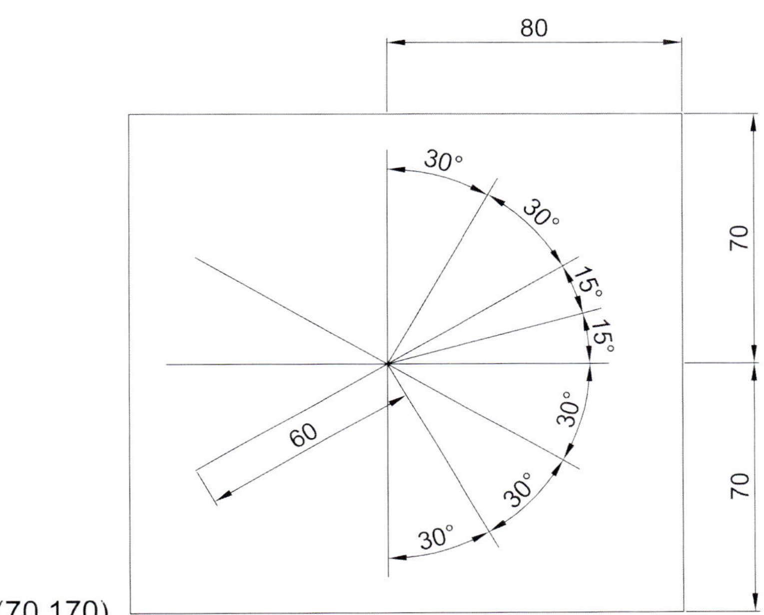

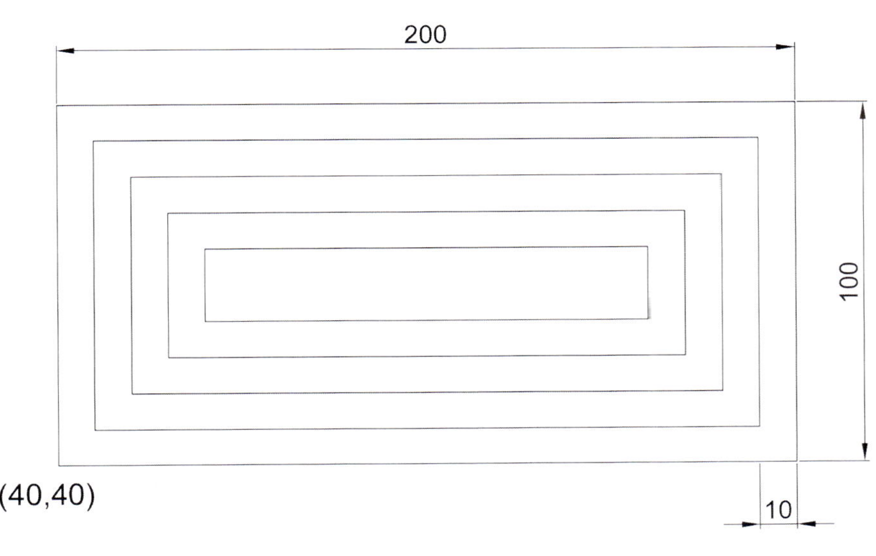

연습도면   LINE을 이용한 기초에서 응용까지 01

실습 목표

1. Line을 이용한 기초에서 응용까지 그리기
2. 치수를 이해하는 능력 키우기

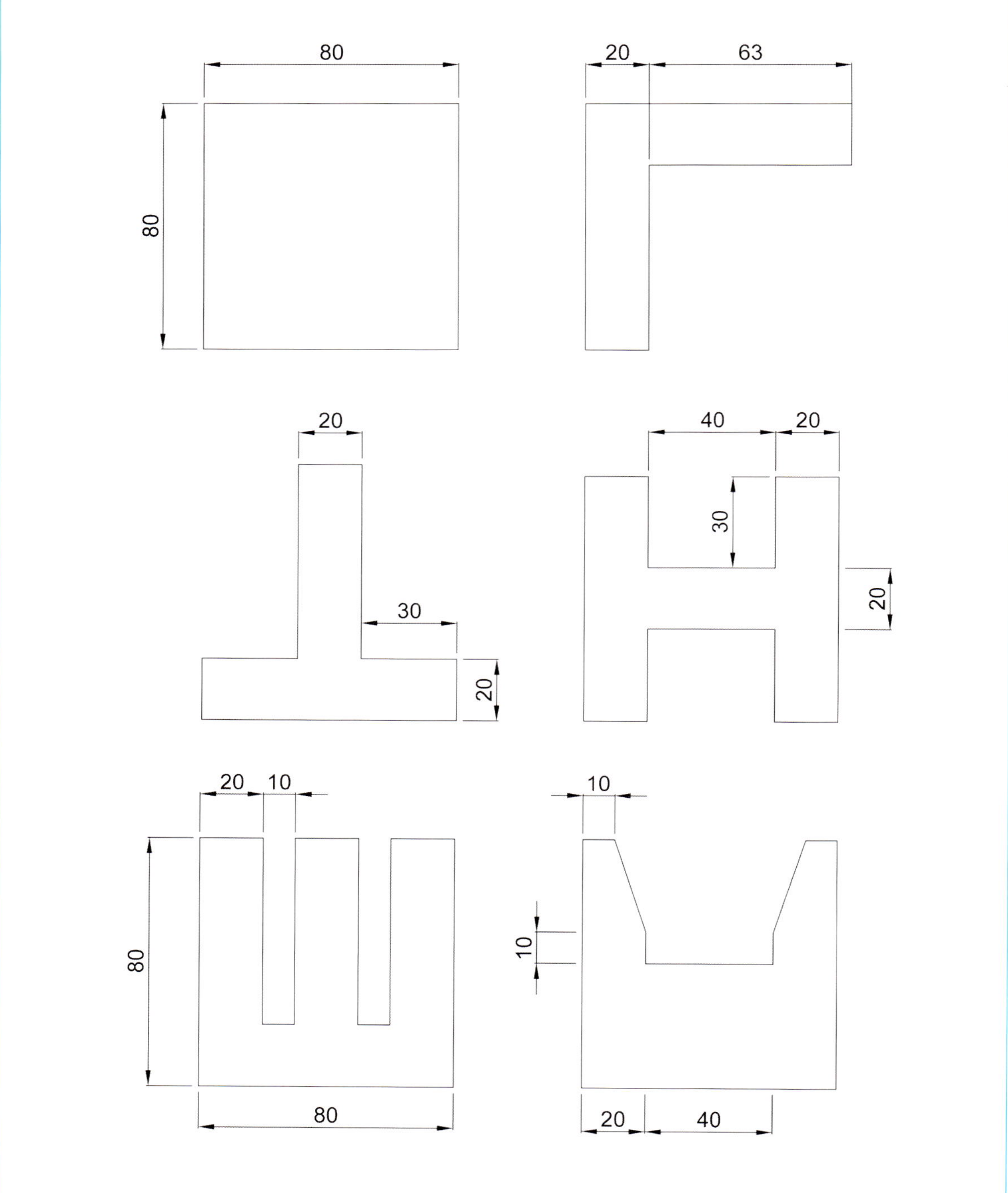

LINE을 이용한 기초에서 응용까지 02

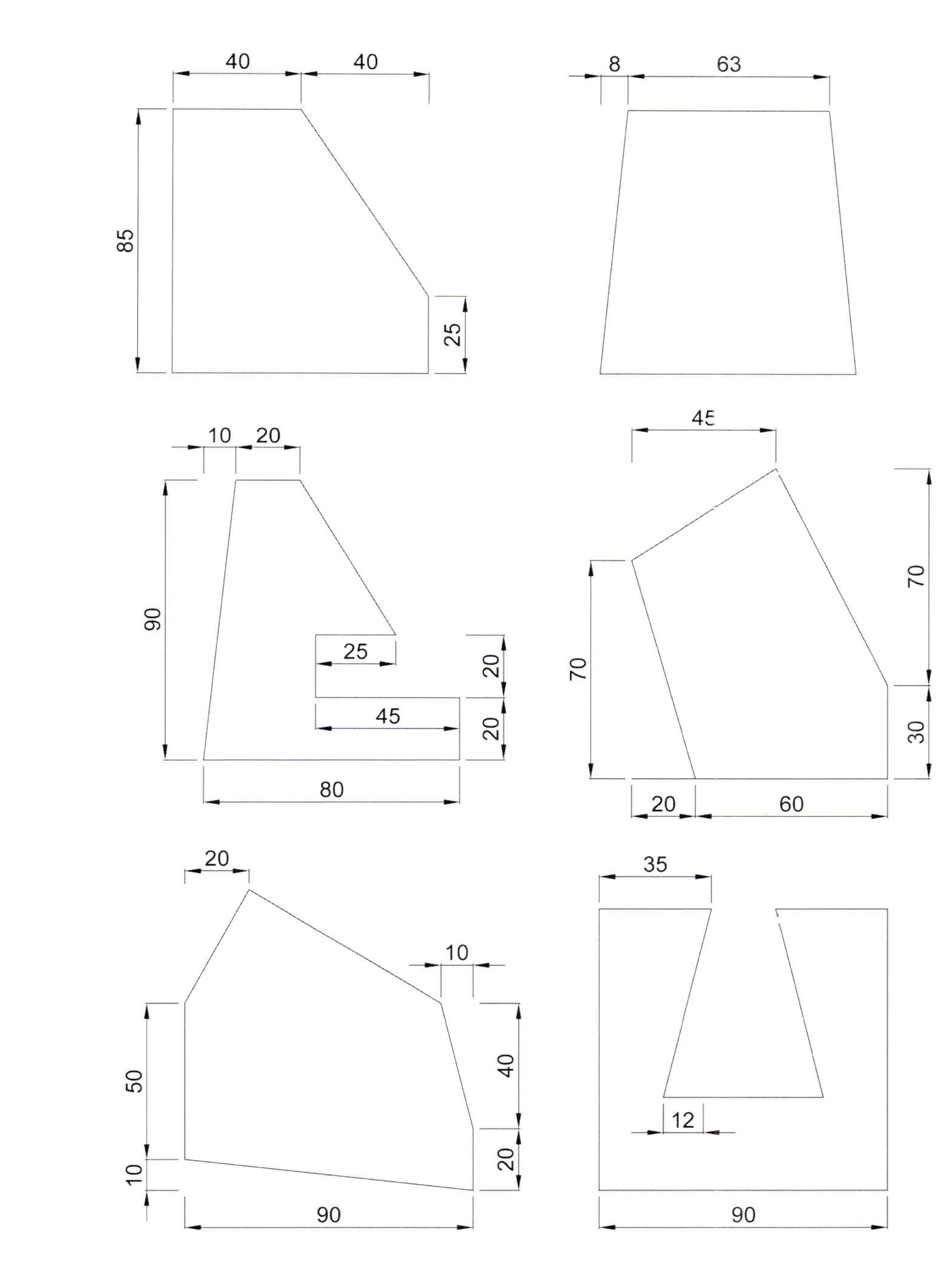

CHAPTER 02

기본 도형과 편집 명령들

>>> 도면의 풍성함을 추가하는 기본 도형 작도법과 겹쳐진 부분에 대한 편집 명령 등을 알아본다.

01 | AutoCAD 기본 도형과 이를 돕는 주요 기능들

기본 도형 중 많이 사용하는 CIRCLE, ARC, POLYGON에 대해 집중적으로 알아보고 선 작성을 고급화시키는 PLINE에 대해 살펴본다.

01 CIRCLE(원)

CIRCLE은 중심점과 반지름(Radius), 지름(Diameter)으로 그릴 수 있고 상황에 따라 두 점(2P), 세 점(3P), 접선 등을 활용해 그릴 수 있다.

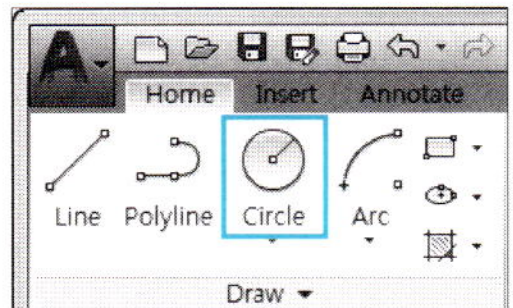

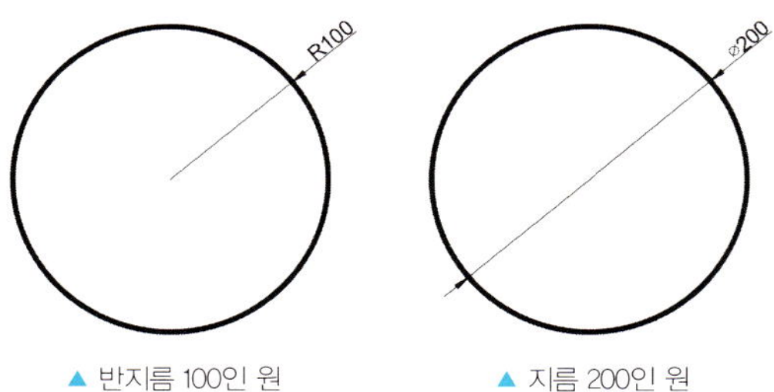

▲ 반지름 100인 원   ▲ 지름 200인 원

❶ **명령 :** CIRCLE `Enter` 또는 `Space Bar`
❷ **단축키 :** C `Space Bar`

```
Command: CIRCLE
Specify center point for CIRCLE or [3p/2p/Ttr(tan tan radius)]:     중심점 클릭 또는
                                                       좌표 입력 Space Bar

Specify radius of CIRCLE or [Diameter]:                            클릭 또는
                                                   반지름 입력 Space Bar
```

옵션	설명
3p(3p)	3점을 클릭해 원을 그린다.
2p(2p)	2점 즉 지름을 이용해 원을 그린다.
TTR(t)	2개의 접선과 반지름을 이용해 원을 그린다.

중심점과 반지름, 지름으로 원 그리기

원은 기본적으로 중심점과 반지름(Radius)을 기준으로 하지만 경우에 따라 지름(Diameter)으로도 그릴 수 있다.

❶ **명령 :** CIRCLE **Enter** 또는 **Space Bar**
❷ **단축키 :** C **Space Bar**

```
Command: CIRCLE
Specify center point for CIRCLE or [3p/2p/Ttr(tan tan radius)]:   원하는 지점 클릭 또는
                                                       좌표 입력 Space Bar
Specify radius of CIRCLE or [Diameter]:                          원의 반지름을 직접 입력
                                                         Space Bar
                                           *지름의 경우 D를 입력 후 지름 입력
```

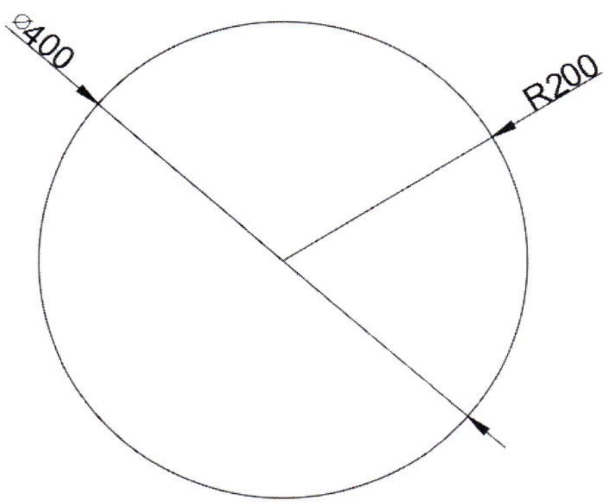

설계에 있어 반지름은 R로 표시하고 지름은 ø로 표시한다.

두 점(2P), 세 점(3P)으로 원 그리기

❶ **명령** : CIRCLE **Enter** 또는 **Space Bar**
❷ **단축키** : C **Space Bar**
❸ **CIRCLE 명령 옵션** : 2P, 3P

```
Command: CIRCLE
Specify center point for CIRCLE or [3p/2p/Ttr(tan tan radius)]: 2p    Space Bar
Specify first point of CIRCLE's diameter:                            시작점 입력 또는
                                                                    클릭 Space Bar

Specify second point of CIRCLE's diameter:                          지름 끝점 입력 또는
                                                              두 번째 점 클릭 Space Bar
```

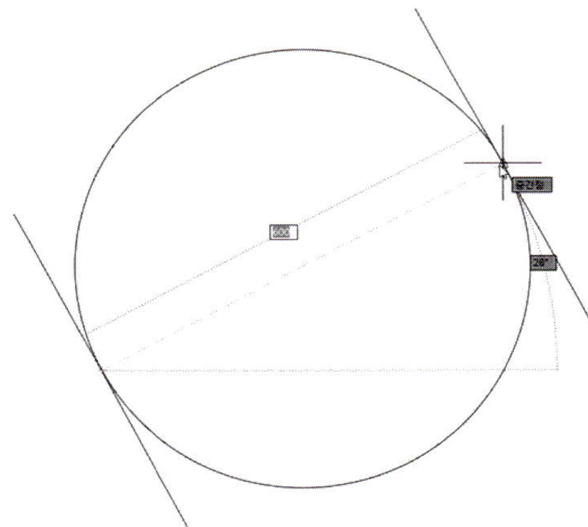

```
Command: CIRCLE
Specify center point for CIRCLE or [3p/2p/Ttr(tan tan radius)]: 3p    Space Bar
Specify first point of CIRCLE:                                       시작점 입력 또는
                                                                    클릭 Space Bar

Specify second point of CIRCLE:                                   두 번째 점 입력 또는
                                                                    클릭 Space Bar

Specify third point of CIRCLE:                                       끝점 입력 또는
                                                                    클릭 Space Bar
```

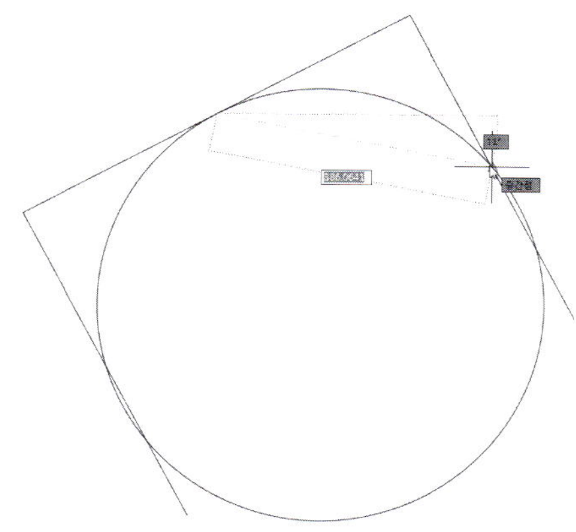

TIP

조심할 점으로 3P 옵션이 원하는 지점에서의 접선이 아니라는 점. 그냥 통과 점을 추적하는 것이다.

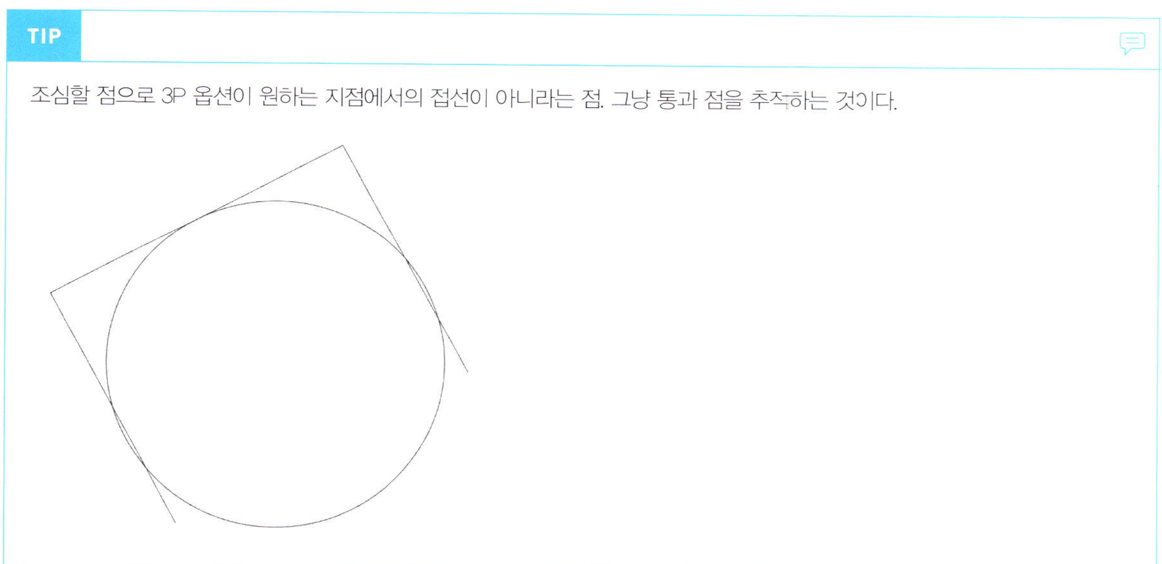

✏️ | 접선, 접선, 반지름으로 원 그리기(TTR)

❶ **명령 :** CIRCLE **Enter** 또는 **Space Bar**
❷ **단축키 :** C **Space Bar**
❸ **CIRCLE 명령 옵션 :** T

```
Command: CIRCLE
Specify center point for CIRCLE or [3p/2p/Ttr(tan tan radius)]: t          Space Bar
Specify point on object for first tangent of CIRCLE:                 원하는 선을 클릭
Specify second point on object for first tangent of CIRCLE:          두 번째 선을 클릭
Specify radius of CIRCLE:                                      반지름 입력 Space Bar
                                                                  Ex) 반지름 50
```

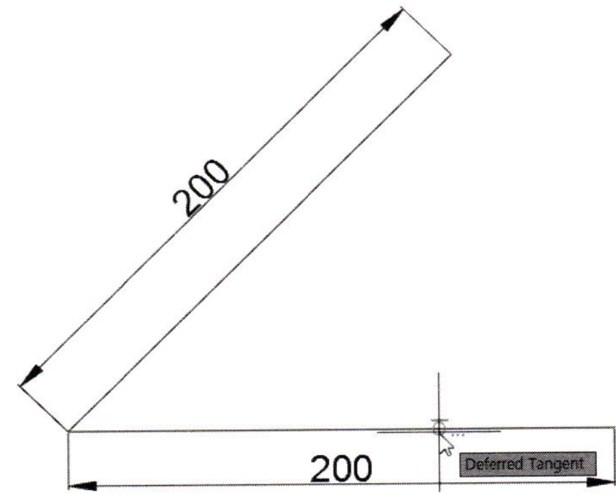

▲ 첫 번째 접선 클릭

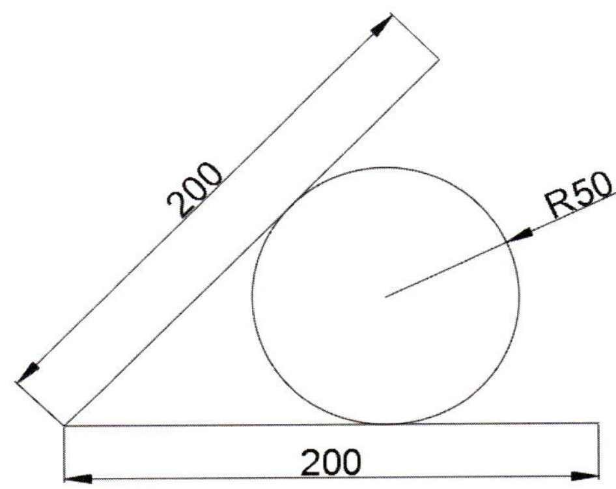

▲ 두 번째 접선 클릭으로 원 완성

캐드 도면 작성에 있어 접선을 이용한 원을 그릴 때가 참으로 많다. 벽의 모서리를 잇는 둥근 부분을 그려야 할 때가 많기 때문인데, 이때 TTR 옵션을 사용하면 쉽게 그릴 수 있다.

연습도면　CIRCLE을 이용한 다양한 도형 그리기

실습 목표

1. CIRCLE을 다양하게 이용하여 도면을 작도한다.
2. 삼각형의 경우 내각의 합이 180도이므로 극 좌표를 이용한다.

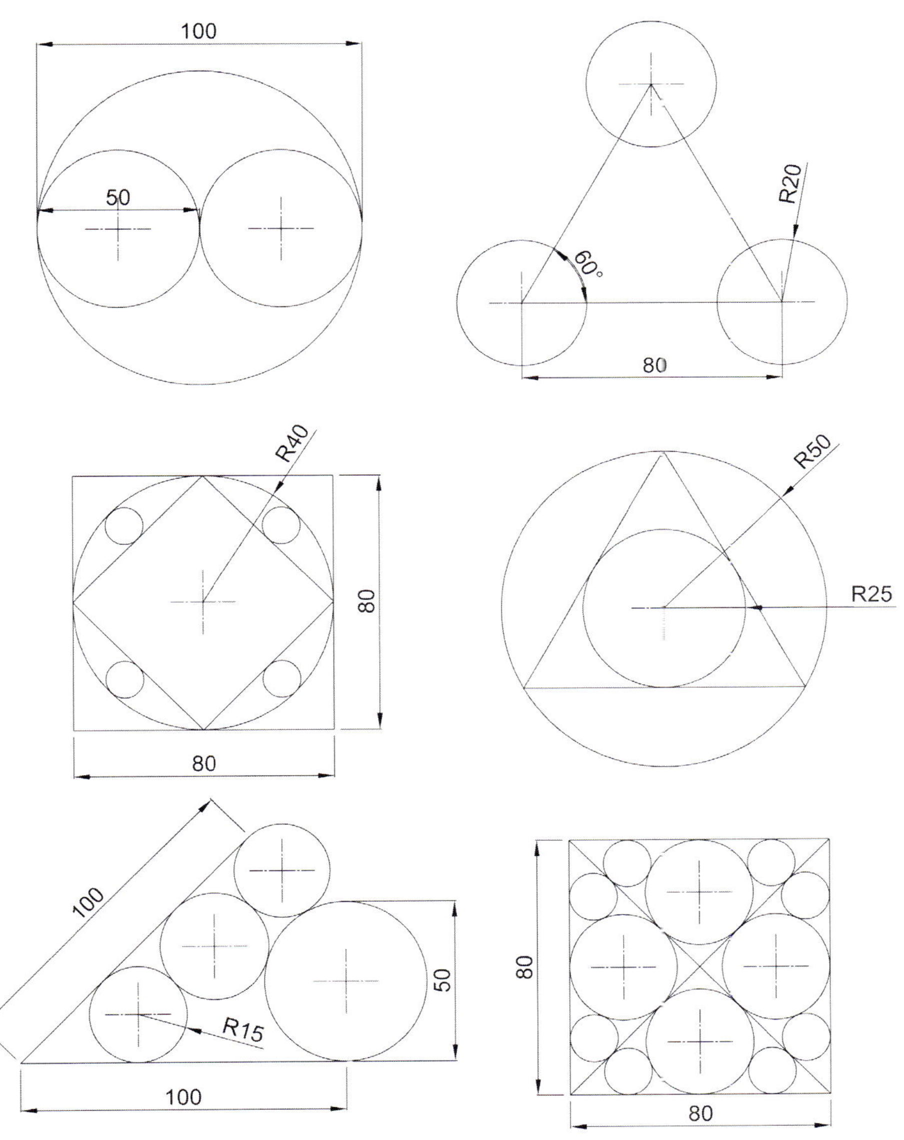

정확한 지점을 포착하고자 할 때 사용되는 기능으로 원의 중심점, 선의 끝점, 접선 등을 인식하게 한다. Endpoint, Center, Intersection 등은 이미 켜져 있어 자동으로 작동된다.

❶ **명령 :** OSNAP `Enter` 또는 `Space Bar`
❷ **단축키 :** OS `Space Bar`
❸ **OSNAP 기능 켜고 끄기 :** `F3`

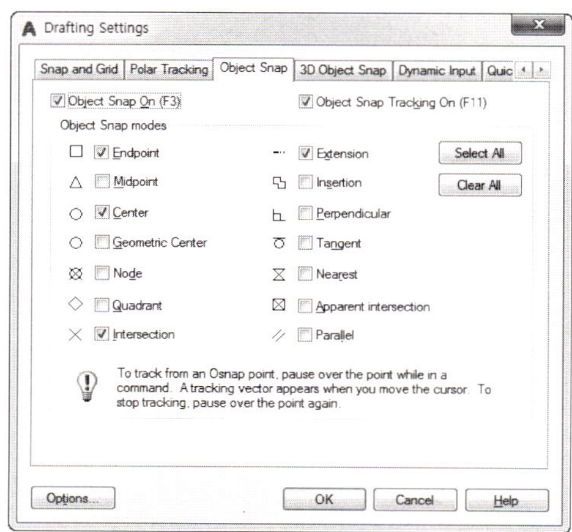

옵션	설명
Endpoint	마우스가 근접한 끝점 추적
Midpoint	마우스가 근접한 중간 점 추적
Center	원, 사각형의 중심점 추적
Node	나누어진 객체의 나눔점 추적
Quadrant	객체의 사분점 추적
Intersection	객체의 교차점 추적
Perpendicular	선의 수직 방향 추적
Tangent	객체의 접선 추적
Nearest	마우스의 근접점 추적

OSNAP을 이용한 빠른 도면 작도법을 이해한다.

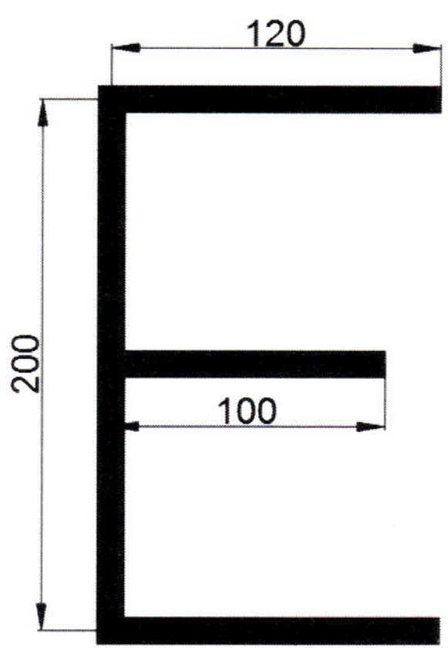

01 'L'을 입력한 후 **Enter** 를 누른다. 마우스의 움직임을 수직/수평 방향으로 제한하기 위해 **F8** 을 누른다. 원하는 지점을 클릭한 후, 마우스를 아래 방향으로 움직인 후, '200'을 입력하고 **Space Bar** 를 누르고, LINE 작업을 빠져나오기 위해 **Space Bar** 를 누른다.

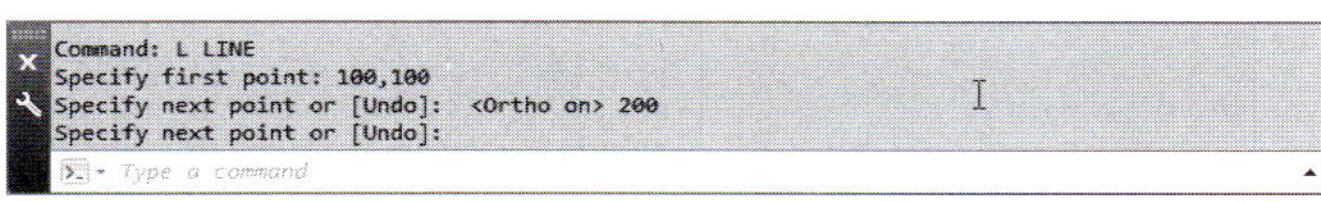

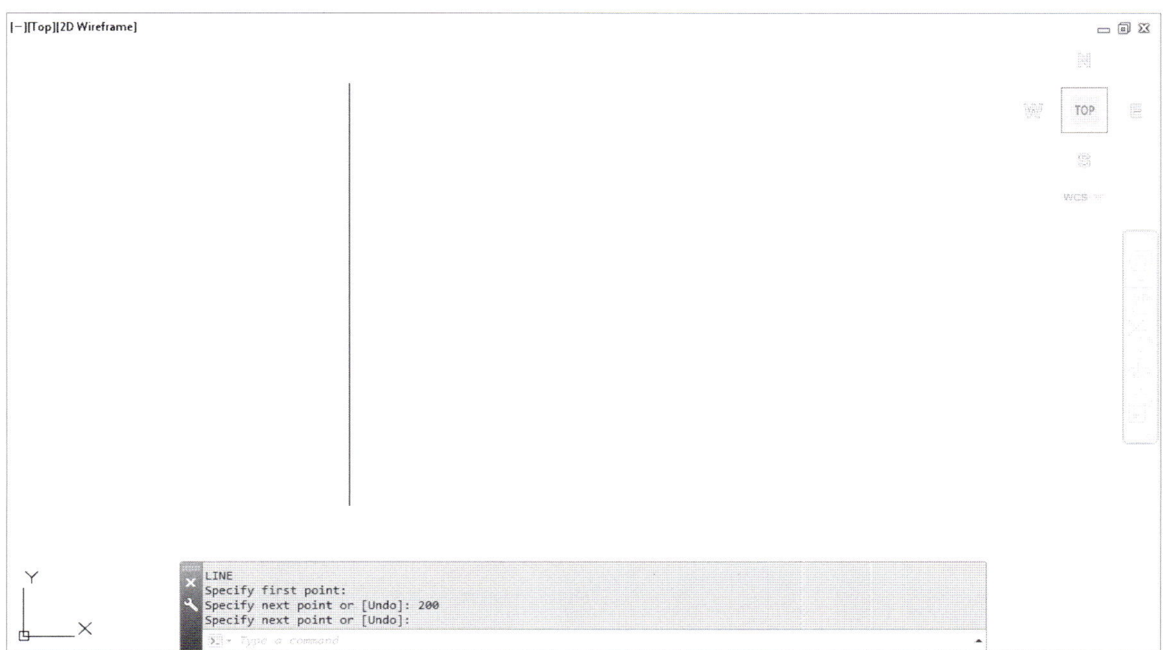

02 'OS'를 입력한 후, Enter 를 누른다. 대화상자에서 [Endpoint], [Midpoint]를 체크하고 OK 를 클릭한다.

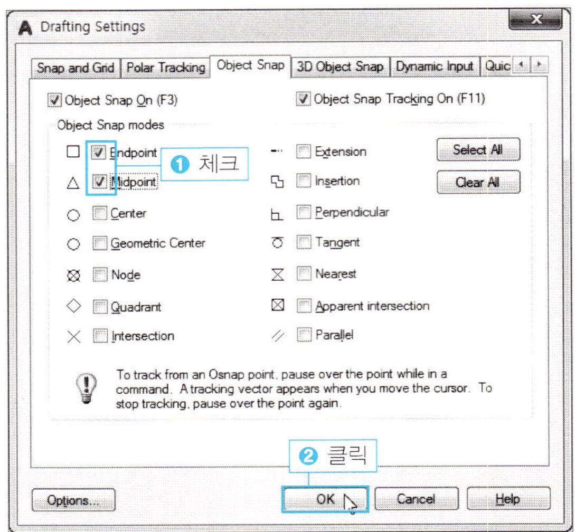

03 'L'을 입력한 후, Enter 를 누른다. 마우스를 움직여 선의 위쪽 끝점이 초록색으로 추적된 것을 확인하고 클릭한다.

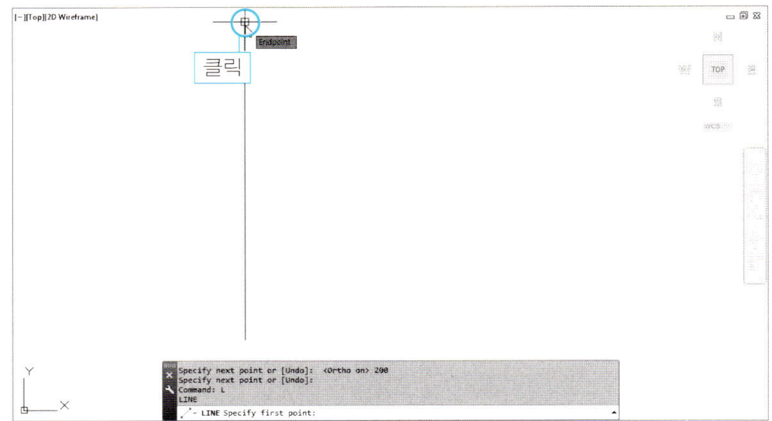

04 마우스를 오른쪽 수평 방향으로 이동한 후, '120'을 입력하고 Space Bar 를 누른다. LINE 작업을 빠져 나오기 위해 Space Bar 를 누른다.

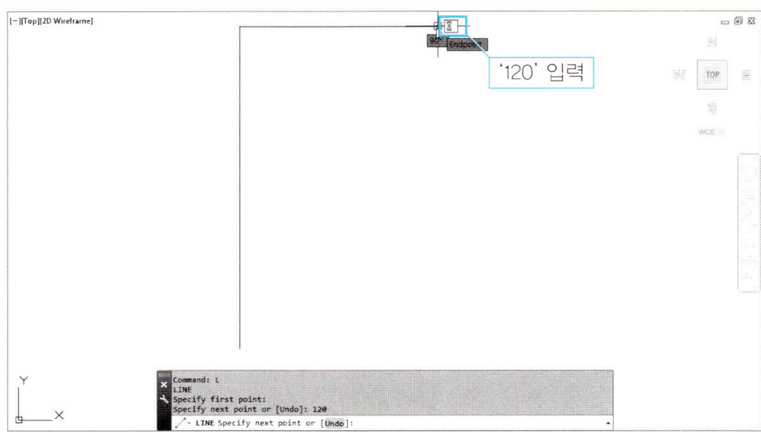

05 같은 방법으로 아래쪽 선 끝 점을 시작으로 120 거리의 선을 그린다.

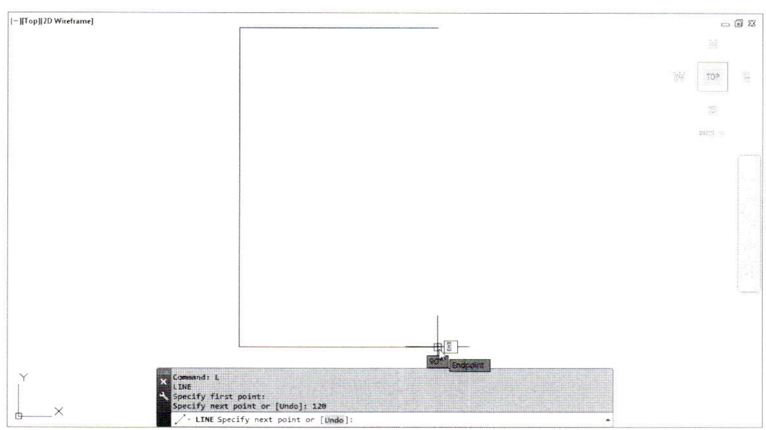

06 LINE 작업 반복 사용을 위해 **Space Bar** 를 누른 후, 마우스를 움직여 수직선의 중간 점을 추적하고 클릭한다.

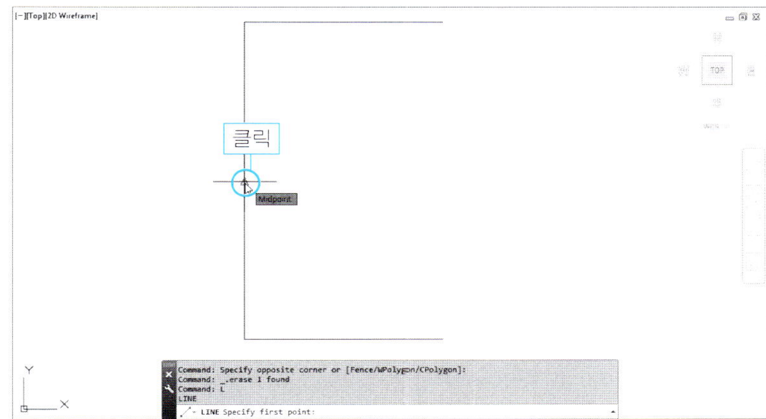

07 마우스를 오른쪽 방향으로 움직인 후, '100'을 입력하고 **Space Bar** 를 누른다. LINE 작업을 빠져 나오기 위해 **Space Bar** 를 누른다.

도면 파일 [Sample] - 'Line E.dwg'

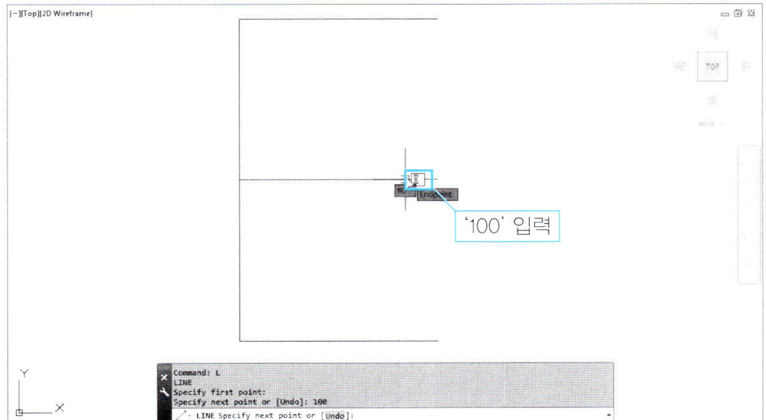

필요한 곳에서 바로 사용할 수 있는 OSNAP 명령

OS 명령 대신 **Ctrl** + 마우스 오른쪽 버튼을 클릭하면 빠르게 OSNAP을 사용할 수 있다. 단, 한 번 동작하면 원래의 OSNP 설정으로 되돌아온다.

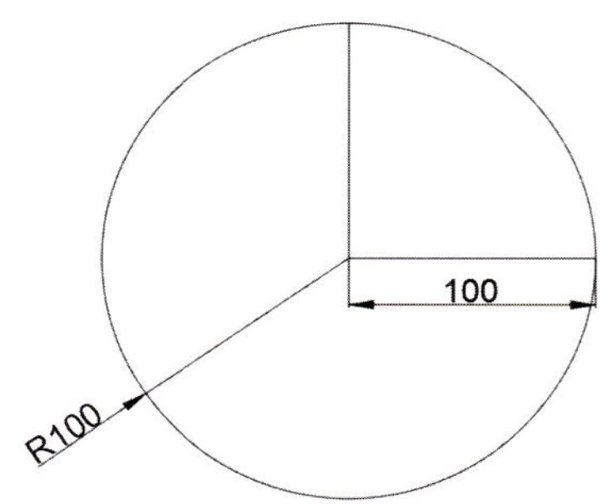

원의 중심점을 이용해 파이 차트 그리기

설계에 있어 원과 선의 조합이 많이 사용되는데 OSNAP을 통해 파이 차트 모양을 빠르게 그려본다.

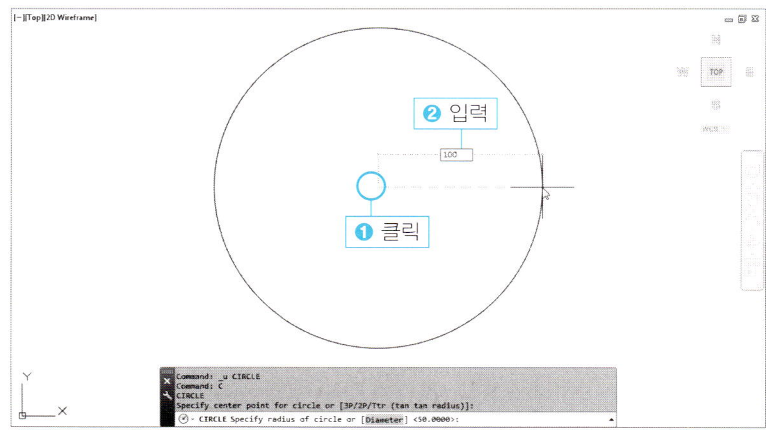

01 'C'를 입력한 후 **Enter** 를 누른다. 원하는 지점을 클릭한 후 오른쪽 방향으로 '100'을 입력하고, CIRCLE 명령을 종료하기 위해 **Space Bar** 를 누른다.

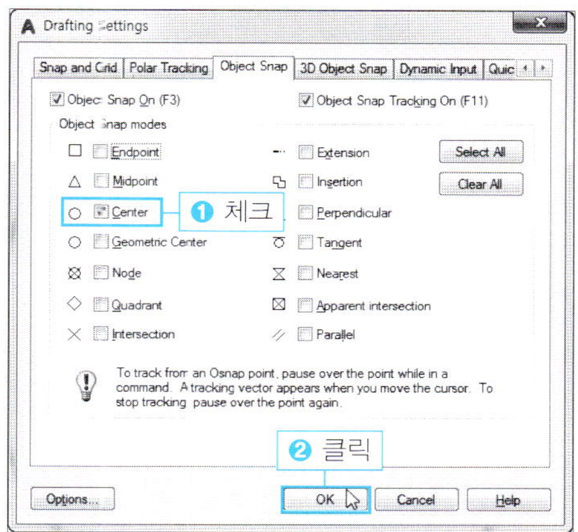

02 'OS'를 입력한 후 [Enter]를 누른다. 대화상자에서 [Center]를 체크하고 [OK]를 클릭한다.

03 'L'을 입력한 후 [Enter]를 누른다. 마우스를 움직여 원의 중심점을 시작점으로 클릭하고 오른쪽 수평 방향으로 '100'을 입력하고 [Space Bar]를 누른다. LINE 명령을 종료하기 위해 [Space Bar]를 누른다.

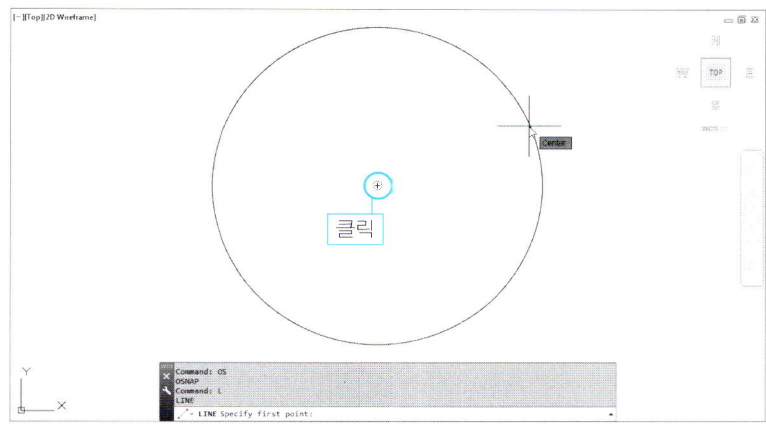

▲ 원 주위로 움직여 원점 추적

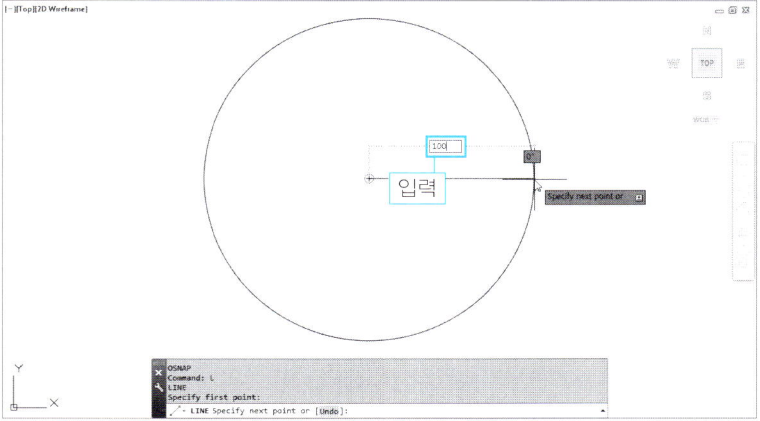

04 같은 방법으로 LINE을 이용해 원의 중심점에서 수직 방향으로 100 거리의 선을 그린다.

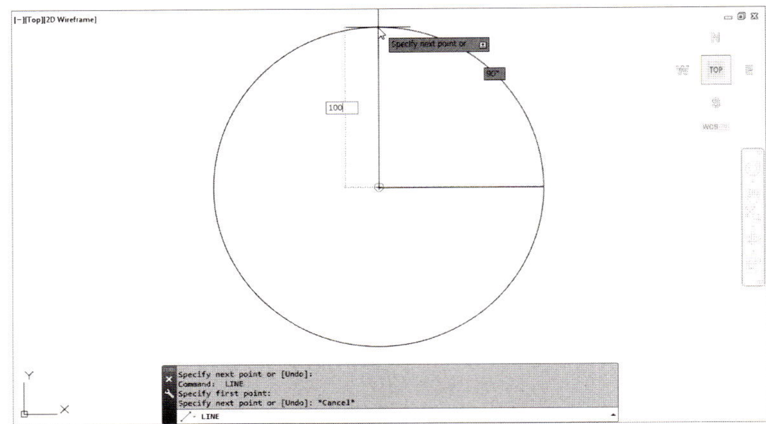

✎ | 닫힌 공간을 채우는 해치(HATCH)

파이 차트 모양을 채우기 위해 해치(HATCH)를 사용할 수 있다. 해치란 특정 공간을 의미 있게 강조하는 효과로 도면 설계에서 단면 표시 등에 많이 쓰인다.

01 단축키 'H'를 입력한 후 마우스를 파이 모양 안으로 움직이면 기본 패턴이 나타나는데 이때 클릭하고 **Space Bar** 를 누른다.

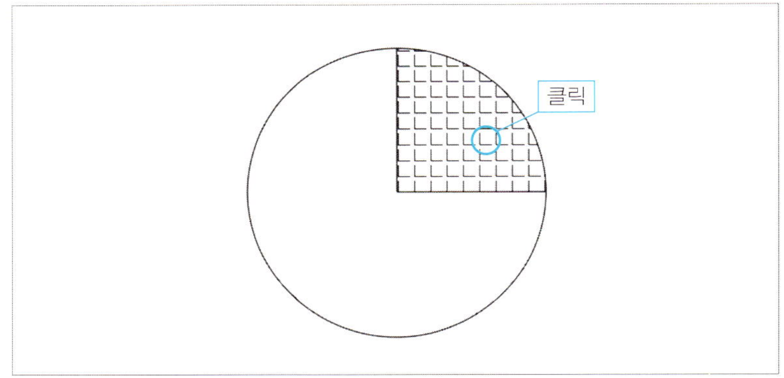

02 적용된 해치 패턴을 변경하려면 패턴 안쪽을 더블클릭한다. 옵션 패널이 나타나면 [Type]의 'Predefined'를 클릭하고 이어서 나오는 ▥을 클릭한다.

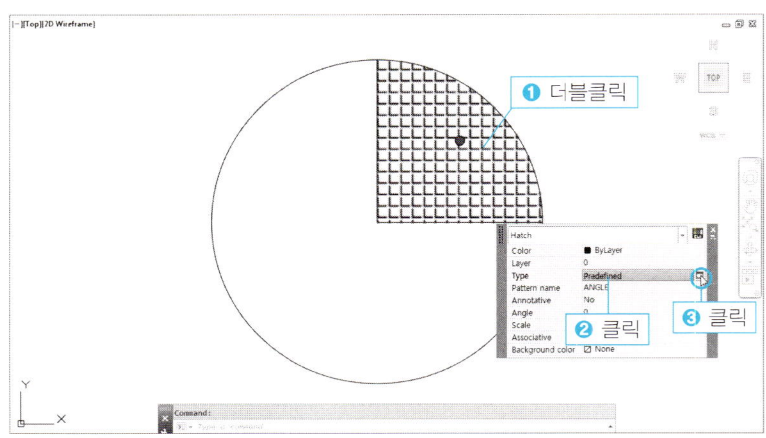

03 [Hatch Pattern Type] 대화상자에서 [Pattern...]을 클릭한다.

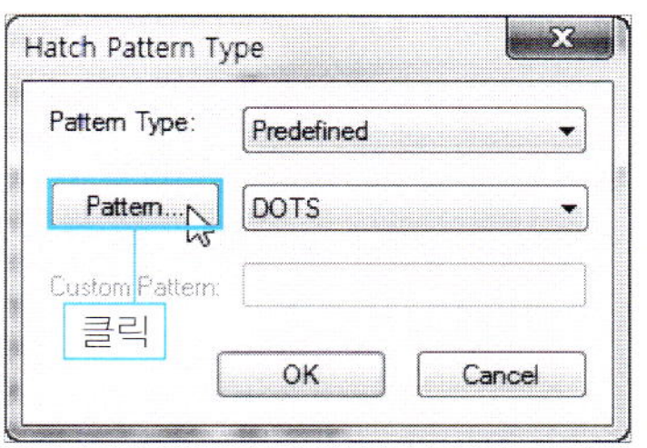

04 [Hatch Pattern Palette]가 나타나면 원하는 모양을 선택하고
   [OK]를 클릭한다.

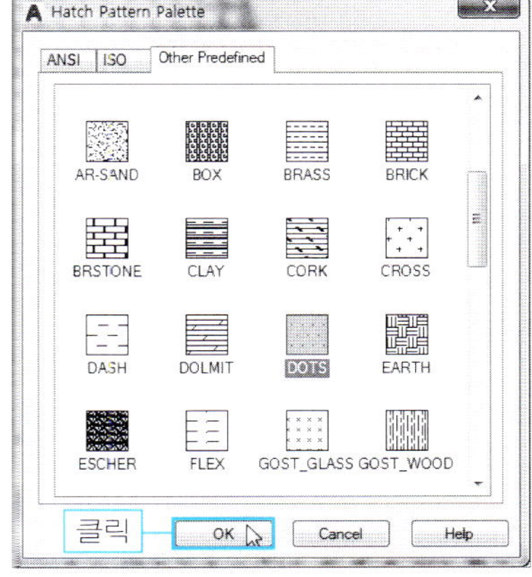

05 모양이 바뀐 것을 확인한 후 크기를 변경하기 위해 마우스 오른쪽 버튼을 클릭한 후 [Quick Properties]를 선택하고 [Scale]의 수치를 올리거나 내린다.

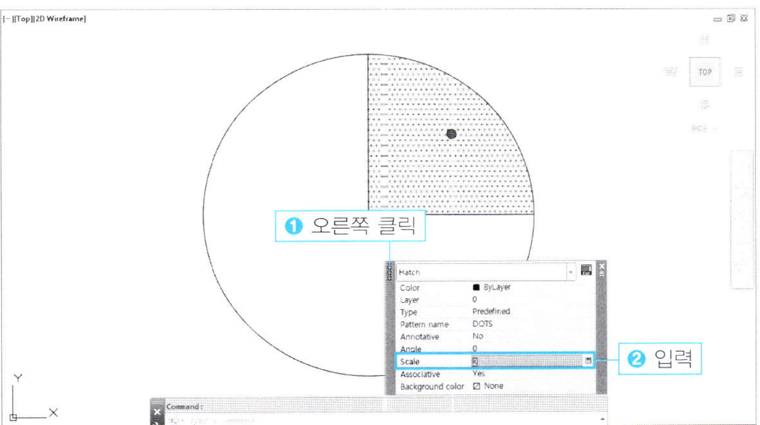

원은 내부에 사분점이 나뉘어져 있어 이를 이용하여 파이 모양을 그릴 수 있다.

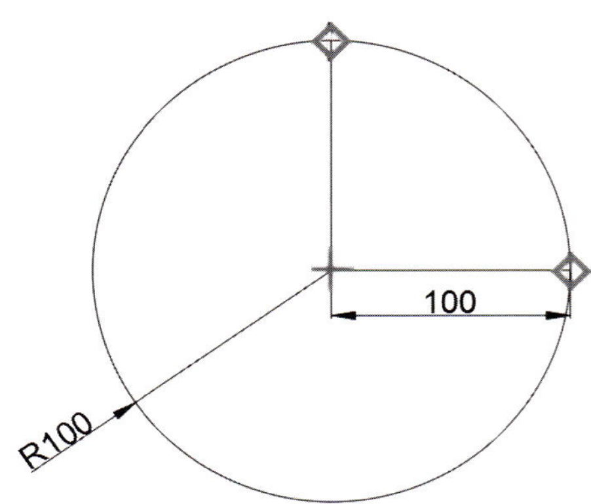

01 'C'를 입력한 후 **Enter** 를 누른다. 원하는 지점을 클릭한 후 오른쪽 수평 방향으로 '100'을 입력한다. CIRCLE 명령을 종료하기 위해 **Space Bar** 를 누른다.

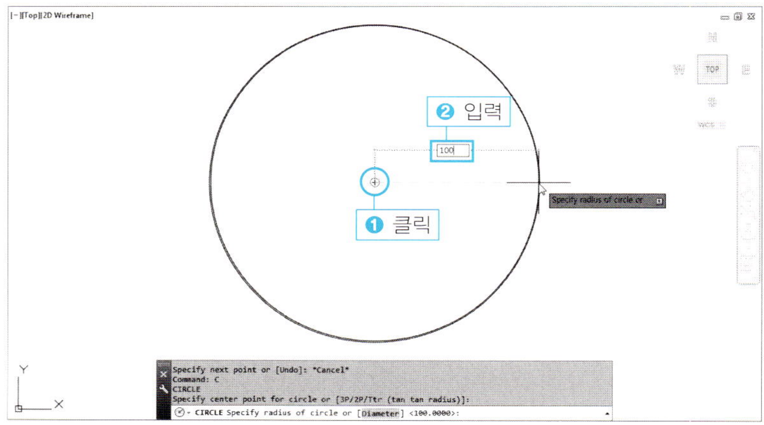

02 'OS'를 입력한 후 **Enter** 를 누른다. 대화상자에서 [Center], [Quadrant]를 체크하고 **OK** 를 클릭한다.

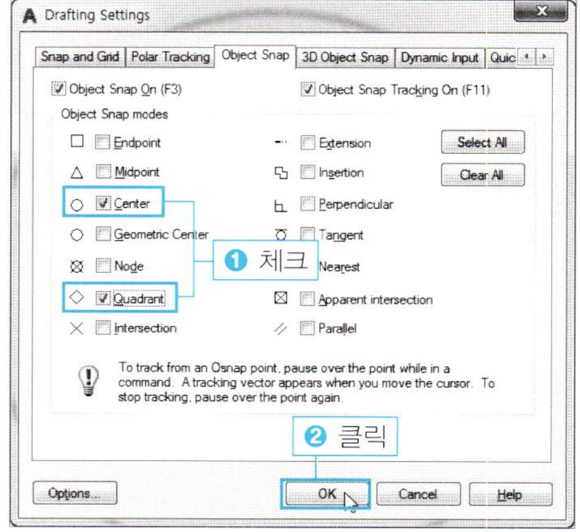

03 시작 전에 마우스 움직임을 자유롭게 하기 위해 **F8**을 눌러 수직/수평 강제 기능을 해제한다. 'L'을 입력한 후 **Enter**를 누른다. 마우스를 원 근처로 이동하여 원의 중심점을 추적한 후 중심점을 클릭한다. 마우스를 오른쪽으로 이동한 후 사분점이 추적되면 클릭하고, LINE 명령을 종료하기 위해 **Space Bar**를 누른다.

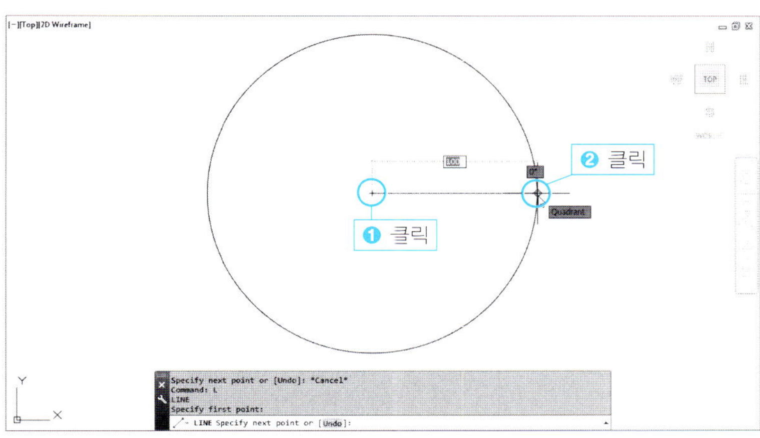

04 LINE 명령을 다시 시작하고 중심점을 시작점으로 정하고 위쪽 방향으로 이동한 후 사분점이 추적되면 클릭한다. LINE 명령을 종료하기 위해 **Space Bar**를 누른다.

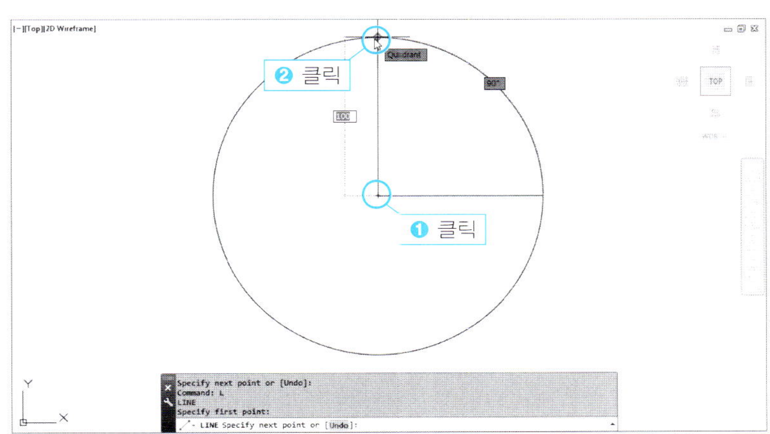

사분점, 교차점, 접선을 이용해 두 원의 접선 그리기

선의 서로 만나는 지점인 교차점(Intersection)과 접선(Tangent)를 이용하여 선을 그린다.

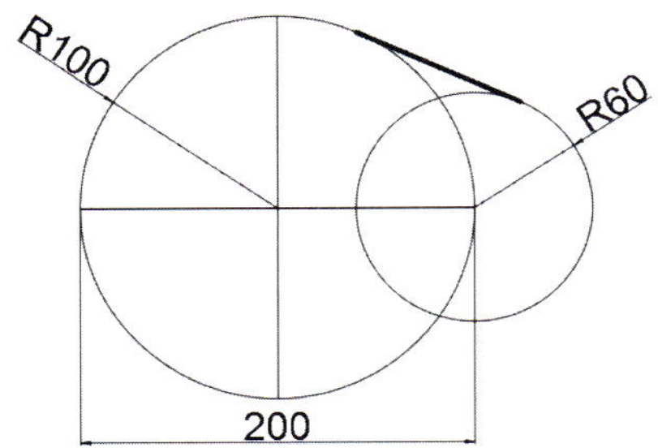

01 'C'를 입력한 후 **Enter** 를 누르고, 반지름 100인 원을 그린다. 'OS'를 입력한 후 [Quadrant]를 설정하고 원의 사분점을 연결한 선을 각각 그린다.

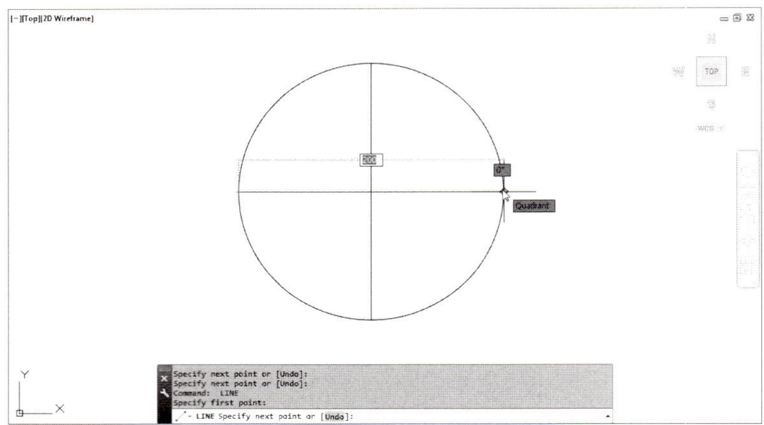

02 'OS'를 입력한 후 **Enter** 를 누르고, [Intersection], [Tangent]를 추가 설정한다.

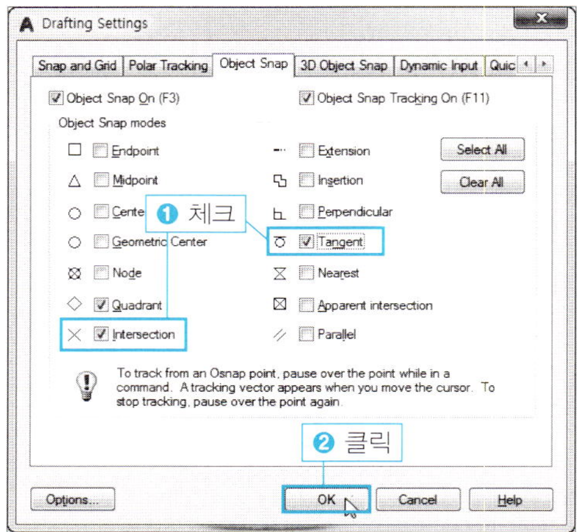

03 'C'를 입력한 후 **Enter** 를 누른다. 원과 선이 만나는 오른쪽 교차점을 추적한 후 클릭하고 반지름으로 '60'을 입력한다. CIRCLE 명령을 종료하기 위해 **Space Bar** 를 누른다.

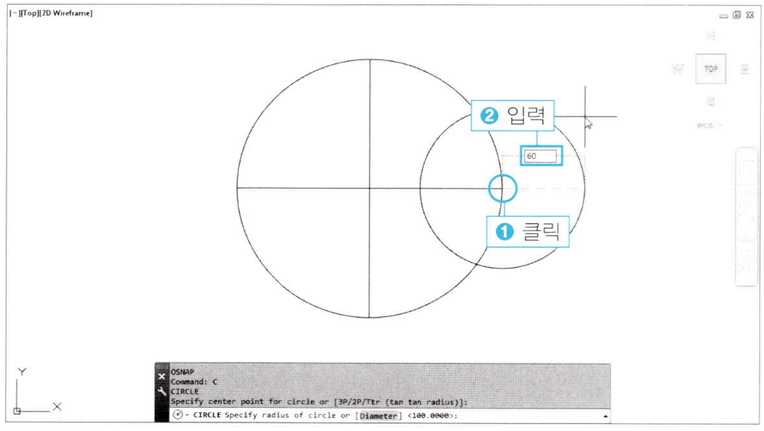

04 원과 원을 지나는 접선을 만들기 위해 'L'을 입력한 후 Enter 를 누른다. 오른쪽 원으로 마우스를 움직이면 사분점 밖에 추적되지 않는데 접선 추적을 위해 Ctrl + 마우스 오른쪽 버튼을 클릭하고 [Tangent]를 선택한다.

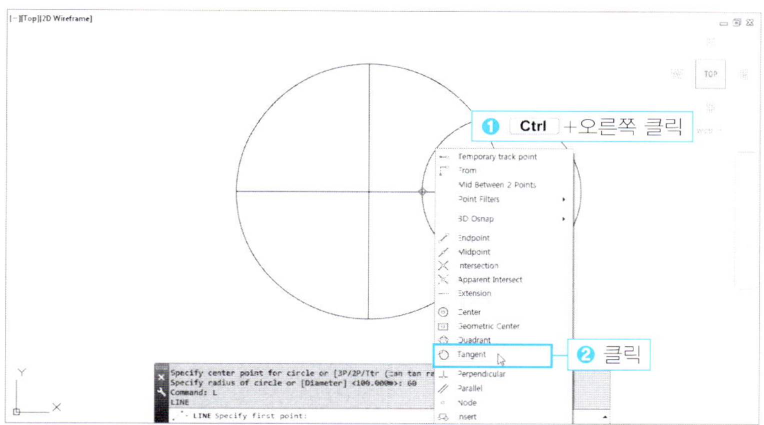

05 오른쪽 원 위에서 마우스를 움직이면 접선이 추적되는 것을 확인하고 클릭한다.

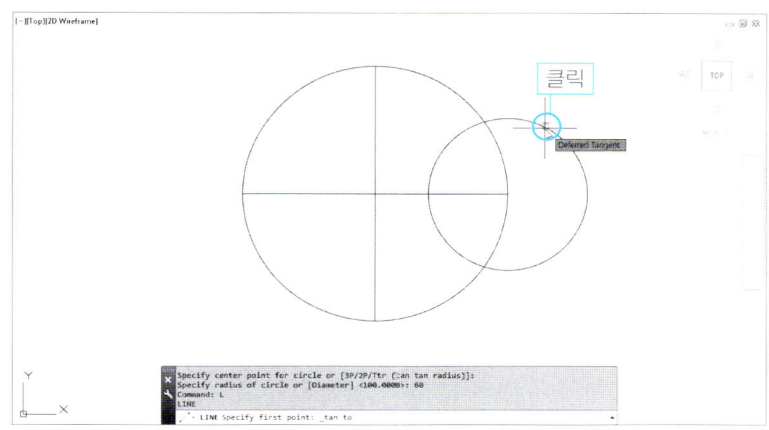

06 큰 원의 접선을 추적하려는데 사분점 밖에 추적되지 않기 때문에 Ctrl + 마우스 오른쪽 버튼을 클릭하고 [Tangent]를 선택한다.

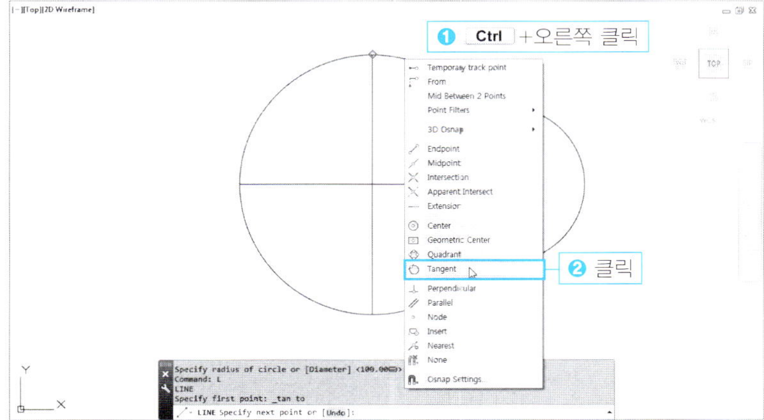

 큰 원에서 접선이 추적되면 클릭해 두 원을 지나는 접선을 완성한다. LINE 명령을 종료하기 위해 **Space Bar** 를 누른다.

도면 파일 : [Sample] – 'Line Tangent.dwg'

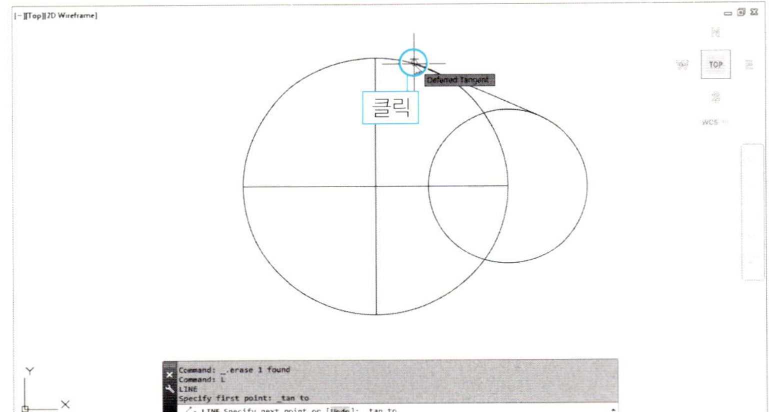

✎ | OSNAP과 별도로 사용할 수 있는 스냅 기능들

AutoCAD 사용에 있어 절대적으로 OSNAP이 많이 사용되지만 상황에 따라 사용할 수 있는 스냅 기능이 있다. SNAP, GRID, ORTHO가 그것인데 이를 간단히 알아보자.

01 SNAP(스냅)

마우스 커서를 일정한 간격으로 움직이게 제한한다.

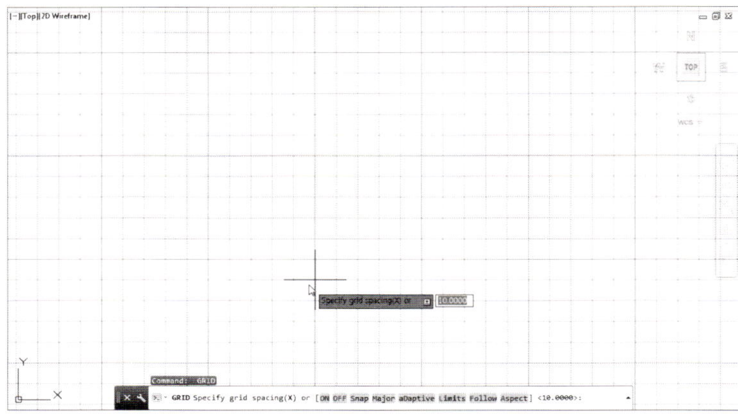

- 명령 : SNAP **Enter** 또는, **Space Bar**
- 단축키 : 없음
- SNAP 기능 켜고 끄기 : **F9**

```
Command: SNAP
Specify snap spacing or [On/OFF/Aspect/Legacy/Style/Type] <10.0000>:
```
간격 입력 **Space Bar**

도면 영역에 격자 점을 표시하거나 끌 수 있다. 그리드를 따라 움직임을 제한할 수도 있다. 기본 SNAP 명령이
GRID SNAP으로 작동한다.

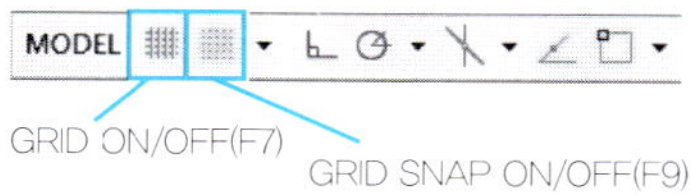

ㄱ **명령 :** GRID [Enter] 또는, [Space Bar]
ㄴ **단축키 :** 없음
ㄷ **SNAP 기능 켜고 끄기 :** [F7]

```
Command: GRID
Specify grid spacing(X) or [On/OFF/Snap/Major/aDaptive/Limits/Follow/Aspect]
<10.0000>:
```
그리드 간격 입력 [Space Bar]

03   Ortho(수직/수평 제한)

마우스 움직임을 수직/수평 방향으로 제한하여 도면 작업을 원활하게 돕는다. 이 기능은 강력하나 단순하기 때
문에 명령보다 단축키 [F8]로 많이 사용한다.

03   ARC(호)

원의 조각을 의미하는 호(ARC)는 다양한 방법으로 그릴 수 있다. 기본은 3개의 점으로 그릴 수 있고
필요에 따라 시작점(Start), 중심점(Center), 끝점(End), 반지름(Radius), 길이(Length) 조건을 섞어
그릴 수 있다.

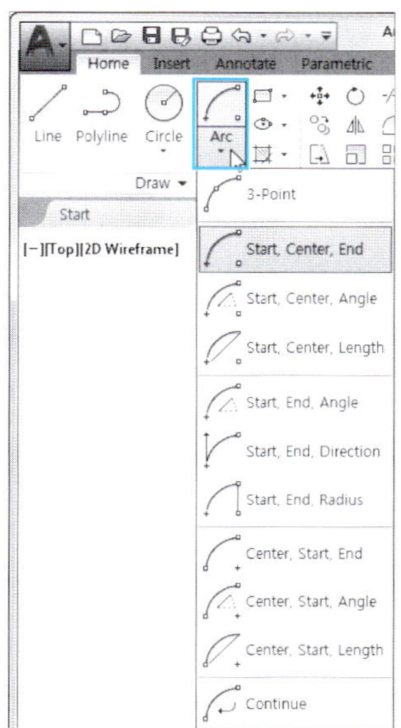

 명령 : ARC [Enter] 또는, [Space Bar]

❷ 단축키 : A [Space Bar]

```
Command: ARC
Specify start point of ARC or [Center]:
Second point of ARC or [Center/End]:
Specify end point of ARC :
```

시작점 클릭 또는, 좌표 입력 [Space Bar]
두 번째 점 클릭 또는, 좌표 입력 [Space Bar]
세 번째 점 또는, 좌표 입력 [Space Bar]

✎ | 3점호(3-Point)

3점을 이용하여 호를 그리는 방법으로 가장 빠르게 그릴 수 있다.

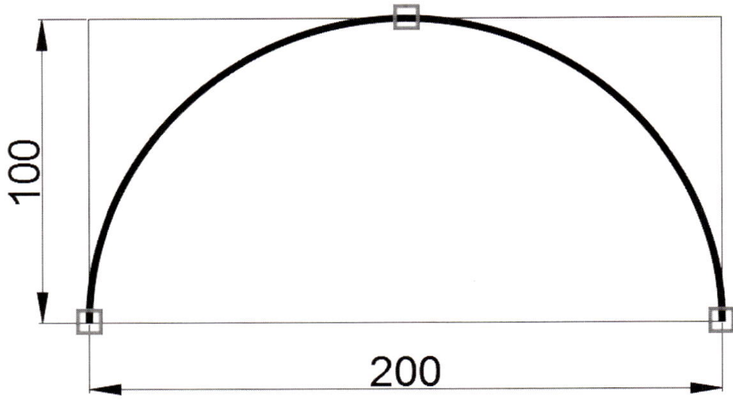

01 'REC'를 입력한 후 [Enter]를 누른다. 원하는 지점을 클릭한 후 '@200,100'을 입력해 직사각형을 그린다.

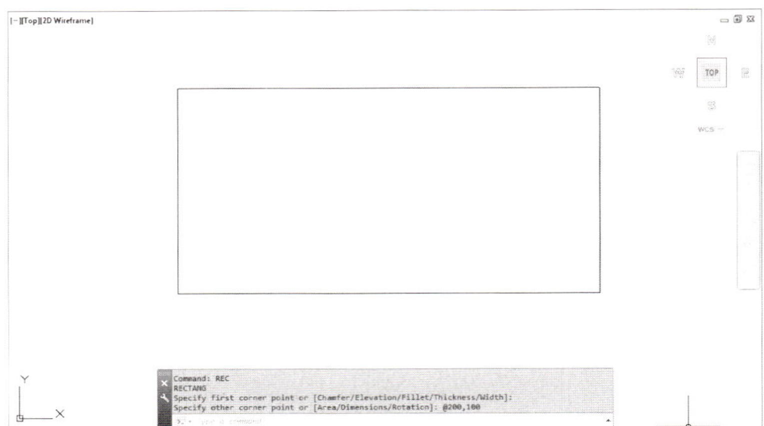

02 'OS'를 입력한 후 **Enter** 를 누른다. 대화상자에서 [End-point], [Midpoint]를 체크하고 **OK** 를 클릭한다.

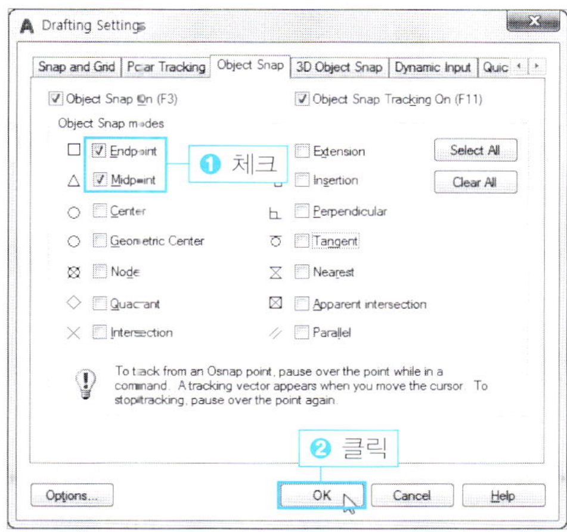

03 'A'를 입력한 후 **Enter** 를 누른다. 직사각형 왼쪽 아래 끝점, 위쪽 중간 점, 오른쪽 끝점을 차례대로 클릭한다.

도면 파일 : [Sample] — 'Arc 3P.dwg'

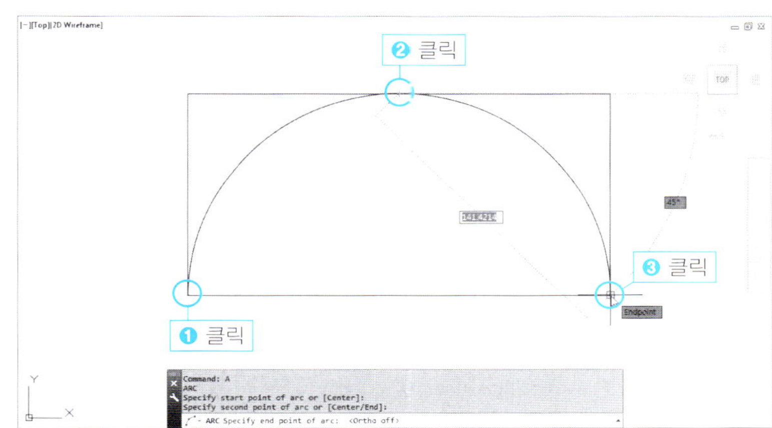

✎ | **시작점(Start), 중심점(Center), 끝점(End)으로 호 그리기**

호를 시작점, 중심점, 끝점으로 그리는 방법으로 원의 4등분 모양을 정확히 그릴 수 있다.

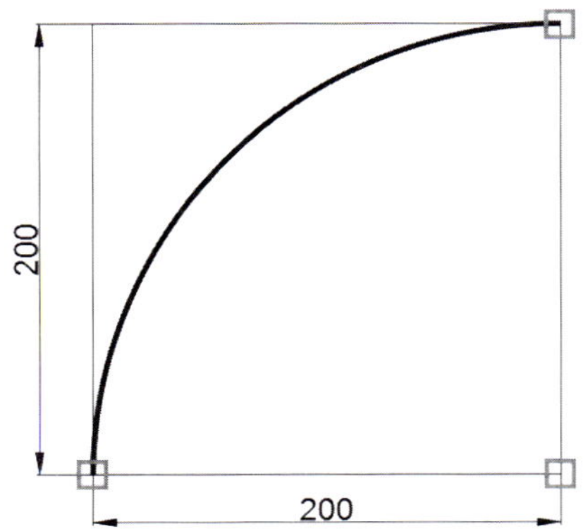

01 'REC'를 입력한 후 **Enter** 를 누른다. 원하는 지점을 클릭한 후 '@200,200'을 입력해 사각형을 그린다.

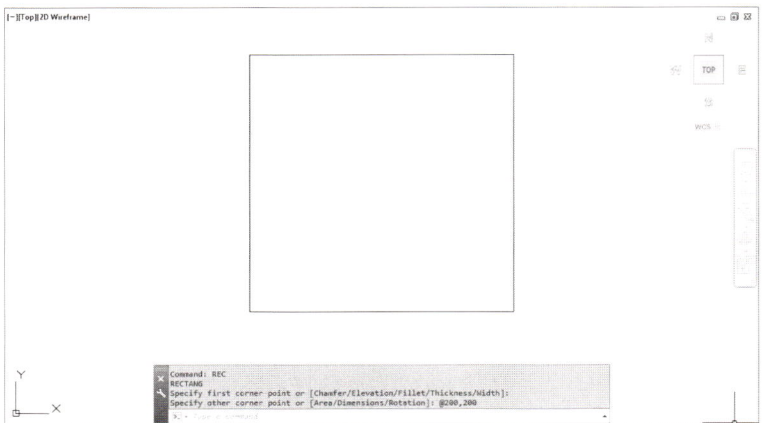

02 'A'를 입력한 후 **Enter** 를 누른다. 그리고 사각형 오른쪽 상단 점을 클릭한다.

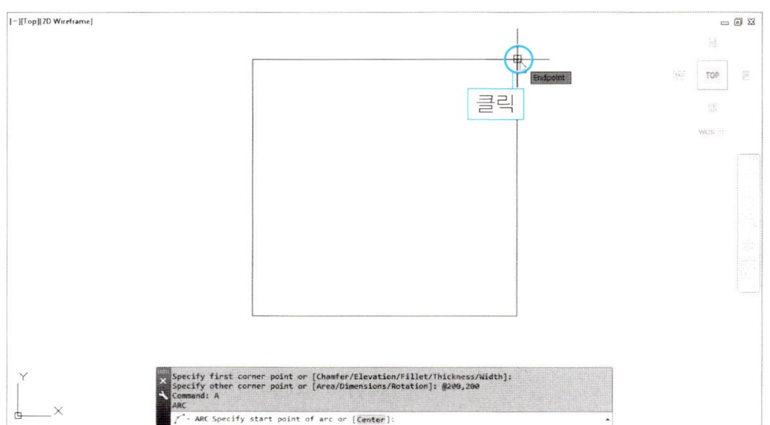

03 'C'를 입력한 후 **Space Bar** 를 누른다. 사각형 오른쪽 아래쪽 끝점을 클릭한다. C 옵션은 ARC를 중심선을 이용하여 그린다는 의미이다.

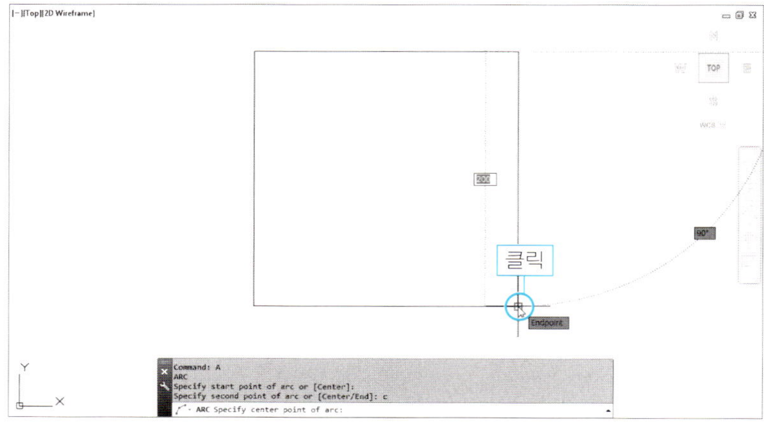

04 사각형 왼쪽 끝점을 클릭하면 호가 그려진다.

도면 파일 : [Sample] – 'ARC SCE. dwg'

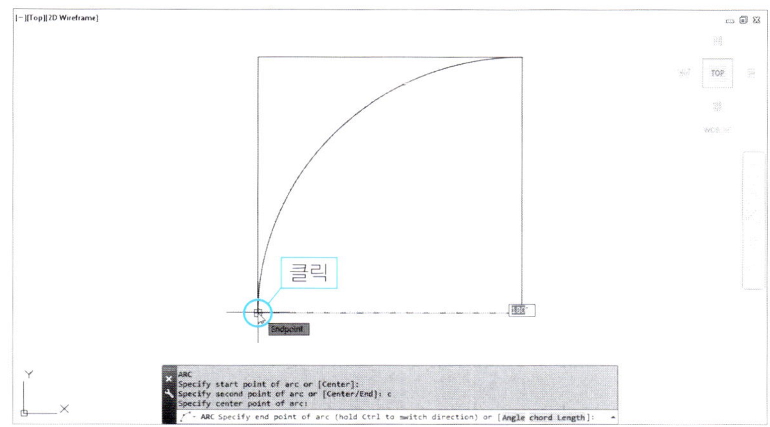

📐 | 시작점(Start), 중심점(Center), 각도(Angle)로 호 그리기

호를 시작점, 중심점, 각도를 이용해 그리는 방법으로 원의 조각을 그릴 수 있다.

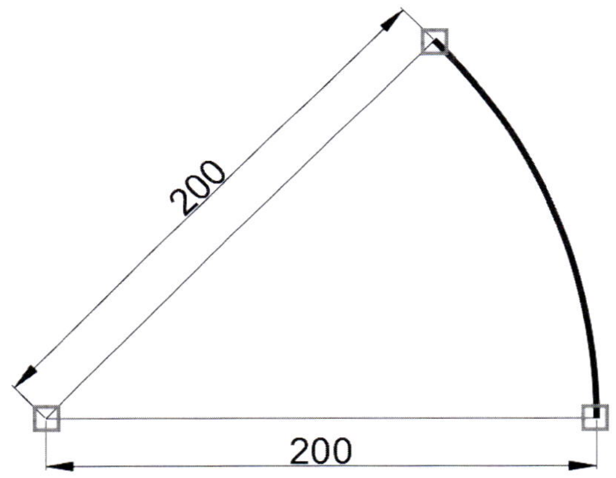

01 LINE 명령을 이용하여 수평 방향으로 200 길이의 선을 그리고 다시, LINE 명령을 이용하여 45도 각도의 200 길이 선을 그린다. 이때 극 좌표를 이용해 그리는 방법을 사용한다.

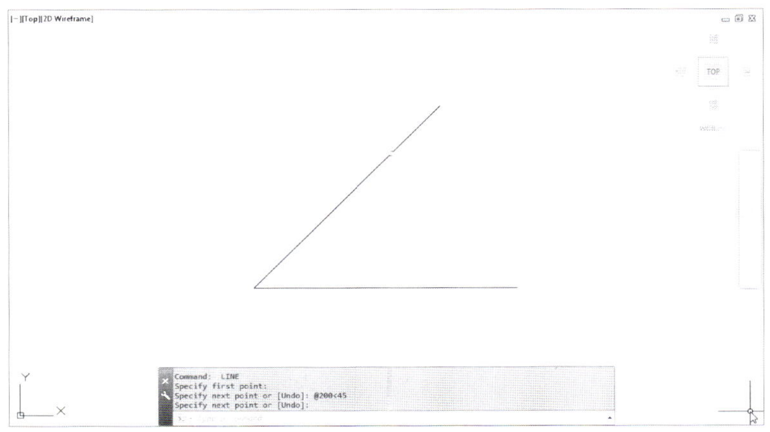

02 'A'를 입력한 후 **Enter** 를 누르고, 시작점을 정하기 위해 수평선 오른쪽 끝점을 클릭한다.

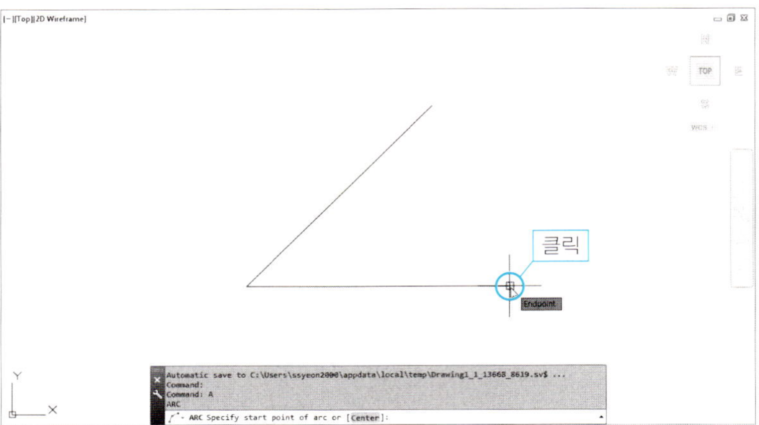

03 중심점을 정하기 위해 'C'를 입력하고 **Space Bar** 를 누른다. 수평선 왼쪽 끝점을 클릭한다.

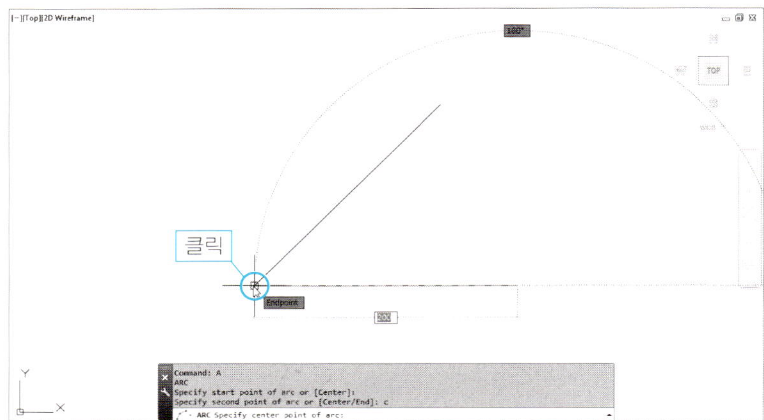

04 각도 입력을 위해 'A'를 입력하고 **Space Bar** 를 누른다. '45'를 입력하고 **Space Bar** 를 누르면 호가 그려진다.

도면 파일 : [Sample] – 'ARC SCA.
dwg'

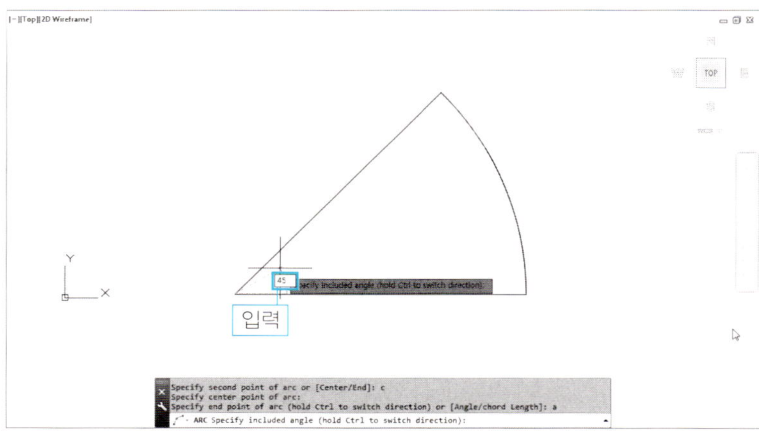

시작점(Start), 끝점(End), 각도(Angle)를 이용하여 호 그리기

호를 시작점, 끝점, 각도로 그리는 방법으로 원점을 정확히 알고 있을 때 그릴 수 있다.

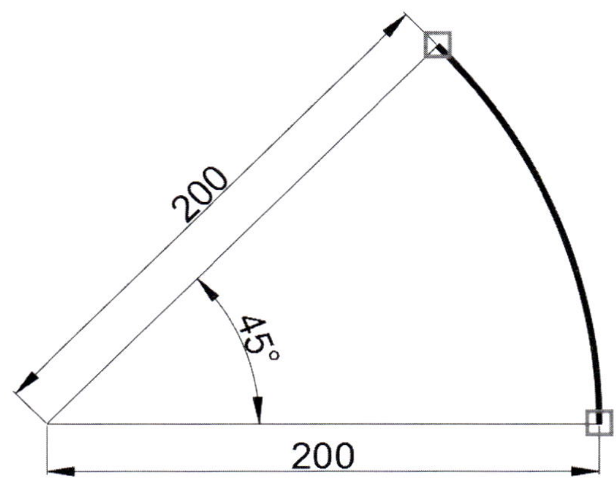

01 LINE 명령을 이용하여 수평 방향으로 200 길이의 선을 그리고, LINE 명령을 이용하여 45도 각도의 200 길이 선을 그린다. 이때 극 좌표를 이용해 그리는 방법을 사용한다. 'A'를 입력한 후 **Enter** 를 누르고, 시작점을 정하기 위해 수평선 오른쪽 끝점을 클릭한다.

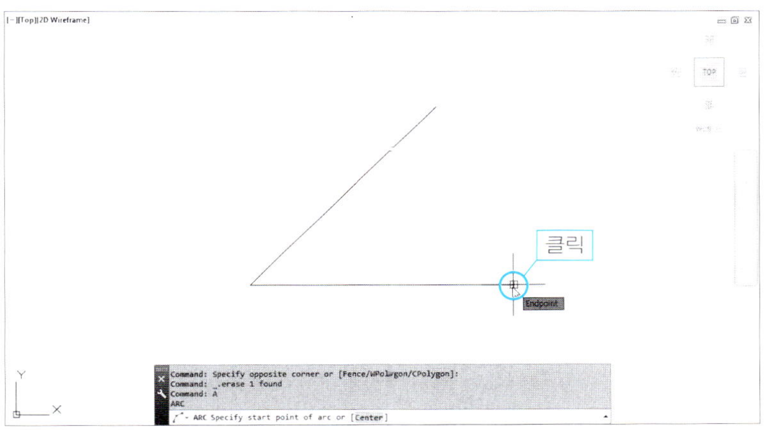

02 끝점을 정하기 위해 'E'를 입력하고 **Space Bar** 를 누른 후 사선 오른쪽 끝점을 클릭한다.

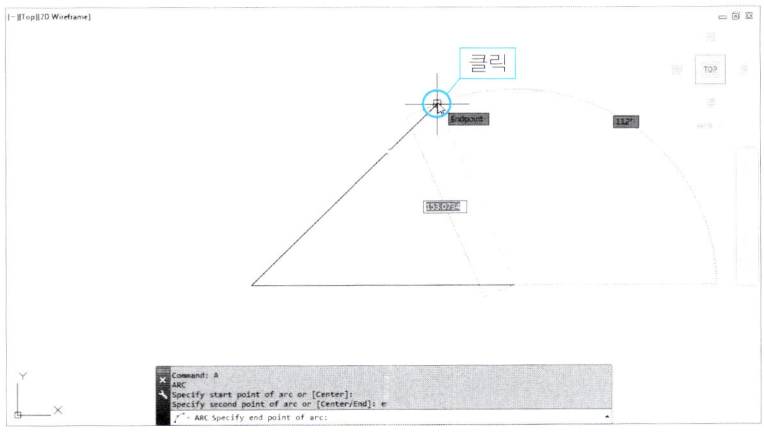

03 각도를 사용하기 위해 'A'를 입력하고 **Space Bar** 를 누른다. '45'를 입력해 선 사이에 호가 그려진 것을 확인한다.

도면 파일 : [Sample] – 'ARC SEA. dwg'

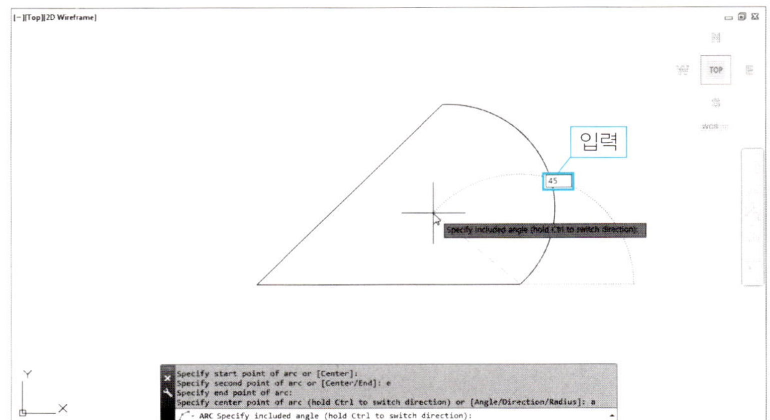

 **시작점(Start), 끝점(End), 반지름(Radius)으로 호 그리기**

호를 시작점, 끝점, 반지름으로 그리는 방법이다.

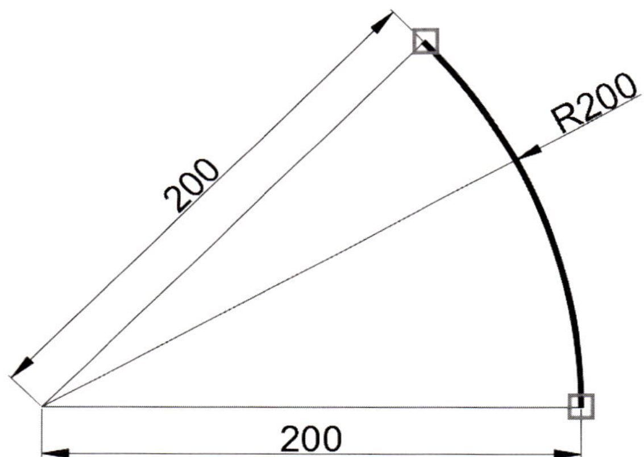

01 LINE 명령을 이용하여 수평 방향으로 200 길이의 선을 그리고, LINE을 이용하여 45도 각도의 200 길이 선을 그린다. 이때 극 좌표를 이용해 그리는 방법을 사용한다. 'A'를 입력한 후 **Enter** 를 누르고, 시작점을 정하기 위해 수평선 오른쪽 끝점을 클릭한다.

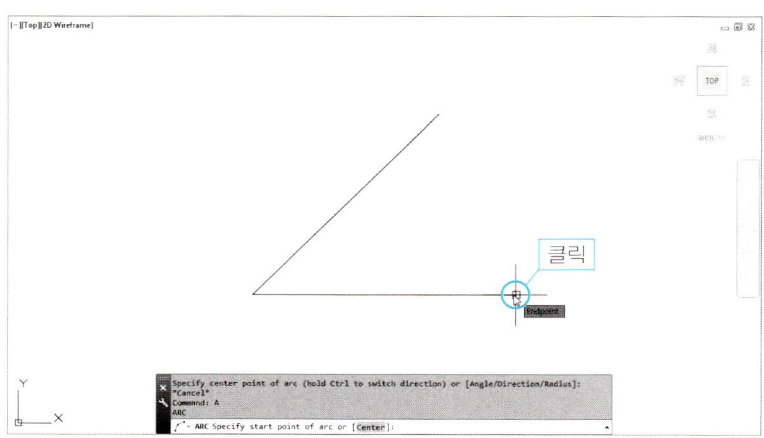

02 끝점을 정하기 위해 'E'를 입력하고 **Space Bar** 를 누른다. ㅅ-선 오른쪽 끝점을 클릭한다.

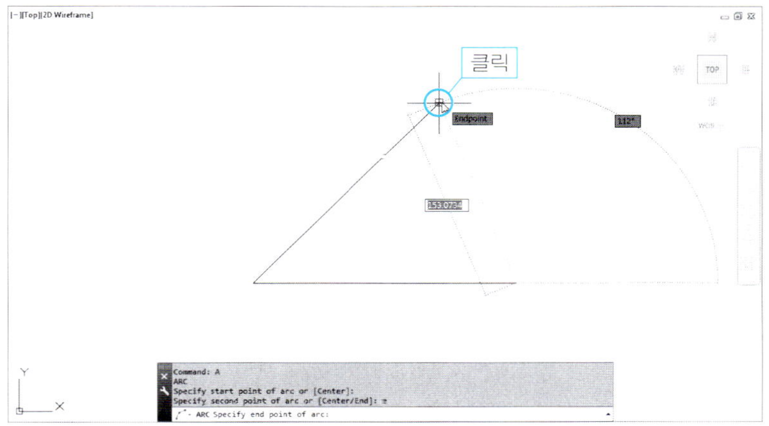

03 반지름을 사용하기 위해 'R'을 입력하고 **Space Bar** 를 누른다. '200'을 입력해 선 사이에 호가 그려진 것을 확인한다.

도면 파일 : [Sample] — 'ARC SER. dwg'

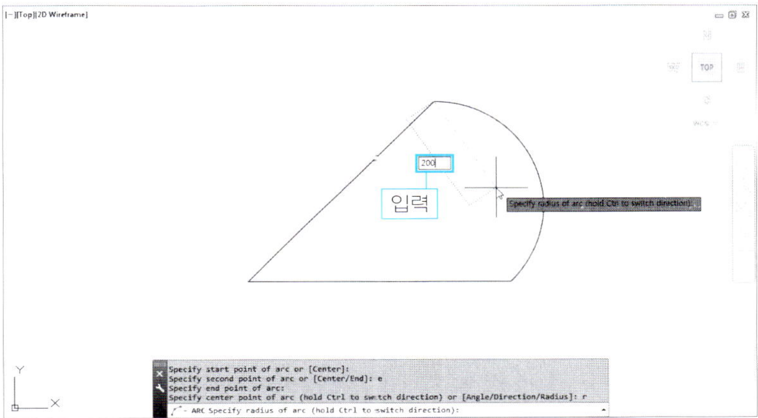

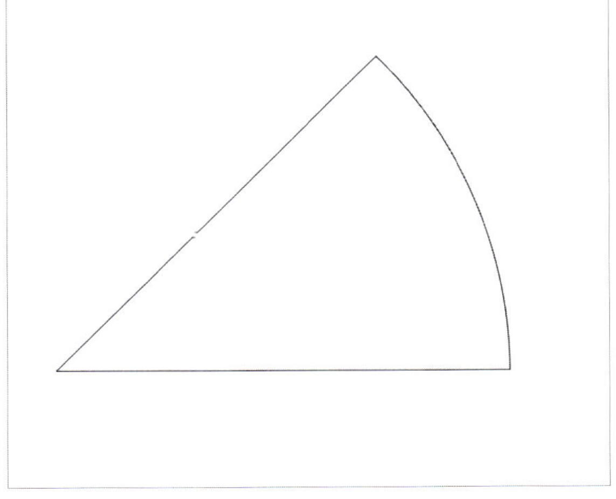

▲ 완성된 호

호를 시작점, 끝점, 방향성을 이용해 그린다.

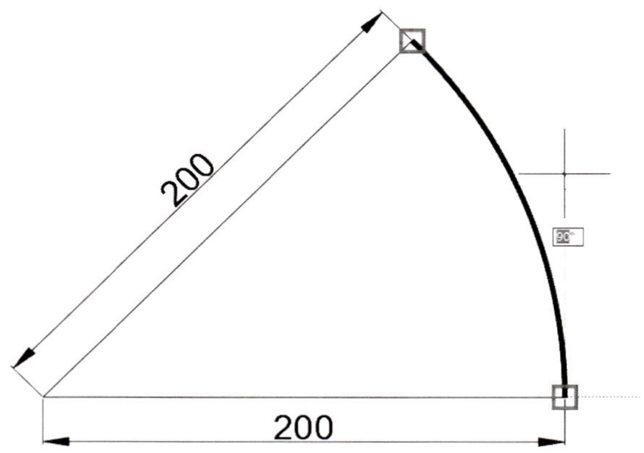

01 LINE 명령을 이용하여 수평 방향으로 200 길이의 선을 그리고, LINE 명령을 이용하여 45도 각도의 200 길이 선을 그린다. 이때 극 좌표를 이용해 그리는 방법을 사용한다. 'A'를 입력한 후 **Enter** 를 누르고, 시작점을 정하기 위해 수평선 오른쪽 끝점을 클릭한다.

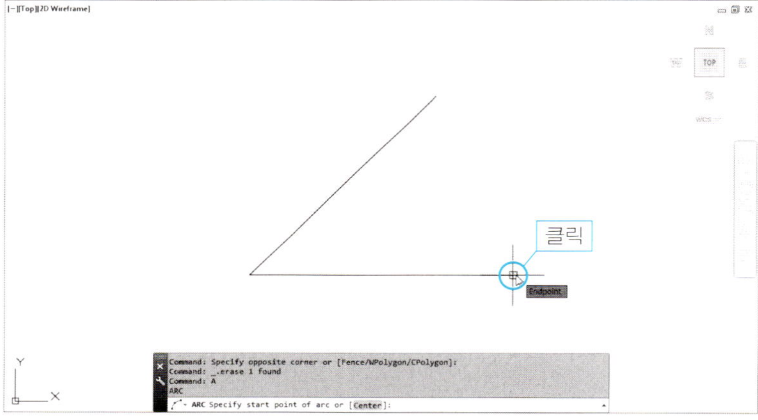

02 끝점을 정하기 위해 'E'를 입력하고 **Space Bar** 를 누른 후 사선 오른쪽 끝점을 클릭한다.

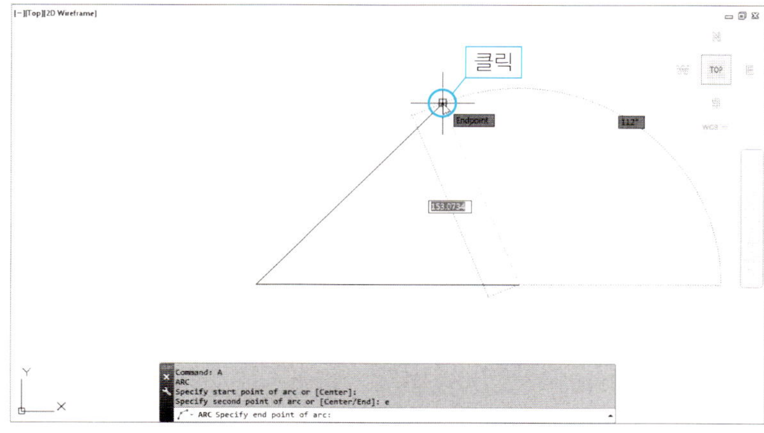

03 방향을 사용하기 위해 'D'를 입력하고 Space Bar 를 누른다. '90'을 입력해 선 사이에 호가 그려진 것을 확인한다.

도면 파일 : [Sample] – 'ARC SED.dwg'

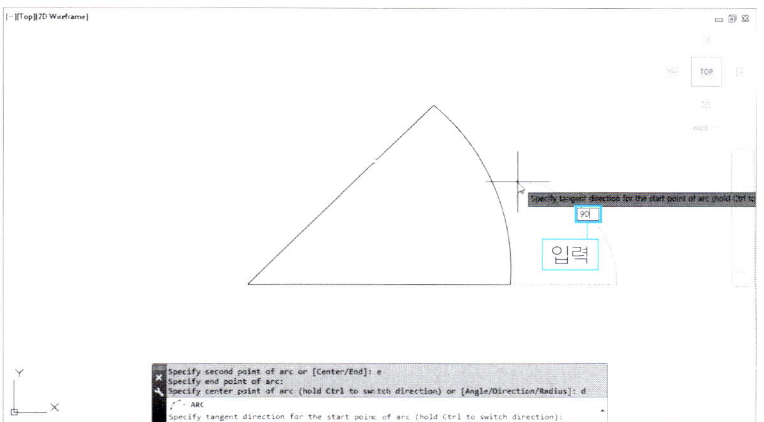

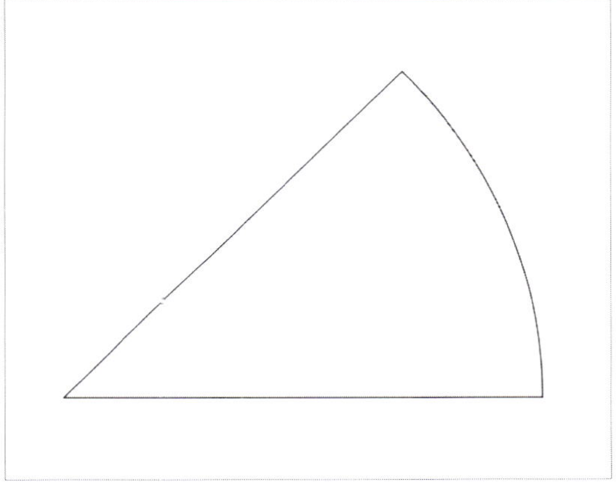

▲ 완성된 호

연습도면 | CIRCLE과 ARC를 이용한 태극 문양

실습 목표

1. LINE으로 기준선을 그린 후 CIRCLE과 ARC를 이용해 태극 문양을 그린다.
2. 여러 가지 호를 그리는 방법을 동원해 태극 문양을 그린다.

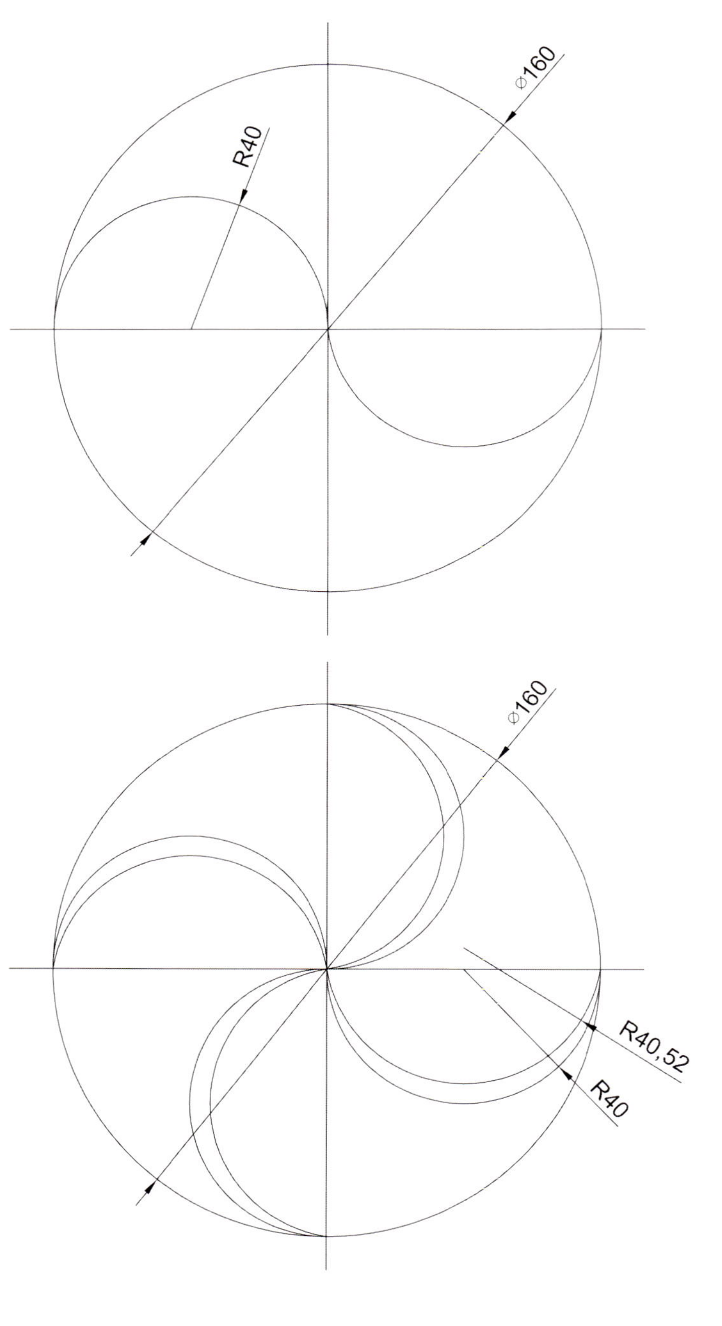

연습도면　　　　　　　　　　　　ARC를 이용한 응용 연습

실습 목표

1. 다양한 방법을 제공하는 ARC를 이용하여 기하학적인 모양을 그린다.
2. 경우에 따라 수치가 불분명한 곳을 비슷한 모양을 추정하는 연습을 한다.

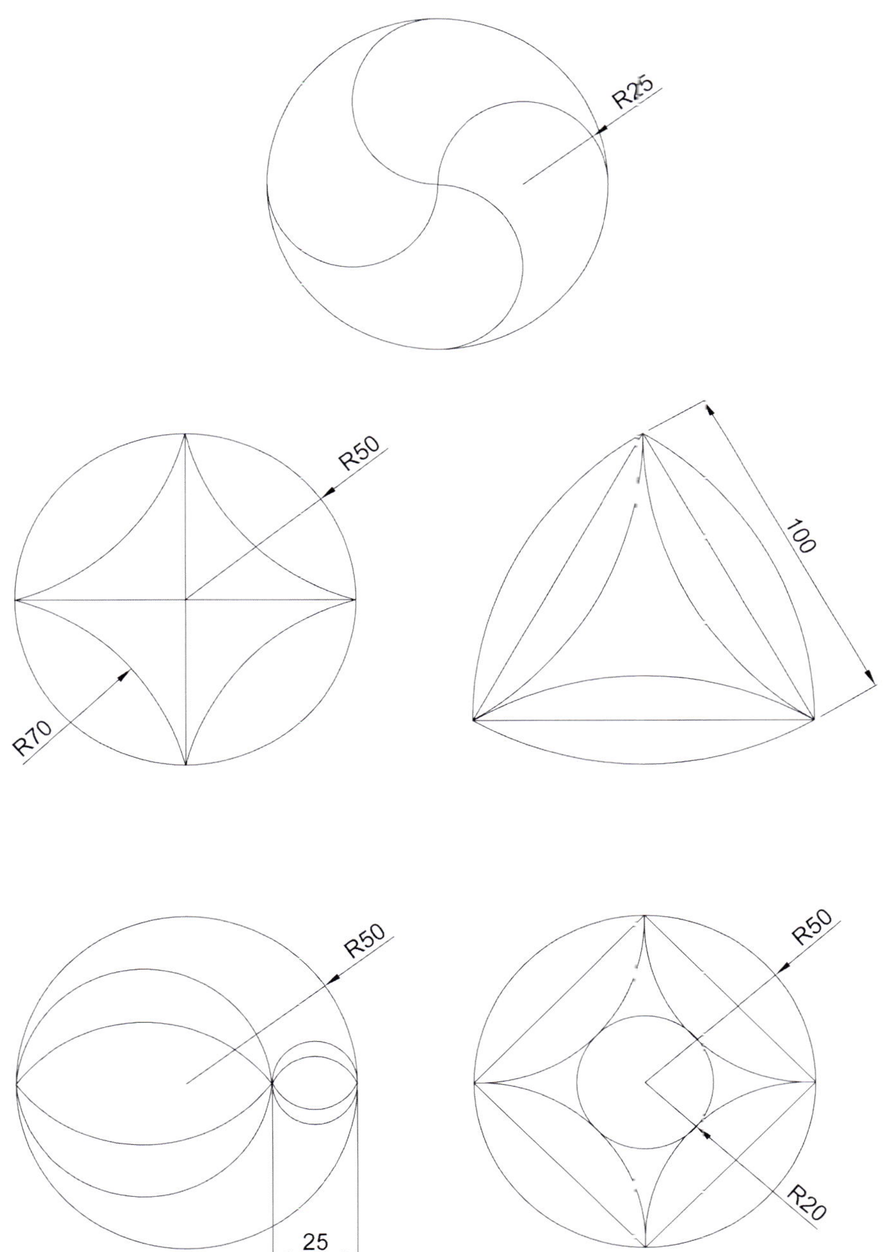

04 ELLIPSE(타원)

원이 길이, 높이 방향으로 길어진 타원을 그린다. 축 선과 끝점, 중심점과 두 점, 호를 그리는 방식을 선택해 그릴 수 있다.

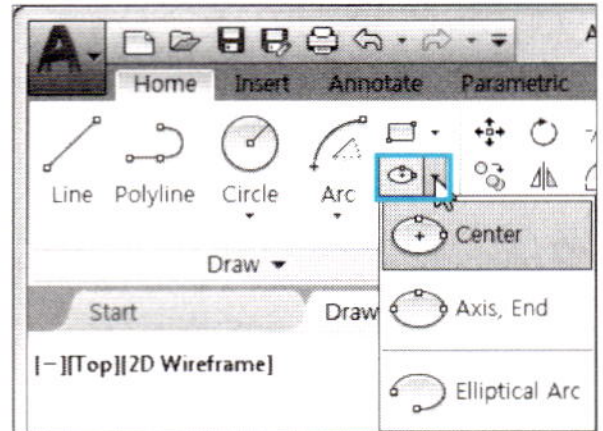

❶ 명령 : ELLIPSE `Enter` 또는, `Space Bar`
❷ 단축키 : EL `Space Bar`

```
Command: ELLIPSE
ELLIPSE Specify axis endpoint of ELLIPSE of [ARC/Center]:
```
축의 끝점 클릭 또는, 좌표 입력 `Space Bar`
```
ELLIPSE other endpoint of axis:
```
축의 반대편 점 클릭 또는, 좌표 입력 `Space Bar`
```
ELLIPSE distance to other axis or [Rotation]:
```
반대편 축의 거리 클릭 또는, 좌표 입력 `Space Bar`

✎ | 축 선과 끝점을 이용해 타원 그리기

타원을 축 선의 길이와 반대 방향의 끝점 길이로 그린다.

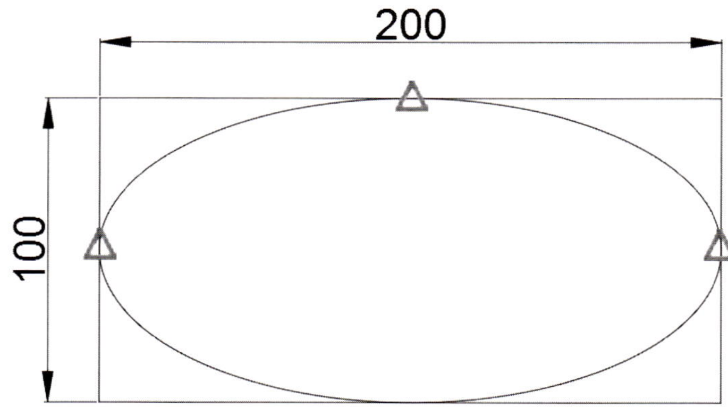

01 'REC'를 입력한 후 **Enter** 를
누르고, 원하는 지점을 클릭
한 후 '@200,100'을 입력해
직사각형을 그린다.

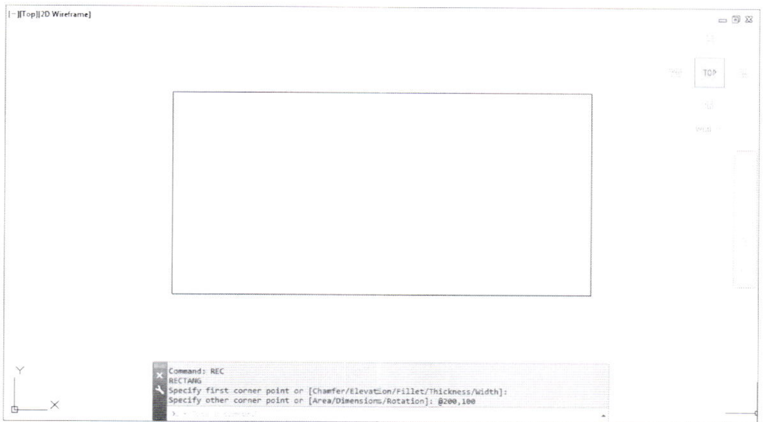

02 'EL'을 입력한 후 **Enter** 를 누
르고, 사각형의 왼쪽 중간 점
을 클릭한 후 오른쪽 중간 점
을 클릭한다.

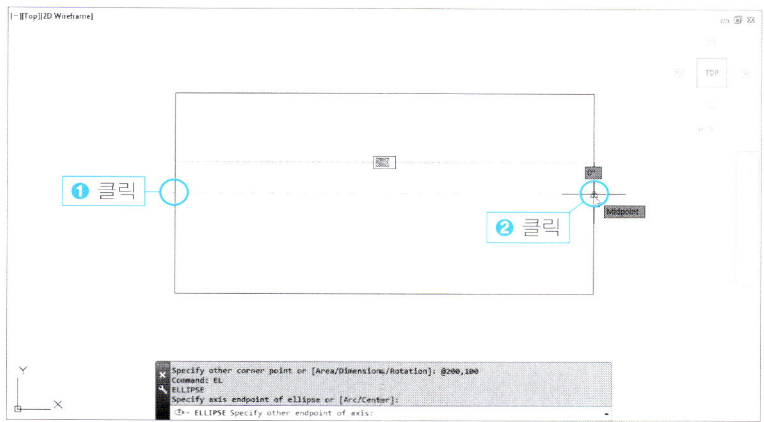

03 마우스를 위쪽으로 이동해 사
각형의 위쪽 중간 점을 클릭
하면 타원이 그려진다.

도면 파일 : [Sample] − 'Ellipse
AE.dwg'

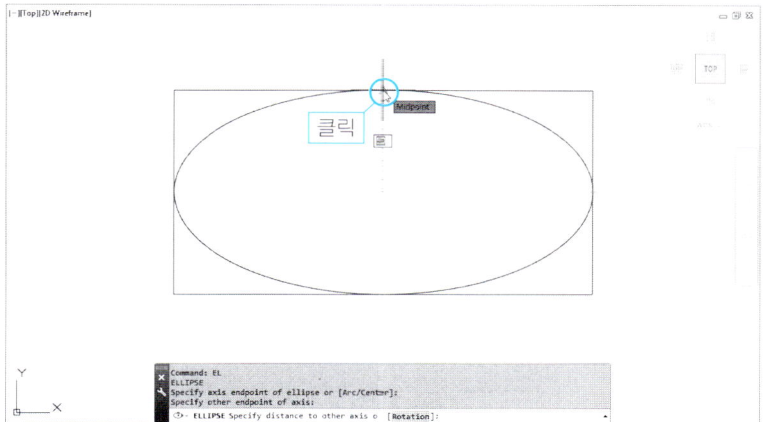

타원을 중심점과 두 개의 길이 점을 이용해 그린다.

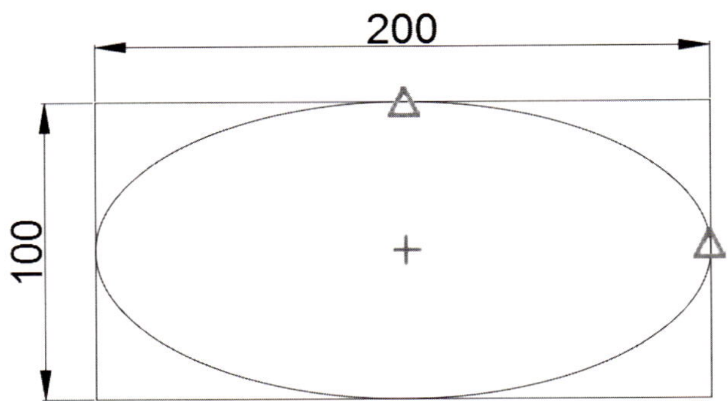

01 'REC'을 입력한 후 **Enter** 를 누르고, 원하는 지점을 클릭한 후 '@200,100'을 입력해 직사각형을 그린다. 'EL'을 입력한 후 **Enter** 를 누르고, 중심점을 정하기 위해 'C'를 입력하고 **Space Bar** 를 누른다. 타원의 중심점을 정하기 위해 마우스를 사각형의 위 아래 중간 점 위치로 각각 움직여 교차점을 추적하고 클릭한다.

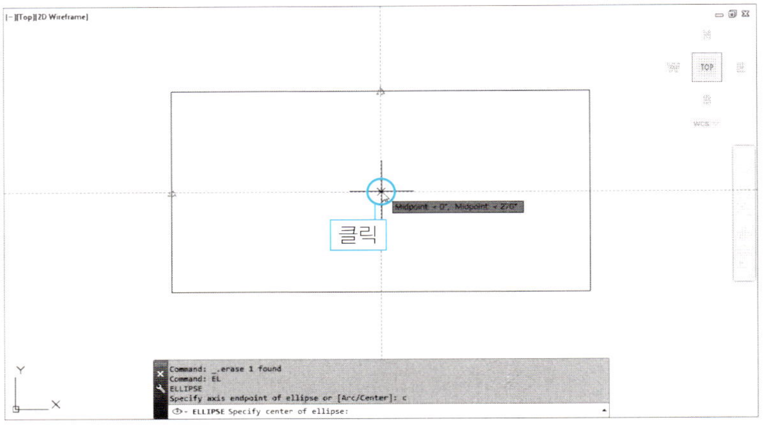

02 마우스를 오른쪽 중간 점으로 이동한 후 클릭한다

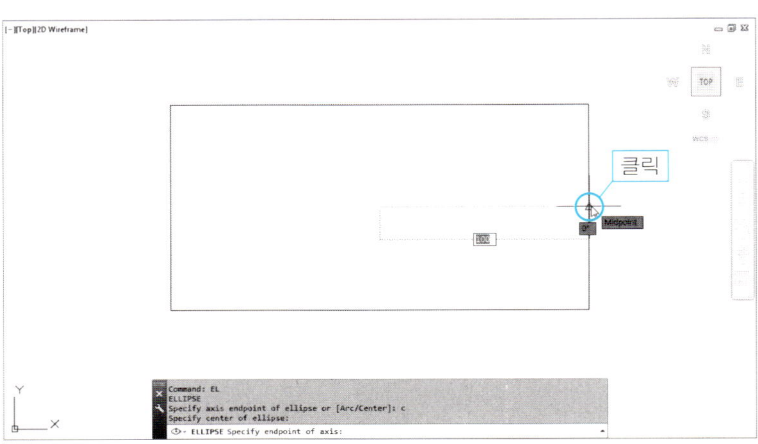

03 마우스를 위쪽 중간 점 위치에서 클릭해 타원이 그려진 것을 확인한다.

　도면 파일　[Sample] – 'Ellipse C2P. dwg'

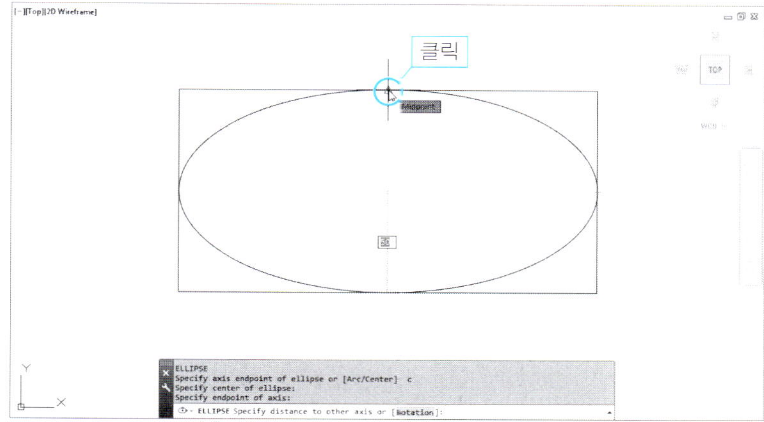

---

05 POLYGON(다각형)

다각형을 그린다. 다각형은 원을 기본으로 계산하기 때문에 원에 대하여 내접, 외접 계산 원리로 진행한다.

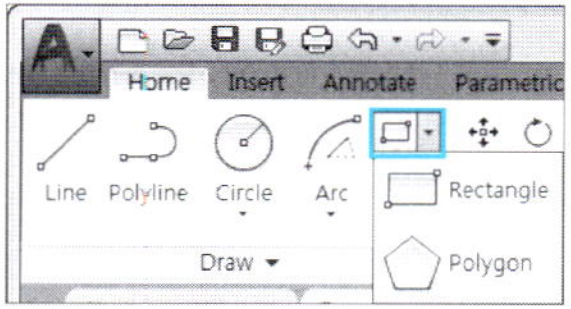

❶ **명령** : POLYGON `Enter` 또는, `Space Bar`
❷ **단축키** : POL `Space Bar`

```
Command: POL
Enter number of sides <6>:                              다각형의 각수 입력 Space Bar
Specify center of POLYGON of [Edge]:                    중심점 클릭 또는, 좌표 입력 Space Bar
Enter an option [Inscribed in CIRCLE/Circumscribed about CIRCLE]<I>:
                                                        내접/외접 선택 Space Bar
Specify radius of CIRCLE:                               반지름 클릭 또는, 좌표 입력 Space Bar
```

원에 대하여 내접하는 다각형

원에 대하여 내접하는 다각형을 그린다.

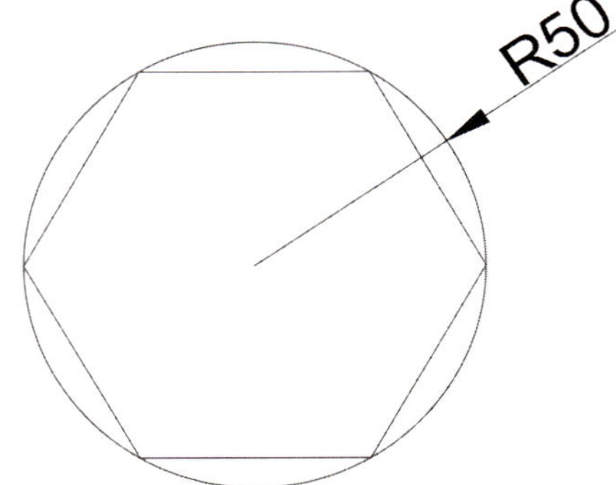

01 'C'를 입력한 후 **Enter** 를 누르고, 중간 점을 클릭한 후 반지름 값으로 '50'을 입력한다.

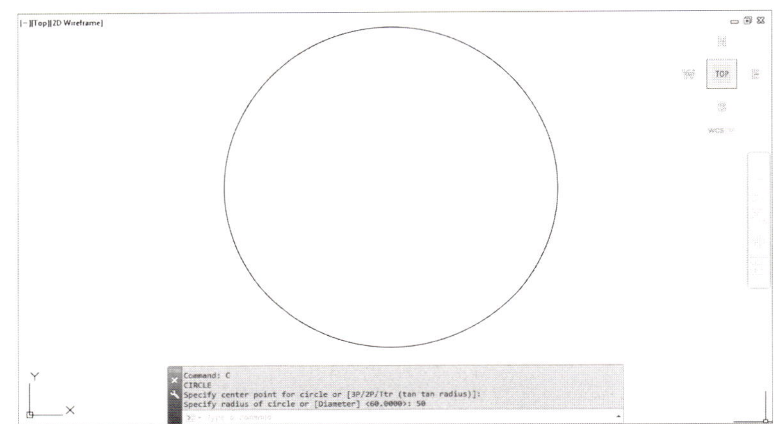

02 'OS'를 입력한 후 **Enter** 를 누르고, 대화상자에서 [Center], [Quadrant]를 체크한 후 **OK** 를 클릭한다.

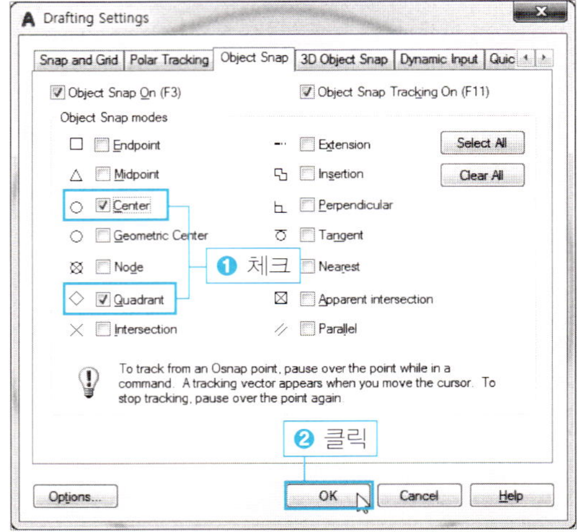

03 'POL'을 입력하고 [Enter]를 누르고, 다각형의 수를 정하기 위해 '6'을 입력한 후 [Space Bar]를 누른다.

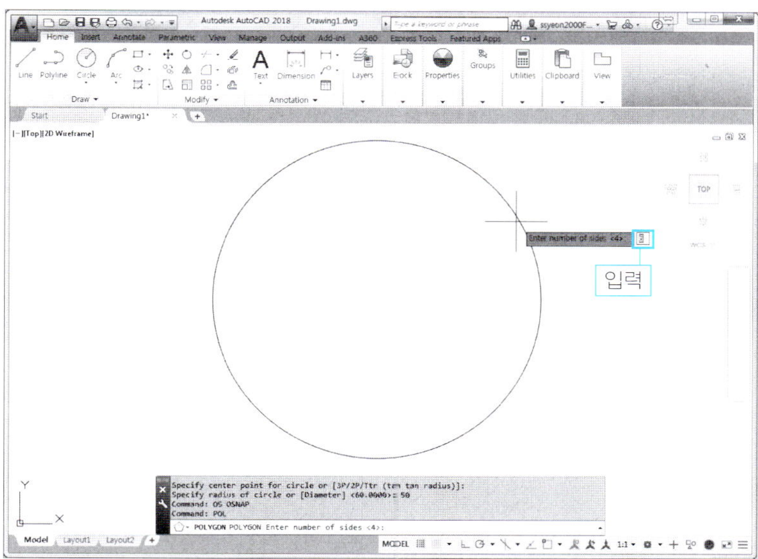

04 다각형의 중심점을 정하기 위해 원의 중심점을 클릭하고, 내접/외접 선택 항목에서 [Inscribed in Circle]을 선택한다.

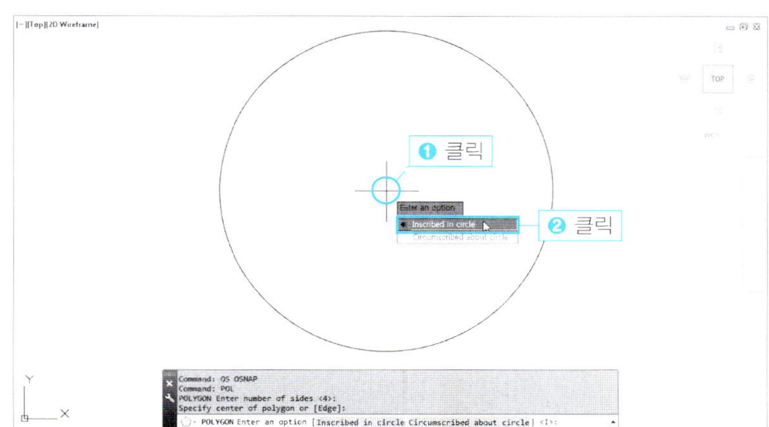

05 마우스를 움직여 사분점을 클릭하면 내접 다각형이 그려진다.

도면 파일 [Sample] – 'Polygon Inscribed.dwg'

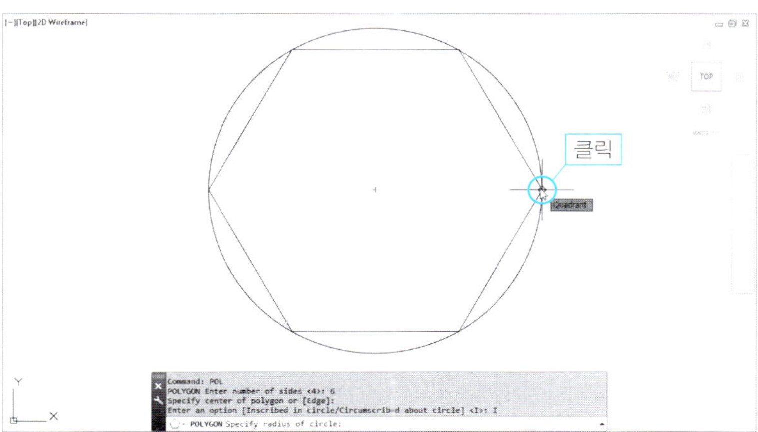

원에 대하여 외접하는 다각형을 그린다.

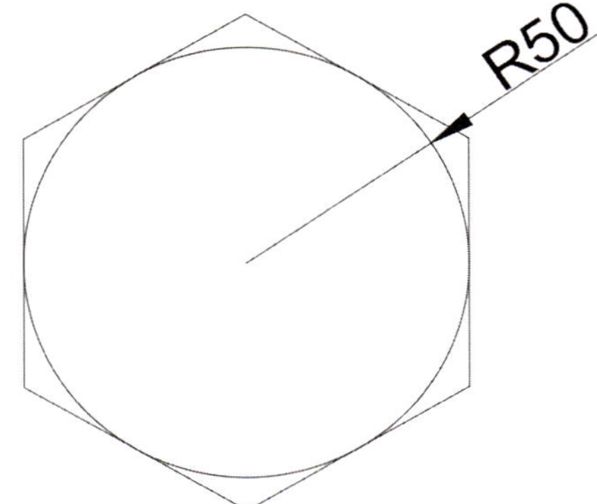

01 'C'를 입력한 후 Enter 를 누르고, 중간 점을 클릭한 후 반지름 값으로 '50'을 입력한다. 'POL'을 입력하고 Enter 를 누르고, 다각형의 수를 정하기 위해 '6'을 입력한 후 Space Bar 를 누른다.

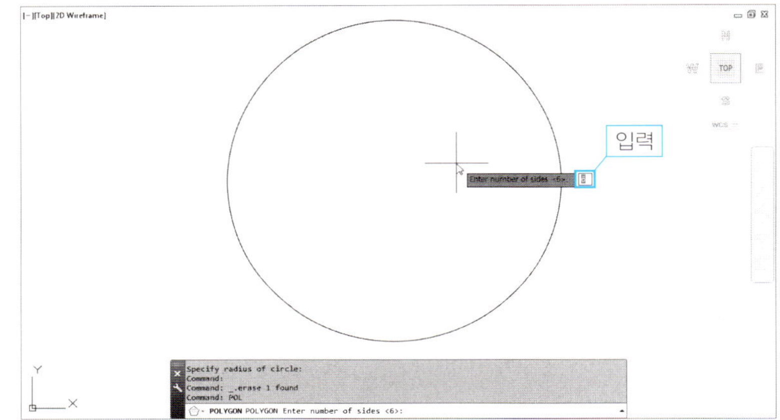

02 다각형의 중심점을 정하기 위해 원의 중심점을 클릭한다. 내접/외접 선택 항목에서 [Circumscribed in Circle]을 선택한다.

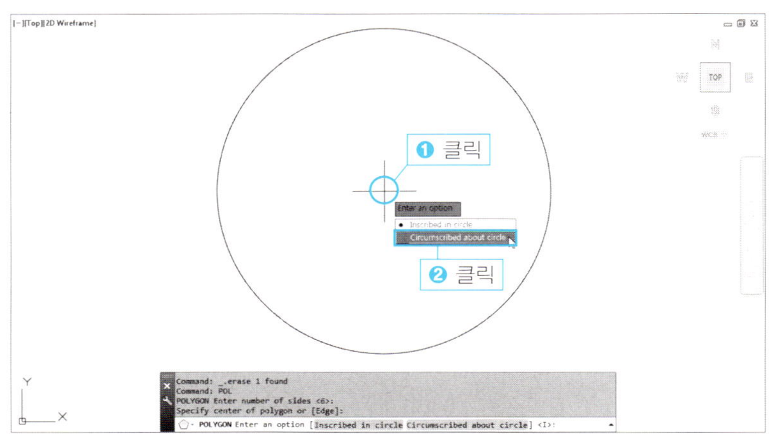

03 마우스를 움직여 사분점을 클릭하면 외접 다각형이 그려진다.

도면 파일　[Sample] – 'Polygon Circumscribed.dwg'

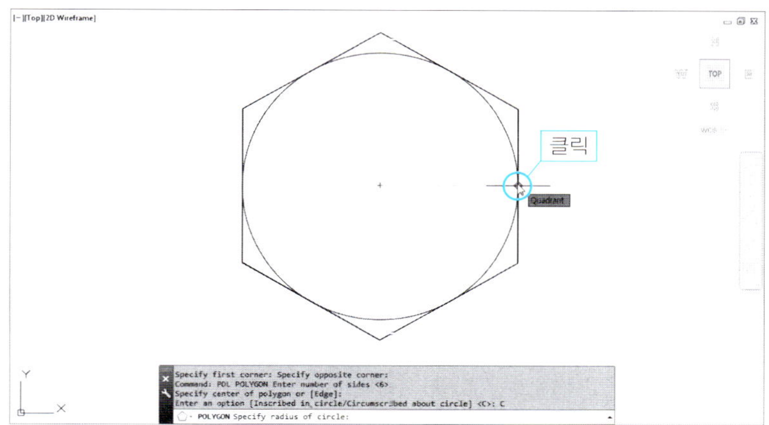

✒ | 모서리로 다각형 그리기

다각형을 모서리를 기준으로 그린다. 작도 방법이 기발하기 때문에 많이 사용한다.

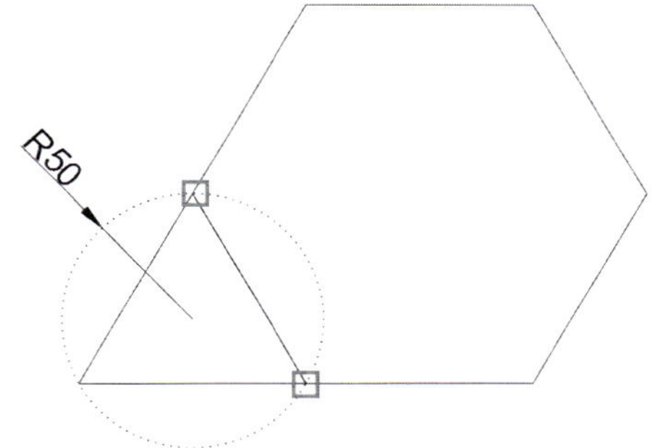

01 'POL'을 입력한 후 **Enter** 를 누르고, 다각형의 수를 정하기 위해 '3'을 입력하고 **Space Bar** 를 누른다. 원점을 클릭한 후 반지름 '50'을 입력해 내접(Inscribed in Circle) 다각형을 그린다.

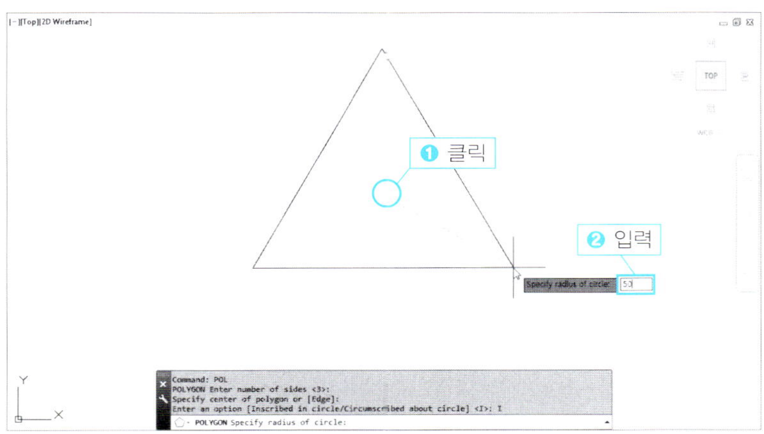

02 'OS'를 입력한 후 **Enter** 를 누르고, 대화상자에서 [End-point]를 체크하고 **OK** 를 클릭한다.

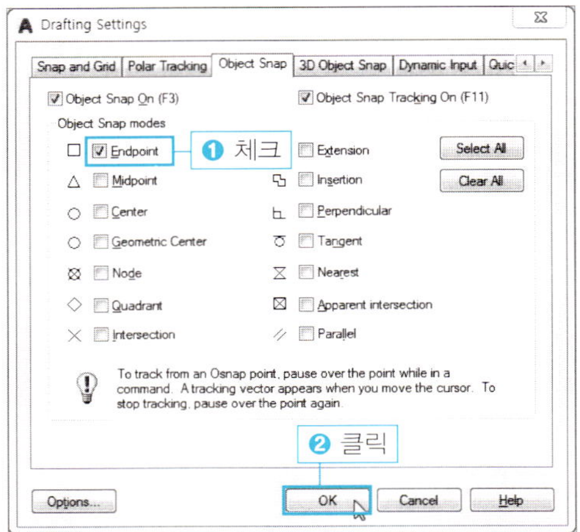

03 'POL'을 입력한 후 **Enter** 를 누르고, 다각형의 수를 정하기 위해 '6'을 입력하고 **Space Bar** 를 누른다.

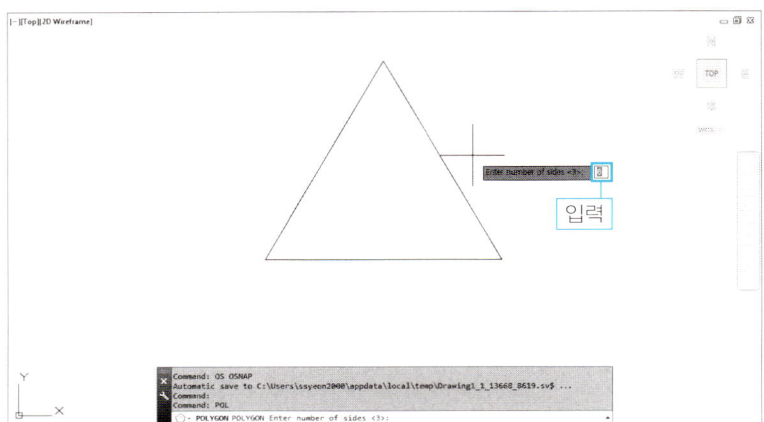

04 모서리를 기준으로 정하기 위해 'E'를 입력하고 **Space Bar** 를 누른다. 모서리의 시작점으로 삼각형 위쪽 점을 클릭한다.

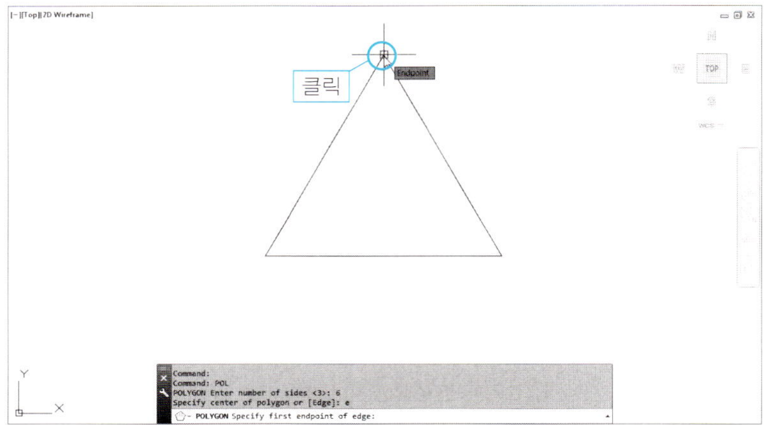

05 삼각형의 아래 점을 클릭하면 선택된 모서리 길이를 기준으로 다각형이 그려진다.

도면 파일 [Sample] – 'Polygon Edge.dwg'

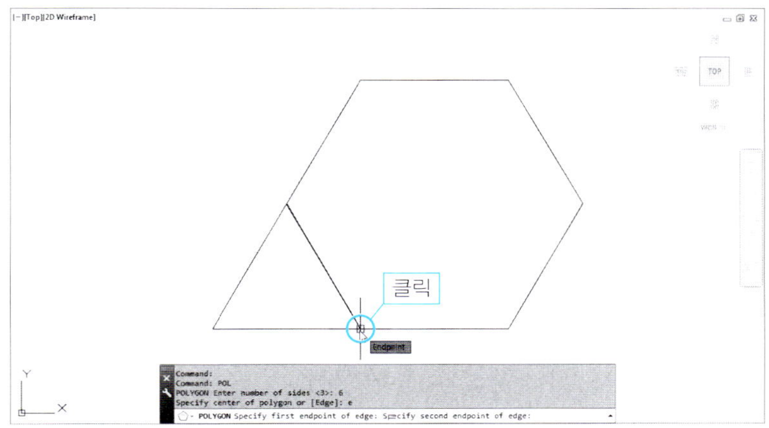

연습도면   ELLIPSE와 POLYGON을 이용한 도형 연습

실습 목표

1. 다각형의 제작 원리가 원에 내접/외접하는 원리를 사용한다는 것을 연습을 통해 이해한다.
2. ELLIPSE와 CIRCLE, POLYGON의 작도를 통해 상호 연관 관계를 이해한다.

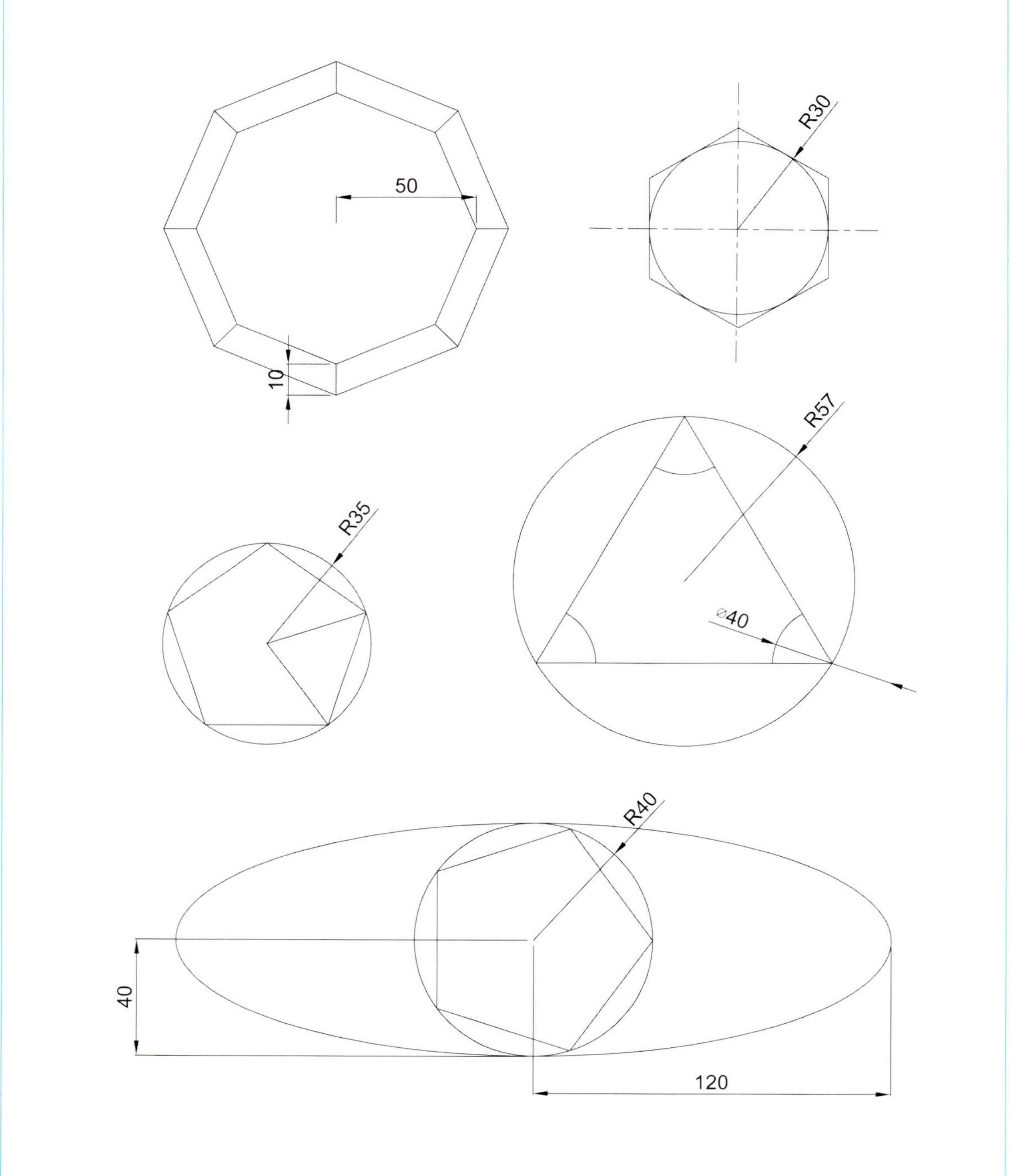

06 PLINE(폴리선)

LINE과 ARC의 단점을 개선한 명령으로 연속적인 선 또는, 쉬운 호를 그린다. 또한 선의 두께를 조정할 수 있어 화살표 등의 표현이 쉽다.

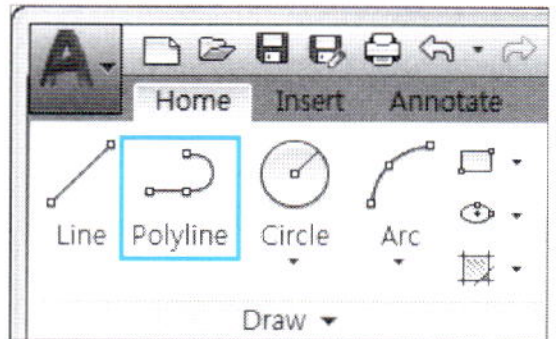

❶ **명령 :** PLINE `Enter` 또는, `Space Bar`
❷ **단축키 :** PL `Space Bar`

```
Command: PLINE
Specify start point:                                          시작점 클릭 또는, 좌표 입력 Space Bar
Next point or [ARC/Halfwidth/Length/Undo/Width]:             클릭 또는 좌표 Space Bar
Next point or [ARC/Close/Halfwidth/Length/Undo/Width]:       Space Bar
```

옵션	설명
ARC(A)	간편한 호를 그린다.
Halfwidth(H)	선의 두께 값을 1/2 값으로 입력 사용한다.
Length(L)	선의 길이를 입력해 그린다.
Width(W)	선의 두께를 입력한다.

✎ | PLINE으로 화살표 그리기

PLINE의 두께(Width) 옵션을 이용하여 화살표를 그린다.

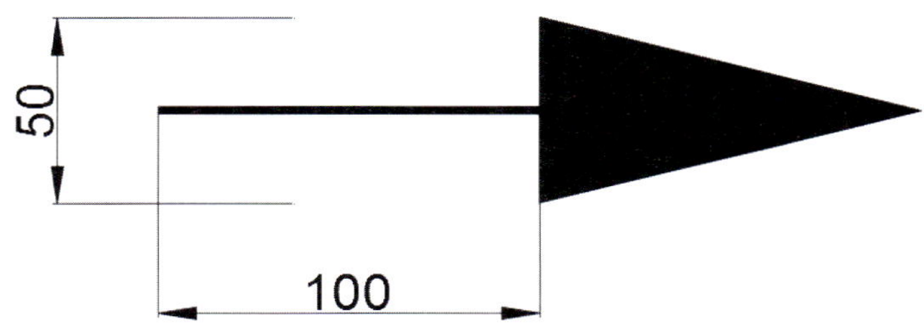

01 'PL'을 입력한 후 **Enter** 를 누르고, 원하는 지점을 클릭하고 오른쪽 방향으로 '100'을 입력한 후 **Space Bar** 를 누른다.

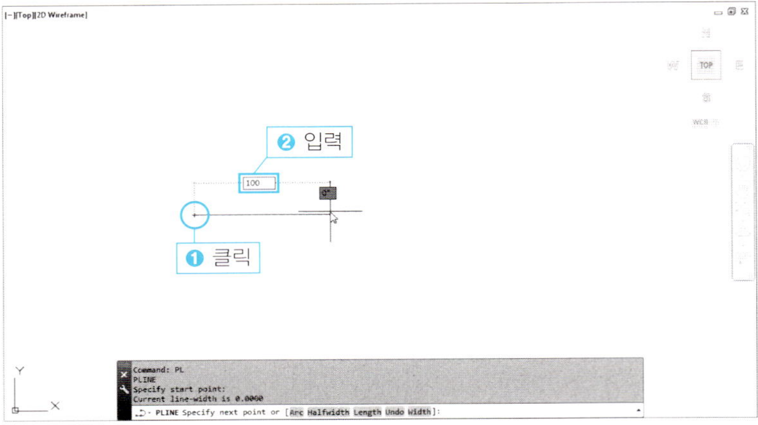

02 'W'를 누른 후 **Space Bar** 를 누른다. 시작점의 두께로 '50'을 입력하고 **Space Bar** 를 누른다.

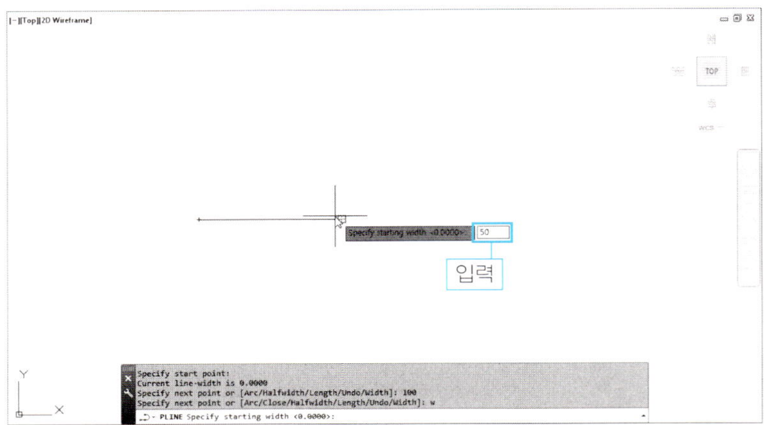

03 끝점의 두께를 위해 '0'을 입력하고 **Space Bar** 를 누른다.

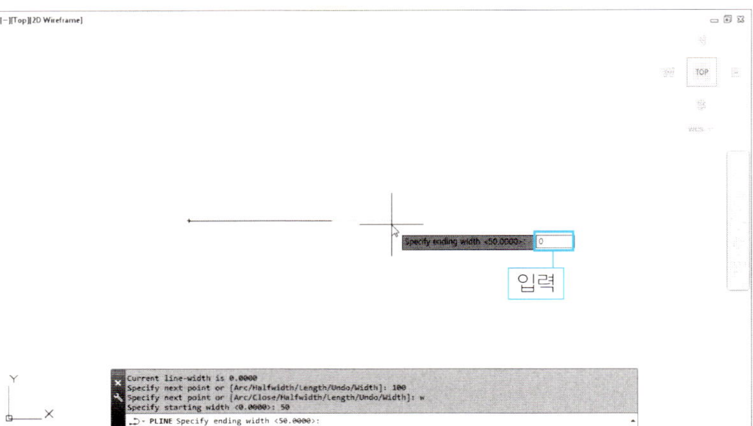

04 마우스를 오른쪽 방향으로 이동한 후 '100'을 입력하고 **Space Bar** 를 누른다.

도면 파일 [Sample] – 'Pline Arrow. dwg'

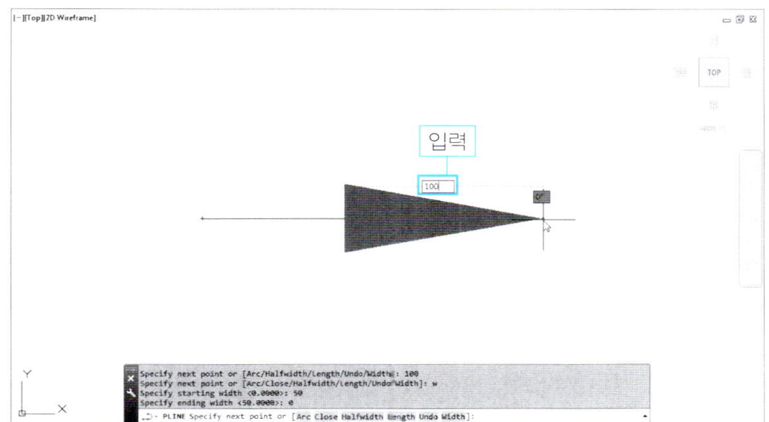

✎ | PLINE으로 호를 쉽게 그리기

PLINE을 이용하면 연속으로 이어지는 호를 쉽게 그릴 수 있다.

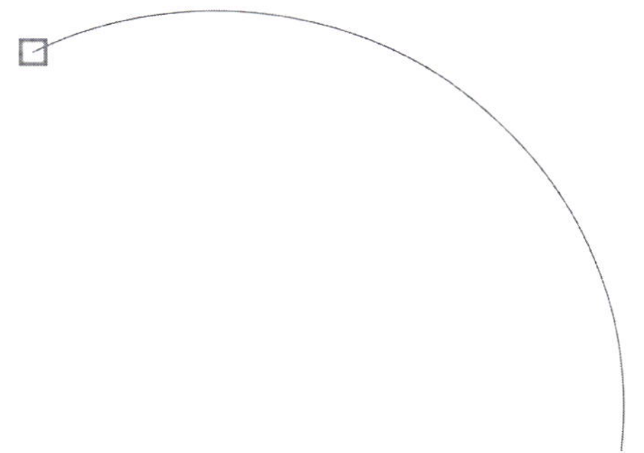

01 'PL'을 입력하고 **Enter** 를 누른다. 원하는 지점을 클릭한 후 'A'를 입력하고 **Space Bar** 를 누른다.

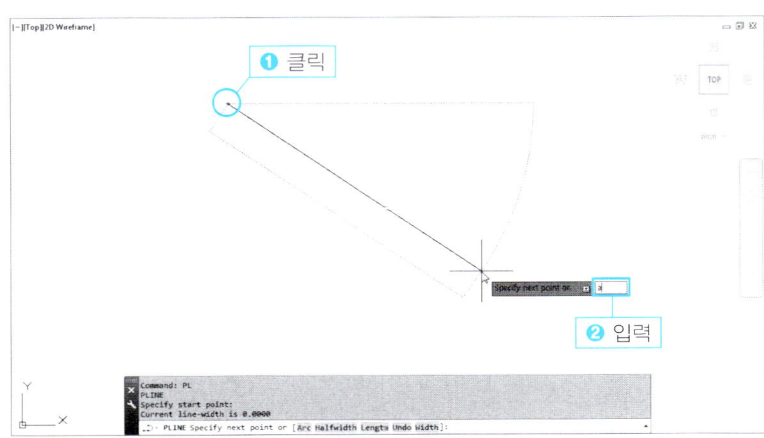

02 마우스를 움직이면 호가 나타나는데 방향을 바꾸려면 **Ctrl** 을 누르면 된다. 원하는 호 모양이 나타나면 '200'을 입력하고 **Tab** 을 한 번 누르고 '35'를 입력한 후 **Space Bar** 를 누른다.

도면 파일 [Sample] – 'Pline ARC.dwg'

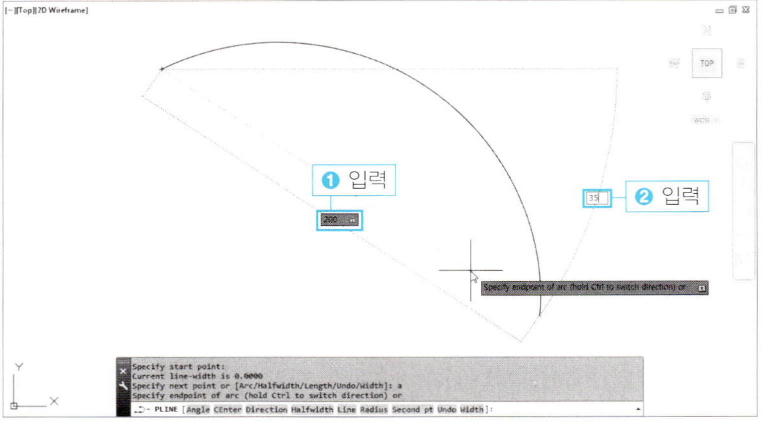

07 PEDIT(폴리선 편집)

PLINE으로 그린 객체를 편집하거나 개별로 나뉜 선들을 하나의 선으로 바꾸는 기능 등을 제공한다.

❶ 명령 : PEDIT **Enter** 또는 **Space Bar**
❷ 단축키 : PE **Space Bar**

```
Command: PEDIT
PEDIT Select polyline or [Multiple]: PLINE                    PLINE 또는, 다중 객체 선택  Space Bar
PEDIT Enter an option [Close/Join/Width/Edit vertex/Fit/Spline/Decurve/Ltype
gen/Reverse/Undo]:                                           변환시킬 종류 선택  Space Bar
```

옵션	설명
Close(C)	열린 선을 닫힌 도형으로 바꾼다.
Join(J)	여러 개로 나뉜 선들을 하나로 합친다.
Width(W)	선의 두께를 바꾼다.
Spline(S)	각진 선을 곡선으로 바꾼다.

여러 개로 나뉜 선을 하나로 바꾸기

끝점이 연결된 선들을 하나의 폴리선으로 바꾸는 방법을 알아본다. 폴리선은 하나의 완전한 모양을 만들 때 변환해 쓴다.

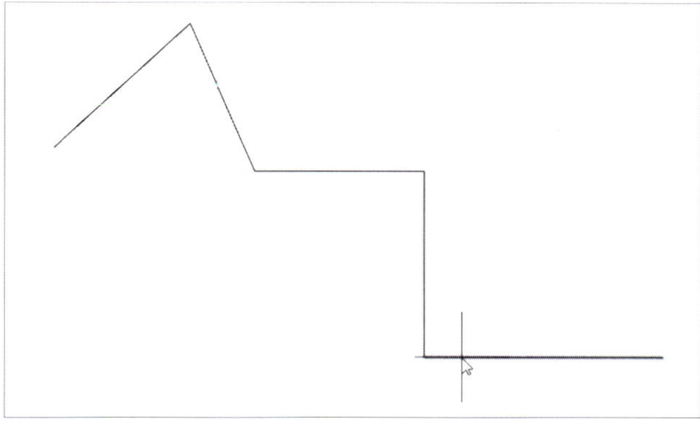

▲ 낱개로 선택되는 LINE

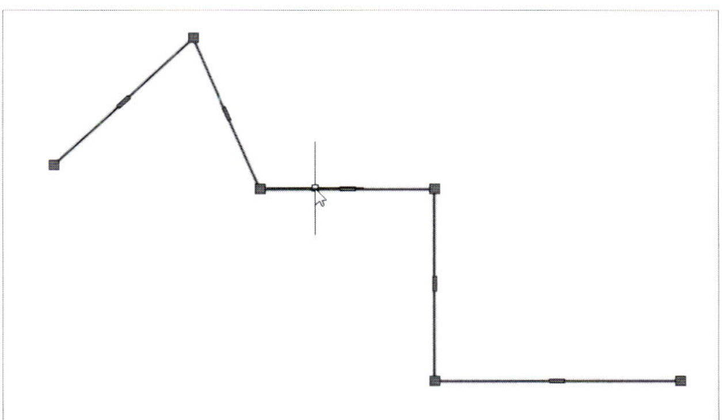

▲ 하나로 합쳐진 LINE

01 'L'을 입력하고 **Enter** 를 누른다. 여러 가지 방식으로 클릭해 이어진 선을 그리고, 그린 선 마디를 선택하며 각각의 마디로 나뉘어진 것을 확인한다.

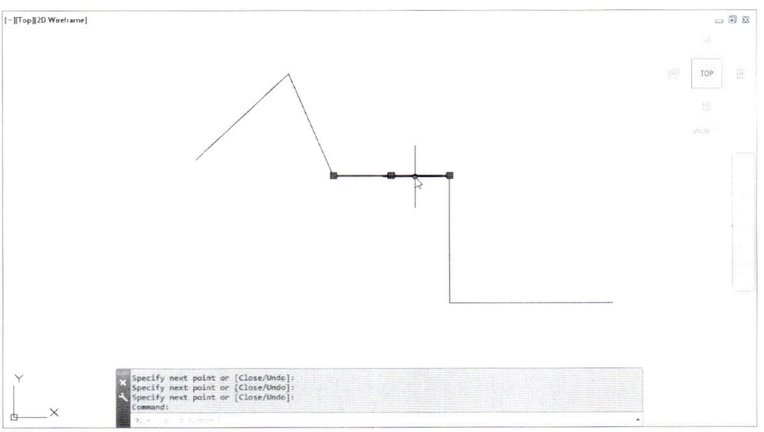

02 'PE'을 입력하고 **Enter** 를 누른다. 끝 쪽에 있는 마디 선을 클릭한 후 [Do you want to turn it into one?]이 나타나면 **Space Bar** 를 누른다.

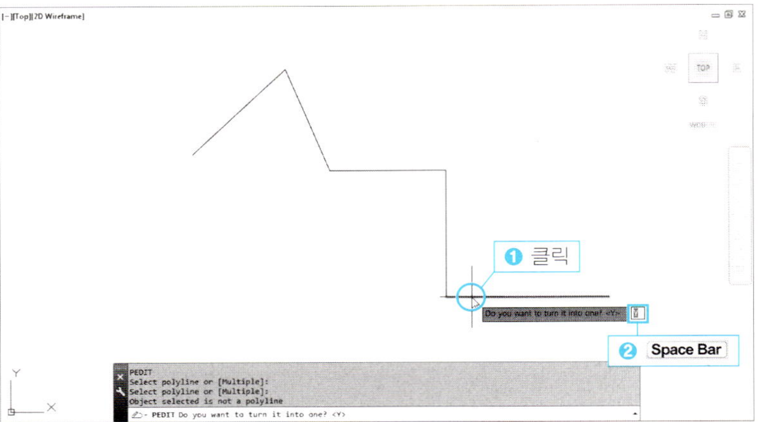

03 옵션 메뉴가 나타나면 [Join]을 선택한다.

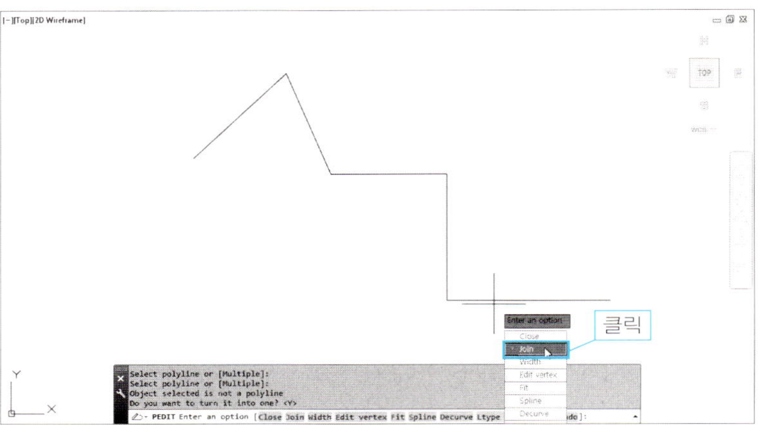

04 마우스로 각 마디를 클릭해 하나로 합칠 선들을 선정하고 **Space Bar** 를 누른다. PEDIT 상태를 빠져 나가기 위해 **Space Bar** 를 한 번 더 누른다.

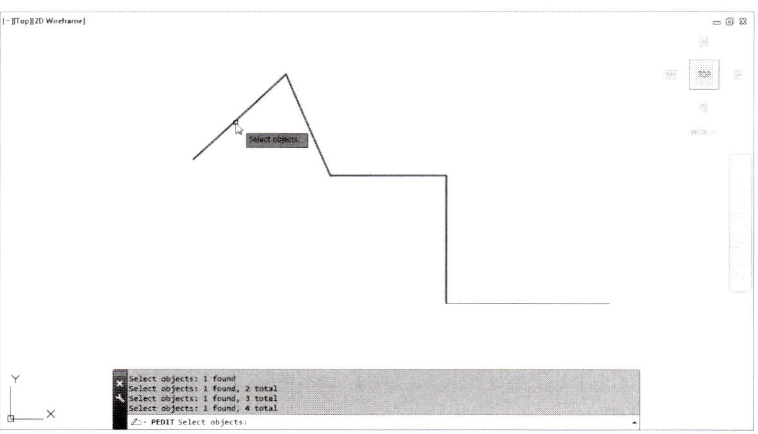

05 마우스로 선을 클릭하여 하나
로 바뀐 것을 확인한다.

도면 파일　[Sample] - ﹡PEdit.dwg﹡

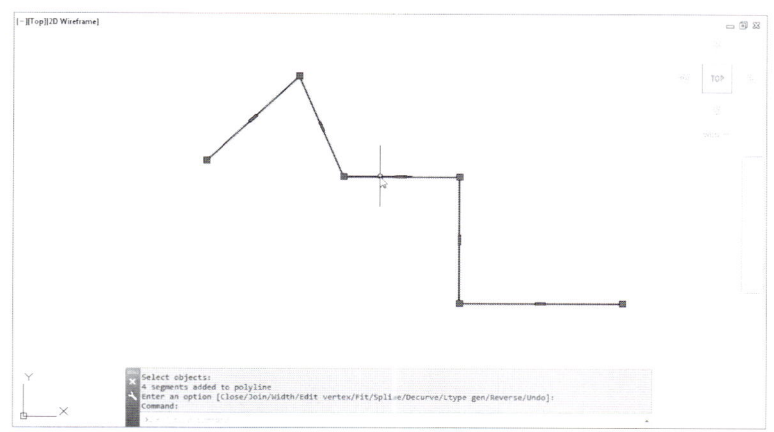

각진 선을 곡선으로 바꾸기

PEDIT의 독특한 기능 중 하나는 직선을 곡선으로 바꿀 수 있다는 것이다. 빠른 작업을 위해 직선으로
그린 후 이 기능으로 부드러운 결과물을 쉽게 만들 수 있다.

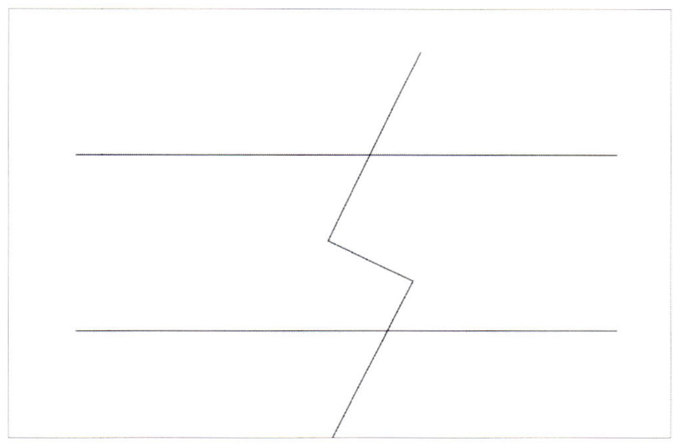

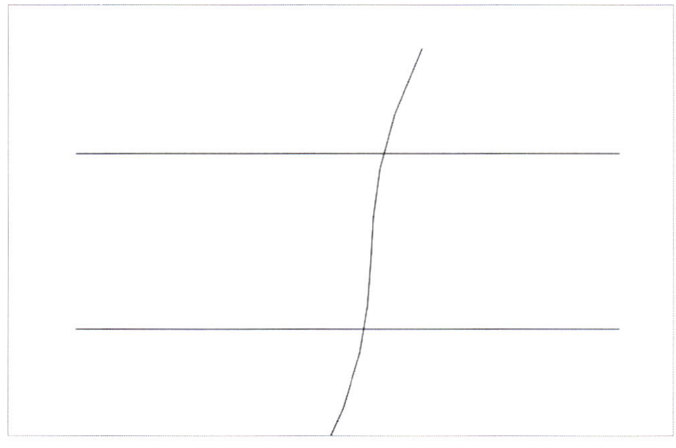

01 'L'을 입력한 후 **Enter**를 누르고, 수평선을 그린다.

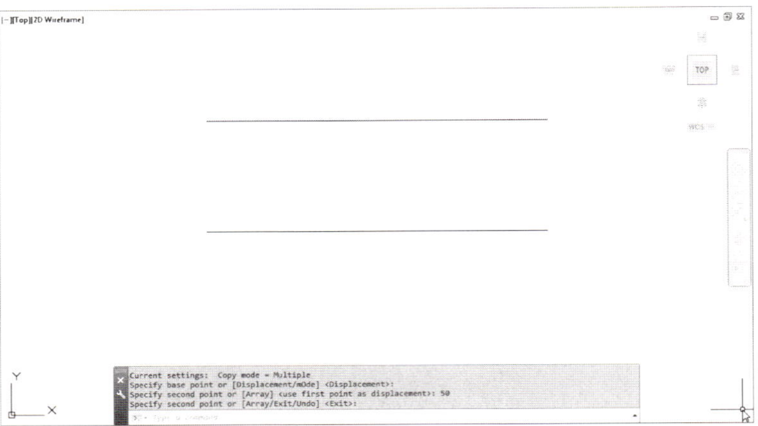

02 'PL'을 입력한 후 **Enter**를 누르고, 수평선을 가로지르는 선을 그린 후 **Space Bar**를 누른다.

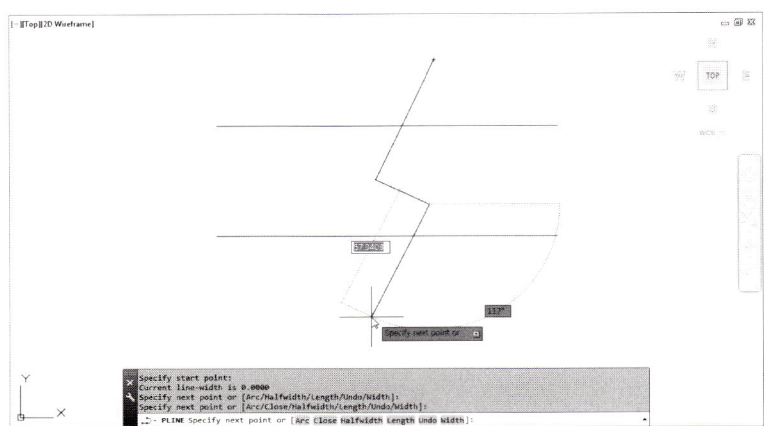

TIP

PLINE으로 그리면 하나의 선으로 그려진다.

---

03 'PE'를 입력한 후 **Enter**를 누르고, 폴리선을 클릭하고 메뉴에서 [Spline]을 선택한다.

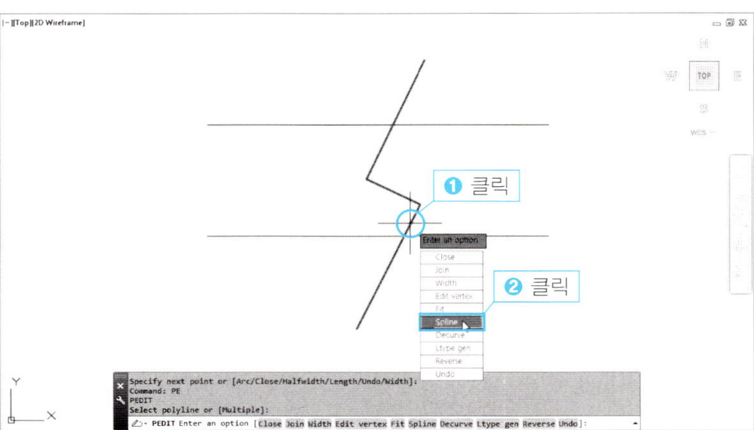

04 폴리선이 곡선으로 변경된 것을 확인 후 **Space Bar** 를 누른다.

도면 파일 : [Sample] – 'PEdit Spline.dwg'

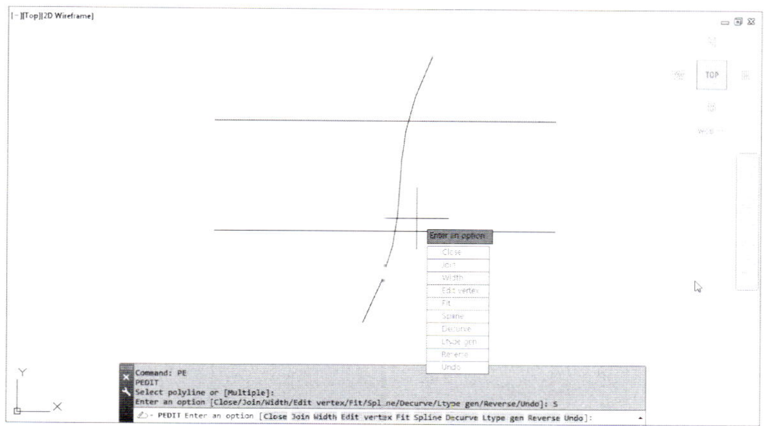

곡선으로 변경된 선 조정하기

곡선을 마우스로 클릭하면 원래 폴리선의 조정 점이 나타나는데 이 점을 이동시키면 곡선의 모양을 변경할 수 있다.

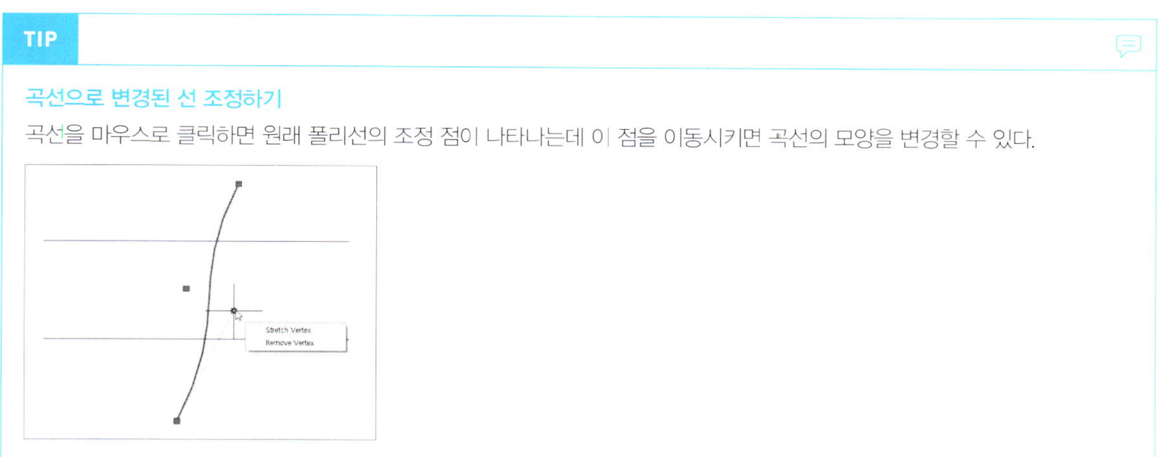

PEDIT의 Join이 하나로 합치는 명령이라면 해체하는 명령은 EXPLODE

AutoCAD의 LINE 명령은 연속적으로 사용하더라도 개별적인 선으로 처리된다. 이를 하나처럼 사용하기 위해 PEDIT 명령의 Join 옵션이 제공되는데 경우에 따라 다시 해체해 써야 할 수도 있다. 이때 EXPLODE 명령을 사용하면 쉽게 해체된다.

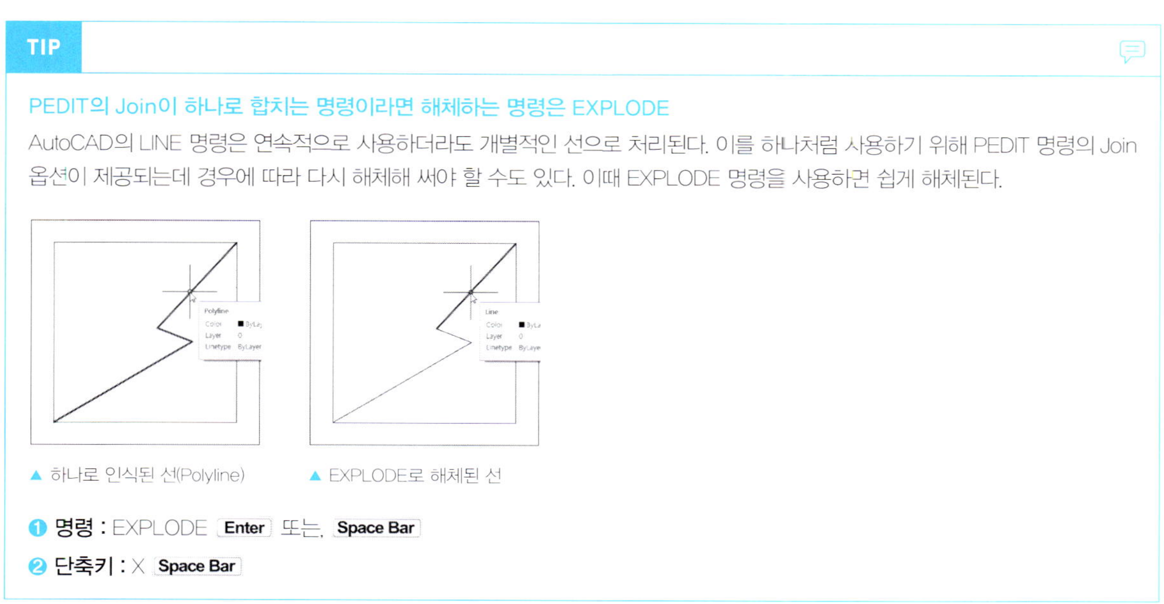

▲ 하나로 인식된 선(Polyline)　　▲ EXPLODE로 해체된 선

❶ **명령 :** EXPLODE **Enter** 또는, **Space Bar**

❷ **단축키 :** X **Space Bar**

DONUT(도넛 모양)

채워진 점 모양이나 속이 빈 점을 그린다.

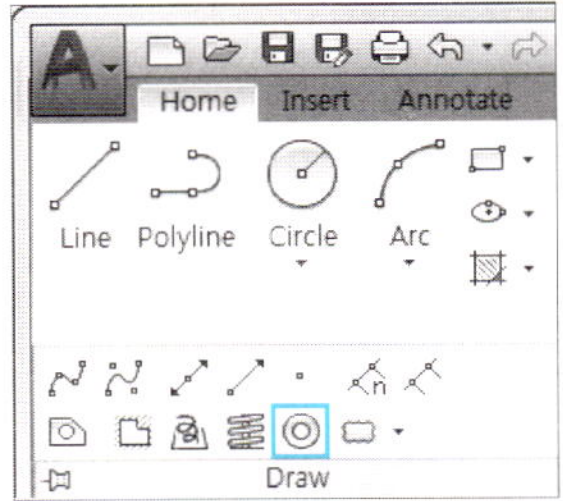

❶ **명령** : DONUT [Enter] 또는, [Space Bar]
❷ **단축키** : DO [Space Bar]

```
Command: DONUT
Specify inside diameter of DONUT <0.0000>:
Specify outside diameter of DONUT <1.0000>:
Specify center of DONUT or <exit>:
```

내부 지름 입력 [Space Bar]
외부 지름 입력 [Space Bar]
원하는 지점 클릭 [Space Bar]

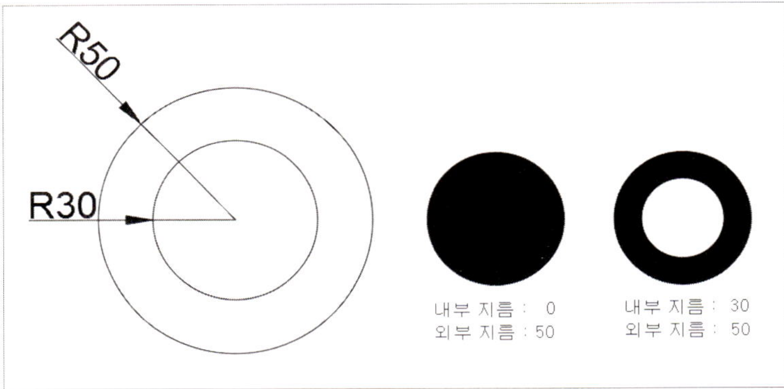

TIP

도넛은 내부 계산 원리로 인해 예상할 수 있는 내부/외부 지름이 만들어지지 않는다. 그림과 같이 실제 반지름과 비교해 작은 도넛이 만들어지니 이점을 유의하기 바란다.

09 XLINE(무한 선)

한 점을 중심으로 양방향 무한 선을 그린다. 3차원 도면 작업 시 연장선으로 많이 사용한다. 무한 선이기 때문에 불필요한 부분은 트림(Trim) 명령으로 제거해야 한다.

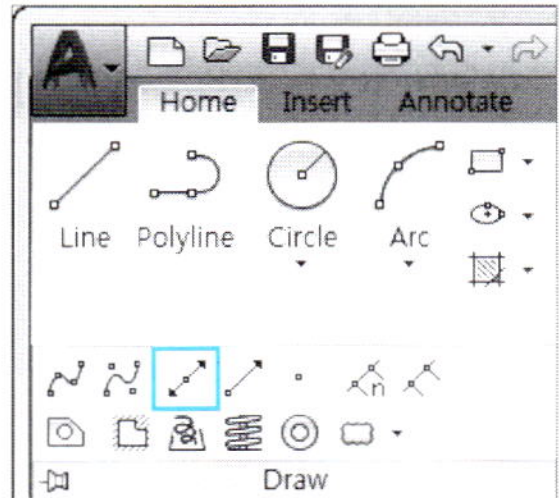

❶ 명령 : XLINE **Enter** 또는, **Space Bar**
❷ 단축키 : XL **Space Bar**

```
Command: XLINE
Specify a point or [Hor/Ver/Bisect/Offset]:          지점 클릭 또는. 좌표 입력 Space Bar
Through point:                                        원하는 방향 클릭 Space Bar
```

옵션	설명
Hor(H)	무한 수평선을 그린다.
Ver(V)	무한 수직선을 그린다.
Offset(O)	선에 대해 수평한 무한 선을 그린다.

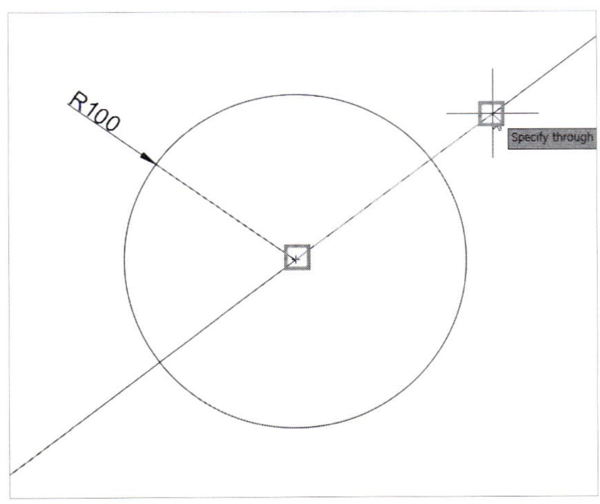

▲ 기본 XLINE 작동법

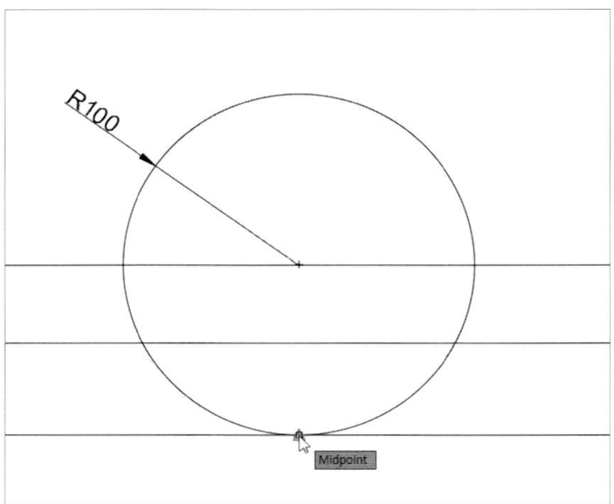

▲ Horizontal 옵션

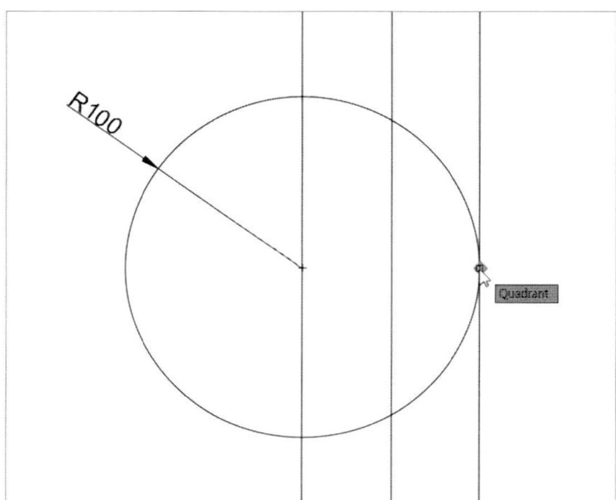

▲ Vertical 옵션

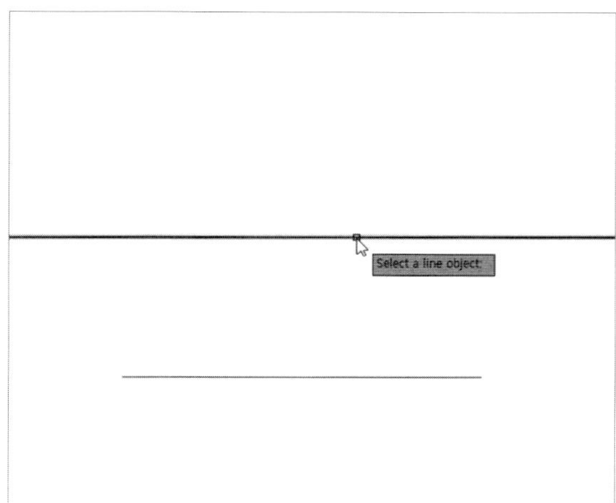

▲ Offset 옵션

10 RAY(레이 선)

한 점을 중심으로 단방향 무한 선을 그린다. 원의 원점에서 한쪽 방향으로 무한 선을 그려 파이 조각을 그릴 때 편하다.

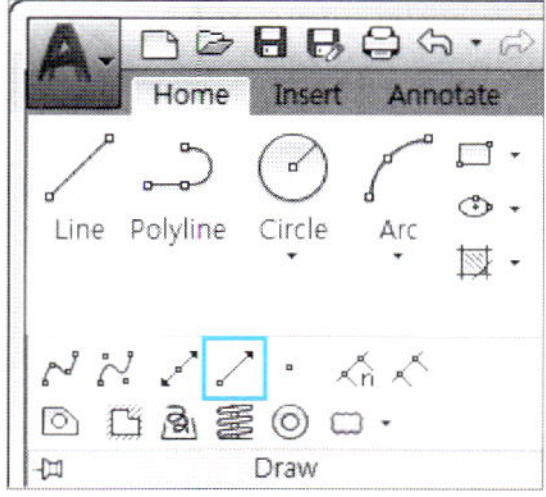

① **명령 :** RAY [Enter] 또는, [Space Bar]
② **단축키 :** 없음

```
Command: RAY
RAY Specify start point:               원하는 지점 클릭 [Space Bar]
RAY Specify through point:             원하는 방향 클릭 [Space Bar]
```

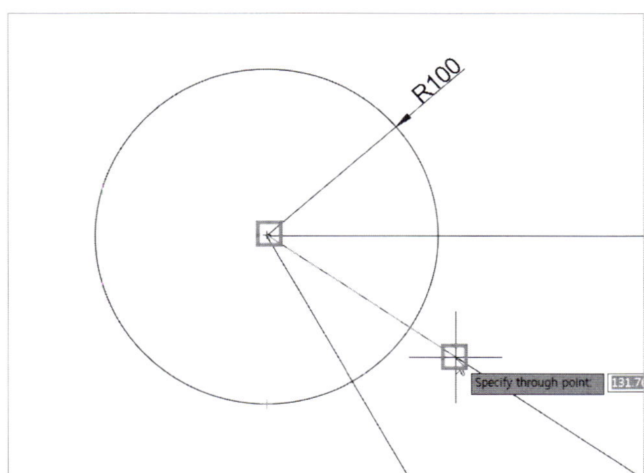

기본 도형만 이용하면 원하는 모양을 제대로 만들기란 어렵기 때문에 선을 잘라 모양을 다듬는 편집 명령이 필요한데, 이에 대해 상세히 알아본다.

01 OFFSET(옵셋)

일정한 간격을 두고 객체를 복사하는 명령이다.

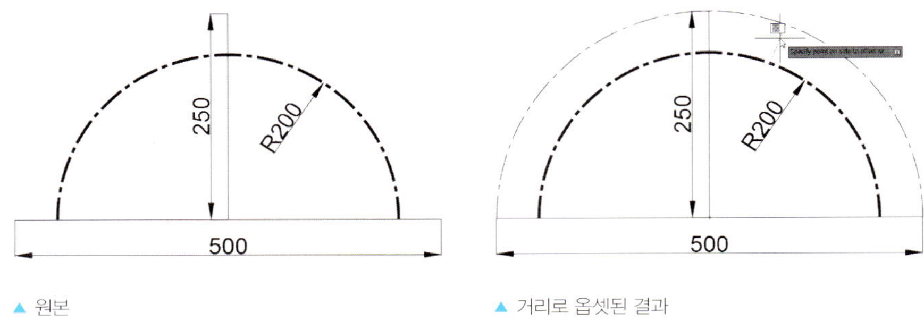

▲ 원본   ▲ 거리로 옵셋된 결과

❶ **명령** : OFFSET **Enter** 또는, **Space Bar**
❷ **단축키** : O **Space Bar**

```
Command: OFFSET
OFFSET Specify offset distance or [Through/Erase/Layer] <Through>:
                                                  간격 수치 입력 [Space Bar]
OFFSET Select object to offset or [Exit/Undo] <Exit>:          옵셋 할 객체 선택
OFFSET Specify point on side to offset or [Exit/Multiple/Undo] <Exit>:
                                                  옵셋 할 방향 클릭
OFFSET Select object to offset or [Exit/Undo] <Exit>:          [Space Bar]
```

옵션	설명
Through(T)	통과해야 할 옵셋 대상 선택
Erase(E)	옵셋 시 대상 지우기

옵셋은 객체를 일정한 거리만큼 복사하는 명령으로 COPY 명령보다 효율적이다.

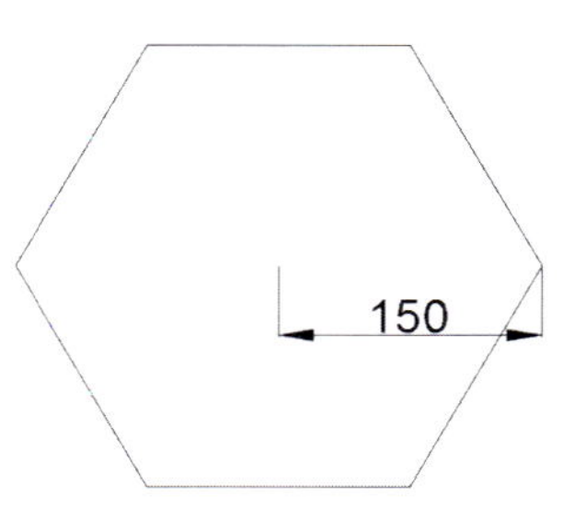

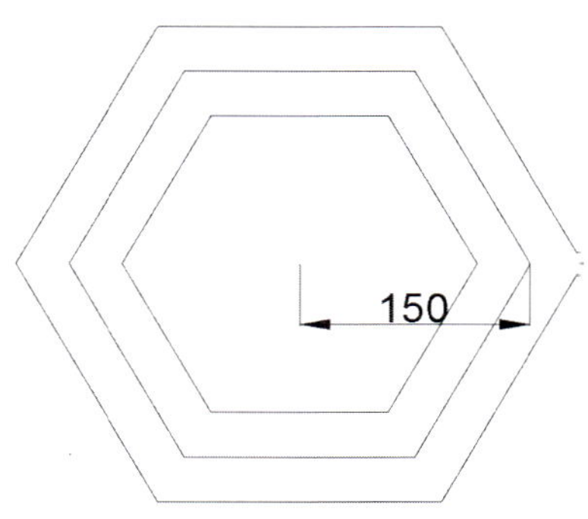

01 'POL'을 입력한 후 **Enter** 를 누르고, 다각형의 수를 정하기 위해 '6'을 입력하고 **Space Bar** 를 누른다. 다각형의 중심점을 정하기 위해 원하는 지점을 클릭한다. 내접/외접 선택 항목에서 외접인 [Circumscribed in Circle]을 선택한다. 반지름 값으로 '150'을 입력하여 육각형을 그린다.

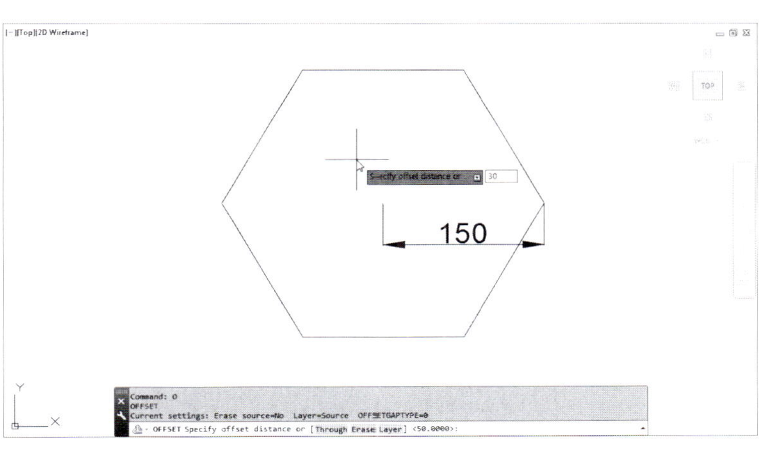

02 'O'를 입력한 후 **Space Bar** 를 누른다. 옵셋할 거리를 위해 '30'을 입력하고 **Space Bar** 를 누른다.

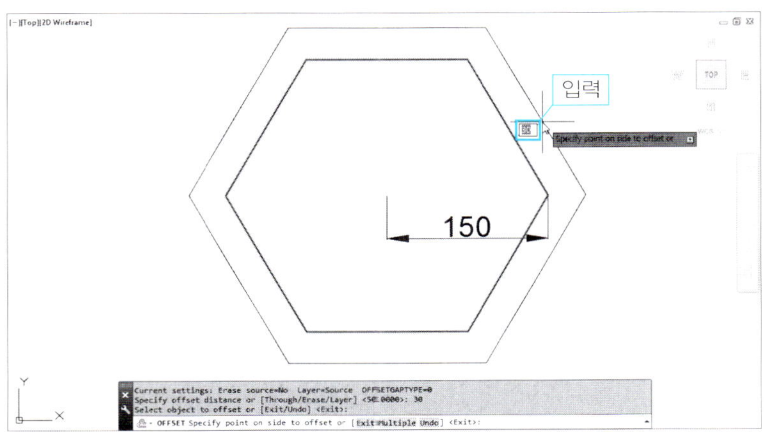

03 다각형을 클릭한 후 바깥쪽을 클릭한다. 안쪽 옵셋을 위해 다시 한 번 폴리곤 선을 클릭하고 안쪽을 클릭한 후 **Space Bar**를 누른다.

도면 파일   [Sample] - 'Offset Basic.dwg'

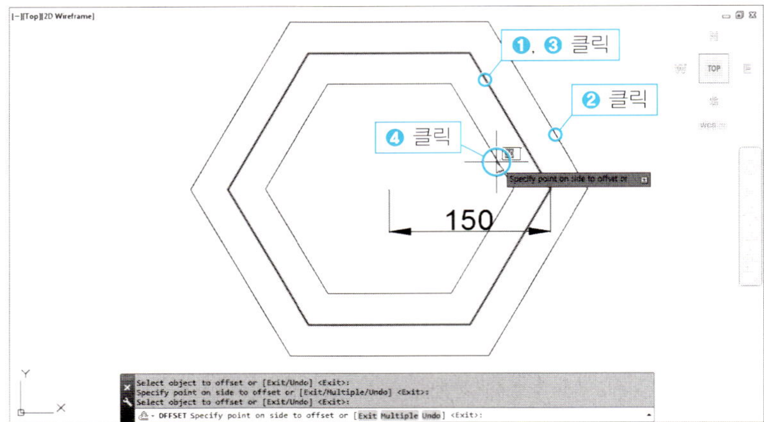

✎ | 여러 객체를 다중 옵셋하기

여러 개의 객체를 한꺼번에 복사하고자 할 때 옵셋 만큼 좋은 기능은 없다. 기준선을 중심으로 외곽 또는, 내부로 복사하는 큰 장점이 있지만, 불필요한 연장선도 나타나 TRIM으로 잘라내야 하는 불편함도 있다.

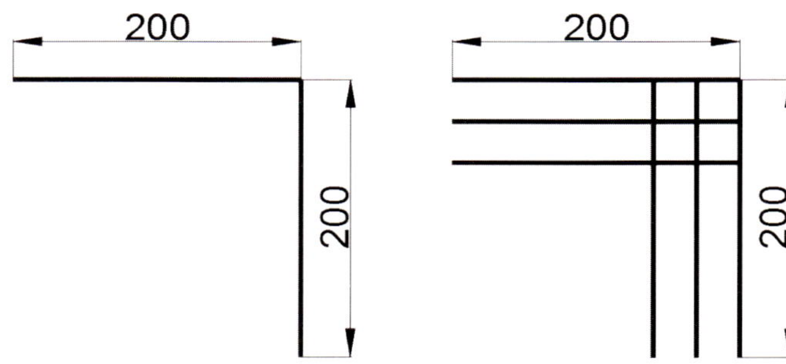

01 LINE 명령을 이용하여 ㄱ자 모양의 선을 준비한다. 'O'를 입력한 후 **Space Bar**를 누른다. 옵셋할 거리를 위해 '30'을 입력하고 **Space Bar**를 누른다.

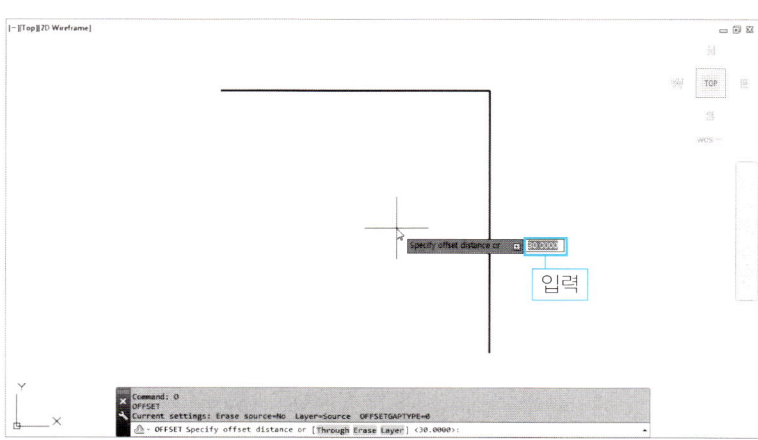

02 수직 방향의 선을 클릭한 후
안쪽을 클릭한다.

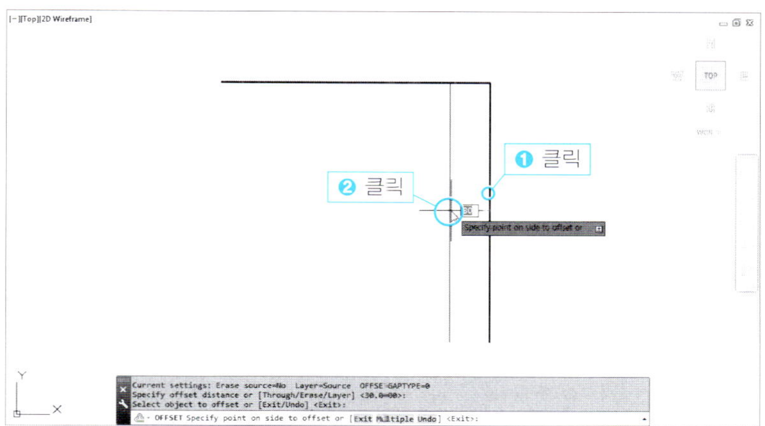

03 같은 방법으로 옵셋된 선
을 클릭하고 안쪽을 클릭 후
Space Bar 를 누른다.

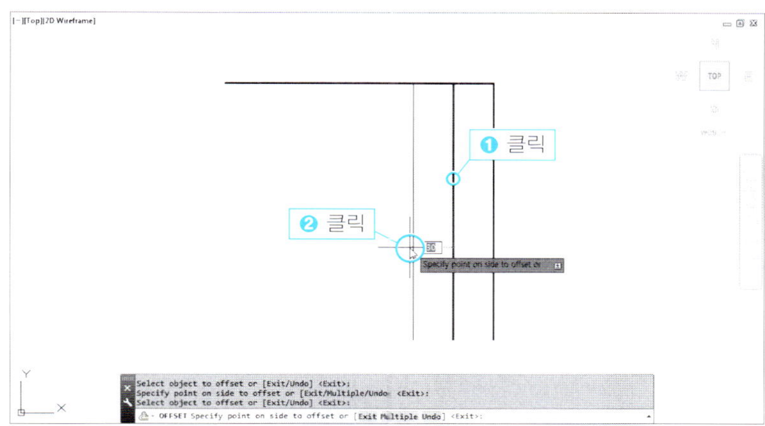

04 OFFSET 명령을 반복하기
위해 Space Bar 를 누르고,
같은 거리를 사용하기 위해
Space Bar 를 다시 한 번 누른
후 수평선을 클릭, 안쪽을 클
릭한다.

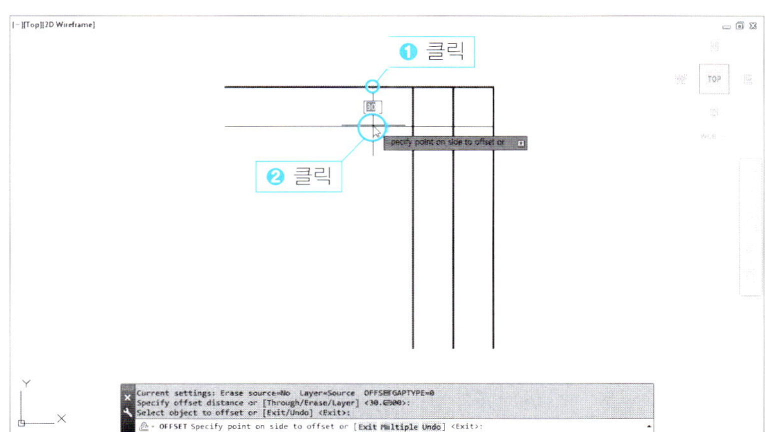

05 같은 방법으로 옵셋된 선을 클릭하고 안쪽을 클릭 후 Space Bar 를 누른다.

도면 파일 [Sample] – 'Offset Multiple.dwg'

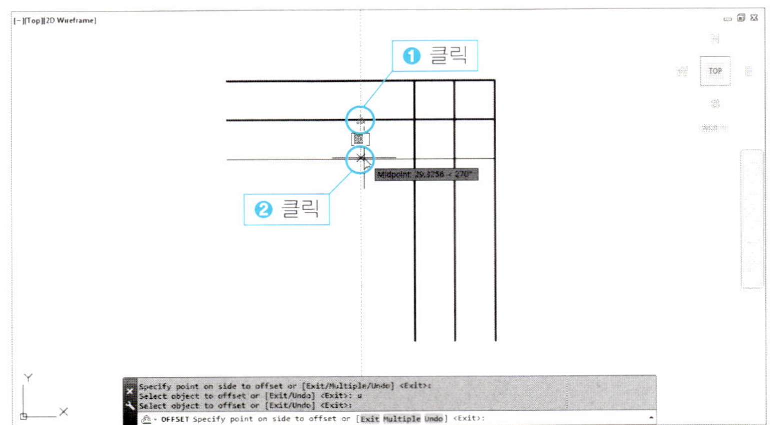

✂️ | 통과점(Through Point)을 이용한 옵셋하기

옵셋할 때 일정한 지점을 통과하게끔 유도하는 옵션이다. 이 기능을 이용하면 정확한 복사 지점을 계산할 수 있어 매우 유리하다.

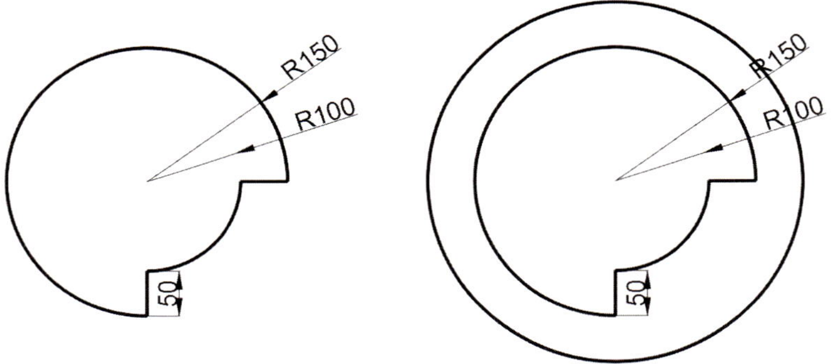

01 CIRCLE, ARC, LINE을 이용하여 그림과 같은 모양을 그린다. 'O'를 입력한 후 Space Bar 를 누르고, 통과점을 이용하기 위해 'T'를 입력하고 Space Bar 를 누른다. 하단 안쪽 ARC를 클릭한 후 ARC의 왼쪽 점을 기준으로 마우스를 아래로 움직이며 '100'을 입력한다.

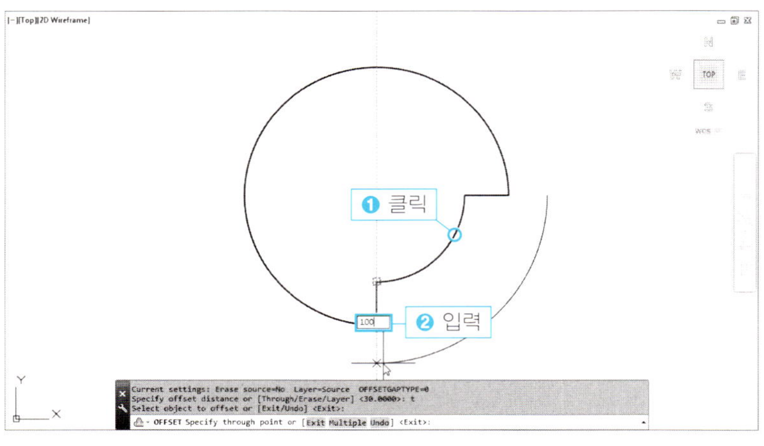

02 바깥쪽 원을 클릭하고 하단 점을 클릭한 후 옵셋된 ARC의 끝점을 클릭한다. OFF-SET 명령을 종료하기 위해 **Space Bar** 를 누른다.

도면 파일 [Sample] – 'Offset TP.dwg'

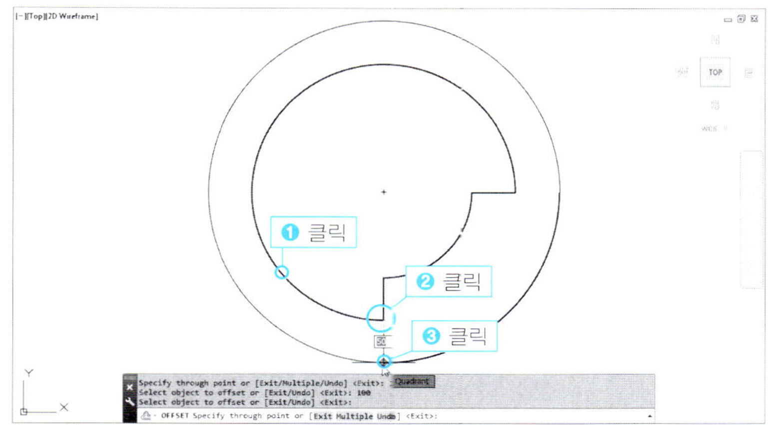

02 TRIM(잘라내기)

불필요한 부분을 없애는 명령으로 사용빈도가 가장 높다.

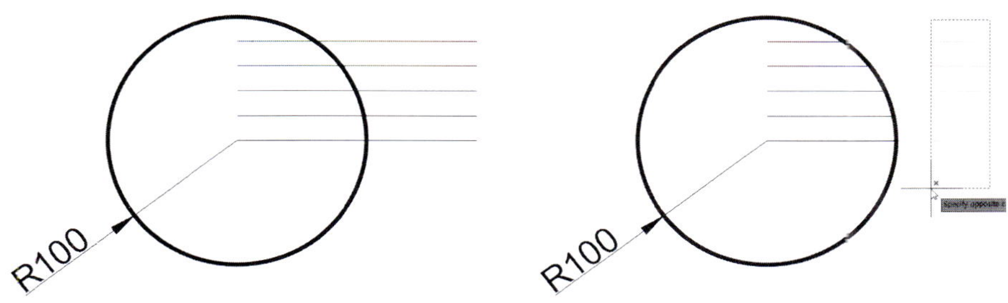

❶ **명령** : TRIM **Enter** 또는, **Space Bar**
❷ **단축키** : TR **Space Bar**

```
Command: TRIM
Select objects or <select all>: Specify                         자를 역할의 객체 선택 Space Bar
Select objects: Select object to trim or shift-Select to extend or [Fence/
Crossing/Project/Edge/eRase/Undo]:                              잘려질 부분 선택 Space Bar
```

옵션	설명
Fence(F)	영역을 선택하고 그 안에서 옵셋 작업을 한다.
Crossing(C)	필요한 영역 설정한 후 그 안에서 필요한 곳만 지운다.

불필요한 부분을 제거할 때 쓰는 가장 일반적인 방법이다. 이 방법은 AutoCAD 설계에 있어 절대적이라 할 수 있으니 방법을 확실히 익히는 것이 좋다.

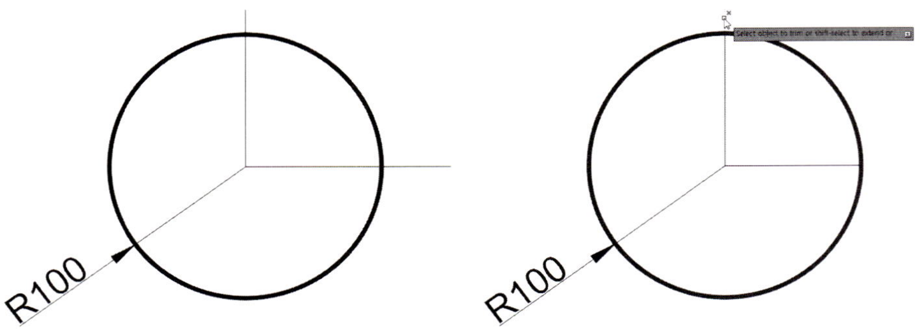

01 CIRCLE과 RAY 명령을 이용해 파이 차트 모양을 그린다. 'TR'을 입력하고 **Space Bar** 를 누른다. 자를 역할을 할 원을 선택하고 **Space Bar** 를 누른다.

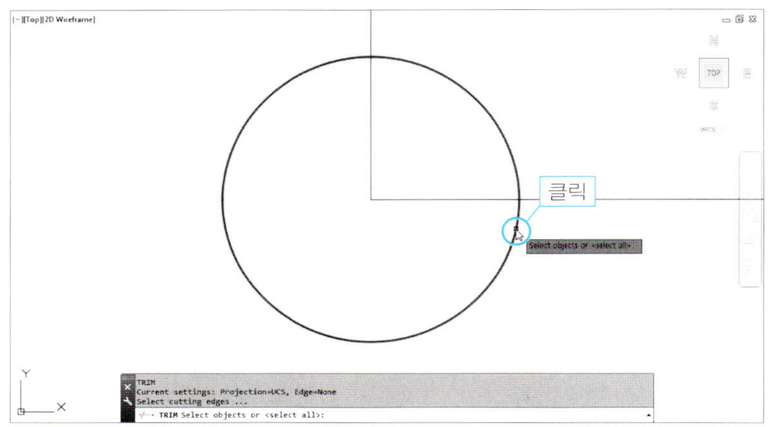

02 무한 선인 RAY의 바깥쪽 부분을 각각 클릭해 지우고 **Space Bar** 를 누른다.

도면 파일 : [Sample] – 'Trim01.dwg'

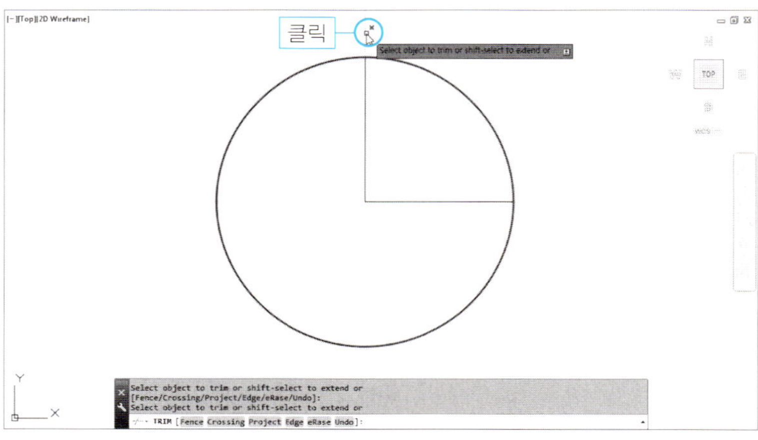

걸쳐진 영역에 있는 요소 모두 지우기

TRIM 명령 사용 시 일일이 클릭하는 것보다 일괄 선택하는 방법이 더욱 효율적이다.

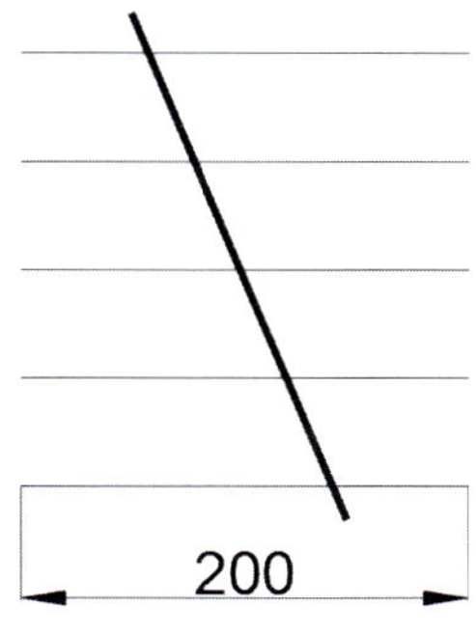

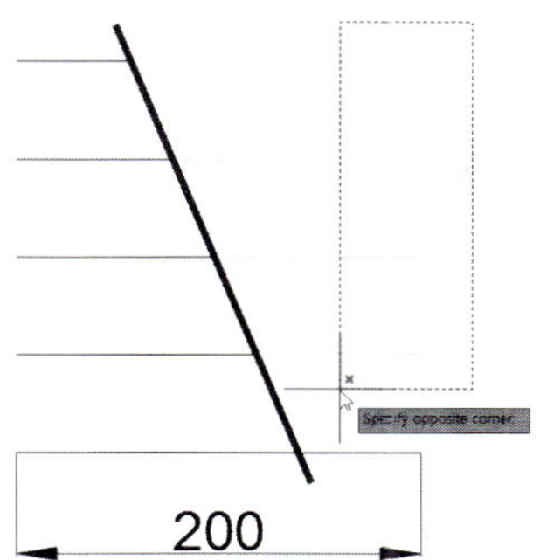

01 LINE 명령을 이용해 수평선과 이를 가로지르는 선을 그린다. 'TR'을 입력하고 **Space Bar** 를 누르고, 자를 역할을 할 대각선을 클릭한 후 **Space Bar** 를 누른다.

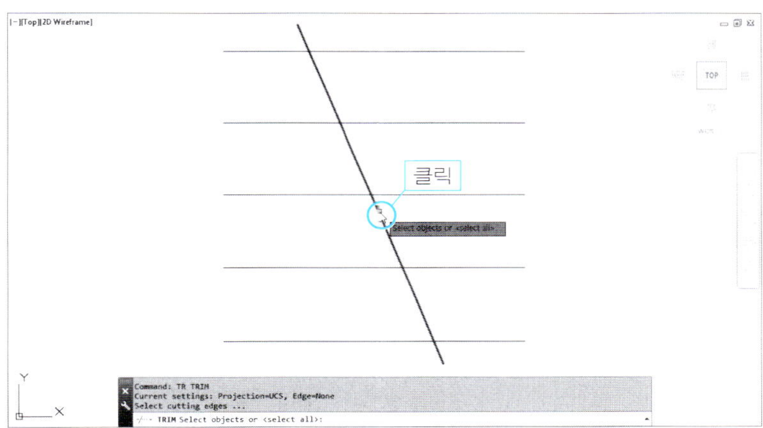

02 마우스로 오른쪽 부분을 선택해 지운 후 **Space Bar** 를 누른다.

　　도면 파일 : [Sample] – 'Trim02.dwg'

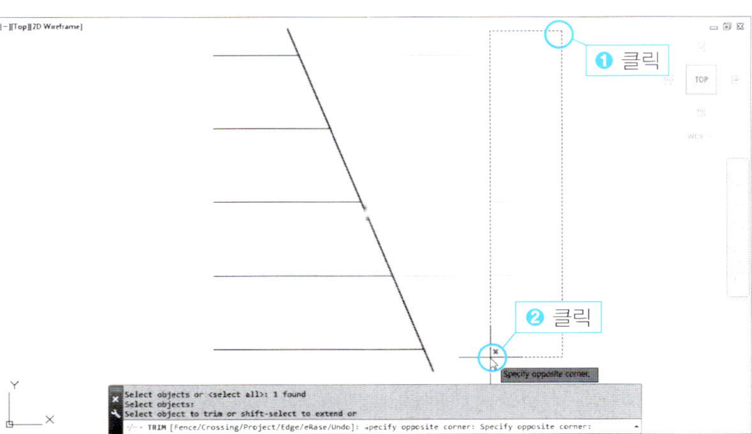

특별한 영역 설정 후 영역 안의 것만 정확하게 제거할 때 사용되는 옵션이 'F'이다. 'F'는 Fence의 약자로 경계선을 지정한 후 영역 안에 겹쳐진 부분만 선택적으로 제거할 수 있다.

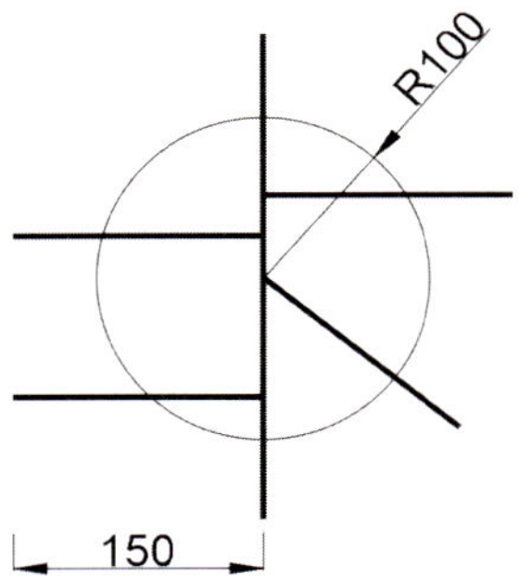
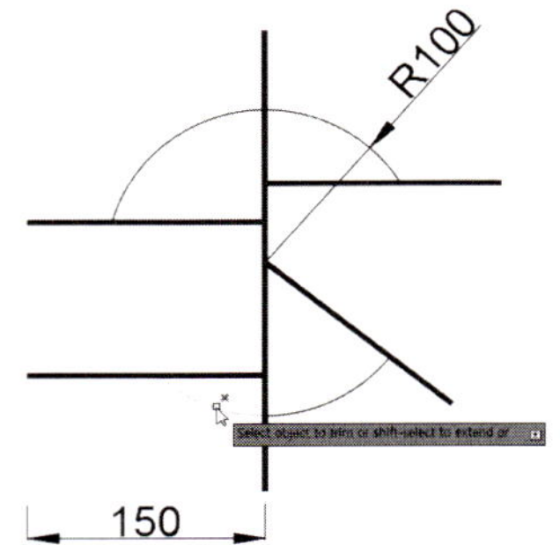

01 CIRCLE과 LINE 명령을 이용해 그림과 같이 그린다. 'TR'을 입력한 후 **Space Bar** 를 누른다. 영역을 설정하기 위해 'F'를 입력하고 **Space Bar** 를 누른다. 마우스로 드래그해 트림이 필요한 부분을 설정하고 **Space Bar** 를 누른다.

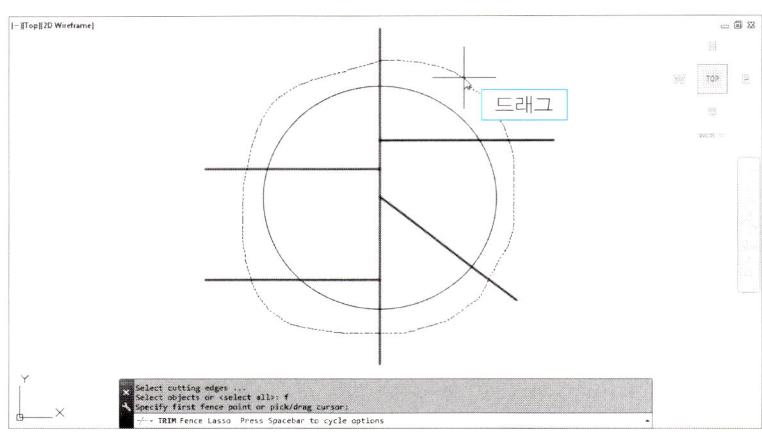

02 영역 안의 부분을 클릭해 필요한 부분만 지우고 **Space Bar** 를 누른다.

　　도면 파일 : [Sample] – 'Trim03.dwg'

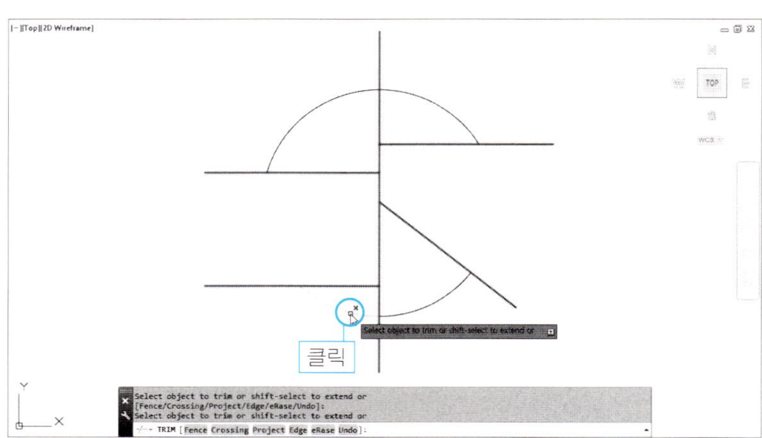

연습도면   OFFSET과 TRIM을 이용한 빠른 도면 그리기 연습

실습 목표

1. 기준점을 파악하여 도면 치수를 추적하는 방법을 학습한다.
2. 정확하게 그리는 방법보다 연장선 작도와 TRIM 명령을 이용한 완성 방법을 연구한다.

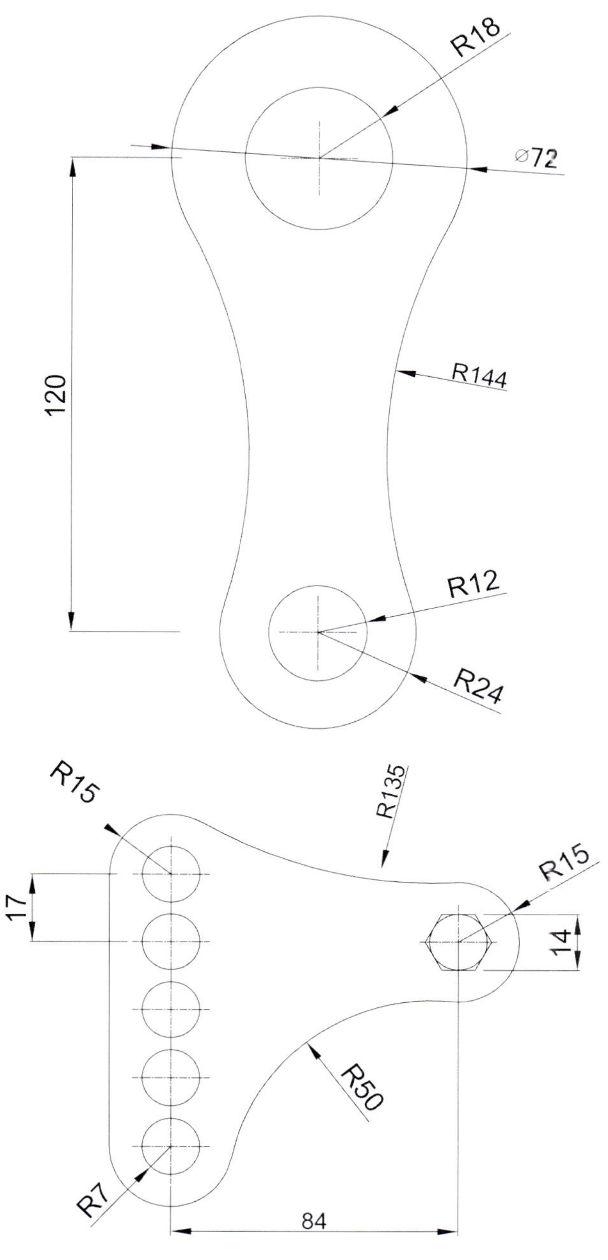

13 FILLET(모깎기)

각진 모양에 대해 둥근 모깎기를 실행한다. 기계 설계에 있어 둥근 부분은 날카롭게 보이는 부분을 부드럽게 바꿀 수 있다.

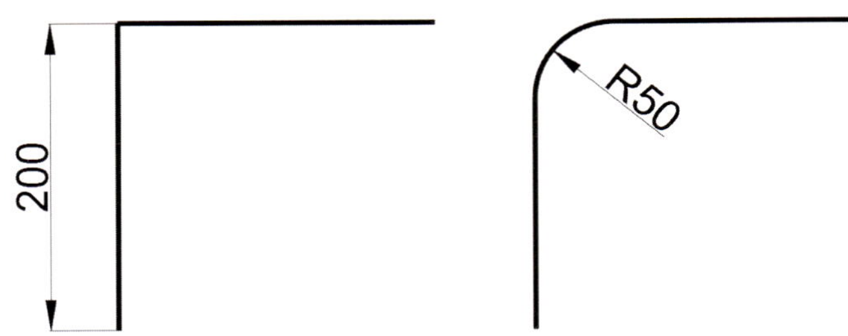

❶ 명령 : FILLET `Enter` 또는, `Space Bar`
❷ 단축키 : F `Space Bar`

```
Command: FILLET
Select first object or [Undo/Polyline/Radius/Trim/Multiple]: R        입력 Space Bar
Specify fillet radius <0.0000>:                            모깎기용 반지름 입력 Space Bar
Select first object or [Undo/Polyline/Radius/Trim/Multiple]:           대상 객체 클릭
Select second object or shift-select to apply corner or [Radius]:
                                                                    맞닿은 객체 클릭
```

옵션	설명
Polyline(P)	FILLET 대상을 폴리선으로 설정한다.
Radius(R)	FILLET 반지름을 입력한다.

만나거나 떨어져 있는 객체에 대한 모깎기

FILLET은 각 선을 연장시켰을 때 맞닿을 수만 있다면 서로 닿지 않아도 가능하다.

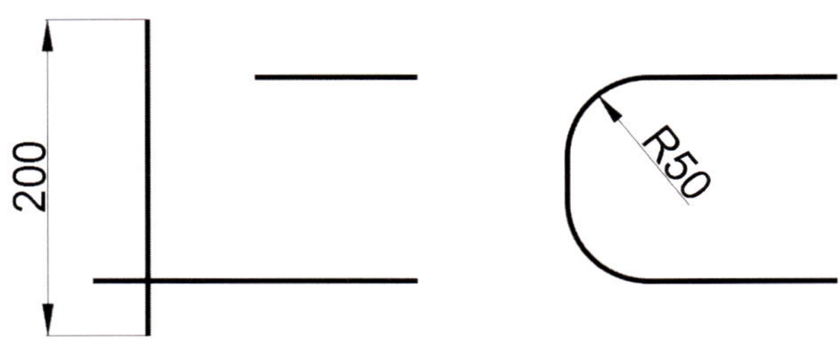

01 LINE 명령을 이용하여 서로 만나는 수직/수평선과 만나지 않는 선을 따로 그린다. 'F'를 입력한 후 **Space Bar** 를 누르고, 'R'을 입력하고 반지름을 '50'으로 입력 후 **Space Bar** 를 누른다.

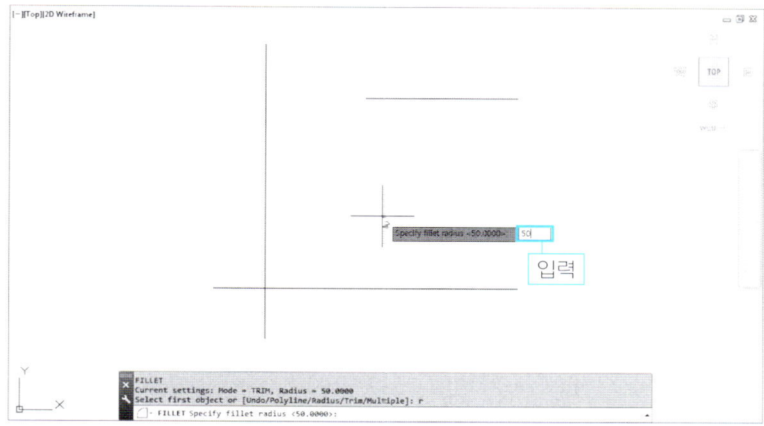

02 위쪽에 떨어져 있는 선을 차례대로 클릭해 FILLET 결과를 확인한다.

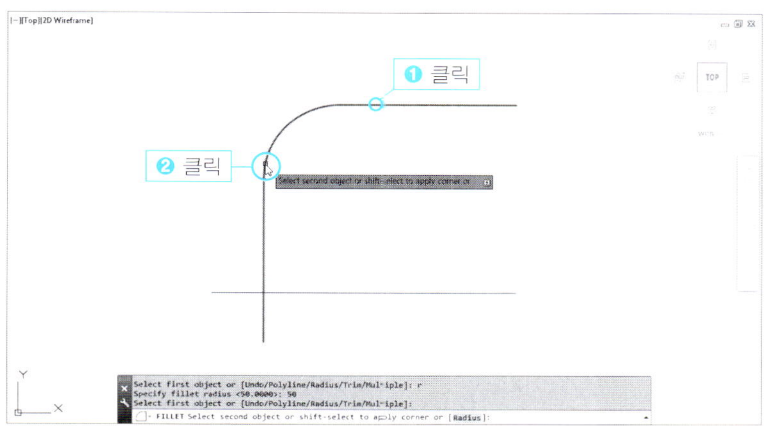

03 FILLET 명령을 반복하기 위해 **Space Bar** 를 누른다. 서로 만나는 선을 차례대로 클릭해 불필요한 부분을 제거하고 FILLET 처리한다.

도면 파일 : [Sample] − 'Fillet01.dwg'

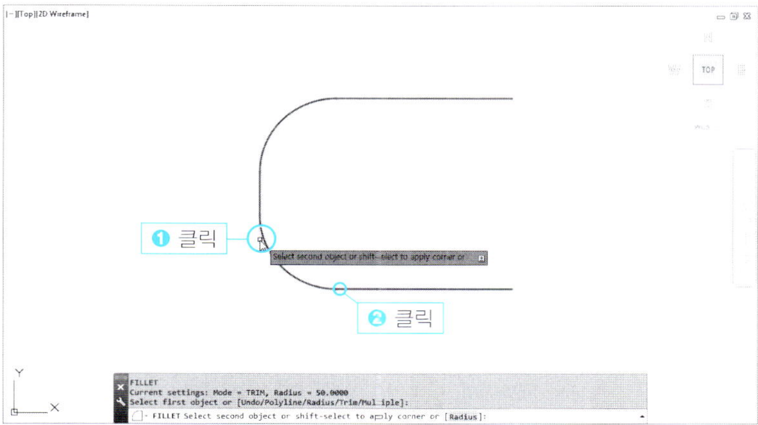

✎ | 반지름이 0인 경우 직선에 대한 FILLET

반지름(Radius) 값이 0인 경우 TRIM 효과를 동시에 얻을 수 있다. 서로 떨어져 있는 선의 경우 반지름을 0으로 설정하고 FILLET 명령을 적용하면 바깥쪽 부분은 제거되며 직각 모양으로 바뀐다. 서로 만나는 선의 경우도 같은 결과를 얻는다.

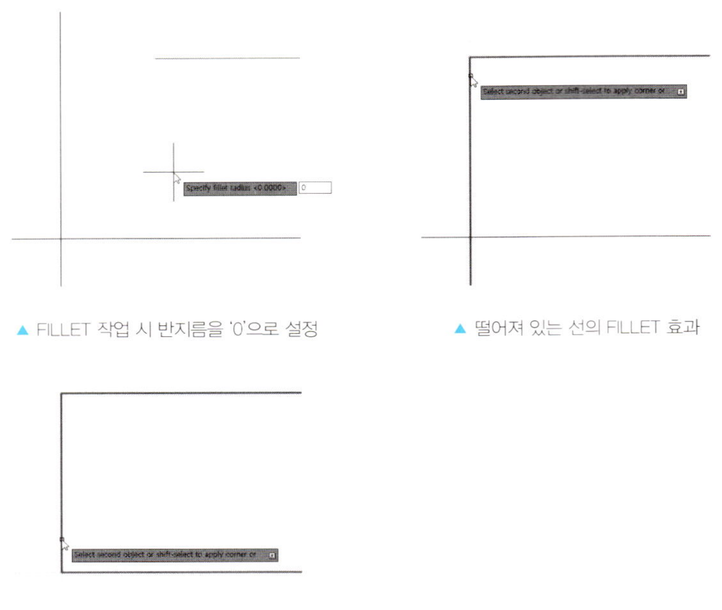

▲ FILLET 작업 시 반지름을 '0'으로 설정   ▲ 떨어져 있는 선의 FILLET 효과

▲ 서로 만나는 선의 경우 FILLET 효과

✎ | 직선과 호를 이용한 FILLET

호와 선을 FILLET 할 경우 클릭하는 지점에 따라 다른 효과를 얻는다. 호의 끝점을 클릭한 후 선의 바깥쪽을 클릭하면 부드럽게 이어진다. 반면 선의 안쪽을 클릭하면 안쪽으로 휘어지는 효과가 난다.

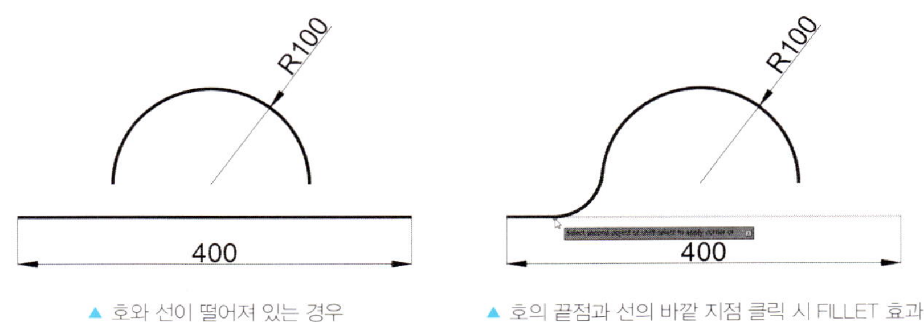

▲ 호와 선이 떨어져 있는 경우   ▲ 호의 끝점과 선의 바깥 지점 클릭 시 FILLET 효과

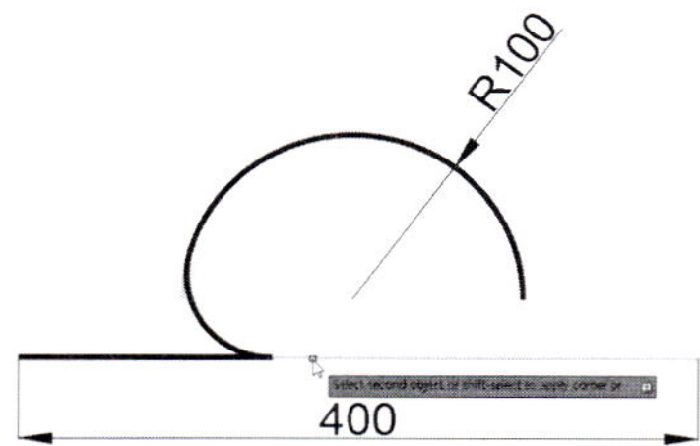

▲ 호의 끝점과 선의 안쪽 지점 클릭 시 FILLET 효과

TIP

하나로 합쳐진 다각형에 대한 모깎기

FILLET은 RECTANGLE 명령로 그려진 사각형을 처리할 수 없다. RECTANGLE은 돌리선이라는 성격을 가진 것으로 전체가 하나의 선으로 인식되기 때문이다. 이를 한 번에 FILLET하기 위해서는 옵션에서 P(Polyline)를 눌러 대상을 폴리선으로 지정하고 클릭하면 된다.

```
FILLET
Current settings: Mode = TRIM, Radius = 50.0000
Select first object or [Undo/Polyline/Radius/Trim/Multiple]: r
Specify fillet radius <50.0000>: 50
Select first object or [Undo/Polyline/Radius/Trim/Multiple]: p
Select 2D polyline or [Radius]:
4 lines were filleted
```

▲ 반지름(Radius) 설정과 폴리선(Polyline) 설정

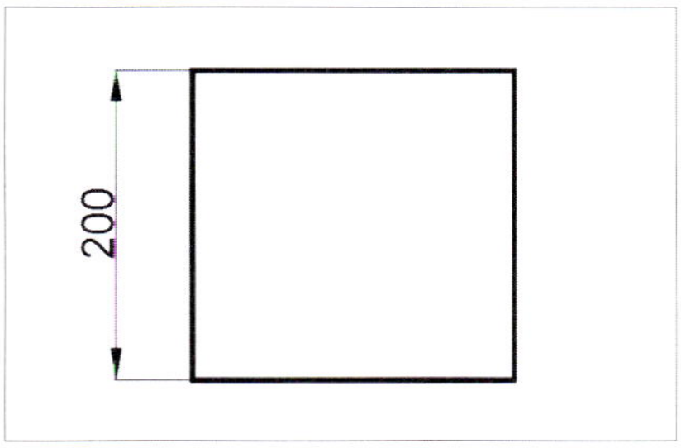

▲ 폴리선인 사각형

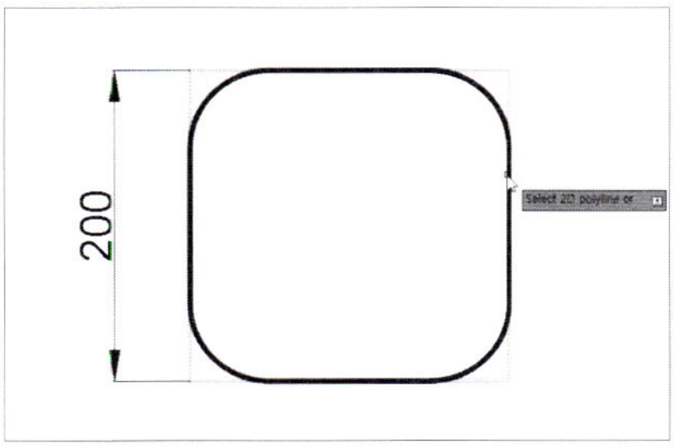

▲ P 설정 후 동시에 처리되는 FILLET 효과

04 CHAMFER(모따기)

서로 만나는 선에 대해 대각선 모양으로 잘라준다.

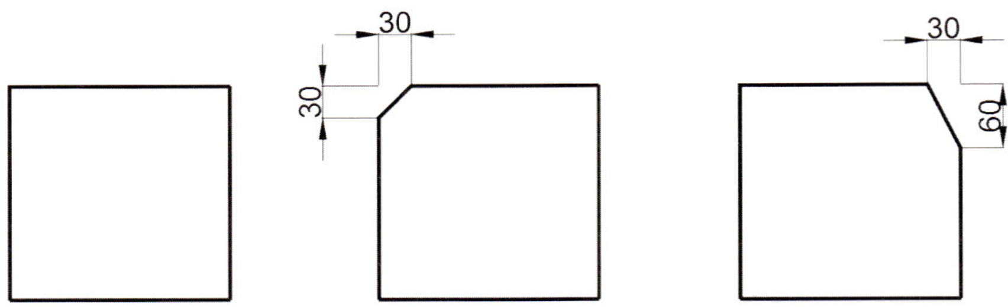

❶ 명령 : CHAMFER `Enter` 또는, `Space Bar`
❷ 단축키 : CHA `Space Bar`

```
Command: CHAMFER
Select first LINE or [Undo/Polyline/Distance/Angle/Trim/mEthod/Multiple]: d
```
`Space Bar`

```
Specify first chamfer distance <0.0000>:
```
첫 번째 선에 대한 거리 입력 `Space Bar`
```
Specify second chamfer distance <0.0000>:
```
두 번째 선에 대한 거리 입력 `Space Bar`
```
Select first LINE or [Undo/Polyline/Distance/Angle/Trim/mEthod/Multiple]:
```
첫 번째 선 클릭
```
Select second LINE or shift-select to apply corner or [Distance/Angle/Method]:
```
두 번째 선 클릭

옵션	설명
Distance(D)	거리로 깎을 부분을 설정한다.
Angle(A)	각도로 깎을 부분을 설정한다.

같은 거리를 가진 CHAMFER

가로 세로 방향으로 같은 거리를 갖는 CHAMFER를 진행한다.

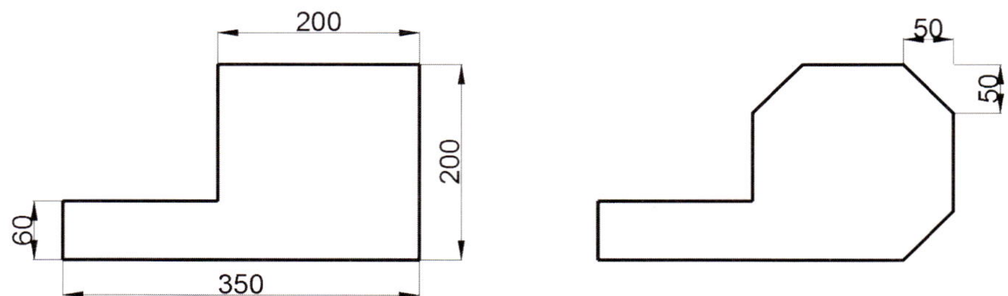

01 LINE 명령을 이용해 그림과 같은 모양을 그린다. 'CHA'를 입력한 후 **Space Bar** 를 누르고, 거리 설정을 위해 'D'를 입력하고 **Space Bar** 를 누른다. 첫 번째 선의 거리를 '50'으로 입력하고 **Space Bar** 를 누른다.

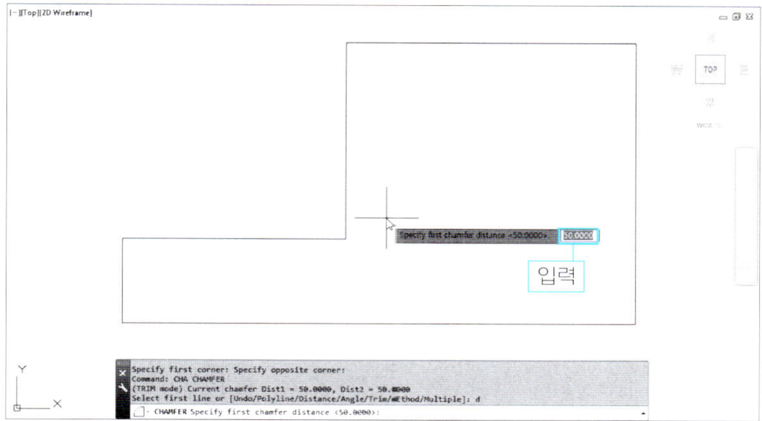

02 두 번째 선의 거리 역시 같은 값을 사용하기 위해 **Space Bar** 를 누른다.

03 오른쪽 위에서 만나는 선을 각각 클릭하면 CHAMFER 효과가 바로 나타난다.

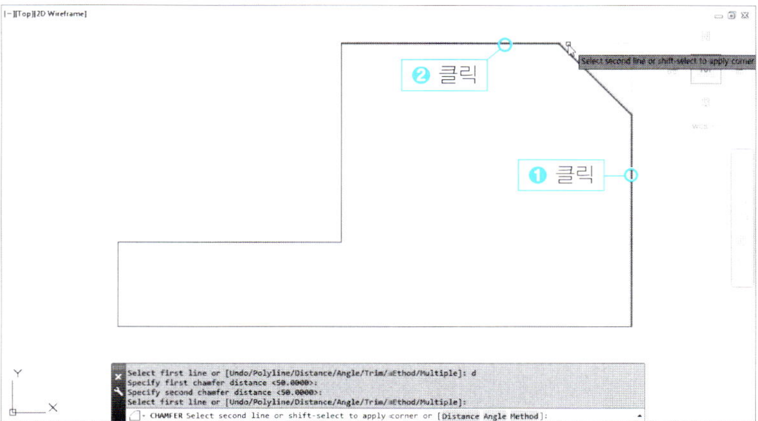

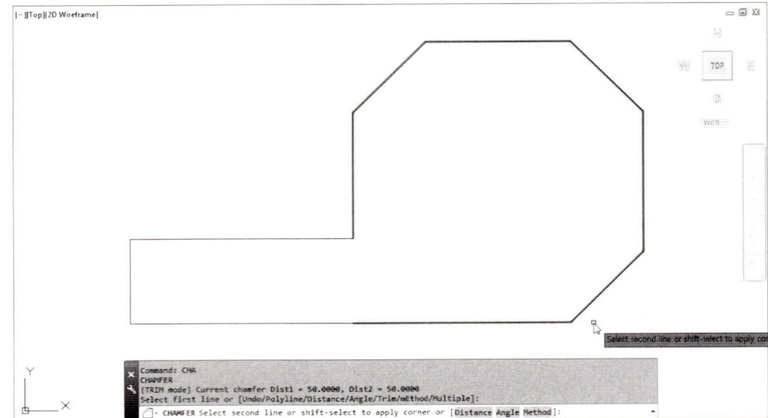

04 다시 'CHA'를 입력하고 **Enter** 를 누르고, 필요한 부분을 계속 클릭하여 CHAM-FER 명령으로 그림과 같이 완성한다.

도면 파일 : [Sample] – 'Chamfer01. dwg'

각자 거리가 다른 CHAMFER

만나는 선의 모따기 효과는 서로 거리를 다르게 설정할 수 있다. CHAMFER 명령 시 'D'를 입력하고 Dist 1과 Dist 2에 값을 설정하면 쉽게 모양을 변경할 수 있다.

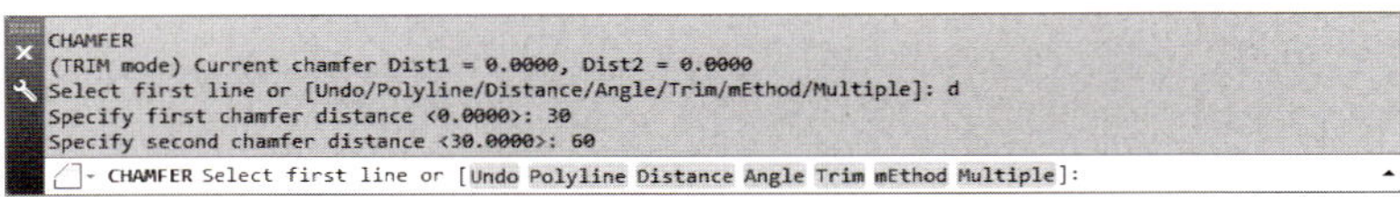

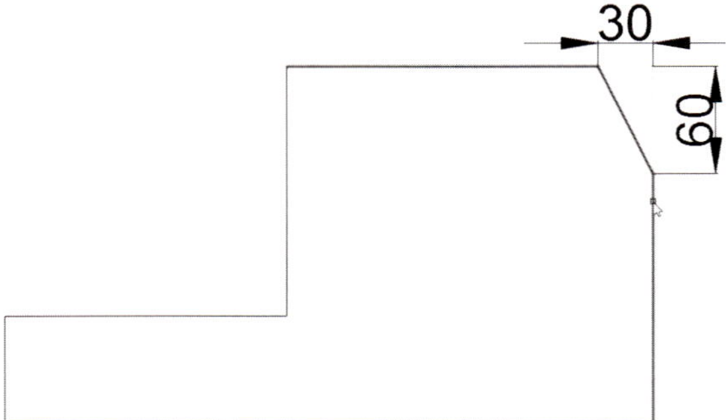

연습도면 FILLET과 CHAMFER를 이용한 정확한 도면 작도

실습 목표

1. FILLET과 CHAMFER를 통해 부드러운 기계 설계의 방법론을 깨닫는다.

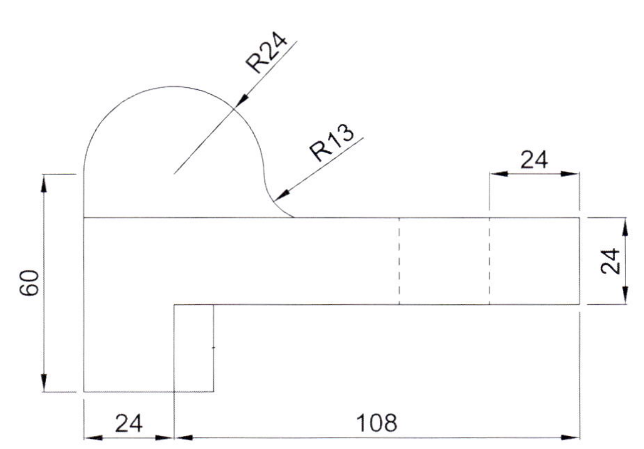

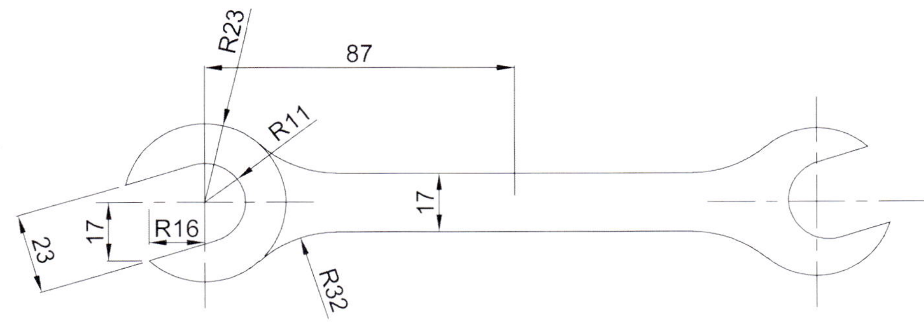

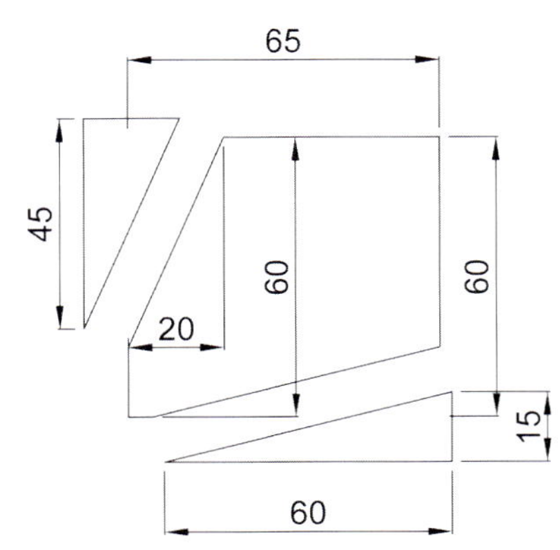

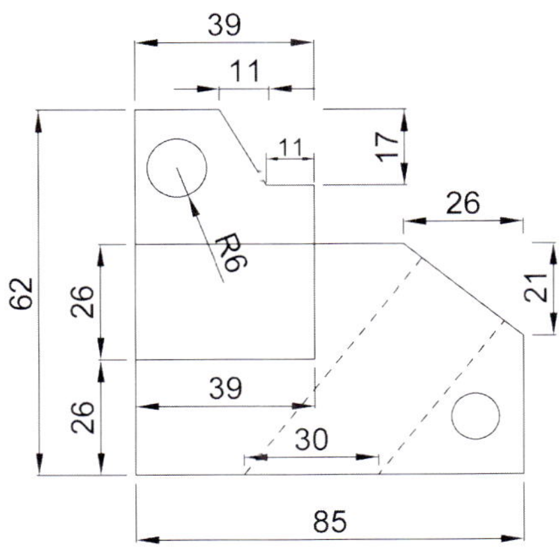

AutoCAD 작업은 같은 모양을 갖는 경우가 많은데 이를 대비한 각종 명령을 제공한다. 복사에는 COPY, 다중 복사용 ARRAY 등을 제공하며 이와 더불어 이동(Move), 회전(Rotate), 크기 변경(Scale) 등의 명령도 있다.

01 COPY(복사)

객체를 복사한다.

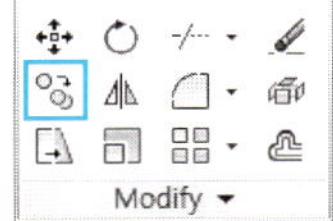

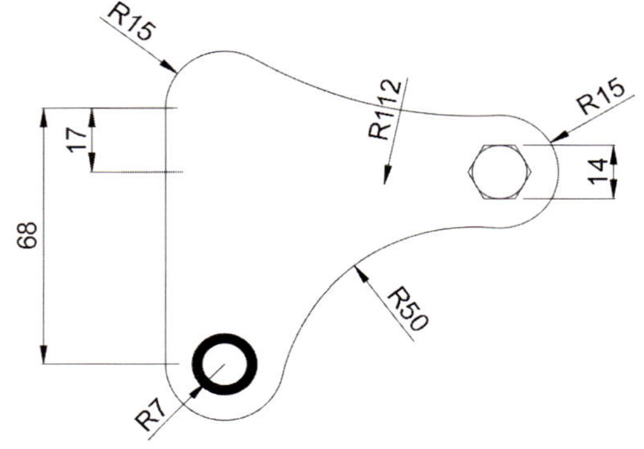

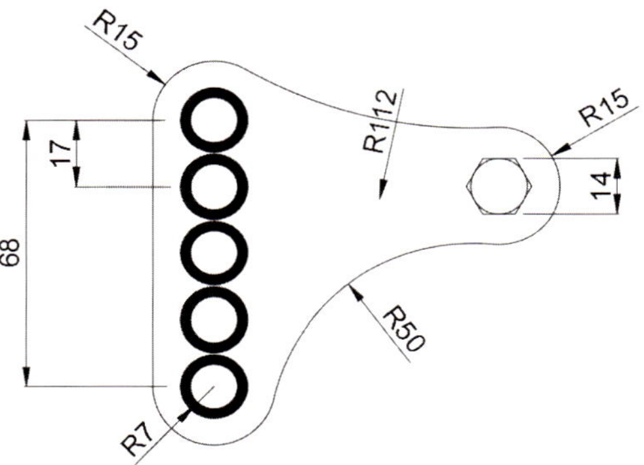

▲ 복사한 결과

❶ **명령 :** COPY `Enter` 또는, `Space Bar`
❷ **단축키 :** CO `Space Bar`

```
Command: COPY
Select objects:                                                    복사할 객체 선택 Space Bar
Specify base point or [Displacement/mOde] <Displacement>:              시작점 클릭
Specify second point or [Array] <use first point as displacement>:
                                                                 복사할 위치 클릭 Space Bar
```

같은 모양의 객체를 복사하는 방법을 연습한다.

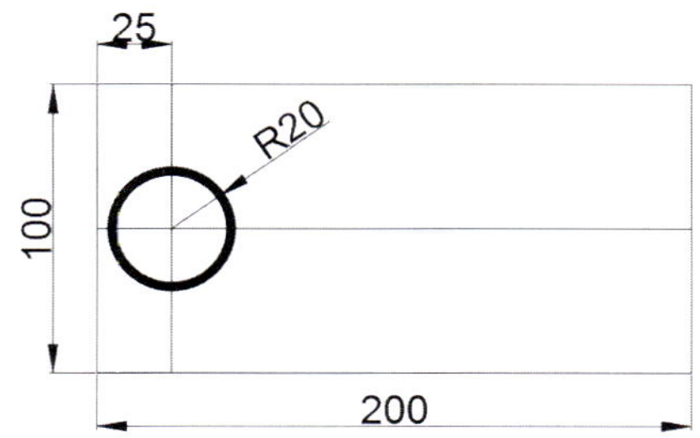

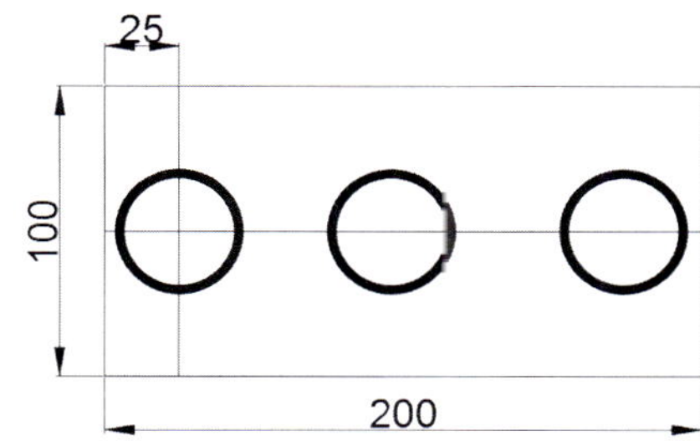

01 RECTANGLE 명령을 이용해 가로 200, 세로 100 크기로 직사각형을 그린다. LINE 명령과 MID 스냅을 이용해 중간선을 그리고 교차점 위치에서 반지름이 '20'인 원을 그린다.

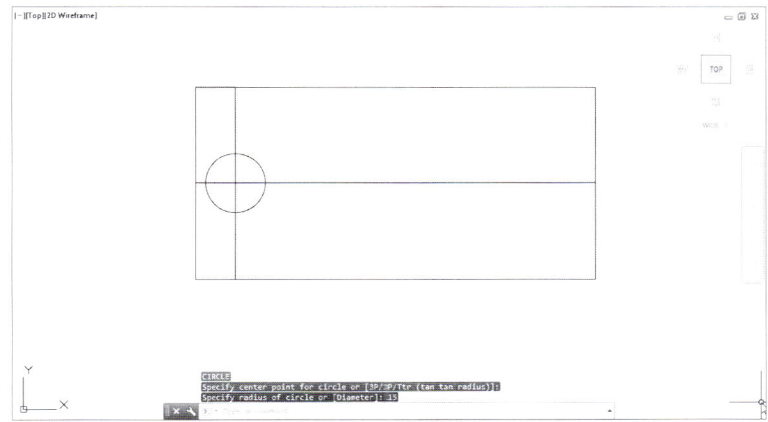

02 'CO'를 입력한 후 **Enter** 를 누르고, 복사할 대상인 원을 선택하고 **Space Bar** 를 누른다. 시작점을 위해 원의 중심점을 클릭하고 오른쪽 방향으로 '80'을 입력한다.

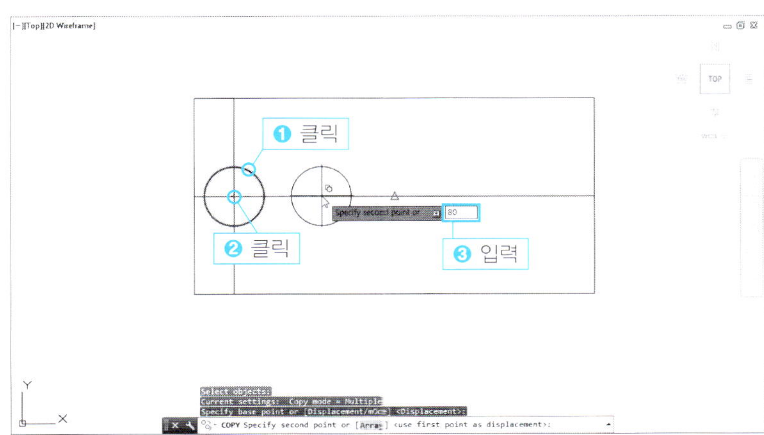

03 다시 오른쪽 방향으로 마우스를 이동한 후 '150'을 입력하고 **Space Bar** 를 누른다.

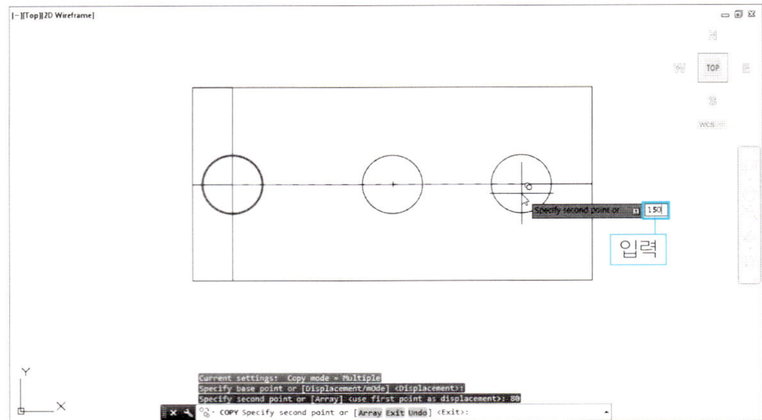

12 MOVE(이동)

객체를 이동시킨다.

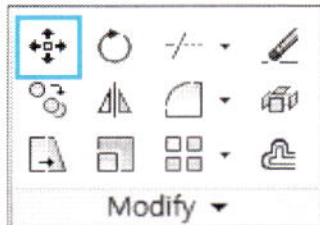

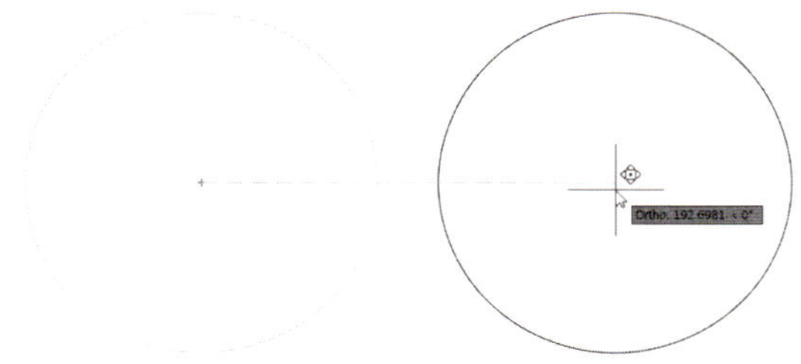

❶ **명령 :** MOVE **Enter** 또는, **Space Bar**
❷ **단축키 :** M **Space Bar**

```
Command: MOVE
Select objects:                                         이동시킬 객체 선택 Space Bar
Specify base point or [Displacement] <Displacement>:              시작점 클릭
Specify second point or <use first point as displacement>:
                                          이동할 위치 클릭 또는, 거리 입력 Space Bar
```

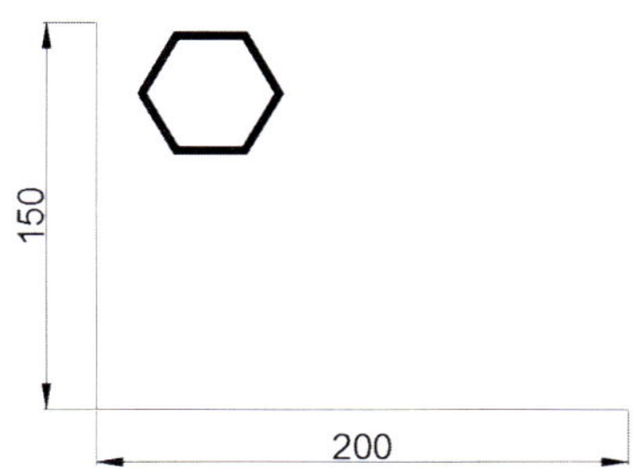
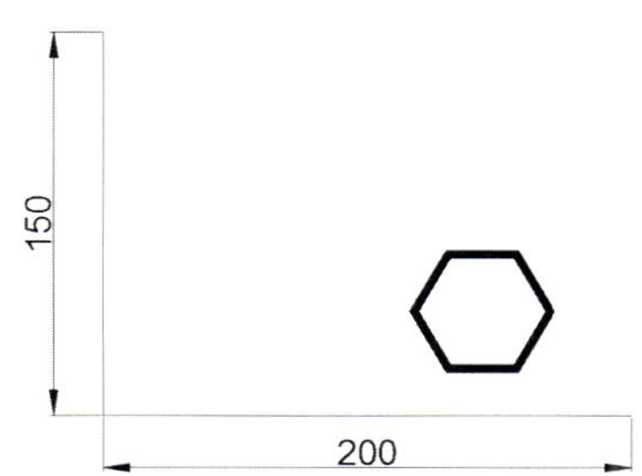

01 LINE과 POLYGON 명령을 이용해 수직 좌표 축과 육각형을 그린다.

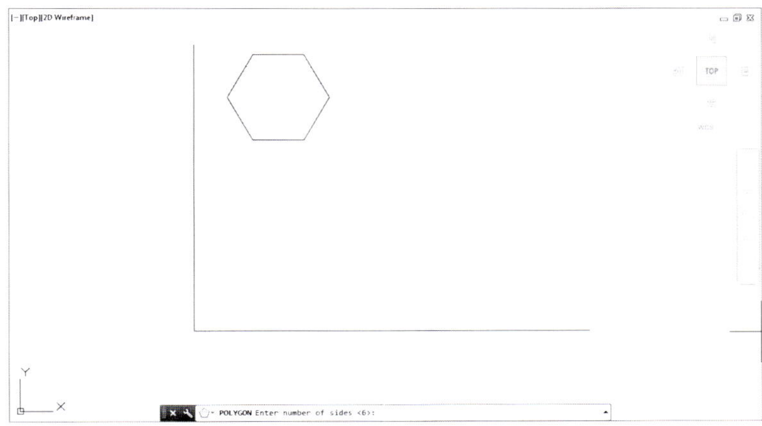

02 'M'을 입력한 후 **Enter**를 누르고, 육각형을 선택한 후 **Space Bar**를 누른다. 육각형의 한 끝점을 클릭한 후 원하는 방향으로 움직이거나 수치를 입력한다.

도면 파일 : [Sample] – 'Move.dwg'

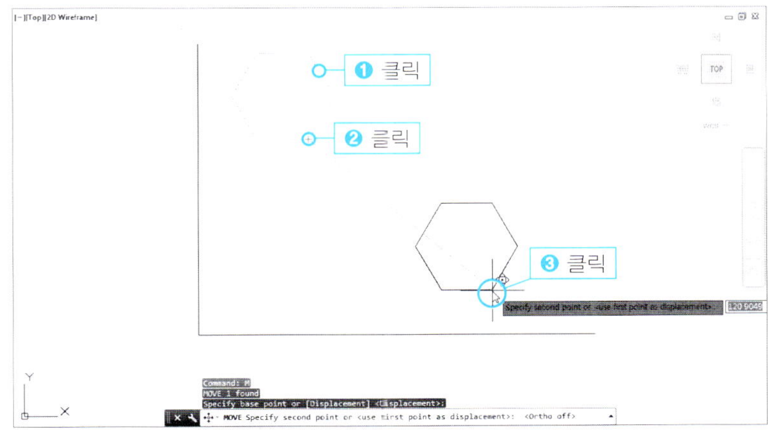

객체를 회전시킨다. 회전과 동시에 복사도 가능하다.

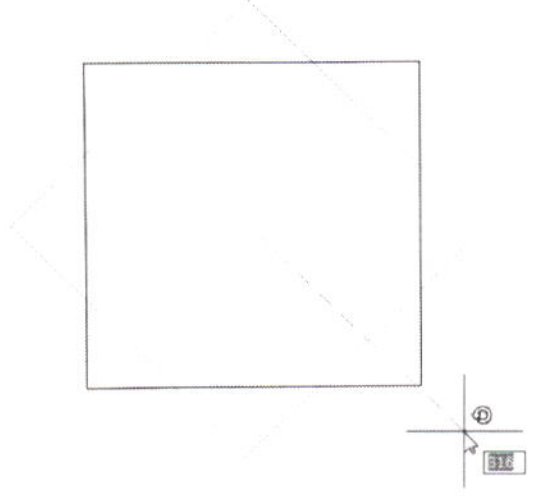

❶ **명령 :** ROTATE `Enter` 또는, `Space Bar`
❷ **단축키 :** RO `Space Bar`

```
Command: ROTATE
Select objects:                                          회전시킬 객체 선택 [Space Bar]
Specify base point:                                            회전의 중심점 클릭
Specify rotation angle or [Copy/Reference] <0>:          회전 각도 입력 [Space Bar]
```

옵션	설명
Copy(C)	회전과 동시에 복사를 진행한다.
Reference(R)	원하는 각도를 결정해 각도마다 회전할 수 있다.

✎ | 회전시키며 복사하기

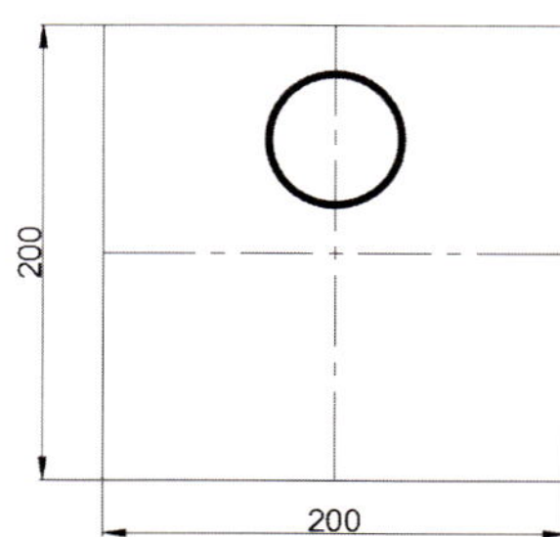

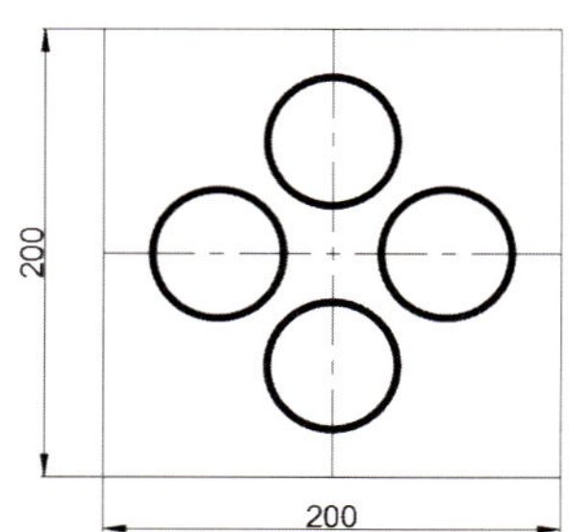

01 LINE 명령을 이용해 가로, 세로 200 크기로 사각형과 십자선을 그린다. CIRCLE 명령을 이용해 반지름이 20인 원을 그린다.

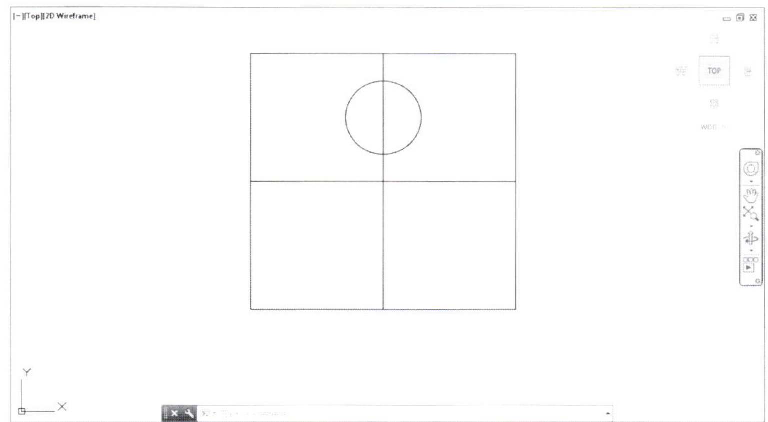

02 'RO'을 입력한 후 **Enter** 를 누른다. 원을 선택한 후 **Space Bar** 를 누르고, 회전의 중심점을 선택하기 위해 십자선의 교차점을 클릭한다.

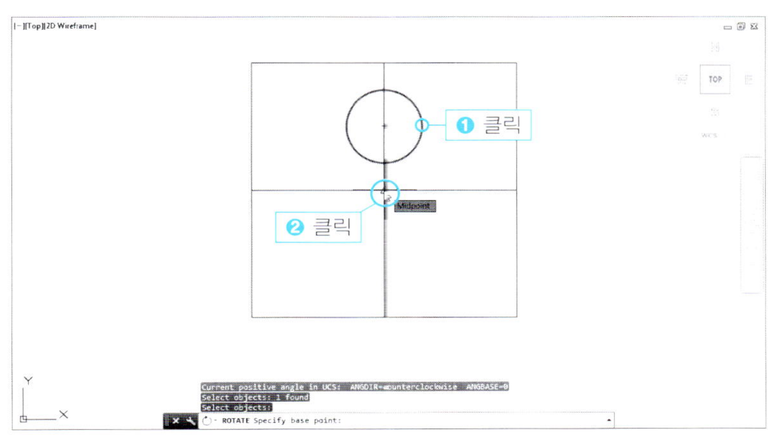

03 마우스를 움직여 회전되는 모양을 미리 확인한 후 회전과 동시에 복사하기 위해 'C'를 입력하고 **Space Bar** 를 누른다.

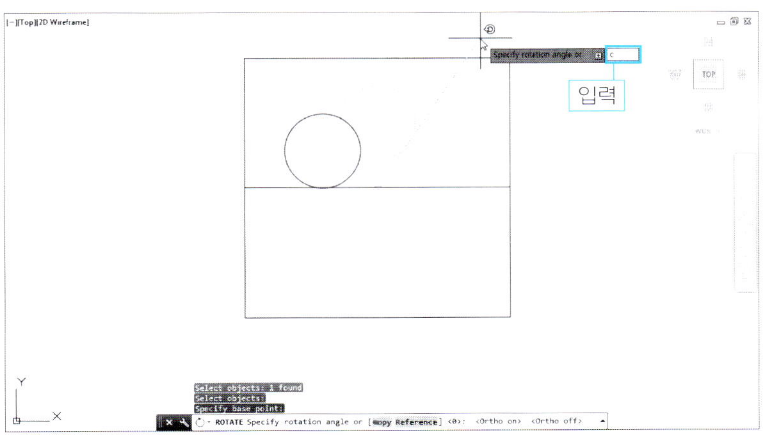

04 마우스를 움직여 90도 지점
을 클릭한다.

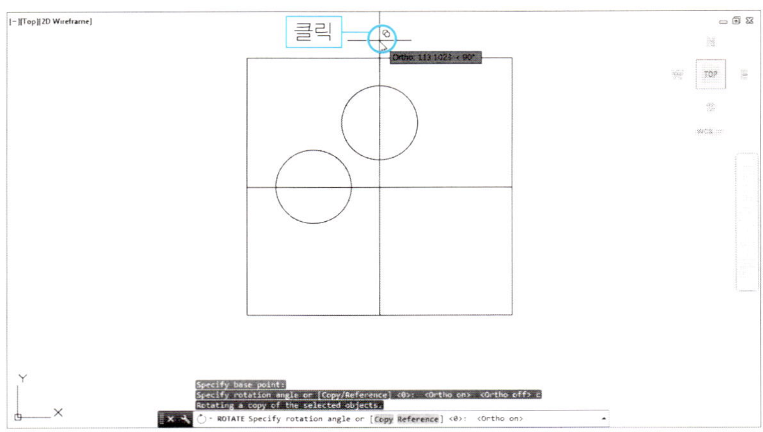

05 같은 방법으로 90도 간격으
로 회전 복사한다.

도면 파일 : [Sample] – 'Rotate.dwg'

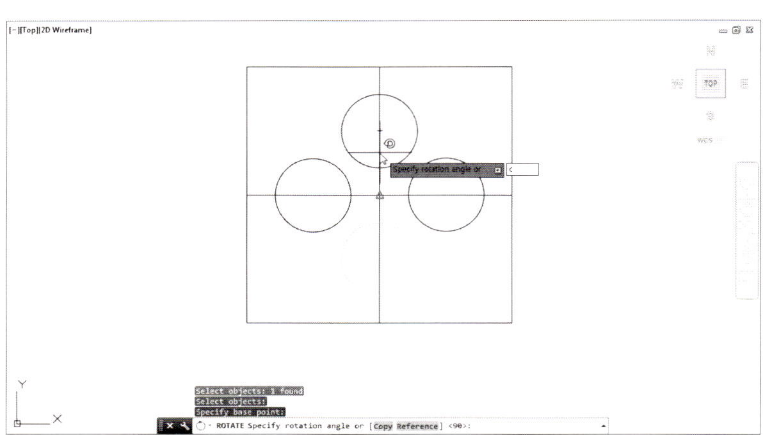

04 MIRROR(대칭 복사)

객체를 거울 효과와 같이 대칭 복사한다. 상하좌우 같은 모양이 많은 기계 설계에서 많이 사용한다.

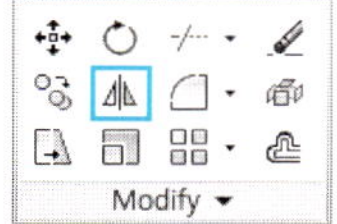

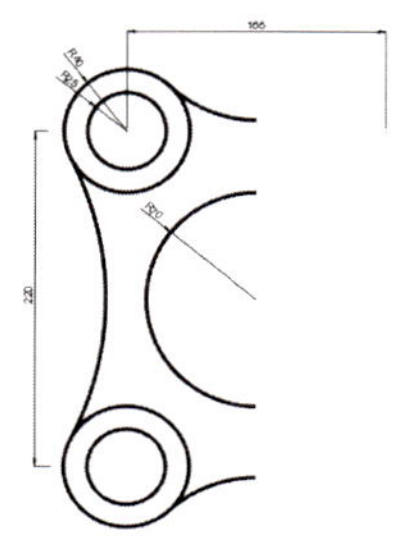

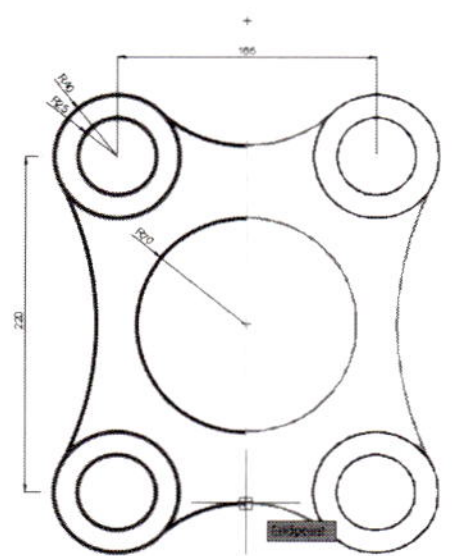

❶ **명령 :** MIRROR `Enter` 또는, `Space Bar`

❷ **단축키 :** MI `Space Bar`

```
Command: MIRROR
Select objects:
Specify first point of mirror line:
Specify second point of mirror line:
Erase source objects? [Yes/No] <No>:
```

대칭 복사할 객체 선택 `Space Bar`
대칭 복사 축 시작점 클릭
축의 끝점 클릭
원본을 지우려면 Yes 아니면 No

 | ## 대칭 복사해 도면 빨리 완성하기

서로 마주보는 모양을 가진 경우 MIRROR 명령을 이용하면 쉽게 대칭 복사가 가능하다. 정확한 결과를 얻기 위해 작업 전 대칭 복사할 기준 축 설정이 매우 중요하다.

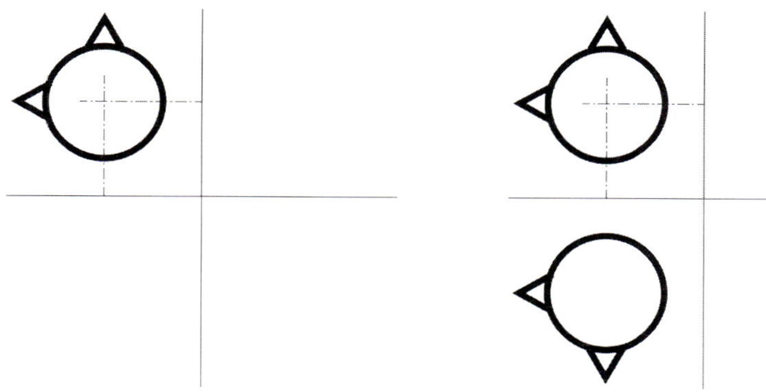

▲ 원본

▲ 상하 방향으로 대칭 복사

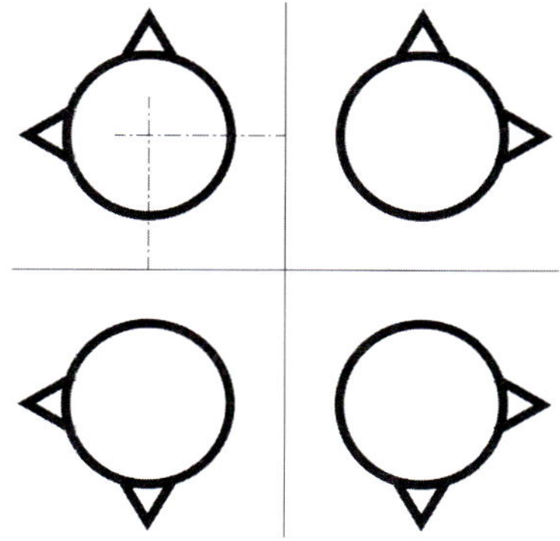

▲ 좌우 방향으로 대칭 복사

01 LINE과 CIRCLE, POLYGON 명령을 이용하여 그림과 같은 모양으로 도형을 그린다.

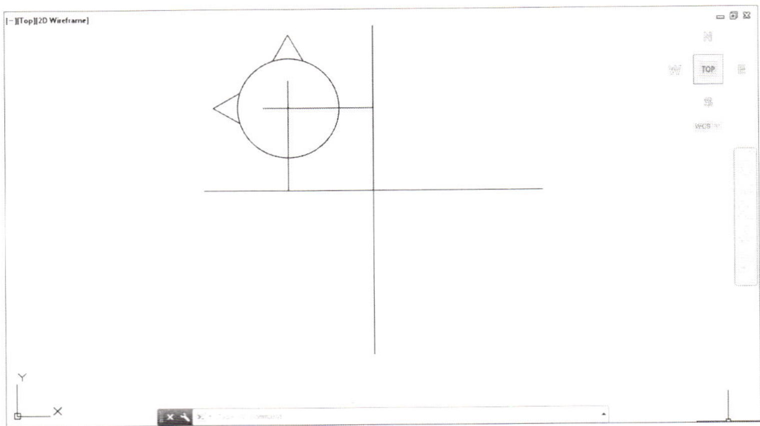

02 'MI'를 입력한 후 **Enter** 를 누르고, 대칭 복사할 별 모양 선택 후 **Space Bar** 를 누른다. 대칭 복사할 축의 시작점을 위해 왼쪽 끝점을 클릭한다.

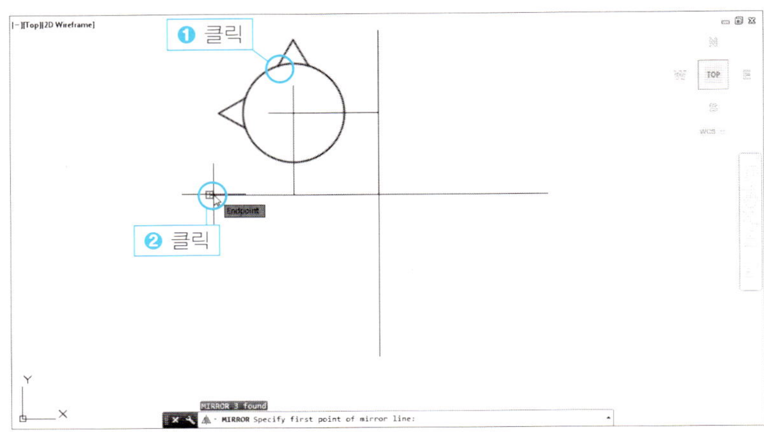

03 오른쪽 방향으로 이동 후 끝점을 클릭하면 상하 방향으로 대칭 복사된다.

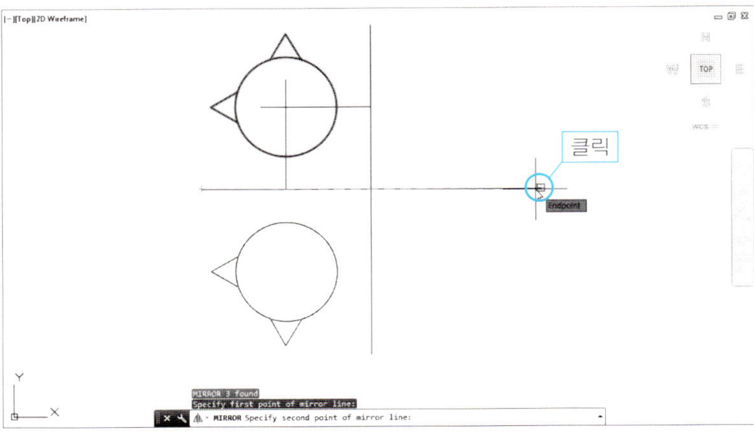

04 이어서 원본을 지우겠냐는 질문이 나오면 'NO'를 선택하기 위해 **Space Bar** 를 누른다.

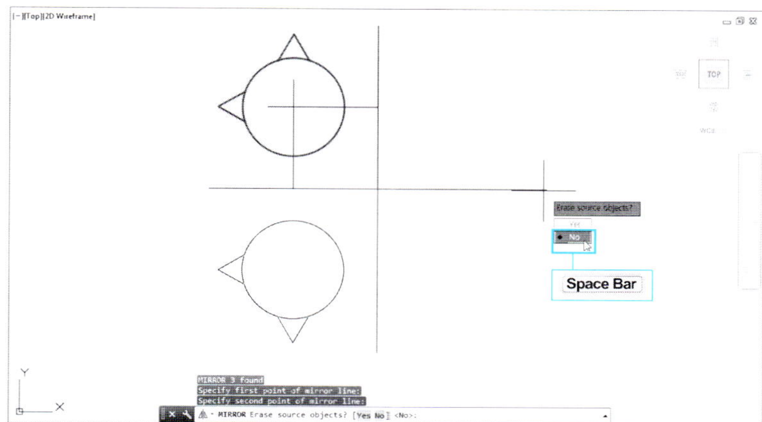

05 다시 MIRROR 명령을 이용하여 좌우로 대칭 복사를 시도한다.

도면 파일 ：[Sample] – 'Mirror.dwg'

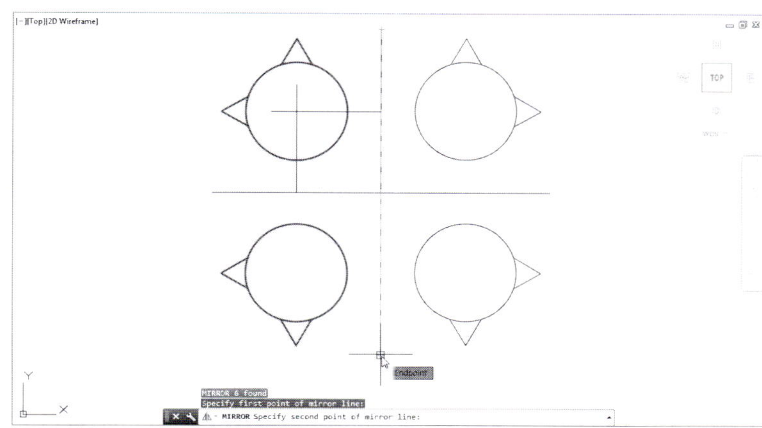

연습도면 | MIRROR를 이용한 효율적 도면 작성

실습 목표

1. 빠른 도면 그리기를 위해 기준선 작도법과 MIRROR 명령의 사용법을 학습한다.
2. 적은 치수 내용에서 다른 부분의 치수를 유추하는 방법을 연구한다.

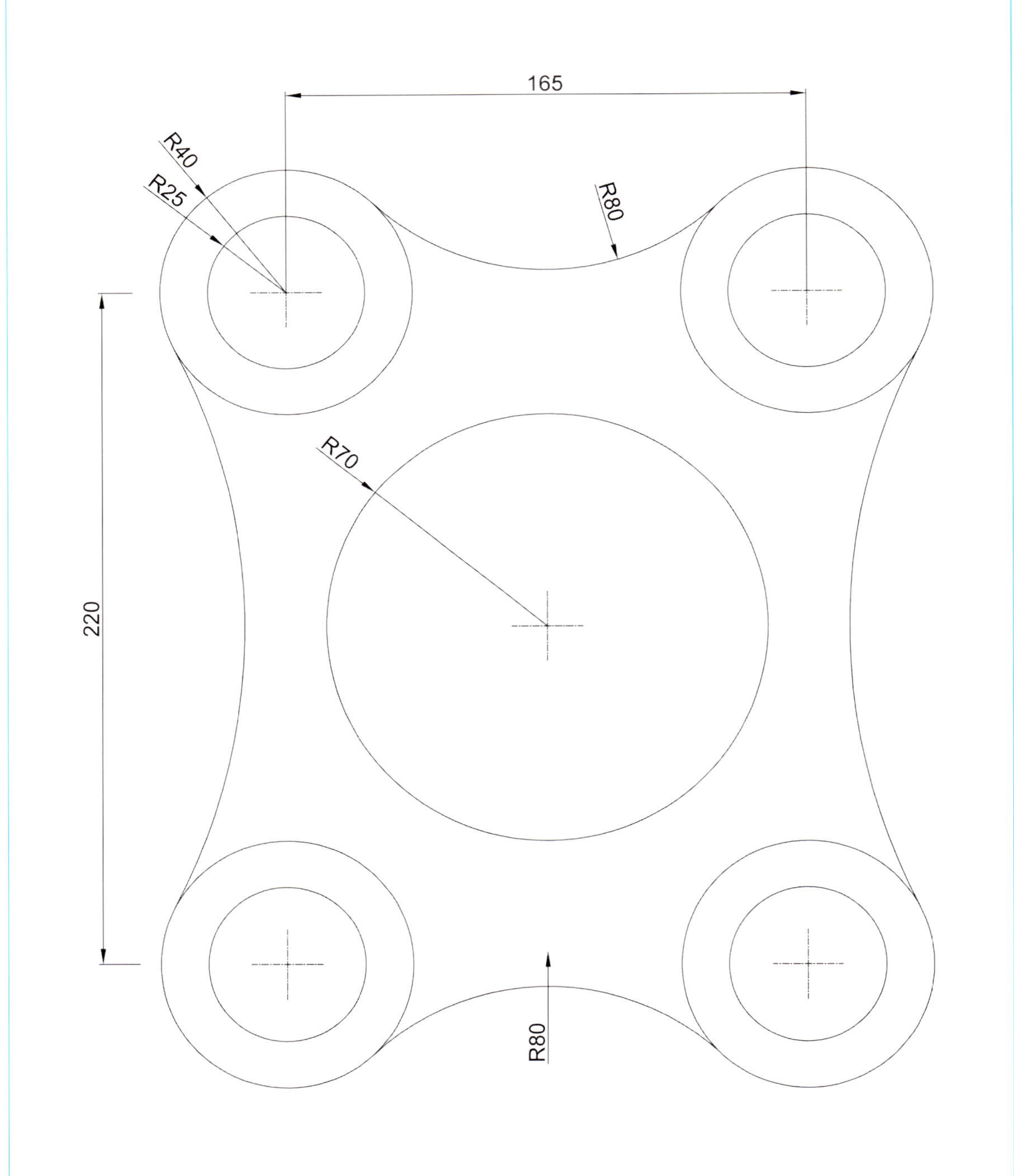

SCALE(크기 변경)

객체의 크기를 변경한다. 크기 변경은 마우스를 사용하기보다는 비율로 크기를 결정하는 것이 편하다.

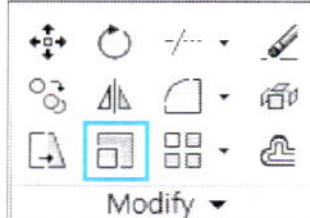

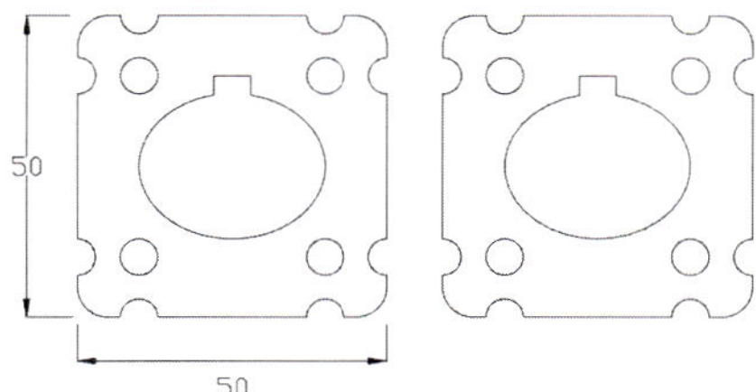

▲ 원본

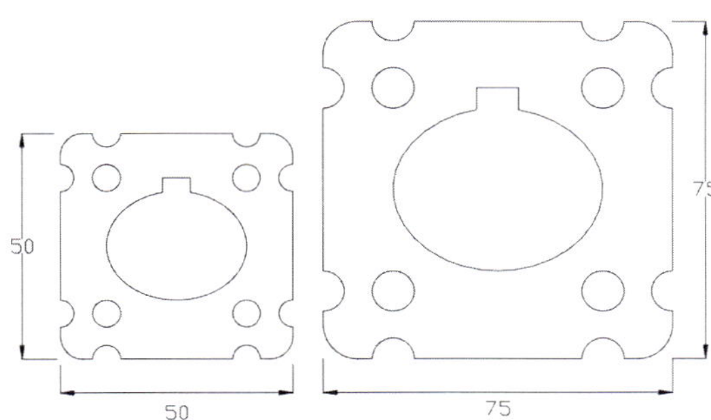

▲ 1.5배 조정한 결과

❶ **명령** : SCALE `Enter` 또는, `Space Bar`
❷ **단축키** : SC `Space Bar`

```
Command: SCALE
Select objects:                                    크기 변경할 객체 선택 Space Bar
Specify base point:                                          기준점 클릭
Specify scale factor or [Copy/Reference]:            비율 설정 Space Bar
```

옵션	설명
Copy	크기 변경과 동시에 복사를 실행한다.
Reference	참조 선을 이용해 상대 비율로 크기를 변경한다.

선택한 객체를 1로 보았을 때 크게는 1 이상 수치를, 작게는 1 이하 수치를 입력해 크기를 변경한다.

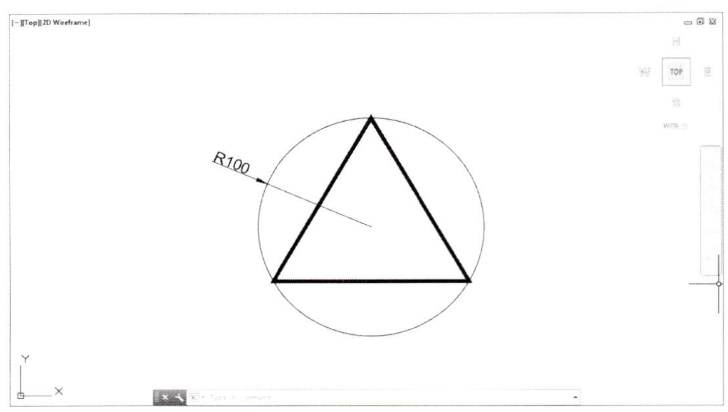

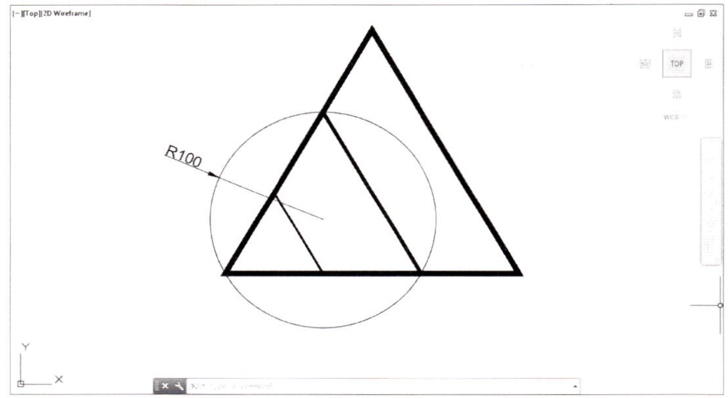

01 POLYGON 명령을 이용해 삼각형을 하나 그린다.

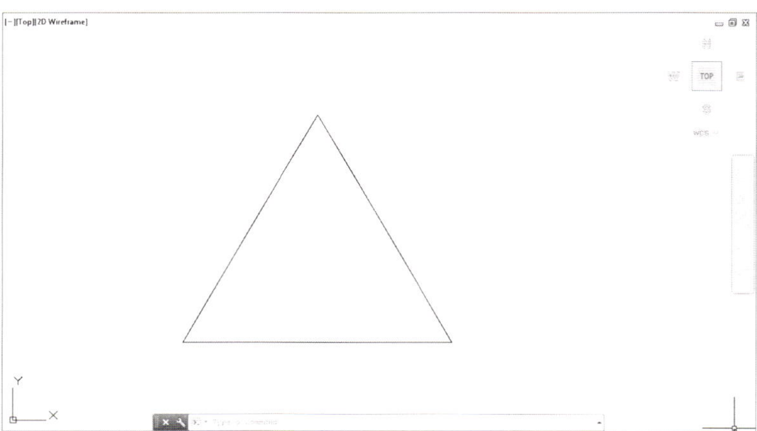

02 'SC'를 입력한 후 `Enter` 를 누르고, 삼각형을 클릭한 후 `Space Bar` 를 누른다. 삼각형의 왼쪽 끝점을 클릭한 후 복사도 함께 하기 위해 'C'를 입력하고 `Space Bar` 를 누른다.

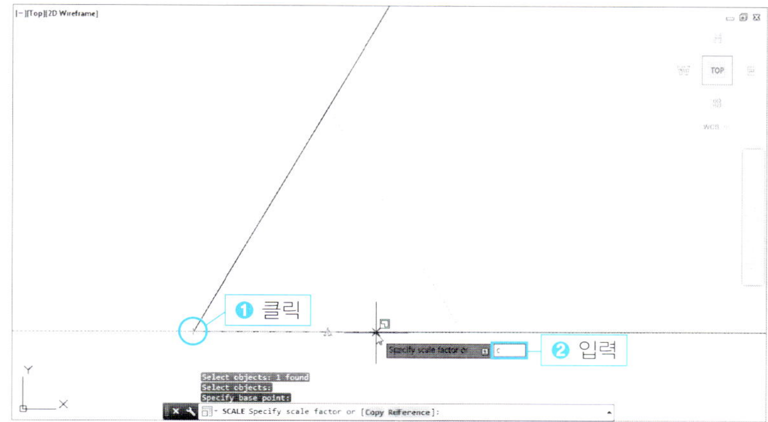

03 확대 비율로 '1.5'를 입력하고 `Space Bar` 를 누르면, 삼각형이 1.5배로 확대 복사된다.

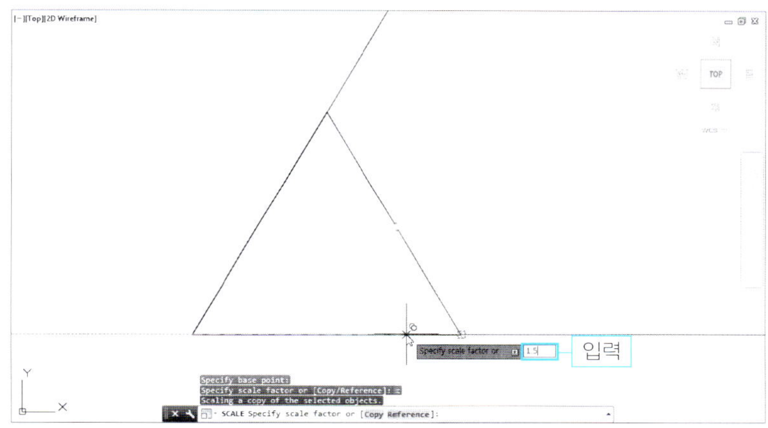

04 다시 'SC'를 입력한 후 `Enter` 를 누르고, 삼각형을 클릭한 후 `Space Bar` 를 누른다. 삼각형의 왼쪽 끝점을 클릭한 후 복사도 함께 하기 위해 'C'를 입력하고 `Space Bar` 를 누른다.

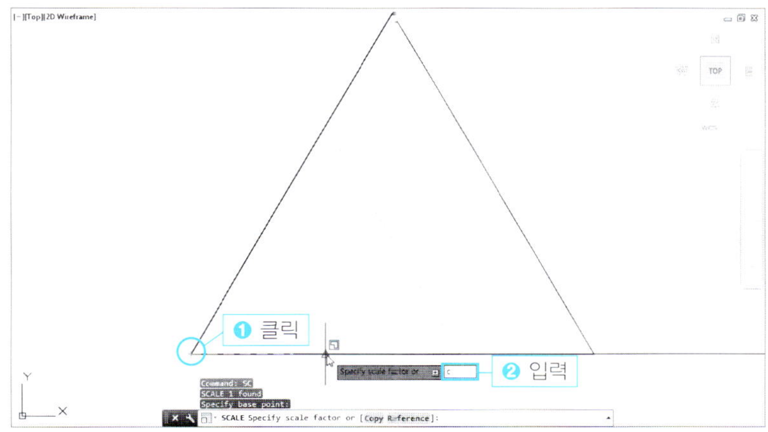

05 이번에는 축소 비율로 '0.5'를
입력하고 **Space Bar** 를 누르
면, 삼각형이 1/2 크기로 축소
복사된다.

도면 파일 : [Sample] – 'Scale.dwg'

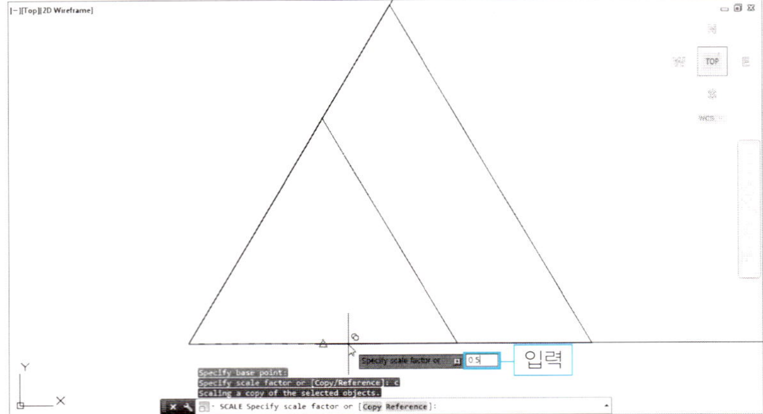

크기 변경에 따른 치수 고정 방법

SCALE 명령을 쓰게 되면 배치된 치수도 함께 변한다. 이는 큰 도면을 작은 종이 크기의 시트(Sheet)에 넣을 때 문제가 되는데 간단한 해결 방법이 있다. 크기 변경 전, 치수들만 모두 선택하고 EXPOLDE(단축키 **X**) 명령만 실행하면 치수 자체가 해체되어 수치의 변화가 없게 된다.

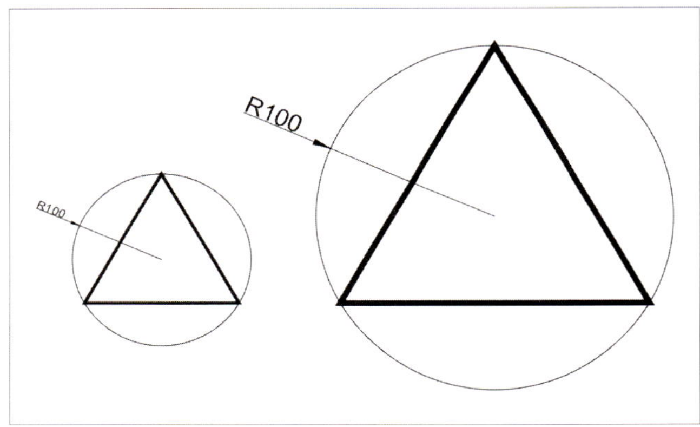

▲ EXPLODE 명령에 의해 크기를 변경해도 변하지 않는 치수

참조를 통한 크기 변경

SCALE 명령의 기본은 전체를 대상으로 일괄적으로 변경시키는 것이다. 또 다른 기능으로 사용자가 원하는 특정 부분의 크기를 직접 입력해 비례적으로 전체를 확대/축소할 수 있다. 사용 빈도가 높으니 사용 방법을 정확히 알아두는 것이 좋다.

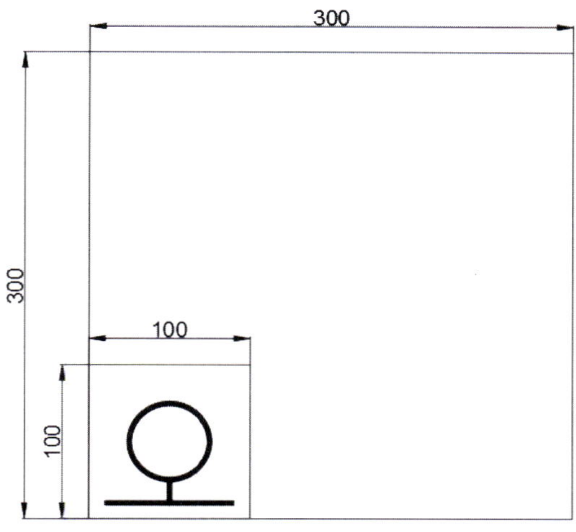

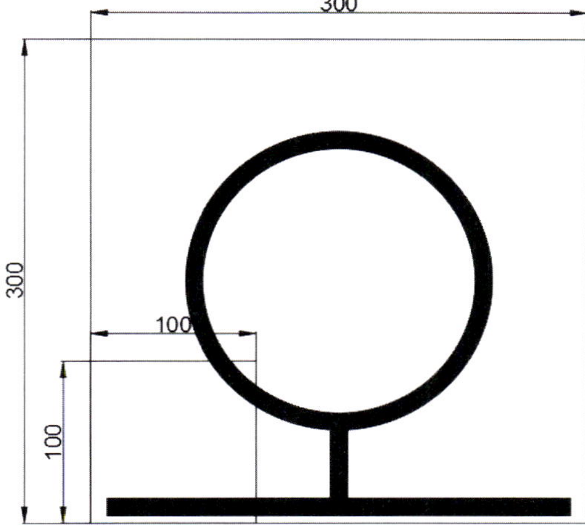

01 RECTANGLE 명령을 이용해 가로 세로 100 크기의 사각형과 300 크기의 사각형을 시작점이 같게 그린다. LINE과 CIRCLE 명령을 이용해 100 크기의 사각형 안에 그림과 같은 모양을 그린다.

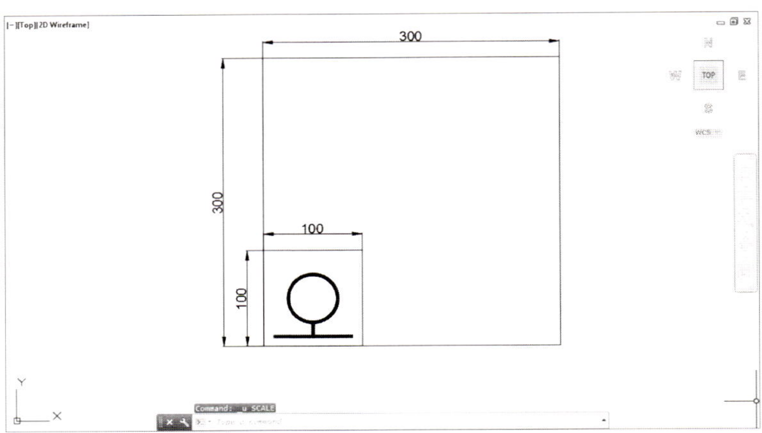

02 'SC'를 입력한 후 **Enter** 를 누르고, 작은 사각형 안의 도형을 선택한 후 **Space Bar** 를 누른다. SCALE 명령을 위한 시작점으로 왼쪽 끝점을 클릭한다.

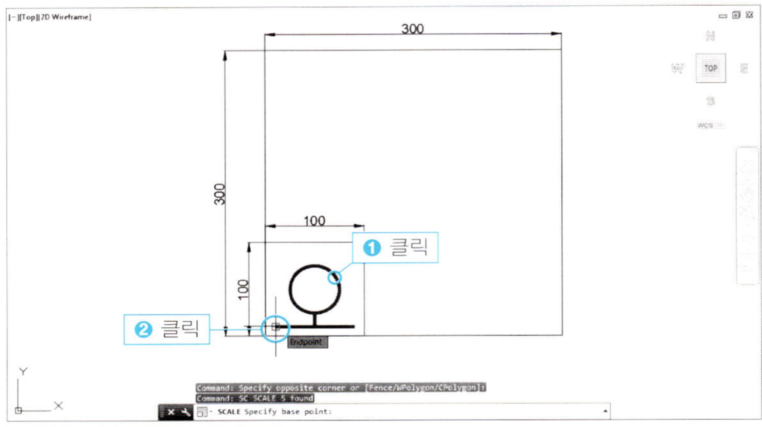

03 레퍼런스를 이용한 크기를 변경하기 위해 'R'을 입력하고 **Space Bar** 를 누른다.

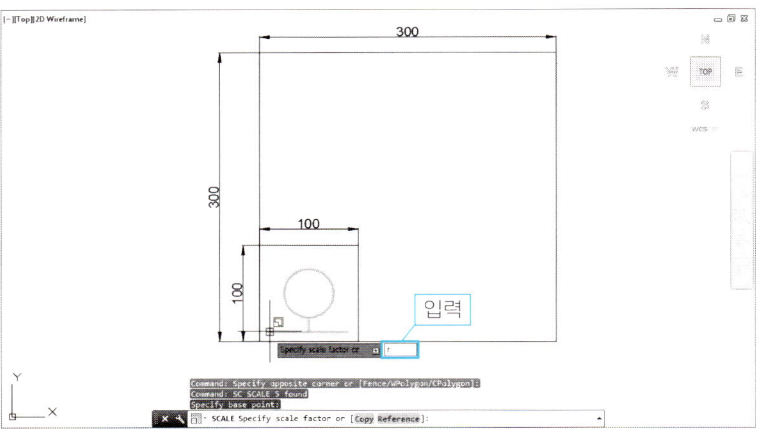

04 원하는 부분의 크기를 직접 지정하기 위해 그림과 같이 양 끝점을 각각 클릭한다. 이어서 양 끝점의 변경 크기를 '280'으로 입력하고 **Space Bar** 를 누른다.

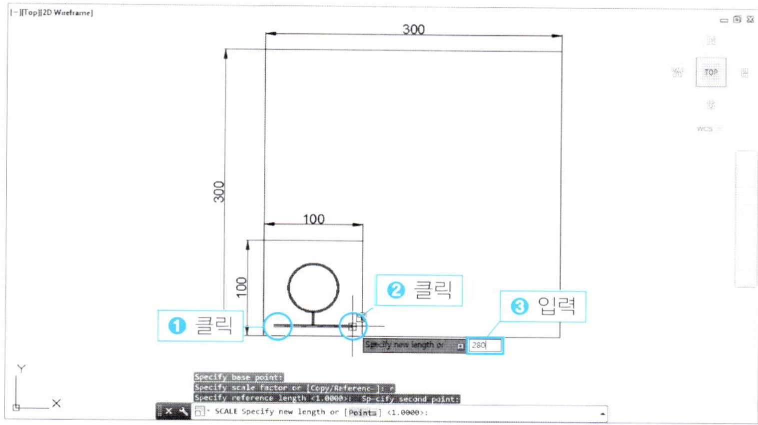

05 100 크기의 작은 사각형 안에 있던 도형이 입력된 레퍼런스 크기인 280에 맞게 모두 변경된다.

도면 파일 : [Sample] – 'Scale Reference.dwg'

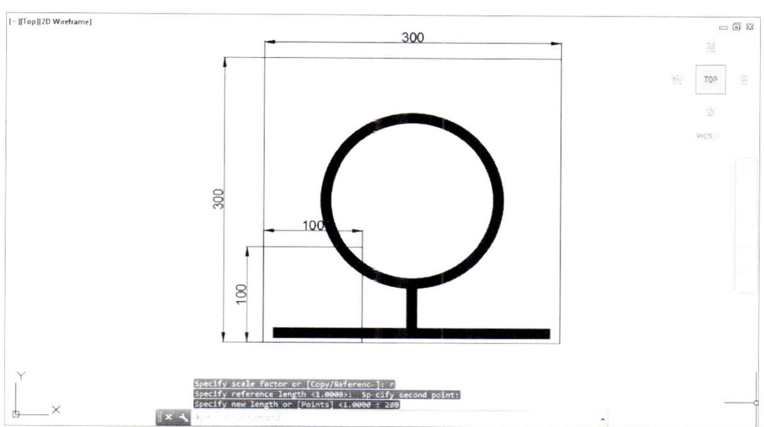

ARRAY(배열, 다중 복사)

객체를 다중 복사한다. 이를 배열이라 하는데 직진 방향 배열뿐만 아니라 회전 배열도 가능하다. 완성된 배열 결과는 객체를 클릭할 때마다 배열 결과를 바꿀 수 있어 매우 편리하다. 또한 마우스 작동만으로 실시간으로 바꿀 수 있는 기능도 제공한다.

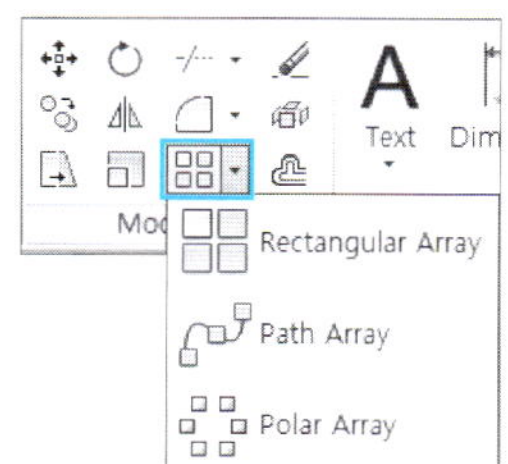

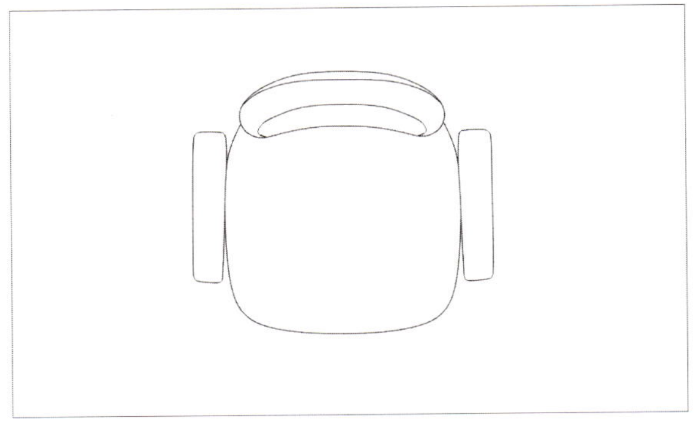

▲ 원본

▲ 직선 방향 배열(Ractangular Array)

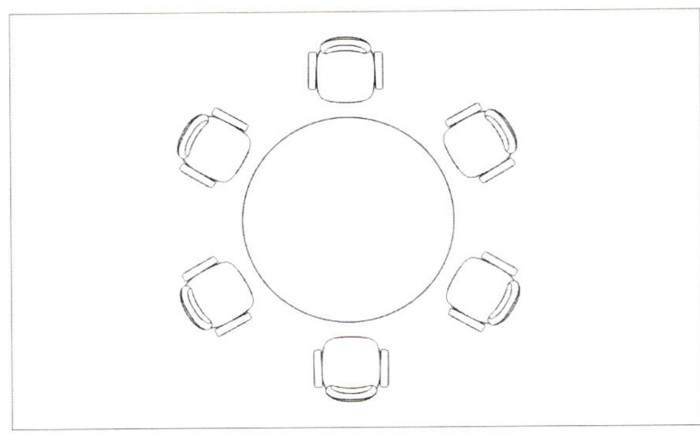

▲ 원형 배열

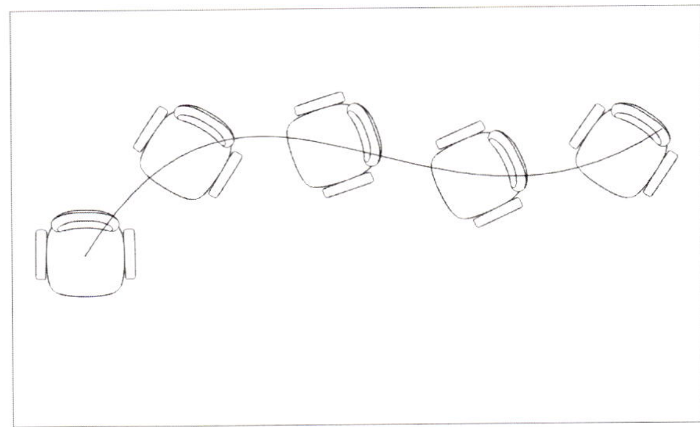

▲ 경로형 배열

❶ 명령 : ARRAY `Enter` 또는, `Space Bar`
❷ 단축키 : AR `Space Bar`

```
Command: ARRAY
Select objects:                                                   배열할 객체를 선택 Space Bar
Enter array type [Rectangular/Path/Polar] <Rectangular>:         배열 방법 선택 Space Bar
Select grip to edit array or [Associative/Base point/COUnt/Spacing/COLumns/
Rows/Levels/eXit]<eXit>:                                          배열 규칙 선택 Space Bar
```

옵션	설명
Basepoint	배열의 시작점을 설정한다.
Count	배열에 사용될 총 개수를 설정한다.
Spacing	배열의 간격을 지정한다.
Columns	배열의 칸수를 설정한다.
Rows	배열의 행수를 설정한다.

직각 배열(Rectangular Array)

가로 세로 직각 방향으로 직선 배열한다.

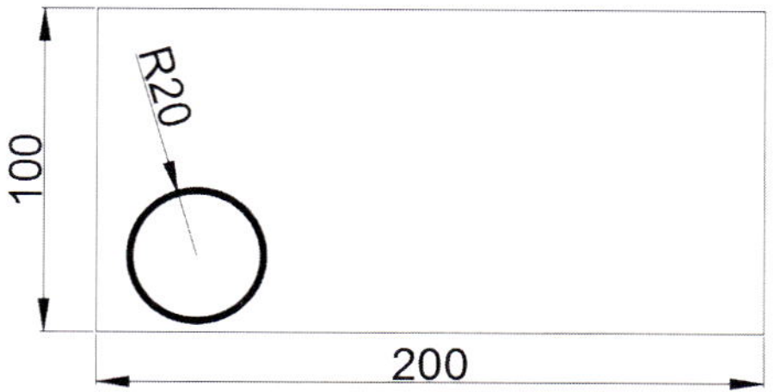

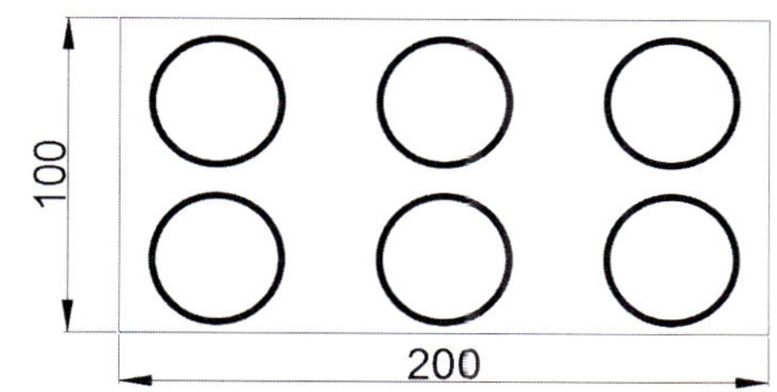

01 RECTANGLE 명령을 이용해 가로 200, 세로 100 크기의 사각형을 그리고, CIRCLE 명령으로 반지름 20 크기의 원을 사각형 안에 그린다.

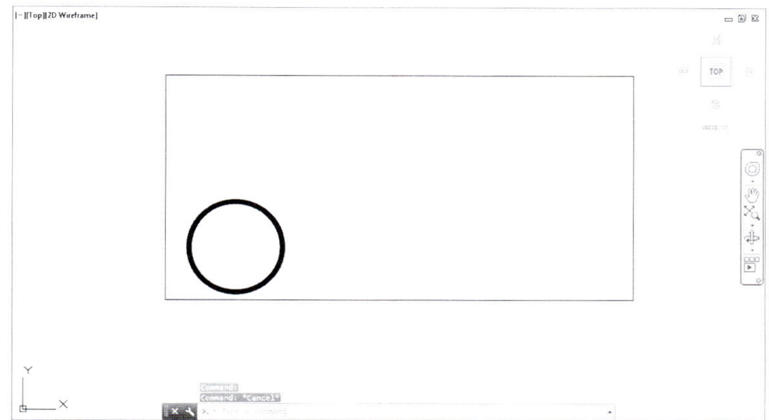

02 'AR'을 입력한 후 **Enter** 를 누르고, 배열할 원을 선택한 후 **Space Bar** 를 누른다. 배열 형태를 선택하기 위해 [Rectangular]를 선택한다.

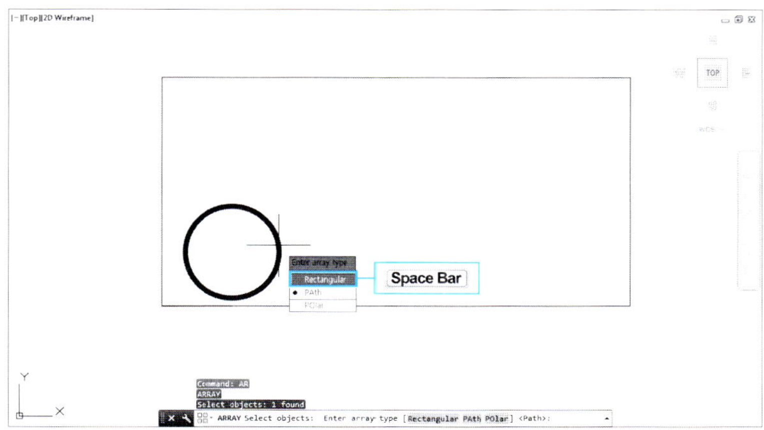

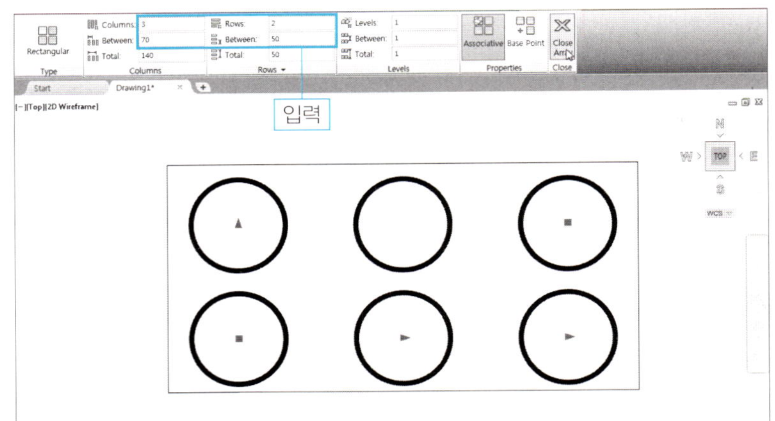

03 배열 모드로 변경되면 [Col-umn, Row]에 각각 '3, 2'를 입력해 가로 2행과 세로 3열로 구성된 배열을 준비한다. 이어서 [Column Between]을 '70', [Row Between]을 '50'으로 입력한 후 Space Bar 를 누른다.

도면 파일 : [Sample] – 'Array Rect. dwg'

Rectangular Array 옵션

사각형 배열은 크게 Column(열), Row(행)으로 구분되며 각각 간격(Between)을 조정할 수 있고 총 거리(Total)로도 조정할 수 있다. Level의 경우 높이에 대한 설정도 가능하다. Base Point는 원점을 다시 정할 수 있게 한다.

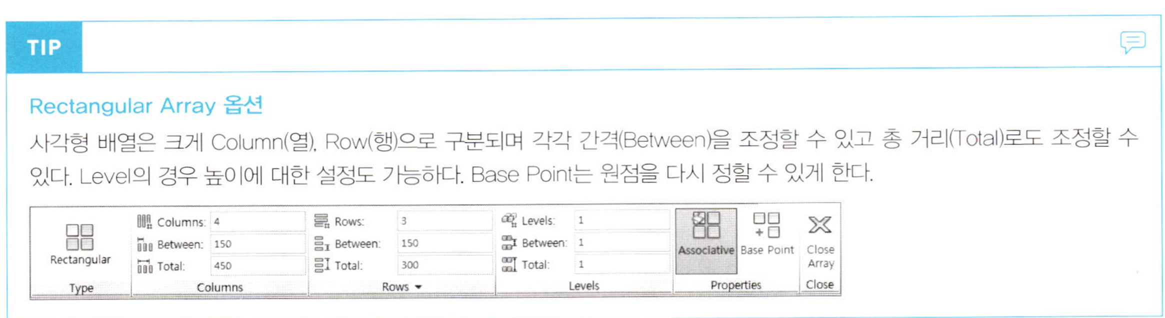

🖊 | 원형 배열(Polar Array)

객체를 회전 배열한다.

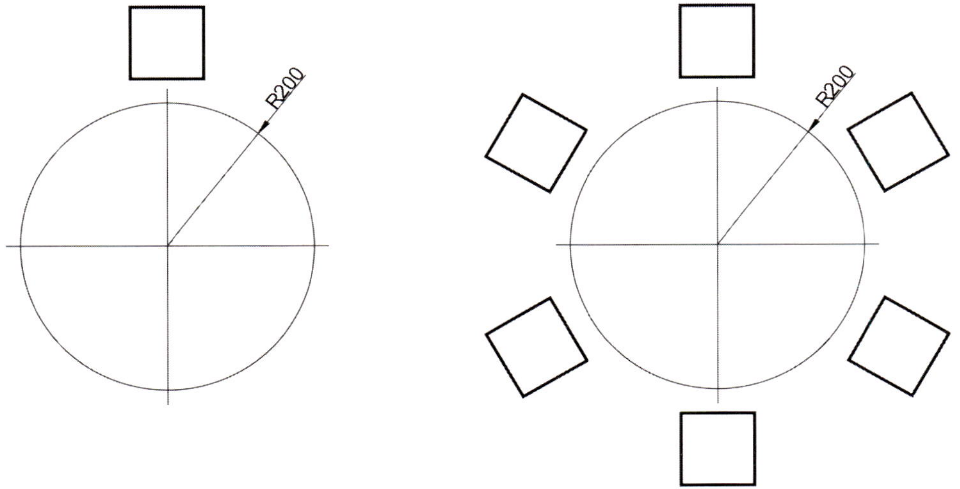

01 CIRCLE 명령으로 반지름 200의 원을 그리고, RECTANGLE 명령으로 작은 크기의 사각형을 위쪽에 그린다. 'AR'을 입력하고 **Enter** 를 누른 후 사각형을 선택하고 **Space Bar** 를 누른다. 마지막으로 배열 형태를 선택하기 위해 [Polar]를 선택한다.

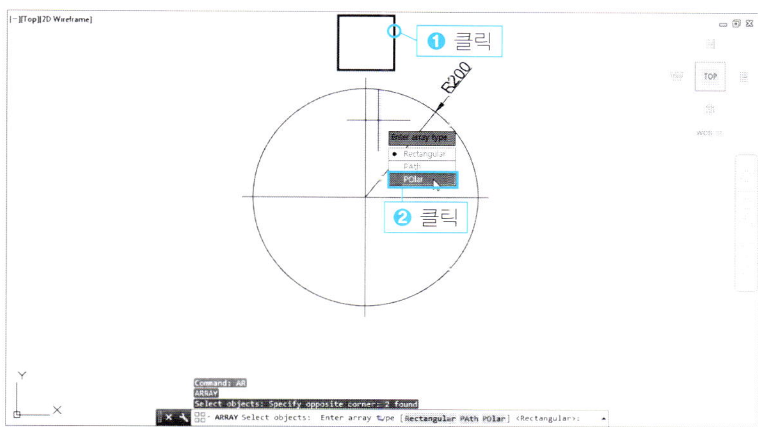

02 배열 중심점으로 원의 가운데를 클릭하고, 배열 모드로 변경되면 [Items]에 '6'을 입력해 회전 복사될 개수를 결정하고 [Between]으로 간격도 조정한다. 전체 회전 각도는 [Fill]에 입력한다. 그리고 배열 작업을 마무리하기 위해 **Space Bar** 를 누른다.

도면 파일 : [Sample] – 'Array Polar. dwg'

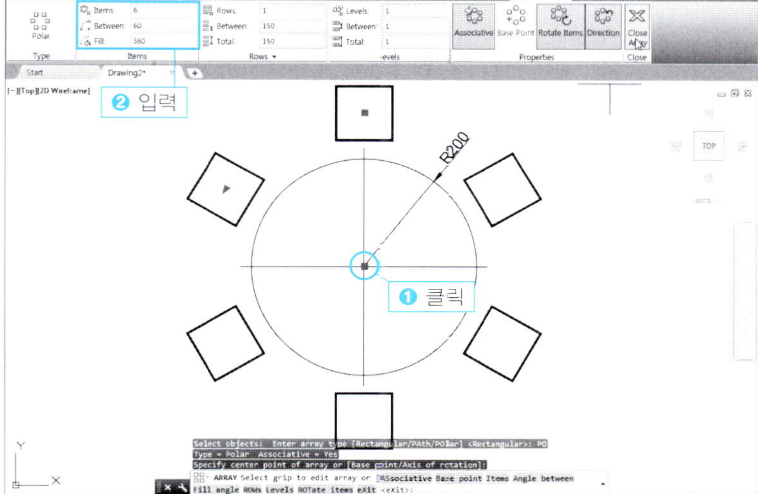

Polar Array 옵션

원형 배열은 배열할 개수(Items)와 회전 각도(Fill)가 중요한 요소다. 정해진 각도(Fill)가 입력되면 개수에 대한 간격(Between)이 자동 조정된다. 옵션 중 [Rotate Items]( )은 회전에 따른 객체의 회전 여부를 결정할 수 있다.

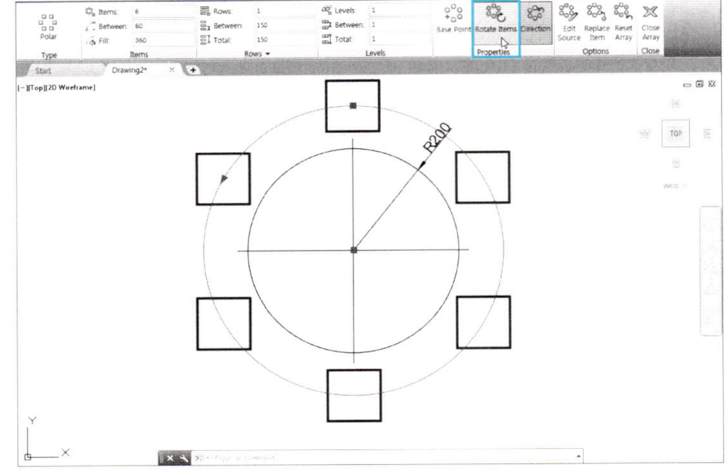

경로 배열(Path Array)

경로를 따라 객체를 배열한다.

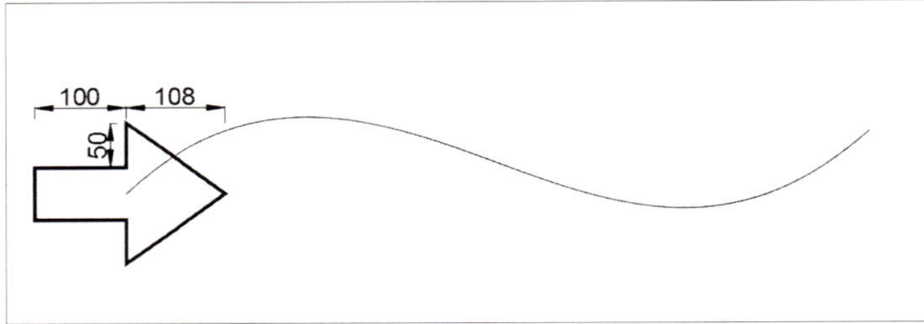

▲ 원본과 경로용 선

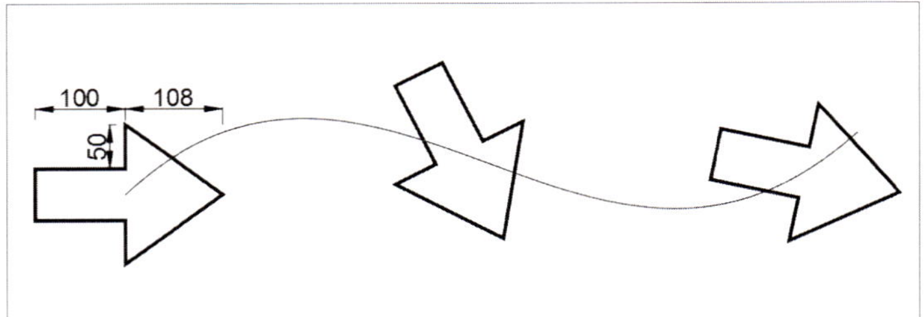

▲ 경로 배열된 결과

01 PLINE 명령을 이용하여 그림과 같은 모양의 화살표를 그린다. 화살표가 따라 배열될 경로를 그리기 위해 [Home]의 Draw ▼ 를 클릭한 후 [Spline CV](⁀)를 클릭한다.

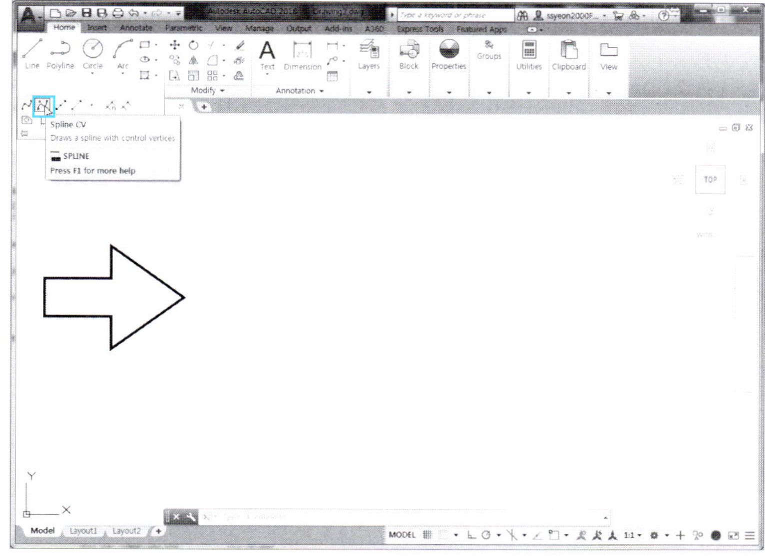

02 곡선의 시작점으로 화살표의 중심을 클릭하고 여러 번 클릭해 원하는 모양의 곡선을 그린 후 **Space Bar** 를 누른다.

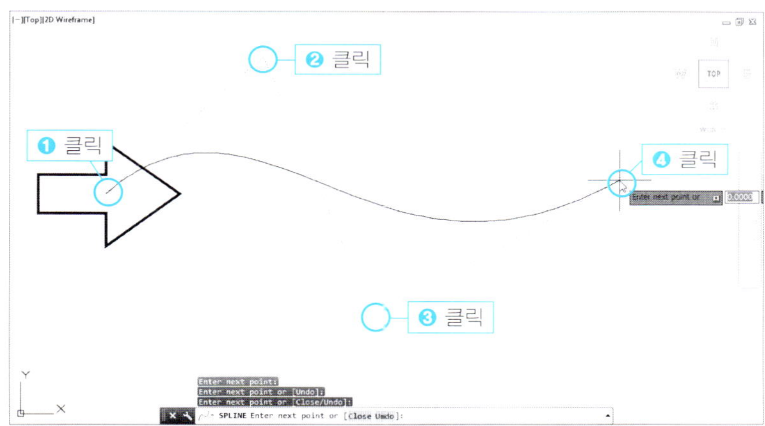

03 'AR'을 입력한 후 **Enter** 를 누르고, 화살표를 선택한 후 **Space Bar** 를 누른다. 배열 형태를 선택하기 위해 [Path]를 선택한다.

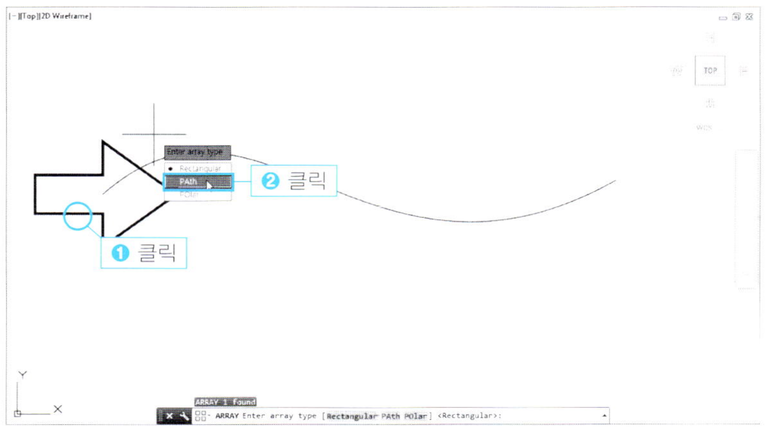

04 그린 곡선을 클릭하면 배열이 완성되는데 배열 옵션에서 [Align Items](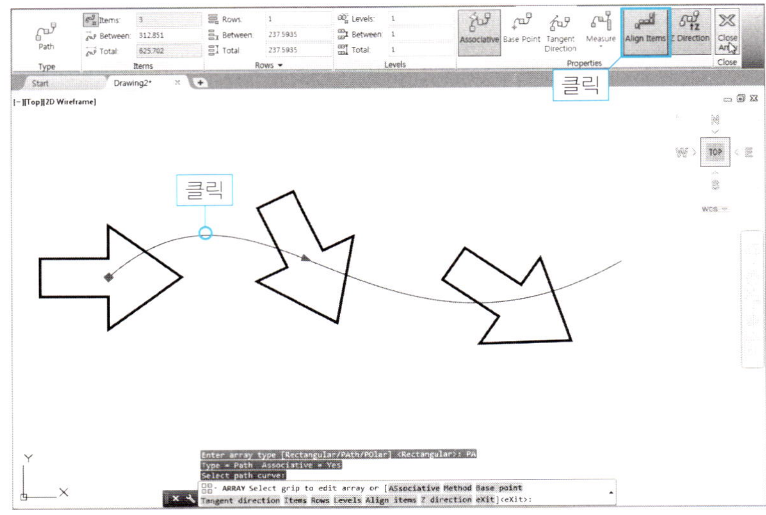)을 클릭해 배열의 방향을 테스트한 후 **Space Bar** 를 누른다.

도면 파일 : [Sample] – 'Array Path.dwg'

TIP

Path Array 옵션

경로형 배열은 크게 배열 개수(Items)와 [Align Item](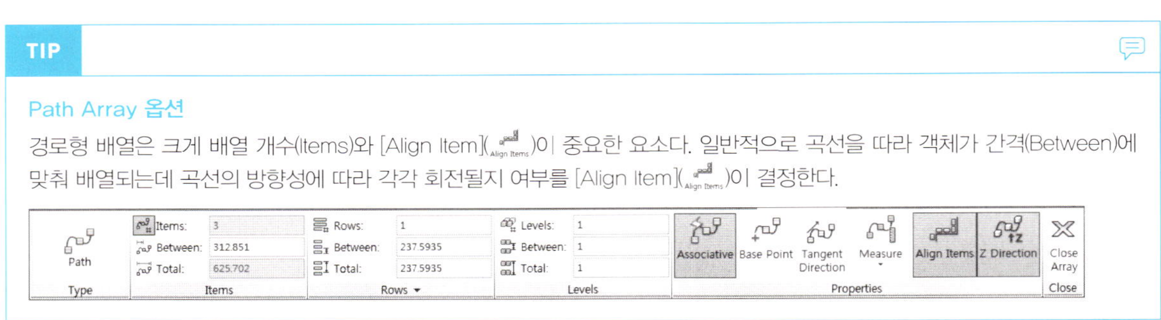)이 중요한 요소다. 일반적으로 곡선을 따라 객체가 간격(Between)에 맞춰 배열되는데 곡선의 방향성에 따라 각각 회전될지 여부를 [Align Item]()이 결정한다.

TIP

AutoCAD 하위 버전에서 사용되는 배열 화면

AutoCAD 2012 이상부터 그래픽적인 배열 방법을 제공하기 때문에 2011 이하 버전에서 사용되는 배열용 화면을 이해할 필요가 있다. AR 명령을 입력하면 바로 나오는 화면인데 이곳을 통해 직사각형(Rectangle), 원형(Polar) 배열을 결정하며 대상이 되는 객체(Choose Objects)를 선택할 수도 있다. 기능 이해를 돕기 위해 하위 버전의 화면은 한글로 제공한다.

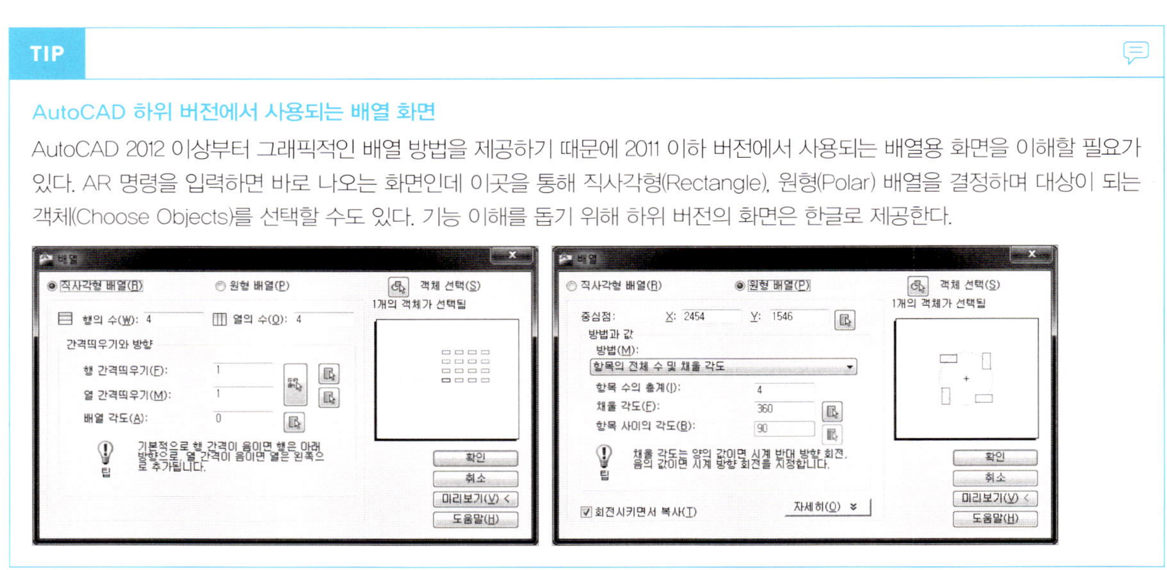

연습도면   ARRAY를 이용한 규칙적인 도면 작성

실습목표

1. ARRAY를 통해 복잡한 도면을 빠르게 그리는 법을 학습한다.
2. ARRAY와 MIRROR를 이용하여 도면 구성을 단순화시켜 이해하는 법을 터득한다.

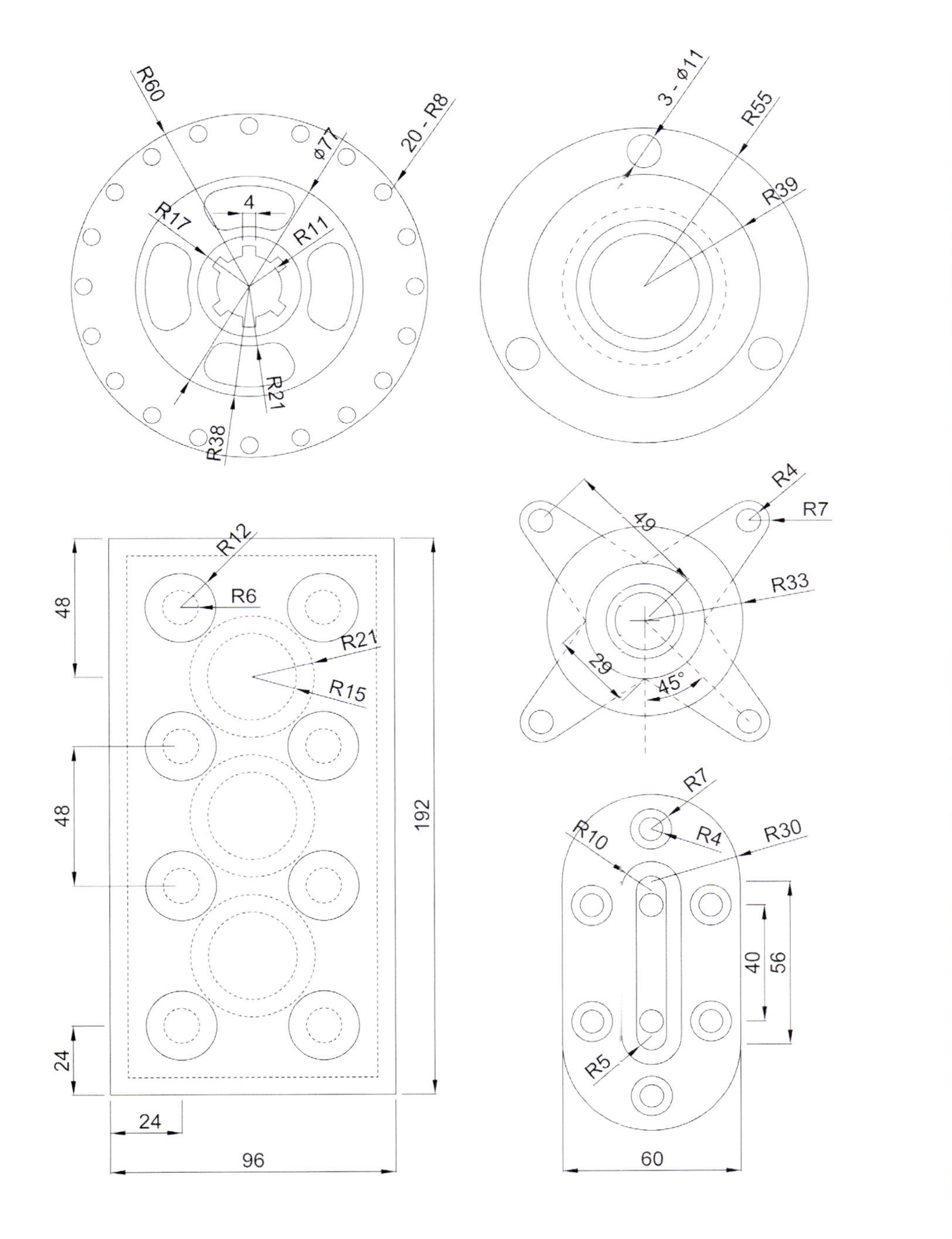

AutoCAD 사용에 있어 다소 불편한 점들을 해결하는 명령들을 알아본다.

01 BREAK(객체 분리)

원하는 부분을 끊거나 잘라낸다.

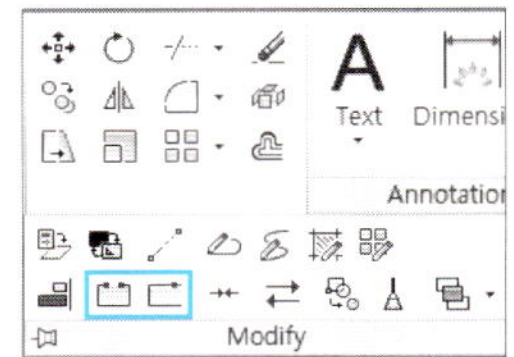

▲ 필요한 부분 잘라내기

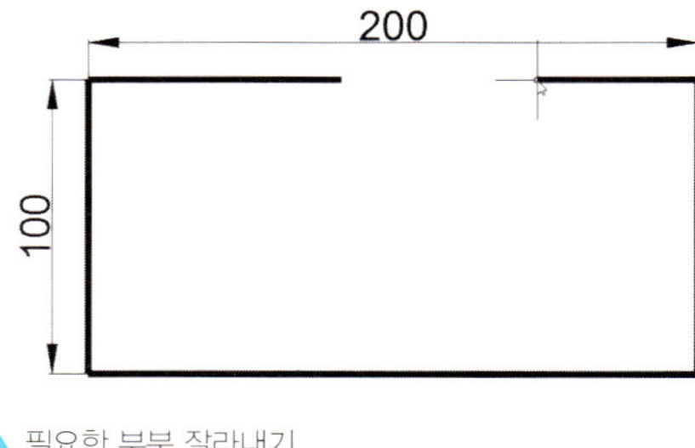

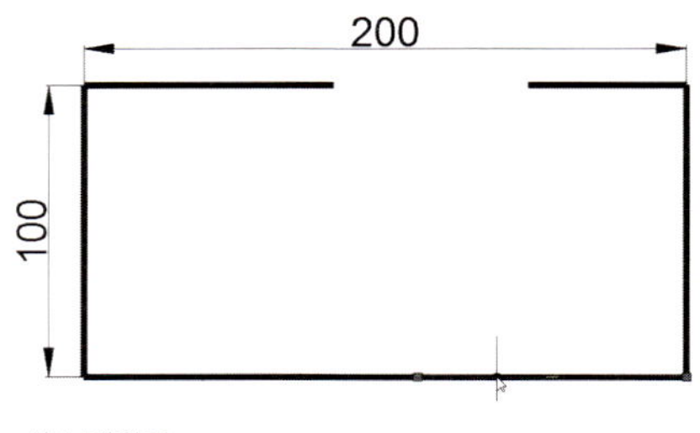

▲ 선 분리하기

❶ **명령** : BREAK [Enter] 또는, [Space Bar]
❷ **단축키** : BR [Space Bar]

```
Command: BREAK
Select object:                              잘라내기할 객체 선택 [Space Bar]
Specify break point or [First point]:       원하는 두 지점 클릭 [Space Bar]
```

옵션	설명
First point	선을 단순 분리하고자 할 때 사용한다.

원하는 부분만 지울 때 주로 사용되는 것이 TRIM 명령이지만, BREAK 명령을 이용하면 두 번 클릭만으로 쉽게 지울 수 있다.

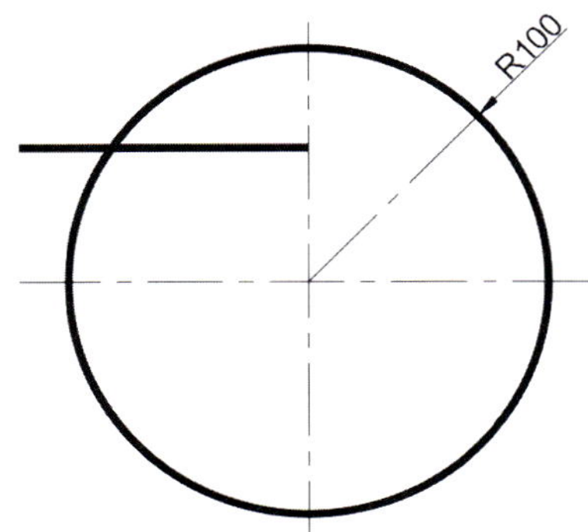

▲ 원본

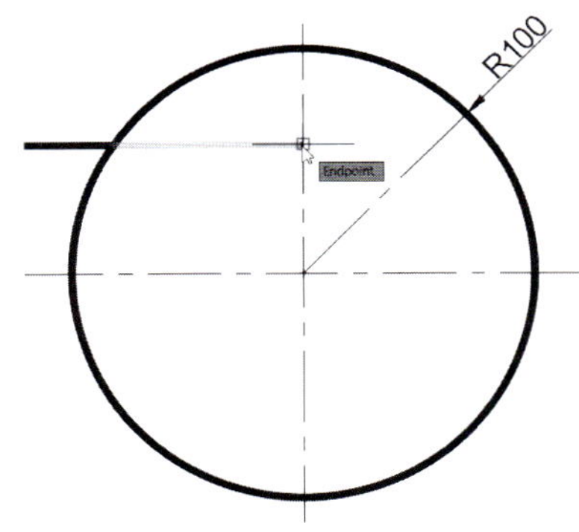

▲ 원 안의 선만 지우기

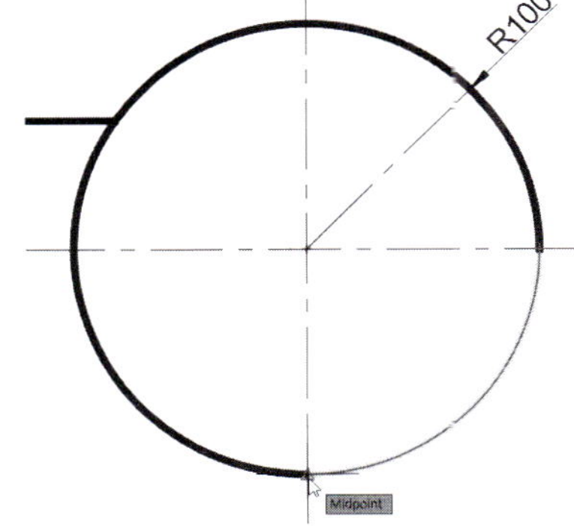

▲ 원의 사등분 선 지우기

01 LINE 명령을 이용하여 중심선용 수직/수평선을 그린다. 반지름 100의 원과 가로지르는 선도 그린다.

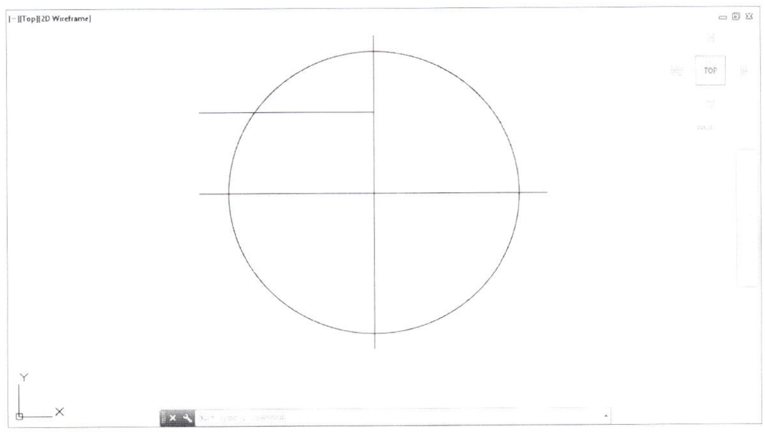

02 중심선용 선 종류를 불러오기 위해 'LT'를 입력한 후 **Enter** 를 누른다. [Linetype Manager] 대화상자에서 **Load...** 를 클릭한다.

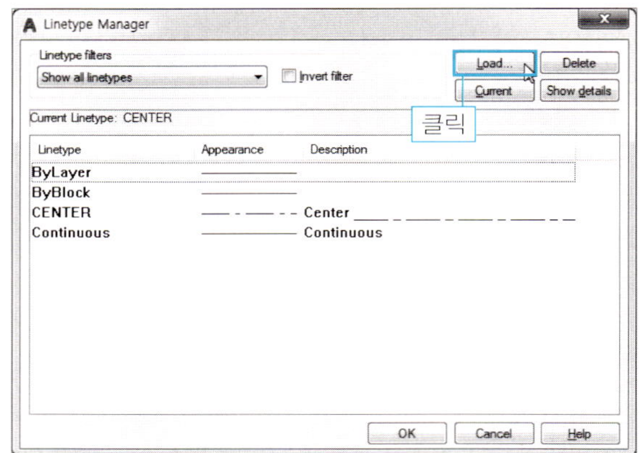

중심선용 파선을 표시하게 도와주는 선 종류

이전 내용부터 계속 궁금해왔을 중심선, 점선 등의 표현 방법을 알아본다. 중심선, 숨김 선, 점선 등은 라인타입(Linetype)이란 기능을 써서 원하는 객체에 적용해 표현한다. 다소 복잡하지만 정교한 도면 표현을 위해 알아둘 필요가 있다.

---

03 [Load or Reload Linetypes] 대화상자에서 'CENTER'를 선택하고 **OK** 를 클릭한다.

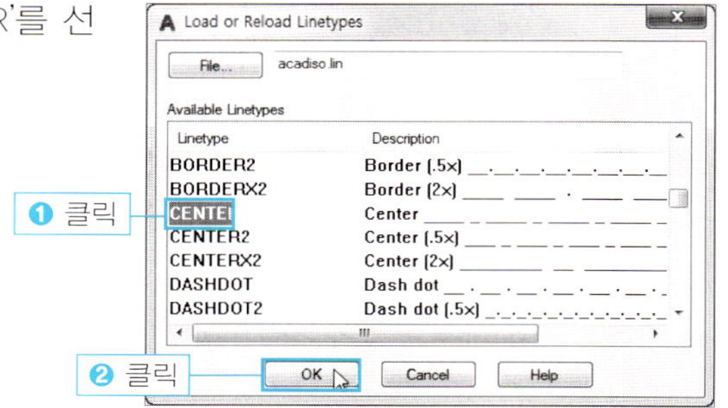

04 **Ctrl** + **1** 을 눌러 [PROP‐ERTIES] 창이 나타나면, 중심선용 수직/수평선을 선택한 후 [Linetype]에서 'CENTER'를 선택한다.

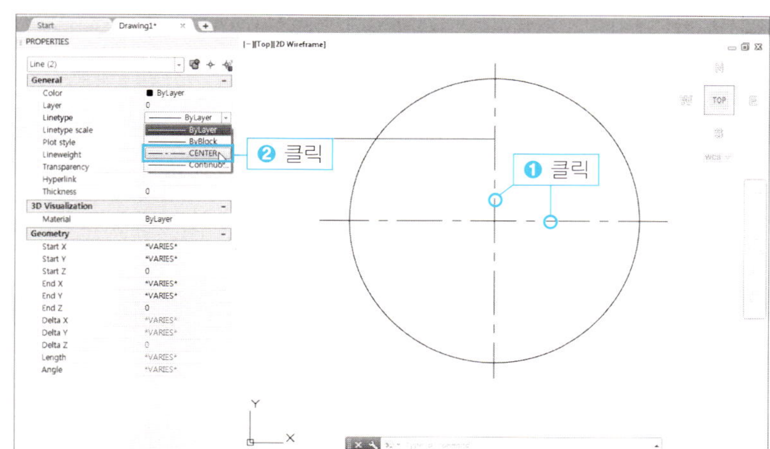

05 'BR'을 입력한 후 **Enter** 를 누르고, 절단할 객체를 선택하기 위해 가로 선이 원과 교차하는 점을 클릭한 후 **Space Bar** 를 누른다.

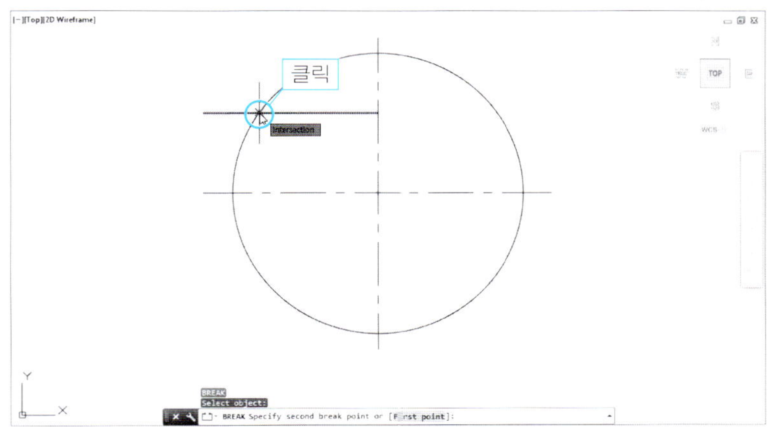

06 이어서 수직 중심선과 가로선이 교차하는 점을 클릭해 원 안쪽 선을 지운다.

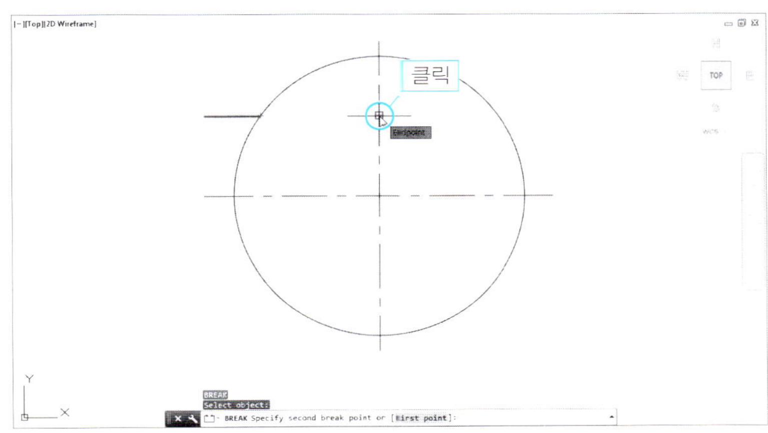

07 'BR'을 입력한 후 **Enter** 를 누르고, 원과 수직 중심선이 교차하는 아래쪽 점을 클릭한다.

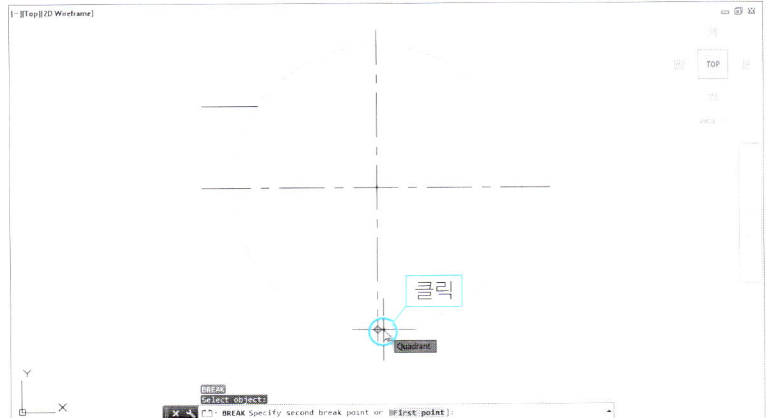

08 원과 수평 중심선이 교차하는 점을 클릭해 원의 사등분선을 지운다.

도면 파일 : [Sample] – 'Break01. dwg'

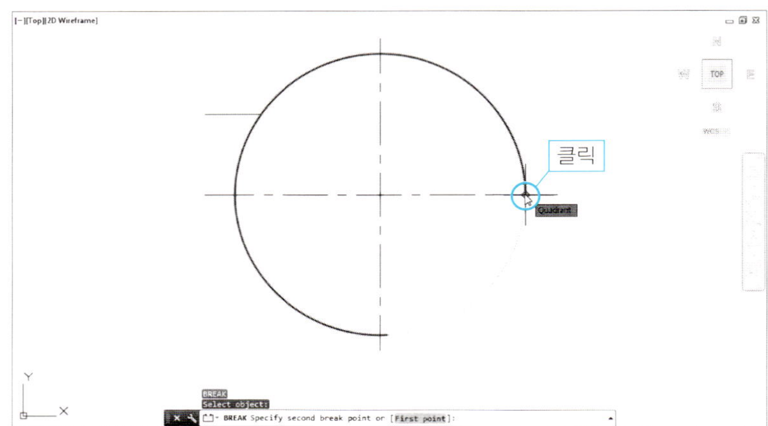

✎ | 선 분리하기

BREAK 명령의 잘라내기 기능은 TRIM 명령이 대신하지만 BREAK 명령만의 기능은 선을 분리시키는 것에 있다. 옵션인 'F'를 사용하면 선을 그 자리에서 두 개로 분리할 수 있다.

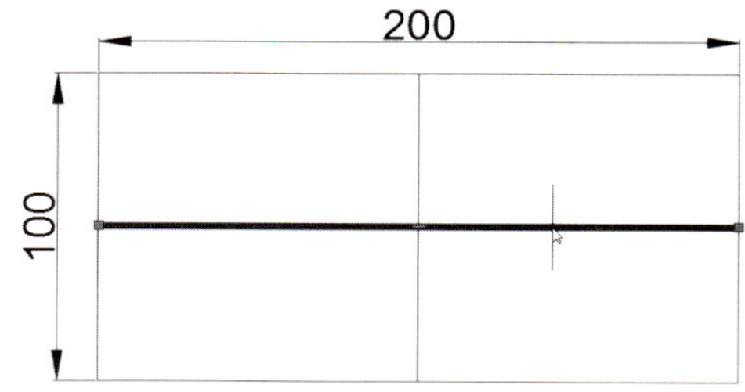

▲ 하나로 인식되는 선

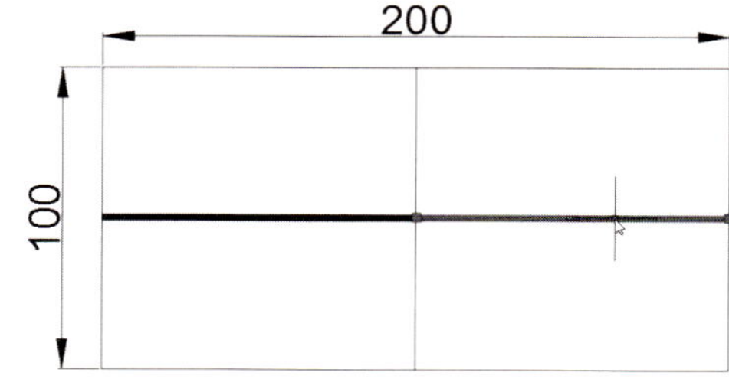

▲ 두 마디로 나눠진 선

01 RECTANGLE 명령으로 가로 200, 세로 100의 사각형을 그린 후 LINE 명령으로 중심을 연결하는 십자선을 그린다.

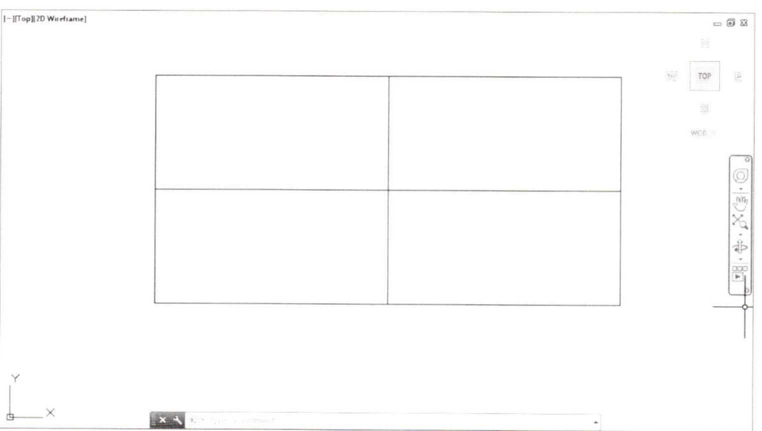

02 'BR'을 입력한 후 **Enter**를 누르고, 수평선을 선택한 후 바로 **F**를 누르고 **Space Bar**를 누른다. 이어서 수직/수평선이 교차하는 지점을 클릭하고 '@'를 입력한 후 **Space Bar**를 누른다.

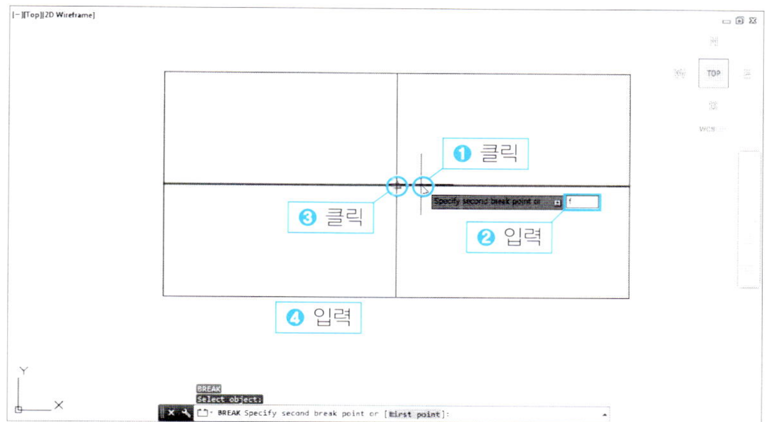

03 수평선의 마디를 선택해 정확하게 분리된 것을 확인한다.

도면 파일 : [Sample] – 'Break Split. dwg'

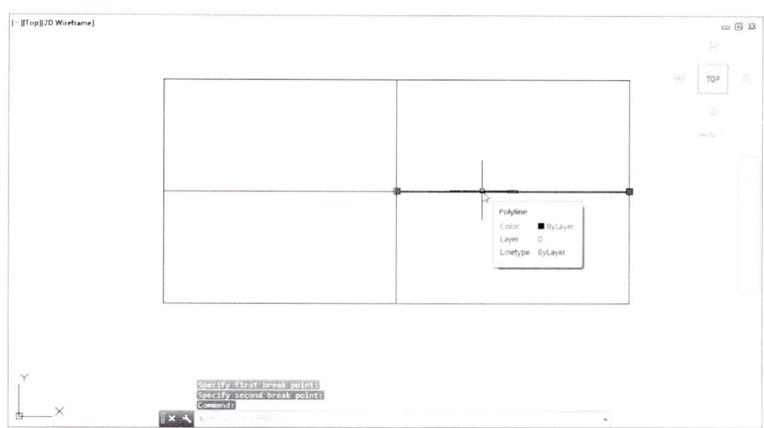

내부를 원하는 대로 나누는 DIVIDE 명령

BREAK 명령이 객체를 자르는 역할을 한다면 내부를 등분하는 기능으로 DIVIDE 명령을 사용할 수 있다. DIVIDE 명령은 객체를 균등 분할해 주지만 내부가 등분되는 것일 뿐 실제로 분리되진 않는다. 내부 등분점을 구별하려면 OSNAP에서 [NODE]가 선택되어 있어야 한다.

01 LINE을 이용하여 수직 방향으로 수평선을 그린다. 왼쪽 나눌 선을 선택하고 DIV 입력 후 **Enter**를 누른다. 이어서 나눌 개수로 3을 입력하고 **Space Bar**를 누른다.

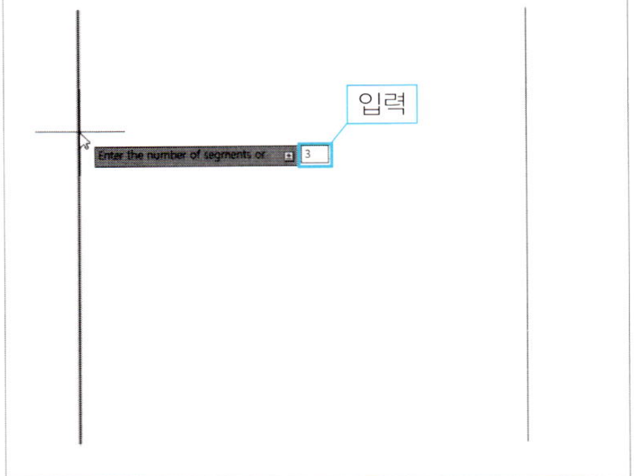

02 'OS' 입력 후 **Space Bar**을 누르고, [Drafting Settings] 대화상자에서 [Node]를 체크한 후 **OK**를 클릭한다.

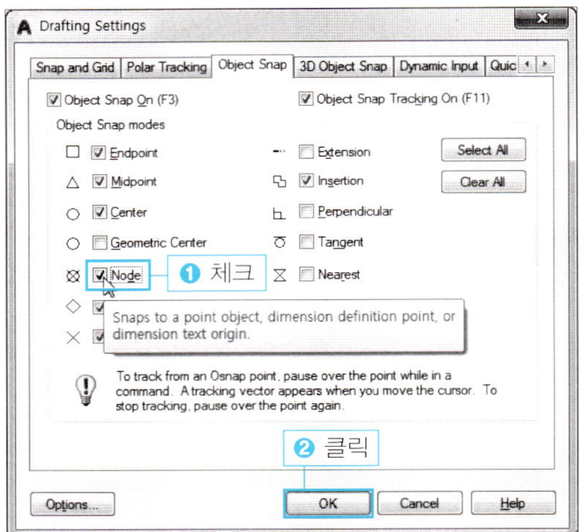

03 'L'을 입력한 후 **Enter**를 누르고, OSNAP으로 Node를 찾아 시작점을 클릭하고 오른쪽 방향으로 선을 그린다.

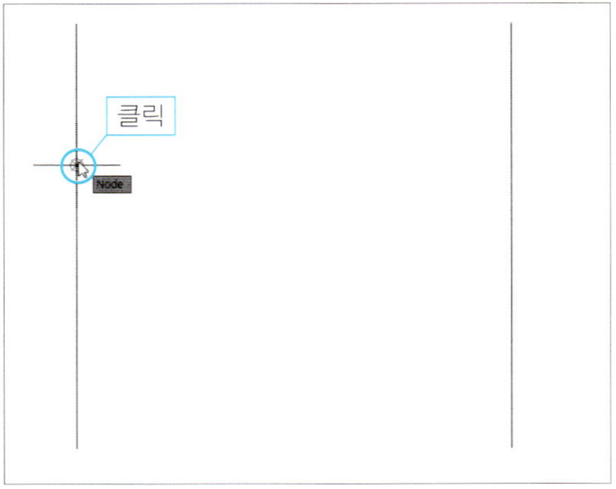

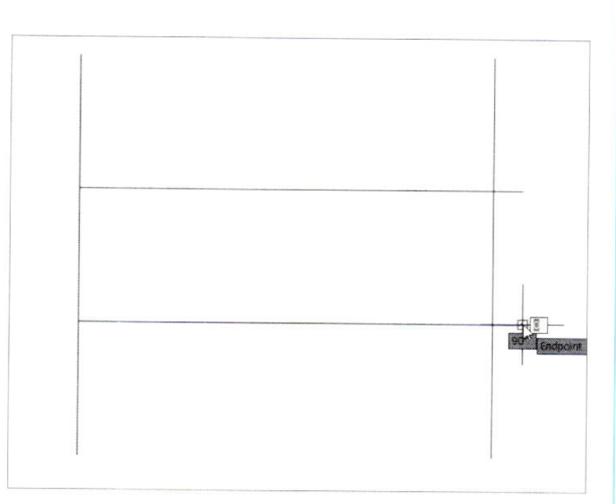

02 STRETCH(수직 수평 방향으로 늘리기)

STRETCH 명령은 객체의 모양을 늘일 수 있다. 사방으로 커지는 SCALE 명령과 달리 한쪽 방향으로만 늘일 수 있다.

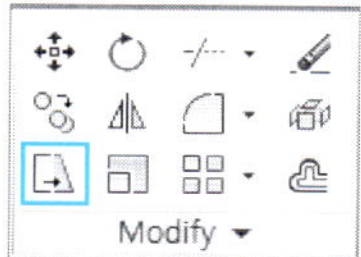

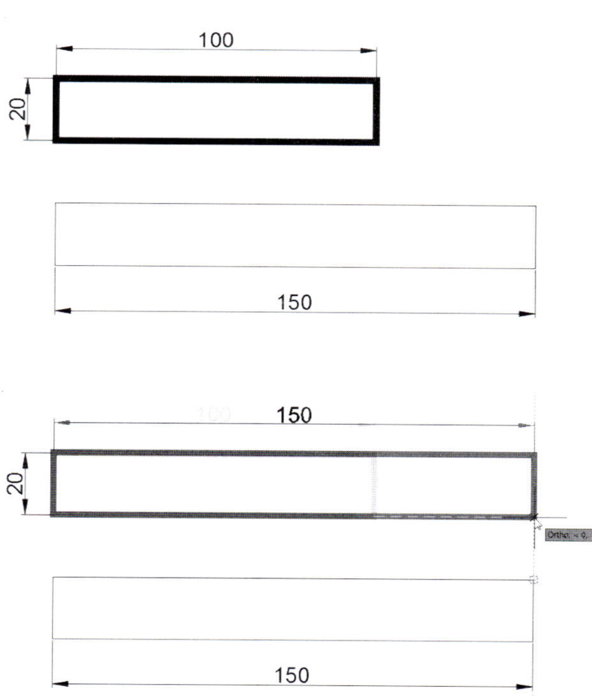

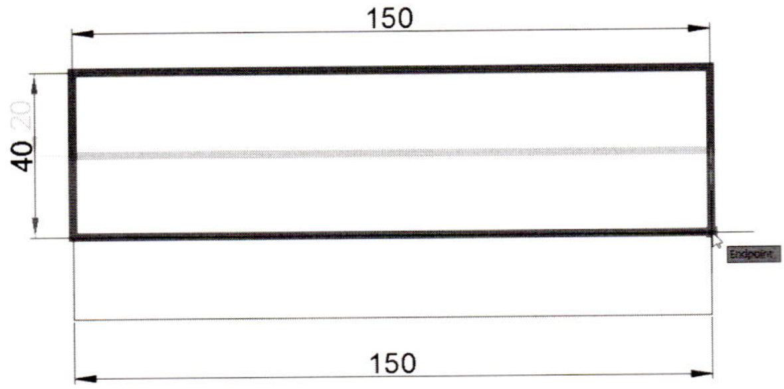

❶ **명령 :** STRETCH `Enter` 또는, `Space Bar`
❷ **단축키 :** S `Space Bar`

```
Command: STRETCH
Select object:                                              늘일 방향의 객체 내부 선택 [Space Bar]
Specify base point or [Displacement] <Dispalcement>:                          시작점 클릭
Specify second point or <use first point as displacement>:                   이동 지점 클릭
```

01 RECTANGLE 명령을 이용하여 높이 20, 가로 100과 150의 사각형 두 개를 그린다. 'S'를 입력한 후 `Enter` 를 누르고, 위쪽 사각형의 오른쪽 모서리 부분을 오른쪽에서 왼쪽으로 클릭해 선택하고 `Space Bar` 를 누른다.

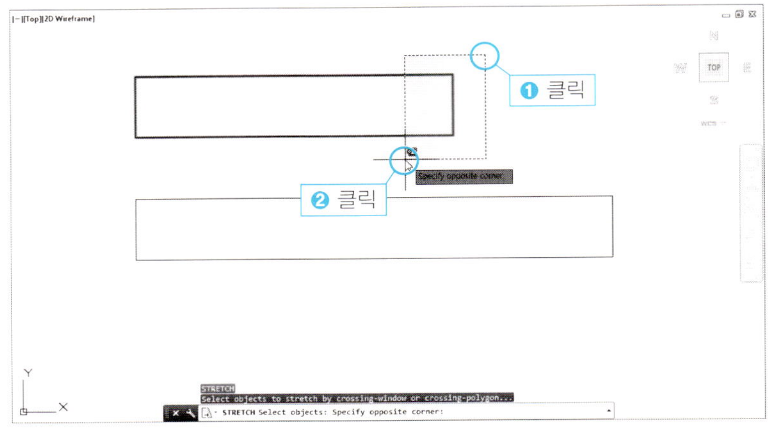

02 오른쪽 끝점을 클릭하고 움직이면 가로 방향으로 길이가 조정되는데 아래쪽 사각형의 끝점과 맞춰 클릭한다.

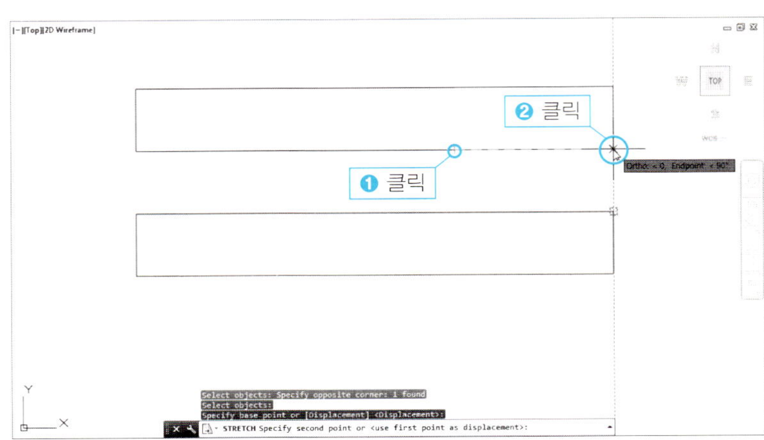

03 다시 'S'를 입력한 후 `Enter` 를 누른다. 사각형의 아래쪽 끝점들을 오른쪽에서 왼쪽으로 클릭해 선택하고 `Space Bar` 를 누른다.

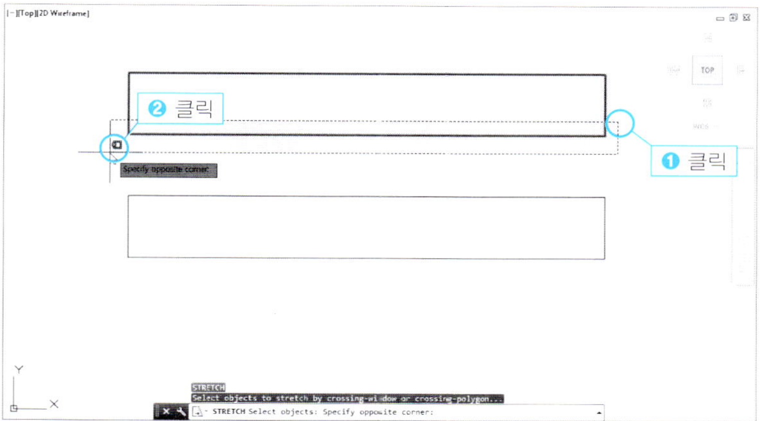

04 아래쪽 끝점을 클릭하고 움직이면 세로 방향으로 길이가 조정되는데 아래쪽 사각형의 끝점과 맞춰 클릭한다.

도면 파일 : [Sample] — 'Stretch.dwg'

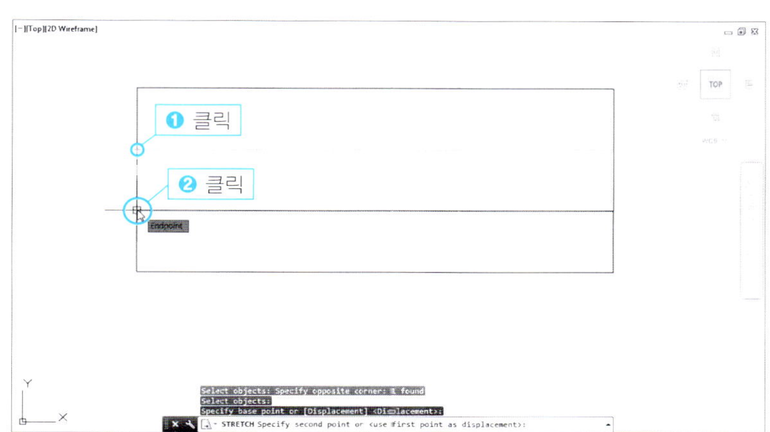

03 EXTEND(연장하기)

이어지지 않은 선을 연장해 대상에 연결한다.

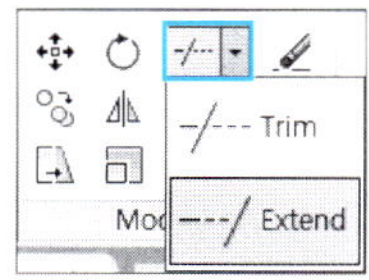

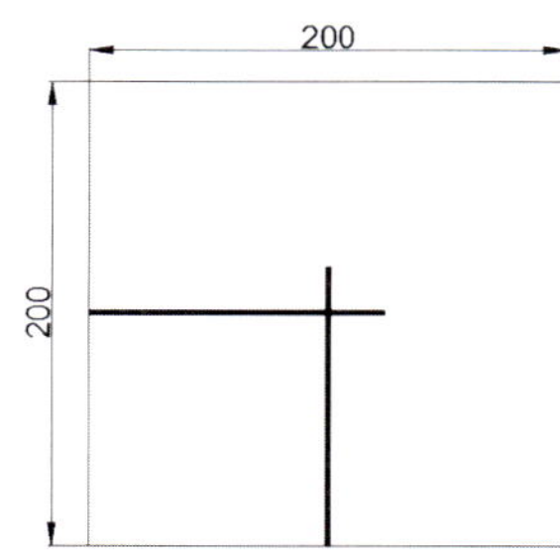

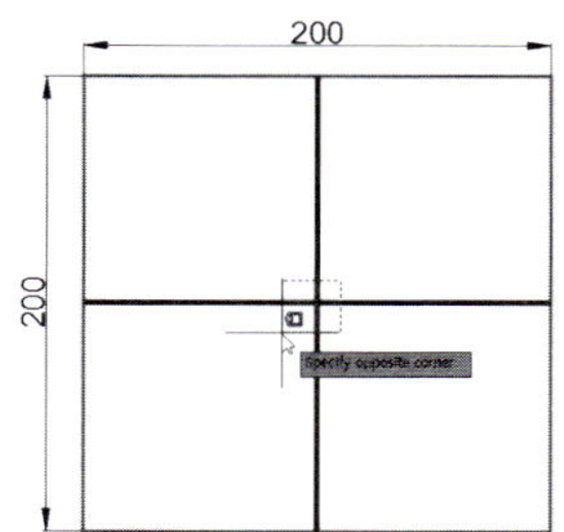

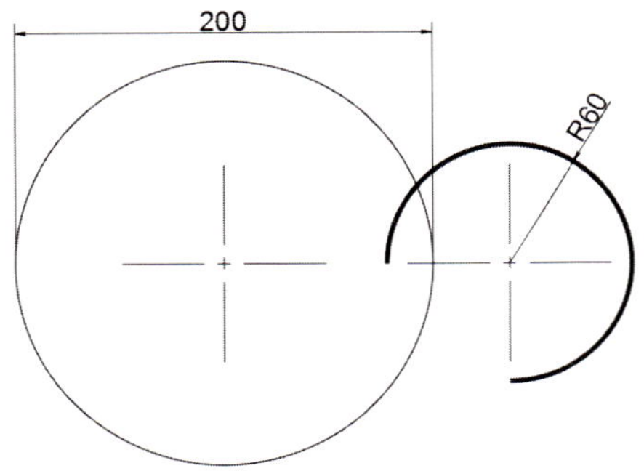 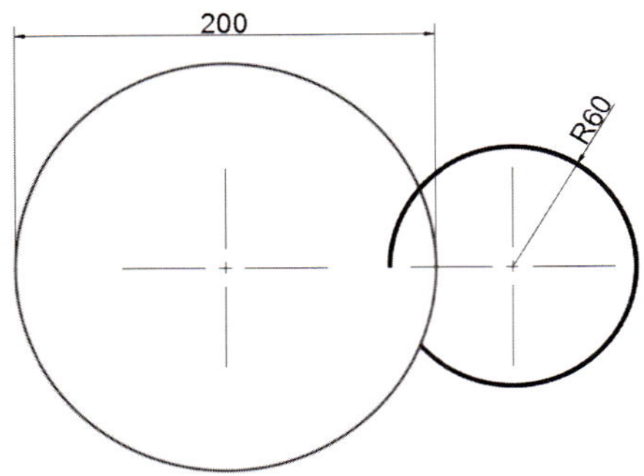

❶ **명령** : EXTEND [Enter] 또는, [Space Bar]
❷ **단축키** : EX [Space Bar]

```
Command: EXTEND
Select objects:                                              연결할 대상을 선택 [Space Bar]
Select object to extend or shift-select to trim or [Fence/Crossing/Project/
Edge/Undo]:                                                  연장할 대상 선택 [Space Bar]
```

 **│ 직교 방향으로 연장하기**

연장 목표를 향해 직교 방향으로 연장선을 그린다.

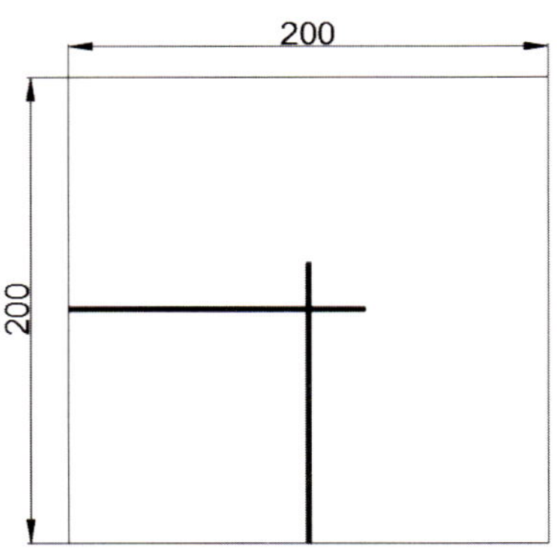 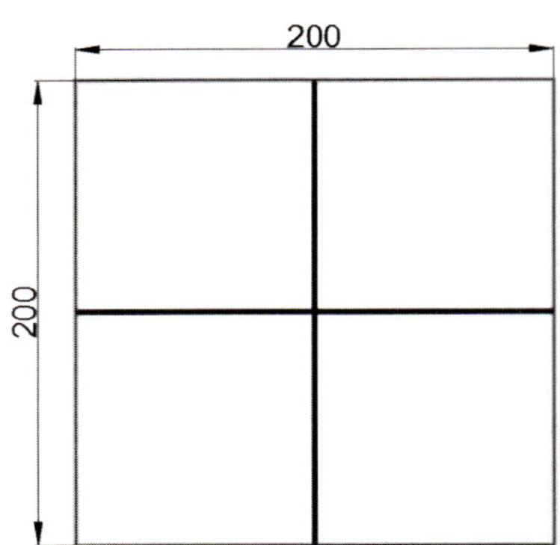

01 RECTANGLE 명령을 이용해 가로 세로 200 크기의 사각형을 그린다. LINE 명령으로 사각형 안쪽에 그림과 같이 교차되는 선 두 개를 그린다.

02 'EX'를 입력한 후 **Enter** 를 누르고, 확장시킬 목표물로 사각형을 선택하고 **Space Bar** 를 누른다.

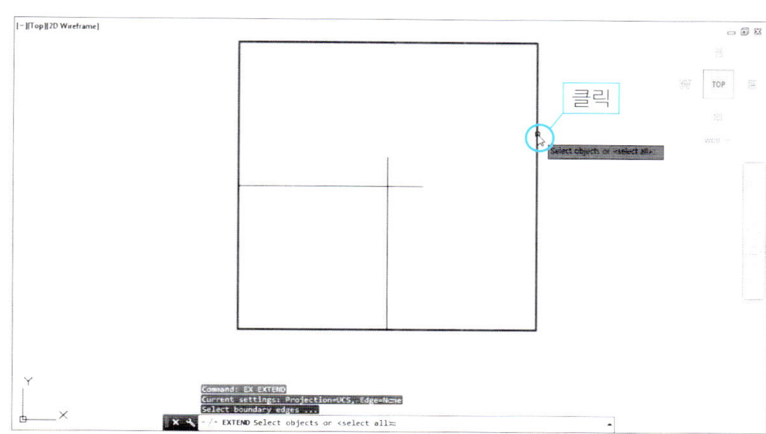

03 안쪽 수직/수평선을 선택한 후 **Space Bar** 를 누른다.

도면 파일 : [Sample] – 'Extend Line. dwg'

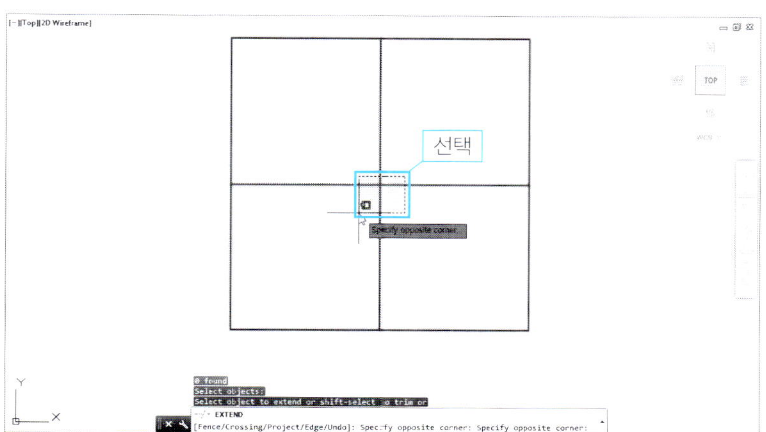

호 또는 조각난 원이라면 걸쳐져 있는 다른 대상을 향해 연장시킬 수 있다.

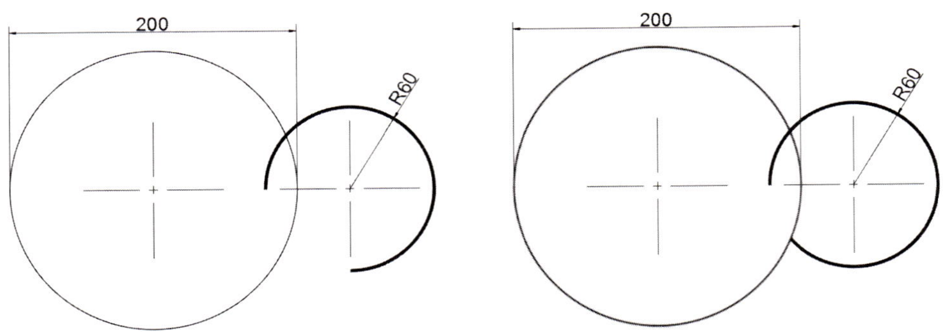

01 CIRLCE 명령으로 원을 두 개를 겹쳐 그린다. 이어서 TRIM 명령을 이용해 오른쪽 원의 중간 사등분 선을 지운다.

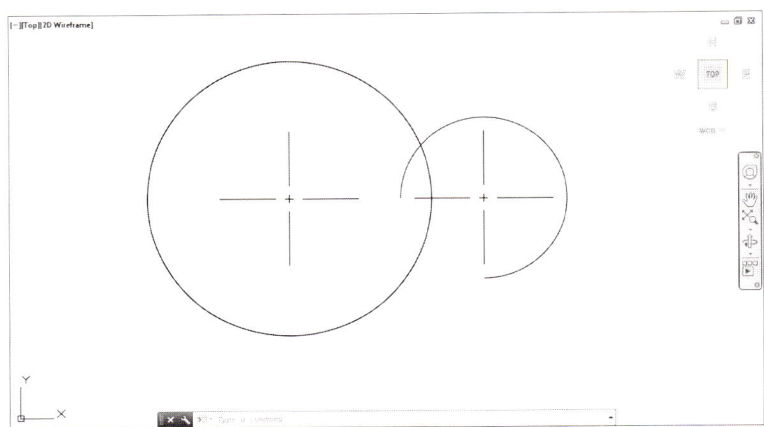

02 'EX'를 입력한 후 **Enter** 를 누르고, 확장시킬 목표물로 왼쪽 원을 클릭한 후 **Space Bar** 를 누른다.

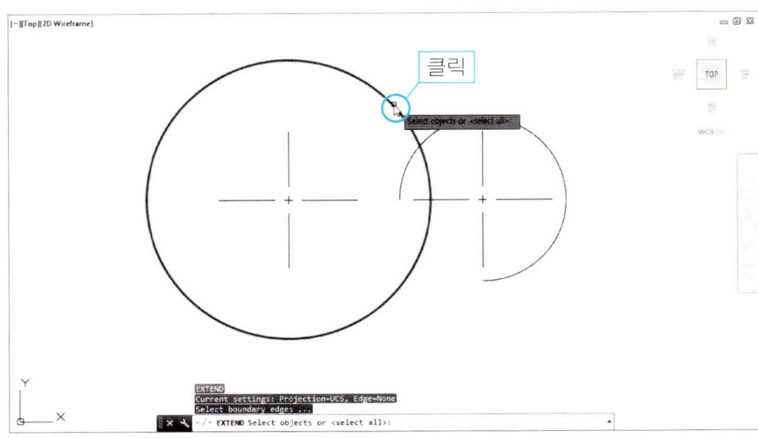

03 마우스를 오른쪽 원의 끝 점으로 이동 후 클릭하고 **Space Bar** 를 누른다.

도면 파일 : [Sample] − 'Extend Arc. dwg'

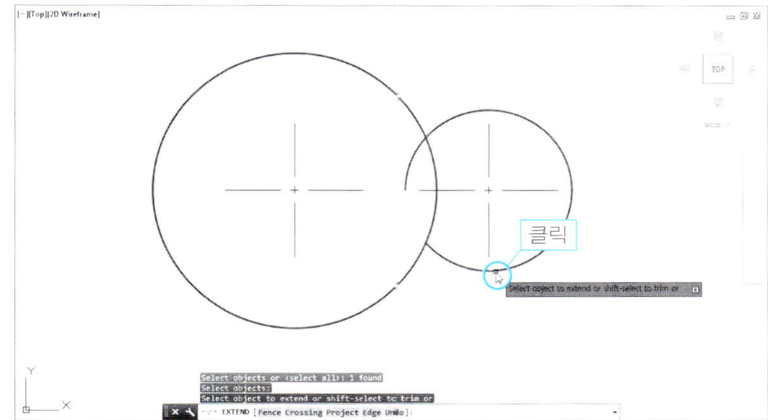

LENGTHEN(길이 연장)

선의 길이를 자유자재로 늘일 수 있다.

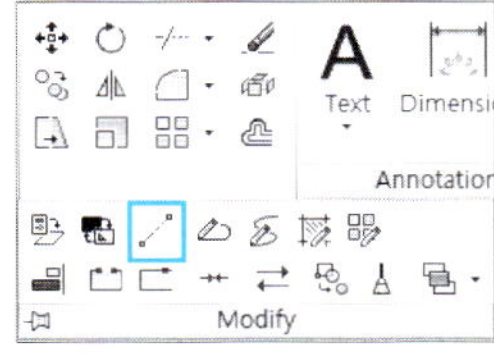

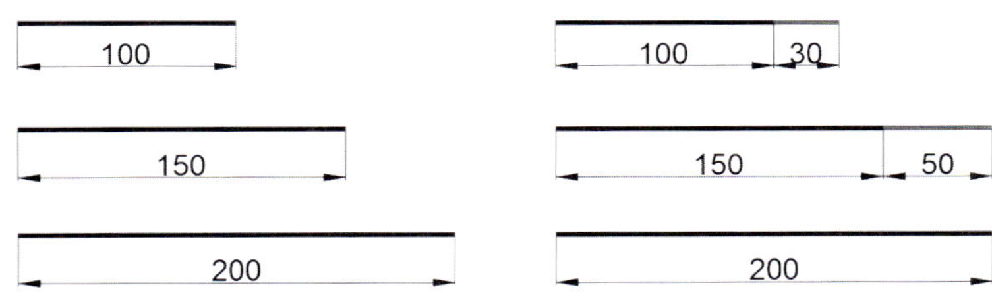

▲ 원본 　　　　　　　　　　　▲ 입력한 만큼 증분된 결과

❶ **명령 :** LENGTHEN **Enter** 또는, **Space Bar**

❷ **단축키 :** 없음

```
Command: LENGTHEN
Select an object to measure or [Delta/Percent/Total/Dynamic] <Total>:
```
　　　　　　　　　　　　　거리 측정이나 길이 연장 옵션 선택. 객체를 선택 후 **Space Bar**

옵션	설명
Delta	거리를 직접 입력한다.
Percent	비율로 연장 거리를 결정한다.
Total	전체 길이를 결정해 연장 거리를 맞춘다.
Dynamic	실시간으로 연장 거리를 결정한다.

거리 측정하기

LENGTHEN 명령의 기본 작동은 거리 측정이다. 거리 측정 기능은 이 명령 외에도 DI가 있으니 사용해보기 바란다.

01 LINE 명령을 이용해 100, 150, 200의 수평선을 세 개 그린다.

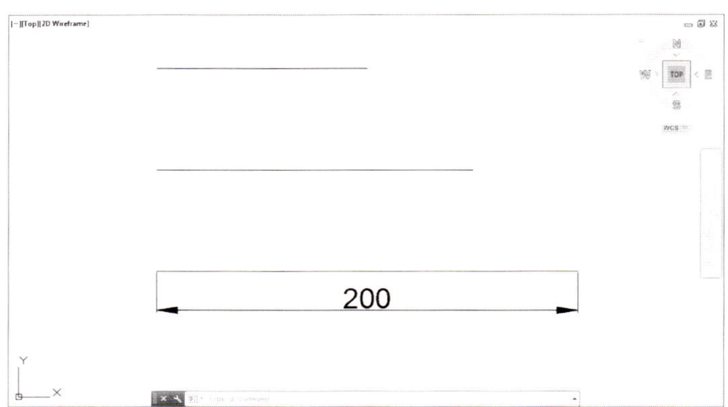

02 'LEN'을 입력한 후 **Enter** 를 누르고, 200 길이의 선을 선택한 후 **Space Bar** 를 누른다. 선택된 선의 길이가 명령 입력줄에 표시된다.

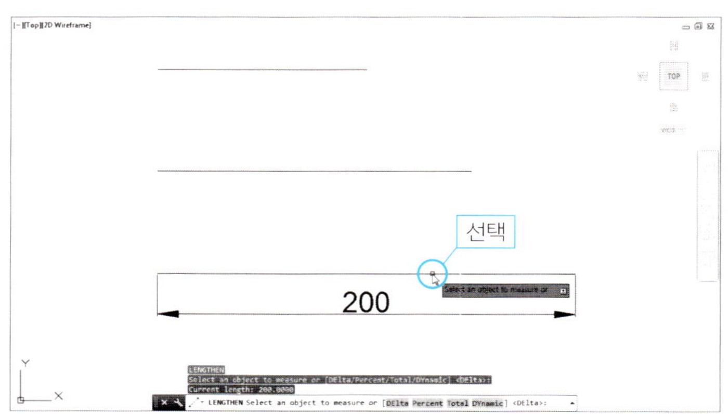

LENGTHEN 명령의 좋은 기능은 입력한 거리만큼 정확하게 연장할 수 있다는 점이다. 거리 외에도 비율 설정으로도 가능하다.

01 'LEN'을 입력한 후 **Enter** 를 누르고, 정해진 만큼 길이 연장을 위해 'DE'를 입력한 후 **Space Bar** 를 누른다.

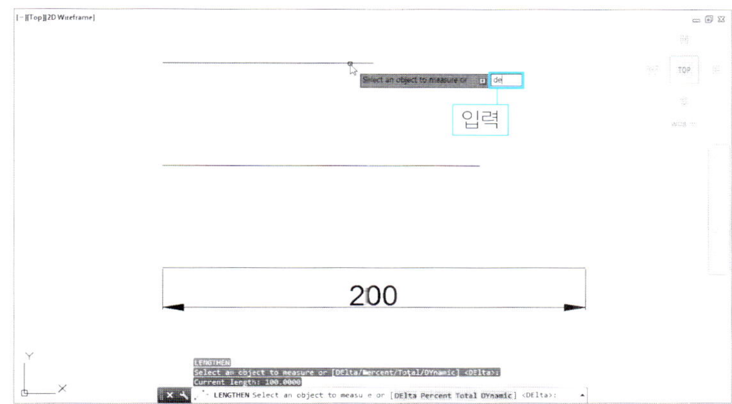

02 '50'을 입력하고 **Space Bar** 를 누른다.

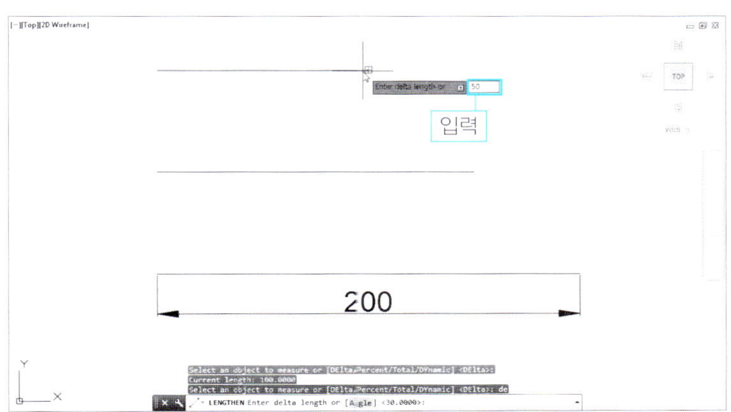

03 이어서 100 길이의 선의 오른쪽 부분을 클릭하고 **Space Bar** 를 누른다. 100 길이의 선의 오른쪽이 50만큼 연장된 것을 확인한다.

도면 파일 [Sample] — 'Lengthen.dwg'

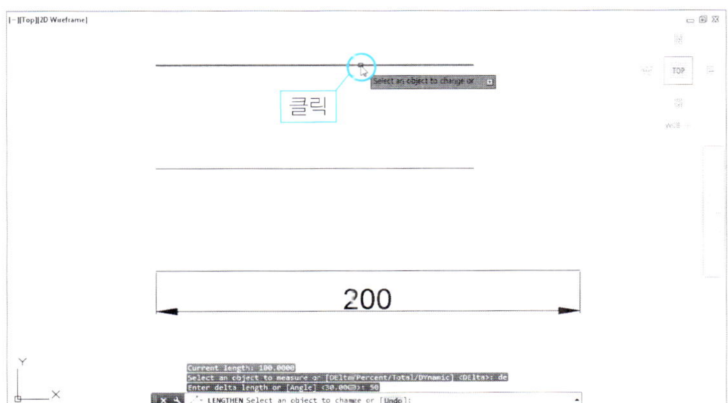

REGEN(다시 그리기)

지저분해진 부분을 다시 그린다. AutoCAD 작업 시 가끔 도면이 각진 모양으로 표시되거나 깨진 모양으로 나타나는 때가 있는데 이 경우 REGEN을 입력하면 다시 그려준다.

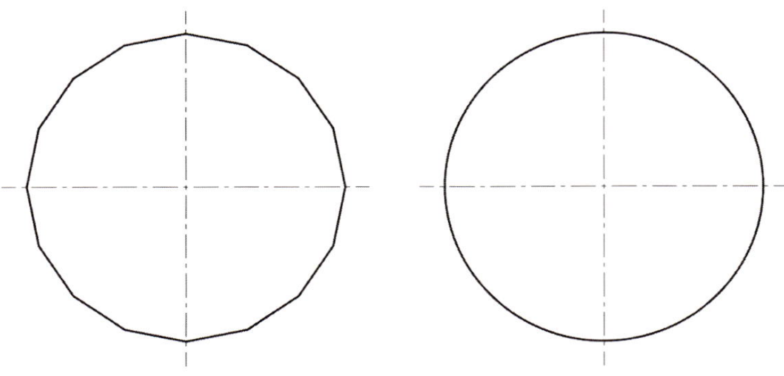

▲ 도면이 깨져 보이는 모습　　　　　　　▲ REGEN 명령 실행 후 결과

❶ **명령 :** REGEN `Enter` 또는, `Space Bar`
❷ **단축키 :** 없음

STYLE과 TEXT, HATCH 그리고 LAYER

>> 도면을 장식하는 TEXT와 선 형식을 결정하는 LINETYPE, 영역을 채워 주는 HATCH를 알아보며 도면을 하나의 계층으로 관리하는 LAYER에 대해서도 알아본다.

01 | STYLE(문자 표시 형식)

도면상에 표시할 문자의 형식들을 정의하며 상황에 따라 이를 변경한다. 더불어 직선만 표시하는 도면에 점선 등의 각종 형식으로 바꾸는 방법도 살펴본다.

❶ **명령 :** STYLE [Enter] 또는, [Space Bar]
❷ **단축키 :** ST [Space Bar]

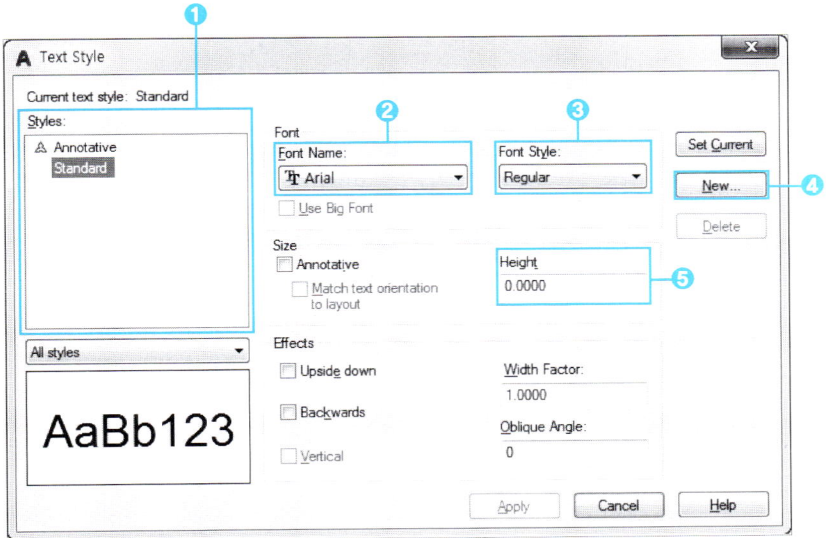

❶ **Styles :** 등록된 스타일 이름을 보여준다.
❷ **Font Name :** 사용할 글꼴을 선택한다.
❸ **Font Style :** 글꼴의 굵기, 기울기 등을 선택한다.
❹ **New :** 새로운 스타일을 만든다.
❺ **Height :** 글꼴의 크기를 결정한다.

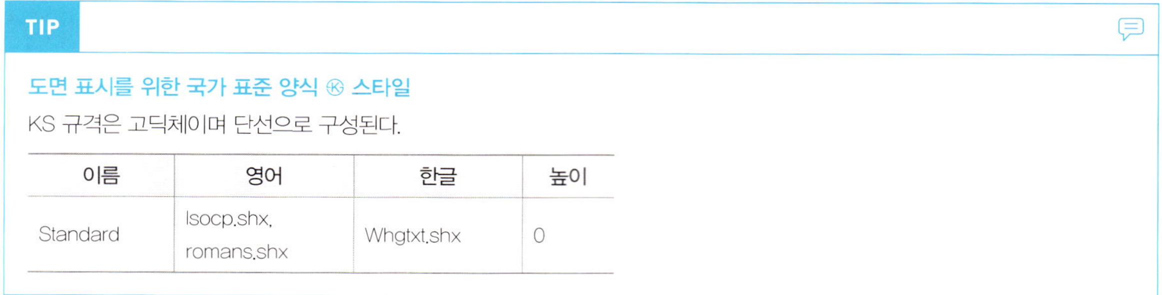

이름	영어	한글	높이
Standard	Isocp.shx, romans.shx	Whgtxt.shx	0

01 새로운 스타일 만들기

나중에 스타일을 만들려면 번거로움이 많아 도면 작업 시작 전에 사용할 스타일을 결정해 놓는 것이 좋다.

01 'ST'를 입력한 후 **Enter** 를 누르고, [Text Style] 대화상자가 나타나면 [New]를 클릭한다.

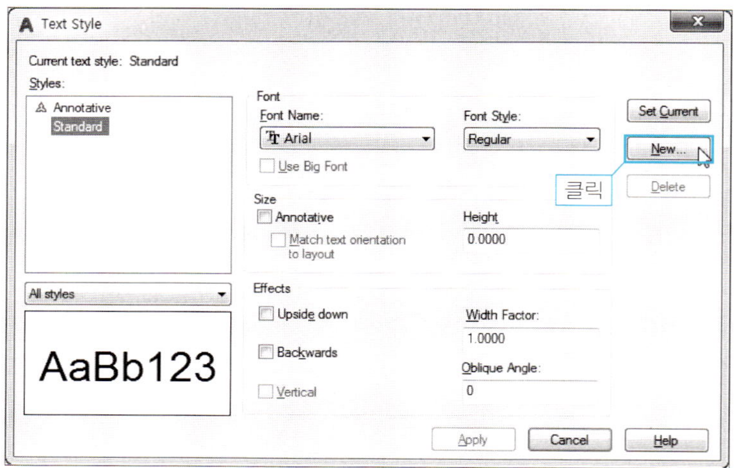

02 [New Text Style] 대화상자에서 스타일 이름을 입력하고 **OK** 를 클릭한다.

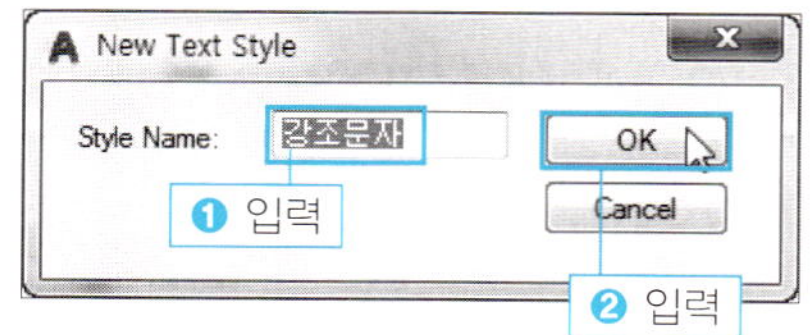

03 [Styles]에서 추가한 스타일 이름을 확인하고 '글꼴' 등을 설정한 후 Apply 를 클릭한다.

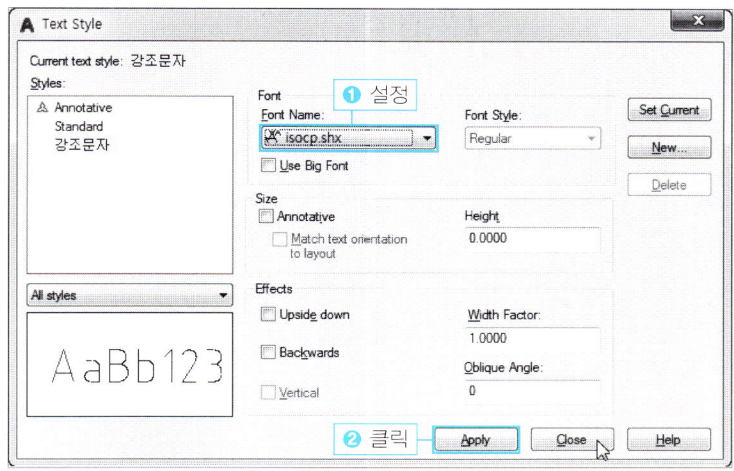

02 | TEXT(문자)

문자를 입력하는 방법을 알아본다. 문자는 기본인 Standard 스타일에 따르지만 [Text Style] 대화상자에서 Set Current 로 미리 바꿔 놓으면 정해진 스타일로 표시된다.

❶ **명령 :** MTEXT Enter 또는, Space Bar
❷ **단축키 :** T Space Bar

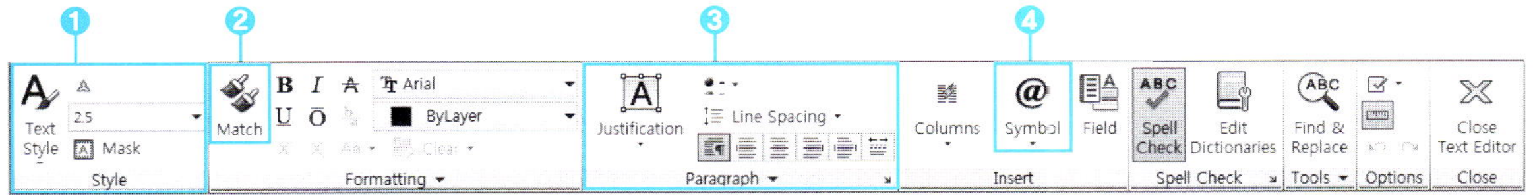

❶ Text Style : 문자에 사용할 스타일을 결정한다.
❷ Match : 스타일을 복사해 맞춘다.
❸ Paragraph : 문자들을 정렬하거나, 입력 공간에 단을 추가한다.
❹ Symbol : 특수 문자를 입력한다.

기본적인 문자 입력과 수정하는 방법을 알아본다.

01 'T'를 입력한 후 Enter 를 누르고, 문자가 입력될 공간 설정을 위해 시작점과 끝점을 각각 클릭한다.

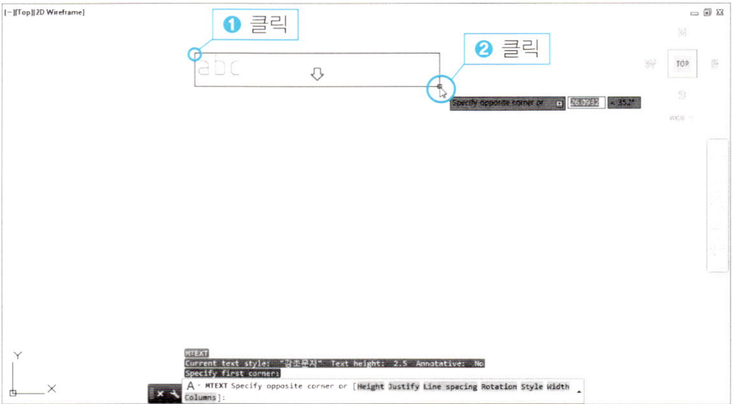

02 입력 창이 나타나면 원하는 문자를 입력한다.

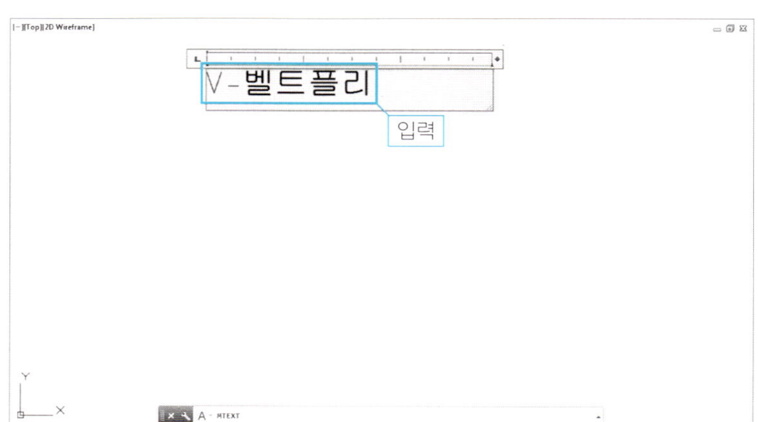

03 입력된 내용을 드래그해 선택하고 좌측 상단의 글꼴 크기에서 크기를 입력한다.

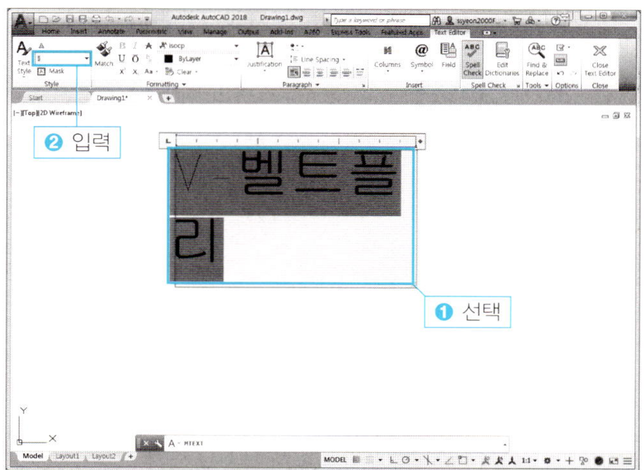

04 변경된 문자 크기가 공간을 넘
을 경우 우측 조정간을 드래그
해 공간 크기를 변경한다.

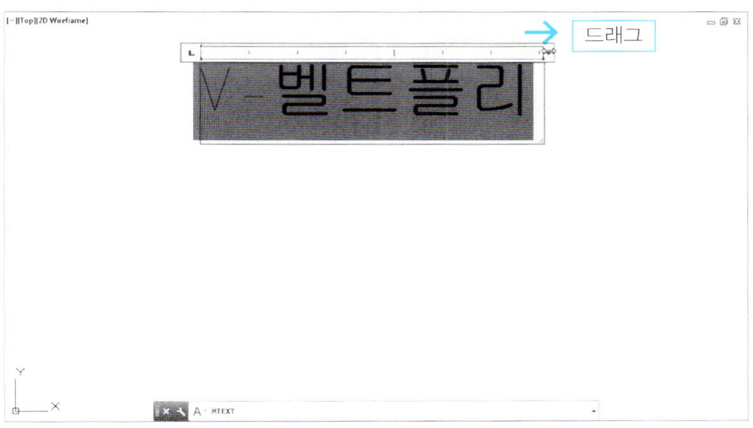

05 문자의 정렬 위치를 결정한다. 보통은
Top Left를 많이 사용한다. 입력 작업을
마치면 **Ctrl** + **Enter** 를 누른다.

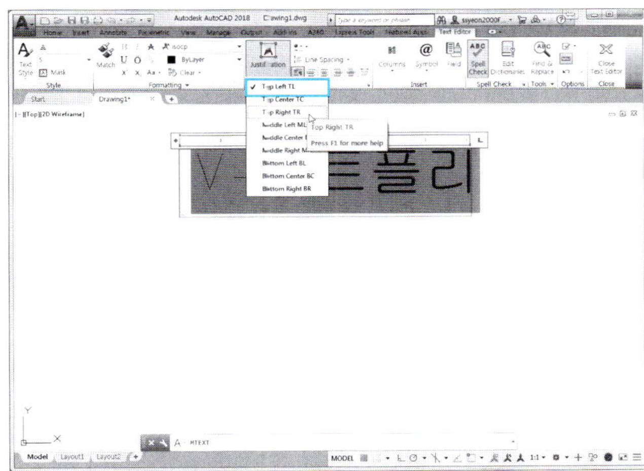

06 완료된 문자들의 위치를 변경
하려면 왼쪽 상단의 사각형 점
을 클릭하고 옮긴다.

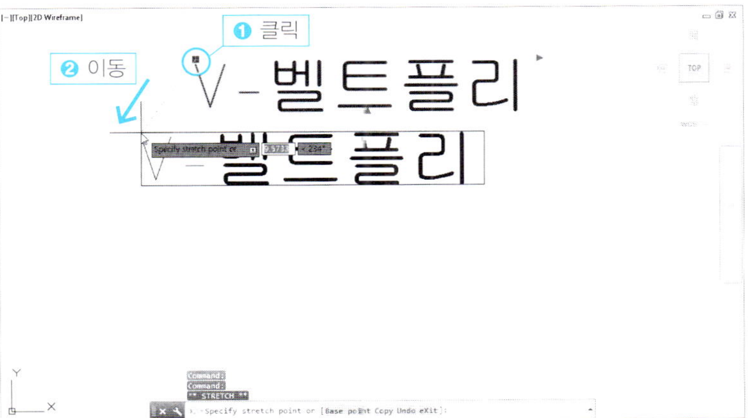

입력 완료된 문자 내용 수정하기

만일 문자 내용을 다시 편집하려면 문자 위에서 더블클릭한다. 다시 입력 창이 열리면서 내용을 변경할 수 있다.

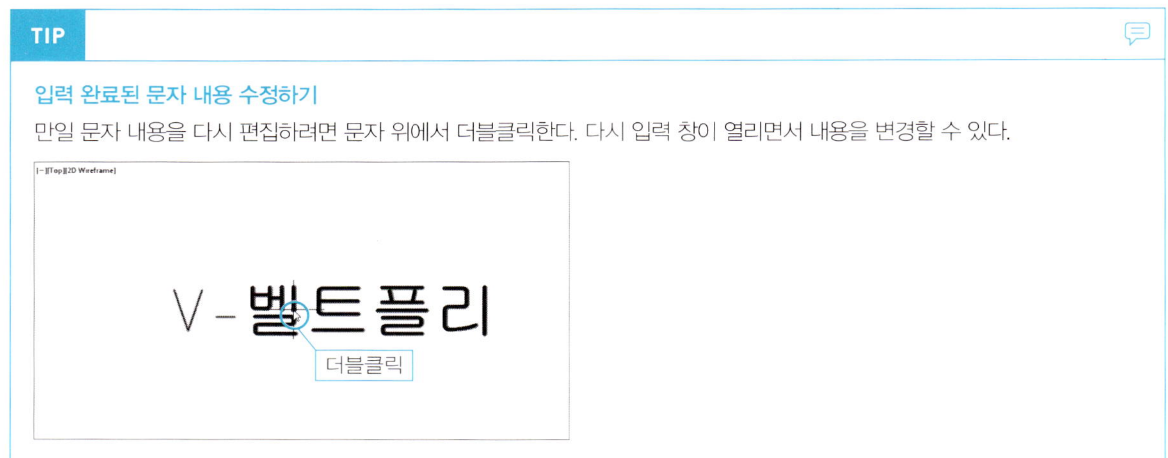

02 특수 문자 입력하기

각도 표시인 °, 플러스 마이너스 ±, 지름 ø 표시들은 기본 자판에 없는 특수 문자이다. 이를 입력하려면 독특한 방식을 사용해야 한다. 입력 창에서 아래 표와 같은 코드를 입력하면 나타난다.

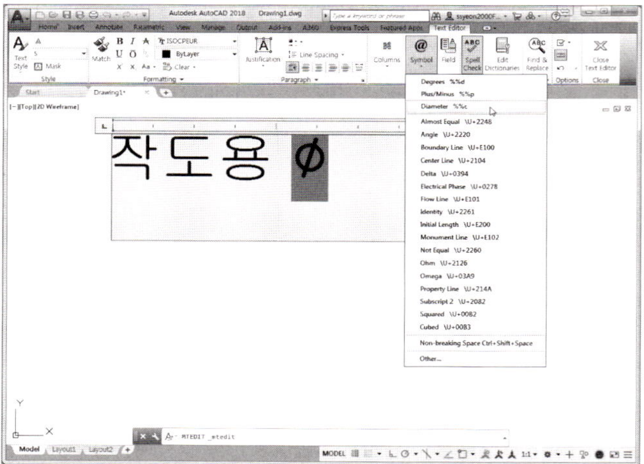

특수 문자 코드	기호	사용 예
%%d	°	〈45%%d = 〈45°
%%p	±	50%%p24 = 50±24
%%c	ø	%%c48 = ø 48

연습도면   **주석 작성**

실습 목표

1. 표준 스타일을 이용한 작성법을 학습한다.
2. 주석 내에 특수 기호를 기입하는 방법을 연습한다.

주서

1. 일반 공차 -가)가공부:KS B ISO 2768-m
   나)주조부:KS B 0250-CT11
2. 도시되고 지시없는 모떼기는 1x45° 필
   렛과 라운드는 R5
3. 일반 모떼기는 0, 2x45°
4. ✓ 부위 외면 명녹색 도장
   내면 광명단 도장
5. 파커라이징 처리
6. 전체 열처리 HRC 50±2
7. 표면 거칠기 ✓ = ✓

   $\overset{w}{\vee}$ = $\overset{12.5}{\vee}$, N10

   $\overset{x}{\vee}$ = $\overset{3.2}{\vee}$, N8

   $\overset{y}{\vee}$ = $\overset{0.8}{\vee}$, N6

   $\overset{z}{\vee}$ = $\overset{0.2}{\vee}$, N4

출처: KS기계제도 규격집

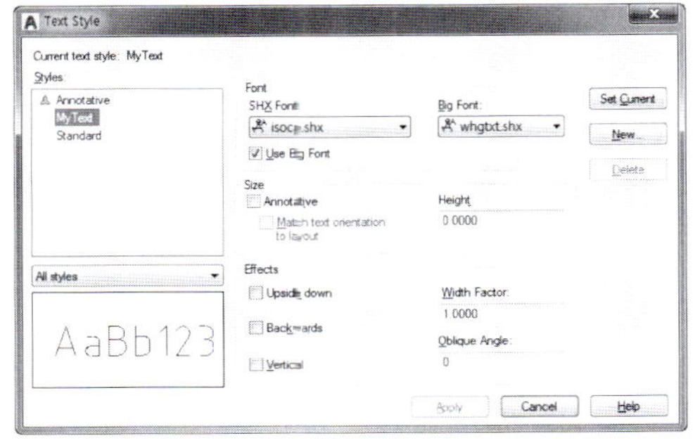

AutoCAD 작업은 보통 실선으로 표시하지만 중심선과 숨겨진 선의 경우 다른 방법으로 표시한다. 이를 위해 LINETYPE을 제공한다.

❶ **명령 :** LINETYPE `Enter` 또는, `Space Bar`
❷ **단축키 :** LT `Space Bar`

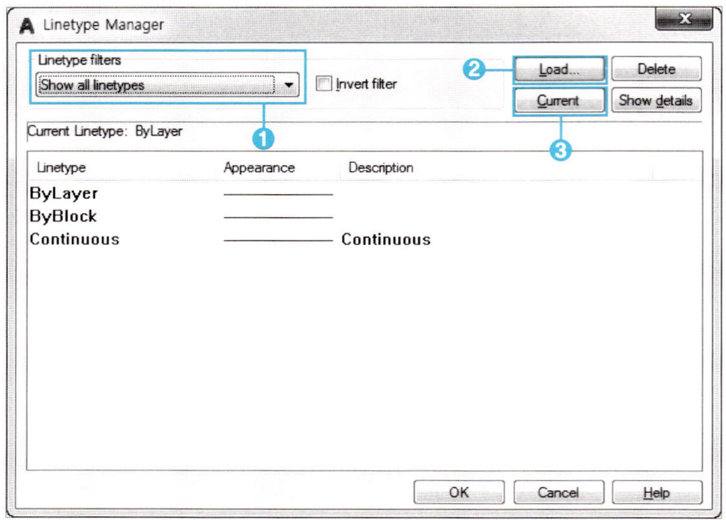

❶ **Linetype filters :** 선을 종류별로 표시한다.
❷ **Load :** 필요한 선 종류를 불러온다.
❸ **Current :** 현재 선택된 선 종류를 기본으로 한다.

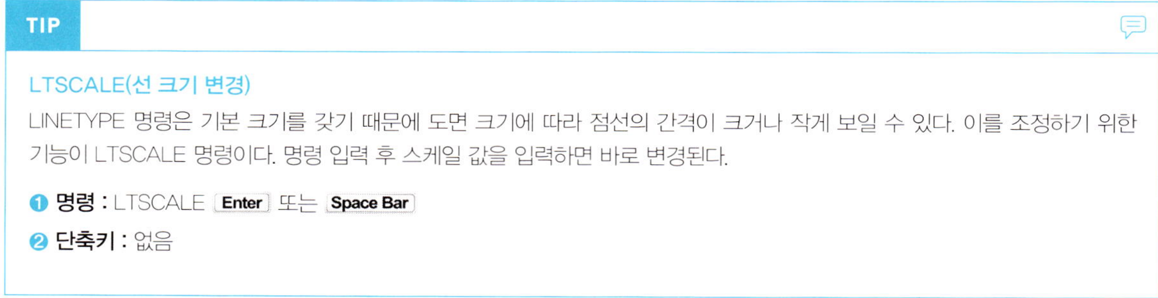

TIP

LTSCALE(선 크기 변경)

LINETYPE 명령은 기본 크기를 갖기 때문에 도면 크기에 따라 점선의 간격이 크거나 작게 보일 수 있다. 이를 조정하기 위한 기능이 LTSCALE 명령이다. 명령 입력 후 스케일 값을 입력하면 바로 변경된다.

❶ **명령 :** LTSCALE `Enter` 또는 `Space Bar`
❷ **단축키 :** 없음

중심선용 선 종류와 크기를 변경해보자.

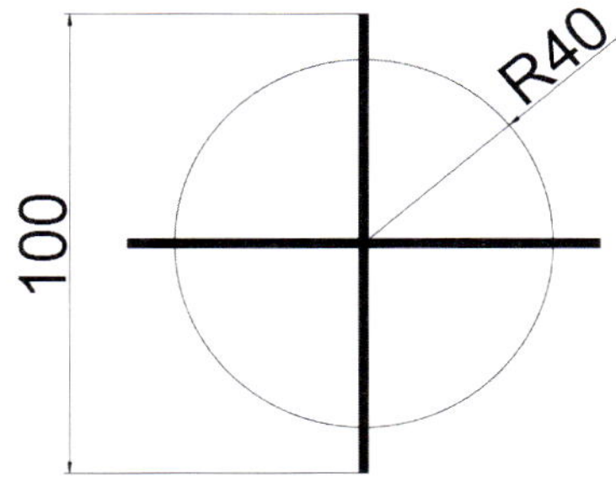
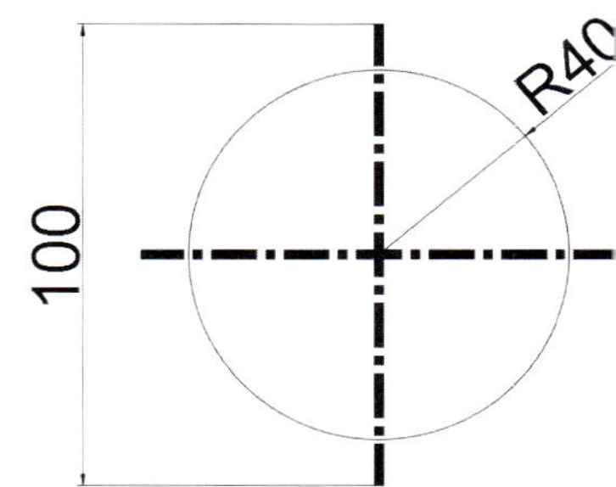

01 LINE 명령을 이용해 중심선을 그리고, CIRCLE 명령으로 원을 하나 그린다.

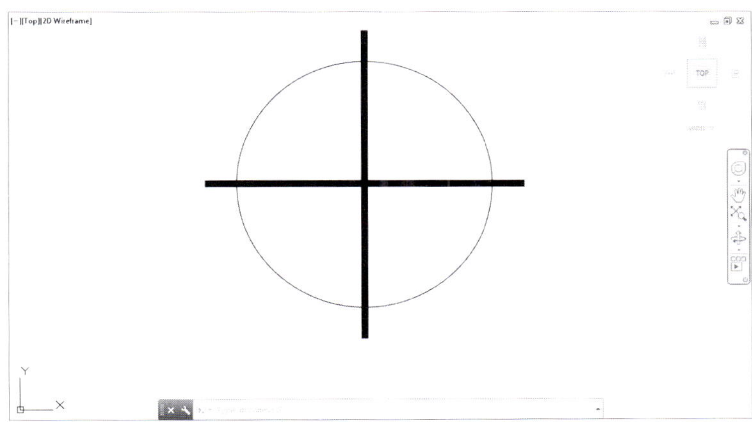

02 'LT'를 입력한 후 Enter 를 누르고, [Line-type Manager] 대화상자에서 Load... 를 클릭한다.

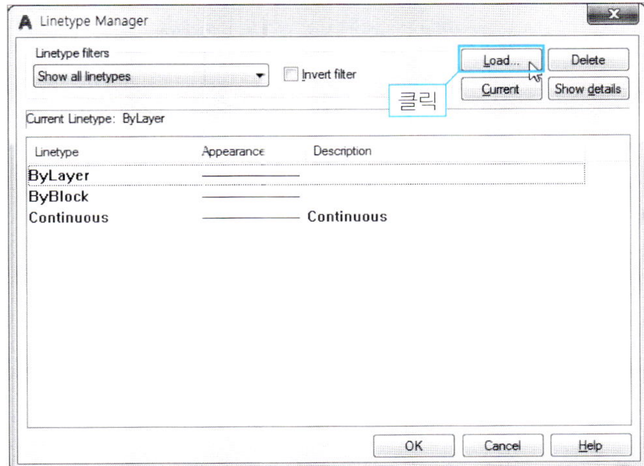

03 [Load or Reload Linetypes] 대화상자에서 [CENTER]를 선택하고 OK 를 클릭한다.

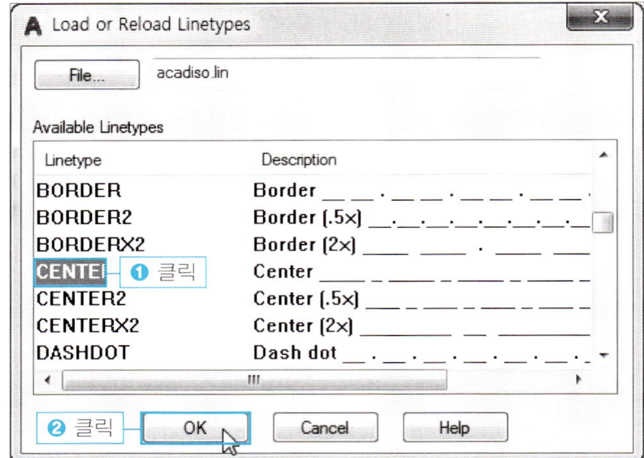

04 [CENTER] 선 종류가 표시된 것을 선택하고 OK 를 클릭한다.

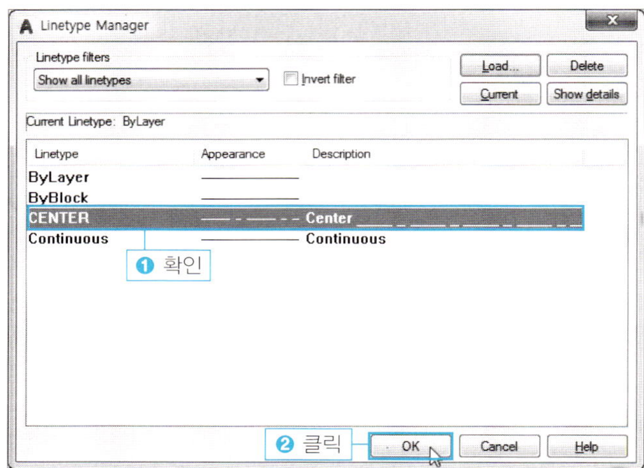

05 Ctrl + 1을 눌러 [PROP-ERTIES] 창이 나타나면, 중심선을 모두 선택하고 [Line-type]에서 'CENTER'를 선택한다.

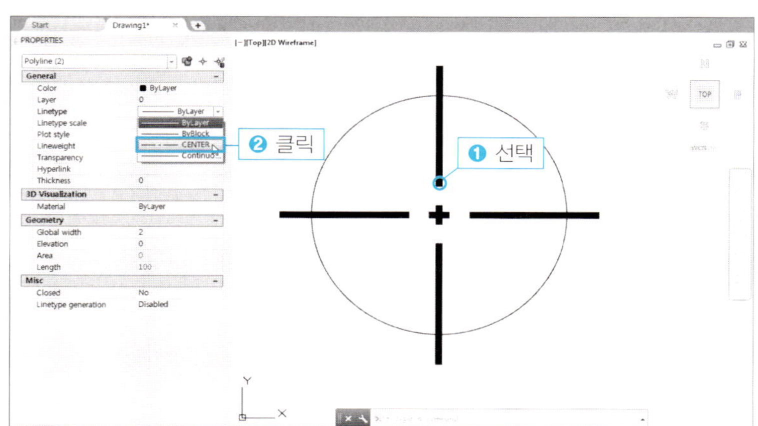

 너무 큰 중심선 표시 간격을 줄이기 위해 [Linetype scale]을 '0.3'으로 줄인다.

도면 파일 : [Sample] − 'Linetype.dwg'

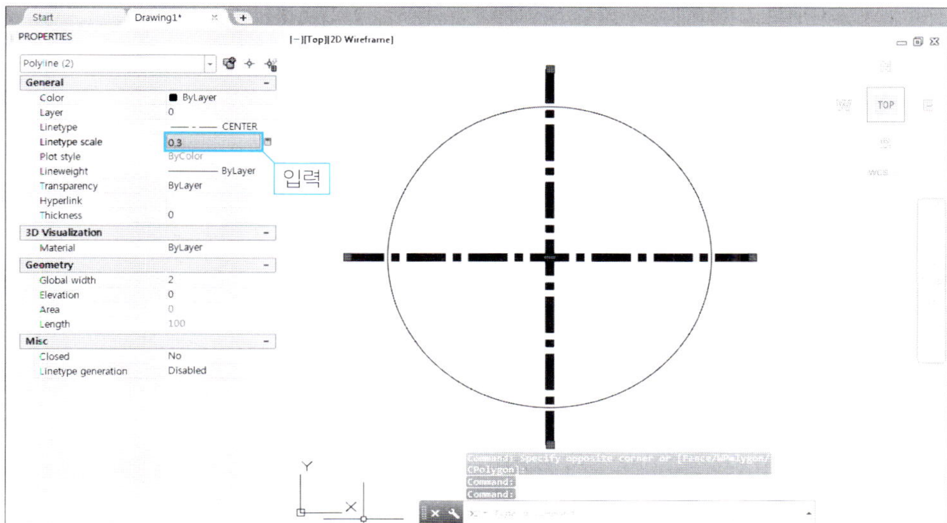

연습도면　　　　　　　　　　　LINETYPE을 이용한 도면 깊이 표현

실습 목표

1. [Linetype]의 [Hidden]을 이용하여 객체의 깊이감을 표현하는 방법을 이해한다.
2. 선 종류를 학습하여 설계 시 전체 형상을 빠르게 이해하도록 연습한다.

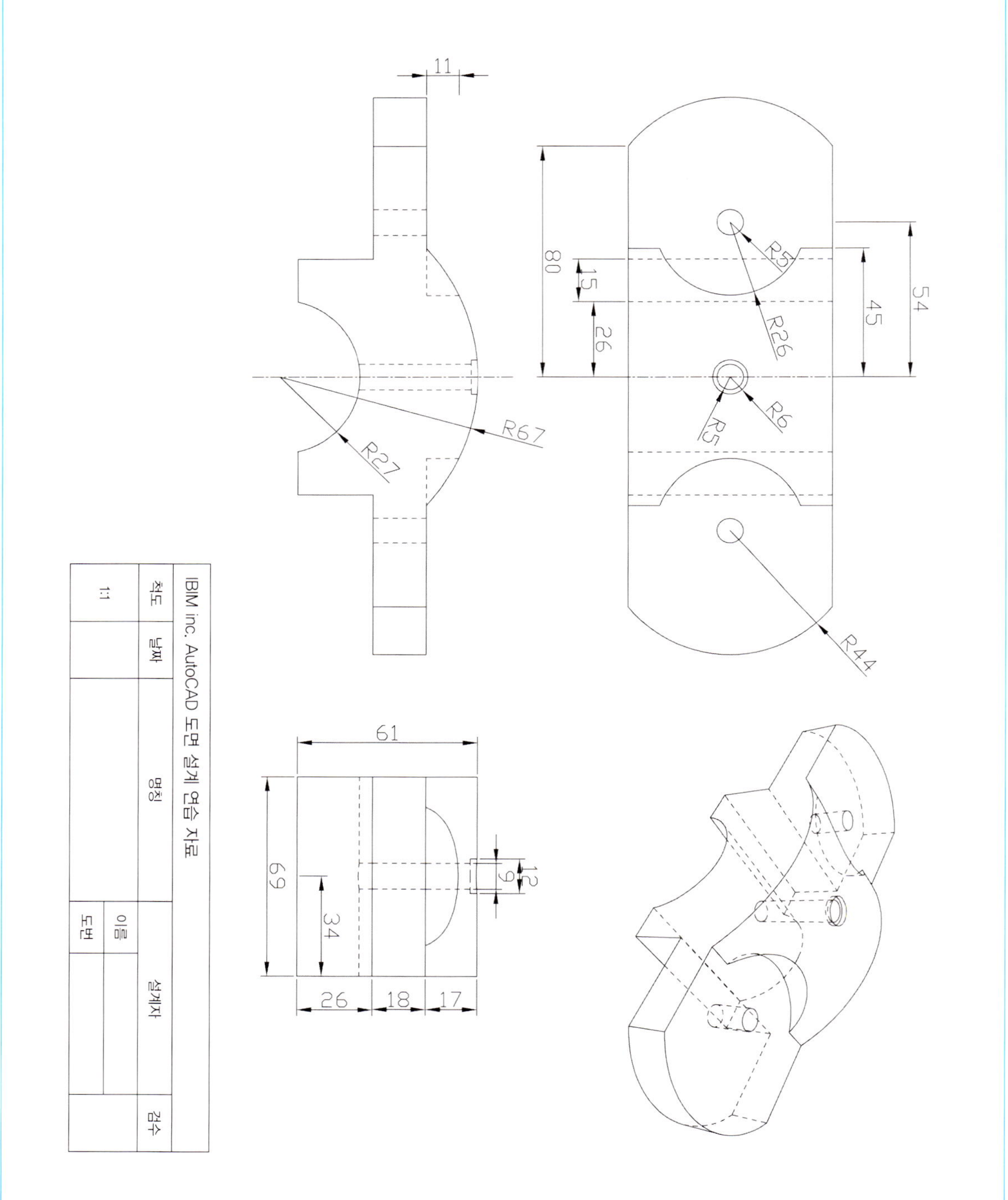

도면상에서 강조할 부분에 무늬를 넣는 해치 기능과 편집 기능을 알아본다.

01 HATCH(영역 무늬 표시)

특정 영역 안에 무늬로 표시한다. 해치는 특정 부분을 강조할 때 많이 쓰는데 편집 기능을 통해 무늬 모양과 크기를 변경할 수 있다.

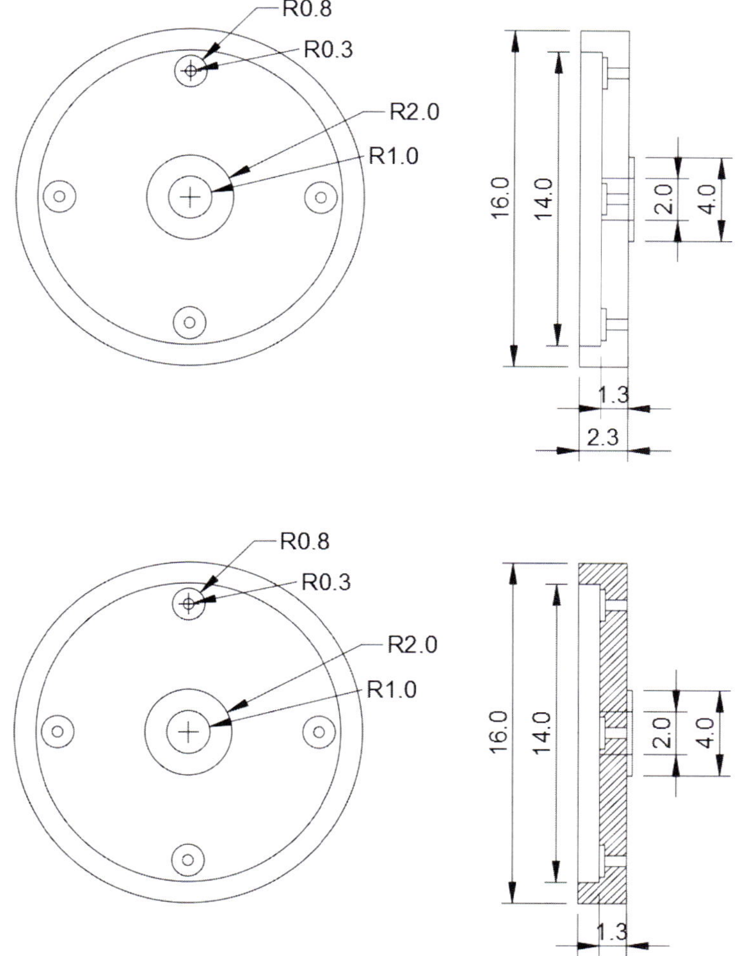

❶ **명령 :** HATCH **Enter** 또는, **Space Bar**
❷ **단축키 :** H **Space Bar**

완성된 도면에 절단면을 의미하는 해치를 표시한다.

01 [Sample] 폴더에서 'Hatch.dwg' 파일을 불러오고, 'H'를 입력한 후 **Enter** 를 누른다. 해치를 입력할 닫힌 공간을 클릭해 기본 해치 무늬가 들어가게 한다.

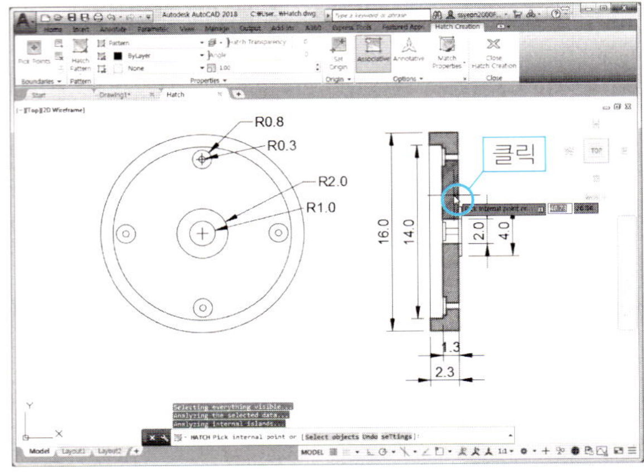

02 해치의 스케일을 변경하기 위해 중간에 보이는 [Hatch Pattern Scale]을 '3'으로 변경한다.

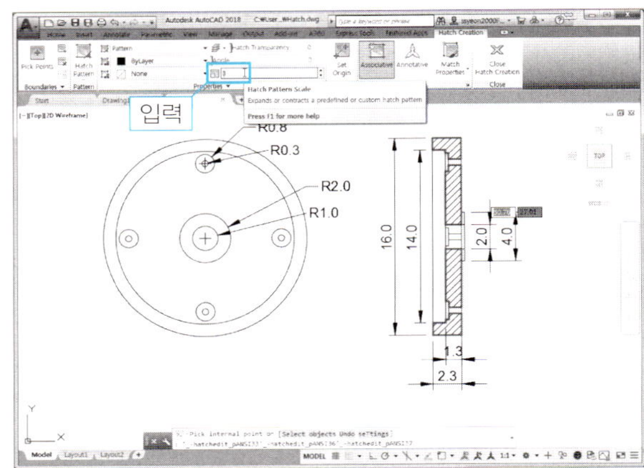

03 해치 무늬를 변경하기 위해 왼쪽 [Hatch Pattern]을 클릭한 후 원하는 무늬를 선택한다.

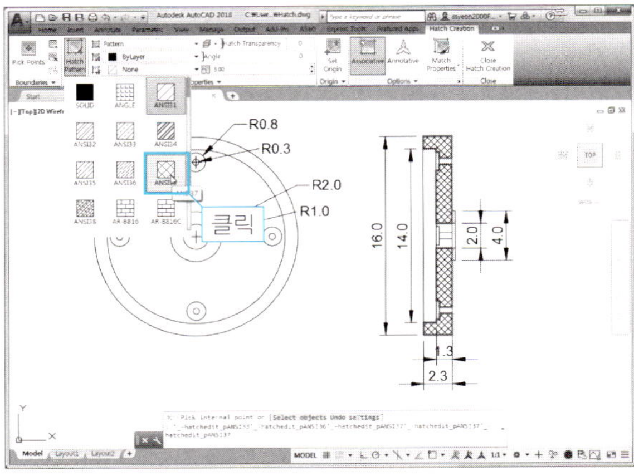

04 무늬의 표현 각도를 변경하기 위해 [Angle] 값을 변경한다. HATCH 명령을 종료하기 위해 **Space Bar** 를 누른다.

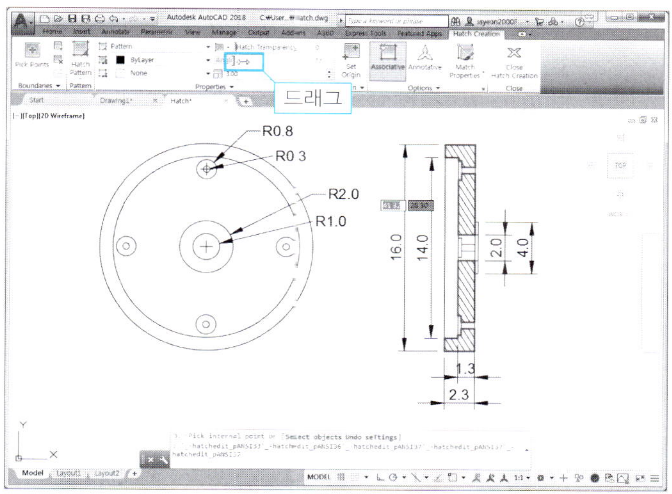

TIP

지정된 해치 다시 수정하기

이미 지정된 해치 효과를 다시 수정하려면 해치 설정된 부분을 더블클릭하면 된다.

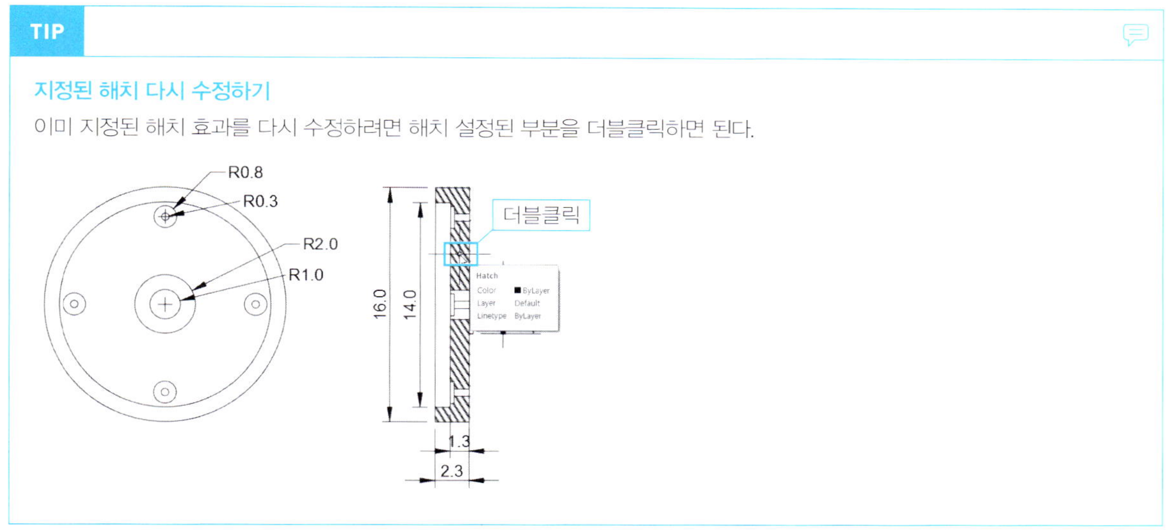

TIP

MATCHPROP(특성 일치)

선 종류나 해치의 경우 같은 모양을 여러 곳에 쓸 수 있다. 이미 지정된 효과가 있다면 효과가 없는 곳에 MATCHPROP 명령을 이용해 쉽게 복사하여 적용할 수 있다.

❶ 명령 : MATCHPROP **Enter** 또는, **Space Bar**
❷ 단축키 : MA **Space Bar**

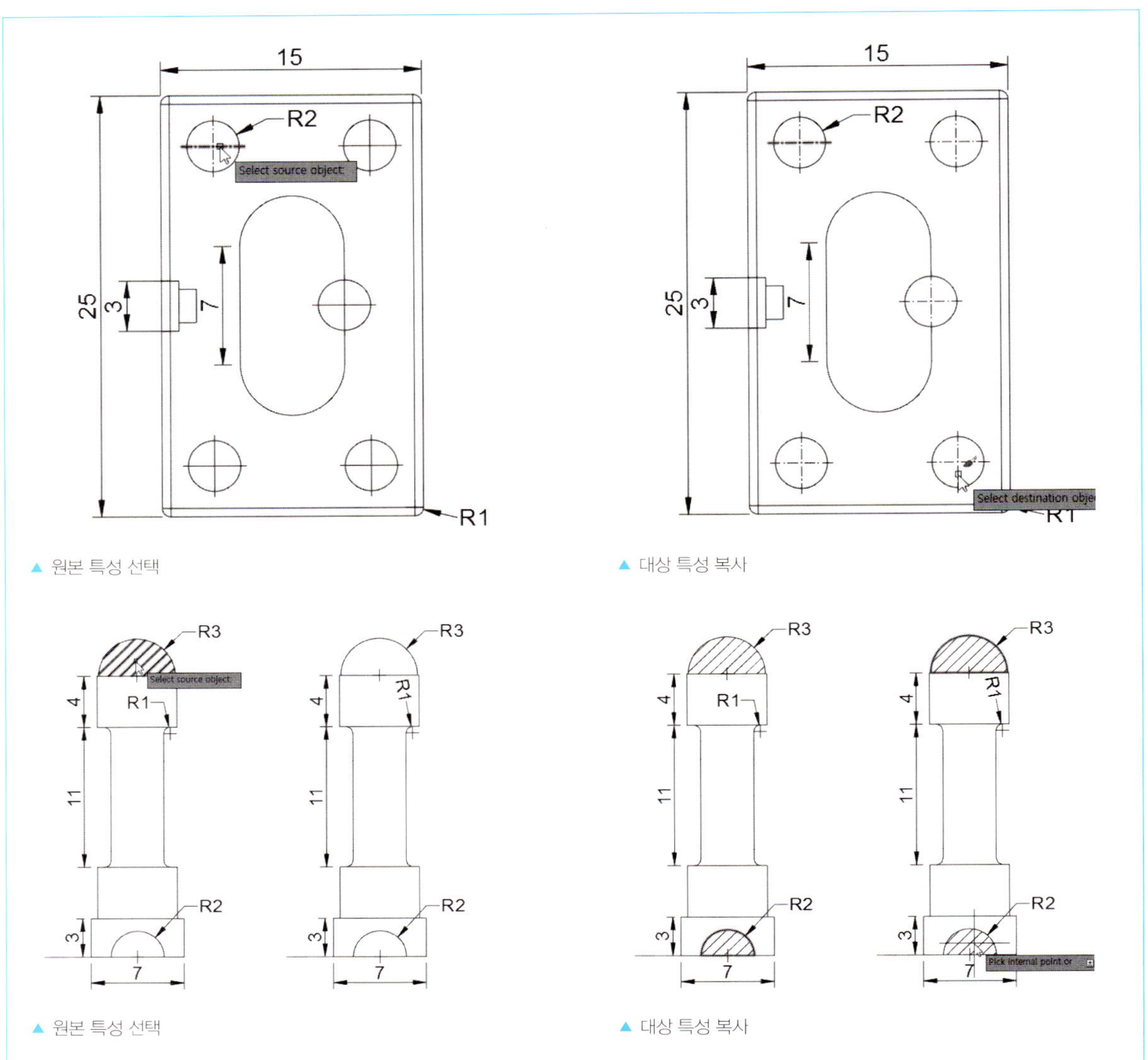

▲ 원본 특성 선택   ▲ 대상 특성 복사

▲ 원본 특성 선택   ▲ 대상 특성 복사

레이어를 이용하면 복잡하게 그려진 도면을 용도에 맞춰 구분해 관리할 수 있다. 또한 실선, 점선 등을 레이어로 구분하면 보다 쉽게 도면 작업이 가능해진다.

❶ **명령 :** LAYER **Enter** 또는, **Space Bar**
❷ **단축키 :** LA **Space Bar**

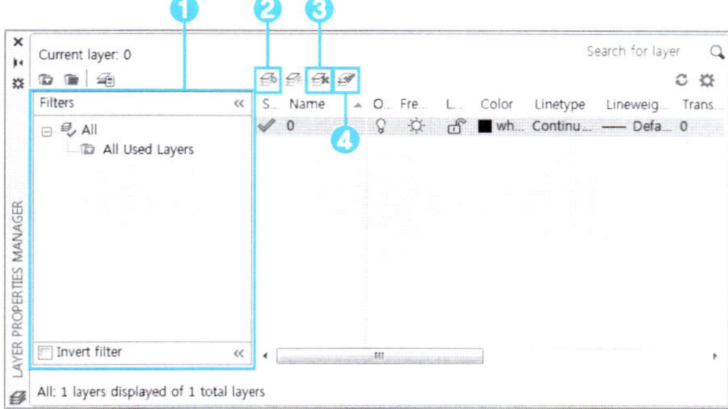

❶ List : 추가된 레이어 이름을 표시한다.
❷ New layer : 새로운 레이어를 만든다.
❸ Delete layer : 선택된 레이어를 지운다. 레이어 안에 객체가 하나라도 있다면 지울 수 없다.
❹ Set current : 선택된 레이어를 활성으로 바꾼다.

01 Current Layer(활성 레이어)

방금 그린 도형이 어느 레이어에 속할 것인가를 결정하는 것이 '활성 레이어'다. 기본적으로 '0' 레이어가 활성 상태이며 로 표시된다.

앞으로 그릴 도면이 특정 레이어에 속해야 한다면 미리 그 레이어를 더블클릭해 활성 레이어로 변경한다.

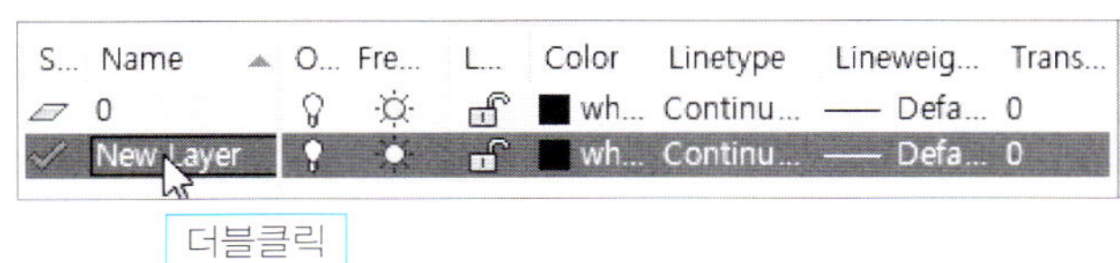

레이어마다 특성을 설정할 수 있는데 특정 레이어의 선 종류를 점선으로 하고 싶다면 [Linetype]의
[Continuous]를 클릭하고 [Select Linetype] 대화상자에서 점선으로 바꾼다.

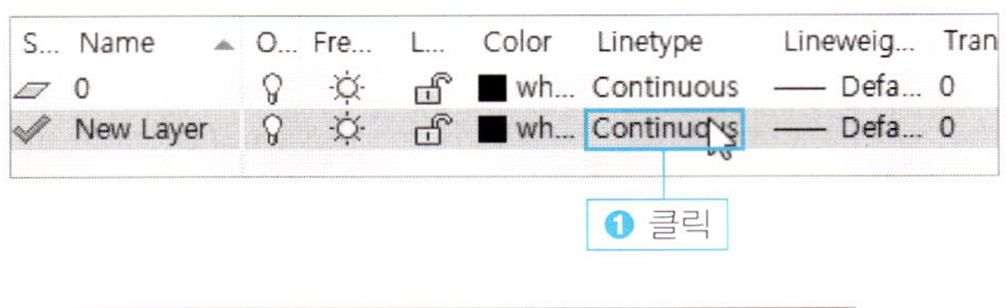

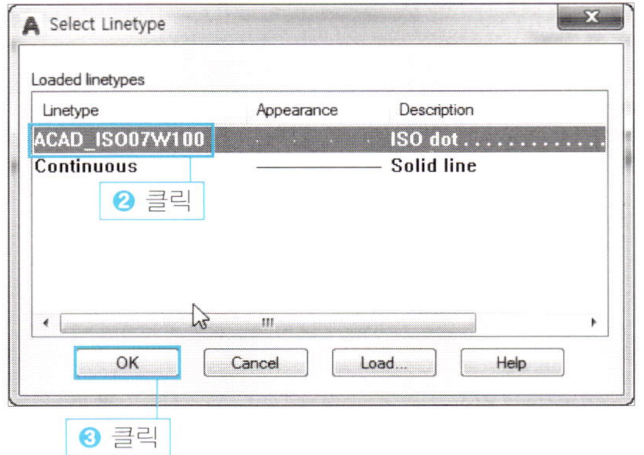

03 도면 객체의 레이어 바꾸기

정신없이 그리다 보면 레이어 구별을 못할 경우가 많다. 이런 경우 원하는 객체를 선택한 후 [Home]
탭의 [Layer]에서 원하는 레이어를 선택하면 바꿀 수 있다.

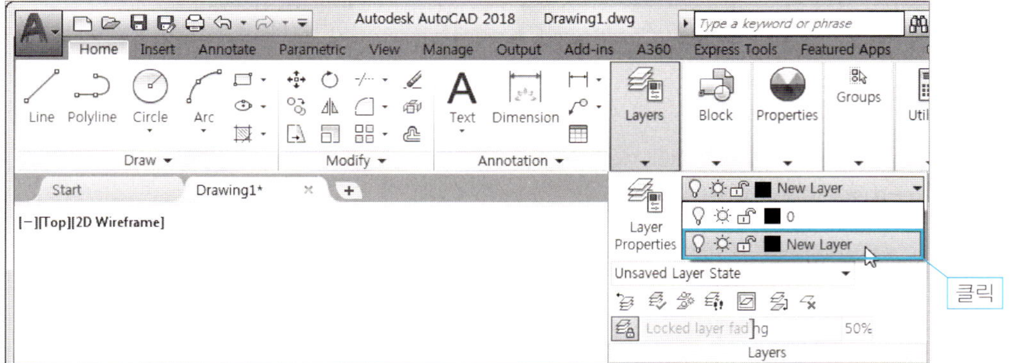

레이어 색 바꾸기

특정 레이어를 빨간색으로 표시하려면 레이어의 [Color]를 클릭한 후 원하는 색으로 바꾼다.

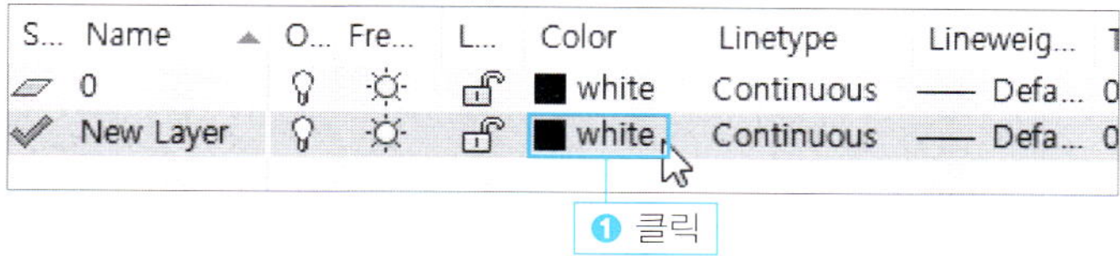

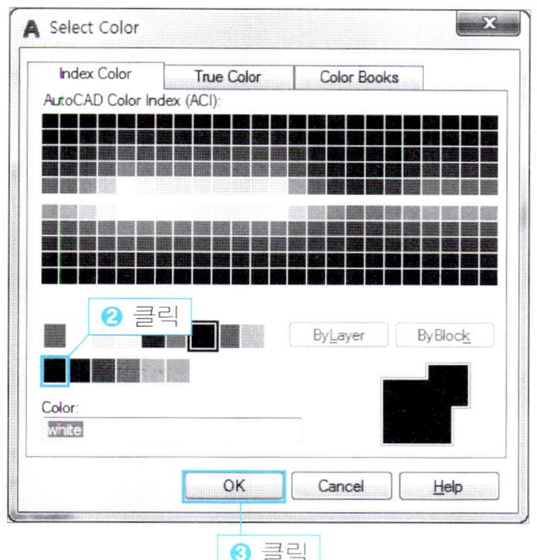

Index Color(표준 색상)

레이어 색을 지정할 때 아무 색이나 쓰기보다는 표준 색상을 선택하는 것이 좋다. 이를 '인덱스 칼라'라고 하는데 [Select Clolr] 대화상자의 아래쪽에 빨강, 노랑, 초록, 연두, 파랑, 분홍, 검정 등이 해당된다.

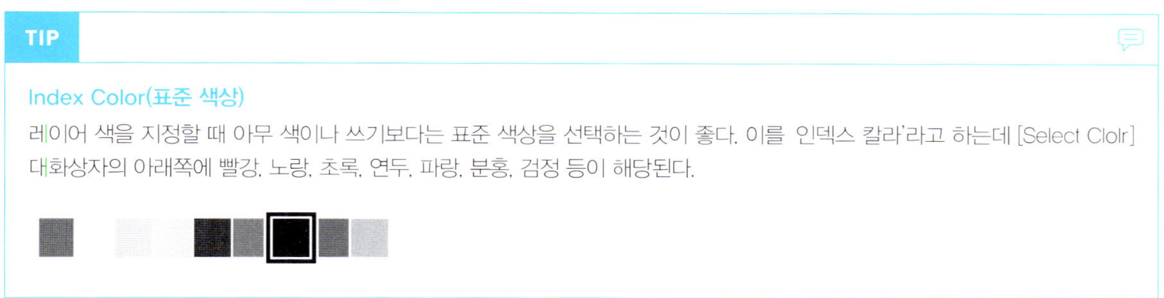

CHAPTER 04

치수와 공차

>> .기본 도면이 완성되면 해당 부분에 대한 정확한 치수를 표기한다. 이를 위해 사용되는 Dimension에 대해 알아보고 기계 설계에 있어 공차 기입법도 알아본다.

01 | 치수의 기본기

01 DIMENSION STYLE(치수 스타일)

문자와 마찬가지로 치수도 스타일을 사용한다. 여러 개의 치수를 기입할 경우 일관된 형식을 사용할 목적으로 스타일 설정법에 익숙해야 한다.

❶ **명령 :** DIMSTYLE [Enter] 또는, [Space Bar]
❷ **단축키 :** D [Space Bar]

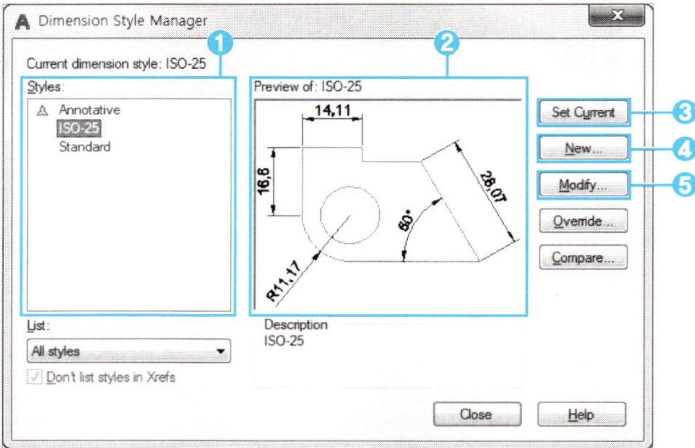

❶ **Style :** 등록된 스타일 이름을 표시한다.
❷ **Preview :** 미리 보기한다.
❸ **Set Current :** 선택된 스타일을 기본으로 설정한다.
❹ **New :** 새로운 스타일을 만든다.
❺ **Modify :** 선택된 스타일을 수정한다.

스타일 수정하기

기존 스타일의 내용을 수정한다. 스타일은 도면 내용의 크기에 따라 적절하게 만들어져야 한다. 예를 들어 A4 크기보다 작은 도면 내용의 경우 문자의 크기나 화살표 크기는 5 이하 정도여야 보기가 좋다. 그러므로 그리고자 하는 도면 전체 크기에 맞춰 적절한 스타일을 준비해야 한다.

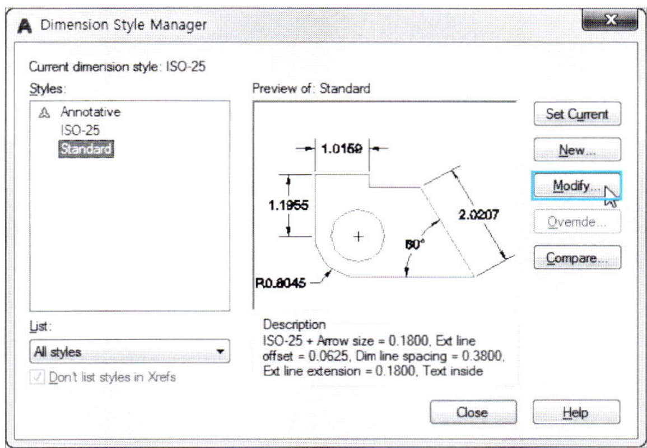

Lines(스타일 구성에서 '선')

치수선, 치수 보조선의 모양 및 동작을 정의한다.

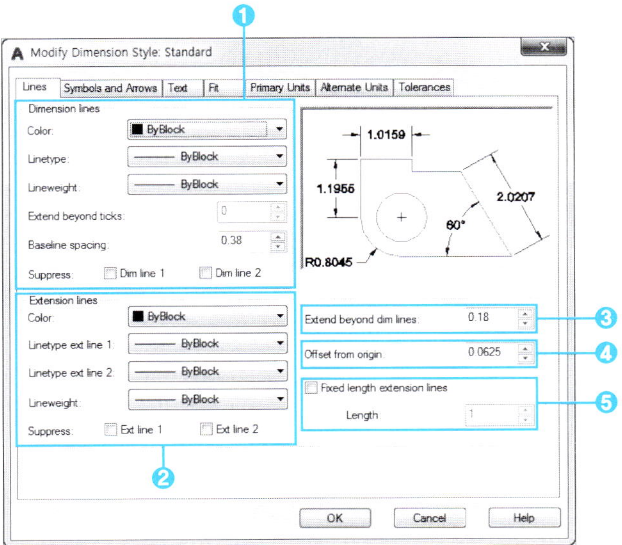

❶ Dimension lines : 치수선의 특징을 부여한다.

    Color : 치수선의 색을 결정한다.

    Linetype : 실선, 점선 등의 치수선의 특징을 결정한다.

    Lineweight : 치수선의 가중치를 결정한다.

    Extend beyond ticks : 치수선이 보조선을 벗어나는 화살촉의 길이를 조정한다.

    Baseline spacing : 치수선 사이의 간격을 조정한다.

    Suppress : 치수선 화살촉의 표시를 제한한다.

    Dim line 1 : 첫 번째 치수선 화살촉을 표시하지 않는다.

    Dim line 2 : 두 번째 치수선 화살촉을 표시하지 않는다.

❷ Extension lines(**치수 보조선**) : 치수 보조선의 모양을 조정한다.

    Color : 치수 보조선의 색상을 결정한다.

    Linetype ext line 1, 2 : 보조선의 선 종류를 결정한다.

    Lineweight : 치수 보조선의 가중치를 결정한다.

    Suppress : 치수 보조선의 표시를 제한한다.

    Ext line 1 : 첫 번째 치수 보조선을 표시하지 않는다.

    Ext line 2 : 두 번째 치수 보조선을 표시하지 않는다.

❸ Extend beyond dim lines : 치수 보조선이 밖으로 연장되는 거리를 조정한다.

❹ Offset from origin : 클릭한 지점에서 치수 보조선이 떨어진 간격을 조정한다.

❺ Fixed length extension lines/Length : 치수 보조선의 거리를 일정하게 정한다.

 | Symbols and Arrows(심볼 및 화살촉 조정)

심볼과 화살촉의 표시 방법 및 중심점 표시 방법 등을 조정한다.

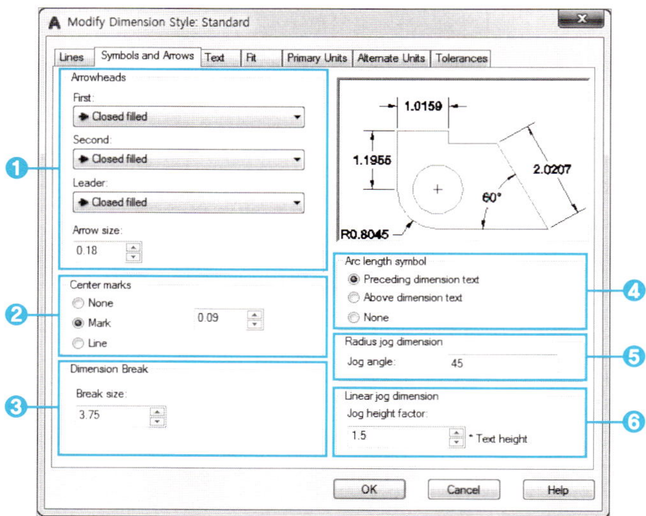

❶ Arrowheads(**화살촉**) : 화살촉의 모양을 조정한다.

    First : 첫 번째 화살촉의 모양을 결정한다. 첫 번째가 변경되면 두 번째도 따라 변경된다.

Second : 두 번째 화살촉을 다르게 변경한다.

Leader : 지시선의 화살촉을 결정한다.

Arrow size : 화살촉의 크기를 설정한다.

❷ Center marks : 원의 중심을 표시하는 방법을 결정한다.

None : 중심점을 표시하지 않는다.

Mark : 중심점을 표시한다. Size로 중심 표시의 크기를 설정한다.

Line : 중심선을 + 모양으로 표시한다.

❸ Dimension Break : 치수선 또는, 치수 보조선이 객체와 서로 겹쳤을 때 지정한 간격(Break size)만큼 끊는다.

❹ Arc length symbol : 호를 의미하는 심볼을 표시하는 방법을 결정한다.

Preceding dimension text : 문자 앞에 표시한다.

Above dimension text : 문자 위에 표시한다.

None : 표시하지 않는다.

❺ Radius jog dimension : 반지름을 꺾어진 선으로 표시하는 방법을 결정한다. [Jog angle]로 꺾어진 각도를 설정한다.

❻ Linear jog dimension : 치수선을 꺾어진 선으로 표시하는 높이를 설정한다.

✎ | Text(치수선의 '문자')

치수 내의 문자 모양, 배치, 정렬 등을 조정한다.

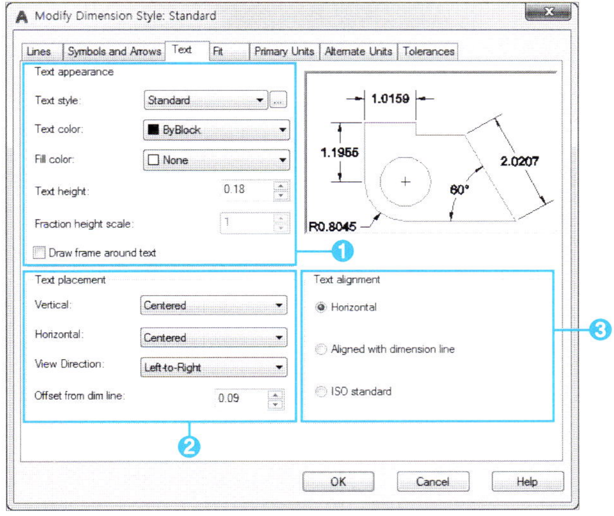

❶ Text appearance : 문자의 스타일, 색, 높이 등을 결정한다.

Text style : 치수 문자에 사용될 스타일을 결정한다.

Text color : 치수 문자의 색을 결정한다.

Fill color : 문자 배경에 쓸 색을 결정한다.

Text height : 치수 문자의 크기를 결정한다.

Fraction height scale : 분수 표시에 대한 높이 비율을 설정한다.

Draw frame around text : 문자 주위에 사각형을 표시한다.

❷ **Text placement** : 치수선에 대한 문자 배치에 관한 설정을 한다.

    Vertical : 수직 방향에 대한 문자 위치를 조정한다.

    Centered : 문자를 치수선 중앙에 배치한다.

    Above : 문자를 치수선 위에 배치한다.

    Outside : 문자를 치수선 밖에 배치한다.

    JIS : 일본산업표준표기법으로 치수를 배치한다.

    Below : 문자를 치수선 밑에 배치한다.

    Horizontal : 수평 방향에 대한 문자 위치를 조정한다.

    Centered : 문자를 치수선 중앙에 배치한다.

    At ext line1(치수 보조선1) : 문자를 첫 번째 치수 보조선의 왼쪽에 배치한다.

    At ext line2(치수 보조선2) : 문자를 두 번째 치수 보조선의 오른쪽에 배치한다.

    Over ext line1(치수 보조선1 위) : 문자를 첫 번째 치수 보조선 위에 배치한다.

    Over ext line2(치수 보조선2 위) : 문자를 두 번째 치수 보조선 위에 배치한다.

    View Direction : 문자를 왼쪽에서부터 보게 할 것인지(Left–to–Right) 오른쪽에서 보게 할 것인지를(Right–to–Left)결정한다.

    Offset from dim line : 치수선과 문자의 간격을 설정한다.

❸ **Text alignment** : 문자를 정렬하는 방법을 결정한다.

    Horizontal : 치수선의 방향에 상관없이 수평 방향으로 문자를 표시한다.

    Aligned with dimension line : 치수선의 방향을 따라 문자를 표시한다.

    ISO standard : 문자가 치수 보조선 안에 있을 경우 치수선을 따라 문자 배치하고 문자가 치수 보조선 밖에 있을 경우 문자를 수평 방향으로 배치한다.

✎ | Fit(치수선과 문자를 도면에 맞추는 설정)

도면상에 치수선, 치수 보조선, 문자의 위치를 맞추는 방법을 결정한다. 전체 치수에 대한 축척도 결정한다.

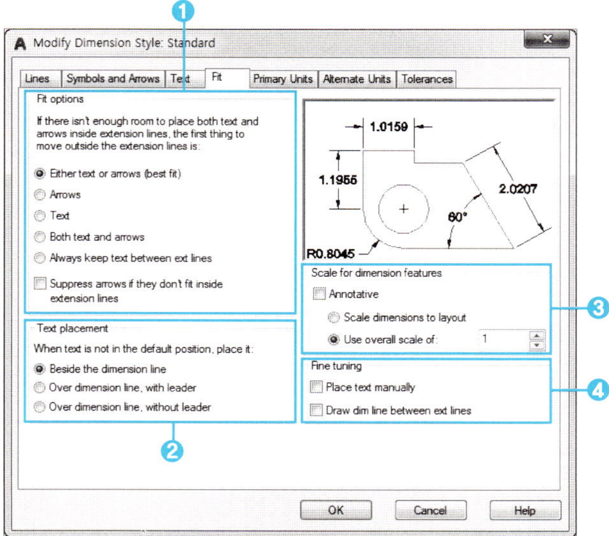

❶ Fit options : 문자와 화살촉 모두 치수선 내에 들어갈 수 없을 경우 이동할 위치 결정에 대한 우선 순위를 결정한다.

　　Either text or arrows(best fit) : 문자 또는, 화살표를 최적으로 선택하게 한다.

　　Arrows : 화살표를 우선한다.

　　Text : 문자를 우선한다.

　　Both text and arrows : 문자와 화살표 모두 우선한다.

　　Always keep text between ext lines : 항상 보조선 사이에 문자를 배치한다.

　　Suppress arrows if they don't fit inside the extension lines : 치수 보조선 내부에 화살표 공간이 부족
　　할 경우 화살촉을 표시하지 않는다.

❷ Text placement : 문자를 이동시킬 경우 최적 배치 방법을 결정한다.

　　Beside the dimension line : 첫 번째 치수선 옆에 배치한다.

　　Over the dimension line, with a leader : 지시선을 추가하며 치수선 위에 배치한다.

　　Over the dimension line, without a leader : 지시선 없이 치수선 우에 배치한다.

❸ Scale for dimension features : 도면에 대한 치수 축척을 결정한다.

　　Scale dimension to layout : Layout에 맞춰 치수 축척을 결정한다.

　　Use overall scale of : 스타일 설정과 같게 한다.

❹ Fine tuning : 치수 배치에 대해 상세 설정한다.

　　Place text manually : 치수를 입력할 때 문자 위치를 설정한다.

　　Draw dim line between ext lines : 보조선 사이에 치수선을 반드시 배치한다.

✐ | Primary Units(우선 단위 설정)

치수 표시에 대한 우선 측정 단위 설정과 머리말, 꼬리말의 입력 방법 등을 결정한다.

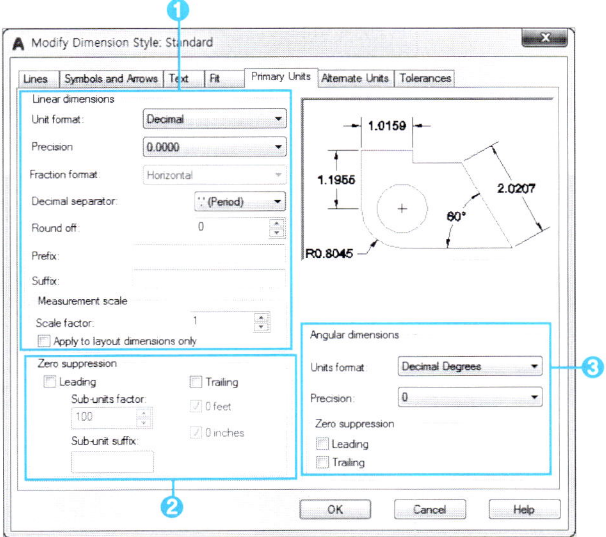

❶ Linear dimension : 선형, 정렬, 반지름, 세로 좌표, 비각도 기준선과 연속 치수에 대한 표현 형식을 결정한다.

　　Unit format : Scientific(과학), Decimal(십진법), Engineering(공학), Architectural(건축), Fractional(분수),
　　WindowsDesktop(윈도우 표준 표시 형식)

Precision : 정밀도. 표시될 소수점 자릿수를 결정한다.

Fraction format : 분수 단위의 형식을 Horizontal, Diagonal, No Stacked 중에서 결정한다.

Decimal separator : Window Desktop 단위를 선택하지 않은 경우, 소수점 구분자를 마침표(.), 쉼표(,) 또는, 공백으로 결정한다.

Round off : 치수의 반올림할 소수 자리를 결정한다.

Prefix : 치수 표시 글의 머리말을 입력한다(%%c → ø).

Suffix : 치수 표시 글의 꼬리말을 입력한다(01–02–100 mm).

Measurement scale : 치수에 대한 적용 축척 비율을 결정한다.

Apply to layout dimension only : Layout에 있는 치수에만 축척 비율을 적용한다.

❷ Zero suppression : 0 문자 표시에 대한 방법을 결정한다.

Leading : 앞쪽 0 단위 표시 여부를 결정한다.

Trailing: 소수점 아래 뒤 문자에 0 표시 여부를 결정한다.

❸ Angular dimensions : 각도 치수에 대한 표시 방법을 결정한다.

Units format : 각도 표시 방법을 결정한다.

Precision : 소수점 아래 표시 방법을 결정한다.

Zero suppression : 0 문자 표시에 대한 위치를 결정한다.

Alternate Units(대체 단위 표시)

상황에 따라 우선 단위 표시 방법 외에 대체 단위를 쓸 경우 표시하는 방법을 결정한다. 대체 단위는 대괄호[ ] 안에 표시한다.

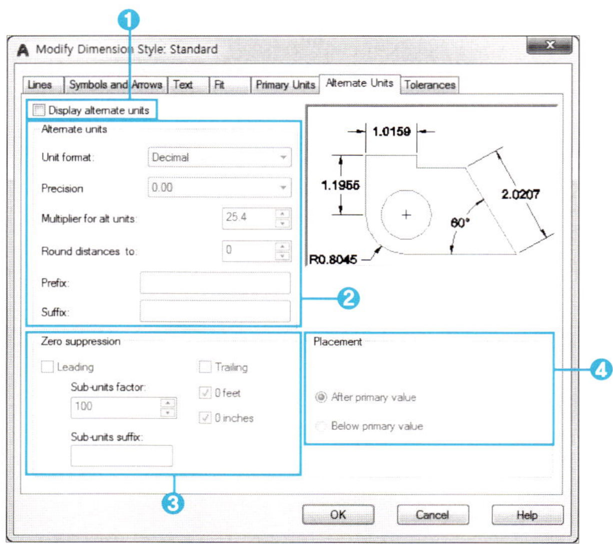

❶ Display alternate units : 우선 치수와 대체 단위를 함께 표시한다.

❷ Alternate units : 대체 단위 표시 형식을 결정한다.

Unit format : 대체 단위 표시 형식을 선택한다.

Precision : 소수점 자릿수의 정밀도를 결정한다.

　　　　Multiplier for alt units : 우선 단위에 대한 곱셈 규칙을 입력한다.

　　　　Prefix : 대체 단위 표시 내용 앞에 머리글을 입력한다.

　　　　Suffix : 대체 단위 표시 내용 앞에 꼬리글을 입력한다.

❸ Zero suppression : 0 문자 표시 방법을 결정한다.

　　　　Leading : 앞쪽 0 단위 표시 여부를 결정한다.

　　　　Trailing : 소수점 아래 뒤 문자에 0 표시 여부를 결정한다.

❹ Placement : 대체 단위의 표시 위치를 결정한다. 우선 단위 뒤(After primary value) 또는, 우선 단위 아래(Below primary value) 중 선택한다.

Tolerances(공차, 정확도)

수치 표시에 대한 허용오차 범위를 설정한다.

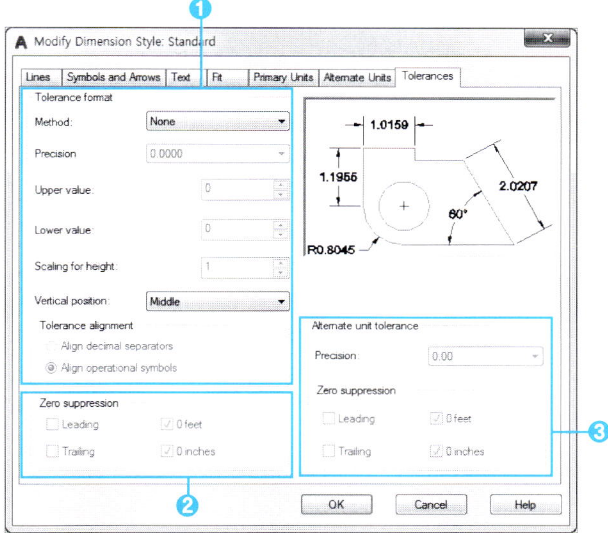

❶ Tolerance format : 공차 표시에 대한 내용을 결정한다.

　　　　Method : 공차 표시 방법을 선택한다.

　　　　Precision(정밀도) : 공차 표시를 위한 소수점 자릿수를 결정한다.

　　　　Upper value(상한가) : 최대 공차를 설정한다.

　　　　Lower value(하한가) : 최소 공차를 설정한다.

　　　　Scaling for height : 공차 치수 문자의 크기를 결정한다.

　　　　Vertical position : 공차 치수 문자의 위치를 결정한다.

❷ Zero suppression : 0 문자 표시 방법을 결정한다.

　　　　Leading : 앞쪽 0 단위 표시 여부를 결정한다.

　　　　Trailing : 소수점 아래 뒤 문자에 0 표시 여부를 결정한다.

❸ Alternate unit tolerance : 대체 단위용 공차를 결정한다.

　　　　Precision : 대체 단위용 공차 표시에 대한 소수점 자릿수를 결정한다.

　　　　Zero suppression : 0 문자 표시 방법을 결정한다.

실기 시험용 치수 스타일 설정 알아두기

시험 규격은 출력 용지인 A1, A2, A3에 기준한다.

01 스타일 정의와 Lines(선) 정의

스타일 기준은 ISO–25 국제 표준 규격으로 하고 이를 수정한다.

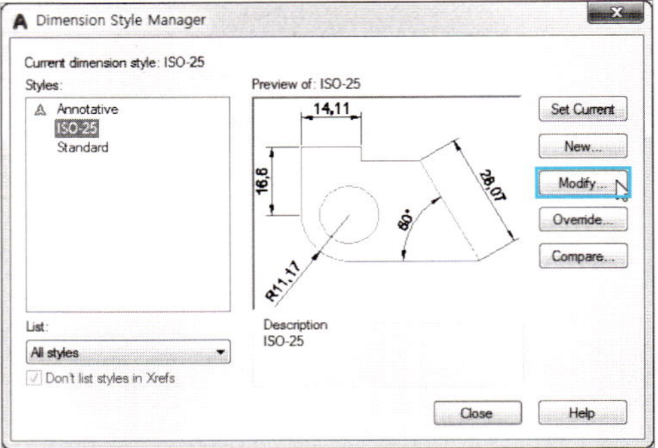

치수선과 치수 보조선의 색은 빨간색 또는, 흰색으로 설정한다. 또한 기준선 간격은 8mm, Extend beyond dim lines를 2, Offset from origin을 1로 설정한다.

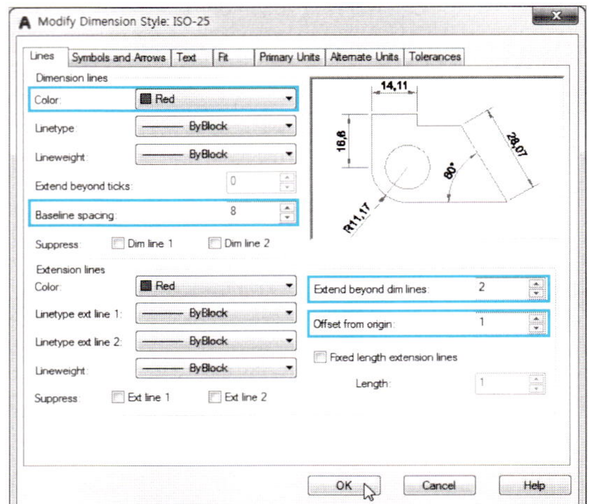

02 Symbols and Arrows(심볼 및 화살표)

First, Second, Leader 화살표 모양을 모두 Closed filled로 설정한다. Arrow size는 3.5mm로 하고 중심점은 None, Break size는 1.5mm로 정한다. Arc length symbol은 Above dimension text, Radius jog dimension의 Jog angle을 30으로 설정한다.

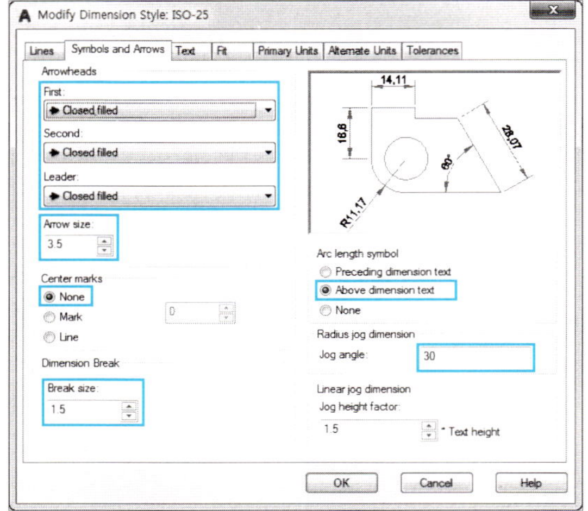

03 Text(문자)

Text style은 Standard, Text color는 노란색, Fill color는 Background로 설정하고 Text height은 3.5로 입력한다. Text placement의 Vertical, Horizontal, View Direction은 각각 Above, Centered, Left-o-Right로 설정한다. 마지막으로 Text alignment는 Aligned with dimension line으로 설정한다.

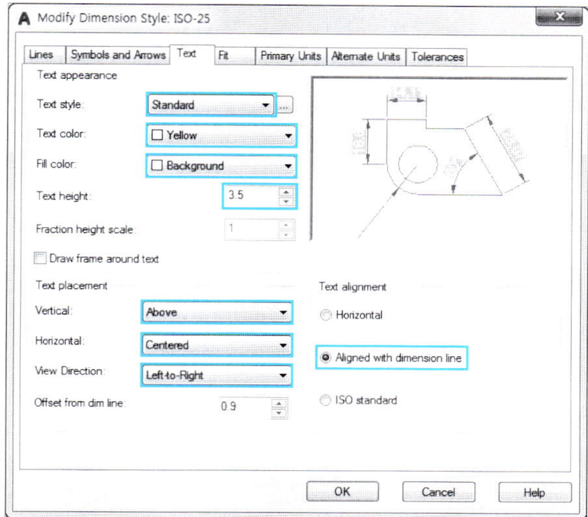

04 Fit(맞춤)

Fit은 있는 그대로 사용해도 무방하다.

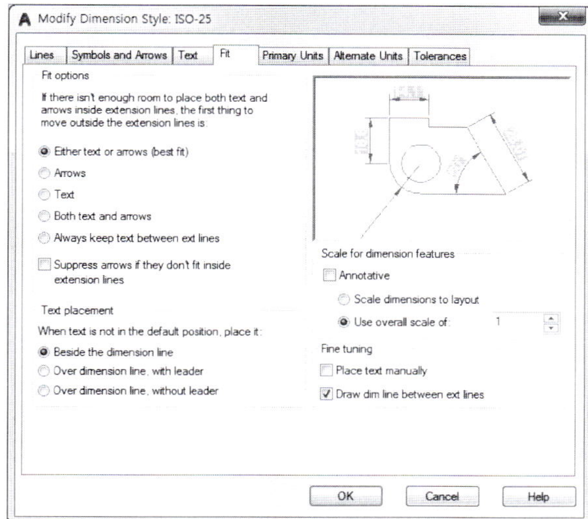

우선 단위의 경우 Unit format을 Decimal, Precision을 0으로 설정하는 것이 중요하다. Scale factor는 1로 설정하고 Angular dimensions의 Units format을 Decimal Degrees, Precision을 0으로 설정한다.

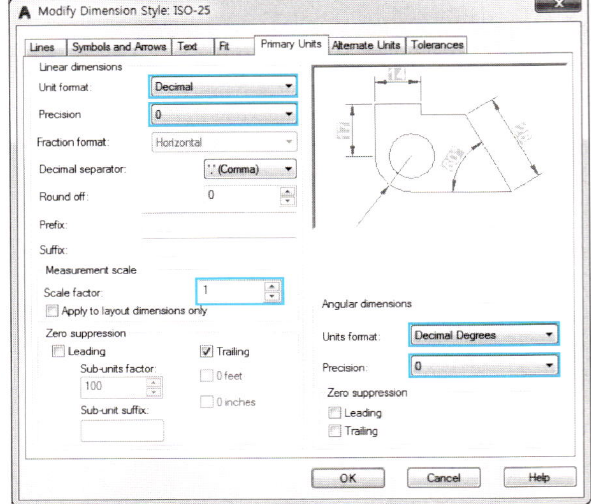

02 일반 치수

선, 반지름, 지름, 각도 등의 일반 치수 설정법을 알아본다.

DIMLIN(선형 치수)

도면에 수평/수직 방향의 치수를 삽입한다.

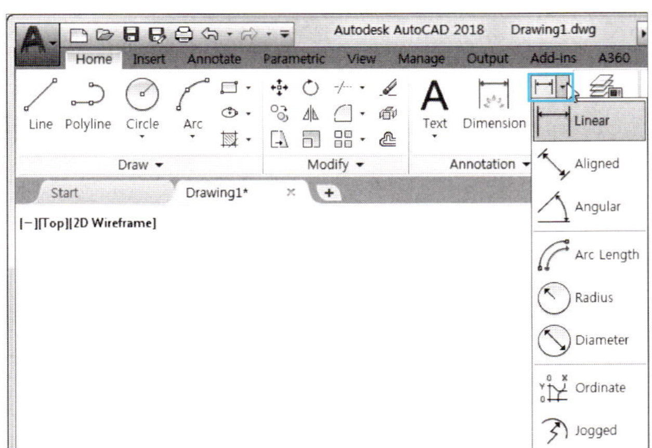

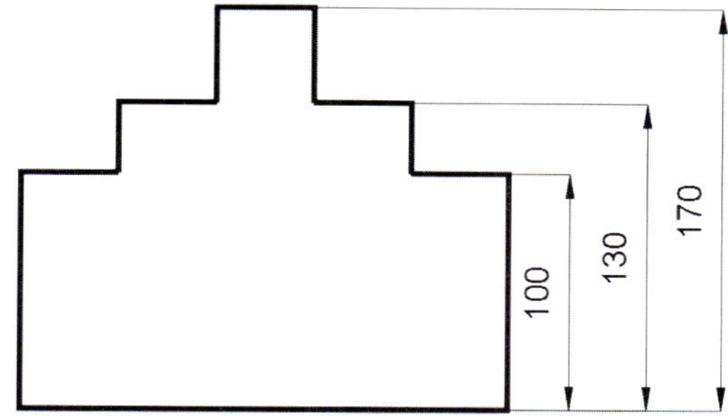

❶ **명령 :** DIMLINEAR [Enter] 또는, [Space Bar]

❷ **단축키 :** DIMLIN [Space Bar]

```
Command: DIMLINEAR
Specify first extension line origin or <select object>:        치수선의 첫 번째 점을 클릭
Specify second extension line origin:                              두 번째 점을 클릭
Specify dimension line location or [Mtext/Text/Angle/Horizontal/Vertical/
Rotated]:                                                      치수선이 위치할 지점 클릭
```

옵션	설명
Mtext	여러 줄의 문자를 입력할 수 있다.
Text	실제 측정치와 다른 값을 입력할 수 있다.
Angle	치수 문자에 대한 각도를 입력한다.
Horizontal	문자 방향을 수평으로 강제한다.
Vertical	문자 방향을 수직으로 강제한다.
Rotated	치수선에 대해 각도를 입력한다.

01 'DIMLIN'을 입력한 후 [Enter] 또는, [Space Bar]를 누른다. 치수선의 시작점과 끝점을 각각 클릭하고 치수선이 위치할 지점을 클릭한다.

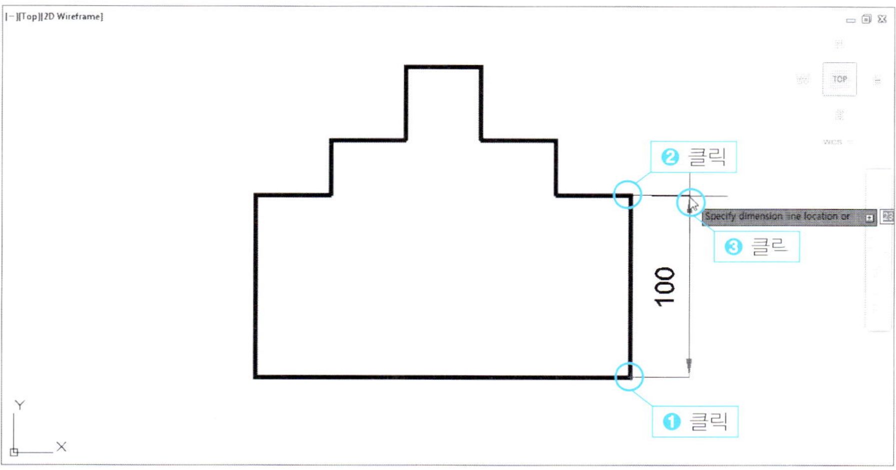

QDIM(신속 치수)

같은 모양을 갖는 치수선을 한꺼번에 만든다. 치수선이 들어가야 할 객체들을 모두 선택한 후 QDIM을
사용한다.

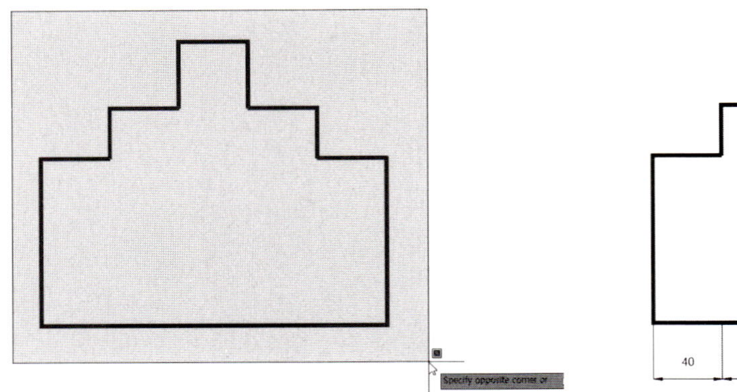
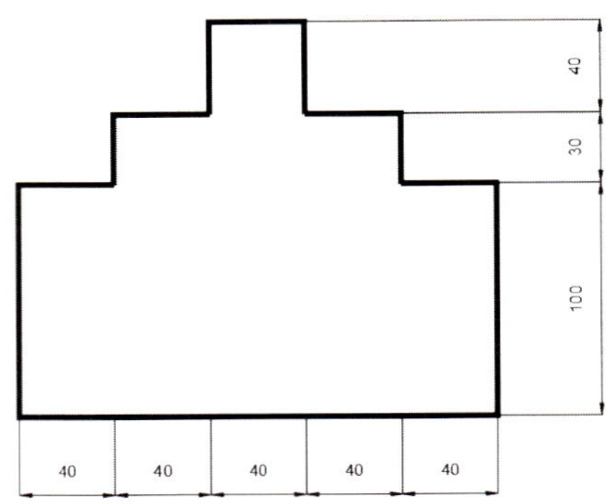

❶ **명령 :** QDIM `Enter` 또는, `Space Bar`
❷ **단축키 :** 없음

```
Command: QDIM
Select geometry to dimension:                              치수선이 들어갈 객체 선택 후 Space Bar
Specify dimension line position, or [Continouse/Staggered/Baseline/Ordinate/
Radius/Diameter/datumPoint/Edit/seTtings]:                 원하는 지점 클릭 후 Space Bar
```

01 치수선을 한꺼번에 넣기 위해
먼저 대상 객체들을 선택한다.

도면 파일 : [Sample] – 'QDIM.dwg'

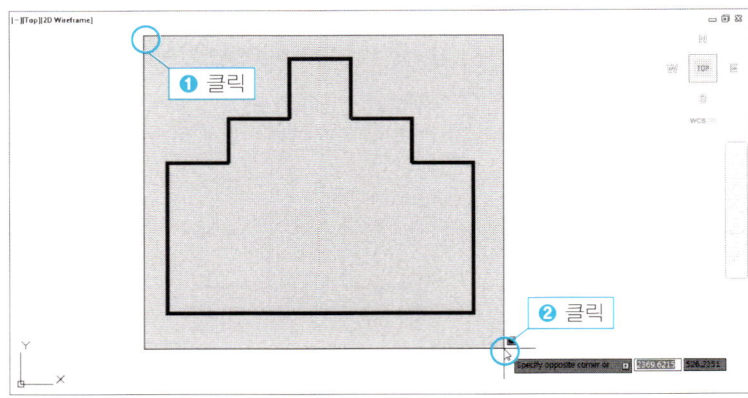

02 'QDIM'을 입력한 후 **Enter** 를 누르고, 마우스를 오른쪽으로 움직이면 치수선이 자동으로 나타나는데 원하는 곳을 클릭한다.

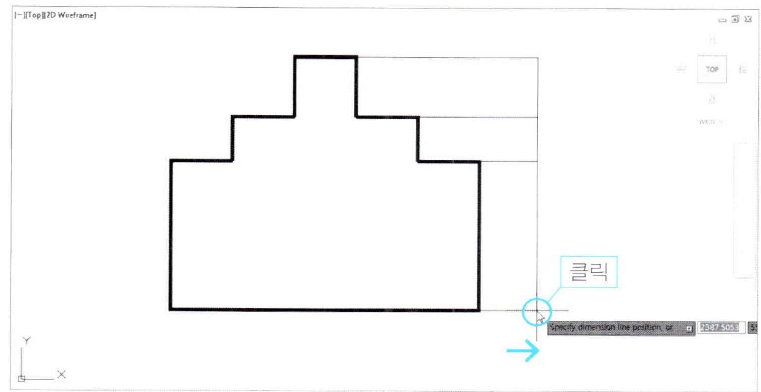

03 수평 방향의 치수선을 넣기 위해 객체들을 모두 선택한 후 'QDIM'을 입력하고 **Enter** 를 누른다. 수직 방향으로 움직이면 치수선이 자동으로 나타나는데 원하는 곳을 클릭한다.

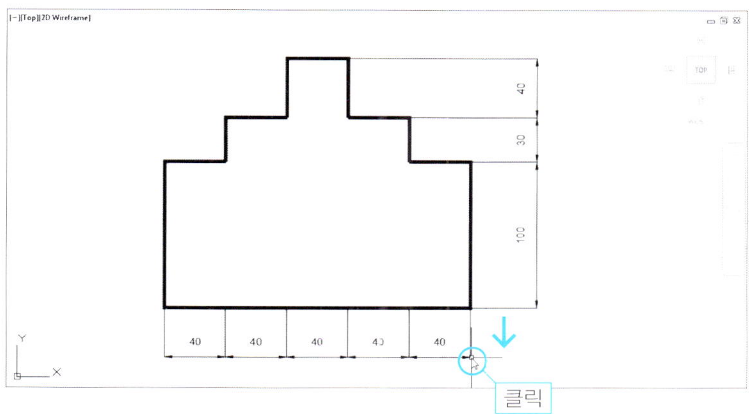

✎ | DIMBASELINE(기준 치수)

기준 치수선을 중심으로 이를 참조해 새로운 치수선을 만든다. 이 명령을 사용하려면 반드시 기준이 될 치수선이 하나 이상 있어야 한다.

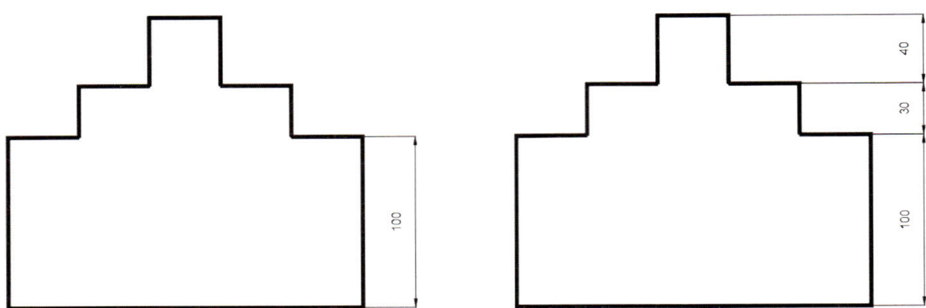

❶ **명령 :** DIMBASELINE `Enter` 또는, `Space Bar`
❷ **단축키 :** DIMBASE `Space Bar`

```
Command: DIMBASELINE
Select base dimension:                                          기준인 치수선의 끝점을 클릭
Specify second extension line origin or [Select/Undo]:      새로 만들 치수선의 끝점을 클릭
```

✎ | DIMCONTINUE(연속 치수)

기준이 될 치수선을 기준으로 연이어 치수선을 추가한다.

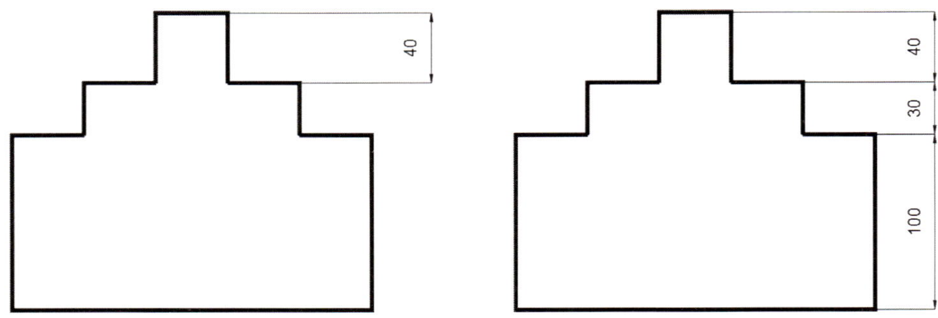

❶ **명령 :** DIMCONTINUE `Enter` 또는, `Space Bar`
❷ **단축키 :** DIMCONT `Space Bar`

```
Command: DIMCONTINUE
Specify second extension line origin or [Select/Undo]:      기준 치수선과 연이을 점을 클릭
```

✎ | DIMALIGNED(경사 치수)

경사도에 대한 수평 치수선을 그린다.

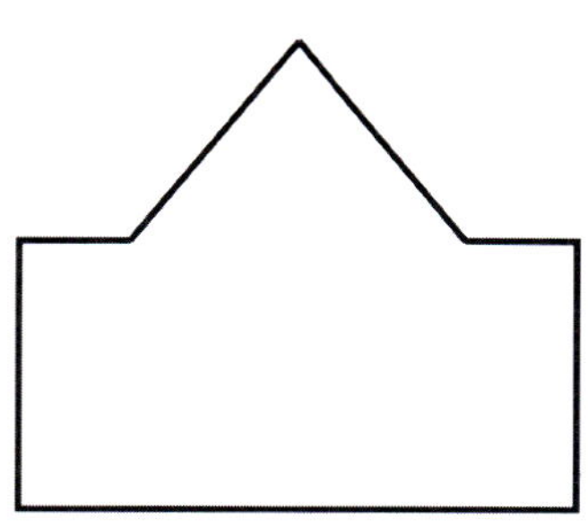
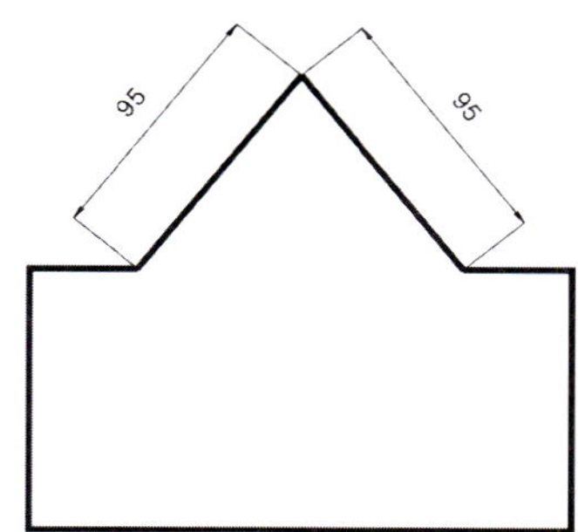

❶ **명령 :** DIMALIGNED `Enter` 또는, `Space Bar`
❷ **단축키 :** DIMALI `Space Bar`

```
Command: DIMALIGNED
Specify first extension line origin or <select object>:      치수선의 첫 번째 끝점 클릭
Specify second extension line origin:                       치수선의 두 번째 끝점 클릭
Specify dimension line location or [Mtext/Text/Angle]:      치수선이 위치할 지점 클릭
```

✎ | DIMANGULAR(각도 치수)

각도(°) 치수를 만든다.

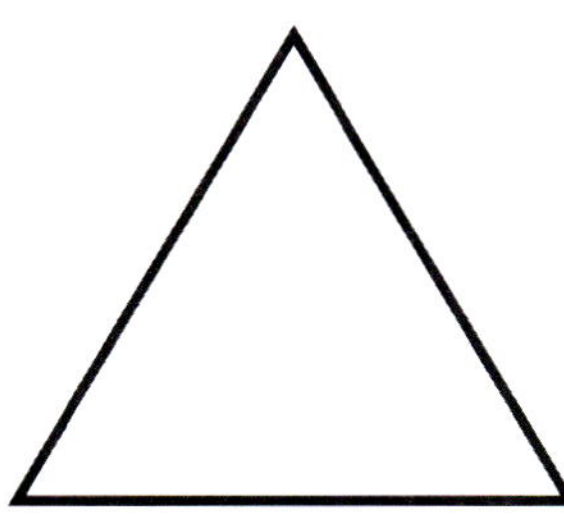
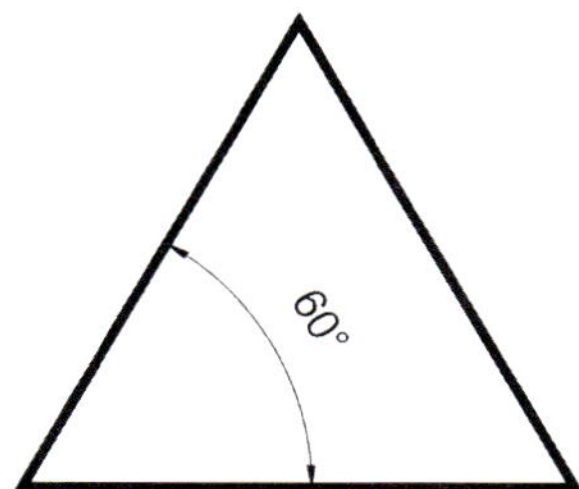

❶ **명령 :** DIMANGULAR `Enter` 또는, `Space Bar`
❷ **단축키 :** DIMANG `Space Bar`

```
Command: DIMANGULAR
Select arc, circle, line, or <specify vertex>:             각도의 시작이 될 선을 클릭
Select second line:                                        각도 끝이 될 선을 클릭
Specify dimension arc line location or [Mtext/Text/Angle/Quadrant]:  치수선이 위치할
                                                                     지점 클릭
```

 ## DIMSPACE(치수 간격 조정)

치수선을 넣다 보면 간격이 맞지 않아 불편하다. 이때 DIMSPACE를 이용하면 쉽게 간격을 조정할 수 있다.

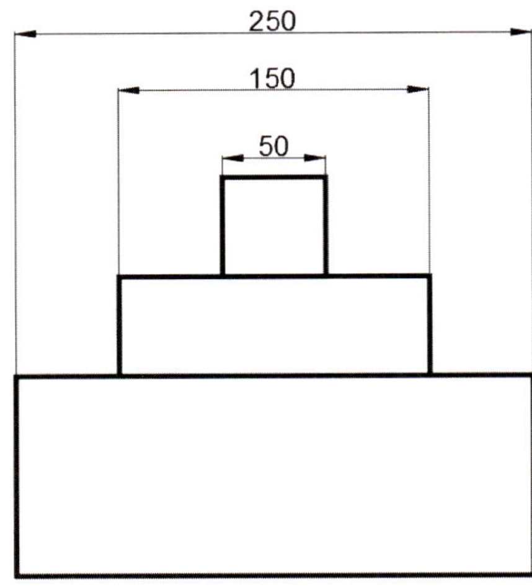

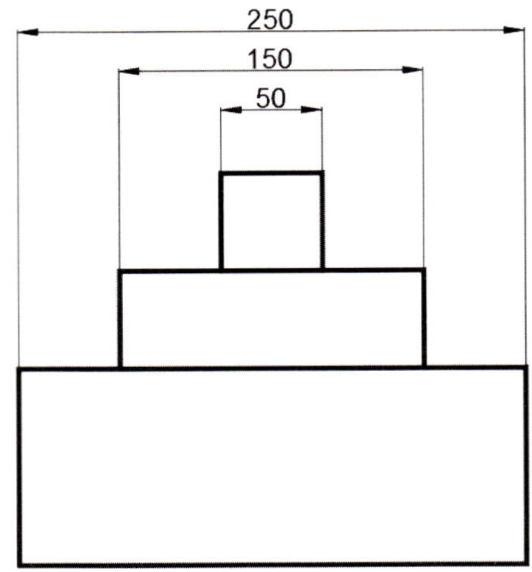

❶ **명령** : DIMSPACE `Enter` 또는, `Space Bar`
❷ **단축키** : 없음

```
Command: DIMSPACE
Select base dimension:
Select dimensions to space:
Enter value or [Auto] <Auto>:
```

기준이 될 치수선 클릭
정렬될 치수선 선택
`Space Bar`

03 DIMDIAMETER/DIMRADIUS(지름/반지름)

호, 원에 대한 지름, 반지름 치수선을 그린다.

| DIMDIAMETER(지름 치수)

지름(ø)에 대한 치수선을 만든다.

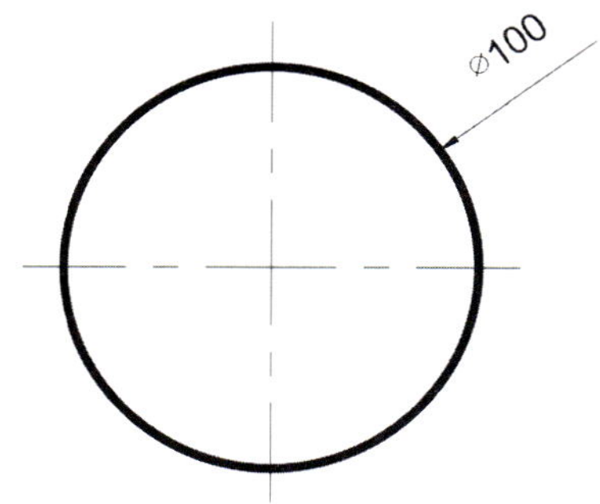

❶ **명령 :** DIMDIAMETER `Enter` 또는, `Space Bar`
❷ **단축키 :** DIMDIA `Space Bar`

```
Command: DIMDIAMETER
Select arc or circle:                                        호 또는, 원 클릭
Specify dimension line location or [Mtext/Text/Angle]:    치수선이 놓일 위치에서 클릭
```

 | DIMRADIUS(반지름 치수)

반지름(R) 치수선을 만든다.

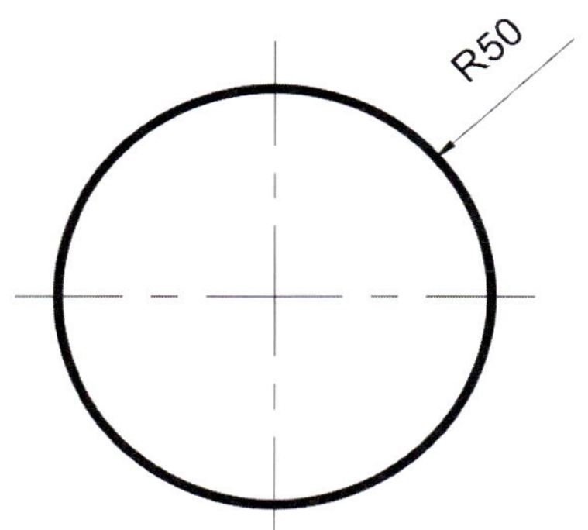

 명령 : DIMRADIUS `Enter` 또는, `Space Bar`
 단축키 : DIMRAD `Space Bar`

```
Command: DIMRADIUS
Select arc or circle:                                                호 또는, 원 클릭
Specify dimension line location or [Mtext/Text/Angle]:     치수선이 놓일 위치에서 클릭
```

 | DIMJOGGED(반지름 꺾기 치수)

반지름에 대한 꺾기 치수선을 만든다. 네 번의 클릭이 필요한데 먼저 반지름을 갖는 호나 원을 클릭하고 중심선, 치수선의 위치를 연이어 클릭하고 마지막에 꺾기 지점을 클릭한다.

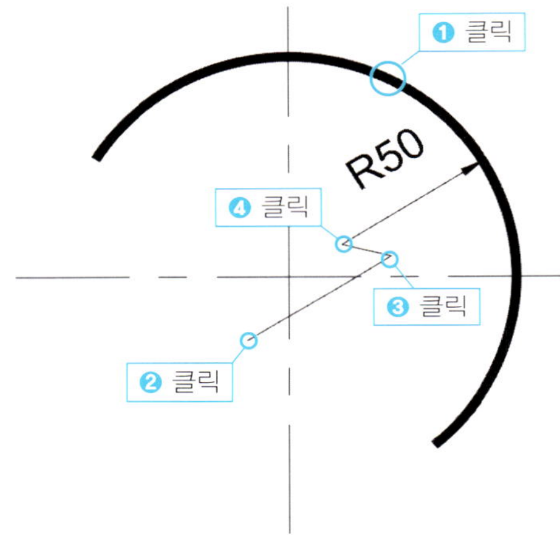

❶ **명령 :** DIMJOGGED `Enter` 또는, `Space Bar`
❷ **단축키 :** 없음

```
Command: DIMJOGGED
Select arc or circle:                                                호 또는, 원 클릭
Specify center location override:                             중심점이 될 지점 클릭
Specify dimension line location or [Mtext/Text/Angle]:     치수선 위치 지점 클릭
Specify jog location:                                              꺾기 지점 클릭
```

04 지시선 치수

설명선 또는, 지시선을 만든다.

✎ | 지시선 치수 설정(LE −〉 S)

지시선을 만들기 전에 설정을 한다.

```
Command: QLEADER
Specify first leader point, or [Settings] <Settings>:        s 입력 후 [Space Bar]
```

1. Annotation(주석)

지시선에 사용될 내용이 어떤 종류인지 결정하는 부분이다. 기계 설계에 있어서 공차 입력의 경우 Tolerance를 선택한다.

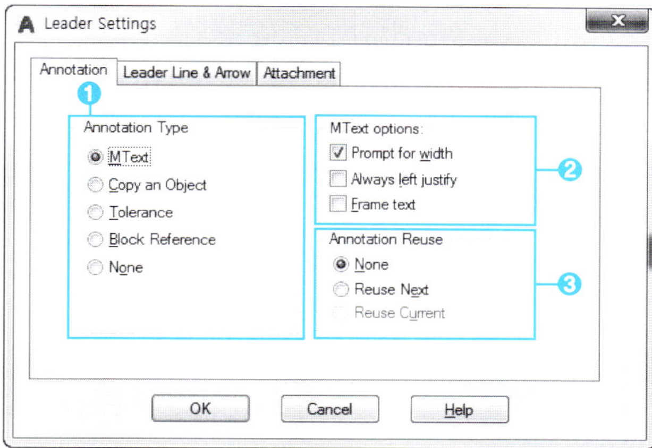

❶ Annotation Type : 입력 방식을 결정한다.

    MText : 여러 줄 문자 형식을 사용한다.

    Copy an Object : 객체를 복사한다.

    Tolerance : 공차를 사용한다.

    Block Reference : 블록을 참조한다.

    None : 사용하지 않는다.

❷ MText options : 여러 줄 문자에 대한 옵션을 설정한다.

    Prompt for width : 폭에 대한 프롬프트를 표시한다.

    Always left justify : 항상 왼쪽 자리 맞추기 한다.

    Frame text : 문자에 사각형을 씌운다.

❸ Annotation Reuse : 주석 재사용을 결정한다.

    None : 사용하지 않는다.

Reuse Next : 다음에 다시 사용한다.
Reuse Current : 현재 것을 재사용한다.

2. Leader Line & Arrow(지시선과 화살표)

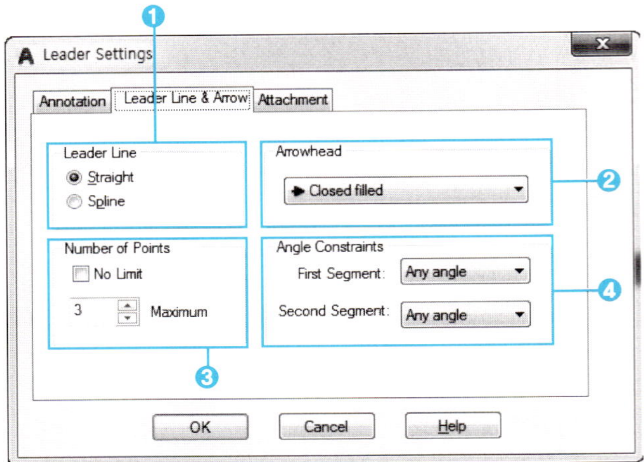

❶ **Leader Line** : 지시선을 직선 또는, 곡선으로 선택한다.
❷ **Arrowhead** : 화살촉의 모양을 결정한다.
❸ **Number of Points** : 지시선을 구성할 점의 개수를 결정한다.
❹ **Angle Constraints** : 각 마디에 대한 각도를 제한한다.

3. Attachment(부착 위치)

여러 줄 문자의 부착 위치를 원하는 곳으로 결정한다.

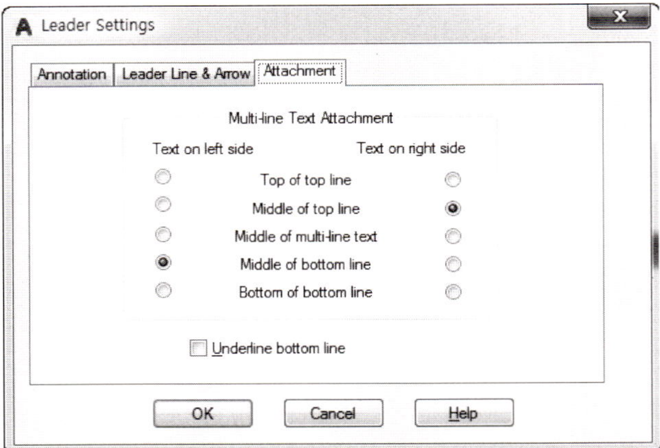

지시선 치수(LE)

지시선 치수를 만든다.

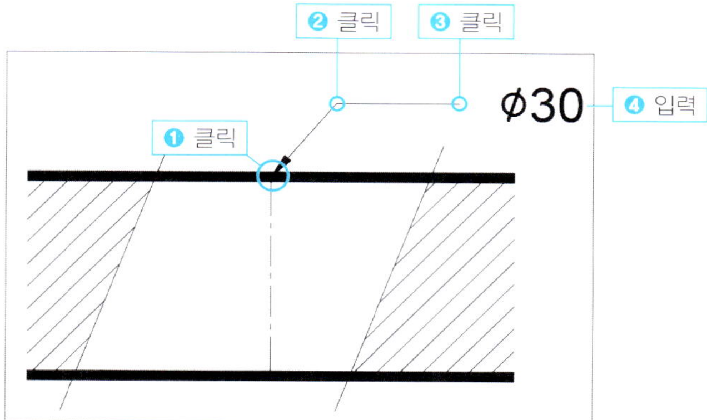

❶ **명령 :** QLEADER `Enter` 또는, `Space Bar`
❷ **단축키 :** LE `Space Bar`

```
Command: QLEADER
Specify first leader point, or [Settings] <Settings>:
Specify next point:
Specify text width <0.0000>:
Enter first line of annotation text <Mtext>:
Enter next line of annotation text:
```

지시선의 시작 점 클릭
지시선의 두 번째 지점 클릭
문자의 폭 입력 또는, `Enter`
문자 내용 입력 `Enter`
`Ctrl` + `Enter`

연습도면　　　　　　　　　　　　　　DIMENSION과 상세 도면 치수 기입

실습 목표

1. 도면 이해를 위한 충실한 치수 기입 방법을 연구한다.
2. 3차원 도면의 상호 연관성을 충실하게 기입하도록 한다.

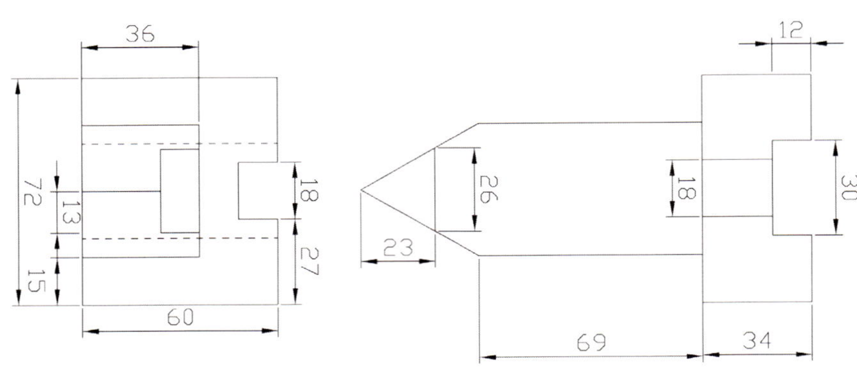

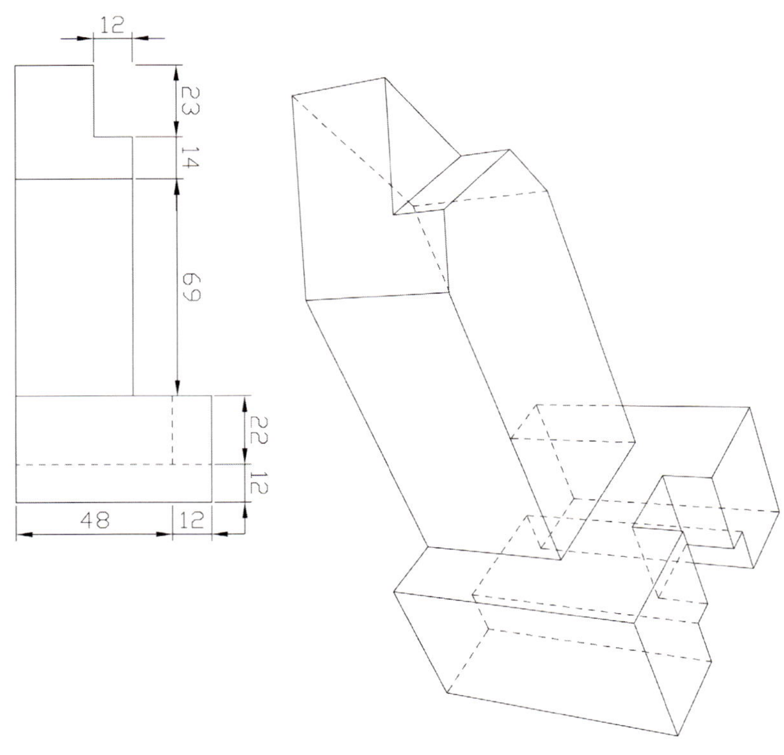

기계 설계에 있어 공차는 매우 중요한 개념이다. 기계 부품에서 축과 구멍이 서로 맞닿을 때 어느 정도로 끼워 맞출 것인가를 결정하는 것으로 그 최대 최소치를 의미한다. 정확한 설계에 있어 공차 기술은 매우 중요하므로 치수 표현 방법을 상세히 알아본다.

01 공차

공차란 일반적으로 허용오차라고 말한다. 어떤 기준 값에 규정된 최소, 최대값을 가리킨다. 이 값에 따라 끼워 맞춤이 헐거울 수도 있고 여유로울 수도 있다. 부품의 목적어 따라 단단한 끼워 맞춤 또는, 헐거운 끼워 맞춤이 필요한데 기입할 치수는 설계 시 계산된 치수이며 이를 '호칭 치수'라고도 한다.

일반 공차 기입법

문자 편집 기능을 이용해 공차를 기입하는 방법을 알아본다. TEXTEDIT 명령을 이용하면 치수선에 공차를 기입할 수 있다. 필요한 공차 내역을 입력한 후 문자 내용을 선택하고 리본 탭의 [Stack]( )을 클릭하면 쉽게 표시할 수 있다.

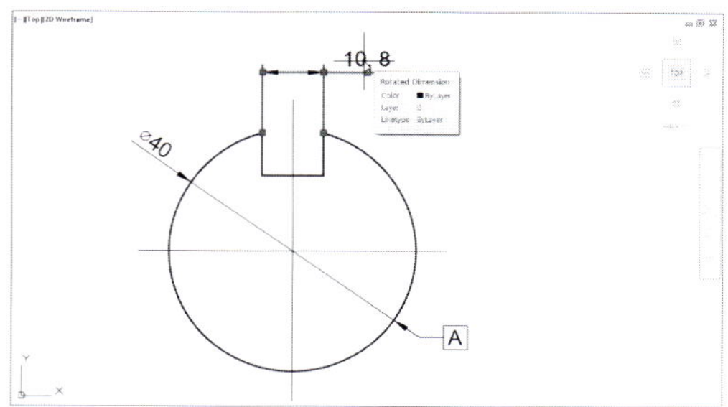

▲ DDEDIT 입력 후 치수선 선택

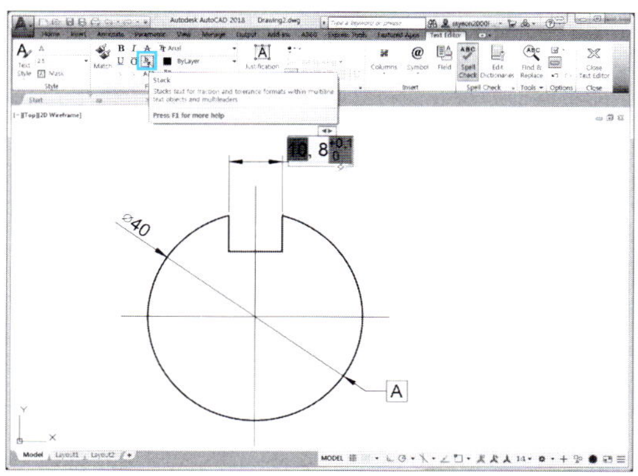

▲ Stack으로 공차 표시 바꾸기

❶ **명령** : TEXTEDIT `Enter` 또는, `Space Bar`

❷ **단축키** : DDEDIT `Space Bar`

```
Command: DDEDIT
Current settings: Edit mode = Multiple:
Select an annotation object or [Undo/Mode]:
```

도면 파일 : [Sample] – 'DDEdit.dwg'

01 'DDEDIT'를 입력한 후 `Enter` 를 누른다. 공차를 기입할 치수선을 클릭하면 내용을 편집할 수 있는 상태가 된다.

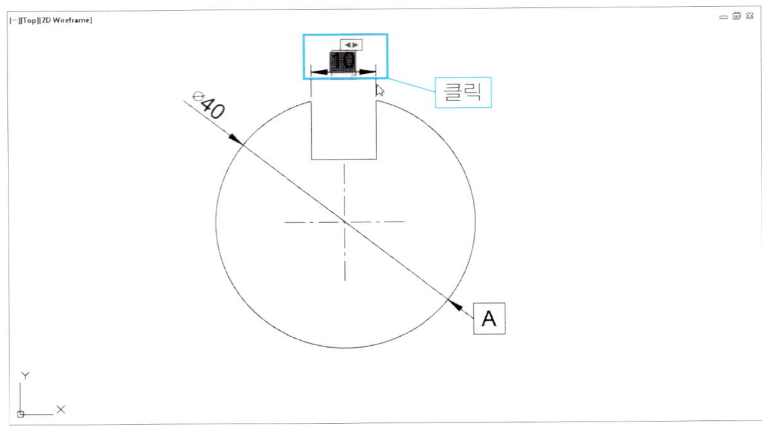

02 본 치수 다음에 필요한 공차를 입력한다.

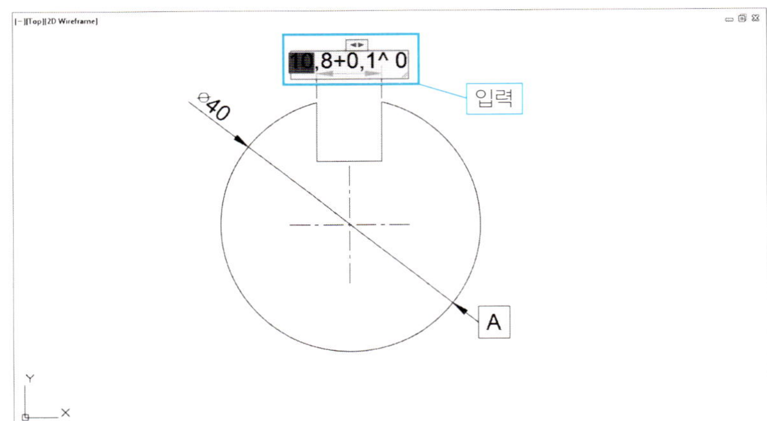

TIP

공차 기입 주의점

"10, 8+0,1^" 다음 칸은 한 칸을 띄워 입력한다. 단, ± 공차의 경우는 띄지 않는다.

03 입력된 공차 내역을 드래그해 선택한 후 리본 탭의 [Stack] (½)을 클릭한다.

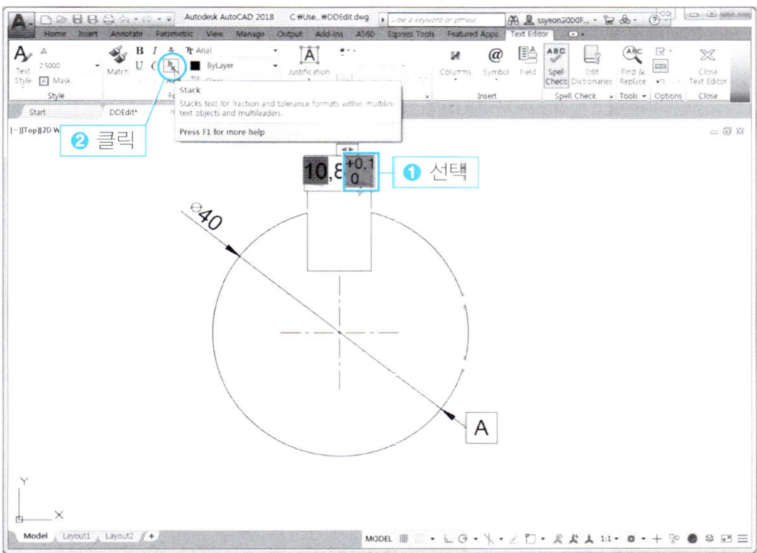

04 **Ctrl** + **Enter** 를 눌러 밖으로 빠져 나와 입력된 공차를 확인한다.

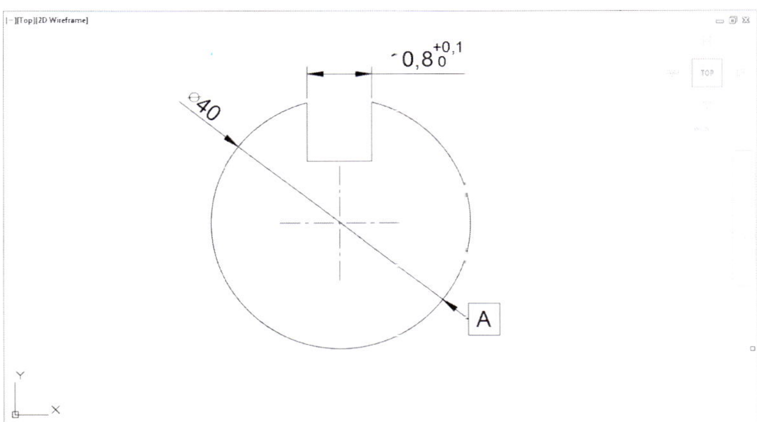

입력된 지름 치수에 하나하나 지름용 파이(ø) 표시를 넣는 것은 힘든 일이다. DIMEDIT 명령을 이용하면 쉽게 넣을 수 있다.

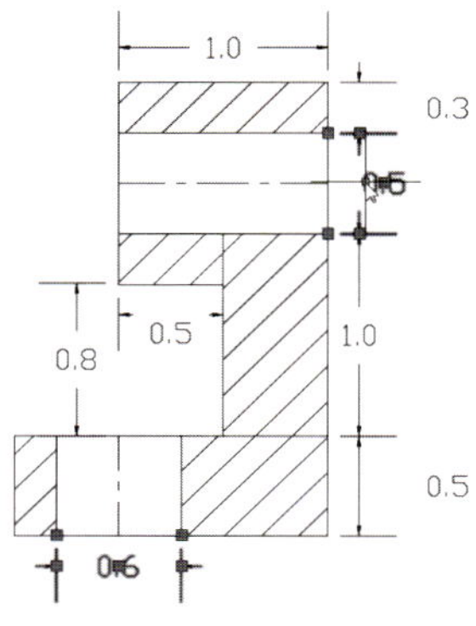

▲ 파이(ø) 표시를 넣을 치수선 선택

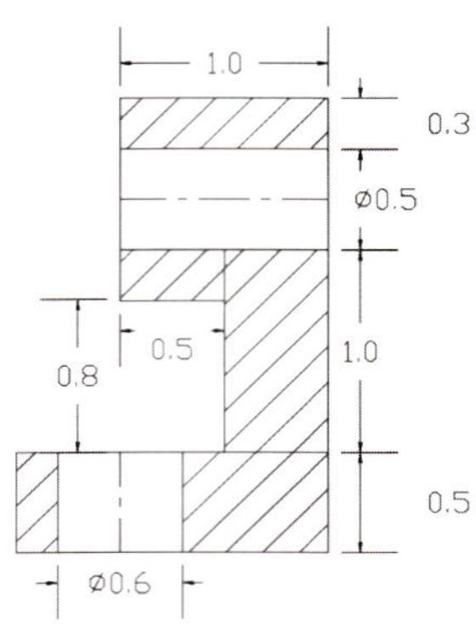

▲ DIMEDIT로 한꺼번에 처리한 결과

❶ **명령 :** DIMEDIT **Enter** 또는, **Space Bar**
❷ **단축키 :** DIMED **Space Bar**

```
Command: DIMEDIT
Edit type of dimension editing [Home/New/Rotate/Oblique] <Home>:        N Space Bar
```

도면 파일 : [Sample] − 'DimEdit Diameter.dwg'

01 지름 표시가 필요한 객체들을 모두 선택한다.

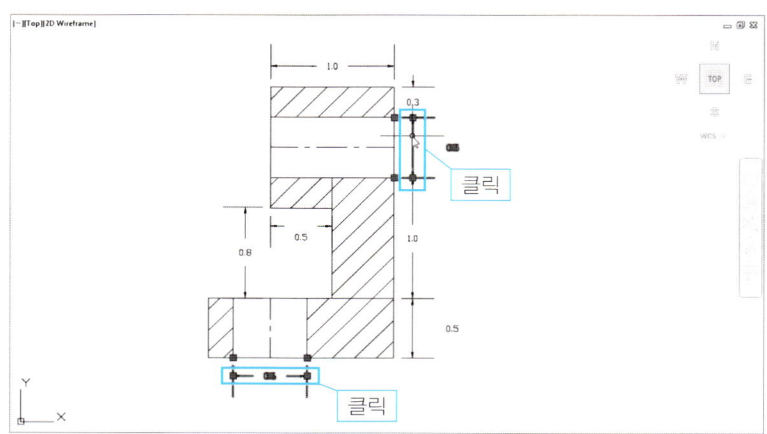

02 'DIMED'를 입력한 후 **Enter** 를 누른 후 [NEW]를 선택한다.

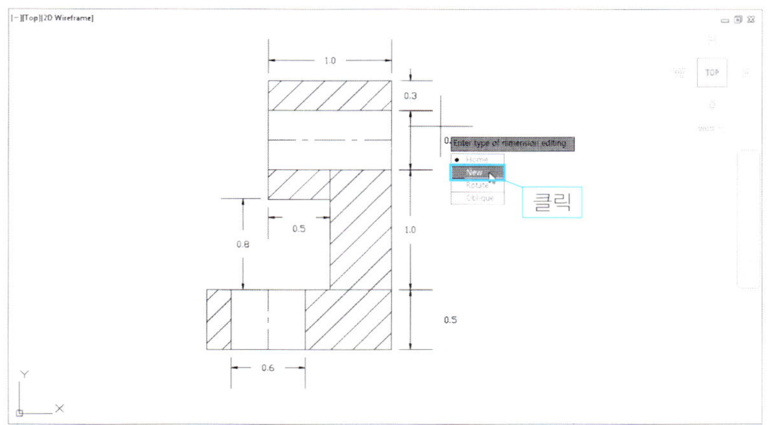

03 입력 창에 '%%C0.0'을 입력한 후 **Ctrl** + **Enter** 를 누른다.

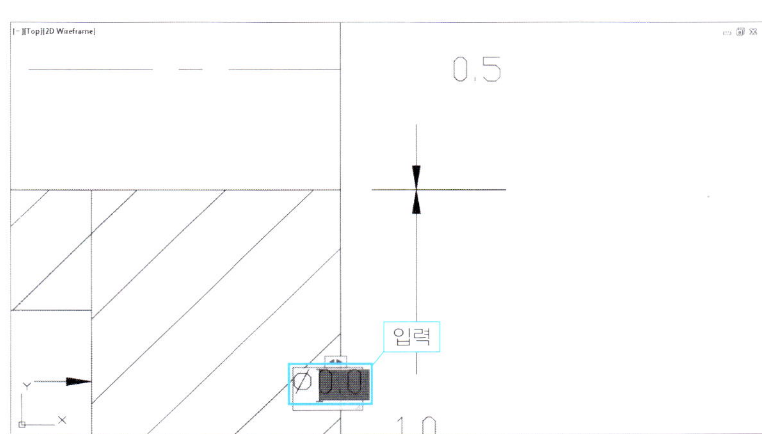

04 선택된 객체들의 문자 앞에 파이(ø) 표시가 일괄적으로 나타난다.

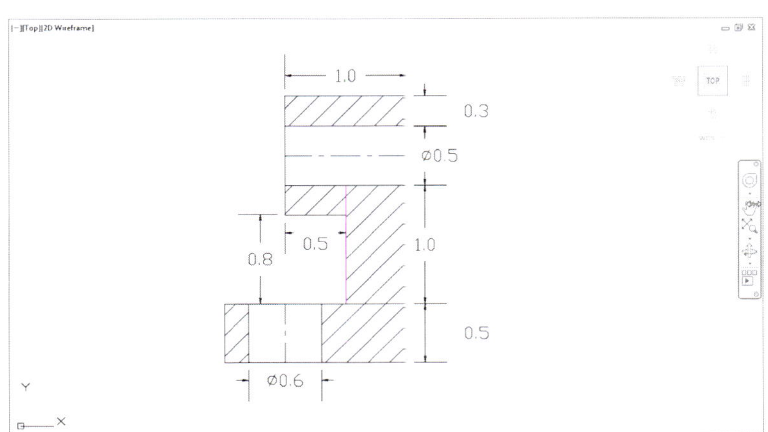

치수 편집의 의미
치수 편집 창에서 '%%C0.0'의 '%%C'는 'ø'를 의미하며 '0.0'은 자릿수를 의미한다.

데이텀 삼각 기호/식별자를 설정한 후 입력한다.

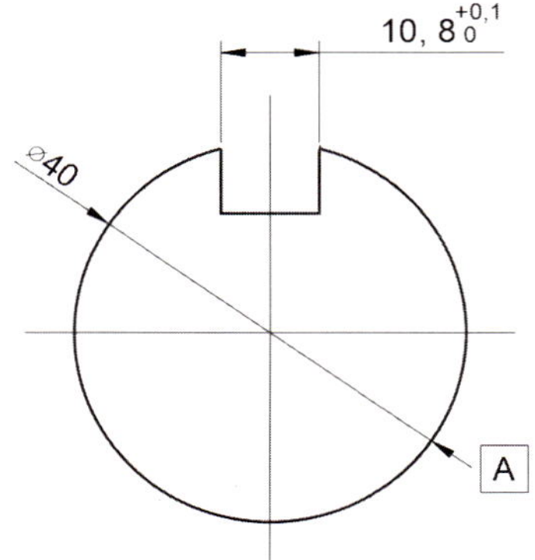

도면 파일 : [Sample] – 'Datum.dwg'

01 'D'를 입력한 후 **Enter** 를 누르고, [Dimension Style Manager] 대화상자에서 **New...** 를 클릭한다.

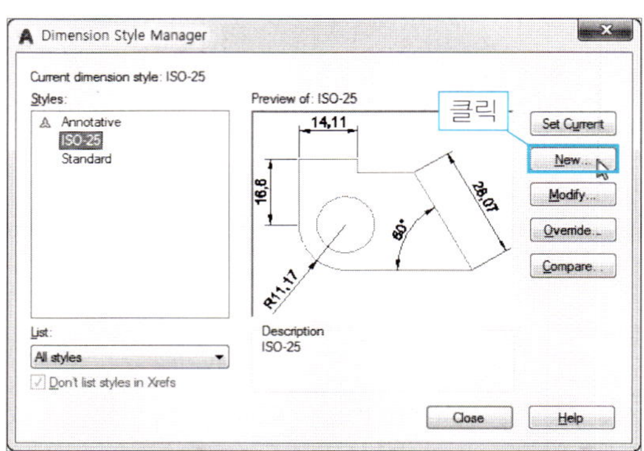

02 [Create New Dimension Style] 대화상자에서 이름을 'Datum'으로 입력한 후 **Continue** 를 클릭한다.

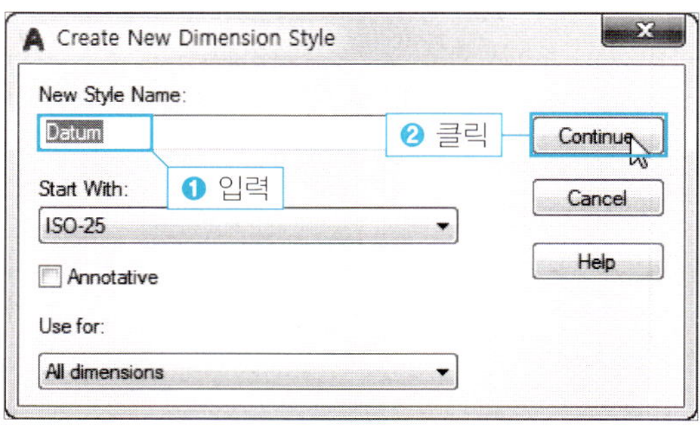

03 [Symbols and Arrows] 대화상자에서 [Leader]
를 'Datum triangle filled'로 설정한다.

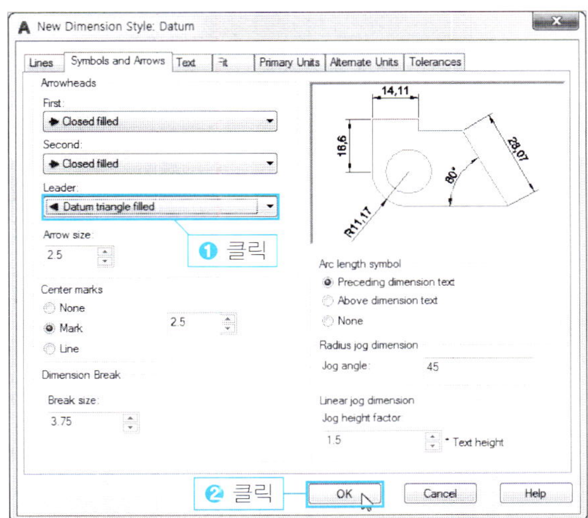

04 새로 추가된 'Datum' 스타일을 확인한다.

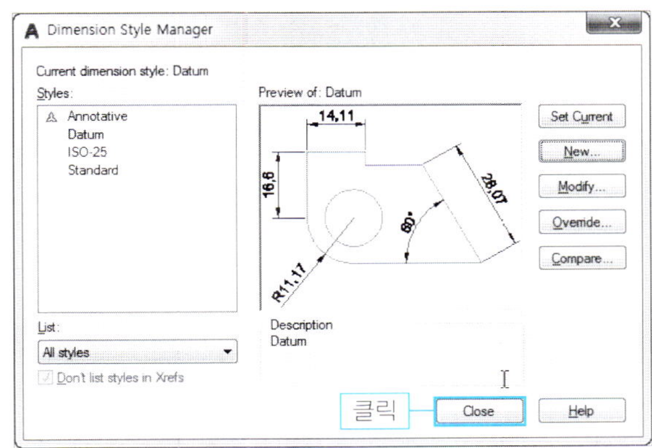

05 'TOLERANCE'를 입력한 후
Enter 를 누른다.

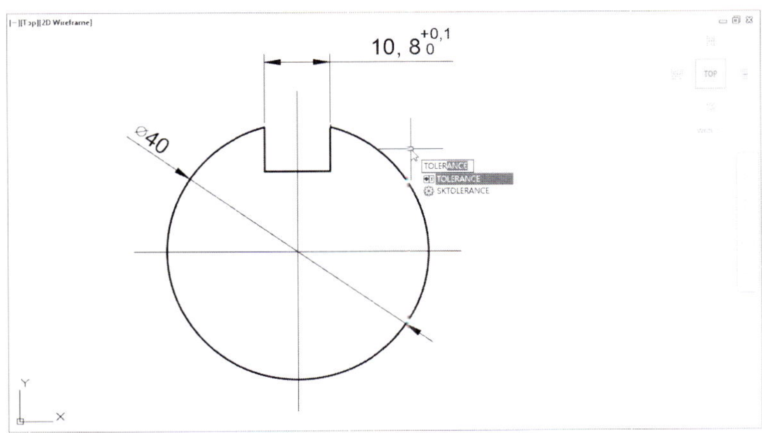

06 [Geometric Tolerance] 대화
상자의 [Datum Identifier]에
'A'를 입력한다.

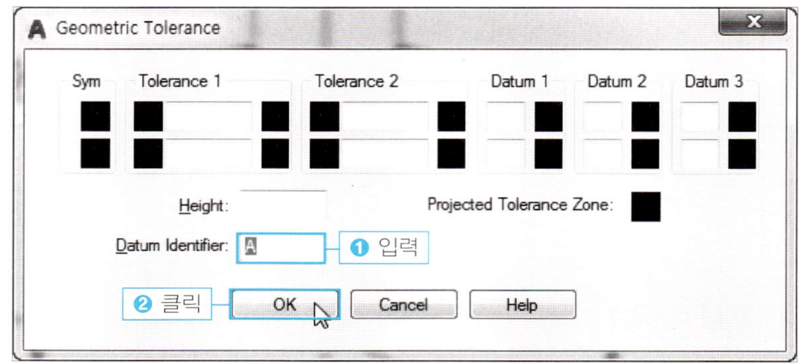

07 원하는 위치를 클릭해 데이텀
을 삽입한다.

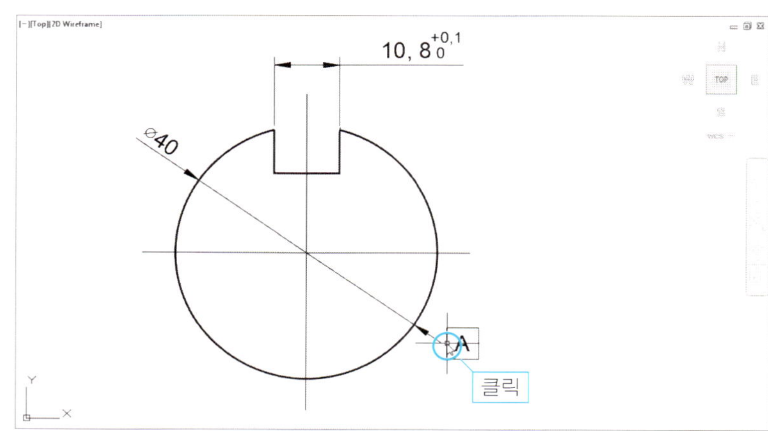

12 기하 공차

기하 공차란 공학 설계나 3D 솔리드 설계에서 기본 치수와 허용 가능한 편차를 나타내는 기호 형식이
다. AutoCAD에서는 기하 공차를 입력식에 의해 쉽게 기입할 수 있다.

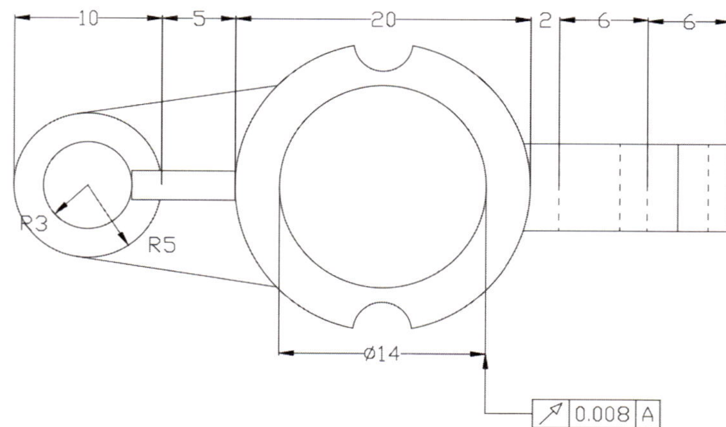

❶ **명령** : QLEADER [Enter] 또는, [Space Bar]

❷ **단축키** : LE [Space Bar]

```
Command: QLEADER
Specify first leader point, or [Settings] <Settings>:
Specify next point:
Specify text width <0.0000>:
Enter first line of annotation text <Mtext>:
Enter next line of annotation text:
```
지시선의 시작 점 클릭
지시선의 두 번째 지점 클릭
문자의 폭 입력 또는, [Enter]
문자 내용 입력 [Enter]
[Enter]

도면 파일 : [Sample] – 'Tolerance.dwg'

01 'LE'를 입력한 후 [Enter]를 누르고, 지시선 설정을 위해 'S'를 입력한 후 [Space Bar]를 누른다. [Leader Settings] 대화상자에서 [Tolerance]를 체크한다.

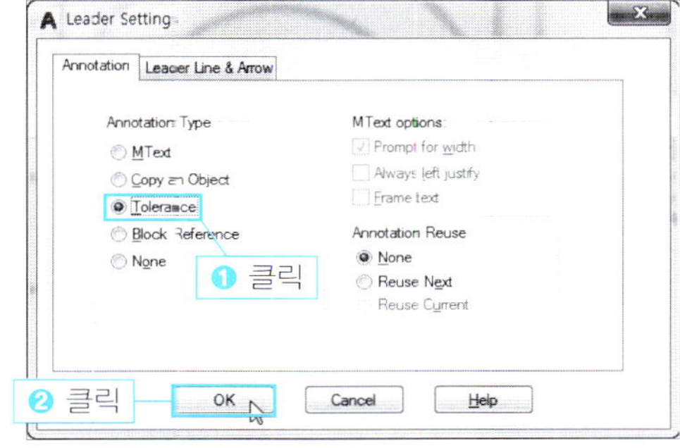

02 기하 공차를 입력하기 위해 원하는 위치를 세 번 클릭한다.

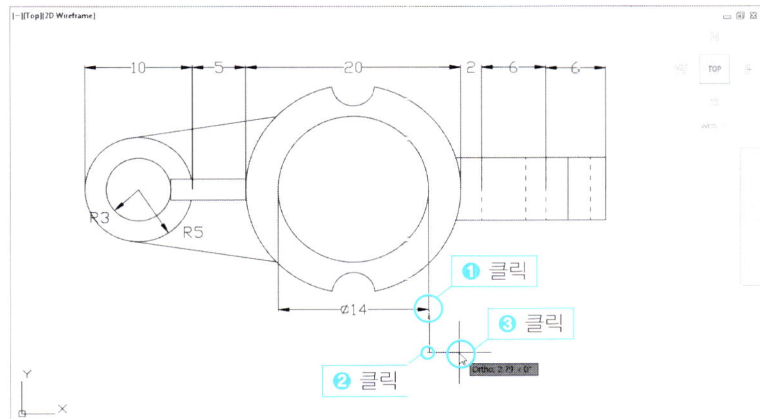

03 [Geometric Tolerance] 대화상자에서 [Sym]을 🡥로 설정하고, [Tolerance 1]에 '0.008' 편차를 입력한다. [Datum 1]에 'A' 표식을 입력한다.

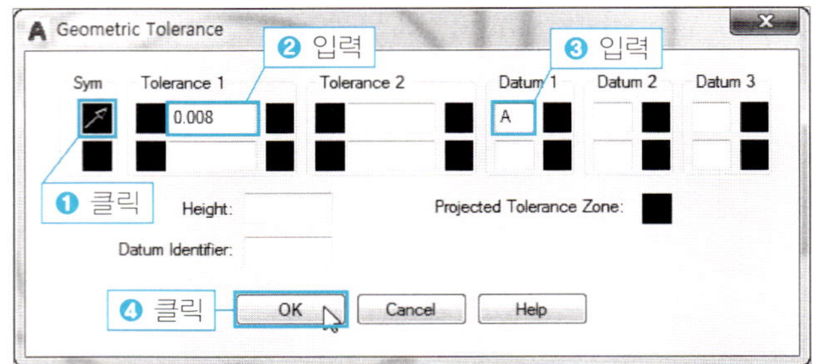

04 입력된 기하 공차가 도면에 나타난다.

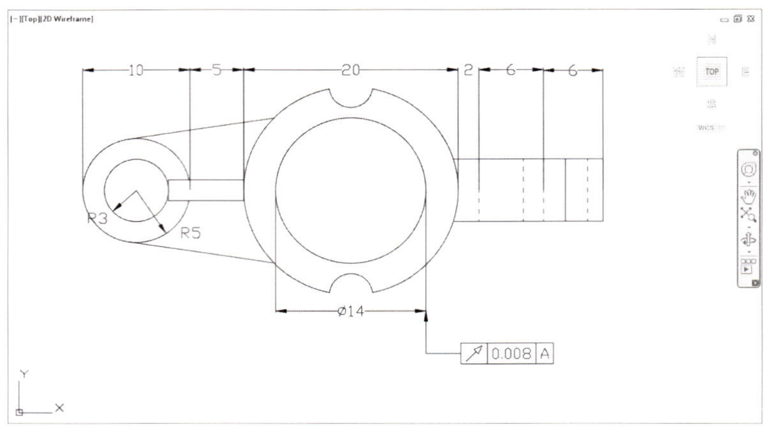

연습도면　　　　　　　데이텀 작성과 기하 공차 기입법 연습

실습 목표

1. 공차 기입 시 연관 관계를 갖는 데이텀 위치 파악을 연습한다.
2. 데이텀 표식 기호의 의미와 기하 공차 기입 방법을 학습한다.

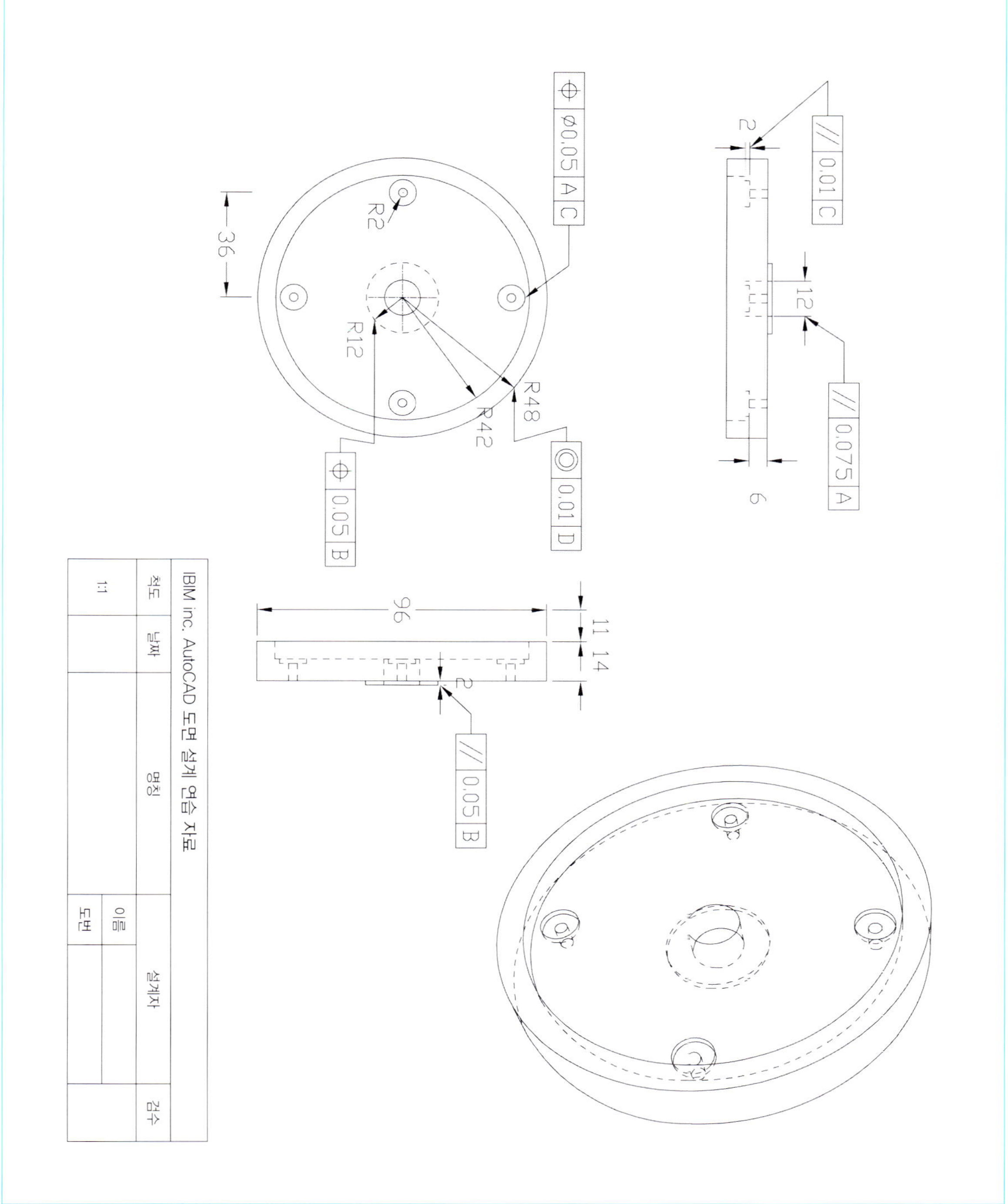

CHAPTER 05

블록과 플롯

>> 자주 사용되는 도면 요소의 경우 미리 하나로 묶어 재사용이 가능한 형태로 바꿀 수 있다. 이를 블록(Block)이라 하는데 블록 사용법 및 해체 등에 관한 내용을 알아본다. 또한 출력 시 이해가 잘 안될 수 있는 프린트 즉 플롯(Plot)에 대해서도 알아본다.

01 | BLOCK(블록)

파일 내에서 자주 사용되는 도면 요소를 하나로 묶어 사용하는 기능이다. WBLOCK과 달리 다른 파일에는 사용할 수 없다.

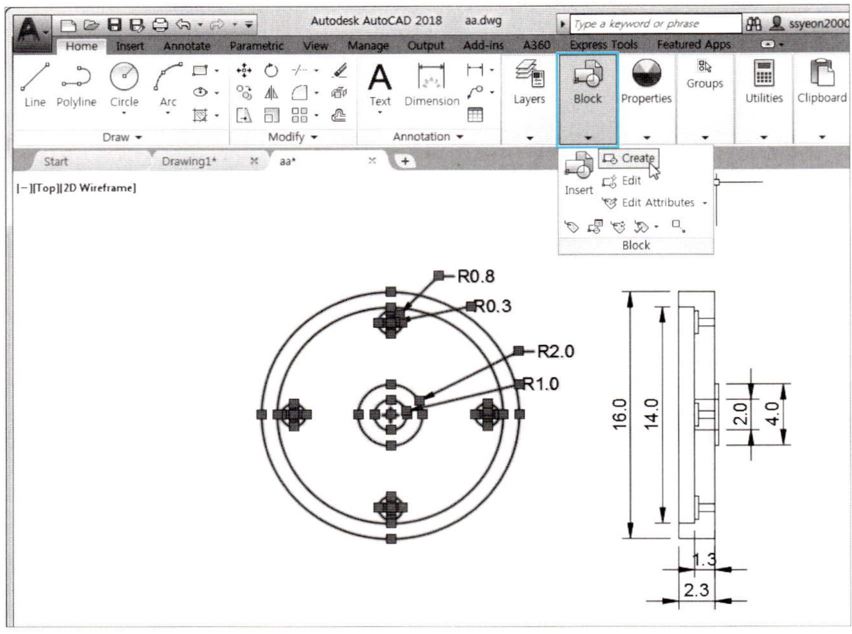

▲ 도형에 대한 블록 정의

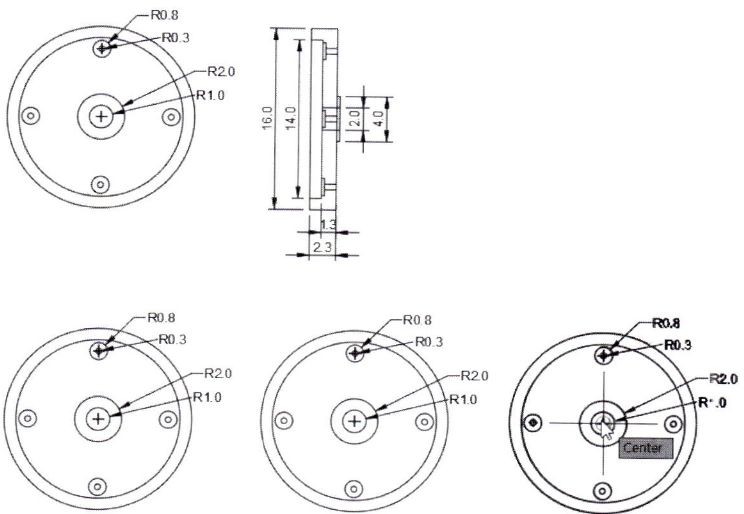

▲ 재사용된 블록들

❶ **명령 :** BLOCK **Enter** 또는, **Space Bar**

❷ **단축키 :** B **Space Bar**

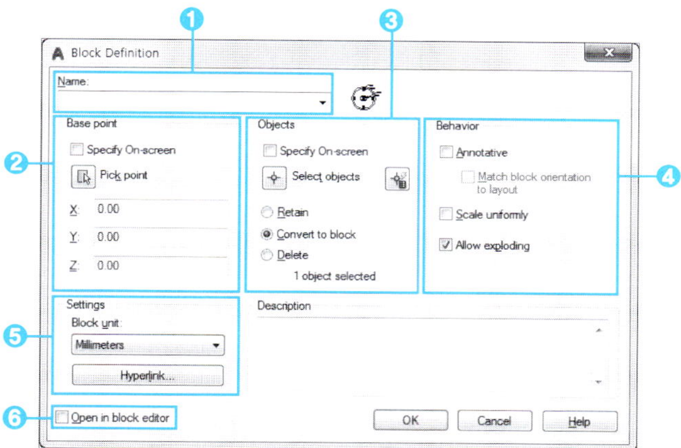

❶ Name : 블록 이름을 입력한다.

❷ Base point : 블록의 중심점을 설정한다.

❸ Objects : 블록에 포함된 객체를 직접 선택한다.

❹ Behavior : 블록 속성을 설정한다. 주석(Annotative), 스케일 조정(Scale uniformly), 분해 허용(Allow exploding)

❺ Settings : 블록용 단위 설정 및 인터넷 연결 주소 설정

❻ Open in block editor : 블록 편집기를 연다.

도면 파일 : [Sample] – 'Block.dwg'

01 블록으로 만들 객체들을 모두 선택한다.

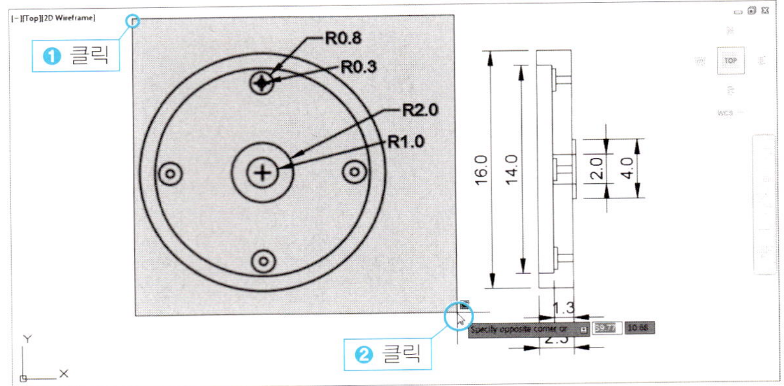

02 'B'를 입력한 후 **Enter** 를 누른다.

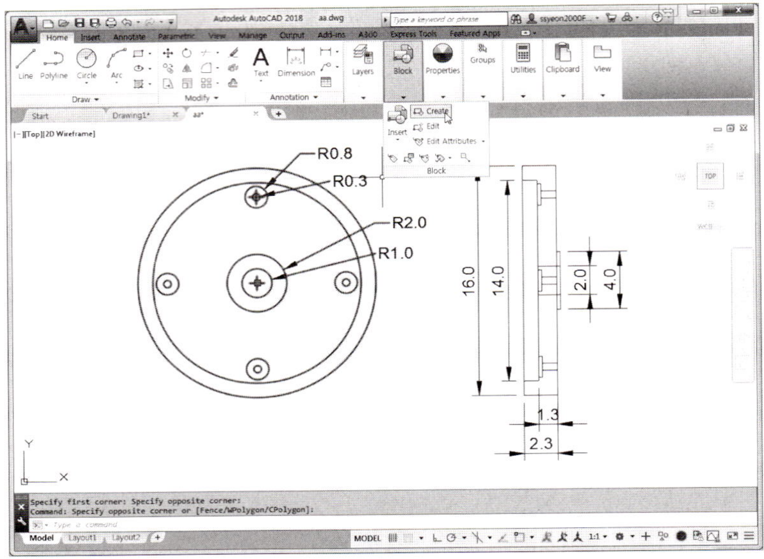

03 [Block Definition] 대화상자의 [Name]에 원하는 이름을 입력하고 블록의 중심점을 설정하기 위해 [Pick point](📖)를 클릭한다.

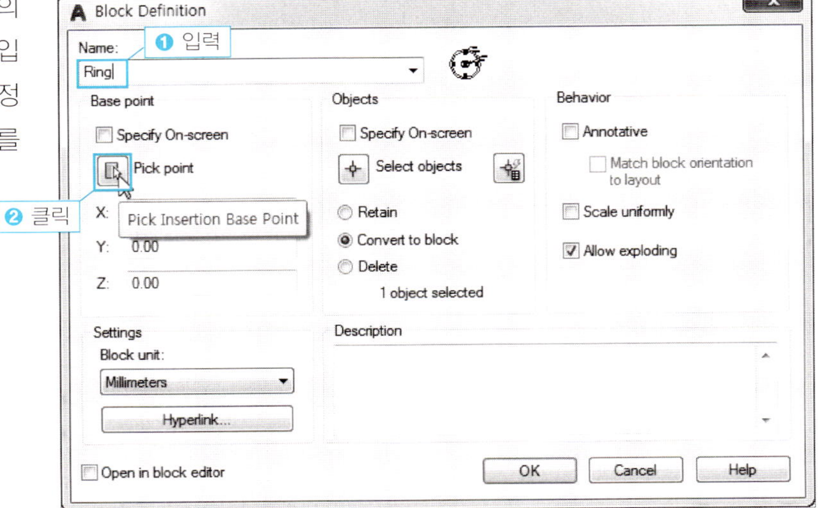

04 선택한 객체들의 중심점을 클
릭한다.

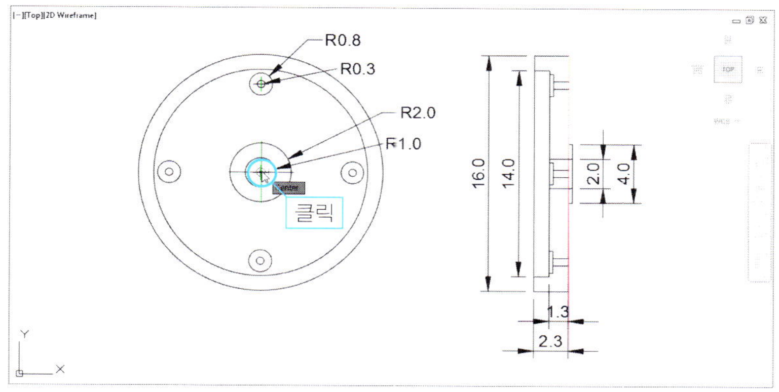

05 [Block Definition] 대화상자에서
OK 를 클릭해 블록 작성을 마
친다.

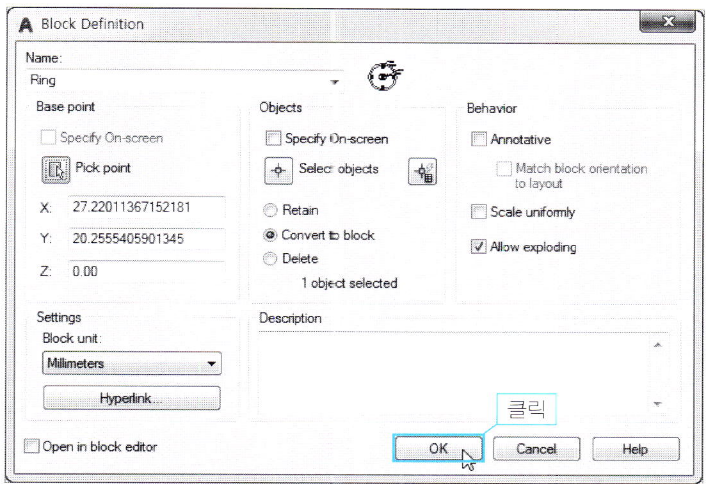

02 | WBLOCK(Write Block, 블록을 외부 파일로 저장)

WBLOCK은 BLOCK과 기능이 같지만 외부 파일로 저장할 수 있다는 점이 다르다. 외부 파일로 저장
되면 다른 도면에도 쓸 수 있기 때문에 편리하다.

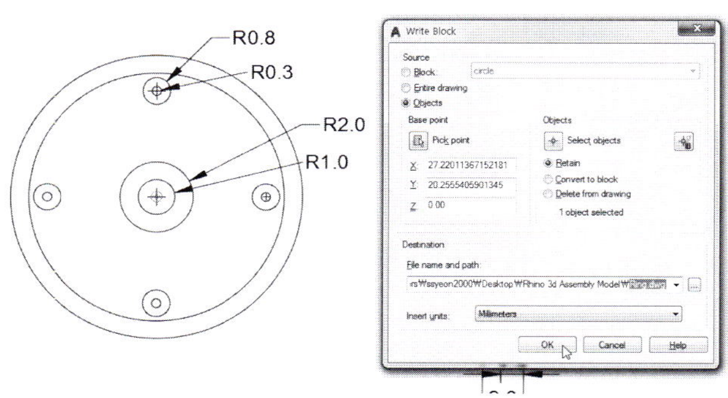

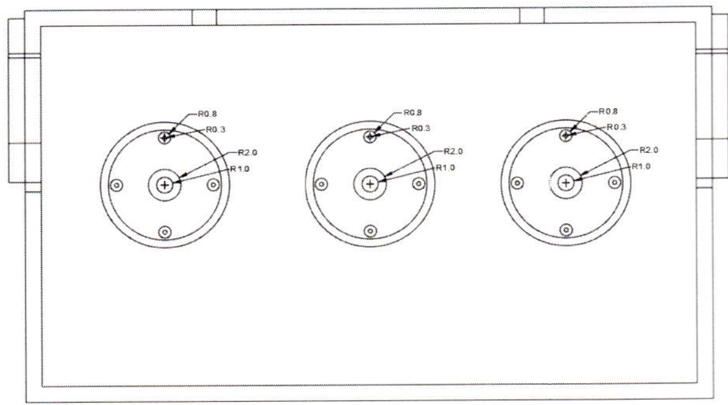

❶ **명령 :** WBLOCK `Enter` 또는, `Space Bar`

❷ **단축키 :** W `Space Bar`

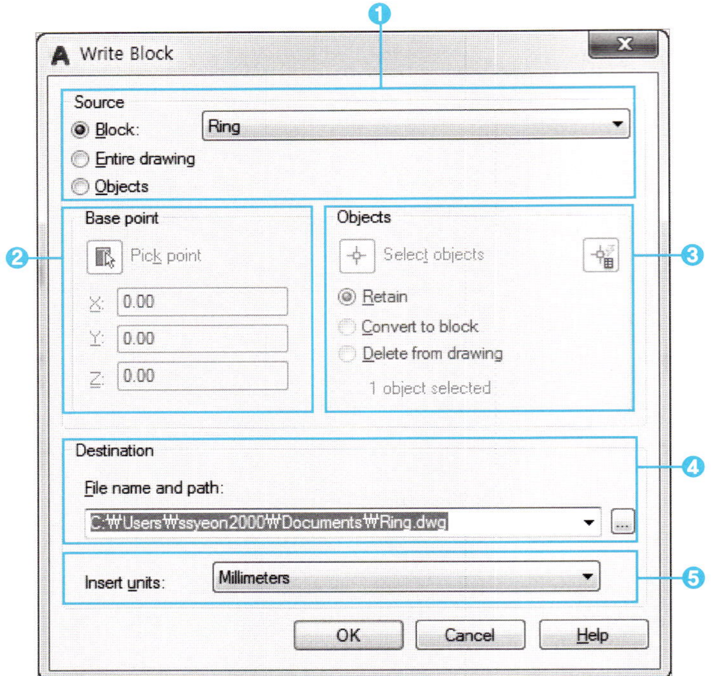

❶ **Source :** 블록화 대상을 설정한다.

　　　Block : 이미 만들어진 블록을 대상으로 한다.

　　　Entire drawing : 도면 전체를 대상으로 한다.

　　　Objects : 이미 선택된 객체들을 대상으로 한다.

❷ **Base point :** 블록의 중심점을 설정한다.

❸ **Objects :** 블록으로 사용할 객체들을 선택한다.

❹ **Destination :** 저장될 위치와 파일 이름을 설정한다.

❺ **Insert units :** 사용할 단위를 선택한다.

BLOCK이나 WBLOCK으로 저장된 블록을 원하는 곳에 삽입한다.

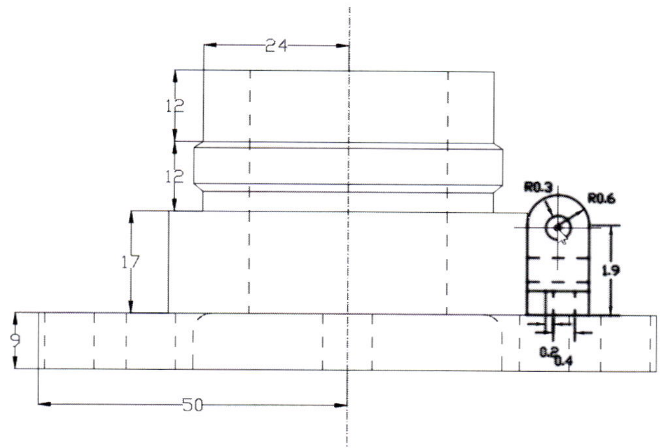

❶ **명령 :** INSERT [Enter] 또는, [Space Bar]

❷ **단축키 :** | [Space Bar]

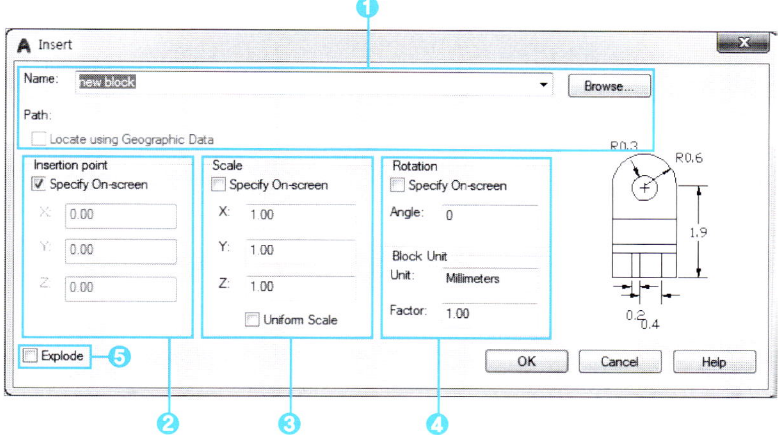

❶ **Name/Browse :** 삽입할 블록 이름이나 경로를 찾는다.

❷ **Insertion point :** 삽입 점을 이용하거나 수동으로 입력한다.

❸ **Scale :** 블록 삽입 시 크기를 변경한다.

❹ **Rotation :** 블록 삽입 시 회전시킨다.

❺ **Explode :** 블록 삽입 시 블록을 해체한다.

RECTANGLE, PLINE으로 만든 객체 또는, 블록을 해체하는 명령이다. 닫힌 도형은 경우에 따라 작업을 방해하기 때문에 EXPLODE로 해체한 후 사용해야 한다.

❶ **명령 :** EXPLODE **Enter** 또는, **Space Bar**
❷ **단축키 :** X **Space Bar**

TIP

일반적으로 종이 크기보다 큰 도면의 치수선은 크기 변경에 따라 치수마저 변하기 때문에 크기 변경 전 EXPLODE 명령으로 해체한 후 크기를 변경하면 쉽게 사용할 수 있다.

TIP

도면 내에 사용되지 않는 것들을 모두 지우는 PURGE
작업을 하다 보면 보이지는 않으나 도면 상에 포함되어 있는 요소들이 많이 생긴다. 이는 도면의 로딩이나 저장 시 시간을 빼앗게 되는데 이런 불필요한 요소들을 알아서 제거하는 명령이 PURGE다.

도면 작업의 특징은 그린 선 위에 다시 그릴 경우가 많다는 것이다. 이 때문에 OSNAP 추적이 잘 안 되는 등 작업을 불편하게 하는데 중복 선 등 불필요한 요소들을 한 번에 제거해주는 명령이 OVERKILL이다.

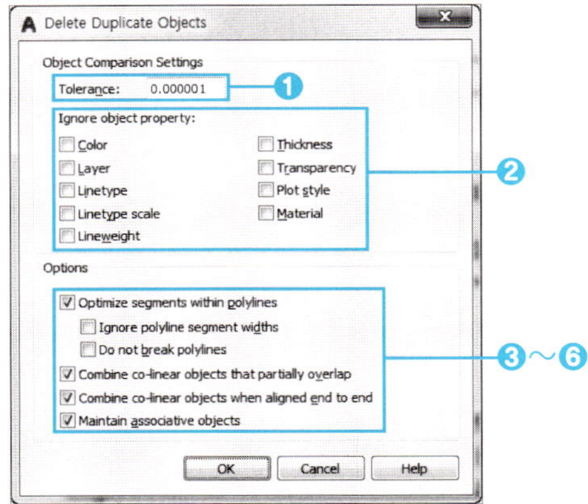

❶ Tolerance : 정확도를 설정한다.
❷ Ignore object property : 무시해도 좋은 사항들을 선택한다.
❸ Optimize segments within polylines : 폴리선의 조각들도 최적화한다.

❹ Combine co-linear objects that partially overlap : 부분적으로 겹친 선들을 합친다.

❺ Combine co-linear objects when aligned end to end : 끝과 끝을 정렬할 때 선형 객체들도 합친다.

❻ Maintain associative objects : 연관된 객체들을 유지한다.

06 | PLOT(플롯, 출력)

도면의 최종 목적은 출력이다. 그렇기 때문에 출력 설정은 매우 중요한데 PLOT 명령을 통해 출력의 기본기를 확인한다.

🔟 Plot(출력)

❶ 명령 : PLOT **Enter** 또는, **Space Bar**

❷ 단축키 : 없음

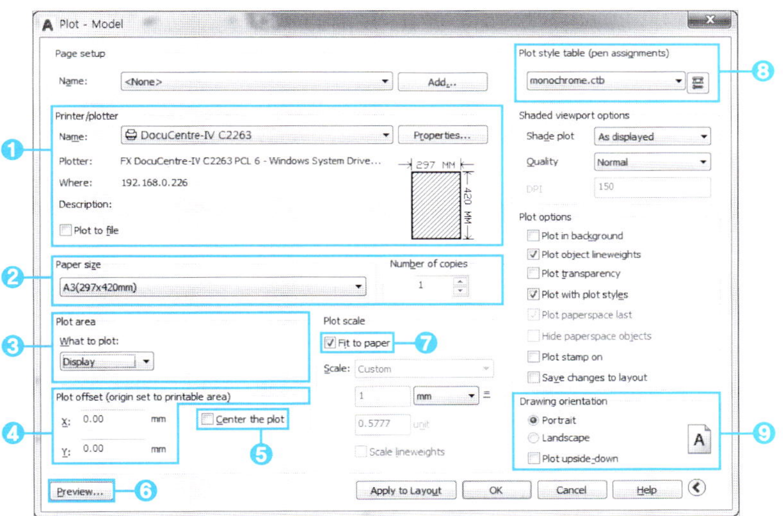

❶ Printer/plotter : 출력할 프린터 또는, 플로터를 선택한다. 상황에 따라 PCF, FAX, 이미지(JPG, PNG) 형식으로 내보낼 수 있다.

❷ Paper size : 일반적으로 A3를 많이 사용하나 경우에 따라 A4, A1으로도 출력한다.

❸ Plot area : 도면 요소 중 필요한 내용만 골라 출력 설정한다. Display(화면에 보이는 부분), Extents(범위), Limts(도면 한계 내), Window(사용자 지정)

❹ Plot offset : 도면 간격 띄우기. 별로 쓰지 않는다.

❺ Center the plot : 도면을 중앙에 배치한다.

❻ Preview : 미리 보기한다.

❼ Fit to paper : 종이에 도면을 맞춘다. 이 경우 스케일이 깨지기 때문에 추천하지 않는다.

❽ Plot style table : 색조를 조정한다. 일반적으로 monochrome 또는, Grayscale을 많이 쓴다.

❾ Drawing orientation : 출력 방향을 가로 또는, 세로로 설정한다.

출력에 앞서 미리 보기로 확인하는 화면이다.

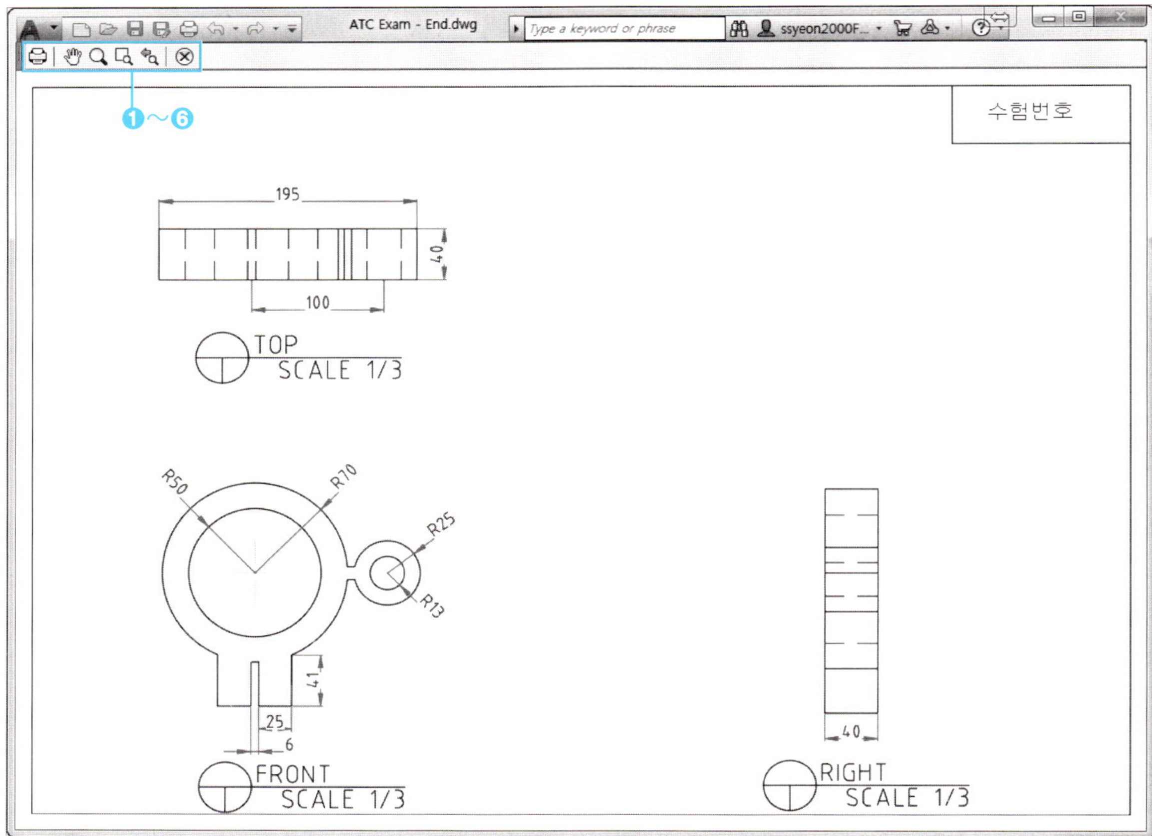

❶ **Plot** : 미리 보기 확인 후 바로 출력한다.

❷ **Pan** : 손바닥으로 밀고 다닌다.

❸ **Zoom** : 마우스로 확대/축소한다.

❹ **Zoom window** : 원하는 부분만 확대한다.

❺ **Zoom original** : 원래 크기로 되돌아간다.

❻ **Close preview window** : 미리 보기를 닫는다.

CHAPTER 06

도면 작도를 위한 기본 작업 절차

>> 2차원 작도로 3차원 도면을 추적해 그리는 ATC 시험의 경우 일관된 방법론이 있다. 복잡하게 보여도 일단 이해만 하면 쉽게 시험에 임할 수 있으므로 그 과정을 알아본다.

01 | 목표 분석

풀어야 할 도면을 보면 Top, Front, Right 중 먼저 시작해야 할 곳이 반드시 존재한다. 어떤 뷰로 부터 시작하는 것이 옳을 것인가를 빨리 판단해야 한다. 판단의 근거는 주어진 치수 중 '어느 뷰에서 쉽게 나머지 부분을 추적할 수 있는가'이다. 따라 해볼 도면의 경우 많은 치수가 제공되는 Front 뷰가 적당하다.

> **TIP**
>
> 이 과정은 특정 시험에 맞춰 설명한 것이 아니다. 3차원 도형을 2차원적으로 추적해 실제 도면을 만드는 과정을 알아보는 것으로 실제 시험과는 다르니 이에 유의 바란다. 다만 실제 시험에 적응하도록 ATC 2급 시험을 기준으로 진행한다.

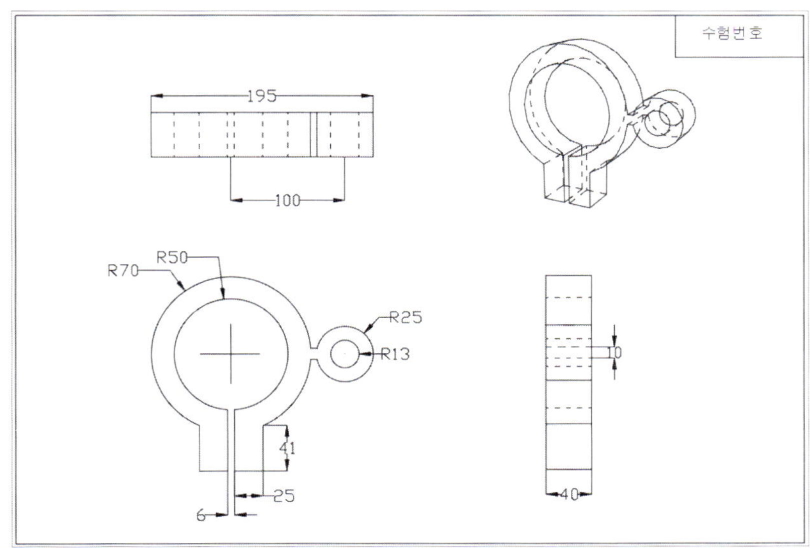

도면 파일 : [Sample] – 'ATC Exam.dwg'

AutoCAD에서는 출력을 편하게 하기 위해 도면 용지를 미리 준비할 수 있는 Layout 공간을 제공한다. 이 공간을 사용하기 앞서 종이 크기와 옵션 설정 과정을 알아본다.

01 종이 크기의 이해

모든 시험에는 출력할 종이의 표준 크기를 제공한다. ATC의 경우 A4 사이즈를 기준으로 하는데 작도된 도면은 마지막에 SCALE로 종이 크기에 도면을 맞춰야 한다.

용지 종류	A0	A1	A2	A3	A4
가로 × 세로	1189 × 841	841 × 594	594 × 420	420 × 297	297 × 210

02 AutoCAD Options 설정

종이 크기의 준비는 레이아웃을 통해 진행한다. 레이아웃은 도면 스케일에 상관없이 출력을 쉽게 할 수 있도록 준비해주는 기능이다. 레이아웃은 실제 프린터 설정과 연결되어 있기 때문에 시험을 치를 때 불편한 부분이 나타난다. 이 점을 해결하기 위해 옵션에서 몇 가지 항목을 끄고 진행해야 한다.

01 응용 프로그램 메뉴 버튼을 누른 후 option 을 클릭한다.

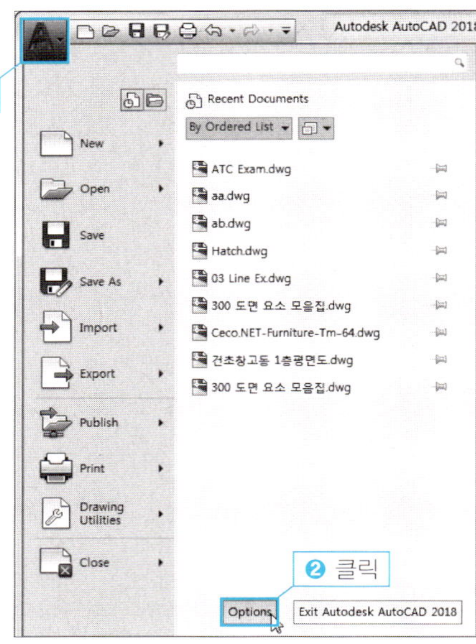

02 [Display] 탭의 [Layout elements]에서 [Display Layout and Model tabs]와 [Create viewport in new layouts]만 남기고 나머지는 모두 체크 해제한다.

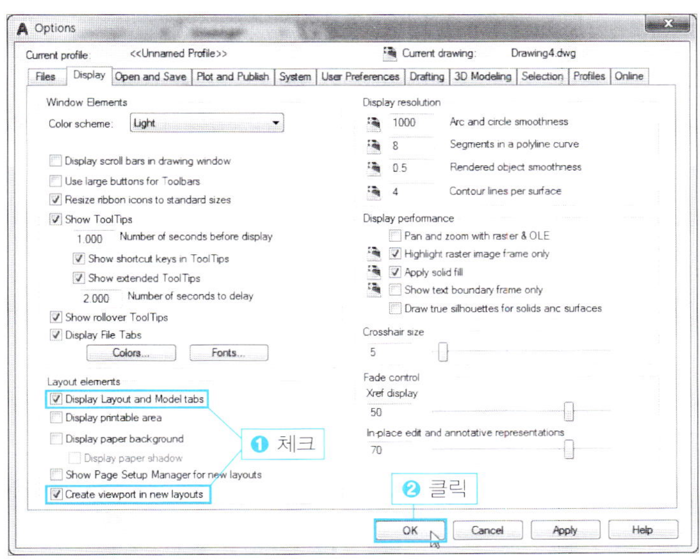

03 | LIMITS 설정과 출력 용지 크기 영역 확인

도면 작업의 기본인 LIMITS 설정과 도면 용지용 사각형을 그린다.

01 도면 한계 설정을 위한 LIMITS

LIMITS를 이용하여 도면 공간에 대한 크기를 결정한다.

01 출력 공간의 Layout 뷰로 이동한다.

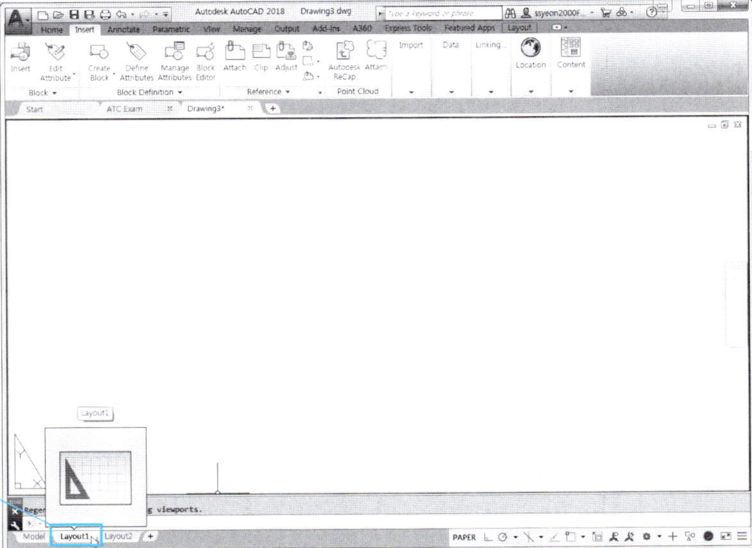

02 도면 한계 설정을 위한 'LIM-ITS'를 입력하고 [Enter]를 누른다. 시작점으로 '0,0'을 입력하고 [Space Bar]를 누르고, A4 사이즈의 끝점인 '297,210'을 입력하고 [Space Bar]를 누른다.

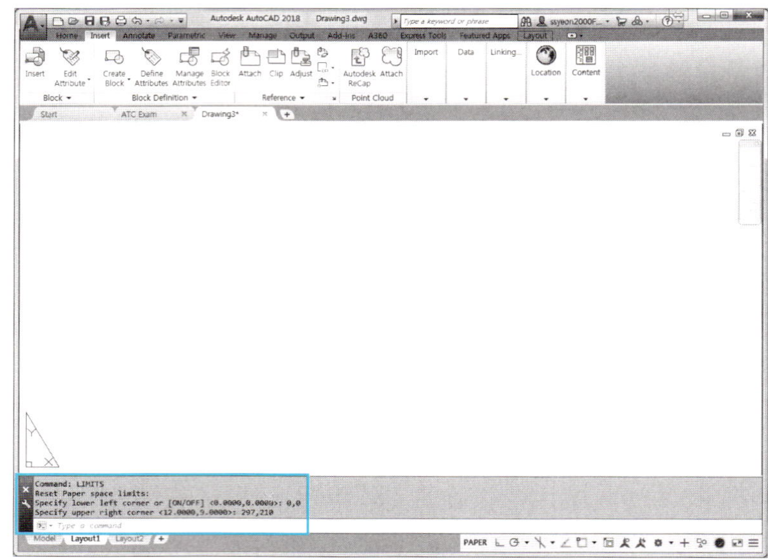

📷 RECTANGLE로 A4 사이즈 크기 그리기

LIMITS에 의한 도면 공간을 실제로 확인하기 위해 RECTANGLE로 사각형을 그린다.

01 'REC'를 입력한 후 [Enter]를 누르고, 시작점으로 '0,0'을 입력하고 [Space Bar]를 누른다. A4 사이즈의 끝점인 '297,210'을 입력하고 [Space Bar]를 누른다.

02 사각형을 꽉 채워 보기 위해 마우스 휠로 조정한다.

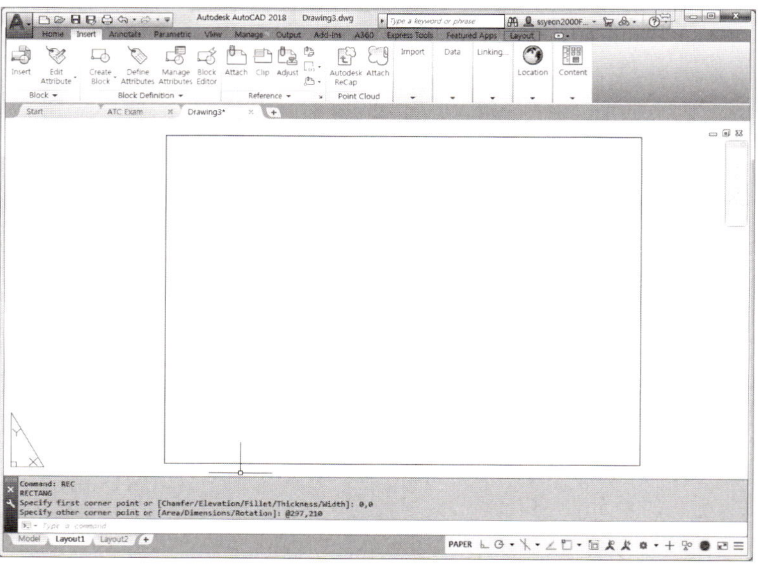

Layout 공간에서 출력될 공간에 대한 시트 작업을 진행한다.

01 'O'를 입력하고 **Enter**를 누르고, 간격을 '10'으로 설정한 후 그림과 같이 안쪽으로 사각형을 복사한다.

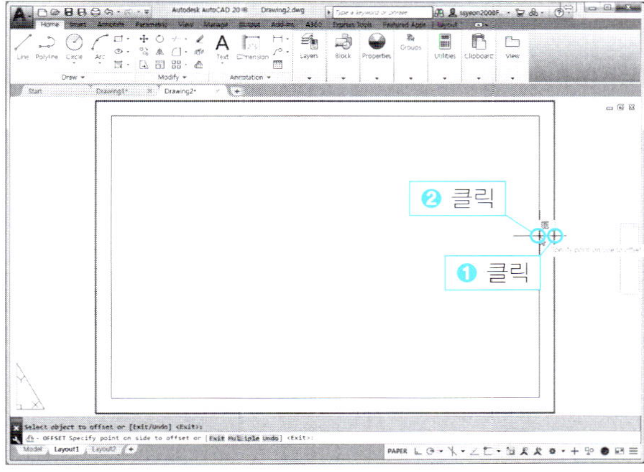

02 바깥쪽 사각형을 지운다. 옵셋된 사각형을 선택한 후 **X**를 누르고 **Enter**를 누른다.

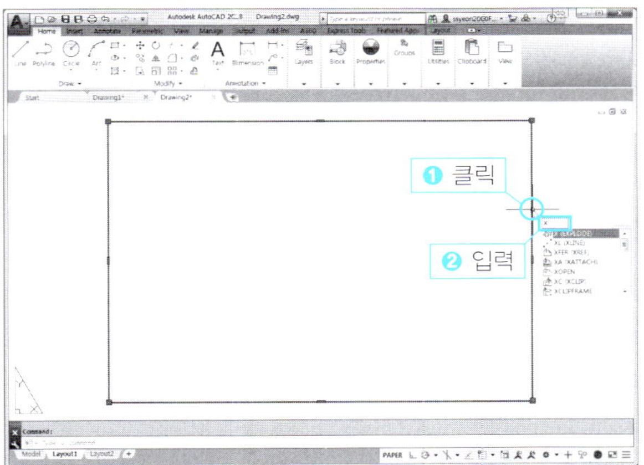

03 사각형이 분해된 것을 확인한 후 'O'를 입력하고 **Enter**를 누른다. 간격을 '15'로 설정한 후 위쪽 선을 옵셋 복사한다.

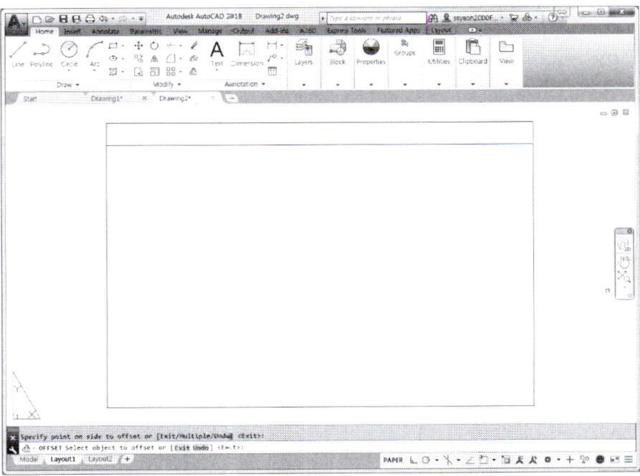

04 같은 방법으로 오른쪽 선을 45만큼 옵셋 복사
한다.

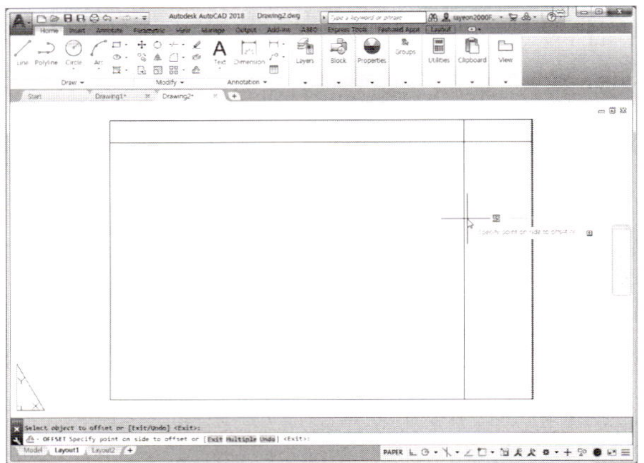

05 'TR'을 입력하고 **Enter**를 누른 후 가로 세로
방향으로 표제란만 남게 선을 제거한다.

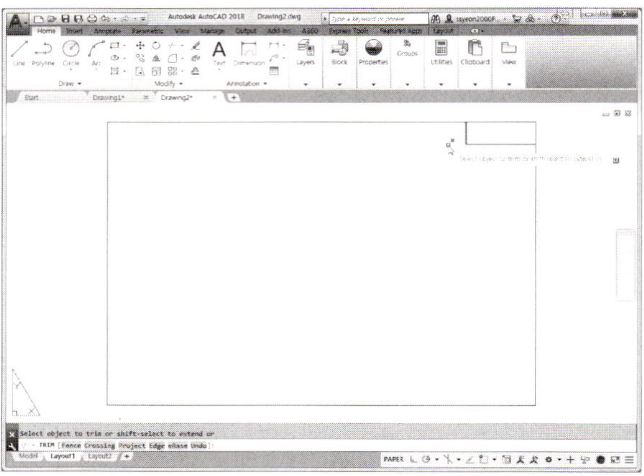

06 수험 번호란을 위해 'T'를 입력하고 **Enter**를
누른다. 표제란의 끝점을 각각 클릭한 후 수
험 번호를 입력한다. 입력될 문자 스타일은
'Standard', 크기는 '4', [Annotate]는 'No'로 설
정한다.

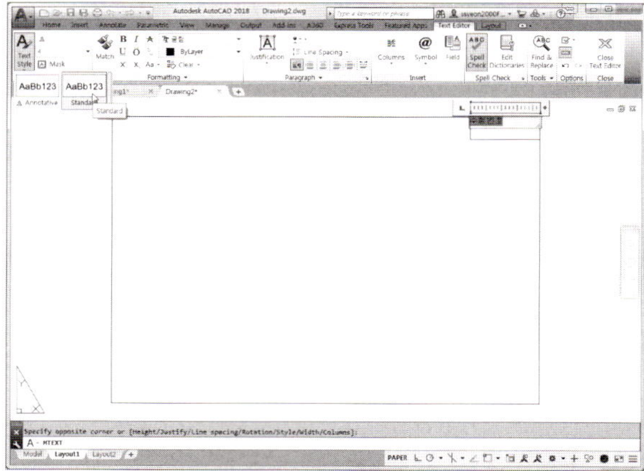

도면 요소를 정확하게 구분하기 위해 레이어를 구성한다.

01 'LA'를 입력한 후 `Enter` 를 누른다. [LAYER PROPERTIES MANAGER]에서 [New Layer]( )를 클릭한 후 이름을 'DIM'이라 입력한다.

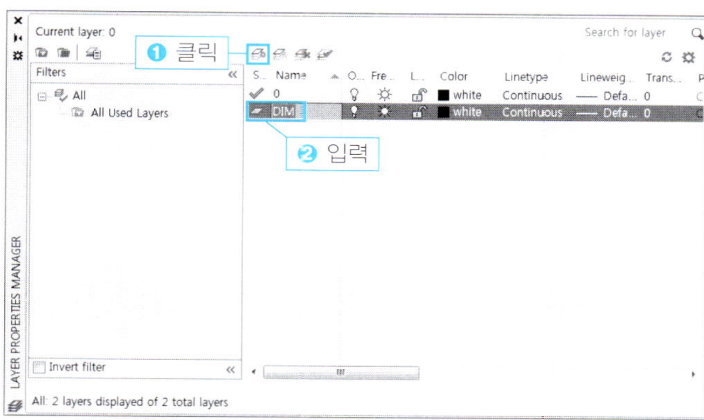

02 같은 방법으로 'CENTER, HIDDEN, MODEL, MVIEW' 레이어를 만든다.

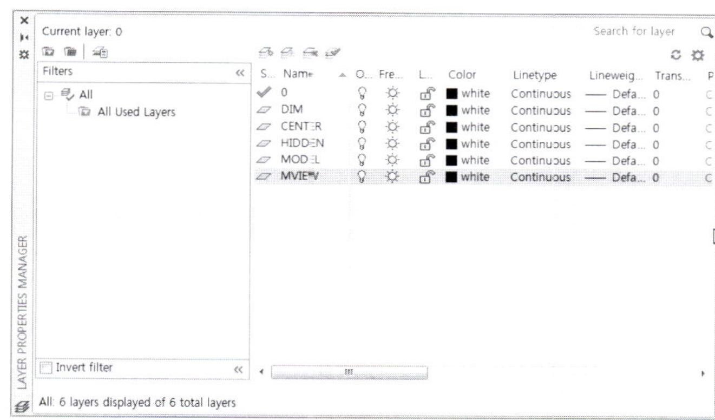

03 'DIM' 레이어의 [Color]를 클릭한 후 인덱스 칼라에서 빨간색을 선택한다.

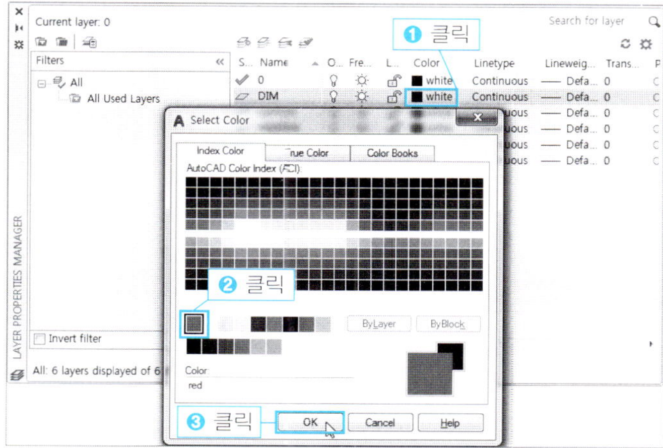

04 같은 방법으로 'CENTER' 레이어는 '초록', 'HIDDEN' 레이어는 '노랑', 'MOD-EL' 레이어는 '흰색', 'MVIEW' 레이어는 '청록색'으로 설정한다.

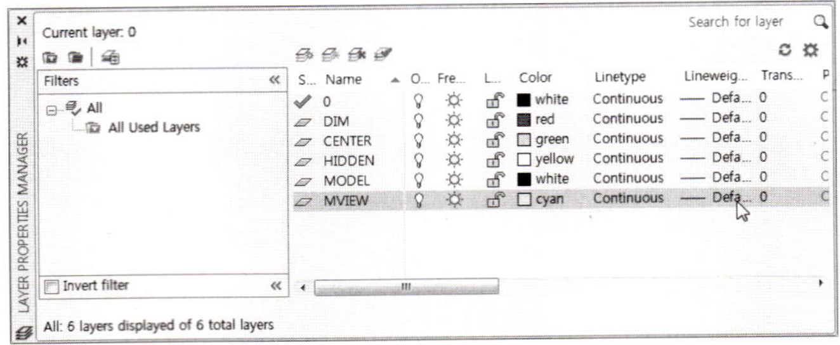

05 'CENTER' 레이어의 [Linetype]을 클릭한 후 [Select Linetype] 대화상자에서 Load... 를 클릭한다.

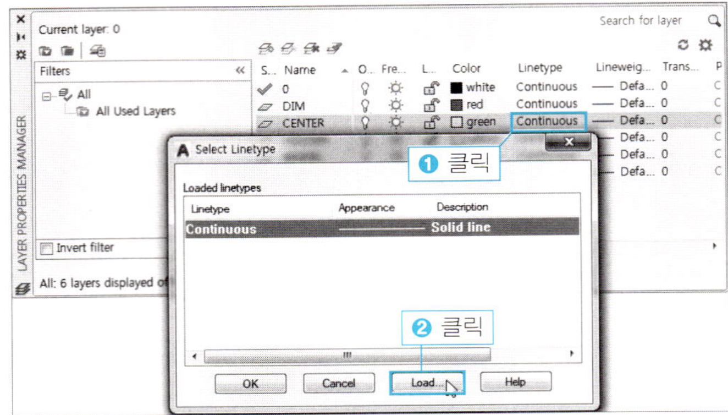

06 [Load or Reload Linetypes] 대화상자에서 [CEN-TER]를 선택하고 OK 를 클릭한다.

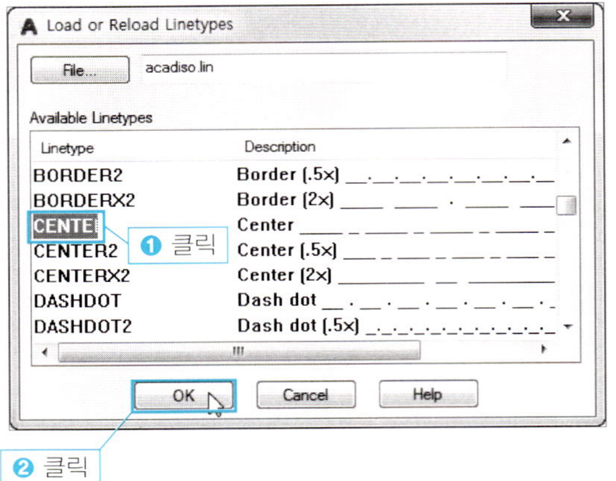

07 [Select Linetype] 대화상자에서 불러들인 [CENTER]
를 선택해 'CENTER' 레이어의 선 종류를 설정한다.

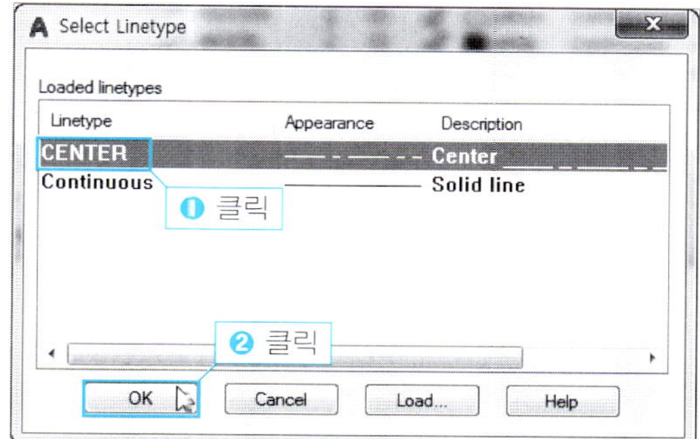

08 같은 방법으로 'HIDDEN' 레
이어에 [HIDDEN] 선 종류를
설정한다.

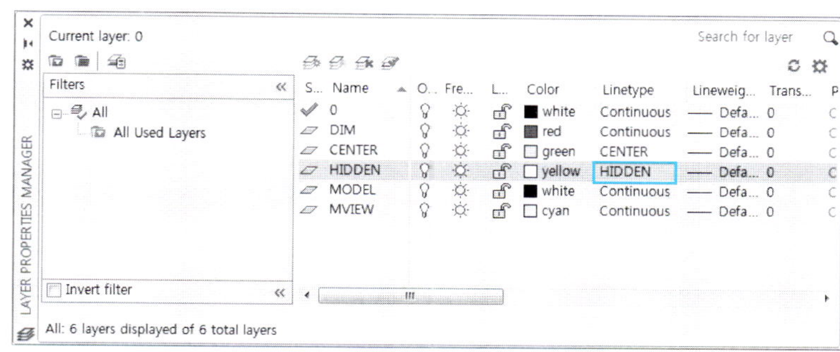

TIP

구성할 레이어 이름과 색, 선 종류

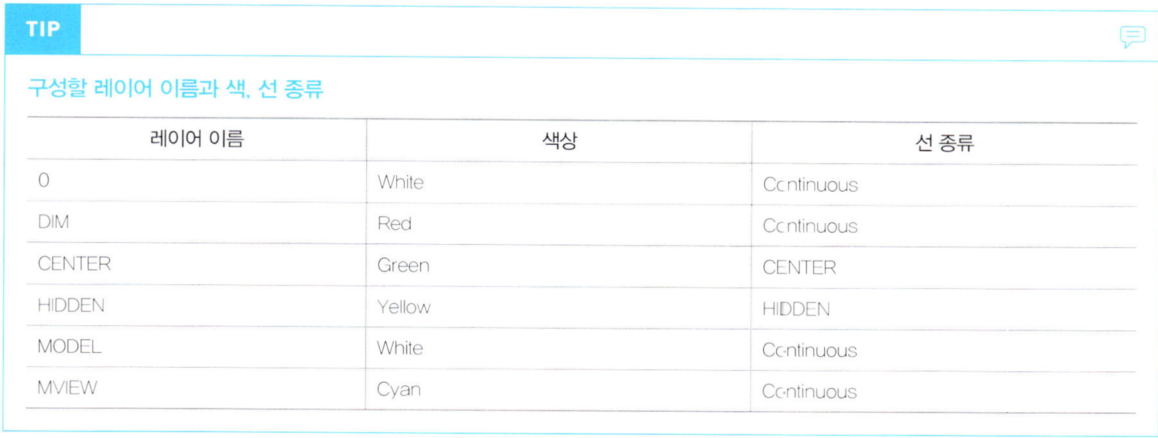

레이어 이름	색상	선 종류
0	White	Continuous
DIM	Red	Continuous
CENTER	Green	CENTER
HIDDEN	Yellow	HIDDEN
MODEL	White	Continuous
MVIEW	Cyan	Continuous

출력될 용지에 맞게 문자 스타일을 설정한다.

01 'ST'를 입력한 후 **Enter**를 누른다. Stan-
dard 스타일을 선택한 후 [Font]에 'ISOCP.
shx'를 선택한다. [Use Big Font]를 체크
한 후 [Big Font]를 'whgtxt.shx'로 설정하고
Set Current를 클릭한다.

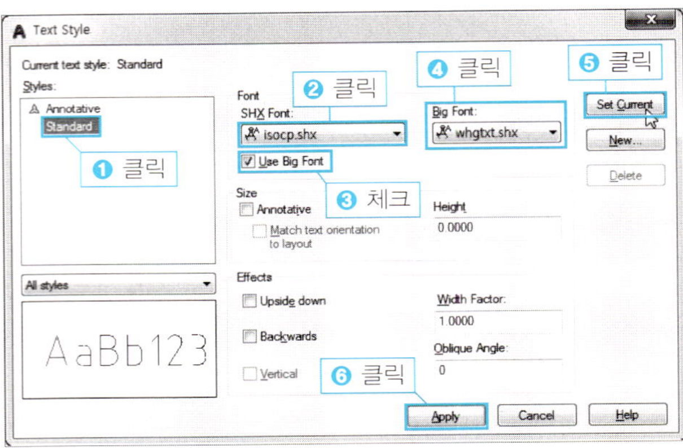

치수선을 정확하게 설정하기 위해 스타일을 수정한다.

01 'D'를 입력한 후 **Enter**를 누른다. 먼저 스
타일 기준은 ISO-25 국제 표준 규격으로
하고 이를 수정한다.

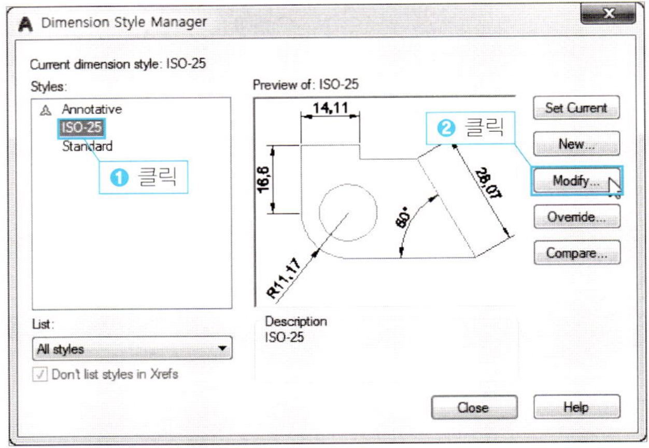

02 [Lines] 탭 설정 – 치수선과 치수 보조선의 색은 빨간색 또는 흰색으로 설정한다. 또한 기준선 간격은 '8mm', [Extend beyond dim lines]를 '2', [Offset from origin]을 '1'로 설정한다.

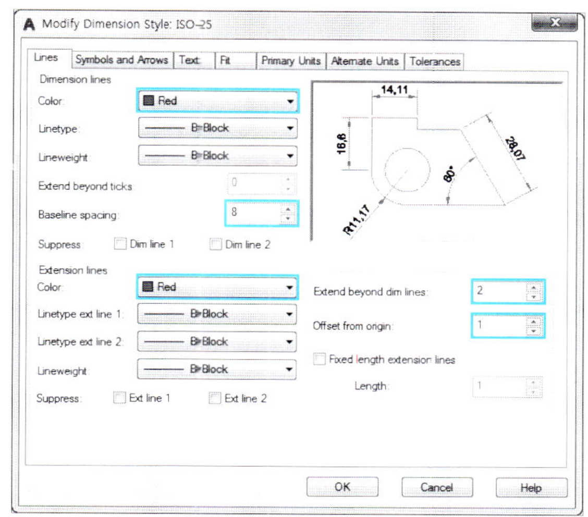

03 [Symbols and Arrows] 탭 설정 – [First, Second, Leader] 화살표 모양을 모두 'Closed filled'로 설정한다. [Arrow size]는 '3.5mm'로 하고 중심점은 'None', [Break size]는 '1.5mm'로 정한다. [Arc length symbol]은 'Above dimension text', [Radius jog dimension]의 [Jog angle]을 '30'으로 설정한다.

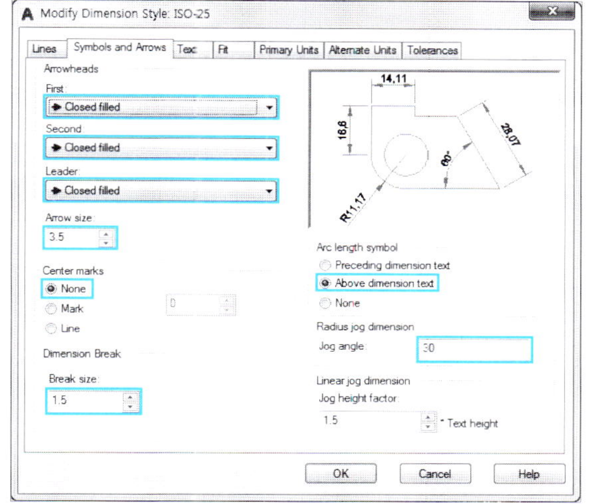

04 [Text] 탭 설정 – [Text style]은 'Standard', [Text color]는 '노란색', [Fill color]는 'Background'로 설정하고 [Text height]는 '3.5'로 입력한다. [Text placement]의 [Vertical, Horizontal, View Direction]은 각각 'Above, Centered, Left-to-Right'로 설정한다. 마지막으로 [Text alignment]는 'Aligned with dimension line'으로 설정한다.

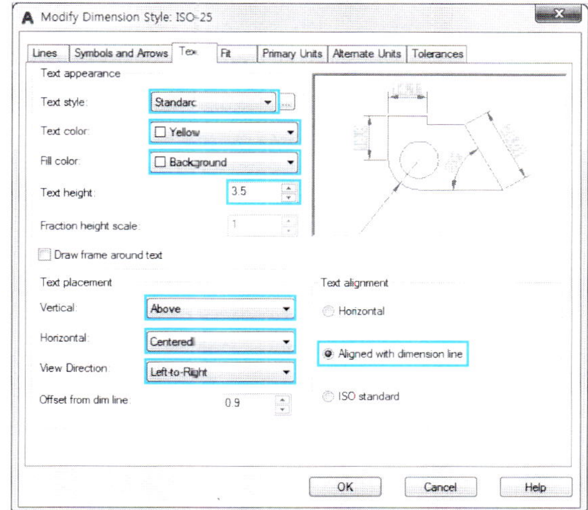

05 [Primary Units] 탭 설정 – 우선 단위의 경우 [Unit format]을 'Decimal', [Precision]을 '0'으로 설정하는 것이 중요하다. [Scale factor]는 '1'로 설정하고 [Angular dimensions]의 [Unit format]을 'Decimal Degrees', [Precision]을 '0'으로 설정한다.

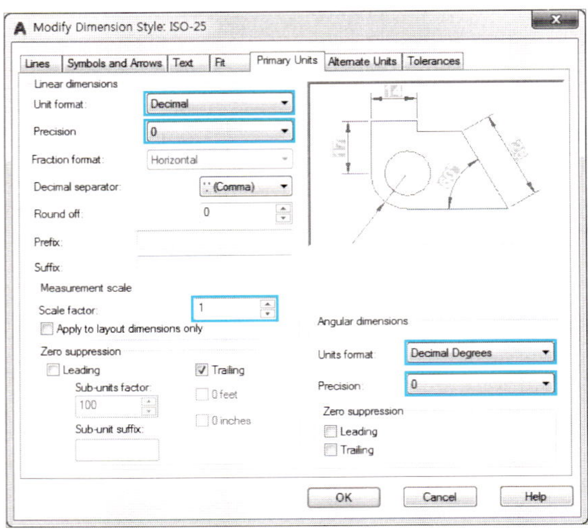

08 | 기본 도면 그리기

문제를 분석한 후 기준이 될 면부터 그린다. 다른 면은 XLINE을 이용해 45도 선을 그려 연장선을 이용해 완성한다.

주어진 문제 도면을 보면 치수가 가장 많고 형상이 정확하게 보이는 면은 바로 정면이다. 먼저 중심선을 그리고 정면부터 그린다.

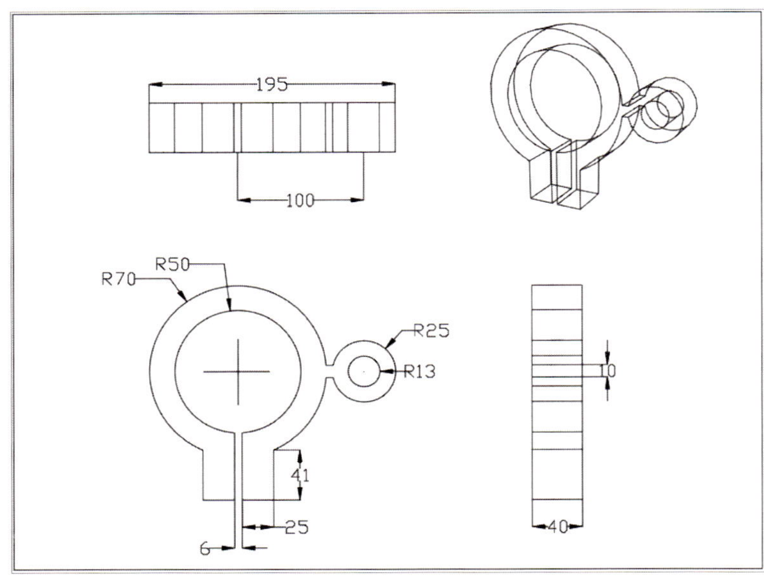

01 [Model] 공간으로 이동한 후 LINE 명령을 이용해 중심선을 그린다. 원을 반지름 등을 이용해 FRONT 뷰를 그린다. 연결 부위는 중심선을 연장하는 EXTEND, 잘라내는 TRIM 과 OFFSET 등의 명령을 이용하여 그린다.

02 TOP 뷰와 RIGHT 뷰를 그리기 위한 무한 연장선을 그리기 위해 XLINE을 45도 각도로 그린다.

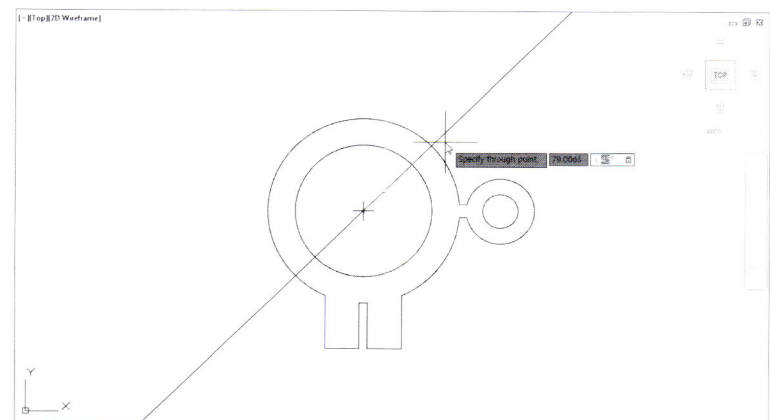

03 TOP 뷰를 그리기 위해 LINE 명령을 이용하여 정면의 양 끝점과 중심점에 연장선을 그린다. 연결선을 잇는 TOP 뷰의 중심선을 그린 후 OFF-SET 명령을 이용하여 위아래로 20 간격으로 선을 그린다.

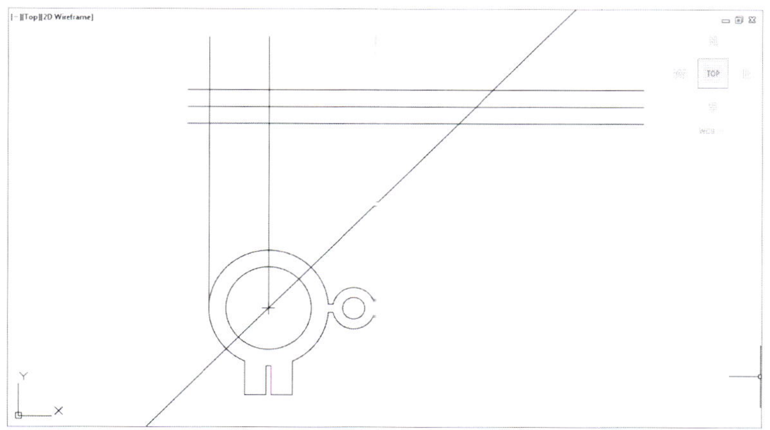

04 RIGHT 뷰를 그리기 위해 45
도 선과 TOP 뷰 선이 만나는
지점에서 수직 방향으로 연장
선을 그린다.

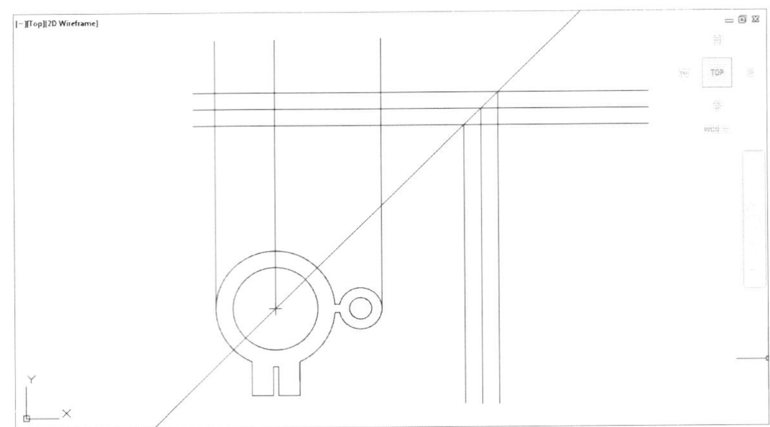

05 기준선을 맞췄으므로 FRONT
뷰의 각 점들을 연장시켜
TOP 뷰와 RIGHT 뷰의 내용
을 구성한다.

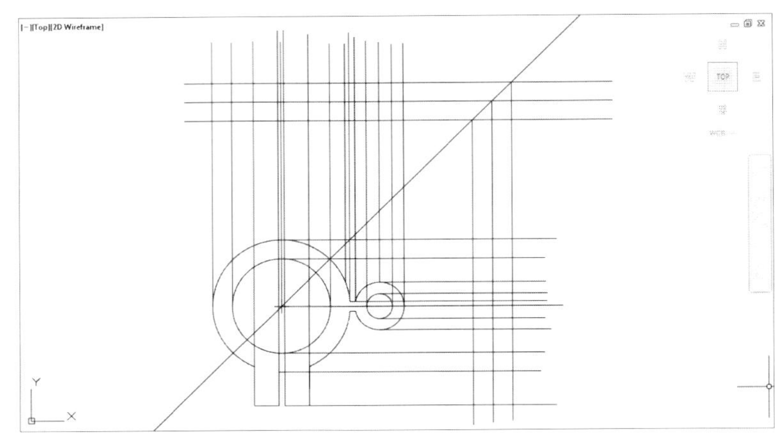

06 각 뷰의 기본 모양이 완성되
었으므로 TRIM 명령을 이용
해 불필요한 선들을 모두 지
운다. 이 과정에서 모자란 선
이 있다면 추가하면서 작업한
다.

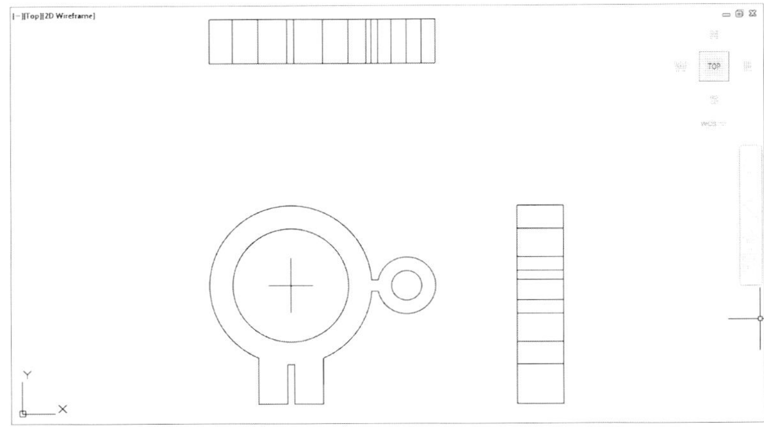

07 정확한 모양이 완성되었으므로 DIM, DIMRAD 등을 이용해 치수선을 추가한다.

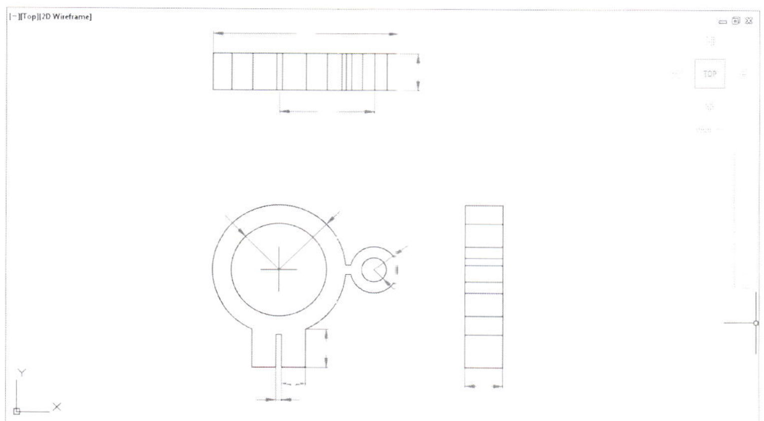

08 추가된 치수선들을 모두 선택하고 레이어를 'DIM'으로 바꾼다.

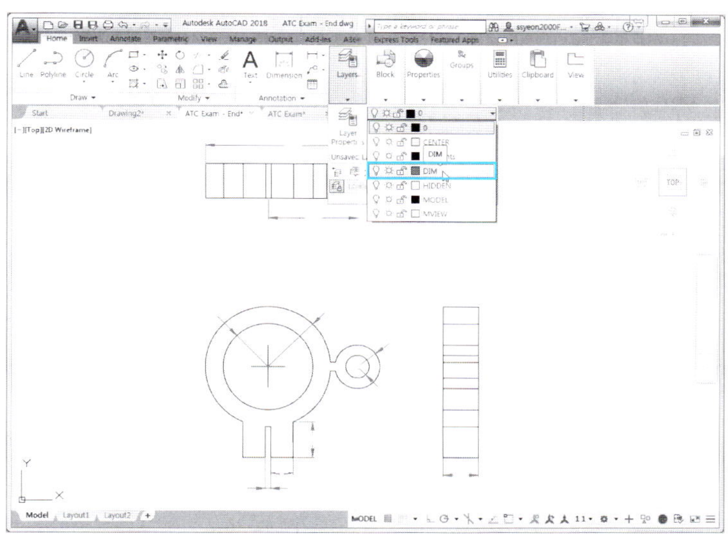

09 원의 중심선을 선택한 후 레이어를 'CENTER'로 바꾼다.

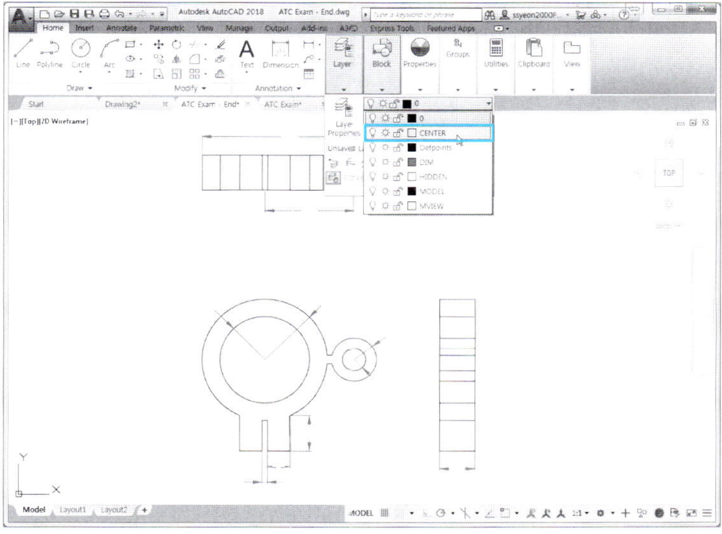

10 숨겨진 선들을 모두 선택한 후 레이어를 'HIDDEN'으로 바꾼다.

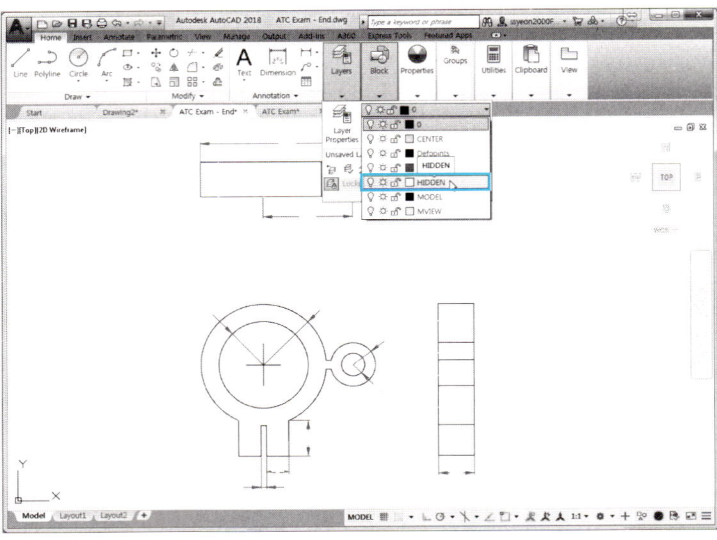

TIP

점선의 간격이 너무 크거나 작을 경우

도면의 크기에 따라 점선, 중심선의 간격이 크거나 작을 수 있다. 이 경우 해당 객체들을 선택하고 **Ctrl**+**1**을 누른 후 Line-type scale 값을 작게 또는 크게 입력해 조정한다.

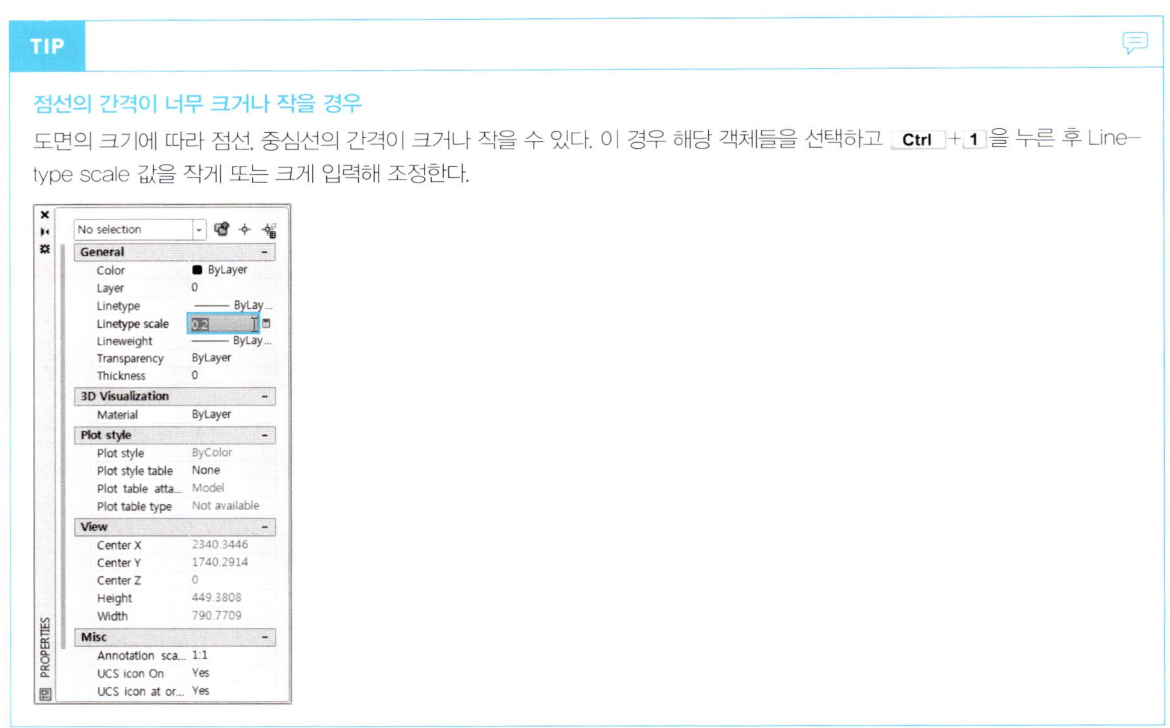

여러 뷰로 구성된 도면이라 할지라도 결국에는 한 평면 위에서 그려진 결과이다. 레이아웃을 통해 원하는 뷰로 재구성해 출력할 수 있도록 한다. 이 과정까지 마치면 시험 준비에는 기본기를 갖췄다고 할 수 있다.

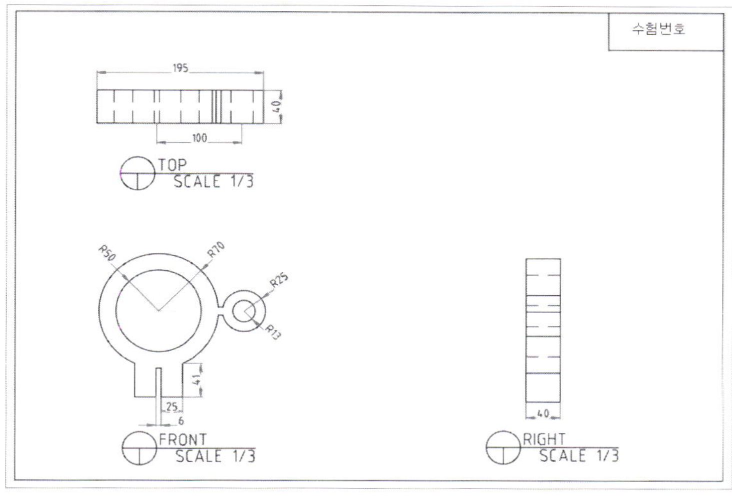

01 MVIEW를 이용하여 4개 뷰로 배치하기

[Layout] 공간으로 이동 후 MVIEW 명령으로 TOP, FRONT, RIGHT 뷰로 나눠 배치한다.

01 [Layout1] 공간을 클릭해 이동한다. 'MIVEW' 레이어를 선택해 기본 레이어를 변경한다.

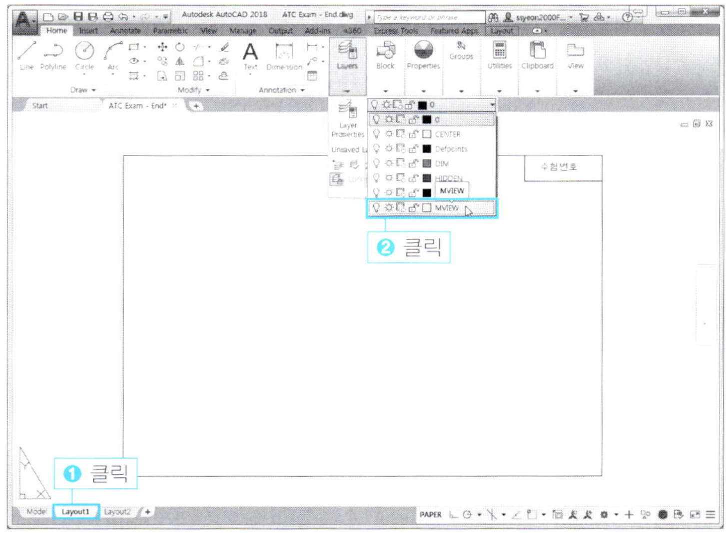

02 'MVIEW'를 입력한 후 **Enter** 를 누르고, 4개 뷰를 사용하기 위해 '4'를 입력한 후 **Space Bar** 를 누른다. [Lay-out1]에 그린 사각형의 양 끝점을 각각 클릭한다.

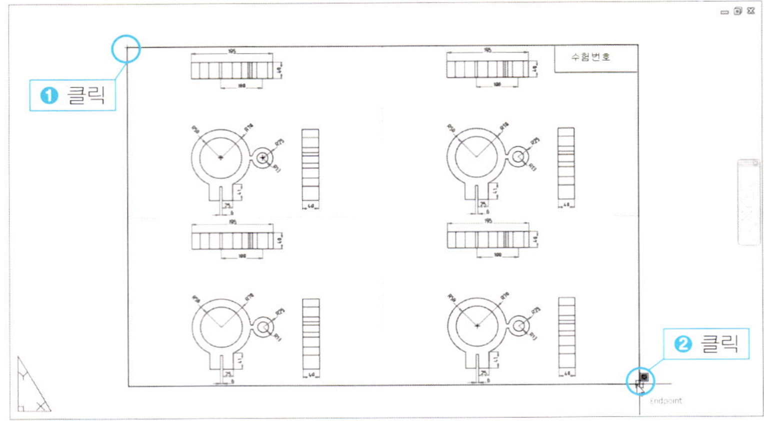

03 우측 상단의 뷰는 클릭한 후 **Del** 를 눌러 지운다.

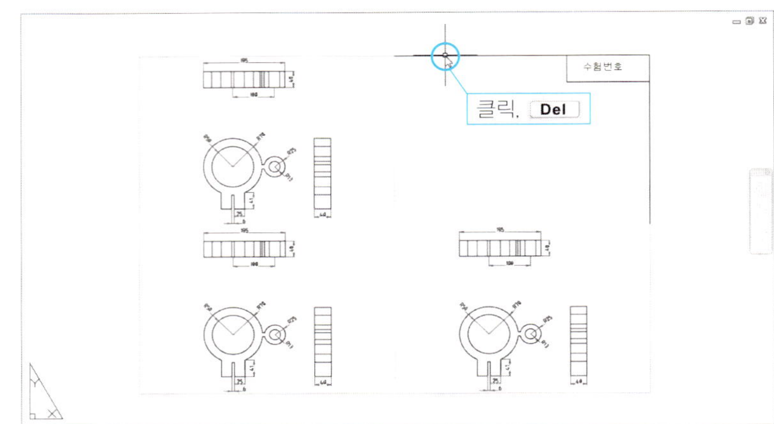

12 ZOOM으로 각 뷰에 축척 맞추기

4개 뷰로 나뉘어 보이지만 크기가 저마다 달라 축척을 정확히 맞춰야 한다. 이를 위해 ZOOM 명령의 Scale 옵션을 사용한다.

01 왼쪽 상단 뷰를 더블클릭한 후 'ZOOM'을 입력하고 **Enter** 를 누른다. 바로 'S'를 누른 후 **Space Bar** 를 누른다.

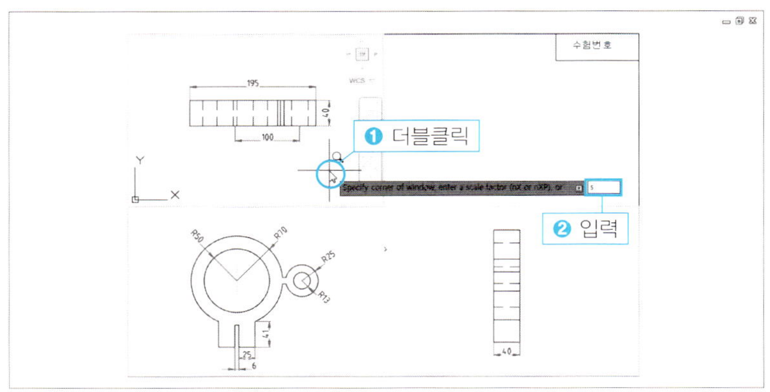

02 축척 비율을 맞추기 위해 '1/3xp'를 입력하고 **Space Bar** 를 누른다.

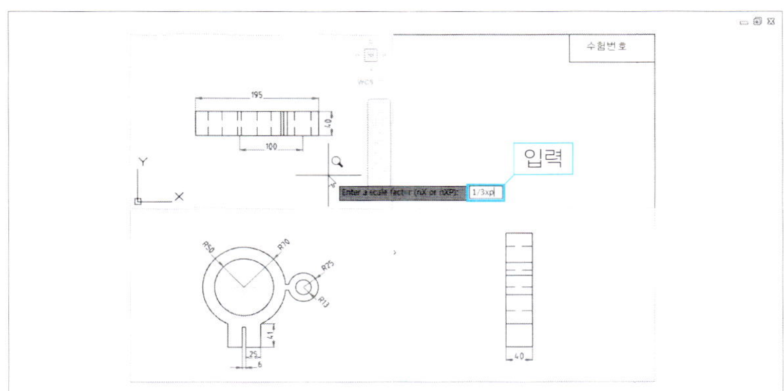

---

03 같은 방법으로 왼쪽 하단 뷰를 더블클릭한 후 1/3xp 축척 비율로 맞춘다. 오른쪽 하단 뷰 역시 더블클릭한 후 1/3xp 축척 비율로 맞춘다.

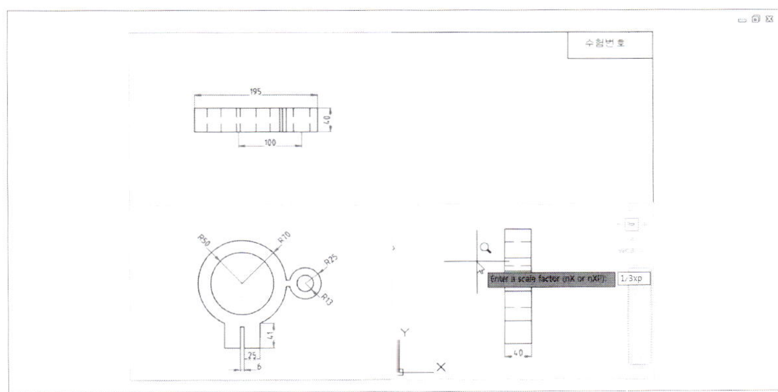

각 뷰 속에 있는 도면이 정렬되어 있지 않다. 이를 MVSETUP 명령으로 정렬한다.

01 왼쪽 하단 뷰를 더블클릭한다. 'MVSETUP'을 입력한 후 Enter 를 누른다. 뷰를 정렬시키기 위해 [Align]을 선택한다.

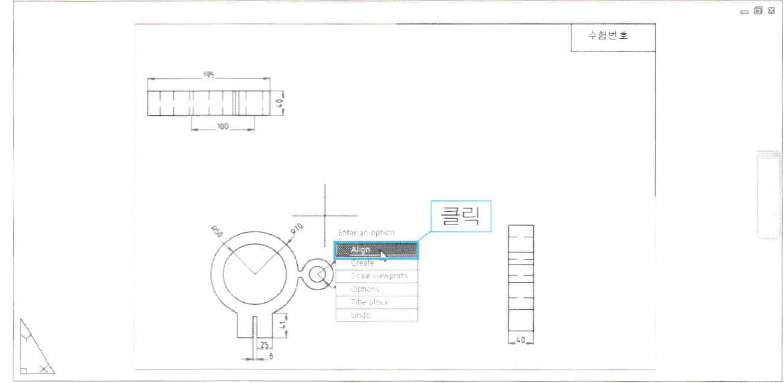

02 먼저 위쪽 뷰와 수직 방향으로 정렬하기 위해 [Vertical alignment]를 선택한다.

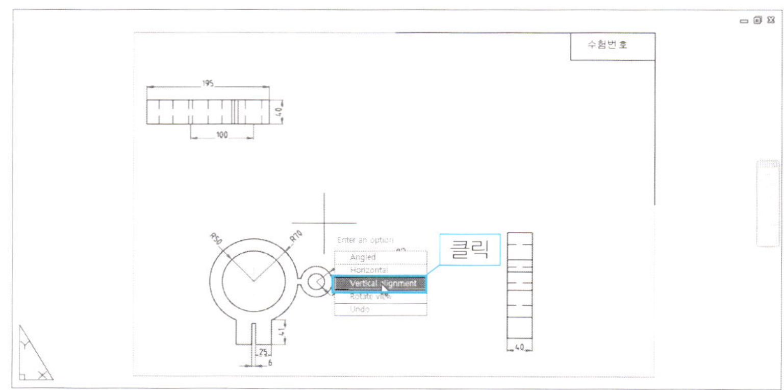

03 [Drafting Settings] 대화상자를 불러온 후 [Intersection]을 체크하고 닫는다.

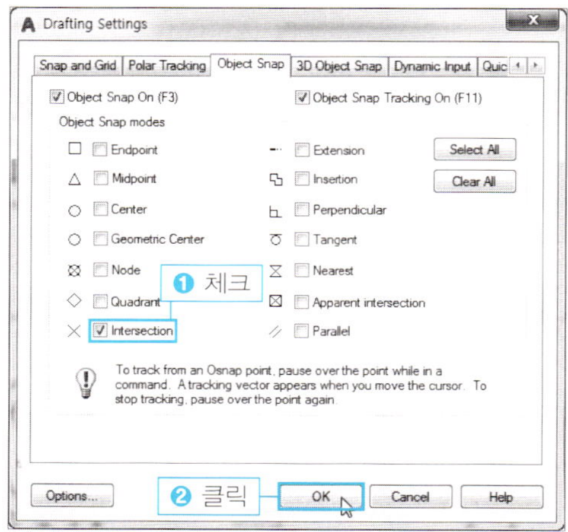

04 왼쪽 하단 뷰의 원 중심점을 클릭한다.

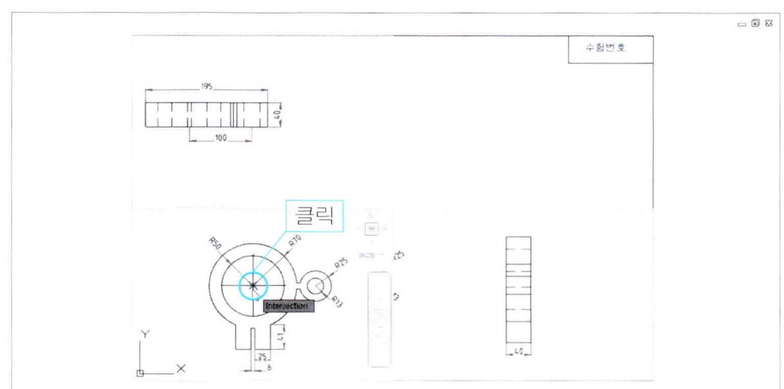

> **TIP**
>
> MVSETJP을 실행하면 OSNAP이 자동으로 꺼진다. 이 때문에 중심점 클릭 전 교차점 설정을 진행해야 한다.

05 왼쪽 상단 뷰를 더블클릭한다. 도면에서 중심점 위치와 정렬한 지점을 정확하게 클릭하면 왼쪽 도면과 위쪽 뷰의 도면이 서로 정렬된다.

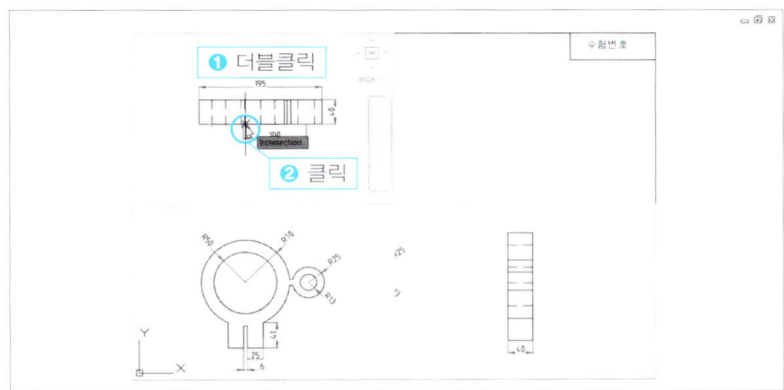

06 왼쪽 하단 뷰를 더블클릭한 후 'MVSETUP'을 입력한 후 **Enter** 를 누른다. 뷰를 정렬시키기 위해 [Align]을 선택한다.

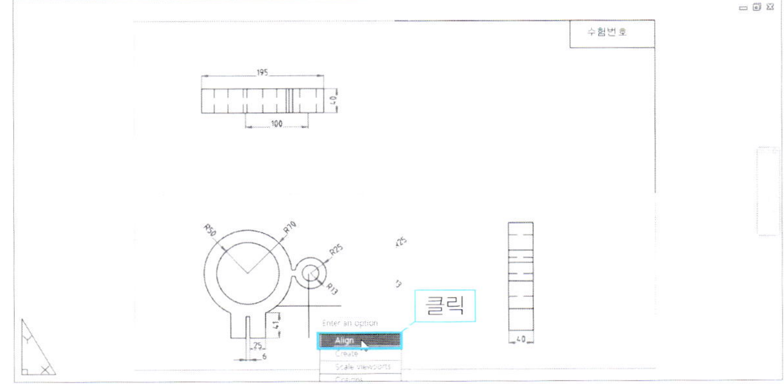

07 이번에는 오른쪽 뷰와 수
평 방향으로 정렬하기 위해
[Horizontal]을 선택한다.

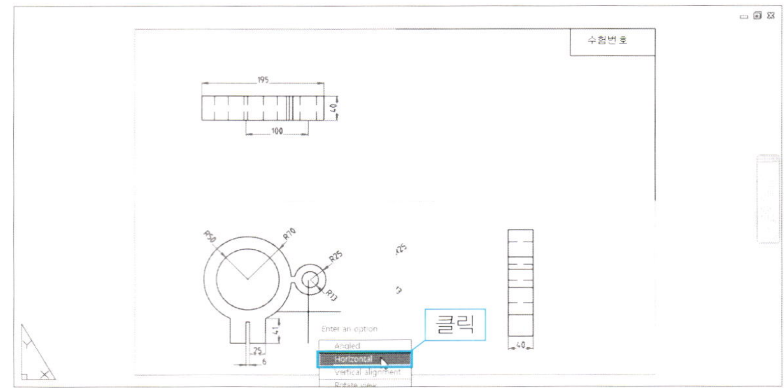

08 [Drafting Settings] 대화상자를 불러온 후 [Intersection]
을 체크하고 닫는다.

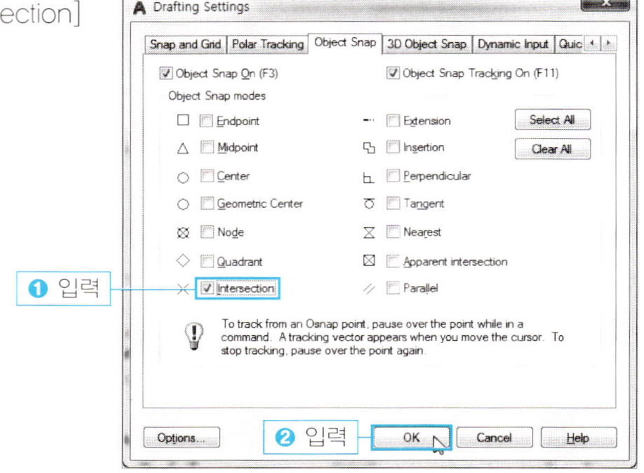

09 왼쪽 하단 뷰의 원 중심점을
클릭한다.

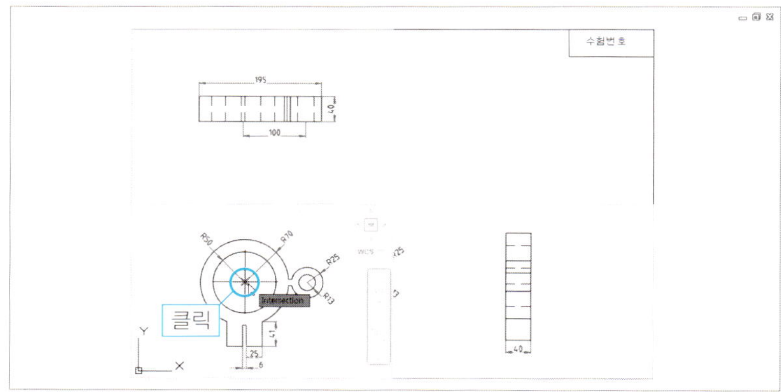

10 오른쪽 하단 뷰를 더블클릭한
다. 도면에서 중심점 위치와
정렬한 지점을 정확하게 클릭
하면 왼쪽 도면과 오른쪽 도
면이 서로 정렬된다.

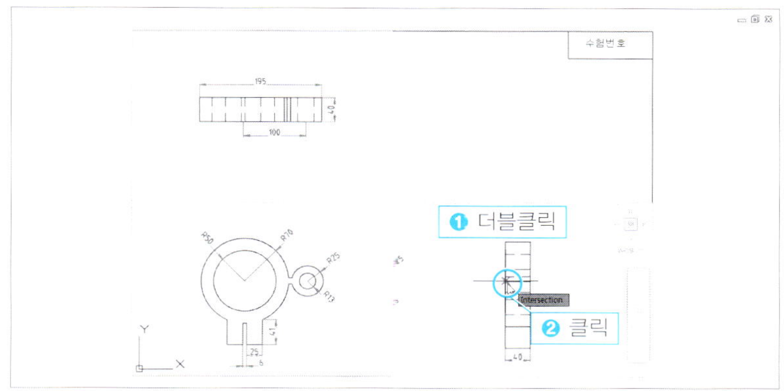

04 Layout 고정과 파일 저장

배치가 완료되었으므로 뷰를 고정시키고 뷰 이름을 넣은 후 파일을 저장한다.

01 완료된 Layout 뷰를 고정시
키기 위해 'MVIEW' 레이어의
[Freeze]( )를 클릭한다.

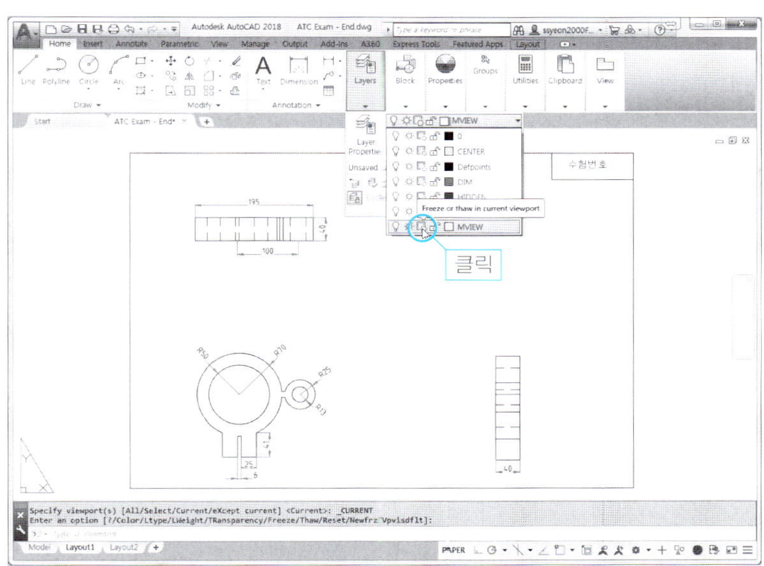

02 CIRCLE과 LINE, TEXT 명령을 이용하여 각 뷰
이름 표식을 넣고 이를 저장한다.

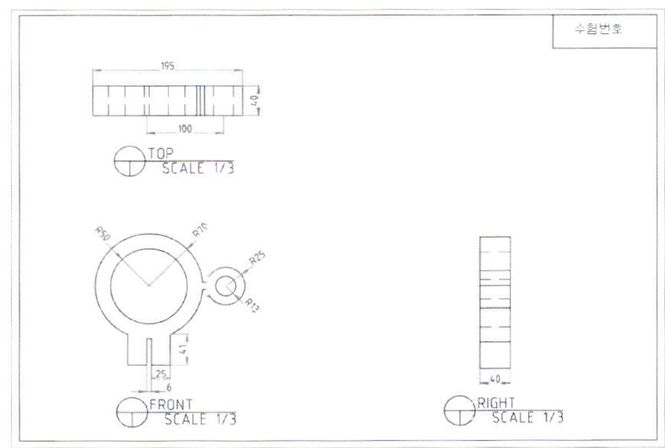

PART >>
02

AutoCAD 기계 설계를 위한 3차원 명령어 기본기

일반적으로 AutoCAD는 2차원 도면에만 사용되는 것으로 알고 있지만 최근 기술 발전에 힘입어 3D 설계도 가능해졌다. 이에 강력하게 지원되는 AutoCAD 3차원 설계 기법에 대해 알아본다.

CHAPTER 01

3차원 작업 환경 바꾸기

>> 시작함에 있어 숨겨져 있는 3차원 모델링 기능을 불러오는 방법을 알아보고 이에 따른 3차원의 기본 개념을 살펴본다.

01 | 3차원 작업을 위한 환경 변경

3차원 작업에 앞서 환경을 바꾸는 것은 중요하다. 2차원과 달리 이해해야 할 개념도 많고 도구들도 달라지기 때문인데 이에 대한 핵심적인 부분을 살펴본다.

01 AutoCAD 3차원 작업 환경으로 바꾸기

2차원 작업에 많이 사용하던 [Drafting & Annotation] 환경은 2차원 도면에 최적화되어 있어 3차원 도구들은 모두 숨어 있다. 3차원 작업을 위해 하단 오른쪽 [Workspace Switching] 툴 팁이 나타나는 곳에서 ▾를 클릭한 후, [3D Basic]을 선택한다.

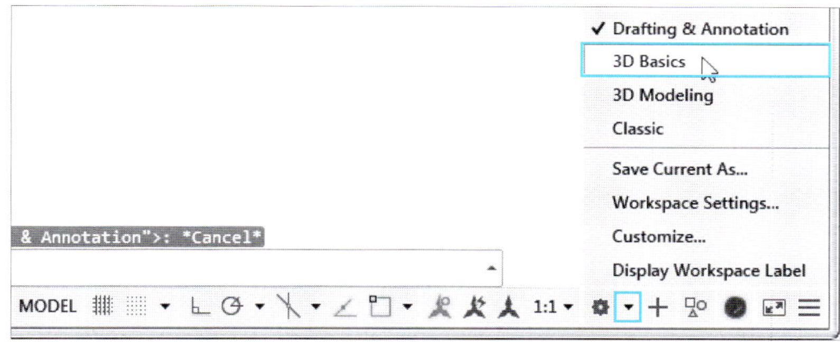

[3D Basic] 환경으로 바뀌면 리본 탭의 내용들이 전반적으로 바뀐다. 사용자 환경은 [3D Basic] 이외에 [3D Modeling]이란 것도 있는데 이것은 편집 기능까지 제공하는 고급 기능이므로 별도의 학습 과정이 필요하다.

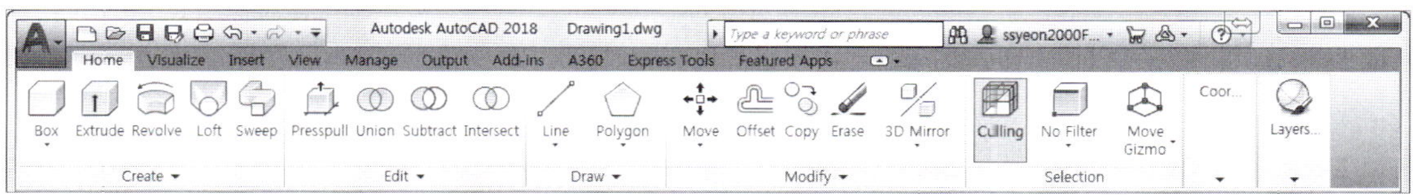

▲ [3D Basic] 사용자 환경

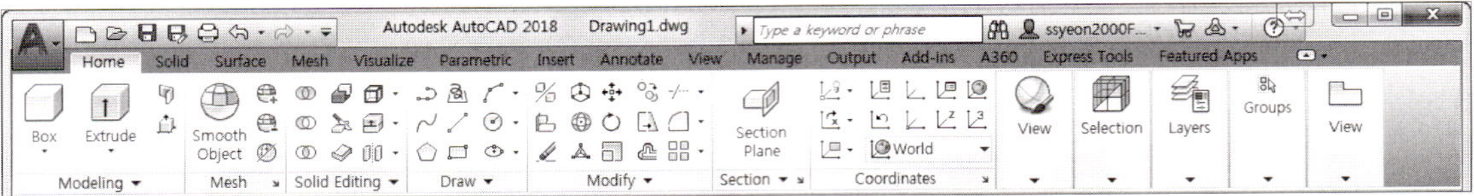

▲ [3D Modeling] 사용자 환경

3차원 작업은 2차원 작업에 비해 다소 복잡하다. 2차원이 X축, Y축 만으로 구성된 단순한 면에서 모든 도면 작업이 진행된다면 3차원 작업은 X축, Y축, Z축 즉 깊이 정보까지 함께 다룬다.

▲ 2차원인 XY 평면

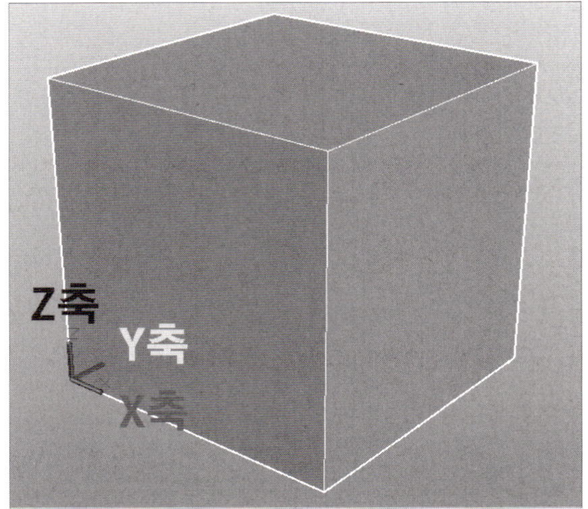

▲ 3차원인 XYZ 공간

3차원이란 개념도 어려운데 AutoCAD에서는 UCS(User Coordinate System)란 용어도 나온다. UCS란 '사용자 정의 좌표계'란 뜻으로 매우 어렵게 느껴진다. 2차원 작업 때 사용되던 평면이 절대축의 정해진 위치를 사용했다면 이 축의 위치를 사용자 마음대로 바꿔 사용할 수 있다는 것이다.

▲ 위에서 바로 보는 뷰인 절대좌표계

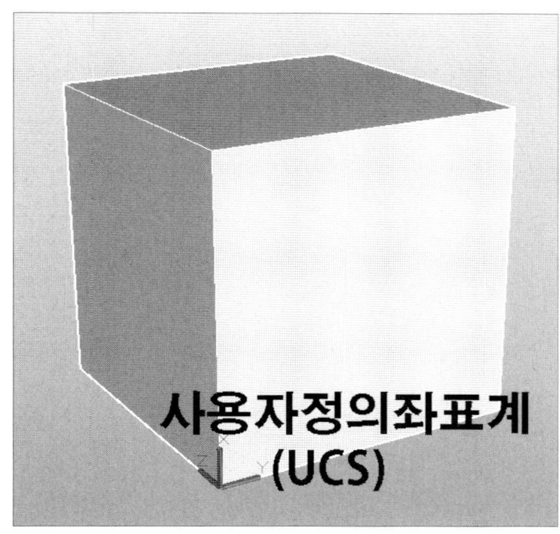

▲ 정면에서 바라보는 변경된 사용자 정의 좌표계(UCS)

이 또한 어렵다. 이렇게 이해하자. 절대축의 정해진 위치에서 그린 도형이 있는데 상황에 따라 도형의 면을 기준으로 새로운 도형을 추가하고자 한다면 축의 위치를 면 위치로 바꿔 사용하면 된다는 것이다. 이런 기능이 UCS 개념이다. 막상 사용하다 보면 그리 어렵진 않다.

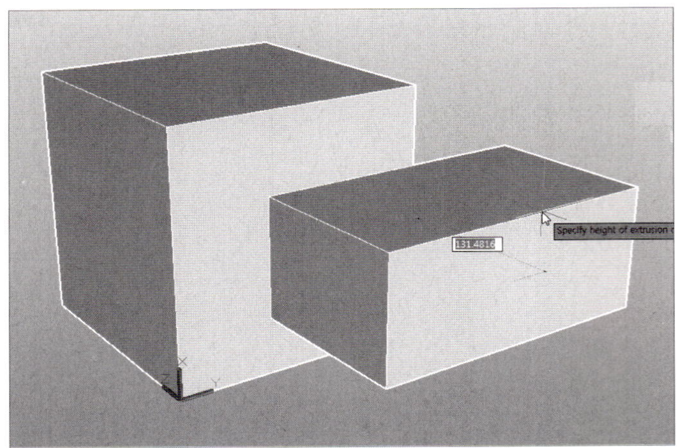

▲ 정면으로 뷰가 바뀐 UCS로 인한 정면에서 도형 그리기

03 | 뷰(VIEW) 다루기

2차원 평면은 단순한 면에서 작업하는 것이었다. 3차원으로 들어가면 깊이 방향의 모양도 살펴볼 수 있다는 것인데 뷰를 돌리는 방법은 의외로 간단하다. **Shift**를 누른 상태에서 마우스 휠을 드래그하면 2차원 뷰가 바로 3차원으로 변경된다.

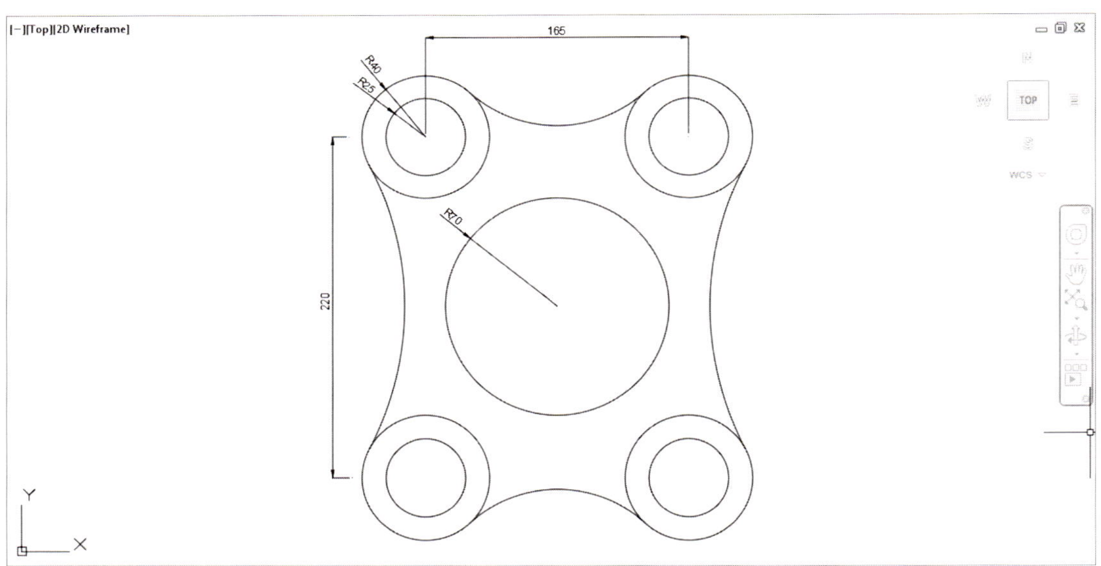

▲ 2차원 도면 뷰

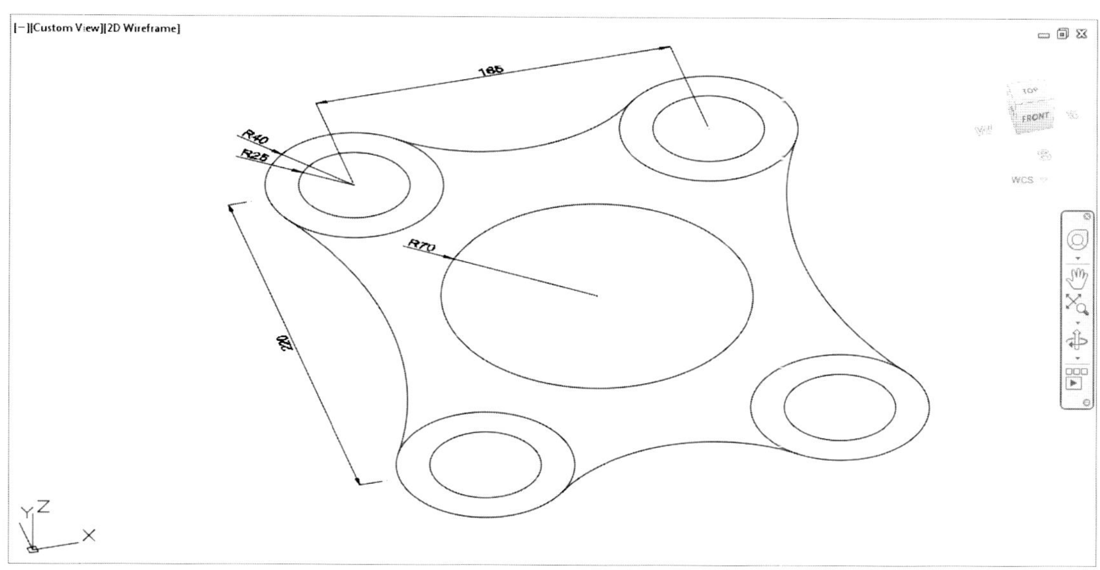

▲ 3차원 도면 뷰

한 번 뷰가 회전되면 당황하기 마련인데 평소에 보던 XY축 면을 보고자 한다면 화면 우측 상단에 있는 [뷰 큐브]의 [TOP]을 클릭하면 원상태로 돌아온다. [뷰 큐브]는 화면의 상태를 동서남북 90도 각도로 빠르게 돌려볼 수 있게 도와준다.

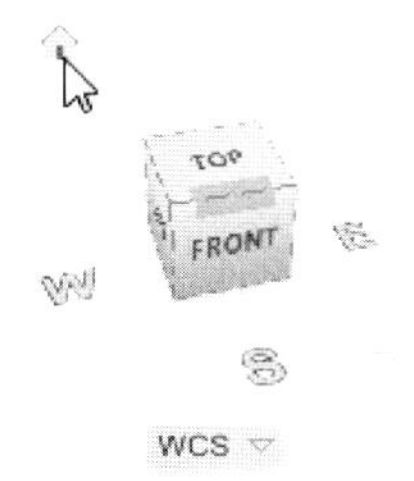

[뷰 큐브]는 화면의 회전뿐 아니라 사용자가 매우 어렵게 느끼는 UCS를 쉽게 사용할 수 있도록 돕는다. 일반적으로 우리가 사용하던 좌표 체계인 WCS(World Coordinate System)를 표시한다.

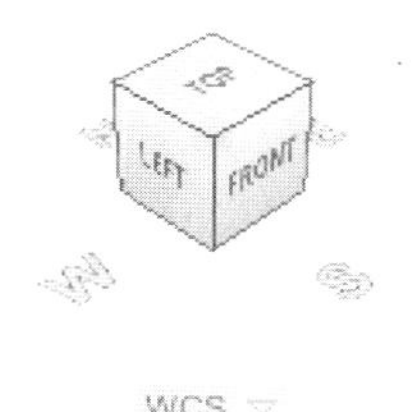

사용자 정의 좌표계인 UCS의 사용법을 알아본다.

01 2차원 작업 중인 도면을 3차원 공간에서 볼 수 있으며 또한 좌표계마저 바꿔 사용할 수 있다. 먼저 **Shift** 를 누른 상태에서 마우스 휠을 드래그하여 공간을 3차원 뷰로 바꾸고 [뷰 큐브]의 [WCS]를 [New UCS]로 선택한다.

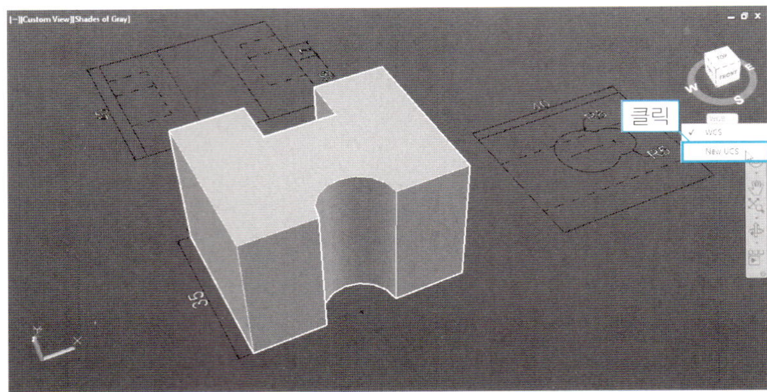

▲ 3차원 작업 후, [뷰 큐브]에서 [New UCS] 선택

02 [New UCS]를 선택하면 좌표축의 원점을 클릭해 축을 이동시킨다. 새로운 좌표계를 정의하기 위해 2번의 클릭을 하면 되는데 X축의 끝점, Y축의 끝점 순으로 방향을 결정하면 된다. 이때부터 사용자 만의 좌표계 공간으로 사용하게 되는 것이다.

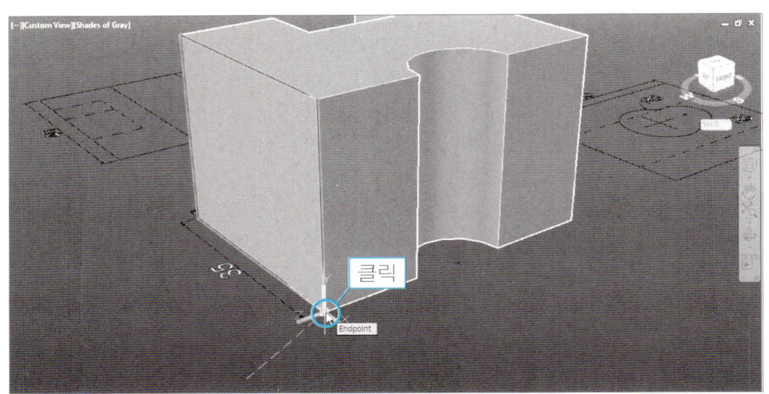

▲ 새로운 축의 원점 클릭

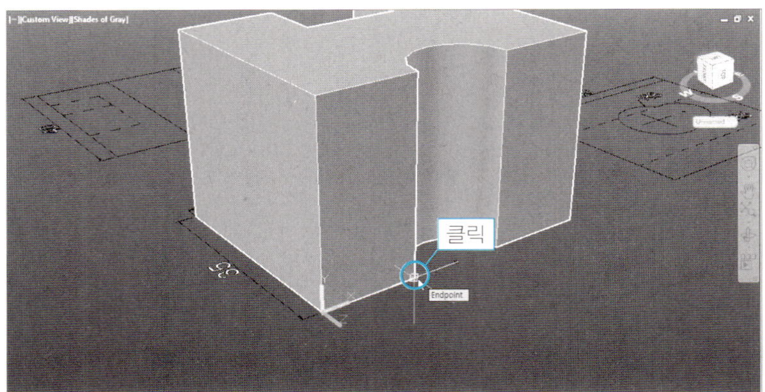

▲ X축으로 쓸 끝점 클릭

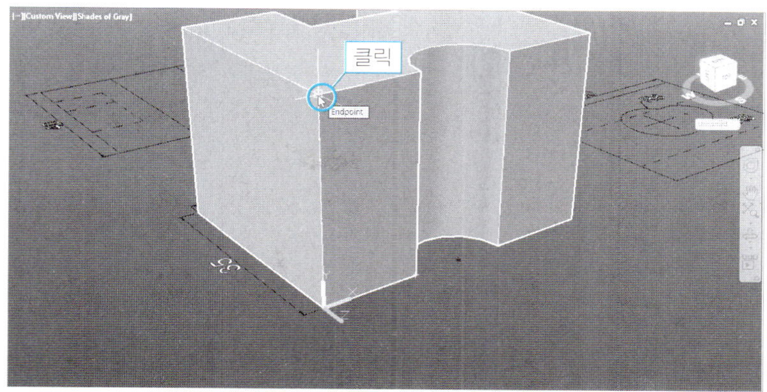

▲ Y축으로 쓸 끝점 클릭

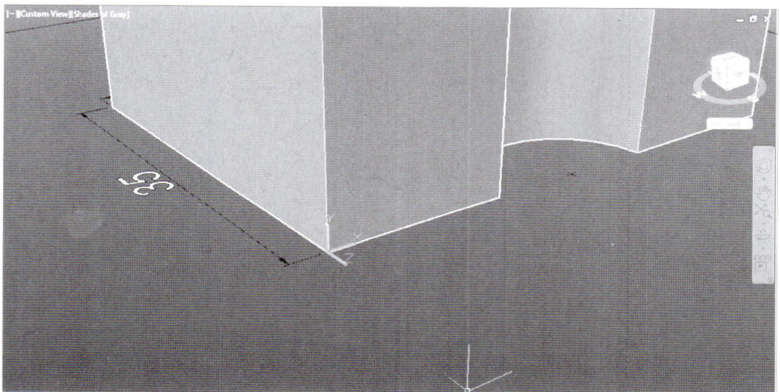

▲ 사용자 정의 좌표계인 UCS 가동

03 원래의 WCS 좌표계로 되돌아 가려면 [뷰 큐브]의 [WCS]를 선택하면 된다.

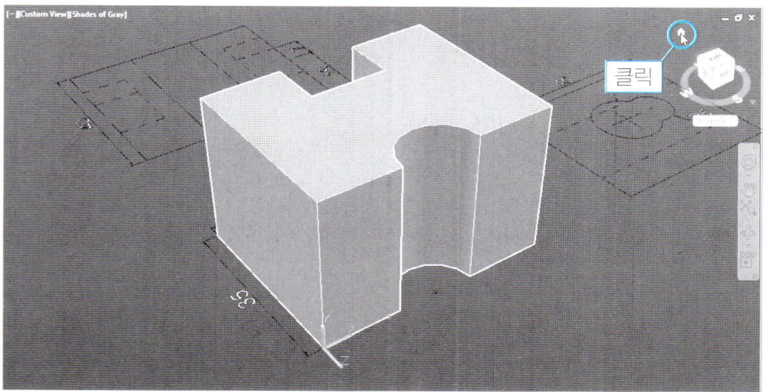

3차원 작업은 작업 중이던 선을 중심으로 만드는 것이 기본이지만 미리 만들어진 기본 도형으로 시작해도 무리는 없다. AutoCAD에서는 Box, Cylinder, Sphere 등의 기본 도형을 여러 가지 제공한다.

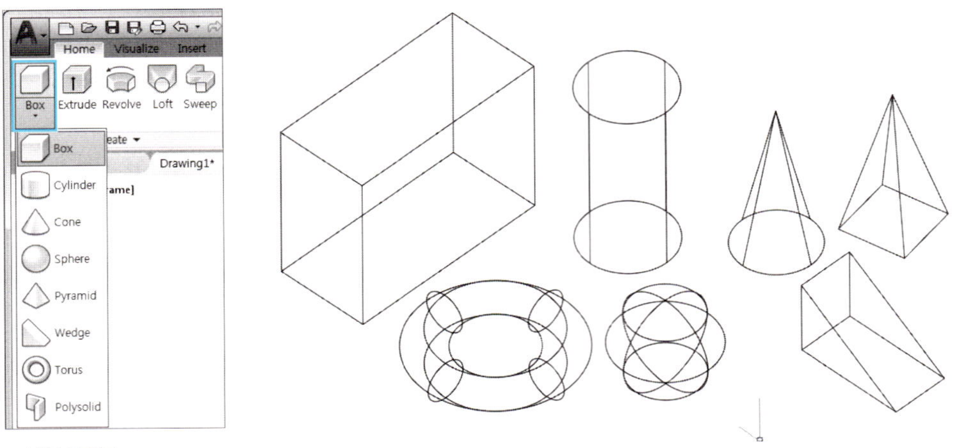

▲ 기본 도형들

기본 도형은 원하는 대로 모양을 변경할 수 있다. 처음 만들어진 원본은 표시되는 화살표를 움직여 크기를 바꿀 수 있다.

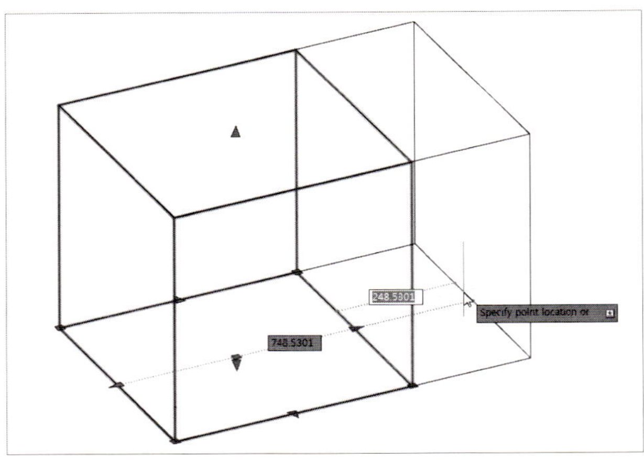

또한 내부 구성물인 점(Vertex), 모서리(Edge), 면(Face)을 선택할 수 있다.

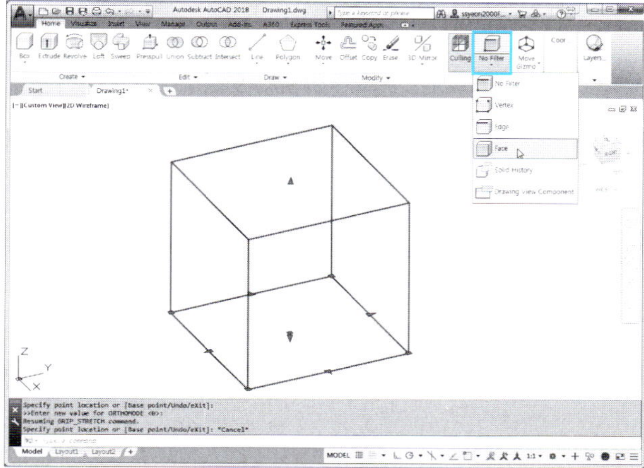

▲ 변경 툴 선택

선택된 내부 구성물은 이동(Move), 회전(Rotate), 크기 변경(Scale) 등도 가능하다.

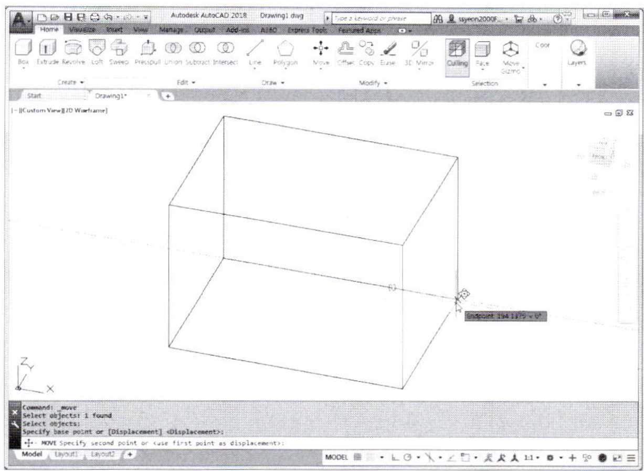

▲ 면 이동

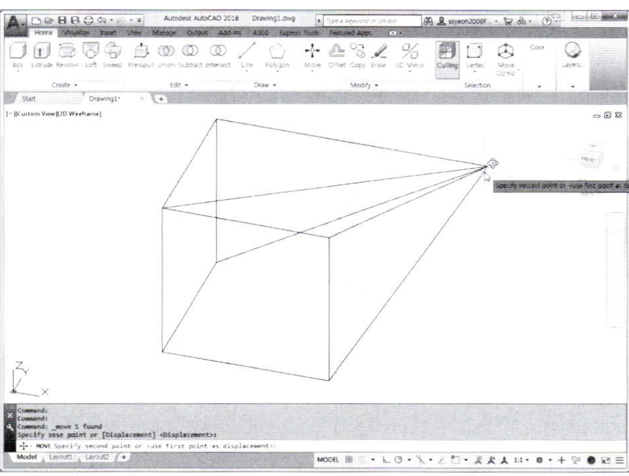

▲ 점 이동

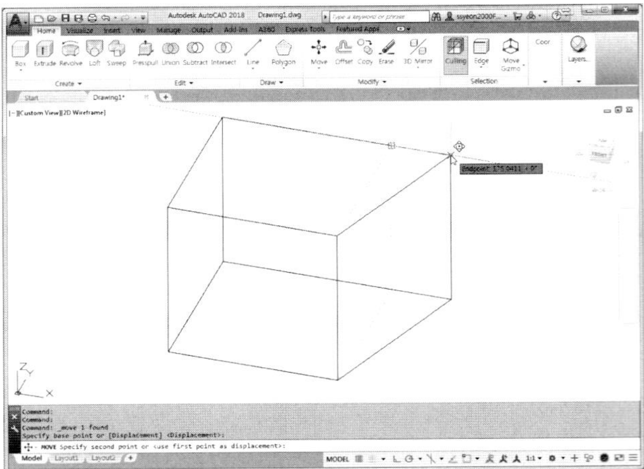

▲ 모서리 이동

CHAPTER 02

3차원 기하학적 도형 만들기

>> 기본 도형만으로 원하는 모양을 만들기란 쉽지 않다. 그래서 기본 선을 그린 후, 이를 이용하여 완성하는 여러 가지 방법을 제공한다. 돌출(Extrude), 면 잇기(Loft), 회전(Revolve), 따라 돌기(Sweep) 등이 있는데 이에 대해 살펴본다.

01 | AutoCAD 3차원 작업을 위한 기본기

AutoCAD 3차원 작업은 2차원 선을 3차원화시키는 것으로 시작된다. 기본적인 방법을 알아본 후, 셰이딩(Shading)까지 살펴본다.

작도된 도면에 대한 경계 만들기 – BO(BOUNDARY)

AutoCAD에서는 닫힌 도형일지라도 기본적으로 선들의 집합으로 이해한다. 즉, 면으로 인식되지 않는다는 것인데 닫힌 도형을 면으로 인식시키기 위해서 Bo(BOUNDARY)를 이용한다.

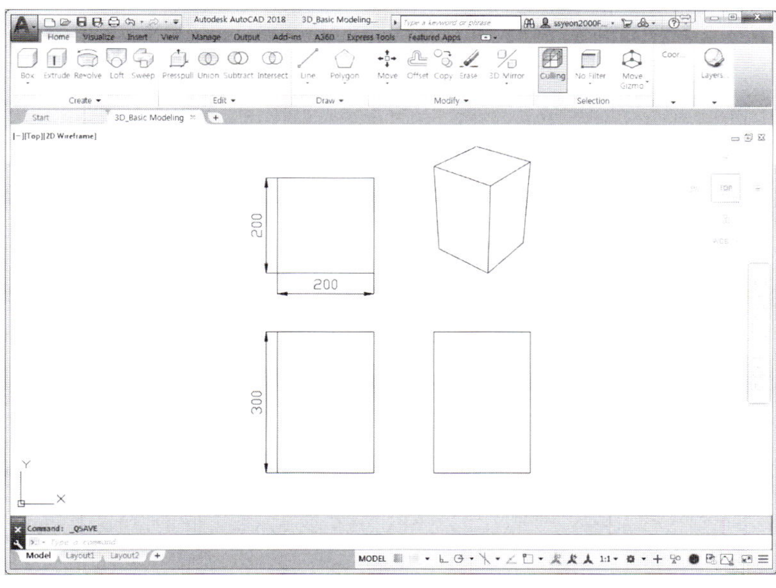

도면 파일 : [Sample] – '3D_Basic Modeling.dwg'

01 'BO'를 입력한 후, **Enter** 를 누른다. [Boundary Creation] 대화상자에서 ⊞를 클릭한다.

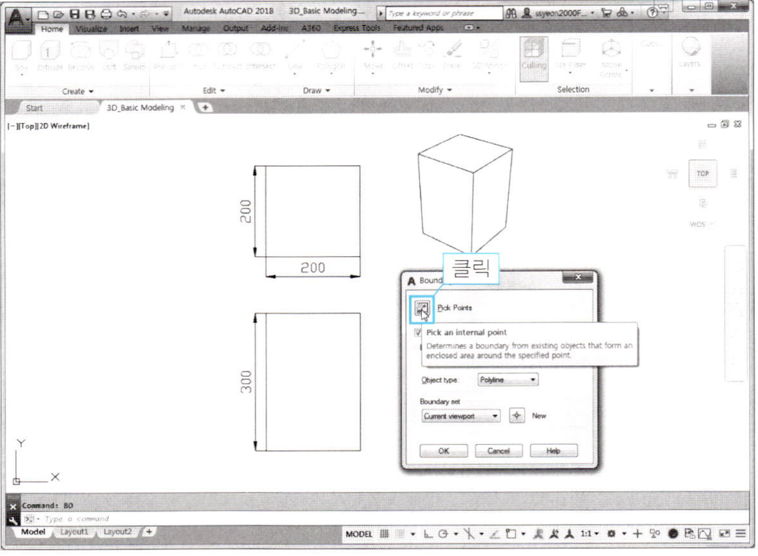

02 면으로 인식이 필요한 공간을 각각 클릭해 폴리선으로 변경한다. 폴리선은 연속된 선을 의미한다.

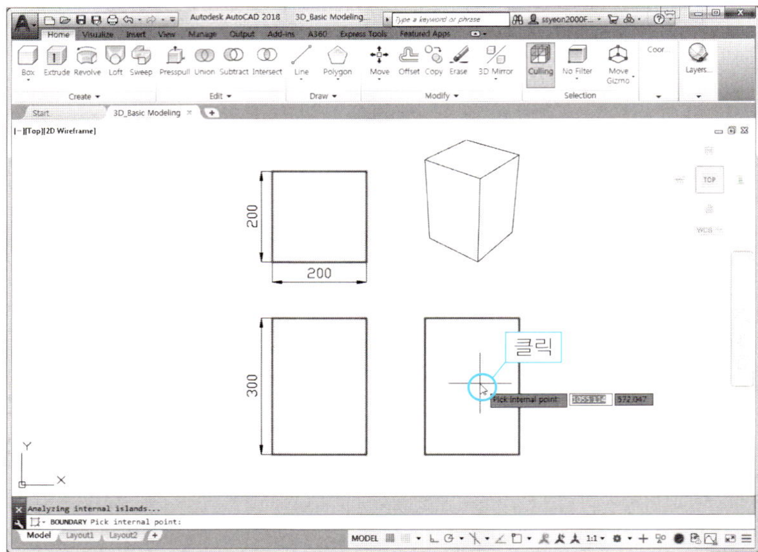

02 3차원 공간에서 모델링하기

면으로 바뀐 폴리선을 이용해 면을 돌출시켜 쉽게 3D 모델을 완성한다.

먼저 **Shift**를 누른 상태에서 마우스 휠을 드래그하여 3차원 뷰로 바꾼다. 위에서 본 사각형 면을 클릭하고 [Home]의 [Extrude](🔲)를 선택한다. 높이 값 설정을 위해 '300'을 입력하고 **Space Bar**를 누른다.

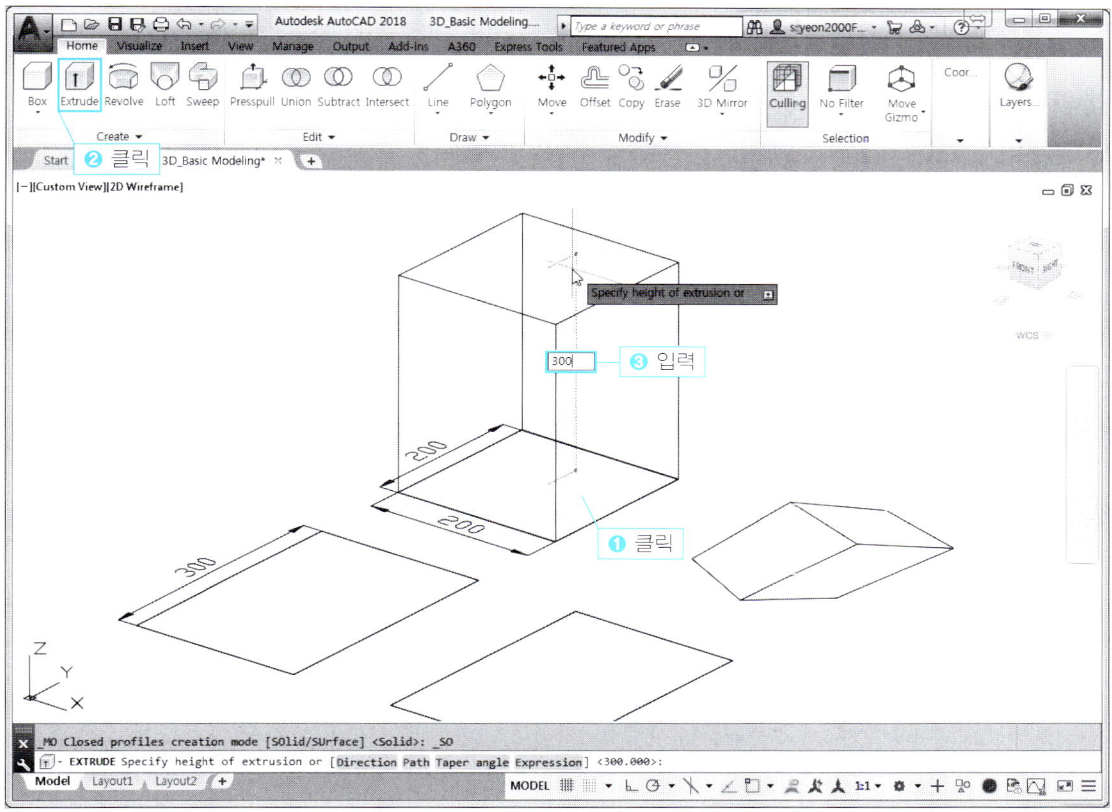

03 완성된 3차원을 세이딩(Shading) 모드로 바꿔 보기

완성된 모델에 색을 입혀 볼 수 있다. 이때 사용하는 명령이 SHA(SHADEMODE)인데 이를 이용하면 다양한 방법으로 최종 결과를 확인할 수 있다.

01 'SHA'를 입력한 후, [Enter]를 누른다. 화면에 나타난 선택 방법 중 [Realistic]을 선택한다.

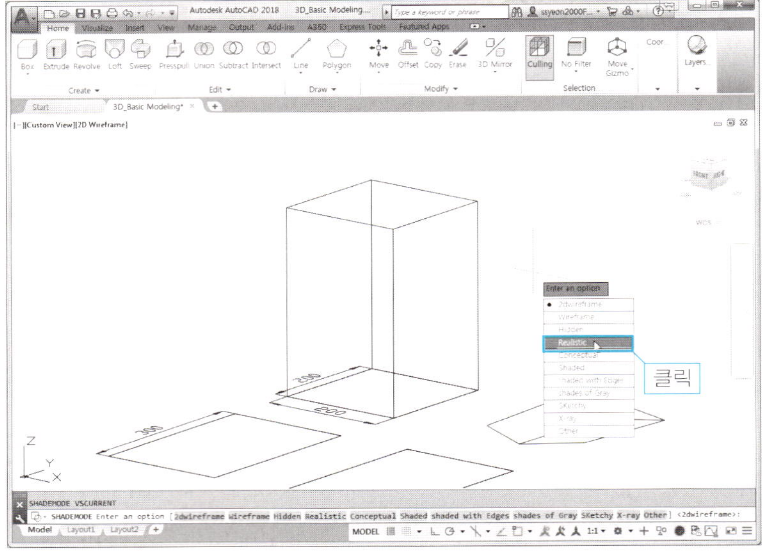

02 다른 모드로 바꿔 결과를 확인한다.

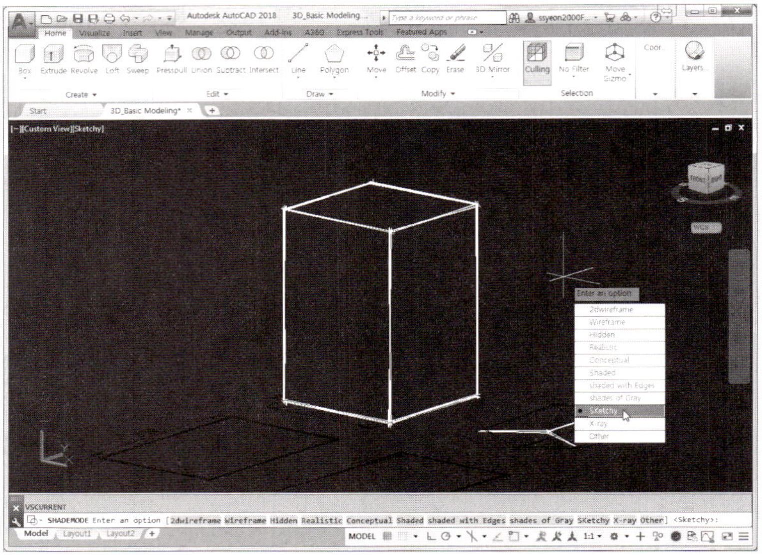

돌출은 단순히 선 하나를 돌출시키는 것은 의미가 없다. 3차원 모양을 정확하게 만들려면 닫힌 선이어야 옳은데 선(LINE)을 사용하는 것보다 폴리선(PLINE)을 사용하는 것이 좋다.

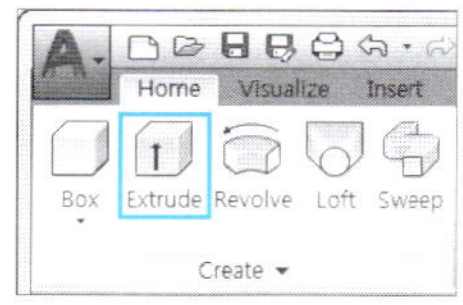

◀ Before

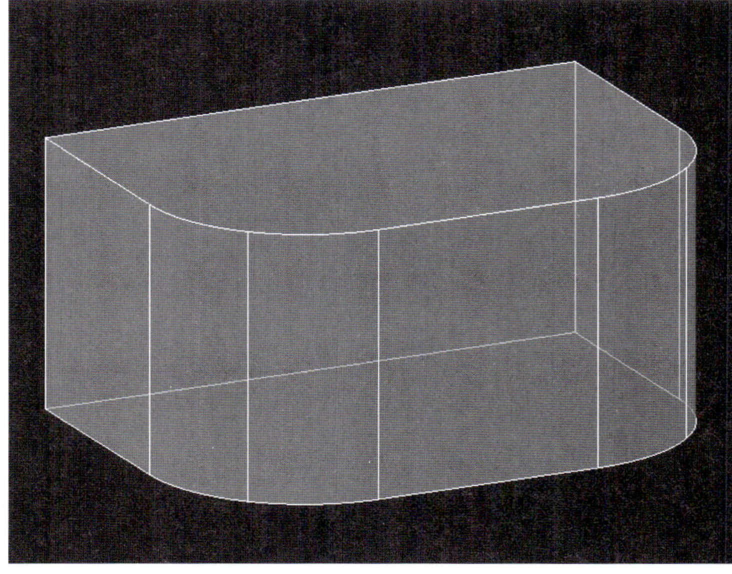

◀ After

01 LINE을 사용하여 면 만들기

LINE을 이용하여 연이은 선을 그렸다 하더라도 이는 떨어져 있는 선들의 결합일 뿐이다. 그러므로 하나의 선으로 바꾸기 위해서는 PEDIT으로 선을 합쳐 사용해야 한다.

도면 파일 : [Sample] — '3D Extrude Convert.dwg'

01 LINE과 ARC 등을 이용해 연이은 선을 그려 돌출시킬 면을 구성한다. 그린 결과를 보면 이어져 있는 것처럼 보이나 따로 떨어져 있는 선이다.

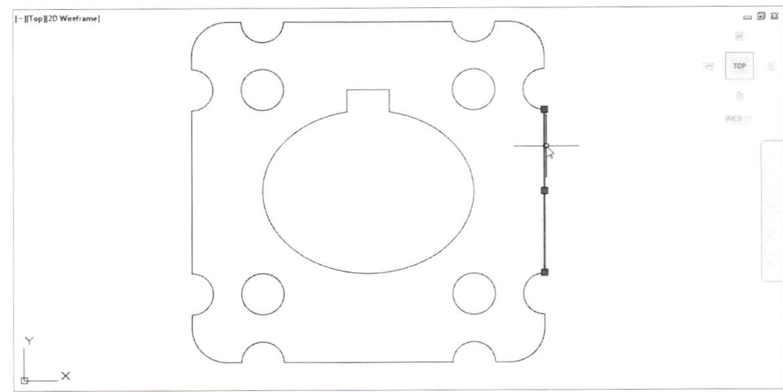

02 선들을 하나로 연결한 폴리선으로 바꾸기 위해 'PE'를 입력하고 **Enter** 를 누른다. 선택한 선을 하나로 변경하겠냐는 물음에 Y를 선택한다.

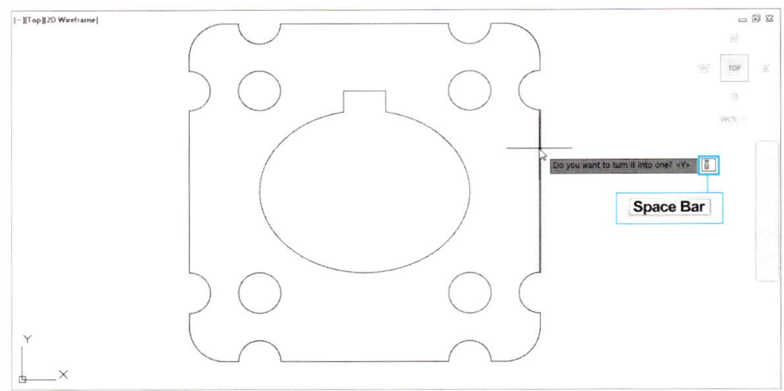

03 선택한 선과 나머지들을 연결하겠다는 [JOIN]을 선택한다.

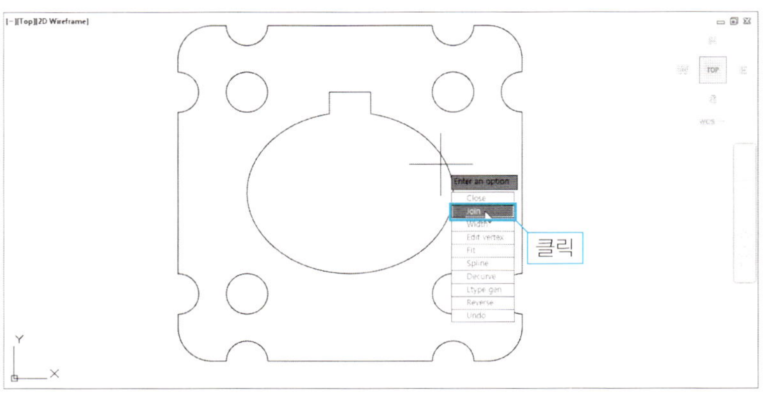

04 선택한 선과 이어진 위치에 있는 모든 선들을 클릭해 선택하고 Space Bar 를 누른다.

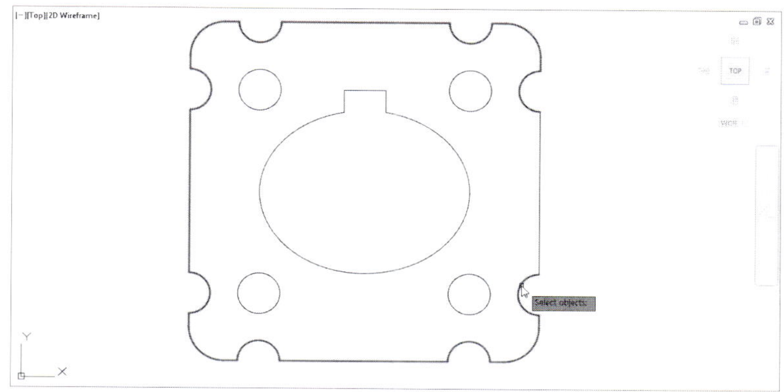

05 합쳐진 선을 클릭해 확인해 보면 하나의 폴리선으로 바뀐 것을 확인할 수 있다.

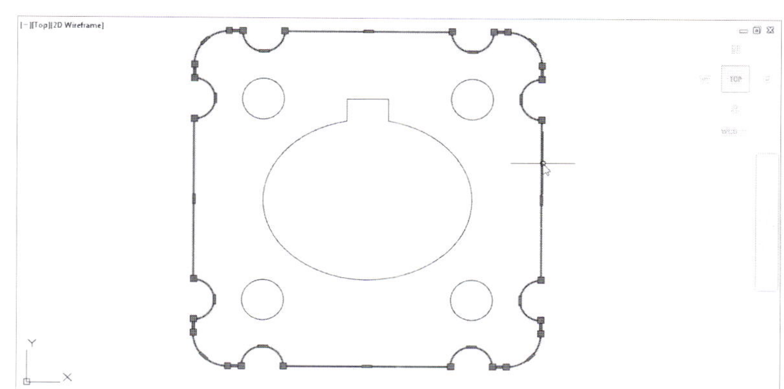

02 PLINE을 이용하여 3차원 모델 만들기

PLINE을 이용하면 폴리선을 직접 그릴 수 있다. 돌출을 이용해 완성된 폴리선을 3차원 모델로 만든다.

01 'PL'을 입력한 후, Enter 를 누른다. 시작점을 클릭하고 우측 방향으로 '100'을 입력한 후, Space Bar 를 누른다. 호를 그리기 위해 'a'를 입력하고 Space Bar 를 누른다.

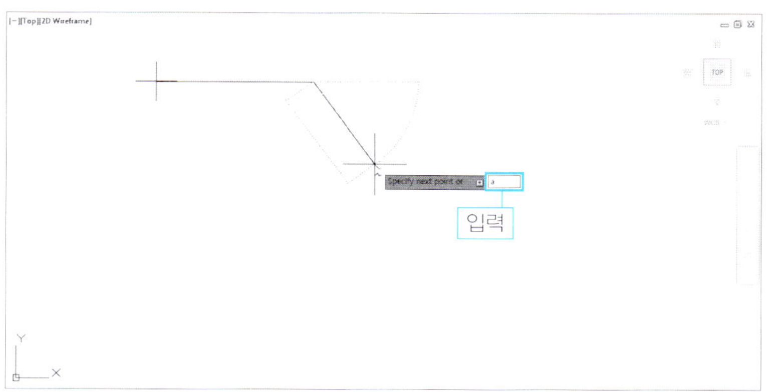

02 '100'을 입력하고 **Tab** 을 누른 후, 각도로 '45'를 입력하고 **Space Bar** 를 누른다.

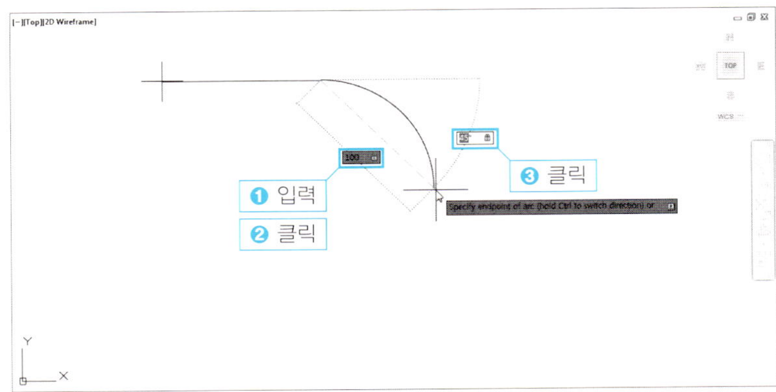

03 폴리선을 그리기 위해 'L'을 입력하고 **Space Bar** 를 누른다.

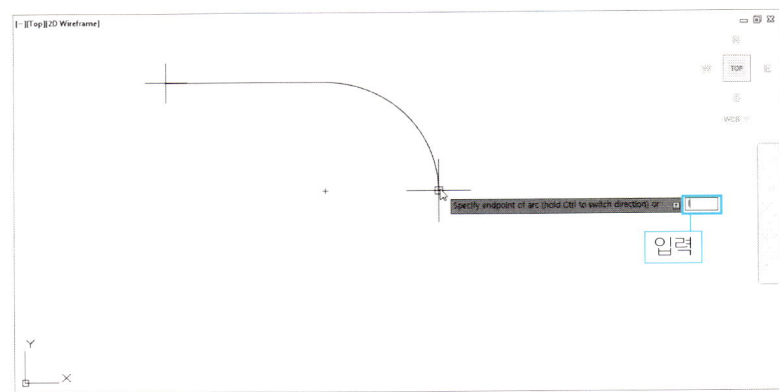

04 '100'을 입력하고 **Space Bar** 를 누른다. 호를 그리기 위해 'a'를 입력하고 **Space Bar** 를 누른다. '100'을 입력하고 **Tab** 을 누른 후, 각도로 '135'를 입력하고 **Space Bar** 를 누른다.

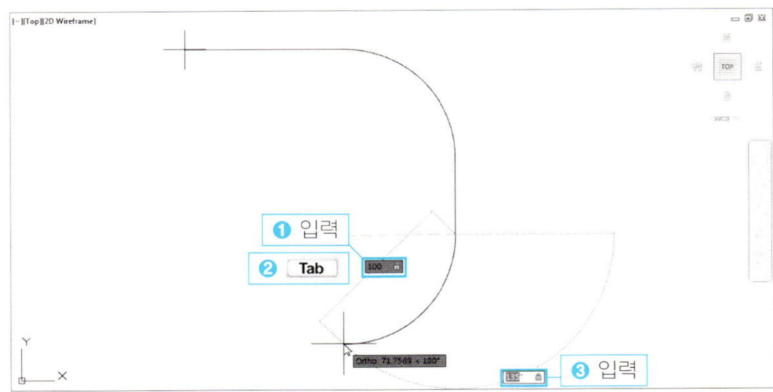

05 폴리선을 그리기 위해 'L' 을 입력하고 **Space Bar** 를 누른다. '100'을 입력하고 **Space Bar** 를 누른다. 도형 을 닫기 위해 'C'를 입력하고 **Space Bar** 를 누른다.

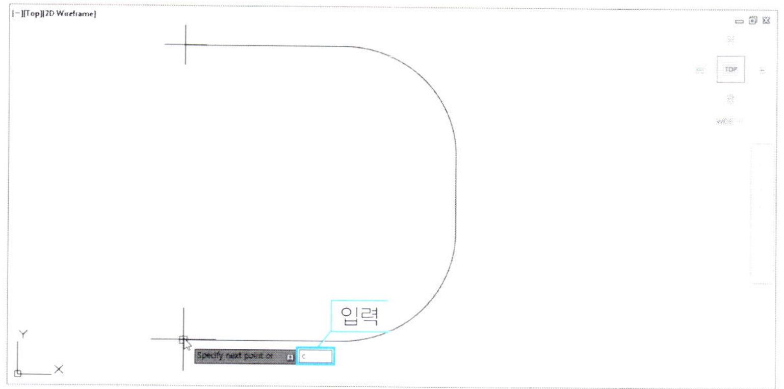

06 도형이 완성된 후, 클릭해 폴 리선이 그려진 것을 확인한다.

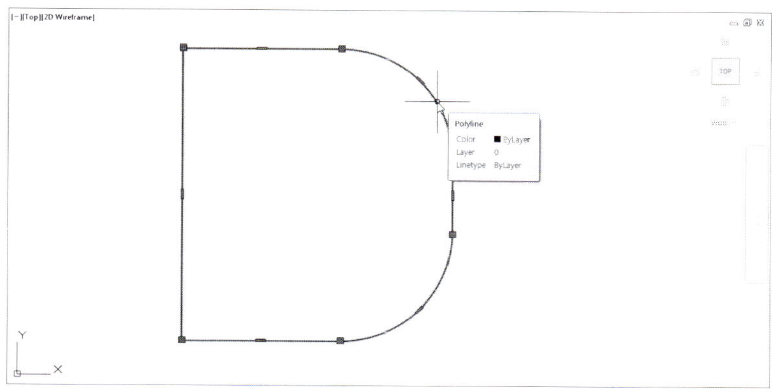

07 **Shift** 를 누른 상태에서 마우 스 휠을 드래그해 3차원 뷰로 바꾼다. 리본 탭에서 [Create] 의 [Extrude]( )를 클릭한다. D 모양의 폴리선을 클릭한 후, **Space Bar** 를 누른다. 마 우스를 위쪽으로 이동한 후, '120' 정도 입력해 3차원 모델 을 완성한다.

도면 파일 : [Sample] – '3D Extrude Exam.dwg'

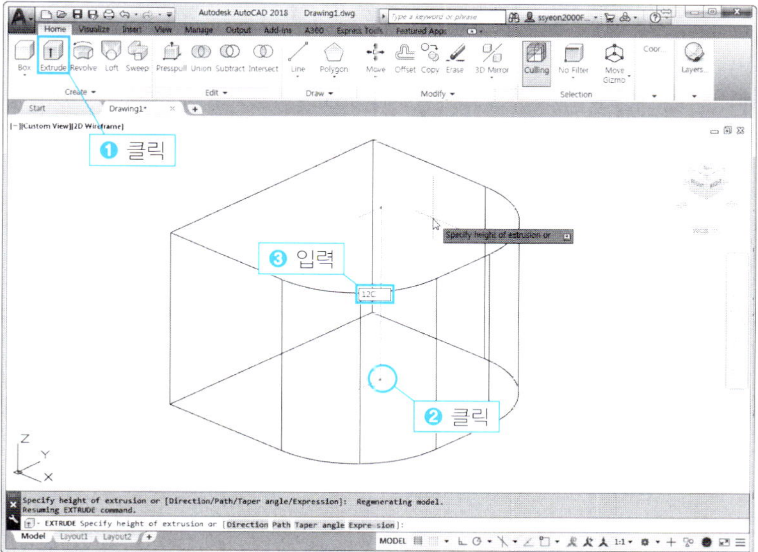

회전을 위한 단면 선을 그린 후, 기준 축을 중심으로 0에서 360도까지 회전시켜 3차원을 만드는 명령이다. Revolve를 사용하려면 먼저 회전용 단면 선을 예측해야 하고 회전을 위한 축 위치를 고민해야한다.

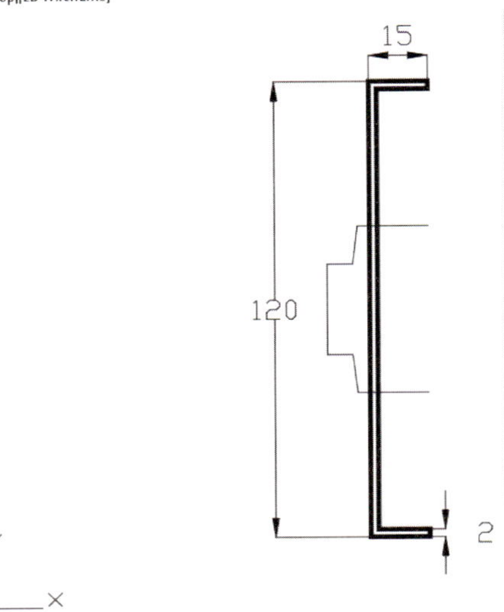

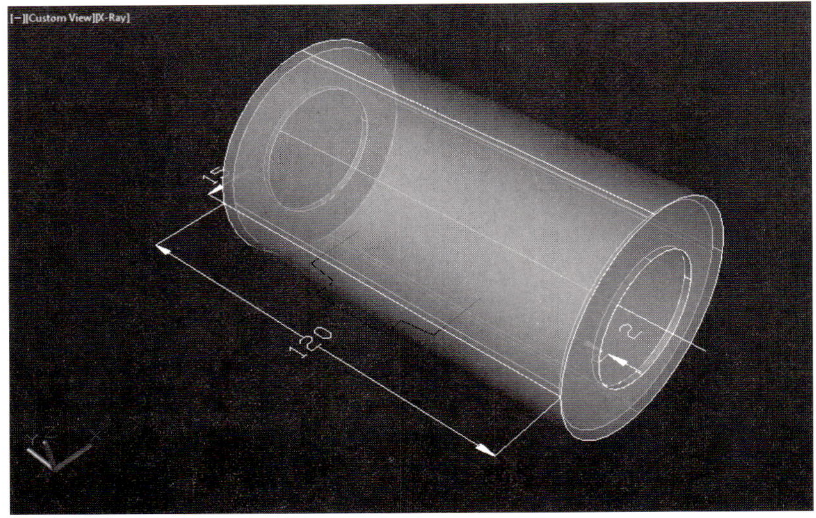

도면 파일 : [Sample] − '3D Revolve Exam.dwg'

01 PLINE을 이용하여 회전시킬 단면 폴리선을 그린다. 회전축 용으로 중심선도 별도로 그린다.

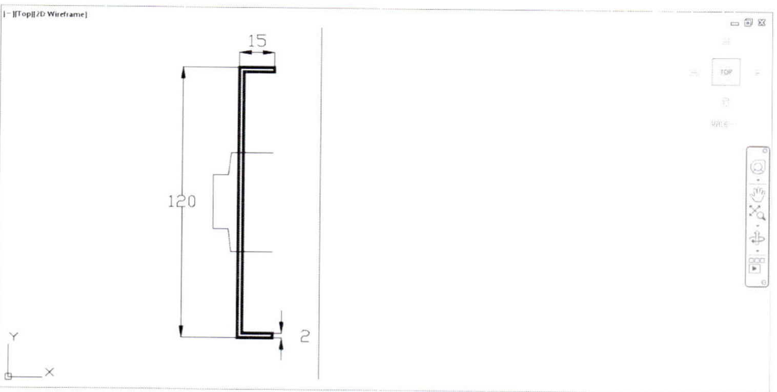

02 리본 탭에서 [Create]의 [Revolve](⊜)를 클릭한다. ㄷ 모양의 폴리선을 클릭한 후, **Space Bar**를 누른다. 선택된 폴리선을 회전시킬 기준 축선의 끝점을 클릭한다.

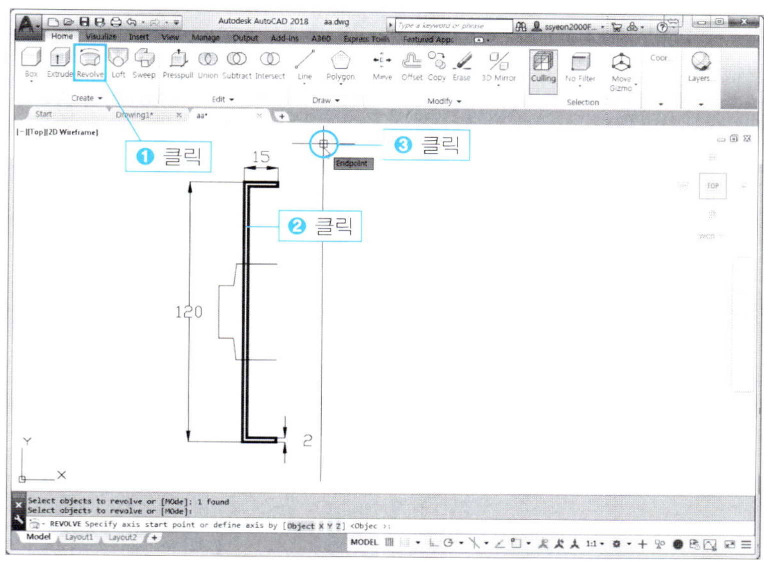

03 기준 축 선의 아래쪽 끝점을 클릭한다.

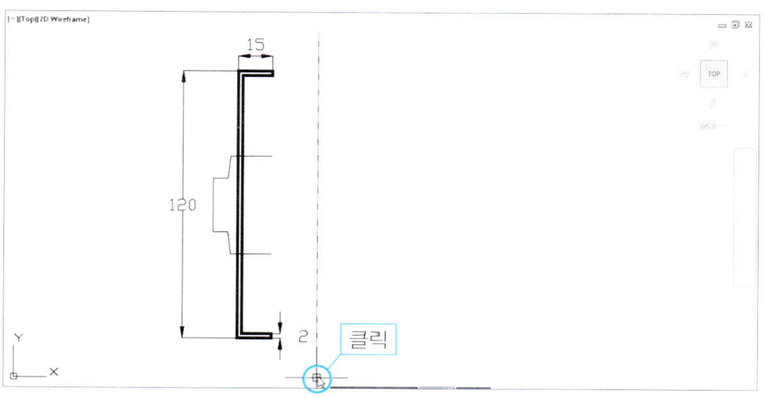

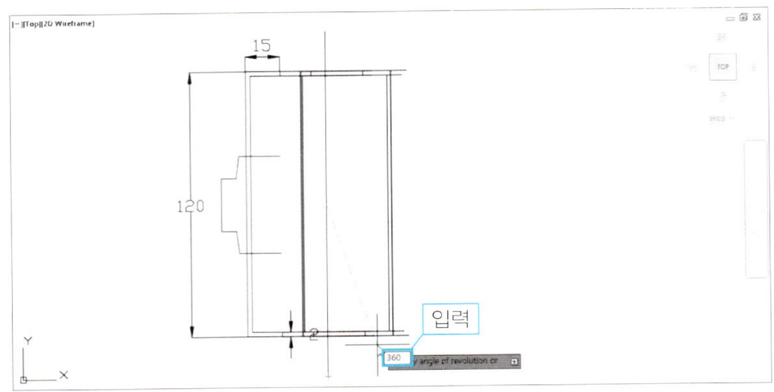

05 단면이 기준 축을 중심으로
360도 회전된 3차원 모델을
확인한다.

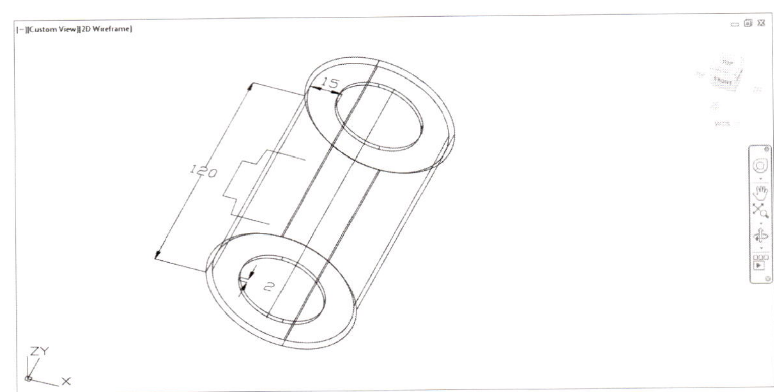

04 | Loft(선을 이어 도형 만들기)

여러 개의 단면 선의 각 점을 연결해 다양한 모양을 만들 수 있다. 63 빌딩의 모양을 LOFT를 이용해 만든다면 쉽게 이해된다.

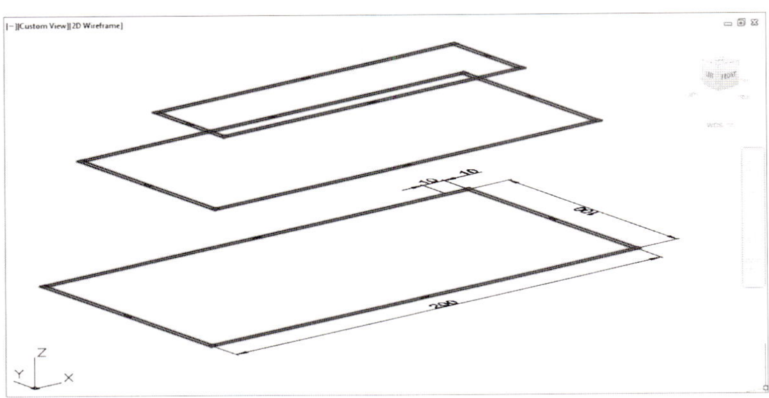

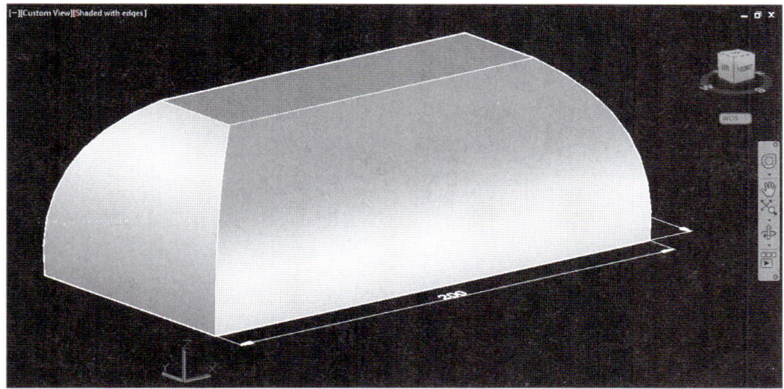

도면 파일 : [Sample] − '3D Loft Exam.dwg'

01 RECT로 직사각형을 그린 후, OFFSET으로 안쪽으로 작아지는 크기의 복사본을 만든다.

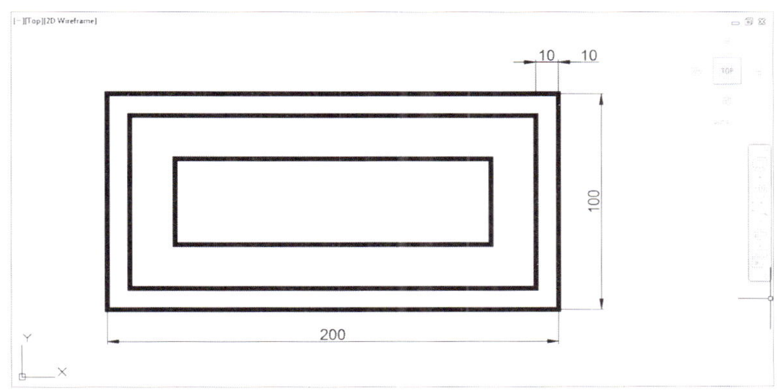

02 **Shift** 를 누른 상태에서 마우스 휠을 드래그해 3차원 뷰로 바꾼다. 안쪽에서 두 번째 사각형을 선택하고 'M'을 누른 후, **Enter** 를 누른다. 마우스를 수직 방향으로 이동한 후, '50'을 입력하고 **Space Bar** 를 누른다.

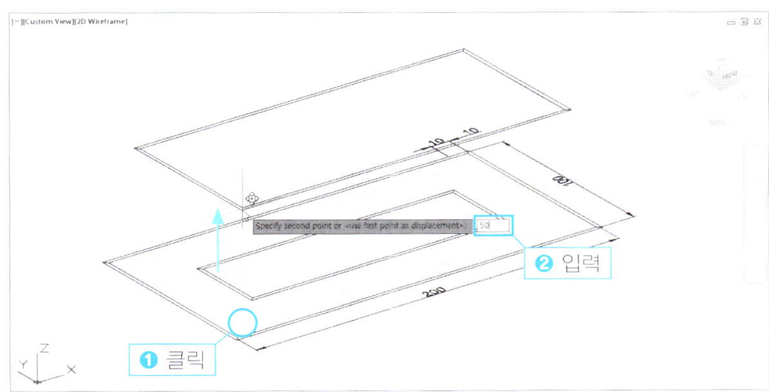

03 가장 안쪽 사각형을 선택하고 'M'을 누른 후, **Enter** 를 누른다. 마우스를 수직 방향으로 이동한 후, '70'을 입력하고 **Space Bar** 를 누른다.

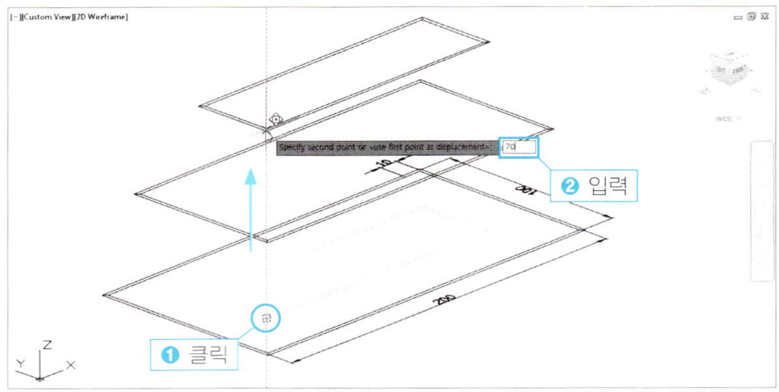

04 높이가 달라진 사각형들을 모두 선택한 후, 리본 탭에서 [Create]의 [Loft]를 클릭한다.

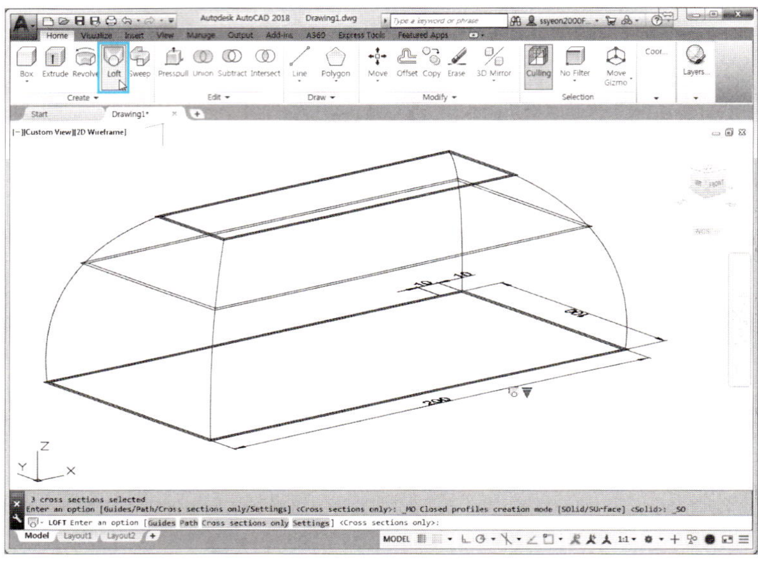

05 사각형의 각 끝점만 연결해 모델을 만들기 위해 [Cross sections only]를 선택한다.

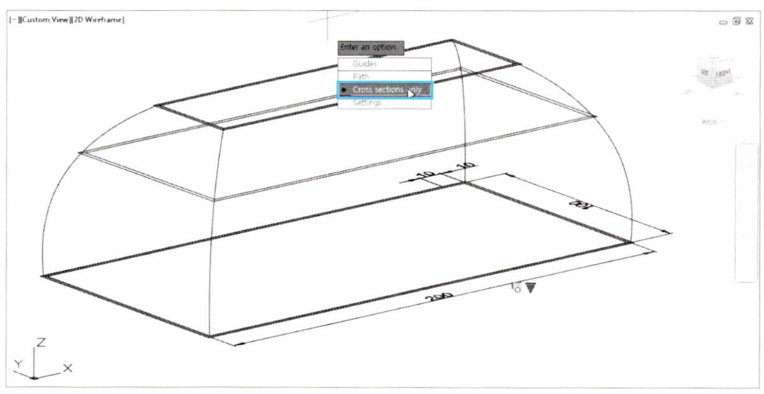

단면이 경로를 따라 3차원을 만드는 명령으로 파이프를 쉽게 만들 수 있다. 단면은 경로선에 대해 수직 방향으로 배치하는 것이 좋기 때문에 절대축을 UCS로 변경하는 작업이 필요하다.

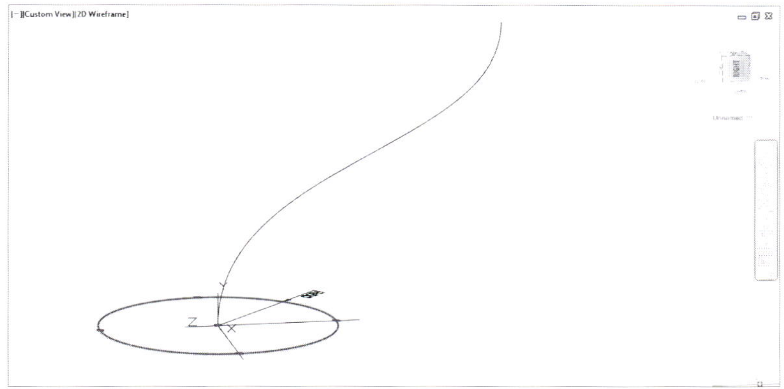

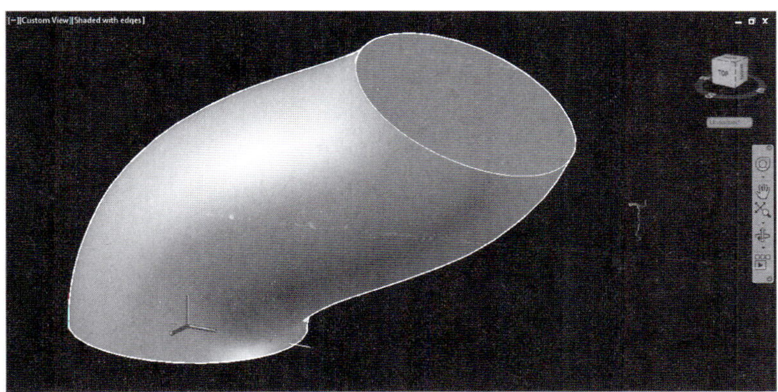

도면 파일 : [Sample] – '3D Sweep Exam.dwg'

01 LINE과 CIRCLE을 이용해 기준선과 원을 그린다. 기준선은 이어질 UCS 축 설정에 매우 중요하다.

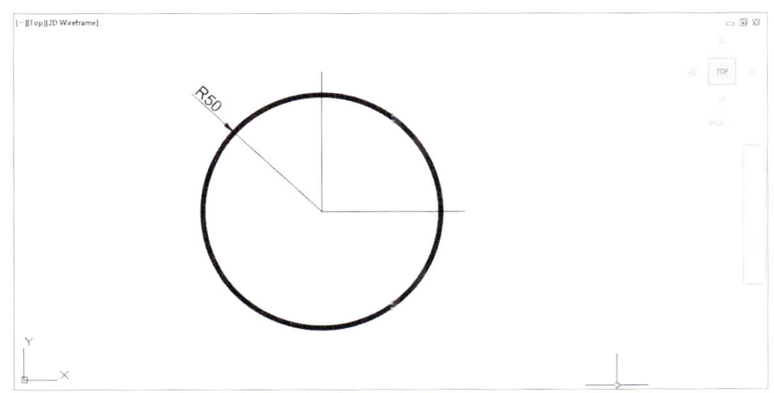

02 **Shift**를 누른 상태에서 마우스 휠을 드래그해 3차원 뷰로 바꾼다. 뷰 큐브의 [WCS]를 클릭한 후, [New UCS]를 선택한다.

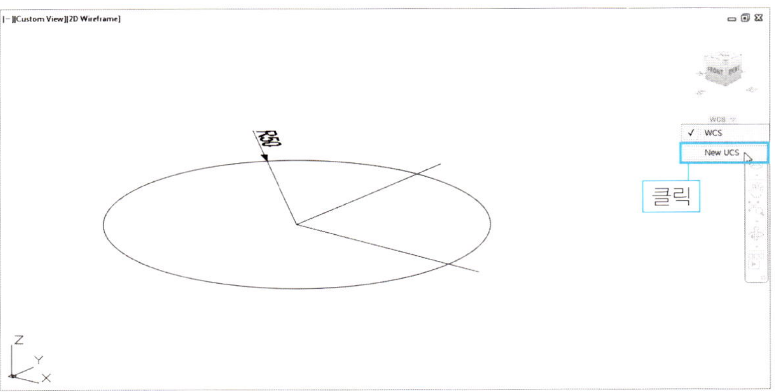

03 원의 중심점을 클릭한 후, X 축으로 쓸 선의 끝점을 클릭한다.

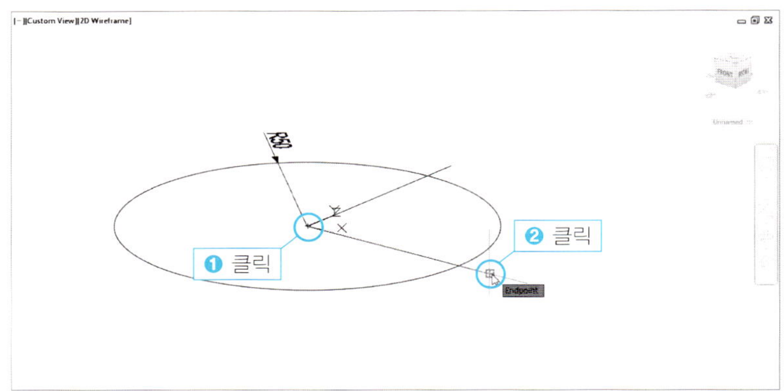

04 마우스를 위쪽으로 이동시키면 'Ortho' 표시가 나타나는데 이때 클릭해 Y축 방향을 결정한다. 결과적으로 그리기 위해 면이 바닥에서 수직으로 바뀐다.

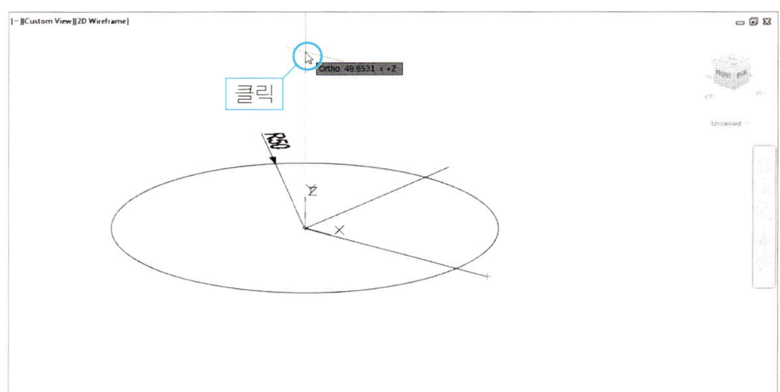

05 리본 탭의 [Draw]에서 [Spline CV]( )를 클릭한다. 뷰를 돌려 가면서 클릭하여 수직 방향으로 곡선을 그린다.

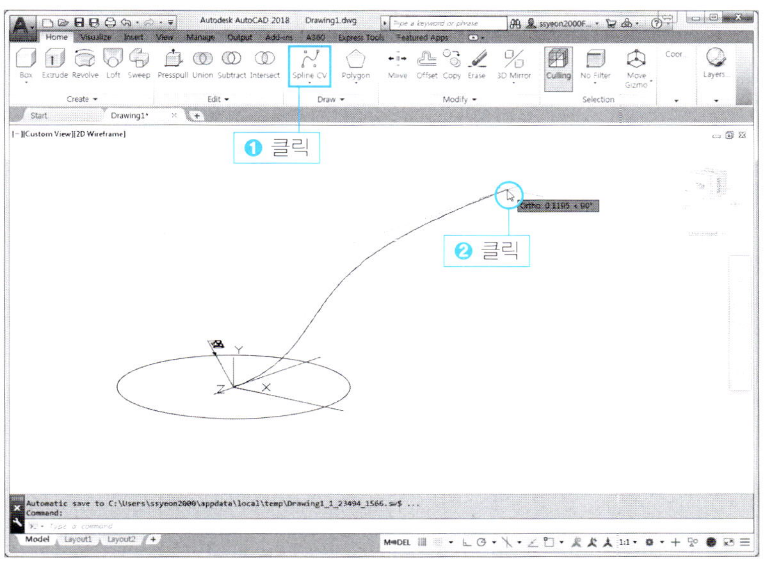

06 곡선을 따라 갈 원을 먼저 선택한 후, 리본 탭에서 [Create]의 [Sweep]( )를 클릭한다.

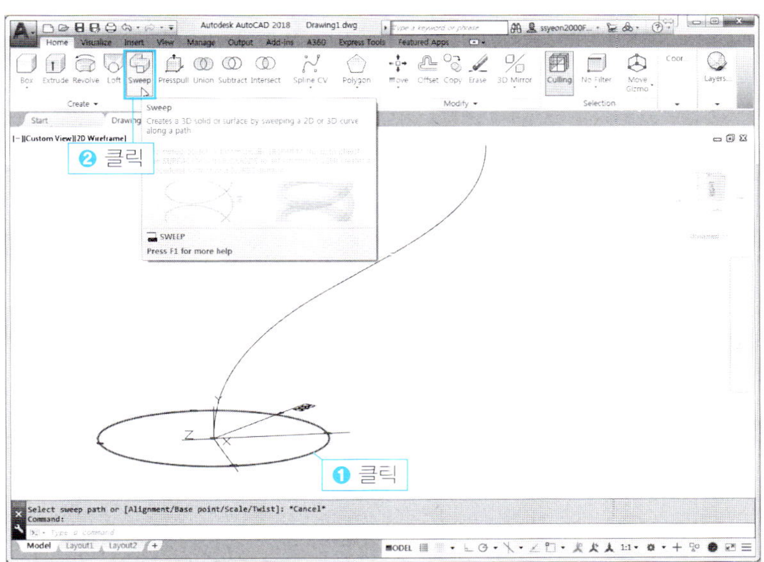

07 원이 따라갈 경로를 위해 곡선을 클릭한다.

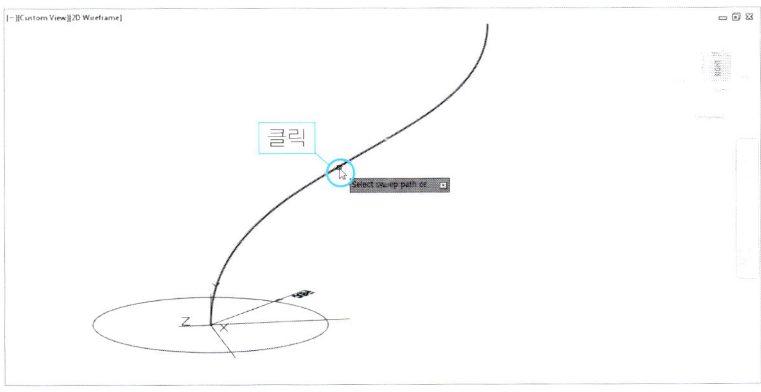

 원과 경로가 합쳐져 파이프
모양이 완성된다.

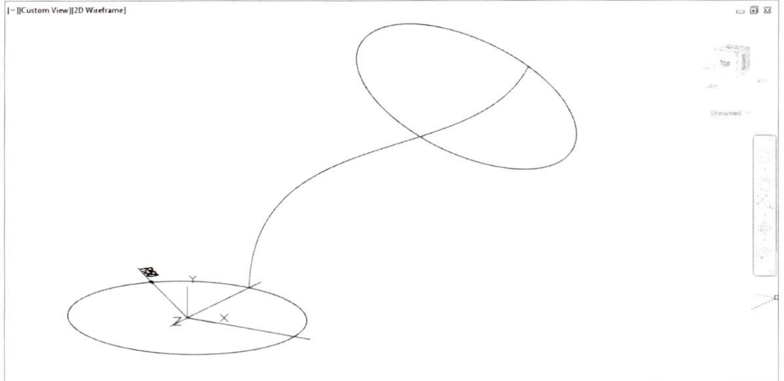

3차원 편집 명령들

>> 기본 도형 또는 EXTRUDE, REVOLVE, LOFT, SWEEP 명령만으로는 원하는 모양을 만들 수 없다. 보통 도형을 합치고 빼는 등의 작업이 필요한데 이런 작업을 위한 주요 명령들을 알아본다.

01 | Presspull(면 밀고 당기기)

면을 밀고 당기기 하면서 자유롭게 모양을 만드는 기능이다. 기본 도면이 그려지면 원하는 면을 **Ctrl** + 클릭해 선택하고 원하는 방향으로 치수를 입력해 돌출 또는 돌출 크기를 줄인다.

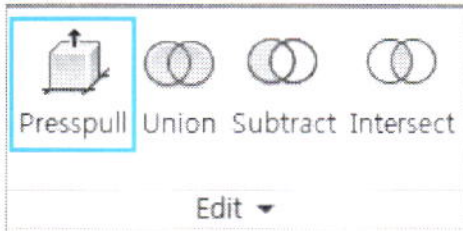

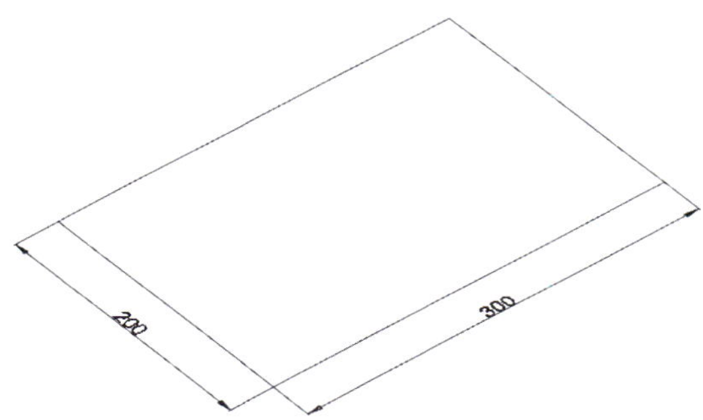

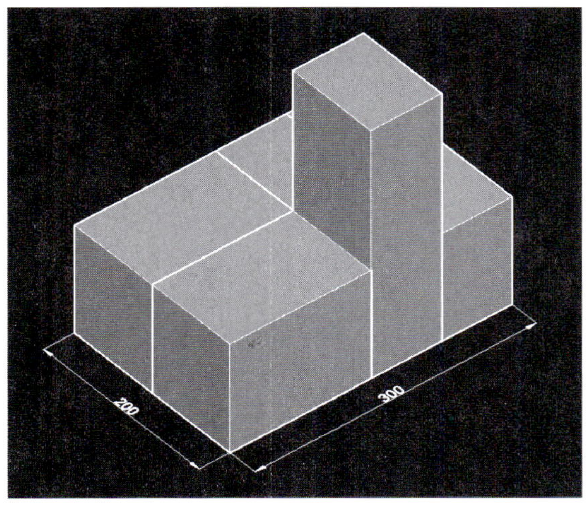

도면 파일 : [Sample] – '3D Presspull Exam.dwg'

01 RECT를 이용해 간단한 사각형을 그린다.

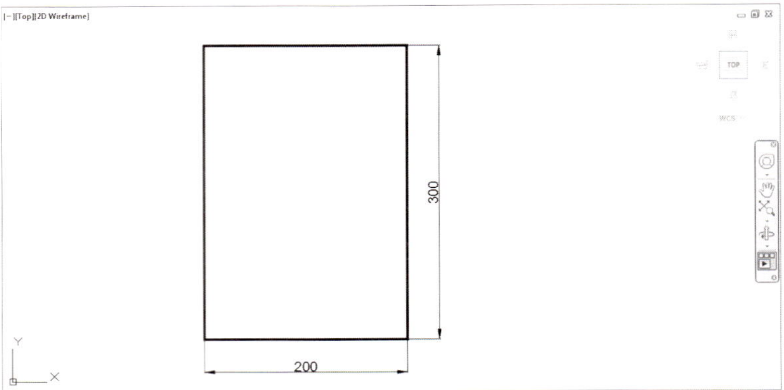

02 리본 탭의 [Edit]에서 [Press-pull](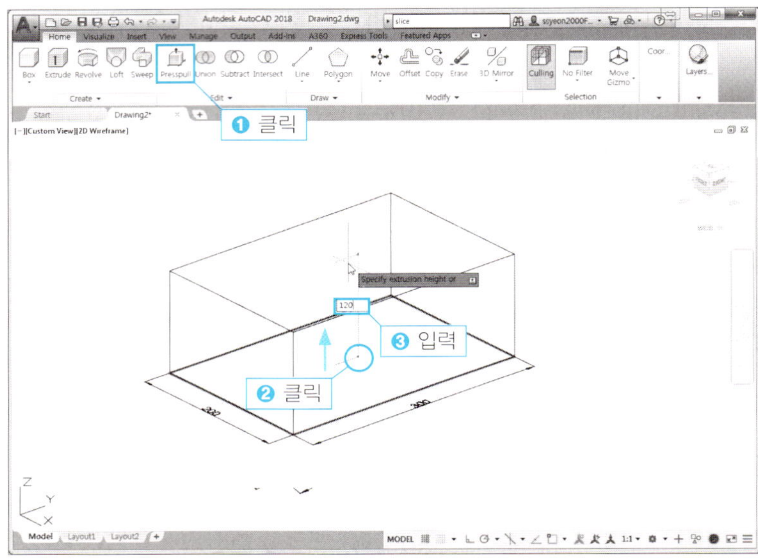)을 클릭한다. 도면의 사각형을 선택한 후 마우스를 위쪽 방향으로 이동하고 돌출시킬 치수인 120을 입력한다.

03 면을 분할하기 위해 리본 탭의 [Edit]에서 [Slice](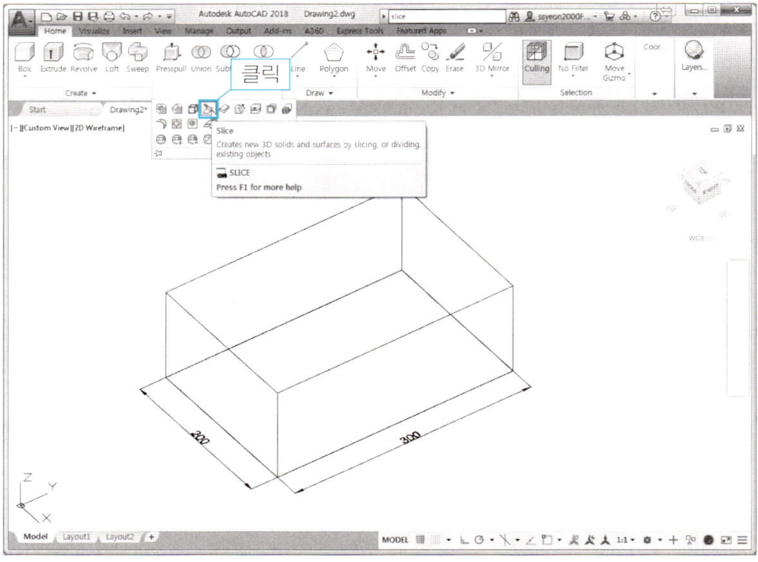)를 클릭한다.

04 돌출된 박스를 선택한 후, [Space Bar]를 누른다. 절단 면을 위한 세 점을 클릭 후 [Space Bar]를 누른다.

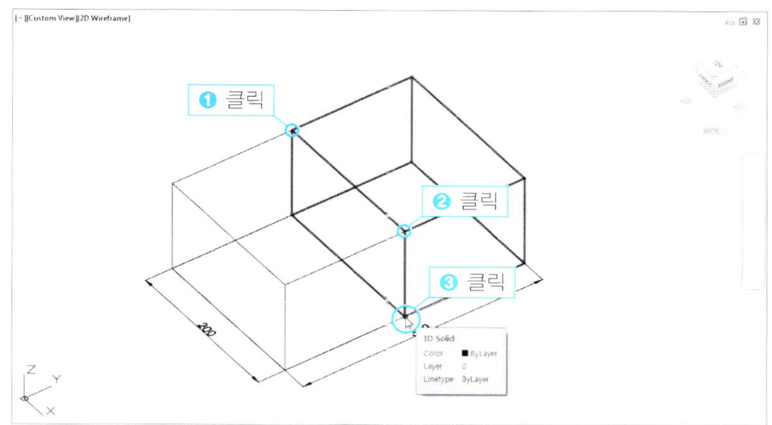

05 같은 방법으로 [Slice](아이콘)를 이용하여 다른 면도 나눈다.

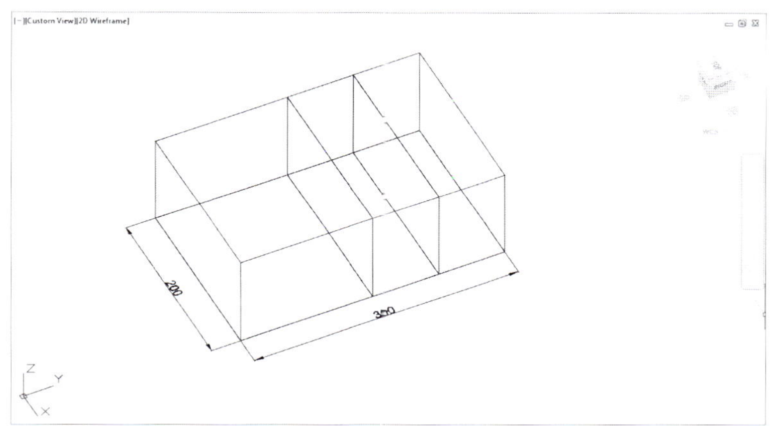

06 같은 방법으로 반대 방향도 면을 나눈다.

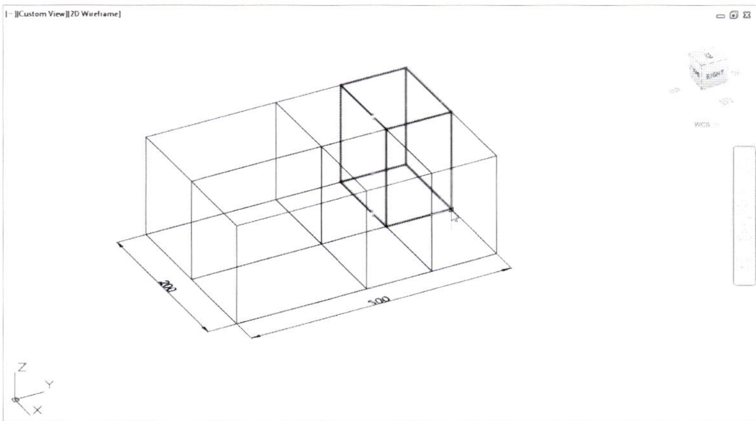

07 'SHA'를 입력하고 **Enter** 를 누른 후, [Shaded with Edges]를 선택하고 **Space Bar** 를 누른다. 리본 탭의 [Edit]에서 [Presspull]( )을 클릭하고 위쪽 면 하나는 **Ctrl** + 클릭으로 선택한다.

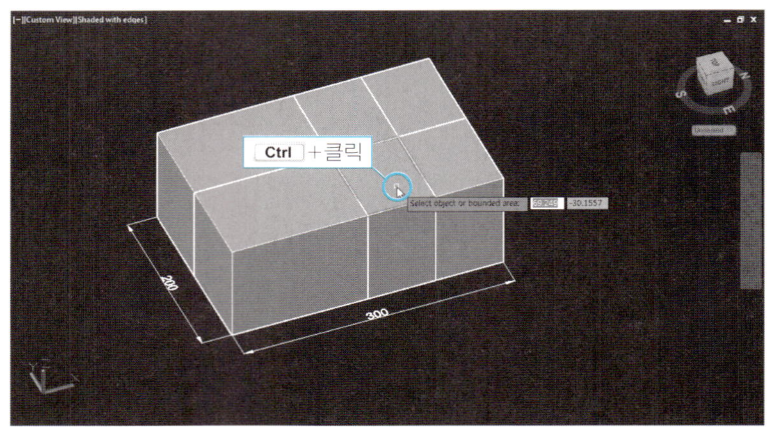

08 선택된 면을 위 아래 방향으로 돌출 치수를 입력한다.

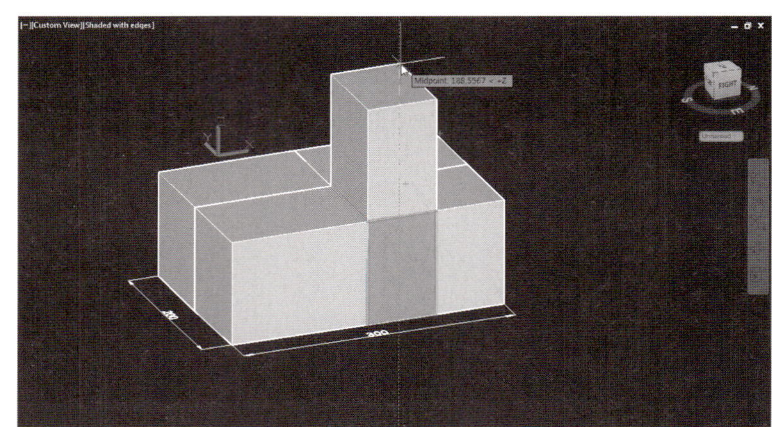

09 **Ctrl** + 클릭으로 다른 면도 돌출시켜 본다.

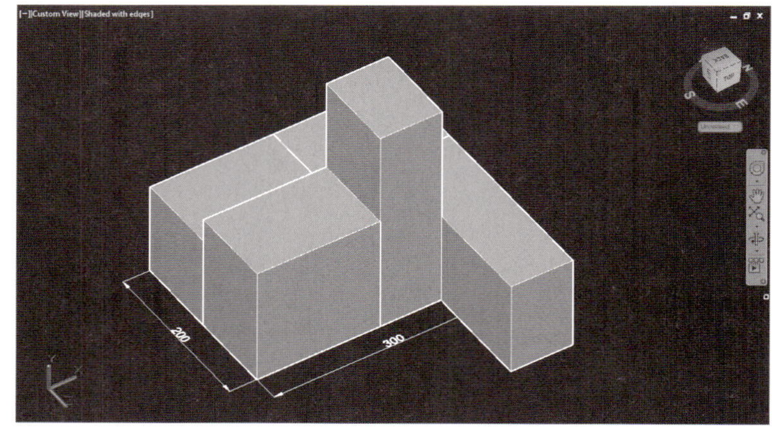

서로 겹쳐진 모델을 하나로 합치며 겹쳐진 부분을 없애는 기능이다. Union을 사용하려면 반드시 모델 간의 겹친 부분이 있어야 한다.

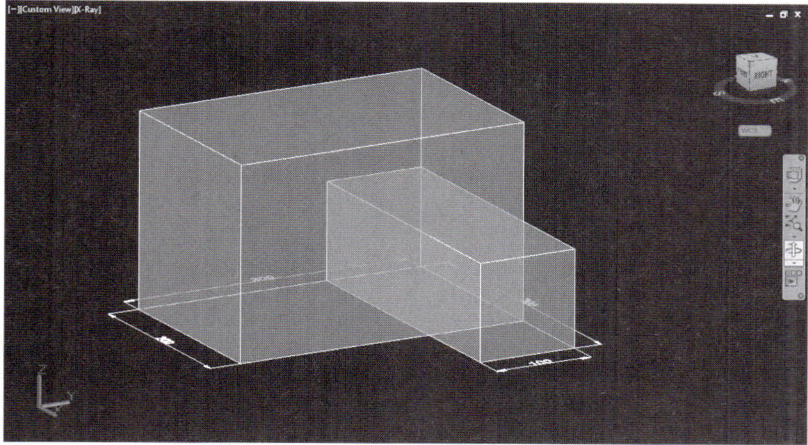

▲ 겹친 상태로 만들어진 모델

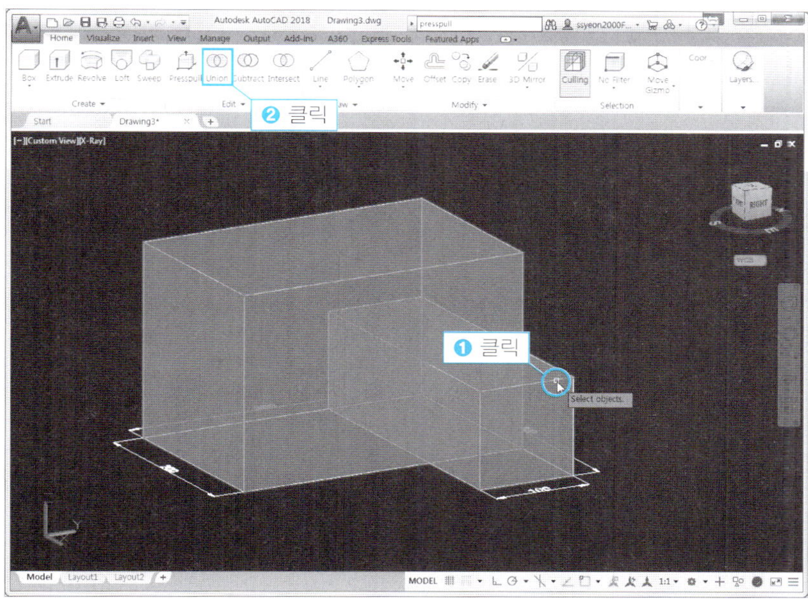

▲ 합치길 원하는 객체 선택 후, [Union]( ) 클릭

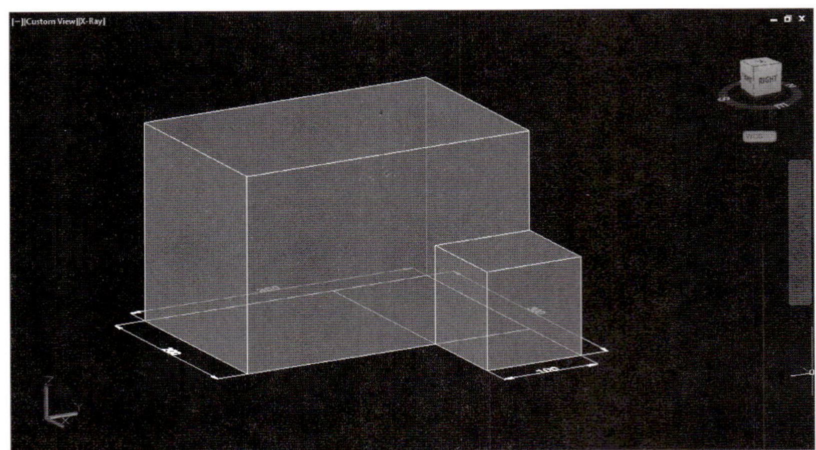

▲ 겹쳐진 부분이 사라진 결과

03 | Subtraction(빼기)

겹쳐진 모델에서 불필요한 부분을 빼는 기능이다. A-B인 수학 모델처럼 먼저 선택한 것에서 뒤에 것을 뺀다.

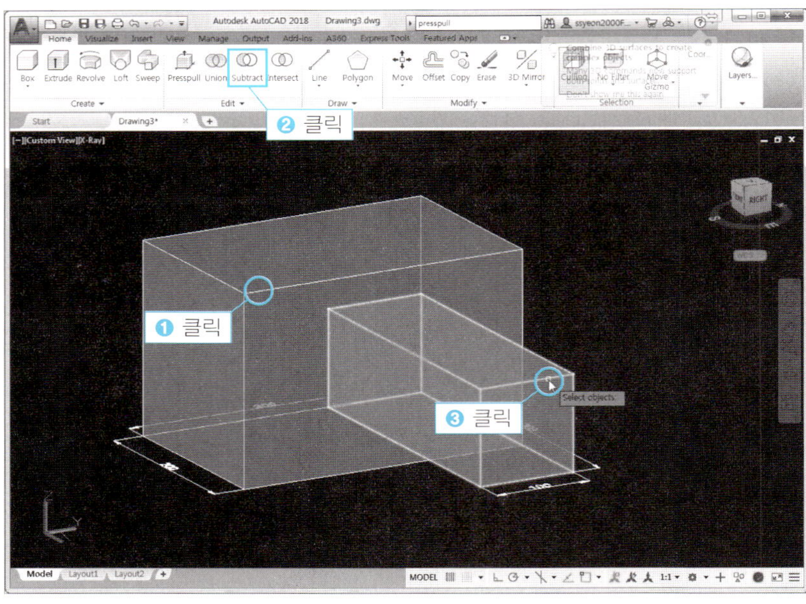

▲ A를 선택한 후, [Subtract]( )를 클릭하고 B를 선택

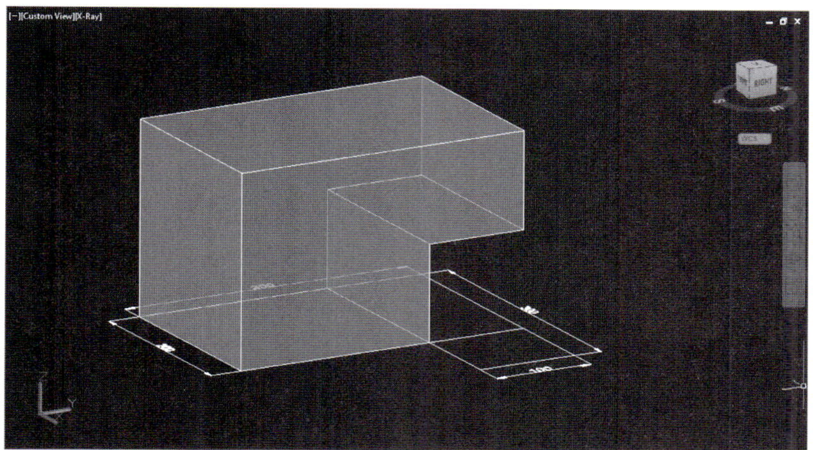

▲ 겹친 부분이 빠진 결과

겹친 모델 중 공유하는 부분만 남기는 기능이다.

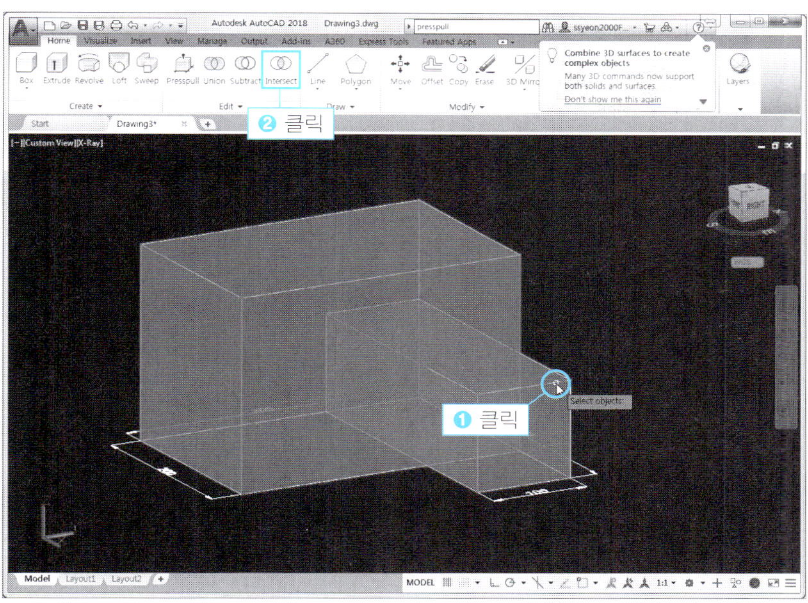

▲ 겹친 모델을 선택한 후, [Intersect]( )를 클릭

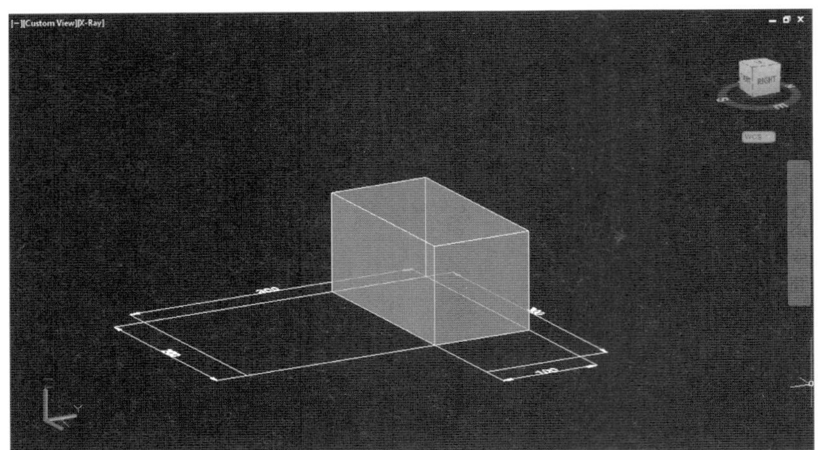

▲ 겹친 부분만 남은 결과

CHAPTER 04

3차원 모델에서 도면 만들기

>> 3차원 모델의 경우 도면을 만들기가 매우 쉽다. 앞서 다루었던 Layout에서 각 뷰에 해당 뷰만 적용하면 되는데 그 과정을 간략하게 알아본다.

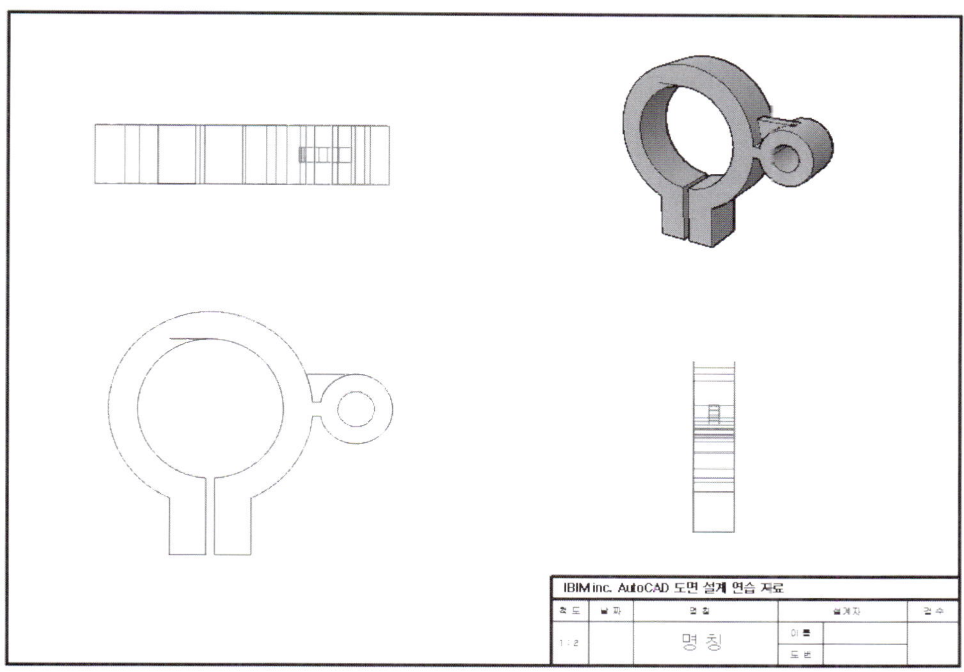

01 | 3D 모델링과 Layout 준비

3D 모델링된 도면과 이를 위한 Layout 공간을 준비한다.

도면 파일 : [Sample] – '3D Layouts.dwg'

01 도면에 따라 각종 도구들을 이용해 3차원 모델링을 진행한다. 다소 복잡할 수 있는데 반복하면 그리 어렵지 않은 부분이니 연습이 필요하다.

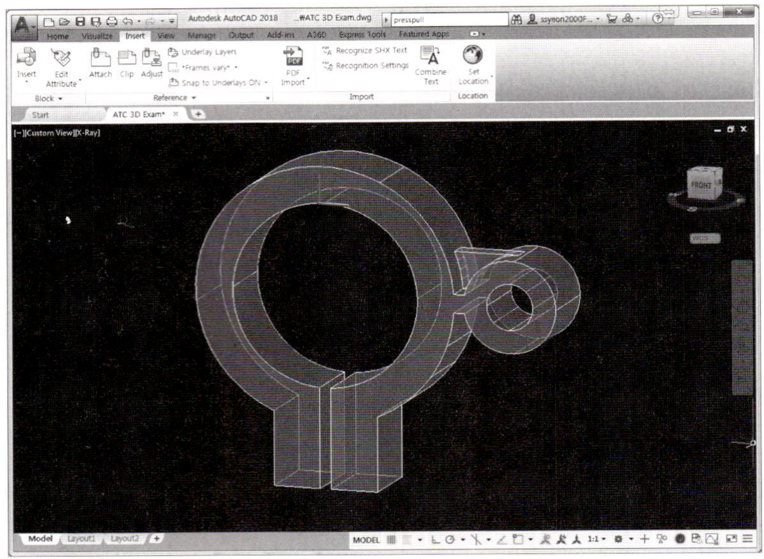

02 모델링이 완료되면 Layout 공간으로 이동한 후, 필요한 시트(Sheet)를 준비한다.

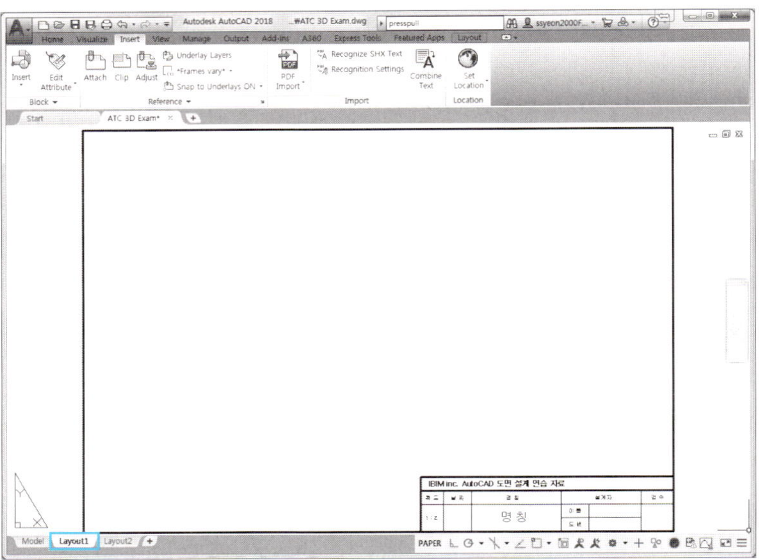

02 | MVIEW로 4개 뷰 배치

MVIEW를 이용하여 Layout에 Top, Front, Right, Perspective 뷰를 배치하고 정돈한다.

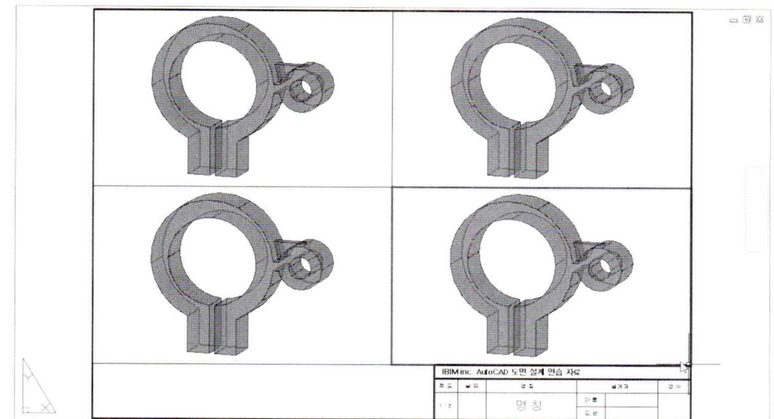

01 MVIEW 명령을 이용해 Top, Front, Right, Perspective 등 4개 뷰를 배치한다.

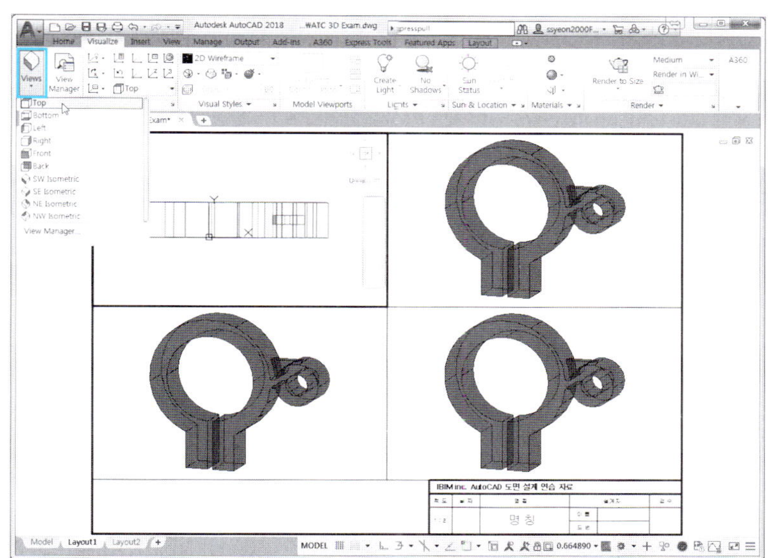

02 각 뷰를 더블클릭한 후, [Visualize] 리본 탭의 [View]를 클릭하고 해당 뷰로 바꾼다.

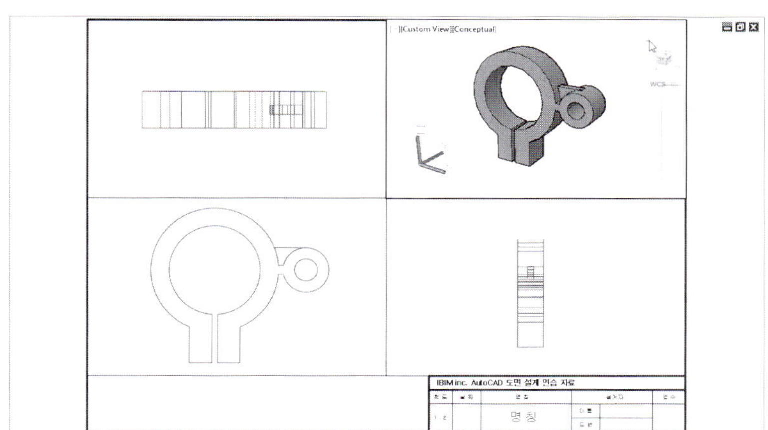

03 왼쪽 상단에서부터 Top, Perspective, Front, Right 뷰로 구성한다. 각 뷰를 더블클릭한 후, ZOOM 명령의 S 옵션으로 축척을 입력해 같은 크기로 준비한다. MVSETUP을 이용해 각 뷰의 수직/수평 위치로 정렬한다.

04 모든 뷰를 MVIEW 레이어로
옮긴 후, [Freeze](⊞)시킨다.

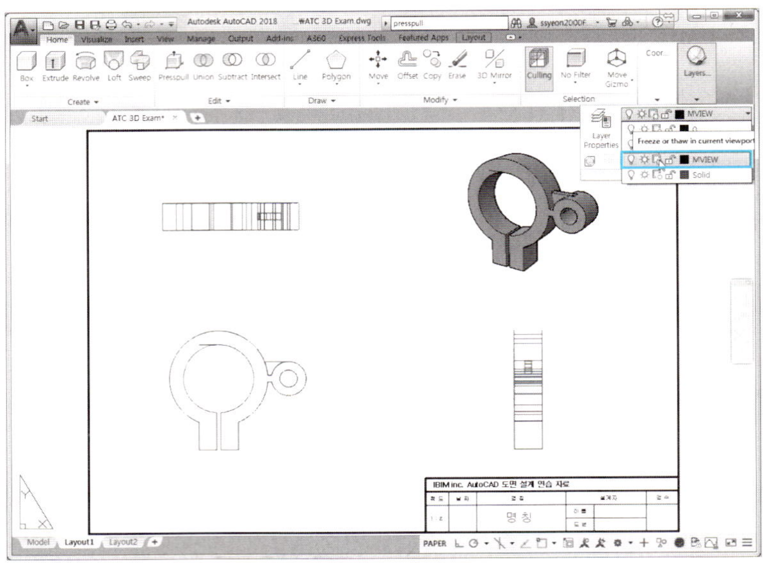

03 | 치수 기입과 도면 저장

모든 작업이 완료되면 [Model] 공간에서 치수와 뷰 이름 등을 넣고 저장한다.

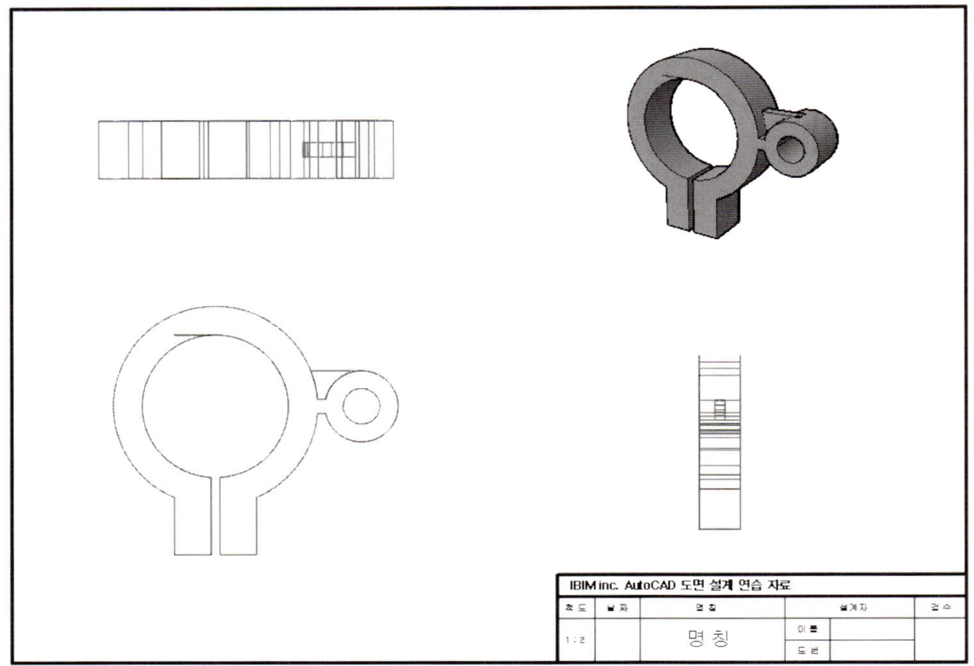

MEMO

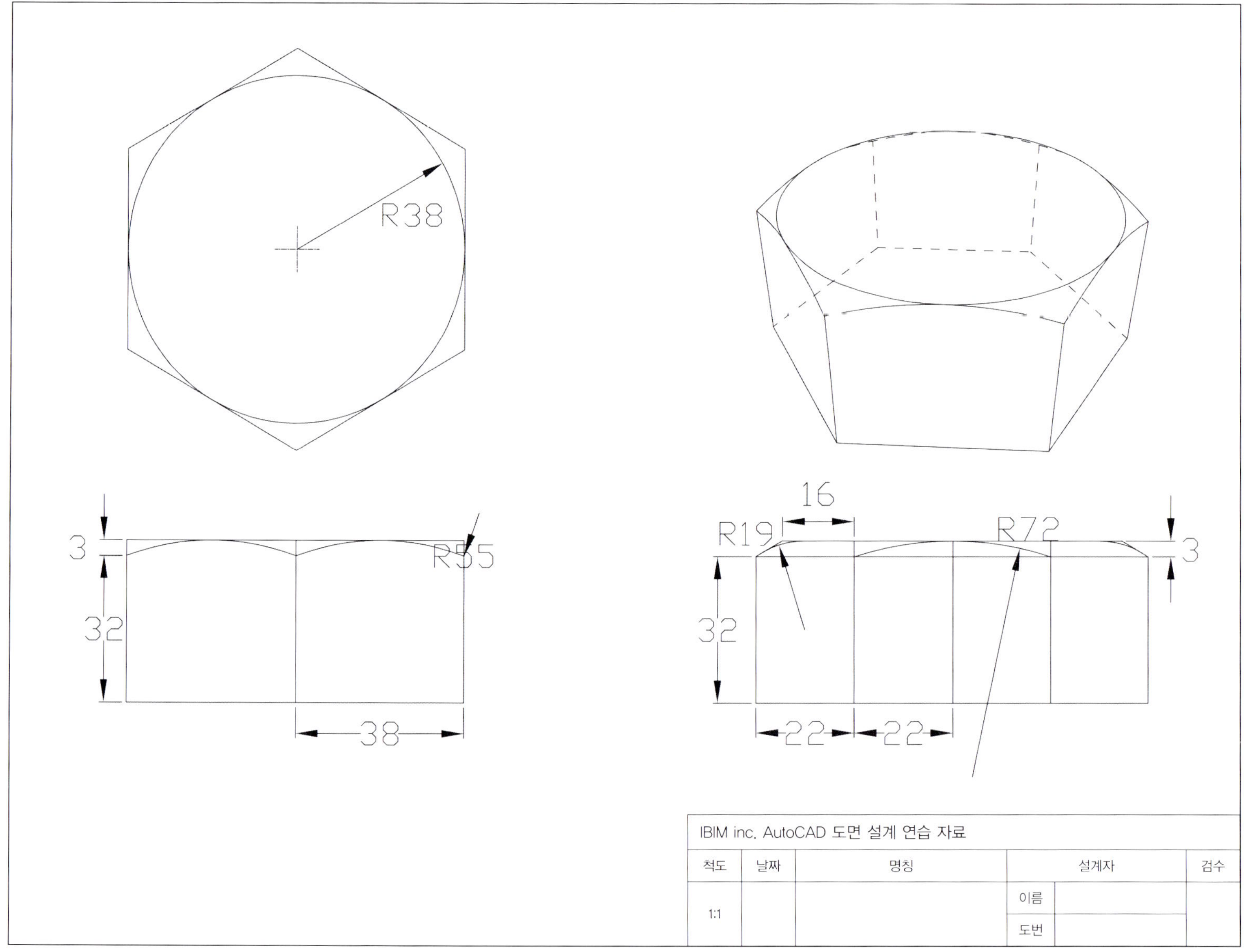

R38
3
32
R55
38
16
R19
R72
3
32
22
22
IBIM inc. AutoCAD 도면 설계 연습 자료
척도
날짜
명칭
설계자
검수
이름
도번
1:1

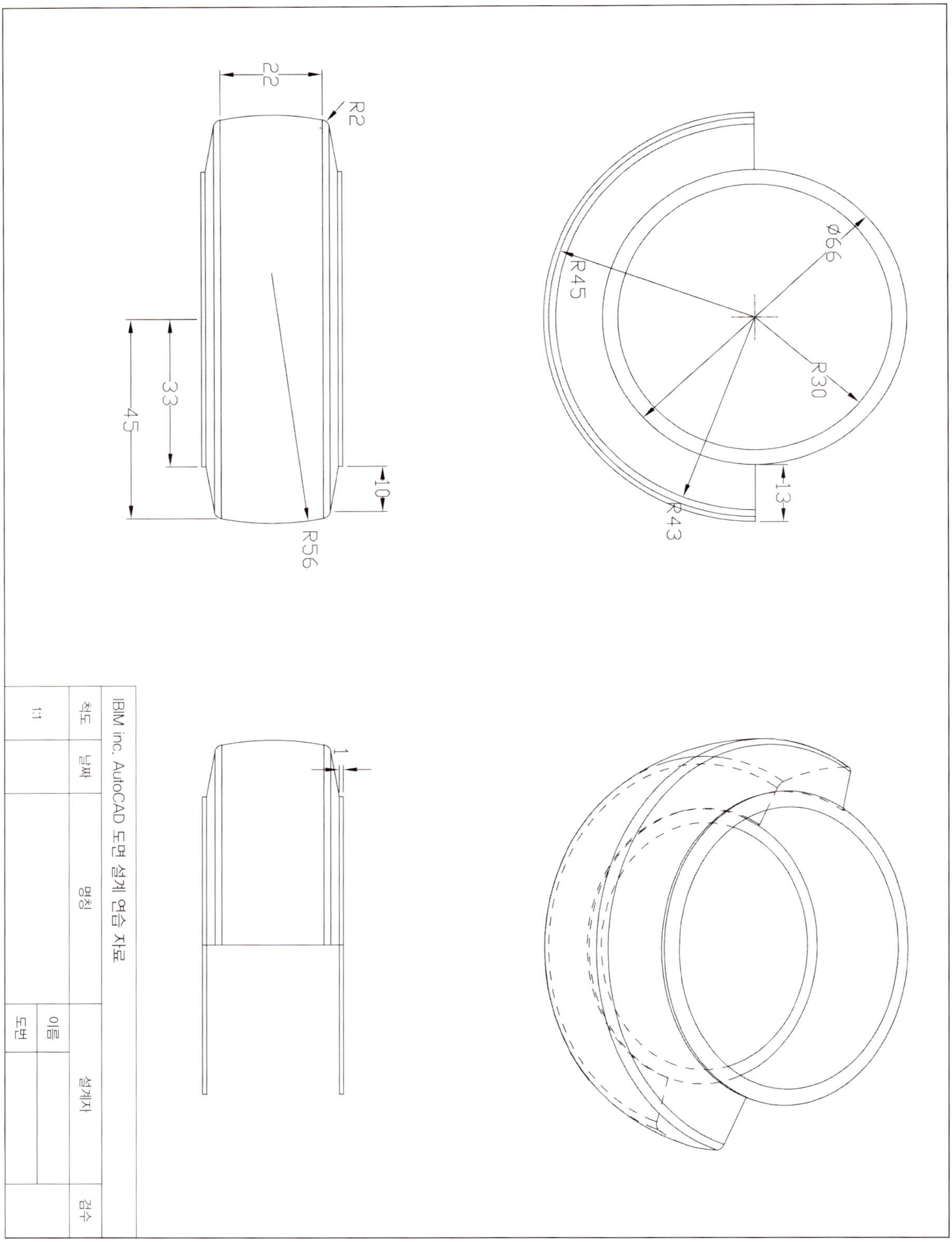

22
R2
33
45
10
R56
1
Ø66
R45
R30
R43
13
IBM inc. AutoCAD 도면 설계 연습 자료
척도
날짜
명칭
1:1
이름
도번
설계자
검수

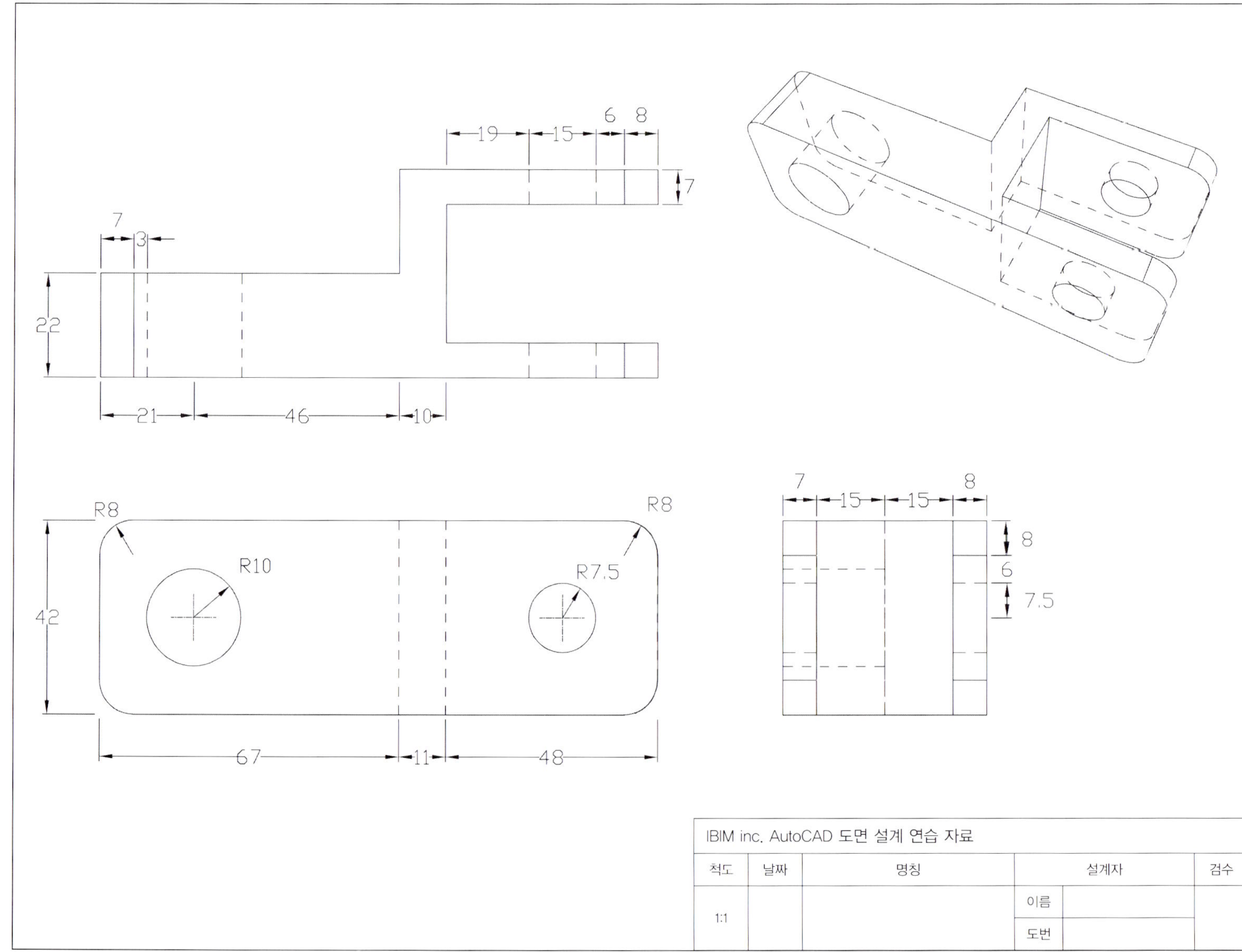

IBIM inc. AutoCAD 도면 설계 연습 자료					
척도	날짜	명칭		설계자	검수
1:1			이름		
			도번		

실습도면

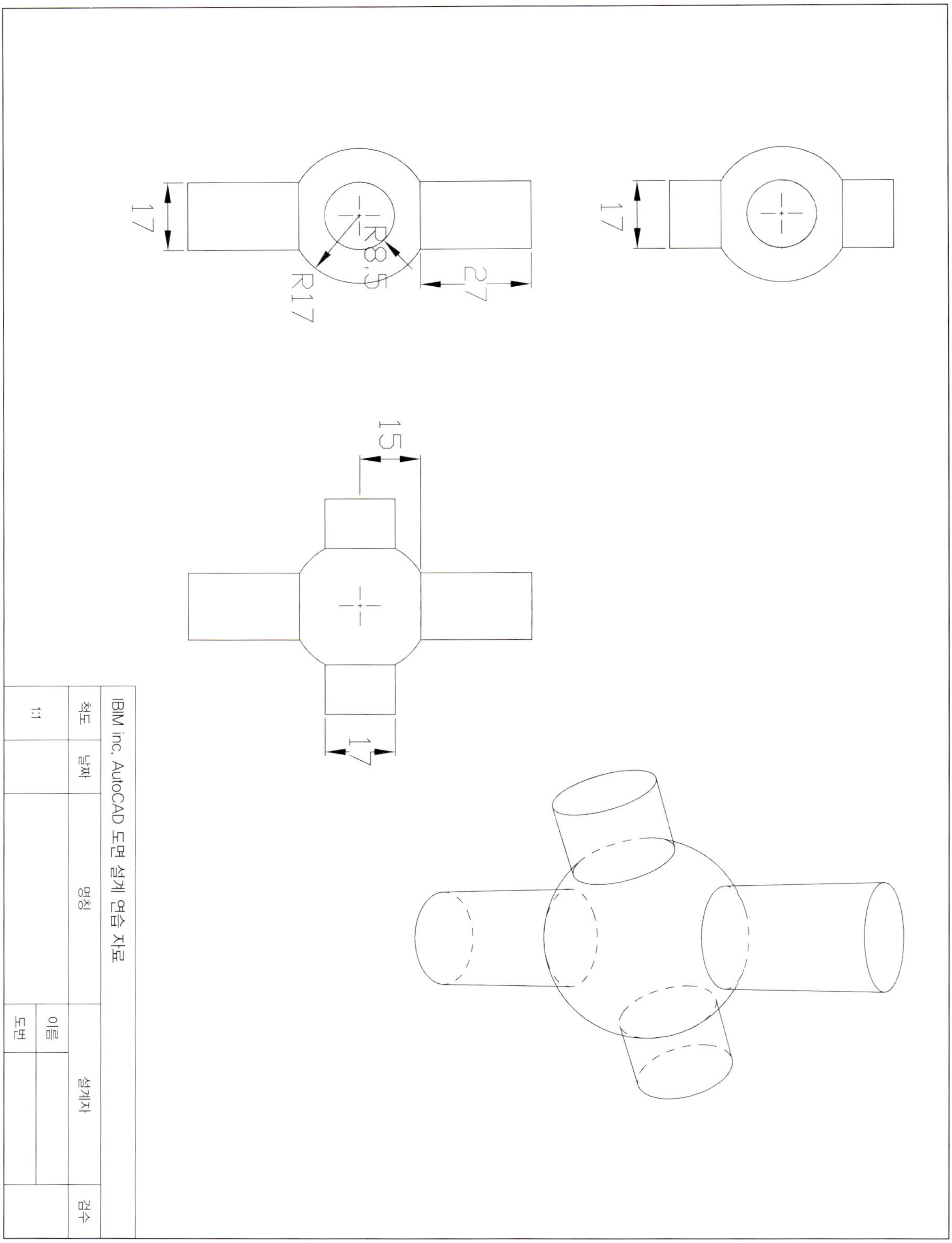
17
R8.5
R17
27
17
15
17
IBIM inc. AutoCAD 도면 설계 연습 자료
척도
1:1
날짜
명칭
이름
도번
설계자
검수

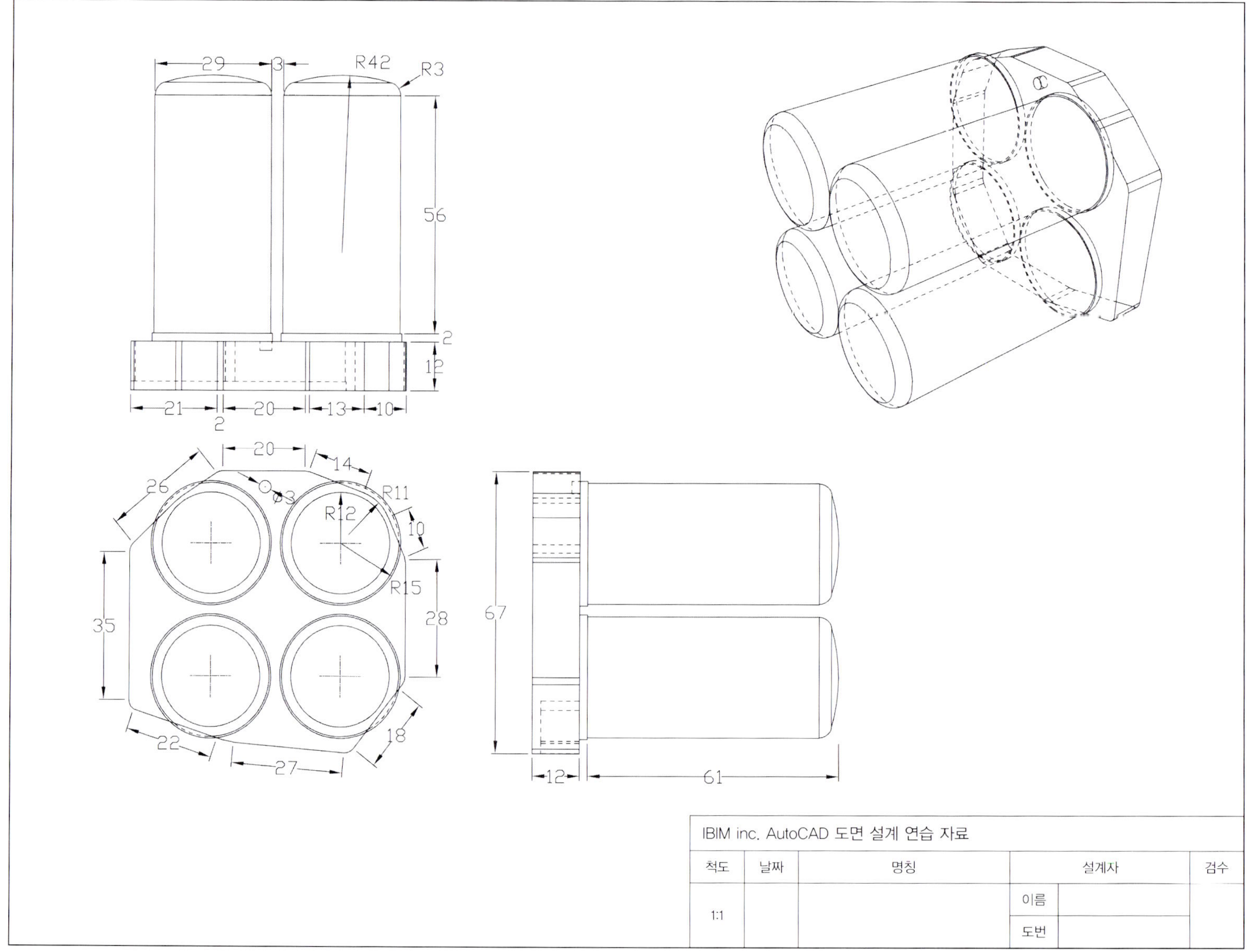
29
3
R42
R3
56
2
12
21
2
20
13
10
20
14
26
ø3
R11
R12
10
R15
35
28
22
27
18
67
12
61
IBIM inc. AutoCAD 도면 설계 연습 자료
척도
날짜
명칭
설계자
검수
이름
도번
1:1

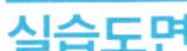

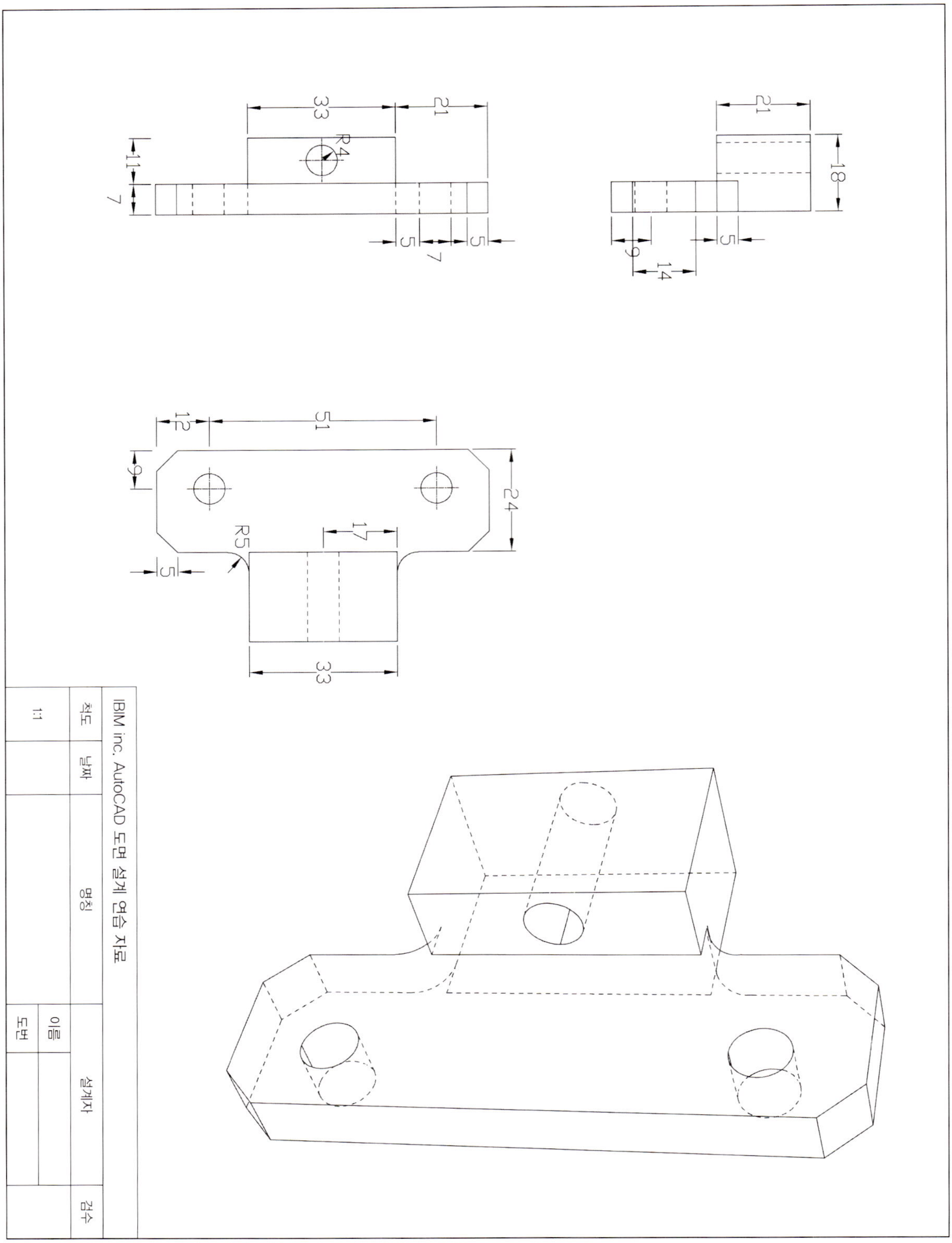
33
21
R4
11
7
5
7
5
21
18
9
14
5
12
51
9
24
R5
17
5
33
IBIM inc. AutoCAD 도면 설계 연습 자료
척도
1:1
날짜
명칭
이름
도면
설계자
검수

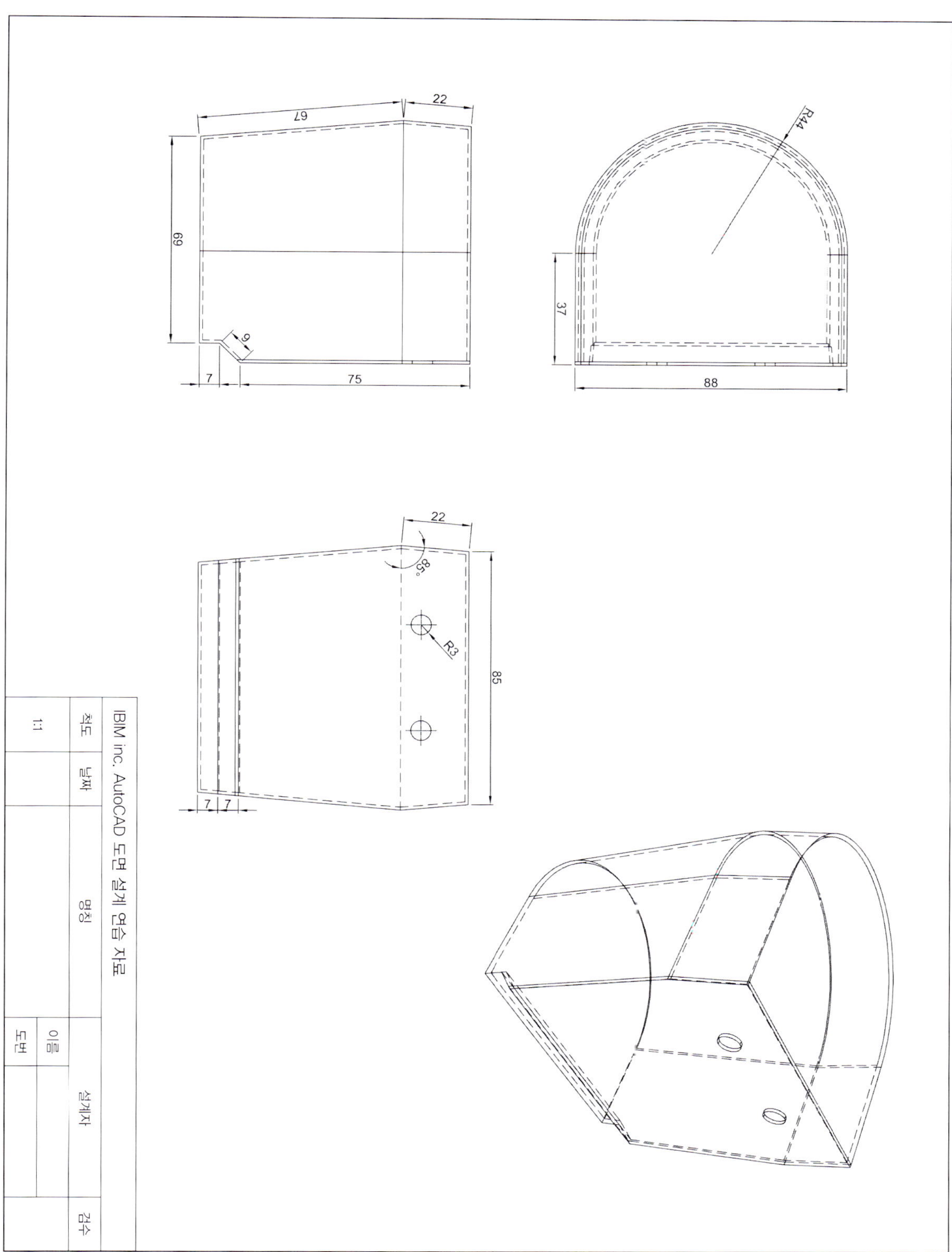
22
67
69
9
7
75
R44
37
88
22
85°
R3
85
7 7
IBM inc, AutoCAD 도면 설계 연습 자료
척도
1:1
날짜
명칭
이름
설계자
도면
검수

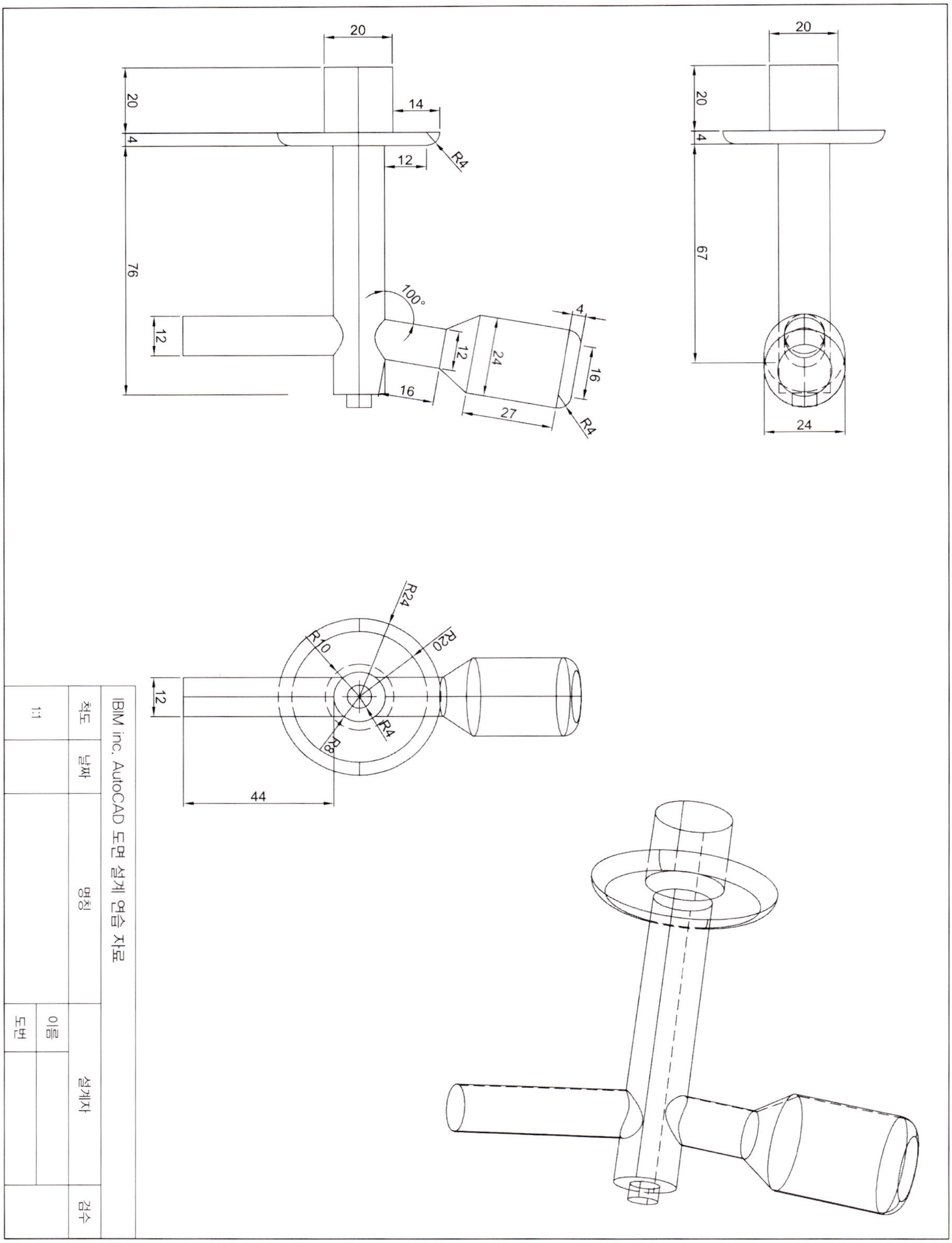

20
20
14
R4
12
20
4
20
4
76
67
12
100°
12
24
4
16
16
27
R4
24
R24
R20
R10
R4
R8
12
44
IBIM inc. AutoCAD 도면 설계 연습 자료
척도
1:1
날짜
명칭
도명
이름
설계자
접수

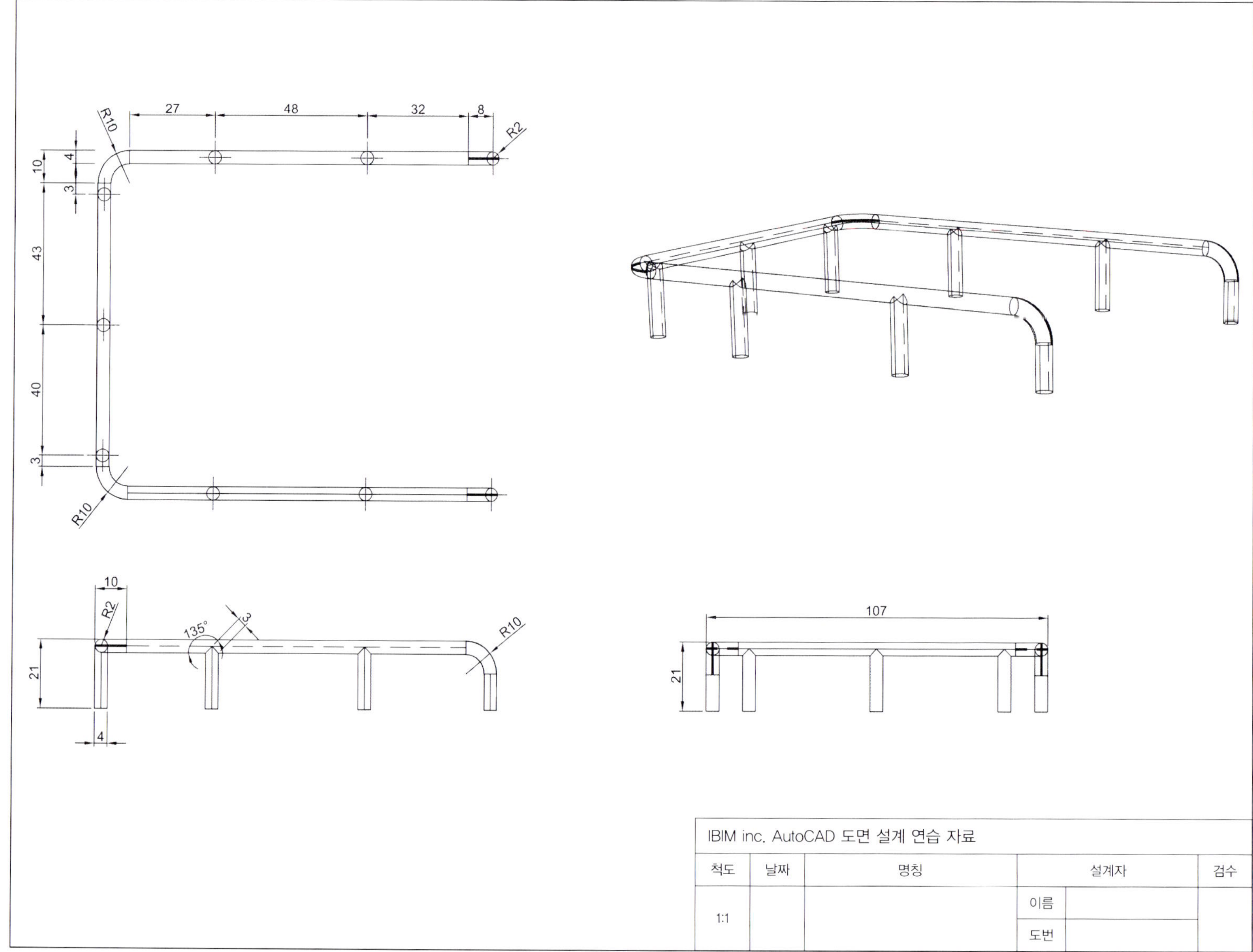
27
48
32
8
R10
R2
10
4
3
43
40
3
R10
10
R2
135°
3
R10
21
4
107
21
IBIM inc. AutoCAD 도면 설계 연습 자료
척도
날짜
명칭
설계자
검수
이름
도번
1:1

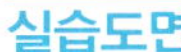

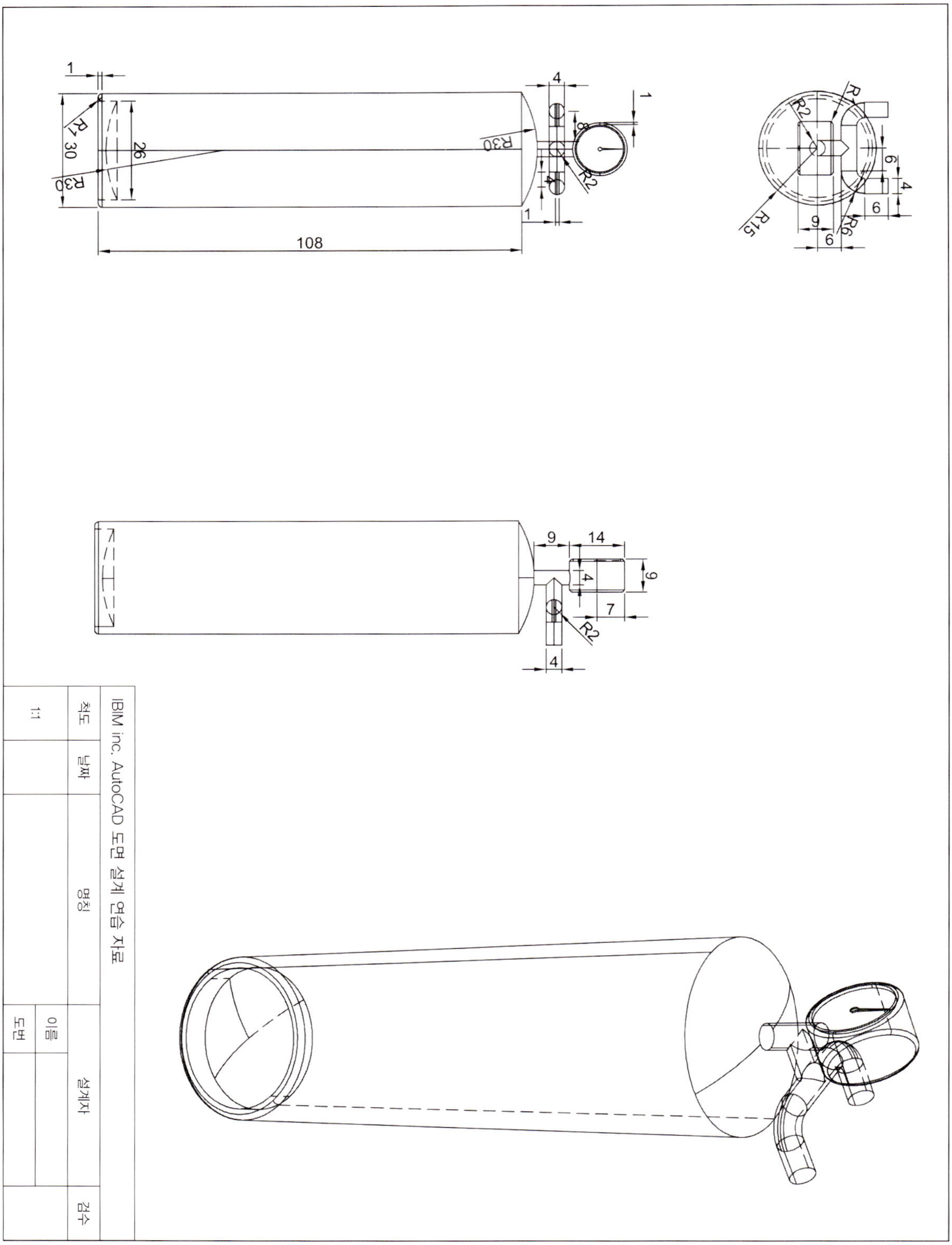
IBIM inc. AutoCAD 도면 설계 연습 자료
척도
1:1
날짜
명칭
설계자
검수
이름
도번
108
R30
26
30
R15
R2
R6
14
9
7
4
6
1

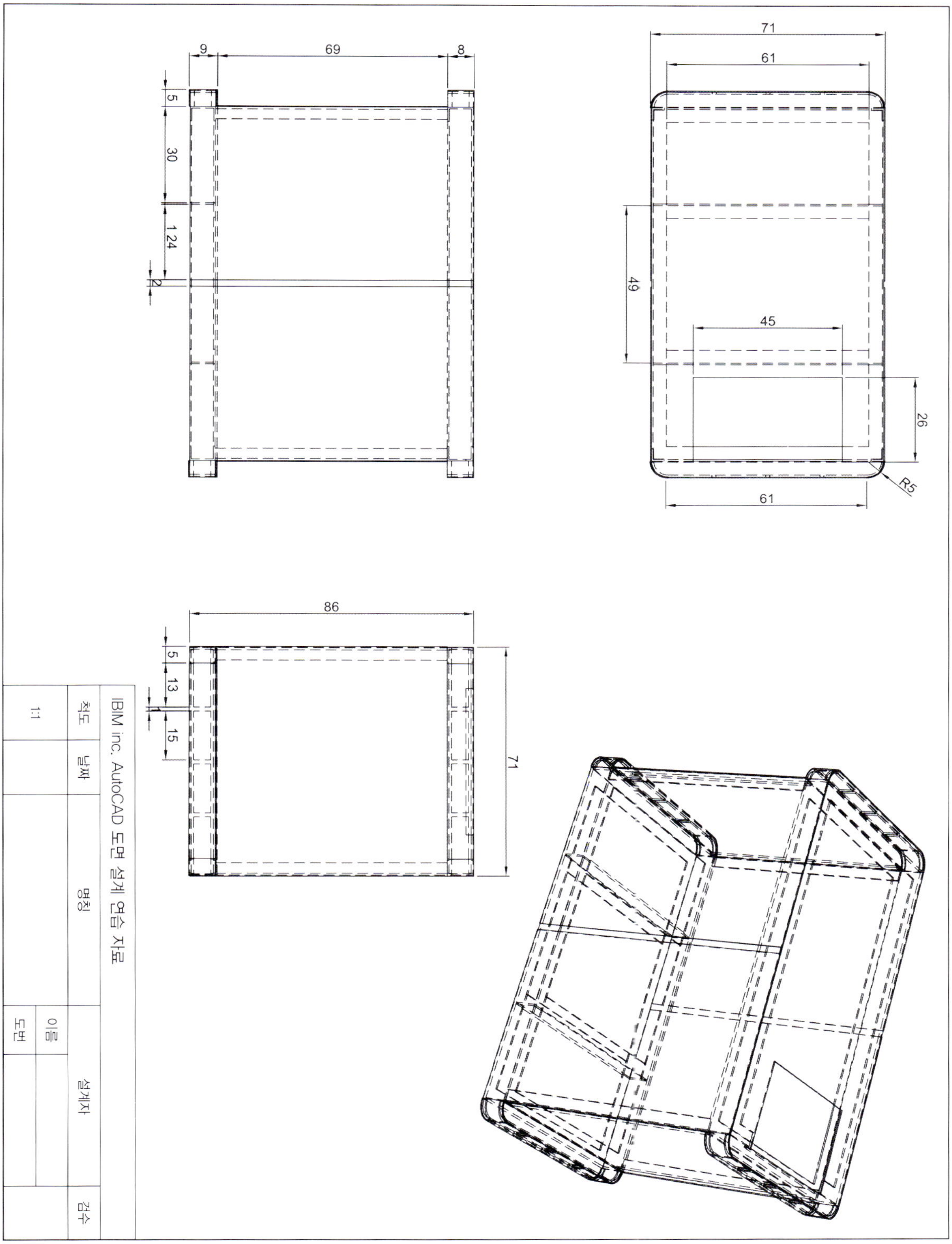

9
69
8
5
30
124
2
71
61
49
45
26
61
R5
86
5
13
15
71
IBM inc. AutoCAD 도면 설계 연습 자료
척도
실제
명칭
도면
이름
도명
검수
1:1
설계자

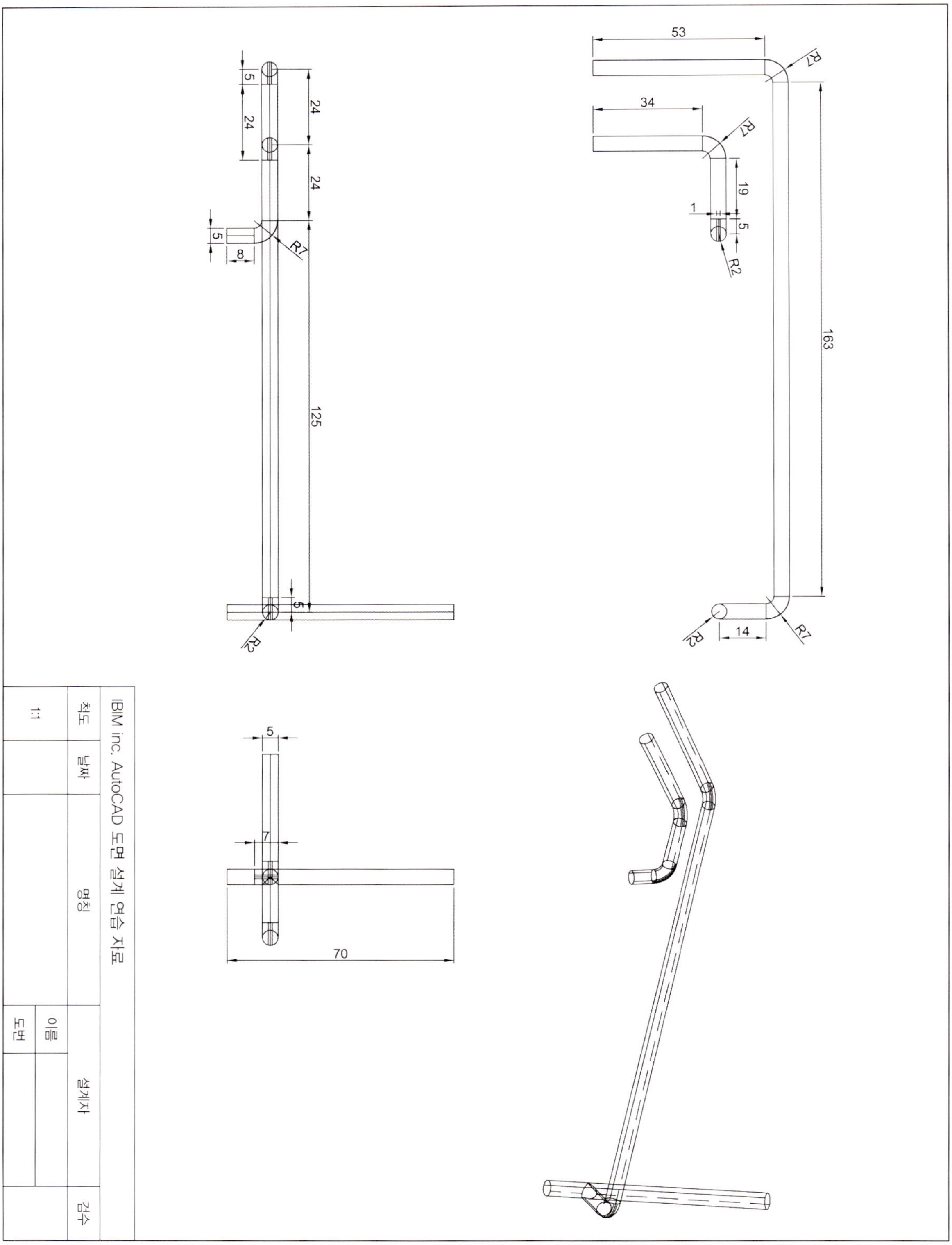

IBIM inc. AutoCAD 도면 설계 연습 자료
척도
1:1
날짜
명칭
이름
도번
설계자
검수

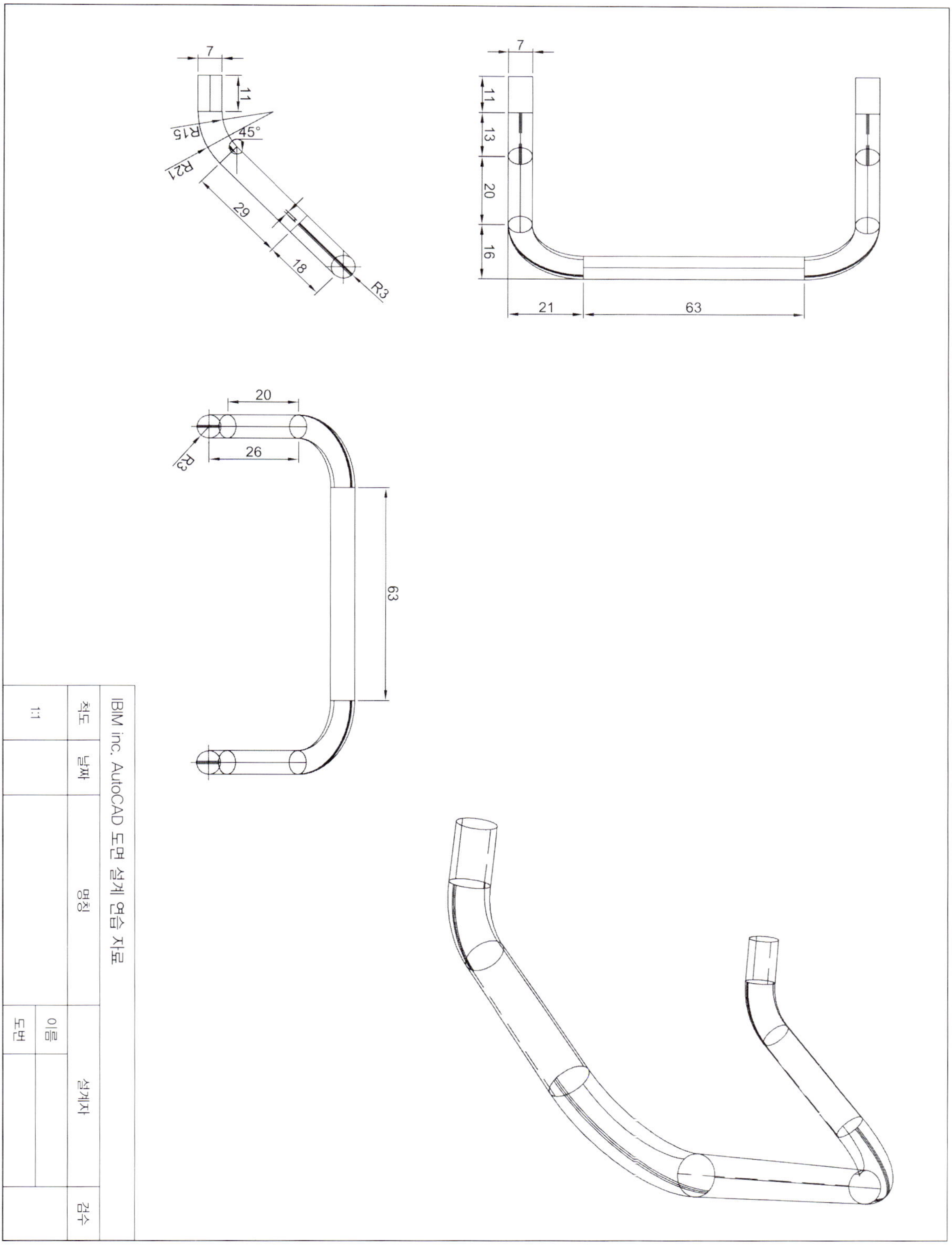

IBIM inc. AutoCAD 도면 설계 연습 자료

척도	날짜	품명		설계자	
1:1			이름		검수
			도번		

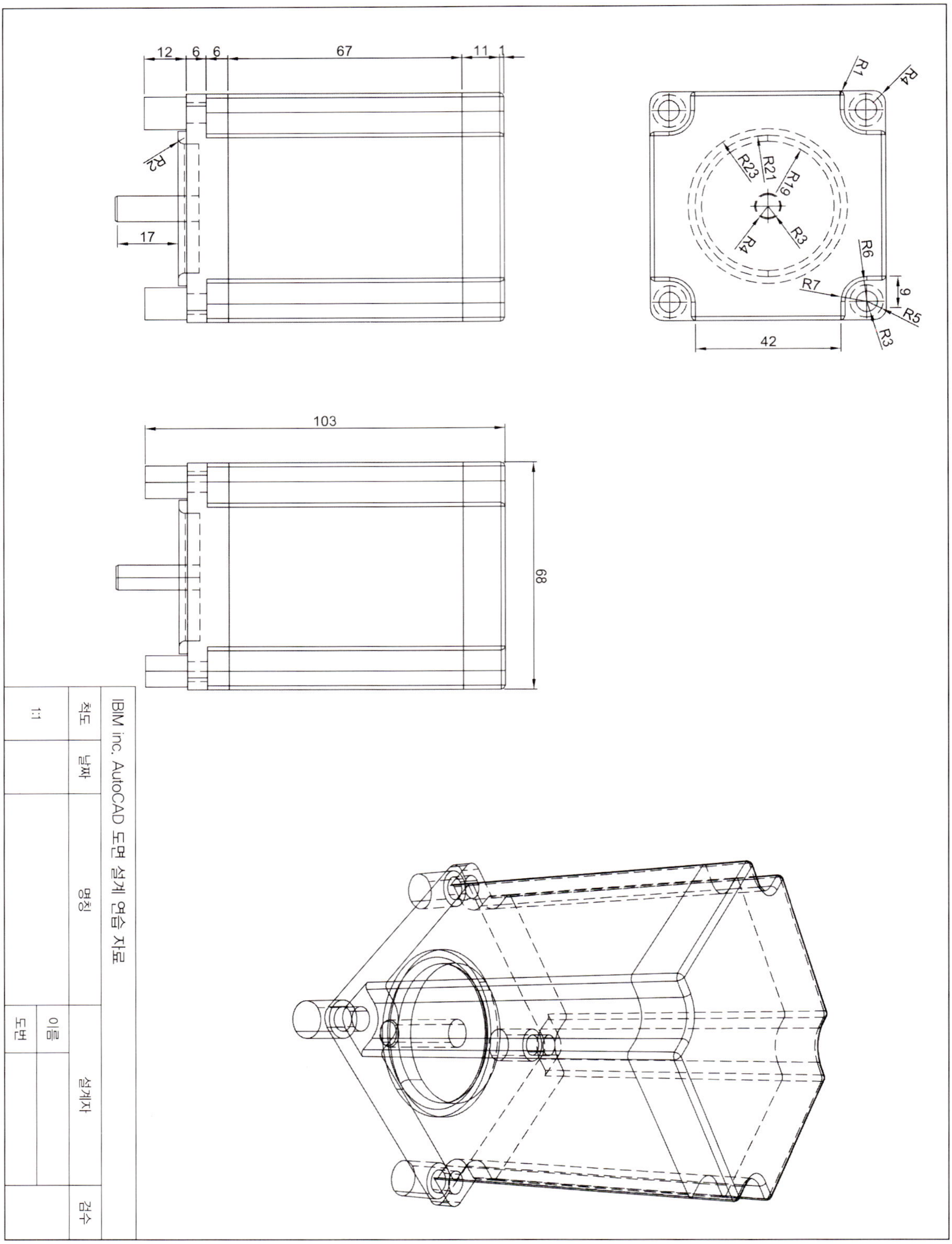
12
6
6
67
11
1
R2
17
R1
R4
R23
R21
R19
R3
R4
R6
R7
9
R5
R3
42
103
68
IBIM inc. AutoCAD 도면 설계 연습 자료
척도
1:1
날짜
명칭
이름
도번
설계자
검수

도면 파일 [Sample]의 'Basic15.dwg'

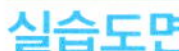

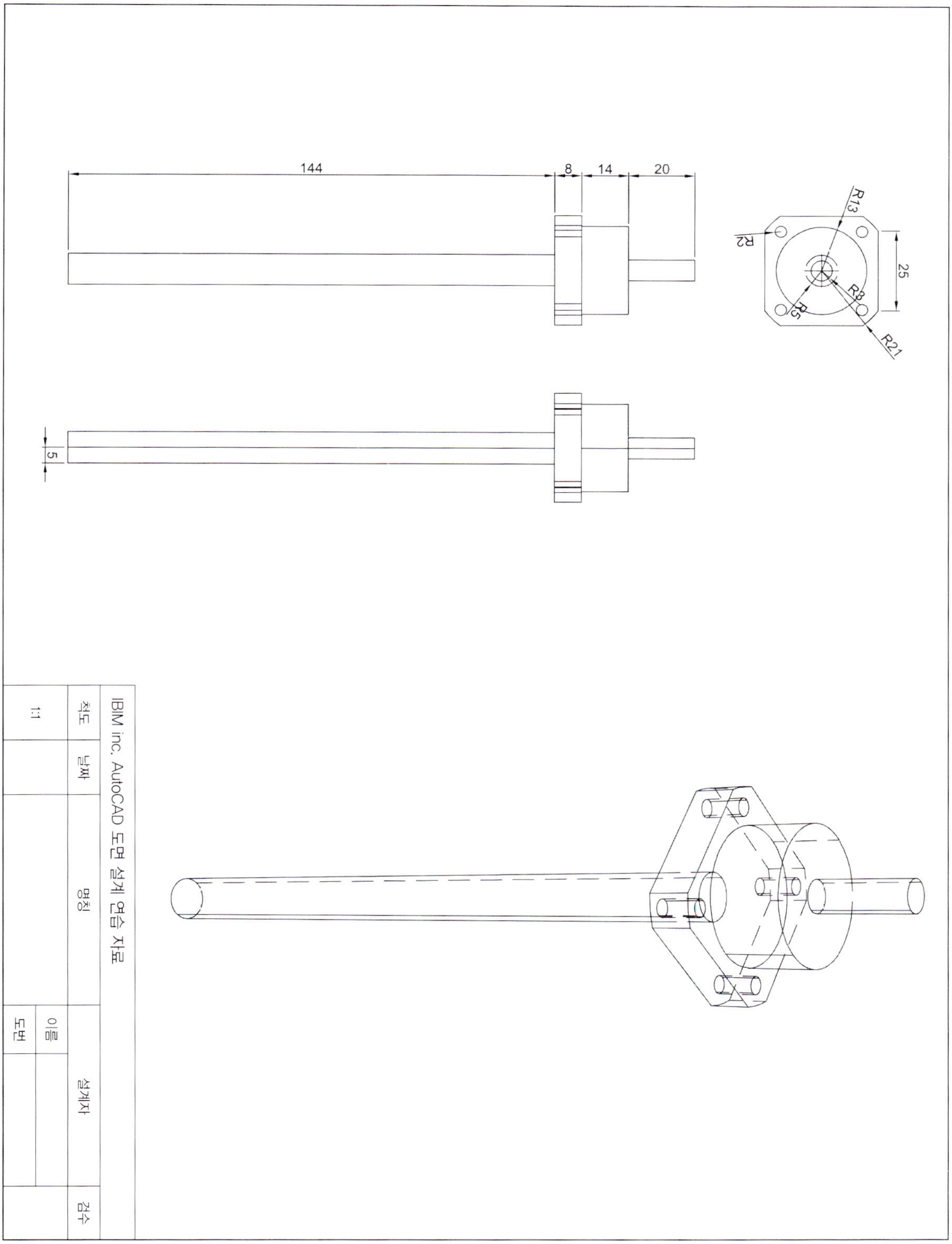
144
8
14
20
R13
R2
25
R3
R5
R21
5
IBIM inc. AutoCAD 도면 설계 연습 자료
척도
1:1
날짜
명칭
이름
도번
설계자
검수

실습도면

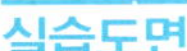

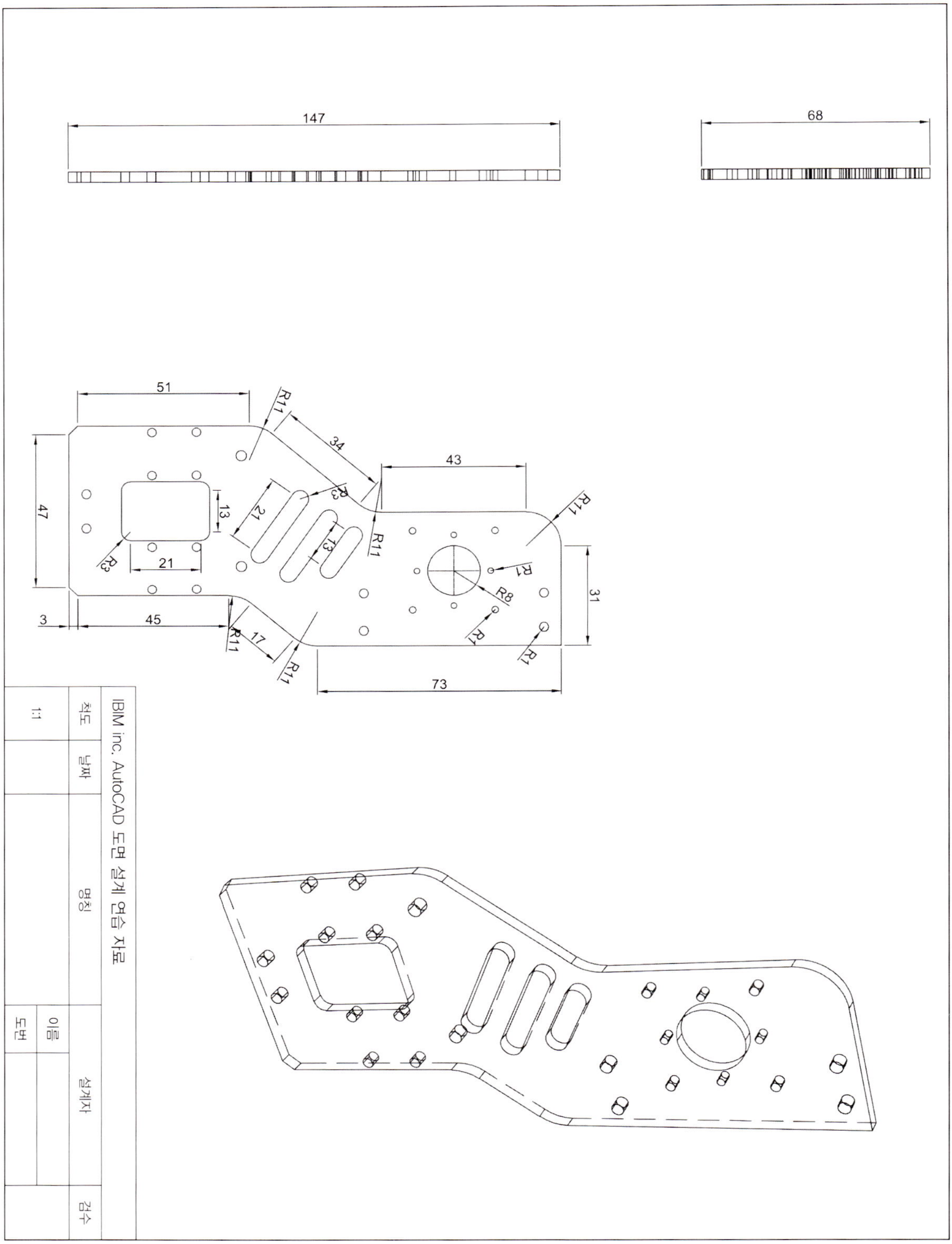
147
68
51
R11
34
43
R11
47
13
21
R3
R3
13
R11
R3
21
R1
R8
31
3
45
R11
17
R11
R1
R1
73
IBIM inc. AutoCAD 도면 설계 연습 자료
척도
1:1
날짜
명칭
이름
도면
설계자
검수

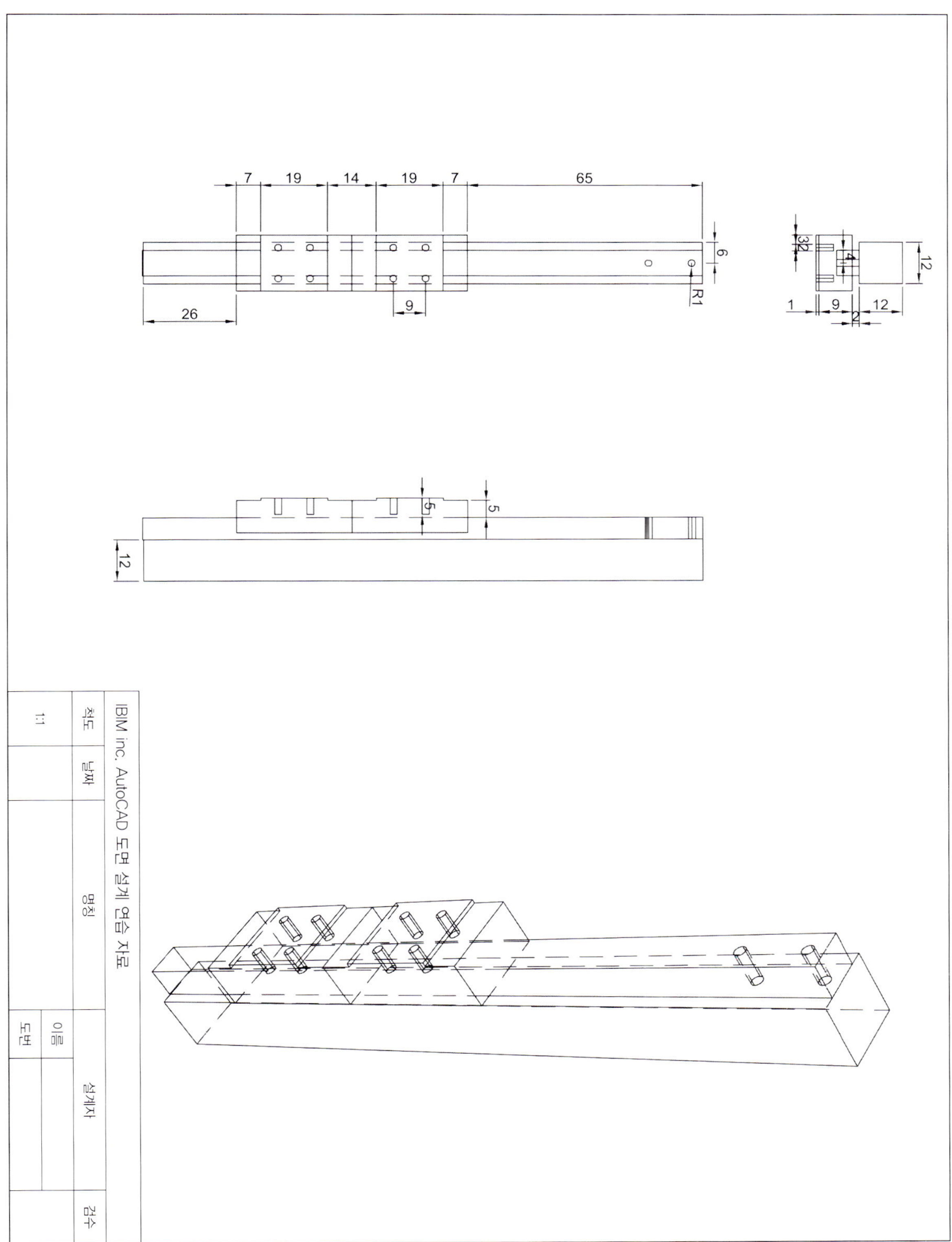

7
19
14
19
7
65
6
26
9
R1
32
4
12
1
9
2
12
5
5
12
IBM inc. AutoCAD 도면 설계 연습 자료
척도
날짜
명칭
이름
도번
설계자
접수
1:1

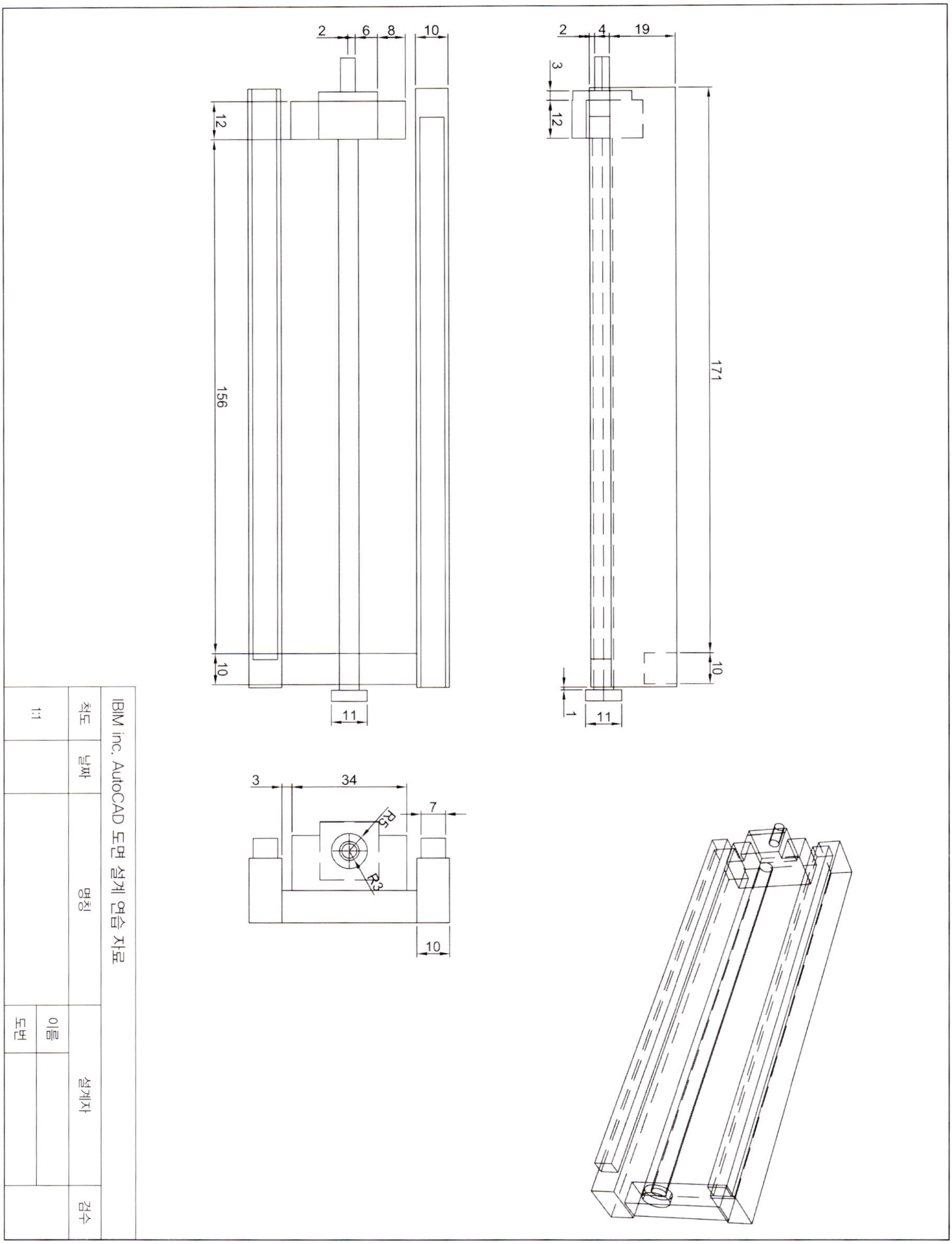

2 6 8 10
2 4 19
3
12
12
156
171
10
10
11
1
11
3 34
7
R5
R3
10
IBM inc. AutoCAD 도면 설계 연습 자료
척도
날짜
명칭
도번
이름
설계자
검수
1:1

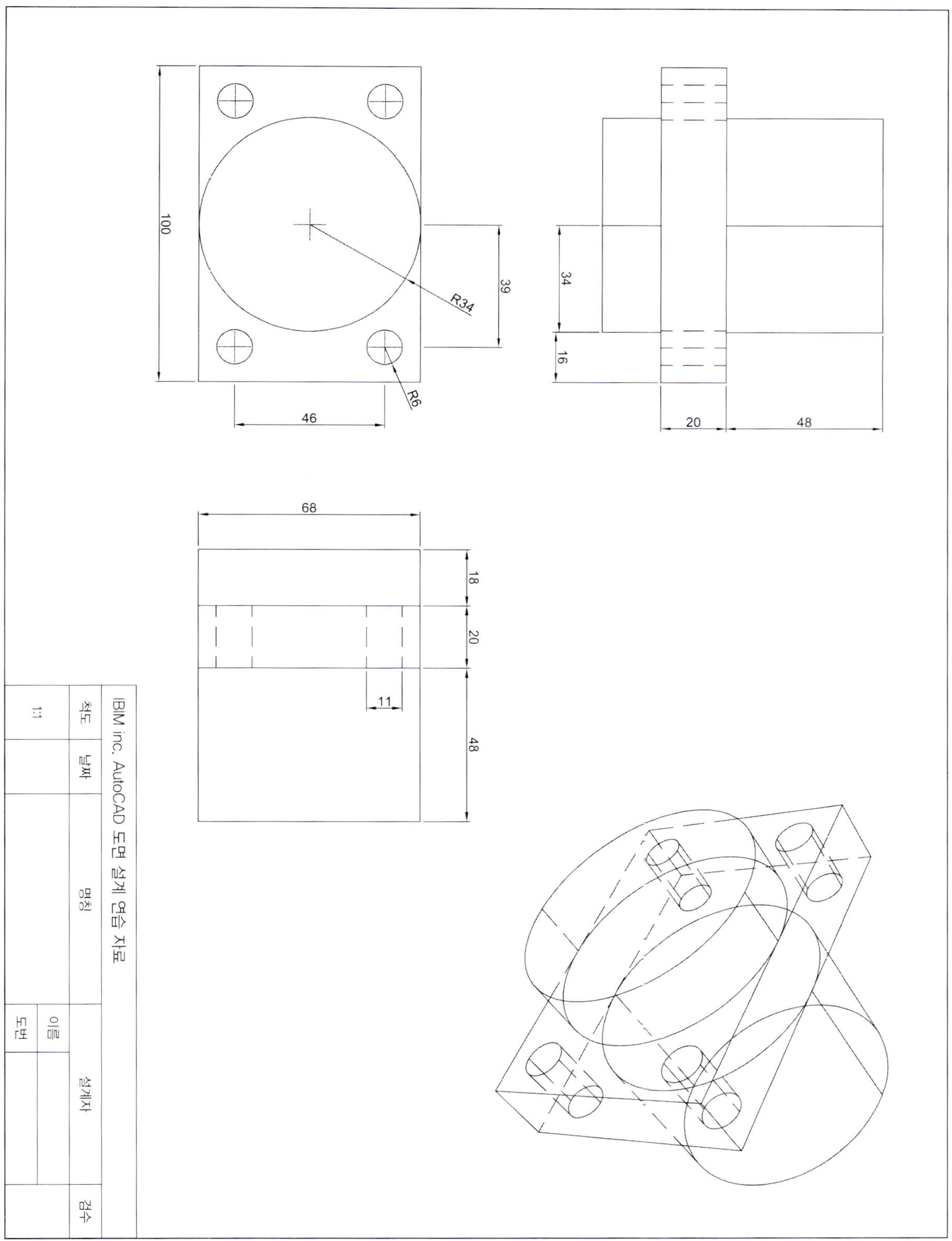
100
R34
39
46
R6
34
16
20
48
68
18
20
11
48
IBM inc. AutoCAD 도면 설계 연습 자료
척도
날짜
명칭
평칭
도번
이름
접수
설계자
1:1

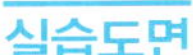

도면 파일 [Sample]의 'Basic20.dwg'

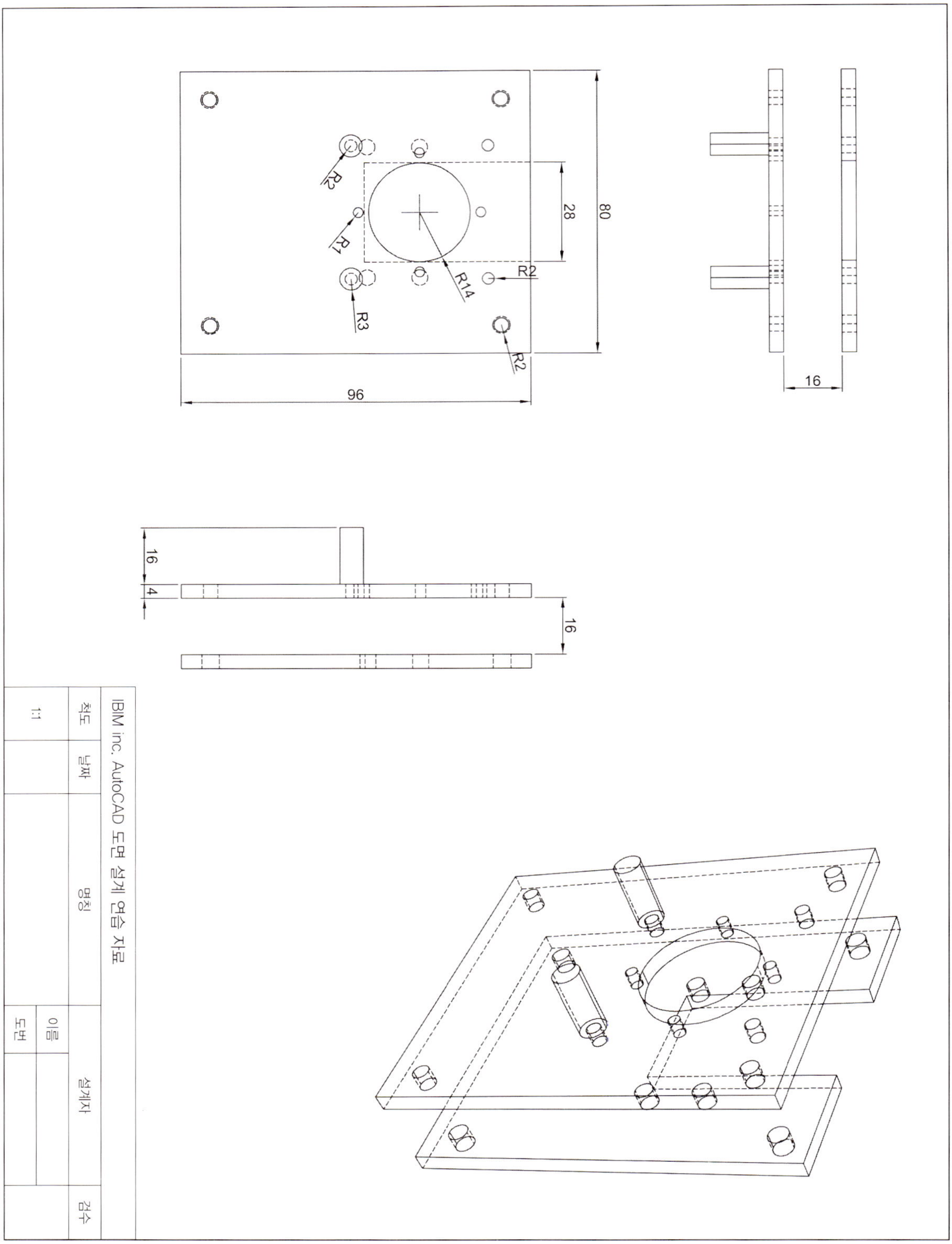
R2
R1
R14
R2
R3
R2
28
80
96
16
16
4
16
IBIM inc. AutoCAD 도면 설계 연습 자료
척도
1:1
날짜
명칭
이름
도번
설계자
검수

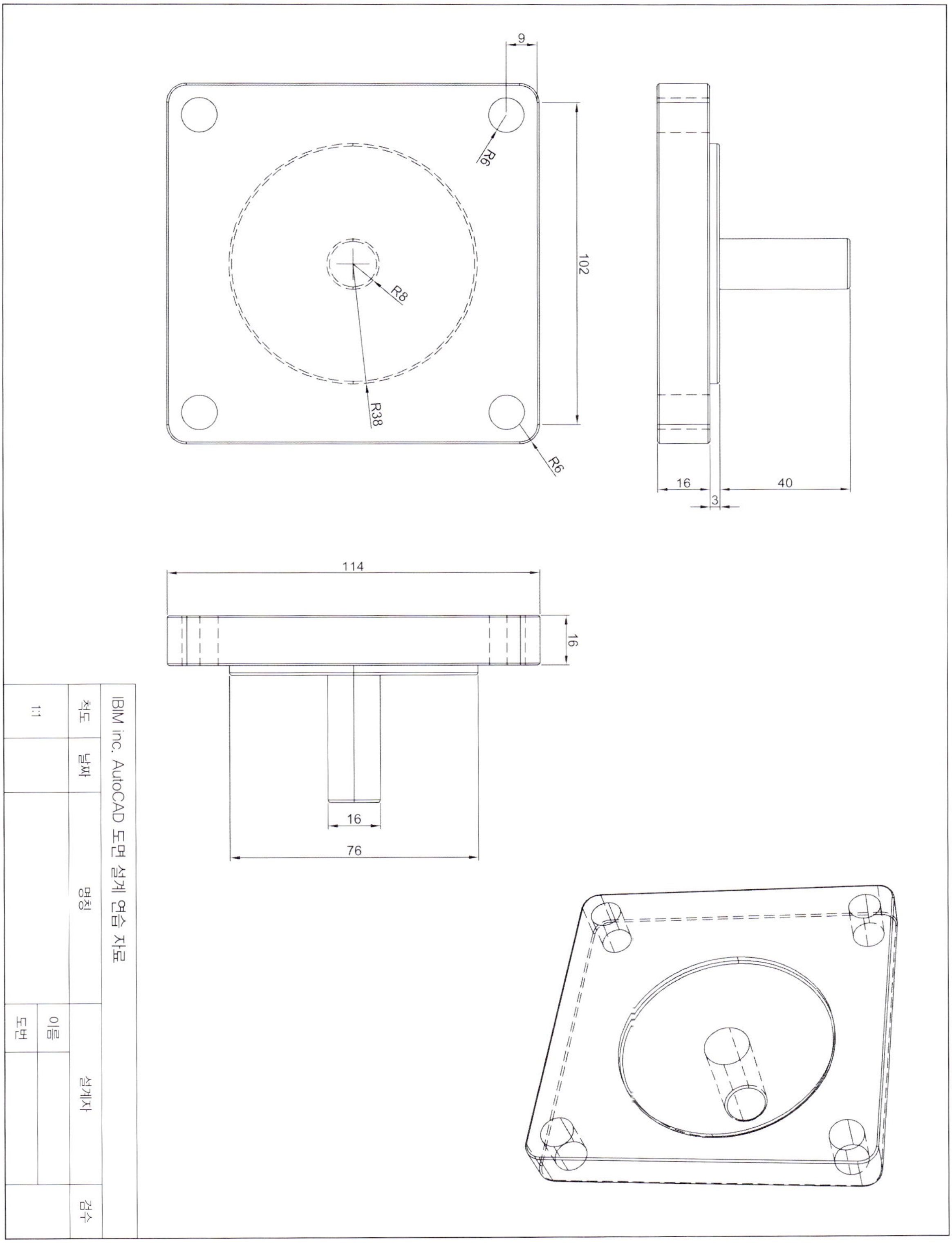

9
R6
102
R8
R38
R6
16
3
40
114
16
16
76
IBM inc. AutoCAD 도면 설계 연습 자료
척도
날짜
1:1
평면
도면
이름
설계자
접수

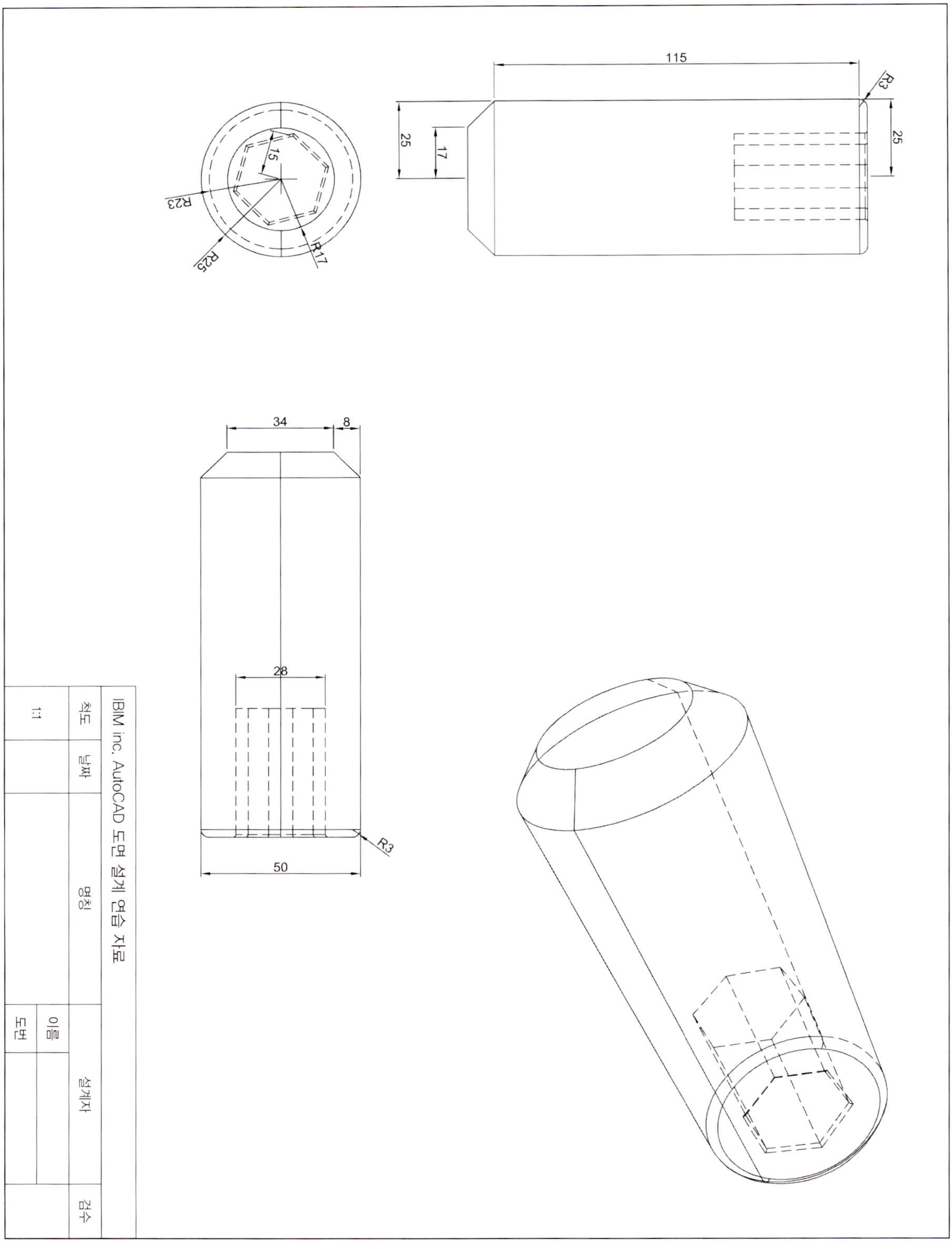

115
R3
25
17
25
15
R23
R25
R17
34
8
28
50
R3

IBM inc. AutoCAD 도면 설계 연습 자료
척도
1:1
날짜
용지
이름
도면
설계자
검수

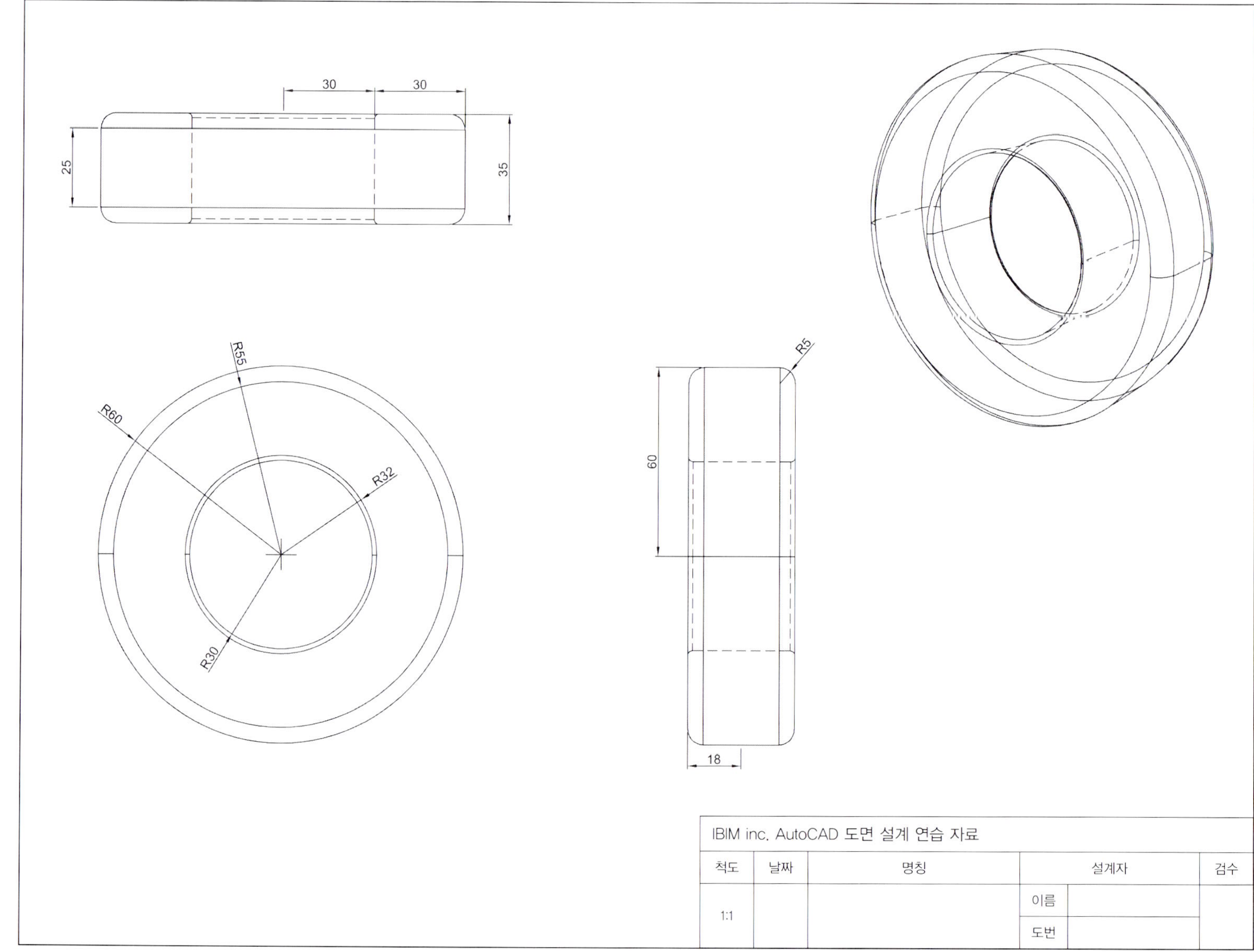
R60
R30
R55
R32
25
30
30
35
60
18
R5
IBM inc. AutoCAD 도면 설계 연습 자료
척도
날짜
명칭
설계자
검수
이름
도번
1:1

실습도면

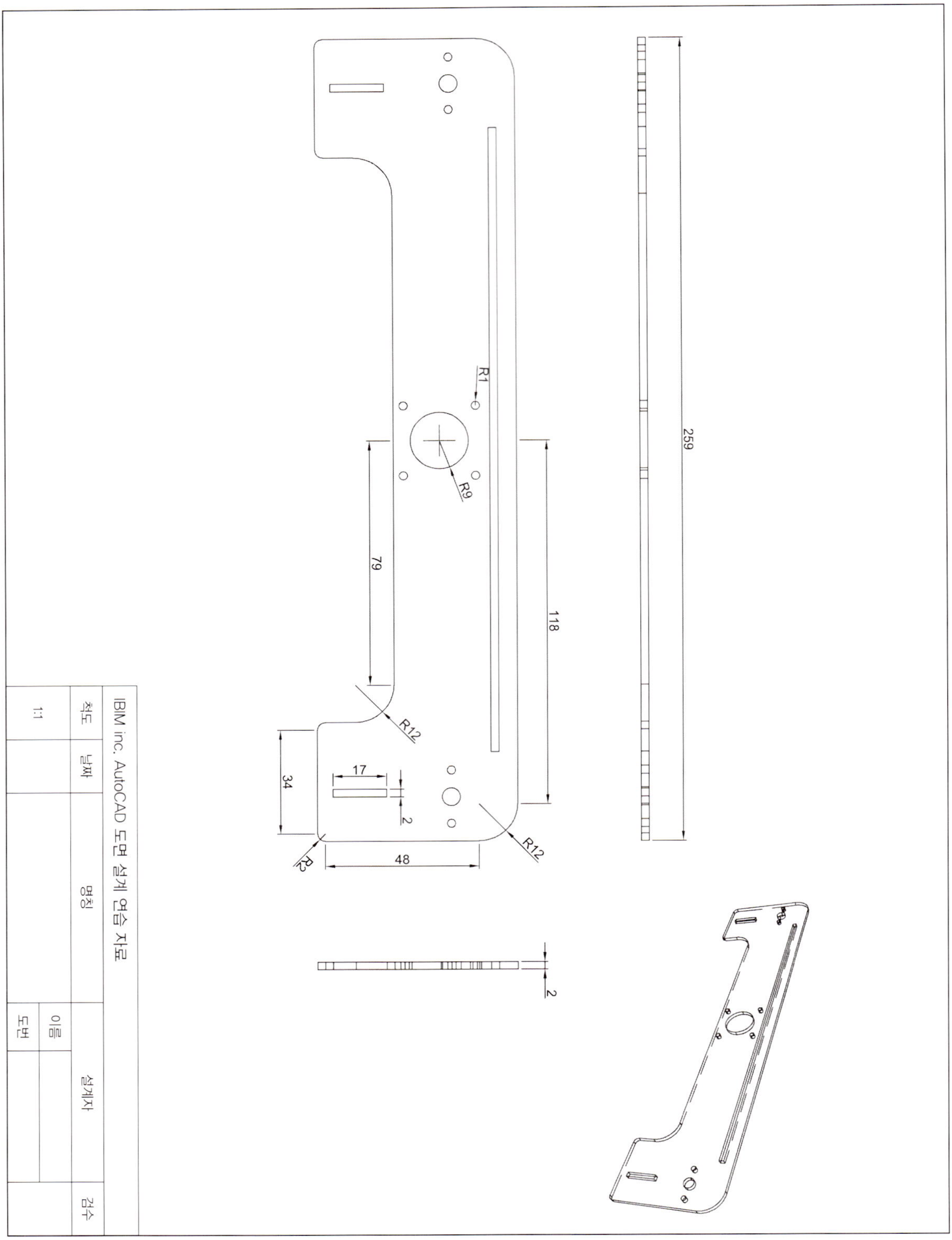
IBIM inc. AutoCAD 도면 설계 연습 자료
척도
1:1
날짜
명칭
이름
도번
설계자
검수
R1
R9
259
79
118
R12
34
17
2
48
R2
R12
2

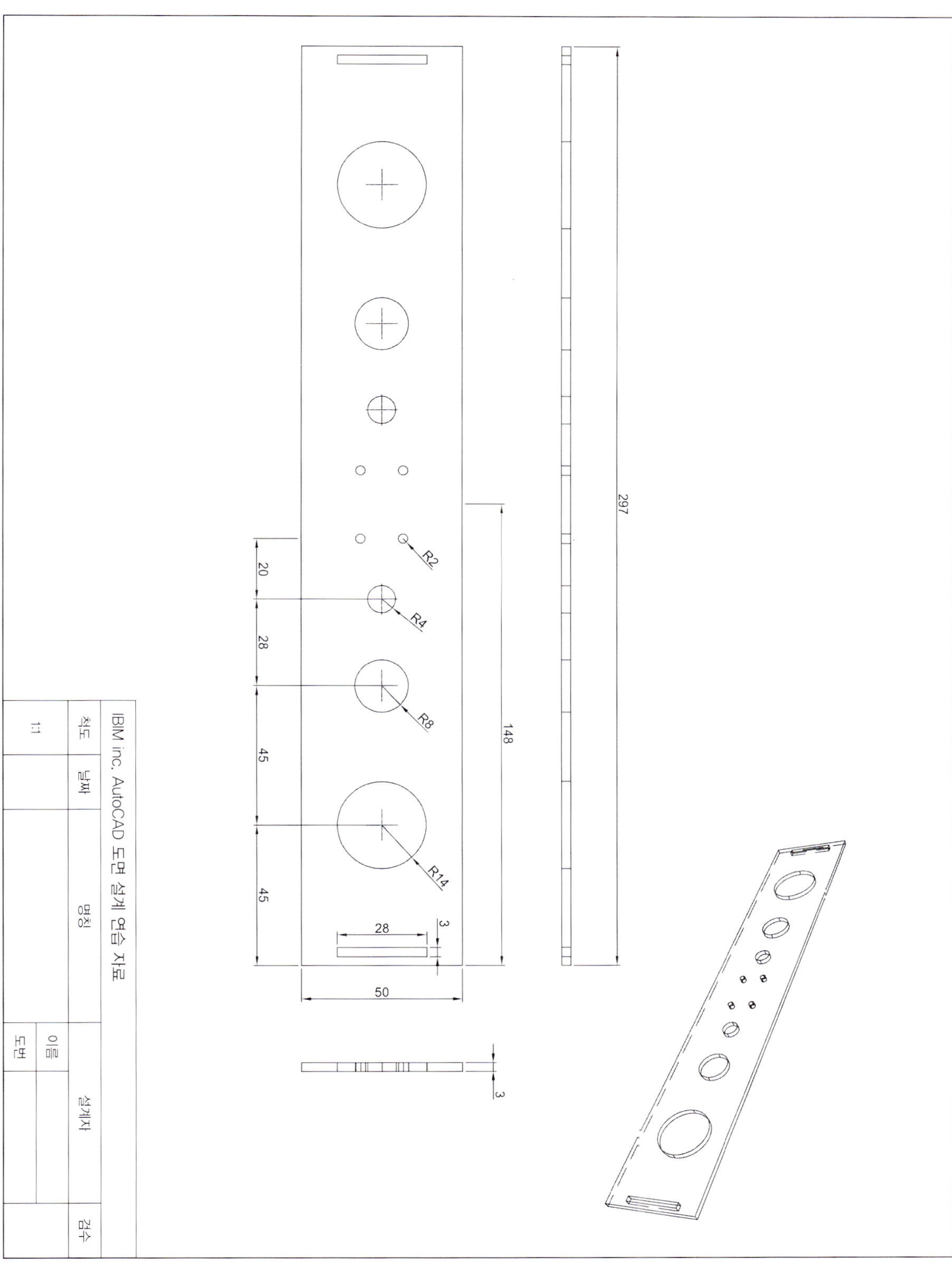
IBIM inc. AutoCAD 도면 설계 연습 자료
척도
1:1
날짜
명칭
설계지
이름
도면
검수
297
148
50
28
20
28
45
45
3
3
R2
R4
R8
R14

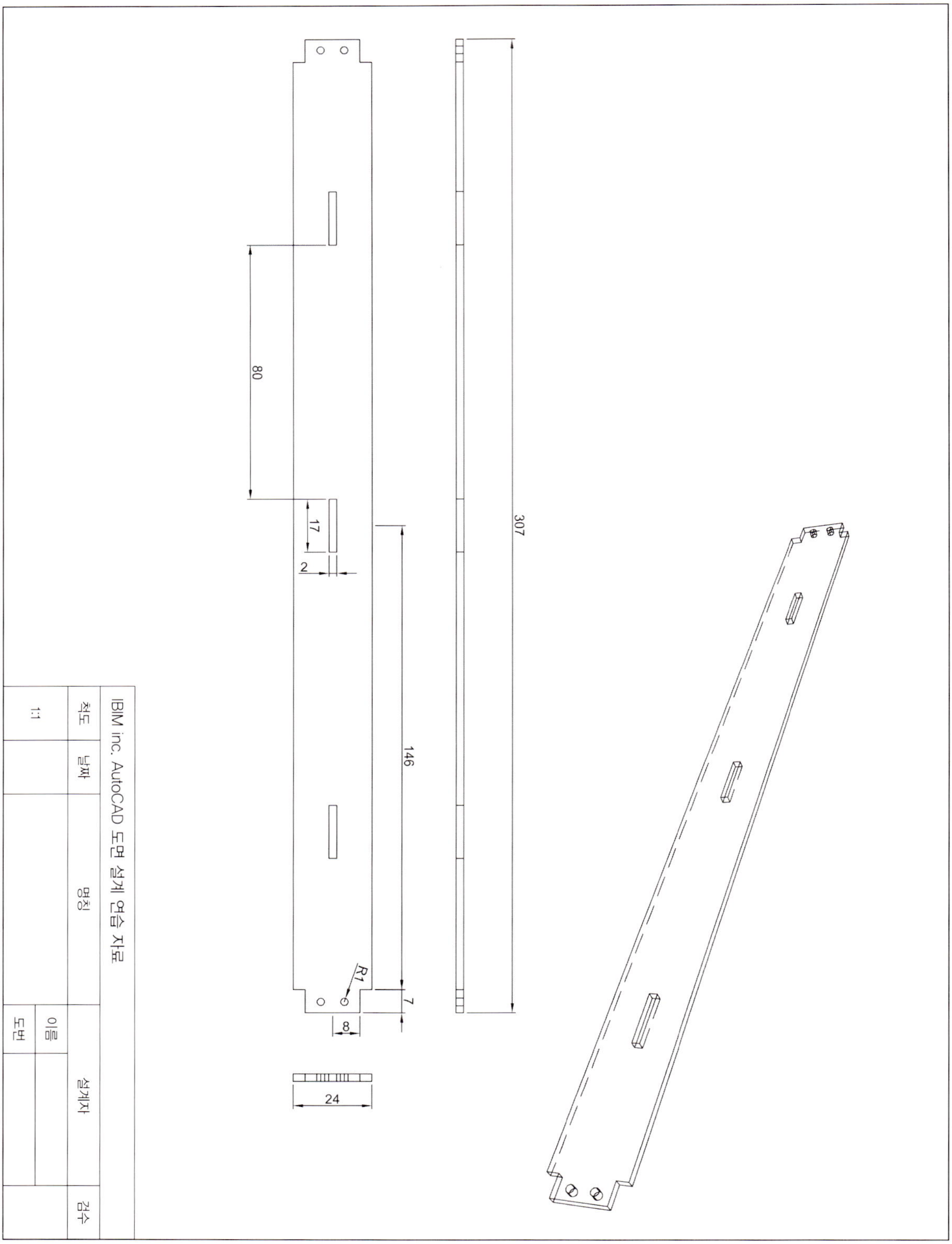

IBIM inc. AutoCAD 도면 설계 연습 자료

척도	날짜	명칭		이름	설계자	검수
1:1			도번			

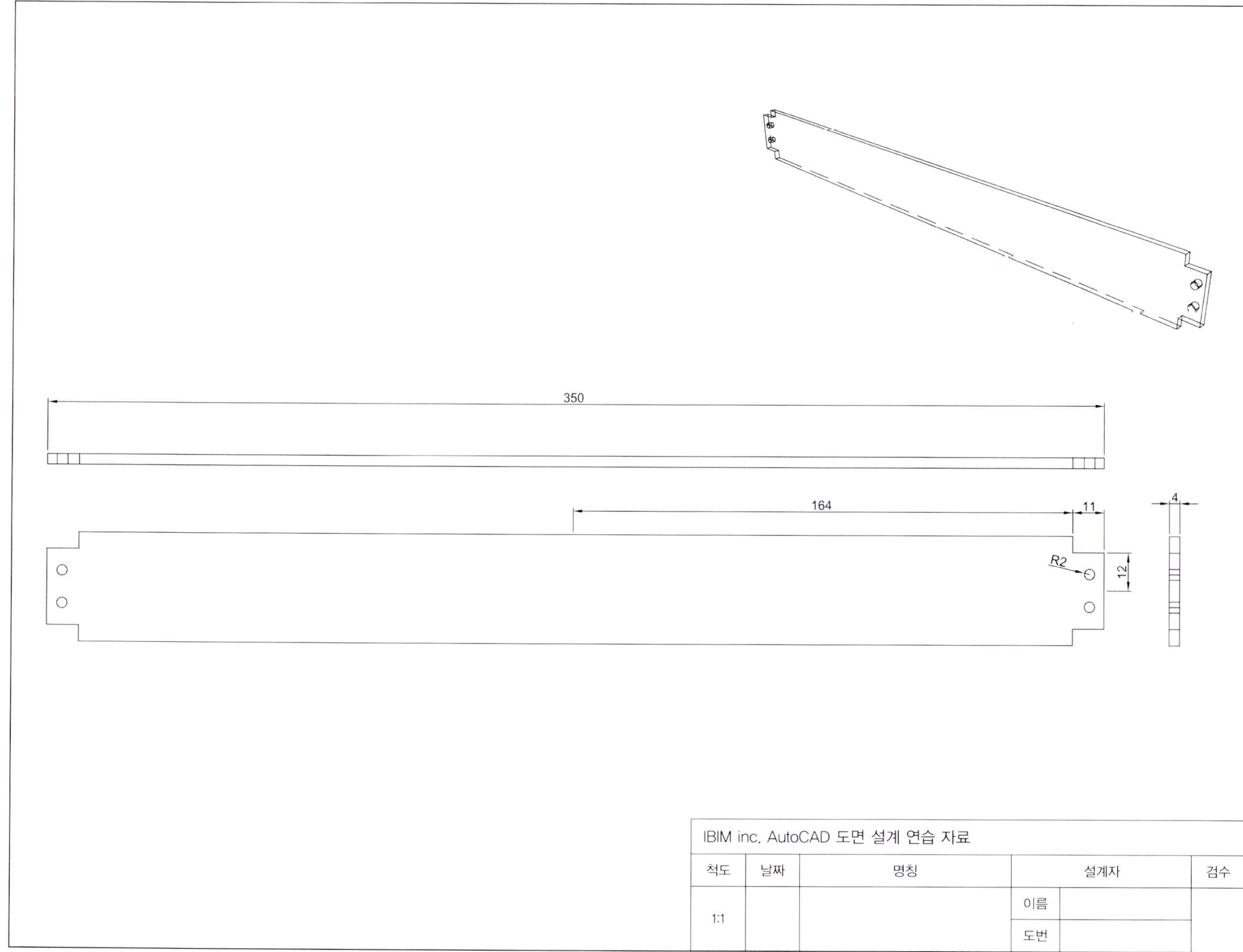

IBIM inc. AutoCAD 도면 설계 연습 자료					
척도	날짜	명칭		설계자	검수
1:1			이름		
			도번		

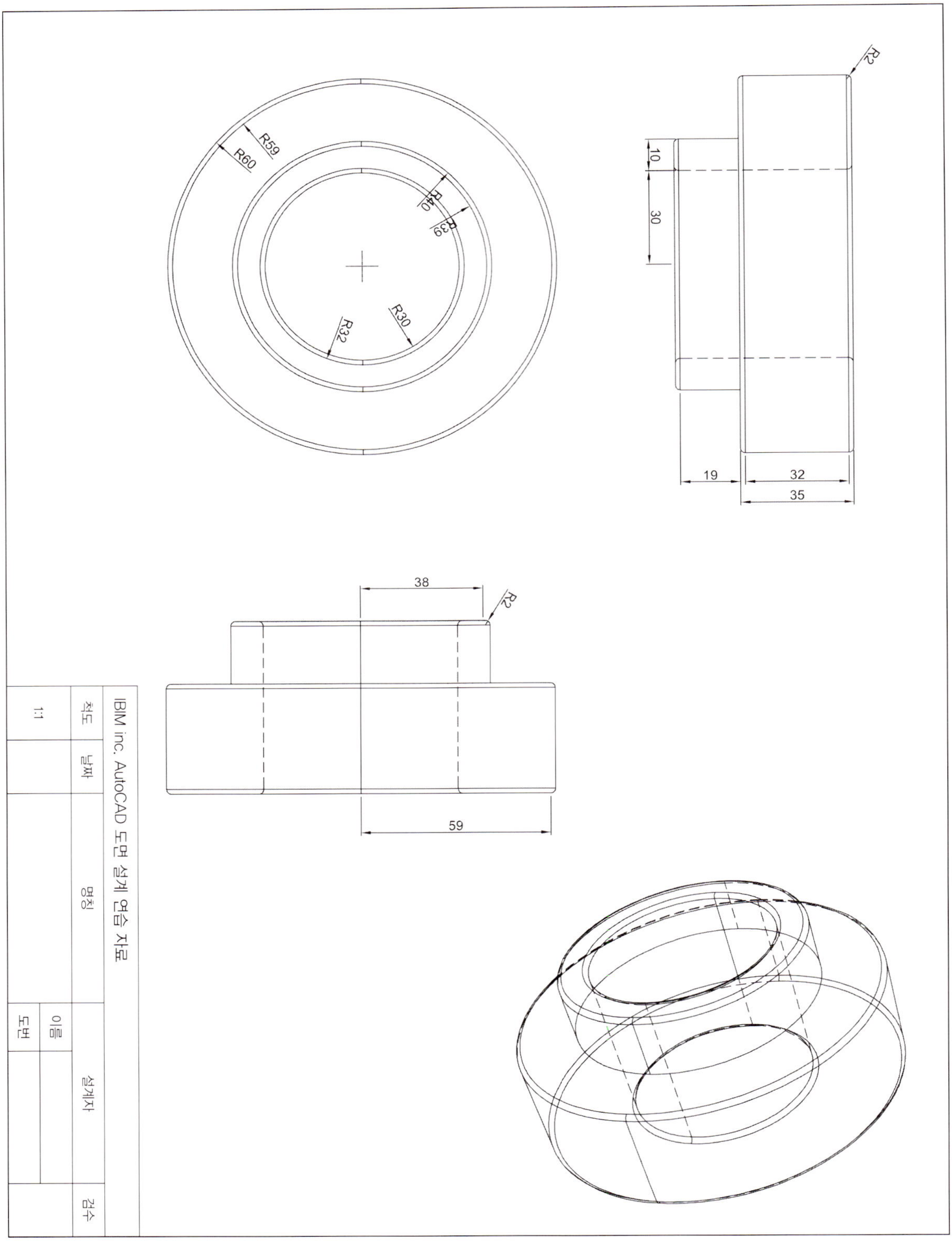

R59
R60
R40
R39
R30
R32
10
30
19
32
35
38
R2
R2
59
IBIM inc. AutoCAD 도면 설계 연습 자료
척도
날짜
명칭
1:1
도번
이름
설계자
검수

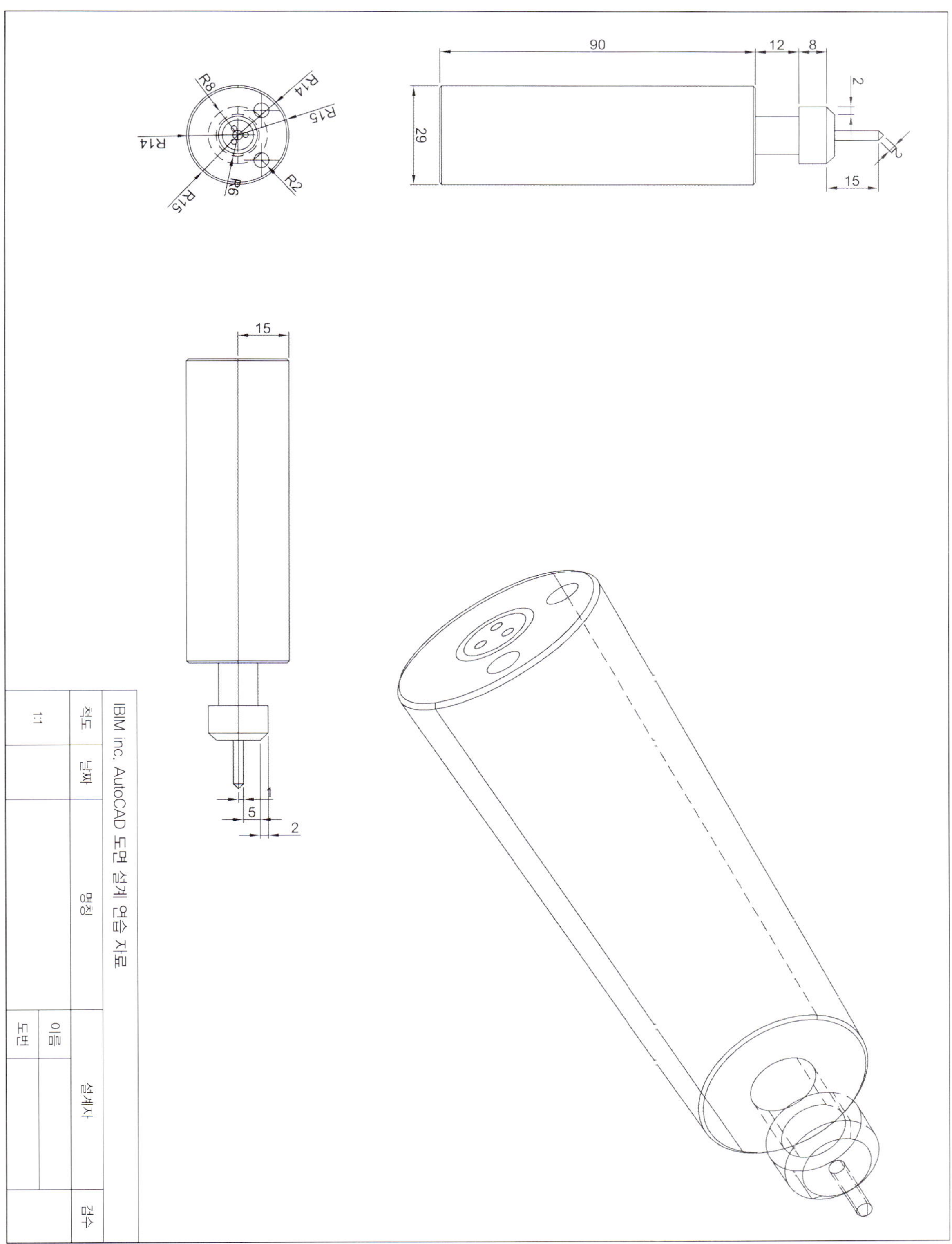
90
12
8
2
29
15
2
15
5
1
2
IBM inc. AutoCAD 도면 설계 연습 자료
척도
날짜
명칭
이름
도번
설계자
검수
1:1
R8
R14
R15
R14
R15
R6
R2

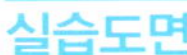

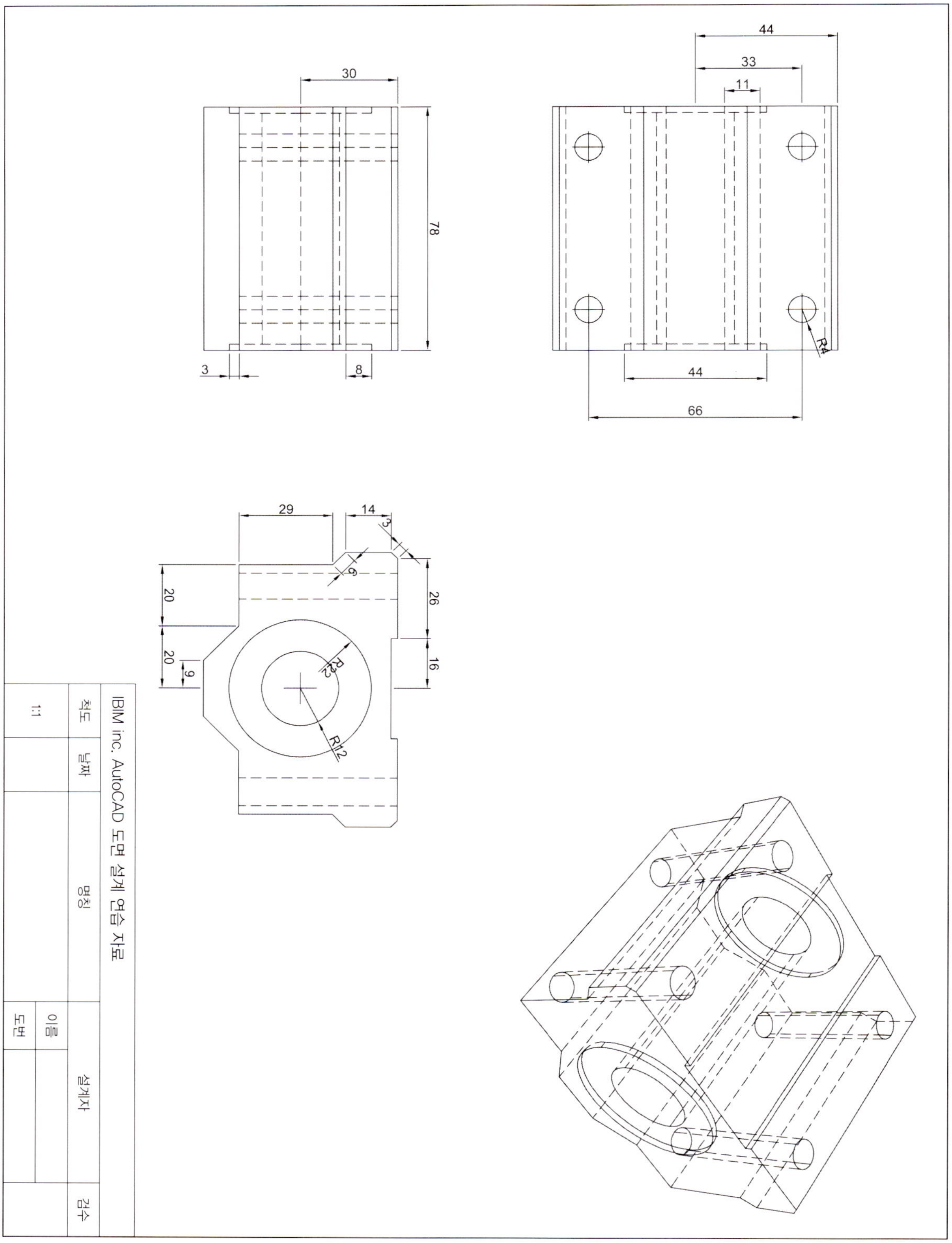
30
78
3
8
44
33
11
R4
44
66
29
14
3
6
20
20
9
26
16
R22
R12
IBIM inc. AutoCAD 도면 설계 연습 자료
척도
1:1
날짜
명칭
이름
도번
설계자
검수

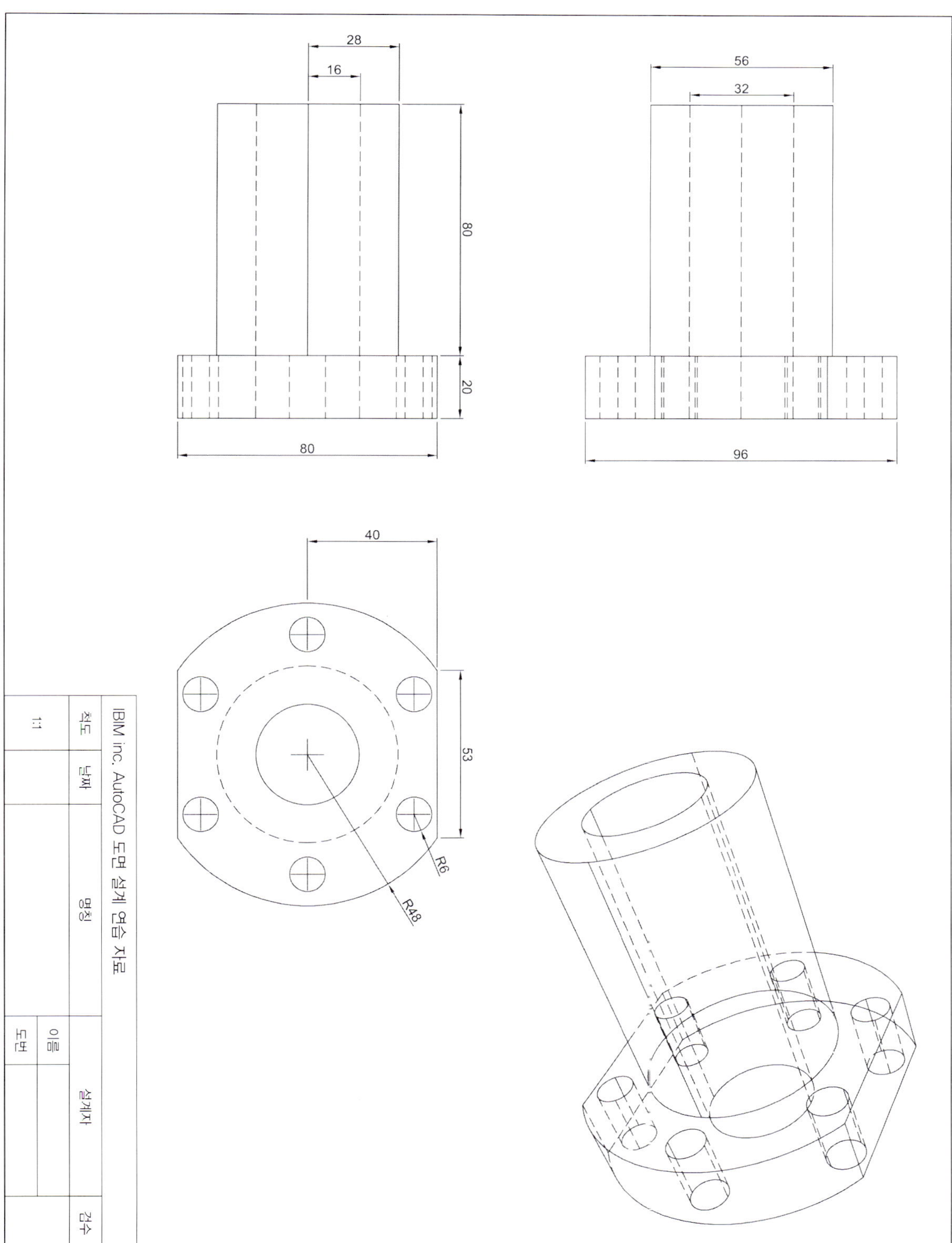
28
16
80
20
80
56
32
96
40
53
R6
R48
IBM inc. AutoCAD 도면 설계 연습 자료
척도
1:1
날짜
명칭
설계자
도번
이름
권수

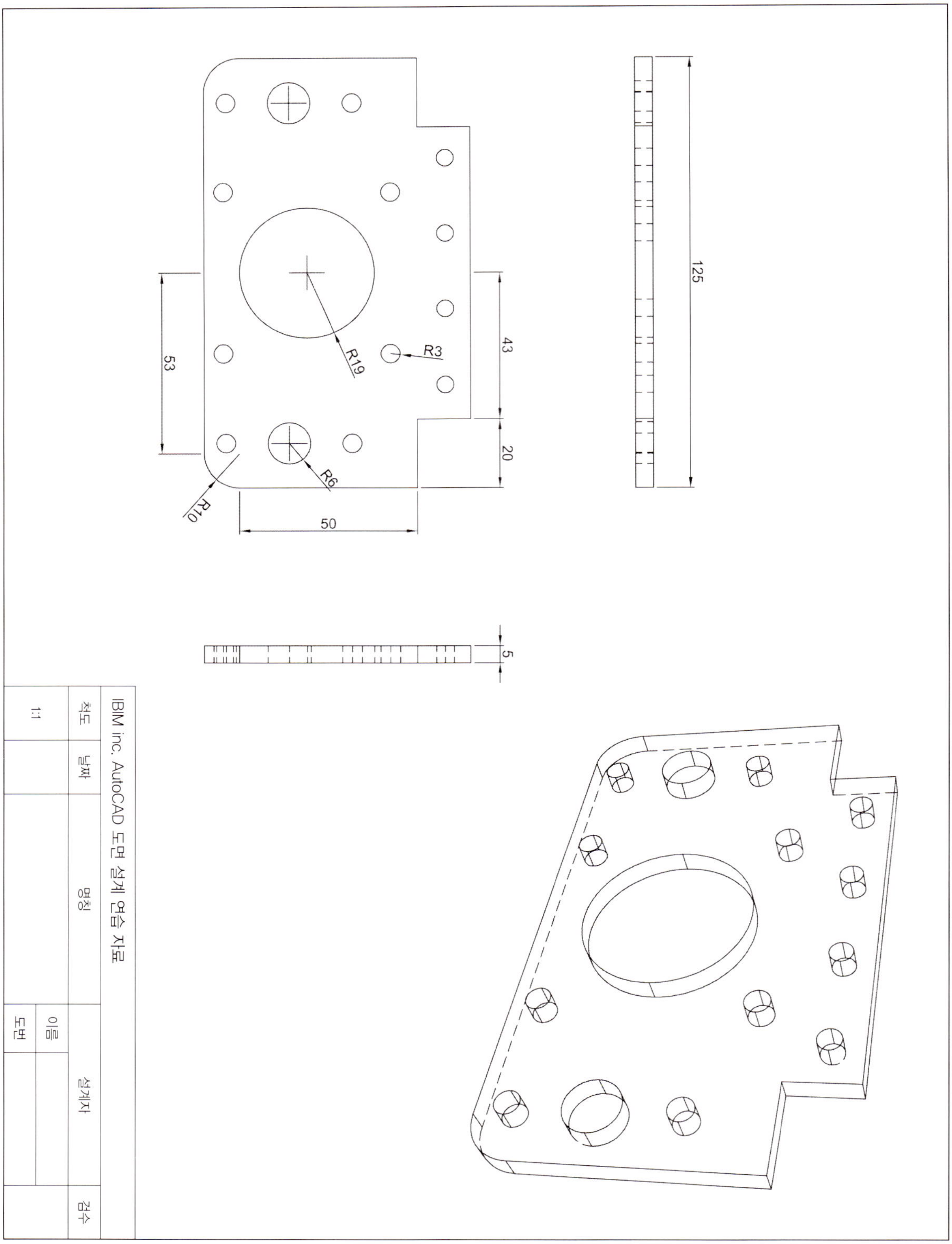

125

53

43

20

50

5

R19

R3

R6

R10

척도	날짜	명칭		이름	설계자	검수
1:1		IBIM inc. AutoCAD 도면 설계 연습 자료		도번		

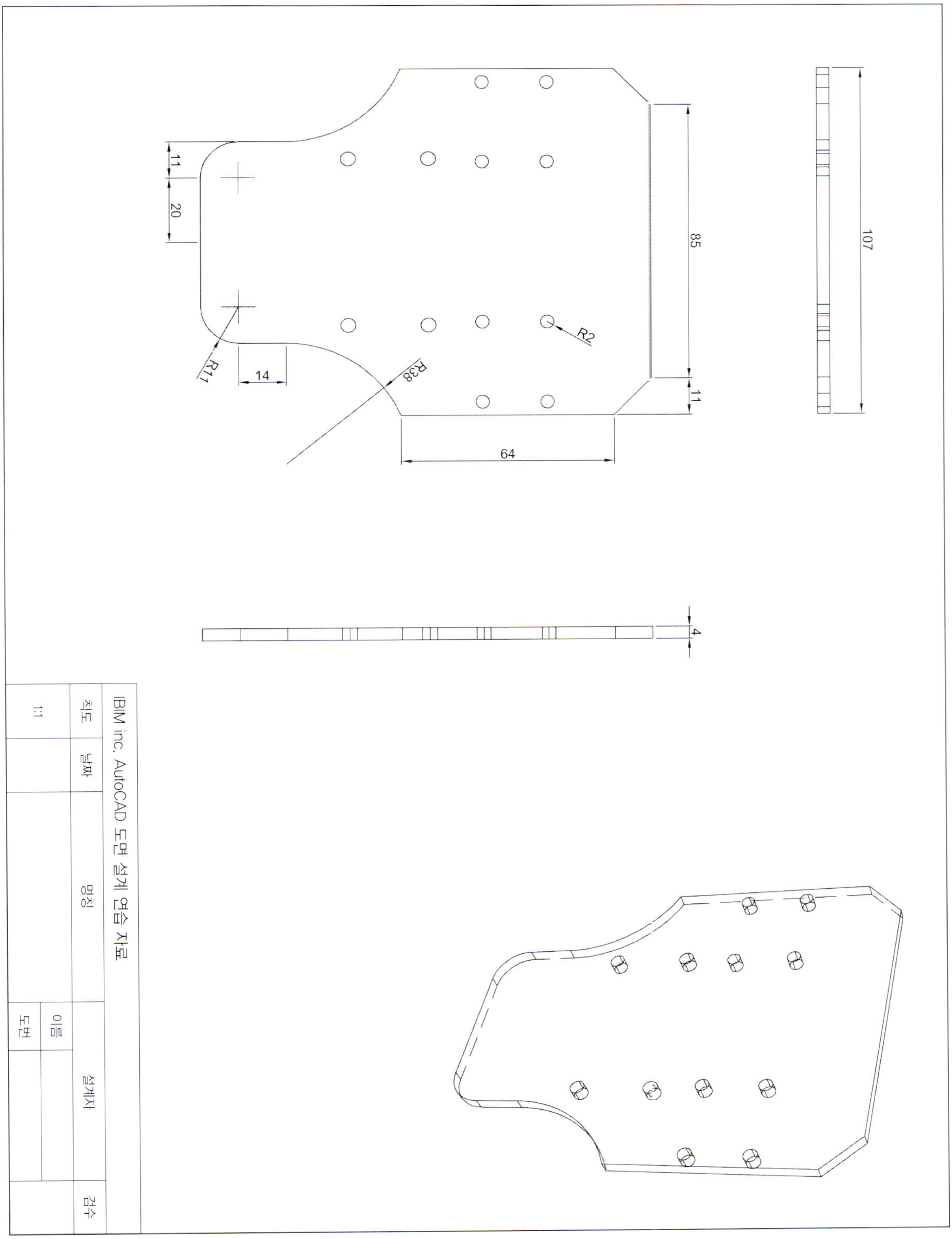

척도	날짜	명칭		설계자
1:1			이름	
			도번	접수

IBM inc. AutoCAD 도면 설계 연습 자료

도면 파일 [Sample]의 'Basic34.dwg'

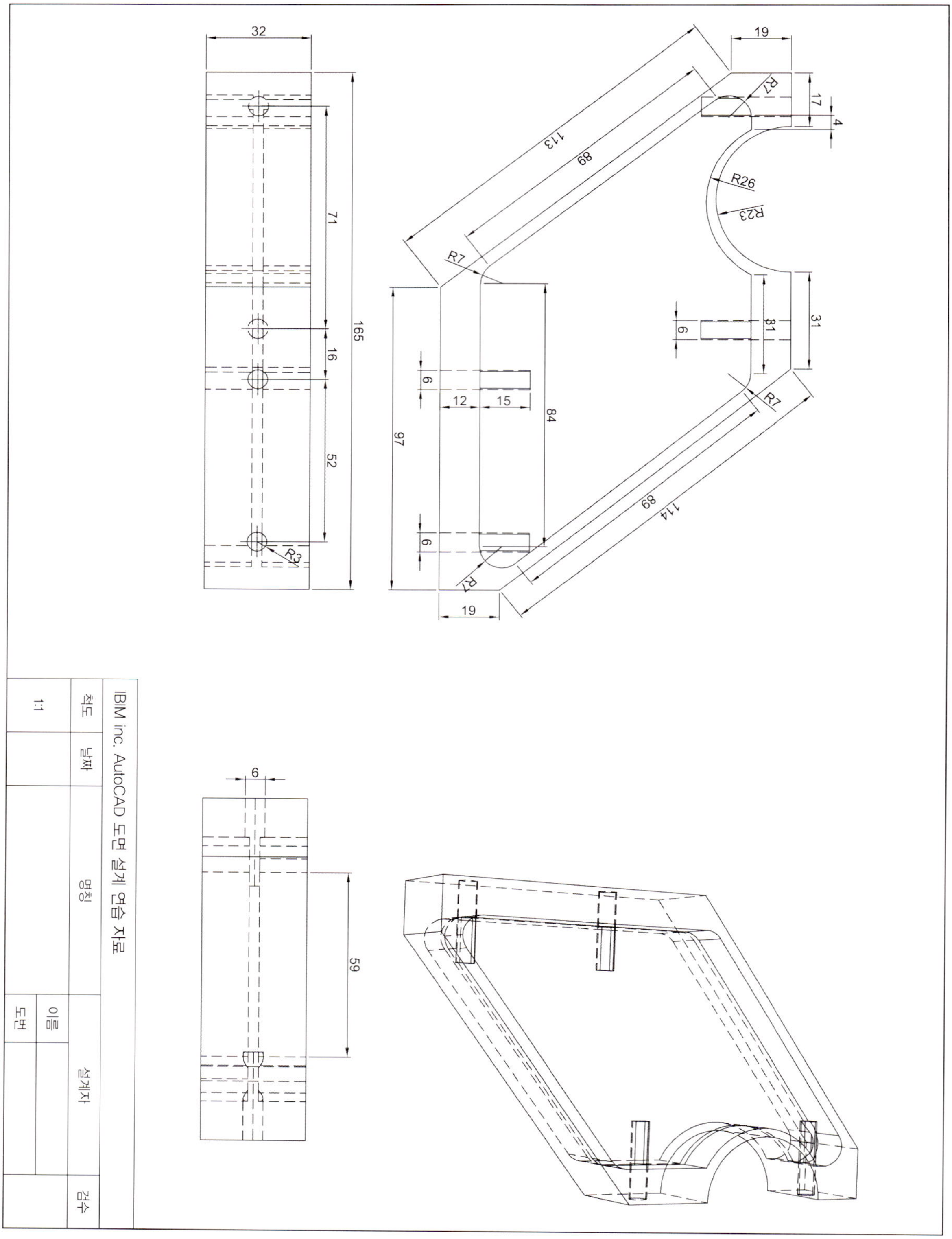

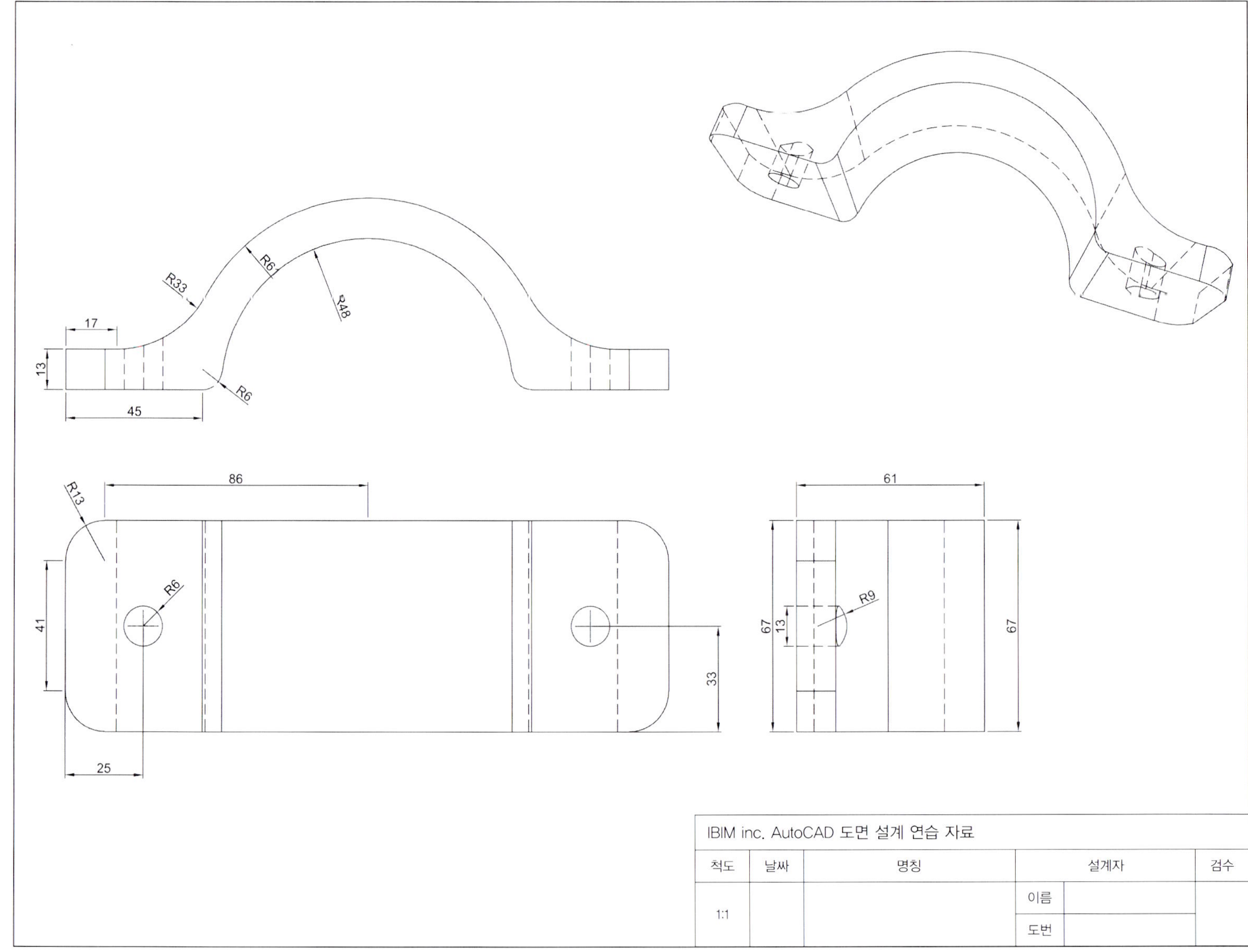

IBIM inc. AutoCAD 도면 설계 연습 자료					
척도	날싸	명칭		설계자	검수
1:1			이름		
			도번		

실습도면

도면 파일 [Sample]의 'Basic36.dwg'

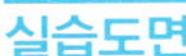

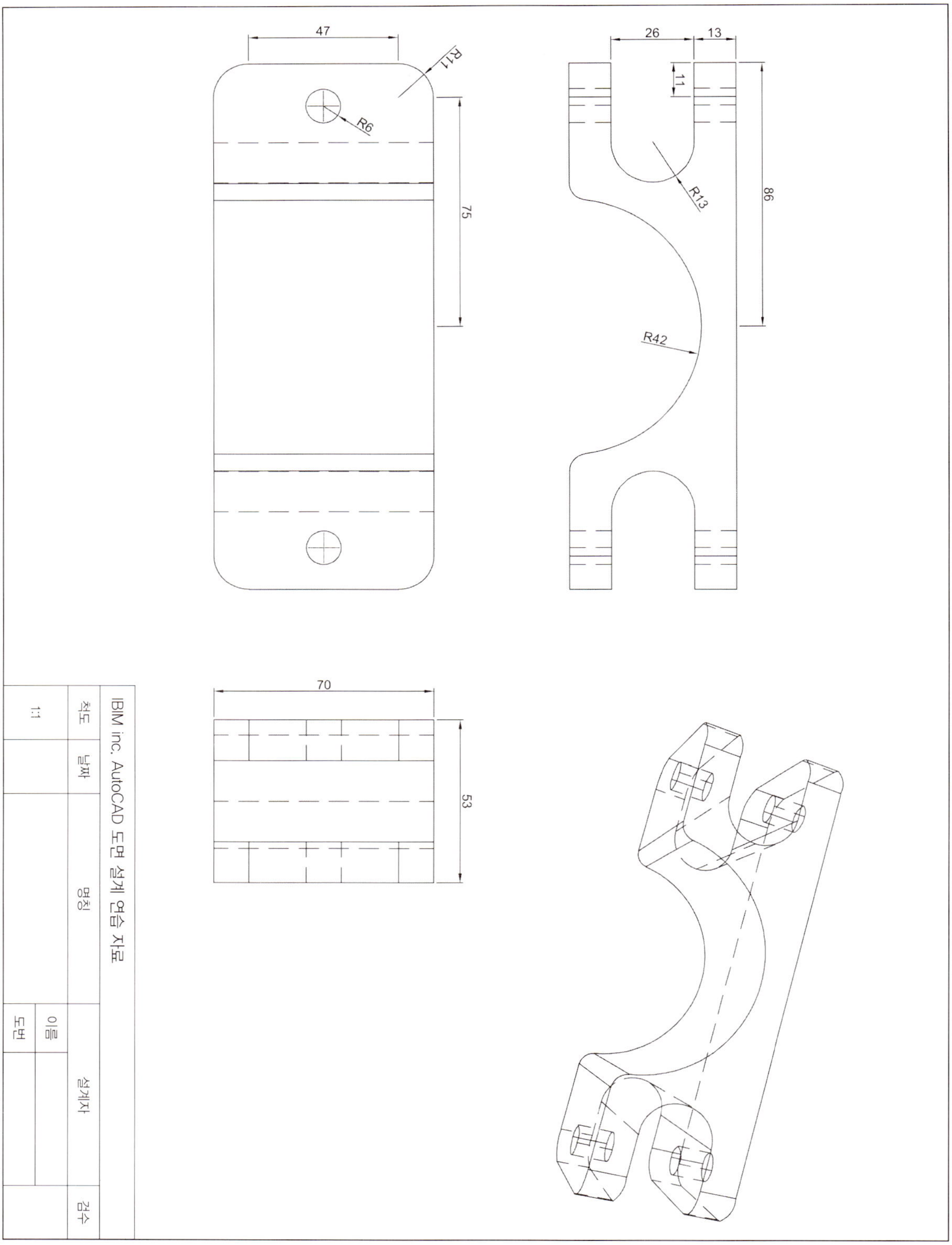

47
R11
R6
75
26
13
11
R13
86
R42
70
53
IBIM inc. AutoCAD 도면 설계 연습 자료
척도
1:1
날짜
명칭
설계자
검수
이름
도번

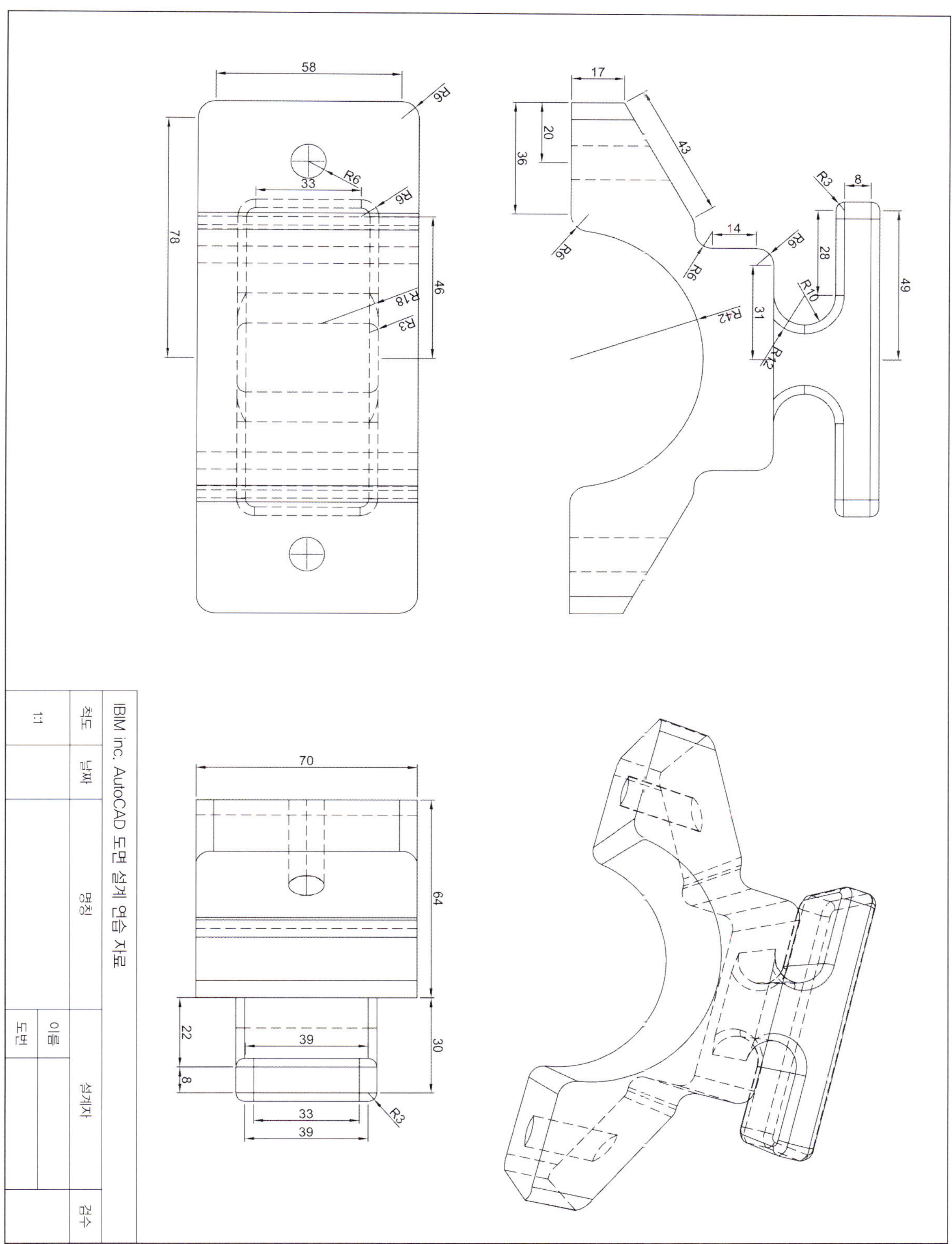

58
R6
17
20
36
43
R3
8
33
R6
R6
14
R6
R6
28
78
46
R18
R3
R42
R10
31
R6
49
R12
70
64
22
39
30
8
33
39
R3
IBIM inc. AutoCAD 도면 설계 연습 자료
척도
날짜
명칭
도번
이름
설계자
1:1
검수

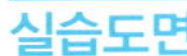

실습도면

도면 파일 [Sample]의 'Basic38.dwg'

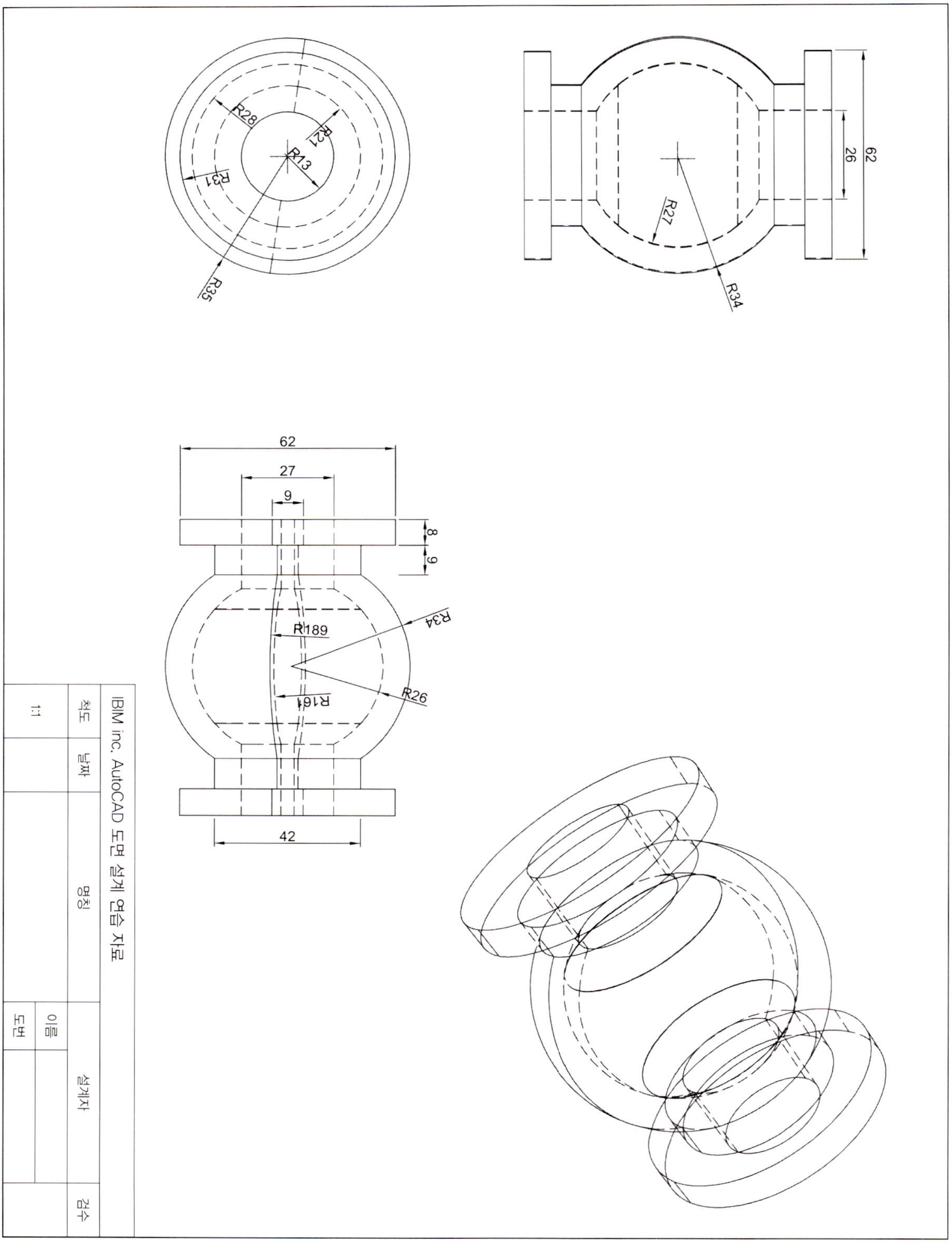

R28
R21
R13
R31
R35
R27
R34
26
62
62
27
9
8
6
R189
R34
R161
R26
42
IBIM inc. AutoCAD 도면 설계 연습 자료
척도
1:1
날짜
명칭
설계자
검수
이름
도번

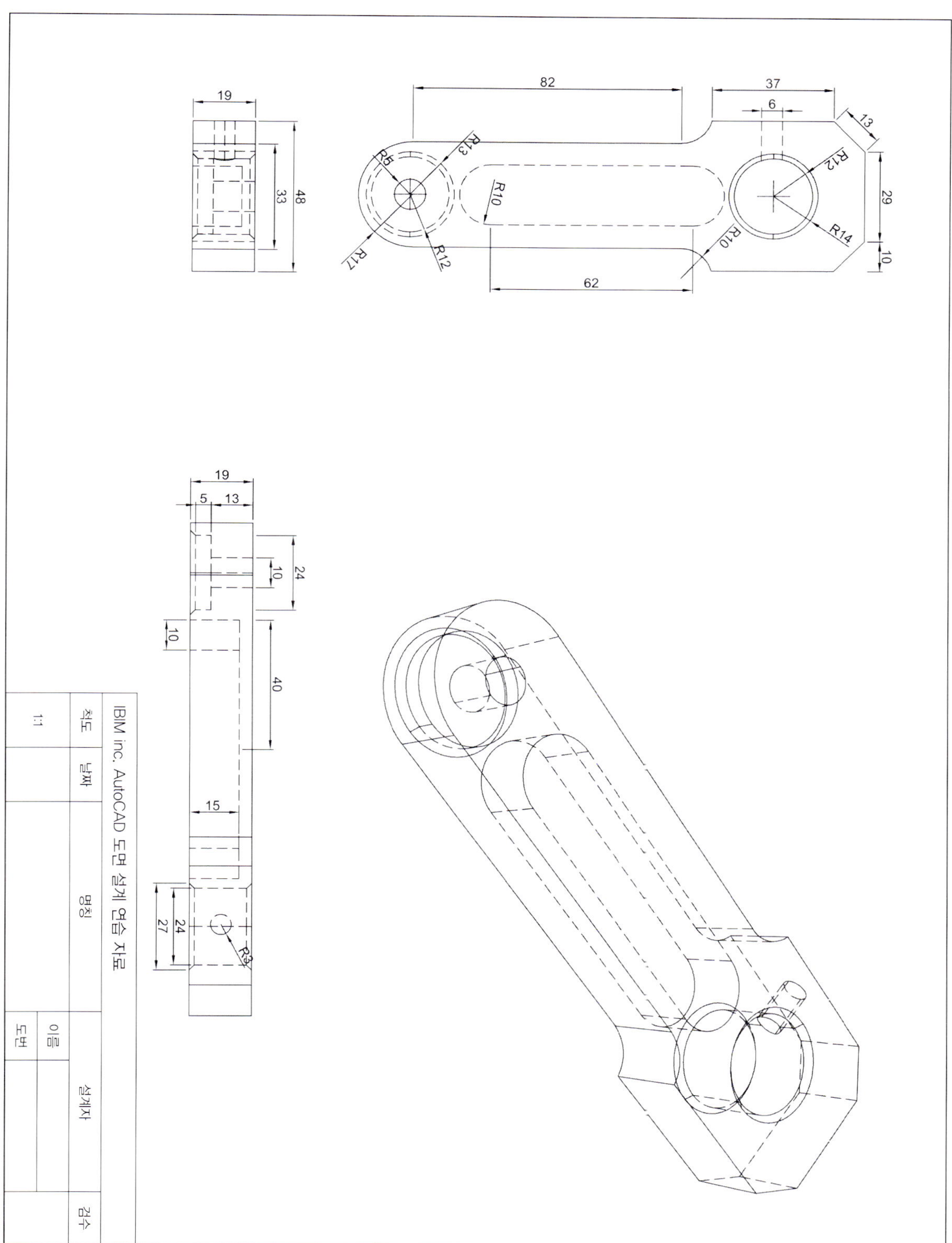
82
37
6
13
19
48
33
R5
R3
R10
R12
R17
R12
R10
R14
29
10
62
19
5
13
24
10
10
40
15
24
27
R3
IBIM inc. AutoCAD 도면 설계 연습 자료
척도
날짜
명칭
도번
이름
설계자
1:1
검수

도면 파일 [Sample]의 'Basic40.dwg'

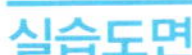

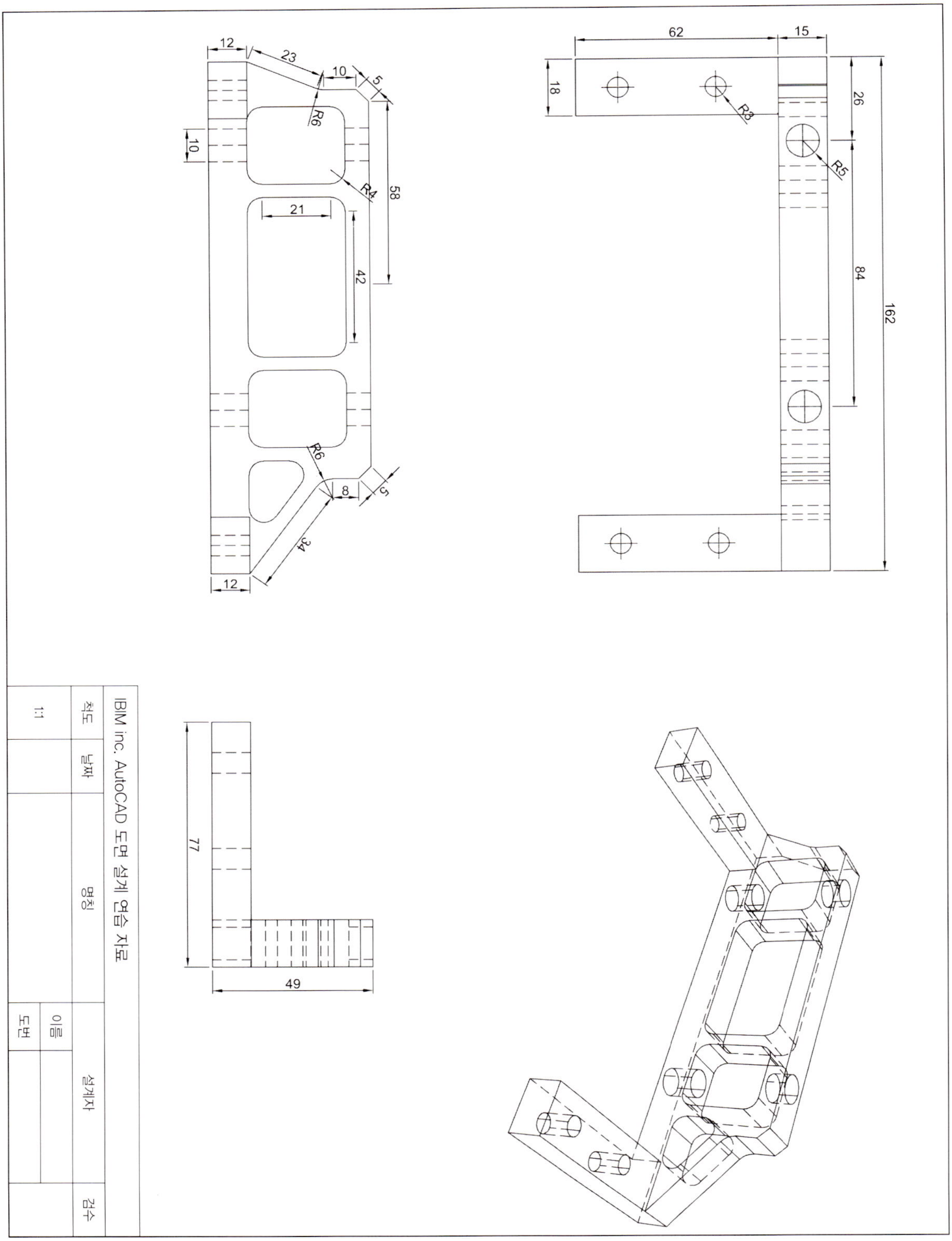
12
23
10
5
R6
10
R4
58
21
42
R6
8
5
34
12
62
15
18
R3
26
R5
84
162
77
49
IBIM inc. AutoCAD 도면 설계 연습 자료
척도
1:1
날짜
명칭
이름
도면
설계자
검수

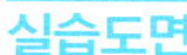

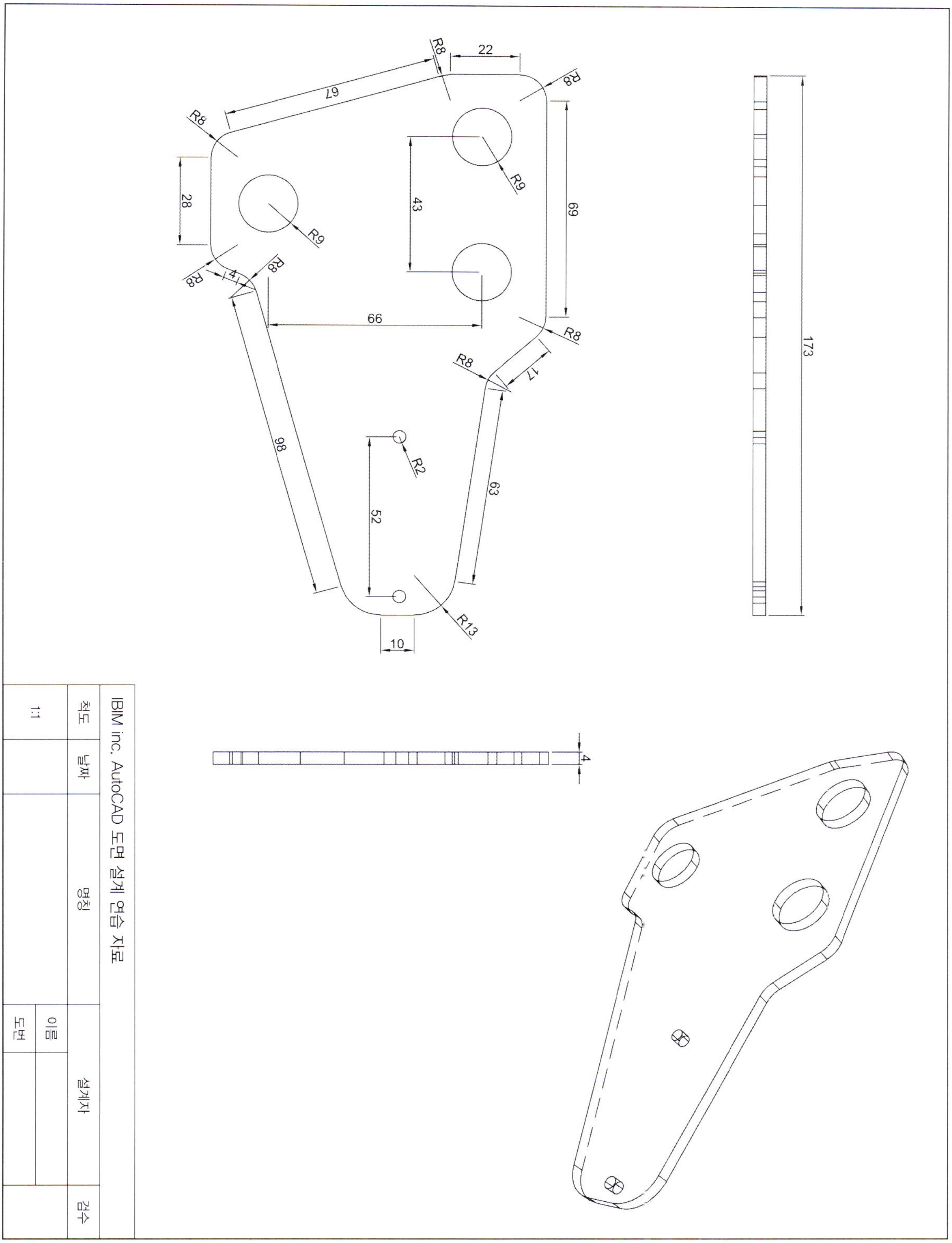
R8
22
R8
67
R8
28
R9
R9
43
69
R8
4
R8
66
R8
R8
17
98
R2
63
52
R13
10
173
4
IBIM inc. AutoCAD 도면 설계 연습 자료
척도
1:1
날짜
명칭
설계자
검수
이름
도면

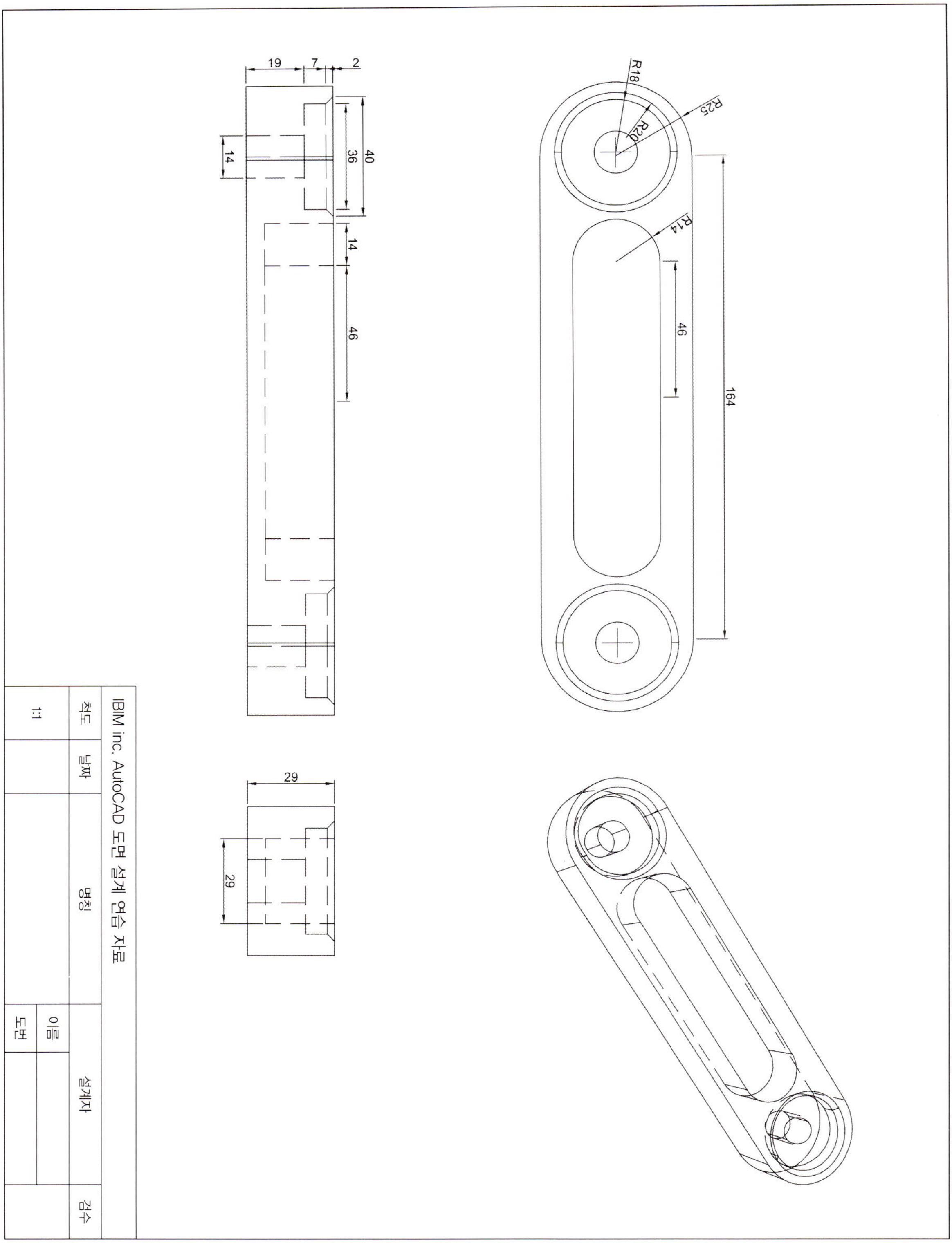

19
7
2
14
40
36
14
46
R18
R25
R20
R14
46
164
29
29
IBIM inc. AutoCAD 도면 설계 연습 자료
척도
1:1
날짜
명칭
도번
이름
설계자
검수

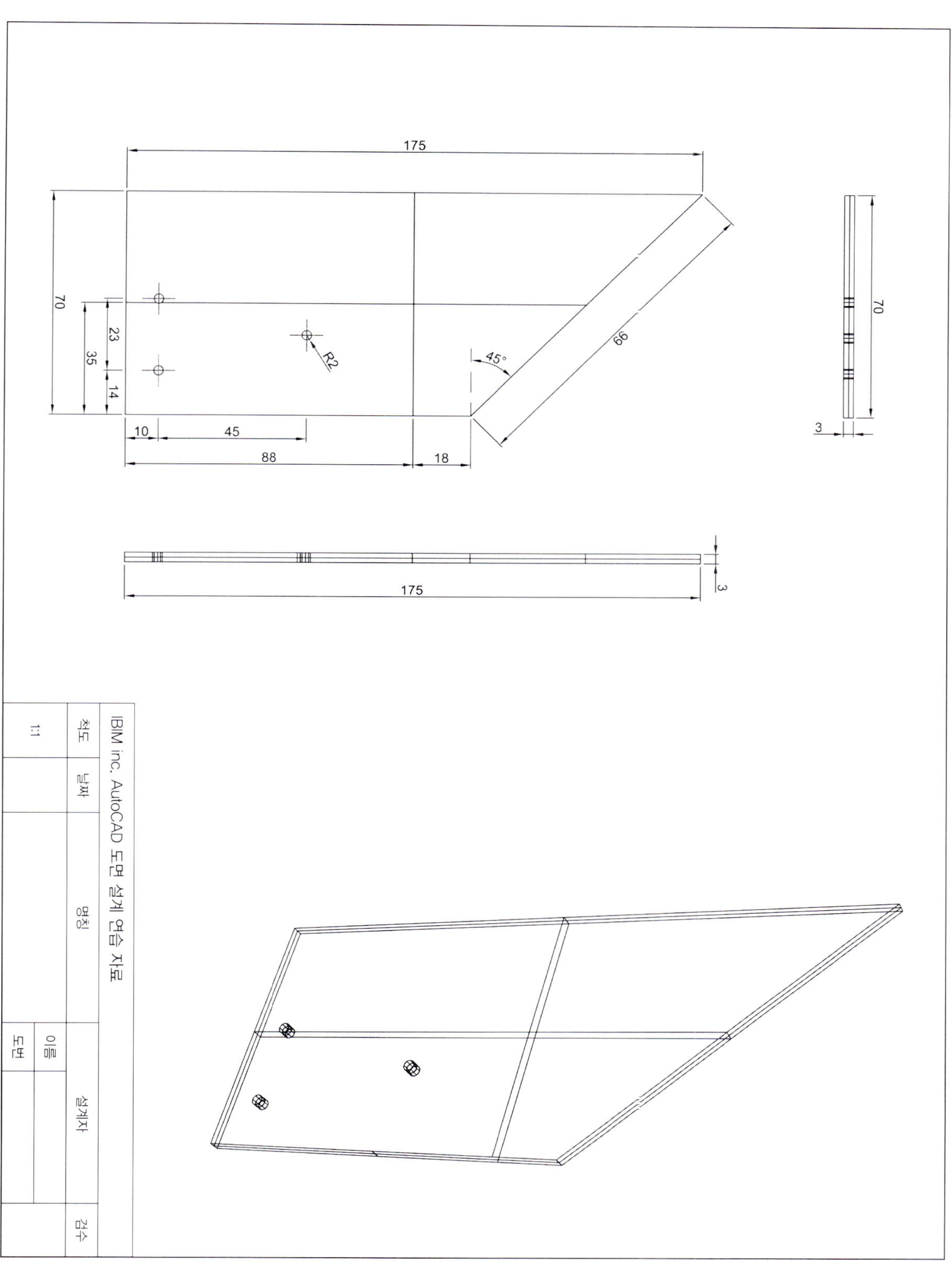
175
70
23
35
14
10
45
88
18
R2
45°
66
70
3
175
3
척도
1:1
날짜
IBM inc. AutoCAD 도면 설계 연습 자료
명칭
도번
이름
설계자
접수

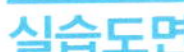

실습도면

도면 파일 [Sample]의 'Basic44.dwg'

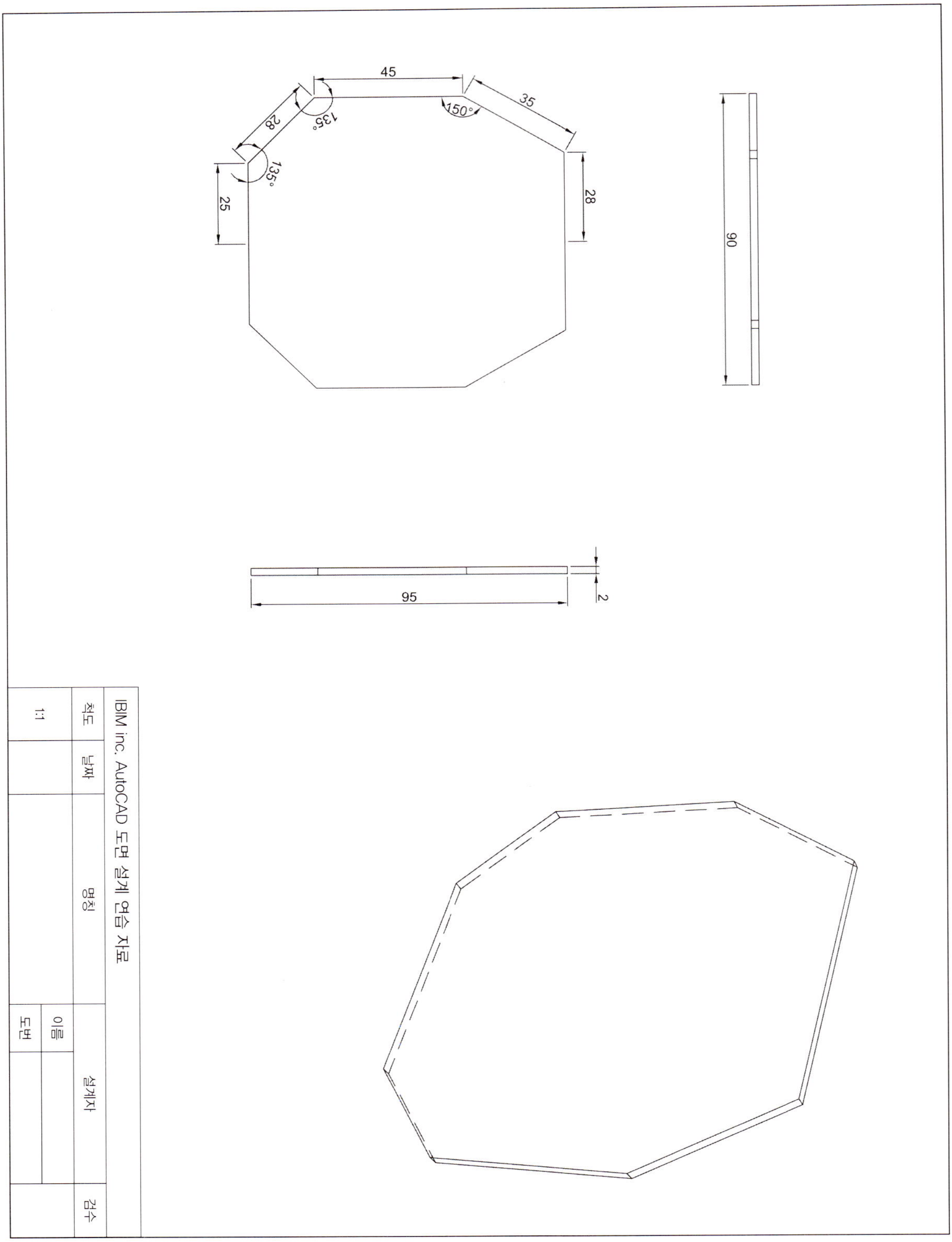

45
35
28
135°
150°
135°
25
28
90
95
2
IBIM inc. AutoCAD 도면 설계 연습 자료
척도
1:1
날짜
명칭
설계자
이름
도번
검수

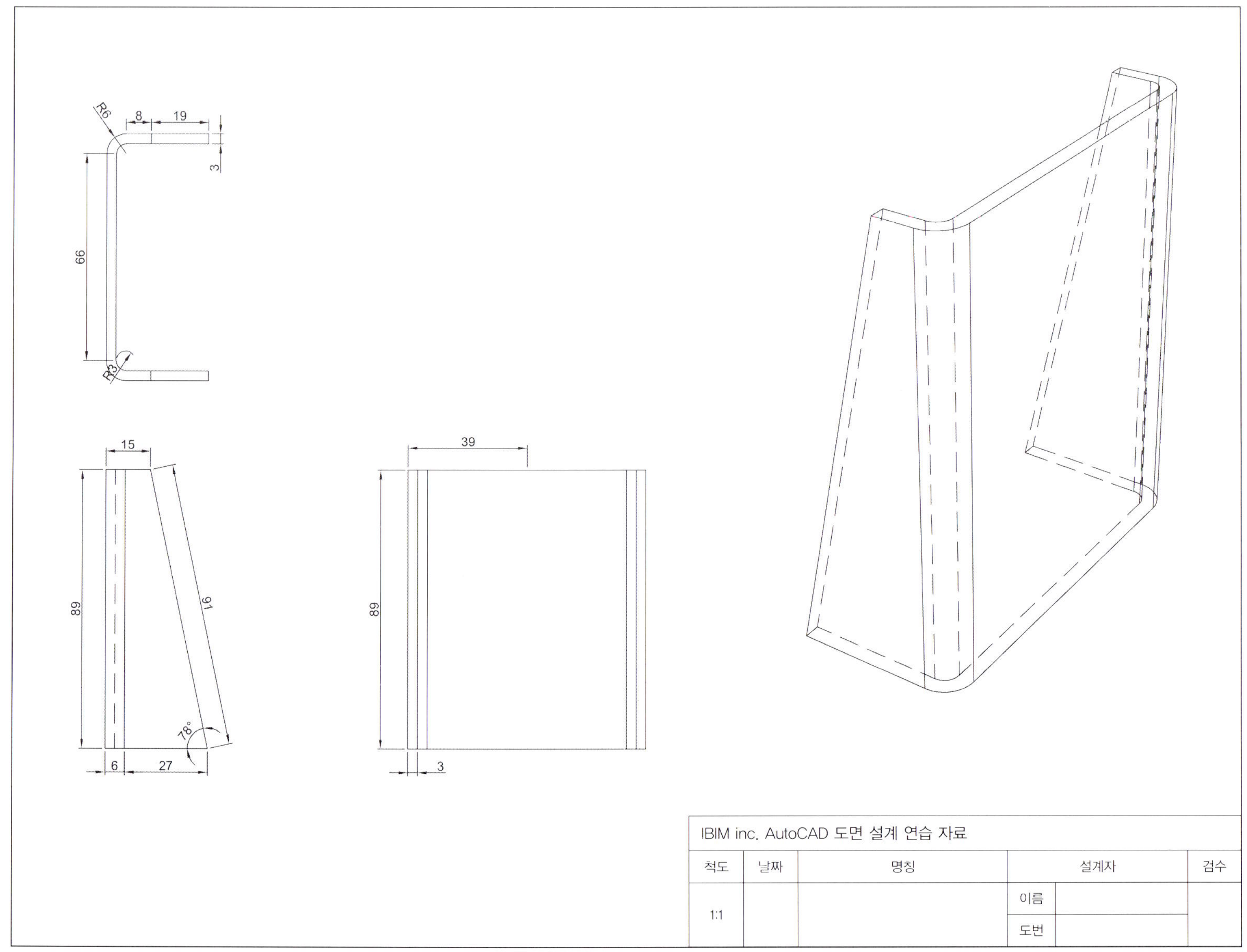

R6
8
19
3
66
R3
15
89
91
78°
6
27
39
89
3
IBIM inc. AutoCAD 도면 설계 연습 자료
척도
날짜
명칭
설계자
검수
1:1
이름
도번

실습도면

도면 파일 [Sample]의 'Basic46.dwg'

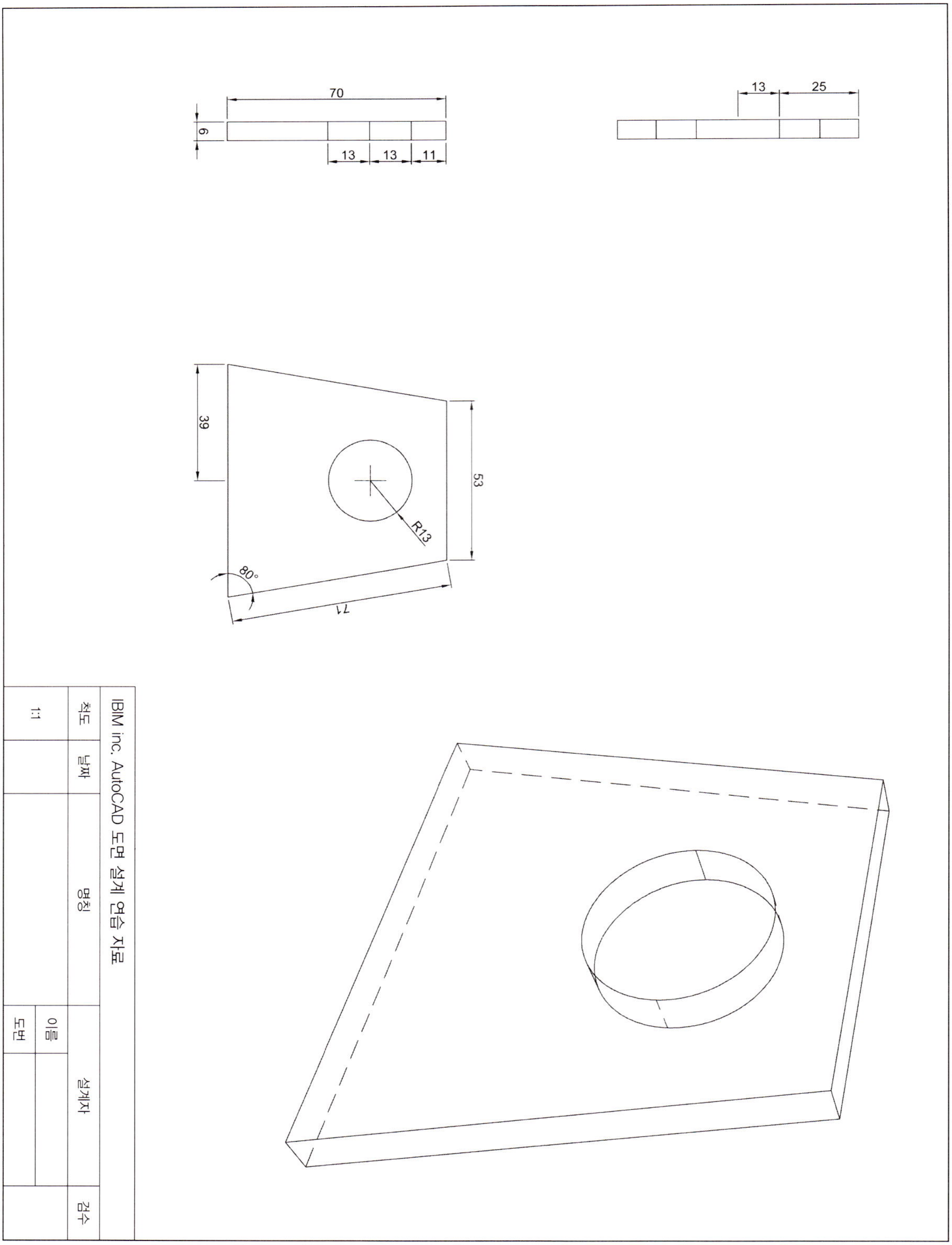

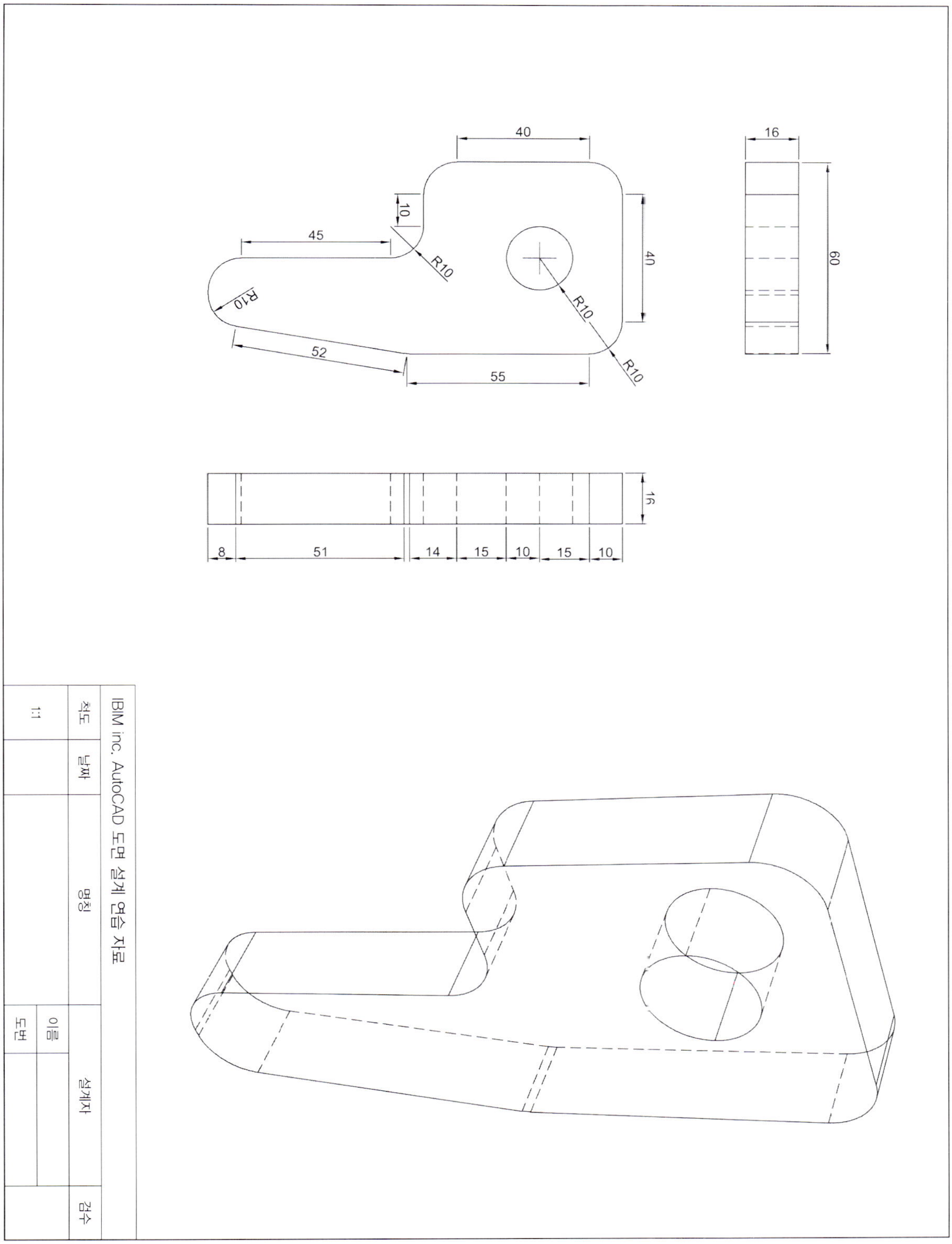

40
10
45
R10
R10
52
55
R10
40
R10
16
60
16
8
51
14
15
10
15
10
1:1
척도
날짜
IBM inc. AutoCAD 도면 설계 연습 자료
명칭
도번
이름
설계자
검수

IBIM inc. AutoCAD 도면 설계 연습 자료

척도	날짜	명칭		설계자	
1:1			이름		접수
			도면		

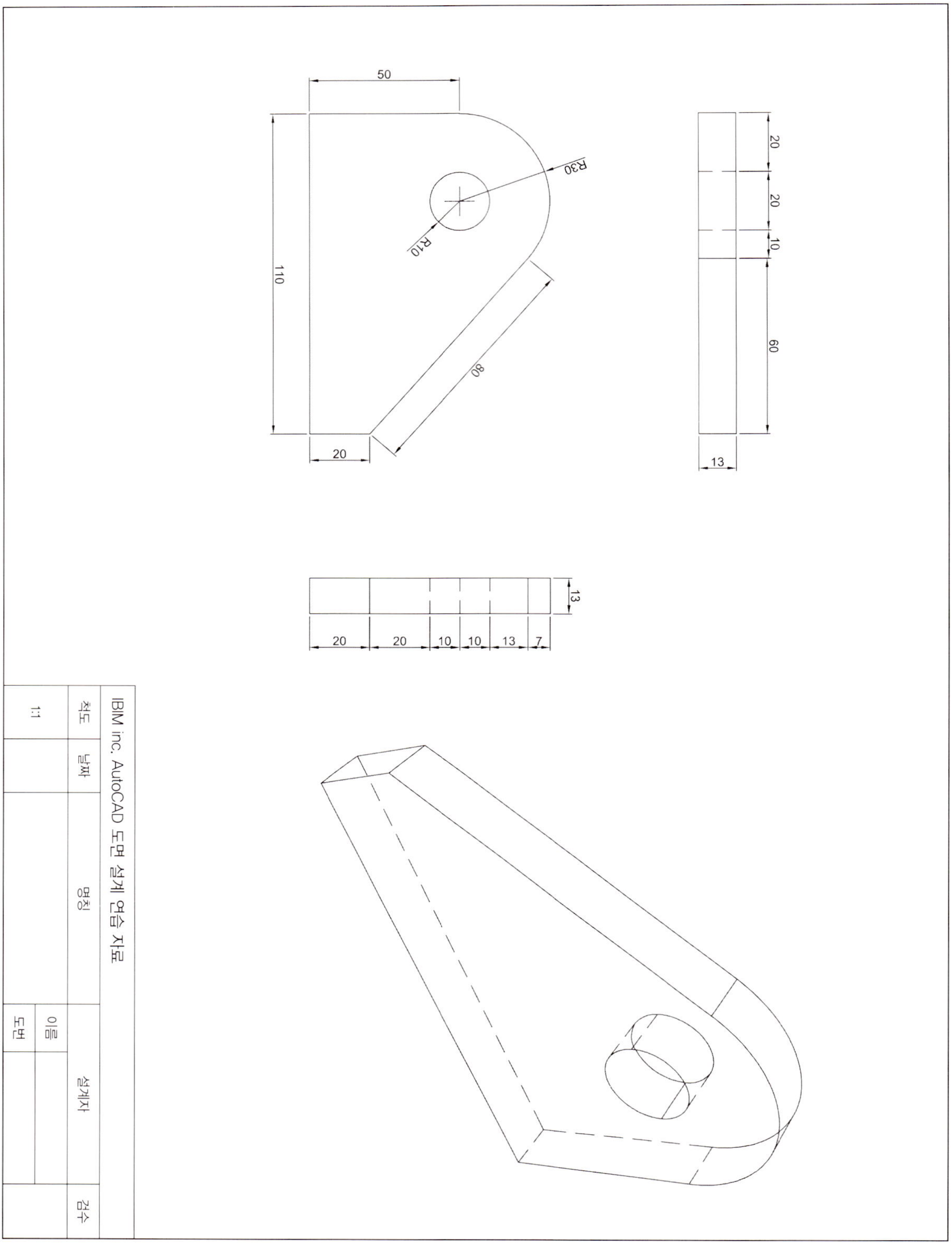

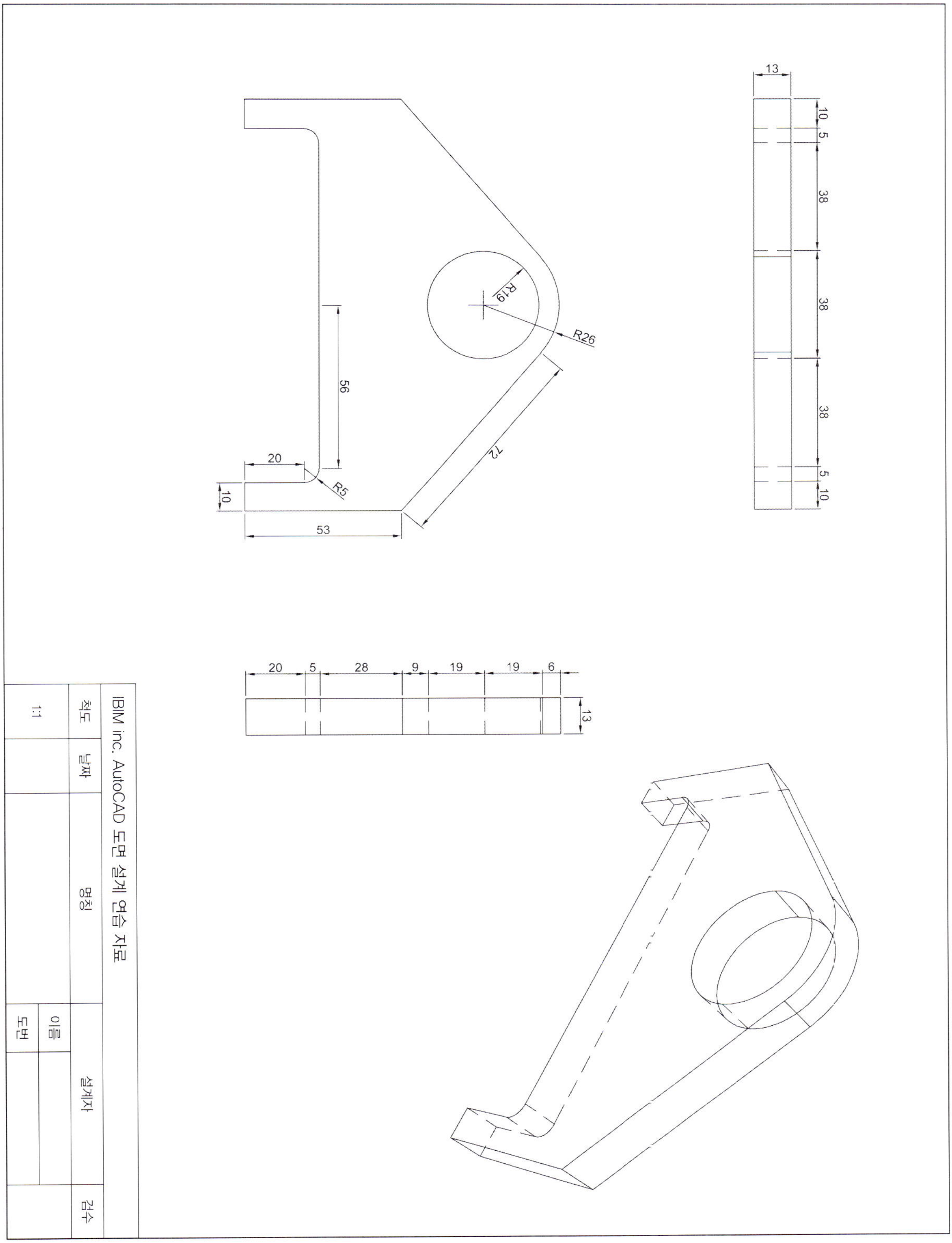

IBM inc. AutoCAD 도면 설계 연습 자료
척도
1:1
날짜
명칭
이름
설계자
도면
검수
13
10
5
38
38
38
5
10
R19
R26
56
20
R5
10
53
72
20
5
28
9
19
19
6
13

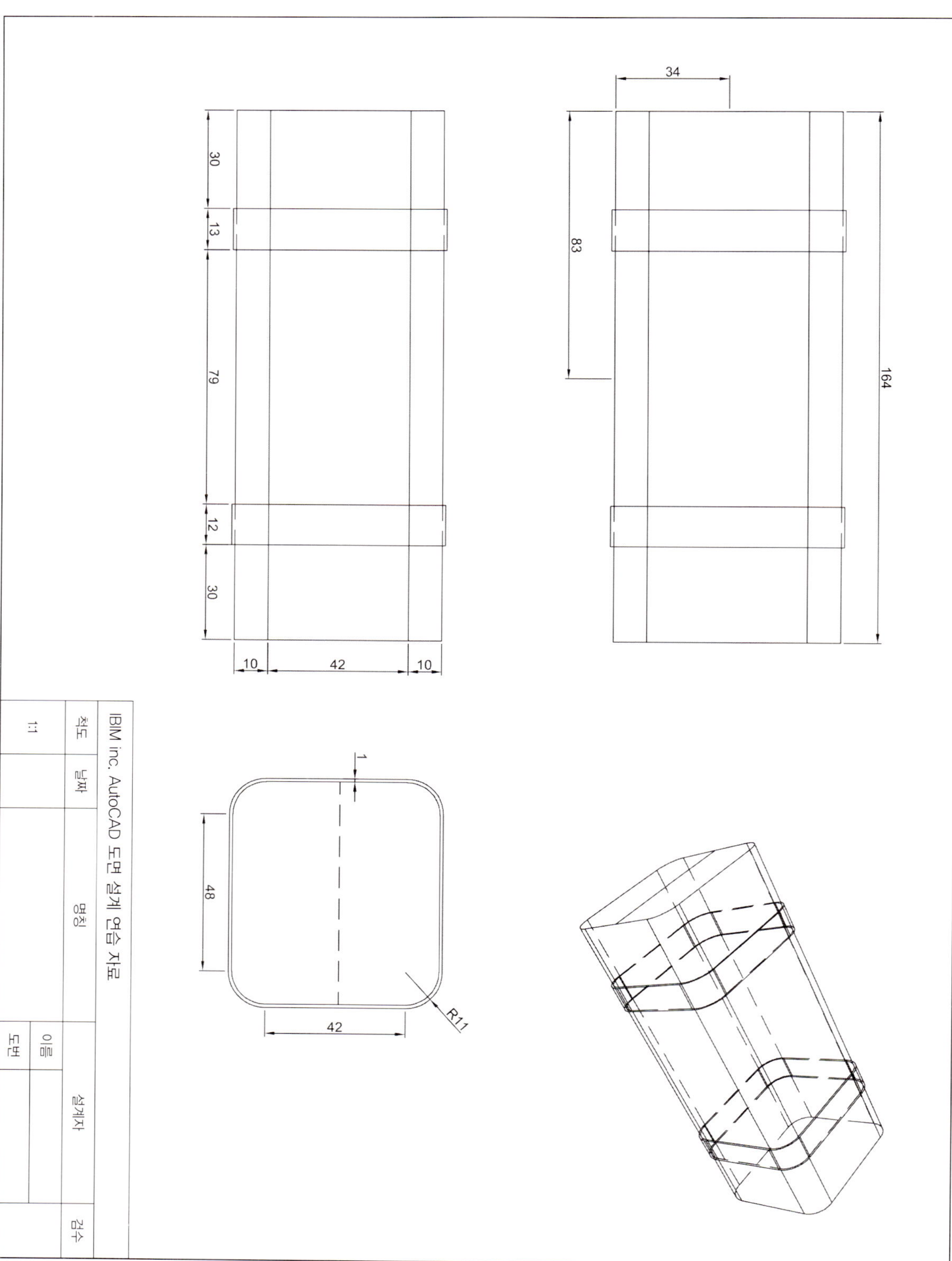
34
30
13
83
79
164
12
30
10
42
10
1
48
42
R11
IBIM inc. AutoCAD 도면 설계 연습 자료
척도
1:1
날짜
명칭
평면
설계자
도번
이름
검수

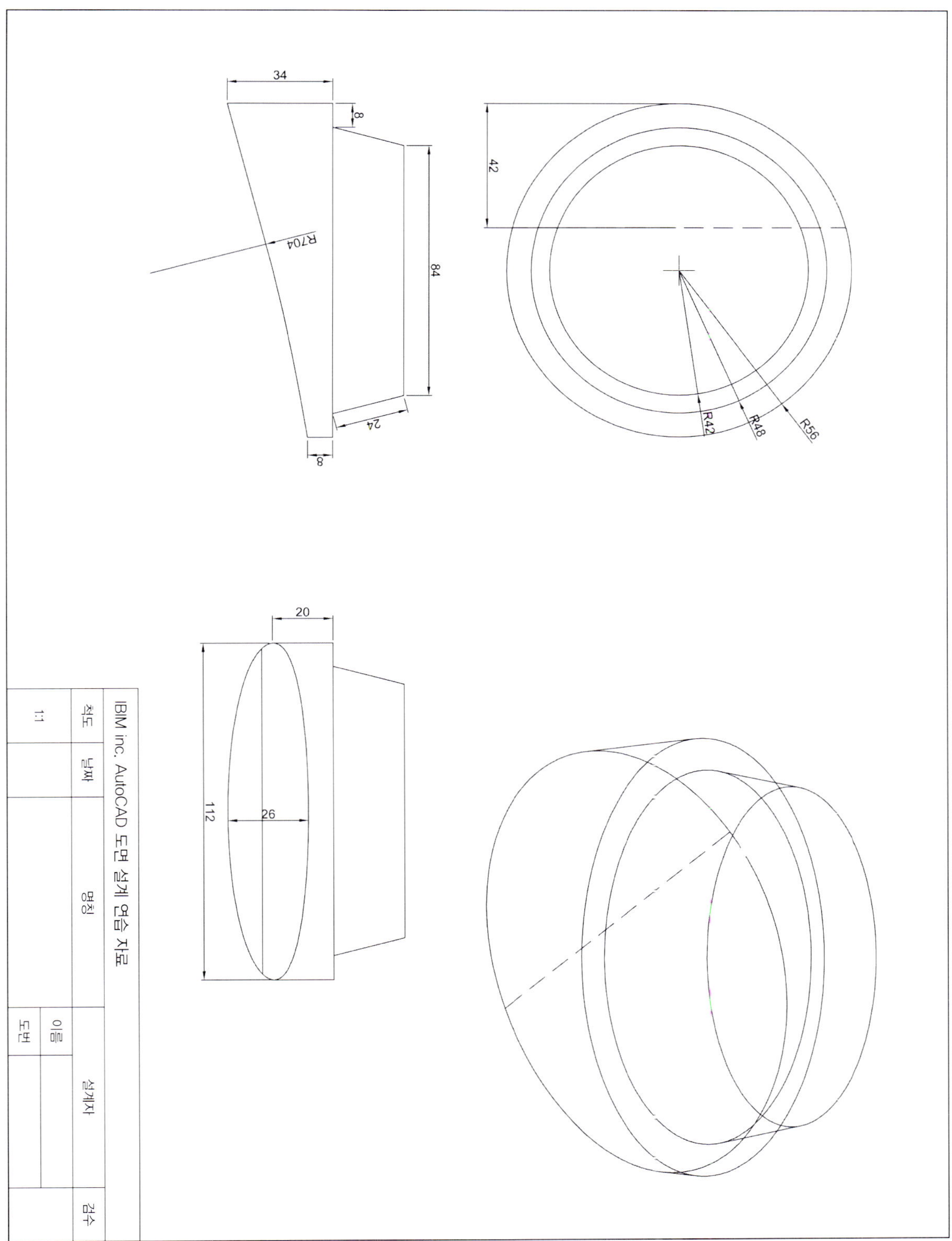

34
8
R704
84
24
8
42
R42
R48
R56
20
112
26
IBIM inc. AutoCAD 도면 설계 연습 자료
척도
날짜
명칭
이름
도번
접수
설계자
1:1

47
92
5
3
43
6
68
10

39
26
13

R39

IBIM inc, AutoCAD 도면 설계 연습 자료

척도	날짜	명칭	이름	설계자	접수
1:1			도면		

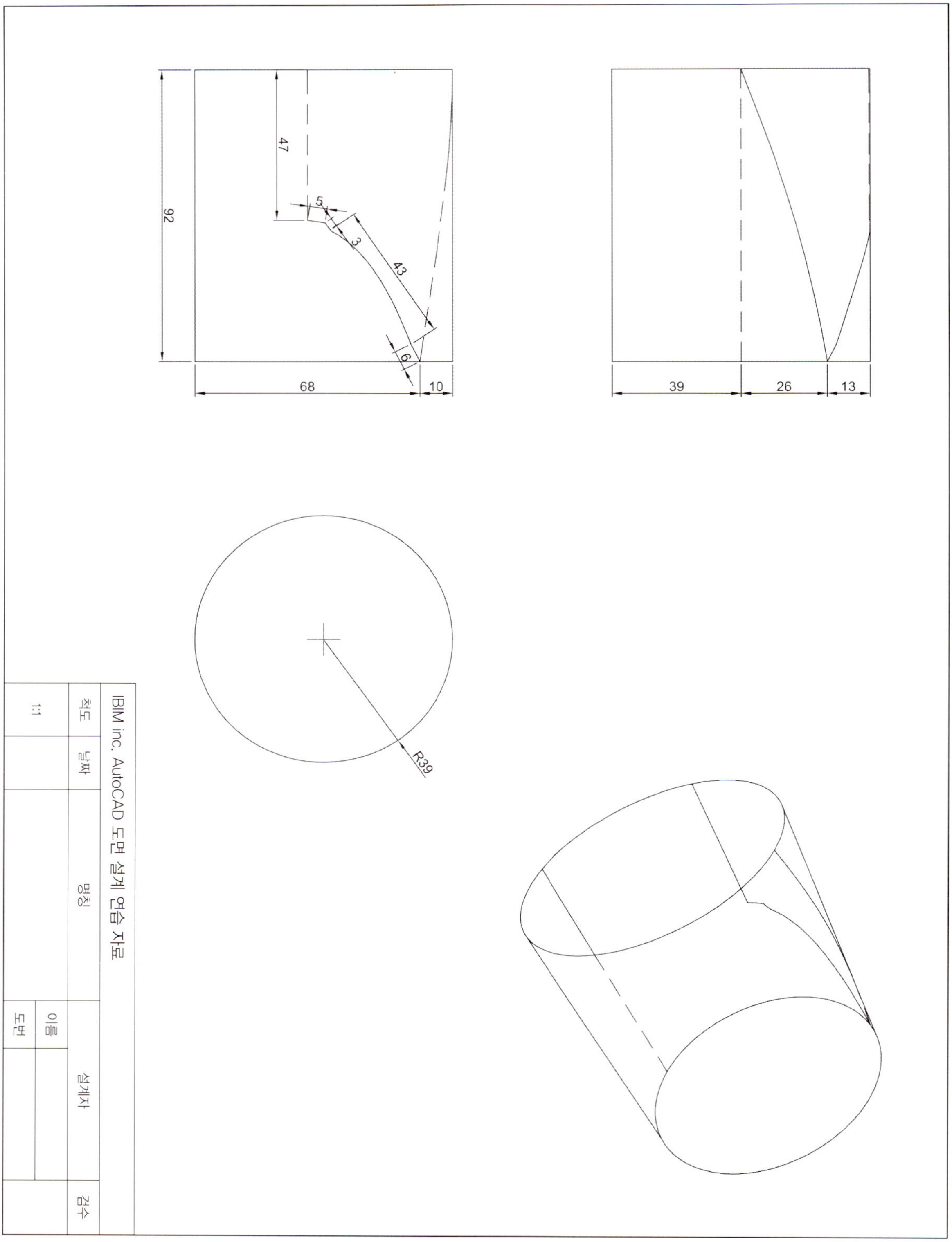

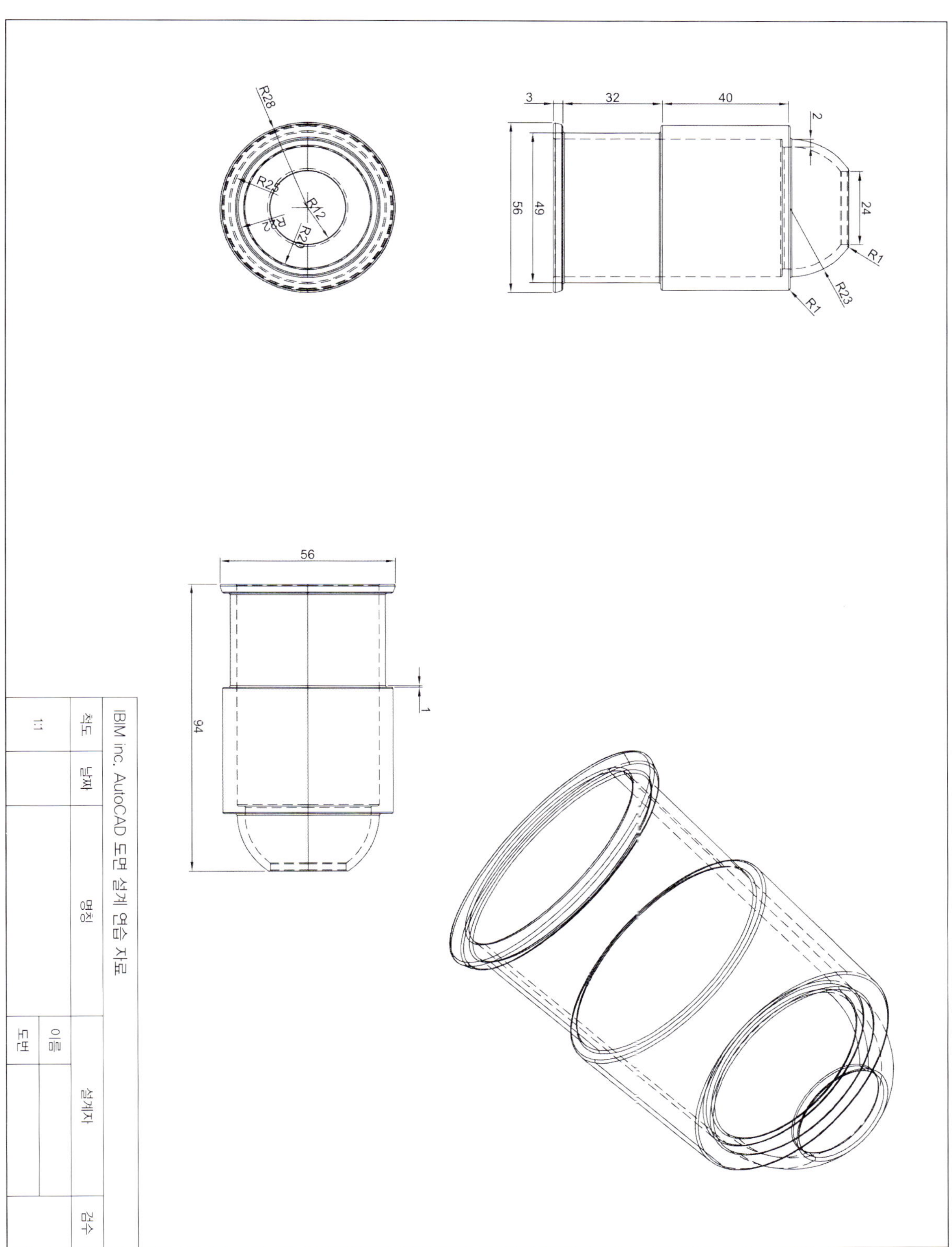

R28
R25
R12
R23
R23
3
32
40
2
56
49
24
R1
R23
R1
56
94
1
R28
IBIM inc. AutoCAD 도면 설계 연습 자료
척도
1:1
날짜
명칭
영업
도명
이름
설계자
검수

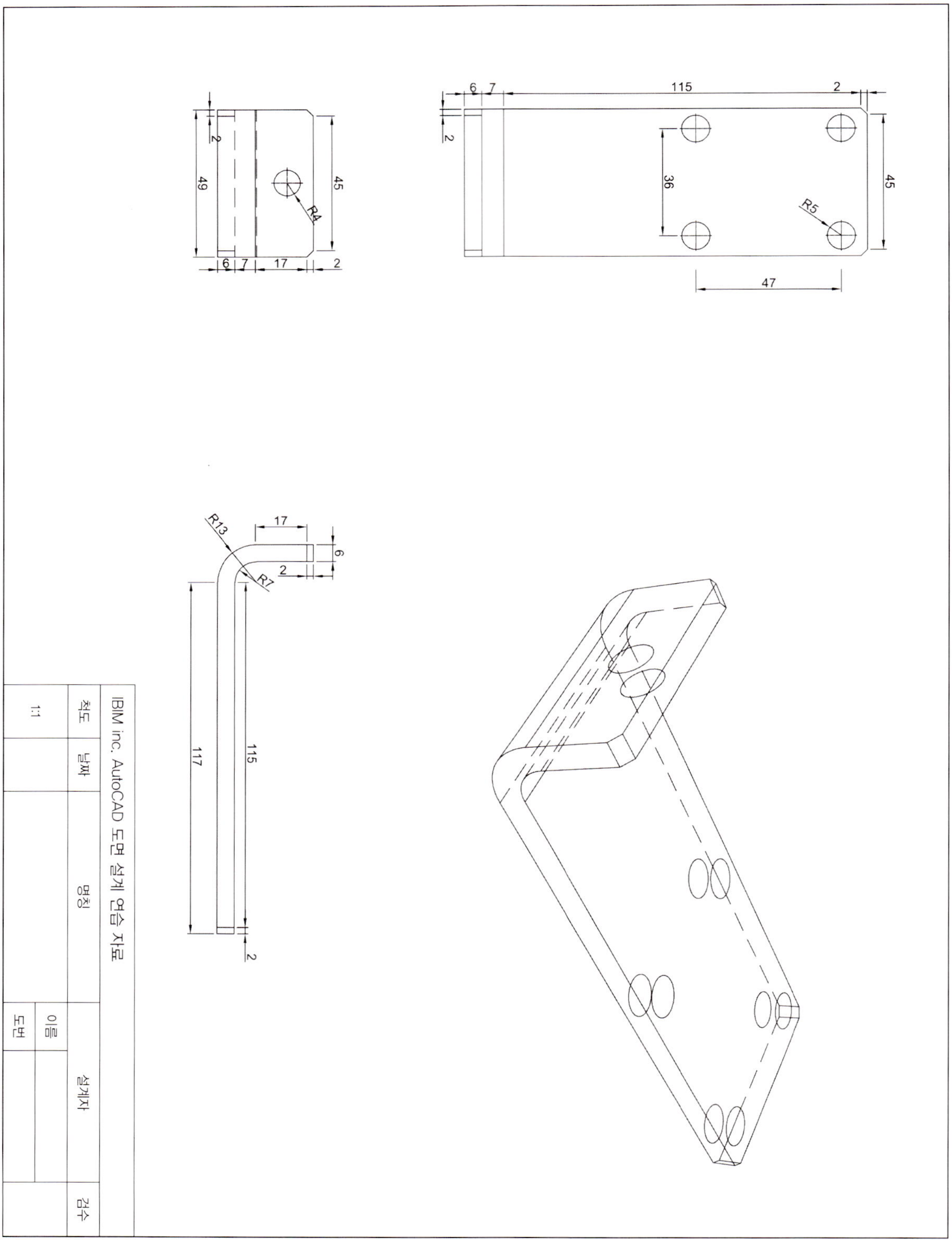

IBIM inc. AutoCAD 도면 설계 연습 자료

척도	날짜	명칭		이름		접수
1:1				도번	설계자	

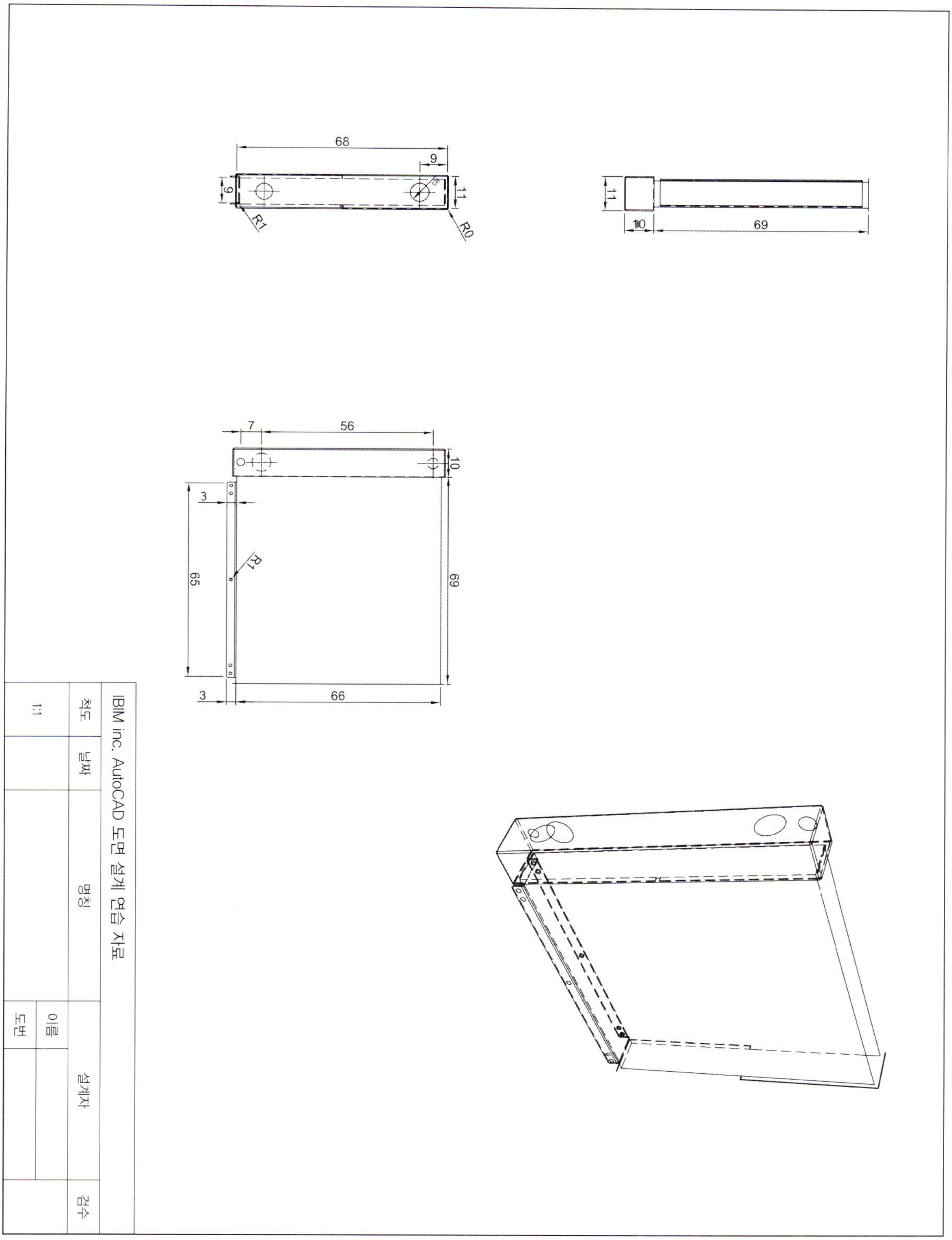

IBIM inc. AutoCAD 도면 설계 연습 자료

척도	날짜	명칭	이름	도번	검수
1:1		설계자			

도면 파일 [Sample]의 'Basic56.dwg'

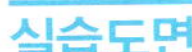

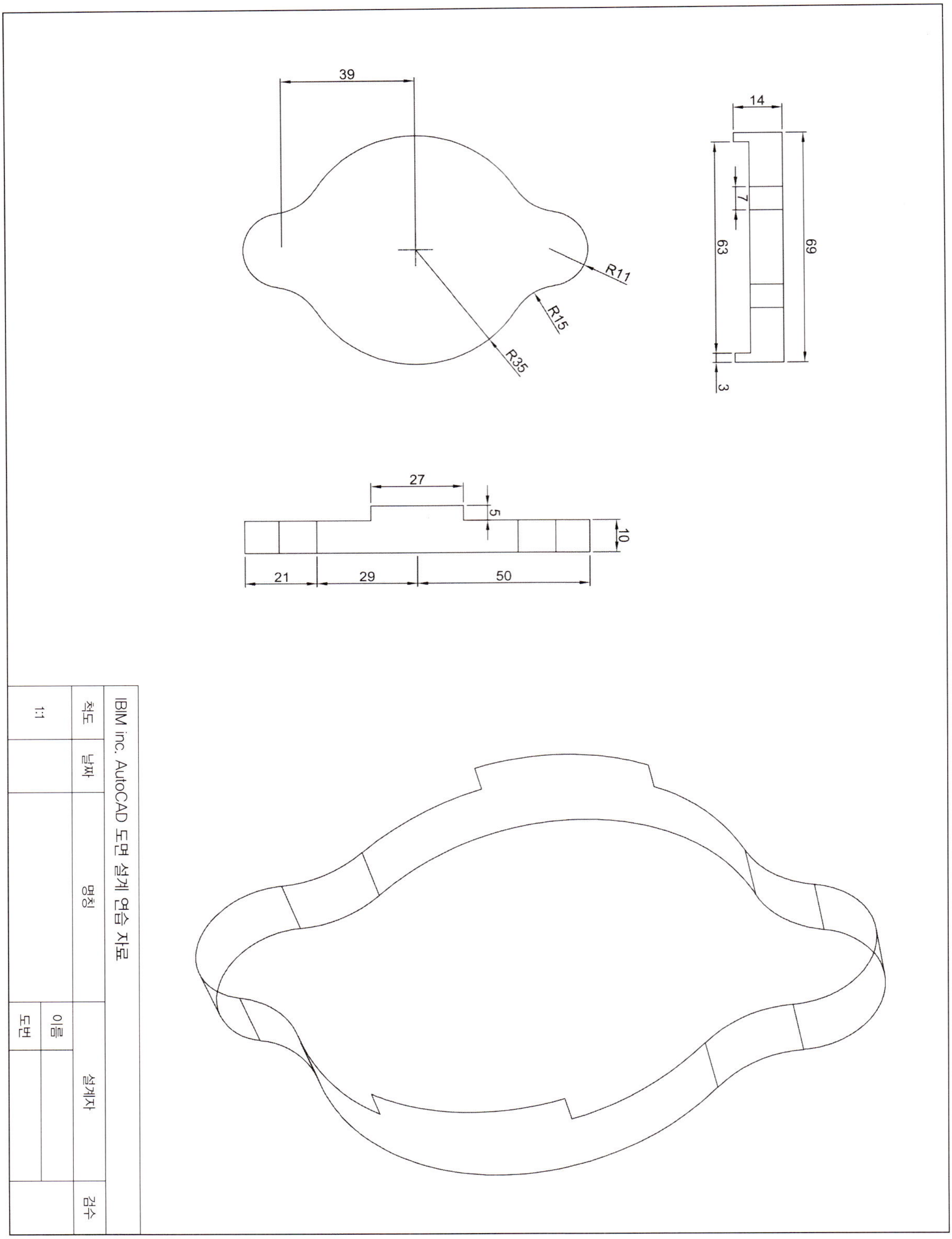
39
14
7
63
69
R11
R15
R35
3
27
5
10
21
29
50
IBIM inc. AutoCAD 도면 설계 연습 자료
척도
1:1
날짜
명칭
이름
도번
설계자
검수

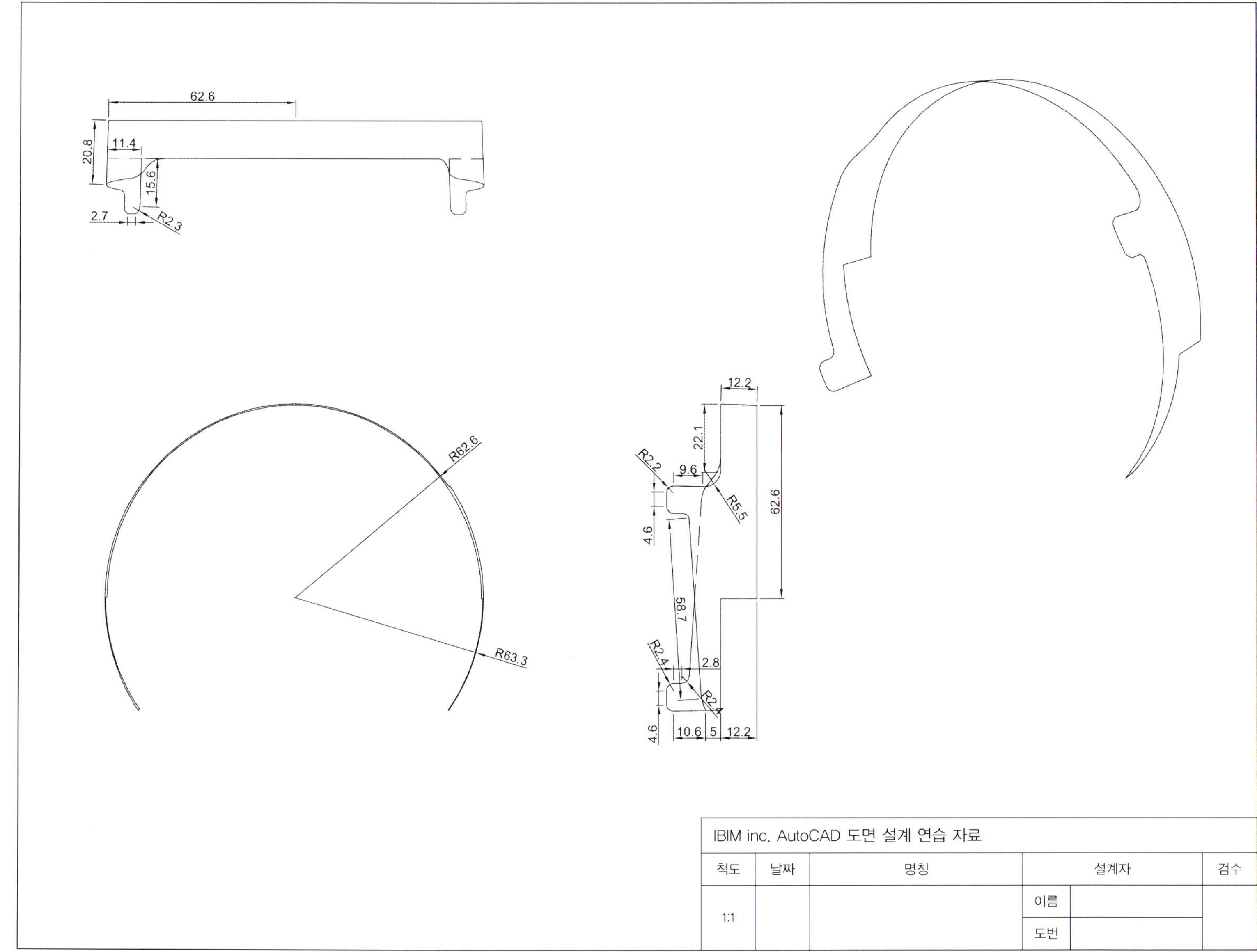

IBIM inc. AutoCAD 도면 설계 연습 자료					
척도	날짜	명칭		설계자	검수
1:1			이름		
			도번		

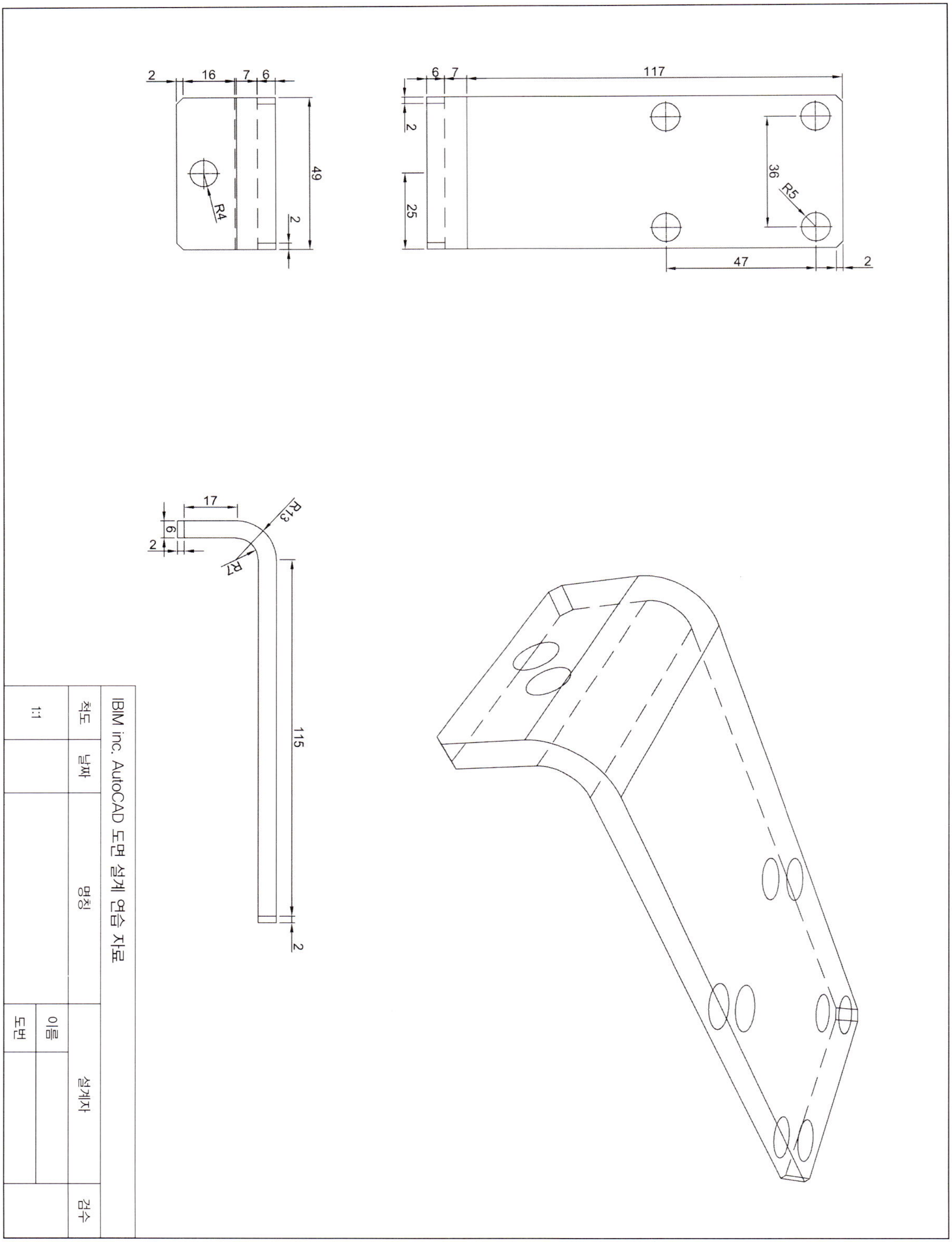

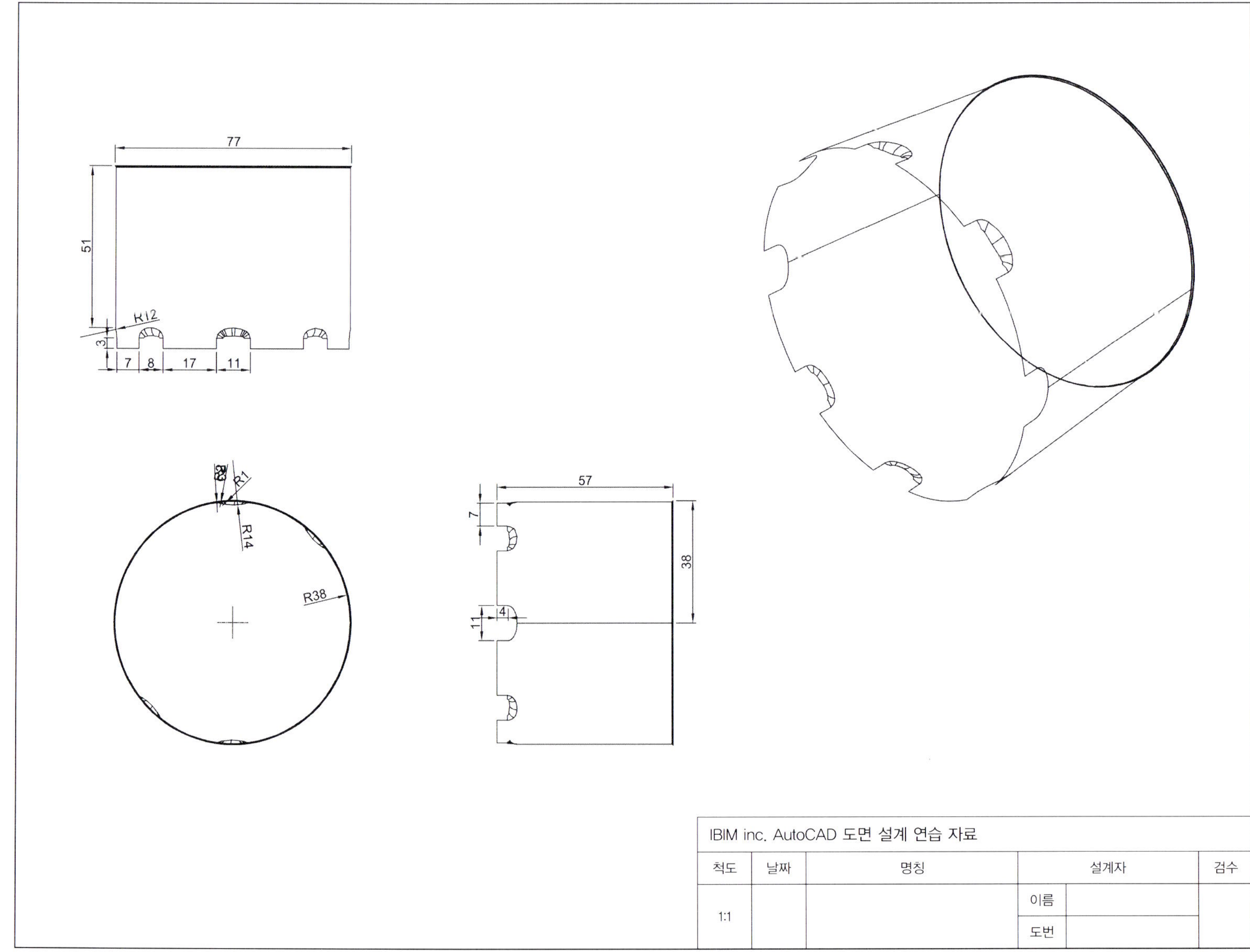

IBIM inc. AutoCAD 도면 설계 연습 자료					
척도	날짜	명칭	설계자		검수
1:1			이름		
			도번		

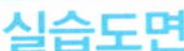

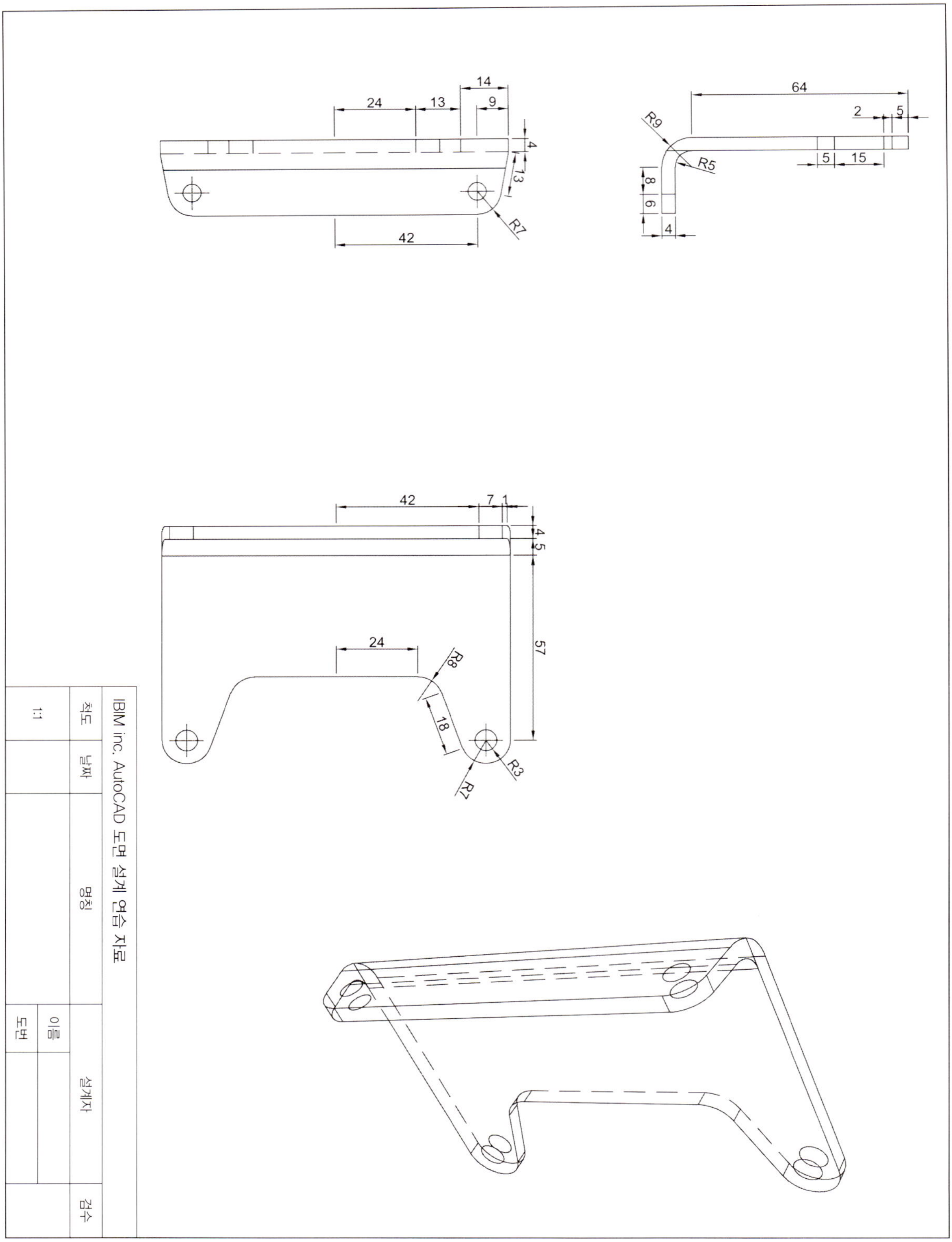
14
24
13
9
4
13
R7
42
64
R9
2
5
R5
5
15
8
6
4
42
7
1
4
5
57
24
R8
18
R3
R7
IBIM inc. AutoCAD 도면 설계 연습 자료
척도
1:1
날짜
명칭
이름
도면
설계자
검수

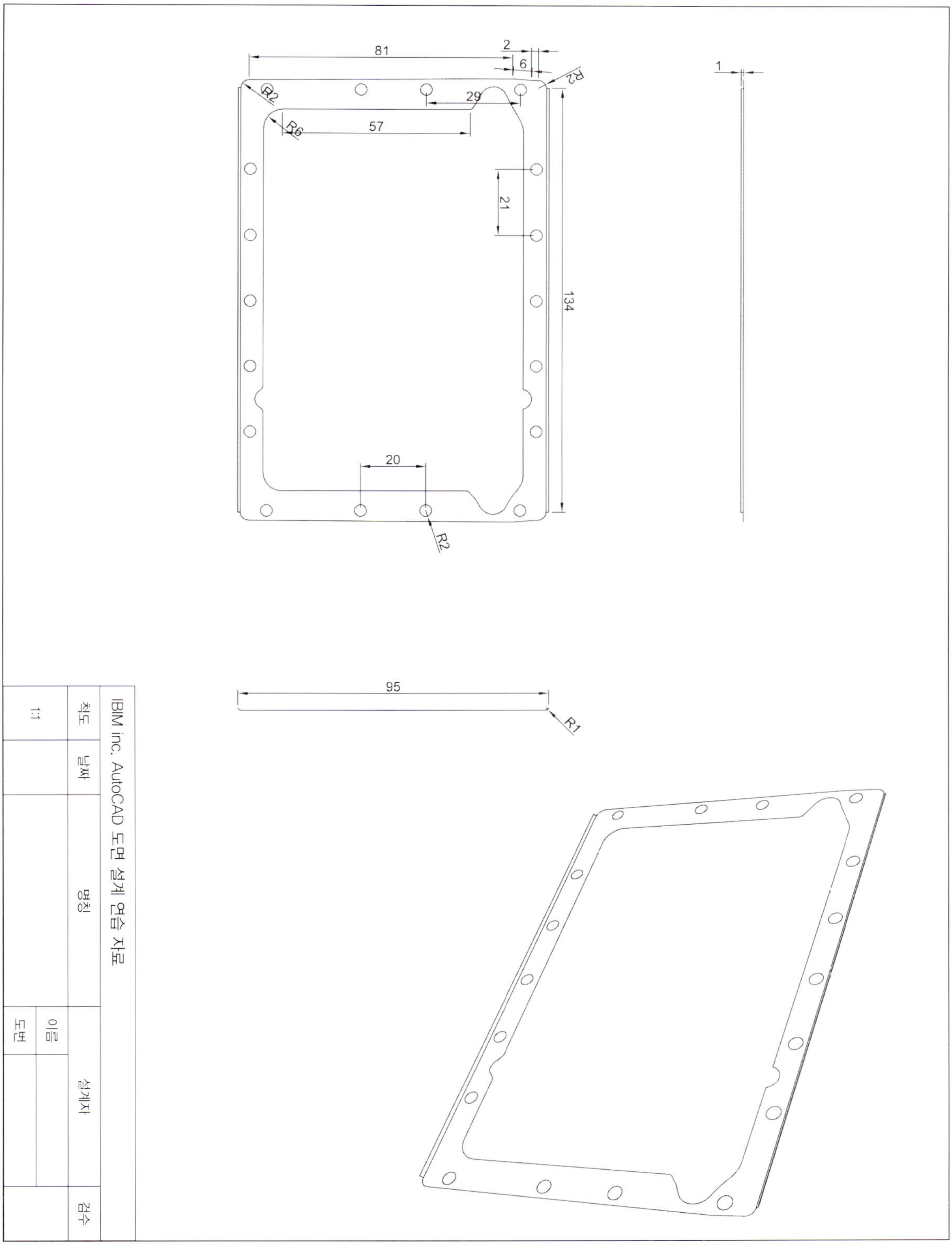

81
2
6
R2
R2
29
R6
57
21
134
1
20
R2
95
R1

IBIM inc. AutoCAD 도면 설계 연습 자료
척도
1:1
날짜
명칭
도번
이름
설계자
검수

IBIM inc. AutoCAD 도면 설계 연습 자료

척도	날짜	명칭		설계자	
1:1			도번	이름	검수

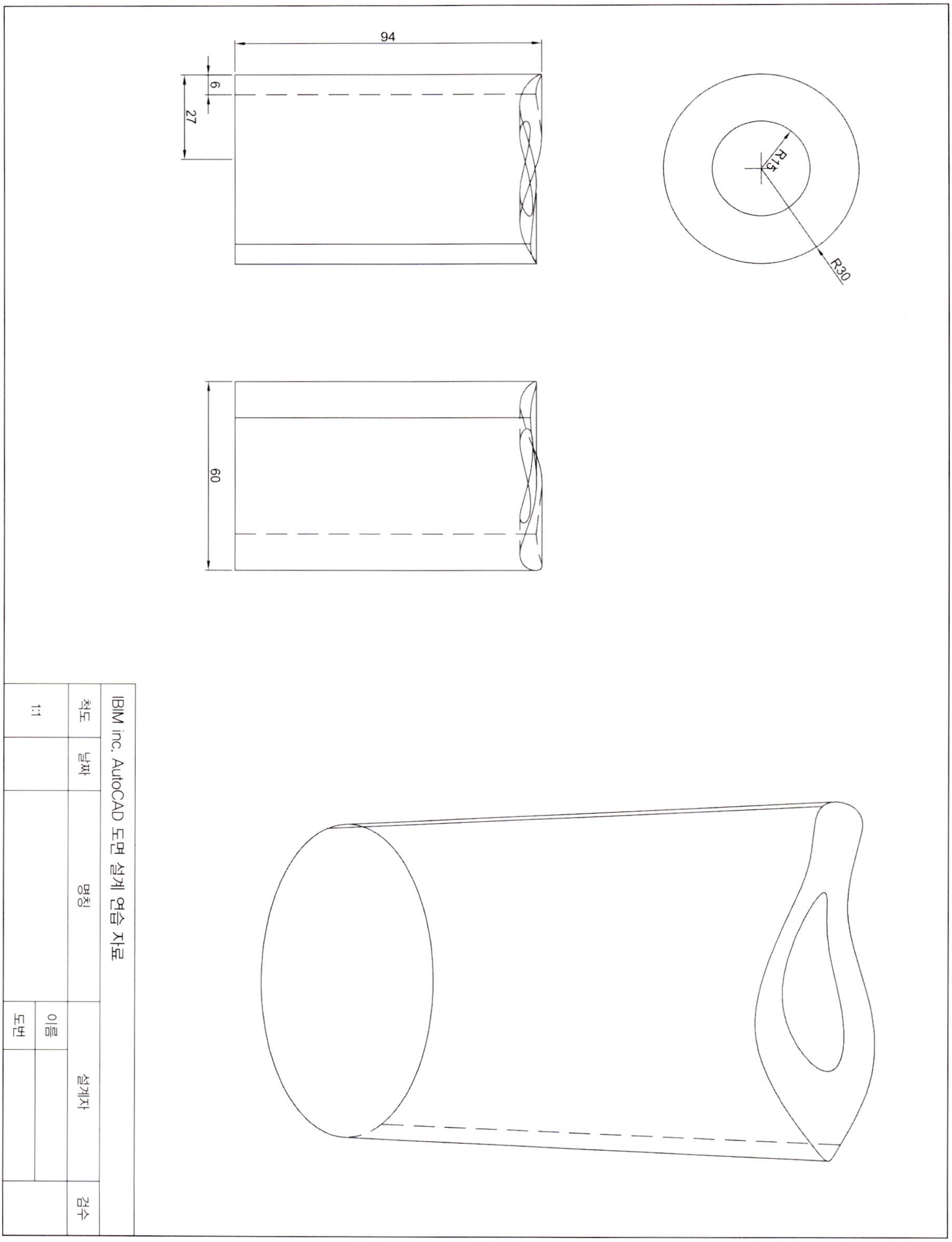

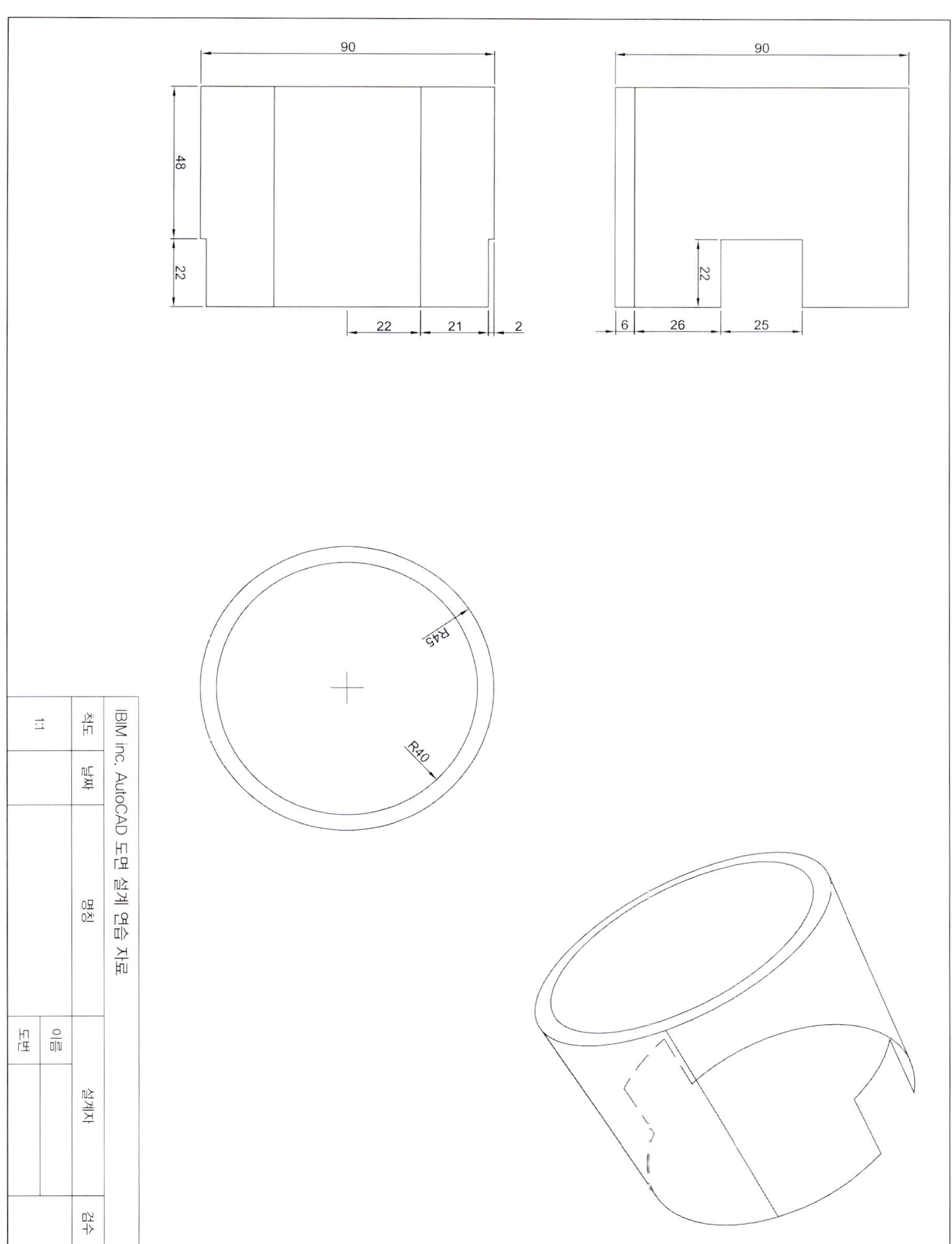
90
48
22
22
21
2
90
22
6
26
25
R45
R40
IBM inc. AutoCAD 도면 설계 연습 자료
척도
날짜
명칭
1:1
도번
이름
설계자
검수

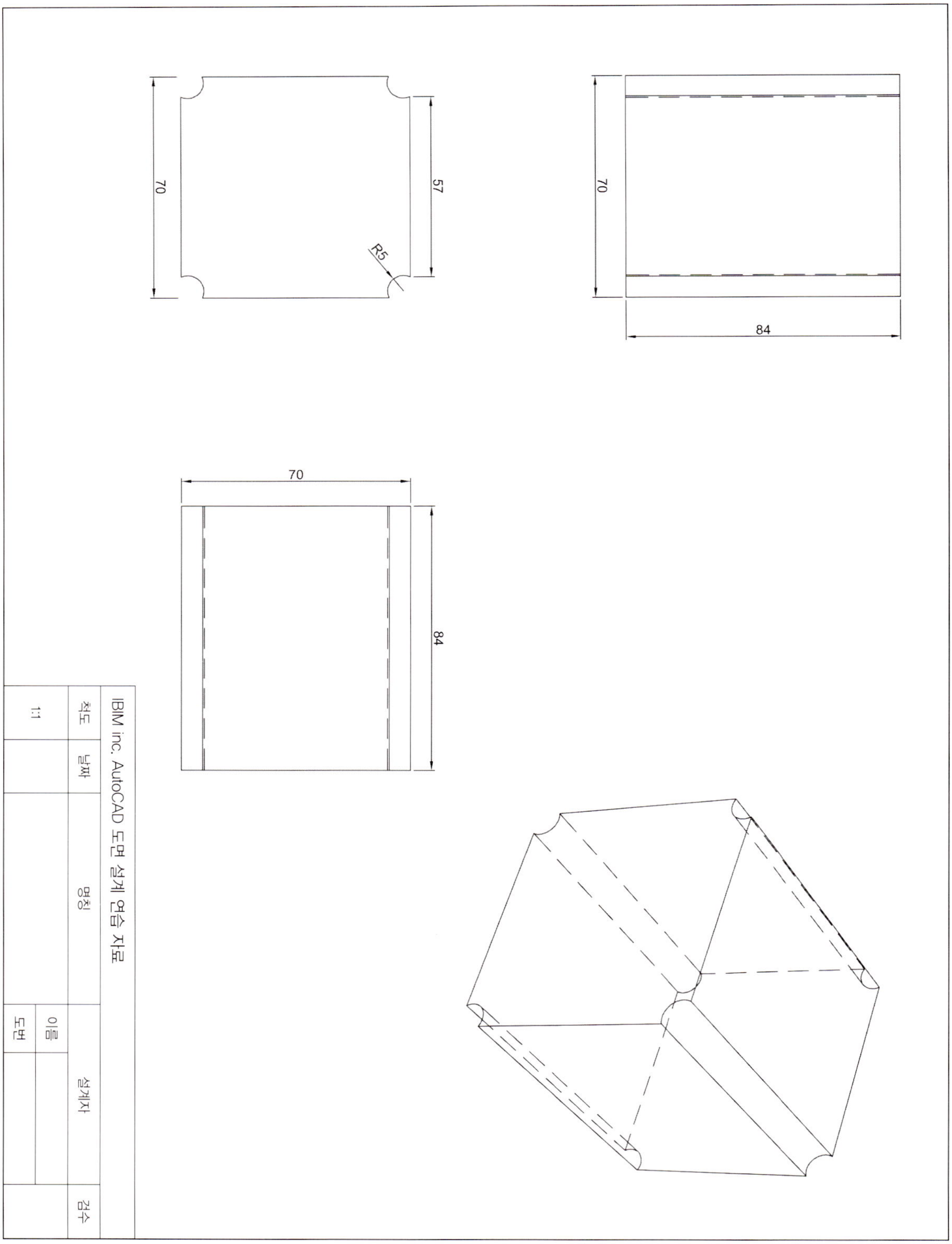

70

57

R5

70

84

70

84

IBIM inc. AutoCAD 도면 설계 연습 자료

척도　1:1

날짜

명칭

도번

이름

설계자

검수

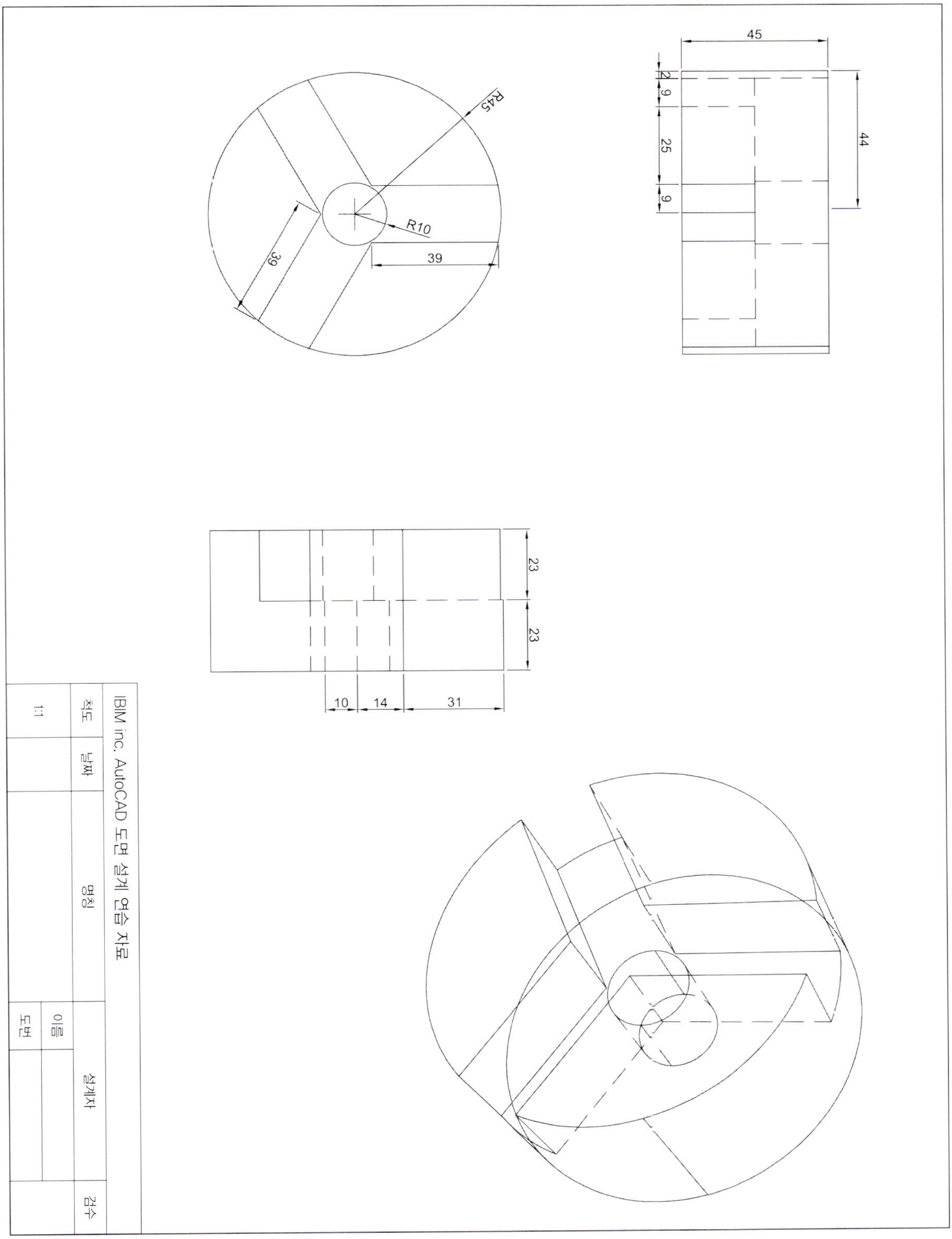

45
44
2
9
25
9
R45
R10
39
39
23
23
10
14
31
1:1
척도
날짜
명칭
이름
도번
설계자
검수
IBM inc. AutoCAD 도면 설계 연습 자료

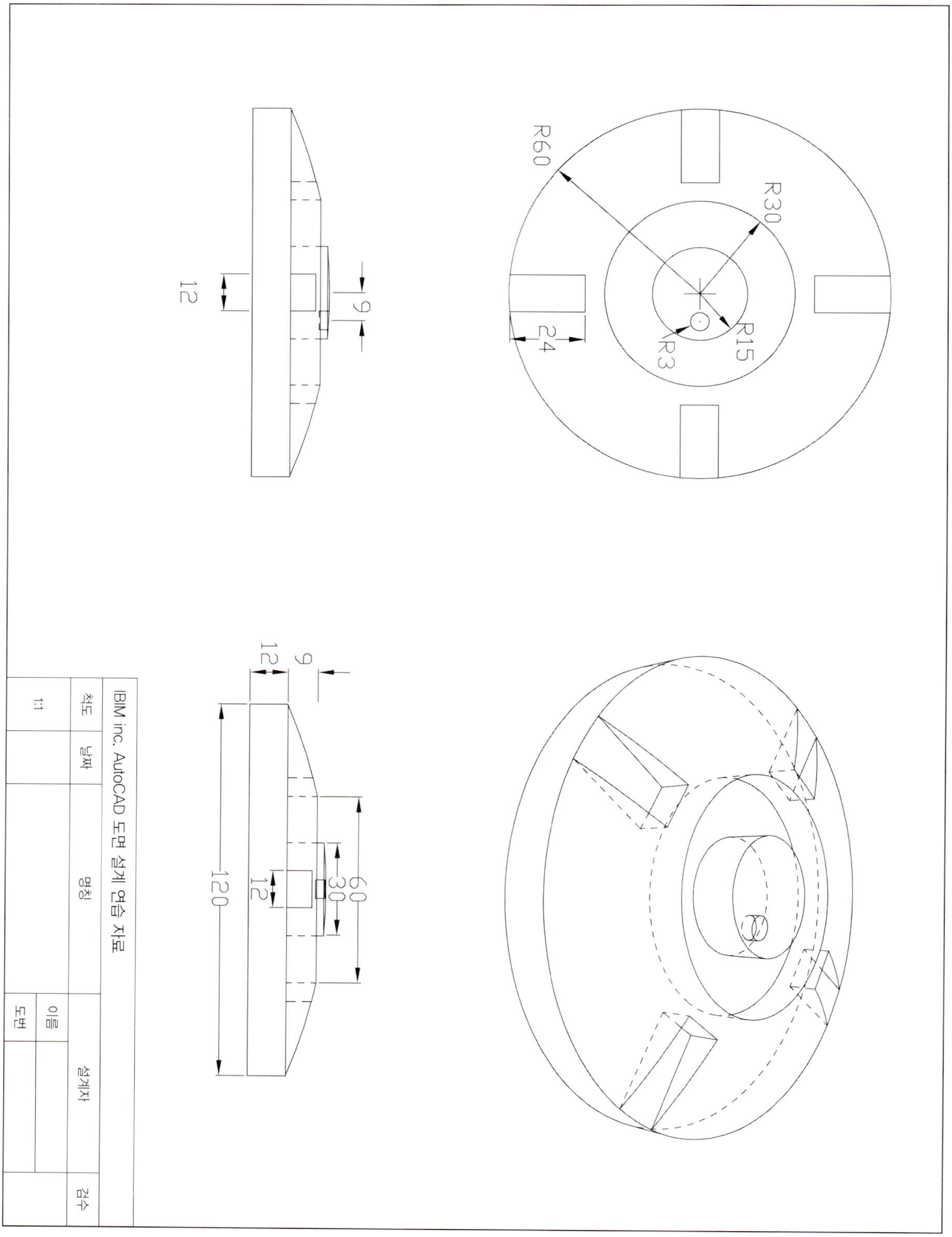

R60
R30
R15
R3
24
12
9
9
12
120
12
60
30
IBIM inc. AutoCAD 도면 설계 연습 자료
척도
1:1
날짜
명칭
이름
설계자
도번
검수

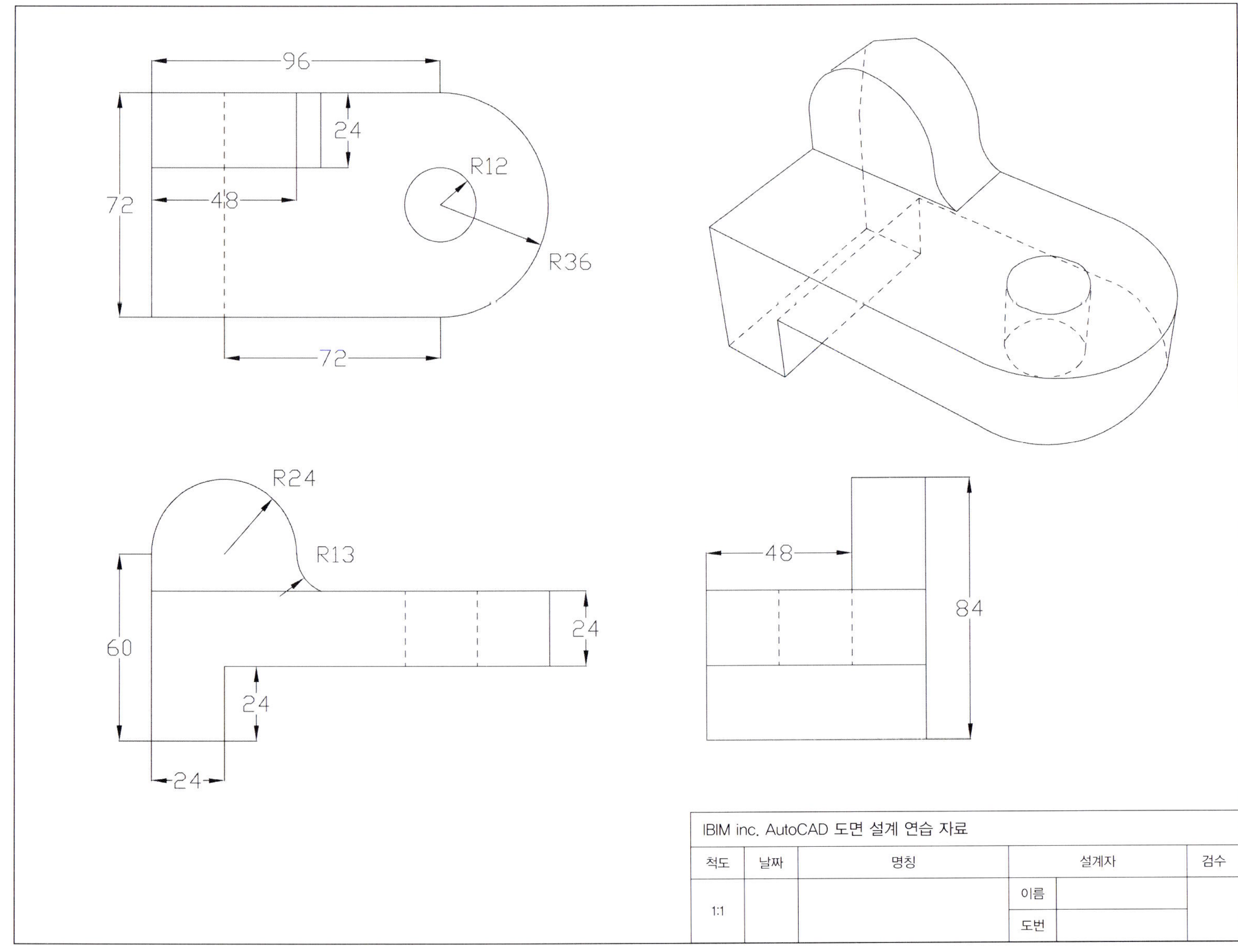
96
24
R12
72
48
R36
72
R24
R13
60
24
24
24
48
84
IBIM inc. AutoCAD 도면 설계 연습 자료
척도
날짜
명칭
설계자
검수
1:1
이름
도번

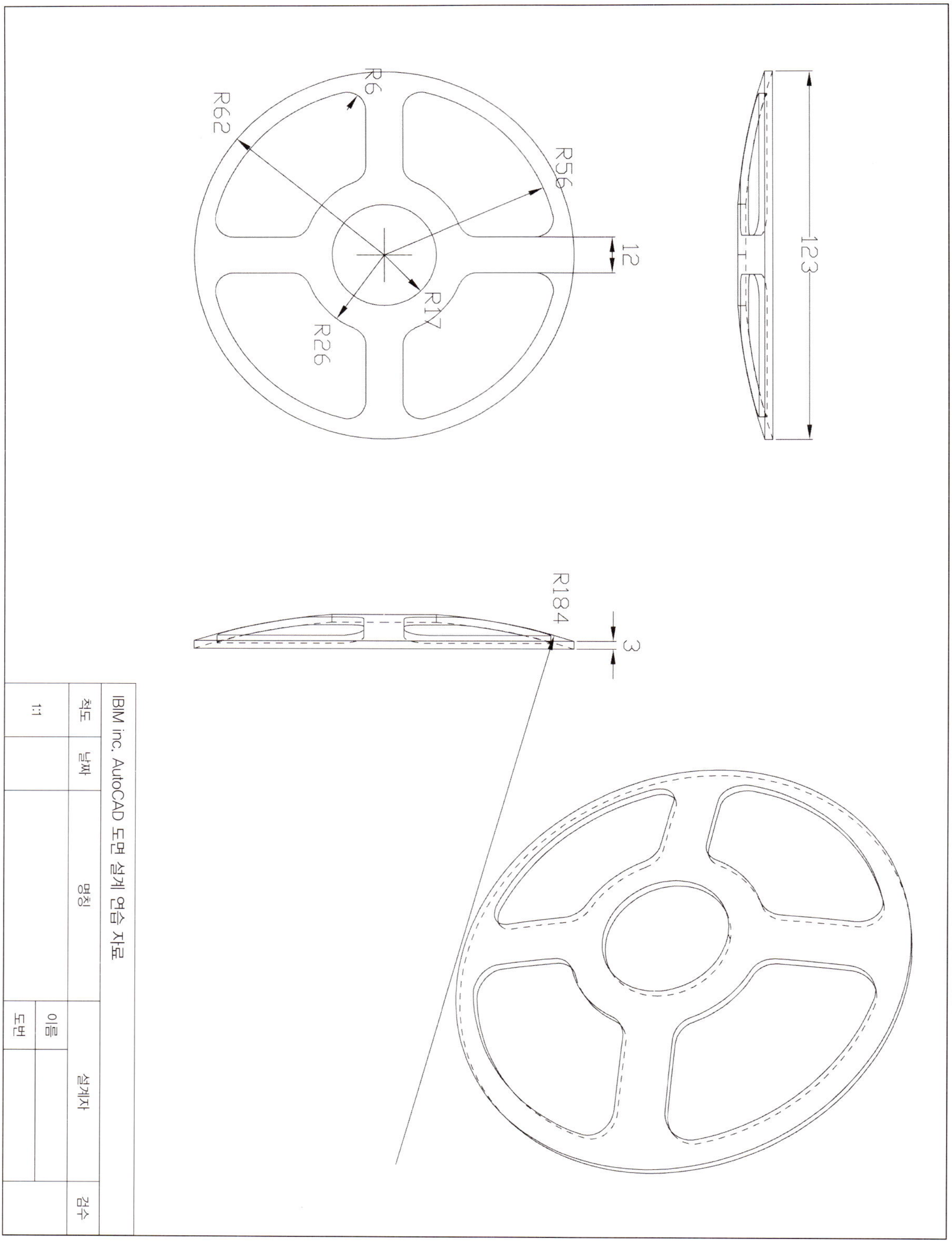

R6
R62
R56
R26
R17
12
123
R184
3
IBIM inc. AutoCAD 도면 설계 연습 자료
척도
날짜
명칭
도면
이름
설계자
1:1
권수

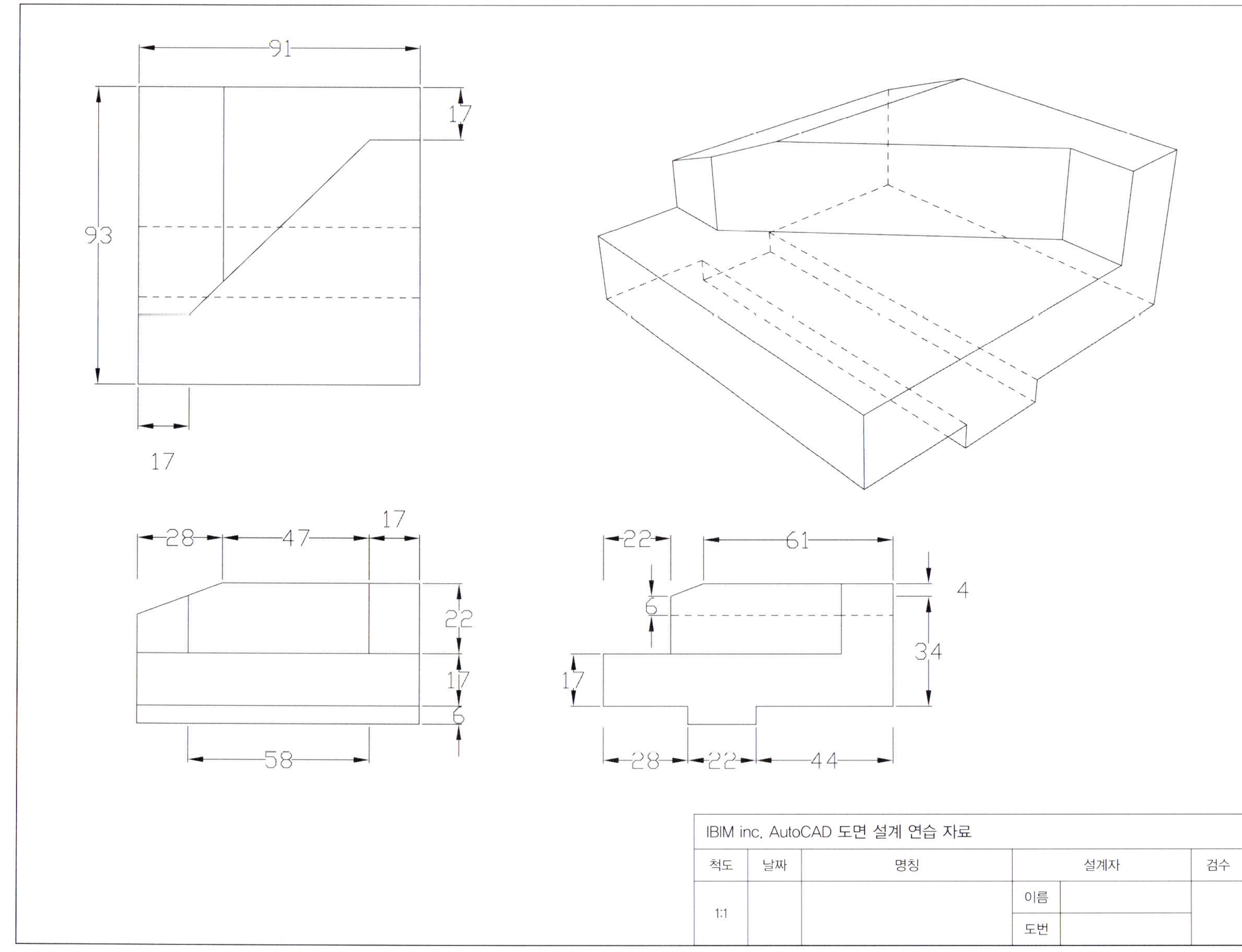

IBIM inc. AutoCAD 도면 설계 연습 자료					
척도	날짜	명칭		설계자	검수
1:1			이름		
			도번		

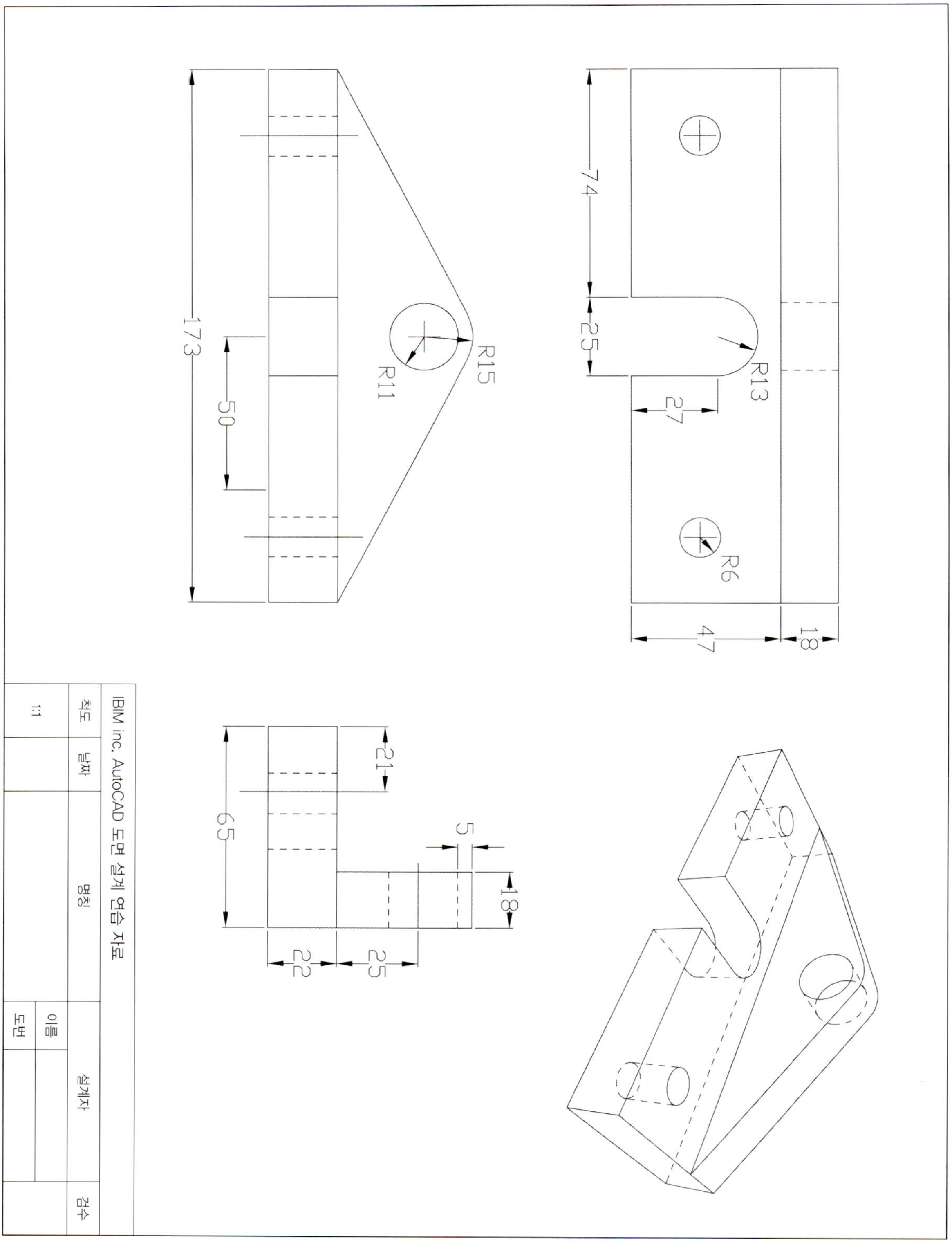
IBIM inc. AutoCAD 도면 설계 연습 자료
척도
1:1
날짜
명칭
설계자
이름
도번
검수
173
50
R11
R15
74
25
R13
27
R6
47
18
65
21
5
18
22
25

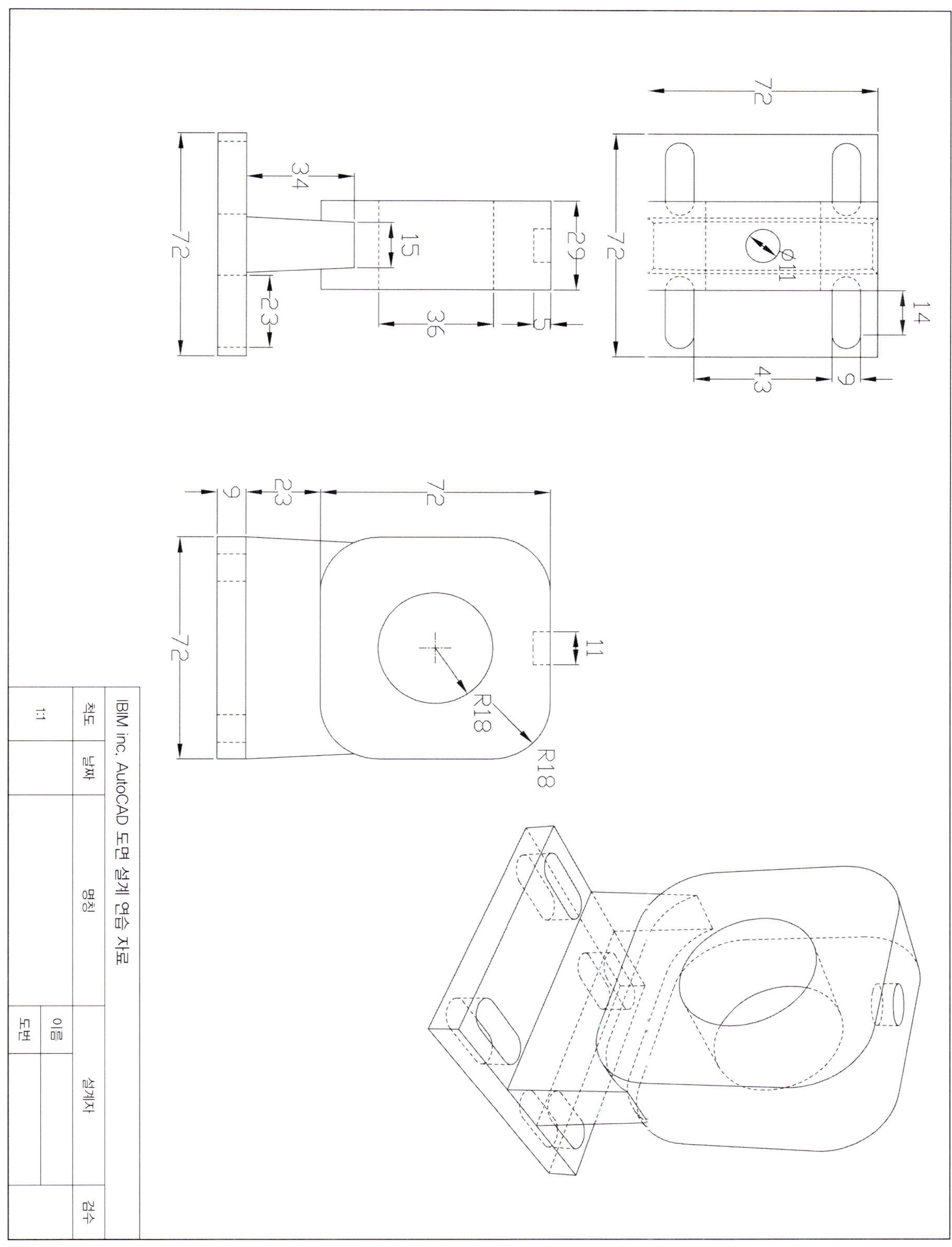
72
34
72
15
29
23
36
5
72
14
43
9
ø11
9
23
72
72
11
R18
R18
IBIM inc. AutoCAD 도면 설계 연습 자료
척도
1:1
날짜
명칭
이름
도번
설계자
검수

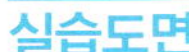

도면 파일 [Sample]의 'Drawing_Start07.dwg'

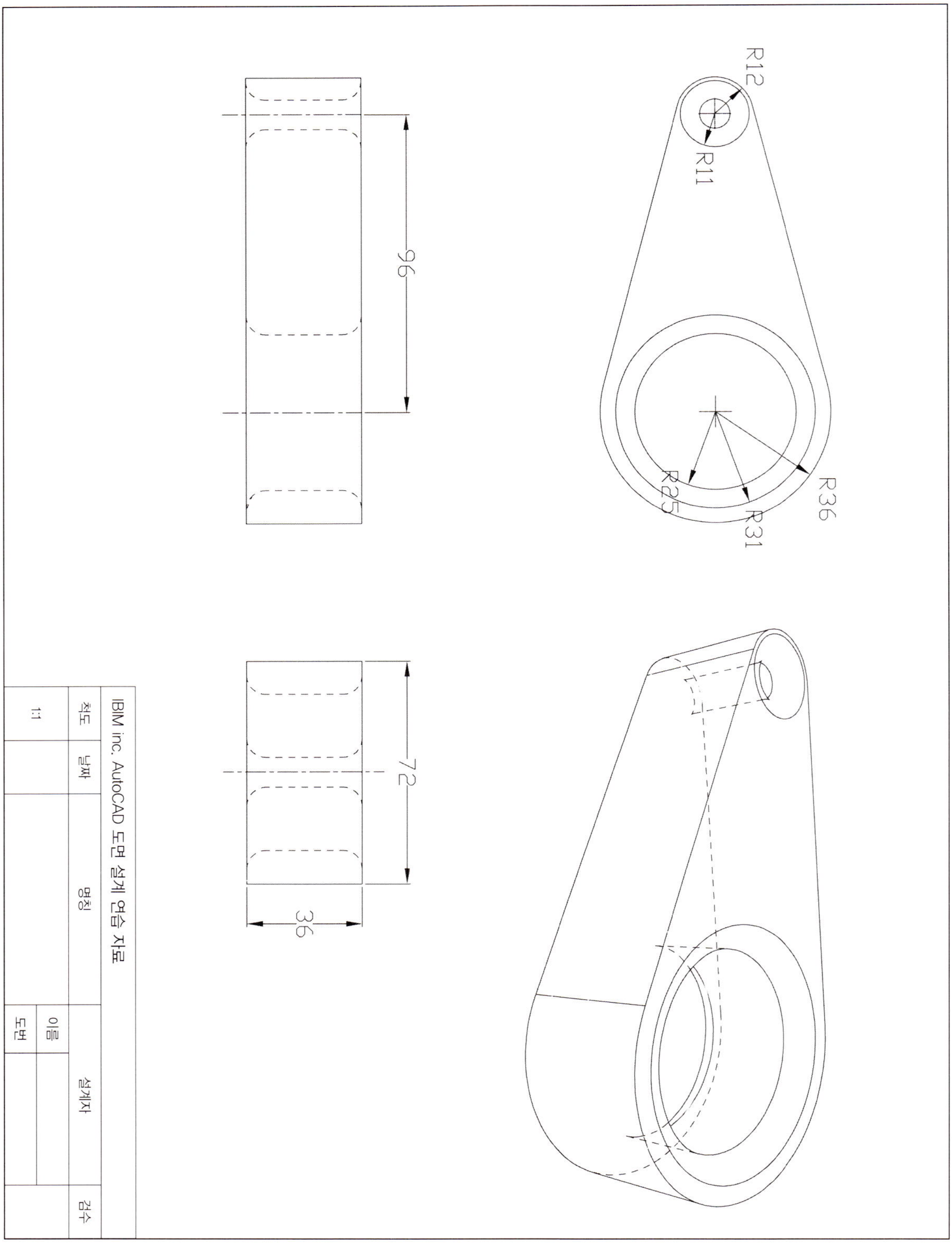
R12
R11
96
R25
R31
R36
72
36
IBIM inc. AutoCAD 도면 설계 연습 자료
척도
1:1
날짜
명칭
설계자
검수
이름
도번

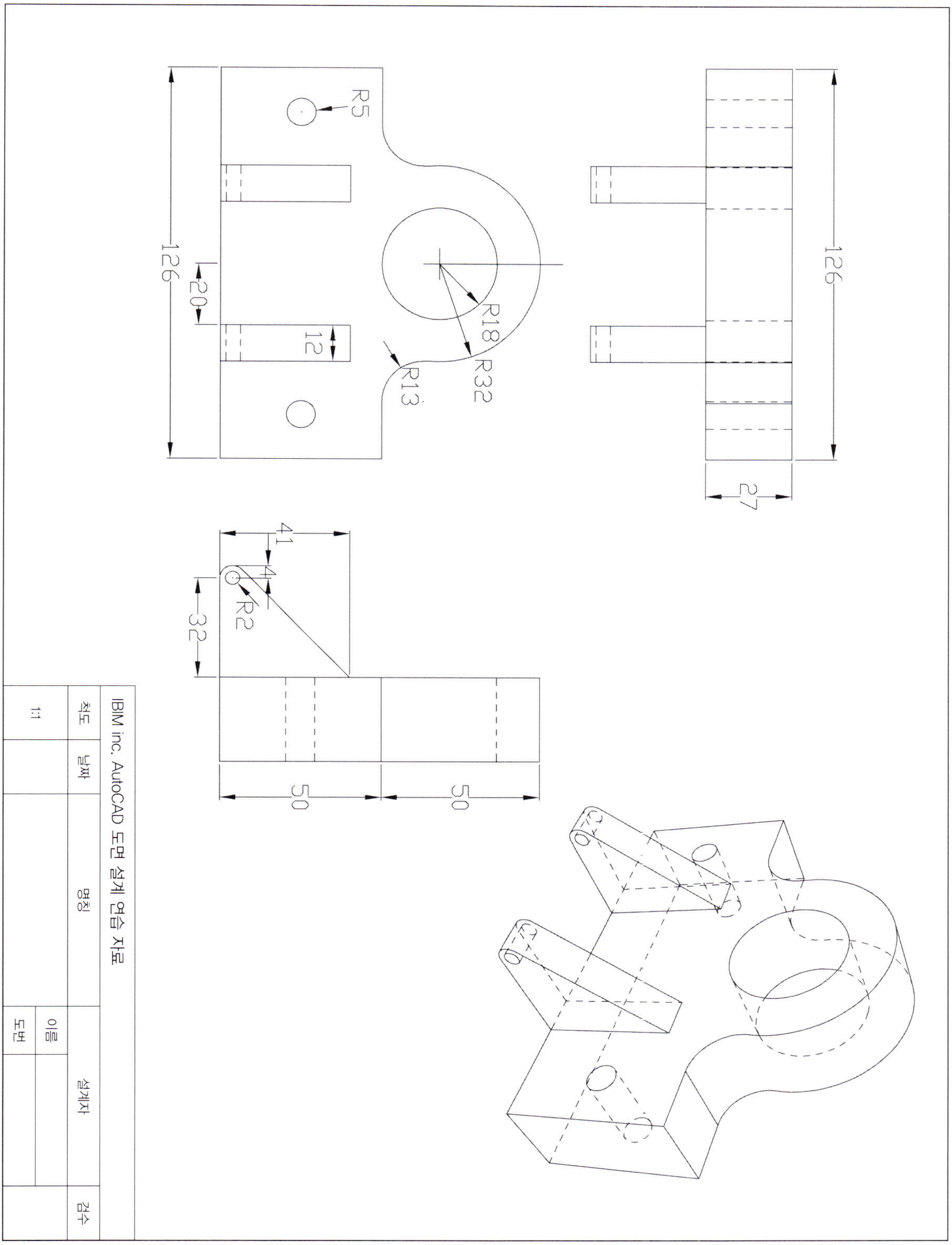

도면 파일 [Sample]의 'Drawing_Start09.dwg'

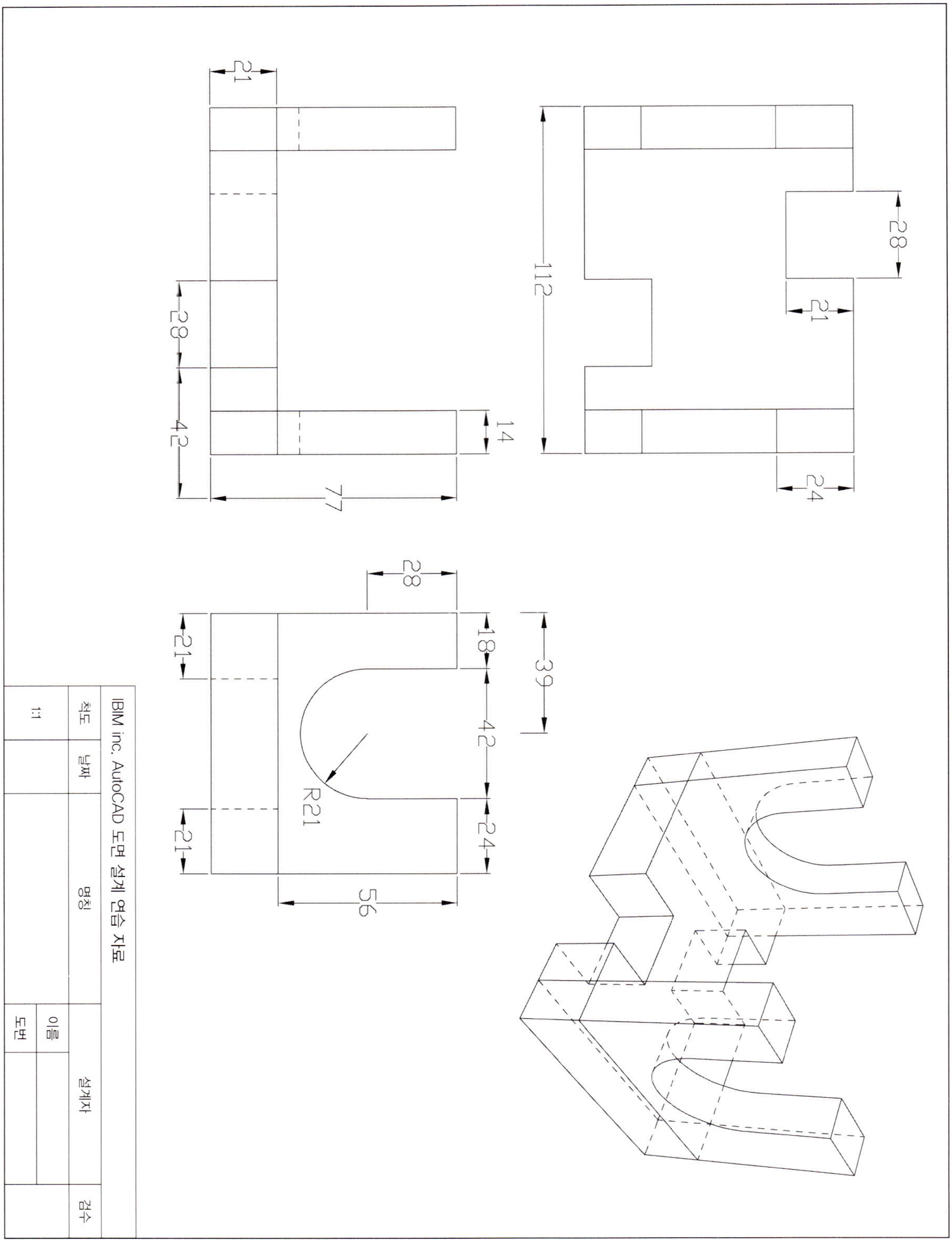

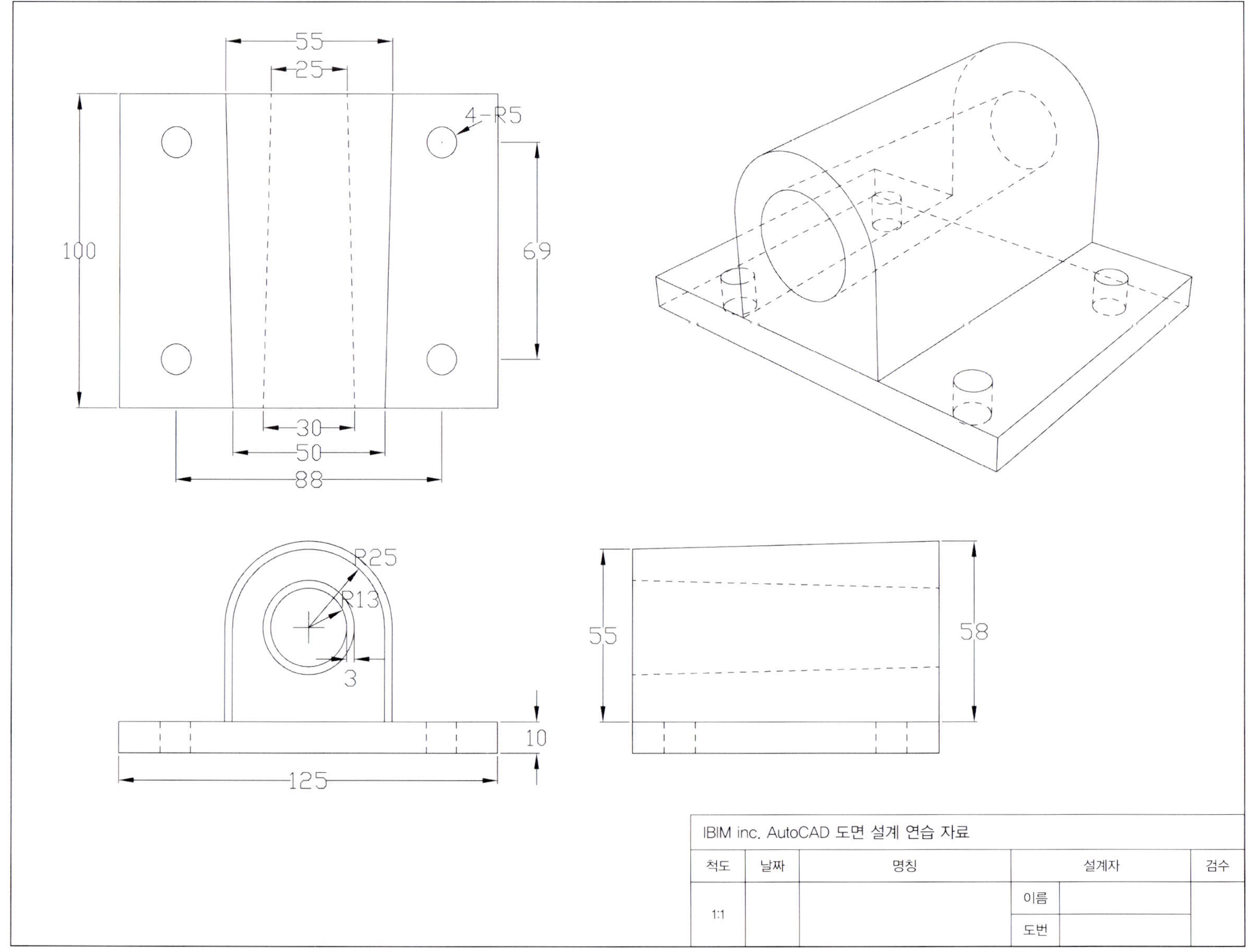
55
25
4-R5
100
69
30
50
88
R25
R13
3
55
58
10
125
IBIM inc. AutoCAD 도면 설계 연습 자료
척도
날짜
명칭
설계자
검수
이름
도번
1:1

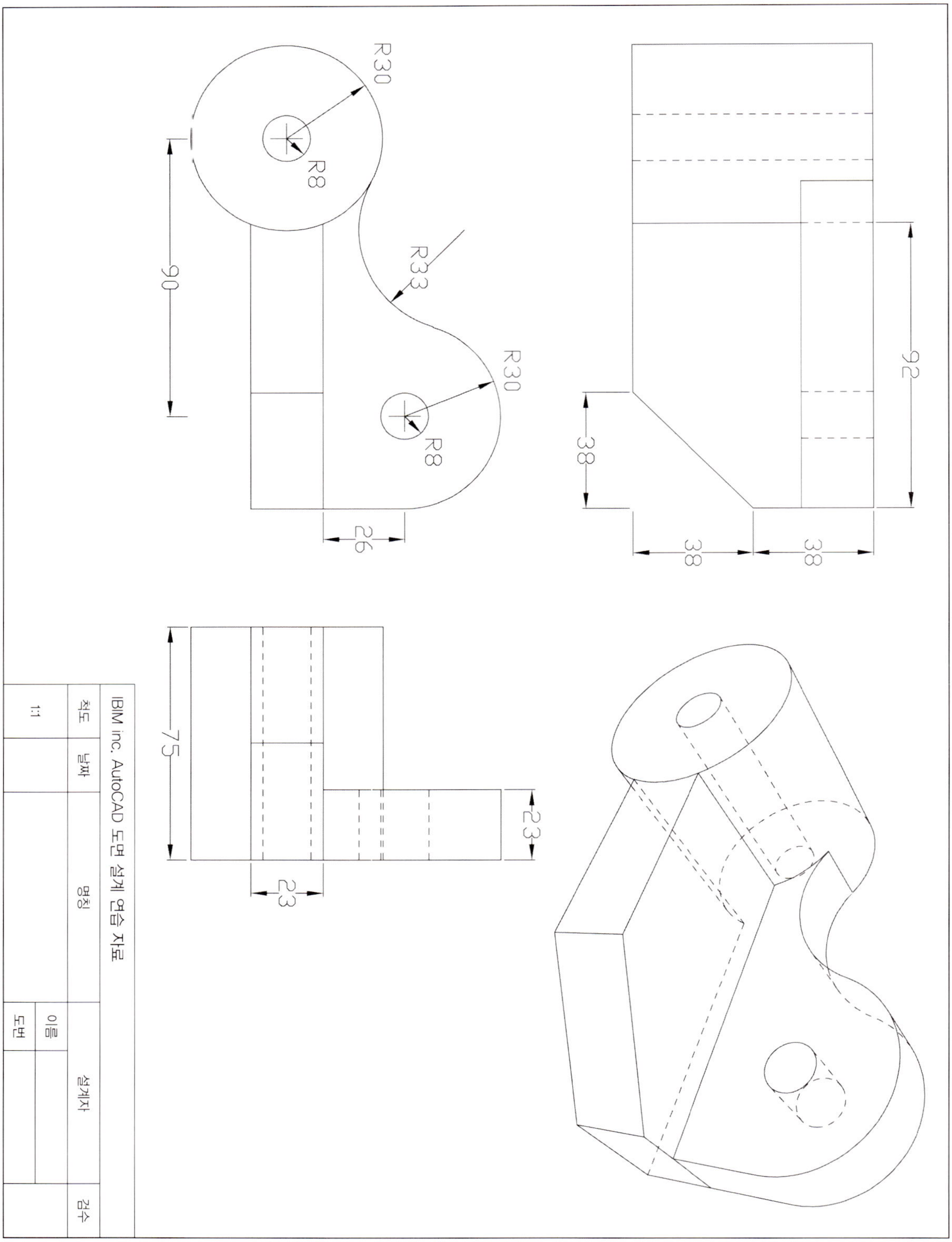

R30
R8
90
R33
R30
R8
26
92
38
38
38
75
23
23
IBIM inc, AutoCAD 도면 설계 연습 자료
1:1
척도
날짜
명칭
도번
이름
설계자
검수

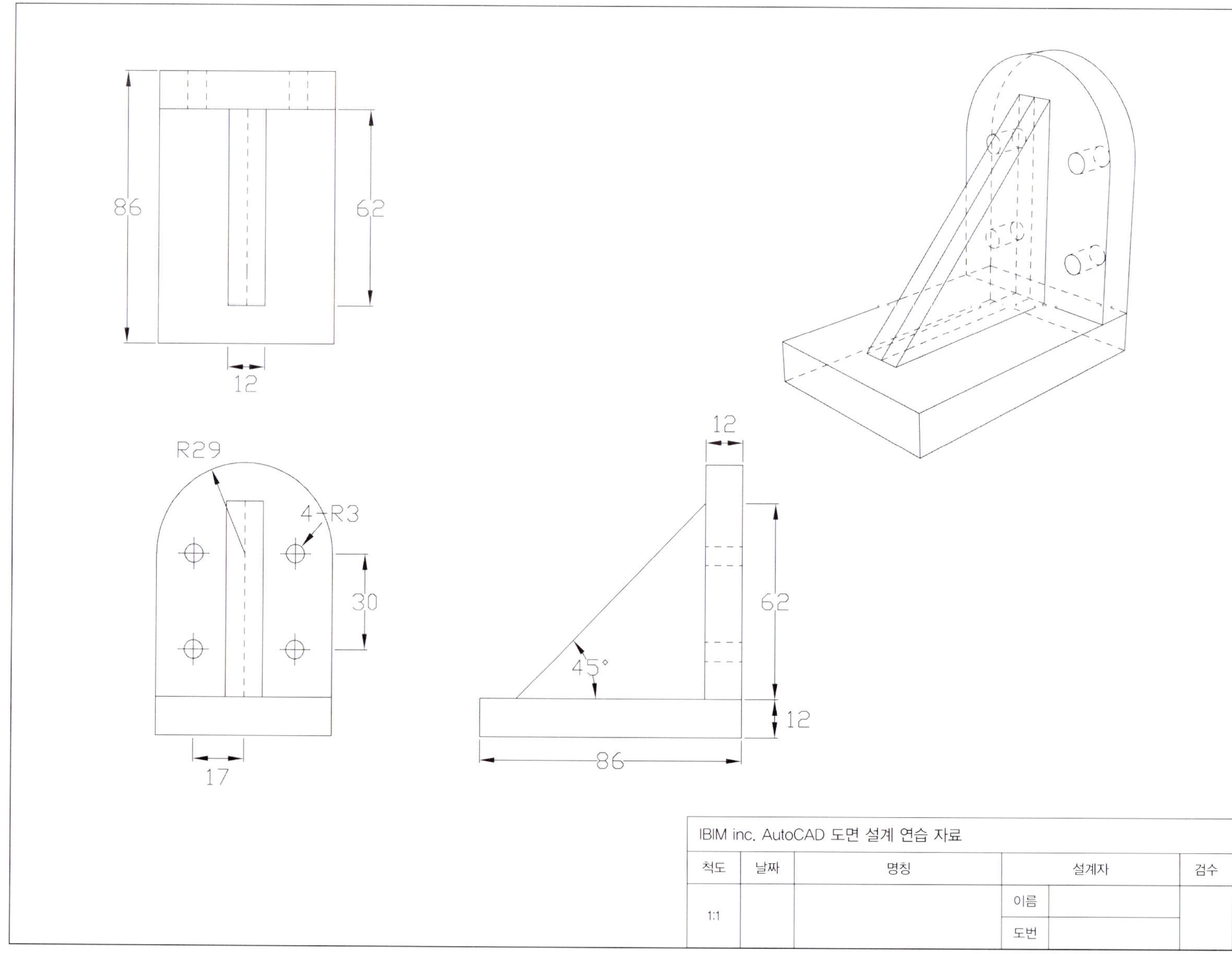
86
62
12
R29
4-R3
30
17
12
62
45°
12
86
IBIM inc. AutoCAD 도면 설계 연습 자료
척도
날짜
명칭
설계자
검수
1:1
이름
도번

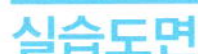

도면 파일 [Sample]의 'Drawing_Start13.dwg'

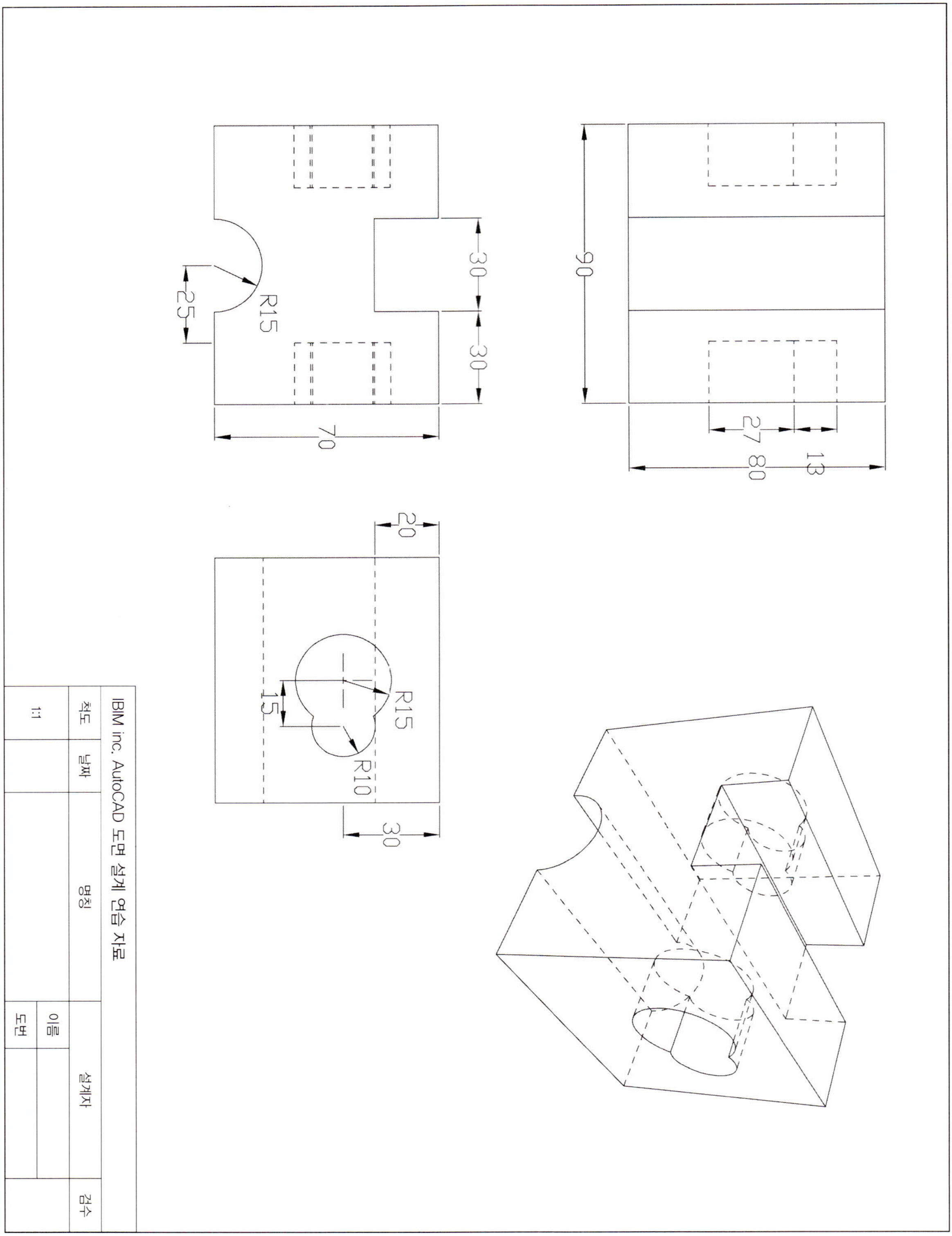
R15
25
30
30
70
90
27
13
80
20
R15
15
R10
30
IBIM inc. AutoCAD 도면 설계 연습 자료
척도
1:1
날짜
명칭
설계자
이름
도번
검수

IBM inc. AutoCAD 도면 설계 연습 자료
척도
날짜
명칭
1:1
이름
도번
설계자
검수
30
30
30
30
R8
2-R6
30
20
80
4
6
R14
R25
90
28
11
30

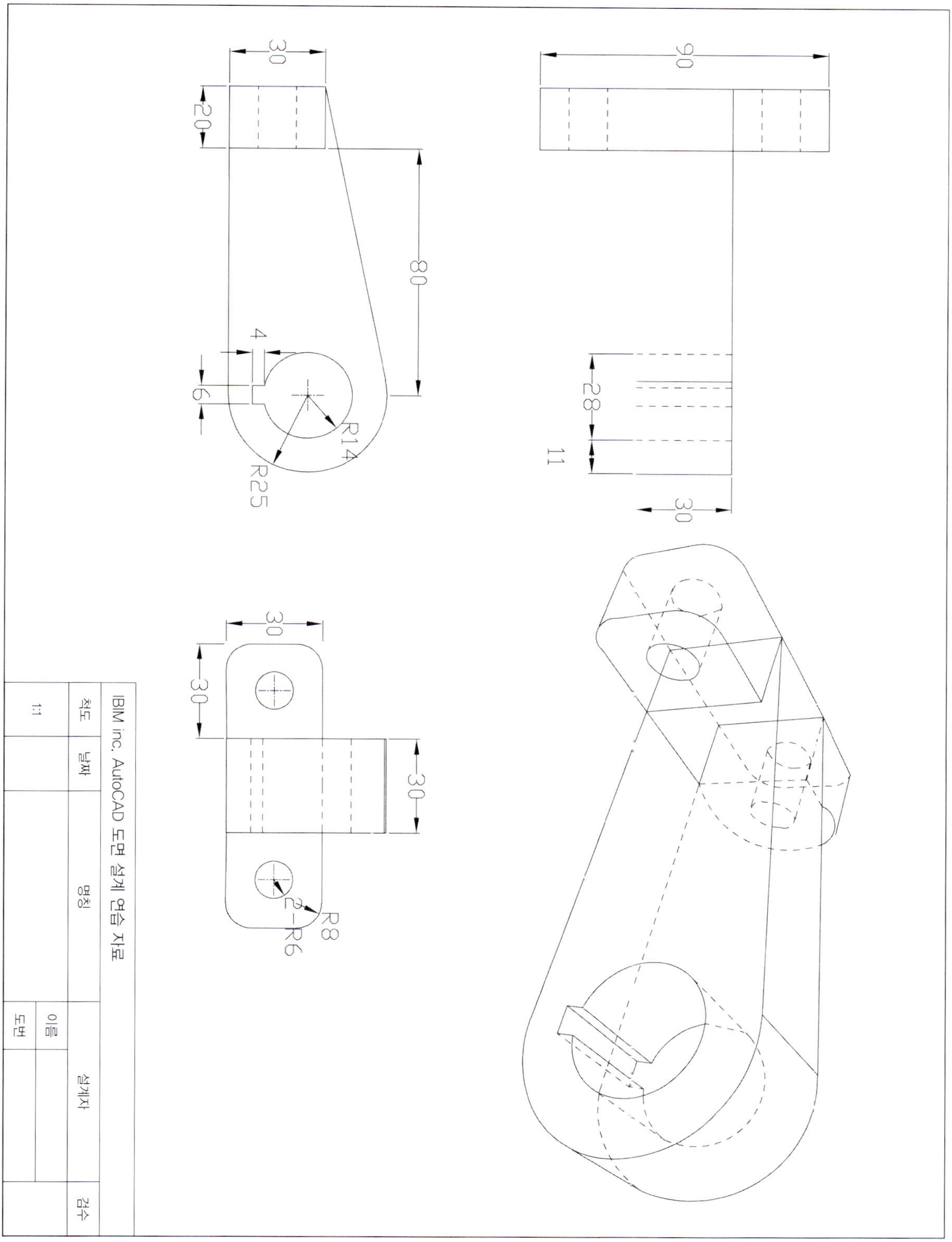

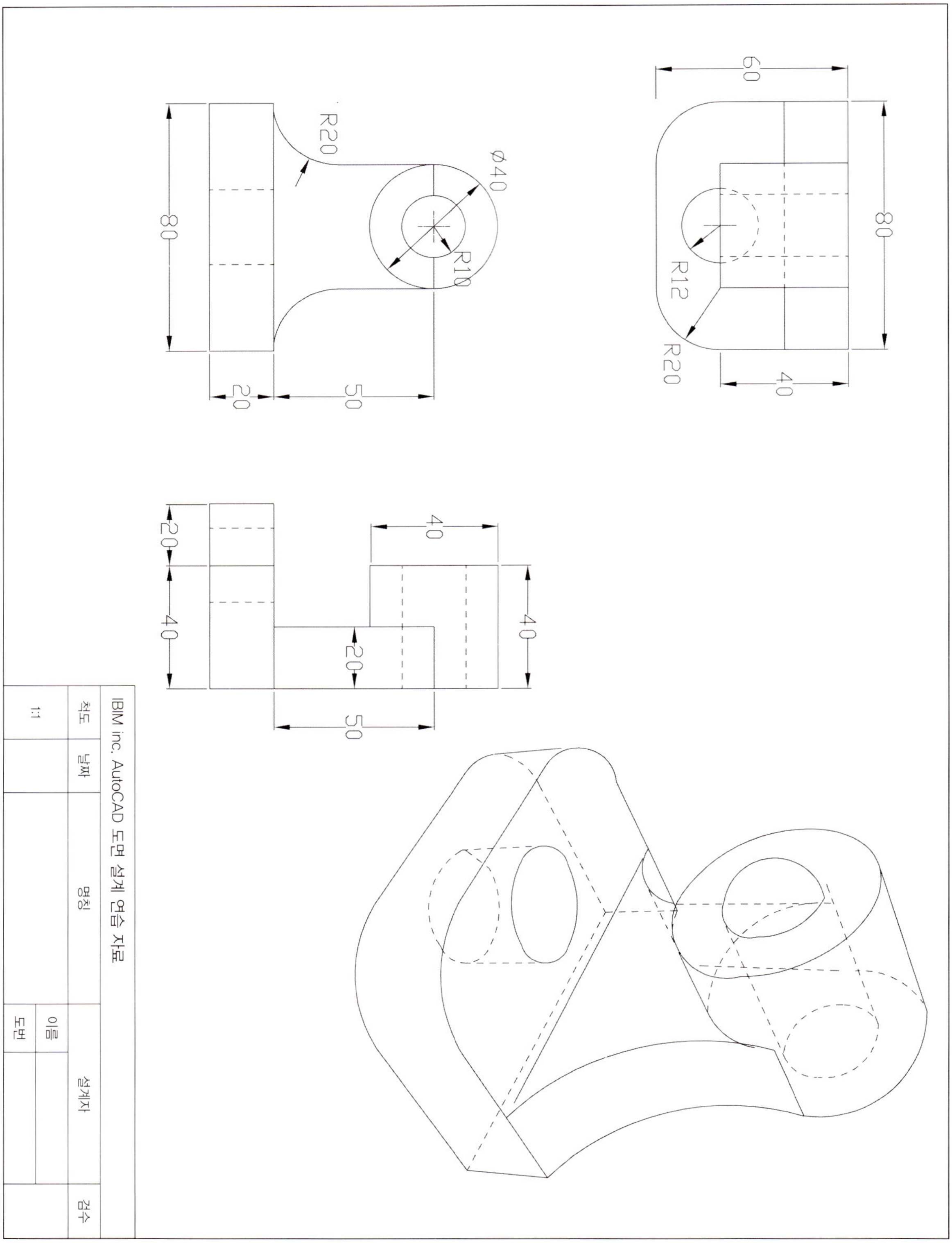

R20
ø40
R10
80
20
50
60
80
40
R12
R20
20
40
20
50
40
40
IBIM inc. AutoCAD 도면 설계 연습 자료
척도
1:1
날짜
명칭
평정
도번
이름
설계자
검수

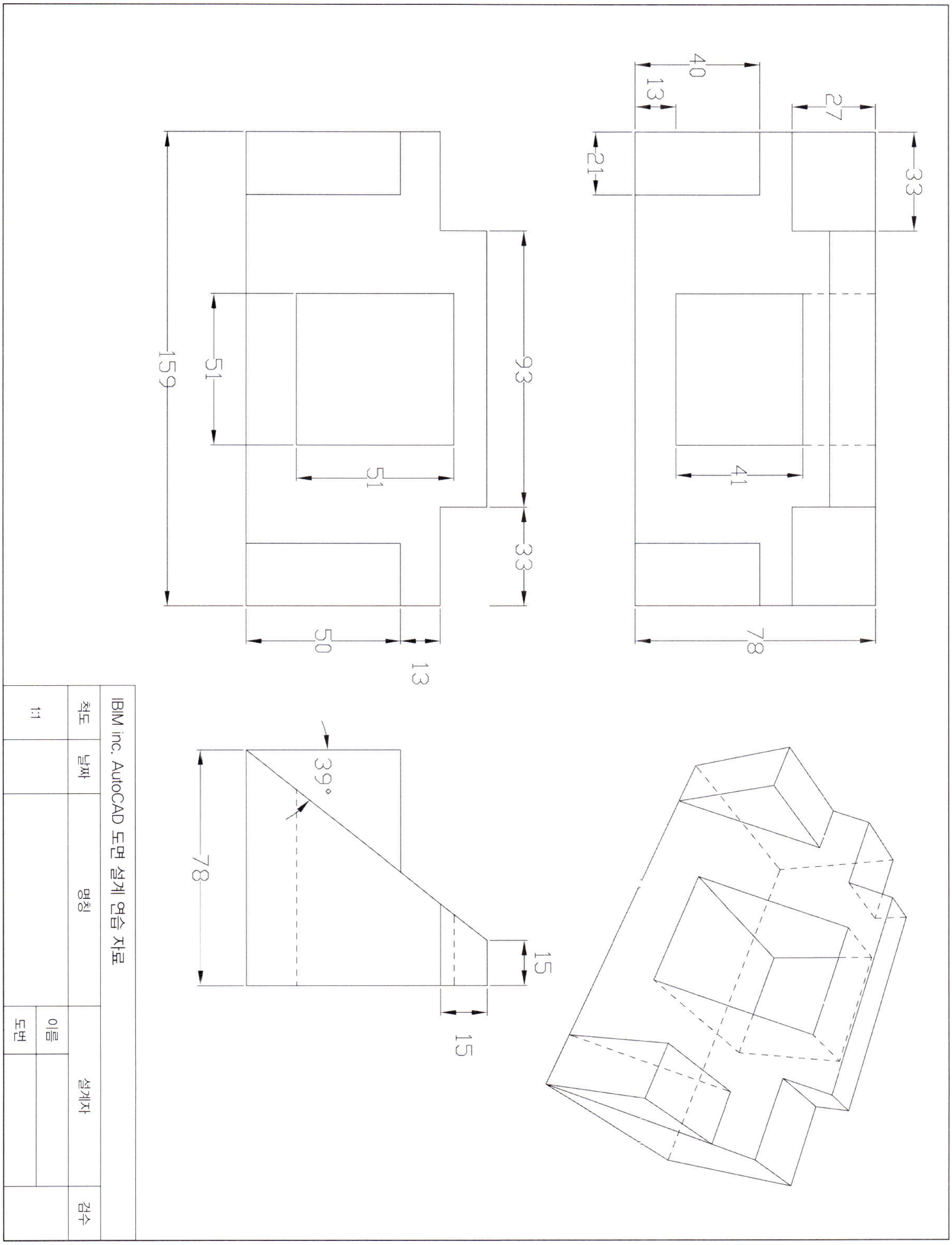

40
13
21
27
33
159
51
93
51
33
50
13
41
78
39°
78
15
15
IBIM inc, AutoCAD 도면 설계 연습 자료
척도
1:1
날짜
명칭
이름
도면
설계자
검수

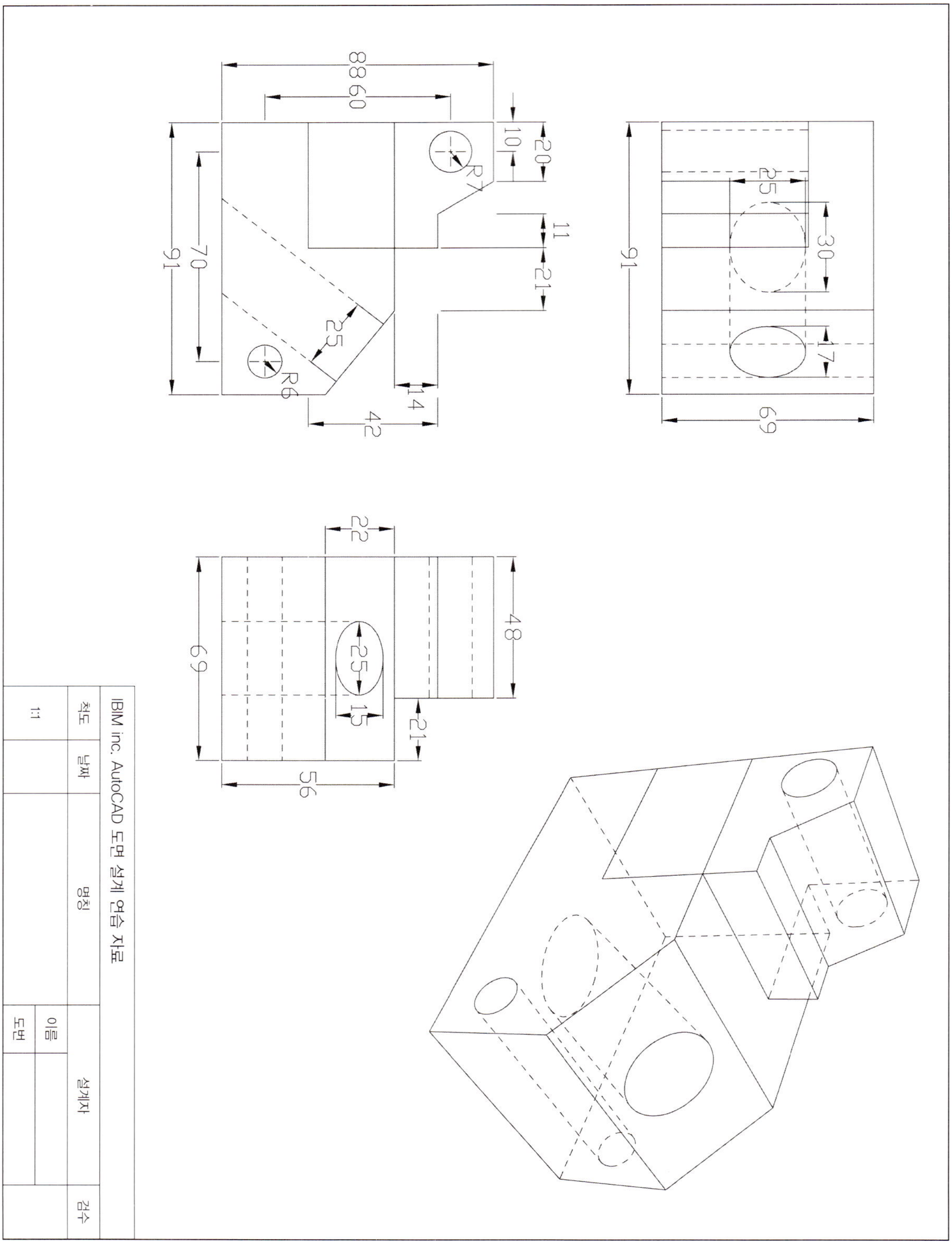

88
60
20
10
R7
91
70
11
21
25
R6
14
42
22
91
25
30
17
69
48
69
22
25
15
21
56
IBIM inc. AutoCAD 도면 설계 연습 자료
척도
1:1
날짜
명칭
이름
도번
설계자
접수

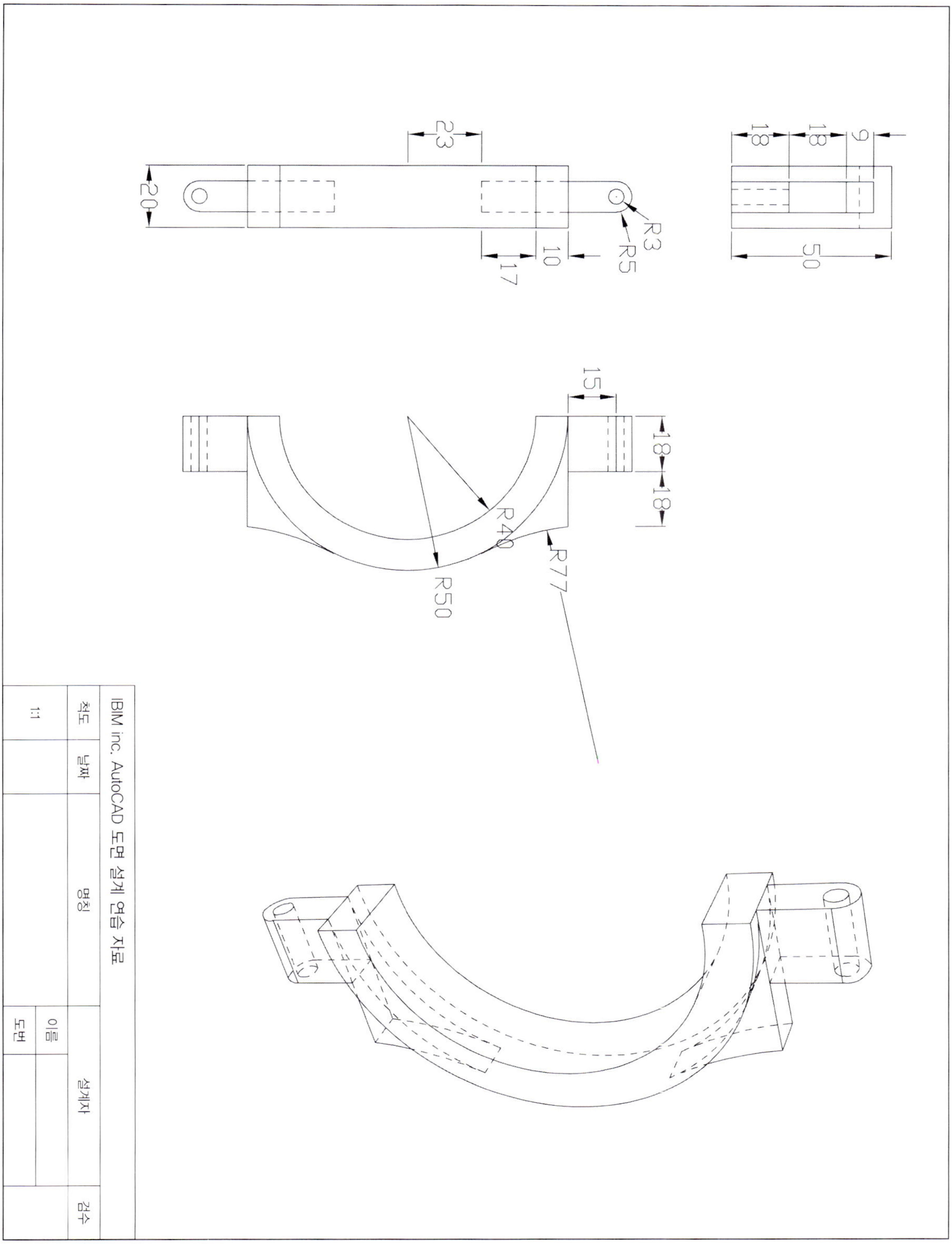

IBIM inc. AutoCAD 도면 설계 연습 자료

척도	날짜	명칭		설계자	검수
1:1			이름		
			도면		

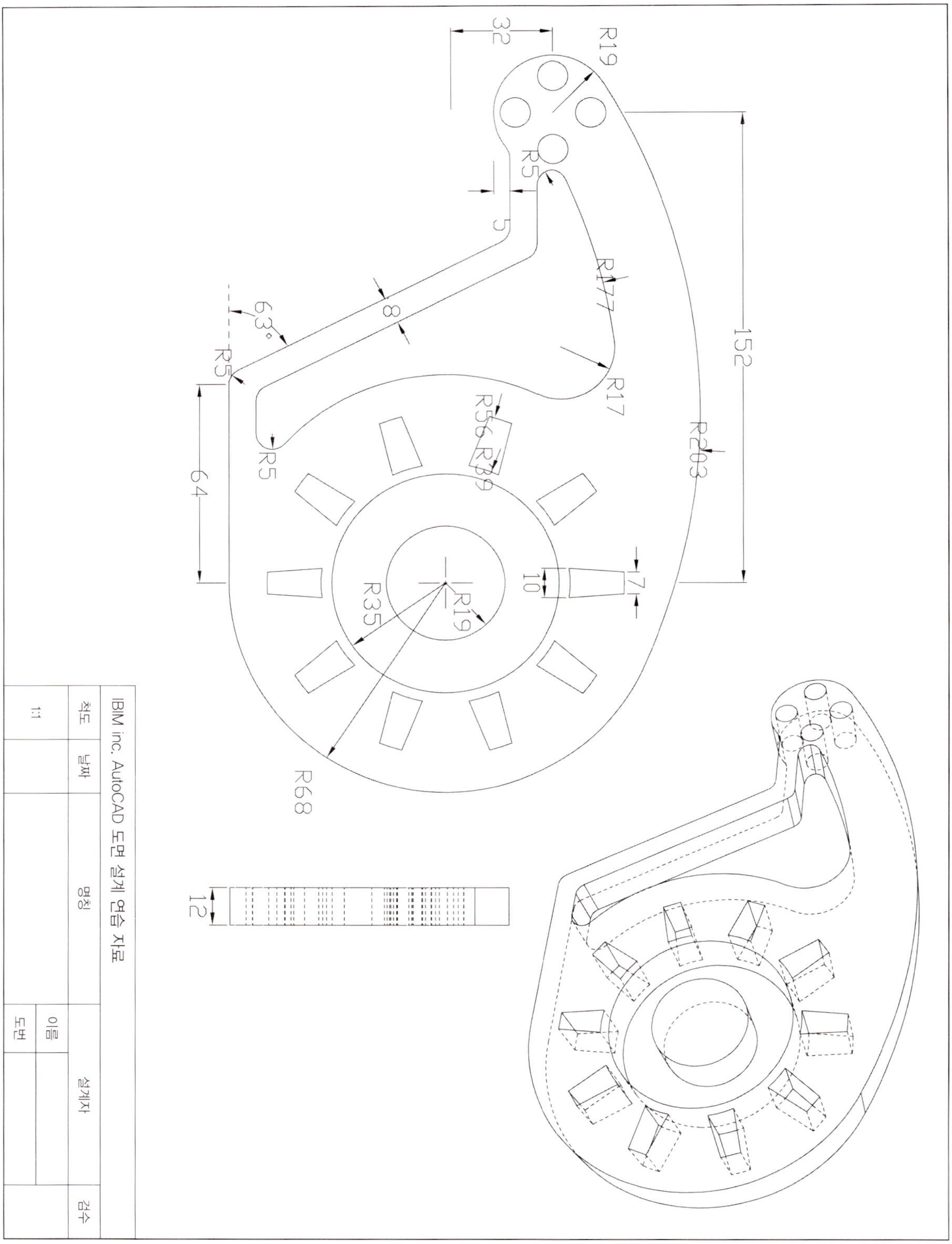

32
R19
R5
5
R177
63°
8
R5
R5
64
R36 R39
R17
152
R203
R35
R19
10
7°
R68
12
R5
IBIM inc. AutoCAD 도면 설계 연습 자료
척도
1:1
날짜
명칭
설계자
도면
이름
검수

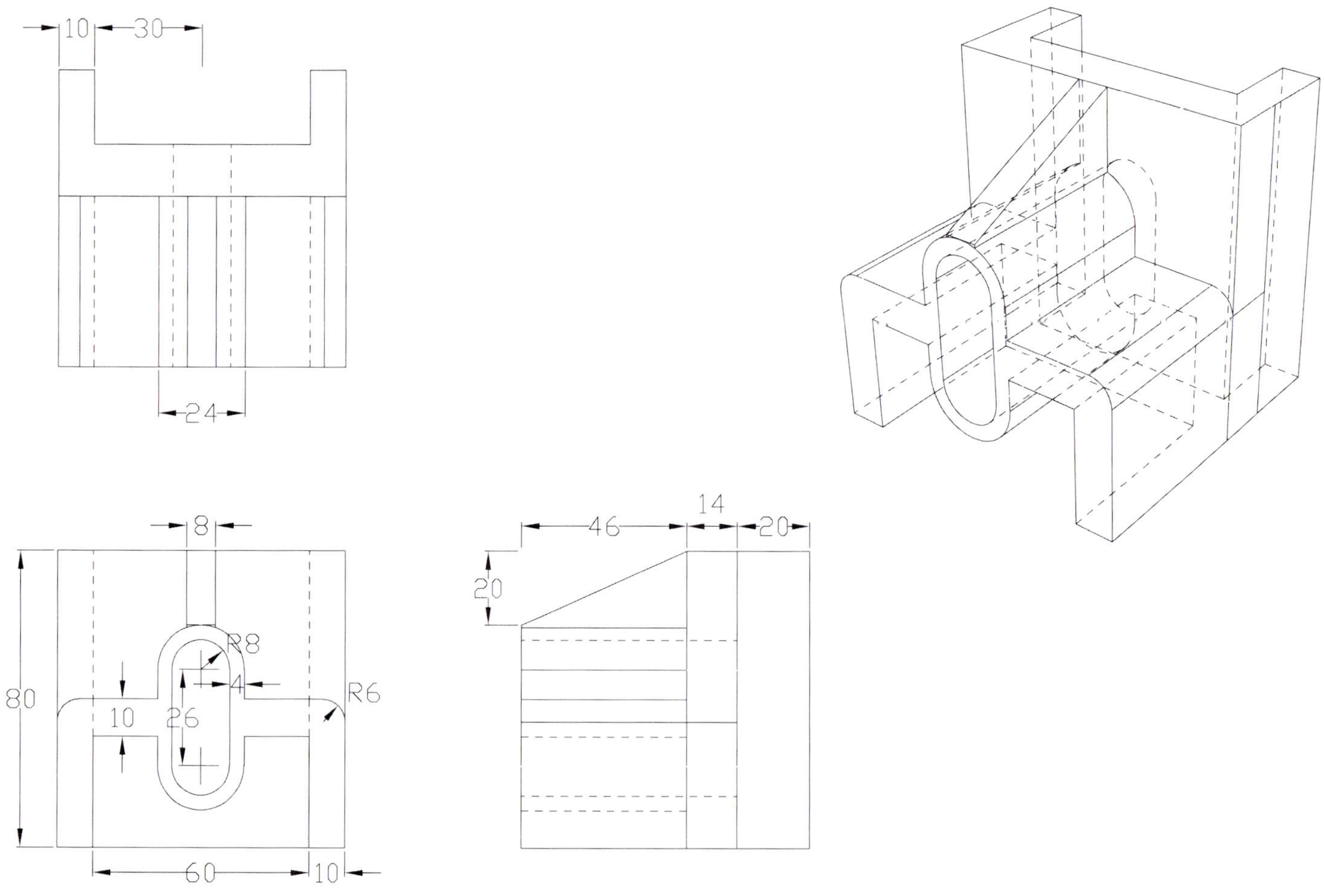

80
10
26
60
10
R8
R6
8
10
30
24
20
46
14
20
IBM inc. AutoCAD 도면 설계 연습 자료
척도
1:1
날짜
명칭
이름
도면
설계자
검수

도면 파일 [Sample]의 'Drawing_Start21.dwg'

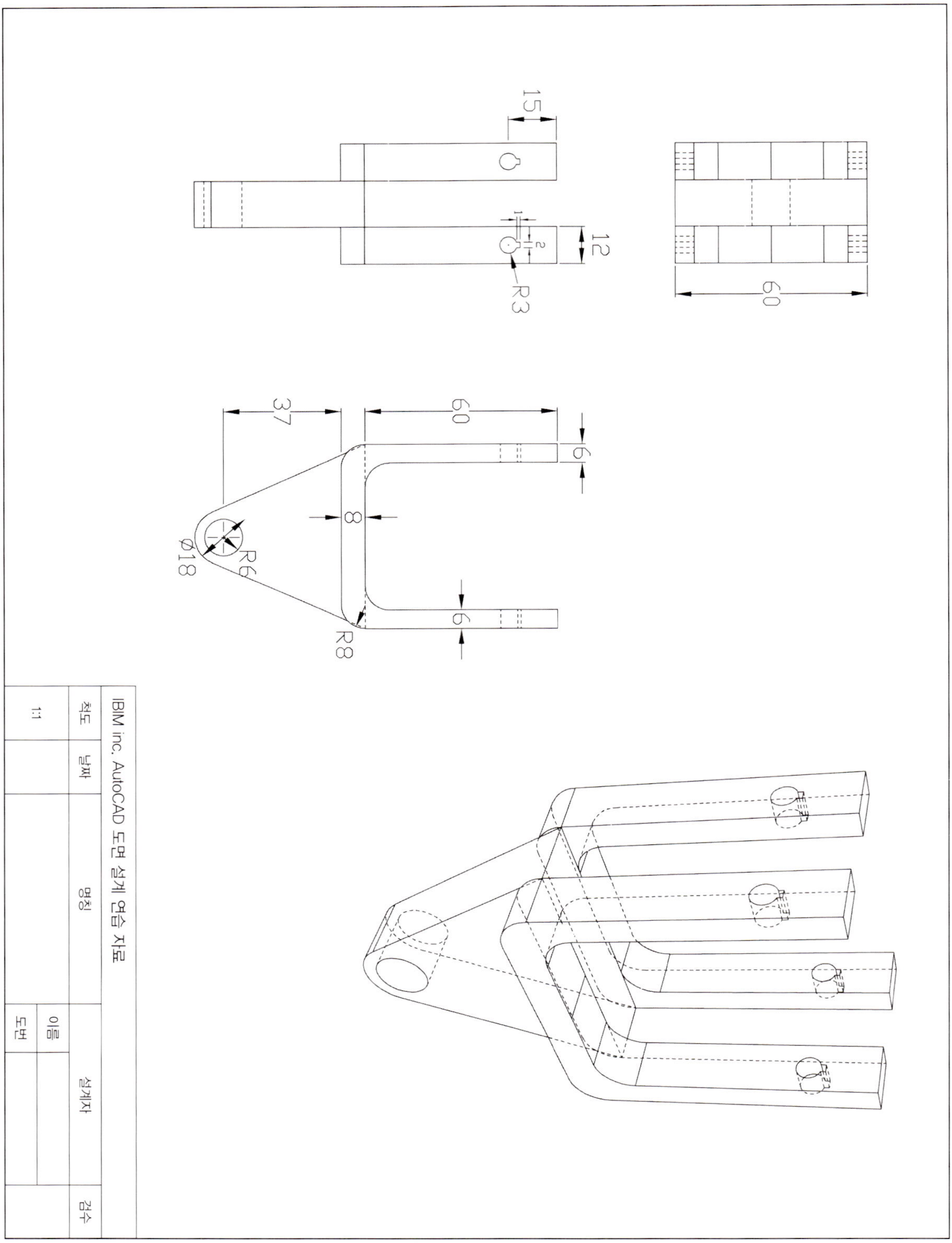

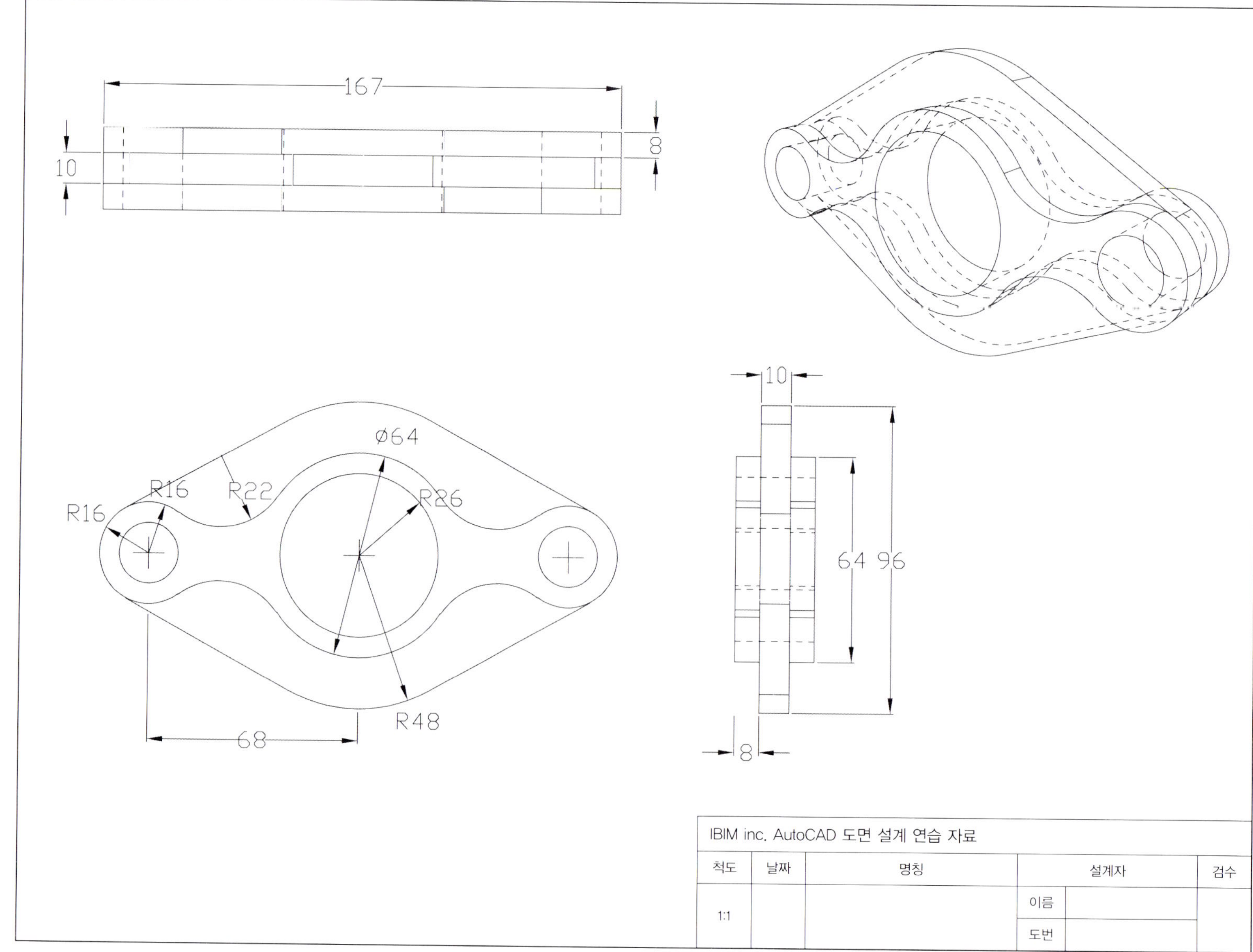

IBIM inc. AutoCAD 도면 설계 연습 자료					
척도	날짜	명칭		설계자	검수
1:1			이름		
			도번		

IBIM inc. AutoCAD 도면 설계 연습 자료
척도
1:1
날짜
명칭
이름
설계자
도번
검수

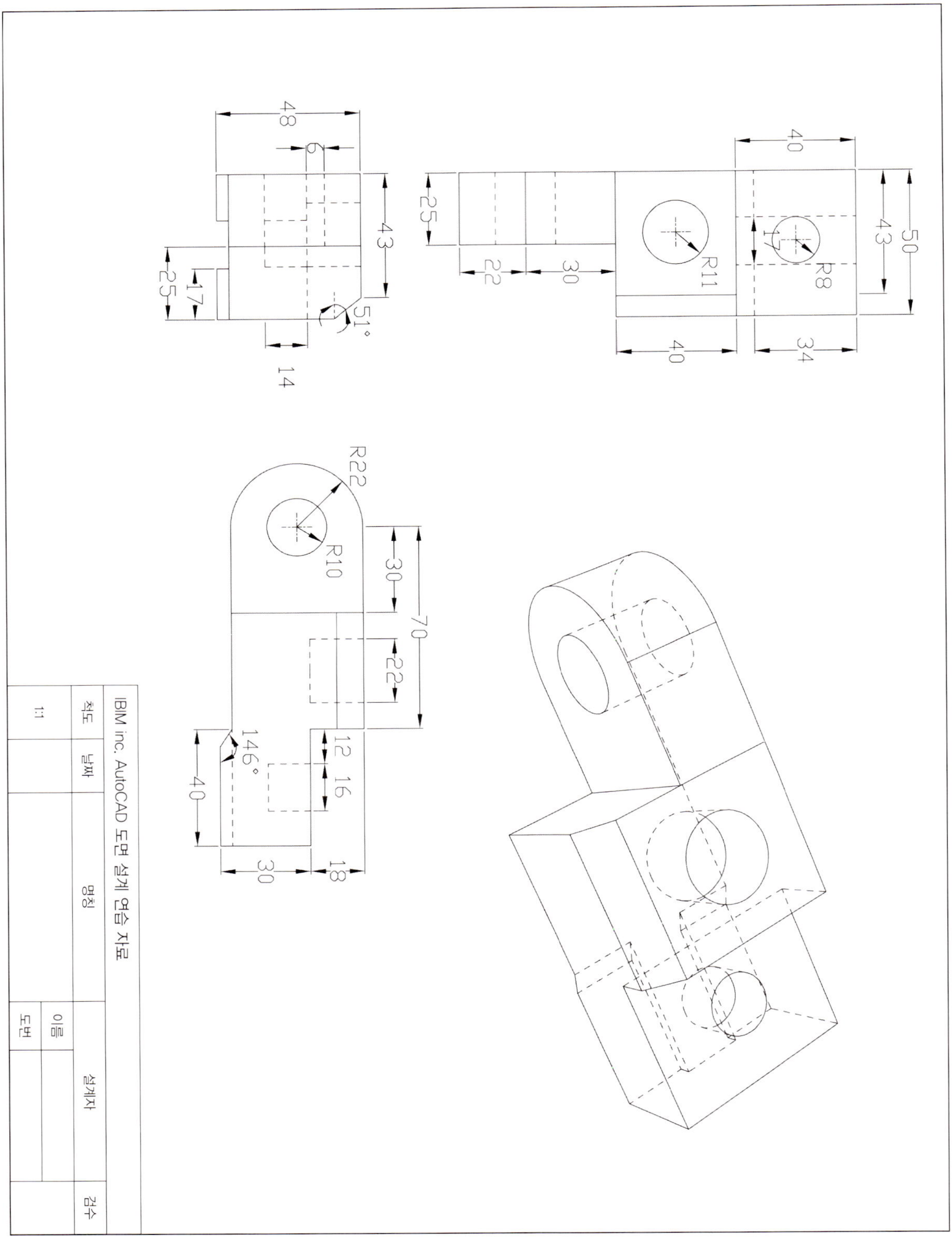

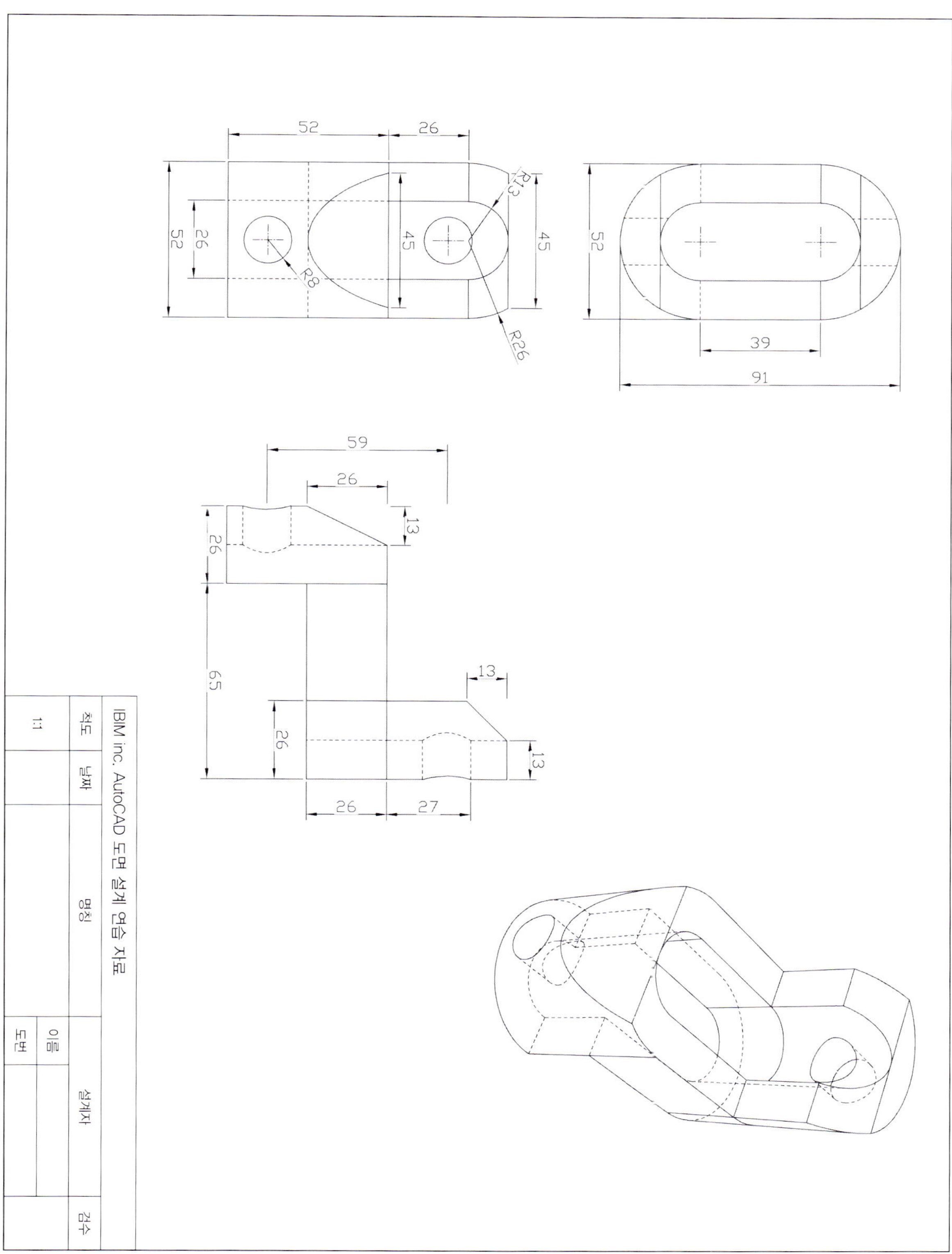

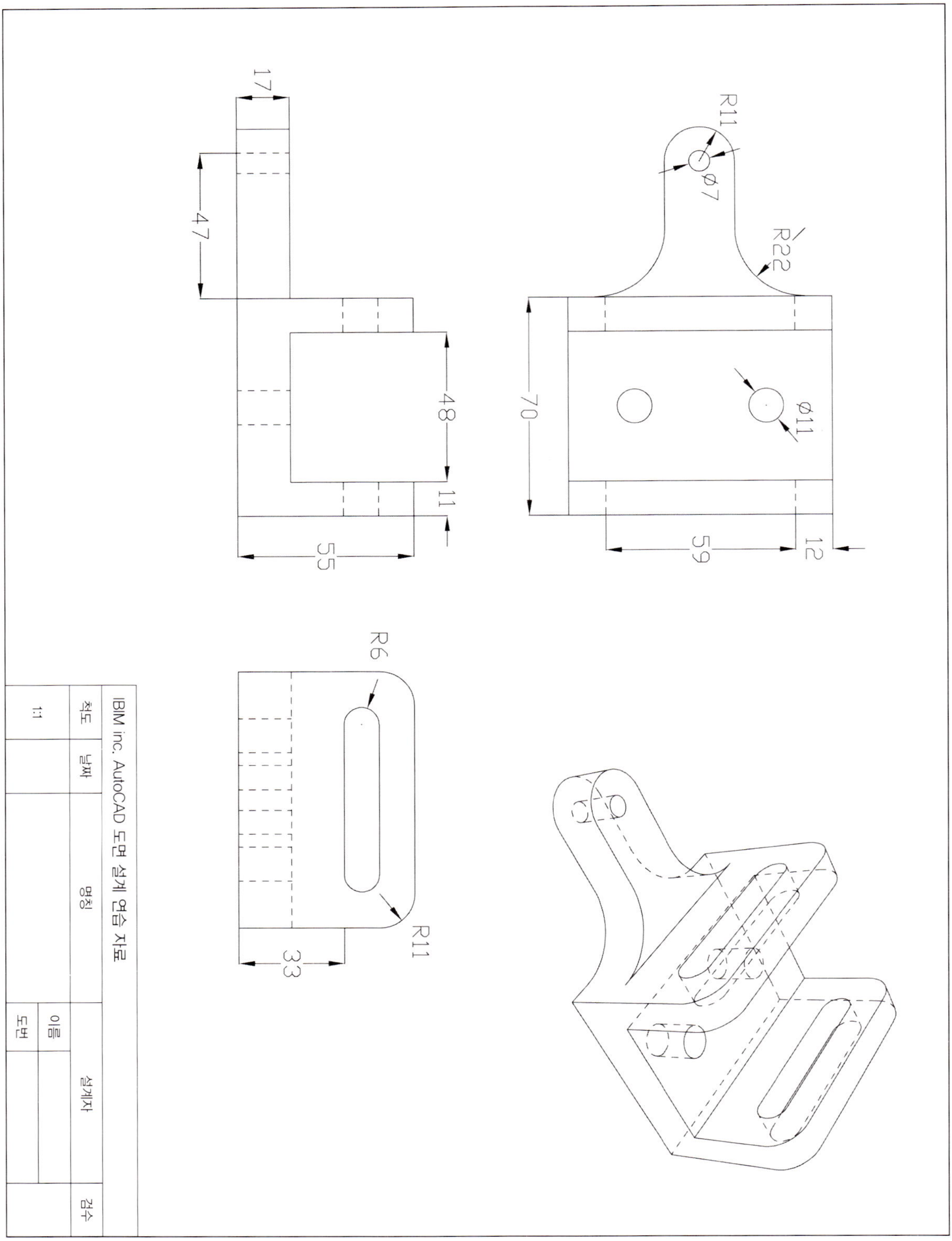
17
47
48
11
55
70
59
12
R11
ø7
R22
ø11
R6
R11
33
IBIM inc. AutoCAD 도면 설계 연습 자료
척도
1:1
날짜
명칭
이름
도번
설계자
검수

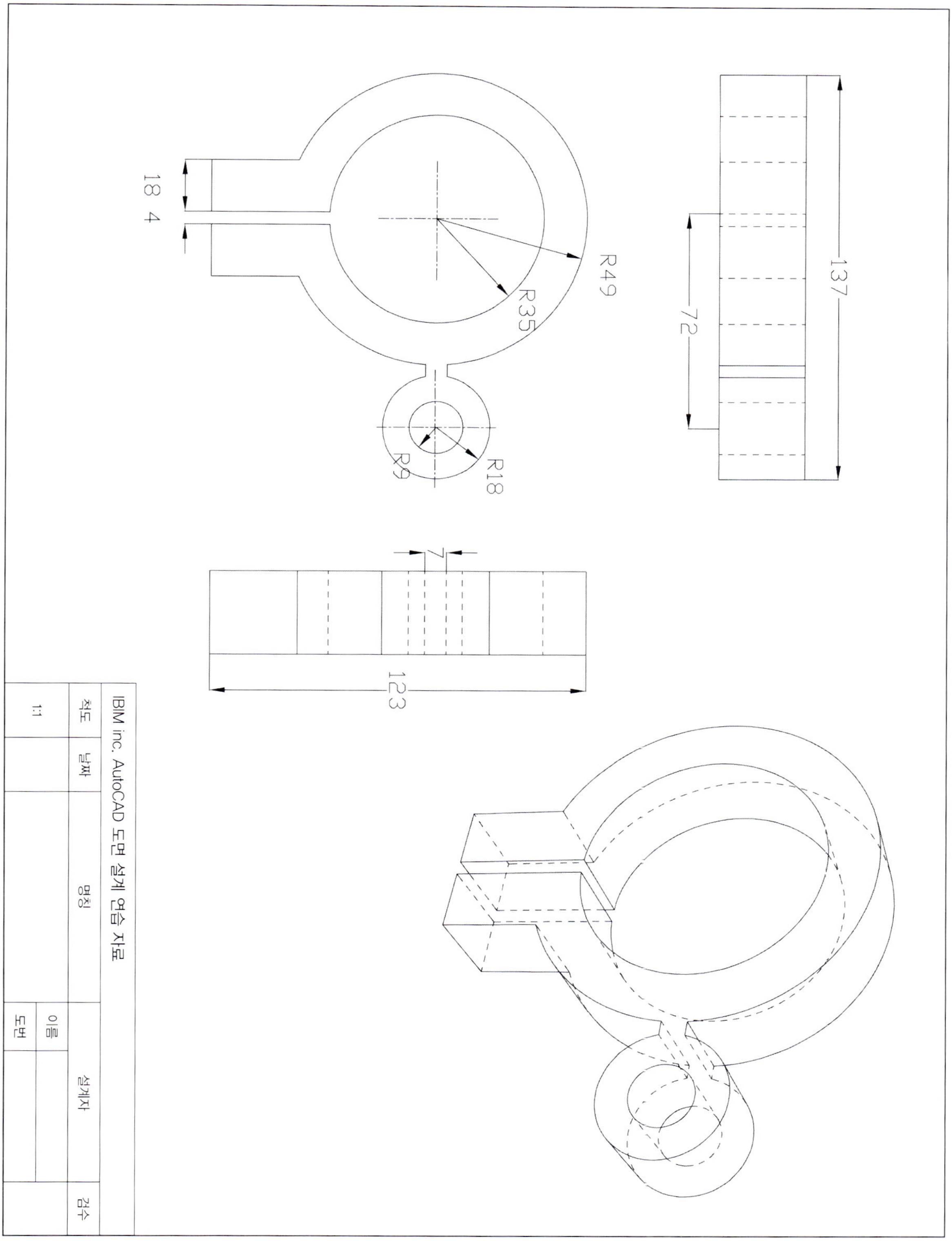

18
4
R49
R35
R9
R18
137
72
7
123
IBIM inc. AutoCAD 도면 설계 연습 자료
척도
날짜
명칭
도번
이름
설계자
1:1
수량

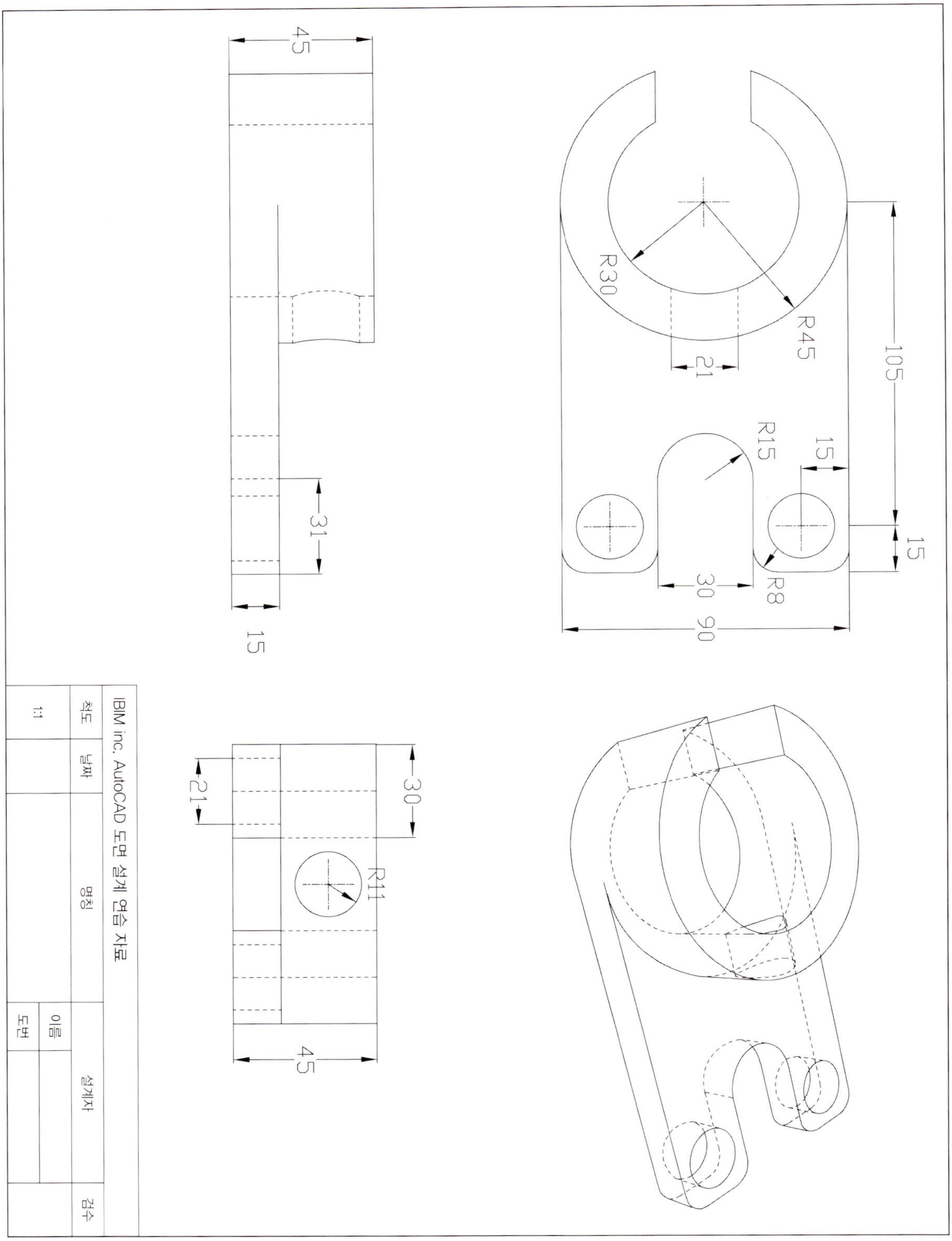

45
R30
R45
21
105
R15
15
15
30
90
R8
31
15
IBIM inc. AutoCAD 도면 설계 연습 자료
척도
날짜
명칭
이름
도번
검수
1:1
설계자
21
30
R11
45

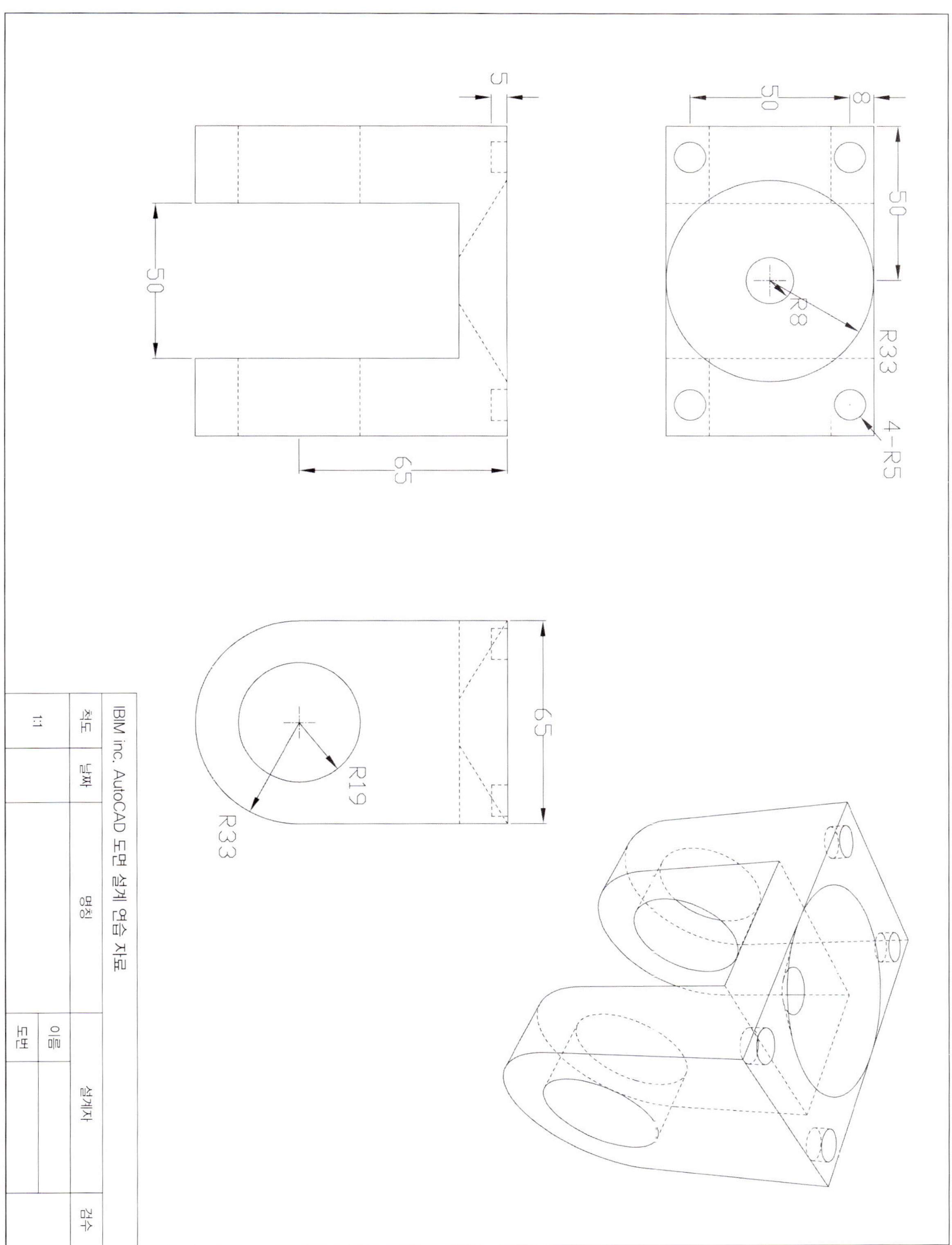
5
50
8
50
R8
R33
4-R5
50
65
65
R19
R33
IBM inc. AutoCAD 도면 설계 연습 자료
척도
1:1
날짜
명칭
도면
이름
설계자
접수

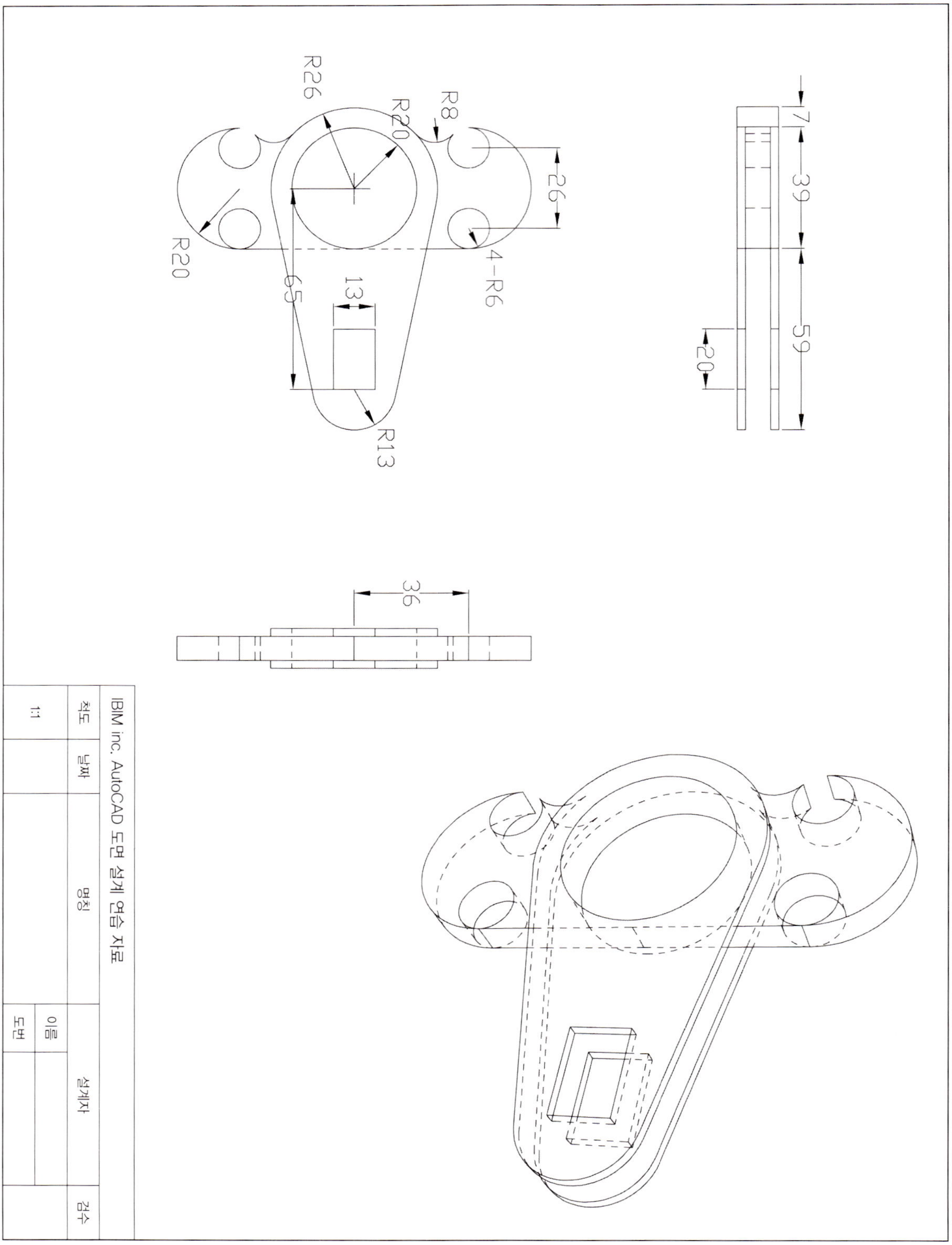
R26
R20
R8
26
R20
4-R6
65
13
R13
7
39
59
20
36
IBIM inc. AutoCAD 도면 설계 연습 자료
척도
1:1
날짜
명칭
설계자
검수
이름
도번

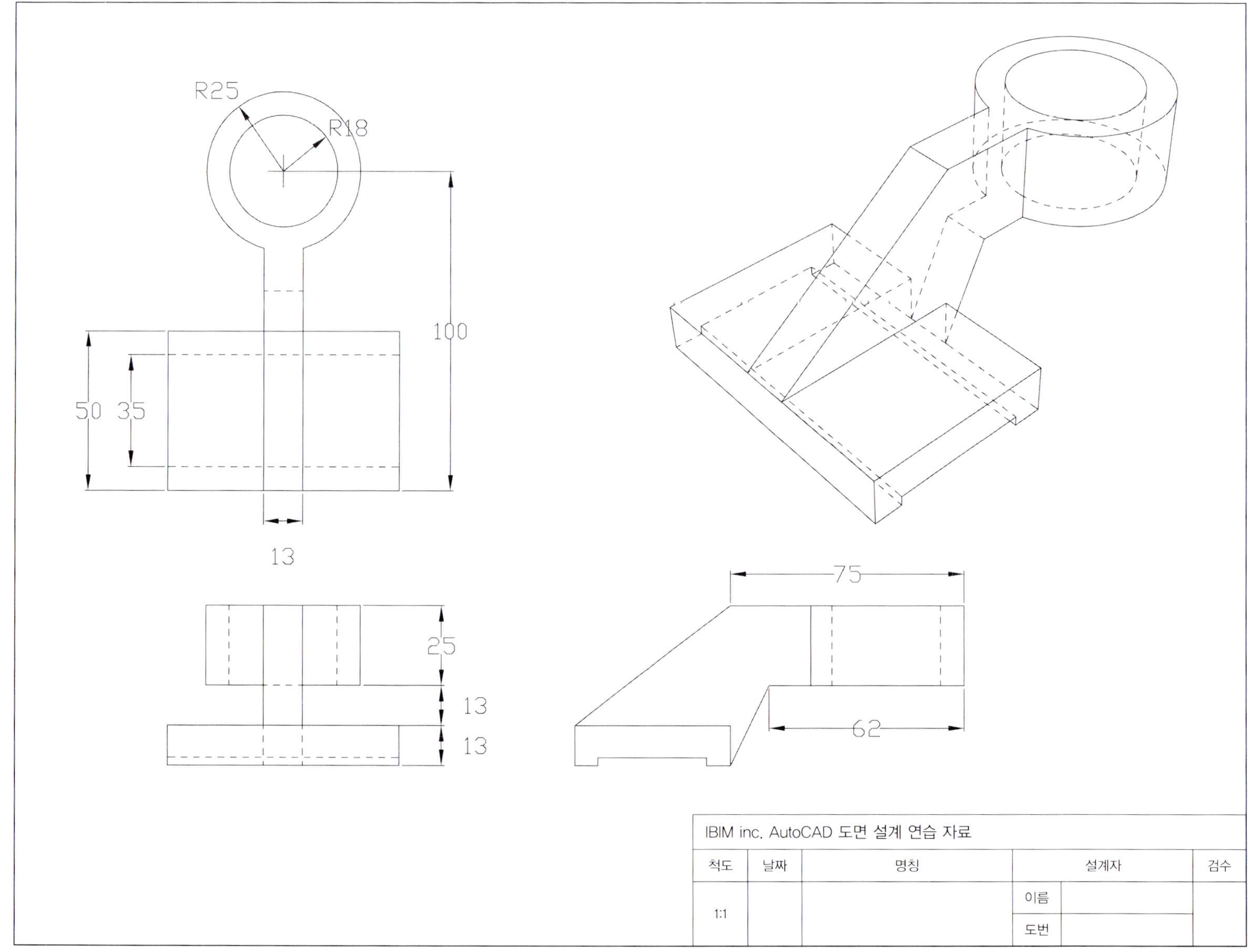
R25
R18
100
50 35
13
25
13
13
75
62
IBIM inc. AutoCAD 도면 설계 연습 자료
척도
날짜
명칭
설계자
검수
이름
도번
1:1

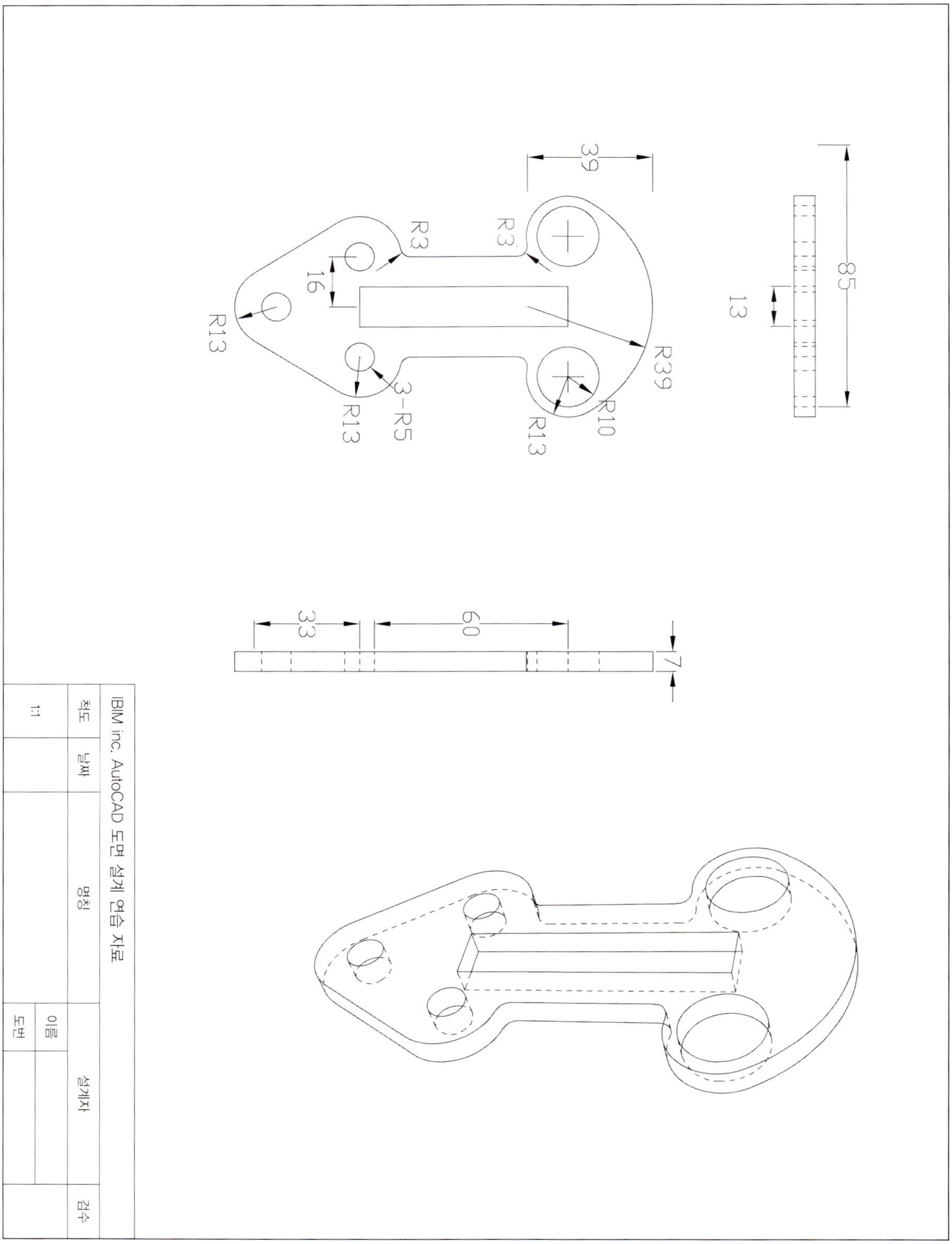

39
R3
R3
16
R13
R39
3-R5
R13
R13
R10
85
13
33
60
7
IBIM inc. AutoCAD 도면 설계 연습 자료
척도
날짜
명칭
도번
이름
설계자
검수
1:1

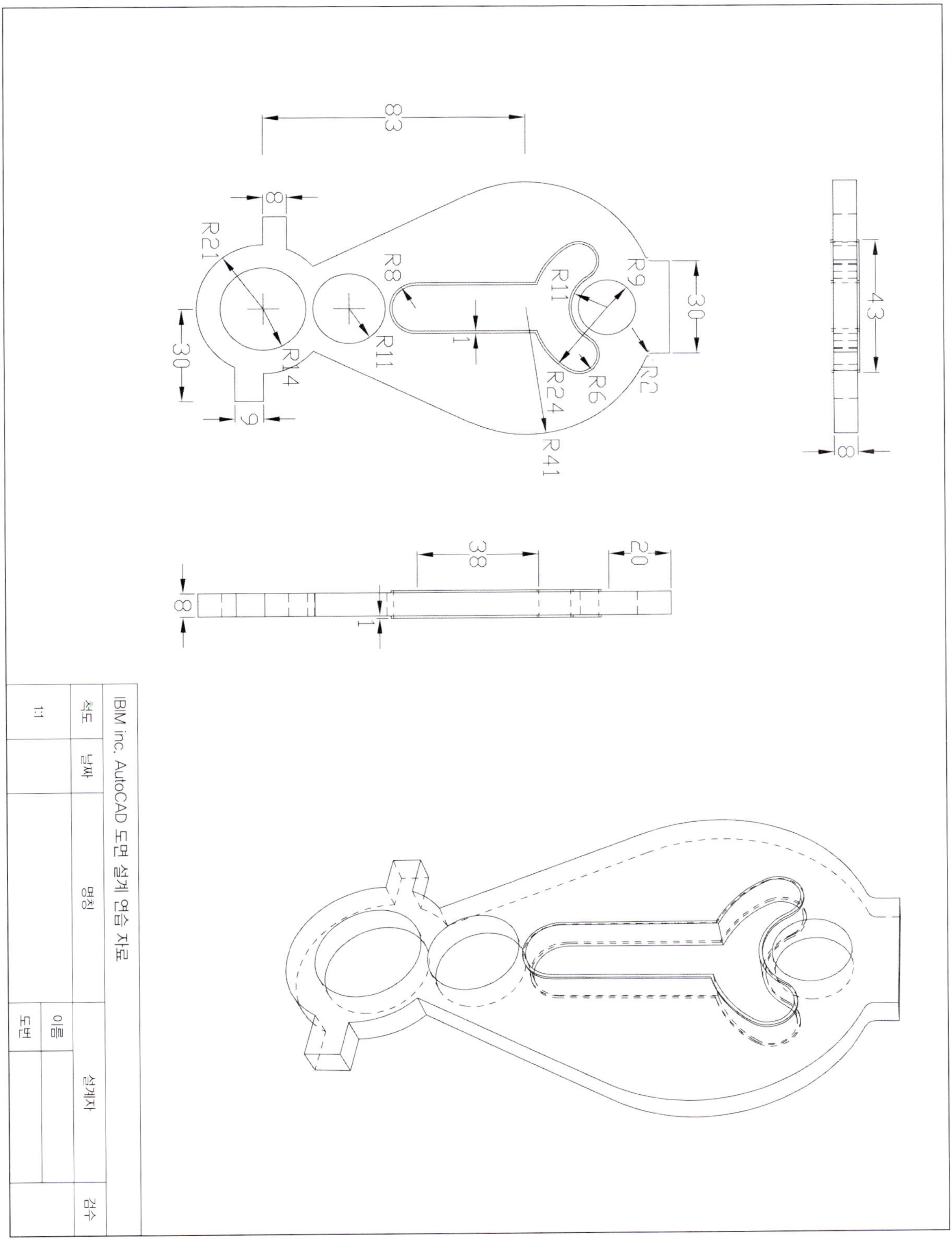

83
8
R21
R8
R11
R9
R11
R14
R11
R24
R6
R2
R41
30
30
9
1
43
8
38
20
8
1
IBM inc. AutoCAD 도면 설계 연습 자료
척도
1:1
날짜
명칭
이름
설계자
도번
검수

20
24
34
3
41
27
14
14
65
10
7
R6
R14
R14
R,7
34
99
37
27
10
IBIM inc. AutoCAD 도면 설계 연습 자료
척도
1:1
날짜
명칭
설계자
이름
도번
검수

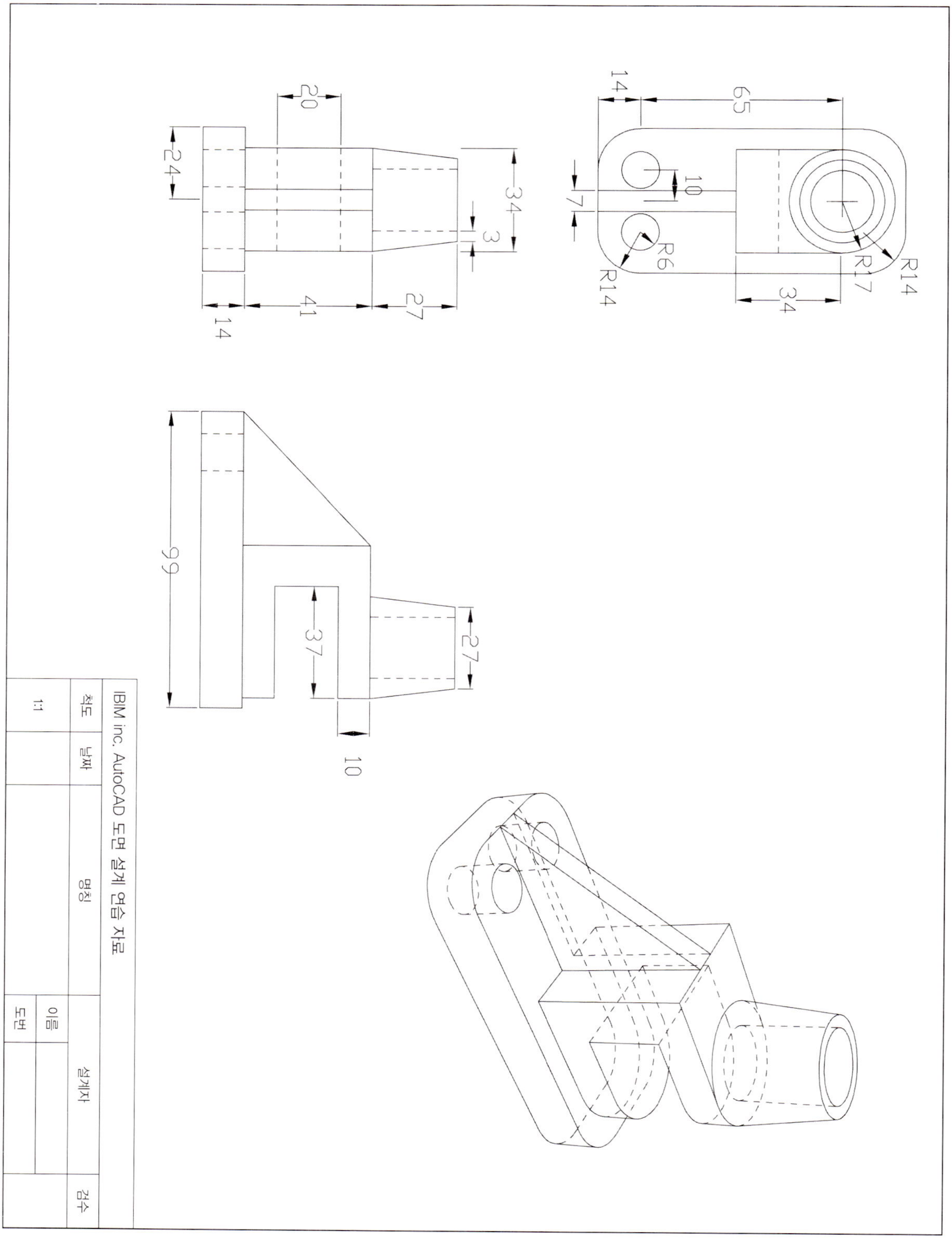

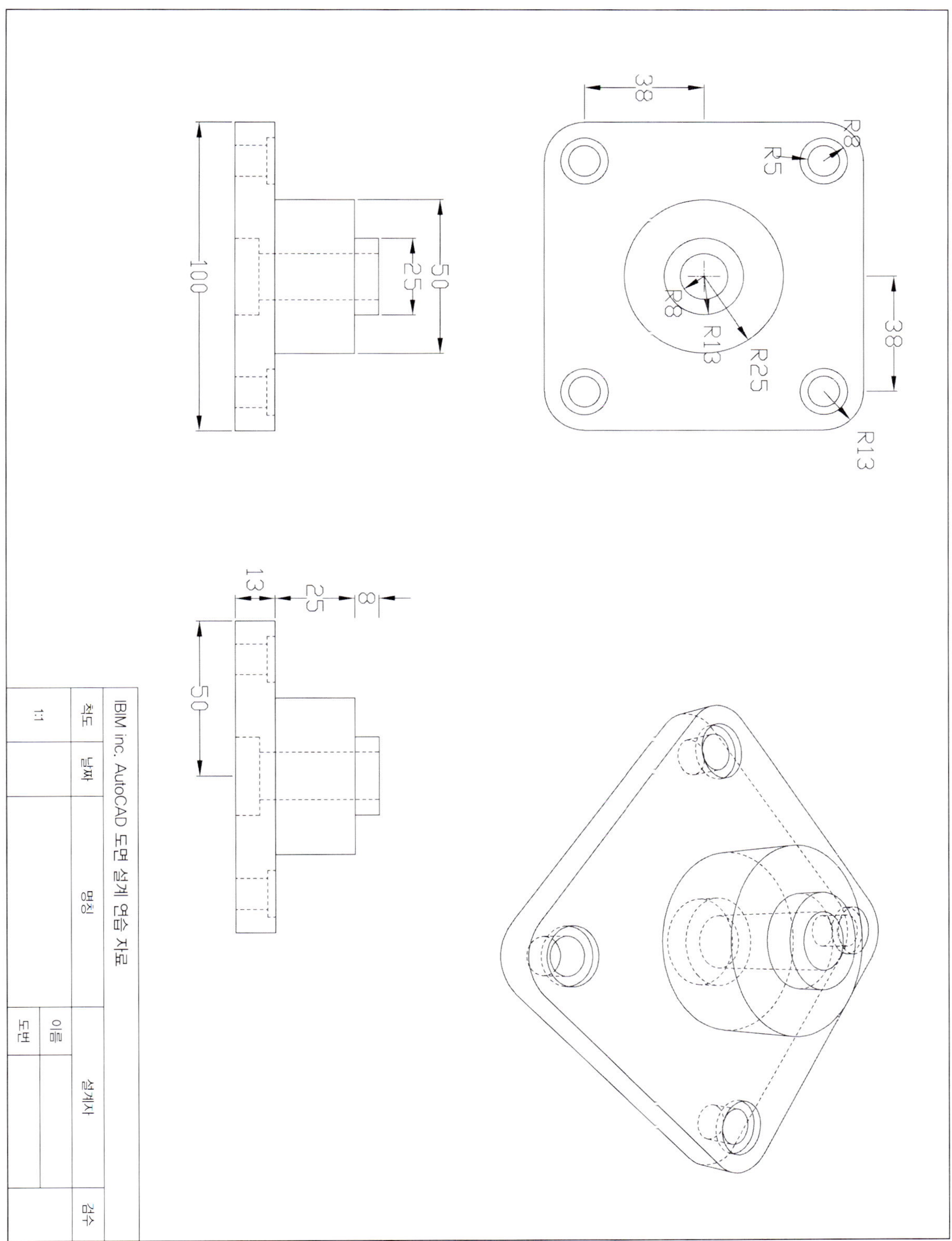
38
R8
R5
R8
R13
R25
R13
38
100
50
25
13
25
8
50
IBIM inc. AutoCAD 도면 설계 연습 자료
척도
날짜
명칭
평면
1:1
도명
이름
설계자
검수

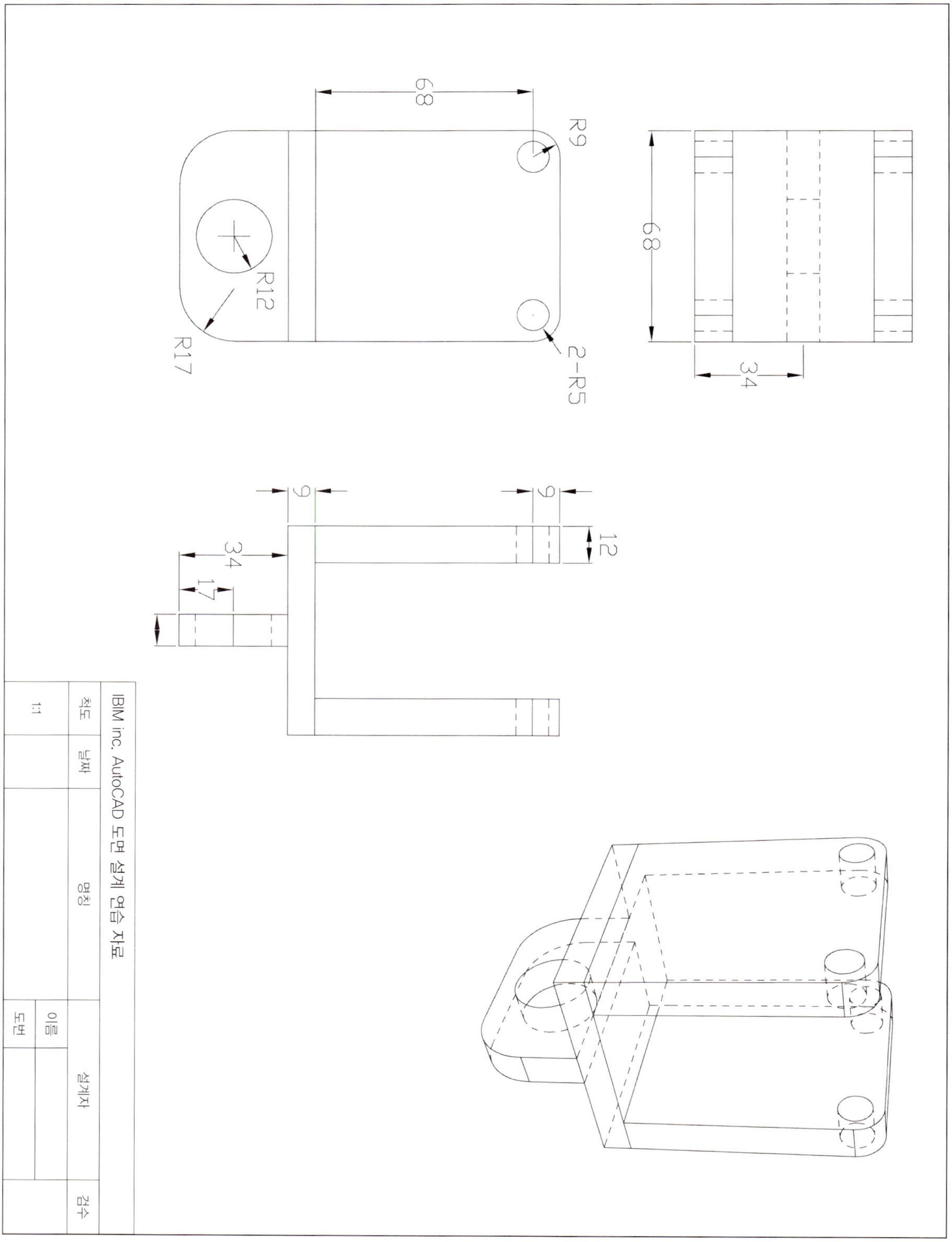

68
R9
R12
R17
2-R5
68
34
9
9
12
34
17
IBM inc. AutoCAD 도면 설계 연습 자료
척도
1:1
날짜
명칭
설계자
도번
이름
검수

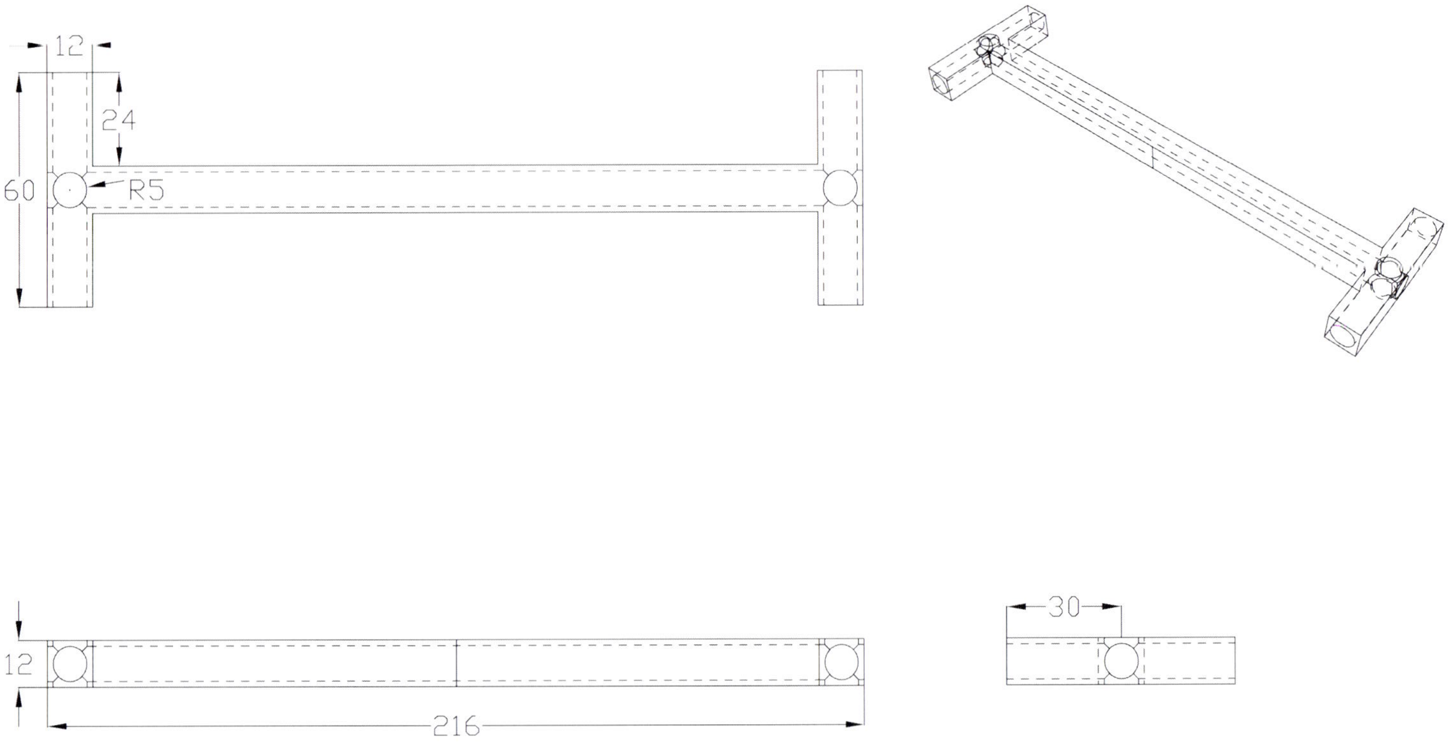

IBIM inc. AutoCAD 도면 설계 연습 자료

척도	날짜	명칭	이름	도번	설계자	검수
1:1						

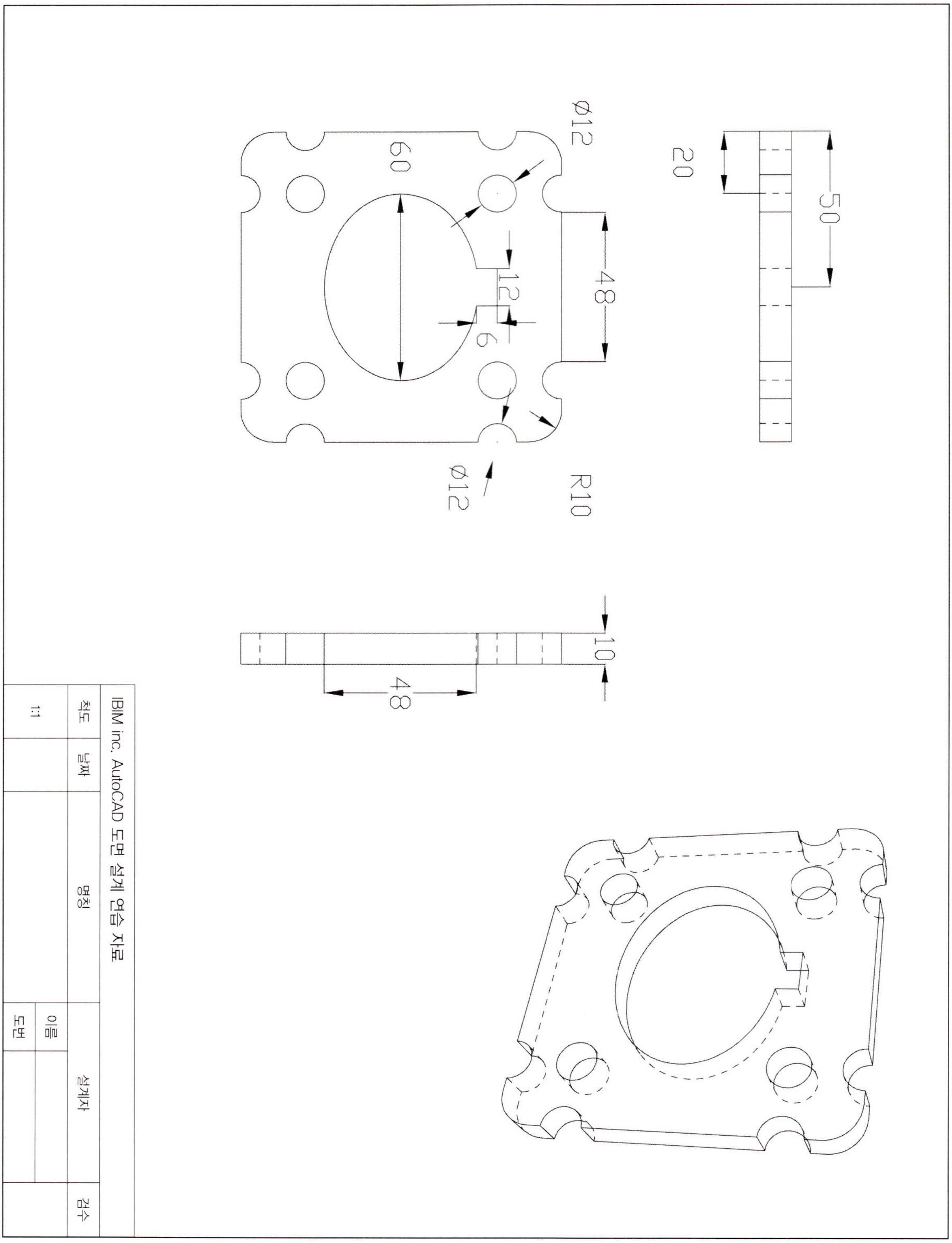

∅12
60
20
50
48
12
6
∅12
R10
10
48
IBIM inc. AutoCAD 도면 설계 연습 자료
척도
날짜
명칭
이름
도번
설계자
검수
1:1

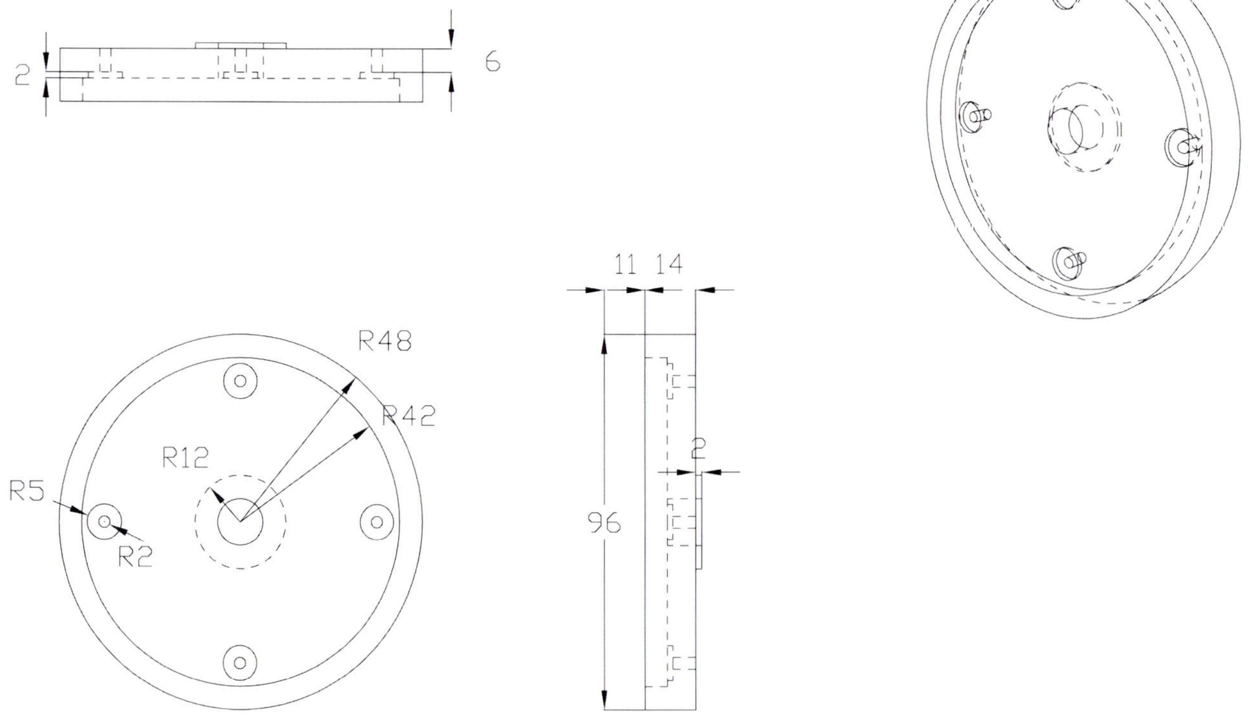

R5
R2
R12
R48
R42
2
6
96
11 14
2
IBIM inc. AutoCAD 도면 설계 연습 자료
척도
일째
명칭
이름
도면
설계자
1:1
검수

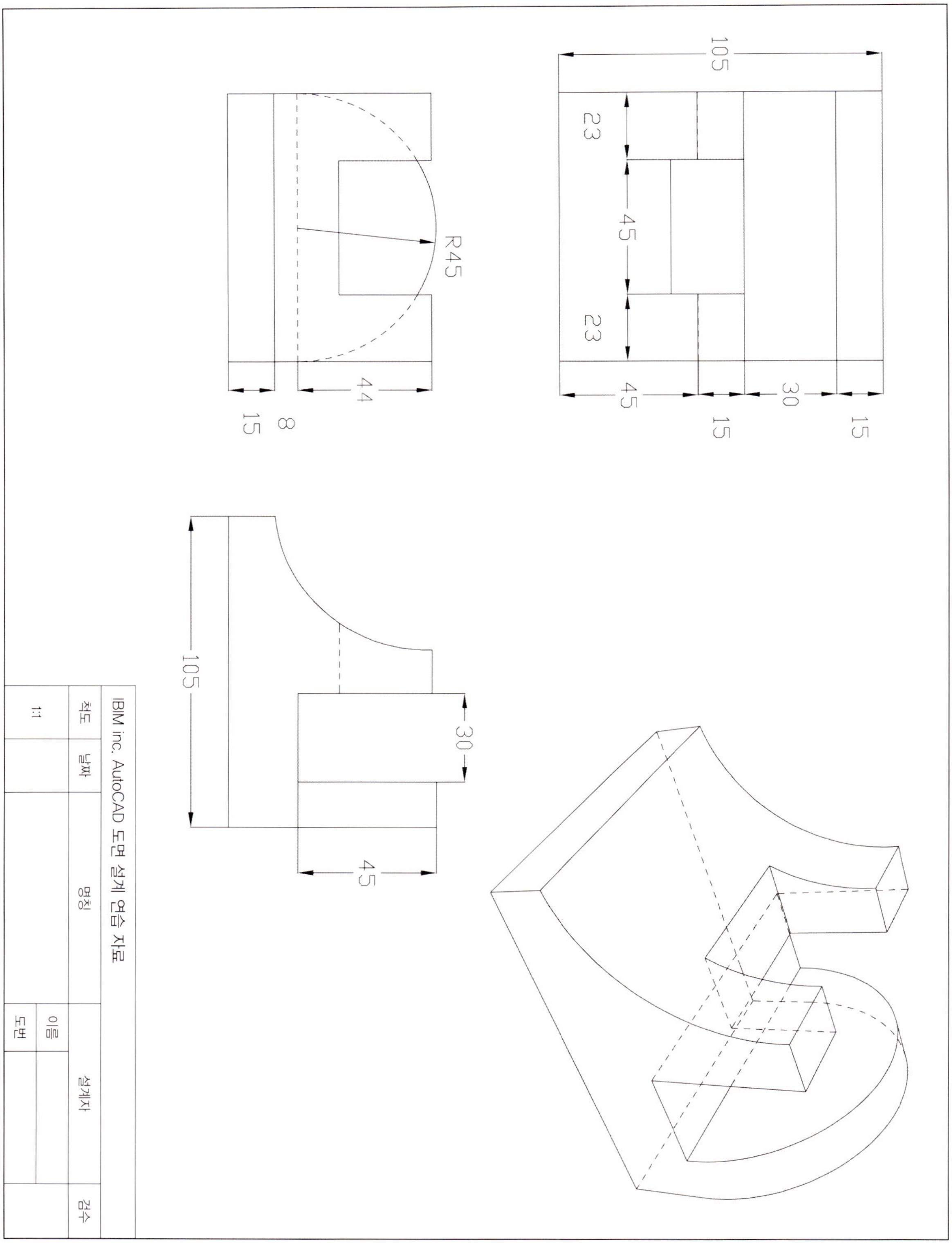

105
23
45
23
45
15
30
15
R45
44
15
8
105
30
45
IBM inc. AutoCAD 도면 설계 연습 자료
척도
날짜
명칭
도번
이름
설계자
검수
1:1

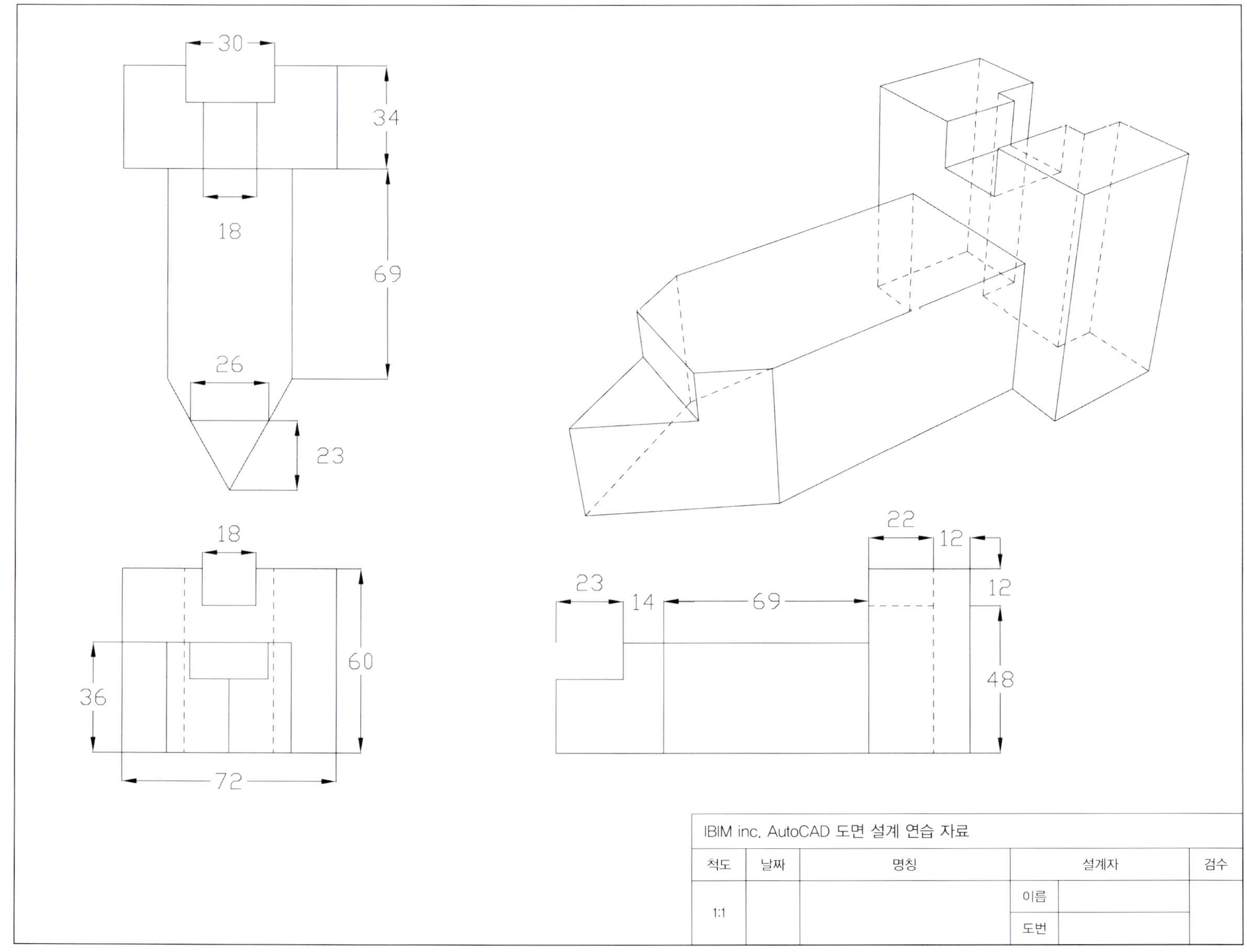
30
34
18
69
26
23
18
60
36
72
22
12
23
14
69
12
48
IBIM inc. AutoCAD 도면 설계 연습 자료
척도
날짜
명칭
설계자
검수
1:1
이름
도번

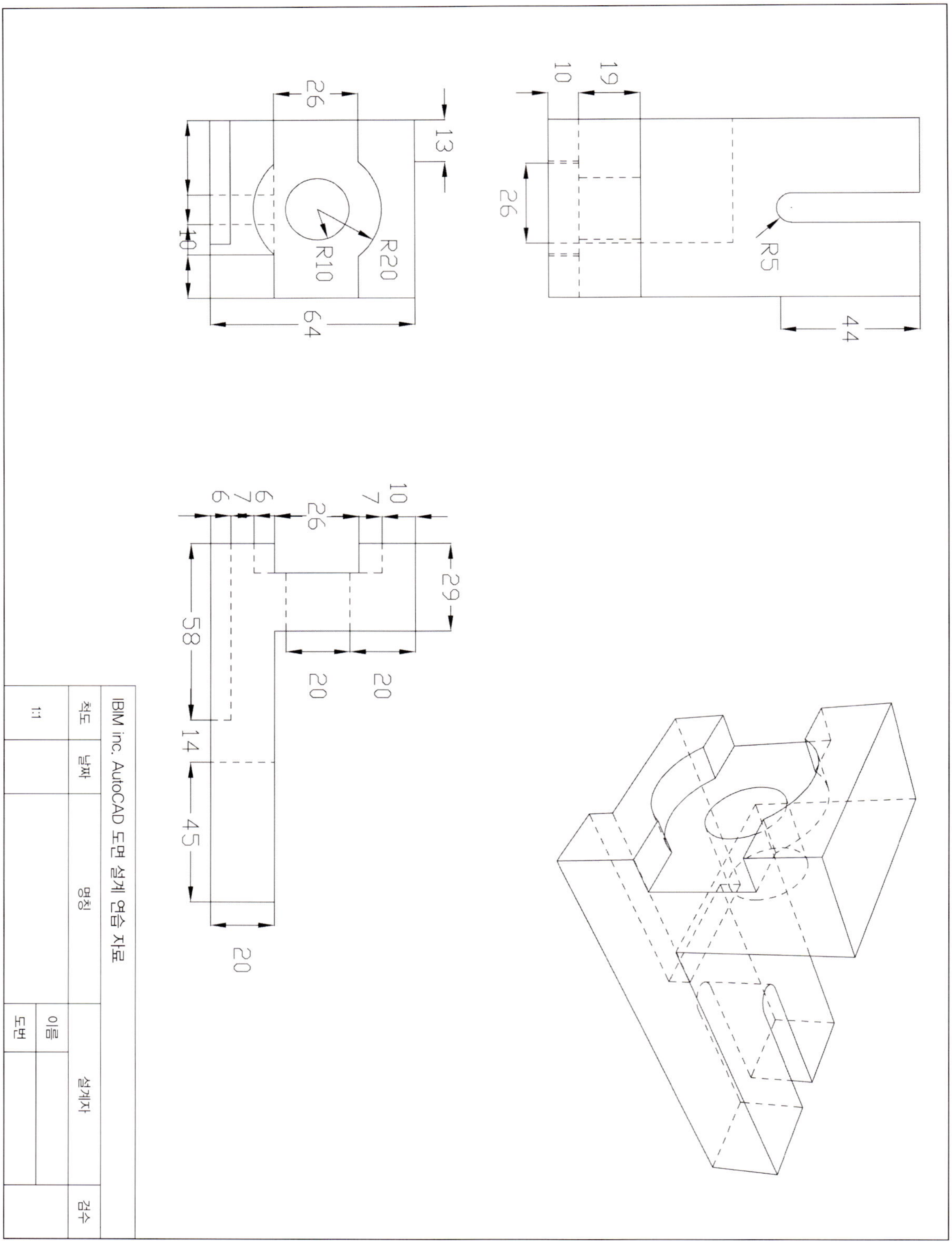

IBIM inc. AutoCAD 도면 설계 연습 자료

척도	날짜	명칭		설계자	
1:1			이름		검수
			도번		

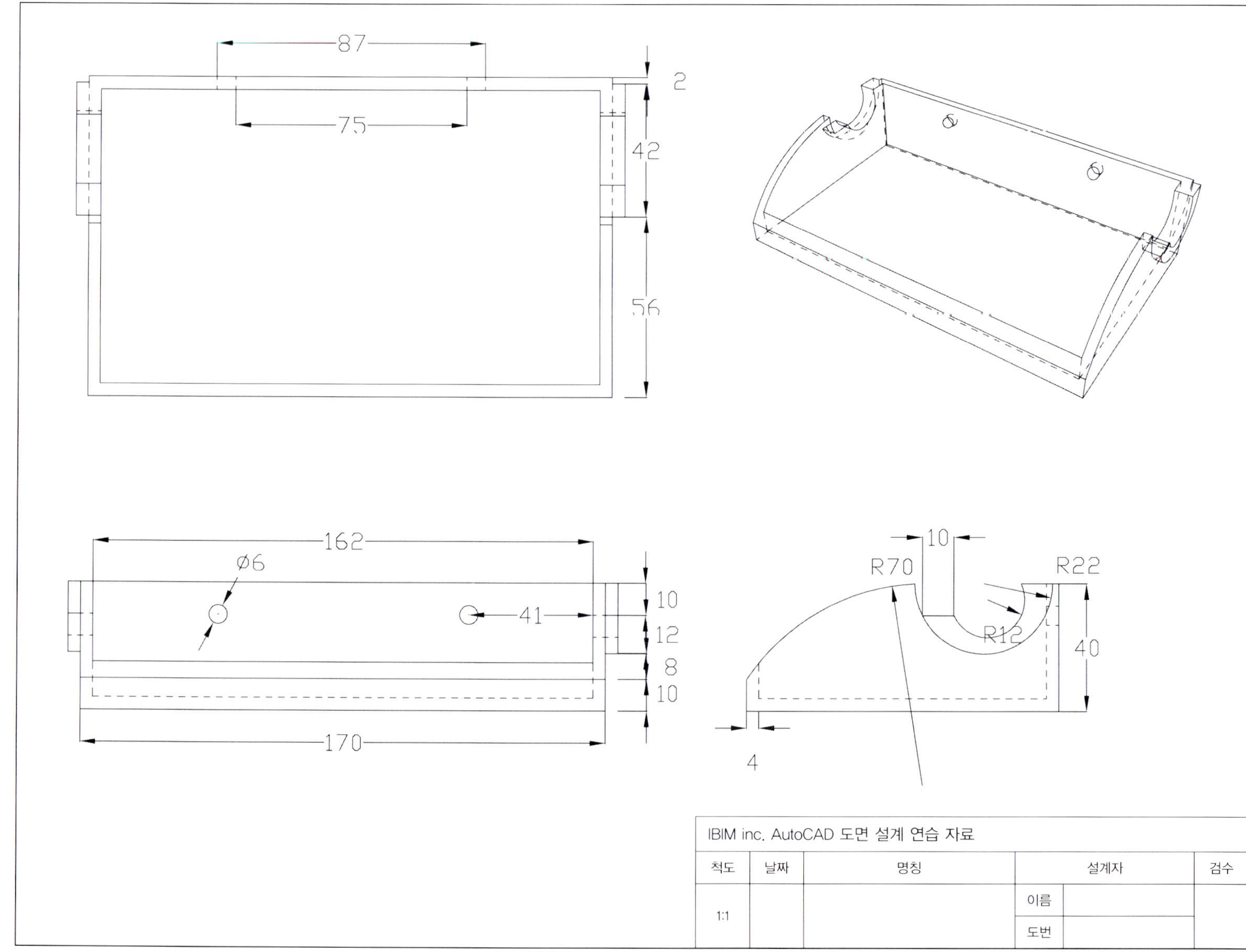
87
75
2
42
56
162
∅6
41
10
12
8
10
170
10
R70
R22
R12
40
4
IBIM inc. AutoCAD 도면 설계 연습 자료
척도
날짜
명칭
설계자
검수
이름
도번
1:1

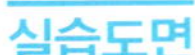

도면 파일 [Sample]의 'Drawing_Start43.dwg'

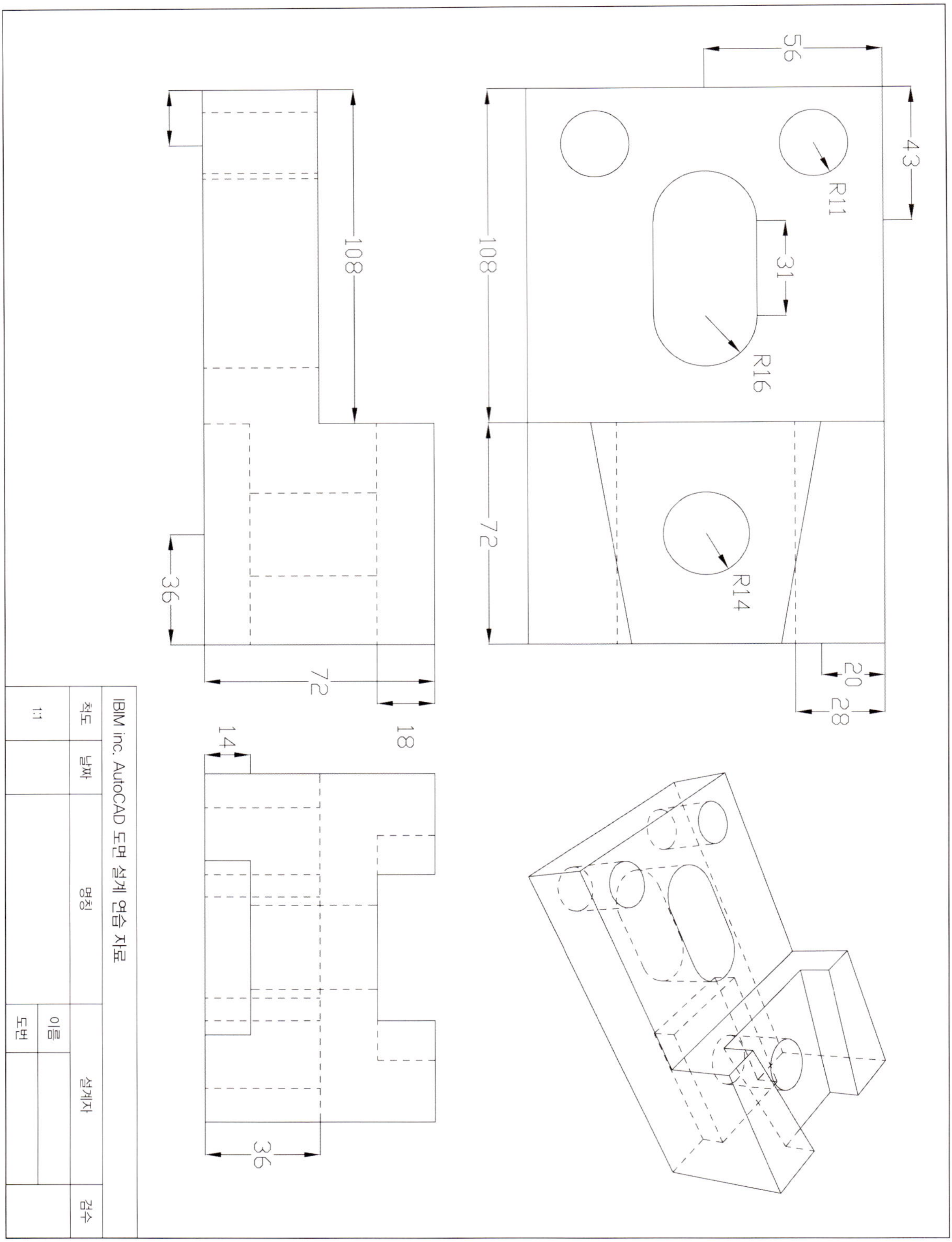
IBIM inc. AutoCAD 도면 설계 연습 자료
척도
1:1
날짜
명칭
이름
도번
설계자
검수
56
43
R11
31
108
108
R16
72
R14
20
28
36
72
18
14
36

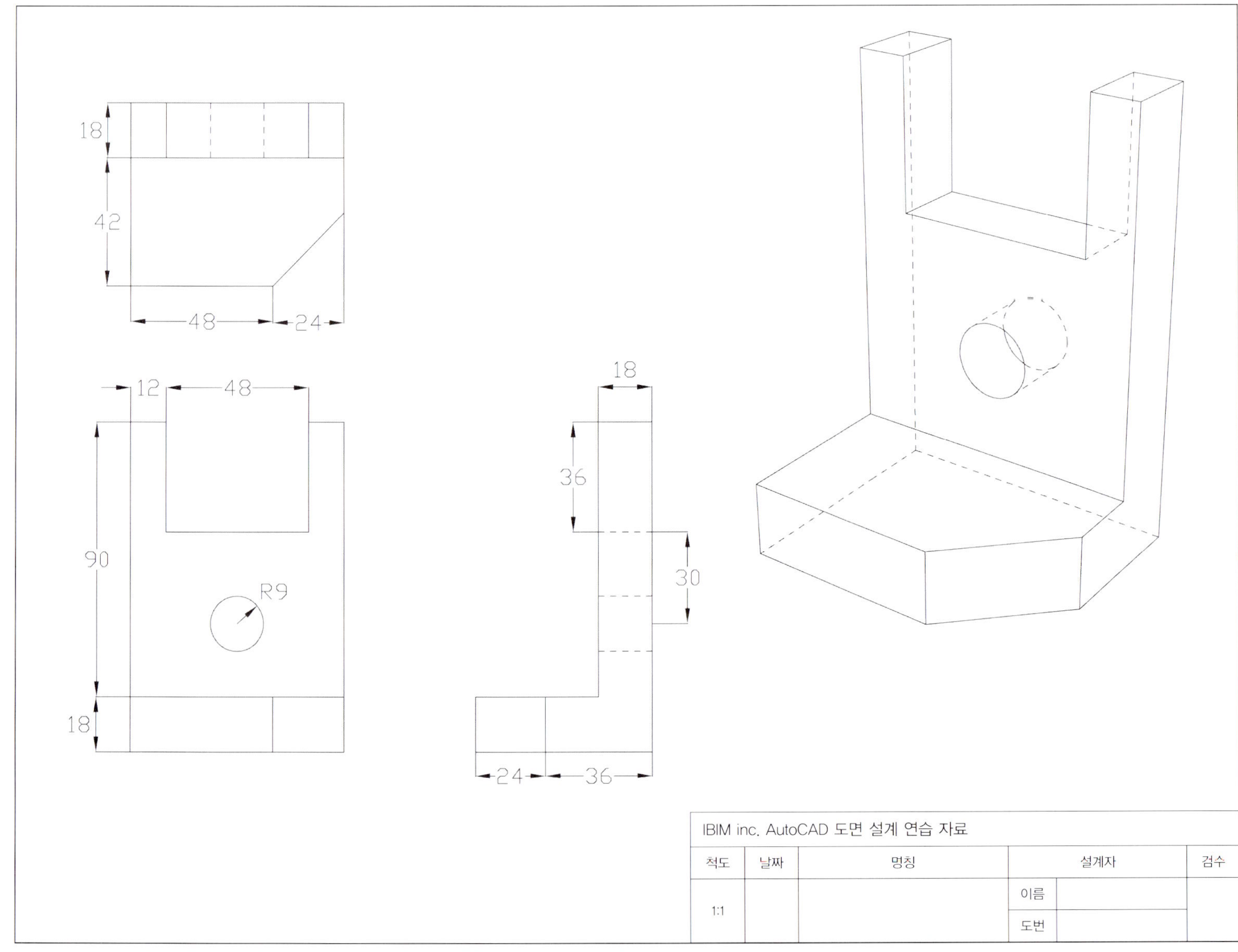
18
42
48
24
12
48
90
R9
18
18
36
30
24
36
IBIM inc. AutoCAD 도면 설계 연습 자료
척도
날짜
명칭
설계자
검수
이름
도번
1:1

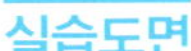

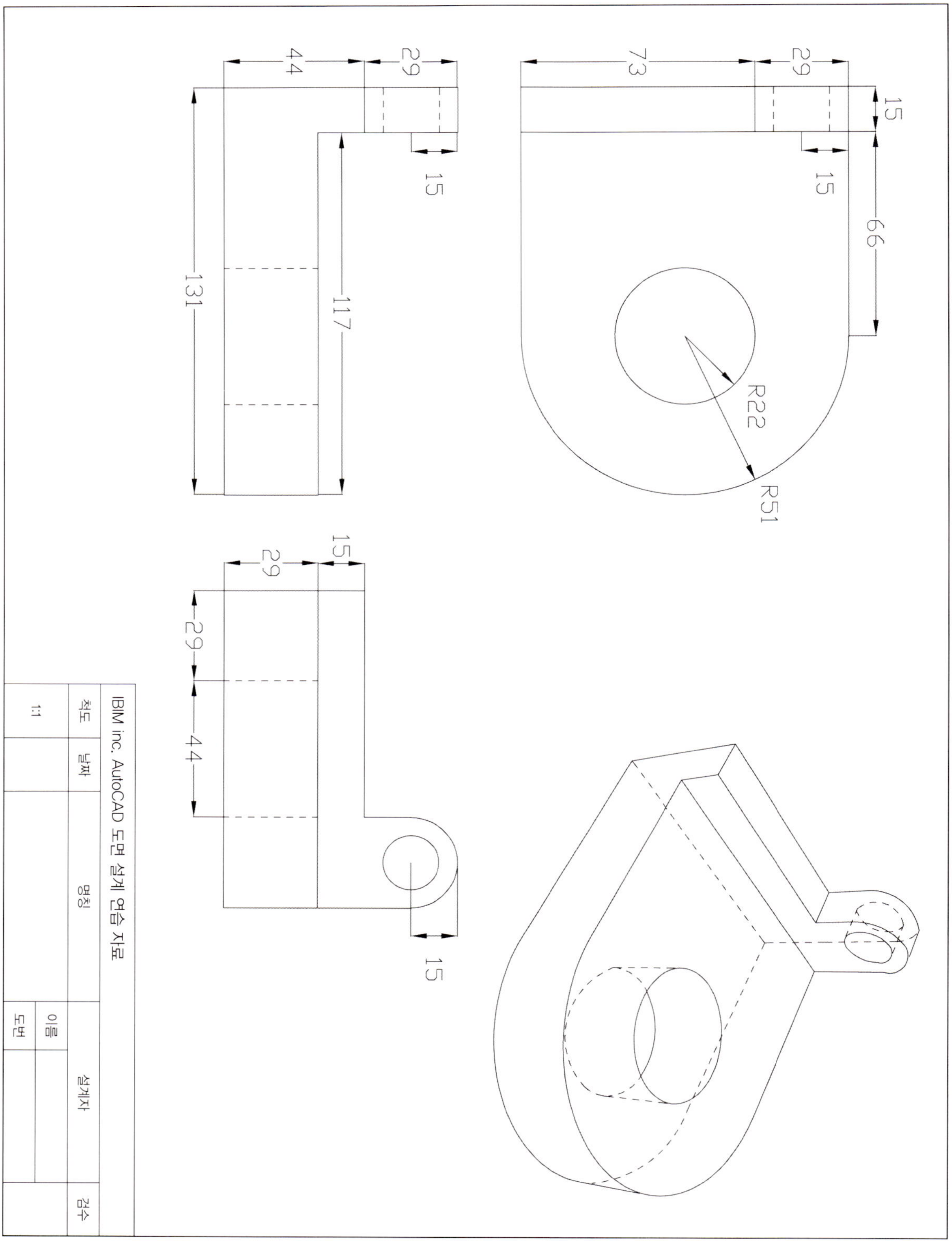
44
29
73
29
15
15
15
66
131
117
R22
R51
29
15
29
44
15
IBIM inc. AutoCAD 도면 설계 연습 자료
척도
1:1
날짜
명칭
이름
도번
설계자
검수

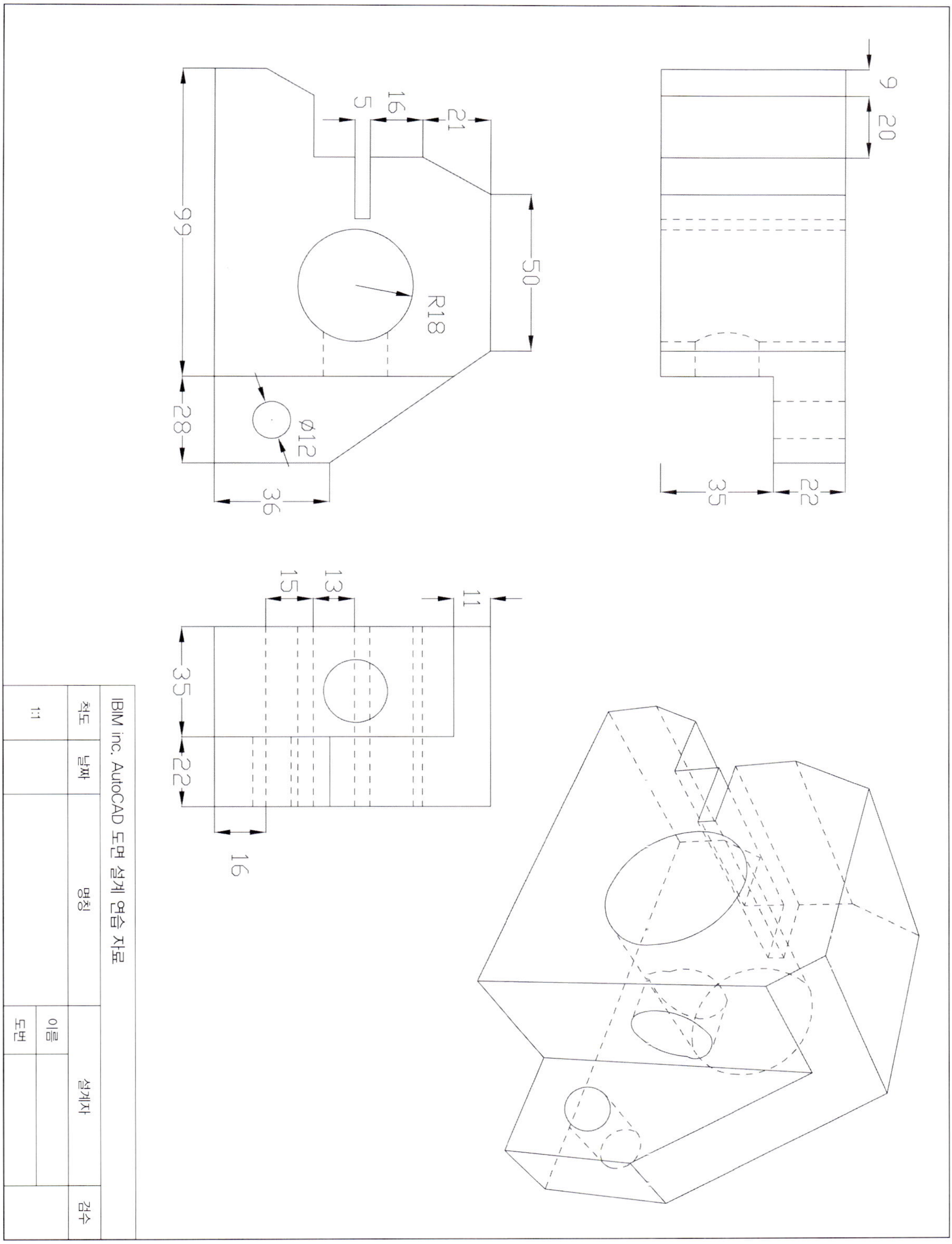

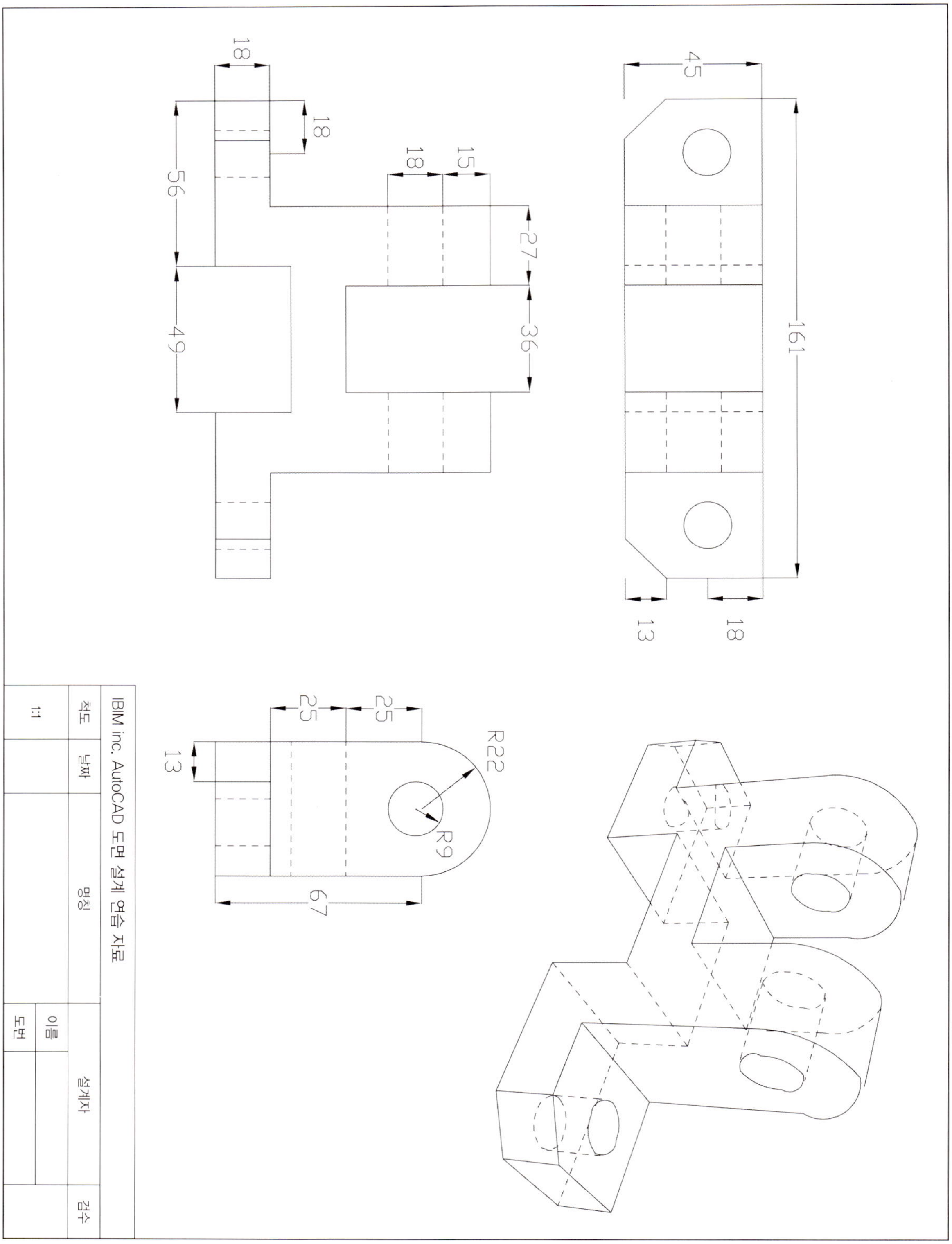

18
18
56
49
18
15
18
27
36
45
161
13
18
25
25
13
R22
R9
67
IBIM inc. AutoCAD 도면 설계 연습 자료
척도
1:1
날짜
명칭
설계자
도번
이름
검수

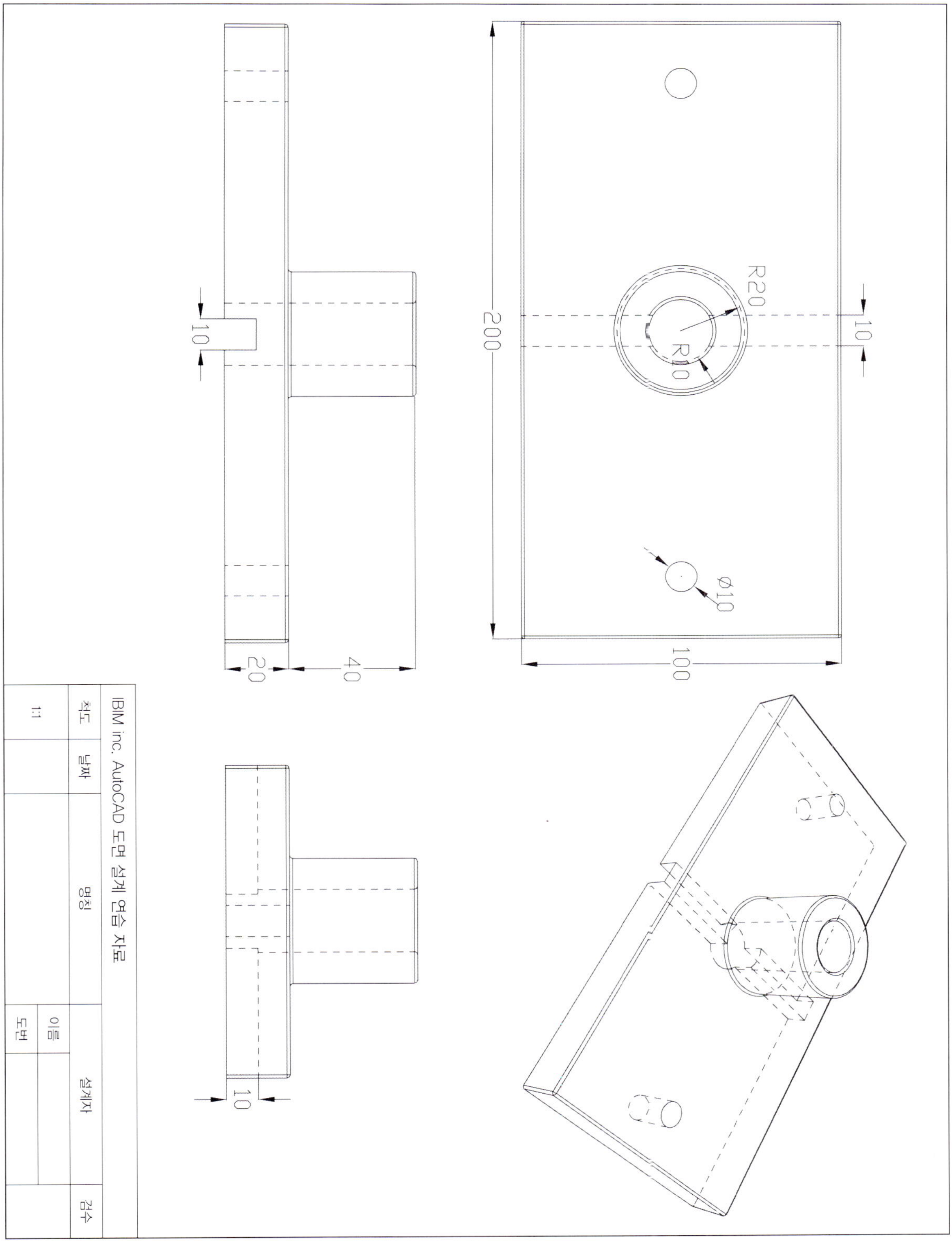

200
100
10
20
40
10
R20
R10
Ø10
IBM inc. AutoCAD 도면 설계 연습 자료
척도
1:1
날짜
명칭
이름
도번
설계자
검수

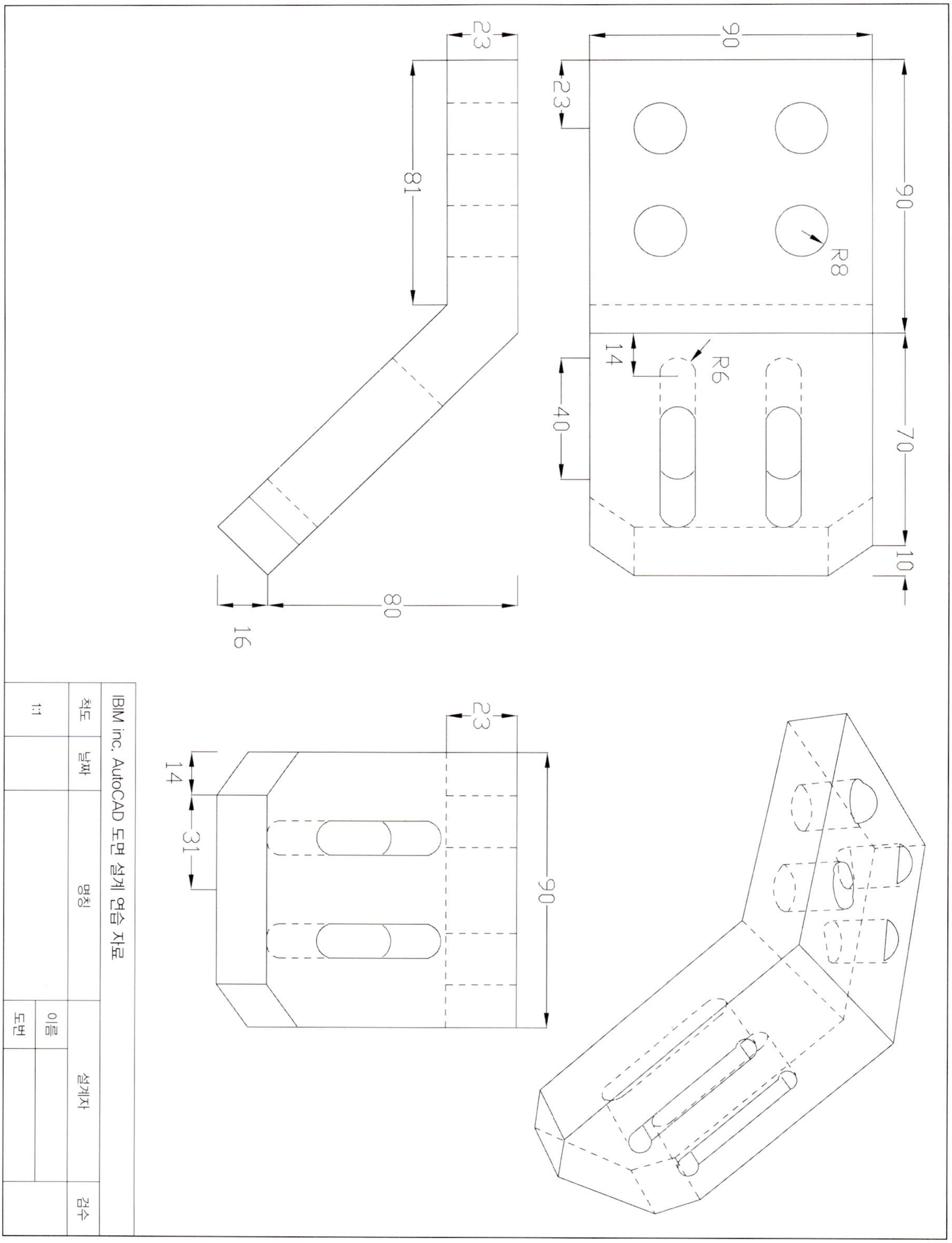

IBM inc. AutoCAD 도면 설계 연습 자료
척도
날짜
명칭
이름
도면
검수
설계자
1:1
R8
R6
90
90
70
10
23
23
81
40
14
16
80
23
14
31
90

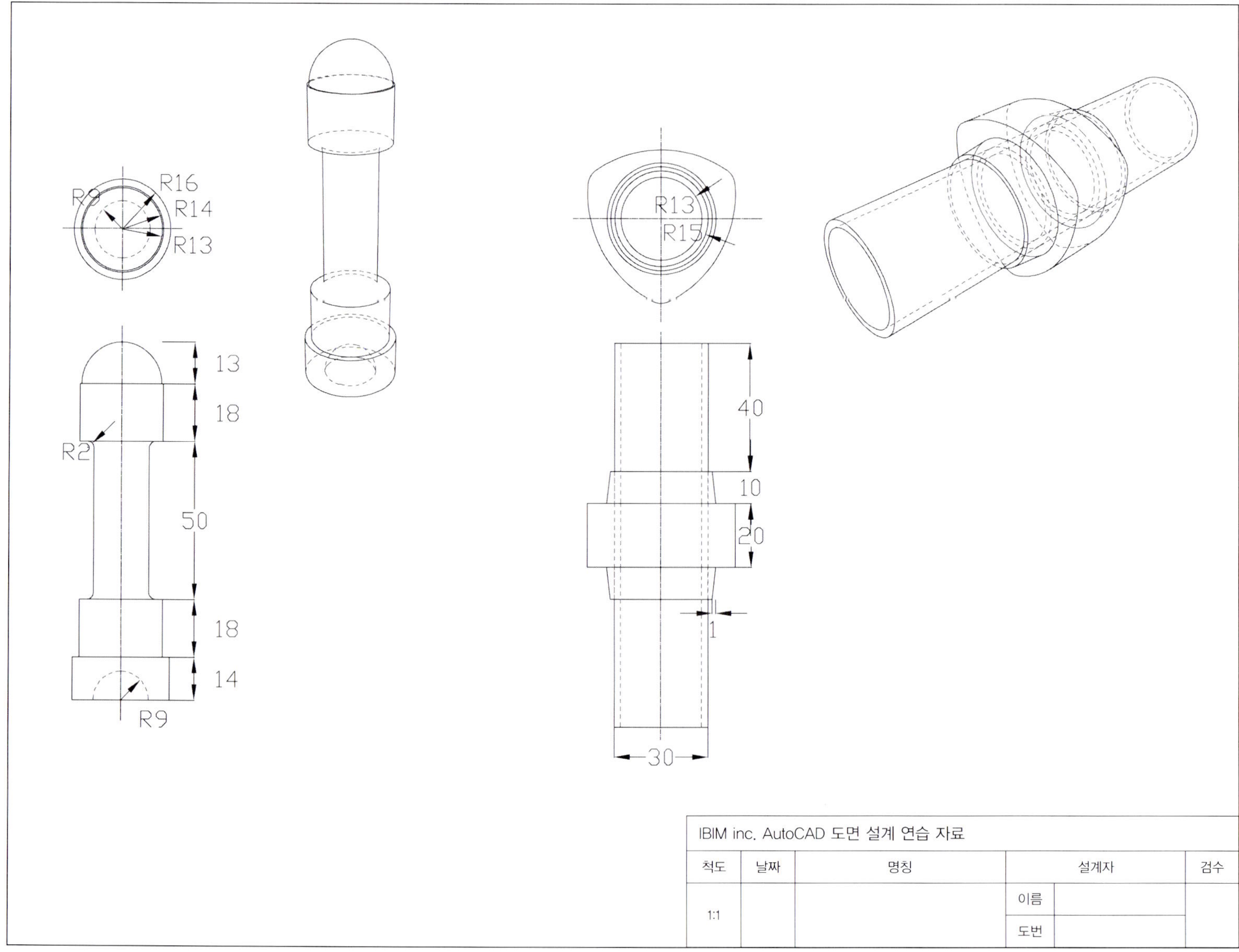
R9
R16
R14
R13
R13
R15
R2
13
18
50
18
14
R9
40
10
20
1
30
IBIM inc, AutoCAD 도면 설계 연습 자료
척도
날짜
명칭
설계자
검수
1:1
이름
도번

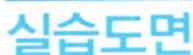

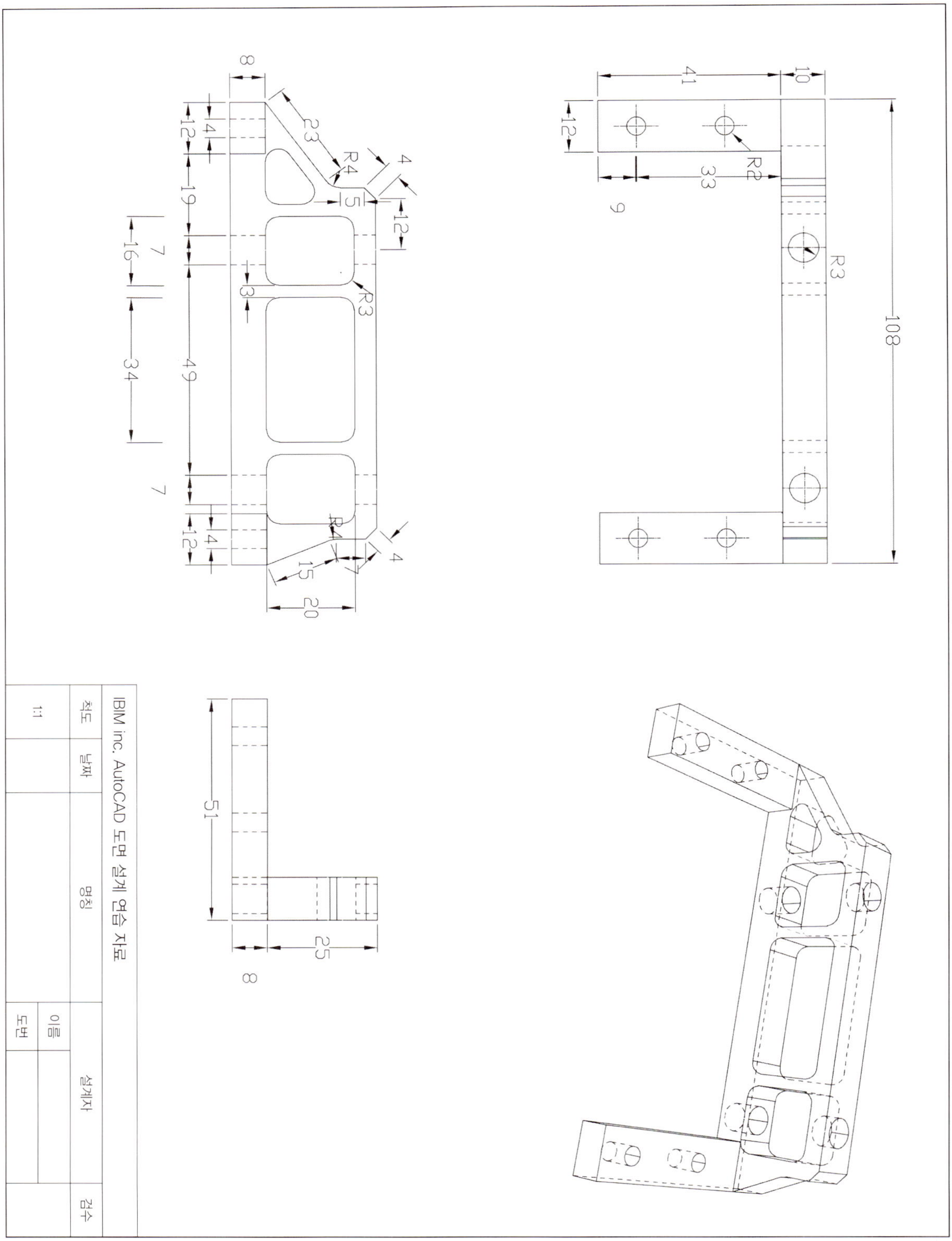
IBIM inc. AutoCAD 도면 설계 연습 자료
척도
1:1
날짜
명칭
설계자
검수
이름
도번
108
41
10
12
33
9
R2
R3
8
23
R4
4
5
12
19
7
16
3
34
49
15
20
51
25

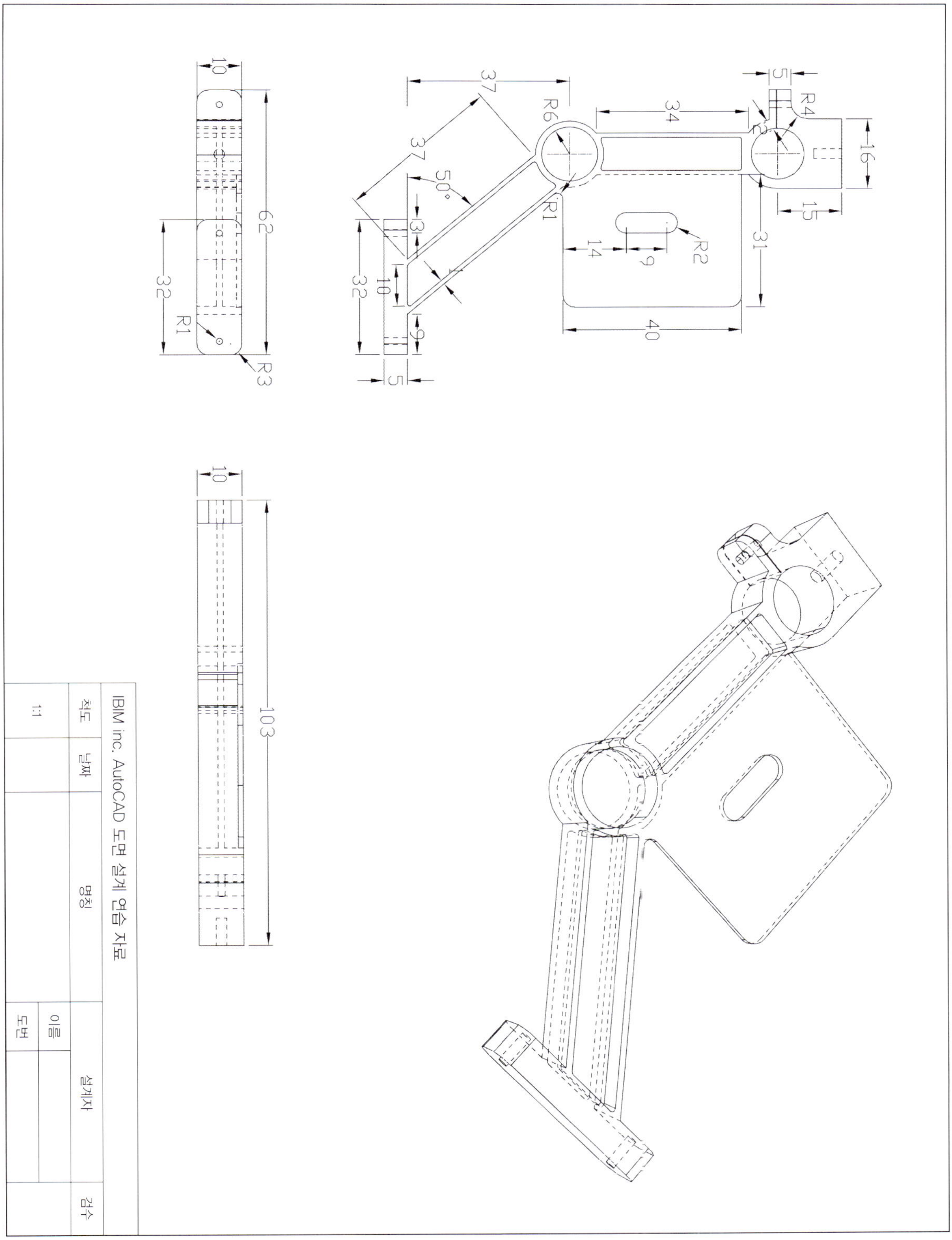

IBIM inc. AutoCAD 도면 설계 연습 자료
척도
날짜
명칭
이름
도번
1:1
설계자
검수

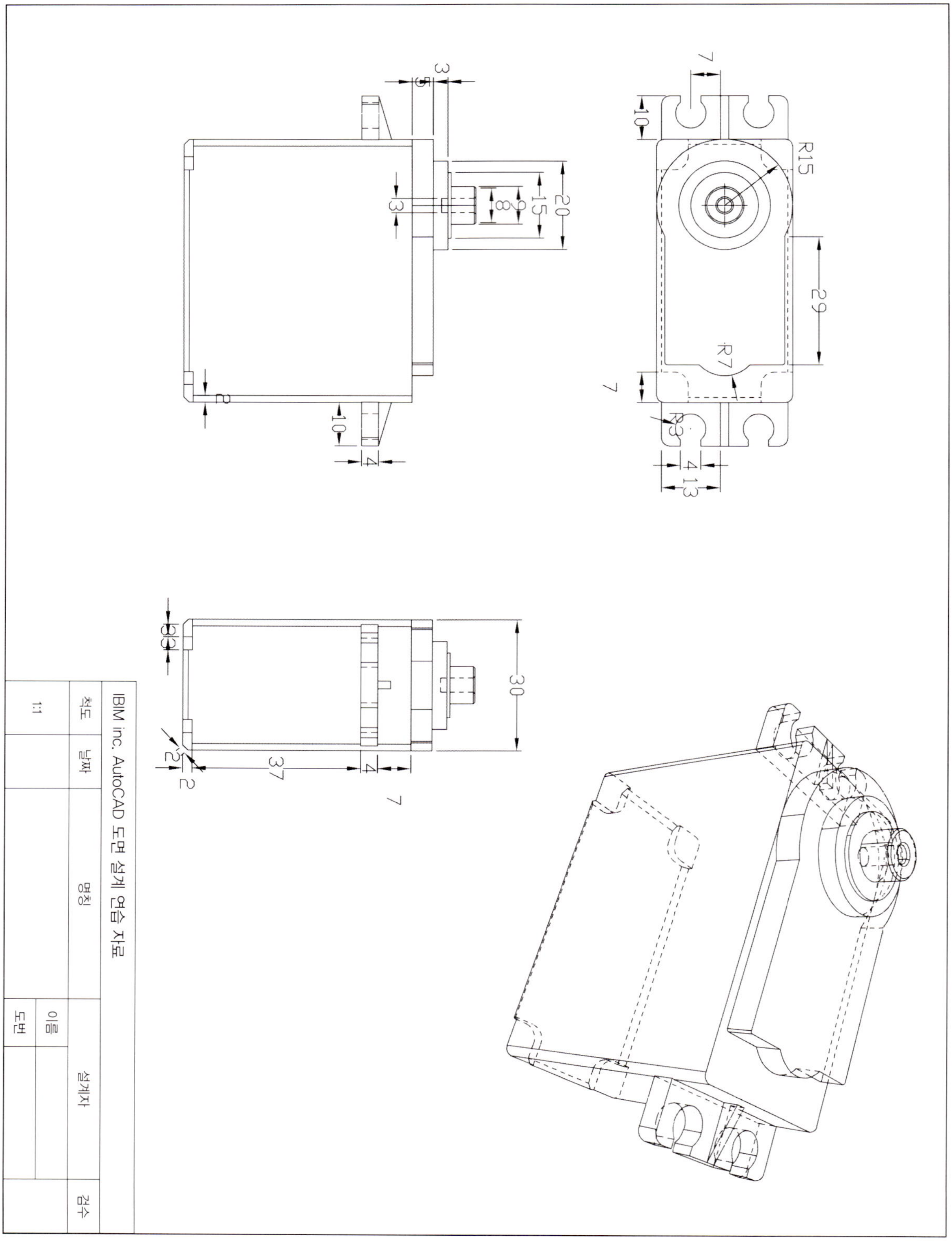

IBIM inc. AutoCAD 도면 설계 연습 자료
척도
날짜
명칭
도면
이름
설계자
1:1
접수

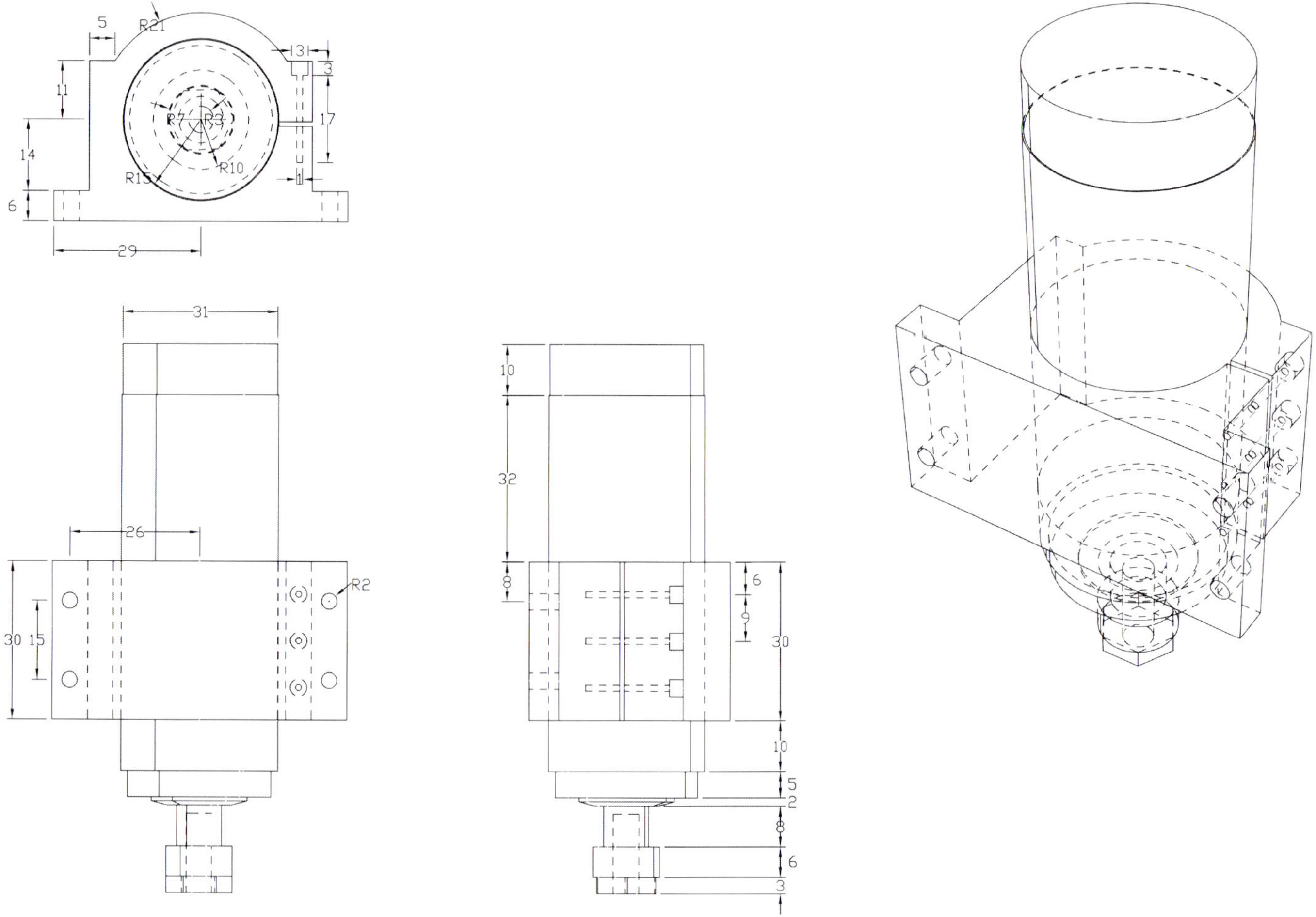

IBIM inc. AutoCAD 도면 설계 연습 자료
척도
1:1
날짜
명칭
도번
이름
설계자
검수

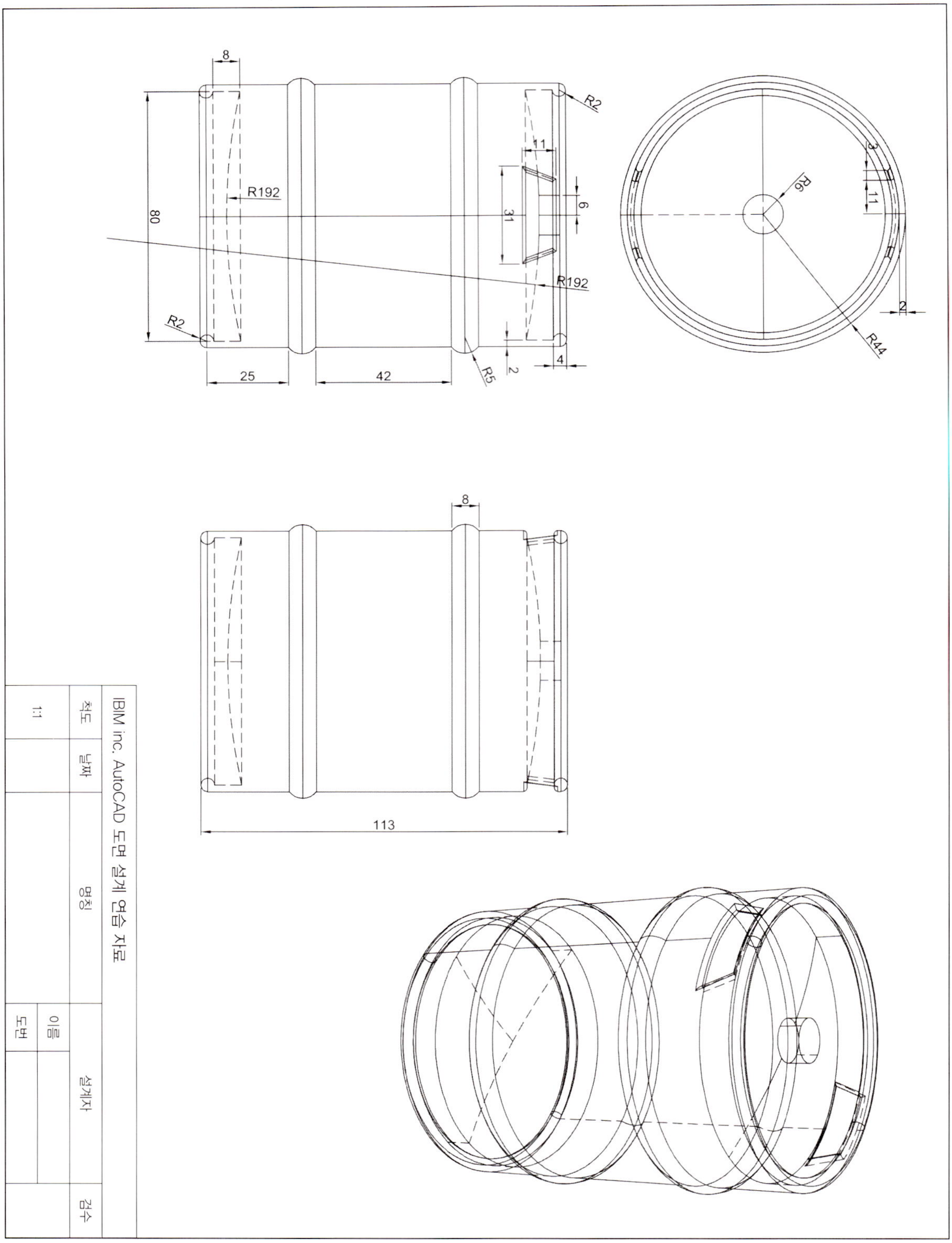

8
R2
11
6
31
R192
80
R192
3
R6
11
R2
25
42
R5
2
4
R44
2
8
113
IBM inc. AutoCAD 도면 설계 연습 자료
척도
날짜
명칭
도번
이름
설계자
검수
1:1

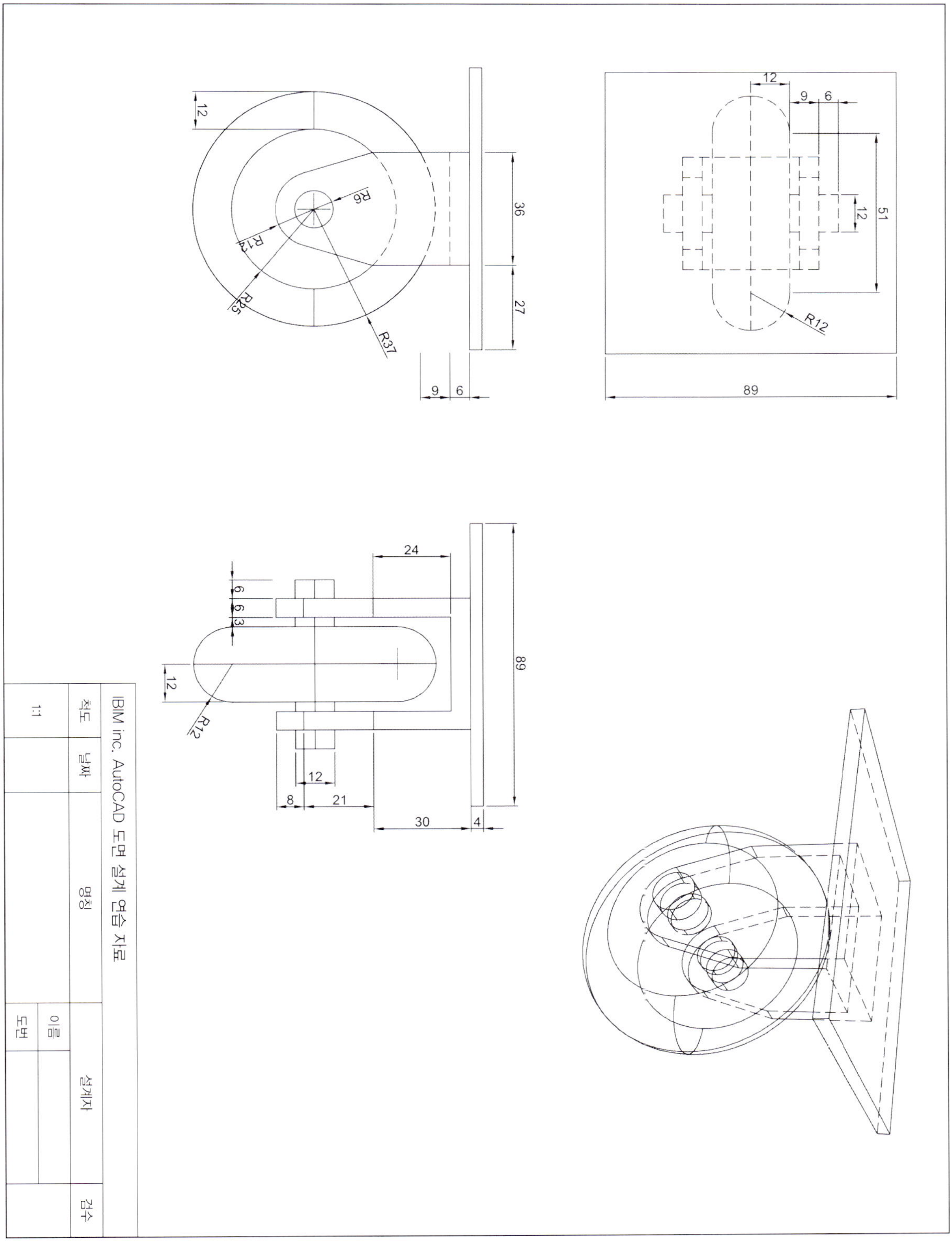

12
R6
R12
R25
R37
36
27
9
6
12
9
6
12
51
R12
89
24
6
6
3
12
R12
89
12
8
21
30
4
IBIM inc. AutoCAD 도면 설계 연습 자료
척도
날짜
명칭
도번
이름
설계자
접수
1:1

도면 파일 [Sample]의 'Drawing_Start150.dwg'

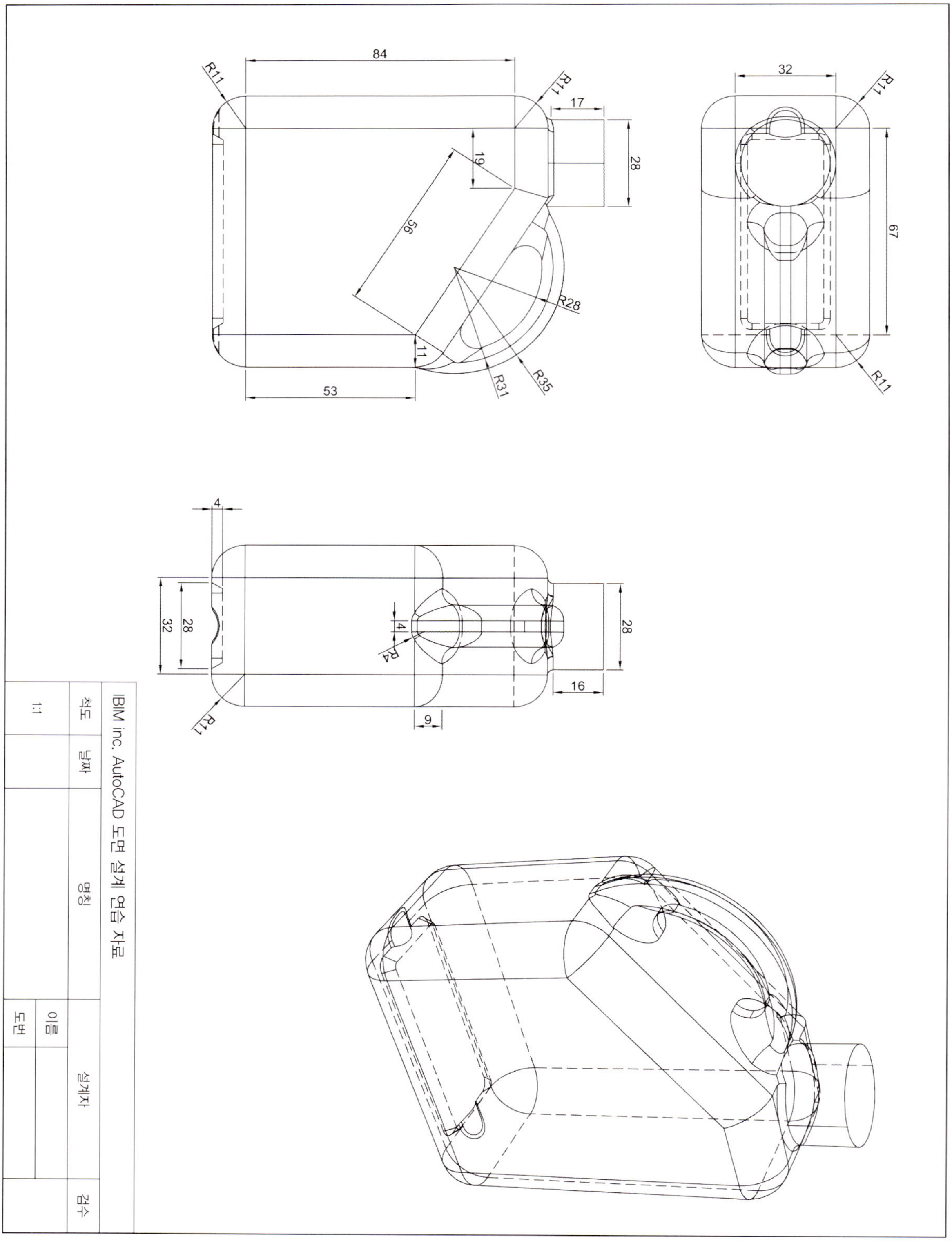

IBIM inc. AutoCAD 도면 설계 연습 자료

척도	날짜	명칭	이름	설계자	검수
1:1			도번		

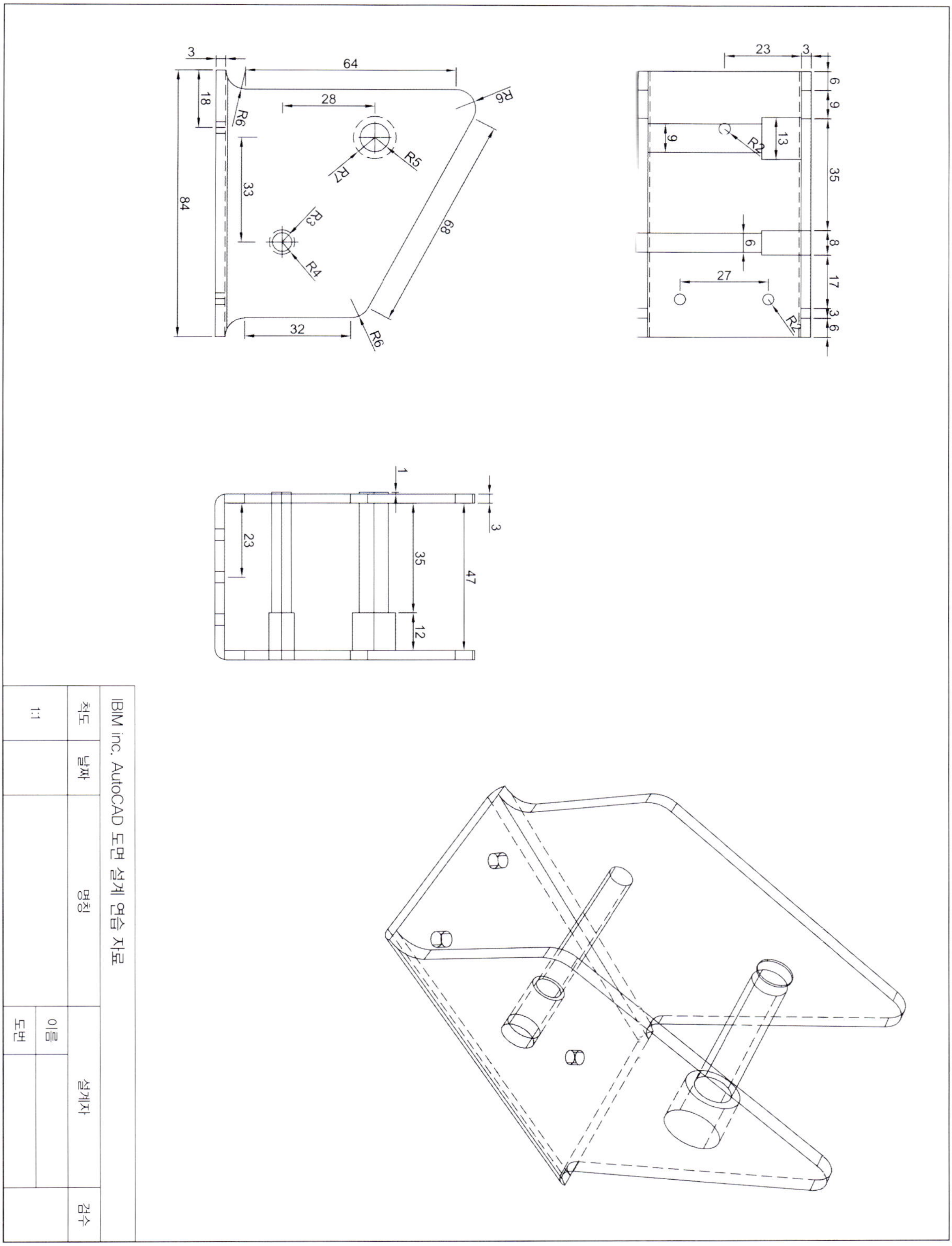

도면 파일 [Sample]의 'Drawing_Start152.dwg'

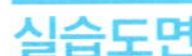

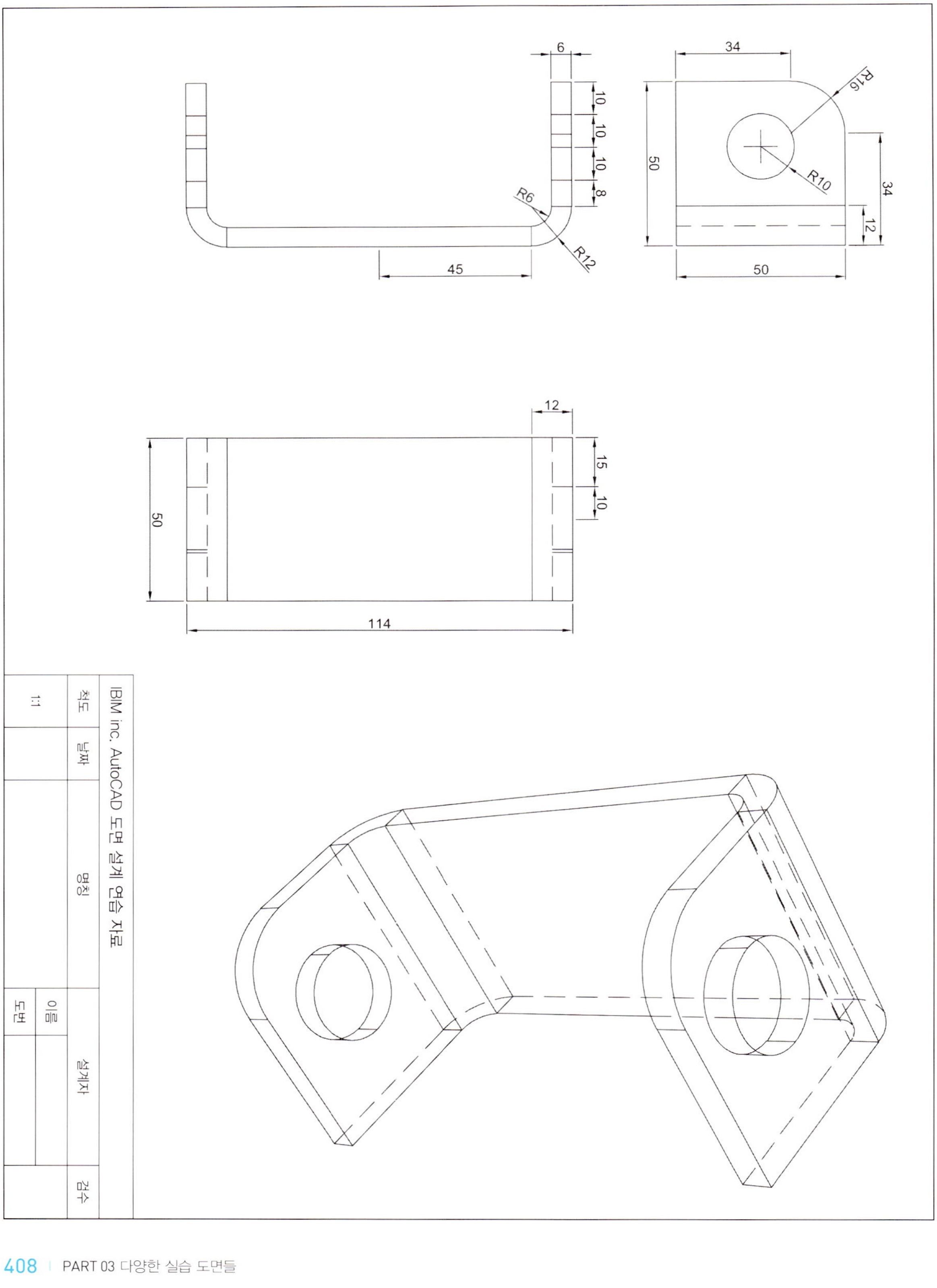
6
10
10
10
8
R6
R12
45
34
R16
R10
50
34
12
50
12
15
10
50
114
IBIM inc. AutoCAD 도면 설계 연습 자료
척도
1:1
날짜
명칭
이름
도번
설계자
검수

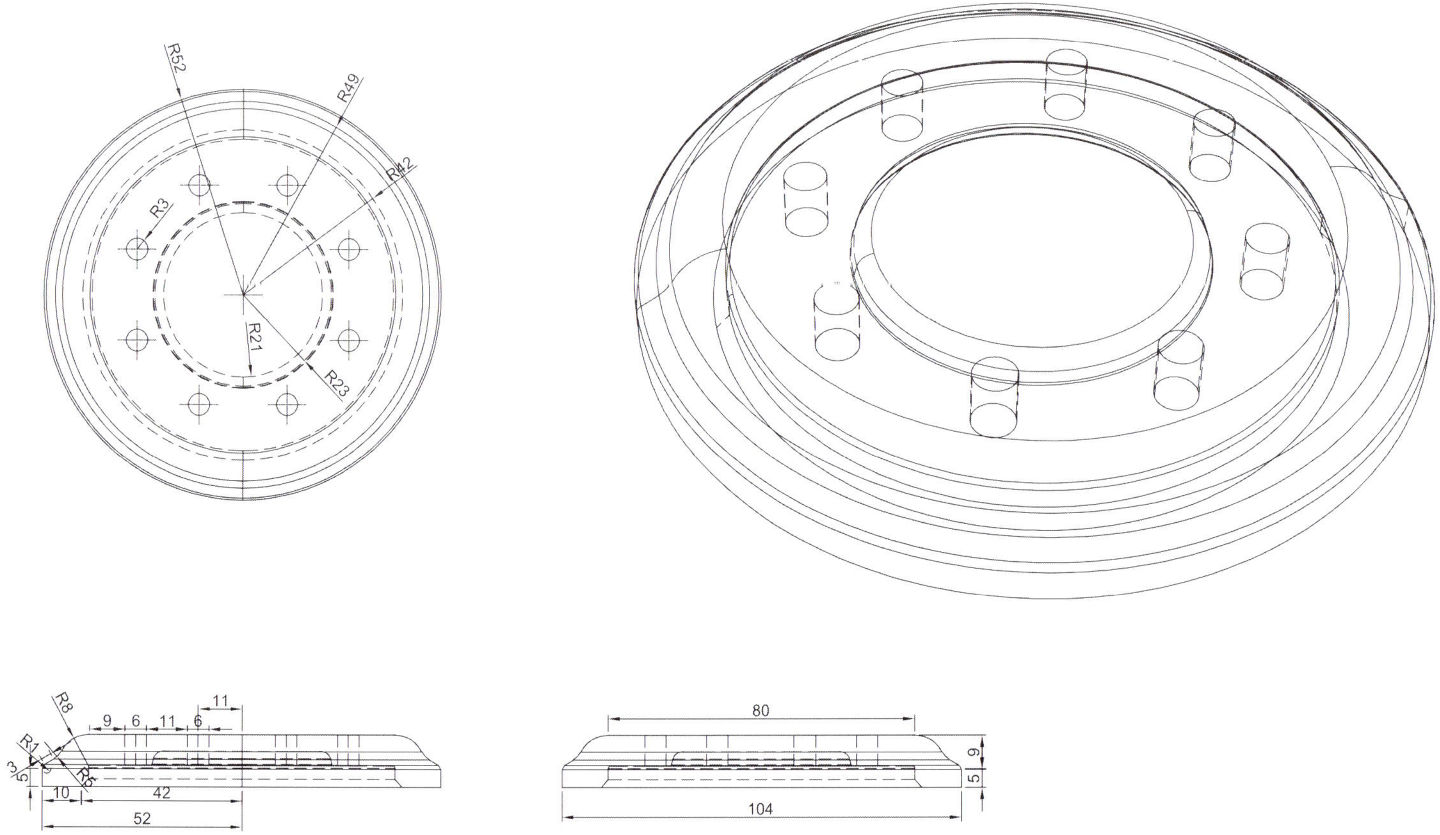

52
42
10
3
5
R7
R8
9
6
11
6
11
104
80
5
9
R3
R52
R21
R23
R49
R42
IBIM inc. AutoCAD 도면 설계 연습 자료
척도
1:1
날짜
명칭
도명
이름
설계자
검수

16
18
12
5
34
134
10
17
R3
R2
R3
R2
R3
5 4 3
17
134
IBIM inc, AutoCAD 도면 설계 연습 자료
척도
날짜
명칭
도번
이름
설계자
접수
1:1

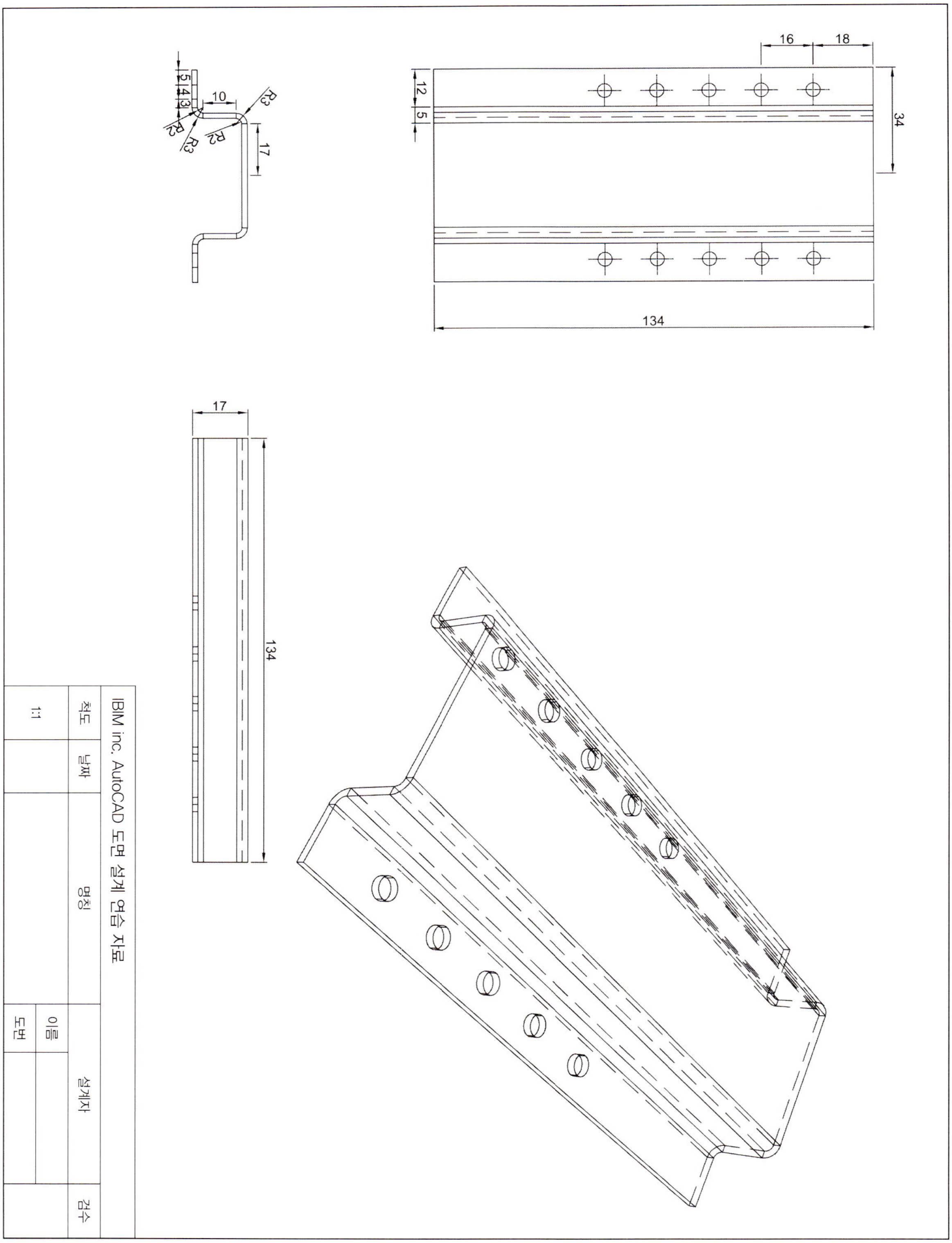

IBIM inc. AutoCAD 도면 설계 연습 자료

척도	날짜	명칭	이름	설계자	검수
1:1			도명		

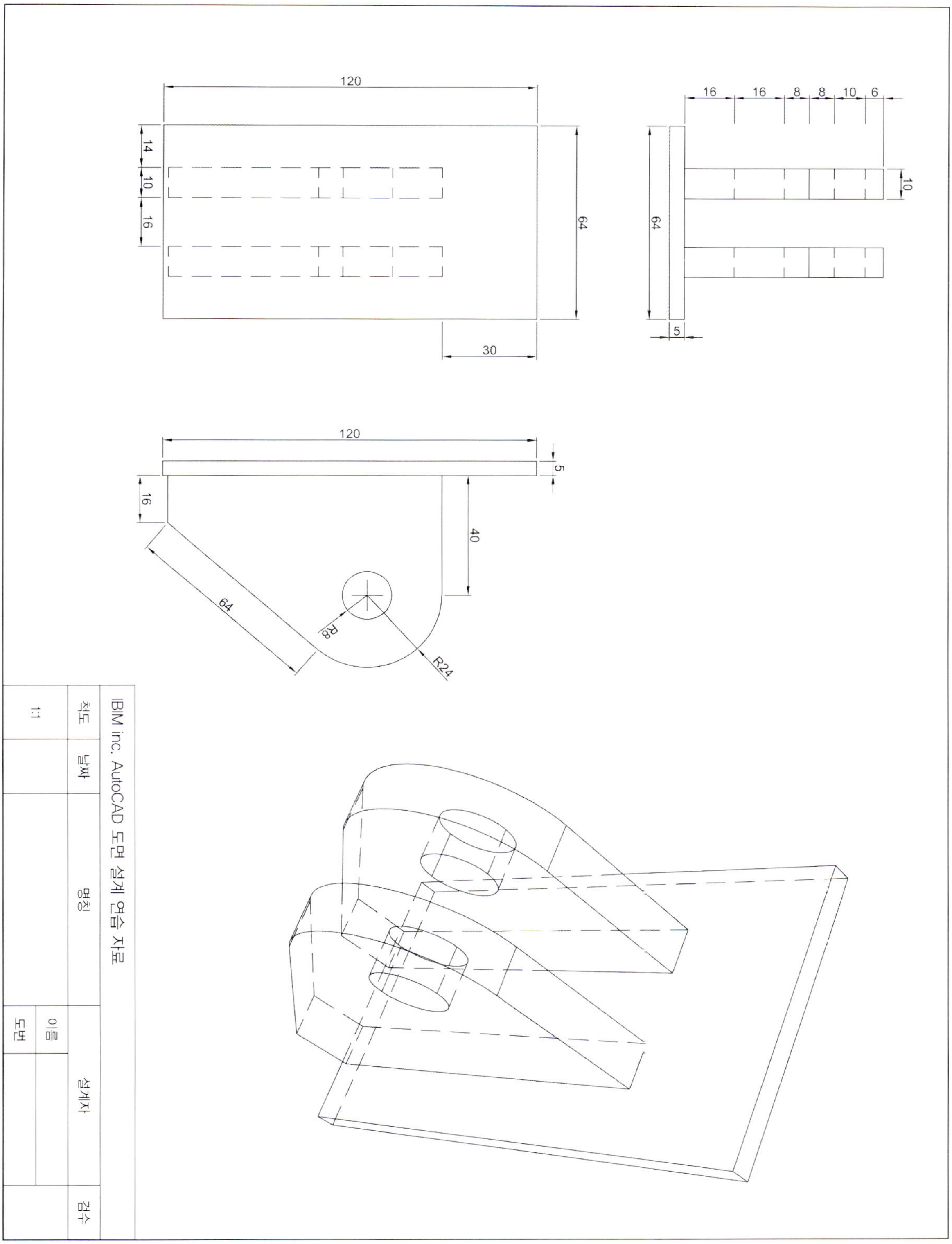

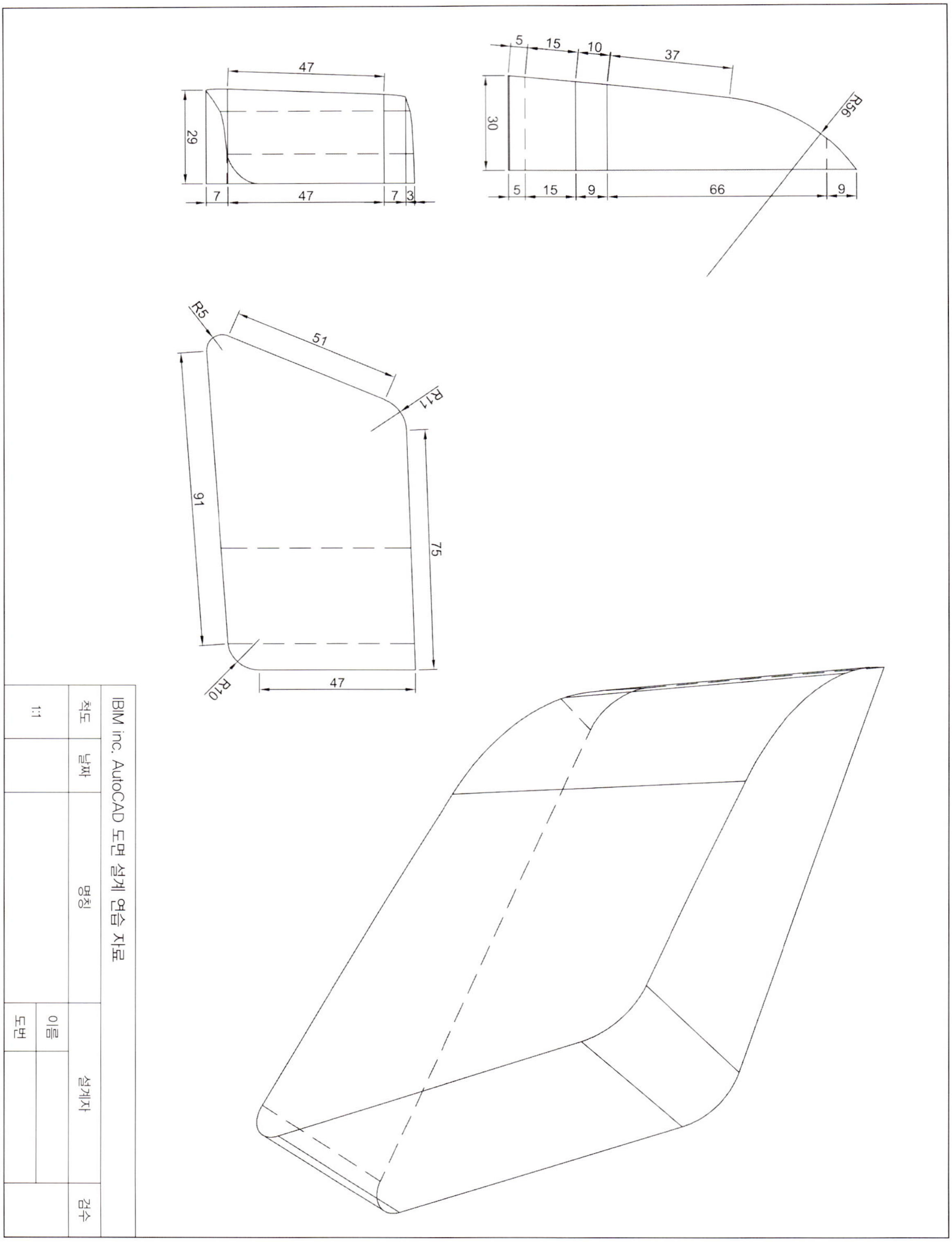

47
29
7
47
7 3
5 15 10 37
30
R56
5 15 9 66 9
R5
51
R11
91
75
R10
47
IBIM inc. AutoCAD 도면 설계 연습 자료
척도
1:1
날짜
명칭
도번
이름
설계자
검수

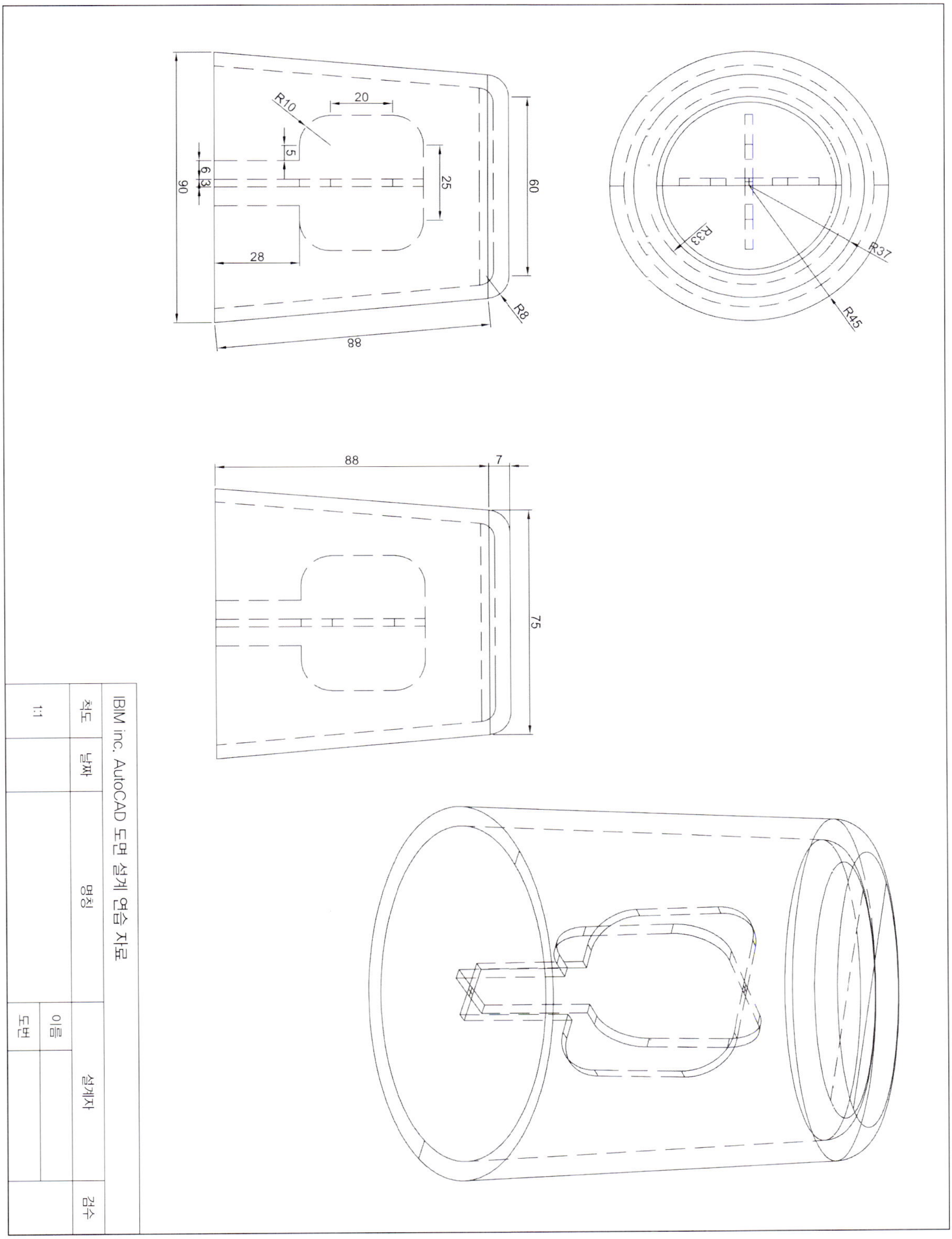

20
R10
5
6 3
90
25
60
28
88
R8
R33
R37
R45
88
7
75
IBM inc. AutoCAD 도면 설계 연습 자료
척도
1:1
날짜
명칭
도번
이름
설계자
검수

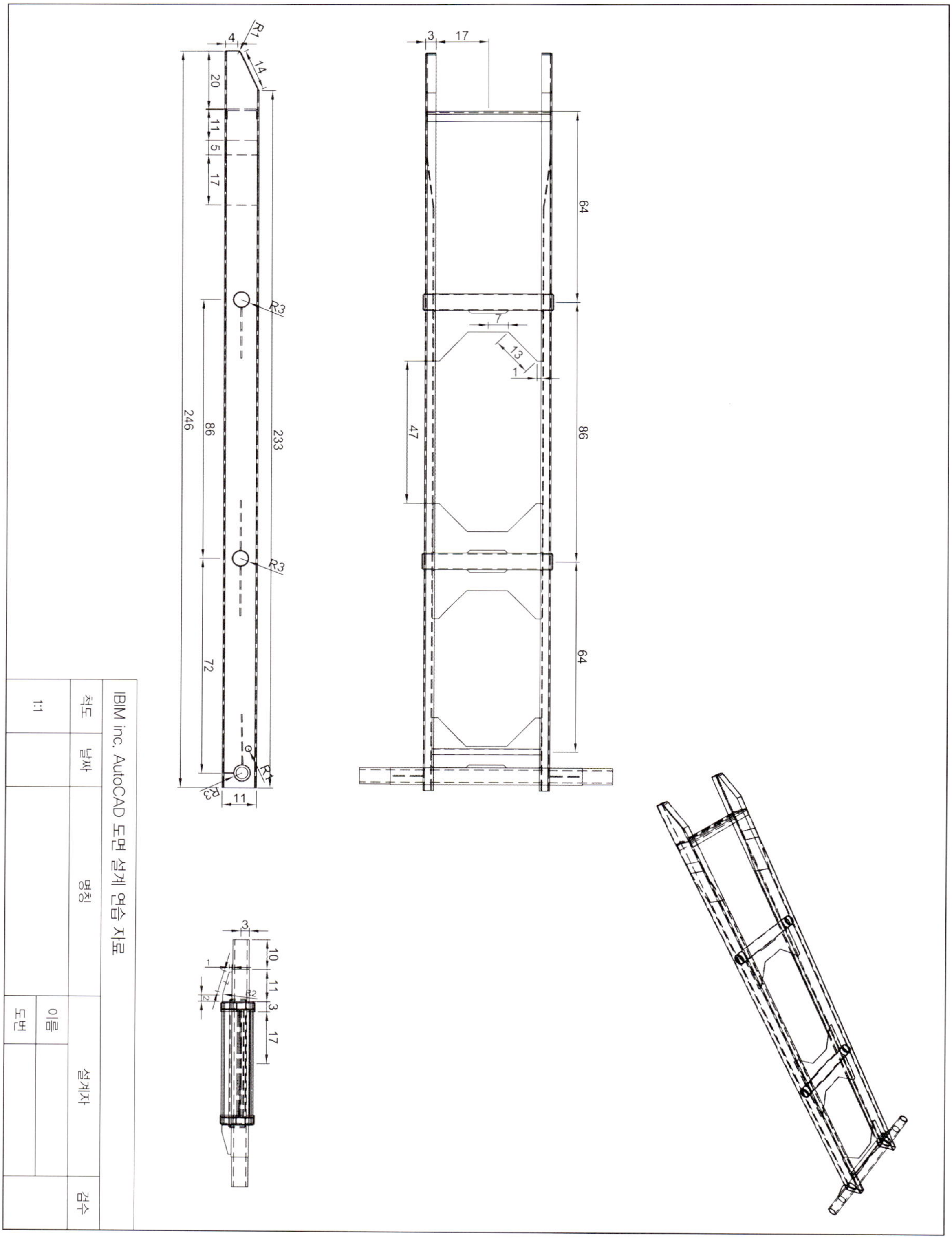

IBIM inc. AutoCAD 도면 설계 연습 자료

척도	날짜	명칭		접수
1:1				
		이름	설계자	
도번				

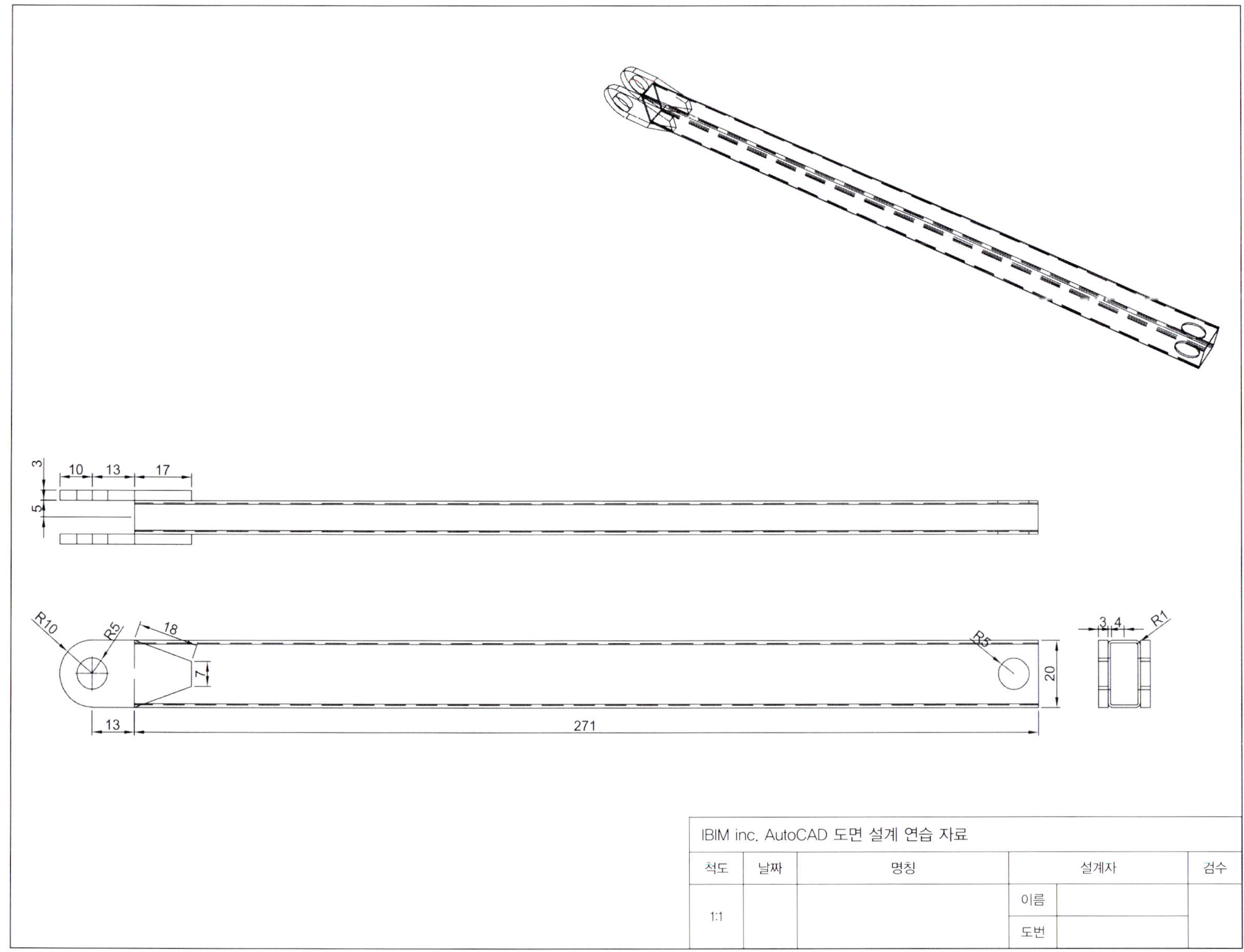
3
10
13
17
5
R10
R5
18
7
R5
13
271
20
3
4
R1
IBIM inc. AutoCAD 도면 설계 연습 자료
척도
날짜
명칭
설계자
검수
이름
도번
1:1

도면 파일 [Sample]의 'Drawing_Start160.dwg'

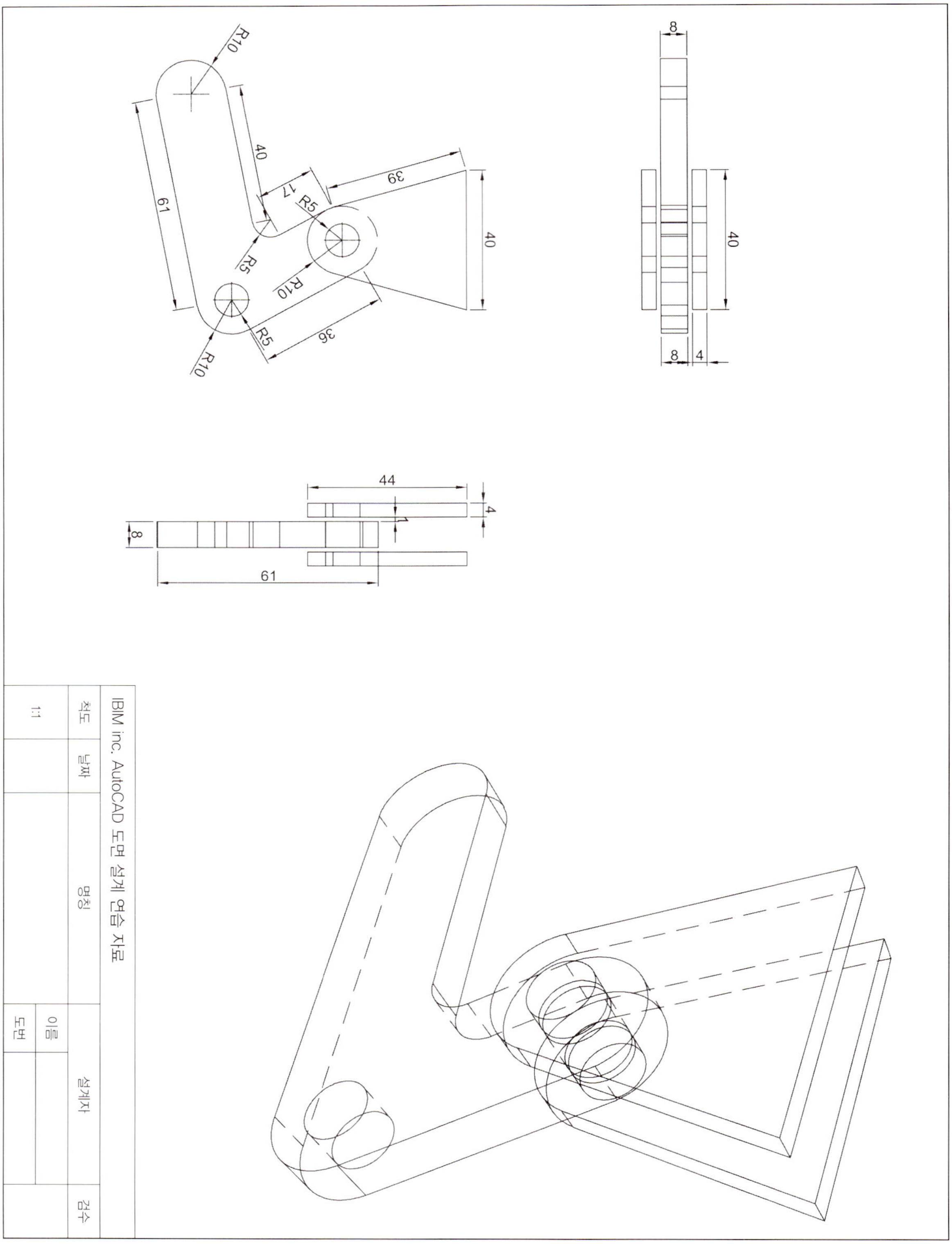

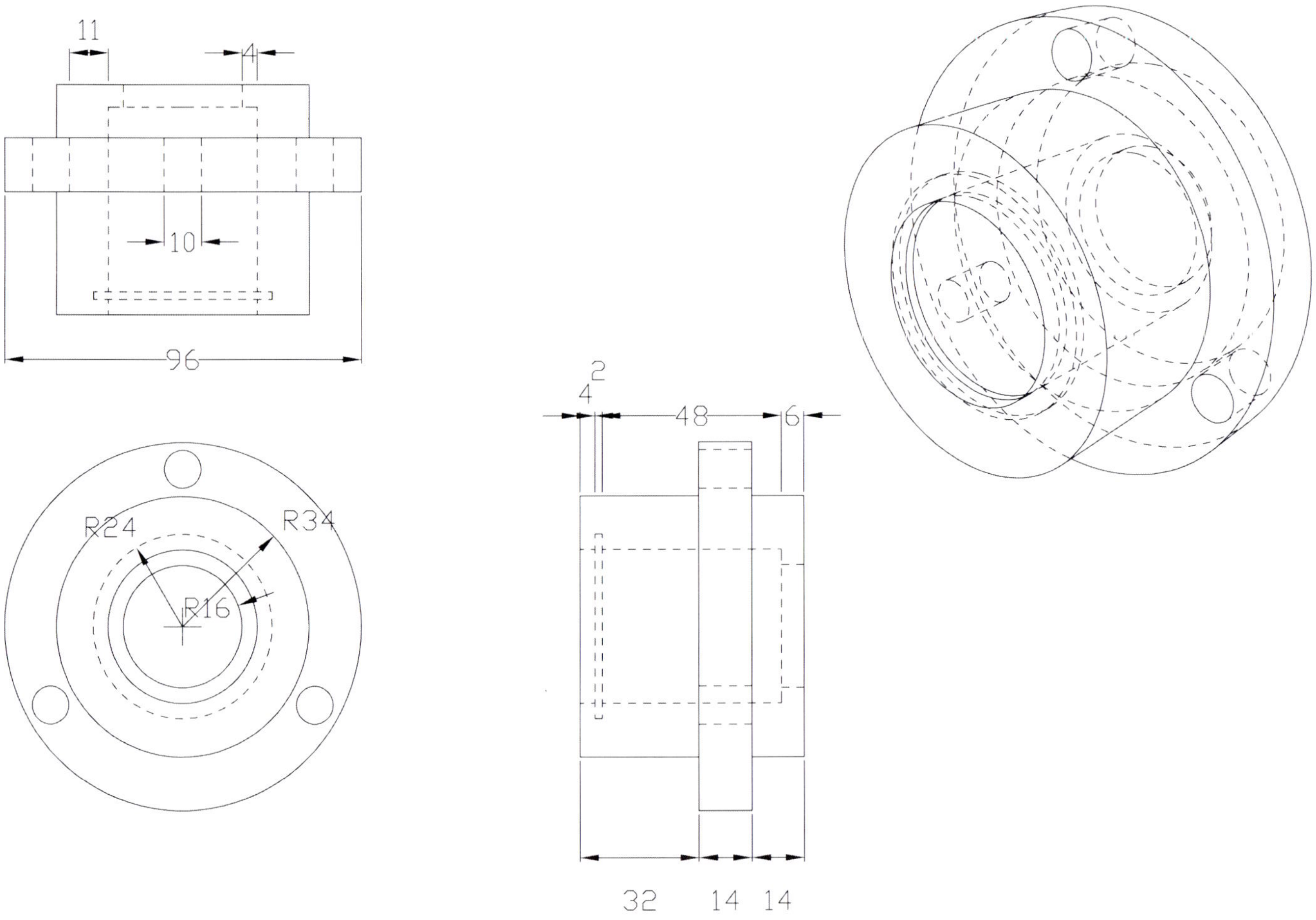

R24
R16
R34
96
11
4
10
32
14 14
48
4
2
6
IBIM inc. AutoCAD 도면 설계 연습 자료
척도
1:1
날짜
명칭
도번
이름
설계자
검수

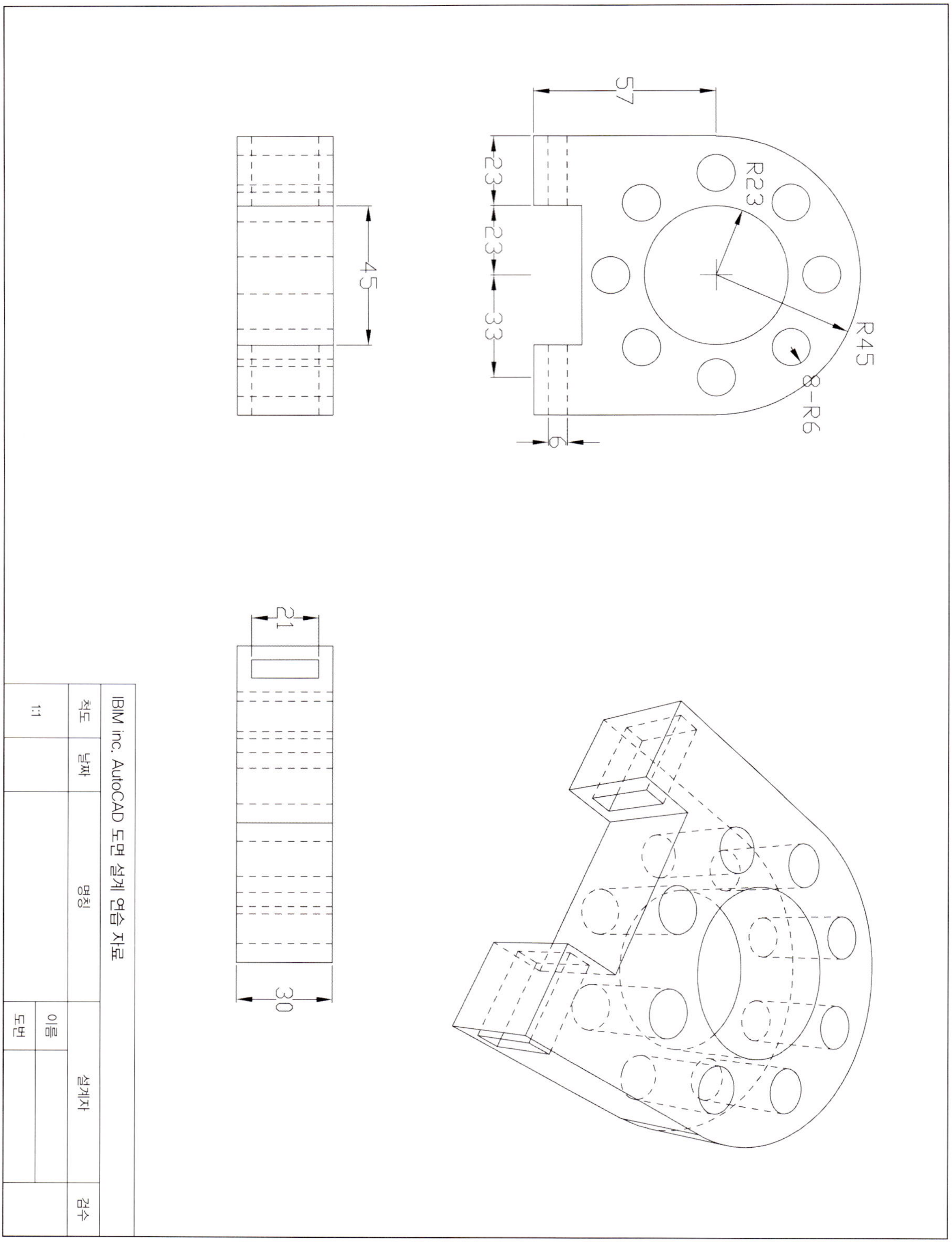

57
45
23
23
33
R23
R45
8-R6
6
21
30
IBIM inc. AutoCAD 도면 설계 연습 자료
척도
1:1
날짜
명칭
이름
도면
설계자
검수

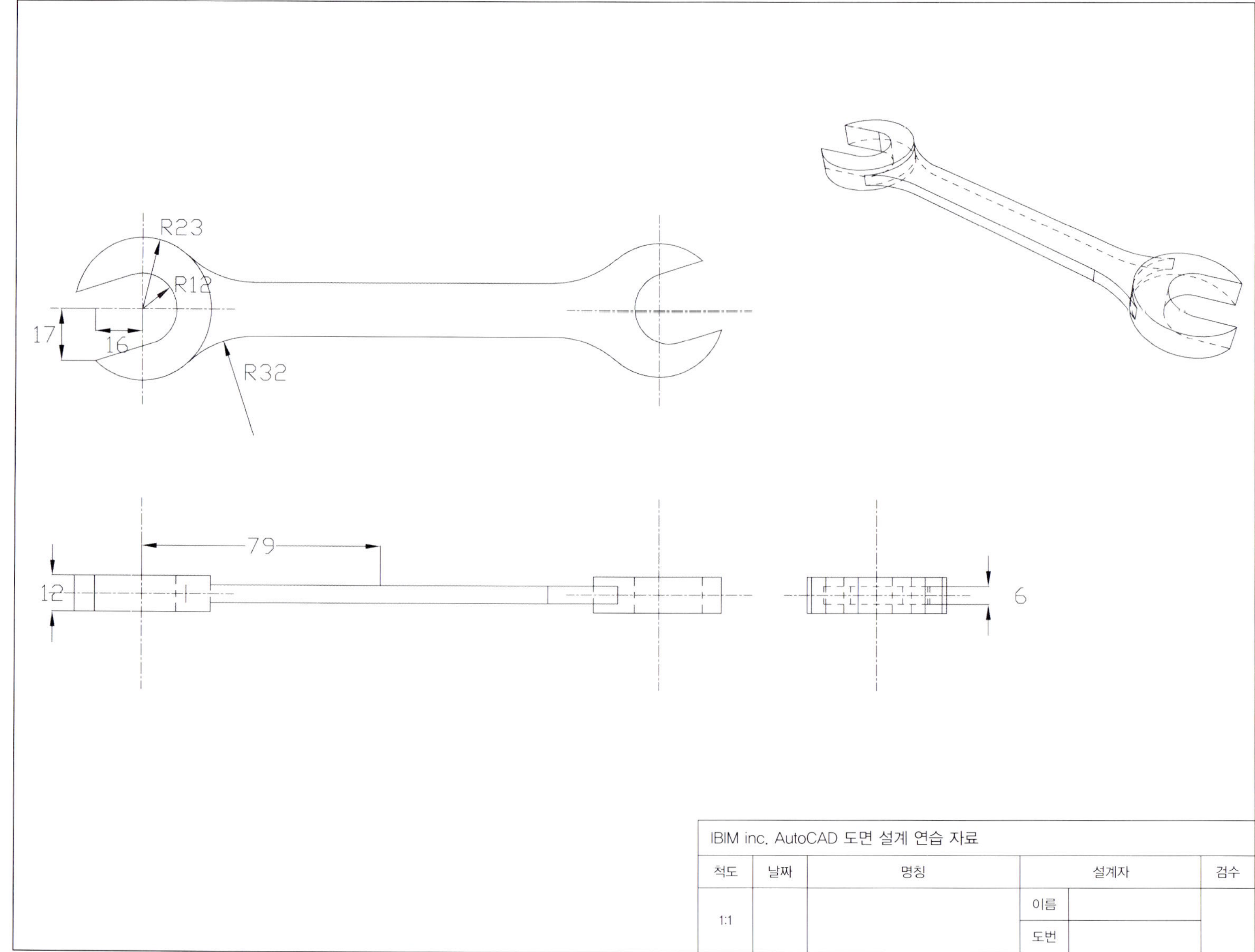
R23
R12
R32
17
16
79
12
6
IBIM inc. AutoCAD 도면 설계 연습 자료
척도
날짜
명칭
설계자
검수
1:1
이름
도번

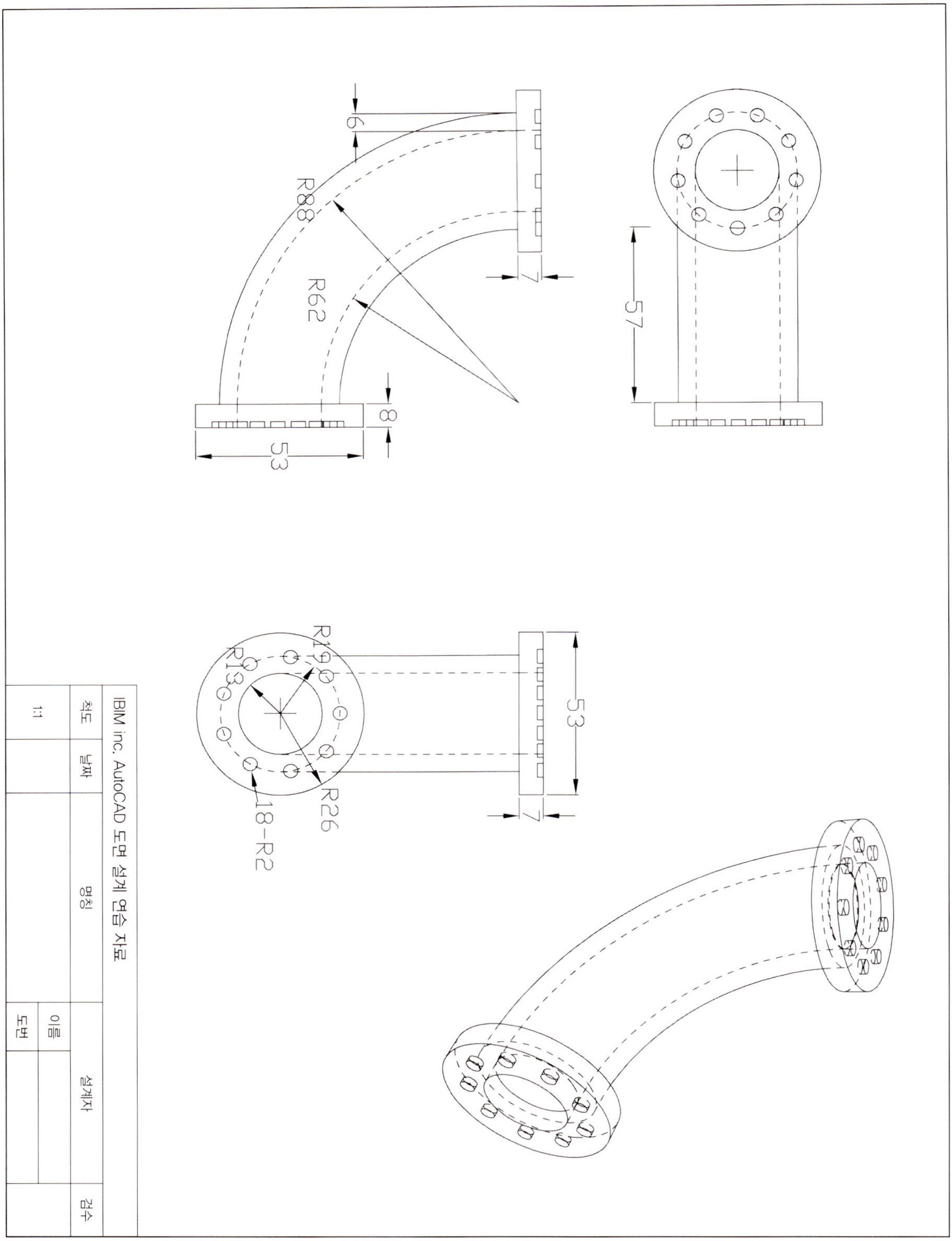

R88
R62
6
7
8
53
57
R19
R13
R26
18-R2
53
7
IBM inc. AutoCAD 도면 설계 연습 자료
척도
1:1
날짜
명칭
명칭
설계자
도번
이름
검수

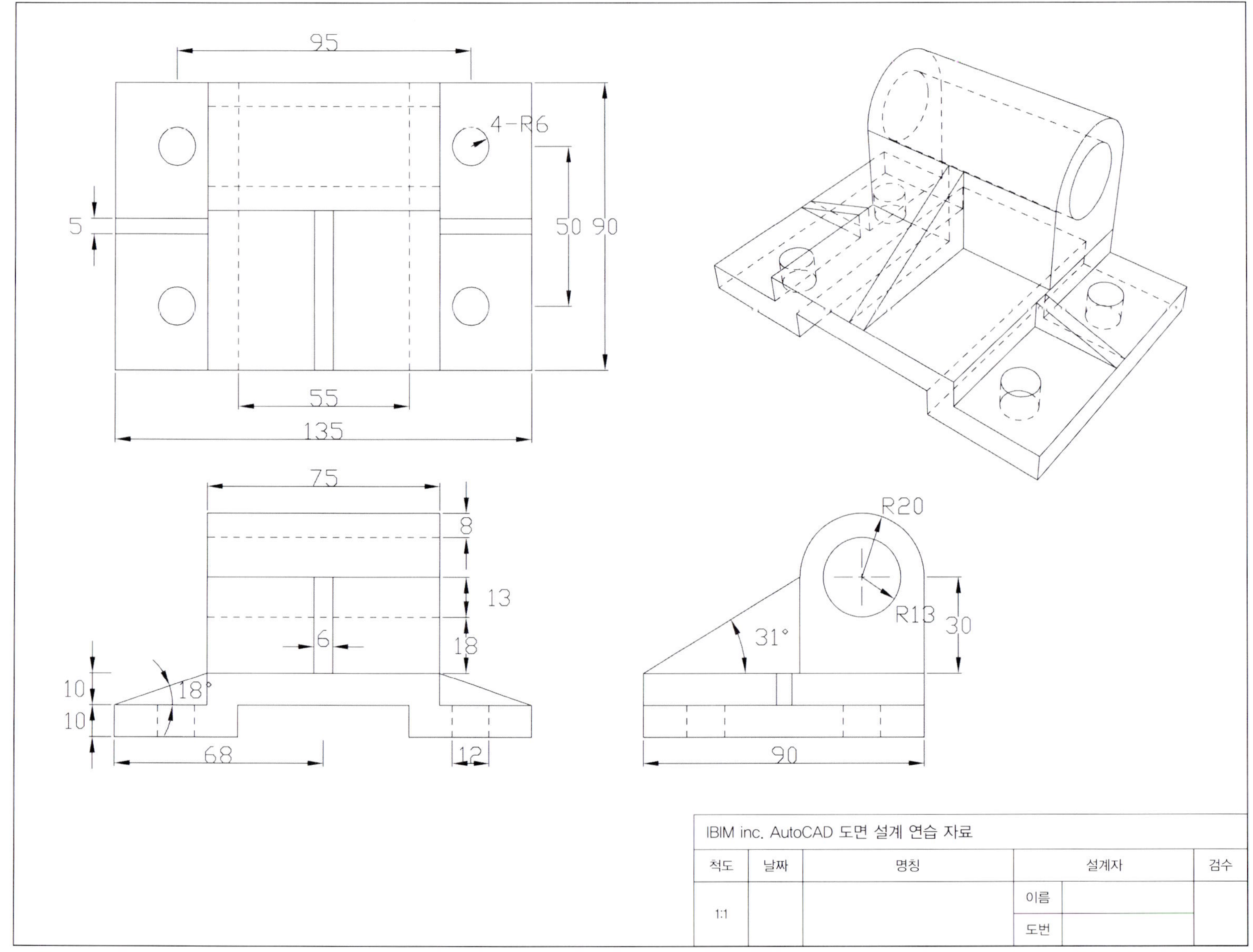
95
4-R6
5
50 90
55
135
75
8
13
18
6
10
10
18°
6.8
12
R20
R13
31°
30
90
IBIM inc. AutoCAD 도면 설계 연습 자료
척도
날짜
명칭
설계자
검수
이름
도번
1:1

100
30
10
100
20
R30
R16
R20
7-R3
R8
4-R4
40
4
IBIM inc. AutoCAD 도면 설계 연습 자료
척도
1:1
날짜
명칭
명형
이름
도면
설계자
경수

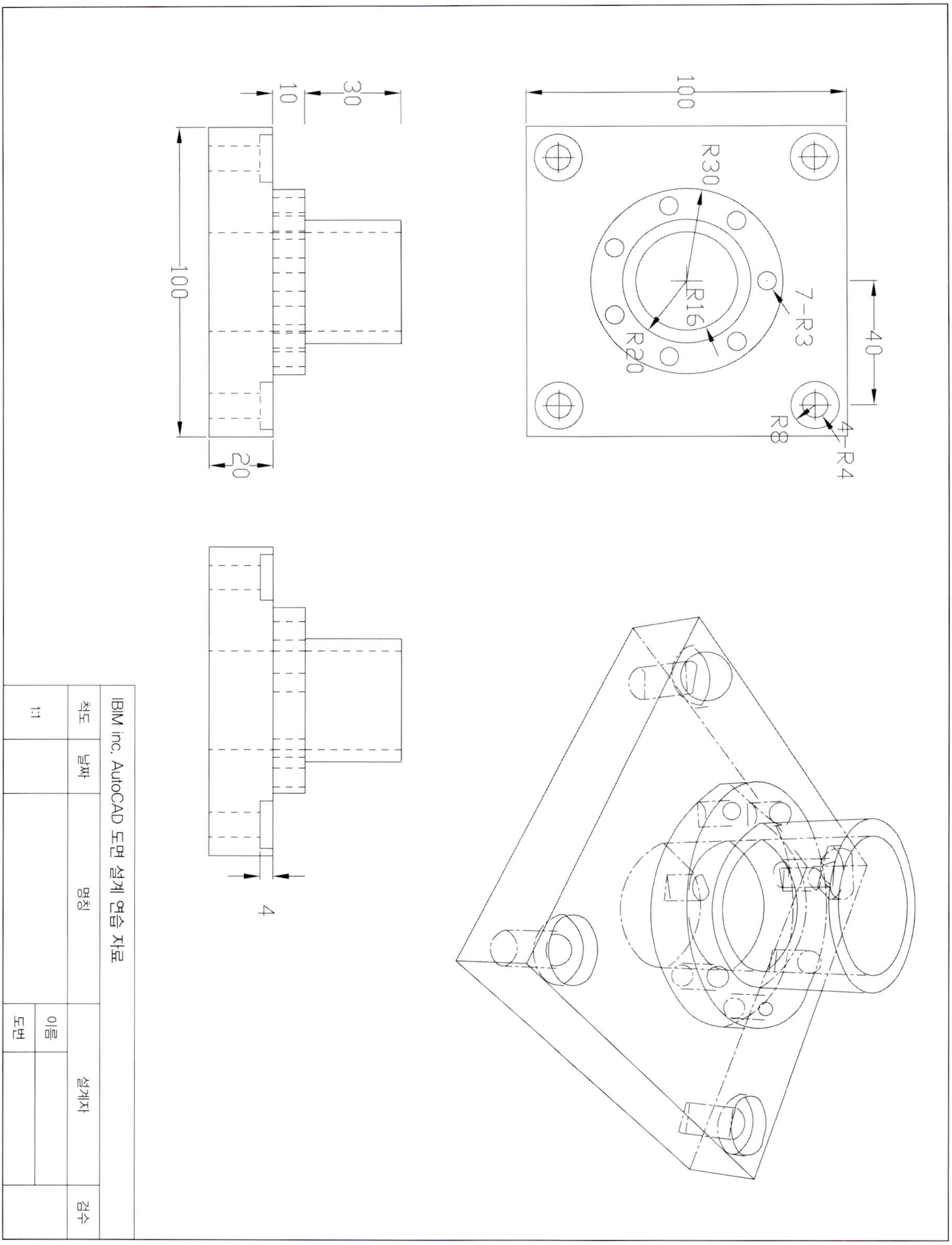

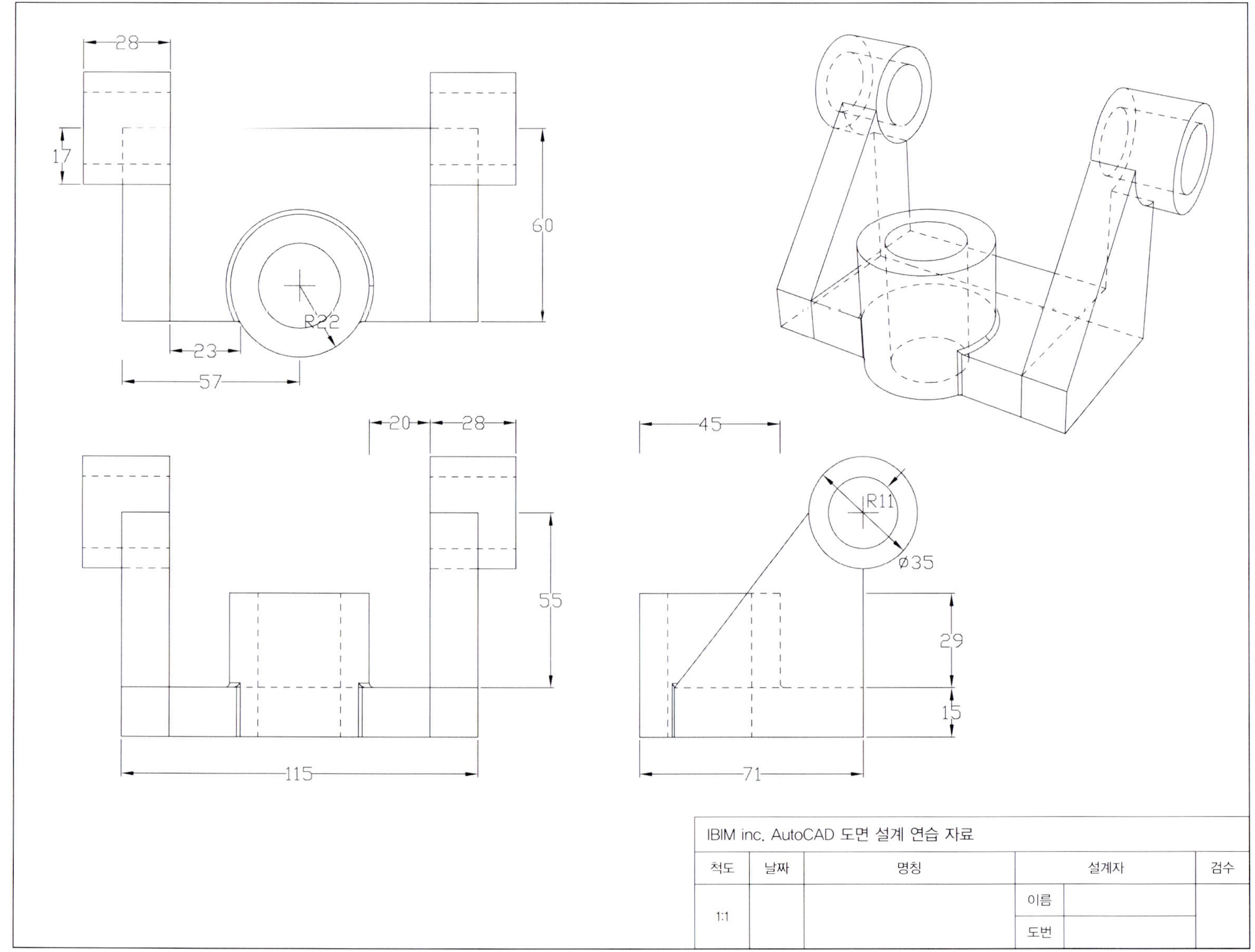
28
17
60
23
57
R22
20
28
55
115
45
R11
Ø35
29
15
71
IBIM inc. AutoCAD 도면 설계 연습 자료
척도
날짜
명칭
설계자
검수
이름
도번
1:1

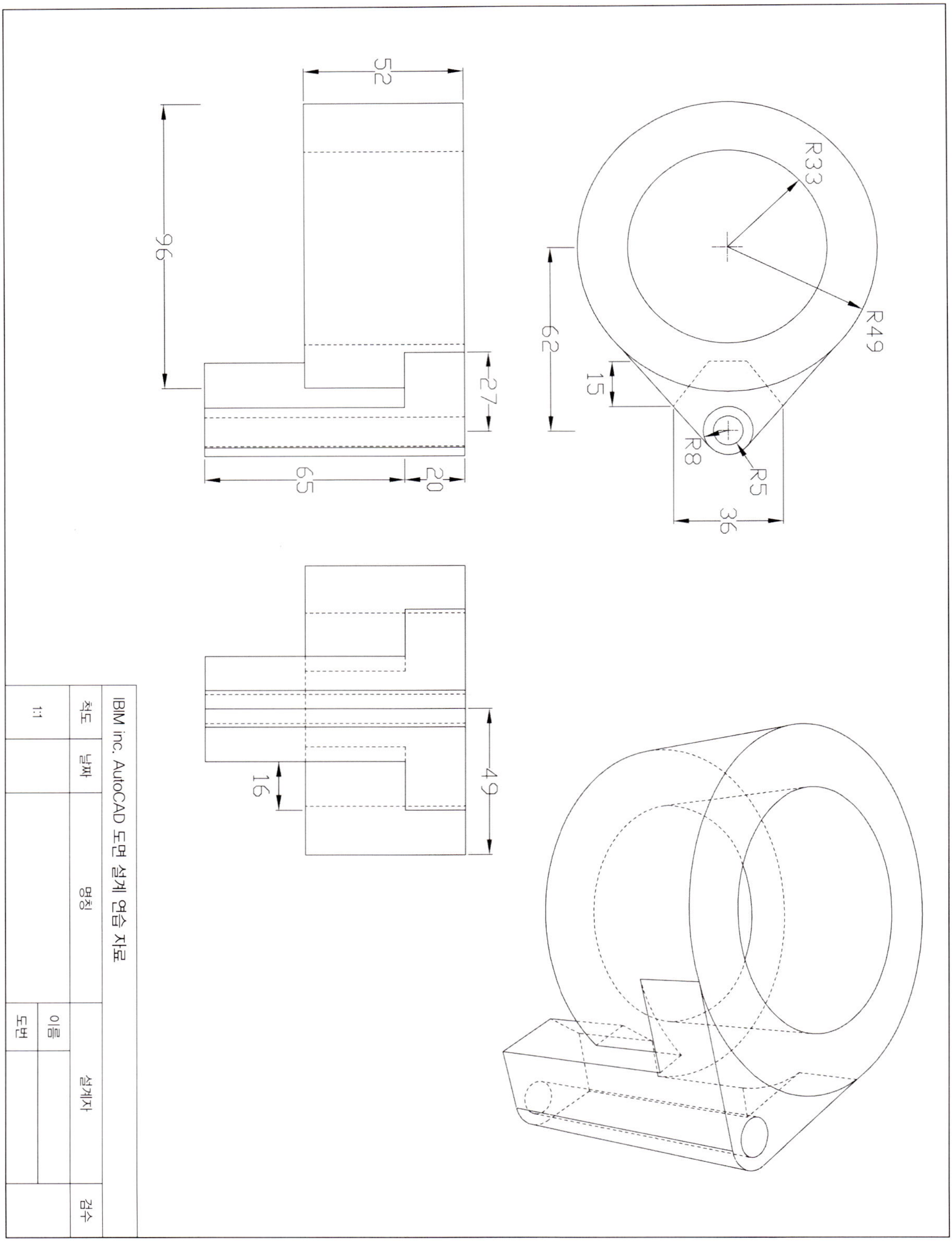

52
96
27
65
20
R33
R49
62
15
R8
R5
36
16
49
IBM inc. AutoCAD 도면 설계 연습 자료
척도
날짜
명칭
도면
이름
설계자
검수
1:1

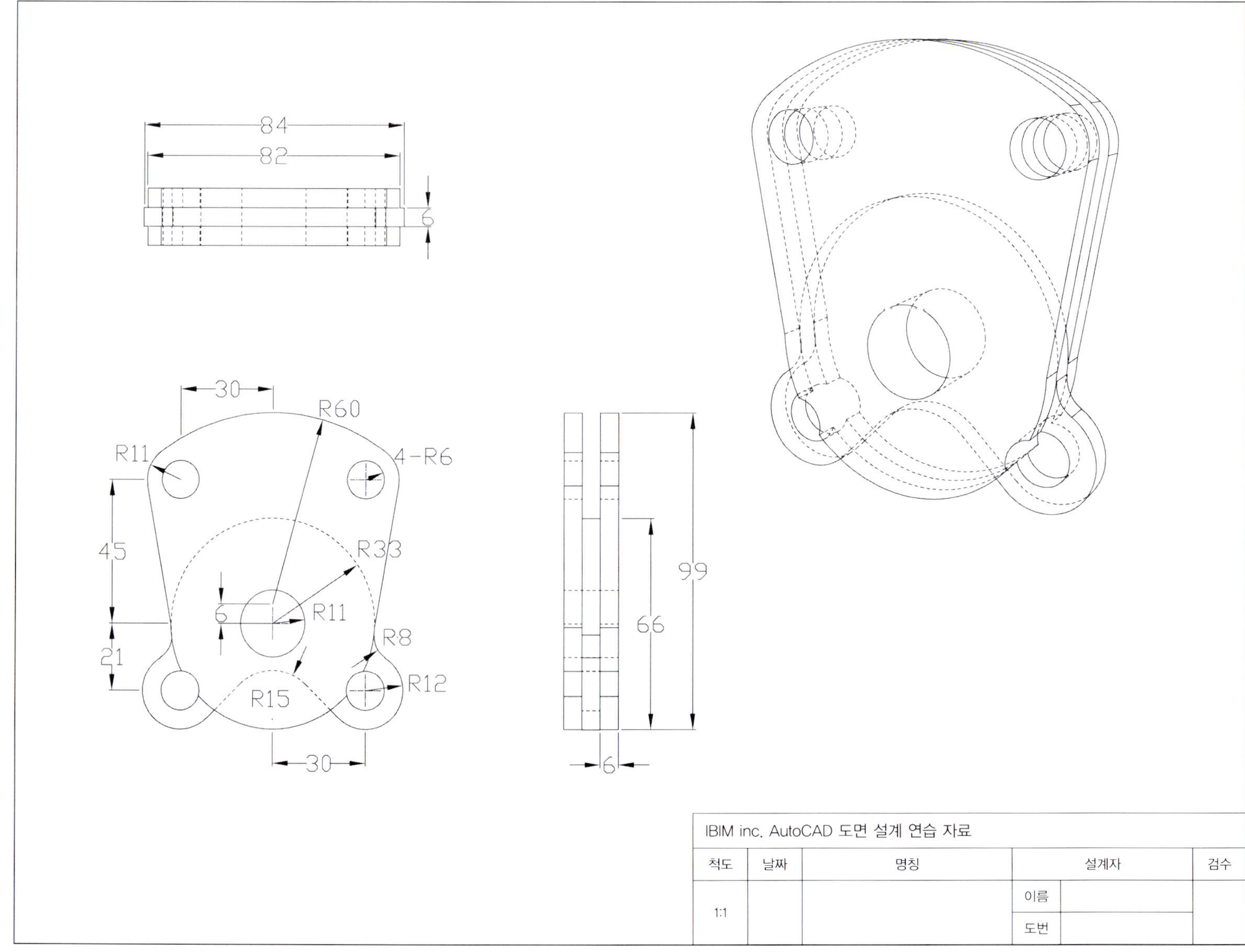

84
82
6
30
R60
R11
4-R6
45
R33
6
R11
21
R8
R15
R12
30
99
66
6
IBIM inc. AutoCAD 도면 설계 연습 자료
척도
날짜
명칭
설계자
검수
1:1
이름
도번

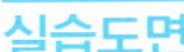

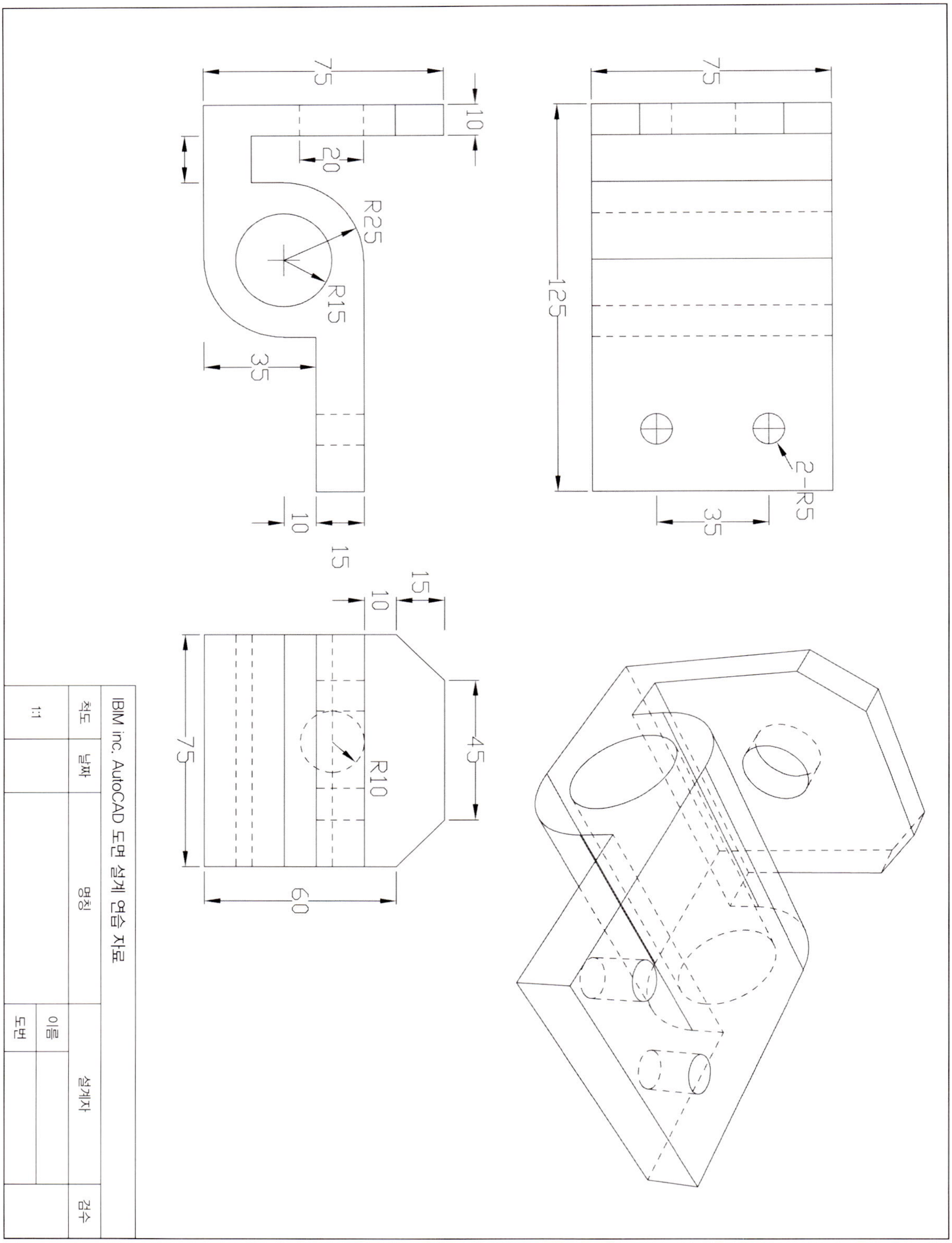
75
10
20
R25
R15
35
10
15
75
125
2-R5
35
15
10
45
R10
75
60
IBIM inc. AutoCAD 도면 설계 연습 자료
척도
1:1
날짜
명칭
설계자
검수
이름
도번

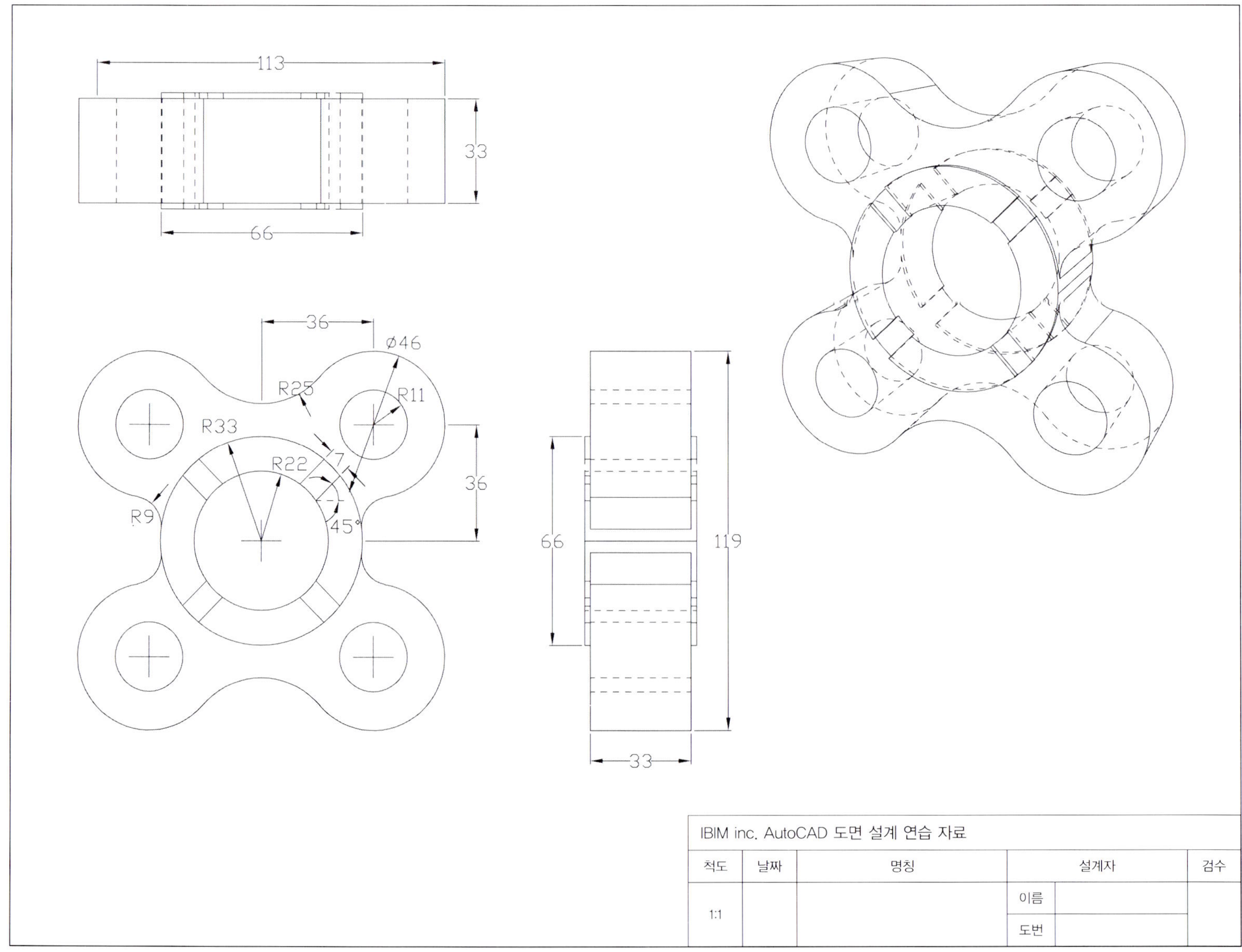

IBIM inc. AutoCAD 도면 설계 연습 자료					
척도	날짜	명칭		설계자	검수
1:1			이름		
			도번		

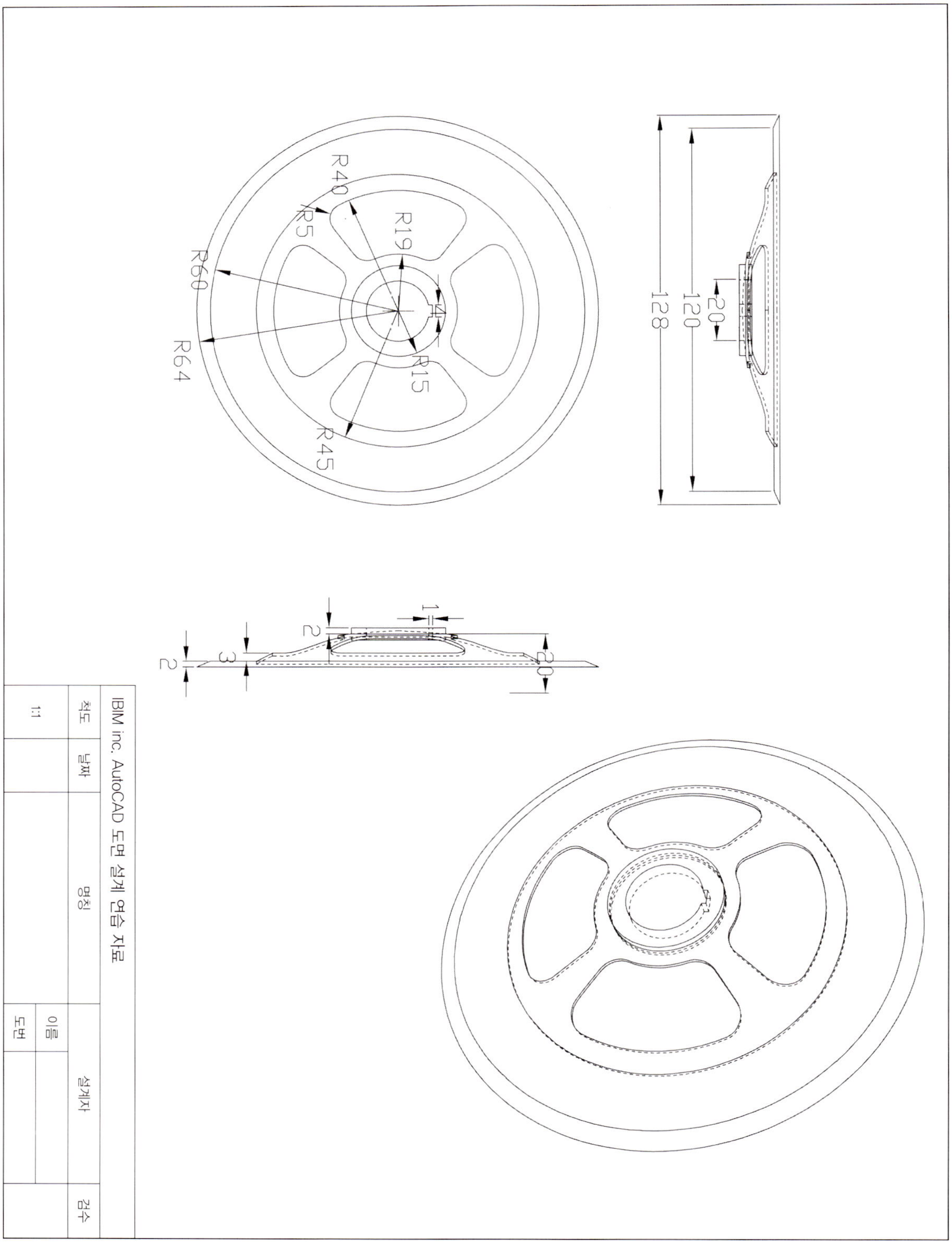

R40
R5
R19
R60
R64
R15
R45
128
120
20
1
2
2
3
20
IBIM inc, AutoCAD 도면 설계 연습 자료
척도
1:1
날짜
명칭
이름
도번
설계자
접수

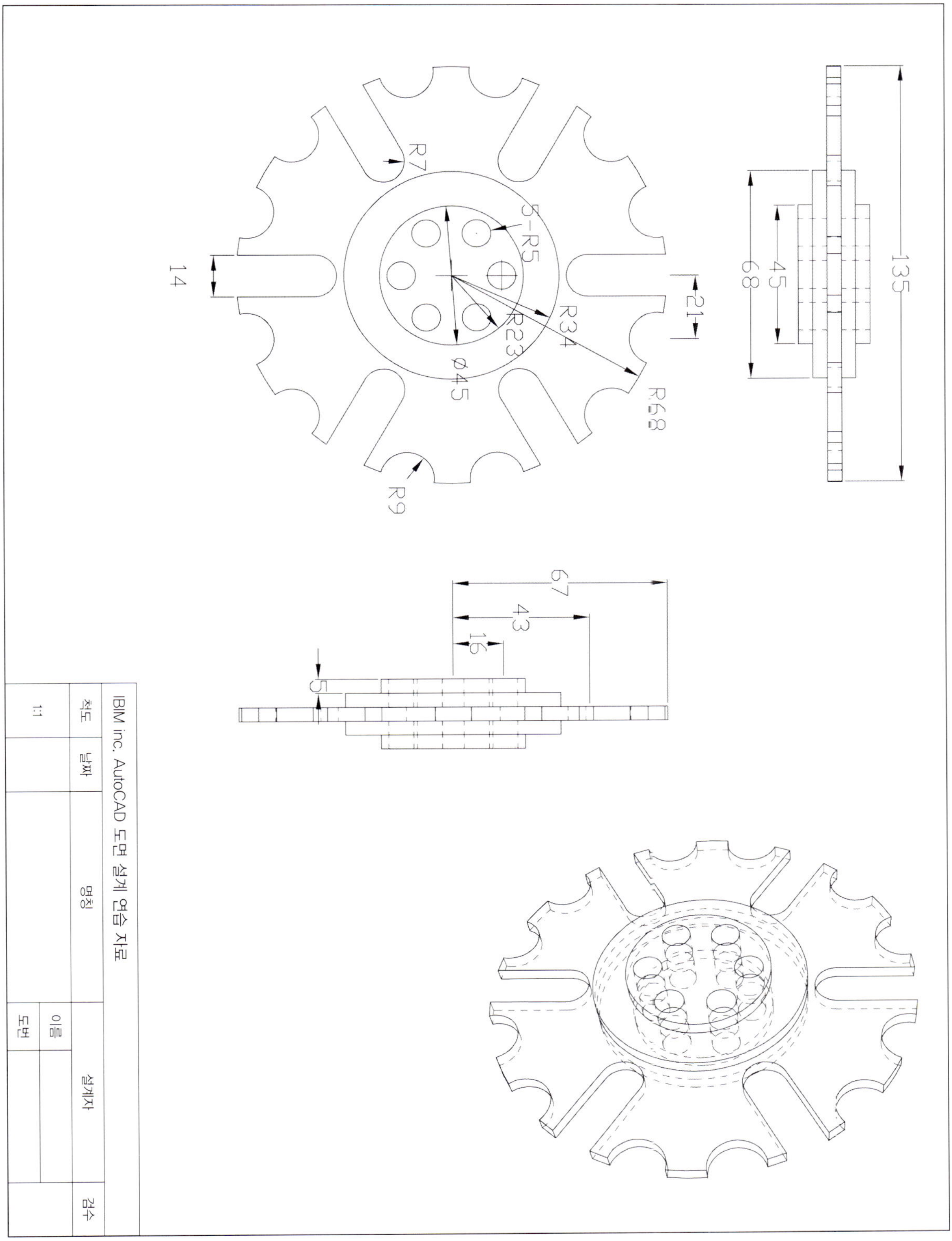

R7
5-R5
14
21
R34
R23
Ø45
R68
R9
135
45
68
67
43
16
5
IBM inc. AutoCAD 도면 설계 연습 자료
척도
1:1
날짜
명칭
도면
이름
설계자
접수

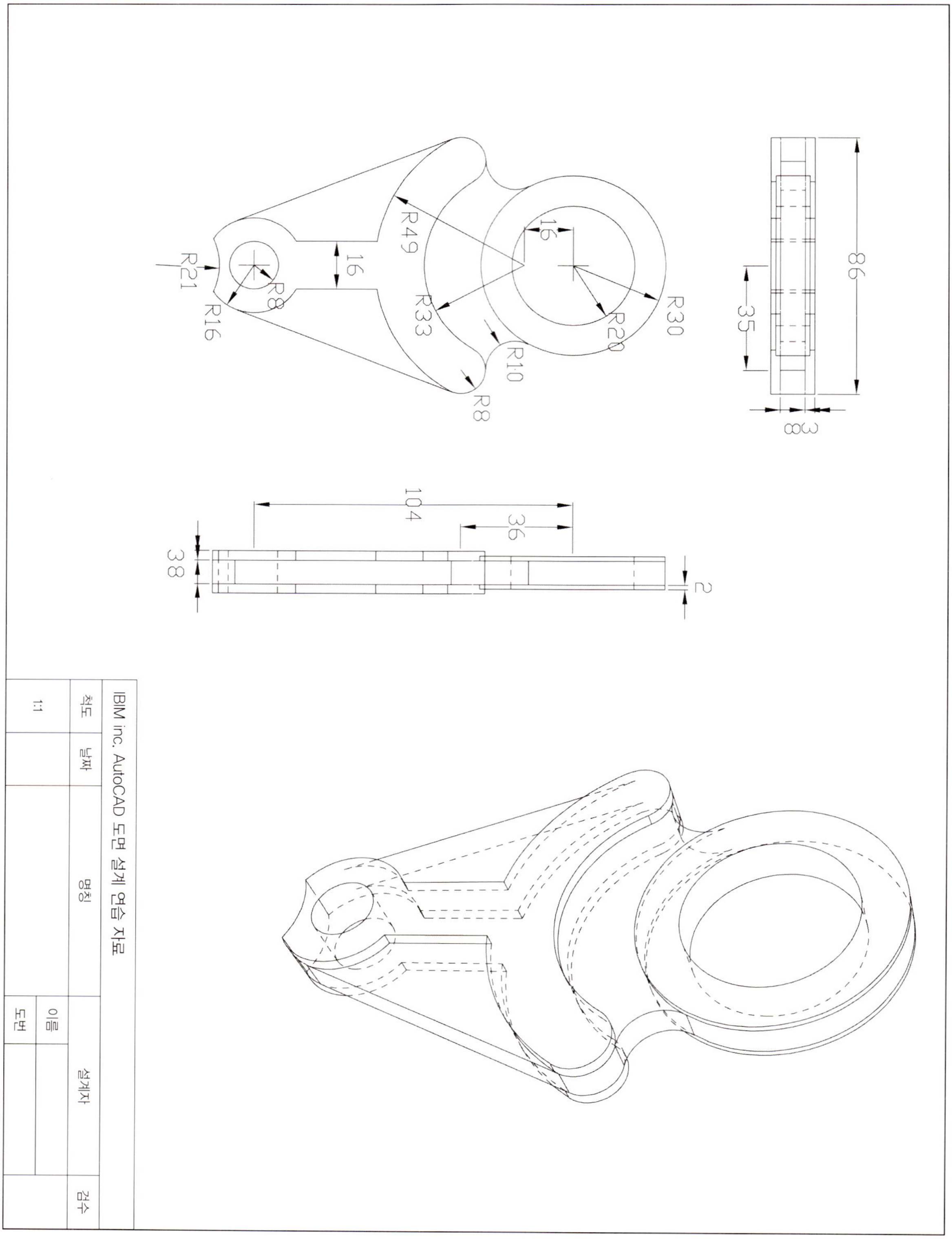

R49
R33
R21
R16
R8
R8
16
R10
R8
R30
R20
16
86
35
8
3
104
36
38
2

척도
1:1
날짜
명칭
이름
도번
경수
IBM inc. AutoCAD 도면 설계 연습 자료
설계자

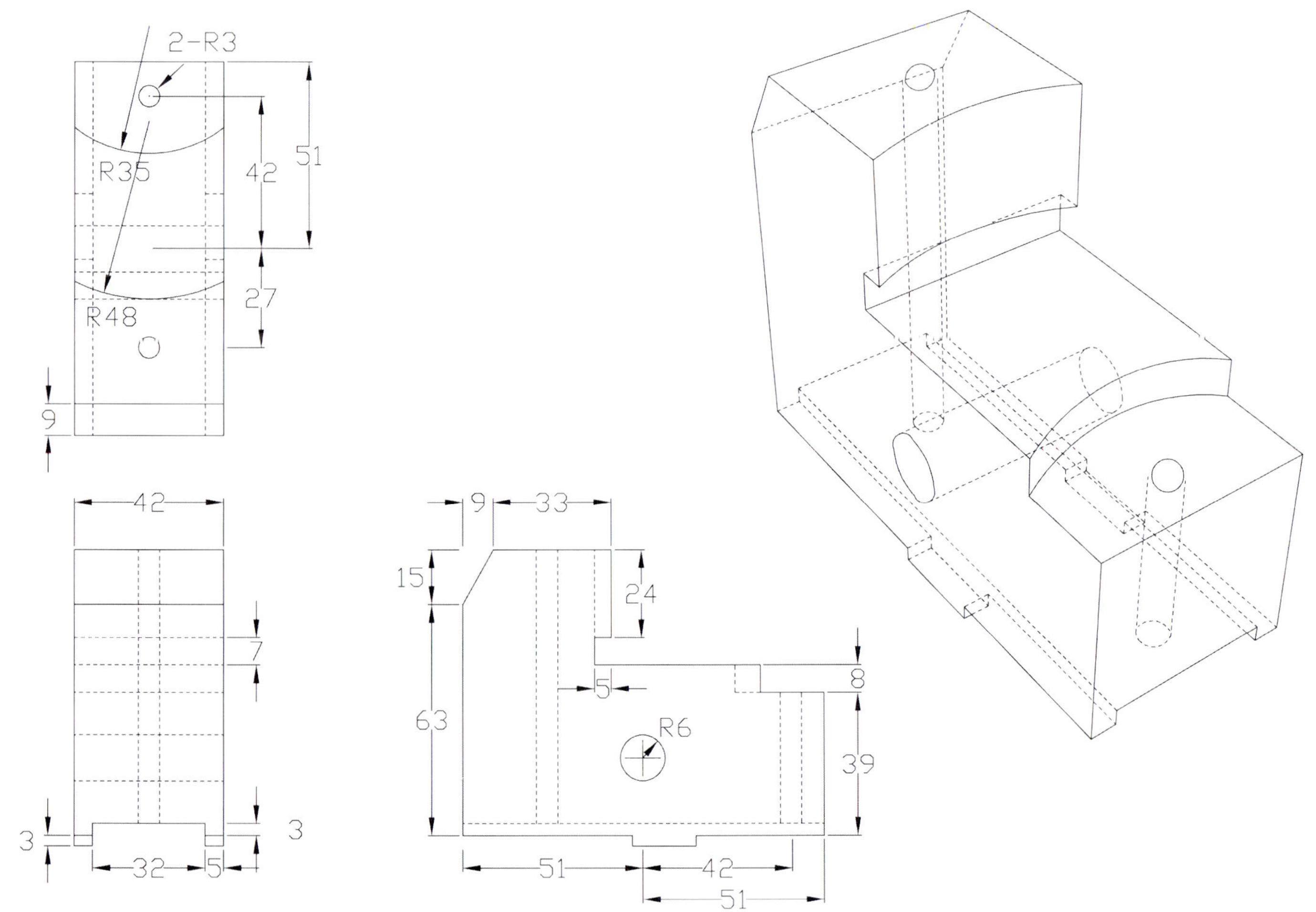

IBM inc. AutoCAD 도면 설계 연습 자료

척도	날짜	명칭		이름	설계자	검수
1:1			도면			

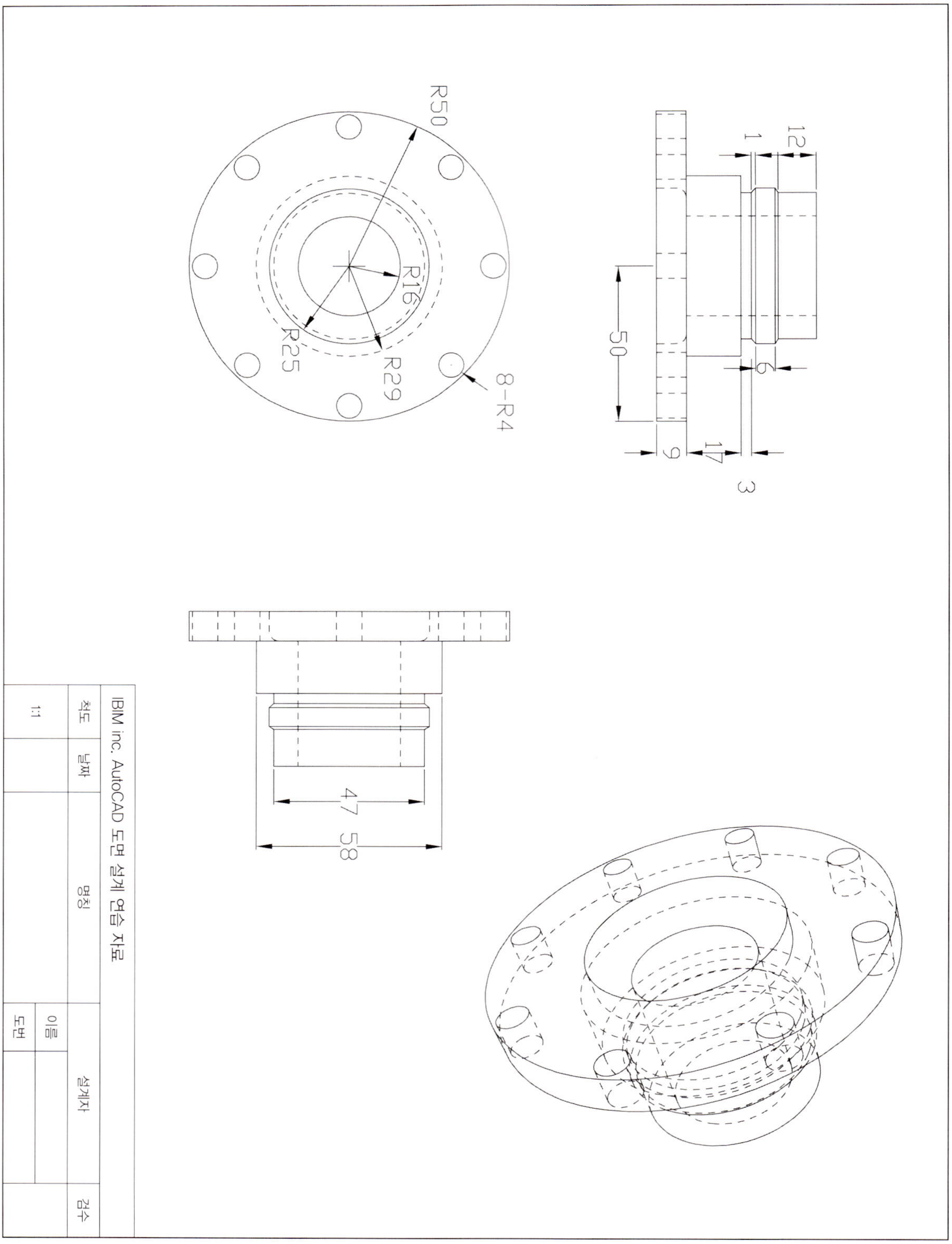
R50
R16
R25
R29
8-R4
12
1
6
50
9
17
3
47
58
IBIM inc. AutoCAD 도면 설계 연습 자료
척도
1:1
날짜
명칭
설계자
검수
이름
도면

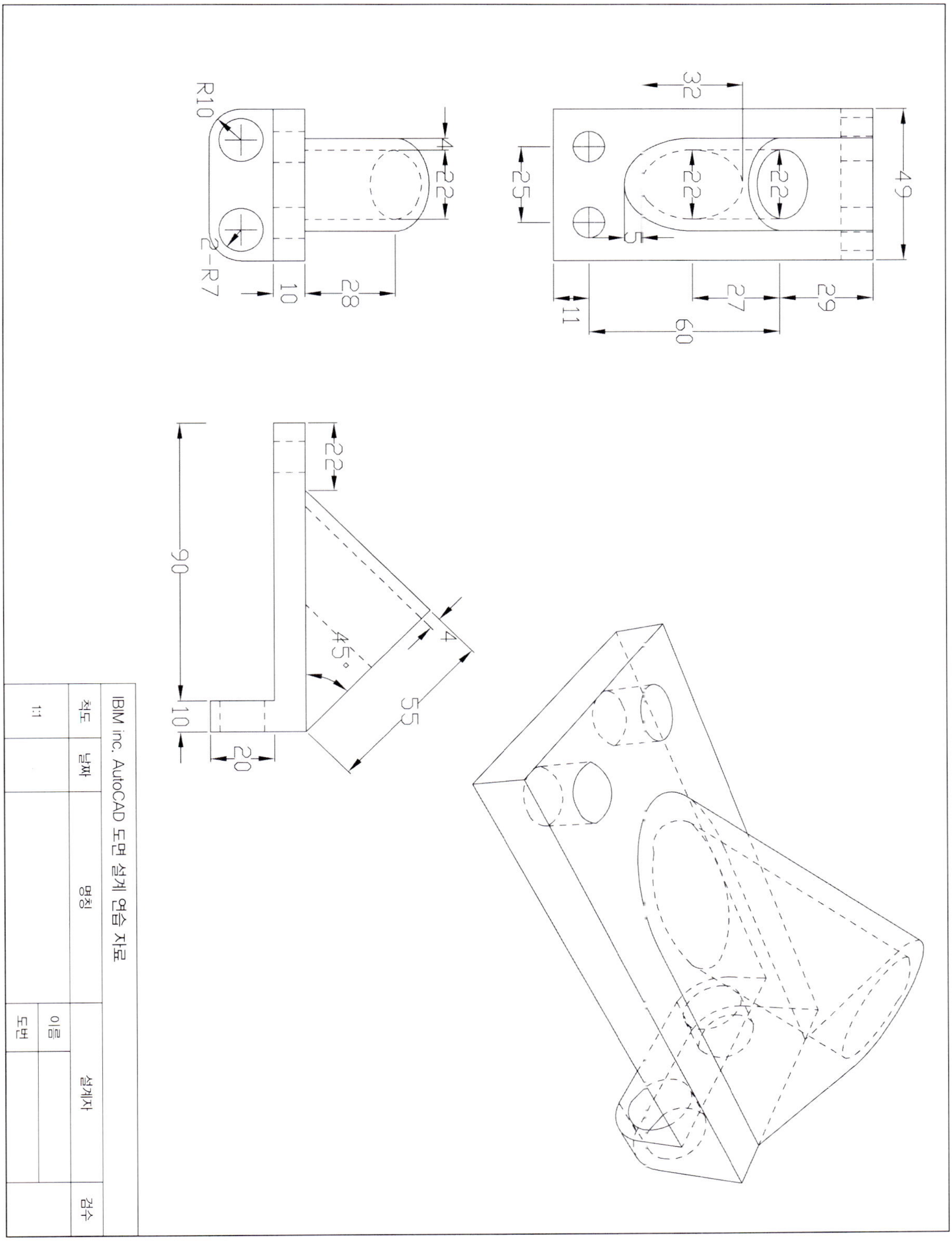

R10
2-R7
22
10
28
32
25
22
22
49
5
11
27
60
29
22
90
45°
4
55
10
20
IBM inc. AutoCAD 도면 설계 연습 자료
척도
1:1
날짜
명칭
평면
이름
도번
설계자
검수

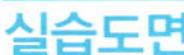

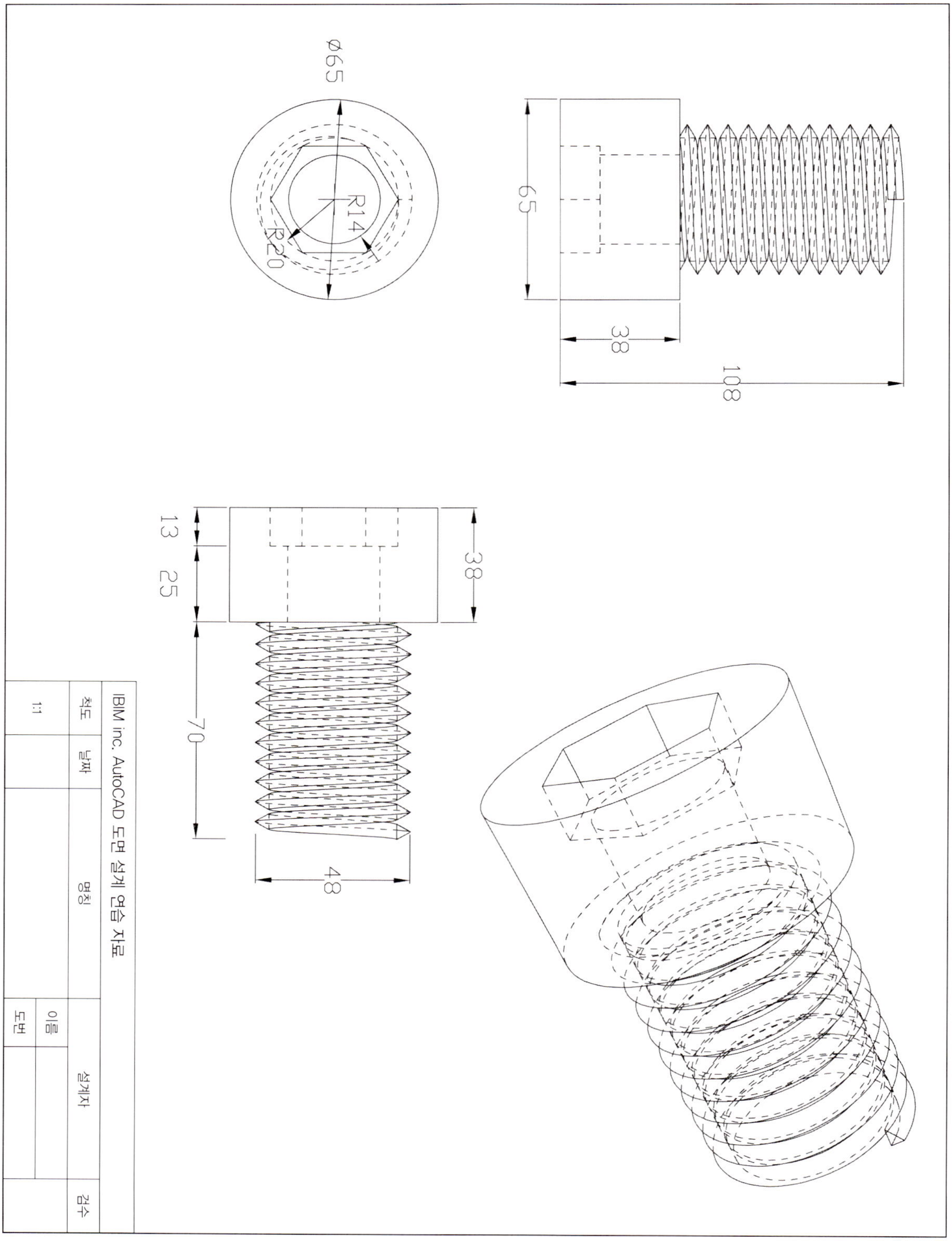
ø65
R14
R20
65
38
108
13
25
38
70
48
IBIM inc. AutoCAD 도면 설계 연습 자료
척도
1:1
날짜
명칭
이름
도번
설계자
검수

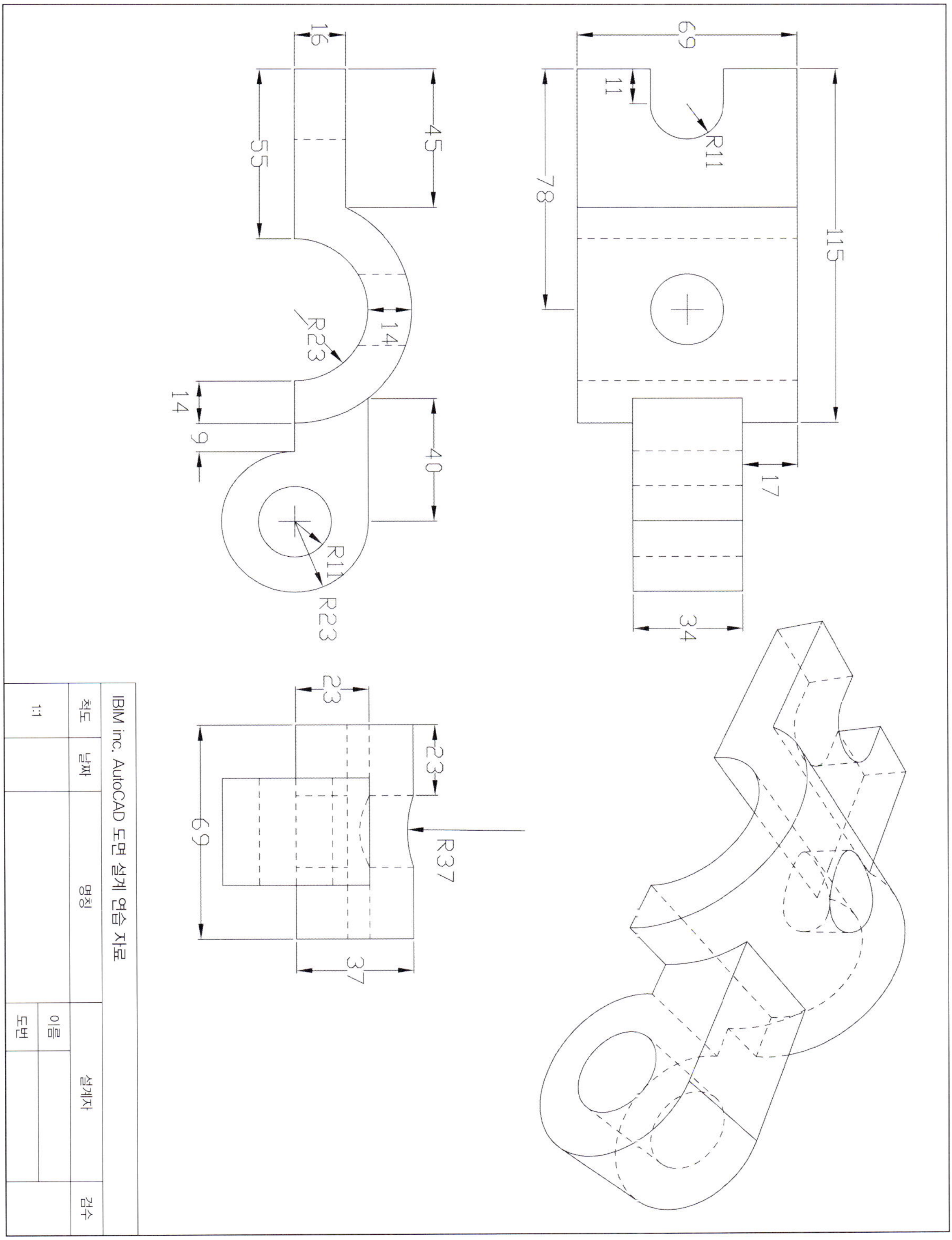

16
55
45
R23
14
14
9
69
11
R11
78
115
17
34
40
23
23
69
R37
37
R11
R23
IBM inc. AutoCAD 도면 설계 연습 자료
척도
날짜
명칭
이름
도번
검수
1:1
설계자

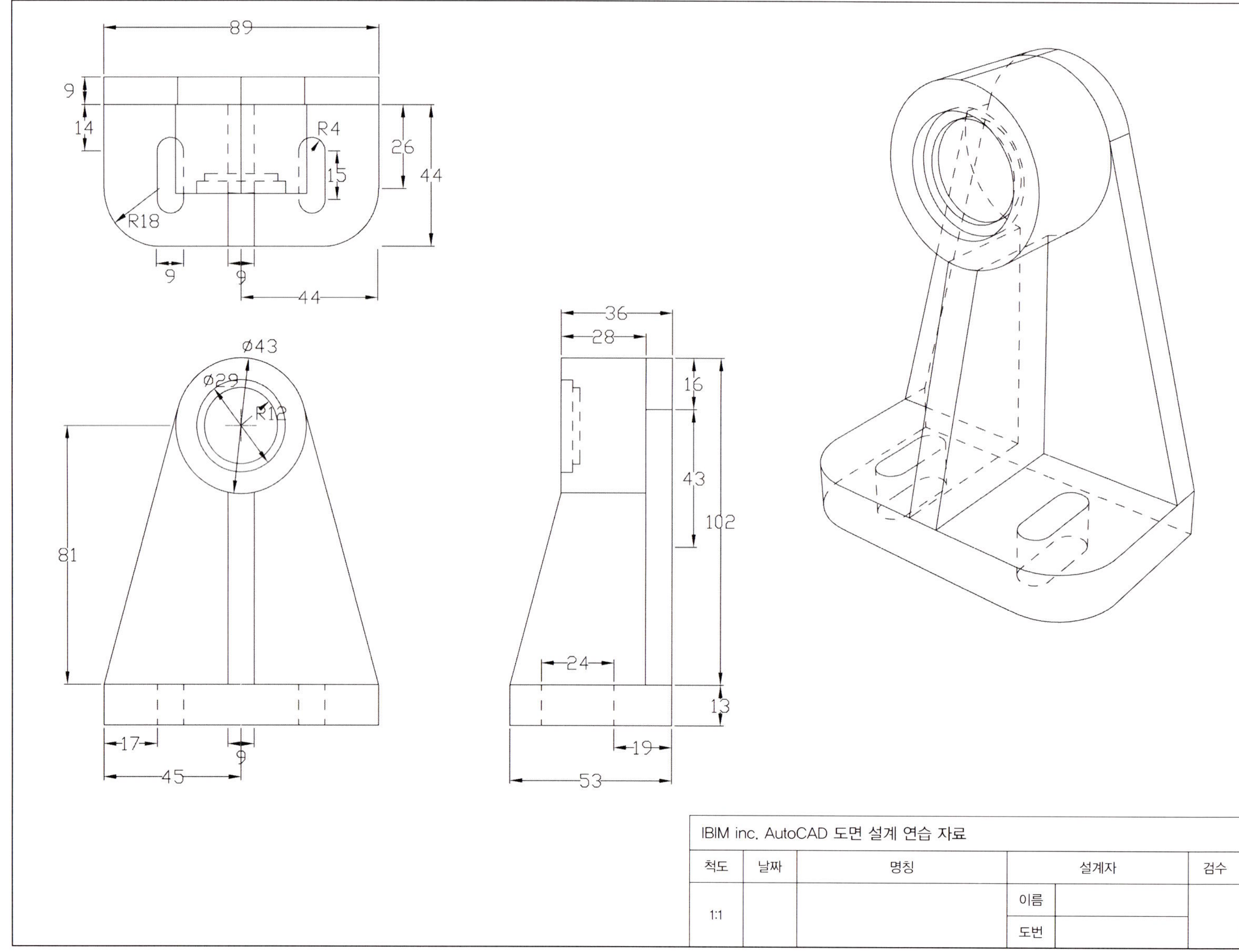
IBIM inc. AutoCAD 도면 설계 연습 자료
척도
날짜
명칭
설계자
검수
이름
도번
1:1

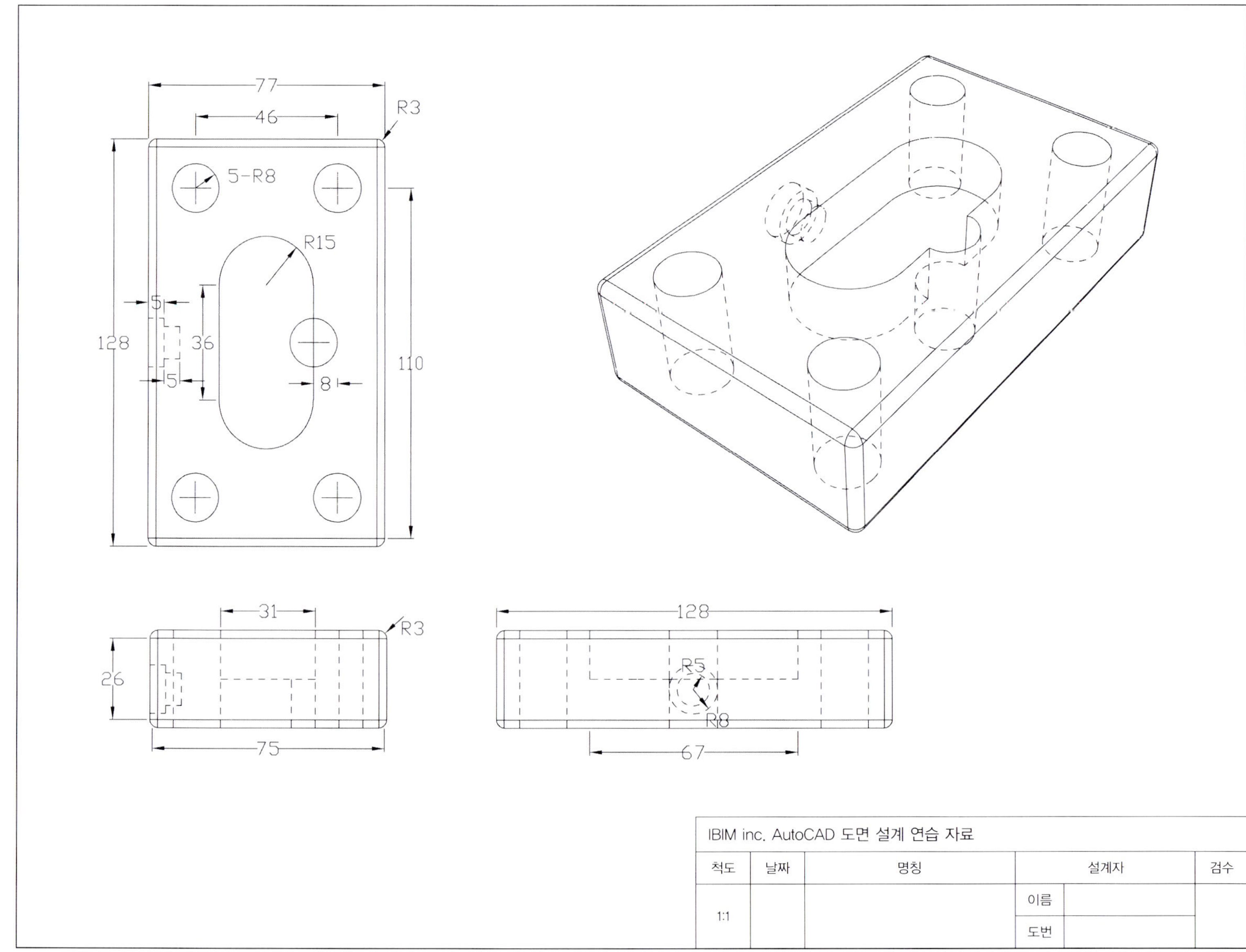
77
46
R3
5-R8
R15
128
5
36
5
8
110
31
R3
26
75
128
R5
R8
67
IBIM inc. AutoCAD 도면 설계 연습 자료
척도
날짜
명칭
설계자
검수
이름
도번
1:1

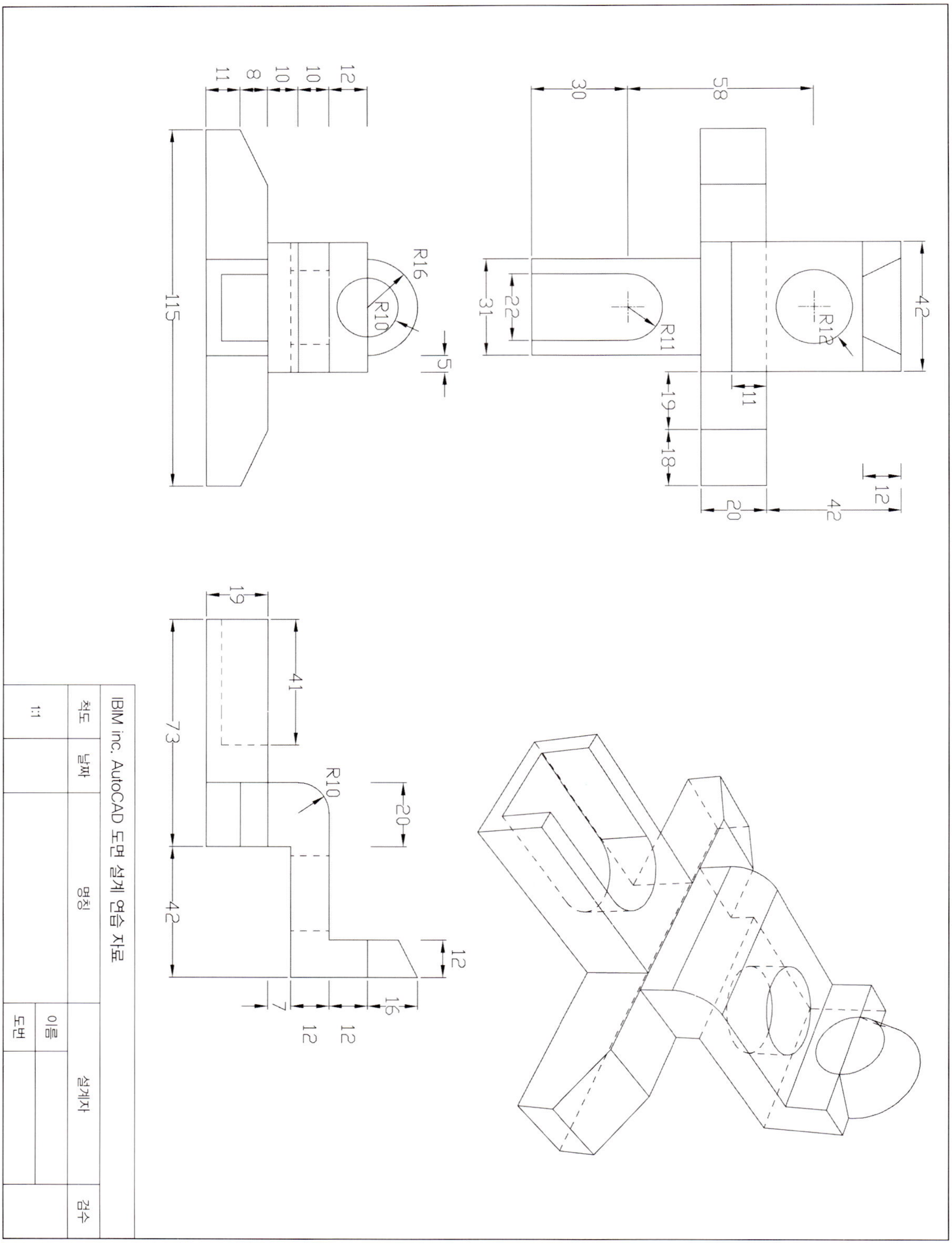

11
8
10
10
12
115
R16
R10
5
30
58
22
31
R11
42
R12
19
18
11
12
20
42
19
41
73
R10
20
42
12
16
7
12
12
IBIM inc. AutoCAD 도면 설계 연습 자료
척도
날짜
명칭
1:1
도면
이름
설계자
검수

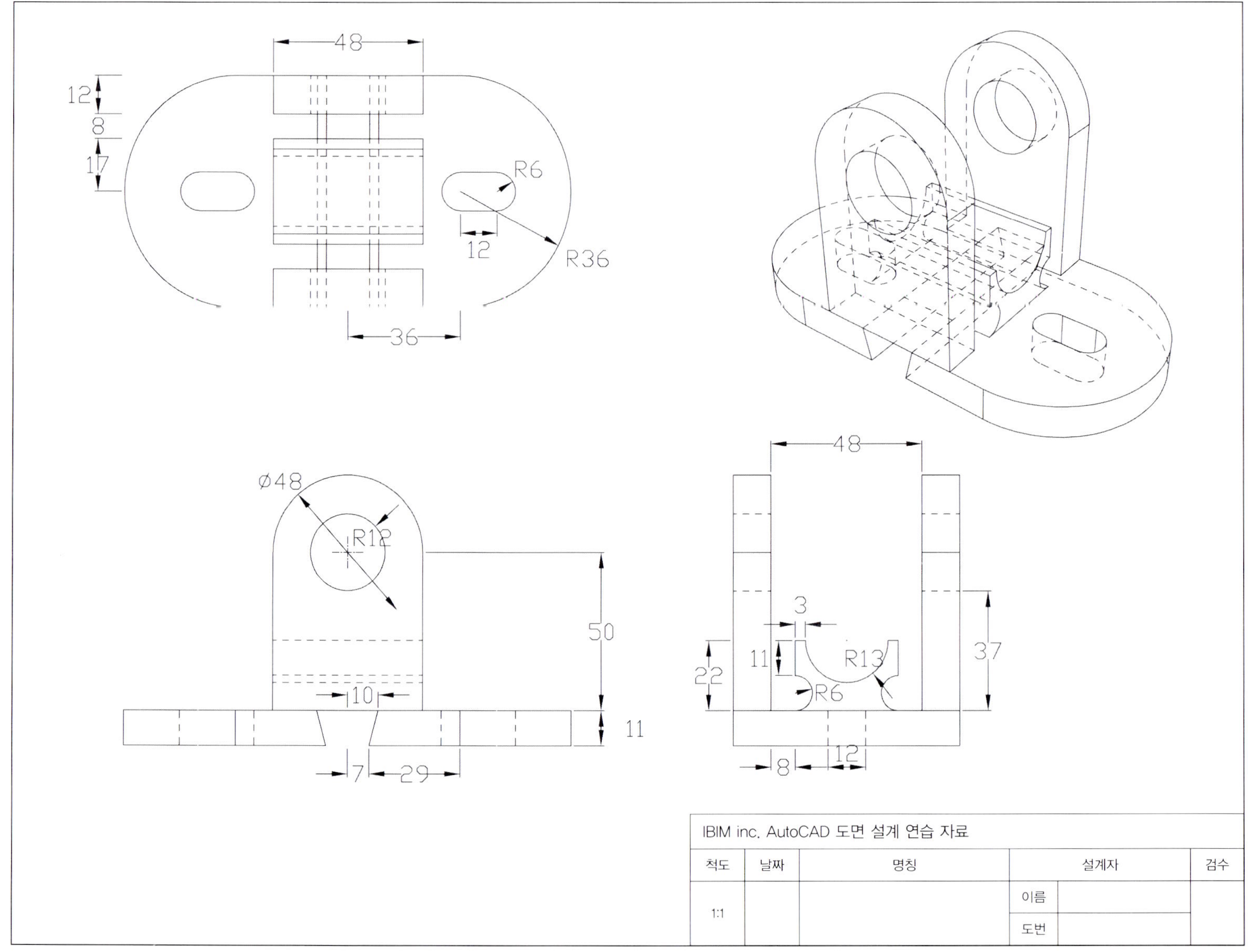

48
12
8
17
R6
12
R36
36
Ø48
R12
50
10
11
7
29
48
3
11
R13
22
R6
37
8
12
IBIM inc. AutoCAD 도면 설계 연습 자료
척도
날짜
명칭
설계자
검수
이름
도번
1:1

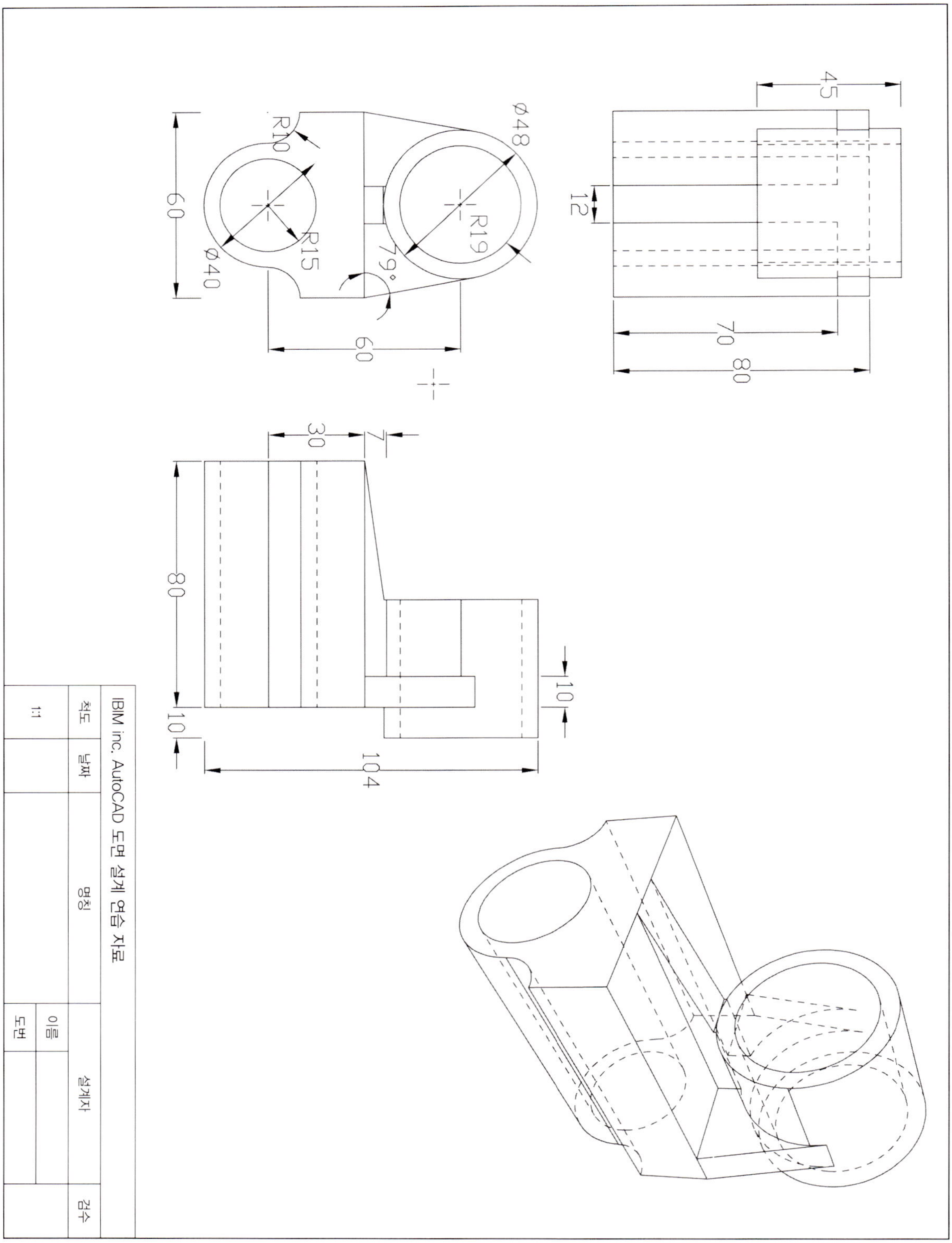

∅48
R10
R15
R19
∅40
60
60
79°
45
12
70
80
30
80
10
10
104
10
IBIM inc. AutoCAD 도면 설계 연습 자료
척도
날짜
명칭
도번
이름
설계자
접수
1:1

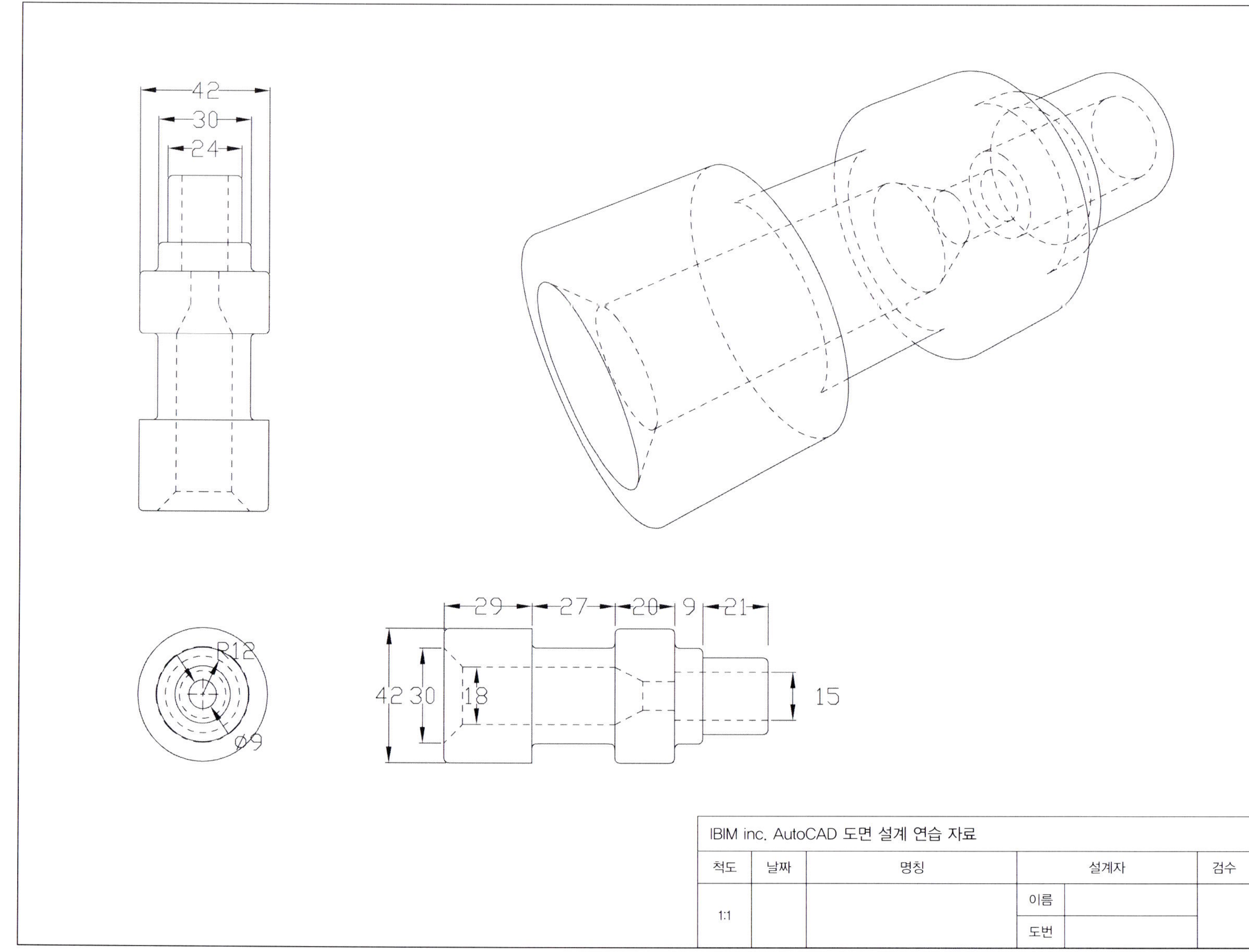
42
30
24
R12
∅9
29
27
20
9
21
42 30
18
15
IBIM inc. AutoCAD 도면 설계 연습 자료
척도
날짜
명칭
설계자
검수
이름
도번
1:1

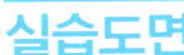

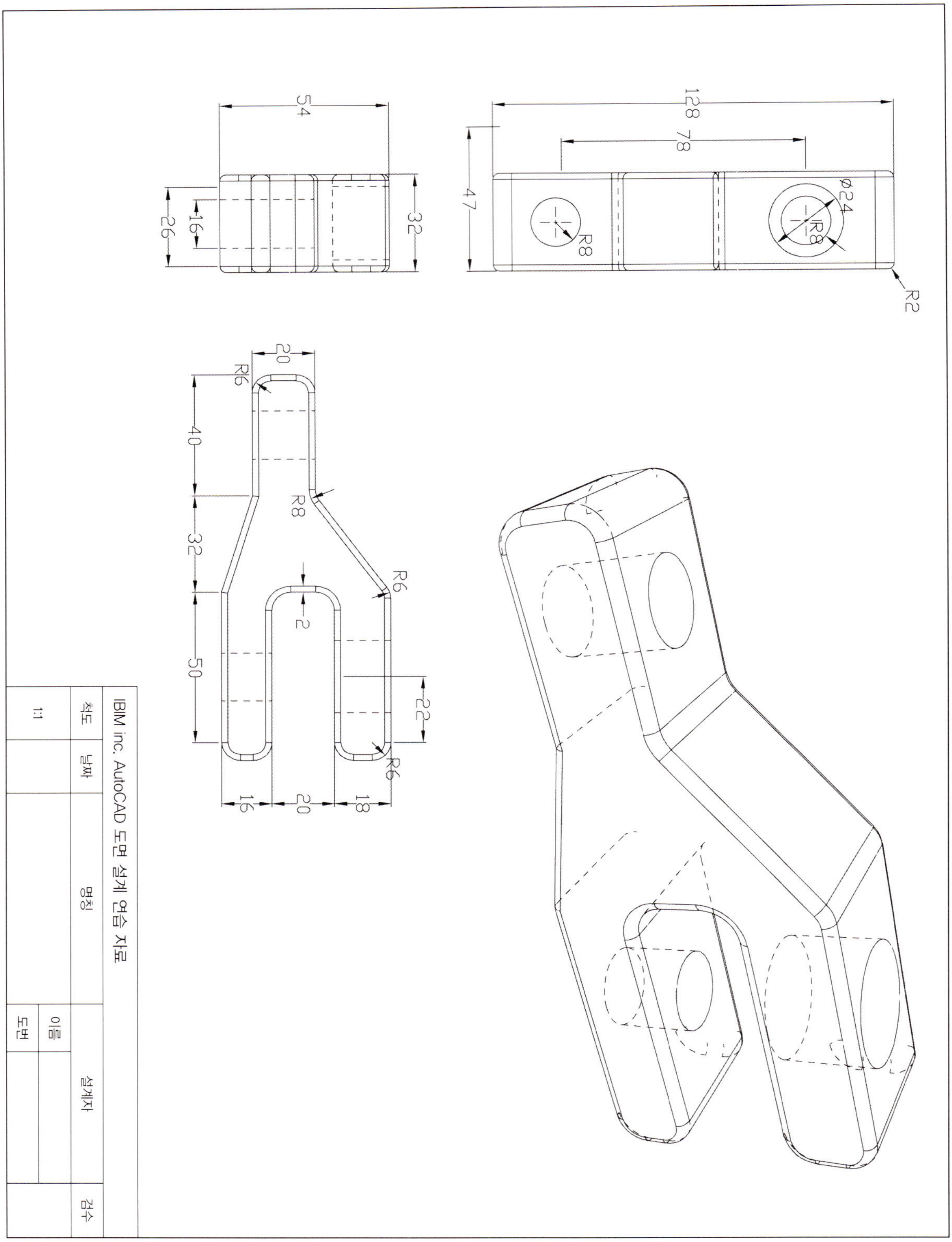
54
32
26
16
128
78
47
ø24
R8
R8
R2
20
R6
40
R8
32
R6
2
50
22
R6
16
20
18
IBIM inc. AutoCAD 도면 설계 연습 자료
척도
1:1
날짜
명칭
설계자
이름
도번
검수

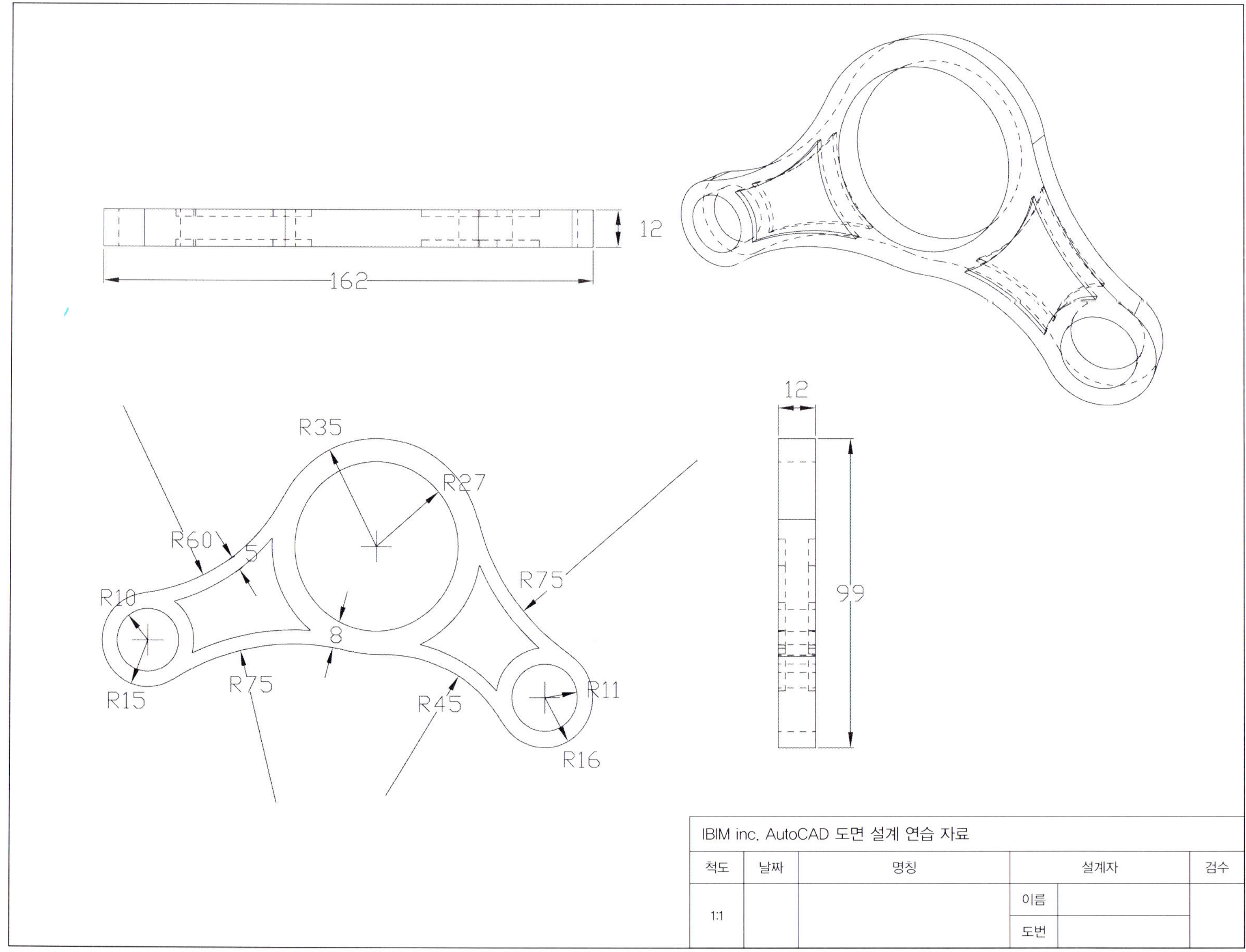
162
12
R35
R27
R60
5
R75
R10
R15
R75
8
R45
R16
R11
12
99
IBIM inc. AutoCAD 도면 설계 연습 자료
척도
날짜
명칭
설계자
검수
이름
도번
1:1

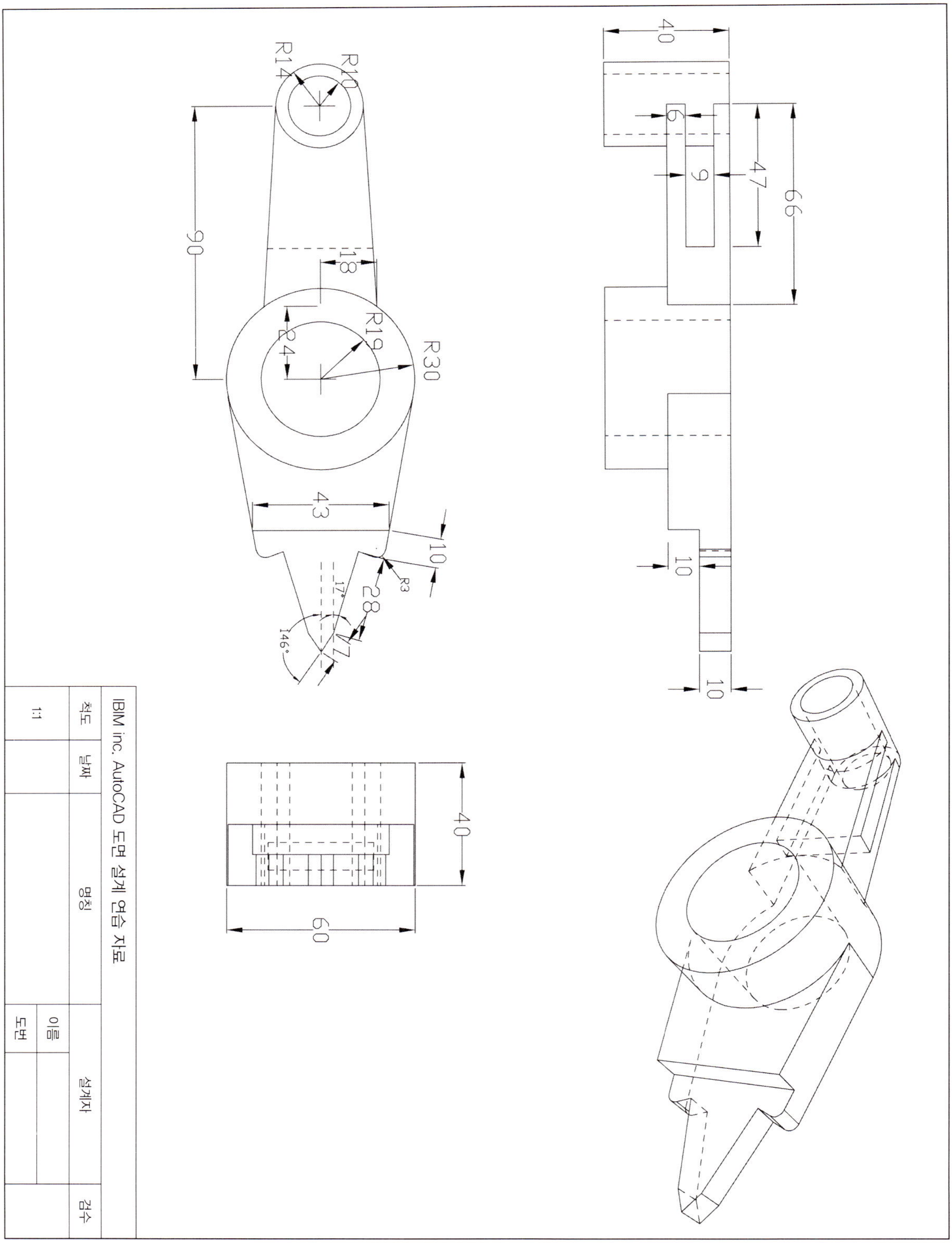

R14
R10
90
18
24
R19
R30
43
R3
10
17°
28
17
146°
40
6
9
47
66
10
10
10
40
60
IBM inc. AutoCAD 도면 설계 연습 자료
척도
1:1
날짜
명칭
이름
도면
설계자
접수

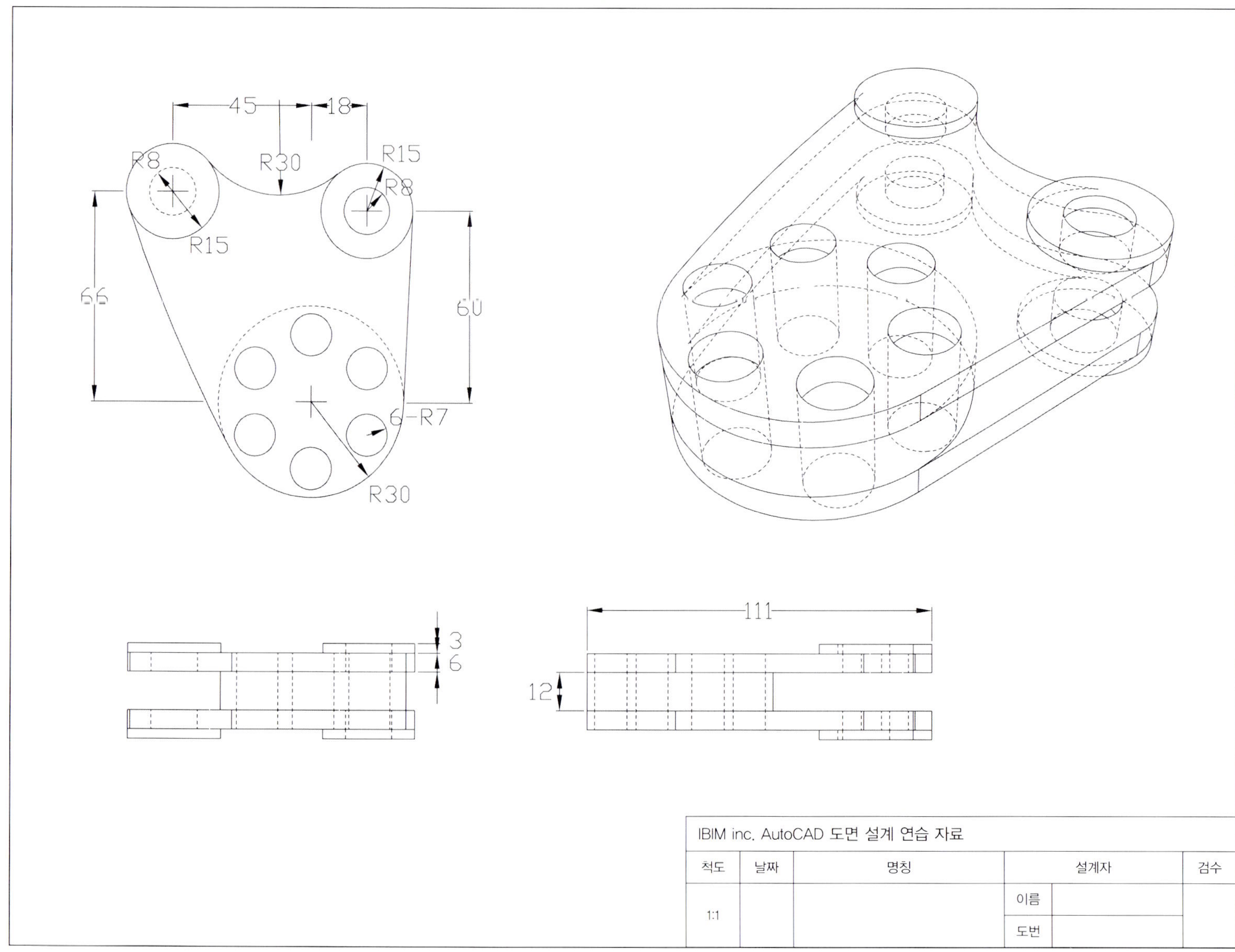
45
18
R8
R30
R15
R8
R15
66
60
6-R7
R30
3
6
111
12
IBIM inc. AutoCAD 도면 설계 연습 자료
척도
날짜
명칭
설계자
검수
1:1
이름
도번

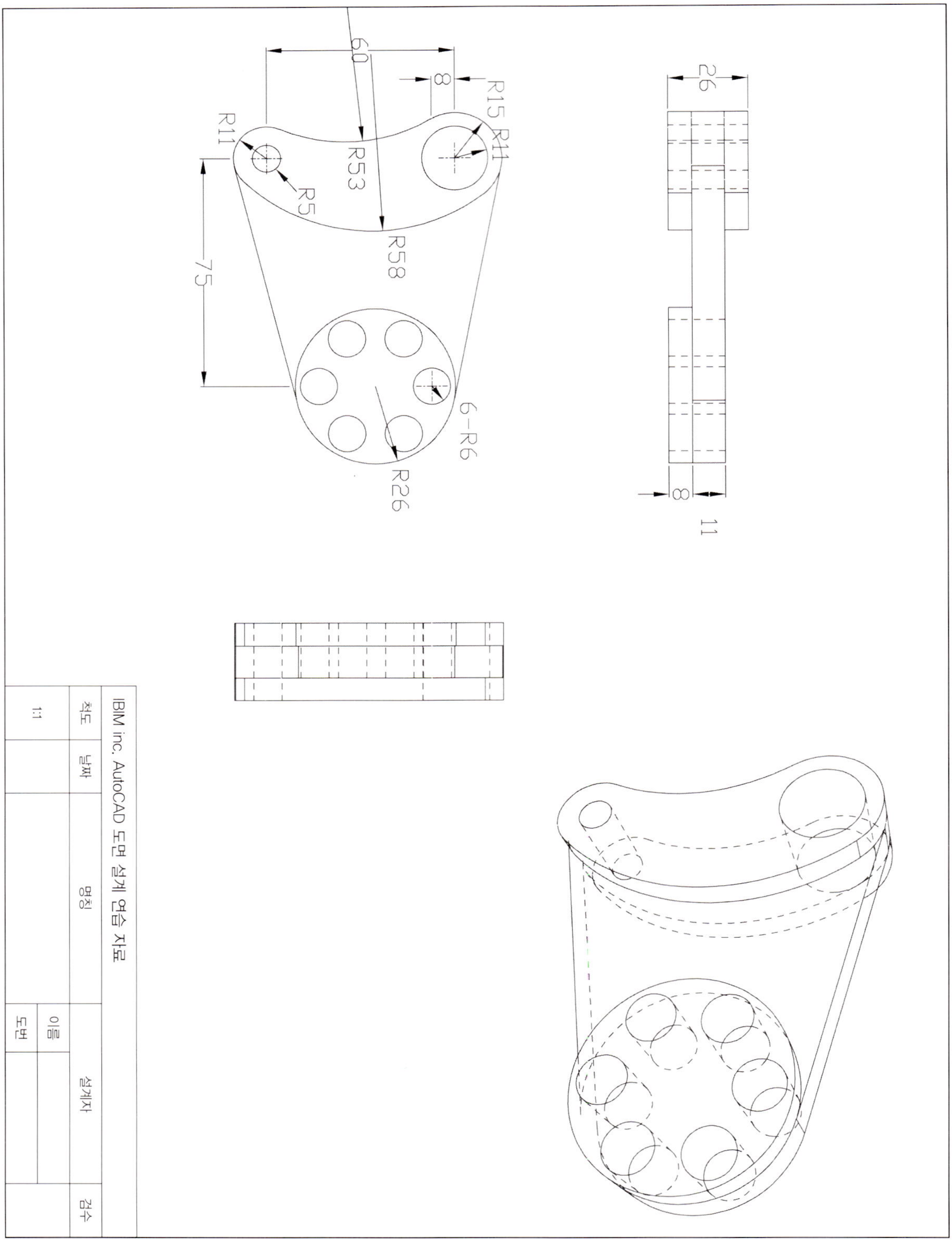

60
8
R15 R11
R11
R5
R53
R58
75
6-R6
R26
26
8
11
IBM inc. AutoCAD 도면 설계 연습 자료
척도
1:1
날짜
명칭
도번
이름
설계자
검수

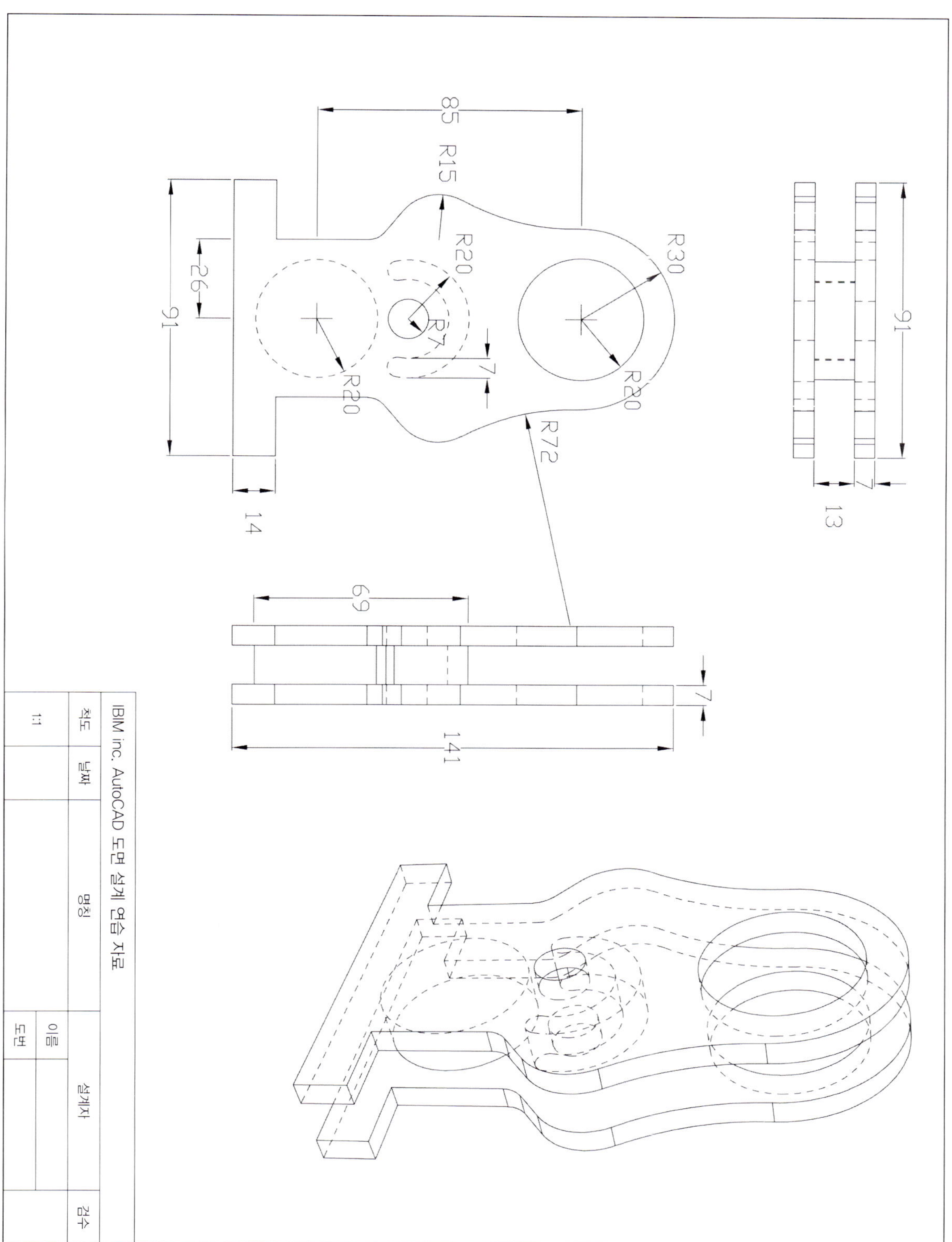

85
R15
R20
R30
R7
26
91
R20
R20
7
R72
14
69
141
7
91
13
IBM inc. AutoCAD 도면 설계 연습 자료
척도
날짜
명칭
이름
도번
검수
설계자
1:1

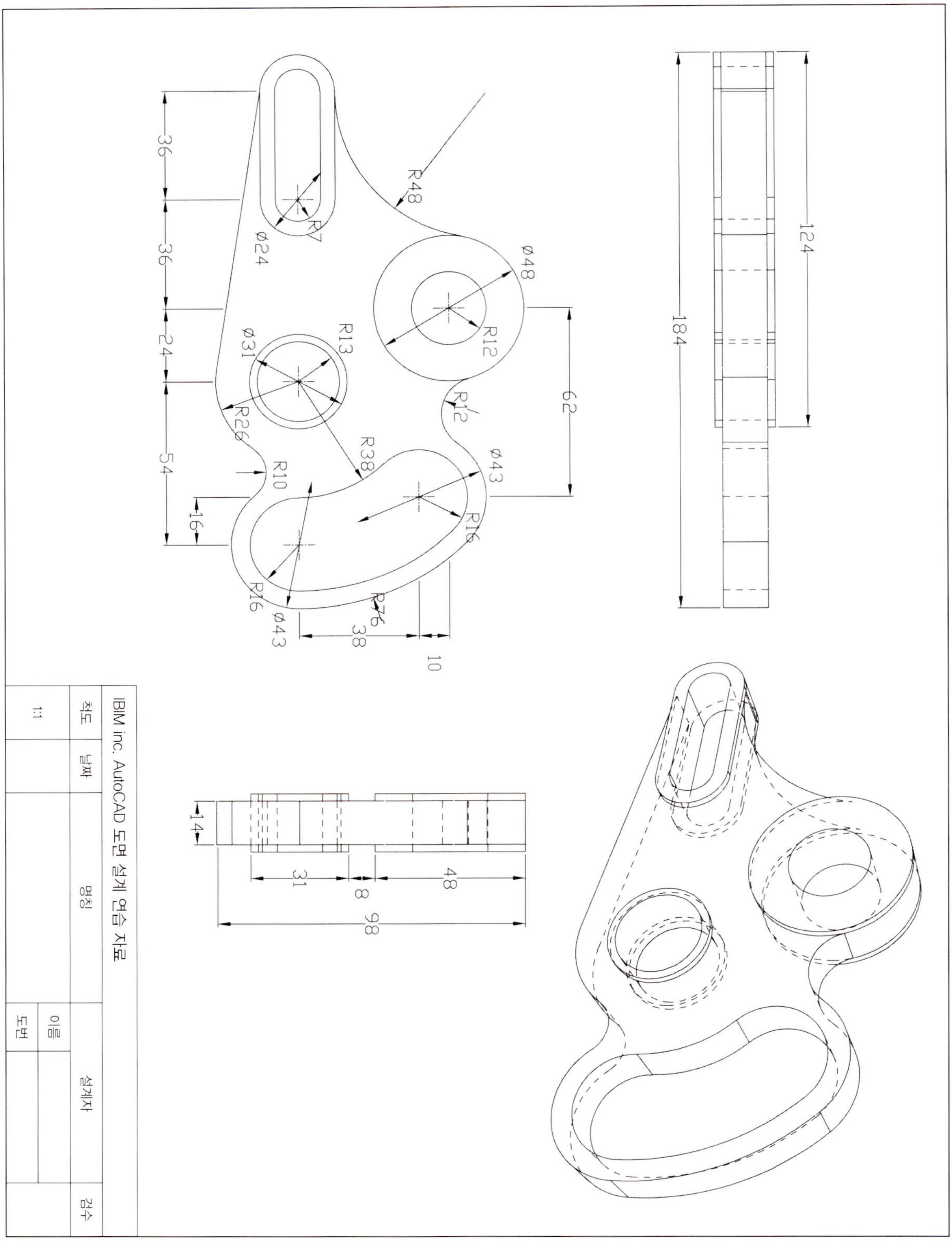

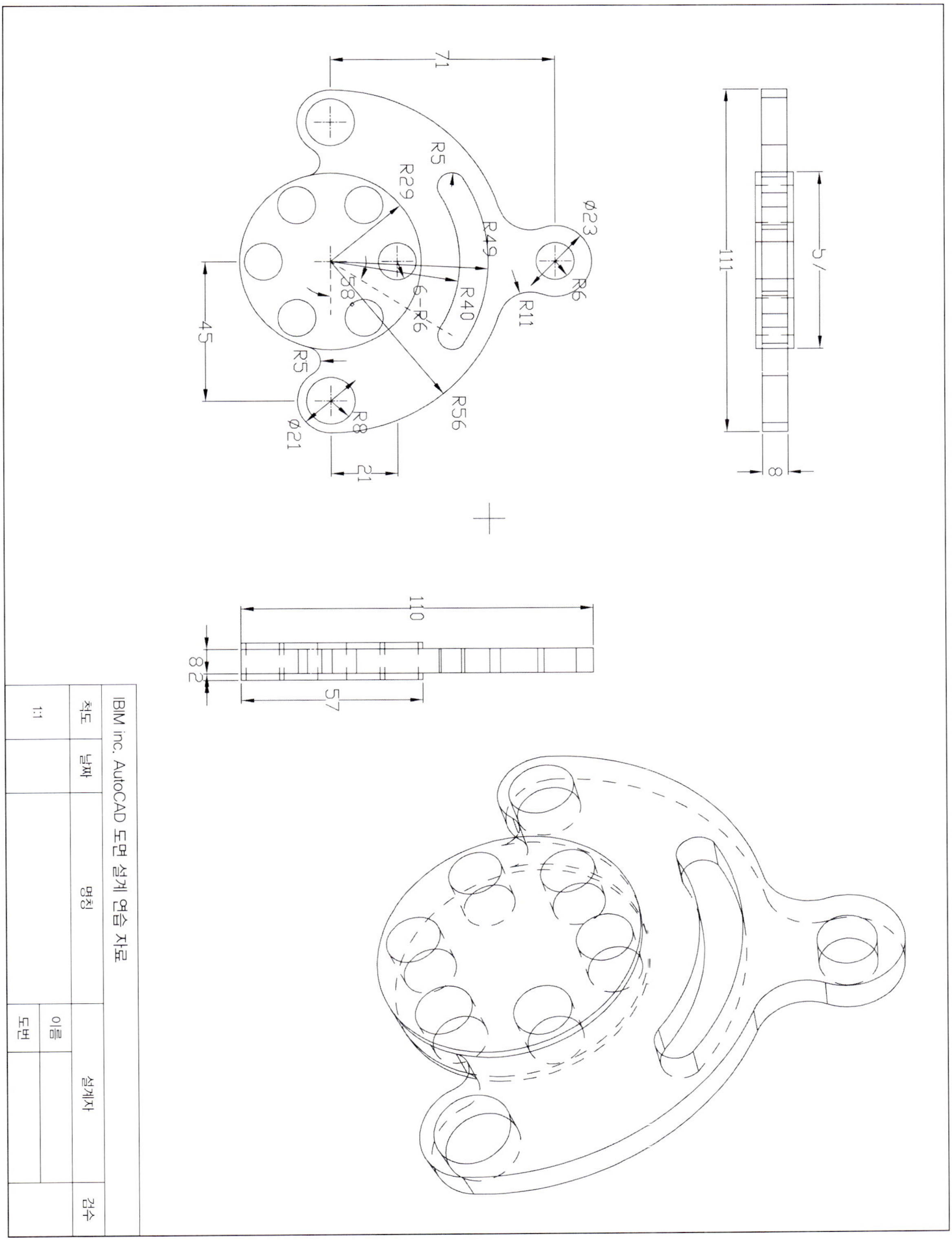

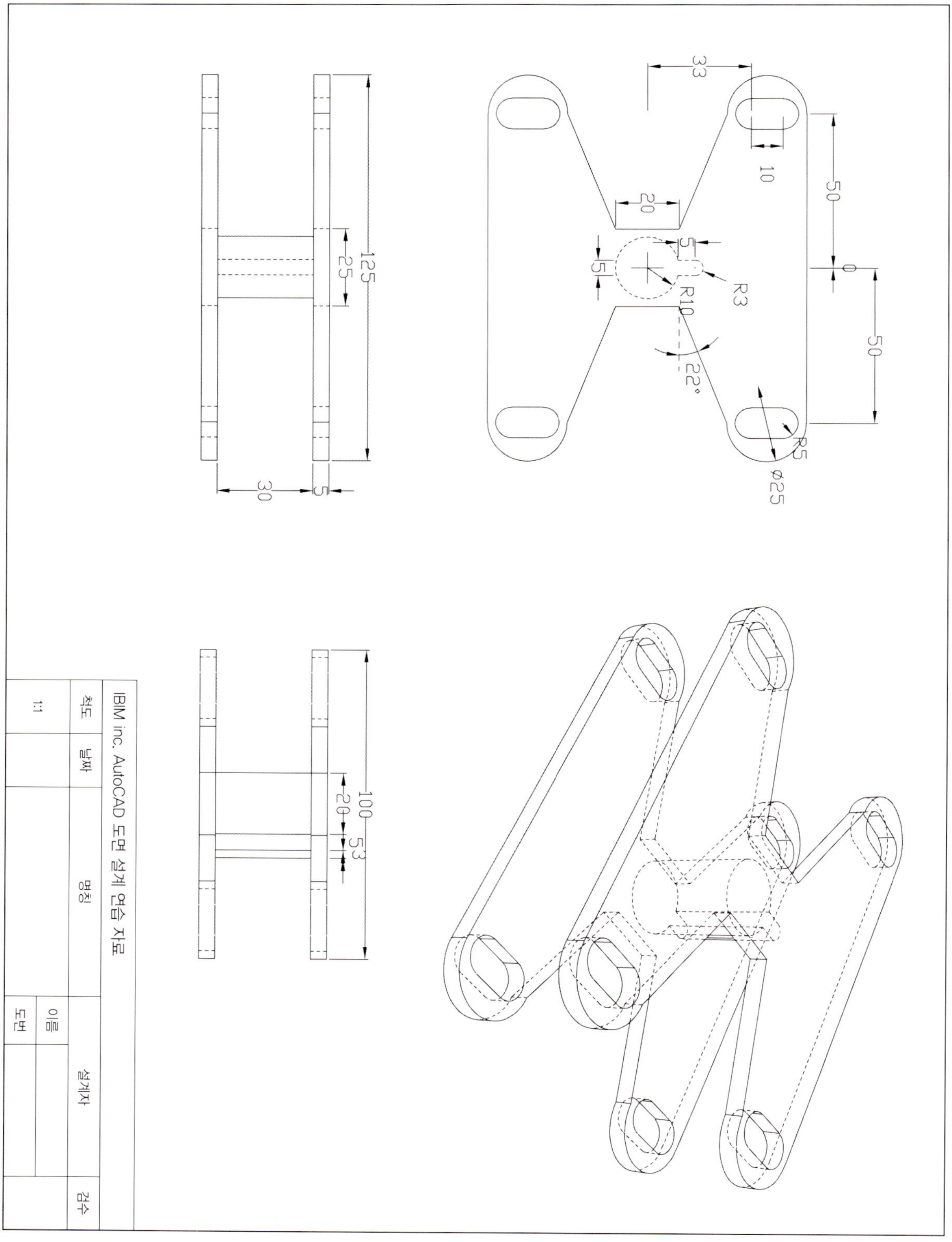
33
10
50
20
5
5
R3
R10
22°
50
R5
ø25
125
25
30
5
100
20
5
3
IBIM inc. AutoCAD 도면 설계 연습 자료
척도
1:1
날짜
명칭
이름
도번
설계자
검수

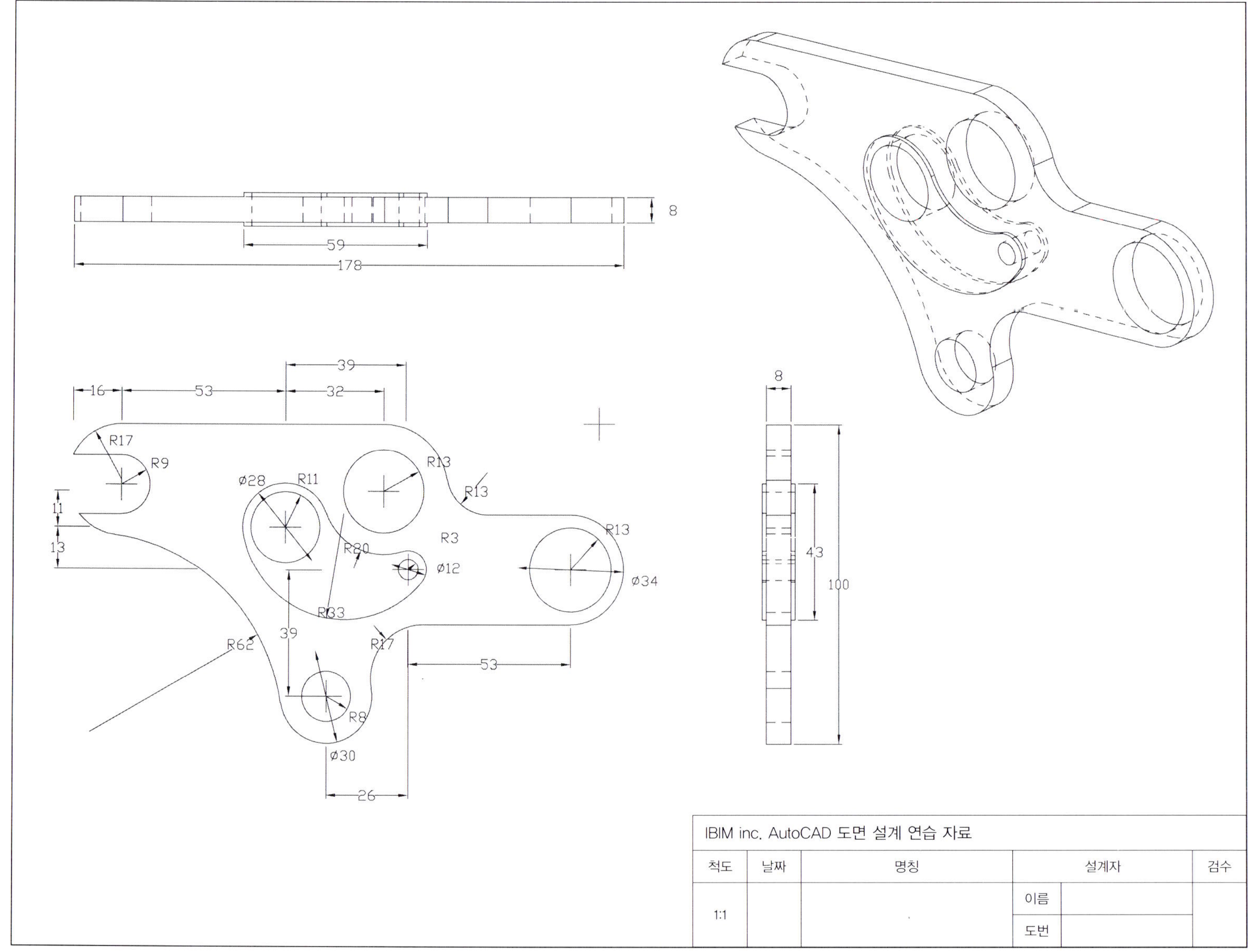
178
59
8
39
53
32
16
R17
R9
11
13
Ø28
R11
R13
R13
R80
R3
Ø12
R33
R13
Ø34
R62
39
R17
53
R8
Ø30
26
8
43
100
IBIM inc, AutoCAD 도면 설계 연습 자료
척도
날짜
명칭
설계자
검수
이름
도번
1:1

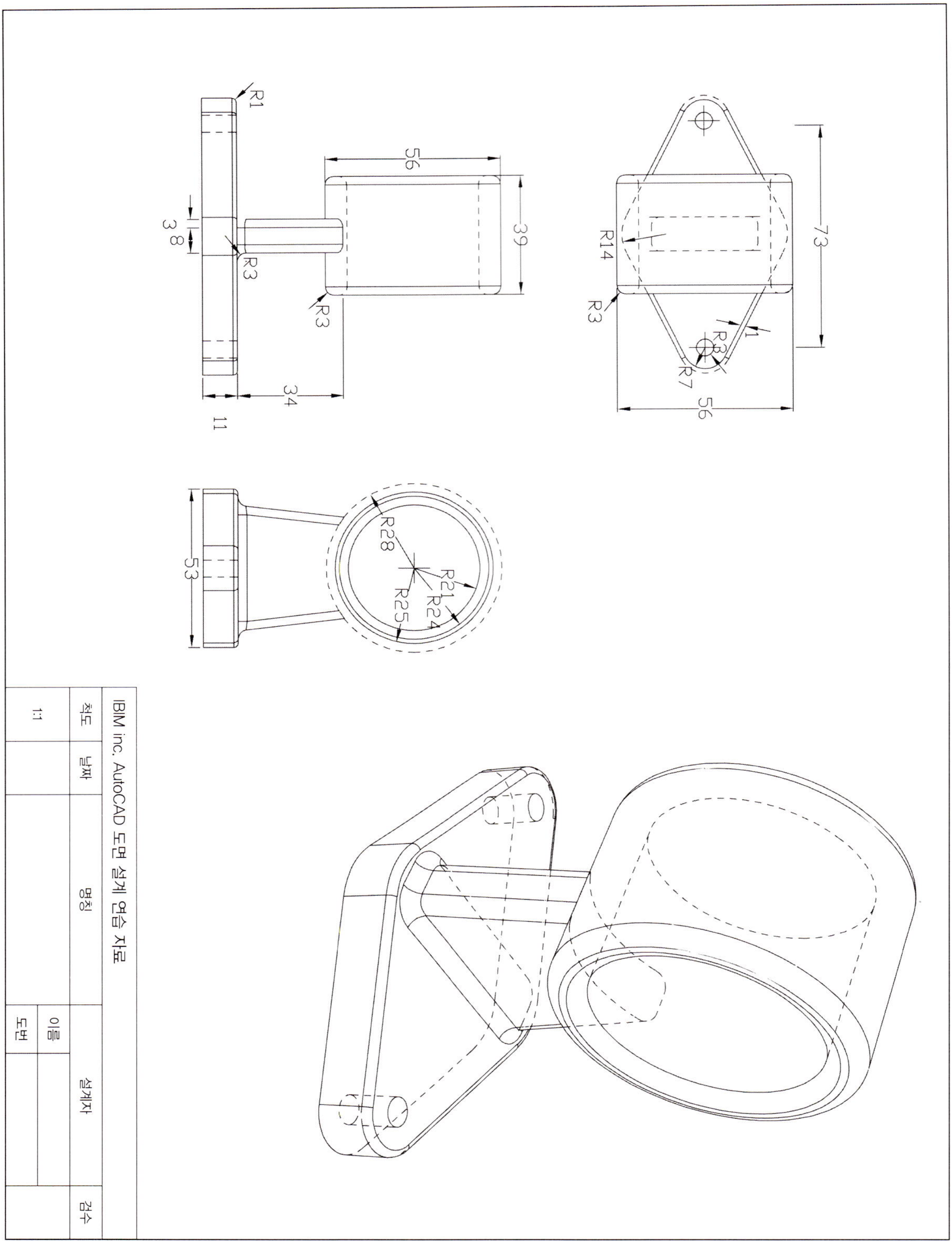

IBIM inc. AutoCAD 도면 설계 연습 자료
척도
1:1
날짜
명칭
도번
이름
설계자
검수
R1
R3
R3
56
39
34
11
3 8
R14
R3
R3
R7
73
56
53
R28
R21
R24
R25

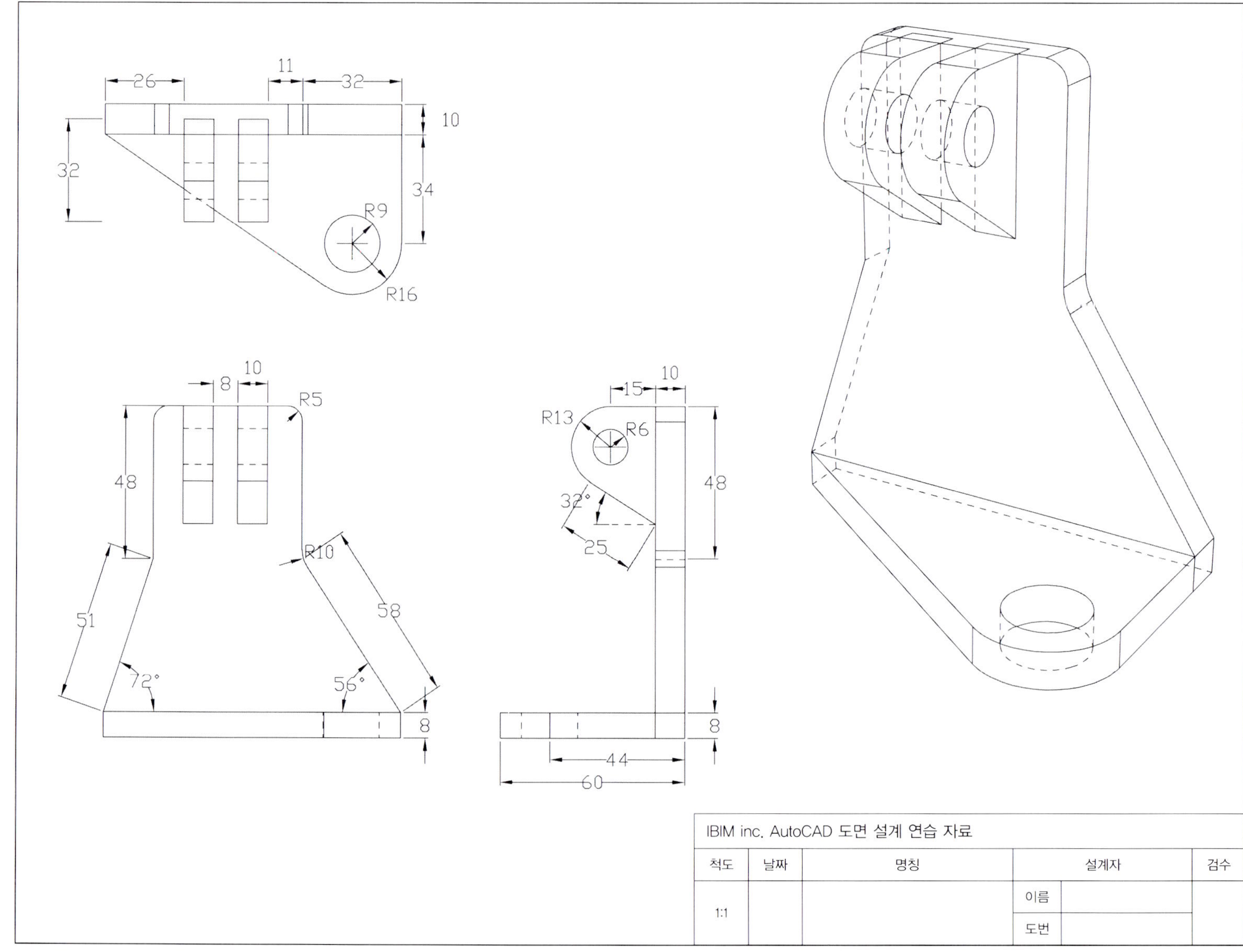
IBIM inc. AutoCAD 도면 설계 연습 자료
척도
날짜
명칭
설계자
검수
1:1
이름
도번

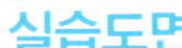

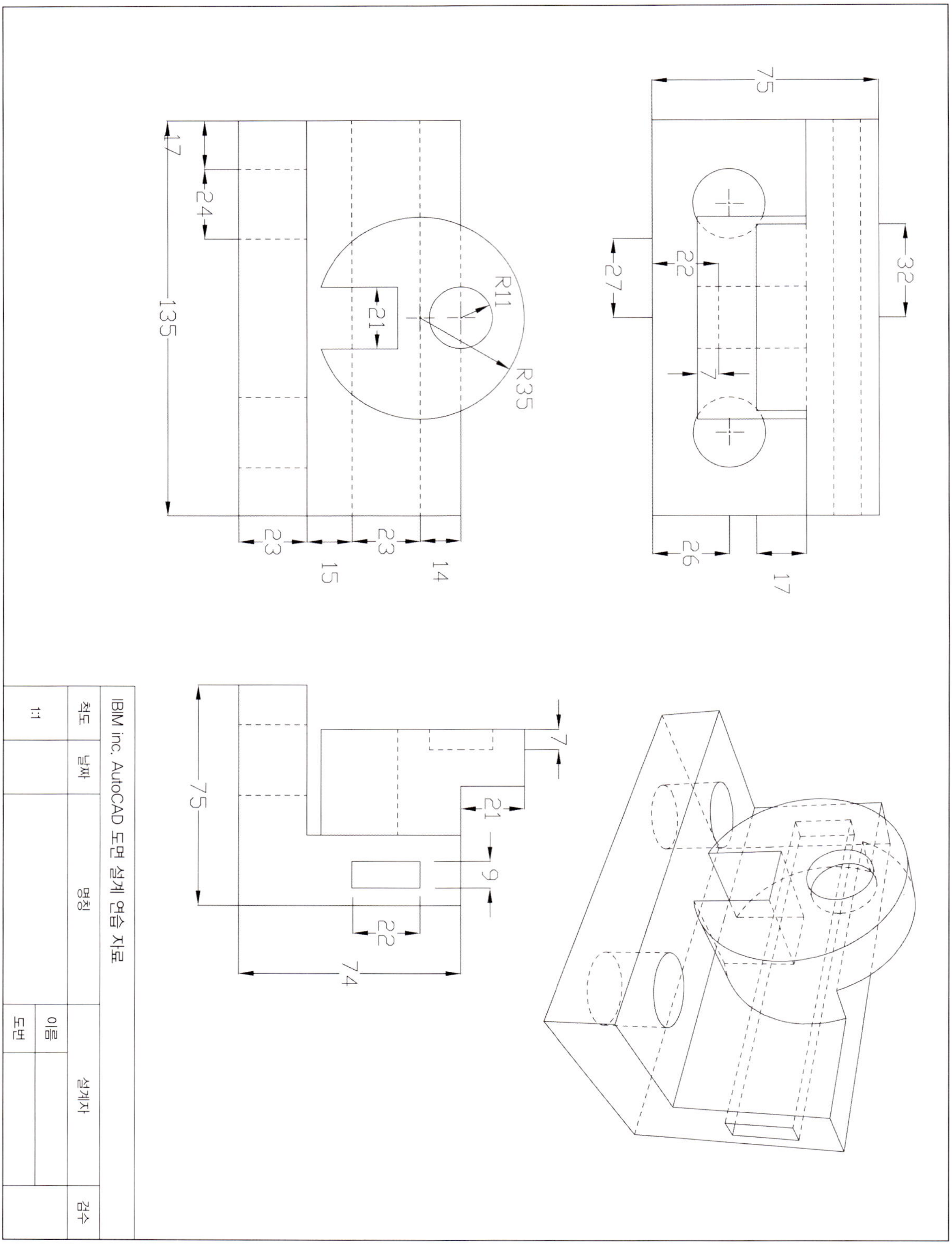
75
17
24
135
R11
21
R35
23
15
23
14
32
27
22
7
26
17
7
21
9
22
74
IBIM inc. AutoCAD 도면 설계 연습 자료
척도
1:1
날짜
명칭
설계자
검수
이름
도번

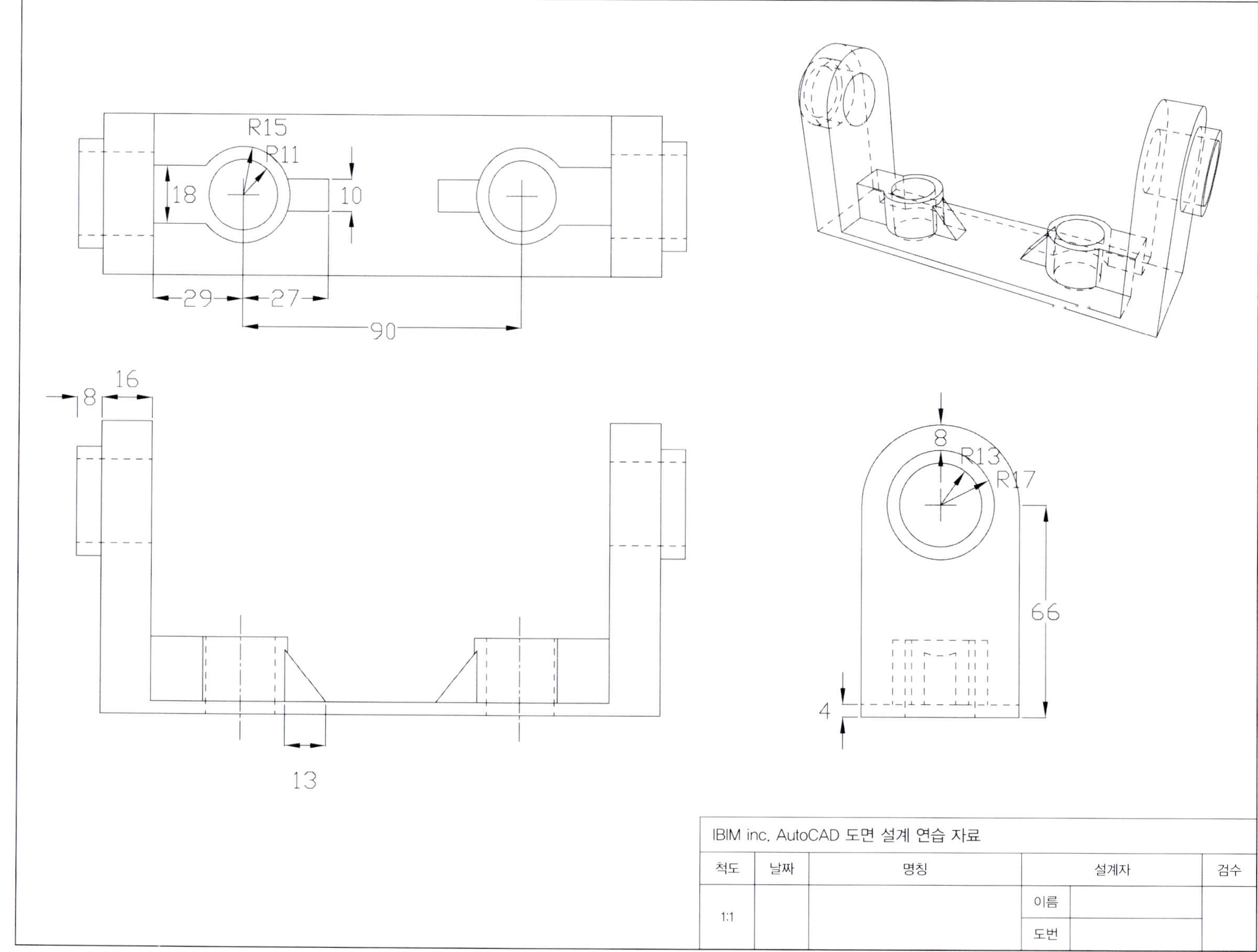
R15
R11
18
10
29
27
90
16
8
13
8
R13
R17
66
4
IBIM inc. AutoCAD 도면 설계 연습 자료
척도
날짜
명칭
설계자
검수
이름
도번
1:1

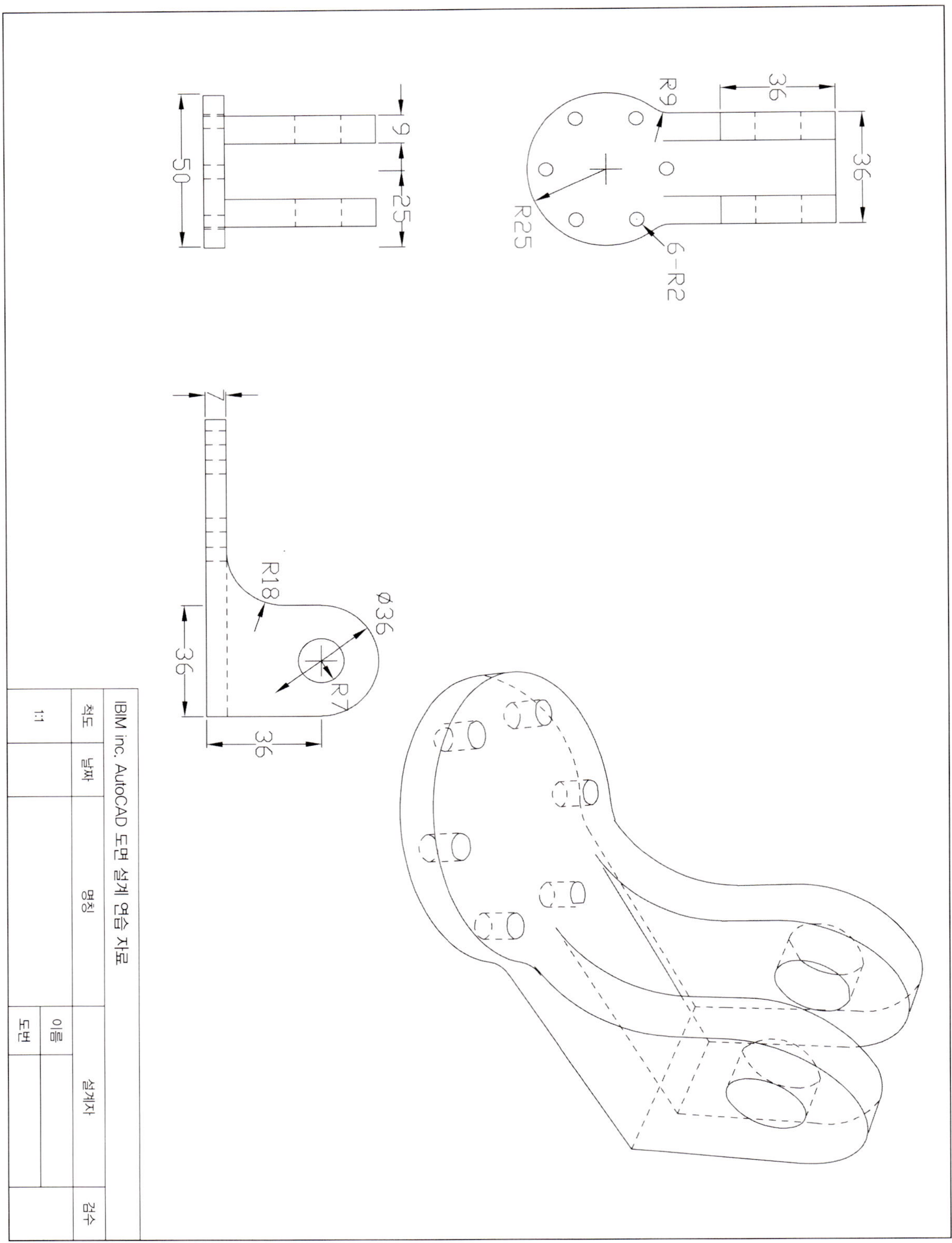
R9
36
36
R25
6-R2
50
9
25
7
R18
Ø36
R7
36
36
IBM inc. AutoCAD 도면 설계 연습 자료
척도
날짜
명칭
도번
이름
설계자
검수
1:1

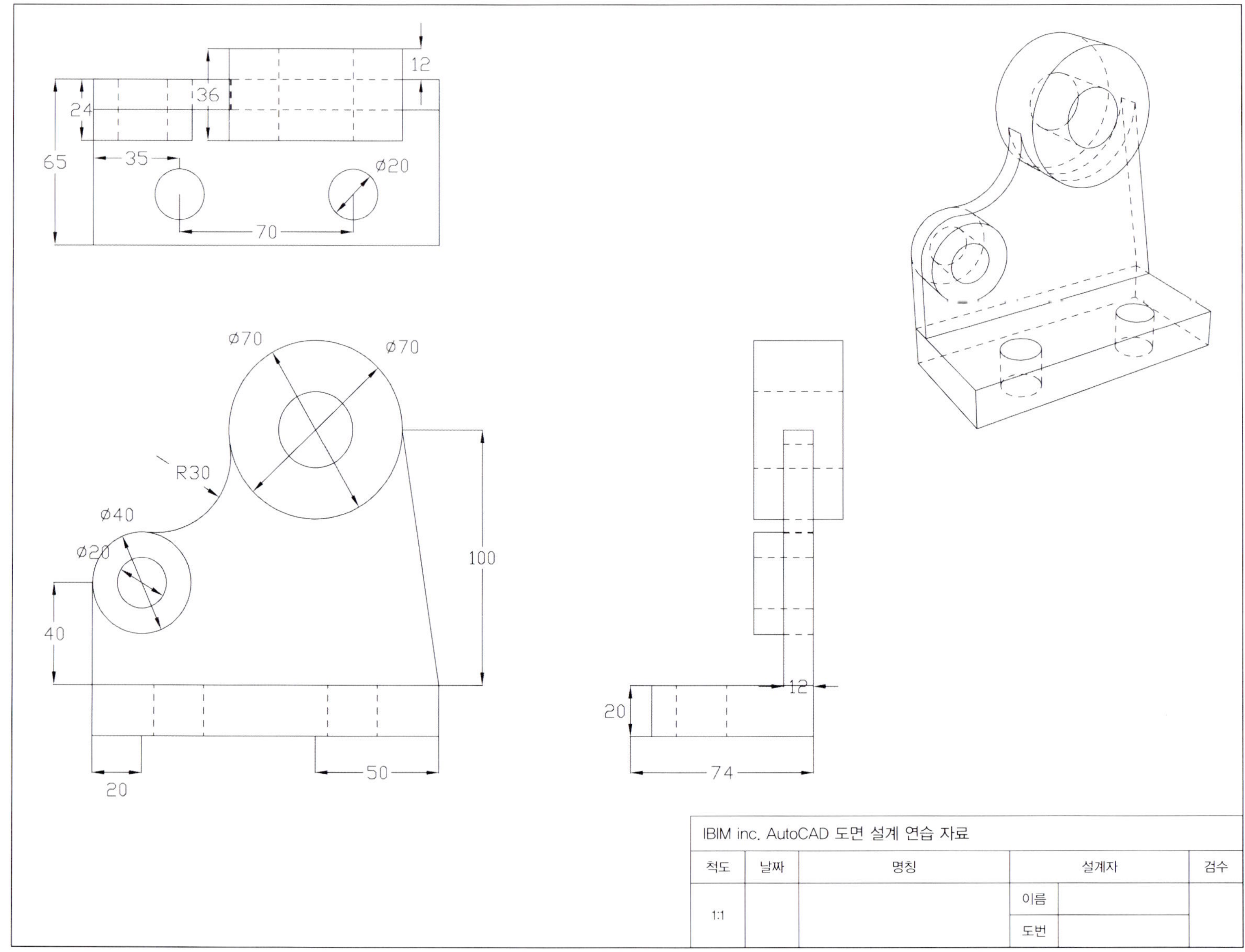

12
24
36
65
35
Ø20
70
Ø70
Ø70
R30
Ø40
Ø20
100
40
20
50
20
12
74
IBIM inc. AutoCAD 도면 설계 연습 자료
척도
날짜
명칭
설계자
검수
1:1
이름
도번

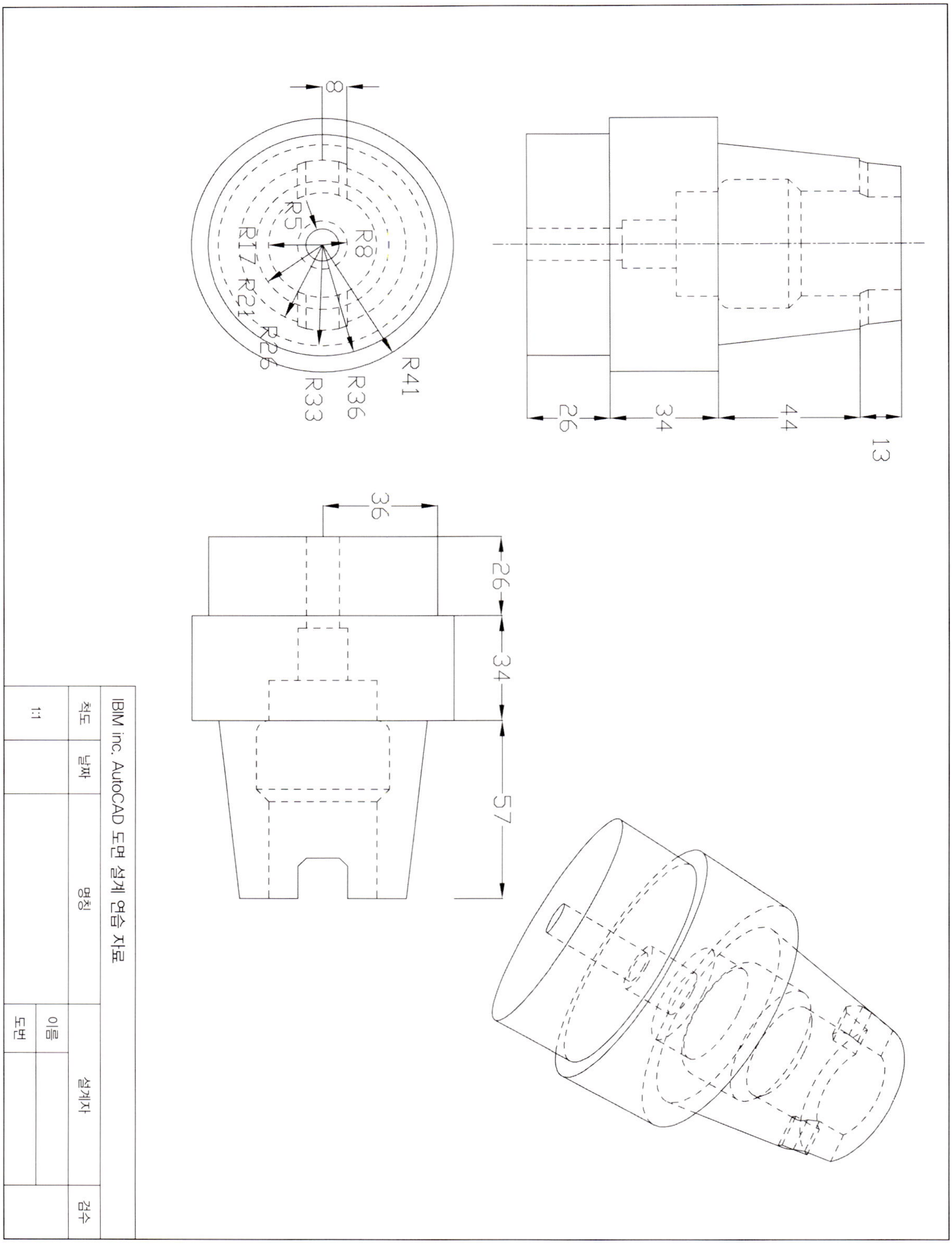

8
R5
R8
R17 R21
R26
R33
R36
R41
26
34
44
13
36
26
34
57
1:1
척도
날짜
명칭
이름
도번
설계자
검수
IBM inc. AutoCAD 도면 설계 연습 자료

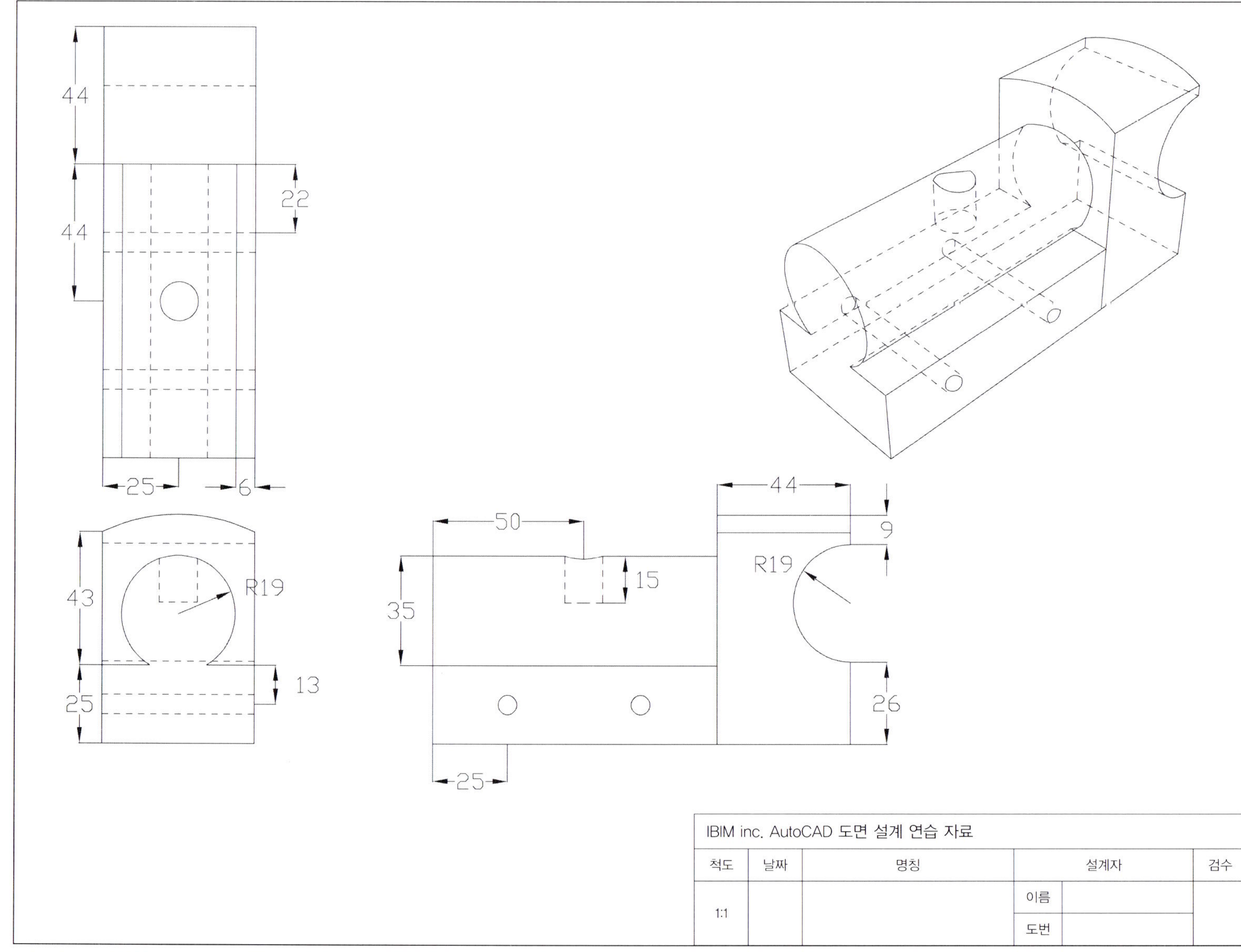

44
44
22
25
6
43
R19
25
13
50
15
35
25
44
9
R19
26
IBIM inc. AutoCAD 도면 설계 연습 자료
척도
날짜
명칭
설계자
검수
1:1
이름
도번

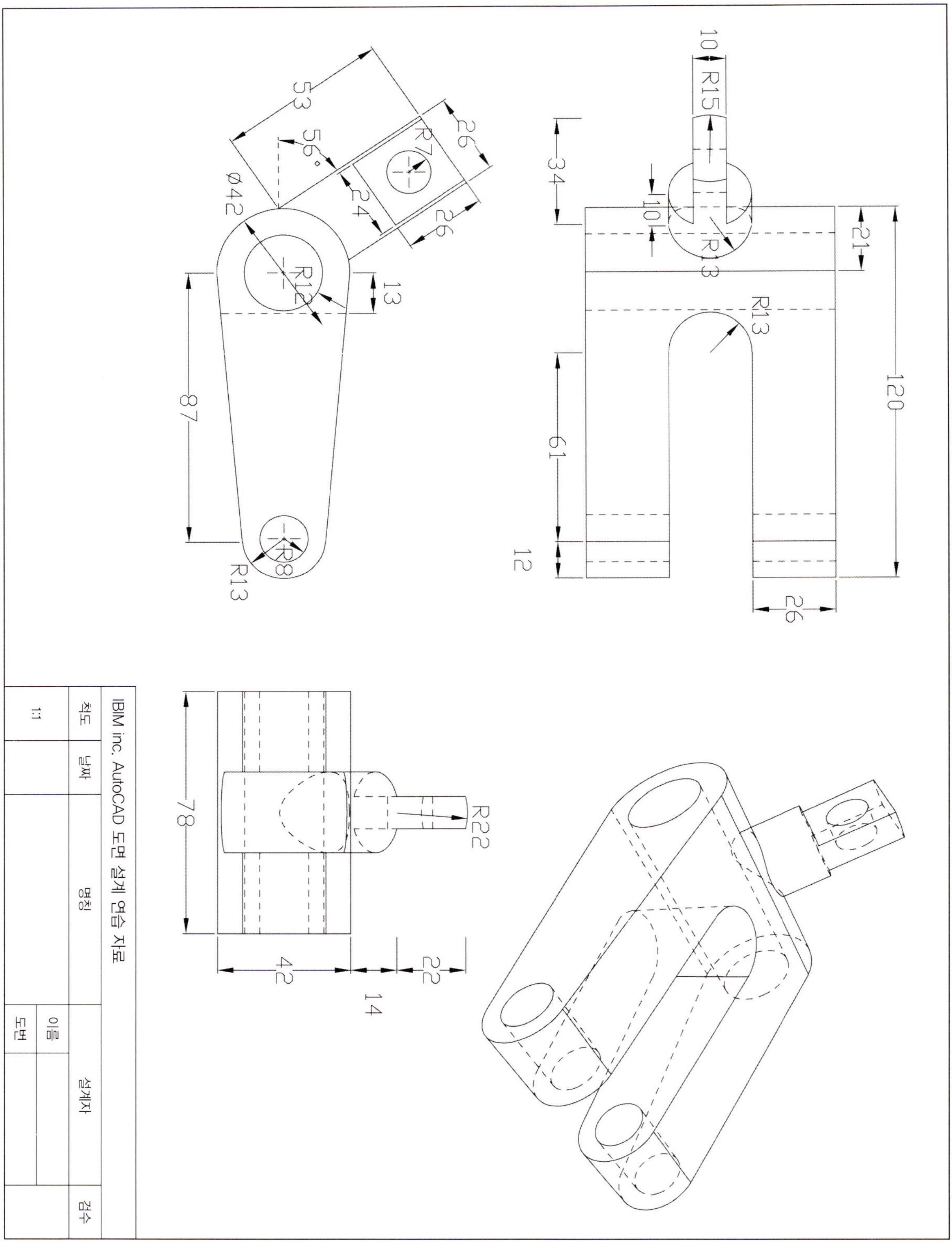

53
56°
26
ø42
R7
24
26
R12
13
87
R13
R8
10
R15
34
10
R3
R13
21
61
120
12
26
78
R22
42
22
14
IBIM inc. AutoCAD 도면 설계 연습 자료
척도
1:1
날짜
명칭
평면
설계자
이름
도면
검수

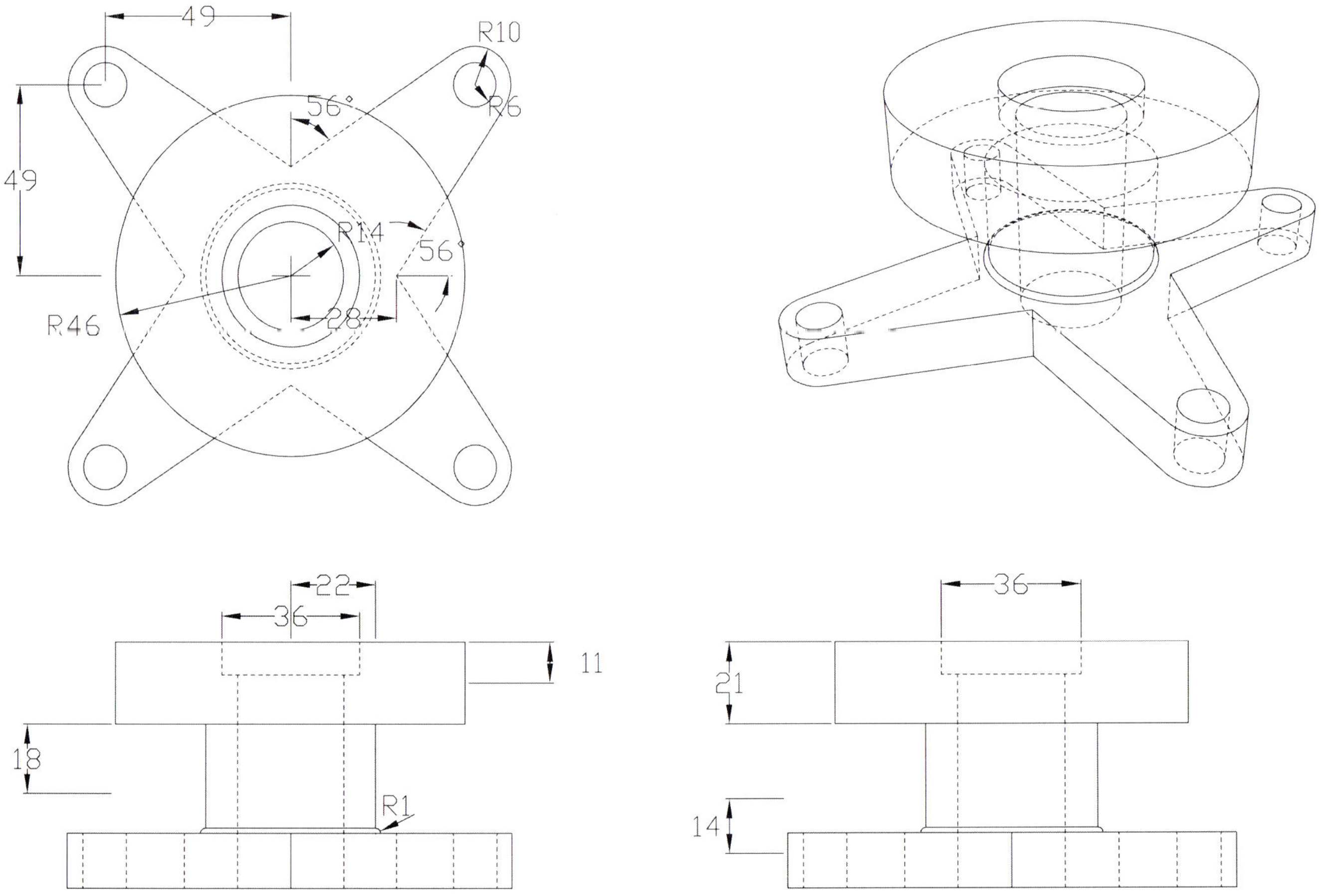

18
R46
49
49
56°
56°
R46
R14
R14
R6
R10
28
36
22
R1
11
14
21
36
IBM inc. AutoCAD 도면 설계 연습 자료
척도
1:1
날짜
명칭
이름
도번
설계자
검수

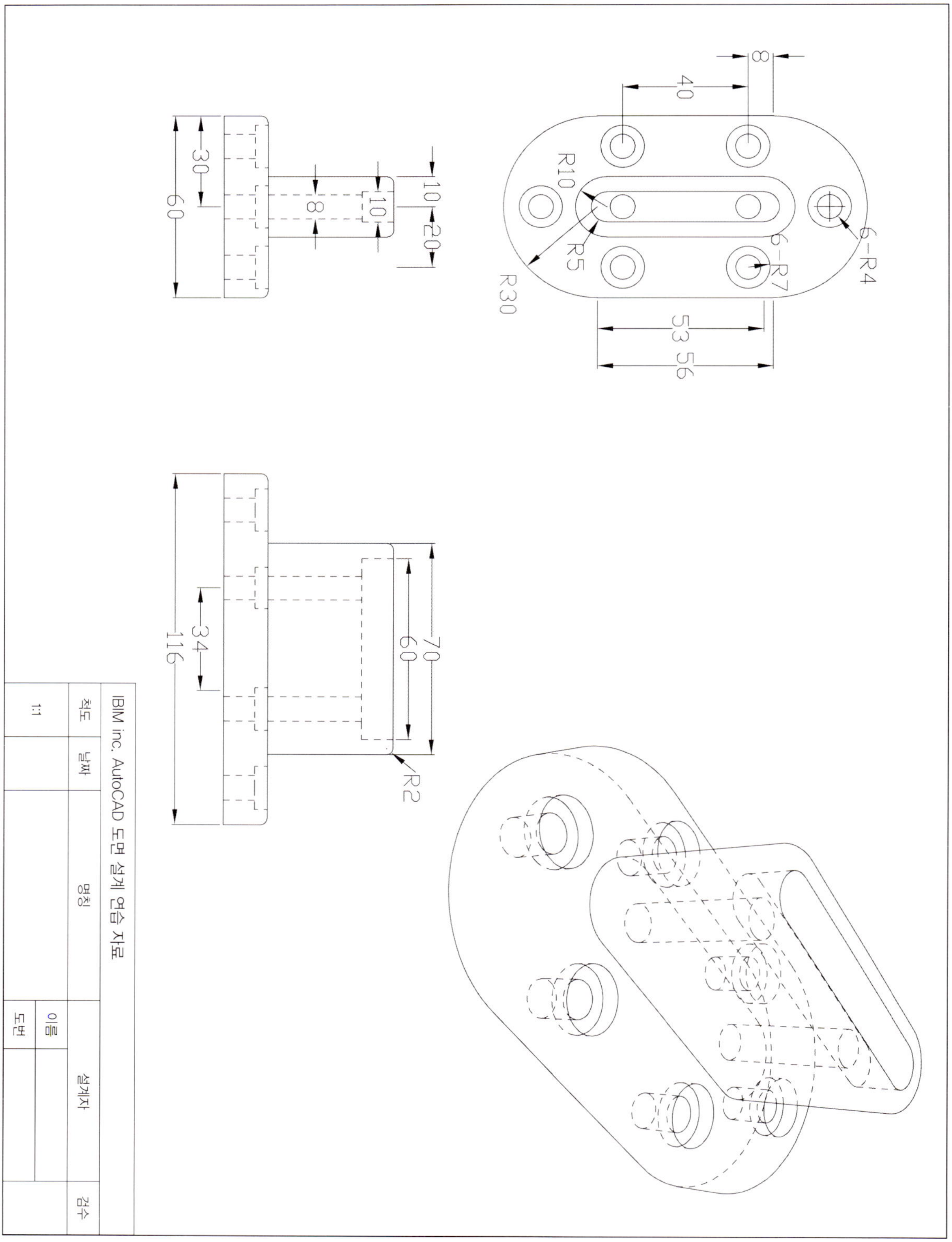

30
60
8
10
10
20
8
40
R10
R5
R30
53
56
6-R7
6-R4
70
60
34
116
R2
척도
1:1
날짜
명칭
이름
도번
설계자
수량
IBM inc. AutoCAD 도면 설계 연습 자료

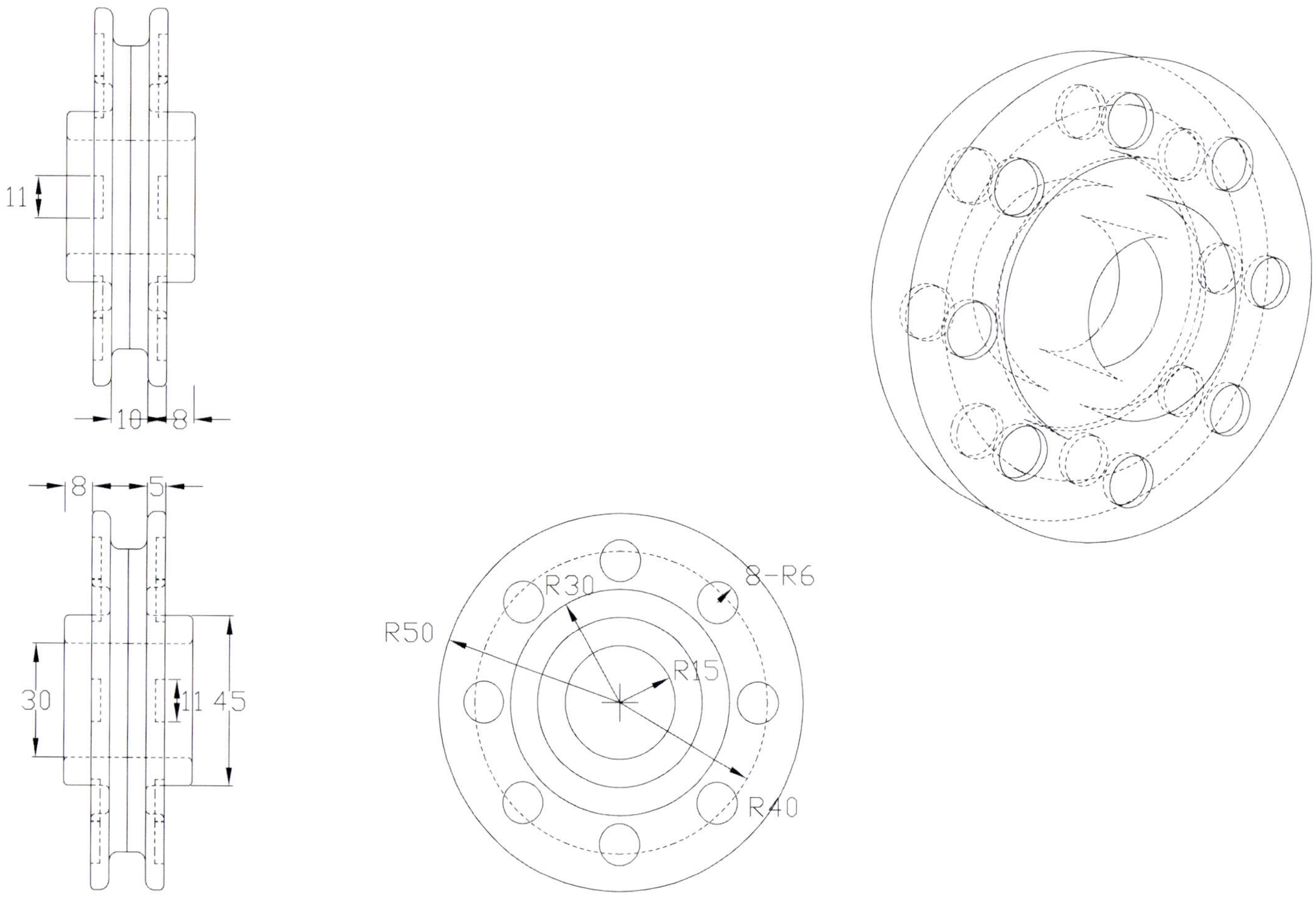

30
8
5
11
45
11
10
8
R50
R30
R15
R40
8-R6
IBM inc. AutoCAD 도면 설계 연습 자료
척도
날짜
명칭
1:1
도번
이름
설계자
접수

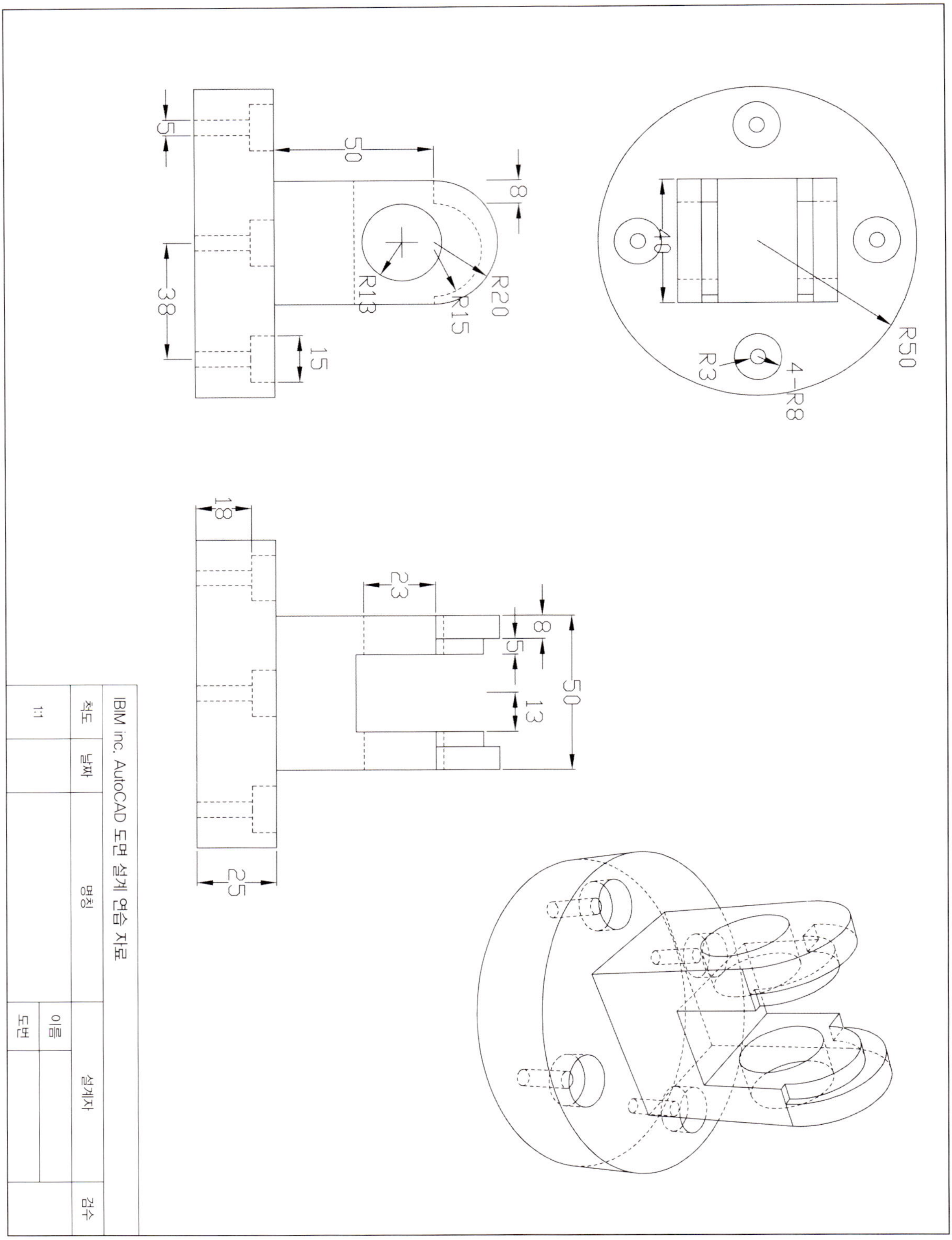

5
50
8
38
15
R13
R15
R20
40
R50
R3
4-R8
18
23
8
5
50
13
25
IBM inc. AutoCAD 도면 설계 연습 자료
척도
1:1
날짜
품명
설계자
이름
도면
검수

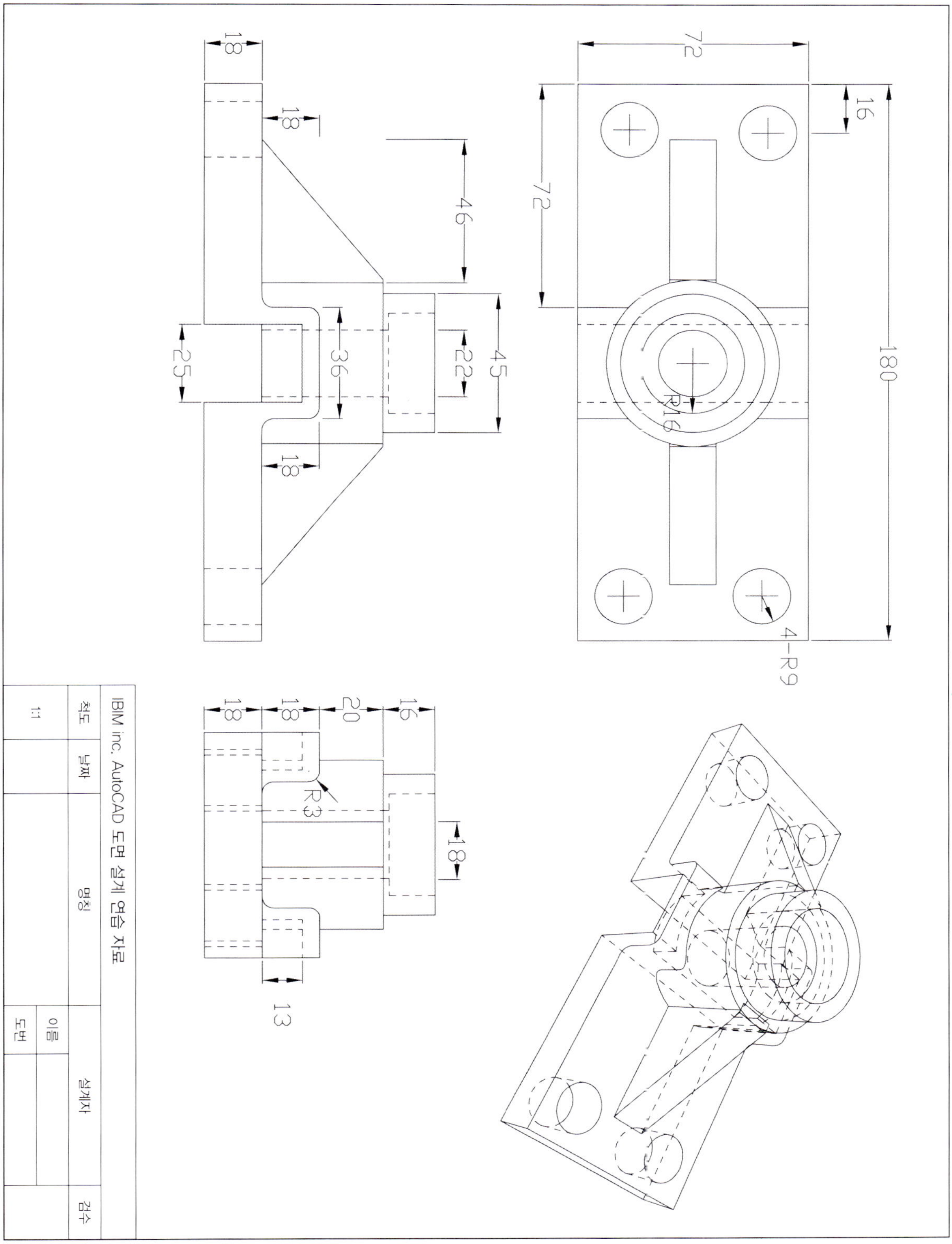

IBIM inc. AutoCAD 도면 설계 연습 자료

척도	날짜	명칭		이름	설계자
1:1				도번	검수

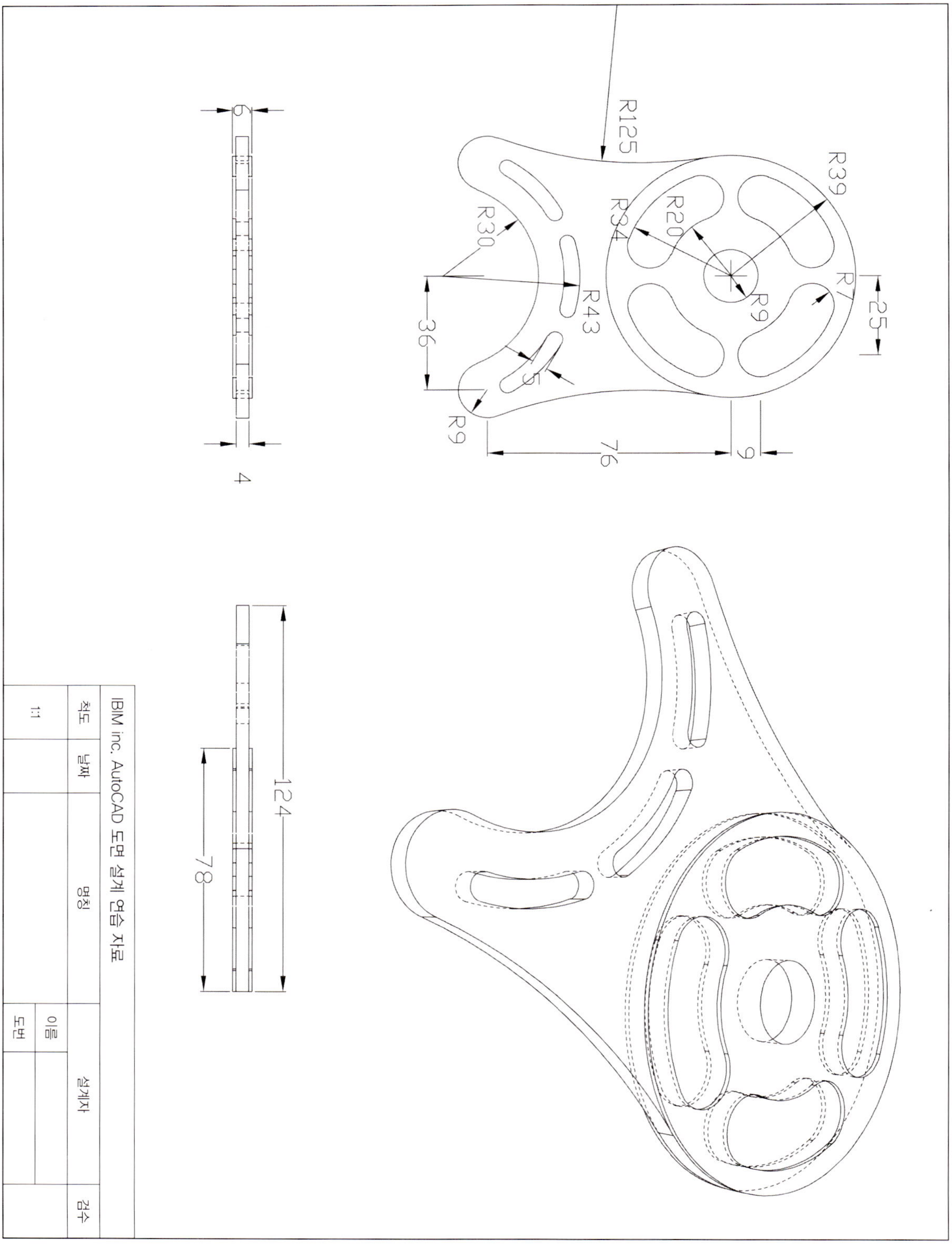

R125
R39
R34
R30
R20
R7
R9
R43
R9
25
36
76
9
4
124
78
IBIM inc. AutoCAD 도면 설계 연습 자료
척도
날짜
명칭
1:1
도번
이름
설계자
검수

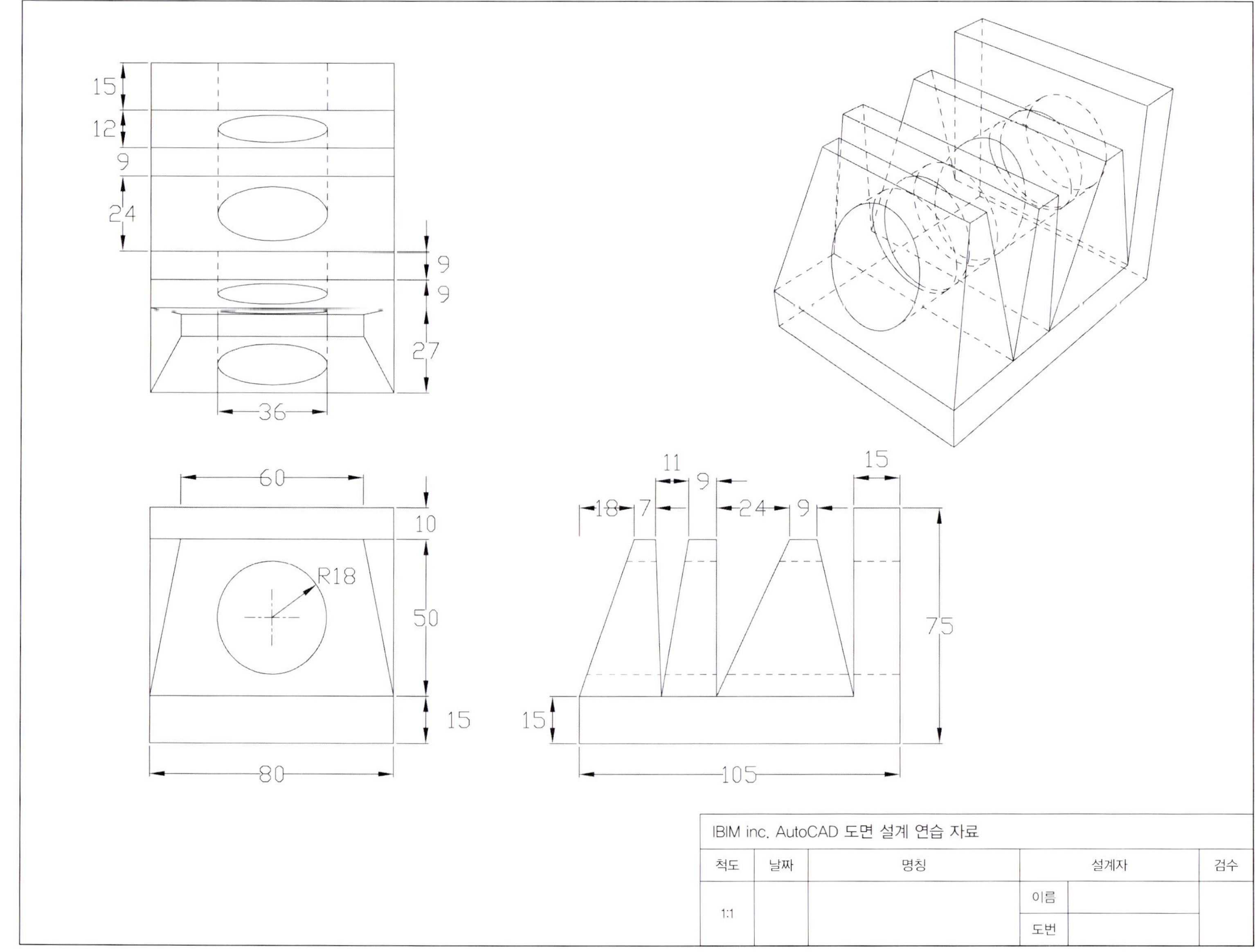

15
12
9
24
9
9
27
36
60
10
R18
50
15
80
11
9
18
7
24
9
15
75
15
105
IBIM inc. AutoCAD 도면 설계 연습 자료
척도
날짜
명칭
설계자
검수
이름
1:1
도번

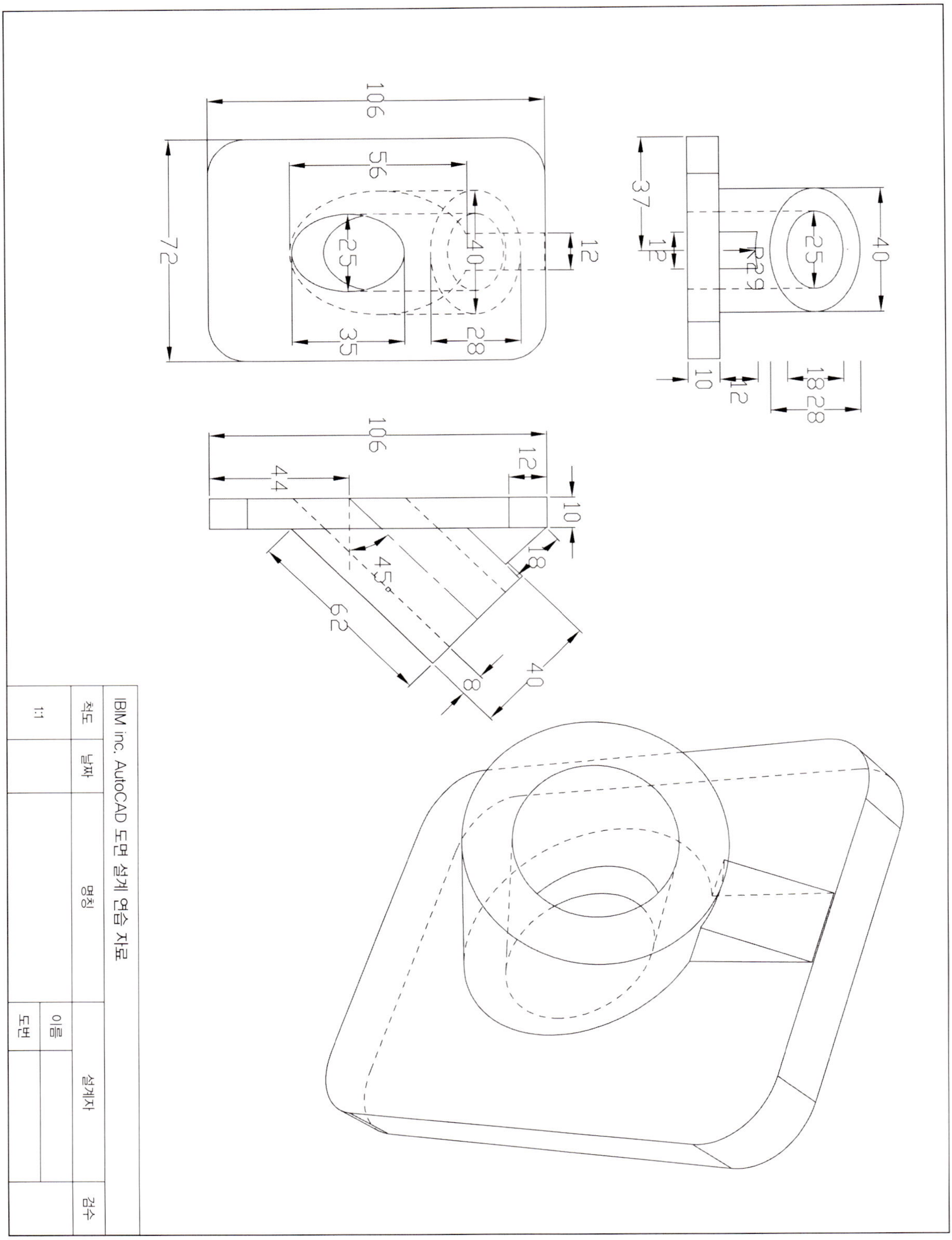

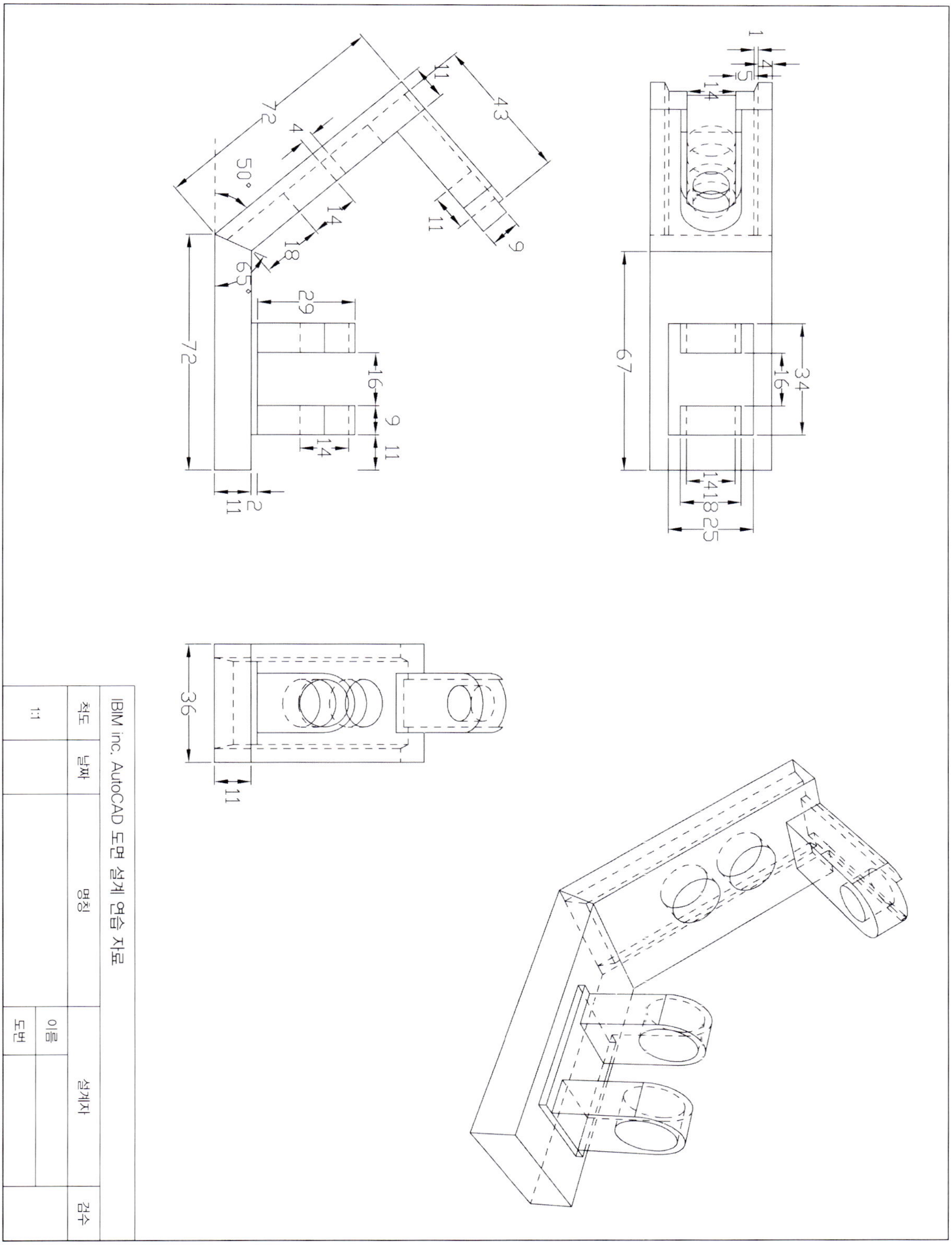

72
4
50°
11
43
14
18
11
9
65°
72
29
16
9 11
14
11 2
36
11
1
4
5
14
67
34
16
14 18 25
IBIM inc. AutoCAD 도면 설계 연습 자료
척도
1:1
날짜
명칭
도번
이름
설계자
검수

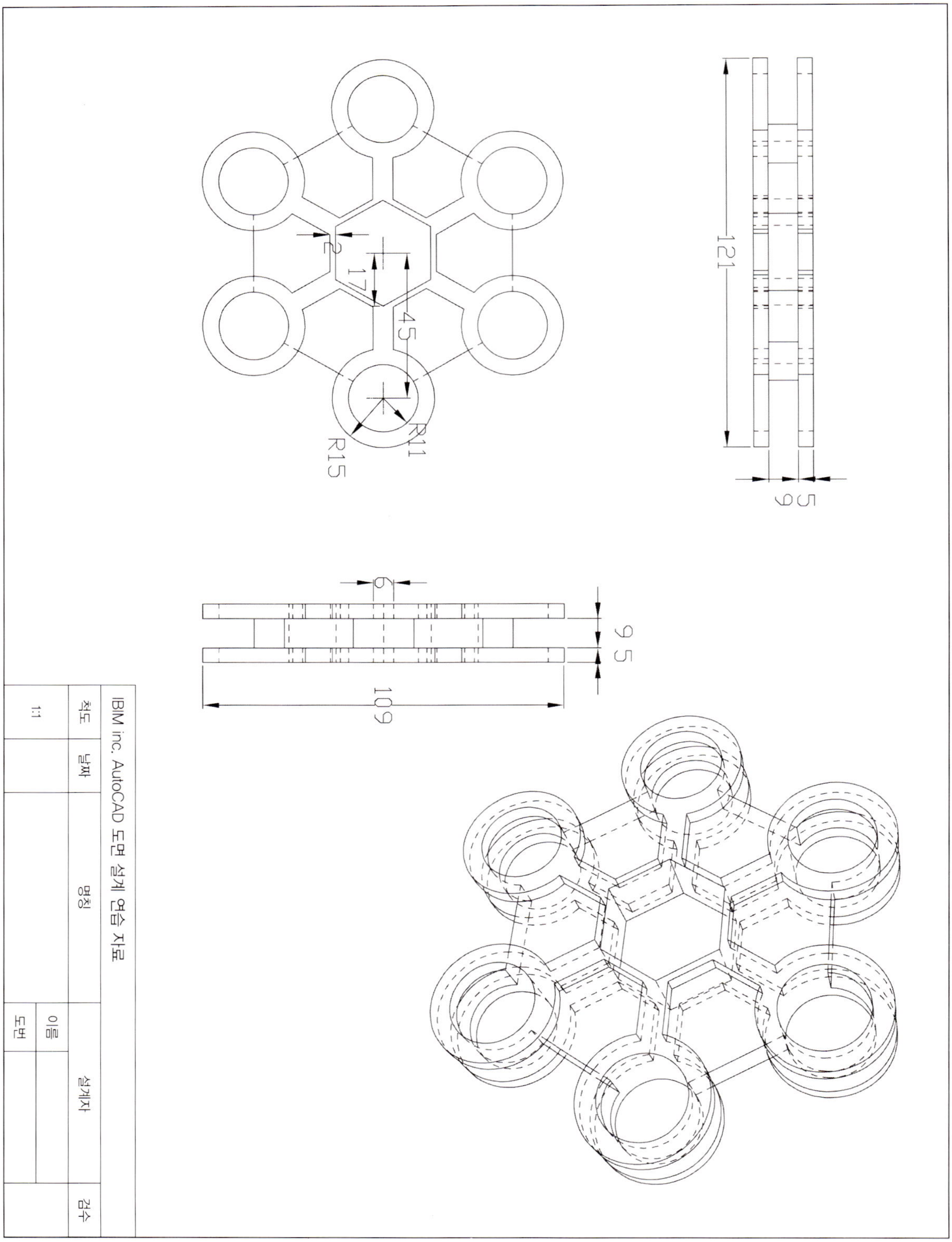

2
17
45
R11
R15
121
5
6
6
9 5
109
IBM inc. AutoCAD 도면 설계 연습 자료
척도
1:1
날짜
명칭
도번
이름
설계자
검수

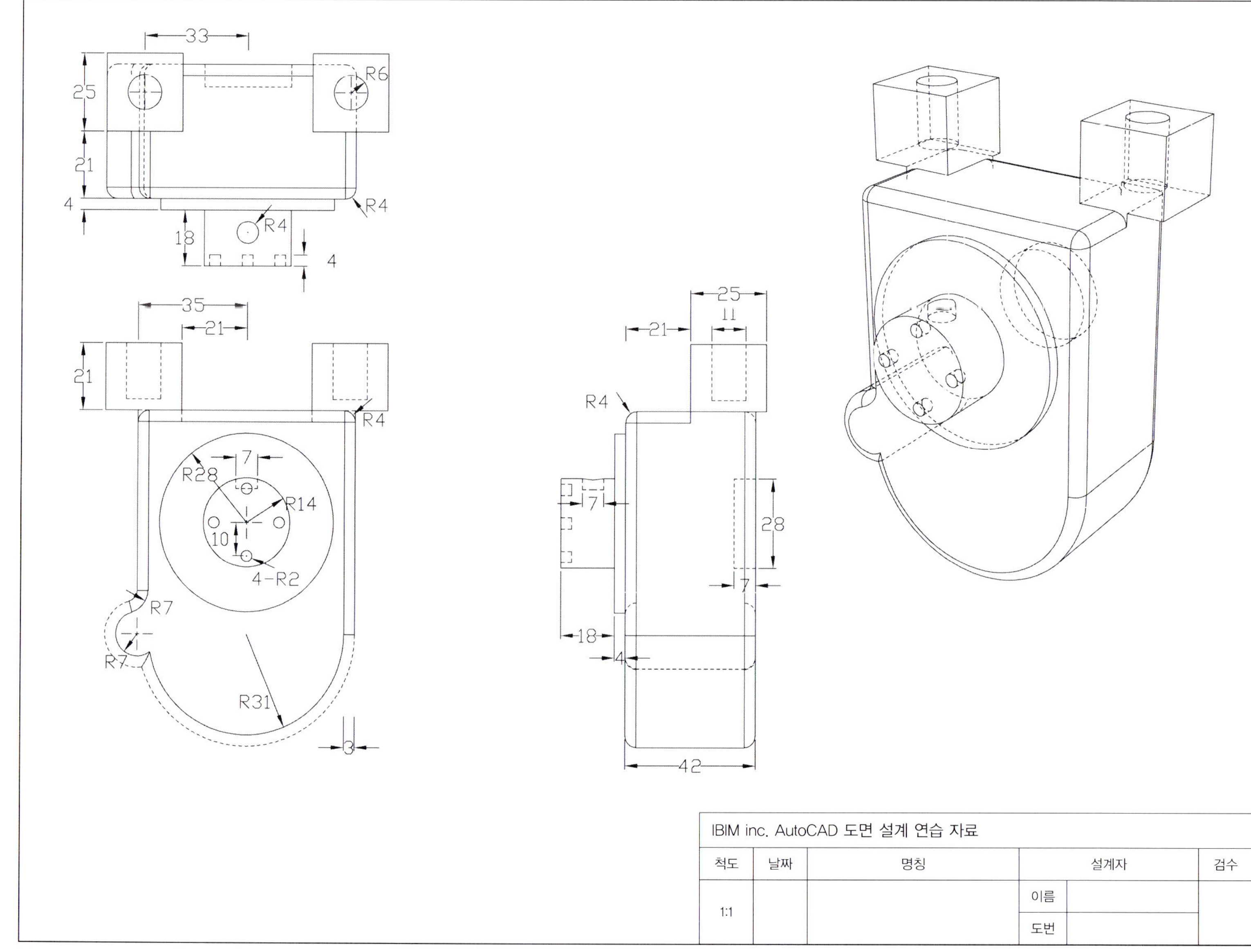

IBIM inc. AutoCAD 도면 설계 연습 자료
척도　날짜　명칭　설계자　검수
1:1　이름　도번

도면 파일 [Sample]의 'Medium13.dwg'

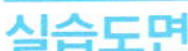

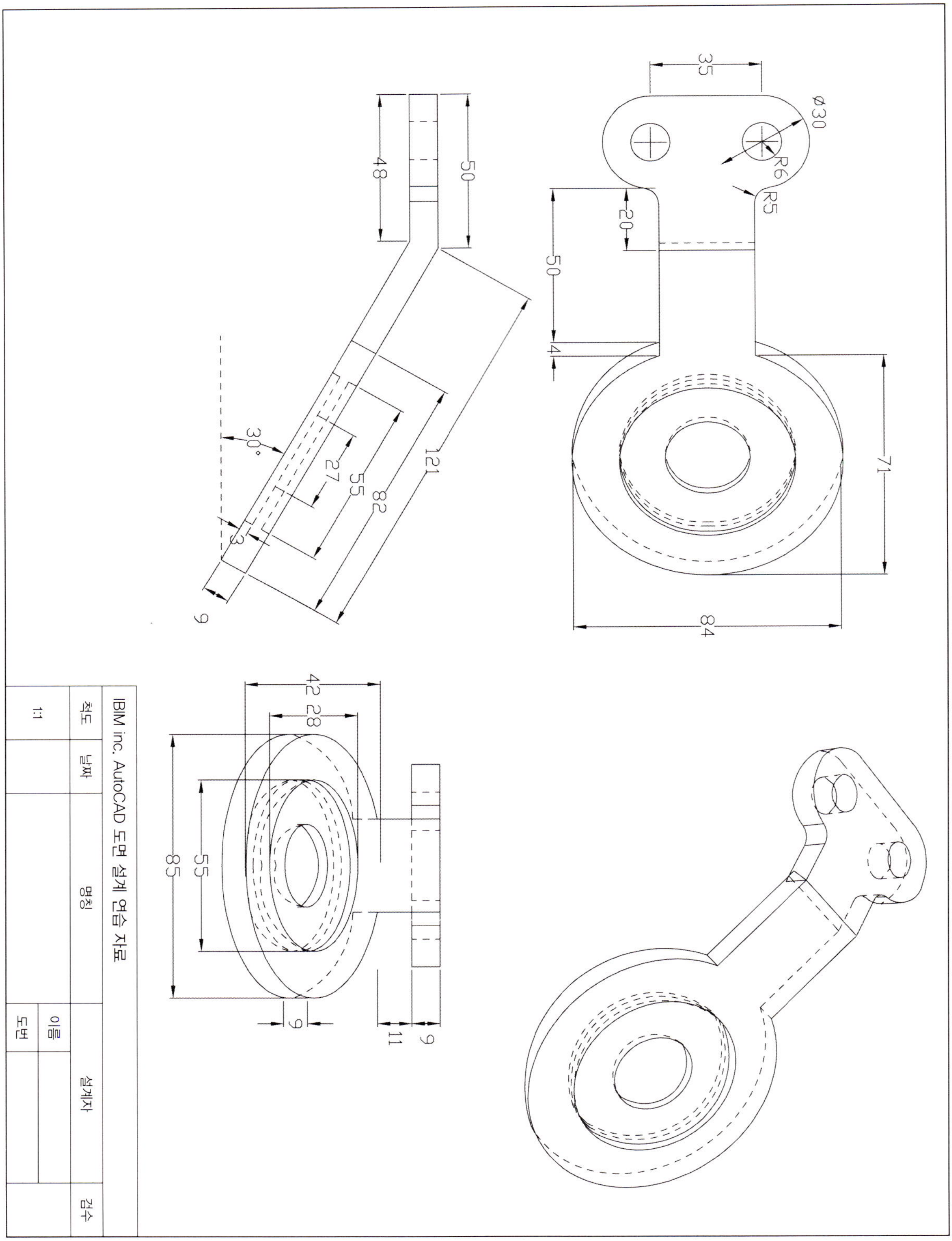
IBIM inc. AutoCAD 도면 설계 연습 자료
척도
1:1
날짜
명칭
이름
도면
설계자
검수
35
ø30
R6
R5
20
50
4
71
84
48
50
121
82
55
27
30°
3
9
42
28
85
55
9
11
9

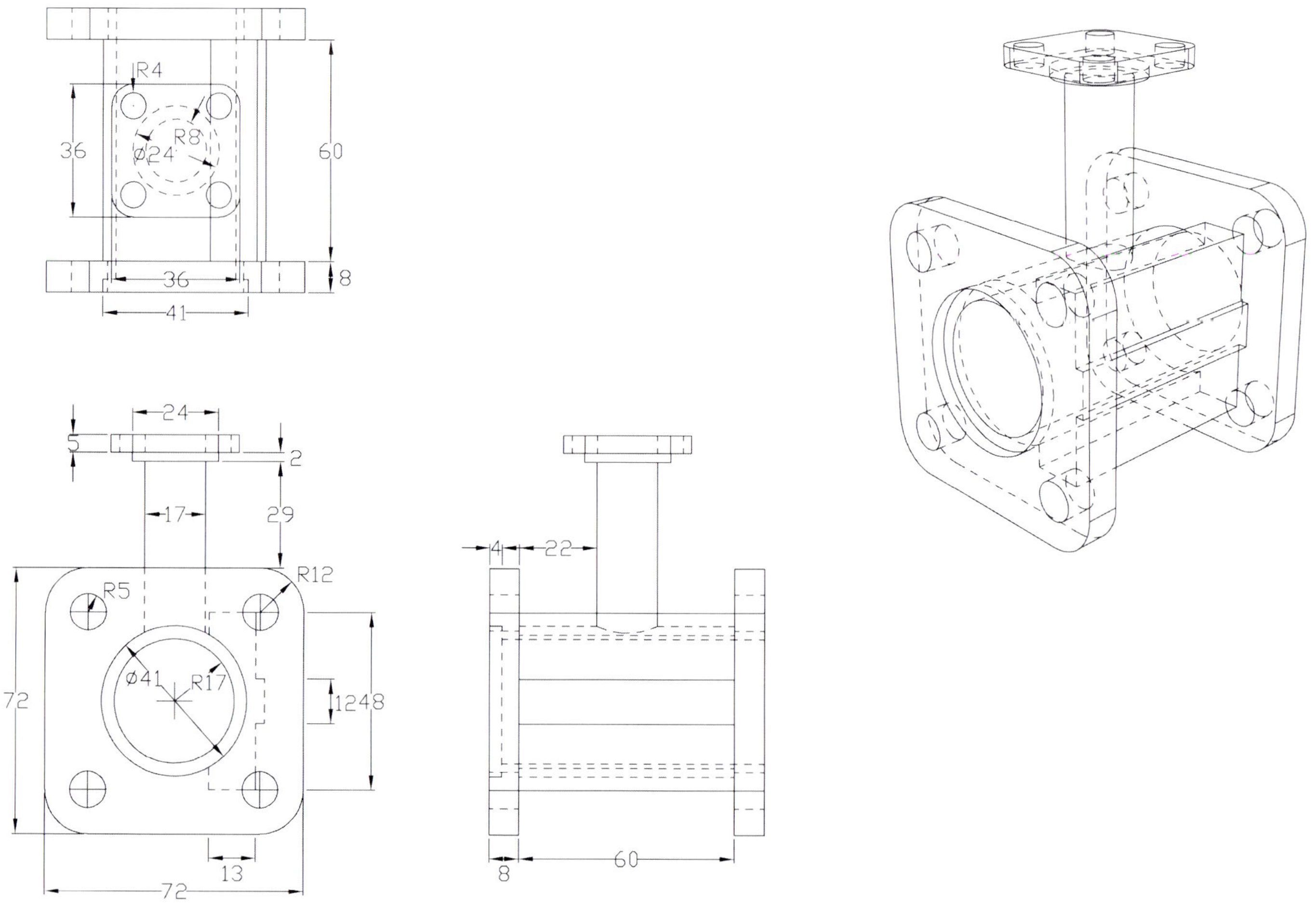

72
72
13
R5
ø41
R17
R12
1248
29
5
17
24
2
36
36
41
ø24
R8
R4
8
60
8
60
4
22
IBIM inc. AutoCAD 도면 설계 연습 자료
척도
날짜
명칭
이름
도면
설계자
접수
1:1

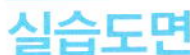

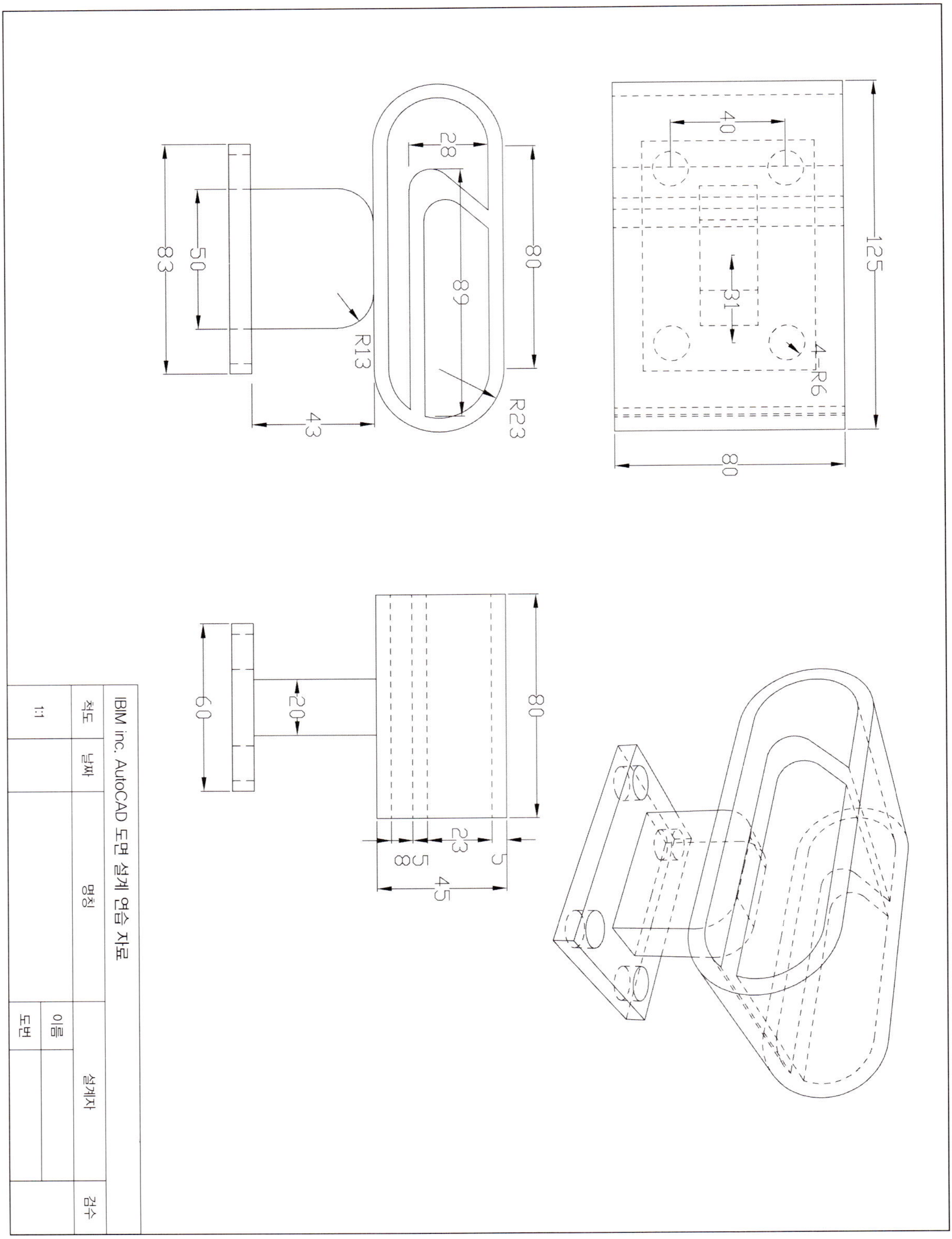
83
50
R13
43
28
89
80
R23
40
125
31
4-R6
80
60
20
80
23
5
8
5
45
IBIM inc. AutoCAD 도면 설계 연습 자료
척도
1:1
날짜
명칭
이름
도번
설계자
검수

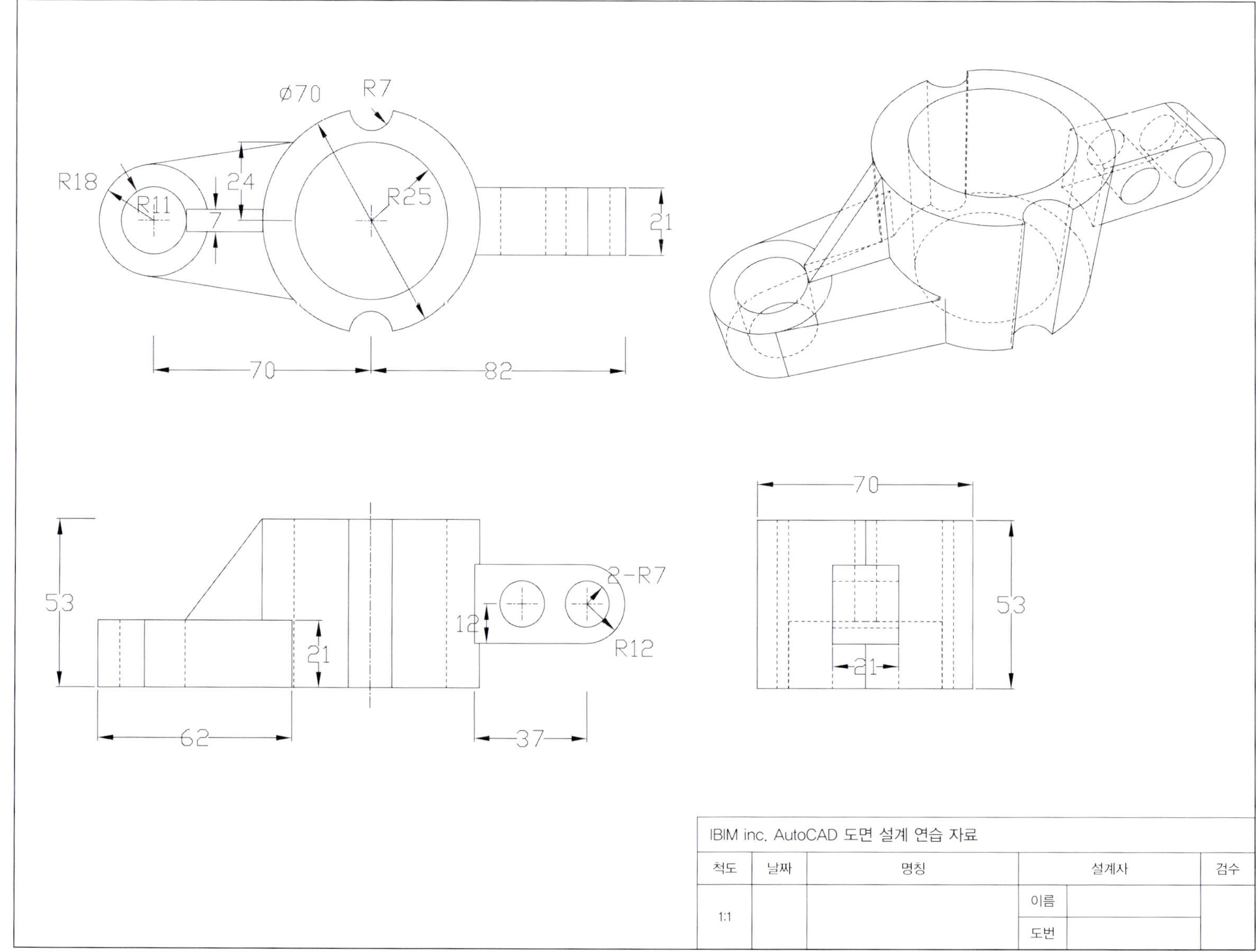

ø70
R7
R18
R11
24
7
R25
21
70
82
53
21
62
2-R7
12
R12
37
70
53
21
IBIM inc. AutoCAD 도면 설계 연습 자료
척도
날짜
명칭
설계사
검수
이름
1:1
도번

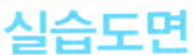

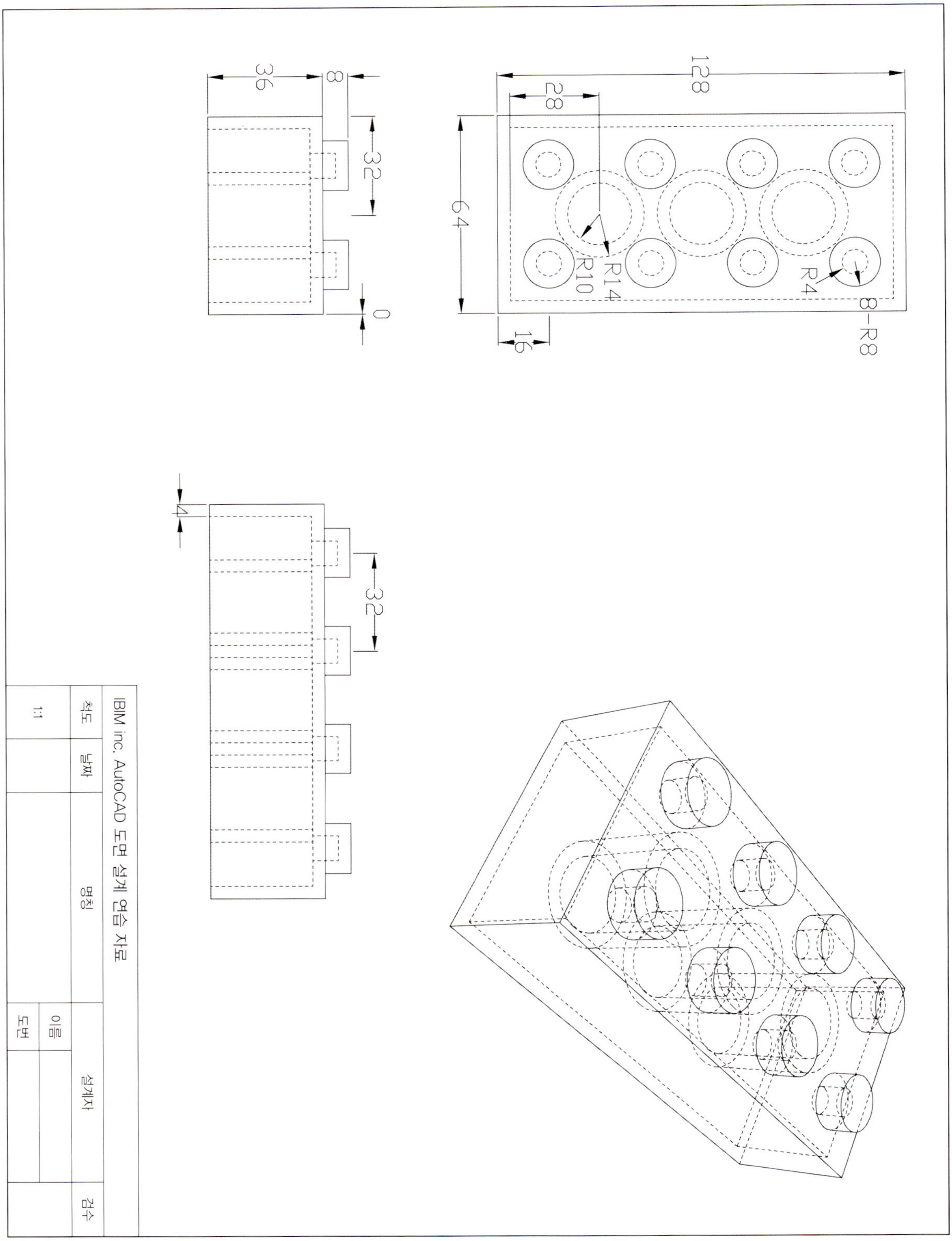
36
8
32
0
128
28
64
R14
R10
R4
8-R8
16
4
32
IBIM inc. AutoCAD 도면 설계 연습 자료
척도
날짜
명칭
설계자
검수
1:1
이름
도번

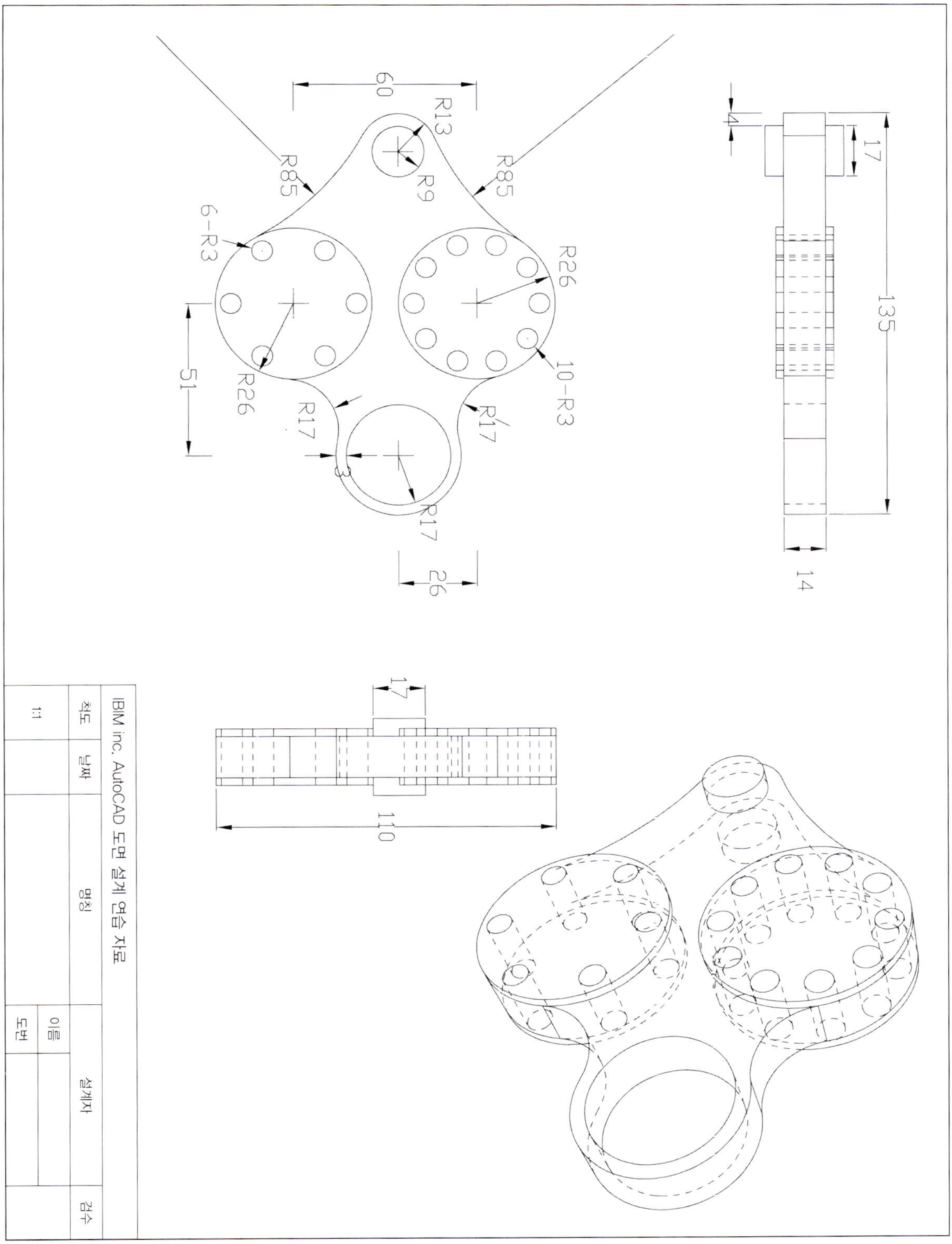

60
R13
R9
R85
R85
6-R3
R26
R26
51
R17
R17
R17
10-R3
R17
26
4
17
135
14
17
110
IBM inc. AutoCAD 도면 설계 연습 자료
척도
날짜
명칭
1:1
설계자
이름
도번
접수
검도

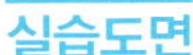

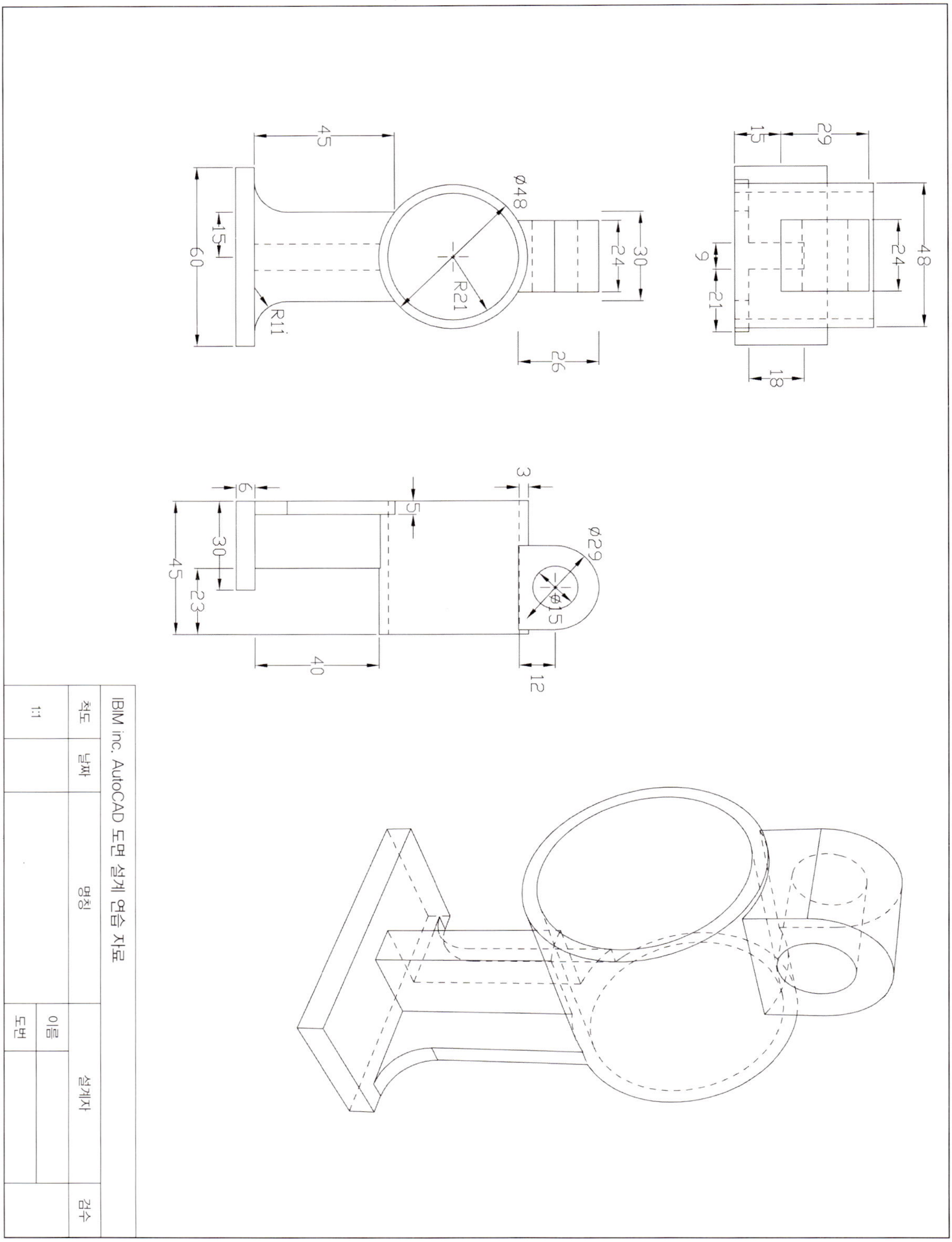

45
60
15
Ø48
R21
R11
30
24
26
15
29
48
24
9
21
18
6
3
5
30
45
23
Ø29
Ø15
40
12
IBIM inc. AutoCAD 도면 설계 연습 자료
척도
1:1
날짜
명칭
설계자
검수
이름
도번

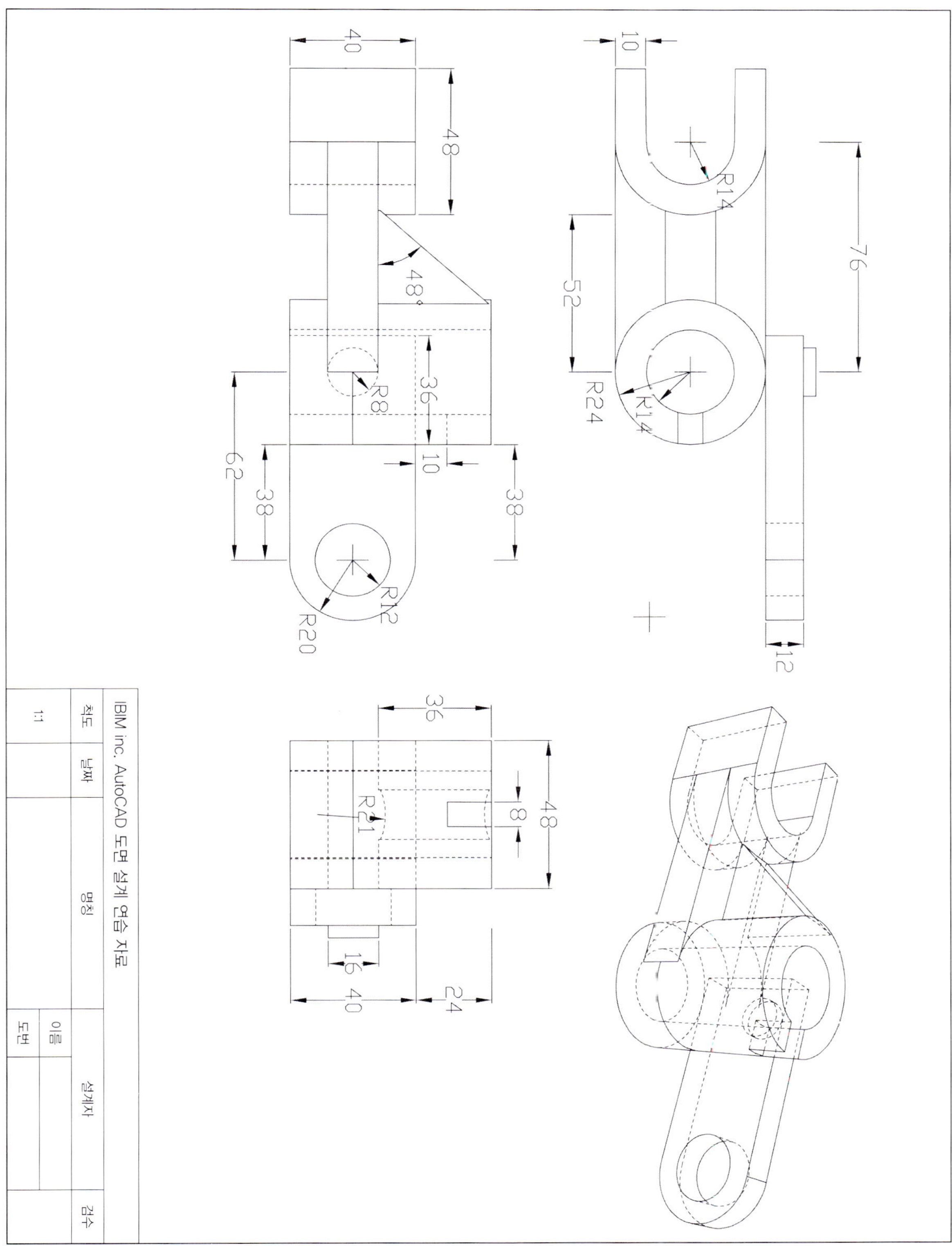

40
48
48°
R8
36
62
38
10
38
R12
R20
76
10
R14
52
R24
R14
12
36
R1
48
8
16
40
24
BIM inc. AutoCAD 도면 설계 연습 자료
척도
1:1
날짜
명칭
이름
도번
설계자
검수

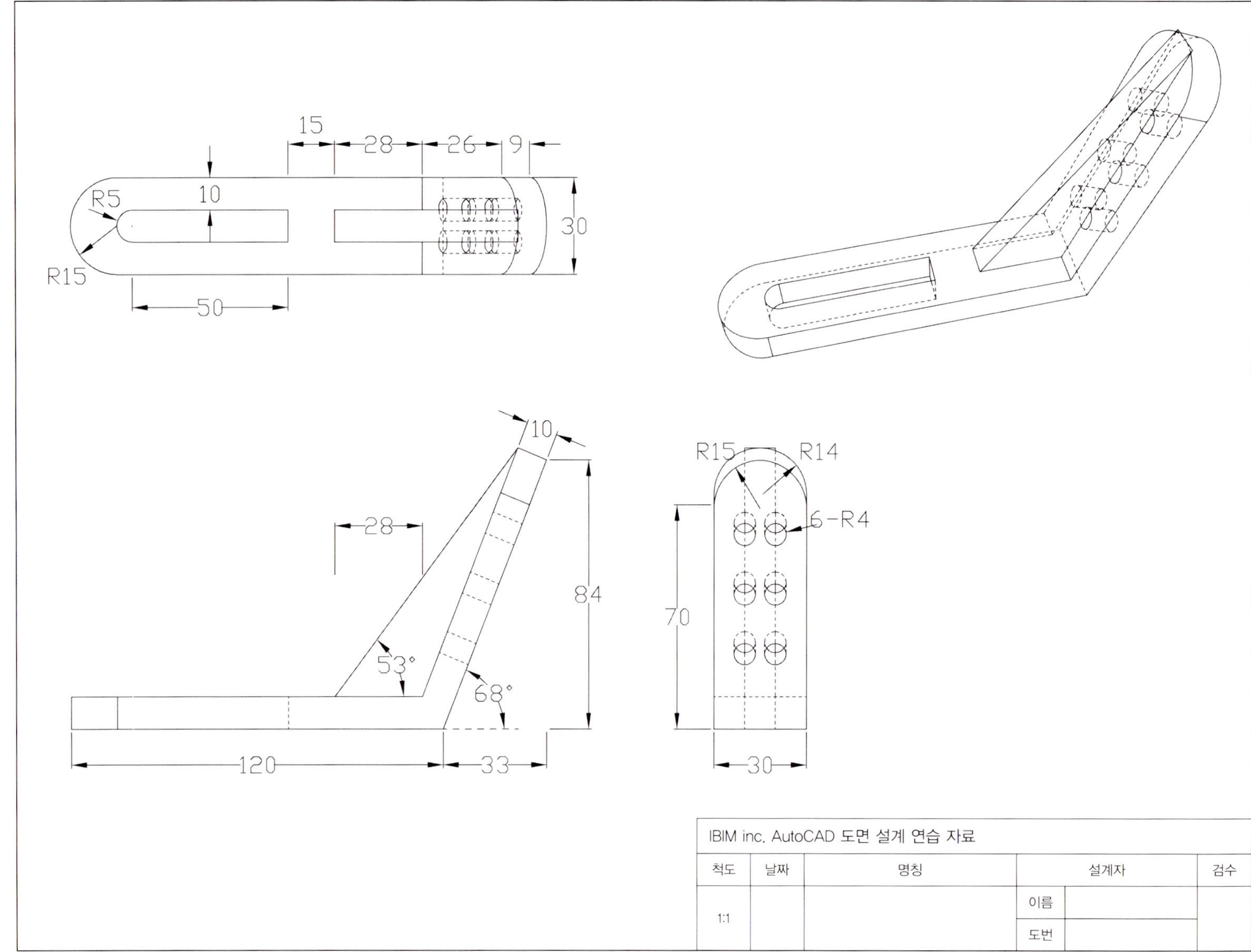

15
28
26
9
R5
10
30
R15
50
10
28
84
53°
68°
120
33
R15
R14
6-R4
70
30
IBIM inc. AutoCAD 도면 설계 연습 자료
척도
날짜
명칭
설계자
검수
1:1
이름
도번

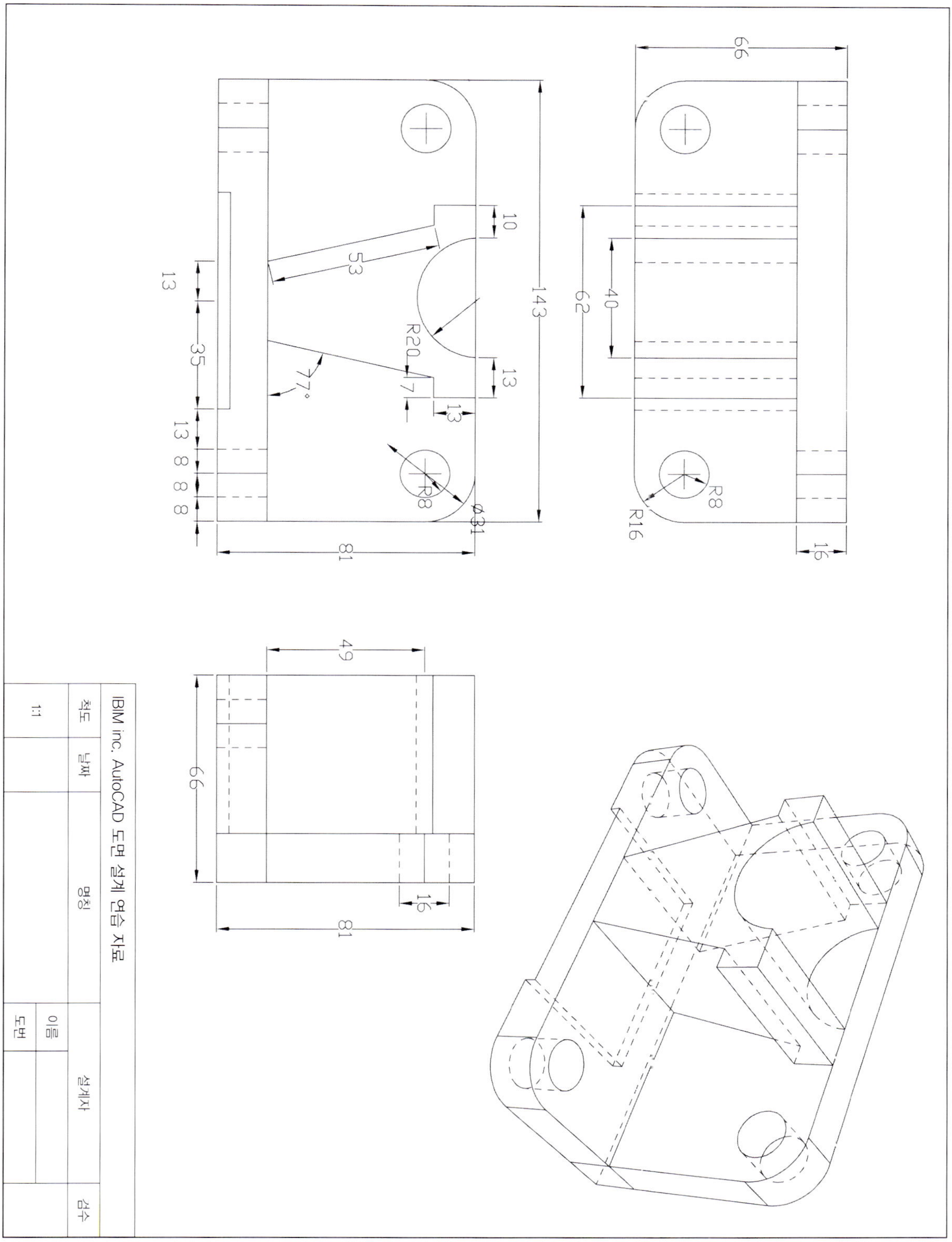

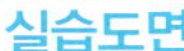

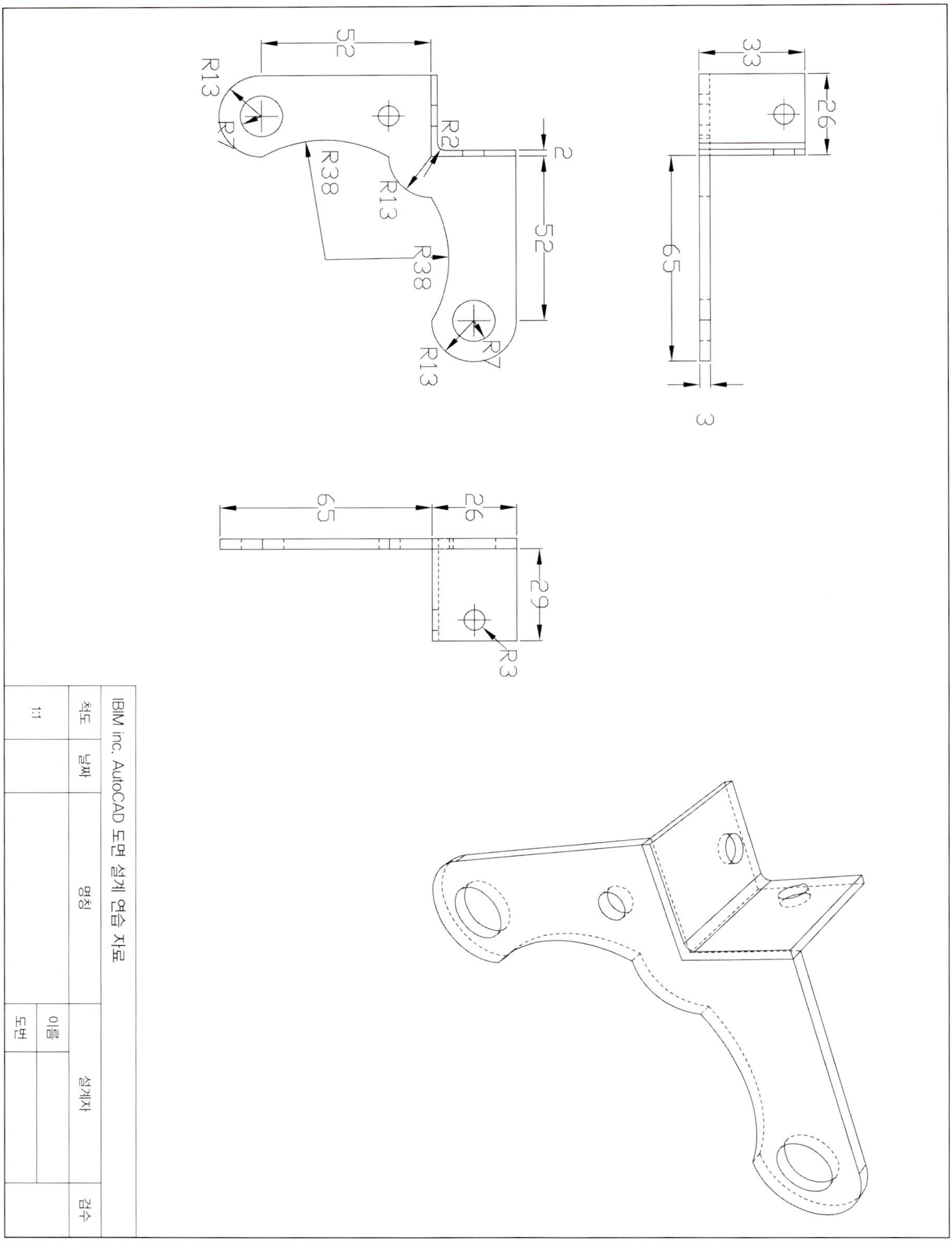
52
R13
R7
R2
2
R38
R13
52
R38
R7
R13
33
26
65
3
65
26
29
R3
IBIM inc. AutoCAD 도면 설계 연습 자료
척도
1:1
날짜
명칭
설계자
이름
도번
검수

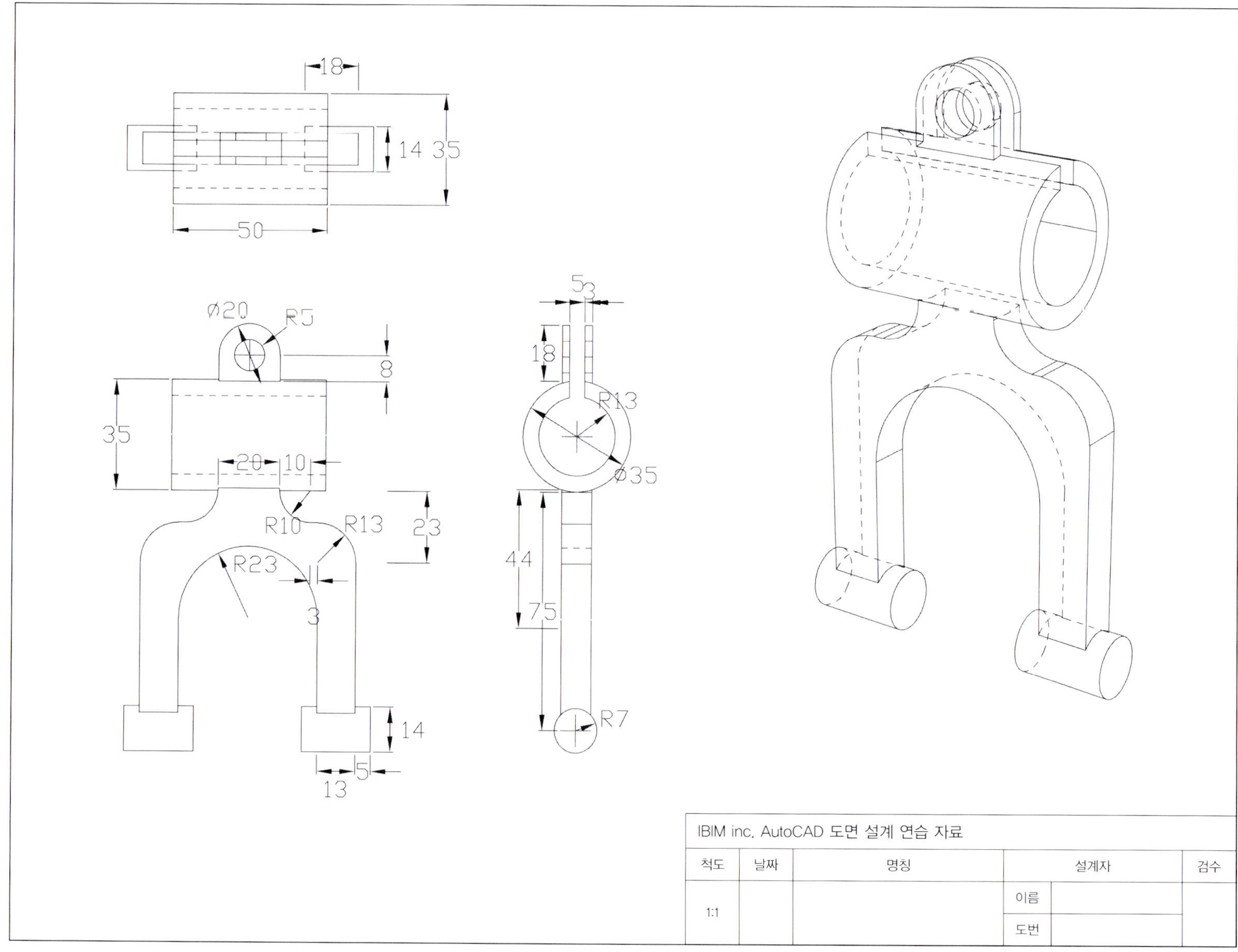

18
14 35
50
ø20
R5
8
35
20 10
R10 R13 23
R23
3
14
13 5
53
18
R13
44 ø35
75
R7
IBIM inc. AutoCAD 도면 설계 연습 자료
척도 날짜 명칭 설계자 검수
1:1 이름
도번

IBIM inc. AutoCAD 도면 설계 연습 자료
척도
1:1
날짜
명칭
이름
설계자
도번
검수

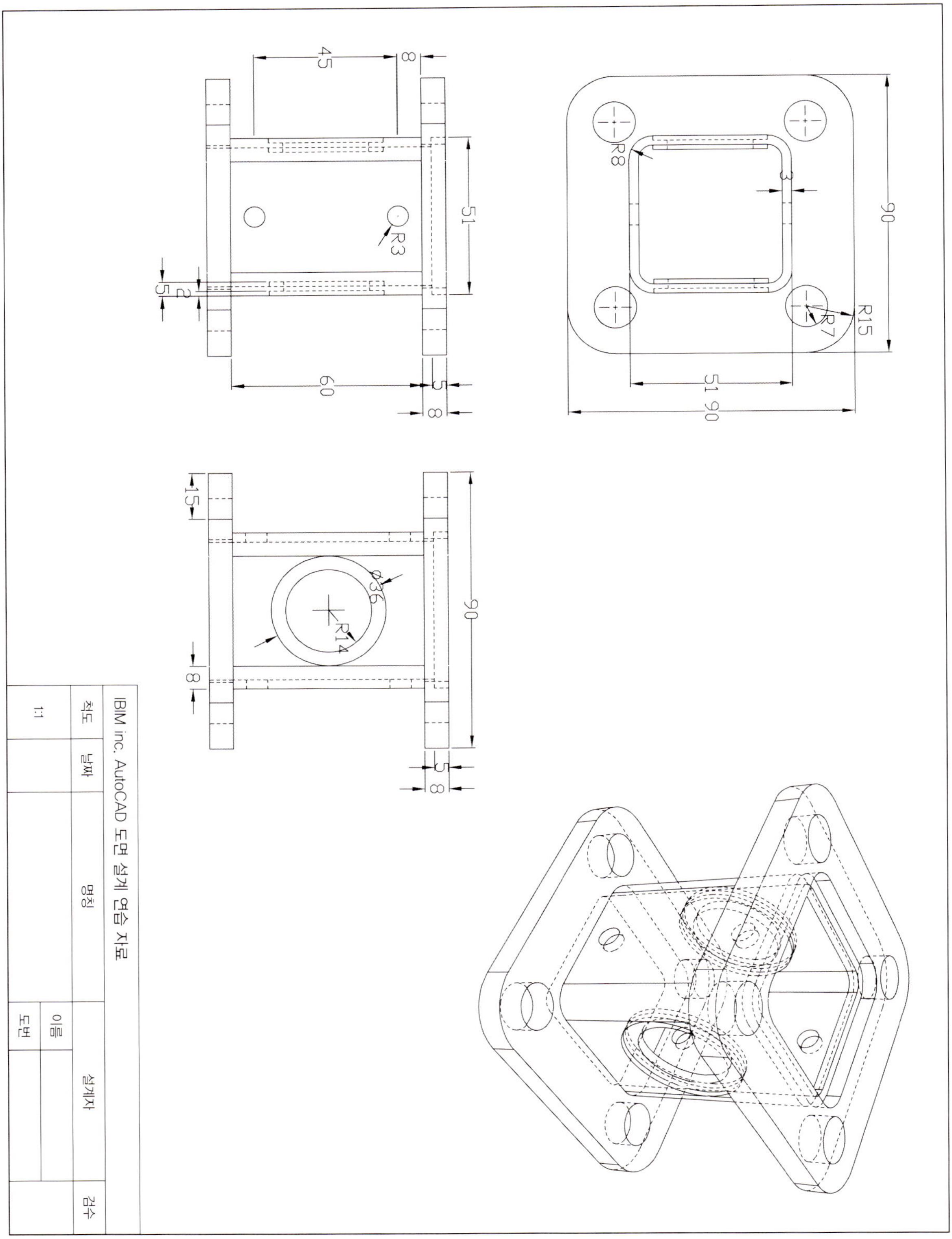

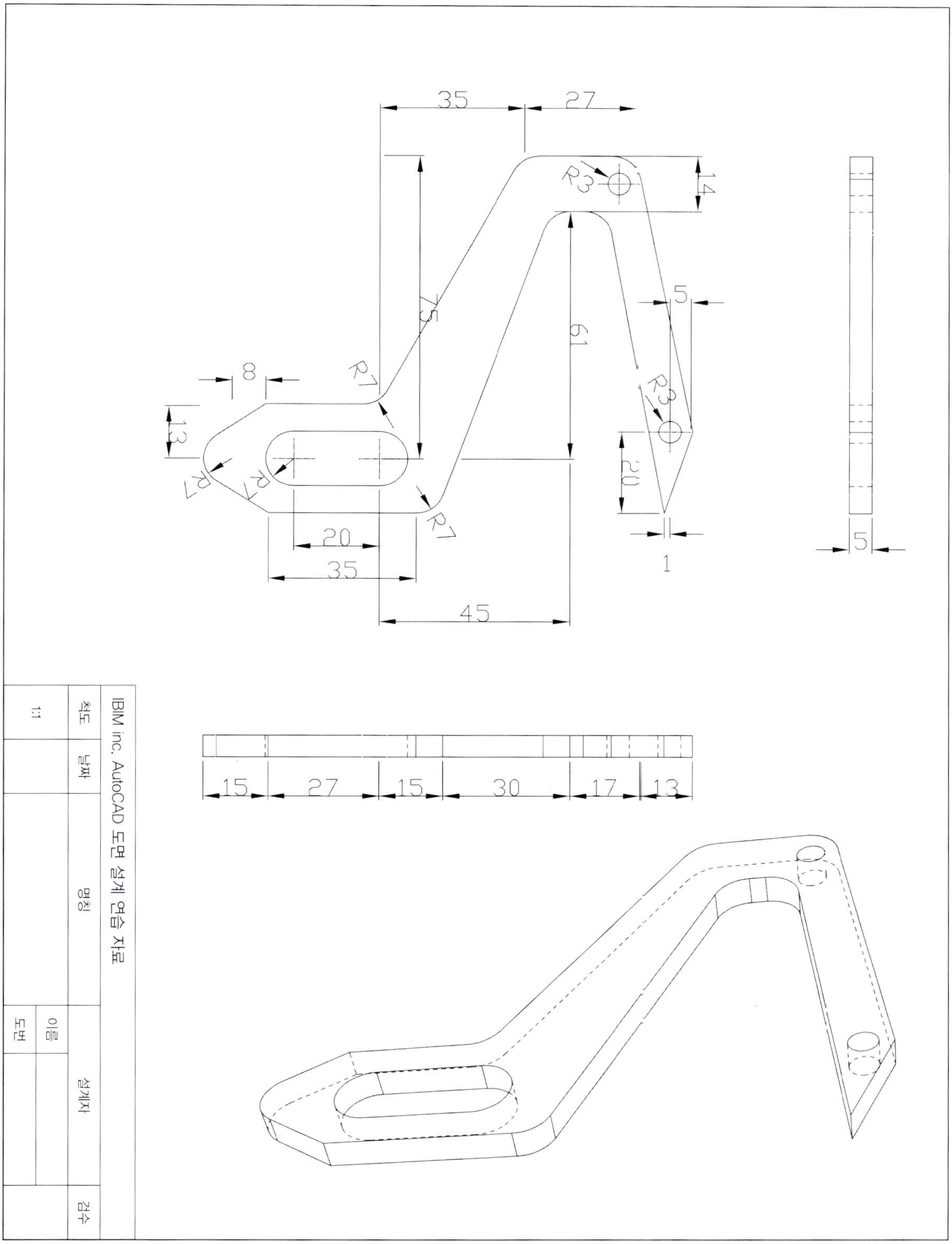

35
27
R3
14
5
5
R3
61
8
13
R7
R2
R2
20
35
R1
20
1
45
5
IBM inc. AutoCAD 도면 설계 연습 자료
척도
1:1
날짜
명칭
이름
설계자
도면
검수
15
27
15
30
17
13

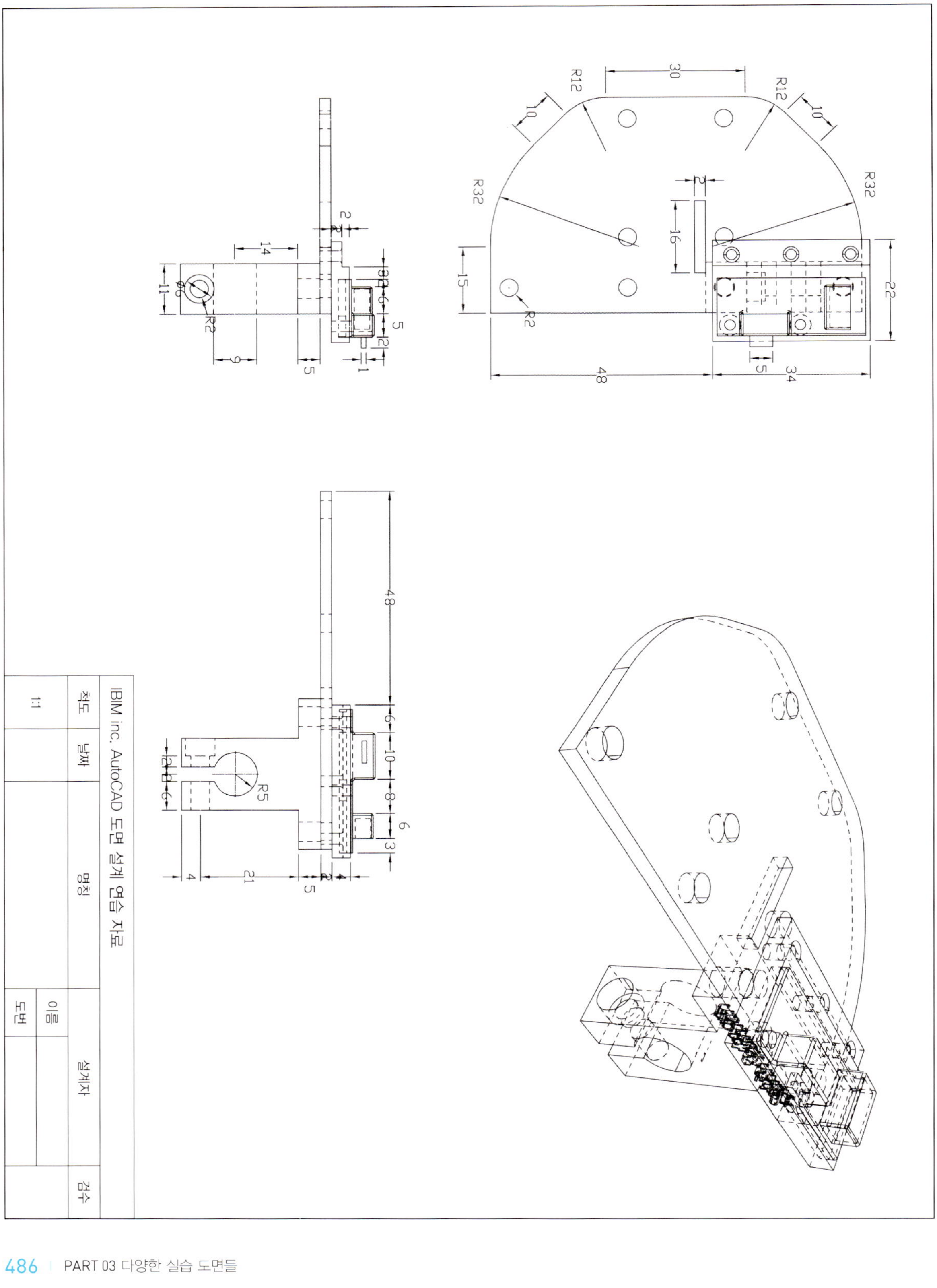

IBM inc, AutoCAD 도면 설계 연습 자료

척도	날짜	명칭		이름	설계자	
1:1				도면		검수

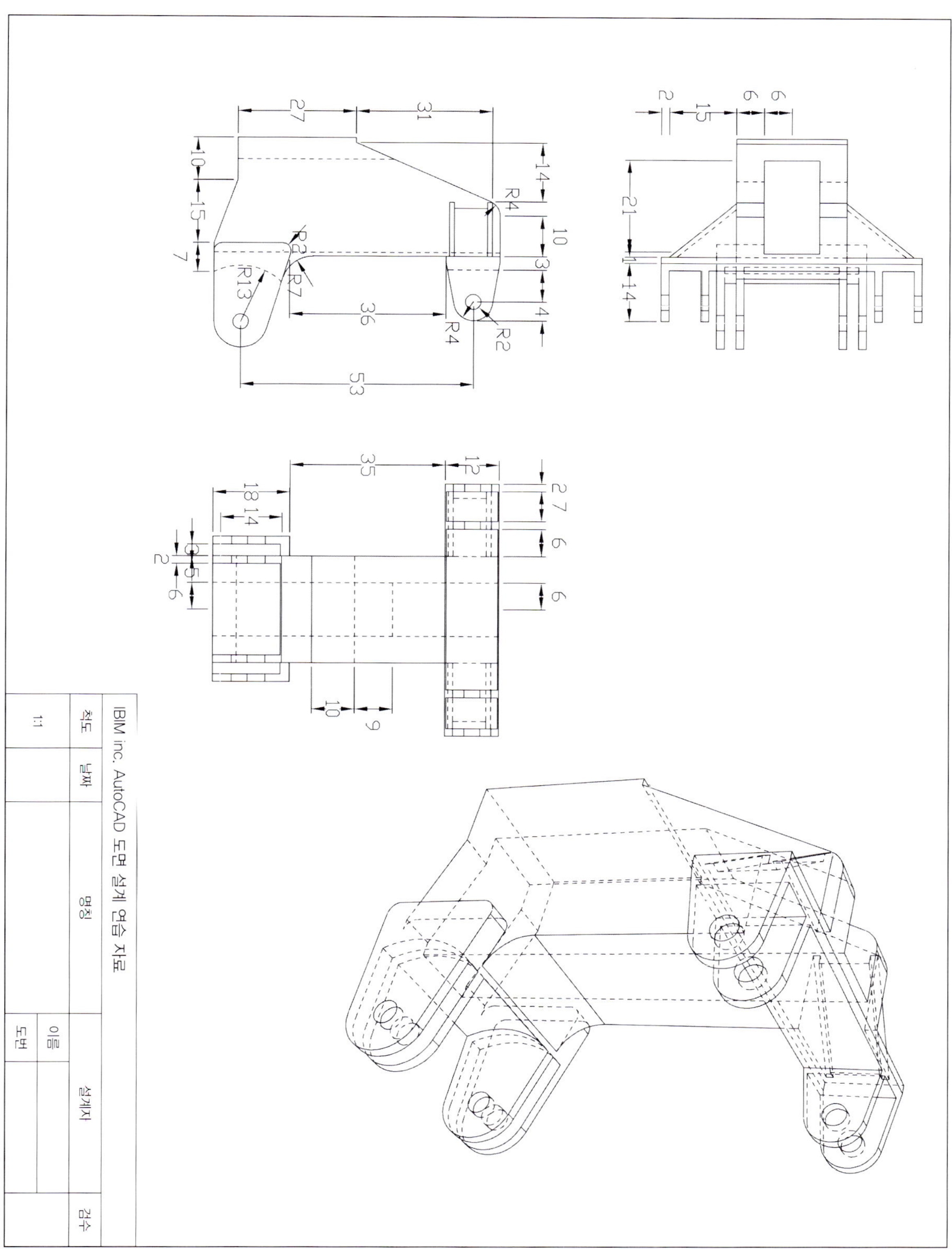
IBIM inc. AutoCAD 도면 설계 연습 자료
척도
1:1
날짜
명칭
도번
이름
설계자
검수

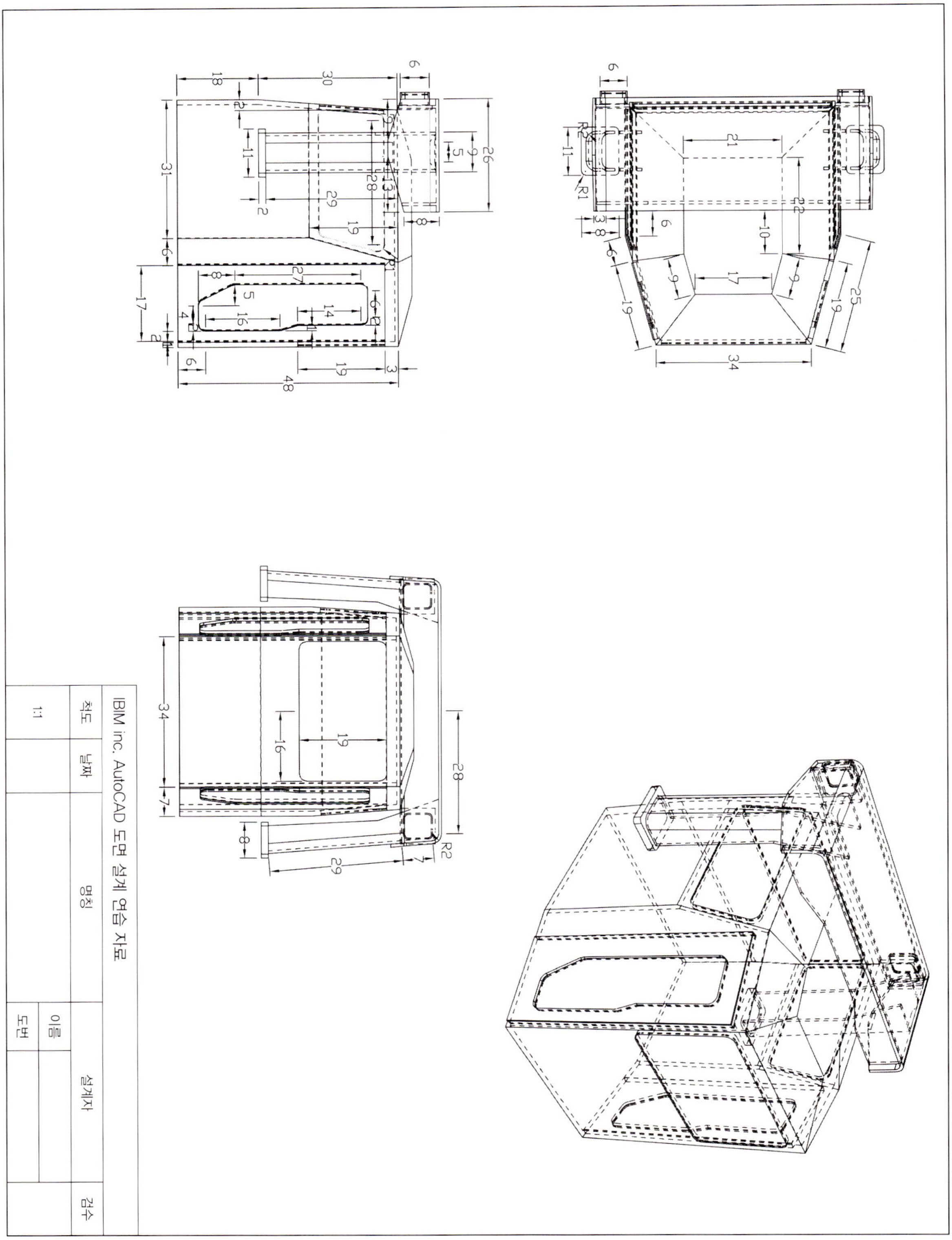

IBM inc. AutoCAD 도면 설계 연습 자료

척도	날짜	명칭		설계자	검수
1:1			이름		
			도번		

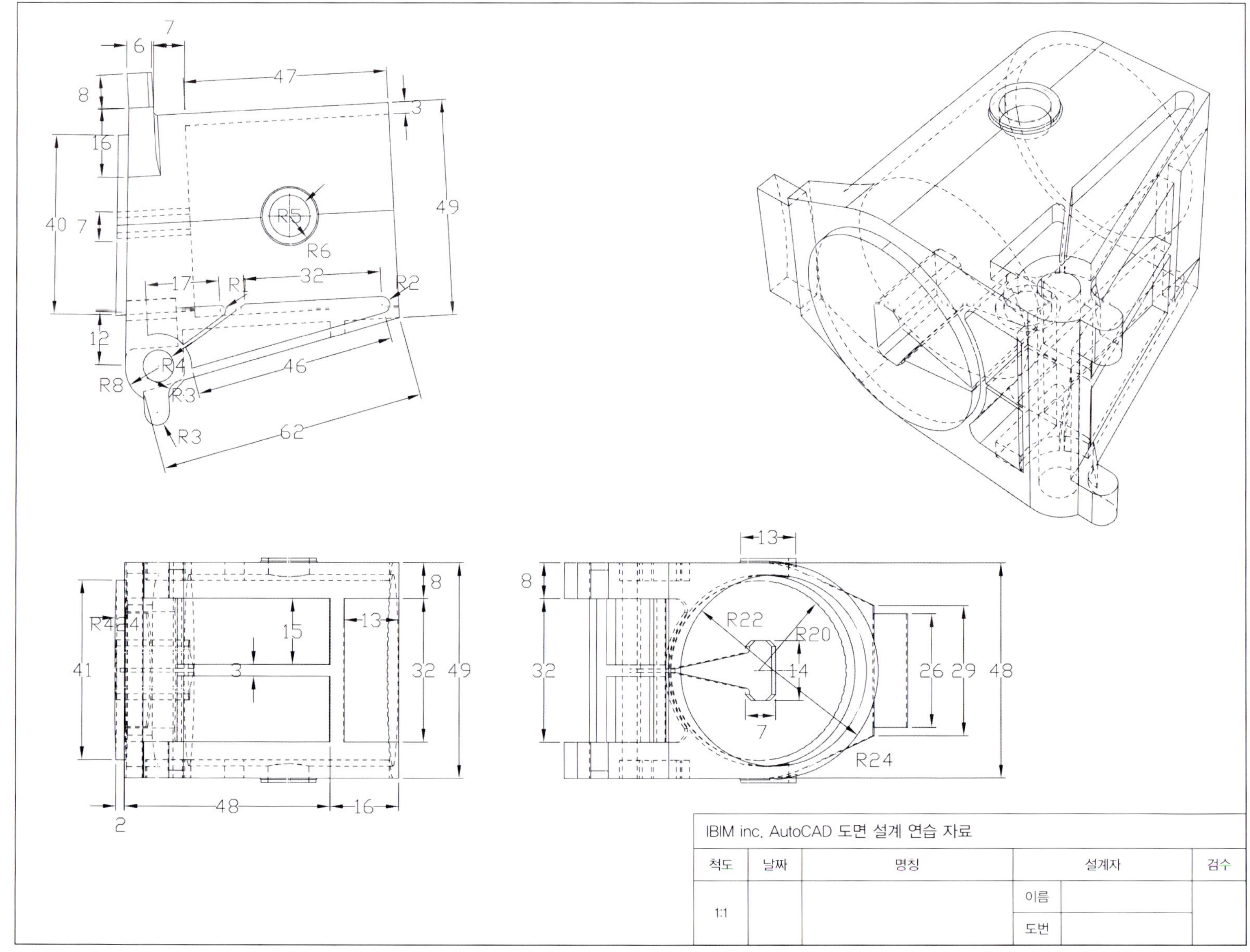

IBIM inc. AutoCAD 도면 설계 연습 자료
척도　날짜　명칭　설계자　검수
이름
도번
1:1

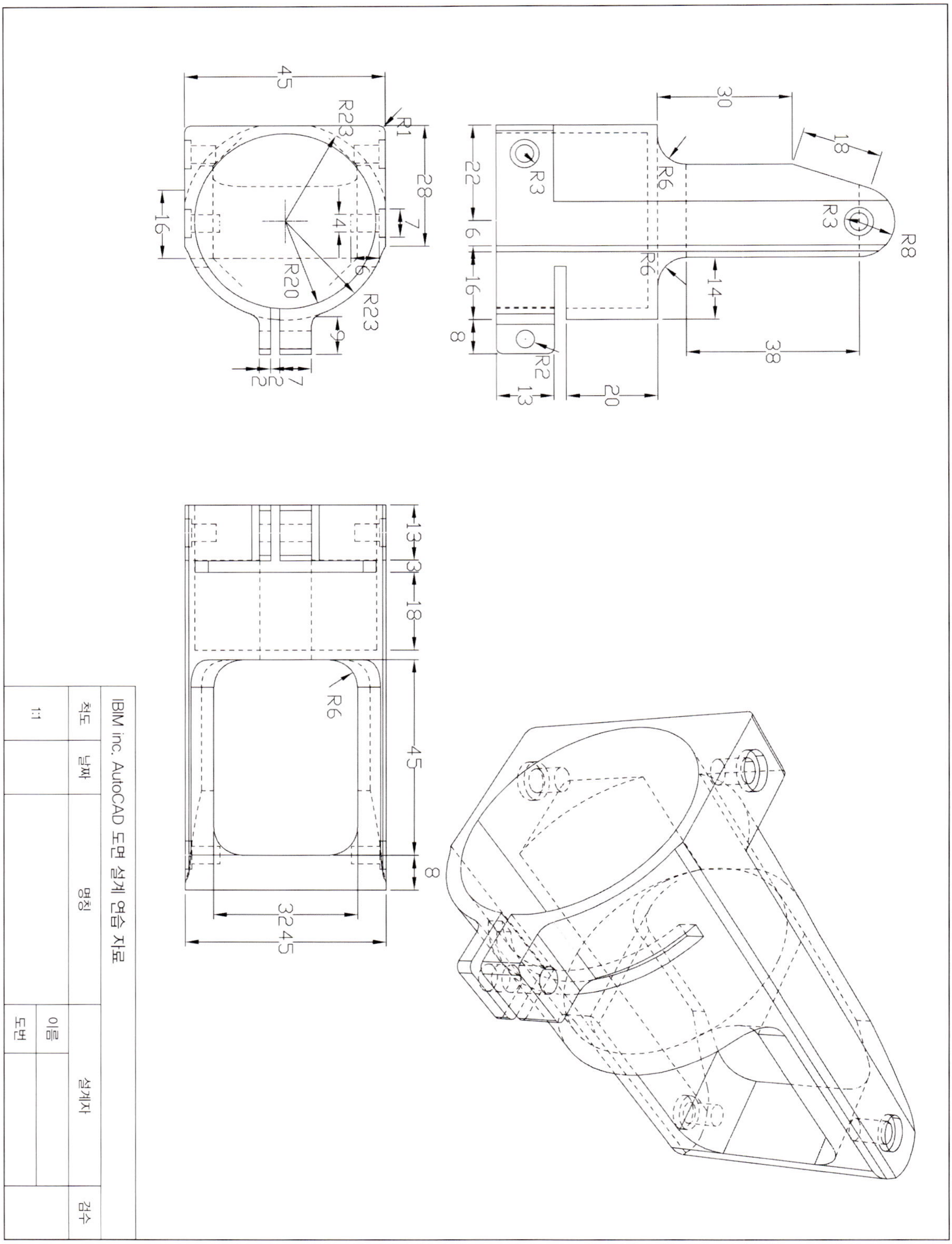

IBM inc. AutoCAD 도면 설계 연습 자료

척도	날짜	명칭		설계자	
1:1			이름		검수
			도번		

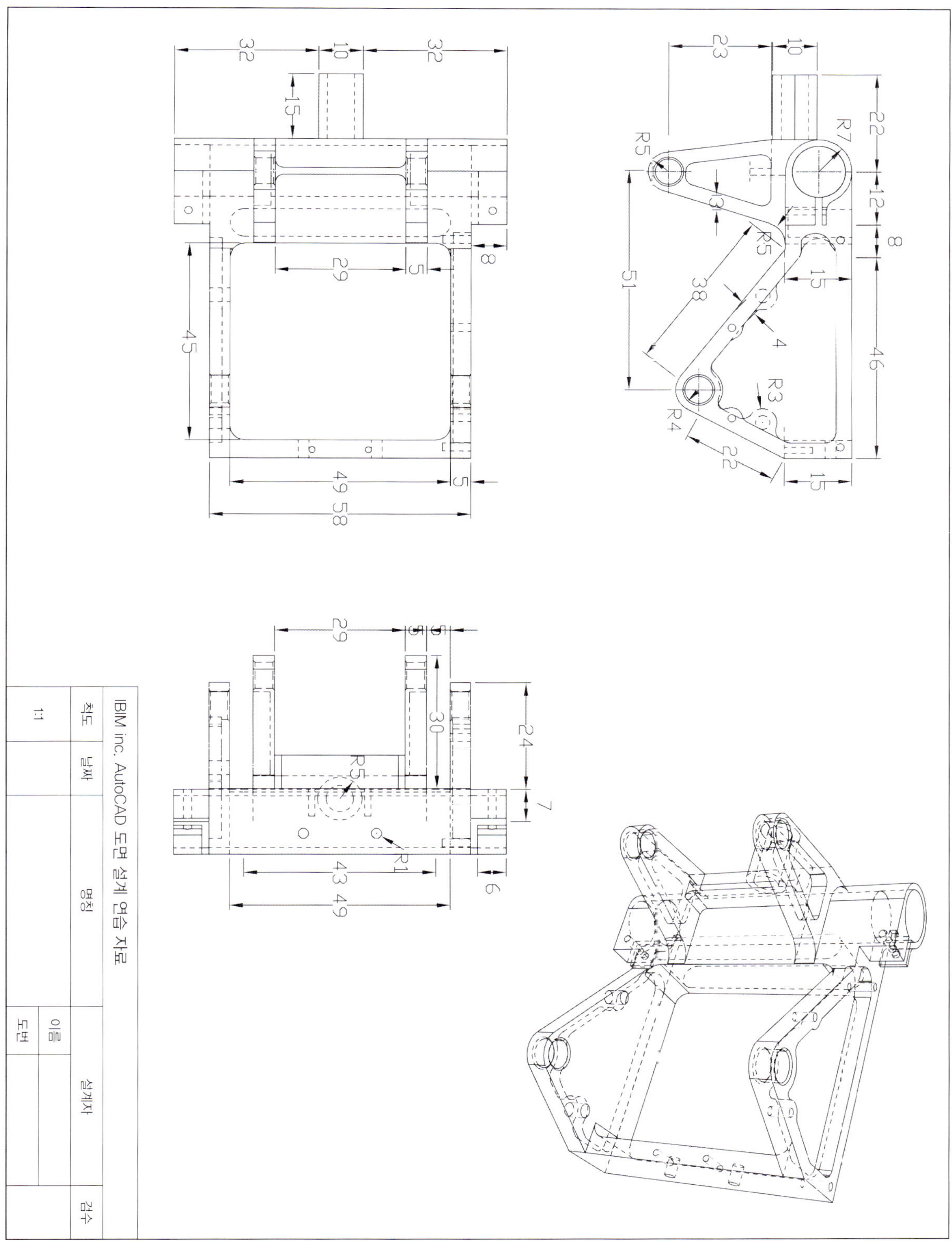
IBM inc. AutoCAD 도면 설계 연습 자료
척도
날짜
명칭
이름
도번
검수
설계자
1:1

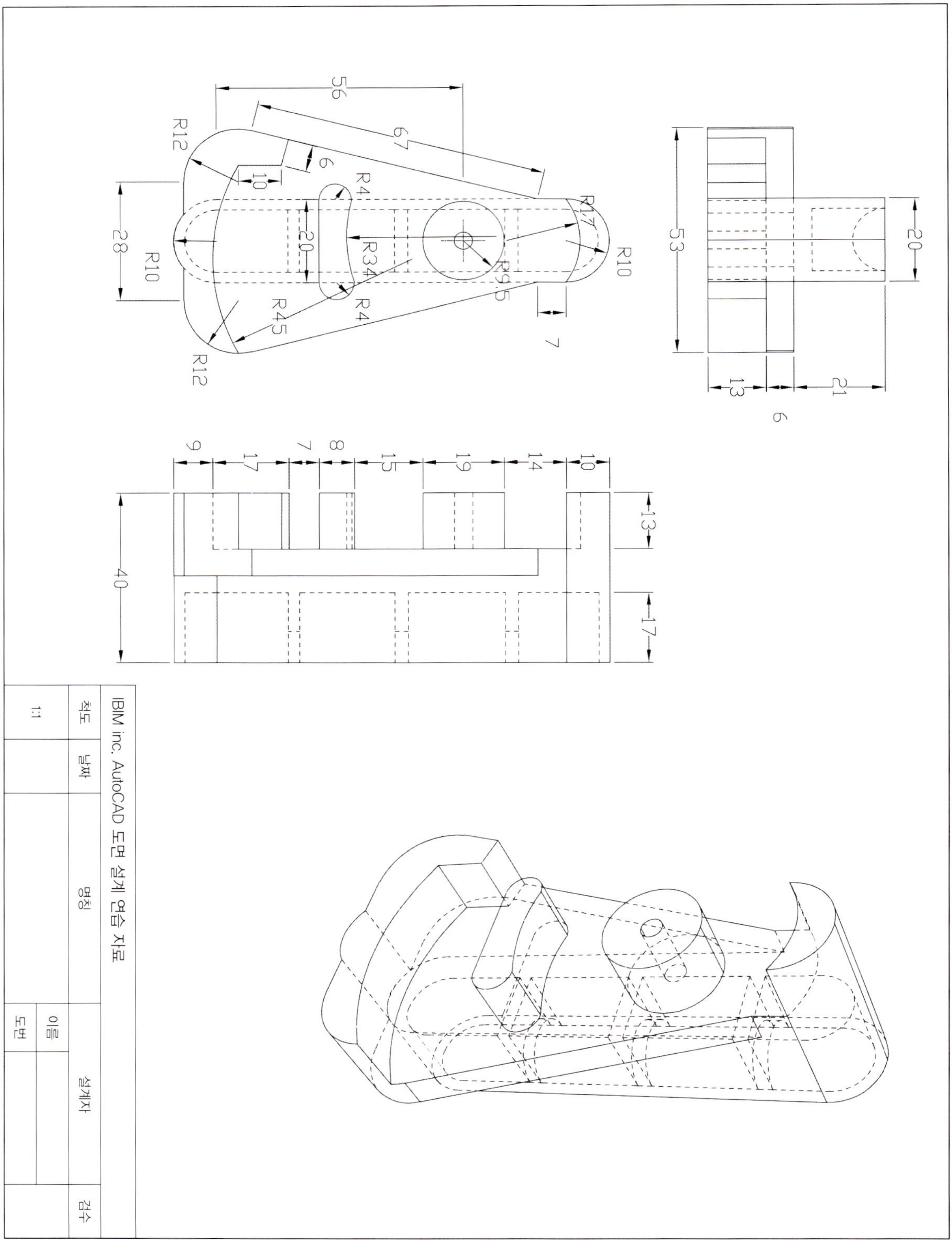
IBM inc. AutoCAD 도면 설계 연습 자료
척도
1:1
날짜
명칭
설계자
이름
도번
검수
56
67
R12
6
10
R4
R17
28
R10
20
R34
R9.5
R10
R45
R4
7
R12
53
20
13
6
21
9
17
7
8
15
19
14
10
40
13
17

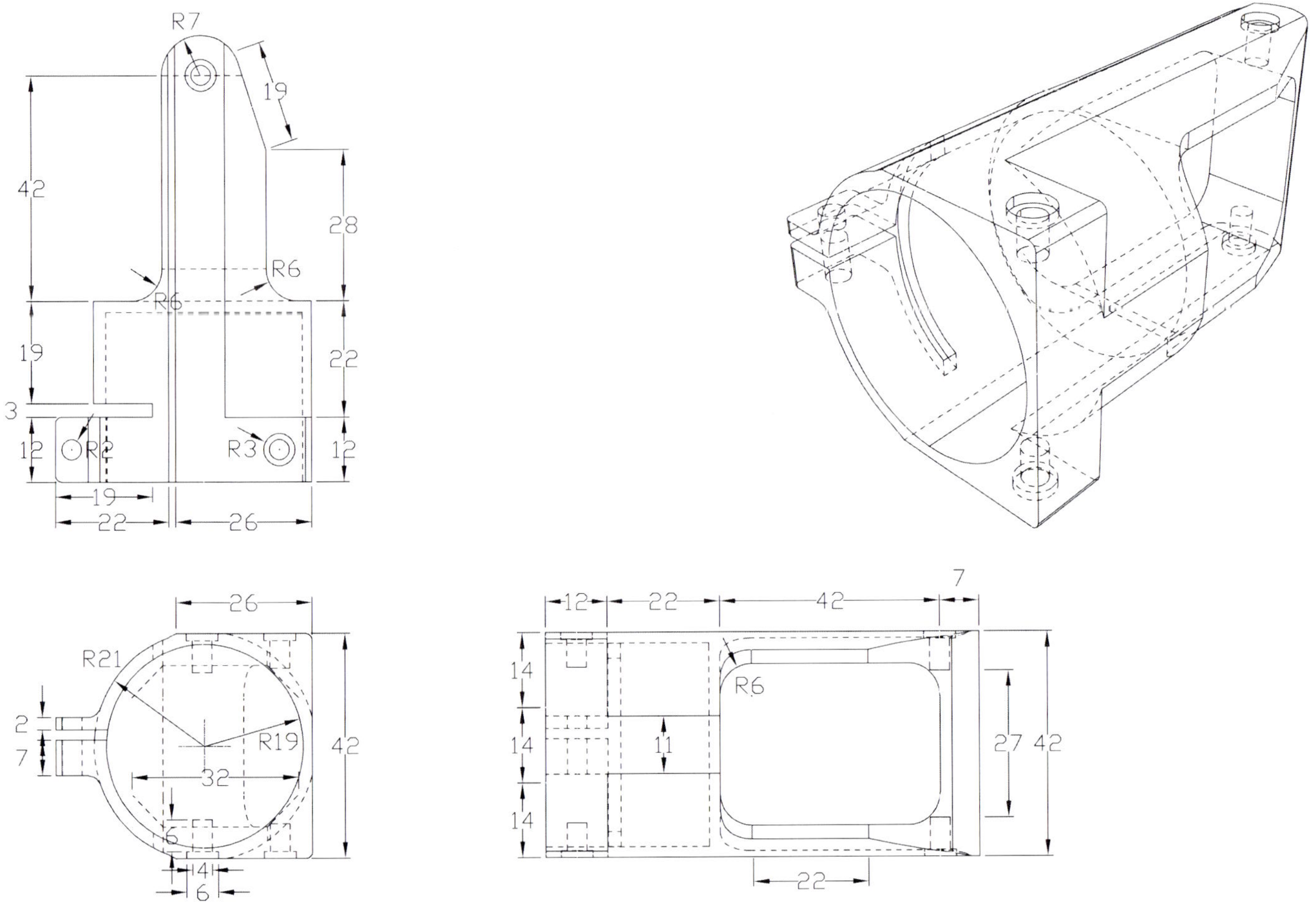

IBM inc. AutoCAD 도면 설계 연습 자료
척도
1:1
날짜
명칭
이름
설계자
도면
검수

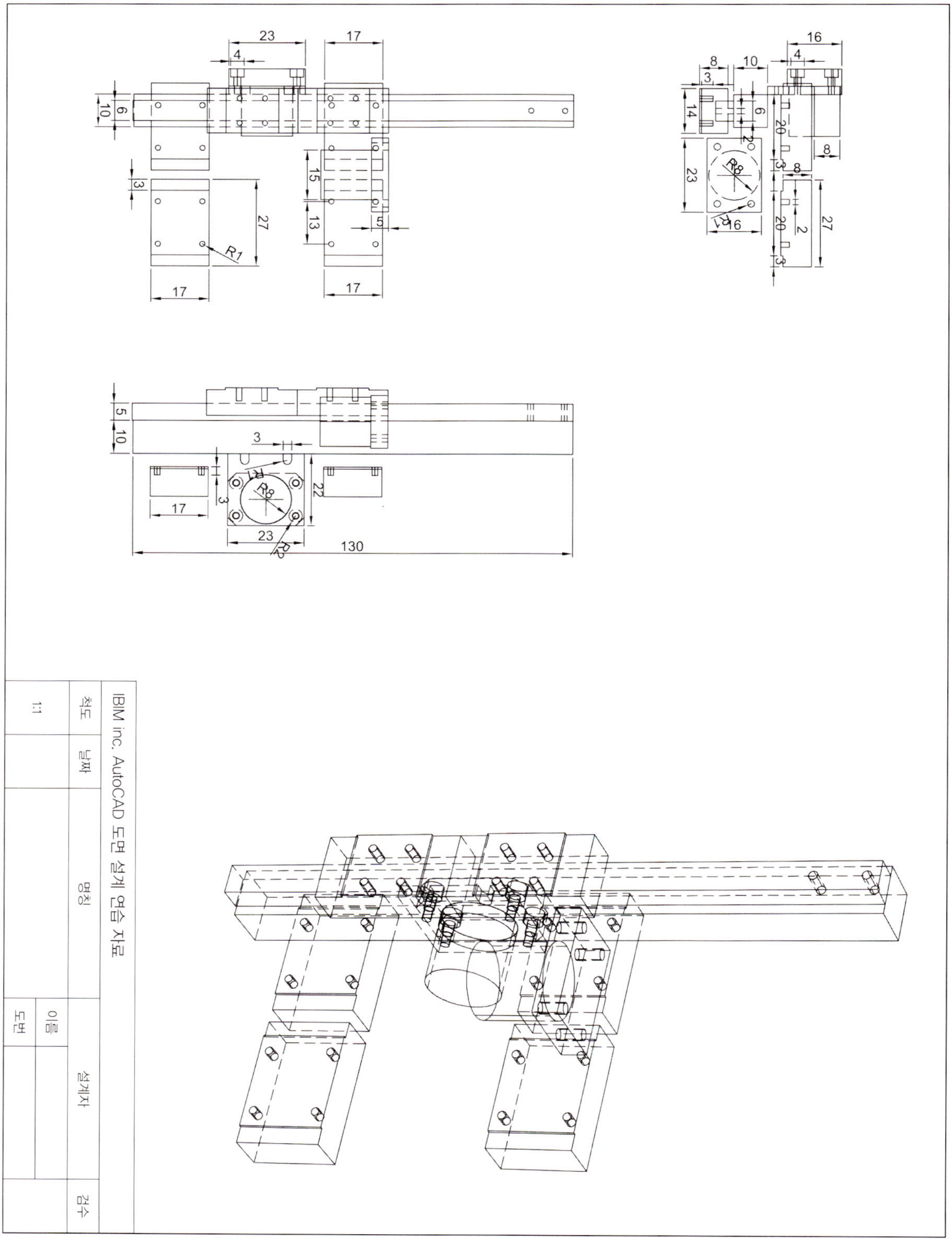
IBIM inc. AutoCAD 도면 설계 연습 자료
척도
1:1
날짜
명칭
설계자
이름
도번
검수

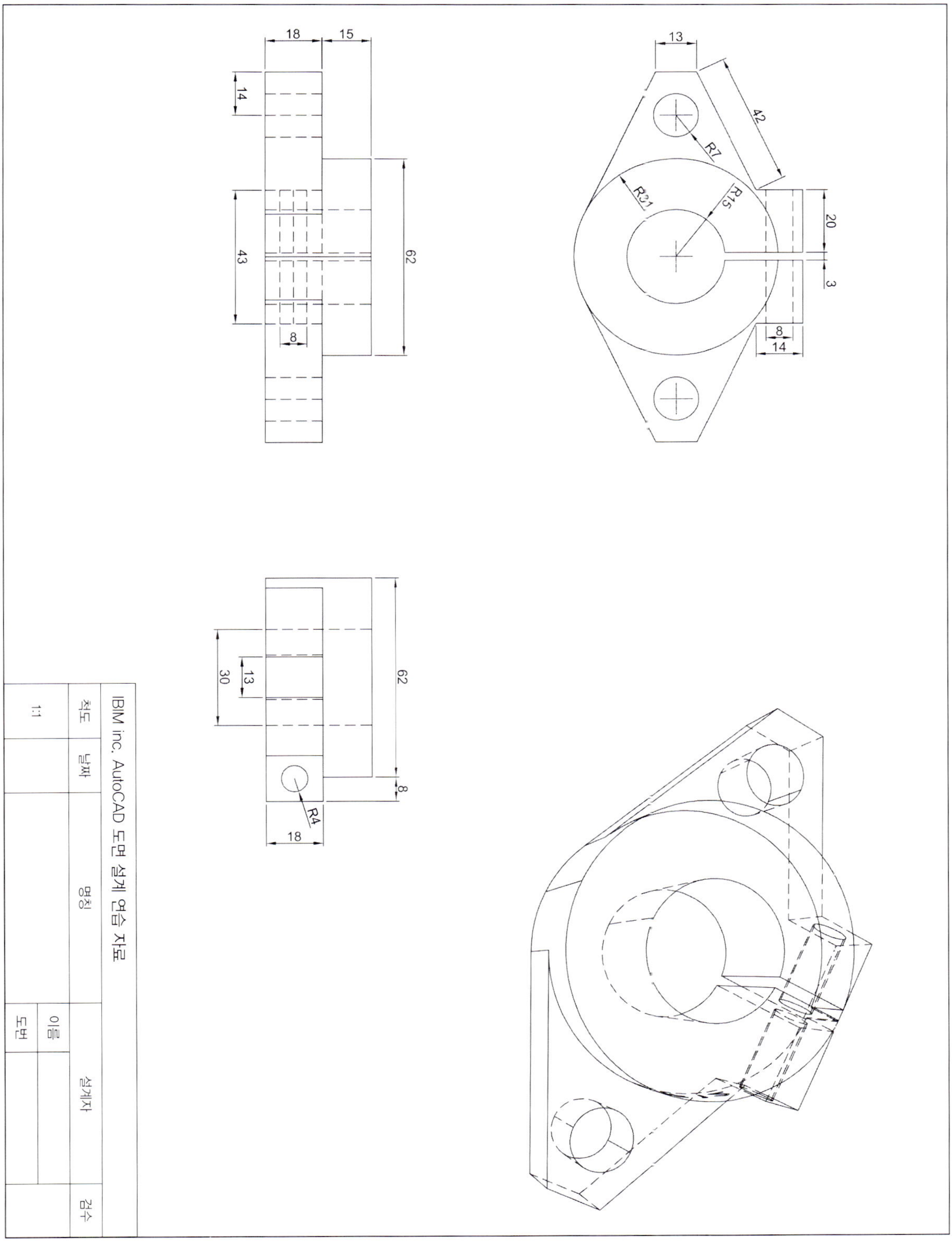

18
15
14
43
62
8
13
R7
42
R21
R15
20
3
8
14
62
30
13
R4
18
62
8
IBIM inc. AutoCAD 도면 설계 연습 자료
척도
1:1
날짜
명칭
평면
도번
이름
설계자
경수

IBIM inc. AutoCAD 도면 설계 연습 자료

척도	날짜	명칭		이름	설계자	검수
1:1			도번			

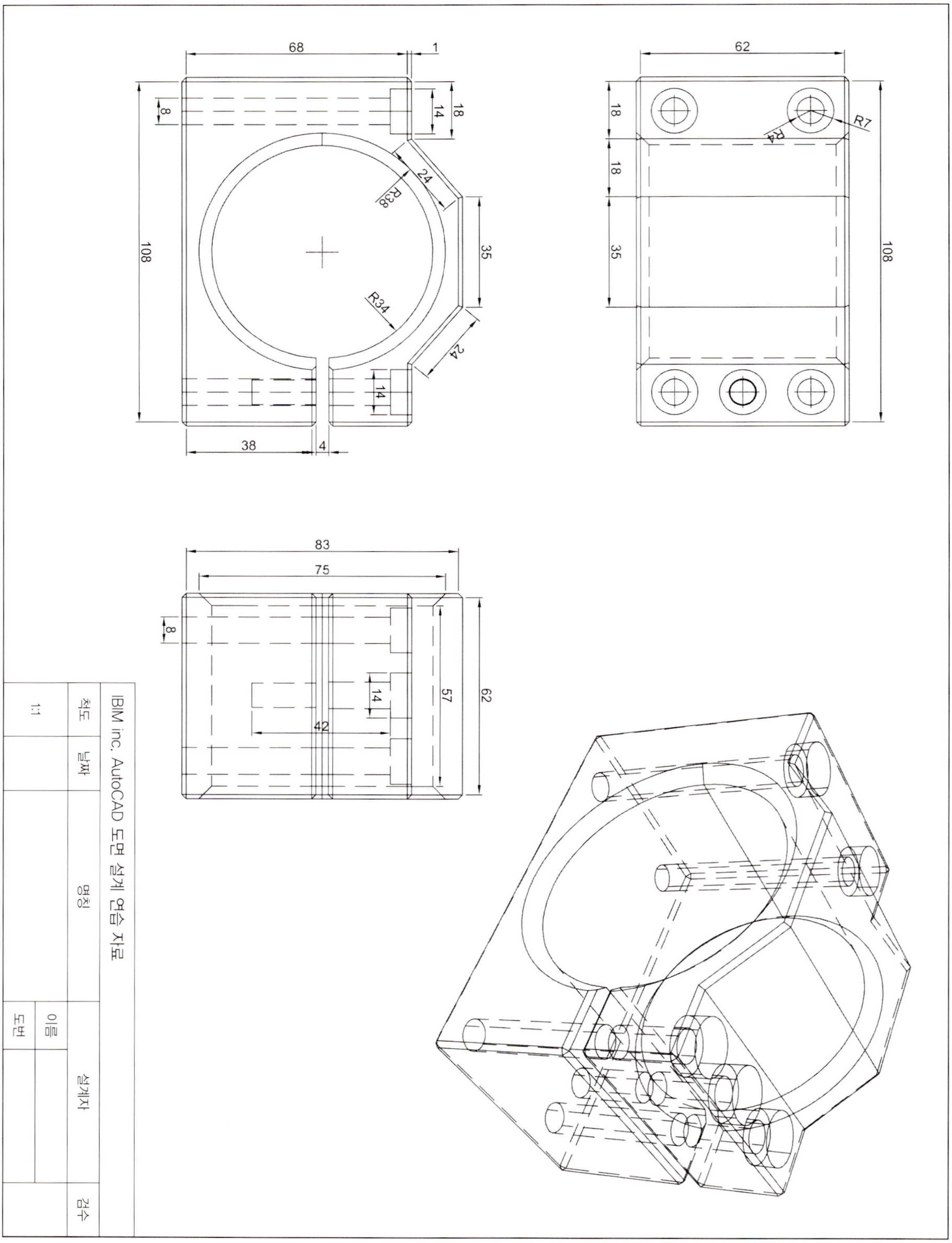

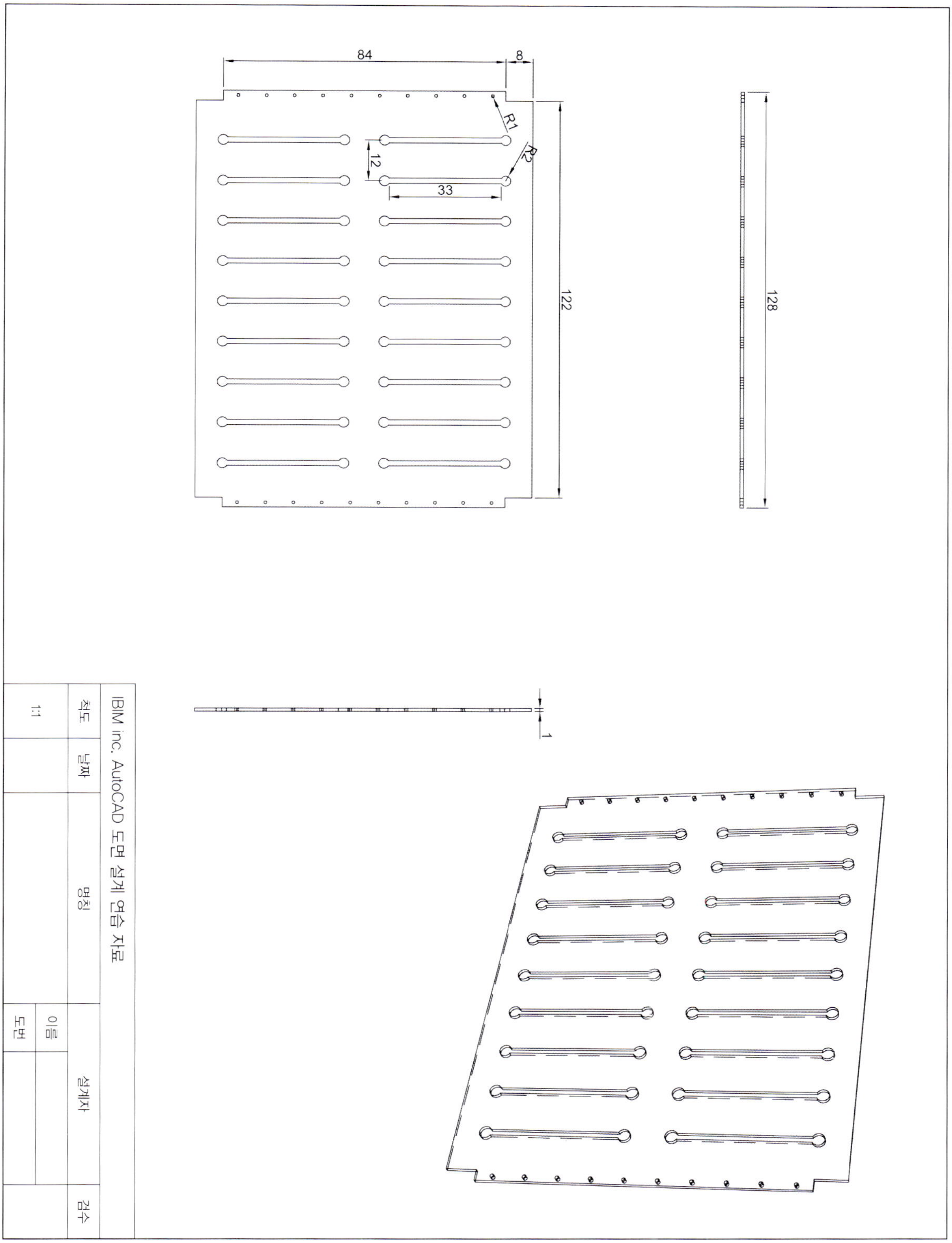

IBIM inc. AutoCAD 도면 설계 연습 자료

척도	날짜	명칭		이름	설계자	수량
1:1				도면		

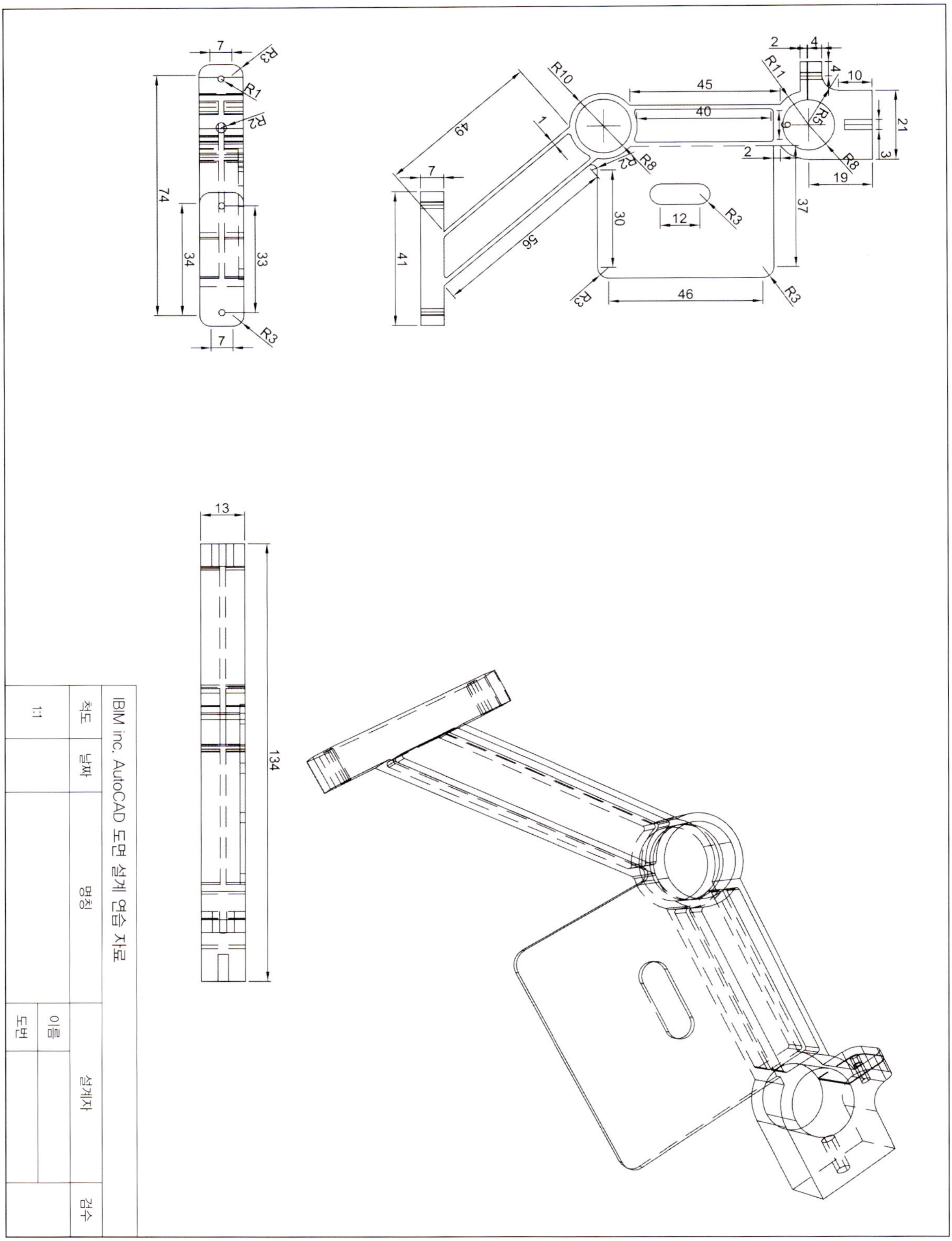

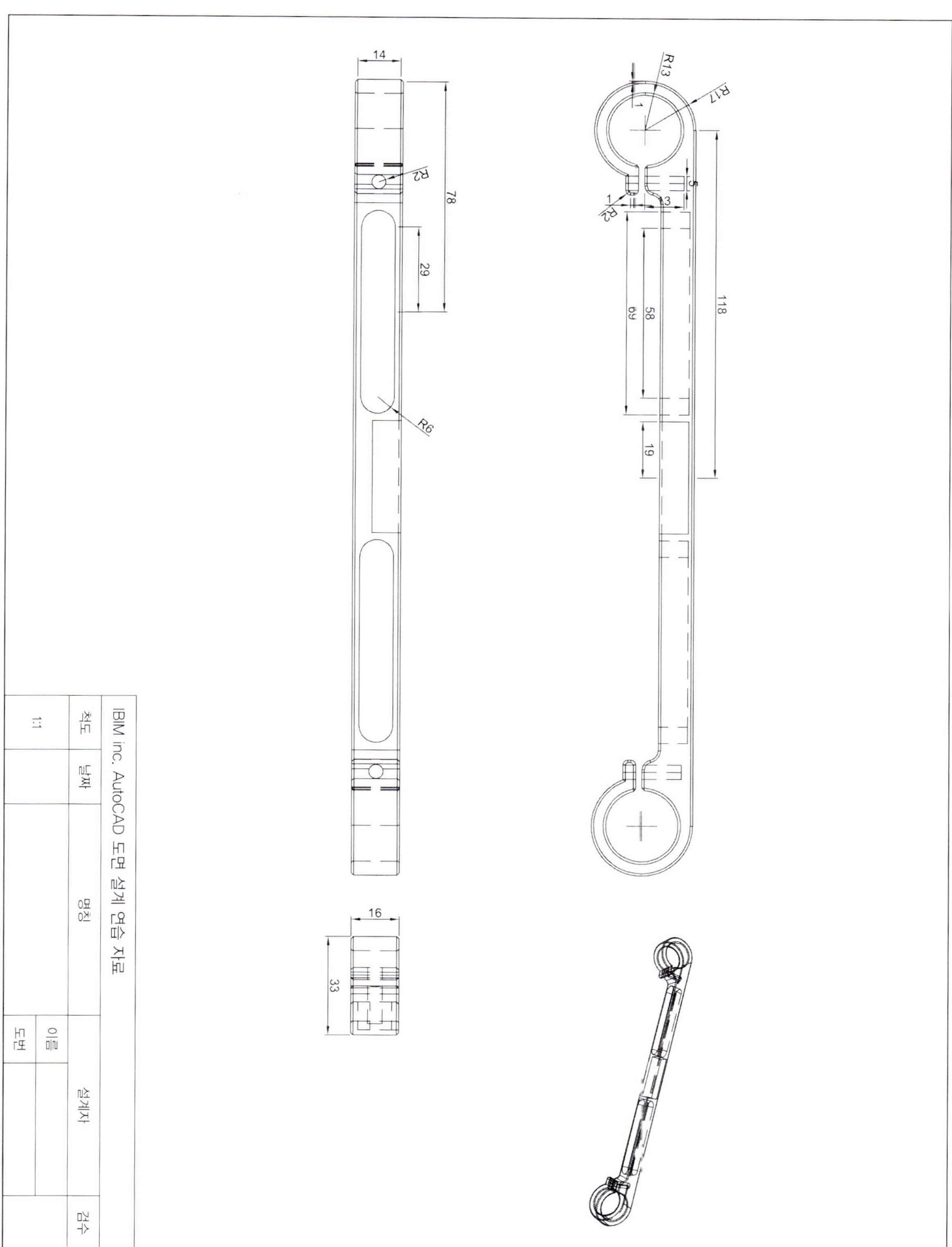
14
78
29
R6
16
33
R13
R17
R3
118
58
69
19
1
3
IBIM inc. AutoCAD 도면 설계 연습 자료
척도
날짜
명칭
이름
도면
검수
1:1
설계자

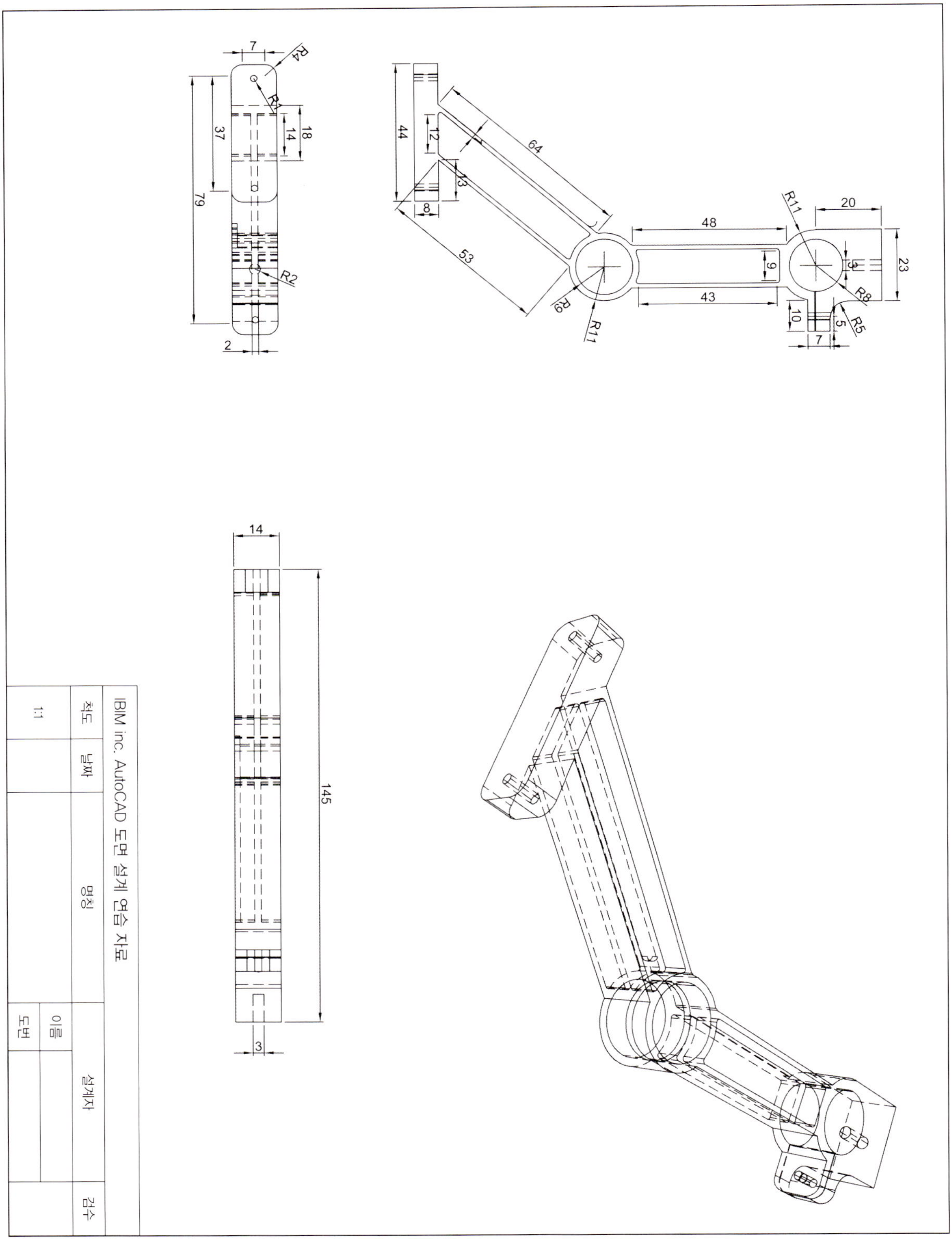

7
R4
R1
18
14
37
79
2
R2
44
12
8
23
64
53
R6
R11
R11
48
43
9
9
20
R8
R5
10
7
3
5
14
145
3
IBIM inc. AutoCAD 도면 설계 연습 자료
척도
1:1
날짜
용도
이름
도번
설계자
검수

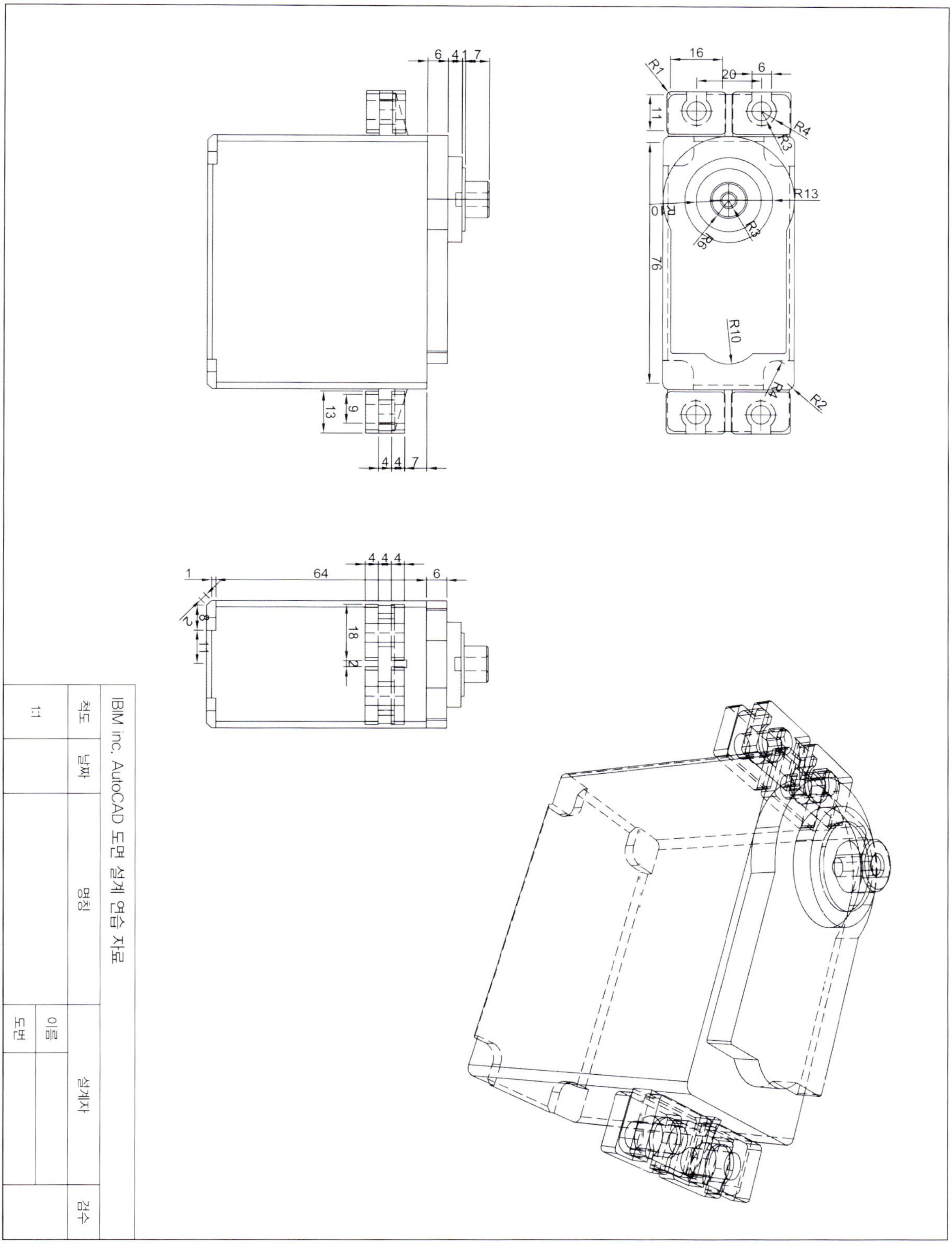

6 4 1 7
16
R1
20
6
11
R4
R3
R13
R6
R3
76
R10
R4
R2
9
13
4 4 7
1
64
4 4
6
18
2
8
11
IBM inc. AutoCAD 도면 설계 연습 자료
척도
1:1
날짜
명칭
도면
이름
설계자
검수

도면 파일 [Sample]의 'Medium43.dwg'

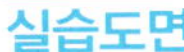

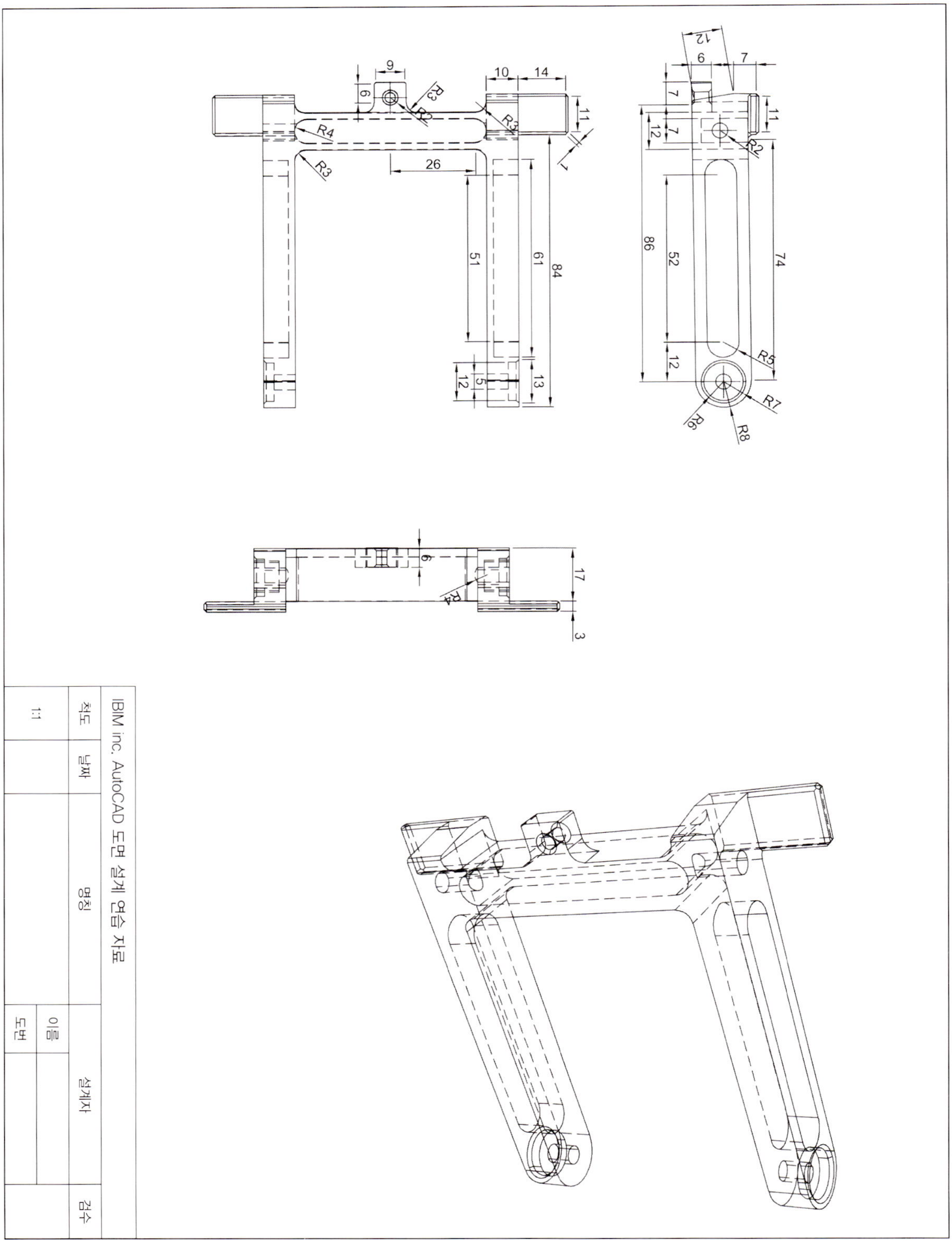
IBIM inc. AutoCAD 도면 설계 연습 자료
척도
1:1
날짜
명칭
이름
도면
설계자
검수

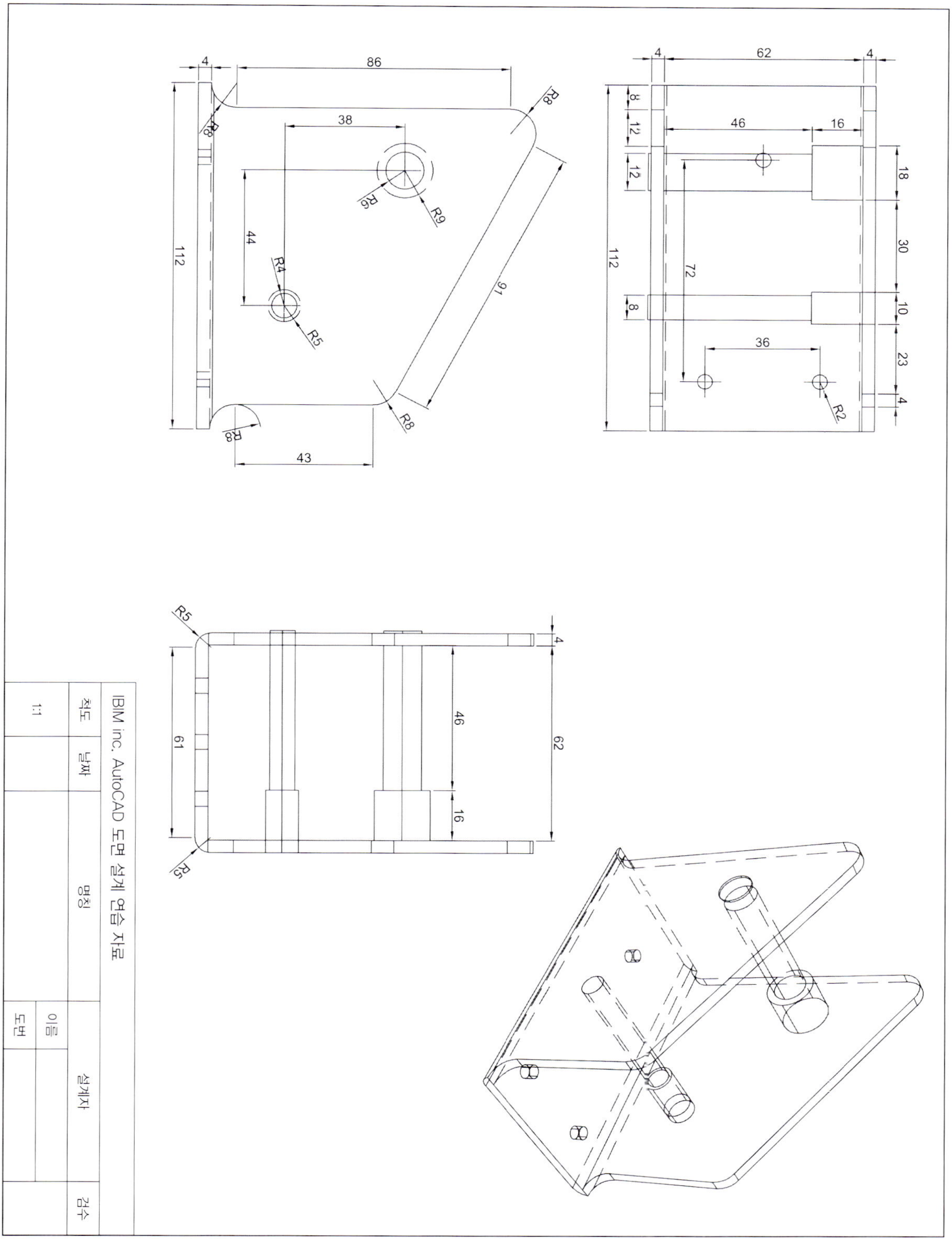

86
4
38
R8
44
R9
R6
R4
R5
112
91
R8
R8
43
4
62
4
46
16
8
12
12
18
30
72
112
8
10
23
36
4
R2
R5
61
R5
46
62
16
4
IBM inc. AutoCAD 도면 설계 연습 자료
척도
날짜
명칭
도면
이름
설계자
검수
1:1

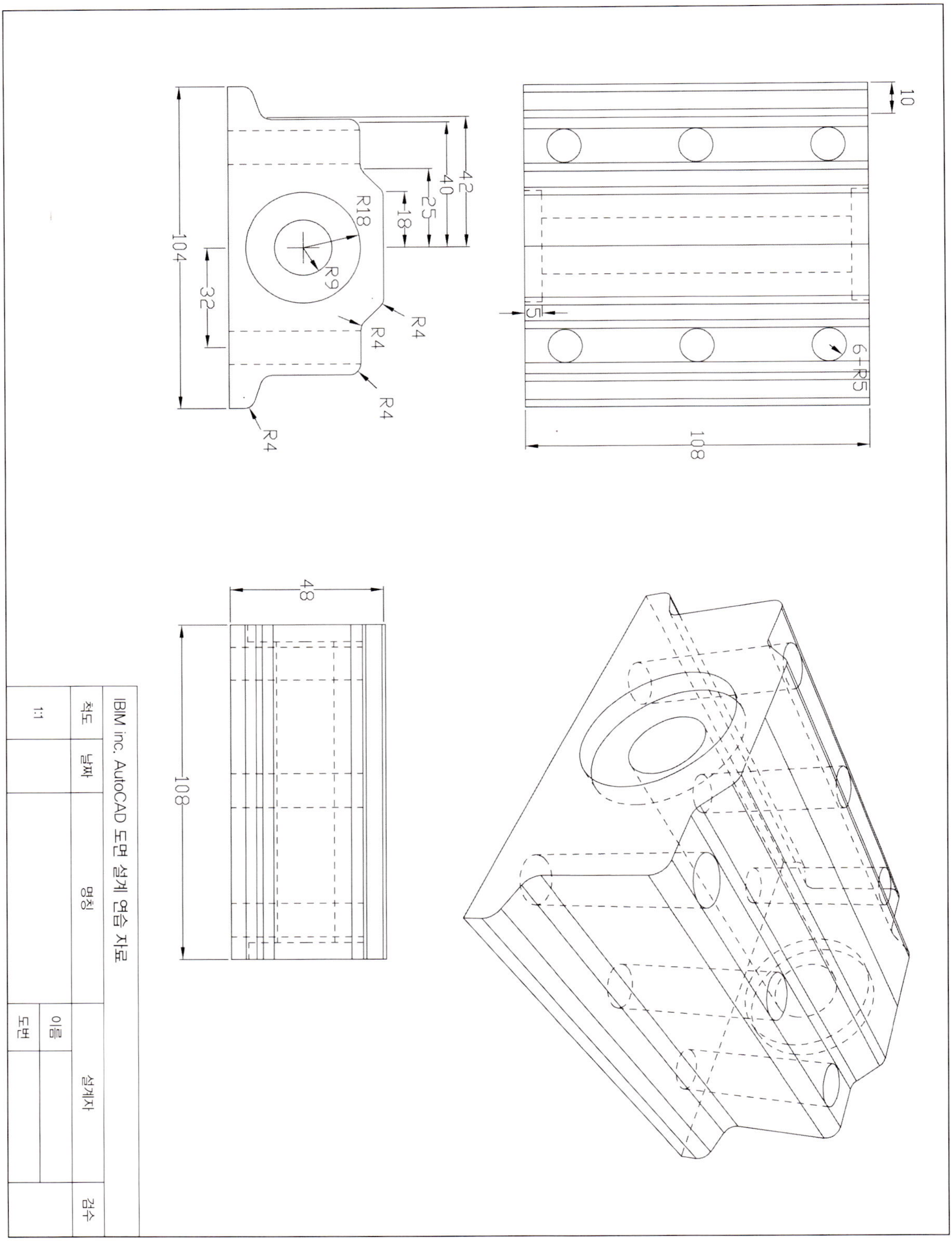
10
42
40
25
18
R18
R9
104
32
R4
R4
R4
R4
5
6-R5
108
48
108
IBIM inc. AutoCAD 도면 설계 연습 자료
척도
1:1
날짜
명칭
이름
도면
설계자
검수

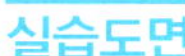

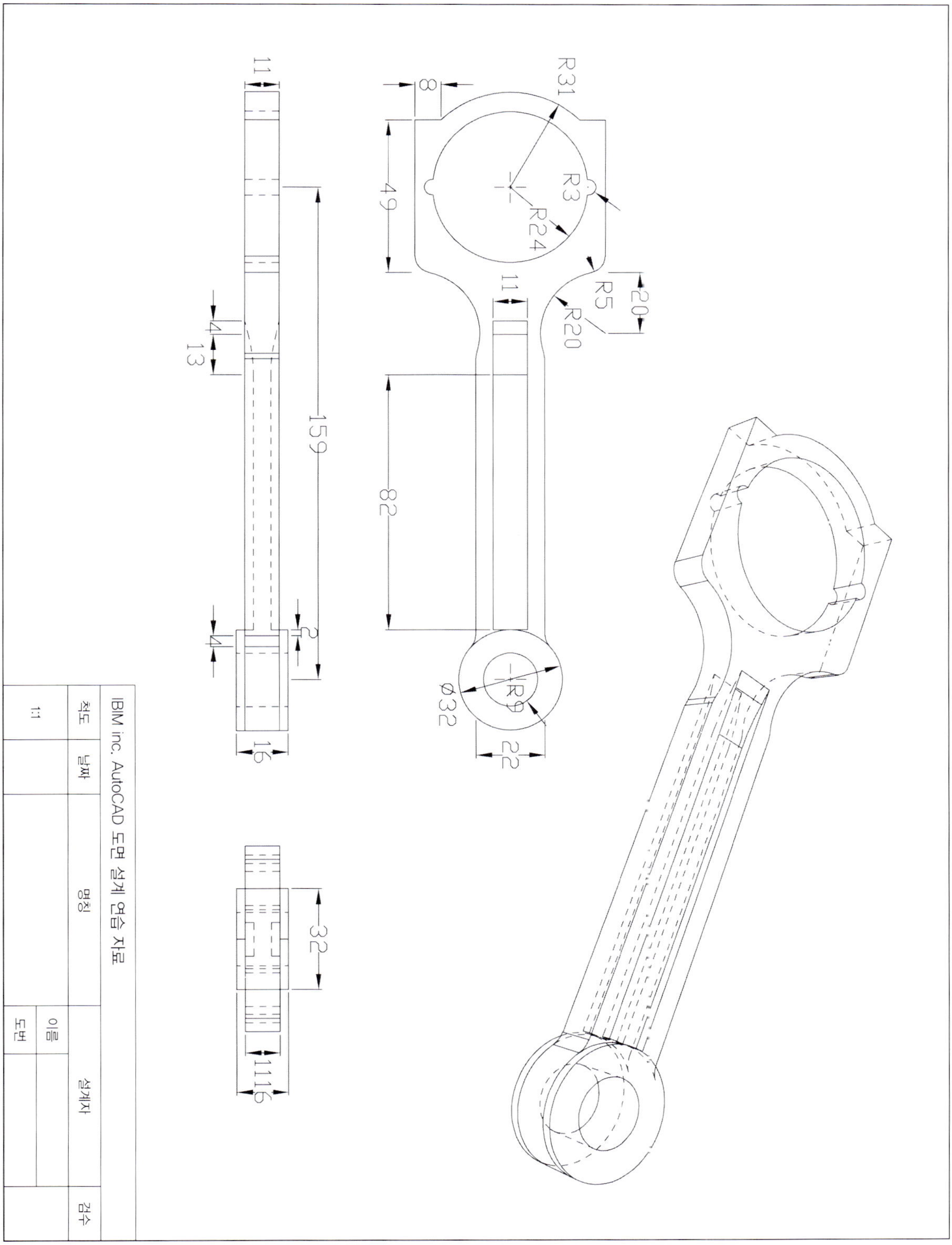
IBIM inc. AutoCAD 도면 설계 연습 자료
척도
1:1
날짜
명칭
이름
도번
설계자
검수
R31
R3
R24
R5
R20
R9
Ø32
8
49
11
20
82
22
159
13
4
2
16
32
11
16

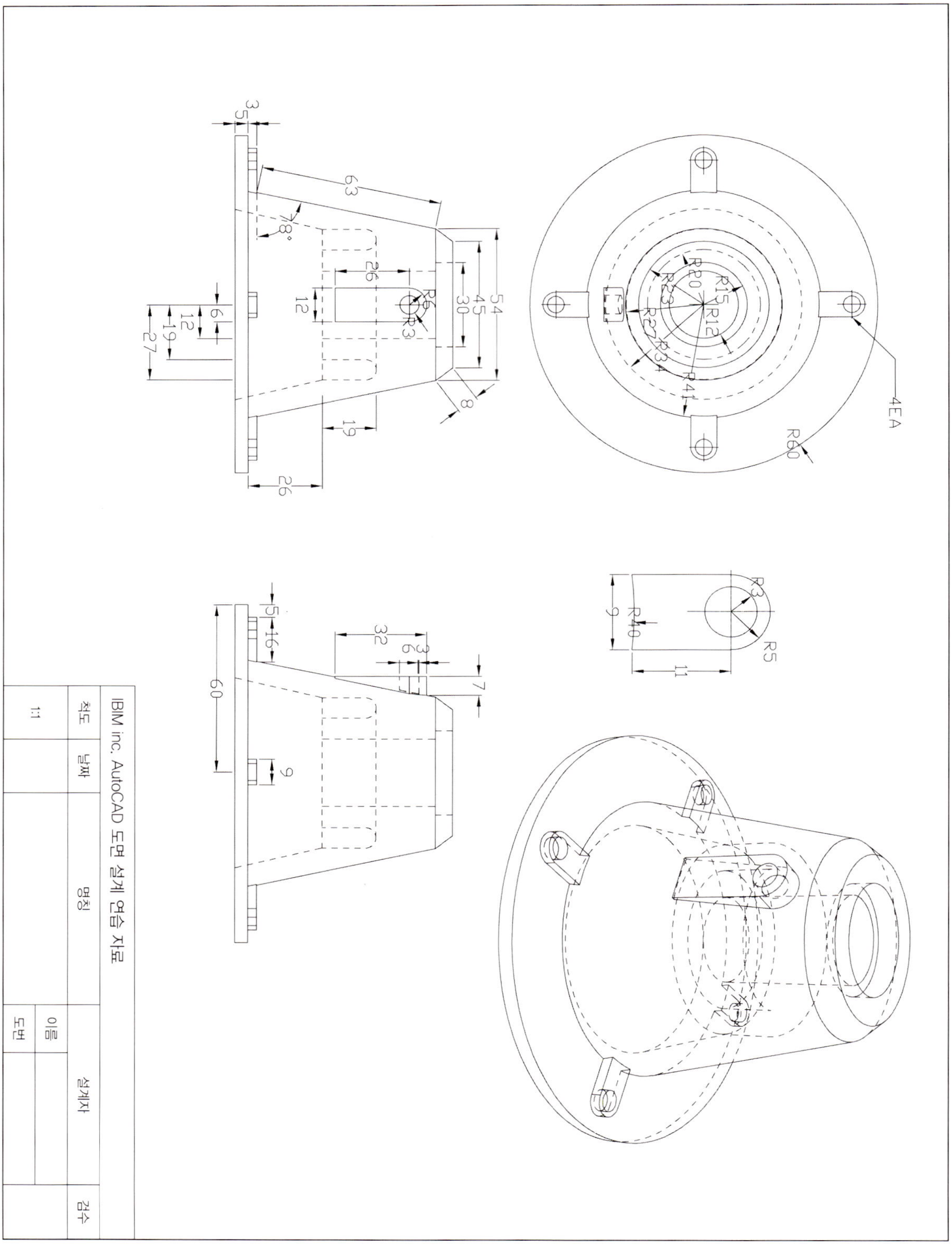
IBIM inc. AutoCAD 도면 설계 연습 자료
척도
1:1
날짜
명칭
설계자
검수
이름
도번
4EA
R60
R15
R12
R20
R23
R27
R34
R41
63
78°
26
12
R6
R3
54
45
30
6
12
19
27
8
19
26
3
5
R3
R5
R40
9
11
32
3
6
7
16
60
9

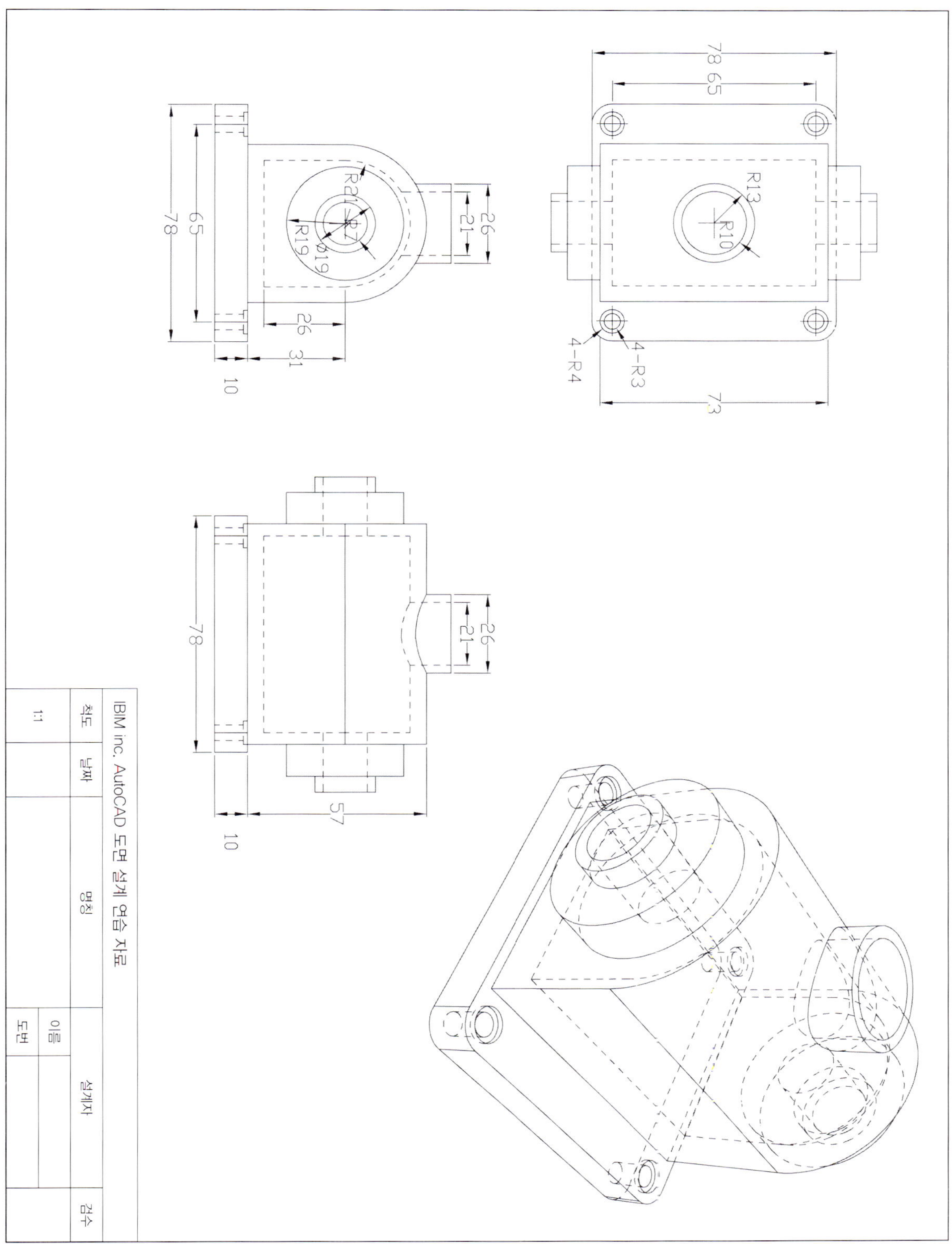

BIM inc. AutoCAD 도면 설계 연습 자료
척도
날짜
명칭
이름
도번
1:1
설계자
검수
R13
R10
4-R4
4-R3
78
65
73
R21
R7
R19
Ø19
26
21
65
78
26
31
10
78
57
26
21
10

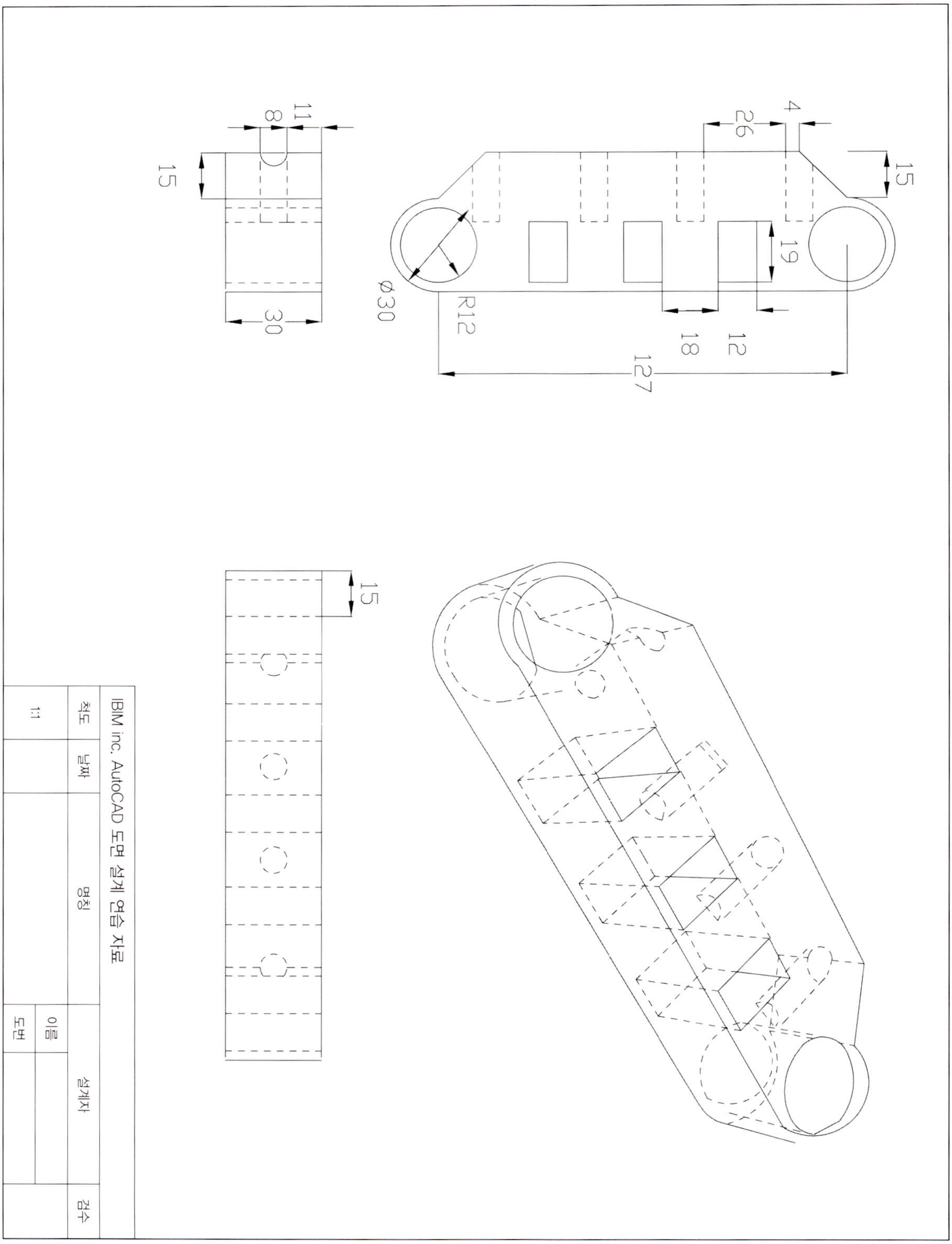
15
8
11
30
26
4
15
19
Ø30
R12
18
12
127
15
IBIM inc. AutoCAD 도면 설계 연습 자료
척도
1:1
날짜
명칭
설계자
검수
이름
도번

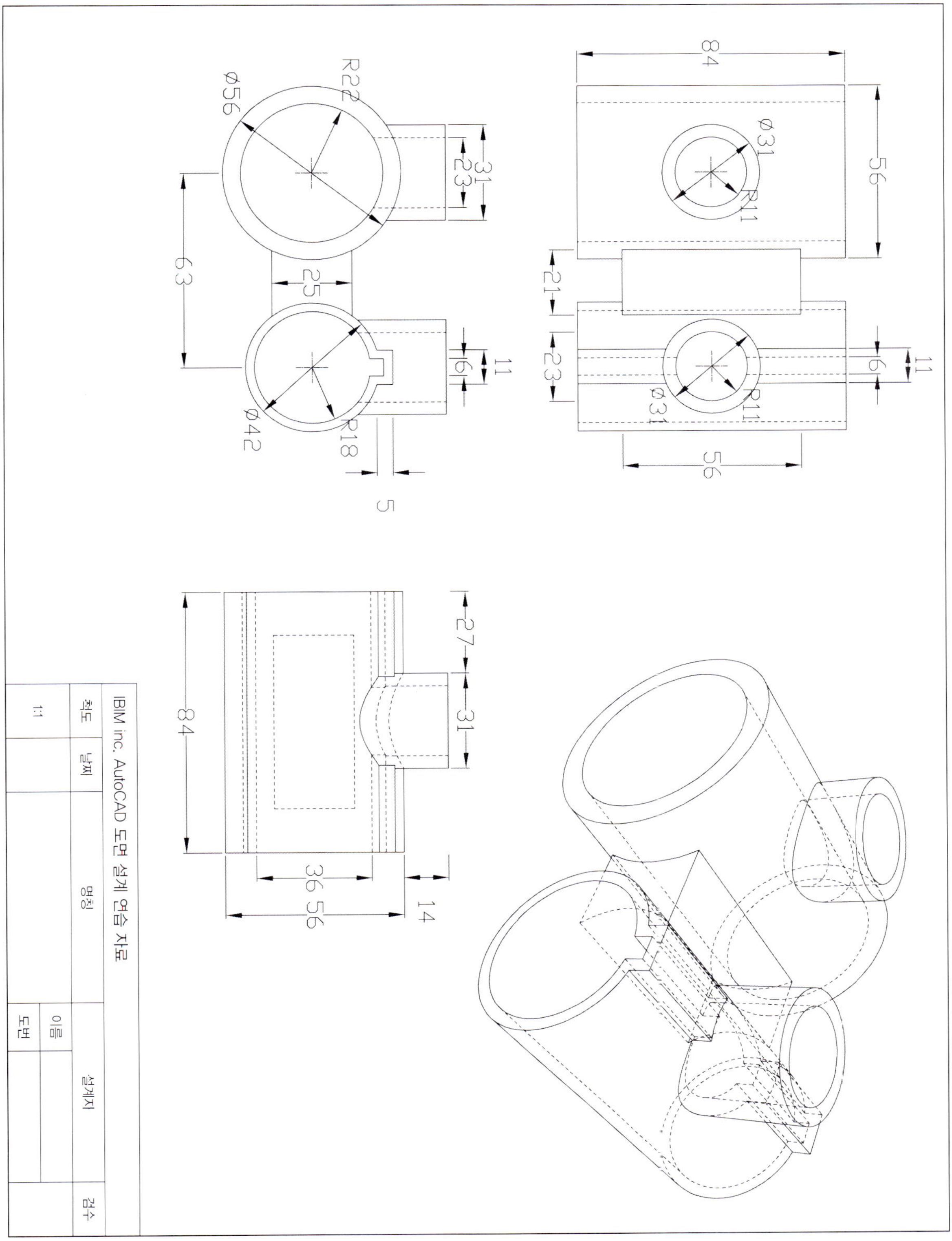

IBIM inc. AutoCAD 도면 설계 연습 자료

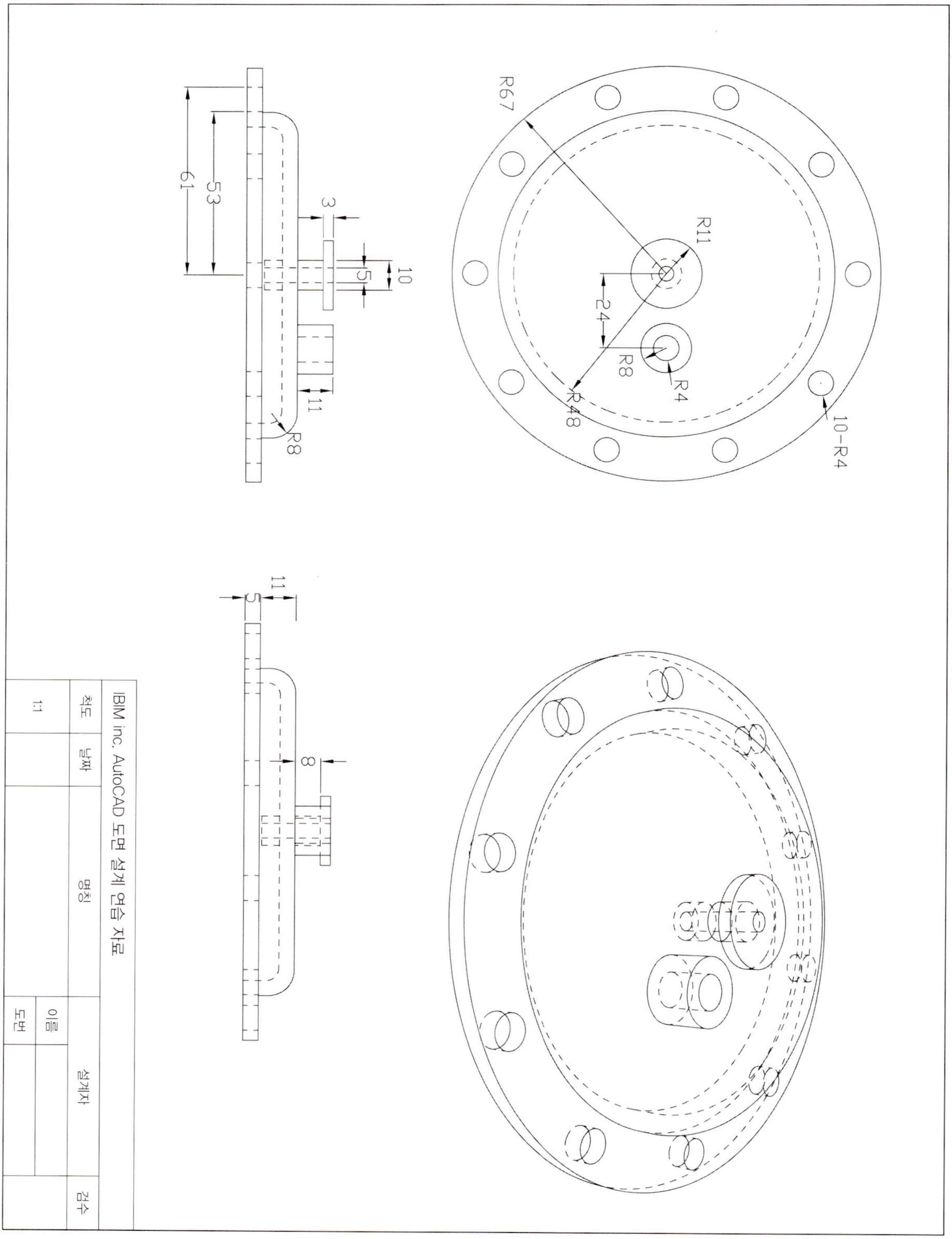

R67
R11
24
R8
R4
R48
10-R4
3
5
10
53
61
11
R8
5
11
8
IBIM inc. AutoCAD 도면 설계 연습 자료
척도
1:1
날짜
명칭
설계자
도면
이름
검수

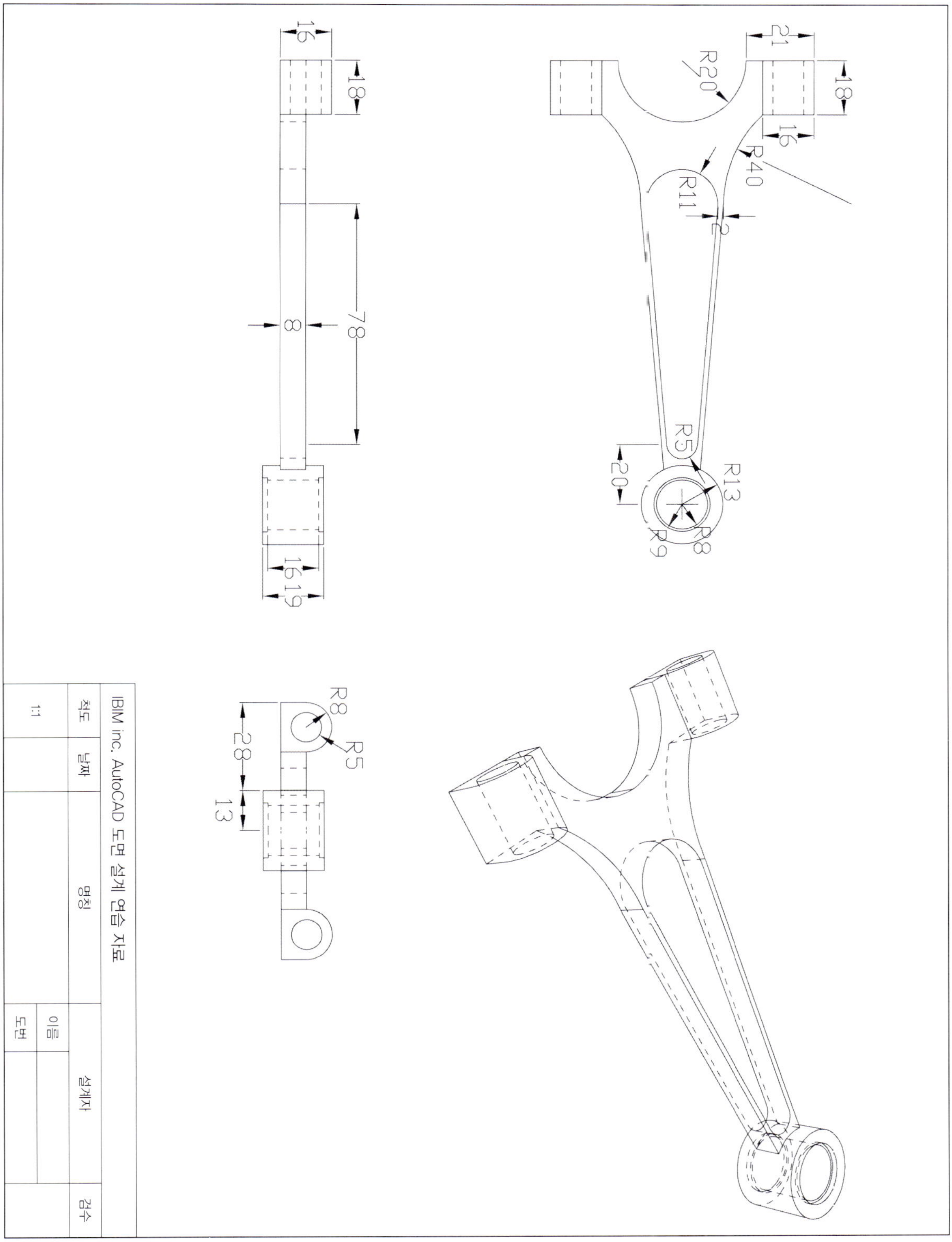

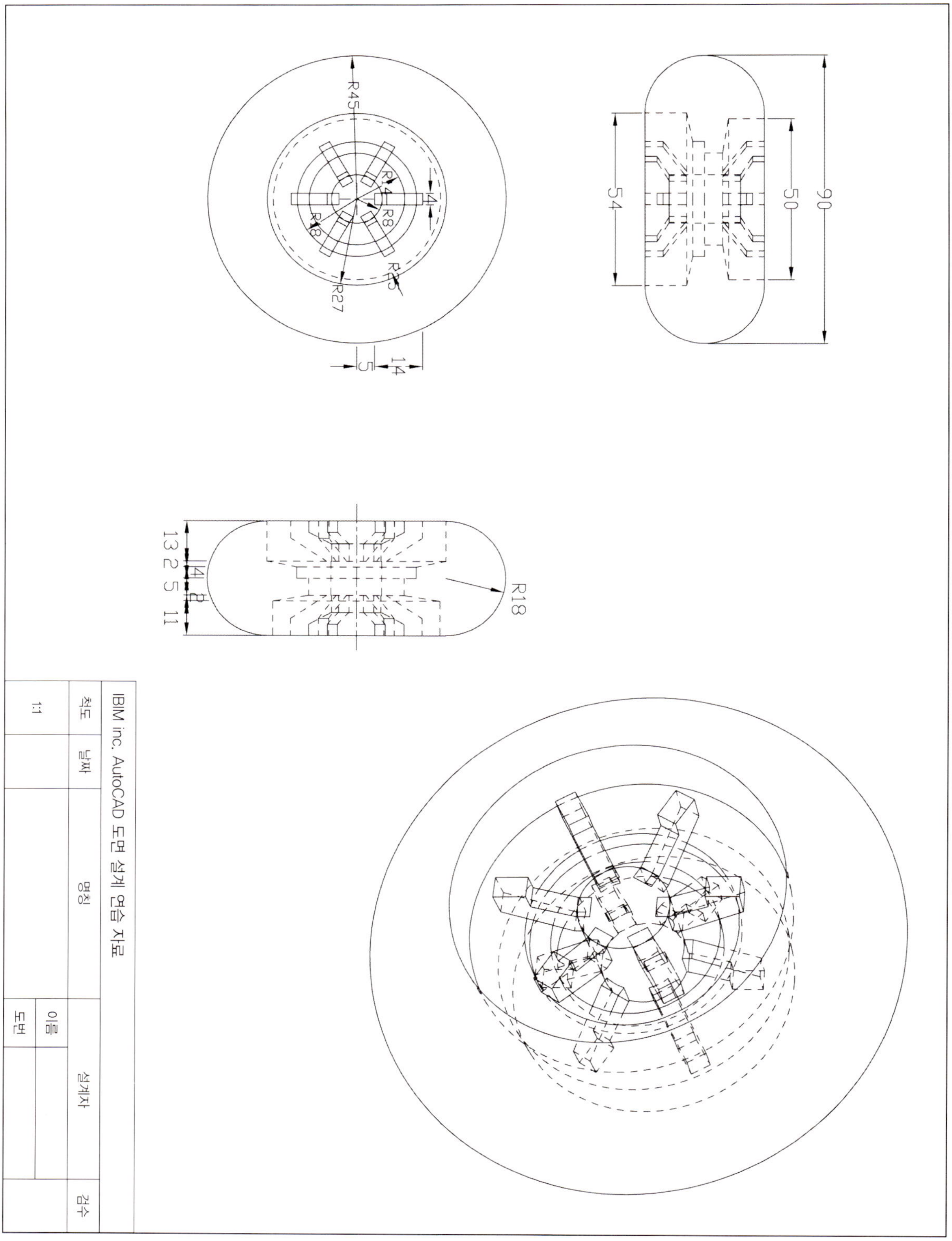
R45
R14
R8
R18
R35
R27
4
5
14
54
50
90
13
2
5
11
4
8
R18
IBM inc. AutoCAD 도면 설계 연습 자료
척도
1:1
날짜
명칭
설계자
검수
이름
도번

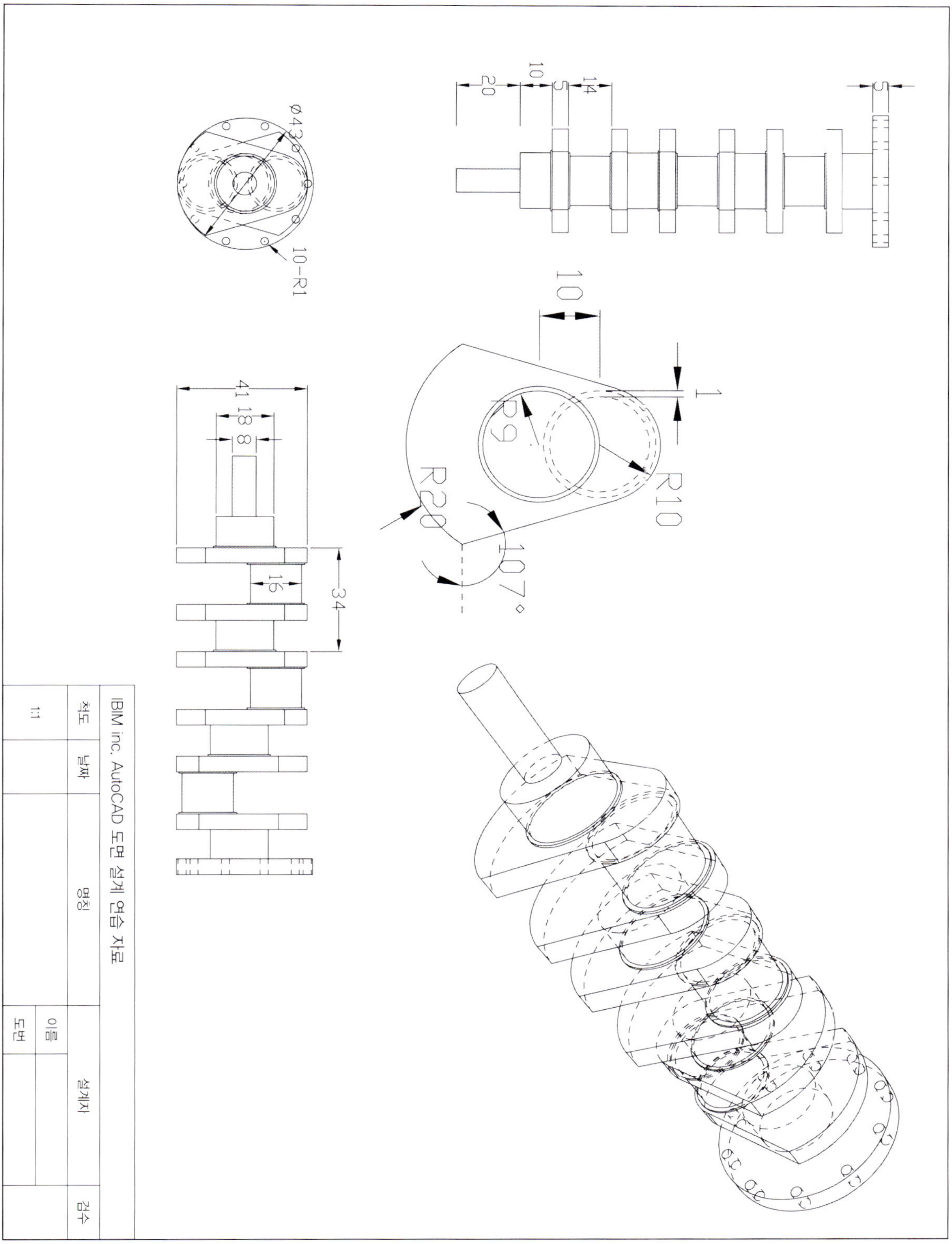
IBIM inc. AutoCAD 도면 설계 연습 자료
척도
1:1
날짜
명칭
설계자
검수
이름
도번
Ø43
10-R1
R9
R10
R20
107°
41
18
8
16
34
20
10
5
14

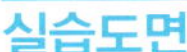

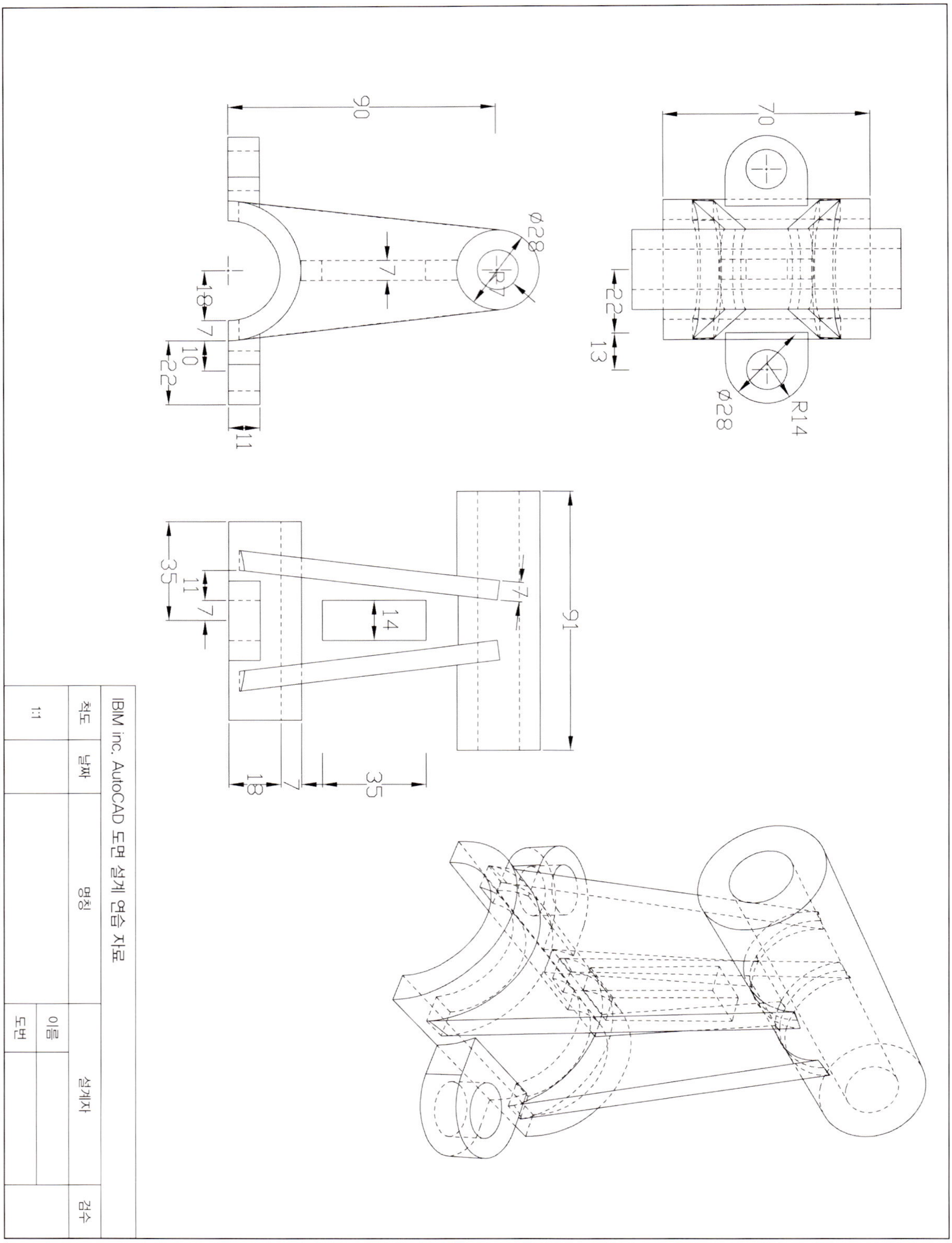
90
70
ø28
R7
7
18
7
10
22
11
22
13
ø28
R14
35
11
7
14
7
91
18
7
35
IBIM inc. AutoCAD 도면 설계 연습 자료
척도
1:1
날짜
명칭
이름
도번
설계자
검수

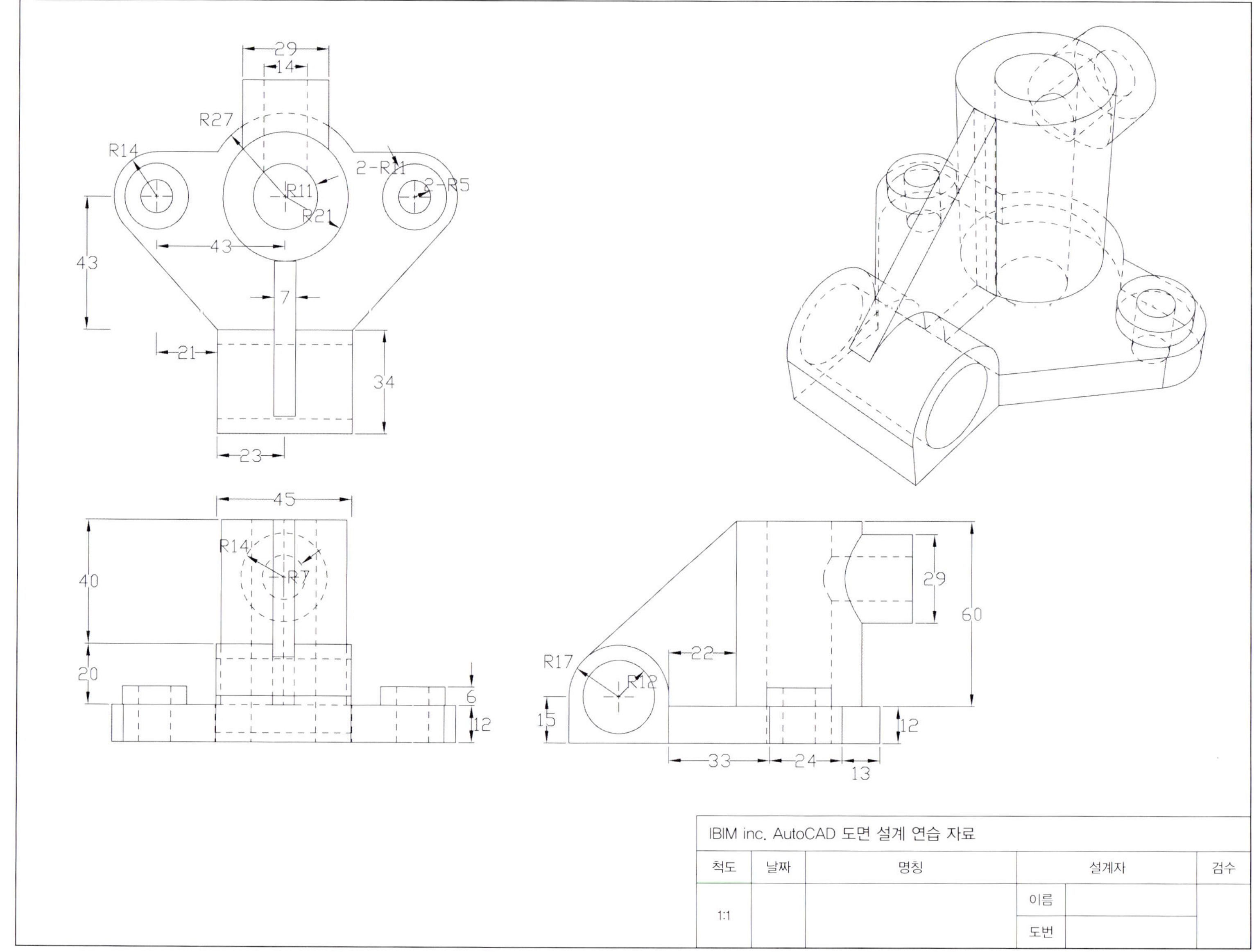
IBIM inc. AutoCAD 도면 설계 연습 자료
척도　날짜　명칭　설계자　검수
1:1　이름　도번

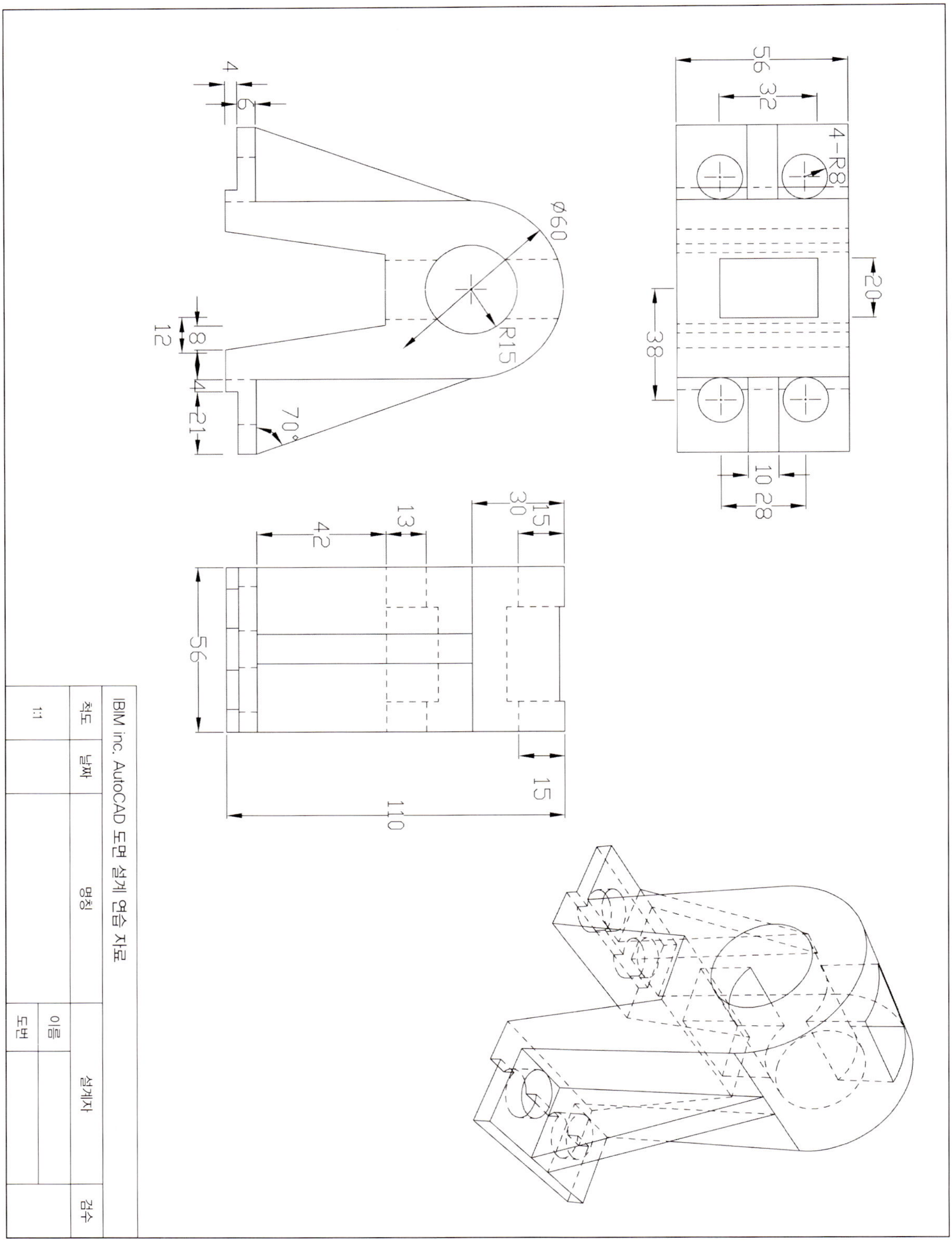

IBM inc. AutoCAD 도면 설계 연습 자료

척도	날짜	명칭		이름	설계자	
1:1						검수

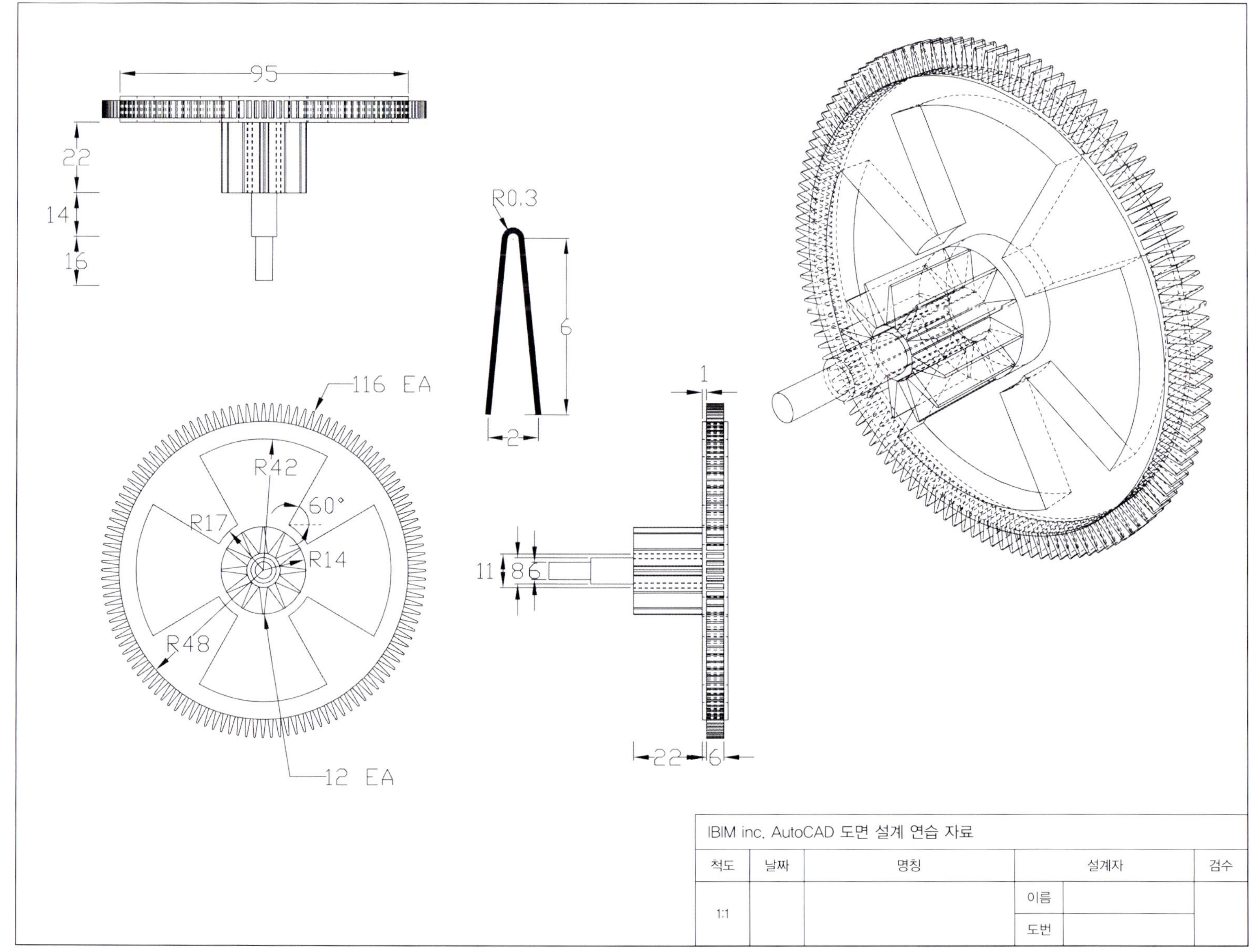

IBIM inc. AutoCAD 도면 설계 연습 자료					
척도	날짜	명칭		설계자	검수
1:1			이름		
			도번		

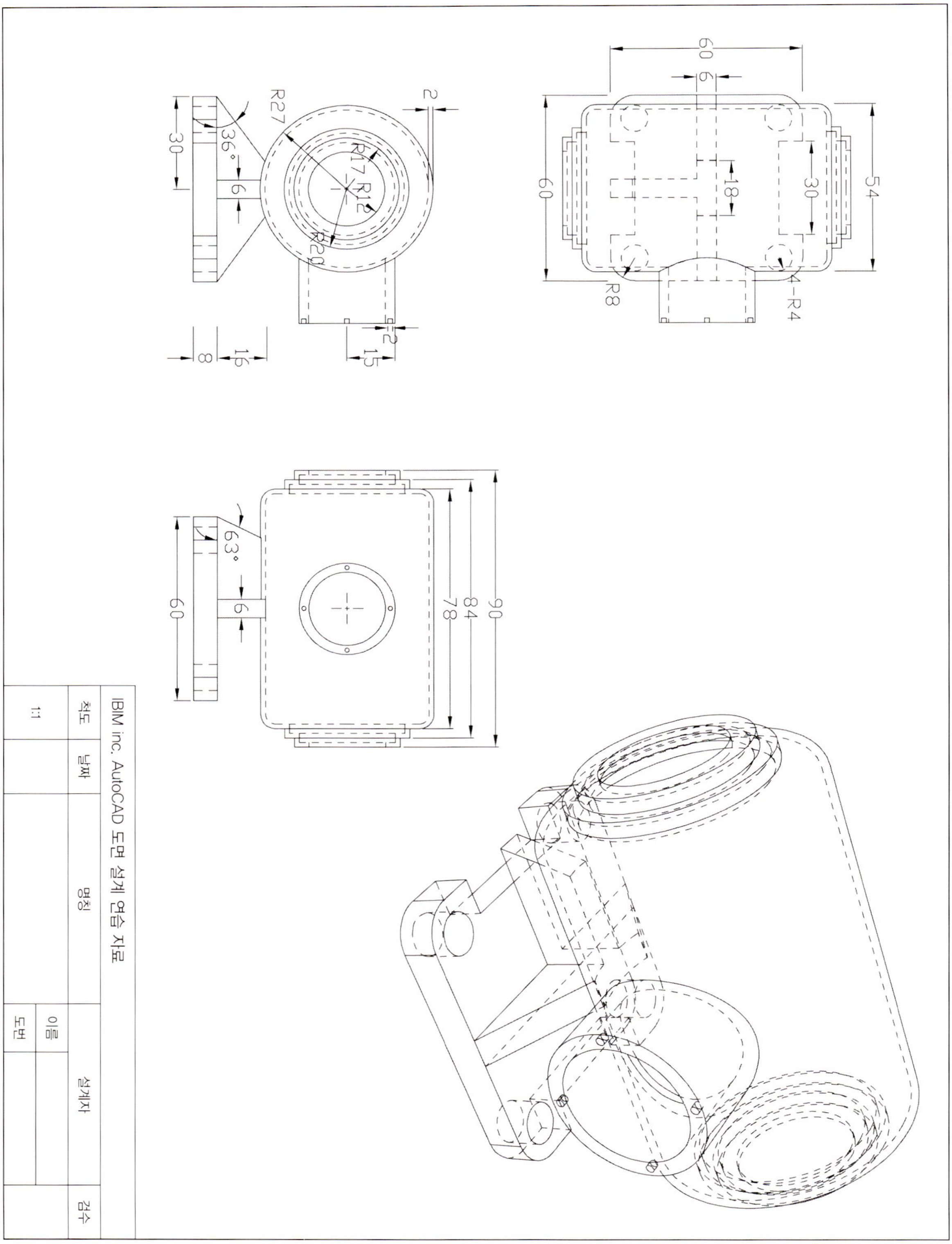

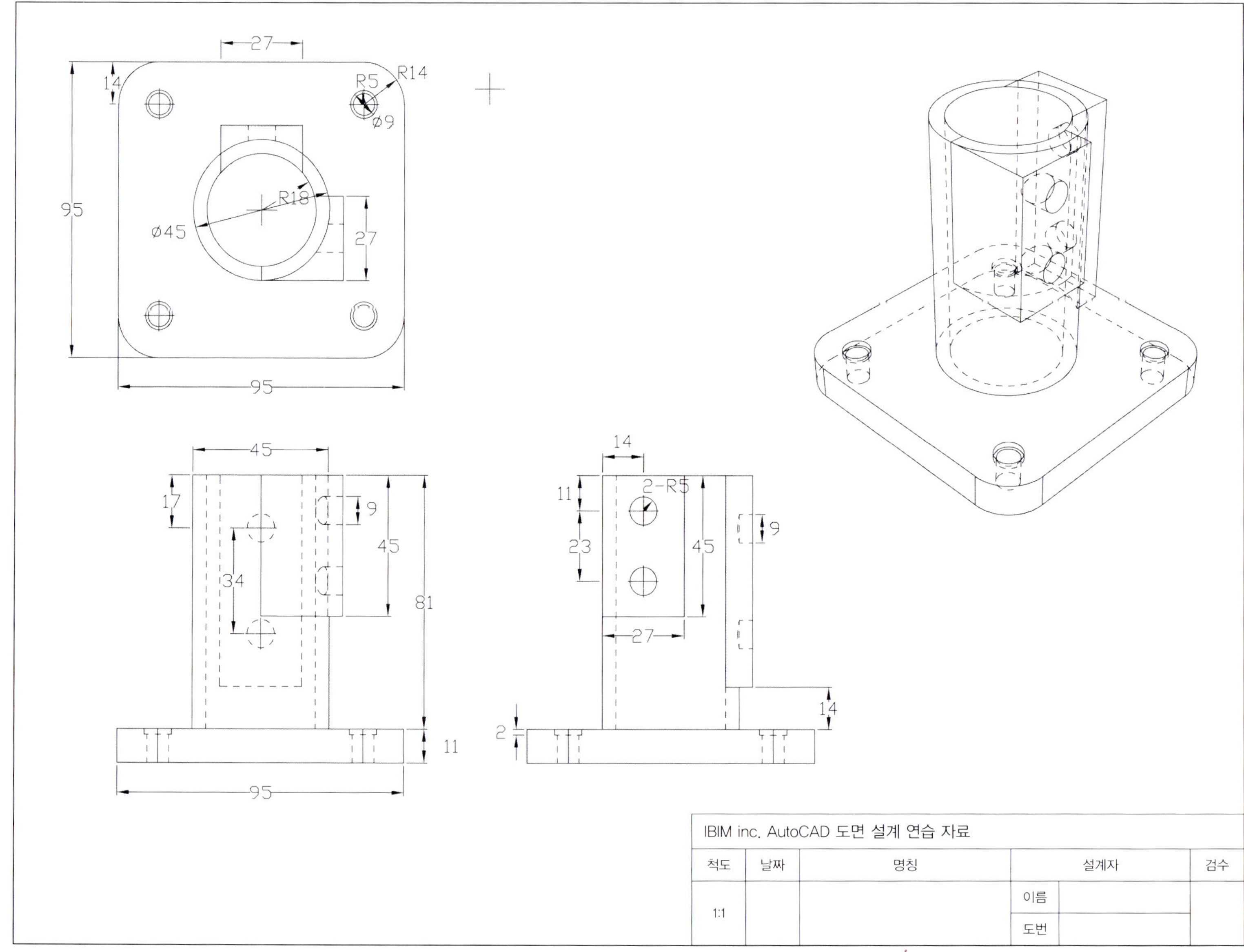
27
14
R5 R14
Ø9
95
R18
Ø45
27
95
45
17
34
9
45
81
11
95
14
11
2-R5
23
9
45
27
2
14
IBIM inc. AutoCAD 도면 설계 연습 자료
척도
날짜
명칭
설계자
검수
이름
도번
1:1

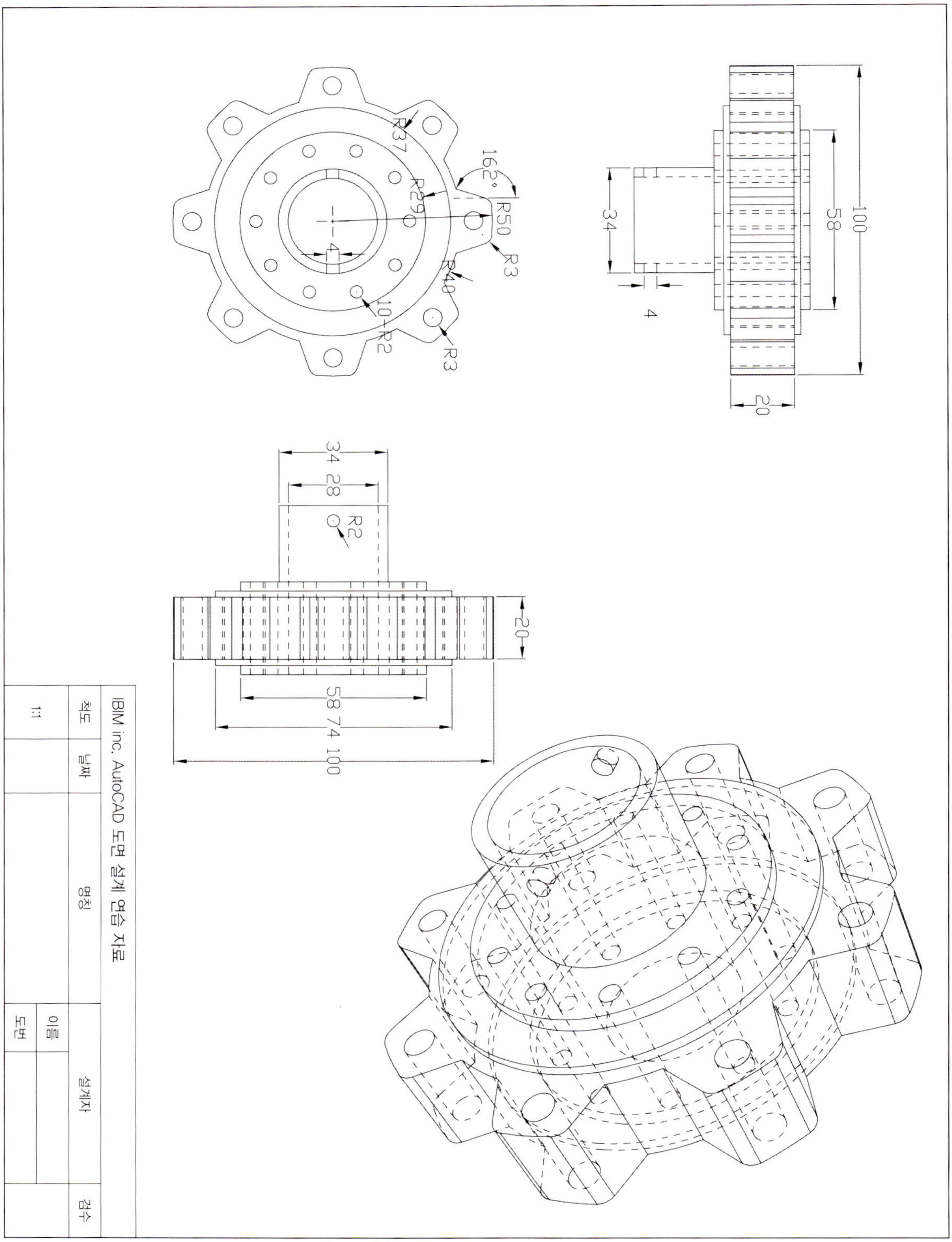

R37
162°
R29
R50
R3
R40
R3
10-R2
R2
34
4
100
58
20
34 28
R2
20
58 74 100
척도
1:1
날짜
명칭
IBIM inc. AutoCAD 도면 설계 연습 자료
도번
이름
설계자
검수

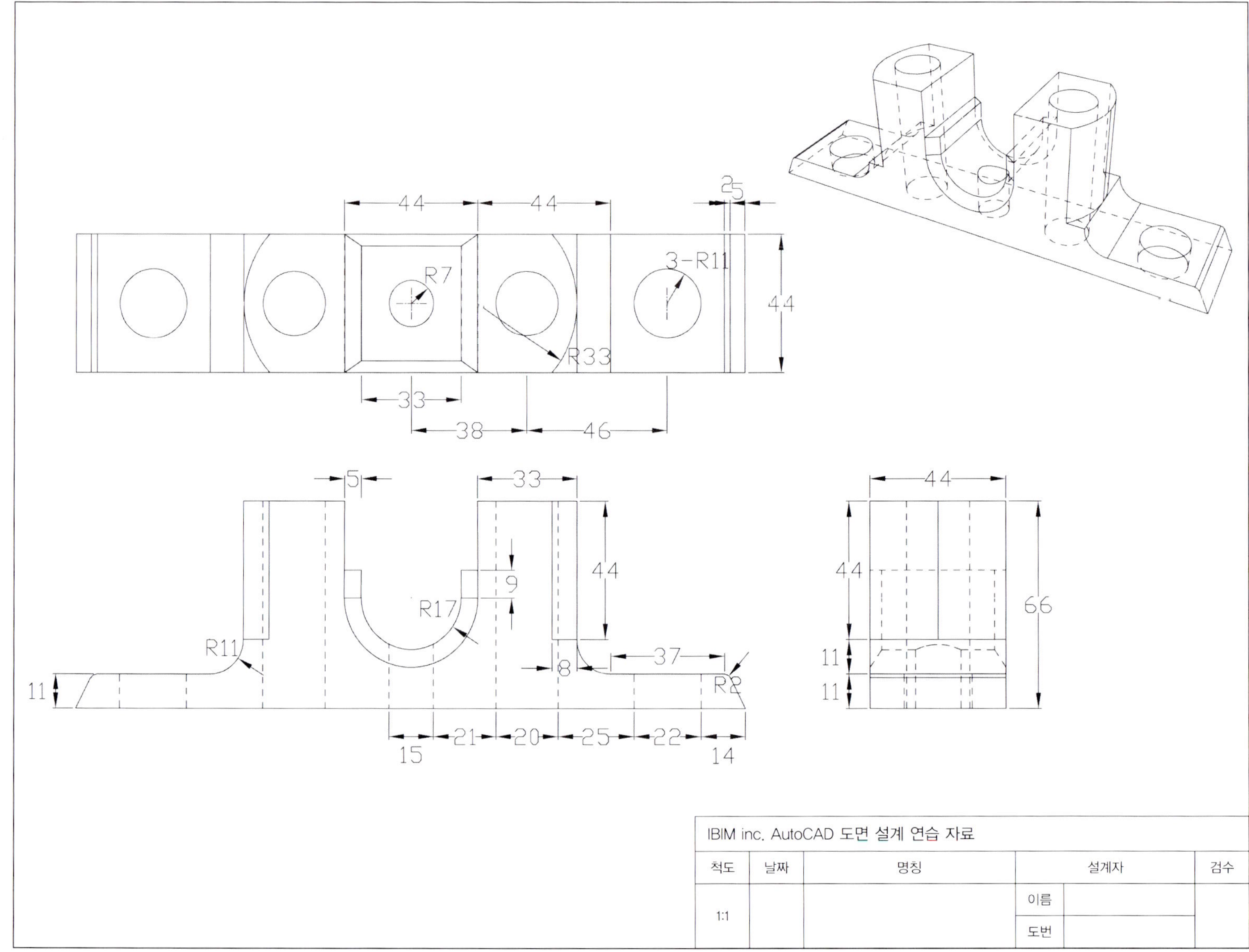
44
44
5
R7
3-R11
44
R33
33
38
46
5
33
9
44
R17
R11
37
8
R2
11
21
20
25
22
15
14
44
44
66
11
11
IBIM inc. AutoCAD 도면 설계 연습 자료
척도
날짜
명칭
설계자
검수
이름
도번
1:1

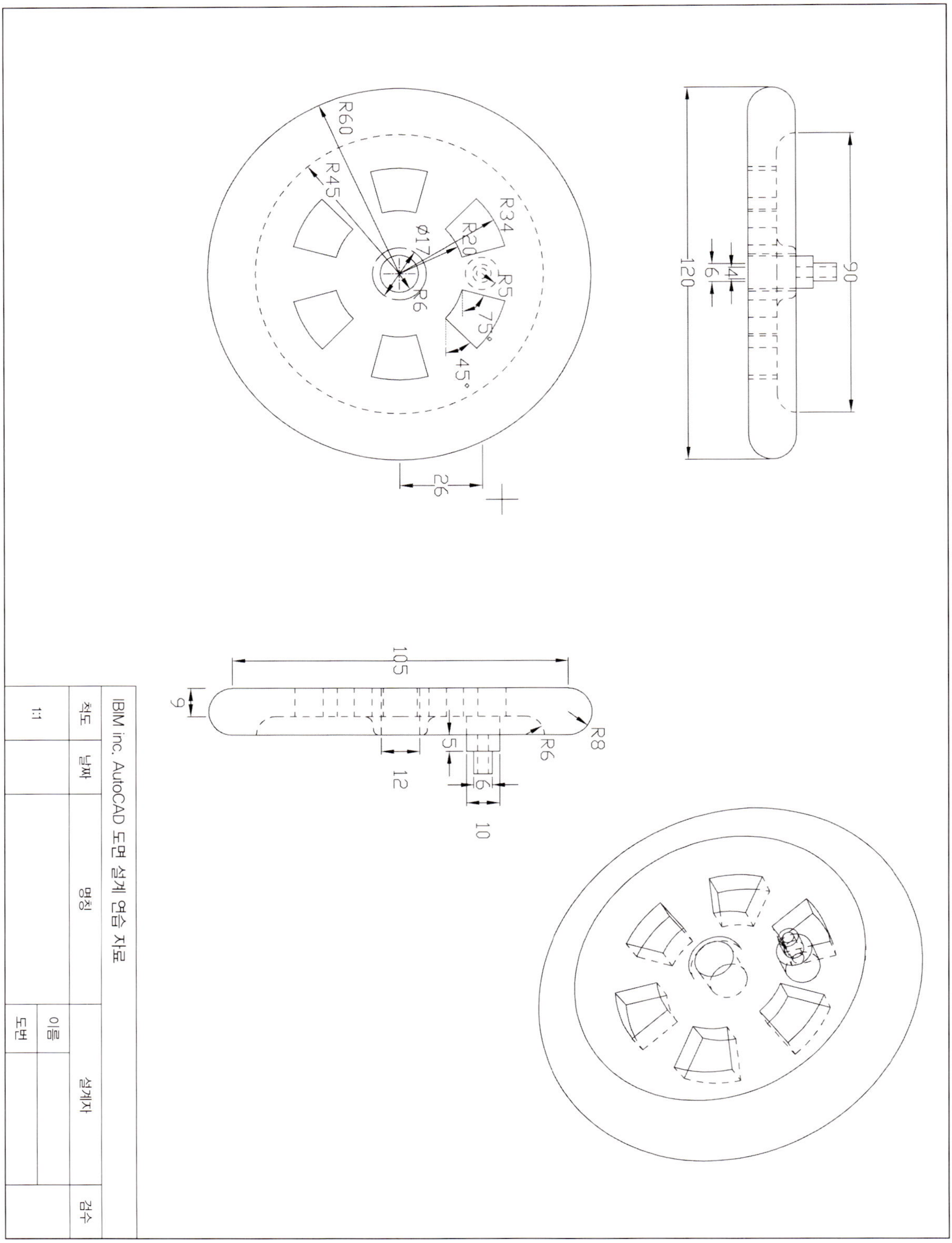
R60
R45
R34
R20
ø17
R5
R6
75°
45°
26
120
90
4
6
105
9
R8
R6
5
12
6
10
IBIM inc. AutoCAD 도면 설계 연습 자료
척도
1:1
날짜
명칭
설계자
이름
도면
검수

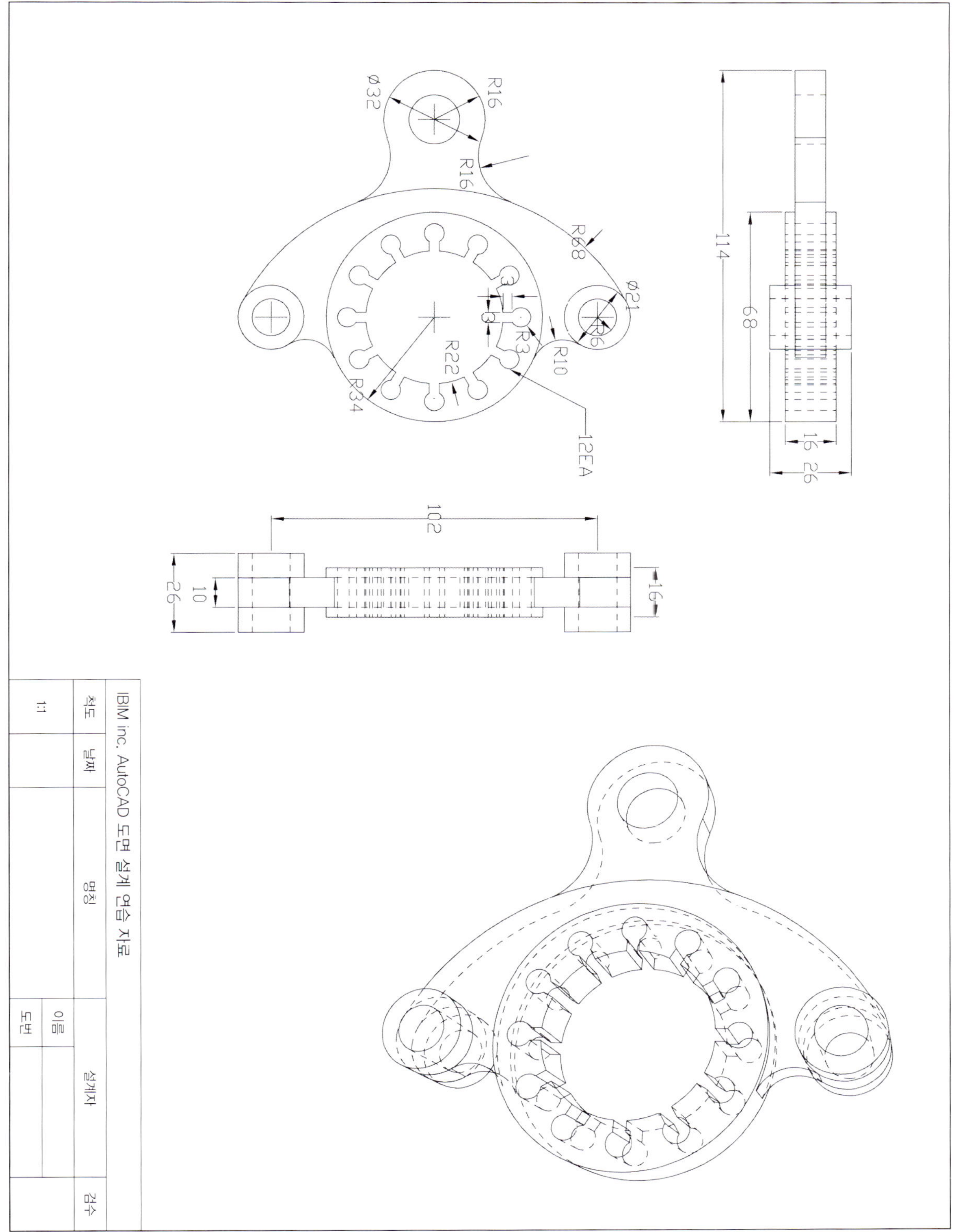
Ø32
R16
R16
R68
Ø21
R6
R3
R10
R22
R34
12EA
114
68
16
26
102
10
26
16
IBM inc. AutoCAD 도면 설계 연습 자료
척도
날짜
명칭
평면
이름
도번
설계자
검수
1:1

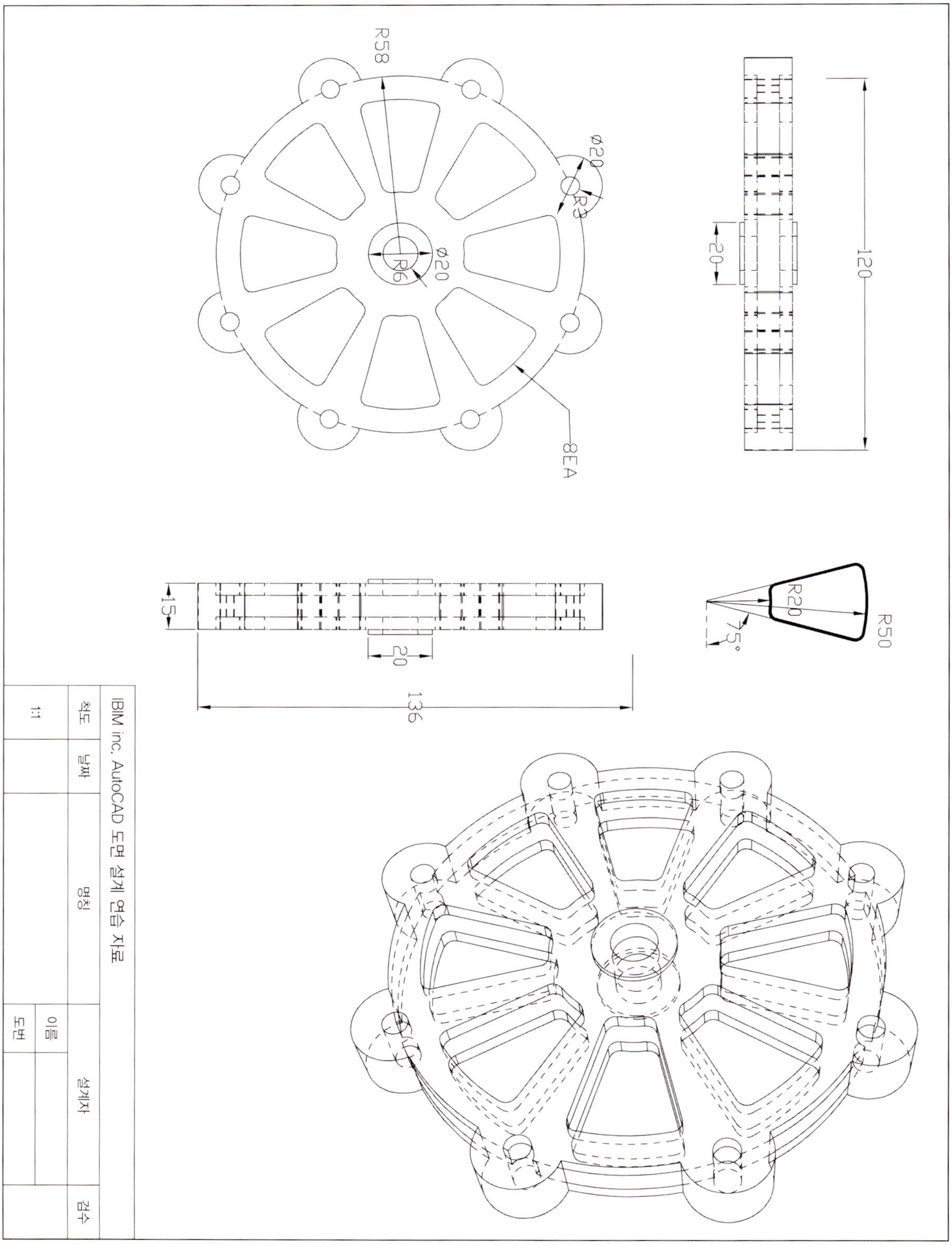

R58
Ø20
R3
Ø20
R6
8EA
120
20
15
20
136
R20
75°
R50
IBIM inc. AutoCAD 도면 설계 연습 자료
척도
날짜
명칭
이름
도명
설계자
접수
1:1

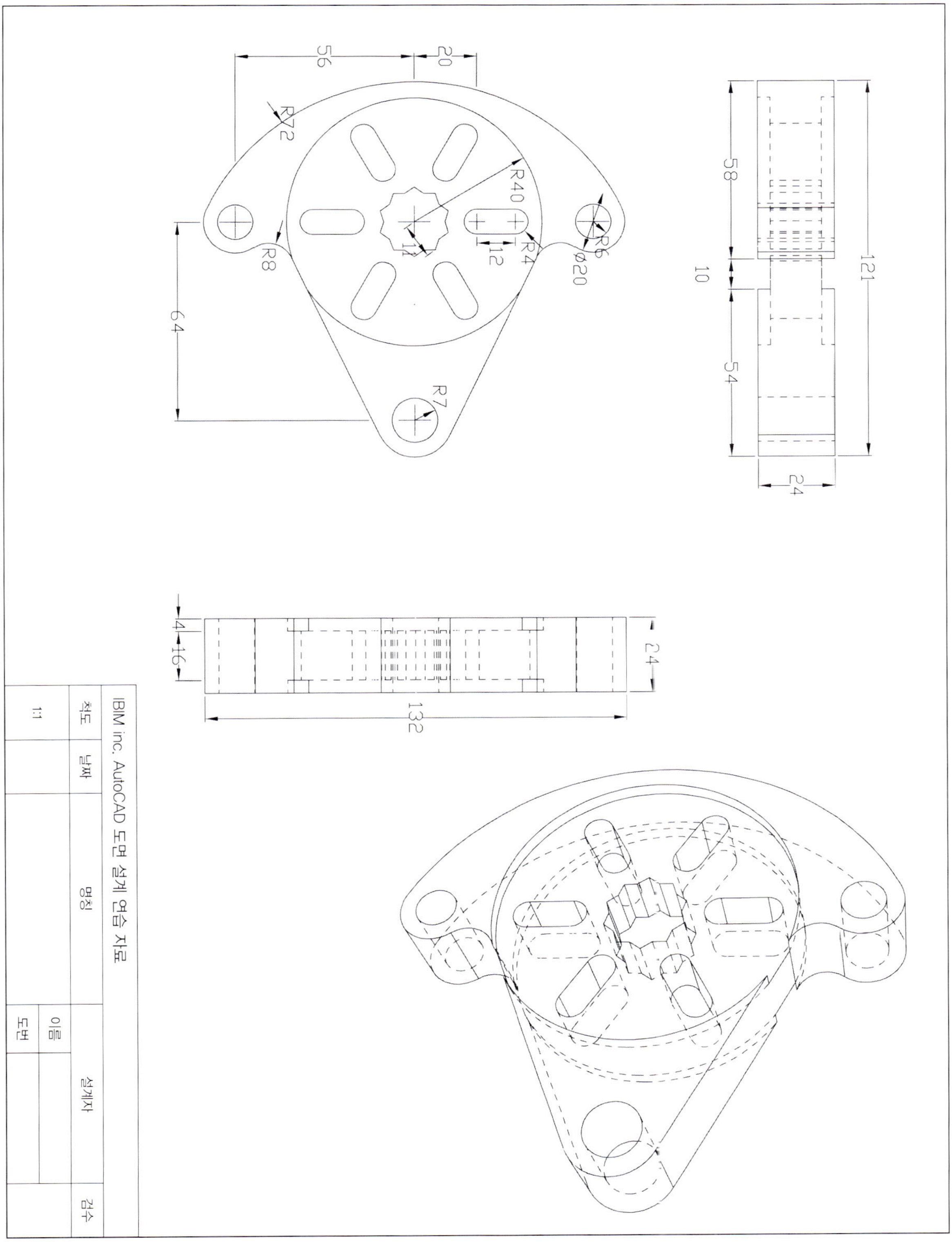
IBIM inc. AutoCAD 도면 설계 연습 자료
척도
1:1
날짜
명칭
설계자
검수
이름
도번
56
20
R72
R40
R8
R4
R6
ø20
12
64
R7
58
10
54
121
24
4
16
132

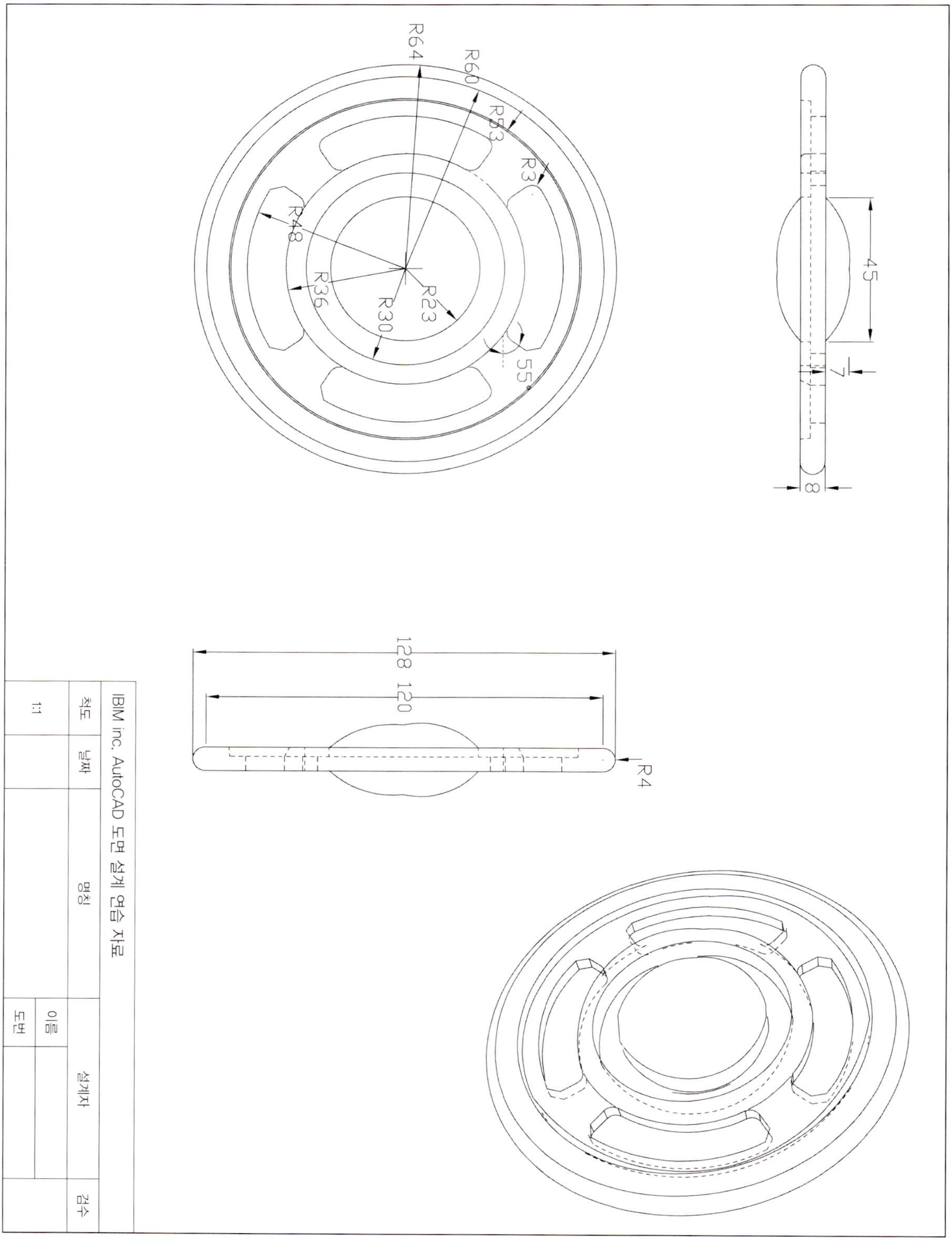

R64
R60
R53
R3
R48
R36
R30
R23
55°
45
7
8
128
120
R4
1:1
척도
날짜
IBM inc. AutoCAD 도면 설계 연습 자료
명칭
도번
이름
설계자
검수

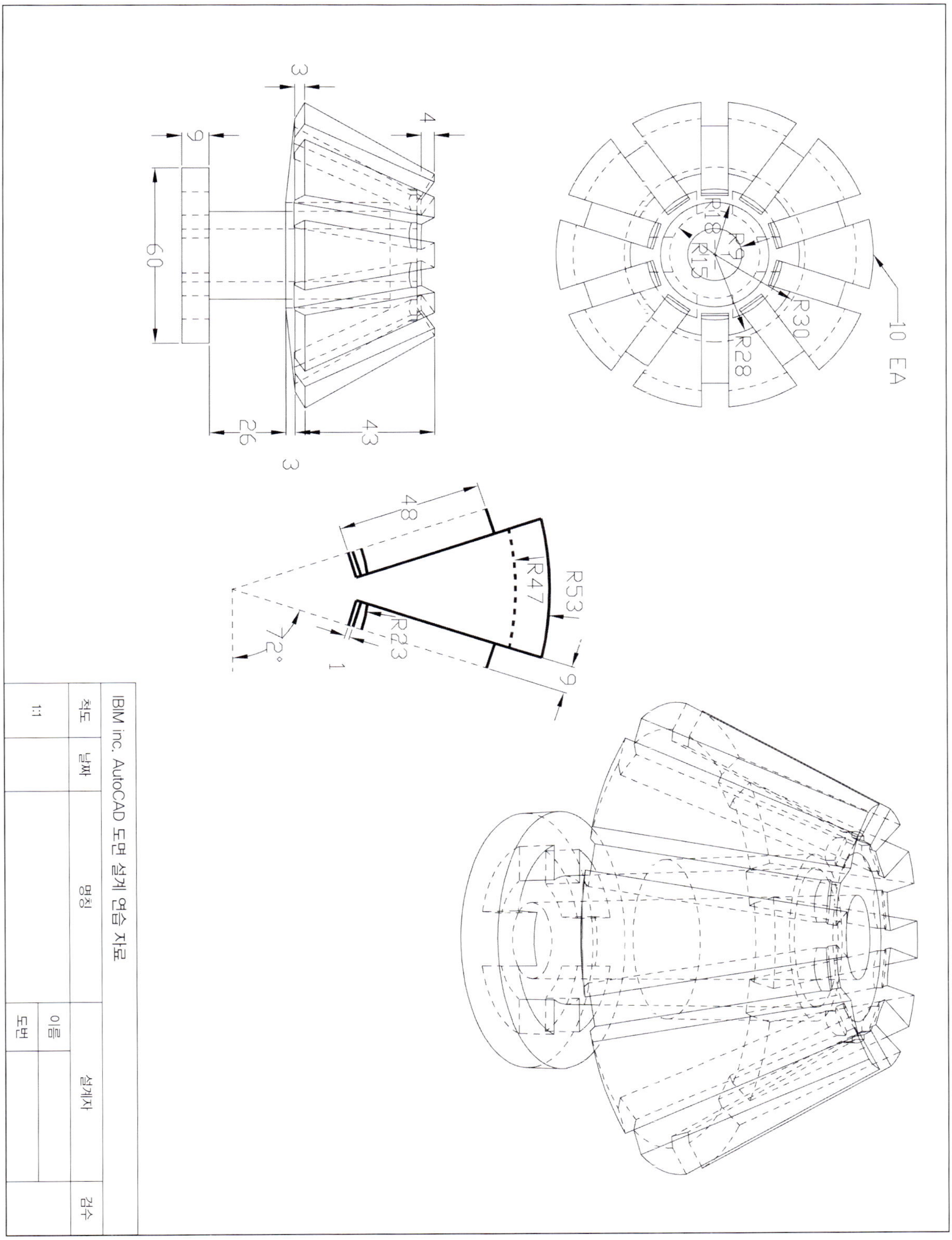

척도
1:1
날짜
명칭
IBIM inc. AutoCAD 도면 설계 연습 자료
이름
도번
설계자
접수
10 EA
R18
R15
R30
R28
48
R47
R53
R23
72°
60
26
43
3
9
4
3
1
9

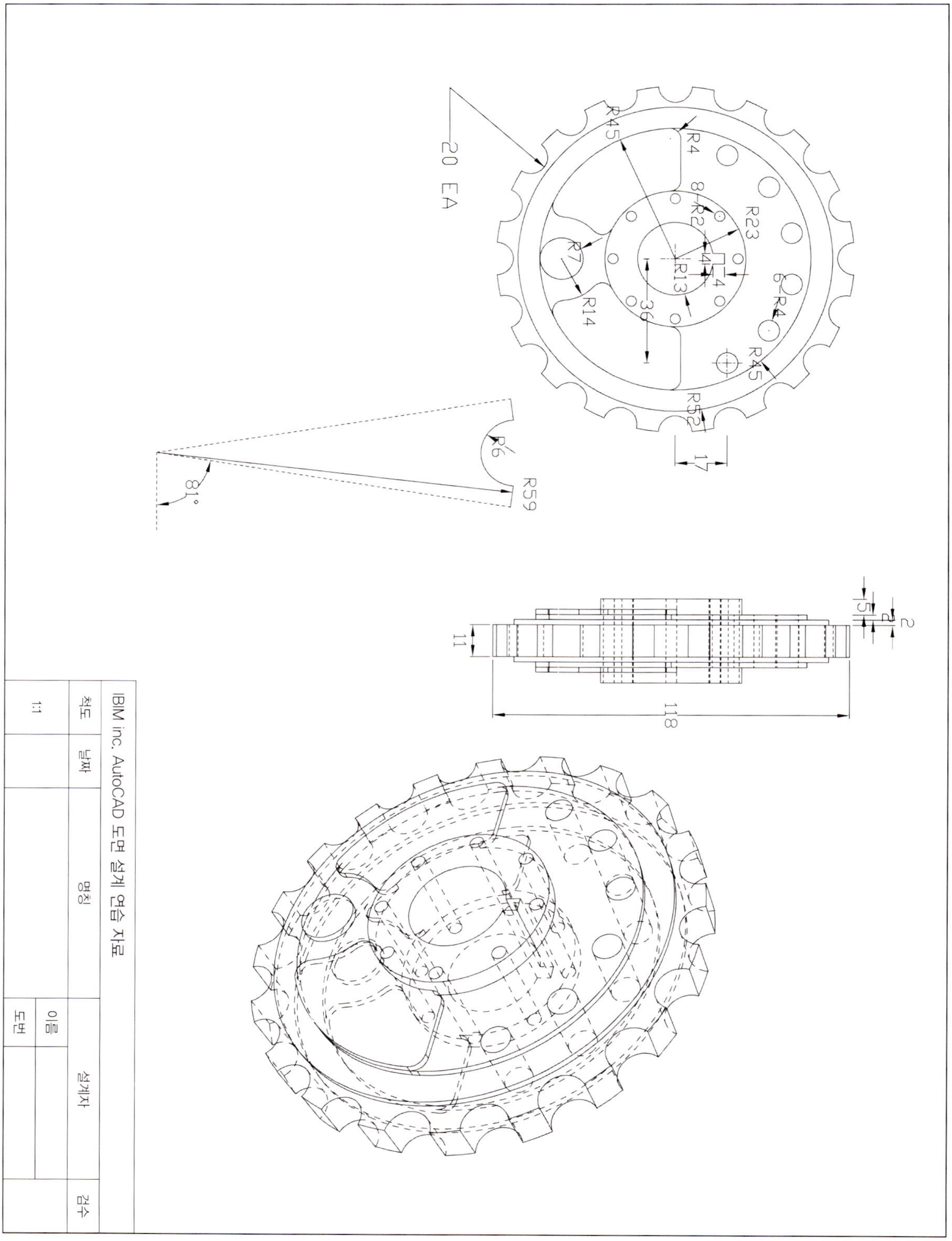

20 EA
R45
R4
8-R2
R23
R7
R14
R13
4
36
6-R4
R45
R52
R59
R6
81°
17
11
118
5
2
IBM inc. AutoCAD 도면 설계 연습 자료
척도
1:1
날짜
명칭
설계자
도번
이름
경수

96 64 19
112
R26 R24 R22
R26
42 32 23 16 8
13°
R24
R26
7
4
2 13
22
16 8
IBIM inc. AutoCAD 도면 설계 연습 자료
척도
날짜
명칭
도면
이름
설계자
1:1
검수

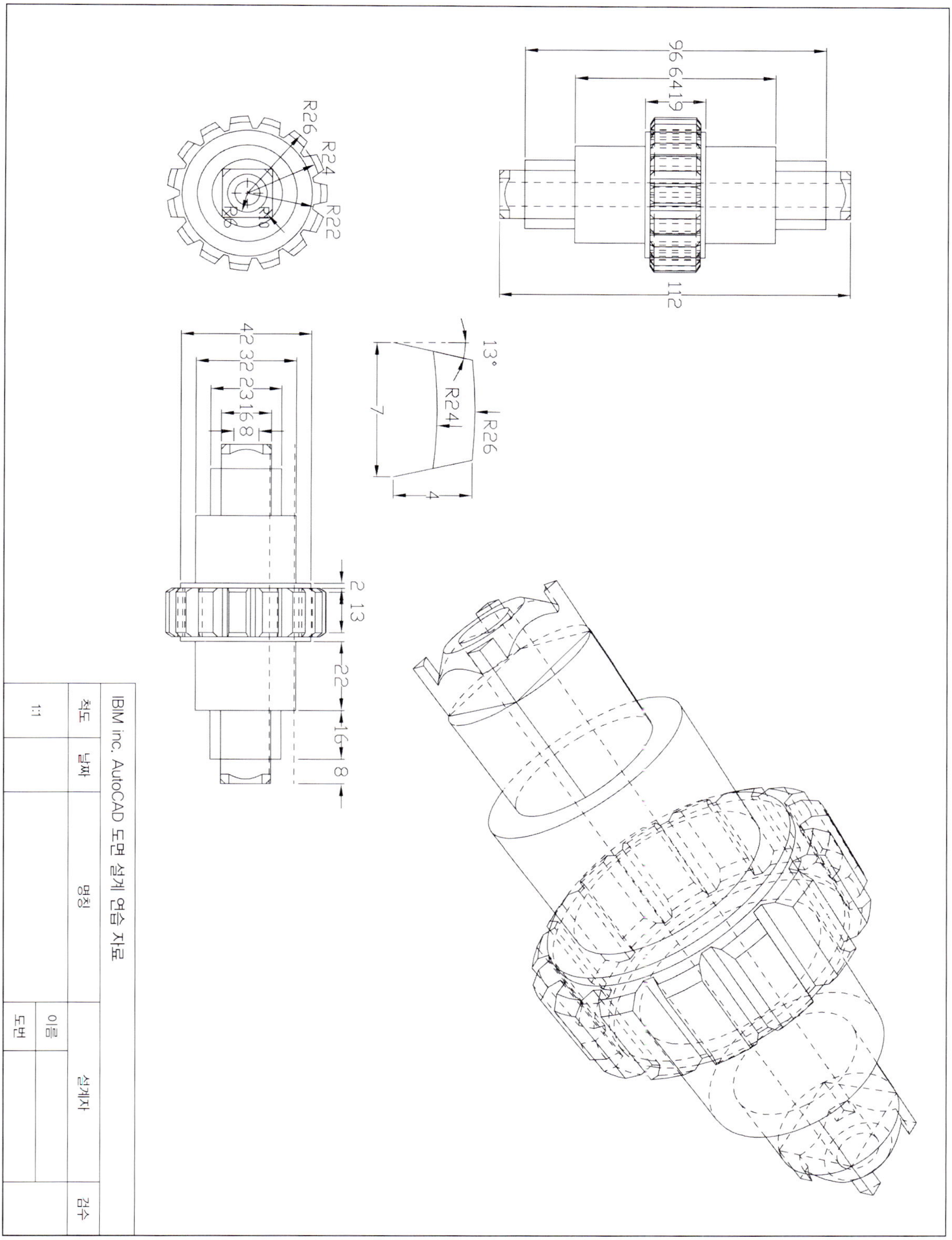

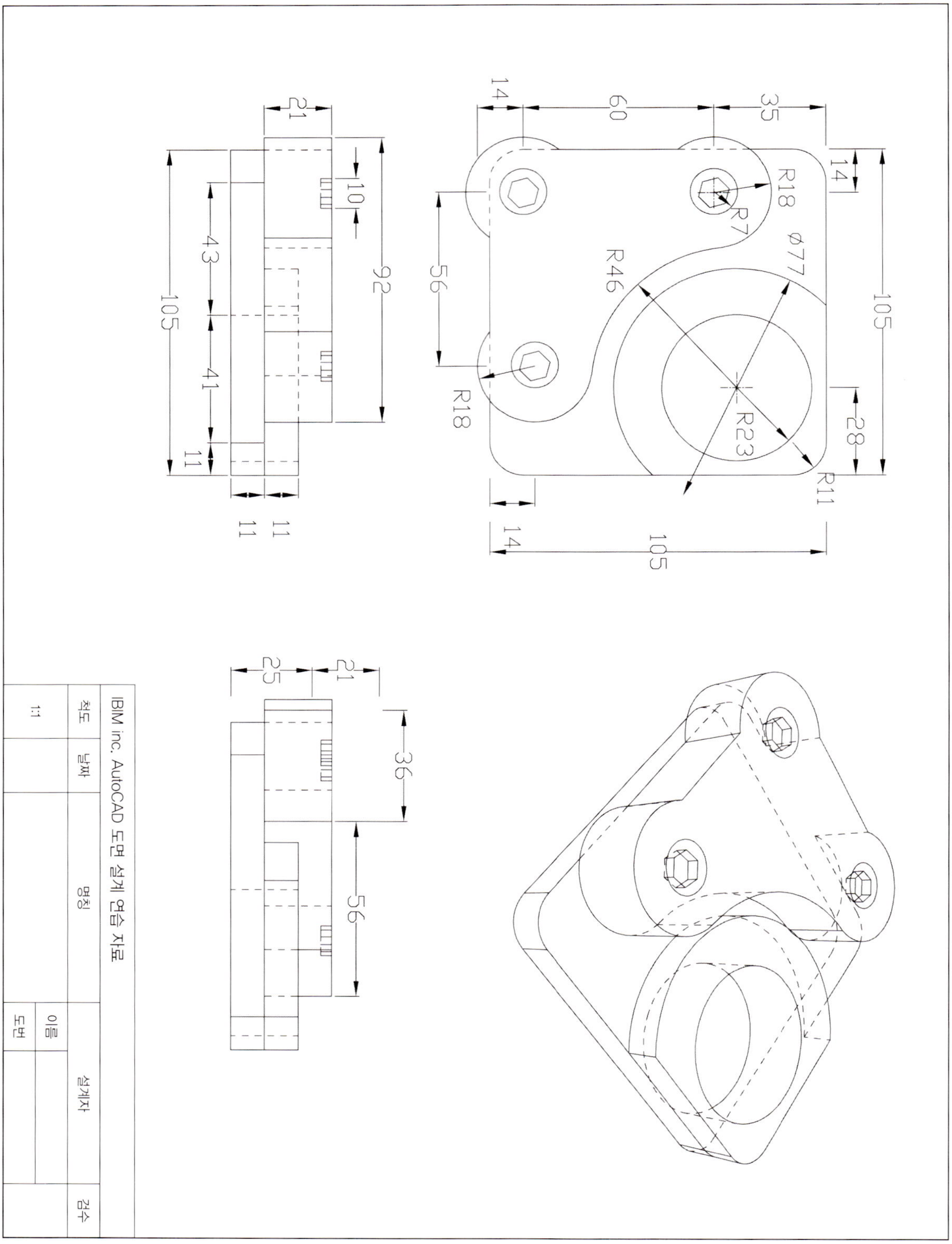
IBIM inc. AutoCAD 도면 설계 연습 자료
척도
1:1
날짜
명칭
설계자
검수
이름
도번

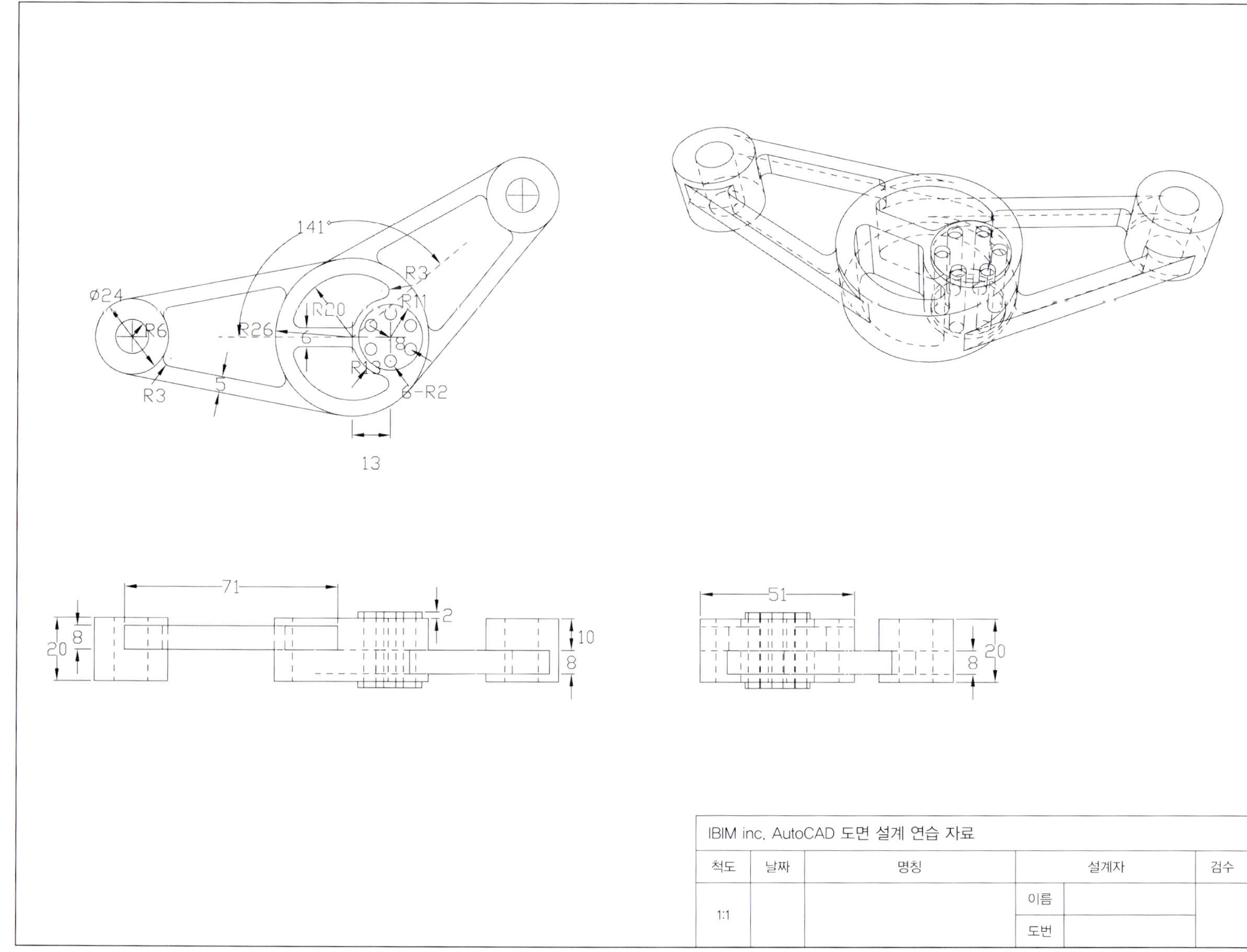

IBIM inc. AutoCAD 도면 설계 연습 자료					
척도	날짜	명칭	설계자		검수
1:1			이름		
			도번		

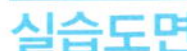

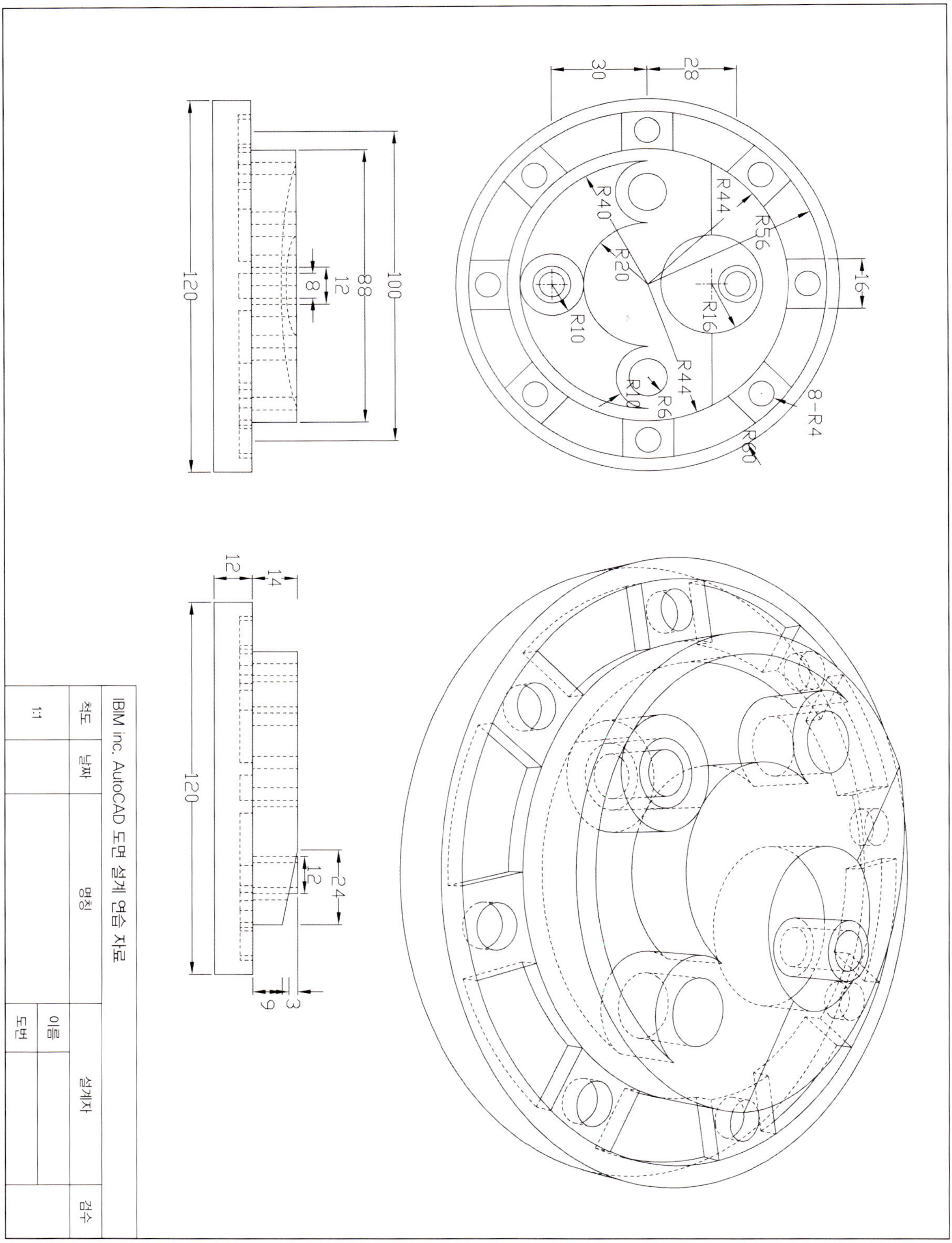
IBIM inc. AutoCAD 도면 설계 연습 자료
척도
1:1
날짜
명칭
설계자
이름
도면
검수
30
28
R44
R40
R56
R20
16
R16
R10
R44
R10
R6
8-R4
R60
120
100
88
12
8
12
14
120
24
12
3
6

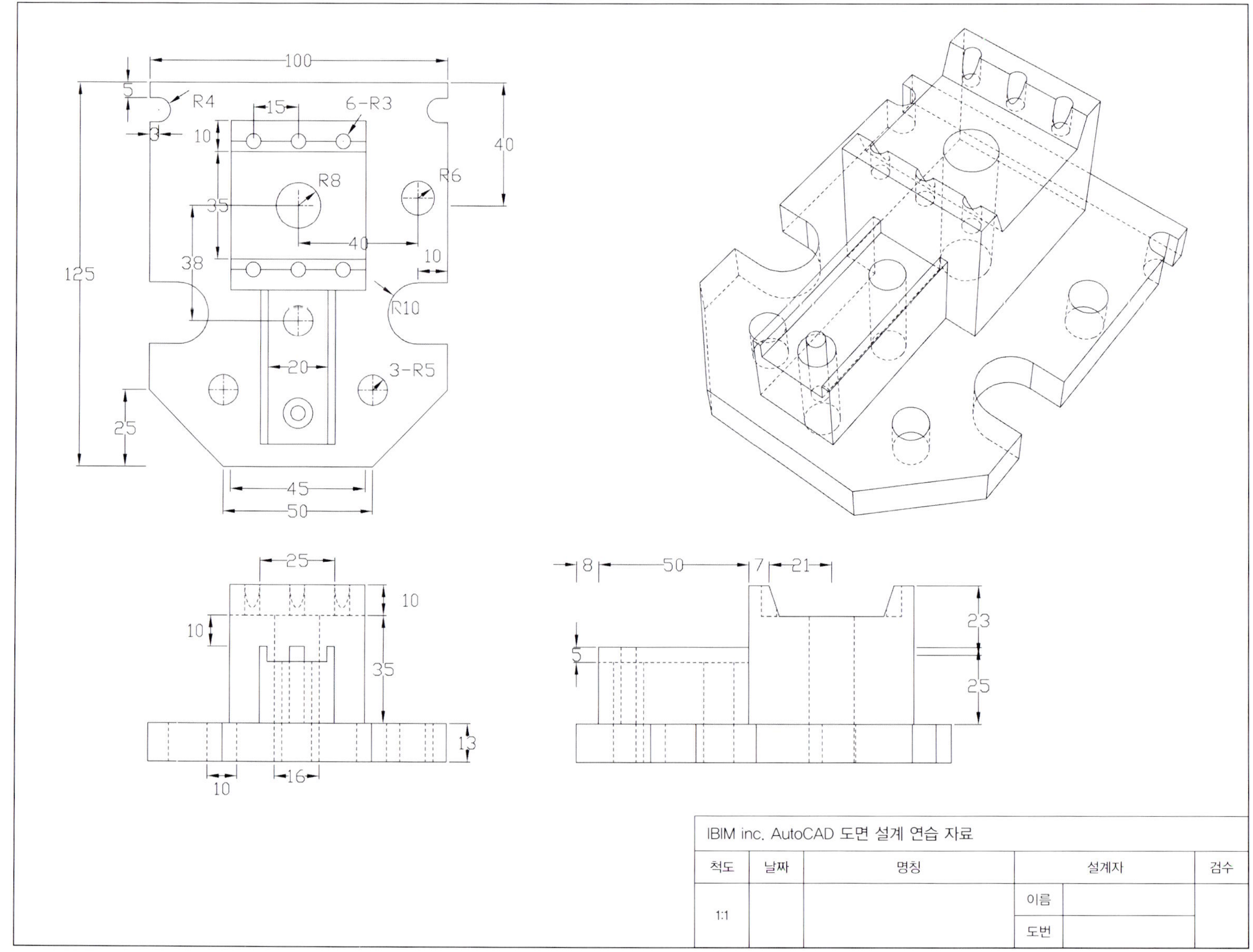

100
5
R4
3
15
6-R3
10
40
R8
R6
35
40
10
38
R10
125
20
3-R5
25
45
50
25
10
10
35
13
10
16
8
50
7
21
23
5
25
IBIM inc. AutoCAD 도면 설계 연습 자료
척도
날짜
명칭
설계자
검수
이름
도번
1:1

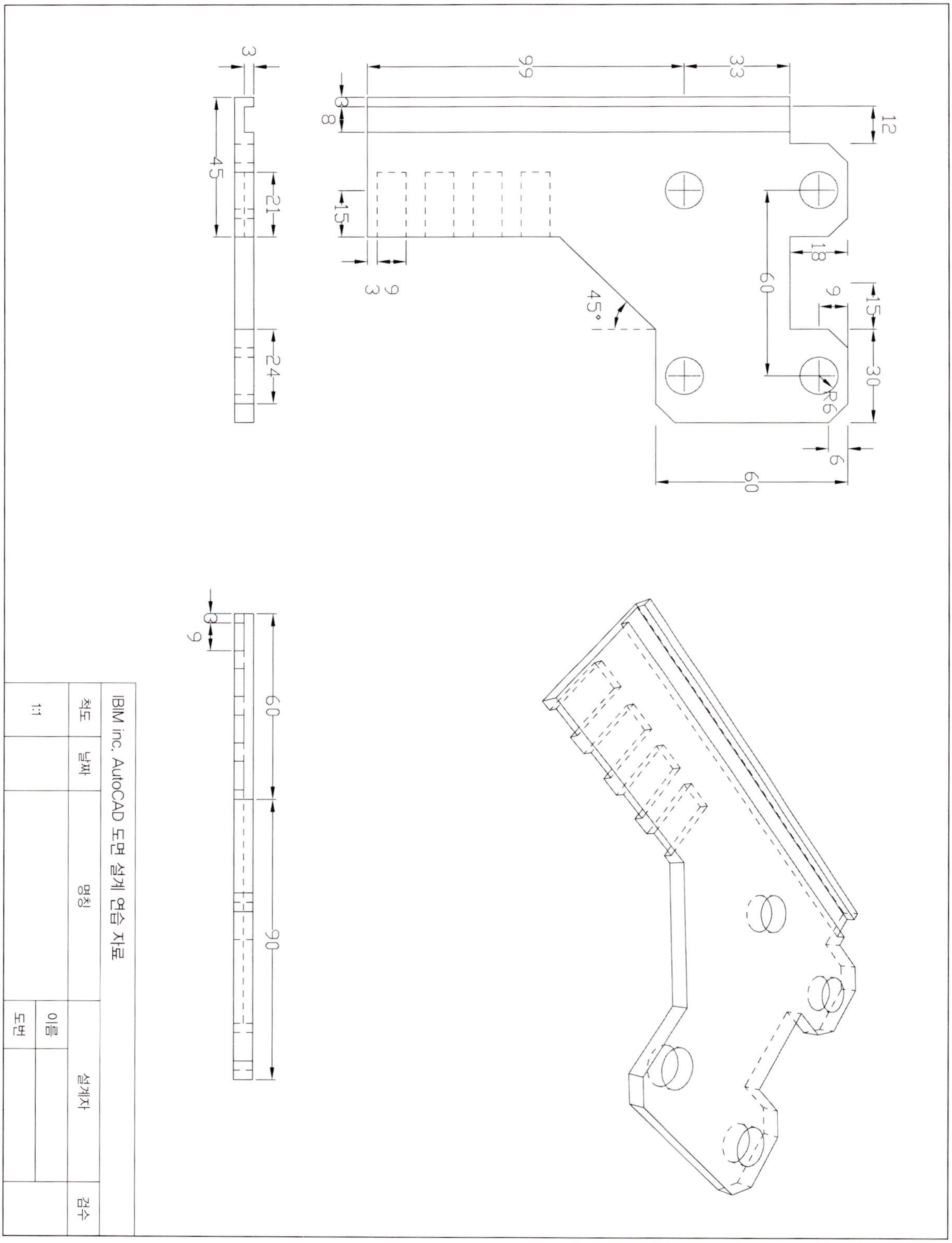
IBIM inc. AutoCAD 도면 설계 연습 자료
척도
1:1
날짜
명칭
설계자
검수
이름
도면

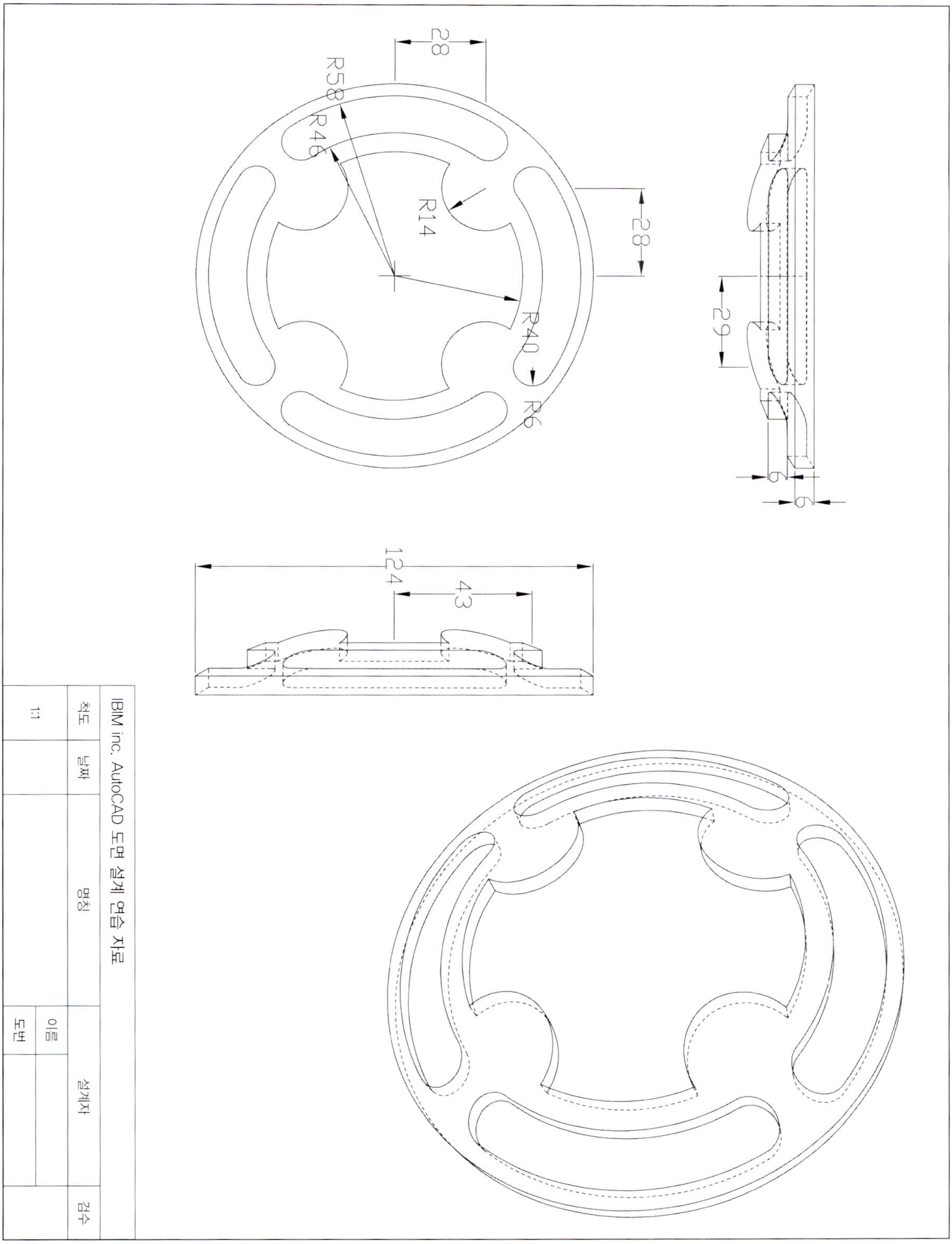

28
R58
R46
R14
28
29
R40
R6
124
43
IBIM inc. AutoCAD 도면 설계 연습 자료
척도
1:1
날짜
품명
이름
도번
설계자
검수

실습도면

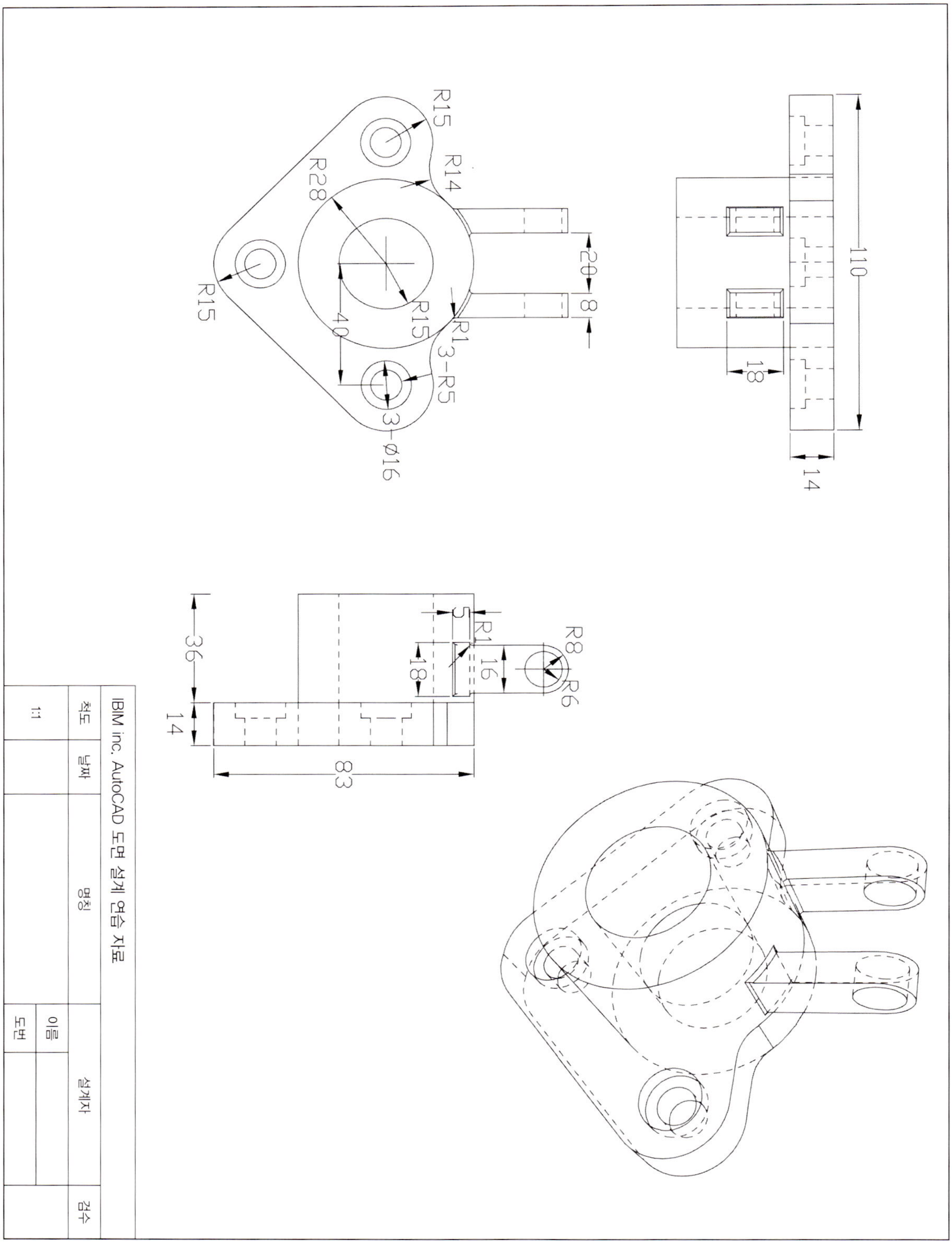
R15
R14
R28
20
8
R15
R15
R1
3-R5
3-Ø16
40
110
18
14
36
14
83
5
R1
R8
16
18
R6
IBIM inc. AutoCAD 도면 설계 연습 자료
척도
1:1
날짜
명칭
설계자
검수
이름
도번

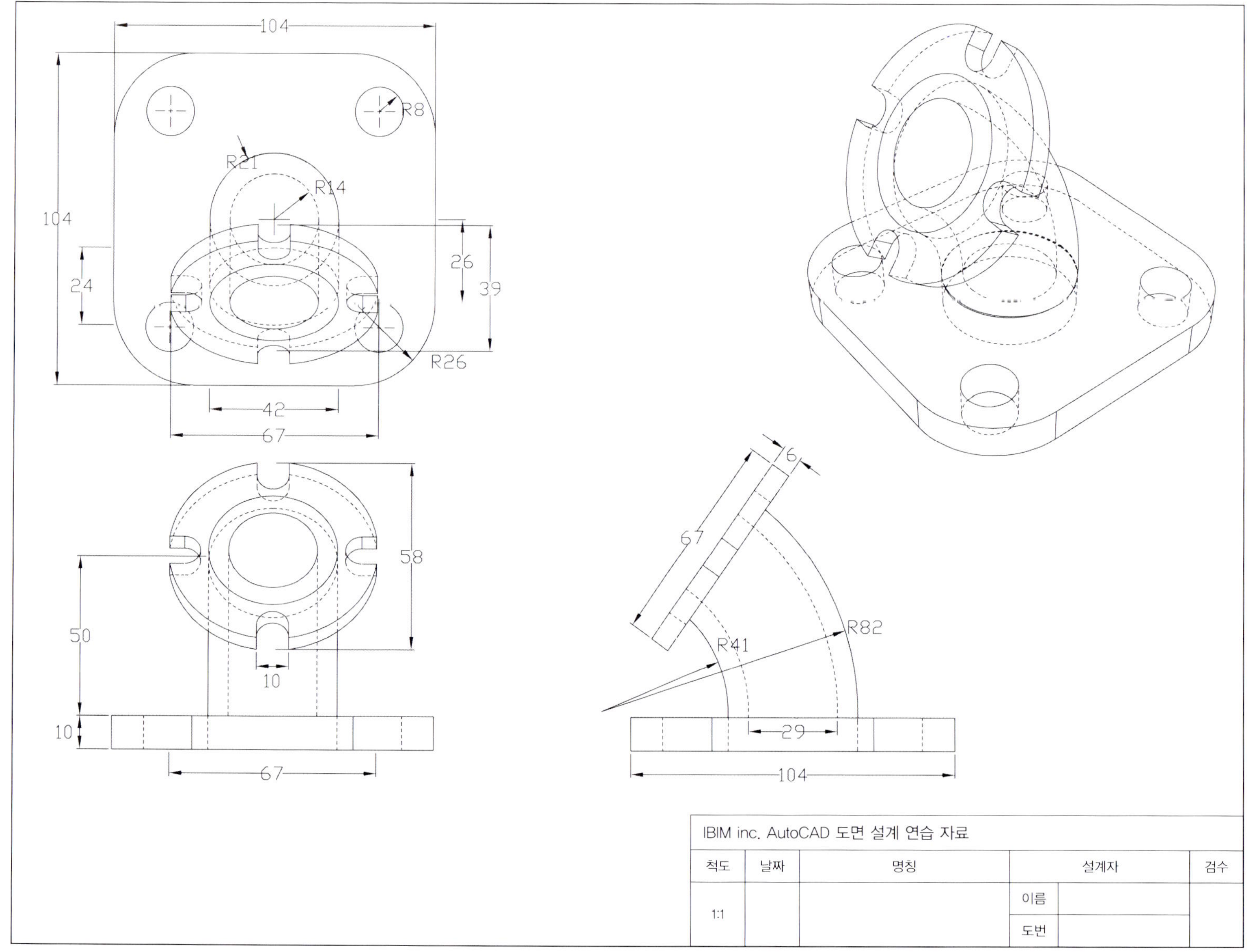

IBIM inc. AutoCAD 도면 설계 연습 자료					
척도	날짜	명칭		설계자	검수
1:1			이름		
			도번		

도면 파일 [Sample]의 'High35.dwg'

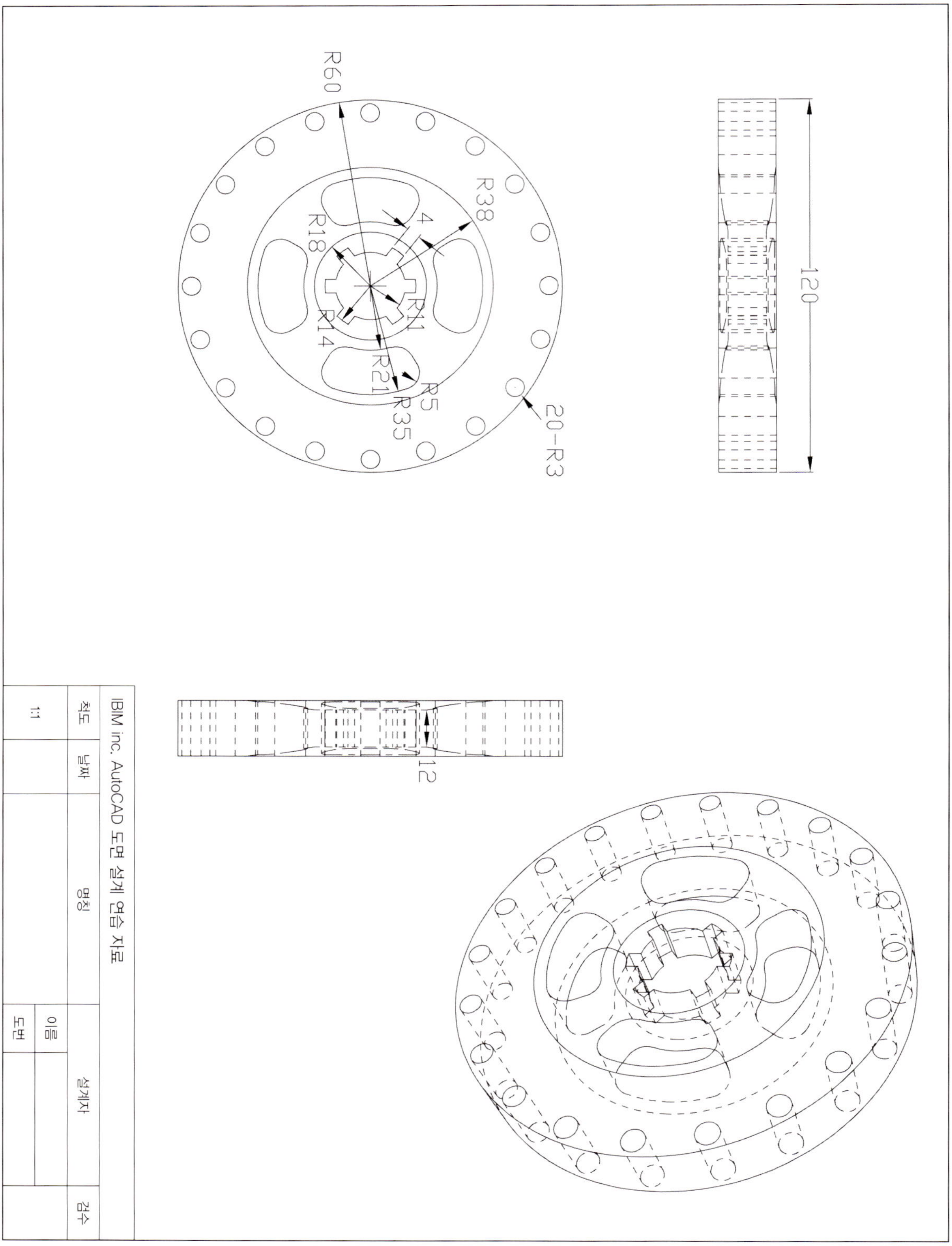

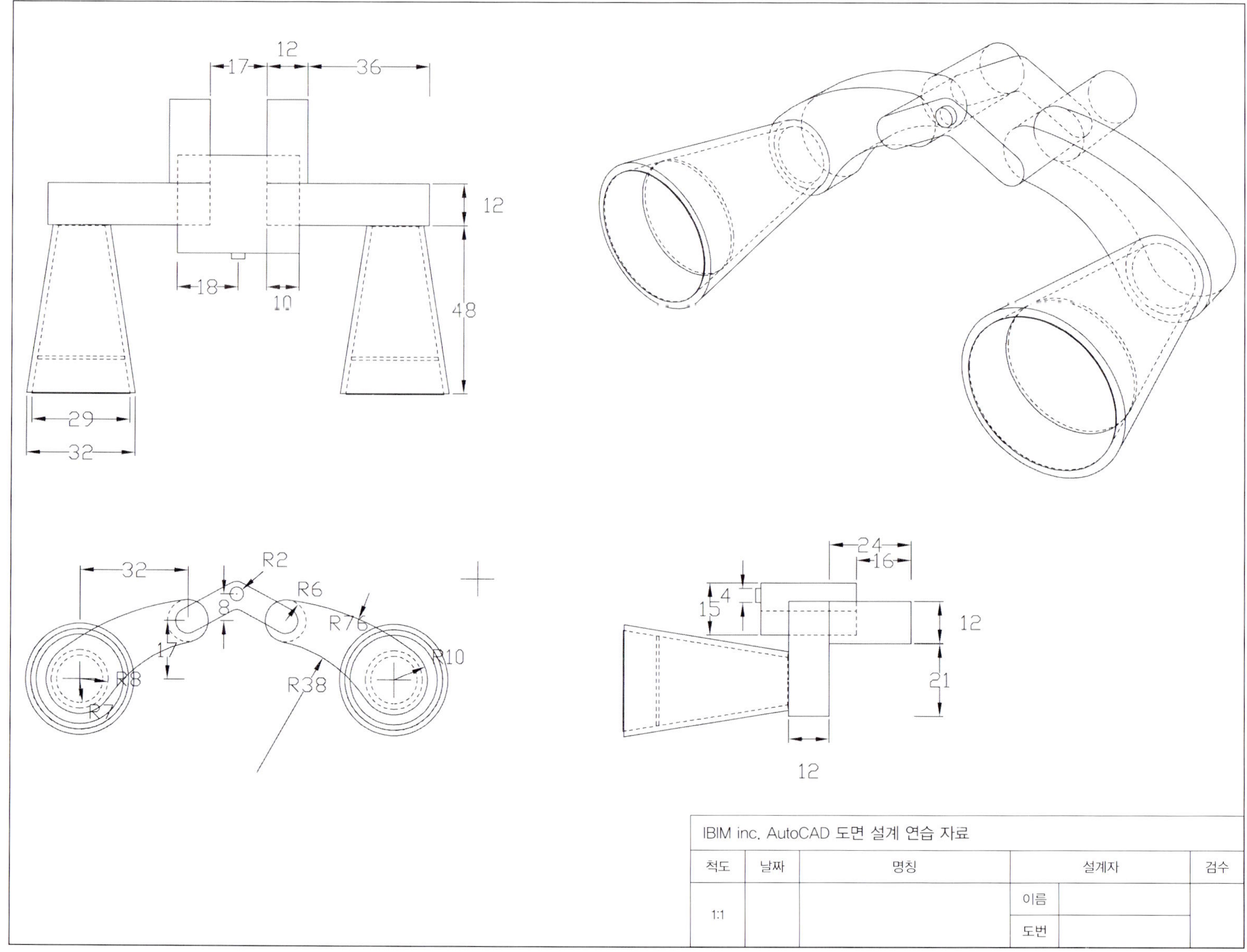

IBIM inc. AutoCAD 도면 설계 연습 자료

척도	날짜	명칭	설계자		검수
1:1			이름		
			도번		

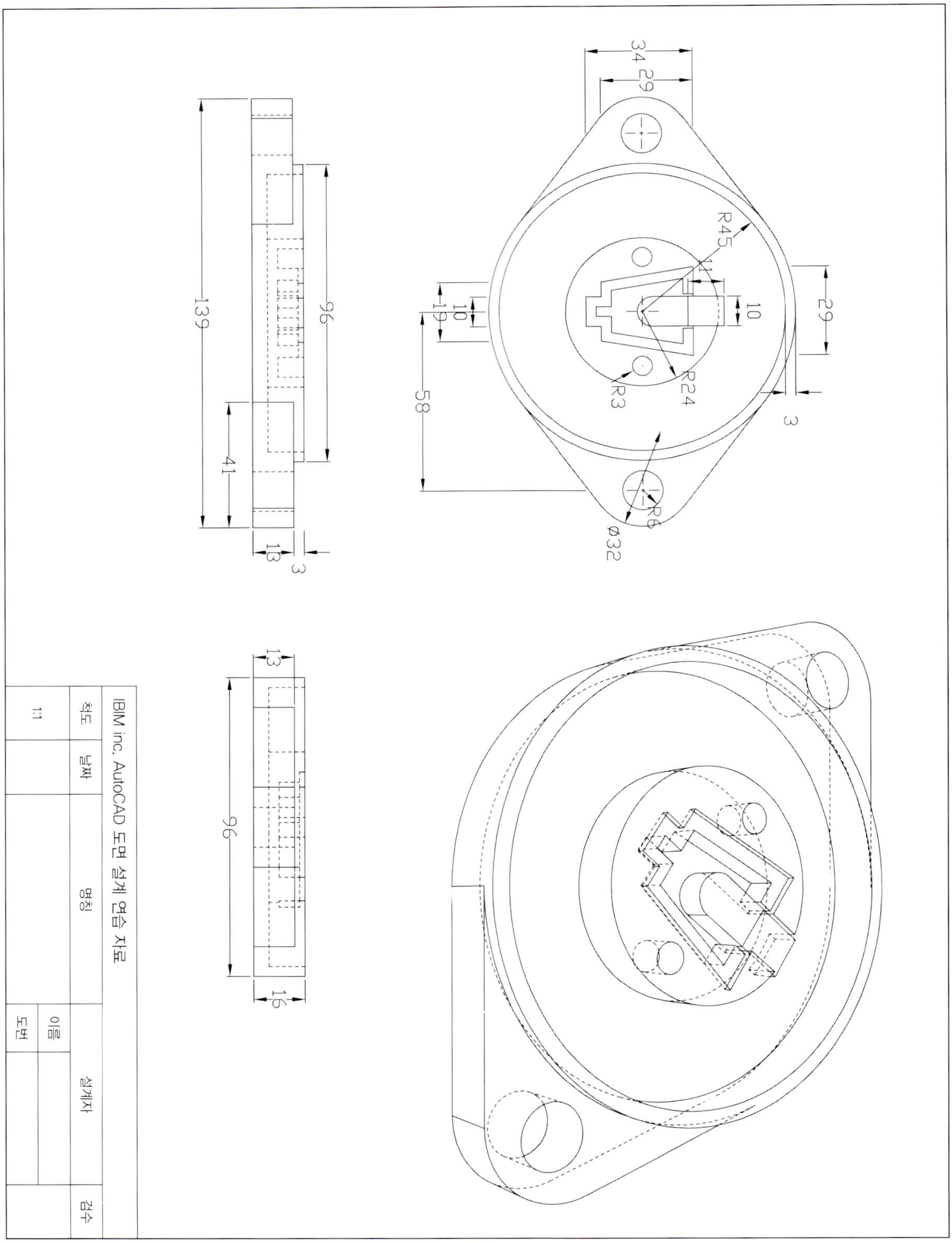

IBIM inc. AutoCAD 도면 설계 연습 자료

척도	날짜	품명		도번	이름	설계자	검수
1:1							

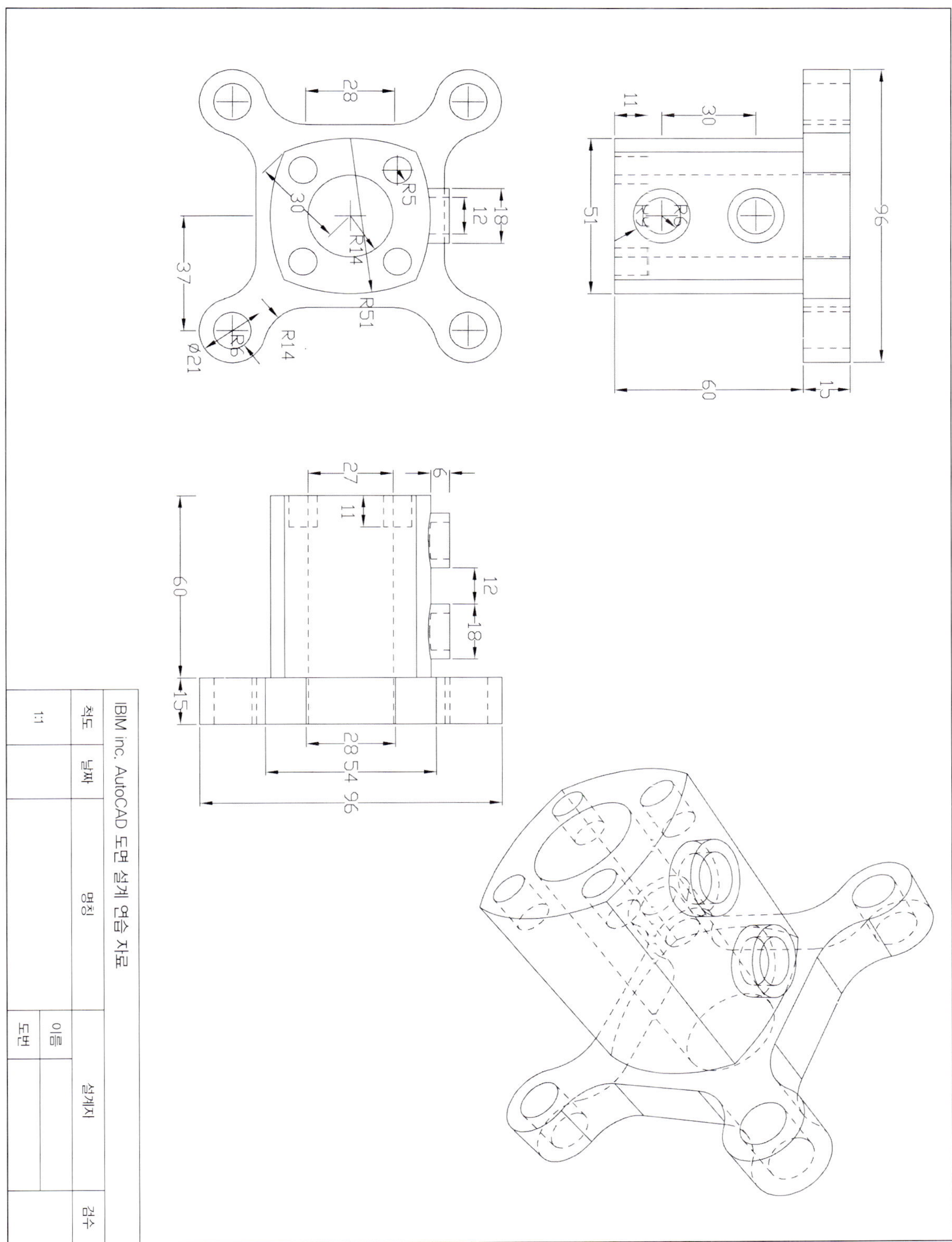
28
30
11
R5
R14
30
37
R51
Ø21
R6
R14
18
12
51
96
60
15
27
11
60
15
12
18
28 54 96
IBIM inc. AutoCAD 도면 설계 연습 자료
척도
1:1
날짜
명칭
설계지
이름
도번
검수

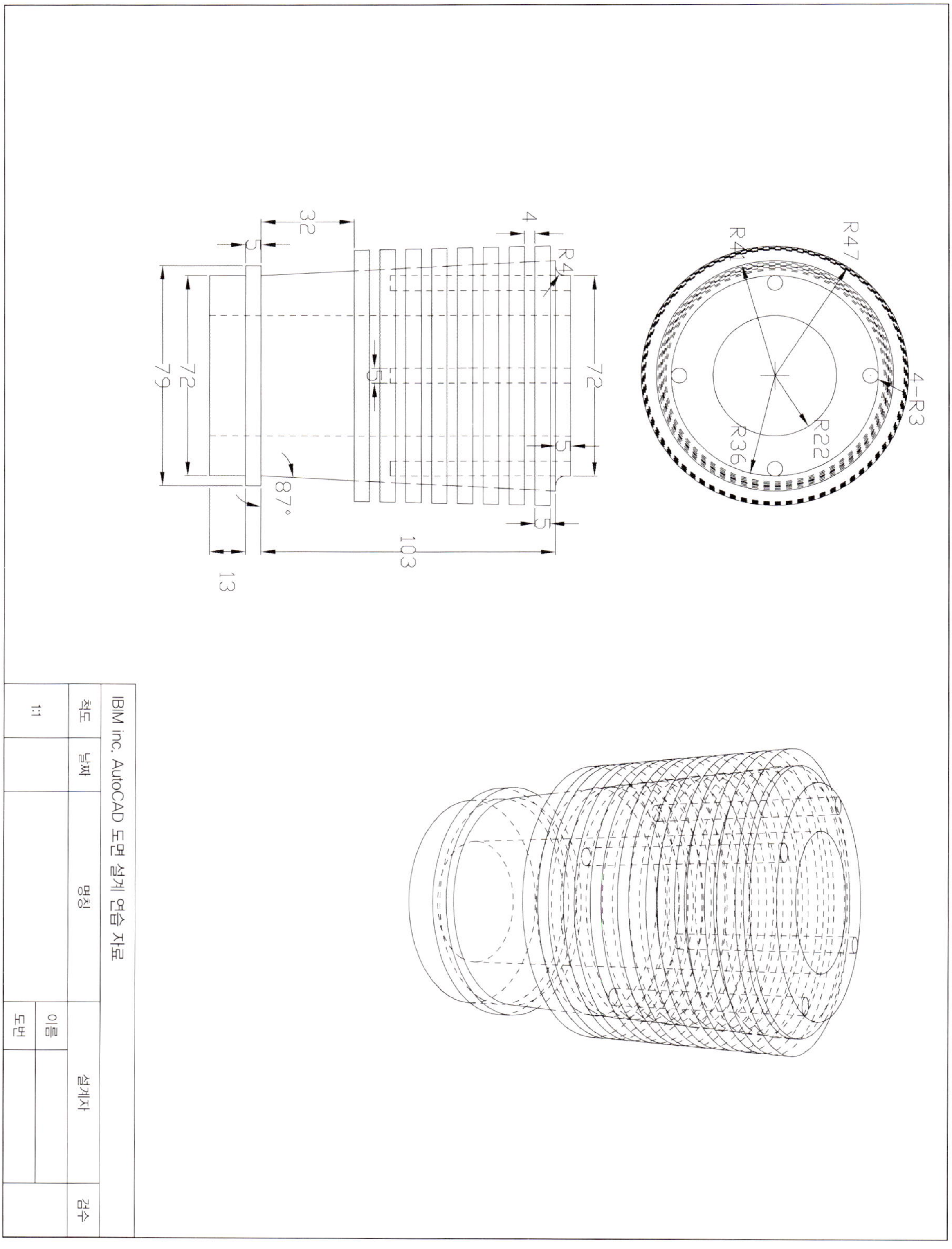

32
5
4
R4
R47
R41
R36
R22
4-R3
72
79
72
5
5
5
87°
103
13
IBIM inc. AutoCAD 도면 설계 연습 자료
척도
1:1
날짜
명칭
설계자
도면
이름
검수

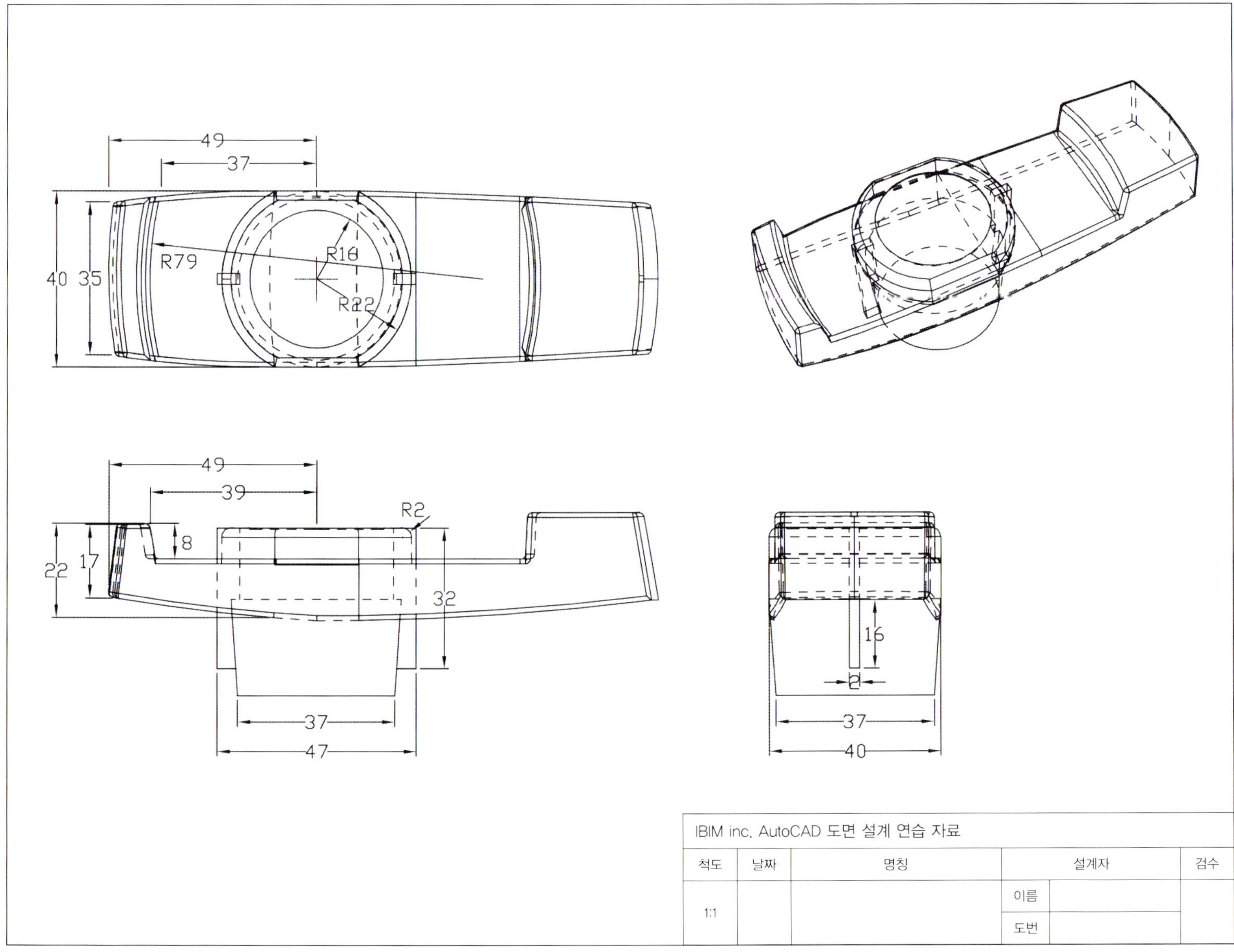
49
37
40 35
R79
R16
R22
49
39
8
R2
22 17
32
16
2
37
47
37
40
IBIM inc. AutoCAD 도면 설계 연습 자료
척도
날짜
명칭
설계자
검수
이름
도번
1:1

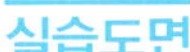

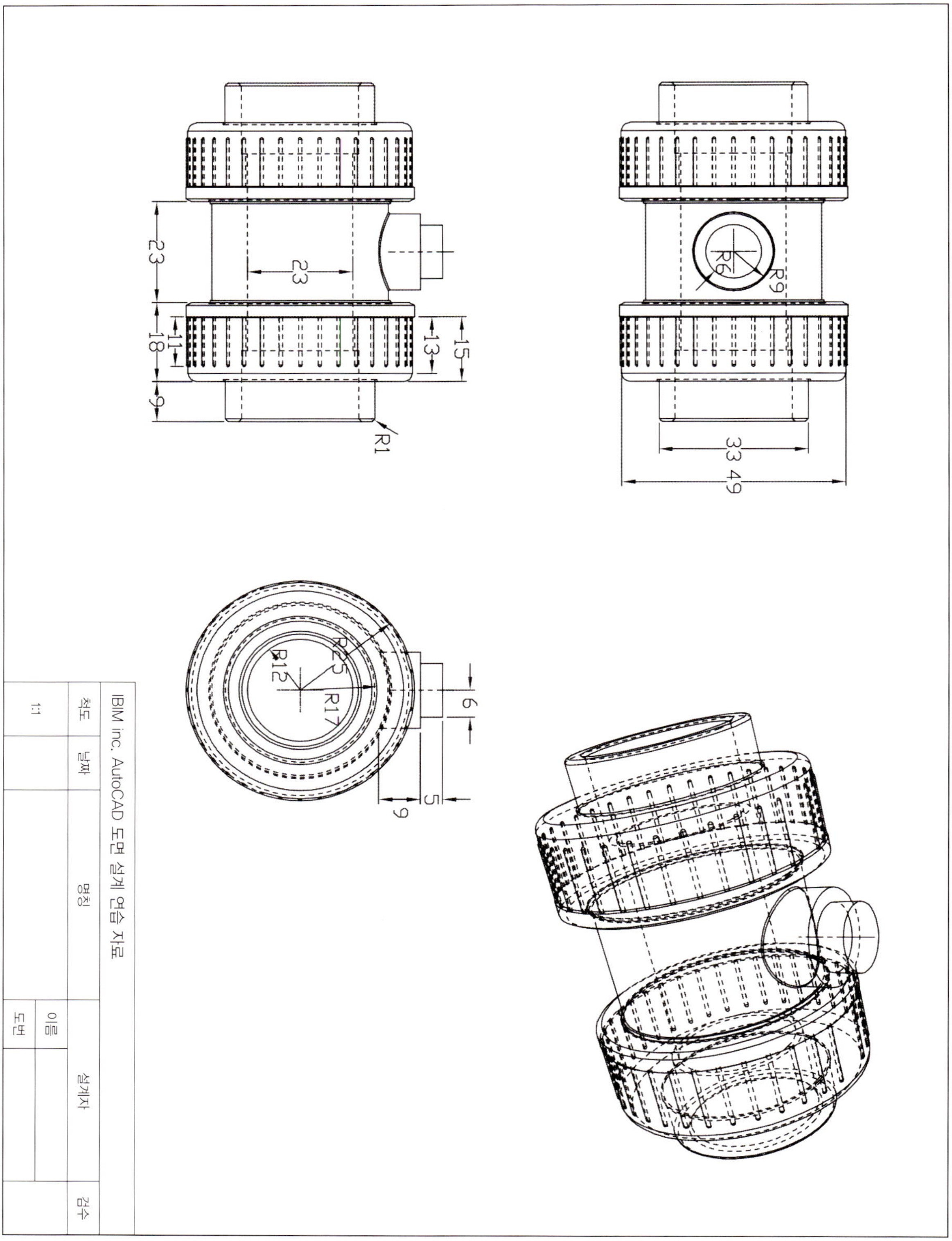
23
23
18
11
13
15
9
R1
R6
R9
33
49
R25
R12
R17
6
5
9
IBIM inc. AutoCAD 도면 설계 연습 자료
척도
1:1
날짜
명칭
이름
도번
설계자
검수

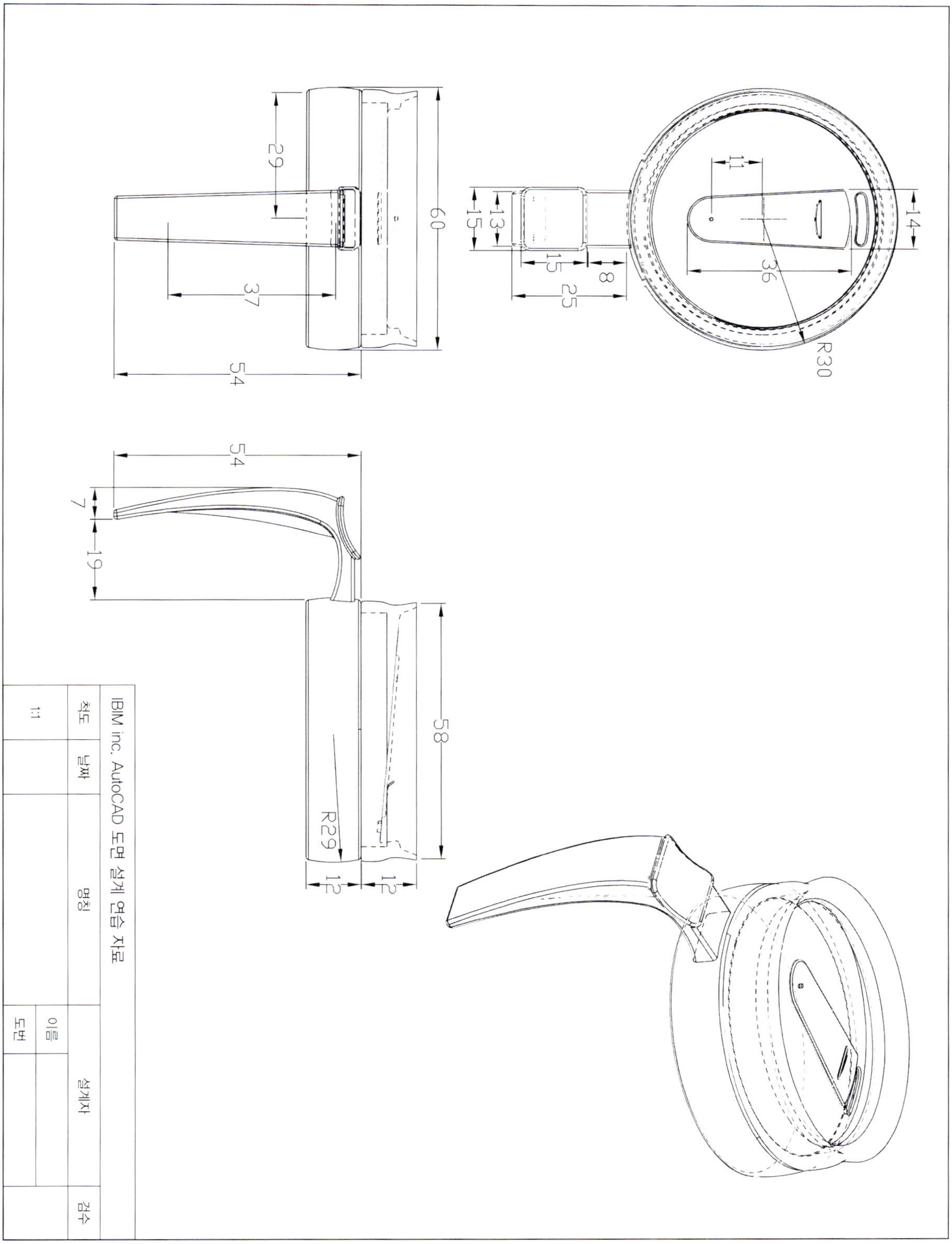

29
37
54
60
13
15
15
8
25
11
36
14
R30
54
7
19
58
R29
12
12
IBIM inc. AutoCAD 도면 설계 연습 자료
척도
1:1
날짜
명칭
이름
도번
설계자
검수

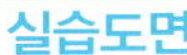

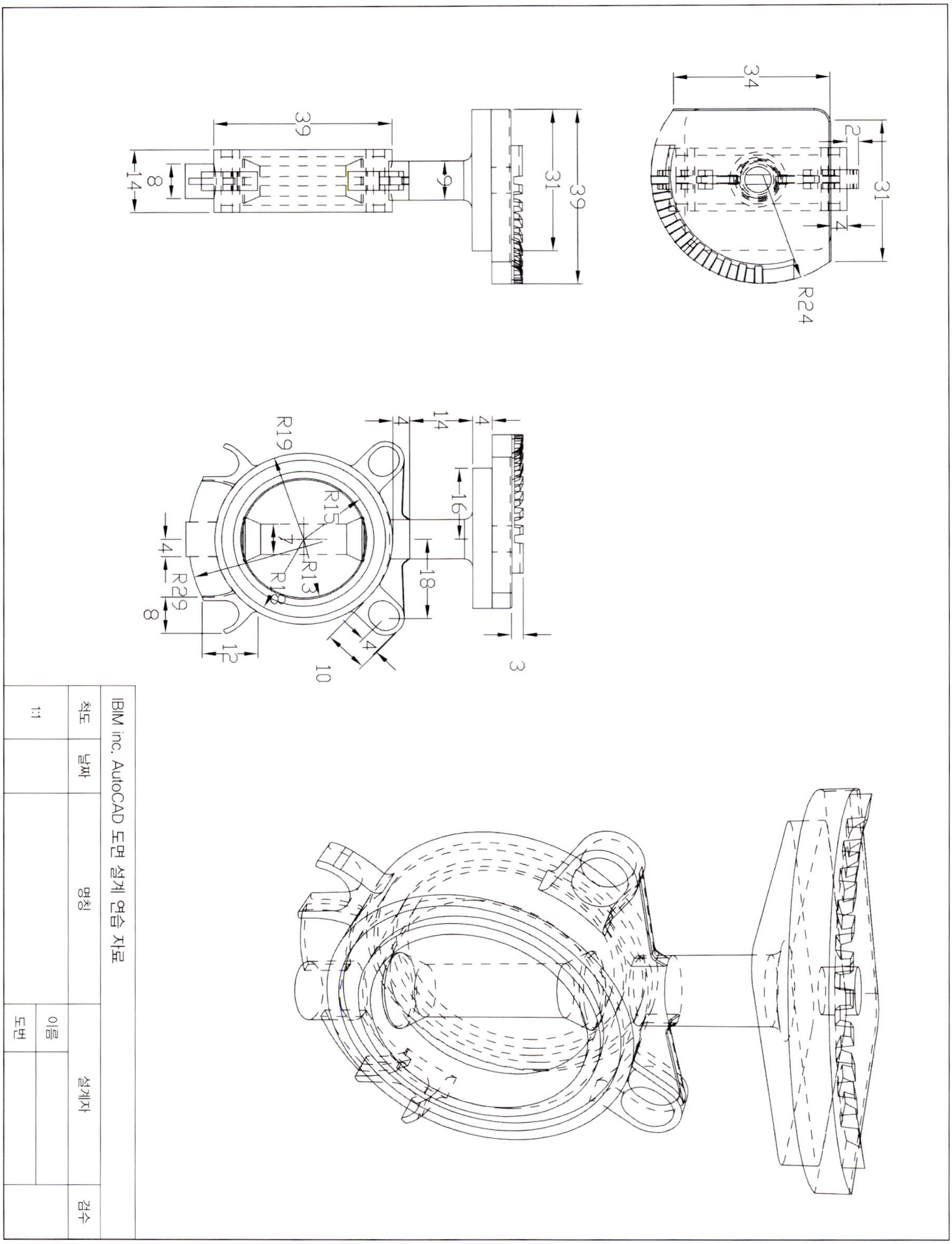
IBIM inc. AutoCAD 도면 설계 연습 자료
척도
1:1
날짜
명칭
이름
도번
설계자
검수
39
8
14
9
31
39
34
2
31
4
R24
R19
R15
R13
R18
R29
7
14
4
4
16
18
4
8
12
10
3
4

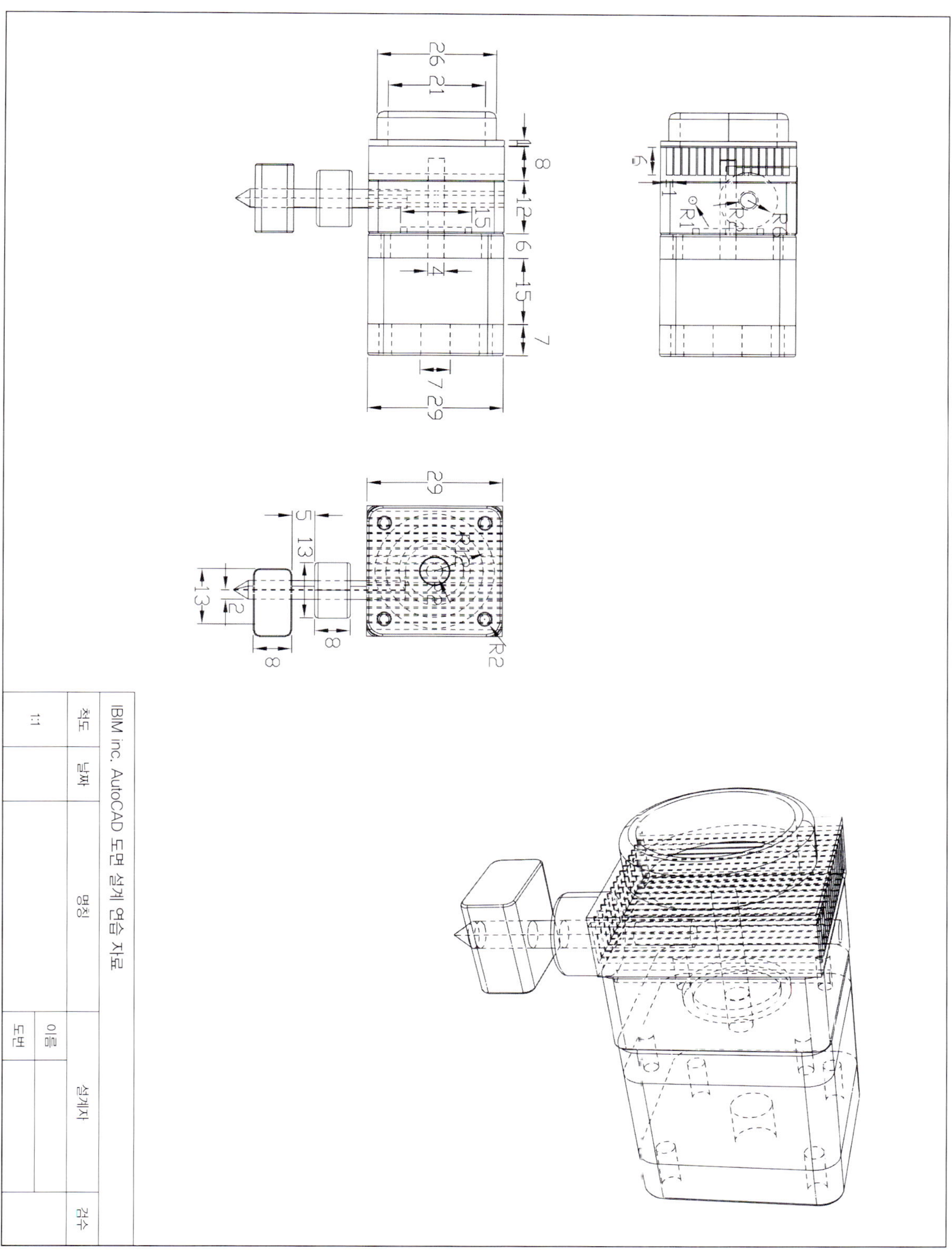
IBIM inc. AutoCAD 도면 설계 연습 자료
척도
1:1
날짜
명칭
이름
도면
설계자
검수

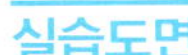

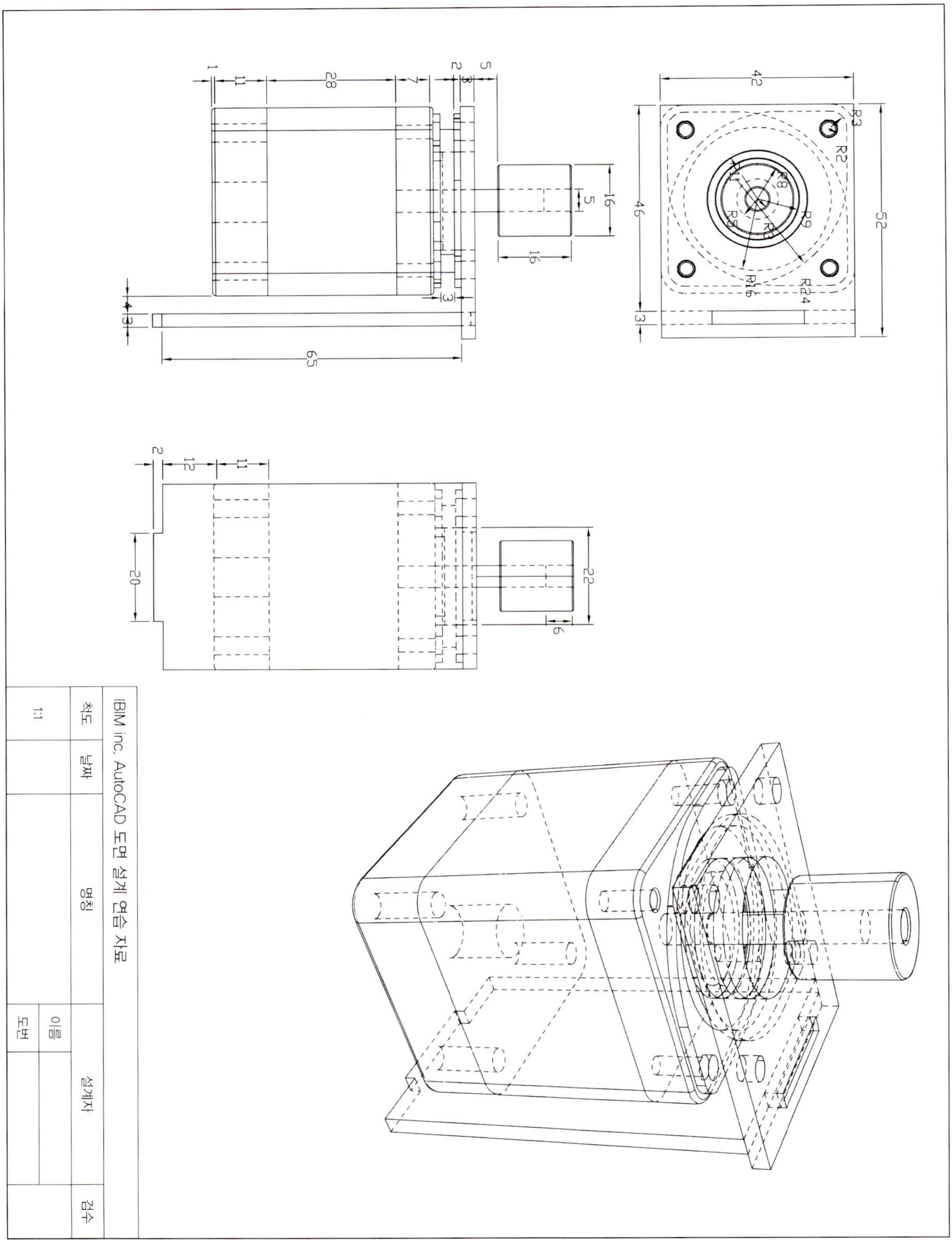
IBIM inc. AutoCAD 도면 설계 연습 자료
척도
1:1
날짜
명칭
설계자
검수
이름
도번
42
52
46
R3
R2
R8
R9
R11
R5
R16
R24
28
65
16
5
20
22
6

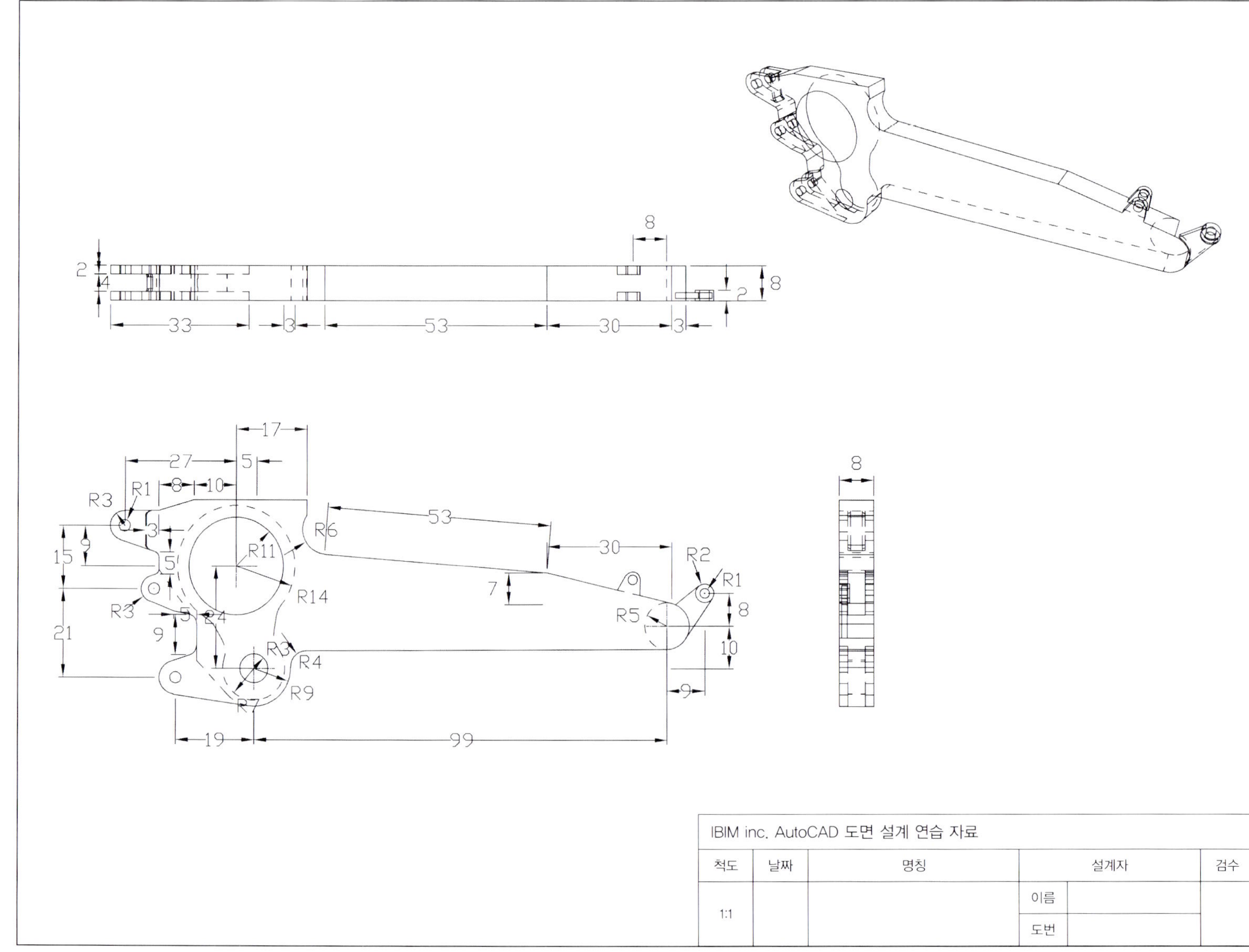
IBIM inc. AutoCAD 도면 설계 연습 자료
척도 날짜 명칭 설계자 접수
1:1 이름
도번

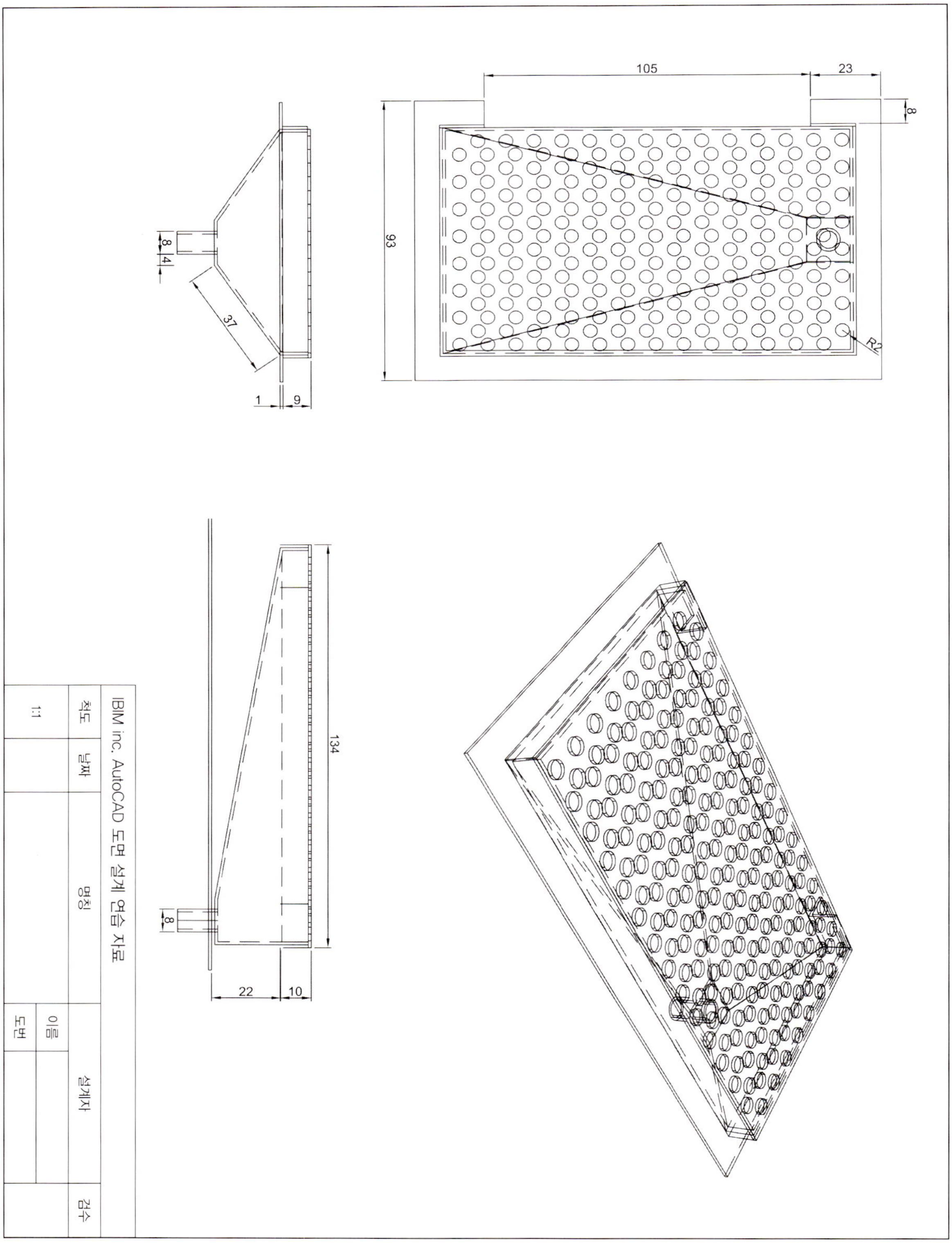

105
23
8
93
8
4
37
1 9
R2
134
8
22 10
IBM inc. AutoCAD 도면 설계 연습 자료
척도
날짜
명칭
1:1
이름
도번
설계자
검수

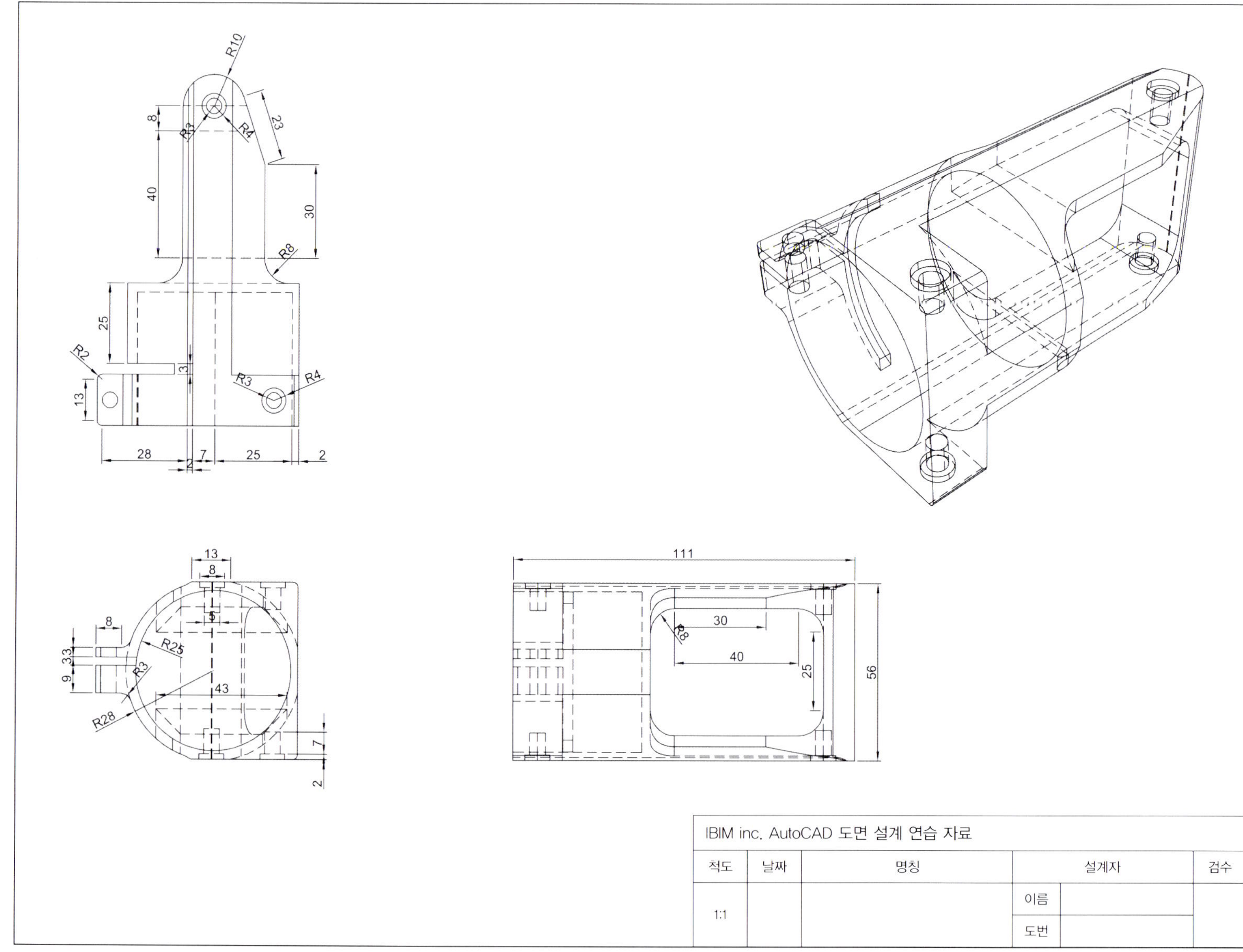
R10
8
R3
R4
23
40
30
R8
25
R2
3
13
R3
R4
28
7
25
2
13
8
8
9 3.3
R25
R3
43
R28
2
7
111
R8
30
40
25
56
IBIM inc. AutoCAD 도면 설계 연습 자료
척도
날짜
명칭
설계자
검수
1:1
이름
도번

R30
R24
R15
R30
48
111
R30
18
21
3060
R30
54
30
120
60
9
R9
3060
18
36
R30
30
IBIM inc. AutoCAD 도면 설계 연습 자료
척도
1:1
날짜
명칭
이름
도면
설계자
검수

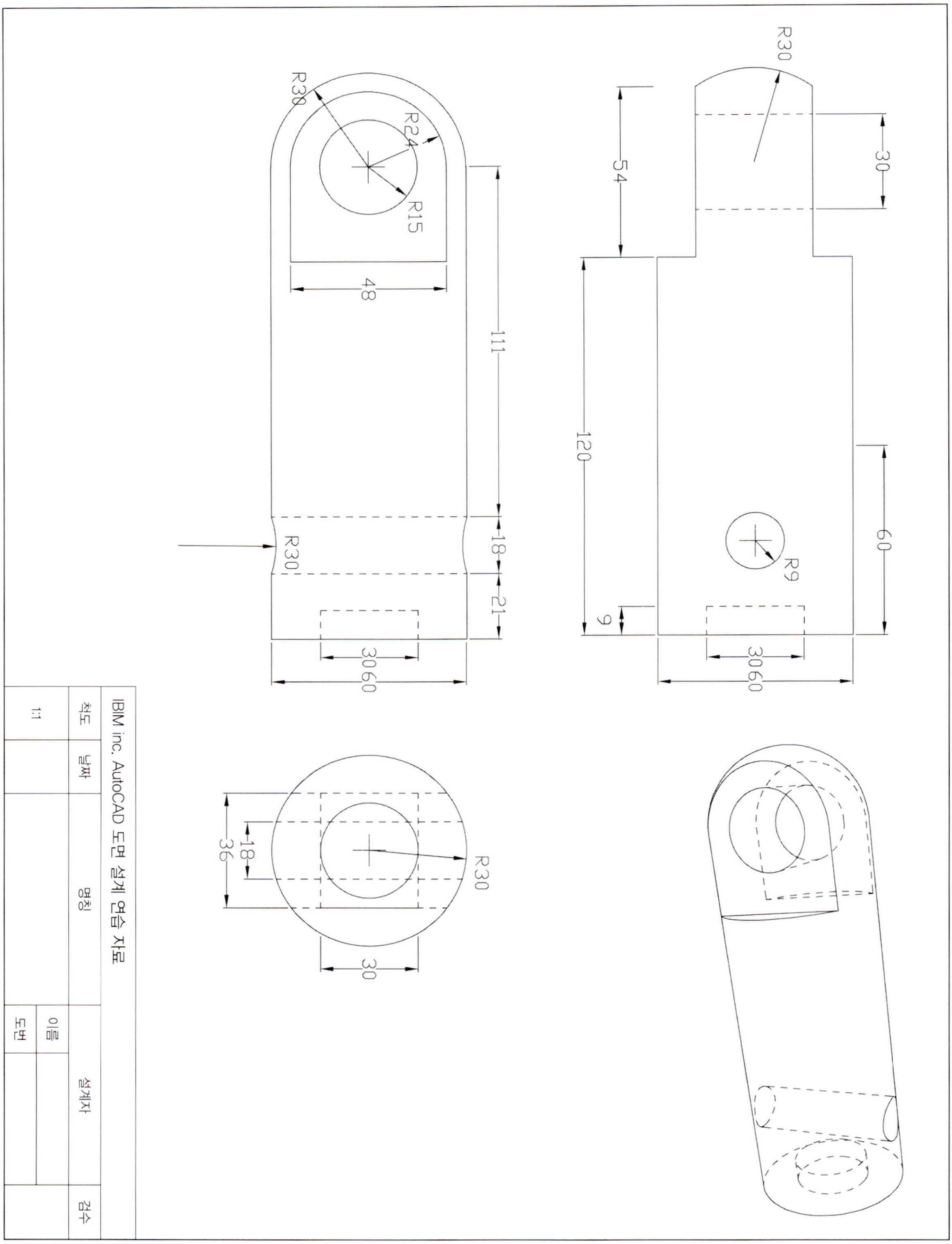

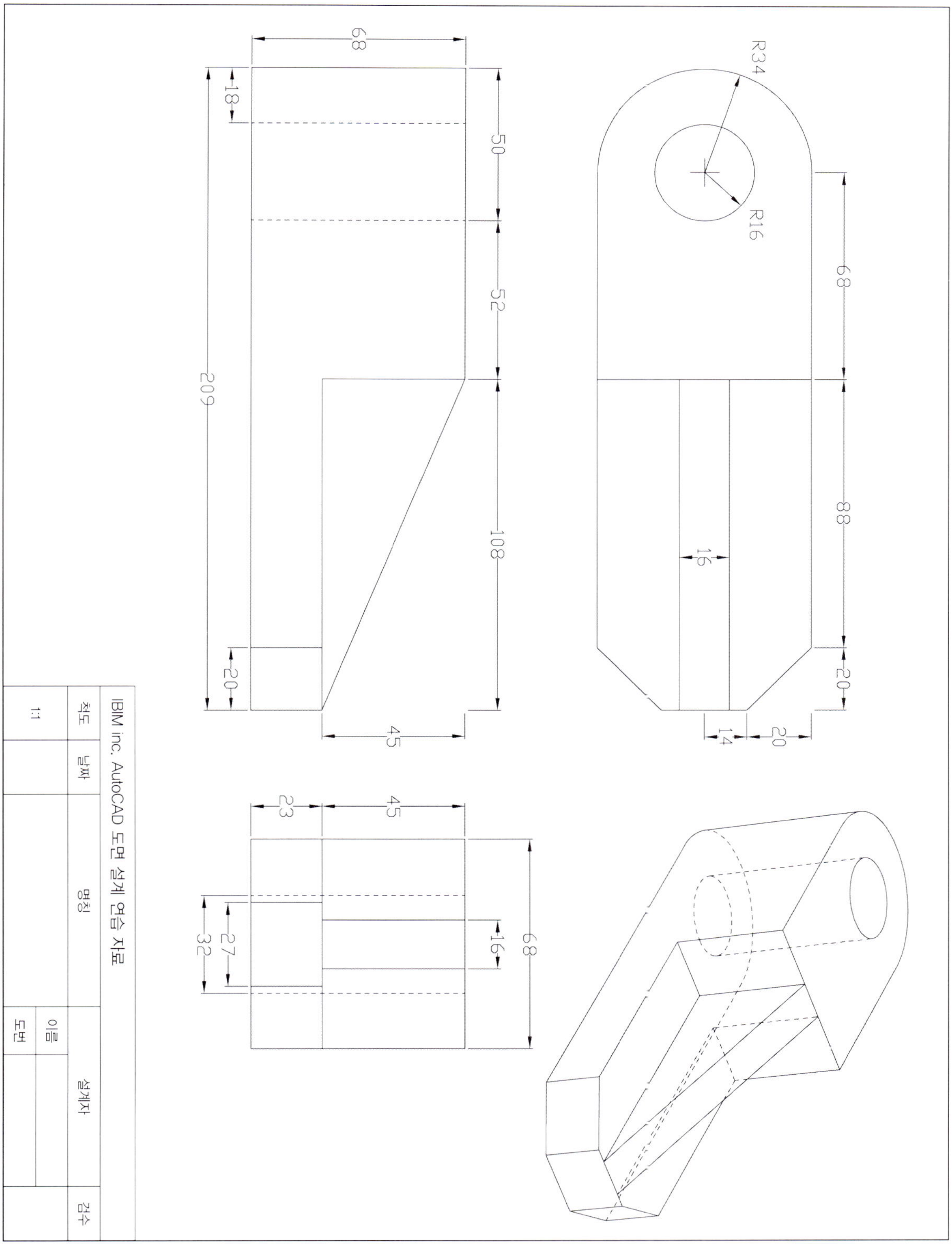

68
18
50
52
209
108
20
45
R34
R16
68
88
16
20
14
20
23
45
27
32
16
68
IBM inc. AutoCAD 도면 설계 연습 자료
척도
날짜
명칭
이름
도번
설계자
검수
1:1

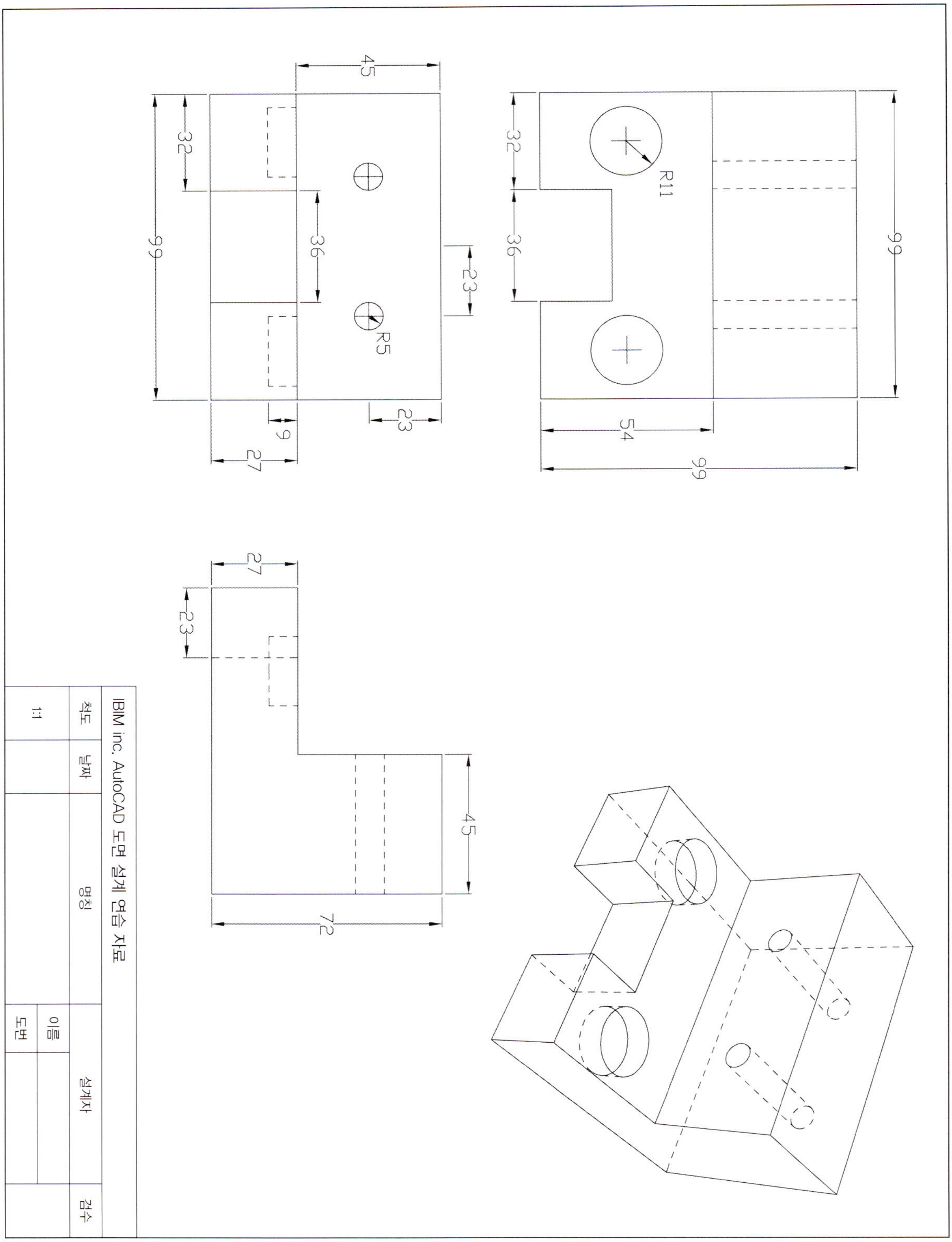

45
32
99
36
23
R5
23
9
27
32
36
99
R11
54
99
27
23
45
72
IBIM inc. AutoCAD 도면 설계 연습 자료
척도
1:1
날짜
명칭
이름
도면
설계자
검수

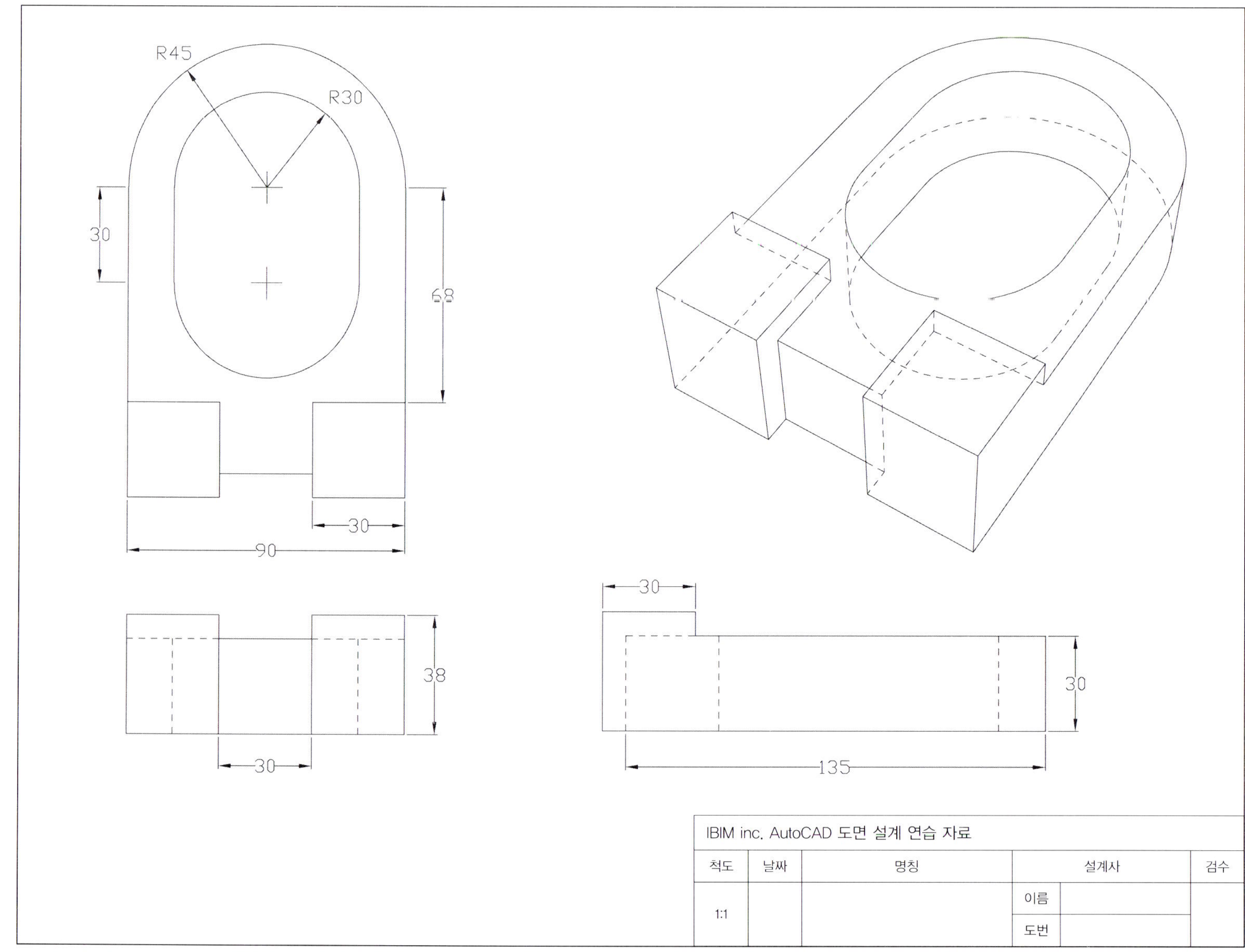

IBIM inc. AutoCAD 도면 설계 연습 자료					
척도	날짜	명칭		설계사	검수
1:1			이름		
			도번		

도면 파일 [Sample]의 '3D Exam05.dwg'

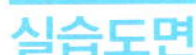

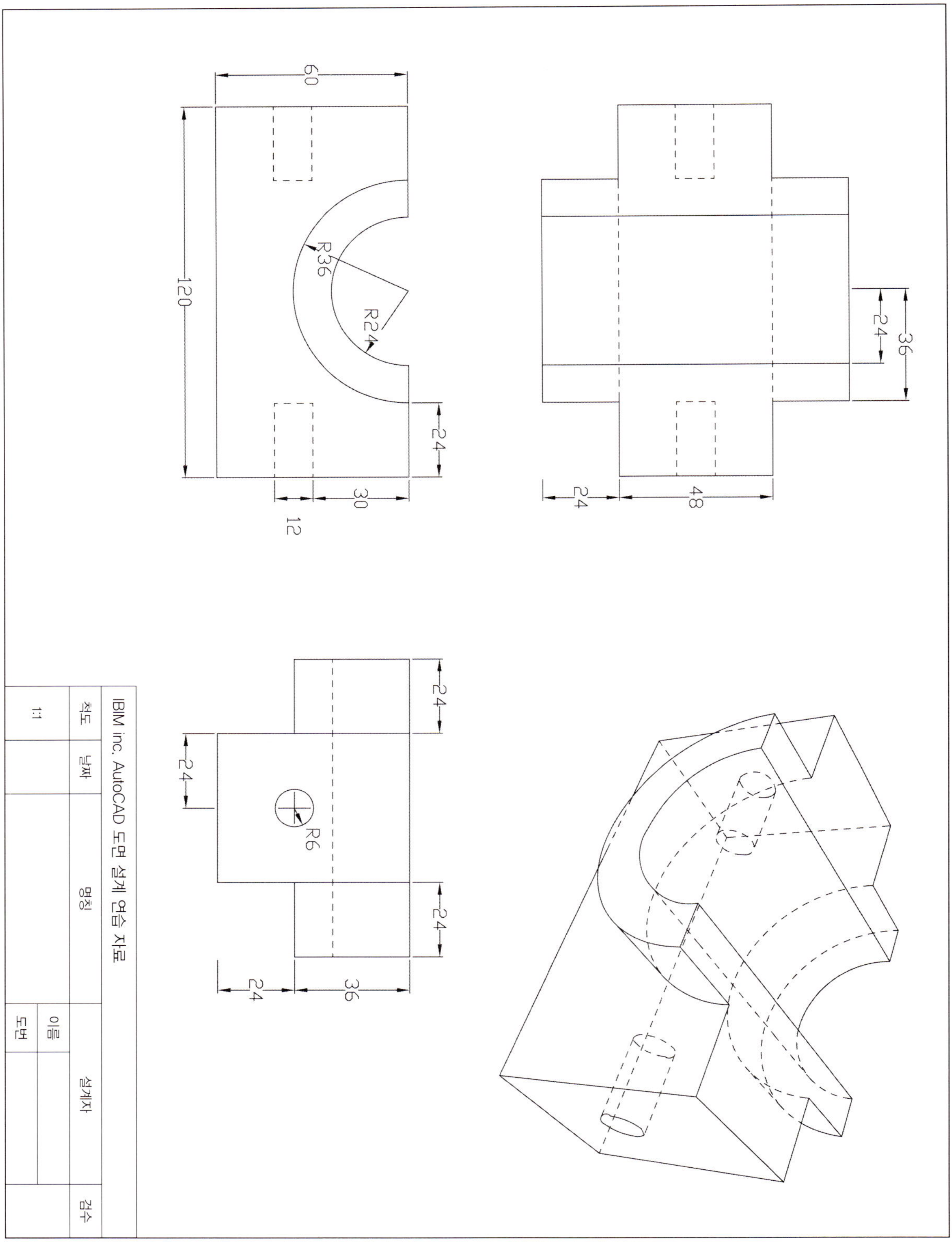
60
120
R36
R24
24
30
12
24
36
24
48
24
24
R6
24
24
36
IBIM inc. AutoCAD 도면 설계 연습 자료
척도
1:1
날짜
명칭
설계자
검수
이름
도면

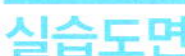

도면 파일 [Sample]의 '3D Exam06.dwg'

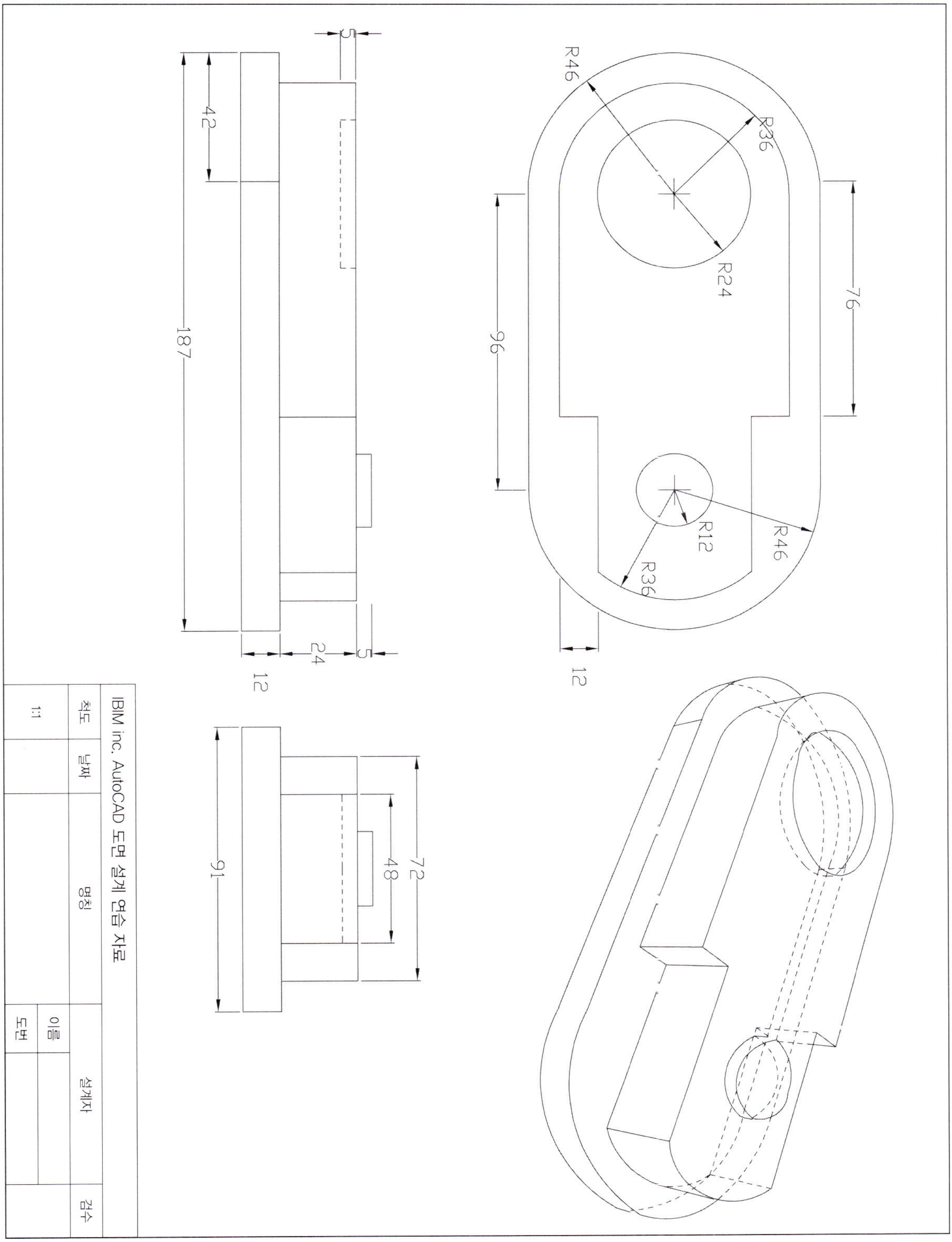
R46
R36
R24
76
96
R12
R46
R36
12
5
42
187
24
5
12
91
72
48
IBIM inc. AutoCAD 도면 설계 연습 자료
척도
1:1
날짜
명칭
이름
도번
설계자
검수

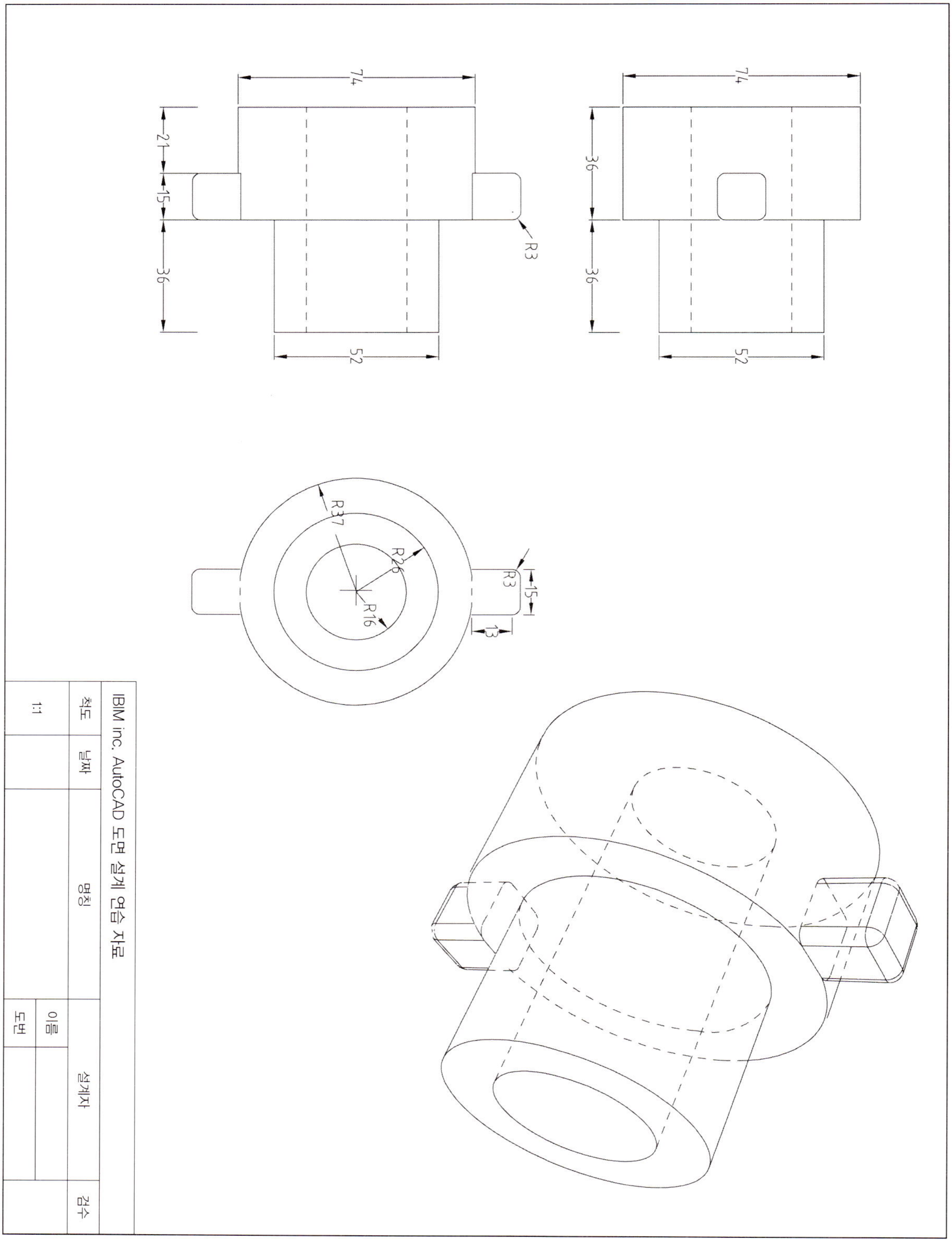
74
74
21
15
36
36
36
R3
52
52
R37
R26
R16
R3
15
13
IBIM inc. AutoCAD 도면 설계 연습 자료
척도
1:1
날짜
명칭
이름
도번
설계자
검수

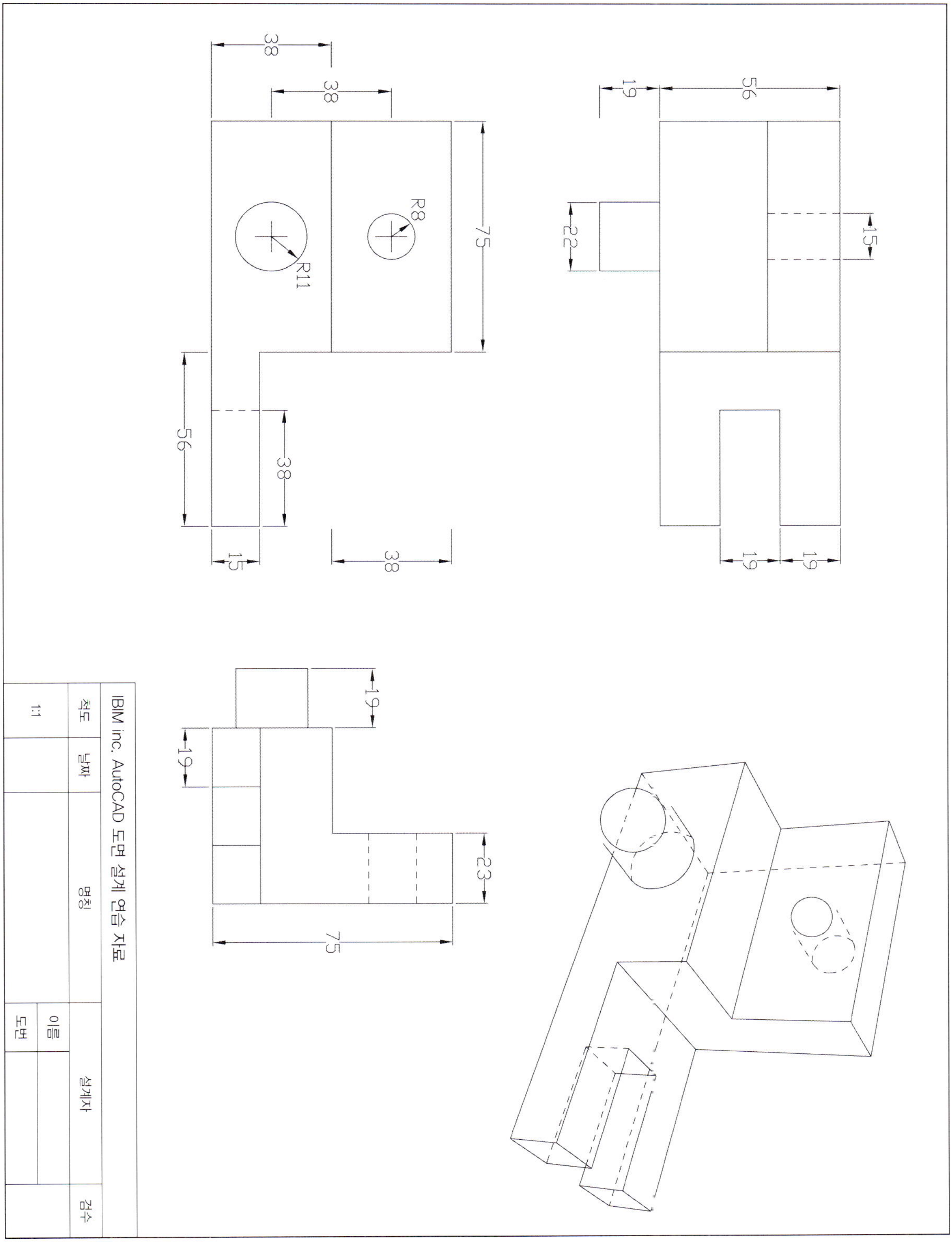

38
38
R8
R11
75
56
38
15
38
19
56
22
15
19
19
19
19
23
75
IBIM inc. AutoCAD 도면 설계 연습 자료
척도
1:1
날짜
명칭
평면
이름
도번
설계자
검수

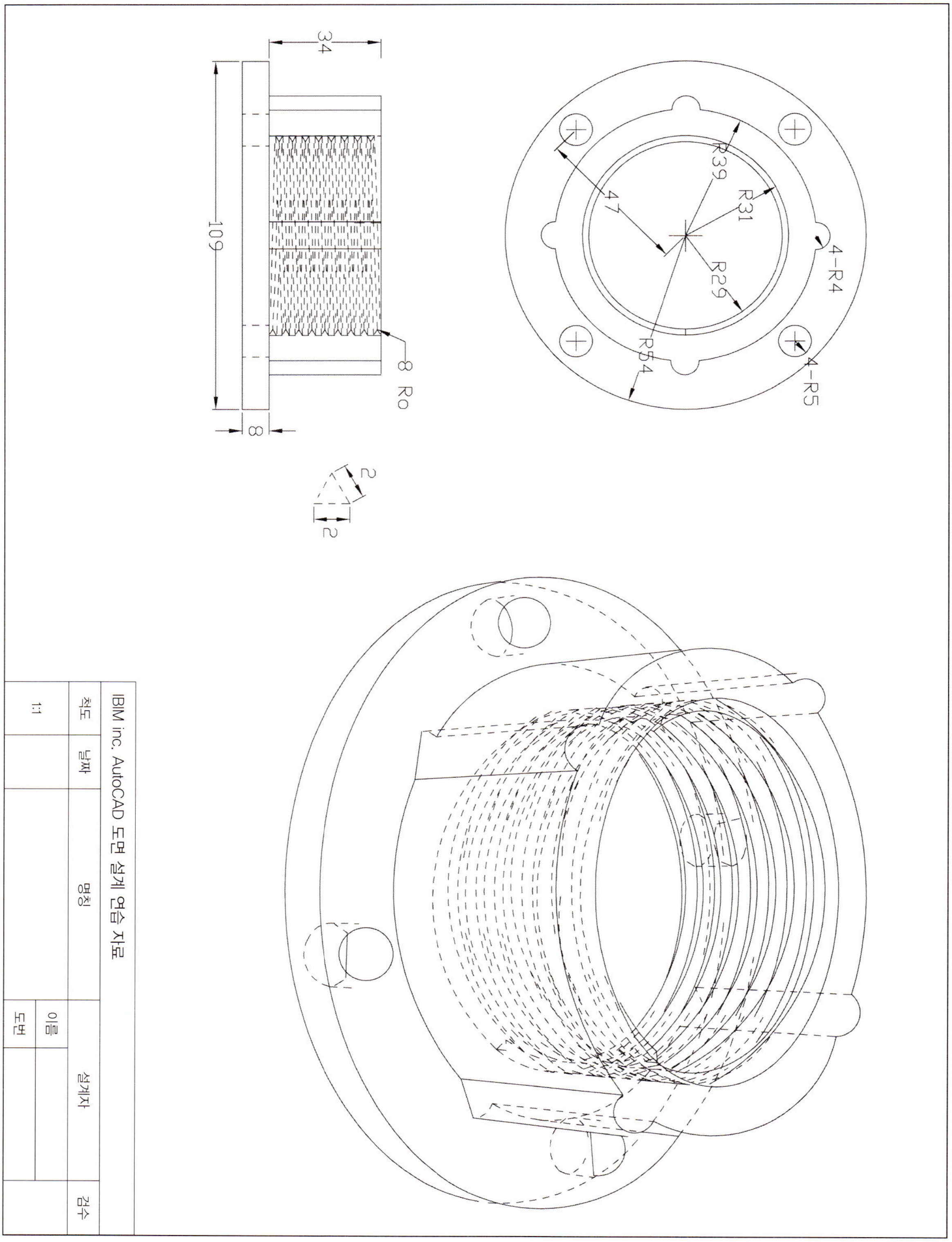

34
109
8
8 Ro
2
2
R39
R31
R29
R54
47
4-R4
4-R5
IBIM inc. AutoCAD 도면 설계 연습 자료
척도
날짜
명칭
이름
도면
검수
1:1
설계자

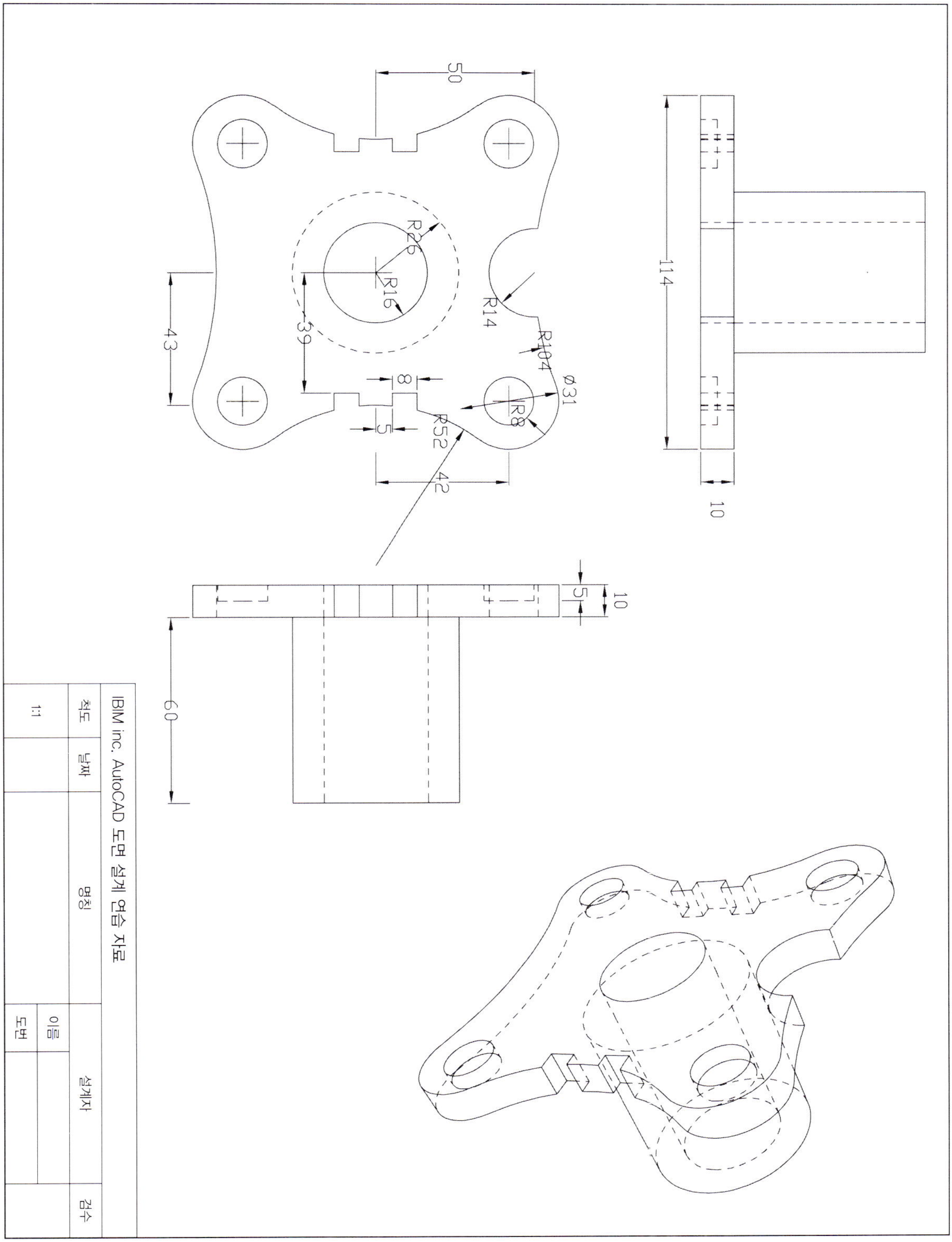
50
R26
R16
R14
R104
43
39
8
5
ø31
R8
R52
42
114
10
5
10
60
IBIM inc. AutoCAD 도면 설계 연습 자료
척도
1:1
날짜
명칭
설계자
검수
이름
도번

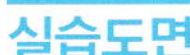

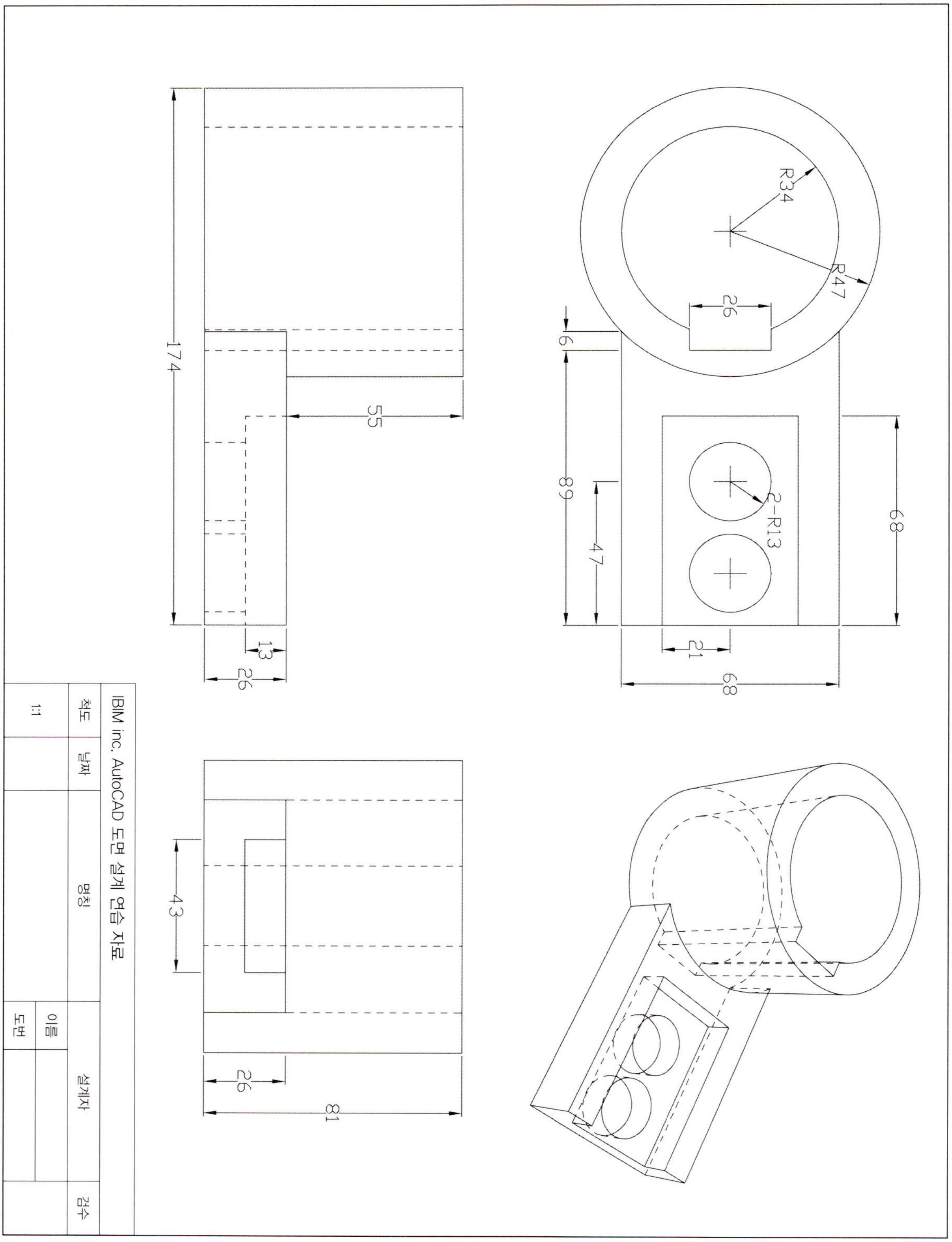
174
55
13
26
R34
R47
26
6
89
47
2-R13
68
21
68
43
26
81
IBIM inc. AutoCAD 도면 설계 연습 자료
척도
1:1
날짜
명칭
이름
도번
설계자
검수

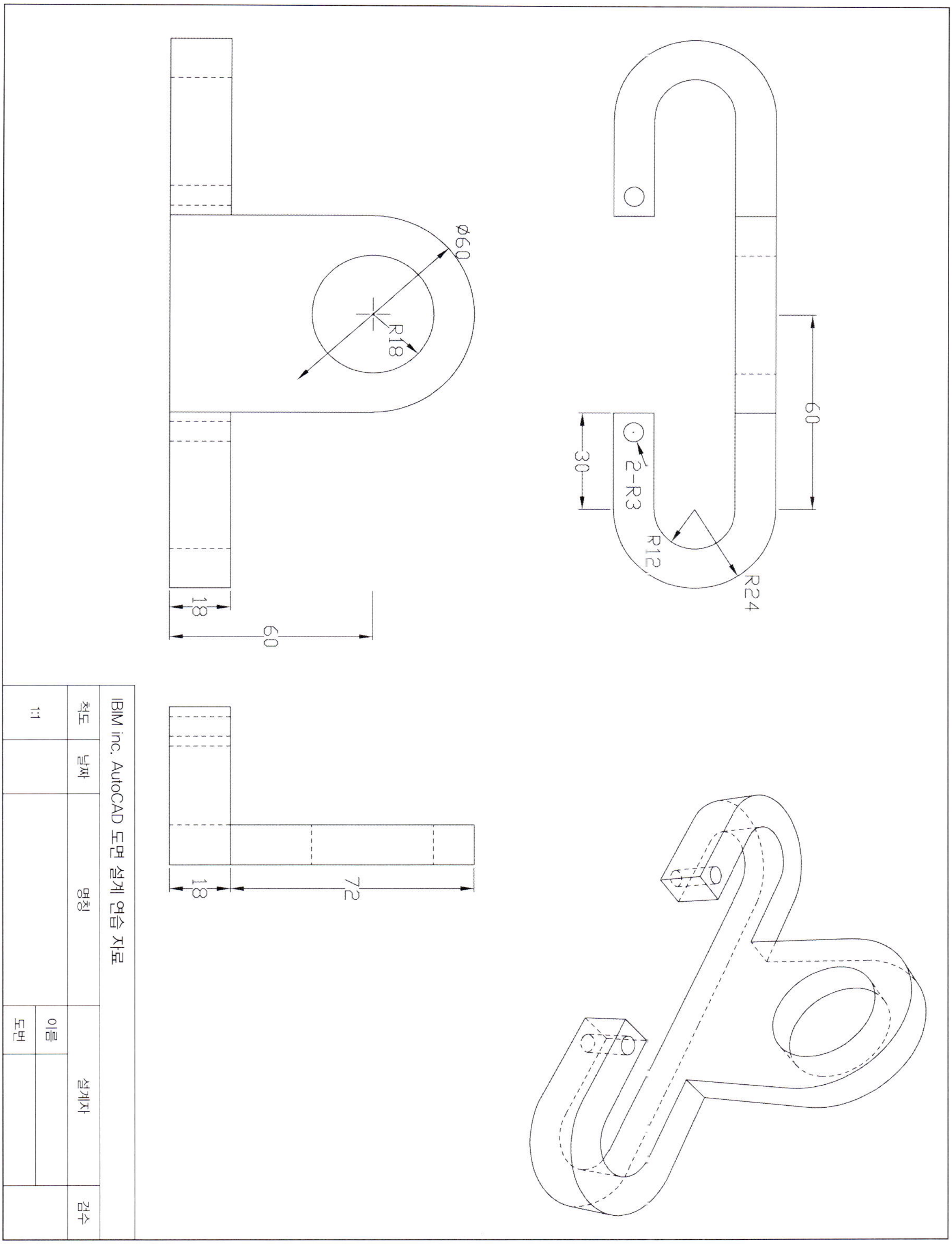

Ø60
R18
60
30
2-R3
R12
R24
18
60
18
72
IBM inc. AutoCAD 도면 설계 연습 자료
척도
날짜
명칭
도번
이름
검수
설계자
1:1

도면 파일 [Sample]의 '3D Exam13.dwg'

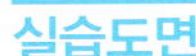

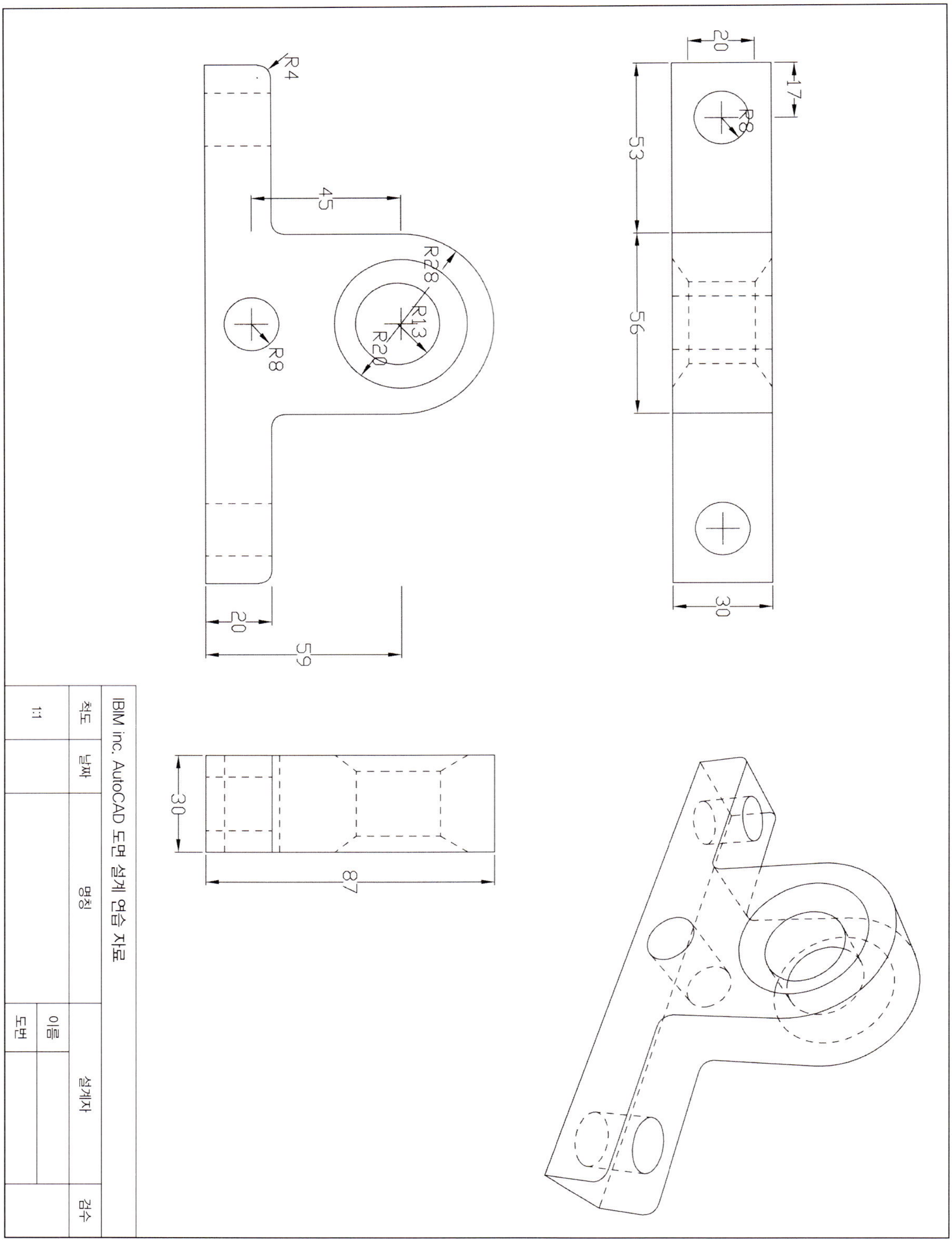
R4
45
R28
R13
R20
R8
20
59
20
17
R8
53
56
30
30
87
IBIM inc. AutoCAD 도면 설계 연습 자료
척도
1:1
날짜
명칭
설계자
이름
도번
검수

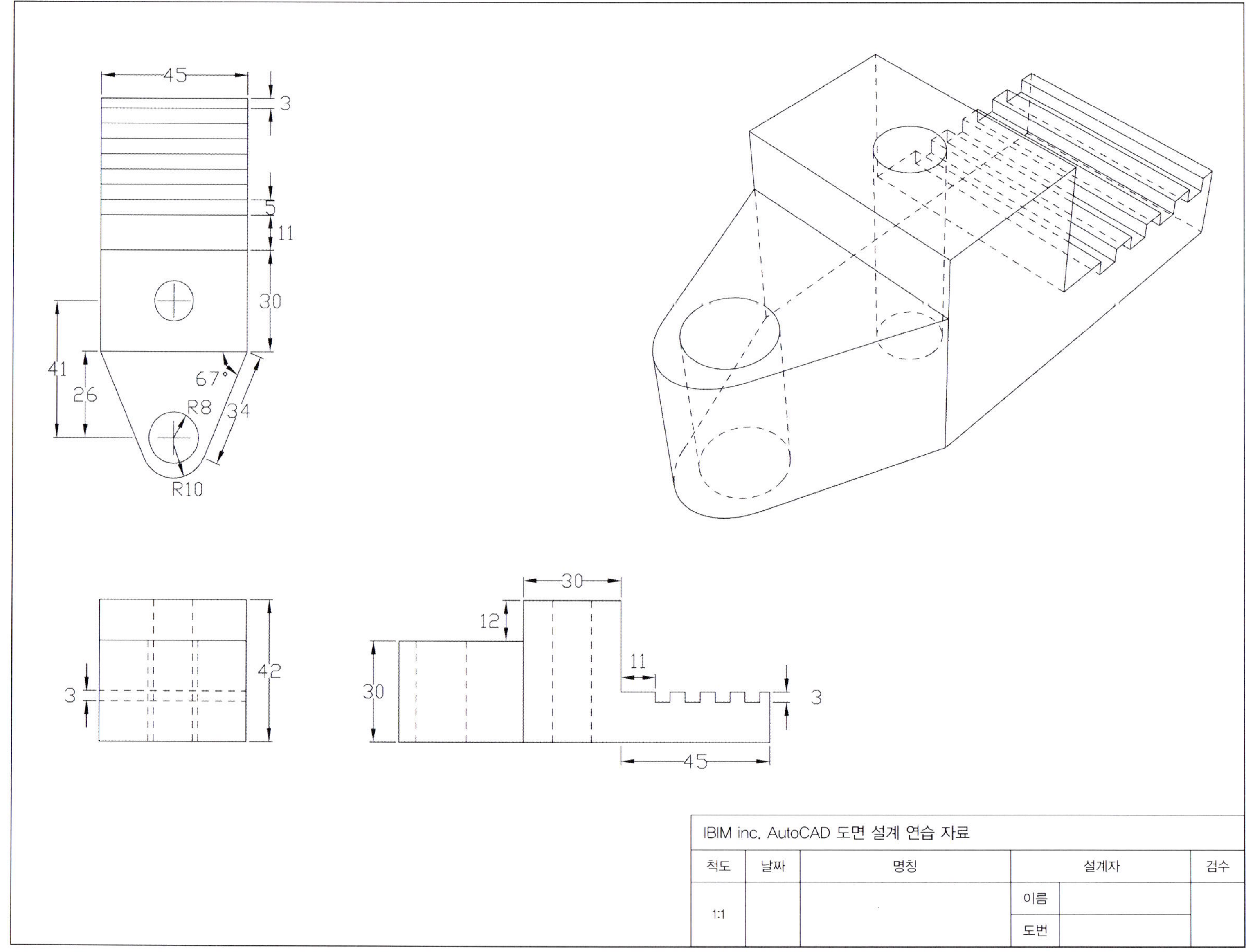

IBIM inc. AutoCAD 도면 설계 연습 자료

척도	날짜	명칭	설계자		검수
1:1			이름		
			도번		

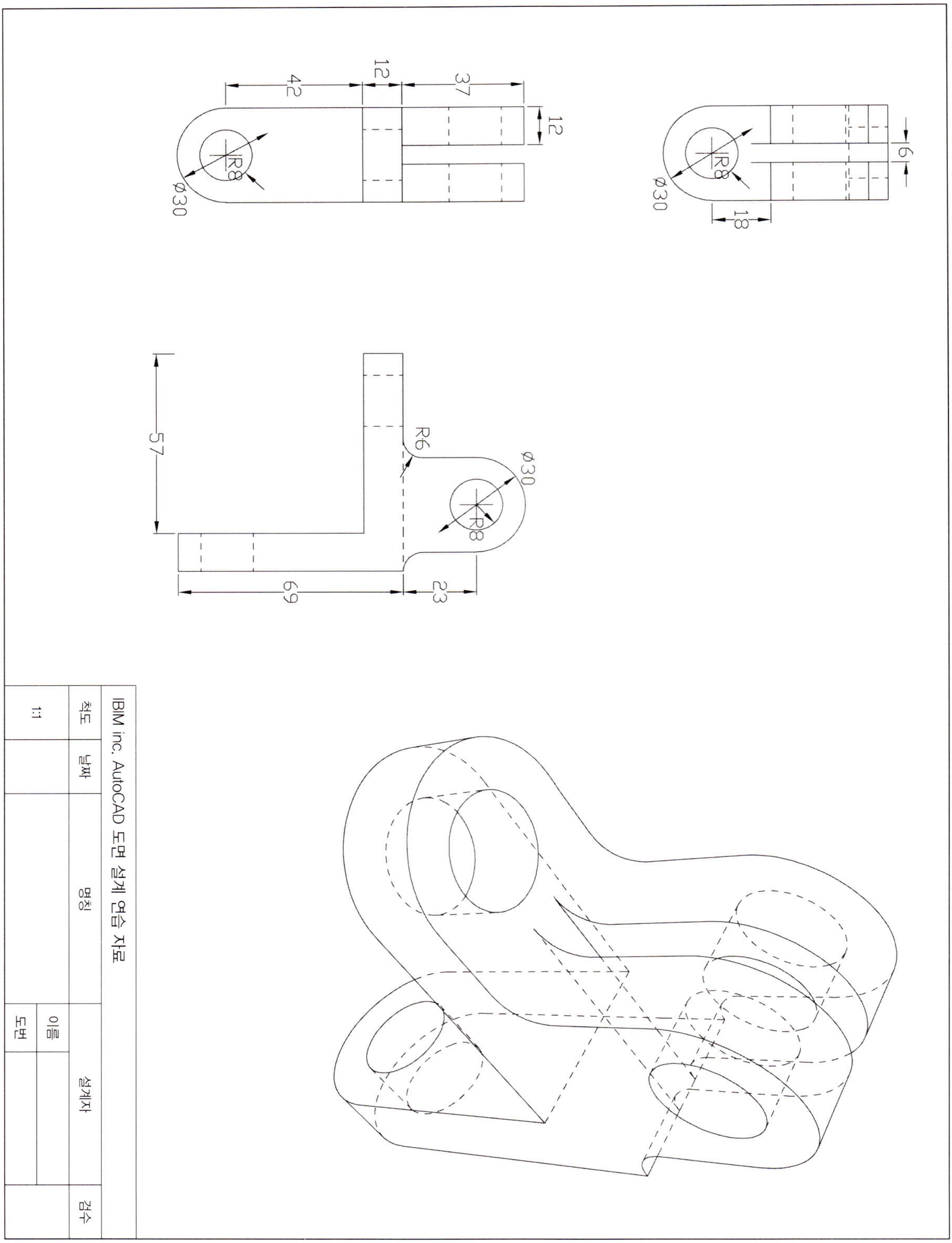
42
12
37
12
ø30
R8
ø30
R8
6
18
57
R6
ø30
R8
69
23
IBIM inc. AutoCAD 도면 설계 연습 자료
척도
1:1
날짜
명칭
설계자
검수
이름
도번

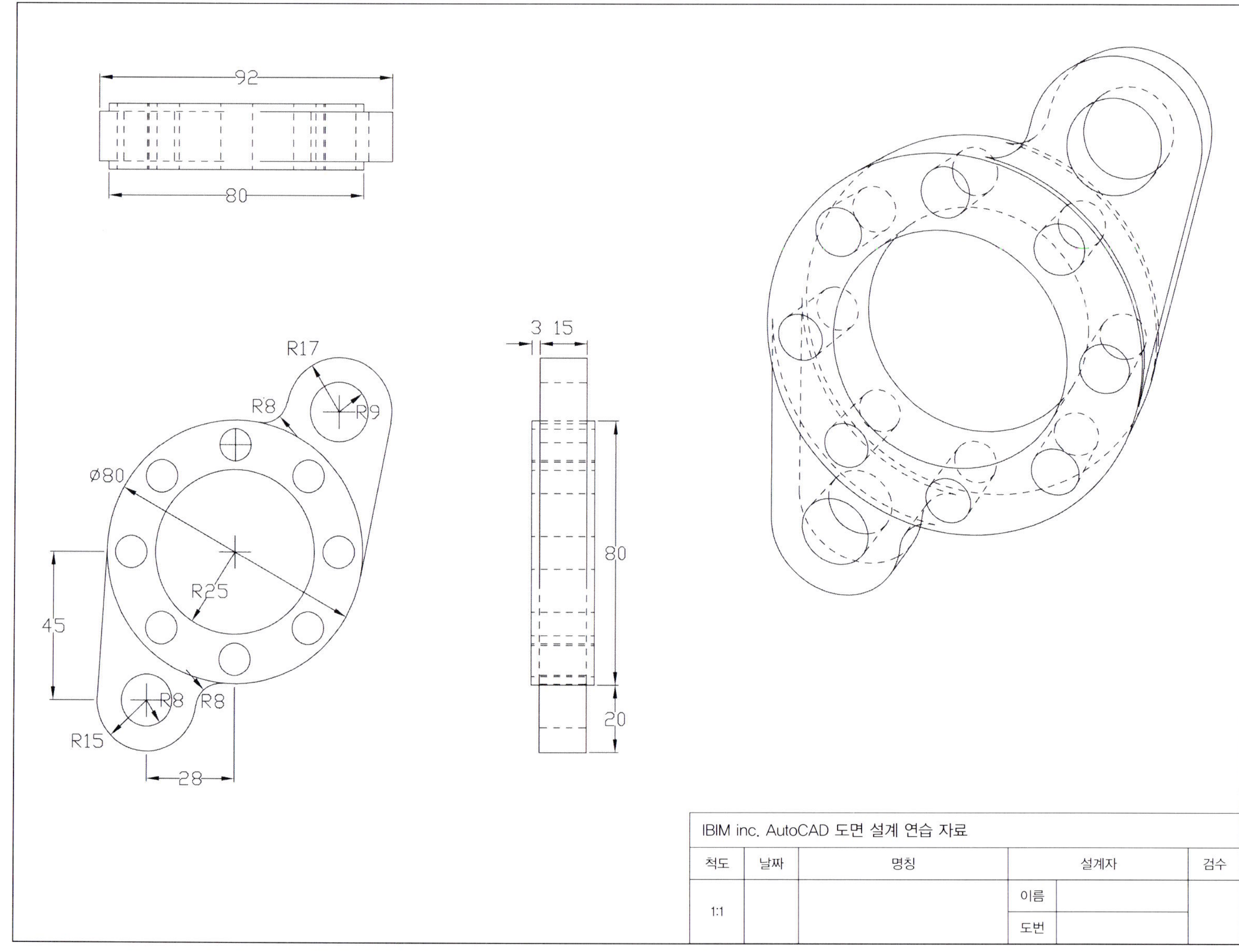
92
80
R17
R8
R9
Ø80
R25
45
R8
R8
R15
28
3 15
80
20
IBIM inc. AutoCAD 도면 설계 연습 자료
척도
날짜
명칭
설계자
검수
이름
도번
1:1

48
60
120
48
R8
28
80
72
R48
8
R32
8
IBIM inc. AutoCAD 도면 설계 연습 자료
척도
1:1
날짜
명칭
설계자
이름
도번
검수

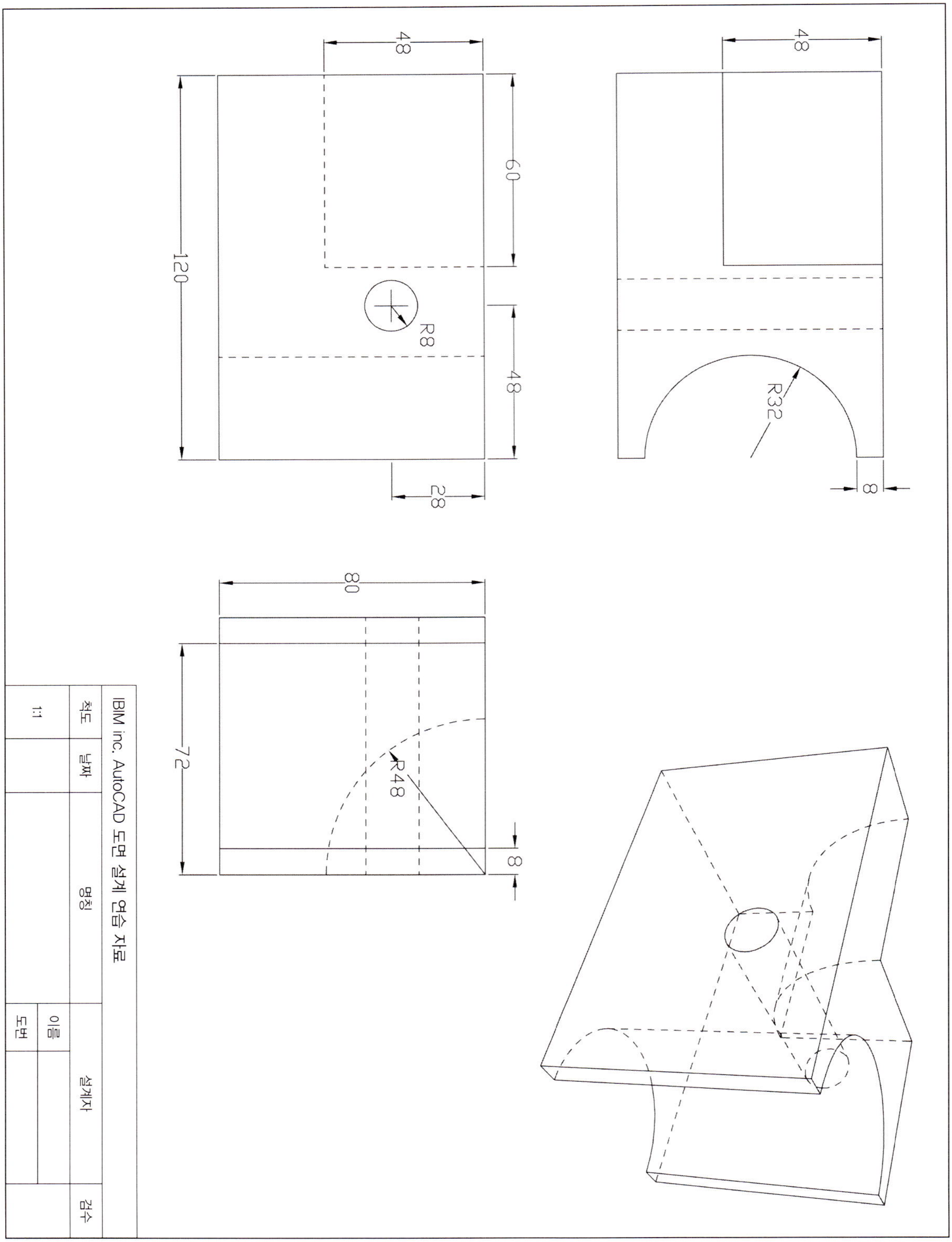

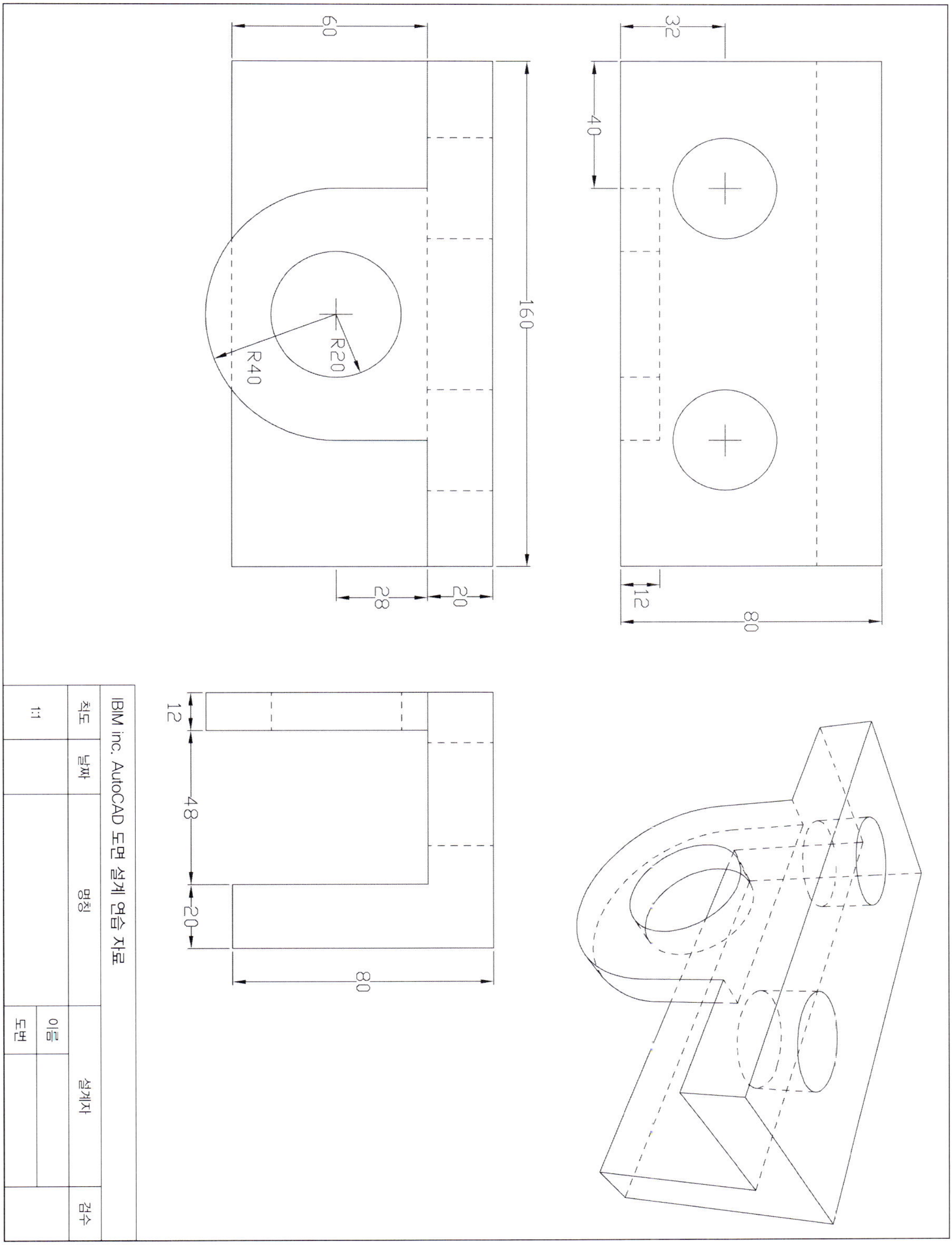

60
32
40
160
R40
R20
28
20
12
80
12
48
20
80
IBIM inc. AutoCAD 도면 설계 연습 자료
척도
1:1
날짜
명칭
이름
도면
설계자
검수

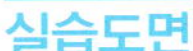

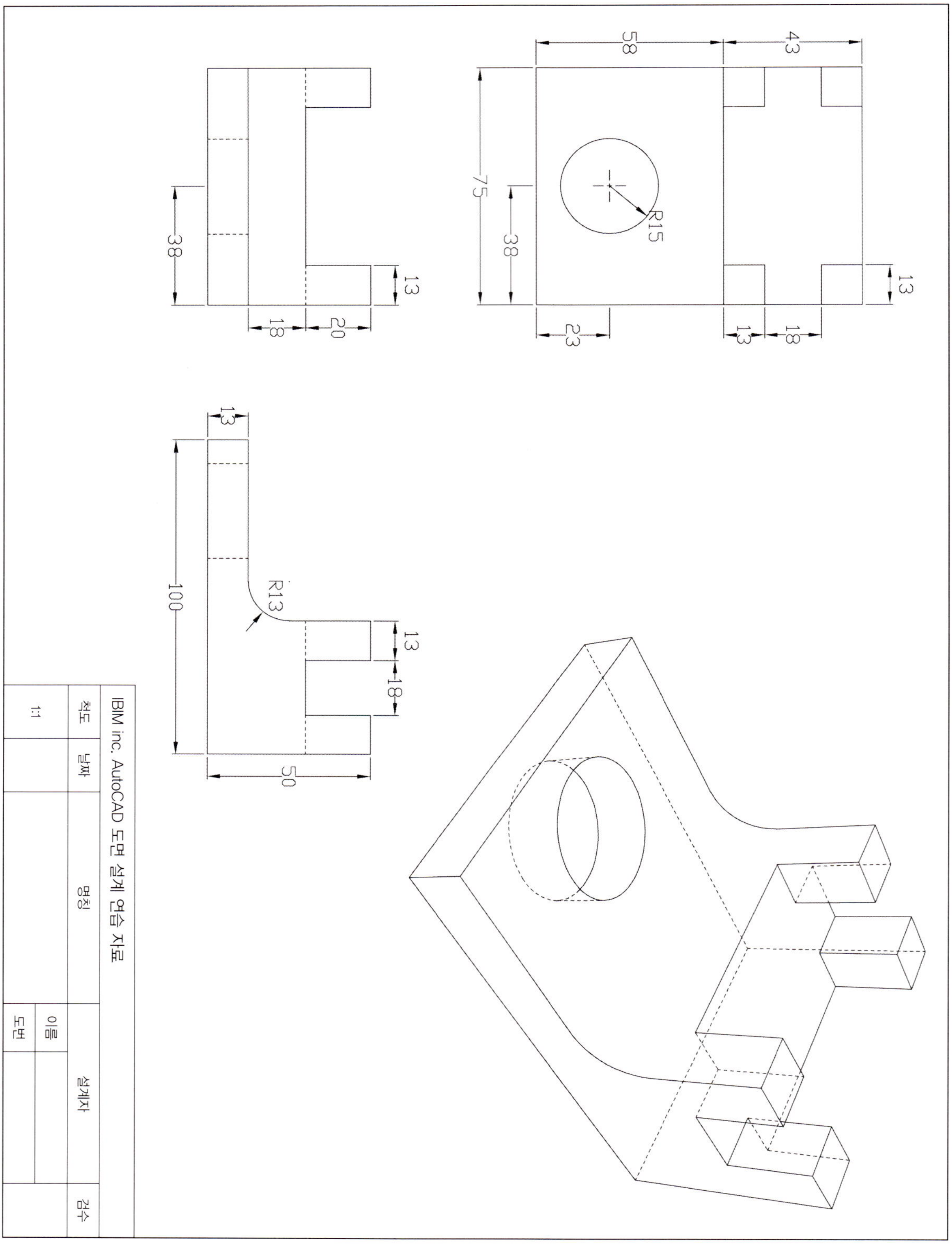
58
43
75
38
R15
13
23
13
18
38
13
18
20
13
100
R13
13
18
50
IBIM inc. AutoCAD 도면 설계 연습 자료
척도
1:1
날짜
명칭
이름
도번
설계자
검수

도면 파일 [Sample]의 '3D Exam20.dwg'

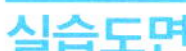

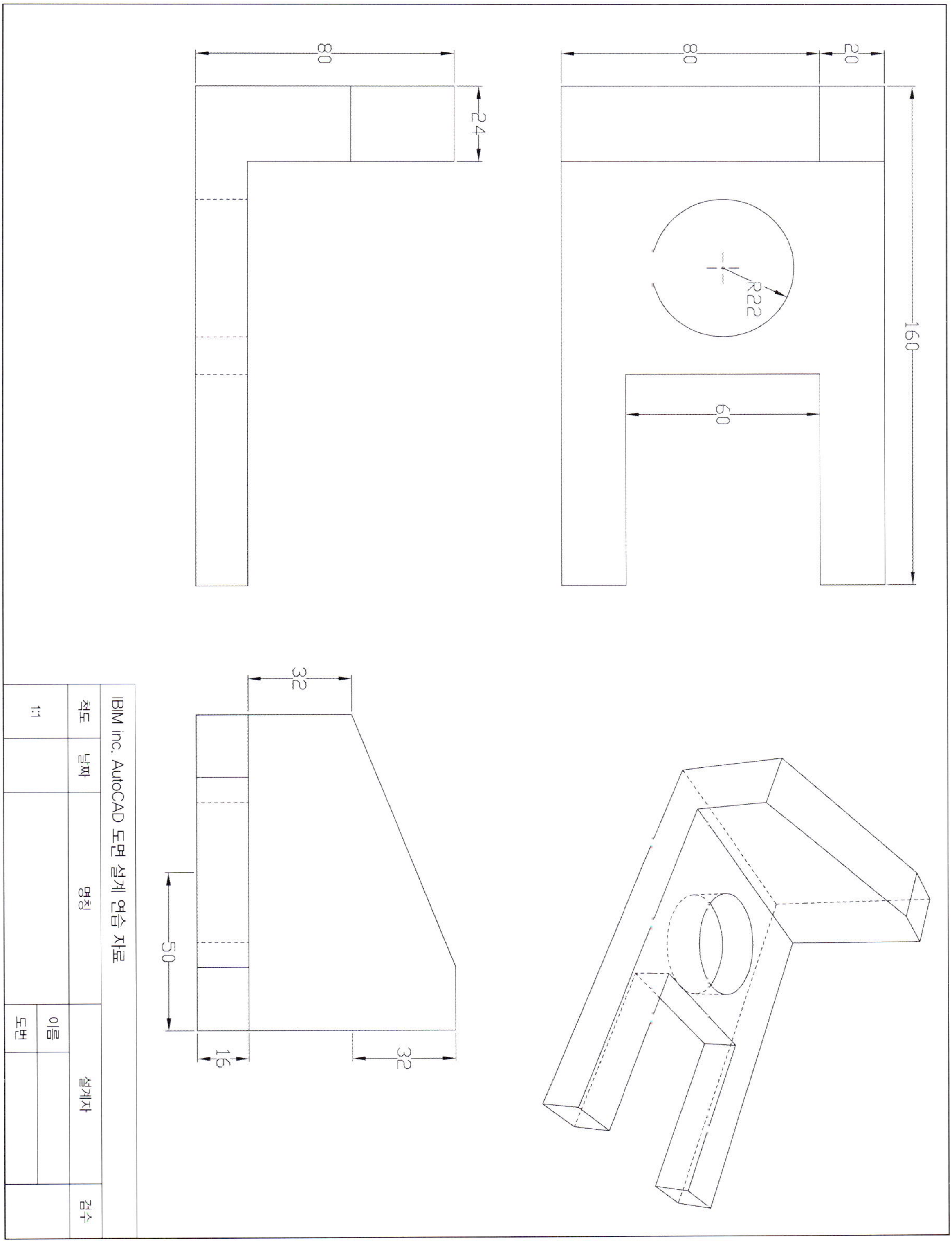
IBIM inc. AutoCAD 도면 설계 연습 자료
척도
1:1
날짜
명칭
설계자
검수
이름
도번
80
24
80
20
R22
160
60
32
50
16
32

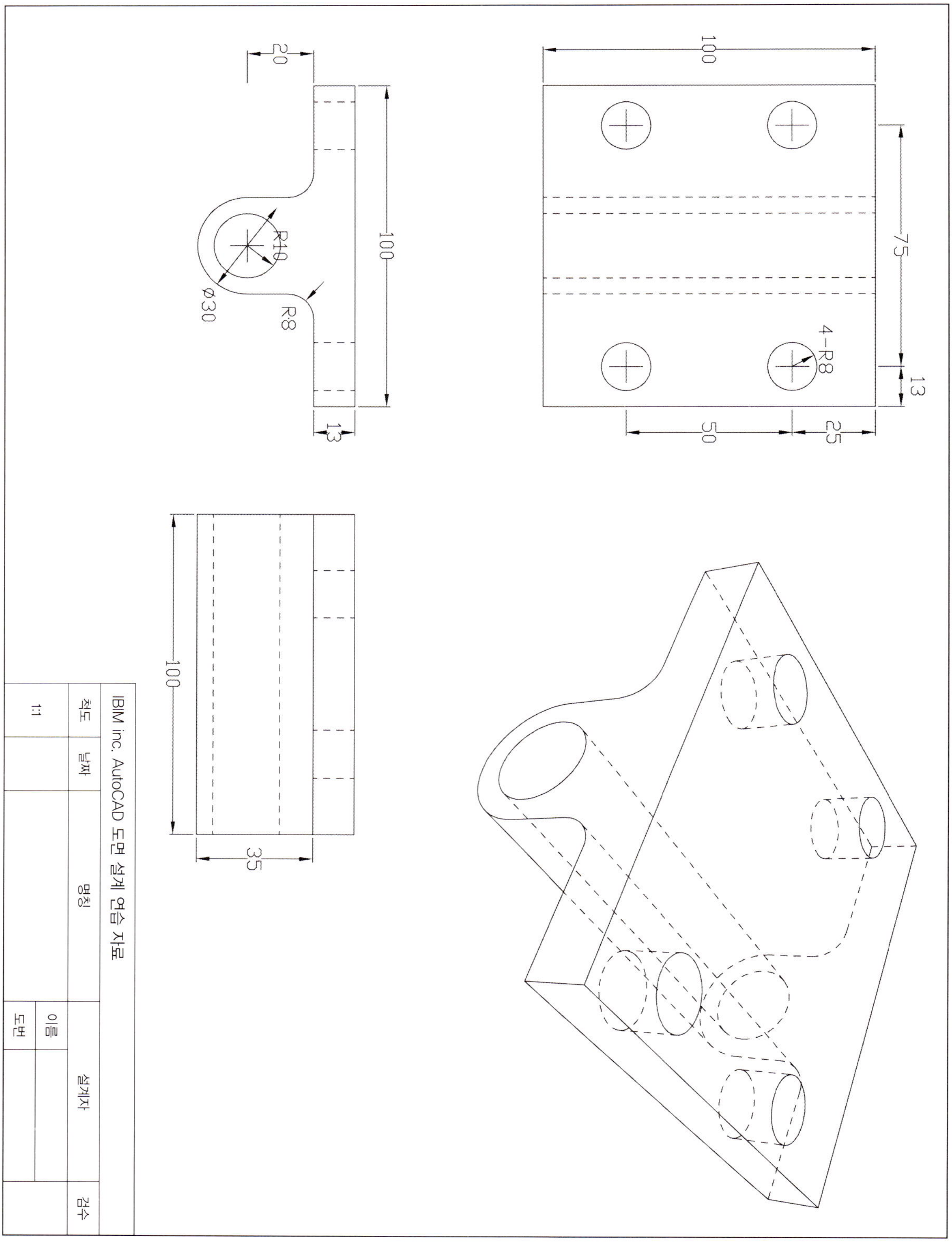

20
100
13
100
R10
Ø30
R8
75
13
4-R8
50
25
100
35
IBIM inc. AutoCAD 도면 설계 연습 자료
척도
날짜
명칭
이름
도번
1:1
평칭
설계자
접수

13
53
R48
R60
R33
R8
36
R10
R8
Ø60
19
90
8
8
116

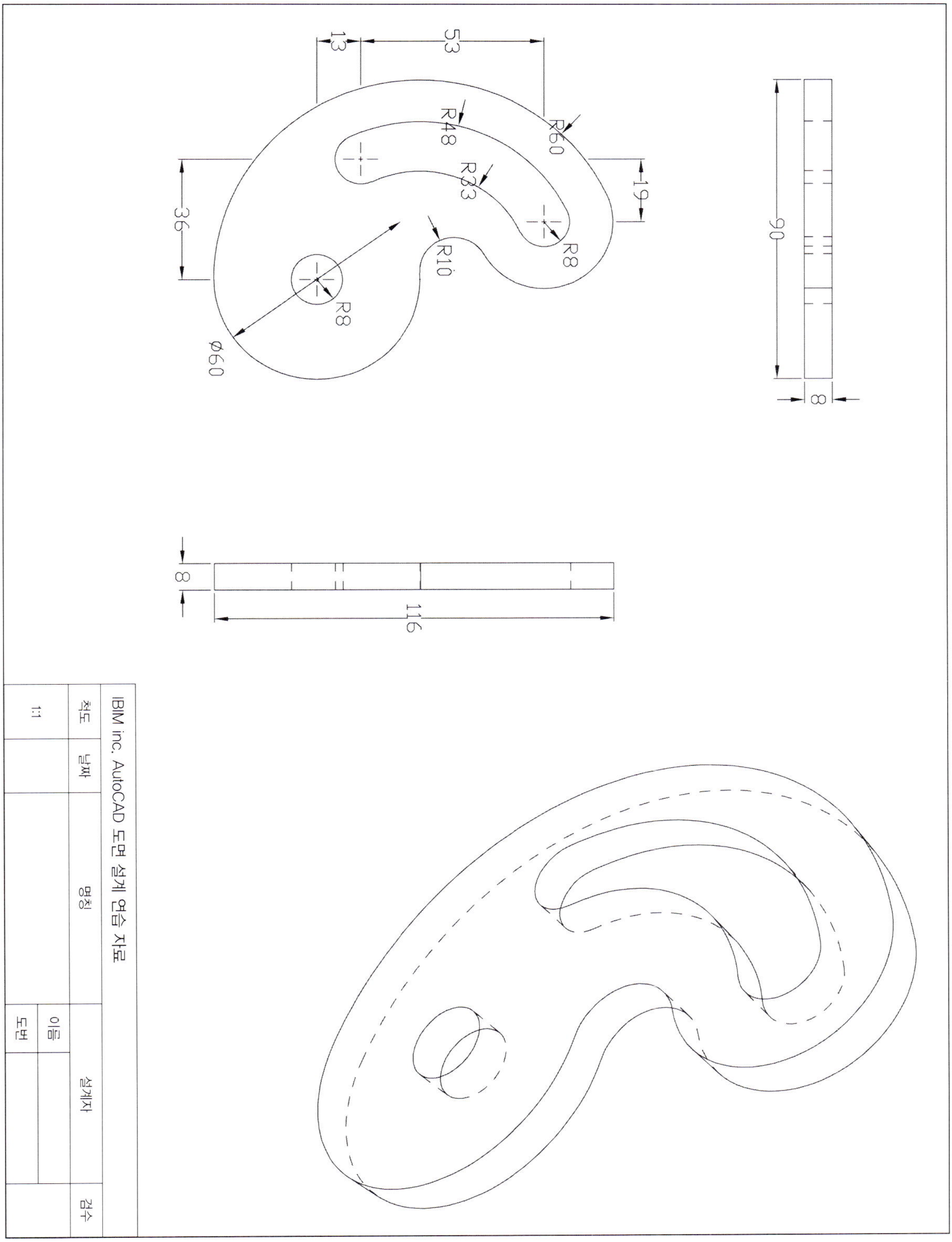

IBIM inc. AutoCAD 도면 설계 연습 자료
척도　1:1
날짜
명칭
이름
도번
설계자
검수

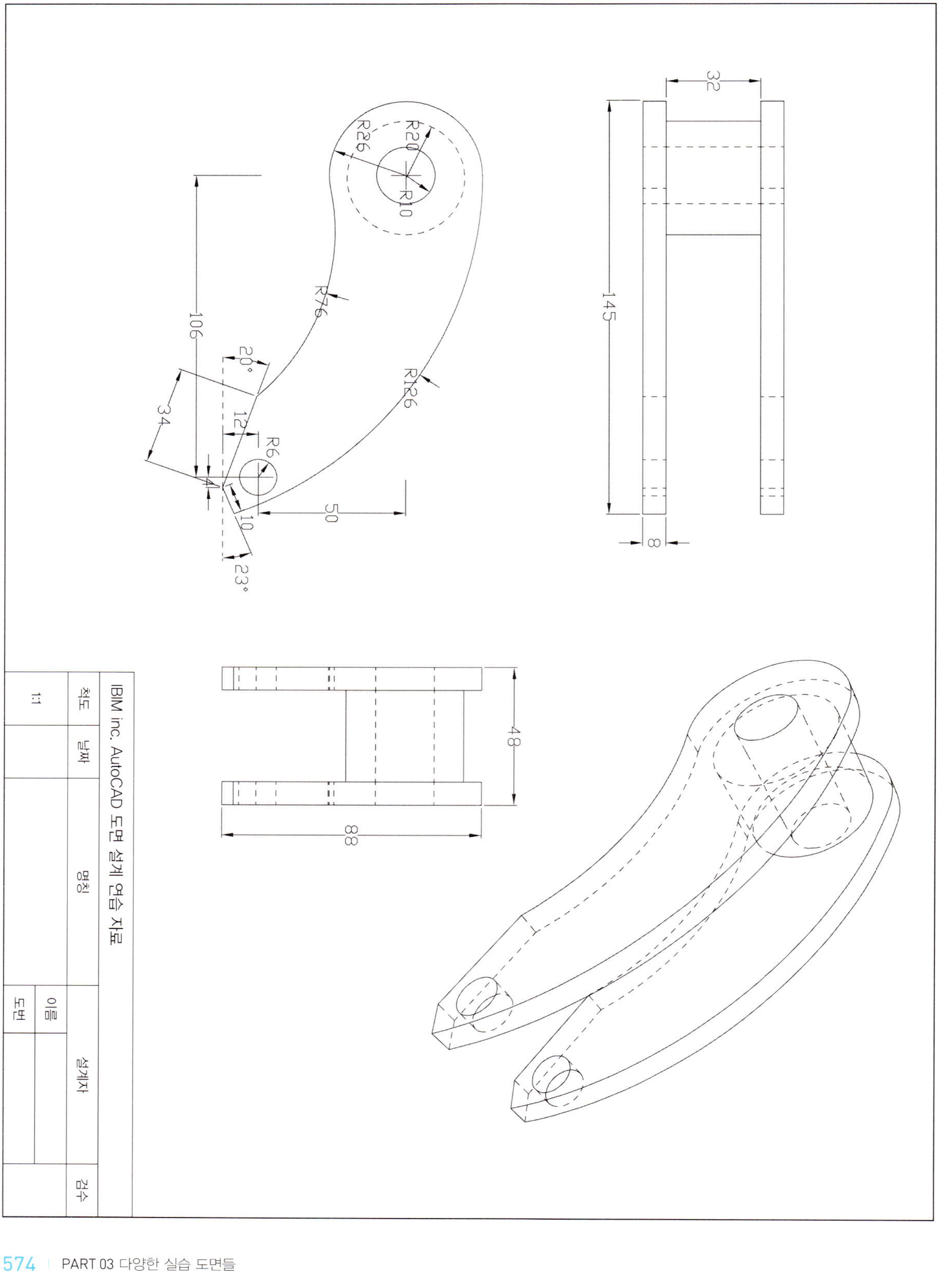

R20
R26
R10
R76
R126
106
20°
34
12
R6
4
10
23°
50
145
32
8
48
88
IBM inc. AutoCAD 도면 설계 연습 자료
척도
날짜
명칭
형정
도번
이름
설계자
1:1
검수

실무 도면으로 익히는
AutoCAD 도면 예제 기초 + 활용

1판 1쇄 발행 2017년 11월 10일

저 자 연승수
발행인 김길수
발행처 (주)영진닷컴
주 소 서울 금천구 가산디지털2로 123 월드메르디앙벤처센터 2차 10층 1016호
     (우)08505
등 록 2007. 4. 27. 제16–4189호

©2017. (주)영진닷컴

ISBN 978-89-314-5676-9